Akademie für Deutsches Recht 1933-1945
Protokolle der Ausschüsse
Herausgegeben von Werner Schubert
Band X

Akademie für Deutsches Recht 1933-1945

Protokolle der Ausschüsse

Herausgegeben von Werner Schubert

Band X

PETER LANG
Frankfurt am Main · Berlin · Bern · Bruxelles · New York · Oxford · Wien

Ausschuß für die Reform der Sozialversicherung/ für Sozialversicherung (1934-1944) Versorgungswerk und Gesundheitswerk des Deutschen Volkes (1940-1942)

Herausgegeben und mit einer Einleitung versehen
von Werner Schubert

PETER LANG
Europäischer Verlag der Wissenschaften

Die Deutsche Bibliothek - CIP-Einheitsaufnahme
Akademie für Deutsches Recht <München>:

Protokolle der Ausschüsse / Akademie für Deutsches Recht 1933 - 1945 / hrsg. von Werner Schubert ... - Frankfurt am Main ; Berlin ; Bern ; Bruxelles ; New York ; Oxford ; Wien : Lang

Bd. 10. Ausschuß für die Reform der Sozialversicherung/für Sozialversicherung (1934 - 1944); Versorgungswerk und Gesundheitswerk des Deutschen Volkes (1940 - 1942) / hrsg. und mit einer Einl. vers. von Werner Schubert. - 2000
ISBN 3-631-35838-5

Gedruckt auf alterungsbeständigem,
säurefreiem Papier.

ISBN 3-631-35838-5

Printed in Germany 1 2 3 4 6 7

Inhalt

Einleitung

I. Die Quellen der Edition

Der Band umfaßt die überlieferten Protokolle über insgesamt neunzehn ein- oder zweitägige Sitzungen zwischen dem 26.1.1934 und dem 25.2.1941. Darüber hinaus existieren noch Hinweise auf fünfzehn weitere Sitzungen des Haupt- bzw. des Unterausschusses ebenfalls für die Zeit von 1934 bis 1941.[1] Auch damit dürften noch nicht alle Sitzungen (so die 7. Sitzung von 1934) erfaßt sein. Endlich sind sechzehn Gutachten des Ausschusses[2] und zwei Kurzstellungnahmen überliefert, die insgesamt wohl fast alle Beratungsthemen, über die der Ausschuß Stellungnahmen vorgelegt hat, abdecken. Der Anhang bringt den Entwurf eines Gesetzes zu einem Versorgungswerk des Deutschen Volkes von 1940/41, mit dem seit knapp 20 Jahren eine intensive Diskussion über Modernisierungselemente in der nationalsozialistischen Sozialpolitik verknüpft ist, und den dazu gehörigen Entwurf zu einer Verfahrensordnung mit den jeweiligen Begründungen. Diese Entwürfe setzen die Reformüberlegungen der NSBO von 1932-1934 fort und wären wohl auch Gegenstand der Ausschußberatungen geworden, wenn nicht die Arbeiten am Versorgungswerk Anfang 1942 eingestellt worden wären. Ebenfalls werden im Anhang wiedergegeben Quellentexte von 1941 zu einem Gesundheitswerk des Deutschen Volkes, das von Robert Ley und Leonardo Conti betrieben wurde.

Der biographische Teil ist leider sehr knapp, da über die meisten Ausschußmitglieder und Sitzungsteilnehmer im Rahmen der üblichen Recherchen keine weiteren Daten auffindbar waren. Selbst über den langjährigen Ausschußvorsitzenden Alfred *Anders,* Direktor der Barmer Ersatzkasse bis zu seinem Tod, waren detailliertere biographische Daten nicht auffindbar.

II. Die nicht durch Sitzungsprotokolle dokumentierten Ausschußsitzungen

Über die sich aus den abgedruckten Protokollen ergebenden Daten hinaus fanden zumindest noch folgende Sitzungen statt:

1. Am 4.4.1934 (6. Sitzung). Hier referierte *Kilian* über das Thema: „Rechtsprechung in der Sozialversicherung“: „ Es bestand Einmütigkeit darüber, daß eine wesentliche Vereinfachung der Rechtsprechung in der Sozialversicherung dringend erforderlich sei. Notwendig sei vor allem zweierlei: Einmal, daß die Aufgabe eigentlicher Rechtsprechung mehr als bisher gesondert werde von den im Beschlußverfahren zu erledigenden Verwaltungsaufgaben und zweitens, daß im einzelnen Streitfall schärfer als bisher geschieden werde zwischen der Entschließung des Versicherungsträgers, der dem Versi-

1 Dazu unter II. der Einleitung.

2 So nach der Zählung der Gutachtensammlung im BA Berlin, R 61 (Koblenz), Nr. 113.

cherten als verwaltungsführendes Subjekt gegenübersteht, und der Streitentscheidung durch ein Organ, das unparteiisch über dem Versicherten und dem Versicherungsträger steht" (DJ 1934, S. 491).

2. Am 25.10.1934 (8. Sitzung): Die Ausschußberatungen befaßten sich mit „dem besonders schwierigen Versicherungsverhältnis der nur vorübergehend tätigen Volksgenossen, das in der gegenwärtigen Gesetzgebung noch keine gebührende Regelung erfahren hat" (DJ 1934, S. 1390). Ein diesem Zweck dienender Beschluß des Ausschusses wurde dem zuständigen Reichsarbeitsministerium zugeleitet. Hierzu schlug der Ausschuß vor,[3] „an Stelle von RVO § 1426 Abs. 2 folgende Absätze 2 und 3 zu setzen: *Versicherungspflichtige, die in der Beitragswoche bei mehreren Arbeitgebern beschäftigt sind, haben selbst den ganzen Beitrag zu entrichten. Sie können bei der Lohnzahlung gegen Vorlage der entwerteten Beitragsmarke von jedem Arbeitgeber einen verhältnismäßigen Anteil der Arbeitgeberhälfte des Beitrags verlangen. – Der Erstattungsanspruch kann nur bis zur zweitfolgenden Lohnzahlung geltend gemacht werden, später nur, wenn der Versicherte schuldlos Beiträge nachentrichtet hat.*"

Zur *Begründung* war folgendes vorgebracht worden: „Die heutige Vorschrift von RVO § 1426 Abs. 2 gehört zu den unbefriedigendsten der Sozialversicherungsgesetzgebung, wie sich dies auch anläßlich praktischer Fälle, die dem Reichsversicherungsamt vorlagen, stets gezeigt hat. Es ergeben sich immer wieder eine Menge Unzuträglichkeiten, die dazu führen, daß vielfach für Versicherte mit mehreren Arbeitgebern Beiträge überhaupt nicht gezahlt werden. Auch ein Schadensersatzanspruch des Versicherten gegen die Arbeitgeber, die ihrer Beitragspflicht nicht nachkommen, kann nur unter erschwerenden Umständen geltend gemacht werden. – Nach der gegenwärtigen Regelung ist der erste Arbeitgeber, der den Versicherten in der Woche beschäftigt, verpflichtet, den vollen Beitrag zu zahlen. Bei Schaffung dieser Vorschrift konnte dies unbedenklich bestimmt werden, da die Beiträge zur Invalidenversicherung damals noch verhältnismäßig gering waren. Im Laufe der Zeit ist aber hierin eine Änderung eingetreten. Insbesondere wurden die Verhältnisse für den einzelnen Arbeitgeber immer unhaltbarer, nachdem das Reichsversicherungsamt in einer Entscheidung vom Jahre 1928 ausgesprochen hatte, daß der erste Arbeitgeber nicht nur den auf ihn selbst entfallenden Arbeitgeberanteil zu tragen hat, sondern einen Wochenbeitrag derjenigen Lohnklasse verwenden muß, der dem ganzen Wochenentgelt des Versicherten entspricht. Abgesehen von der Schwierigkeit, zu Beginn der Beitragswoche den endgültigen Wochenverdienst festzustellen, zeigt die Praxis bei der gegenwärtigen Regelung immer wieder, daß Versicherte mit mehreren Arbeitgebern in der Woche es vorziehen, keinerlei Ansprüche auf Beitragsentrichtung zu stellen, um so bevorzugt eingestellt zu werden. Andererseits muß es der erste Arbeitgeber mit Recht als Härte empfinden, wenn er verpflichtet wird, den ganzen Beitrag, also auch den Anteil der übrigen Arbeitgeber, zunächst zu leisten und kaum in der Lage zu sein, von den anderen Arbeitgebern des Beschäftigten deren Anteil wieder hereinzuholen. In dieser Beziehung sind die Schwierigkeiten deswegen noch besonders groß, weil nach RVO § 1426 der Streit zwischen Arbeitgebern und Arbeitnehmern über Berechnung und Anrechnung, Erstattung und Ersatz von Beiträgen durch das Versicherungsamt endgültig entschieden wird. Bei der großen Zahl von Versicherungsämtern kann sich keine einheitliche Rechtsprechung entwickeln.

Der Ausschuß für Sozialversicherung in der Akademie für Deutsches Recht hat nach Lösungen gesucht, die die heutigen Schwierigkeiten beseitigen. Hierbei ließ er sich insbesondere von sozialen Erwägungen leiten. Es wurde ein Vorschlag erörtert, wonach der erste Arbeitgeber zwar, wie bisher, den ganzen Beitrag leisten, aber berechtigt sein sollte, von dem durch ihn auszuzahlenden Lohne den Anteil der übrigen Arbeitgeber, bei denen der Versicherte in der Woche be-

3 BA Berlin, R 61 (Potsdam), Nr. 11.

schäftigt ist, einzubehalten. Der Versicherte sollte dann von jedem der folgenden Arbeitgeber den auf diesen entfallenden Anteil am Wochenbeitrag zurückverlangen können. Mit diesem Vorschlage hätte man die aus mancherlei Gründen erstrebenswerte Verpflichtung der Arbeitgeber zur Beitragsentrichtung nach wie vor festgelegt, andererseits aber die Härten vermieden, die sich bei der gegenwärtigen Gesetzesbestimmung für den ersten Arbeitgeber dadurch ergeben können, daß er auch für die übrigen Arbeitgeber deren Anteil mit trägt. Nähere Überlegung zeigt aber für diese Lösung eine Fülle neuer Schwierigkeiten. Wenn das Entgelt bei dem ersten Arbeitgeber nicht die Höhe des Wochenbeitrages erreicht, müßte man den zweiten und gegebenenfalls auch noch den nächsten Arbeitgeber zur Beitragsleistung verpflichten. Der Ausschuß hat sich davon überzeugt, daß daher auch diese Lösung, die an die Stelle überwundener Schwierigkeiten neue setzt, nicht empfehlenswert ist. – Eine einfache und klare Regelung bringt nur die Übertragung der Arbeitgeberpflichten zur Beitragsentrichtung auf den Versicherten selbst. Das Angestelltenversicherungsgesetz (§ 184) hat diese Konstruktion schon immer gehabt. Es bestanden aber zunächst Bedenken, sie auch für die Invalidenversicherung vorzuschlagen. Es wurde der Befürchtung Ausdruck gegeben, daß bei einem solchen Wege in einer großen Reihe von Fällen der Versicherte entweder selbst den ganzen Beitrag zahlt oder überhaupt keine Beitragszahlung erfolgt, da es in der Praxis den Versicherten nicht leicht sein wird, von den verschiedenen Arbeitgebern, bei denen sie beschäftigt sind, die auf diese entfallenden Anteile am Beitrag zurückzuerhalten. Angesichts der Unmöglichkeit aber, eine bessere Lösung zu finden, hat sich der Ausschuß schließlich doch für die Anpassung der Vorschriften der Invalidenversicherung auf diesem Gebiete an diejenigen der Angestelltenversicherung entschlossen. Hierbei ging er von der Erwägung aus, daß der Versicherungsgedanke und das Verständnis für die Vorteile der Versicherung heute in der Arbeiterschaft in unzweifelhaft höherem Maße vorhanden sind als zur Zeit der Schaffung der Invalidenversicherung. Hinzu kommt das im nationalsozialistischen Deutschland ganz andersartige Verhältnis von Arbeitgebern zu Versicherten und umgekehrt. Beide Gruppen sind in der Deutschen Arbeitsfront erfaßt, die auf sie besondere Einwirkungsmöglichkeiten hat. Auch die soziale Ehrengerichtsbarkeit nach dem Gesetz zur Ordnung der nationalen Arbeit wird eine Handhabe bieten gegen solche volksfeindlichen Arbeitgeber, die den gering bezahlten Beschäftigten in dieser Beziehung Schwierigkeiten machen. Der Ausschuß war sich darüber einig, daß bei seinem Vorschlage eine weitgehende und sich stets wiederholende Aufklärungstätigkeit, insbesondere auch in der Presse, notwendig ist, um einmal die Versicherten auf ihre Verpflichtung zur Beitragsentrichtung, ferner aber auch die Arbeitgeber auf die selbstverständliche Pflicht hinzuweisen, Anforderungen der Versicherten zur Erstattung der auf sie entfallenden Beitragsanteile nachzukommen. Es ist in dem Vorschlage des Ausschusses vorgesehen, daß der Erstattungsanspruch an den einzelnen Arbeitgeber erst dann gestellt werden kann, wenn die Marke vorschriftsmäßig entwertet ist. Dadurch kann jeder Arbeitgeber sich durch Vorlage der Quittungsmarke von dem Verwendungszweck seines Anteiles überzeugen und auch nachprüfen, ob er in der richtigen Höhe herangezogen ist."

Weiterhin befaßten sich die Ausschußberatungen mit Fragen der Wochenbeihilfe und Familienwochenhilfe, auf deren ganz besondere Fördeung im nationalsozialistischen Staat zu achten sei und die in den Rahmen aller „bevölkerungspolitischen Maßnahmen" gestellt werden müßten. Hierbei ging es um die §§ 195 a und 205 a der RVO:[4] „Ausgehend von der Erwägung, daß im Sinne nationalsozialistischer Bevölkerungspolitik auch in der Sozialversicherung alle Maßnahmen auf dem Gebiete der Wochenhilfe gefördert werden müssen, befaßte sich der Ausschuß mit Härtefällen, die in der gegenwärtigen Gesetzgebung durch die katastrophale Arbeitslosigkeit der vergangenen Jahre entstehen können und in der Praxis auch entstanden sind. – Um auch denjenigen Volksgenossen, die nach jahrelanger Arbeitslosigkeit wieder in Arbeit gekommen sind, die Wochenhil-

4 BA Berlin, R 61 (Potsdam), Nr. 11.

feleistungen nach dem 2. Buch der RVO zu gewähren und sie nicht auf die Fürsorgeleistungen verweisen zu müssen, billigt der Ausschuß den seinem Vorsitzenden zugestellten Referentenentwurf des Reichsarbeitsministeriums mit dem Vorschlag, im § 1 den Zusatz: ‚... jedoch werden Unterstützungszeiten, die mehr als 5 Jahre vor der Niederkunft zurückliegen, hierbei nicht berücksichtigt' fallen zu lassen. – Der Ausschuß war der Auffassung, daß auch die über 5 Jahre lang Arbeitslosen in den Genuß der Wochenhilfeleistungen kommen müssen, zumal dadurch bei der nicht allzu großen Zahl der Fälle keine erhebliche Mehrleistung der Krankenkassen eintreten dürfte."

3. Am 29.11. und 10.12.1934: Nach dem Arbeitsbericht 5/6, S. 26 ff., eröffnete der Vorsitzende die „Arbeitstagung am 29. November mit einem kurzen Bericht über die künftigen Aufgaben des Ausschusses auf Grund einer Vereinbarung mit dem Herrn Präsidenten der Akademie für Deutsches Recht und wies darauf hin, daß dem Ausschuß zwei große wichtige Fragen gestellt seien, auf deren Beantwortung der Herr Reichsarbeitsminister besonderen Wert legt. Es handelt sich 1. um die Frage ‚Rechtsstellung und Aufgaben der künftigen Beiräte in der Sozialversicherung' und 2. um die Lösung der Frage des einheitlichen Beitragseinzugs in der Sozialversicherung. Beide Fragen sollen in den nächsten Arbeitstagungen des Arbeitsausschusses so weit gelöst werden, daß dem Herrn Reichsarbeitsminister Vorschläge des Ausschusses der Akademie vorgelegt werden können. Zur Frage der ‚*Rechtsstellung und Aufgaben der Beiräte der Sozialversicherung*' hielt der Hauptberichterstatter Prof. Dr. *Lutz Richter*, Leipzig, das Referat. Seinen Ausführungen lag eine allen Mitgliedern des Ausschusses übergebene Gliederung in Stichworten zu Grunde, die in der Hauptsache folgende Punkte herausschälte: 1. Ausgangspunkt, 2. Sinn der Regelung, 3. Sachliche Aufgaben, 4. Rechtsformen der Zuständigkeit des Beirats."

Vor Beginn der allgemeinen Aussprache „nahm Prof. Dr. *Dersch*, Berlin, der als Gast des Vorsitzenden des Ausschusses an der Arbeitstagung teilnahm, zu dem Referat Stellung, indem er die gesamten Fragen vom Standpunkt des Praktikers aus beleuchtete und dadurch in manchen Punkten grundsätzlich anderer Auffassung war als der Hauptreferent. Seine Ausführungen gingen darauf hinaus, daß die Frage einer Beteiligung des Beirates an der Verwaltung ein rein politisches Problem sei. Er unterschied drei große Fragengruppen: die Mitwirkung an der autonomen Gesetzgebung, die Mitwirkung bei der Rechtsprechung, die Mitwirkung in der Verwaltungssphäre. – Nachdem in der Debatte sämtliche Mitglieder des Ausschusses in längeren Ausführungen zu dem Thema und dem Referat Stellung genommen hatten, erklärte sich der Ausschuß nach dem Schlußwort des Hauptreferenten mit den nunmehr vorgetragenen Richtlinien und Vorschlägen einverstanden, weil die eingehenden Beratungen einen Weg zeigten, der dem Führergrundsatz und dem Selbstverwaltungsgedanken Rechnung trägt." – Die zweite Lesung sollte am 10.12.1934 stattfinden: „Bis dahin soll ein vom Hauptreferenten fixierter Vorschlag für das Reichsarbeitsministerium von einem Unterschuß, bestehend aus den Herren: Prof. Dr. *Dersch,* Dr. *Erdmann* und Dr. *Wischer* durchgeprüft werden." – In der Sitzung am 10. Dezember 1934 erstattete Dr. *Erdmann* als Mitglied des Unterausschusses Bericht über dessen Beratung. In der Aussprache, an der sich sämtliche anwesenden Ausschußmitglieder beteiligten, wurde beschlossen, den von Prof. Dr. *Lutz*

Richter verfaßten Bericht als Vorschlag des Ausschusses der Akademie für Deutsches Recht an den Herrn Reichsarbeitsminister weiterzuleiten.

4. Am 17.6.1935 (Unterausschuß): In dieser Sitzung wurden „allgemeine Fragen des Aufbaues der Versicherungsbehörden und der Neuordnung des Verfahrens, die im Aufbaugesetz noch nicht geregelt und einer späteren Entscheidung vorbehalten sind, erörtert. Grundsätzlich soll durch die Reform nicht nur eine *Vereinfachung des Verfahrens* in der Sozialversicherung, sondern *vor allem eine größtmögliche Beschleunigung* erreicht werden." (ZADR 1935, S. 408).

5. Am 28.6.1935 in Berlin: „Der Ausschuß für Sozialversicherung hatte in München anläßlich der letzten Sitzung am 28.6.1935 die Richtlinien für die Frage einer Reform des Verfahrens in der Sozialversicherung festgelegt." (ZADR 1935, S. 883).

6. Zur Vorbereitung der Sitzung am 12.5.1936: „Im Sitzungssaal der Barmer Ersatzkasse tagte ein Unterausschuß unter Leitung des Vorsitzenden Direktor *Anders*, der zu Beginn der Sitzung darauf hinwies, daß der Ausschuß auf Ersuchen des Leiters des Sozialamts, Amtsleiter *Mende*, und im Einverständnis mit dem Staatssekretär *Krohn* des Reichsarbeitsministeriums sich in den kommenden Sitzungen mit einer *Reform des Anwartschaftsrechts* in der Sozialversicherung beschäftigen werde. Ergänzend führte der Vorsitzende aus, daß die Vorschriften des Anwartschaftsrechts in der Sozialversicherung der Erwägung entspringen, daß es aus versicherungstechnischen Gründen notwendig ist, eine regelmäßige Beitragszahlung sicherzustellen. Die Erfahrung habe aber gezeigt, daß die zu diesem Zweck erlassenen Bestimmungen außerordentlich kompliziert und dem einzelnen Volksgenossen sehr schwer verständlich sind. Besonders gilt das für die Invalidenversicherung, in der nicht nur für die Erhaltung der Anwartschaft, sondern auch für das Wiederaufleben erloschener Anwartschaften zahlreiche Härten eintreten. Den Dienststellen der Deutschen Arbeitsfront ist in dieser Beziehung umfangreiches Material aus dem Reich zugeleitet worden, das auch den Leiter des Sozialamts veranlaßte, mit der Bitte um Begutachtung der geltenden Anwartschaftsbestimmungen an die Akademie heranzutreten. Dr. *Wischer*, der als Abteilungsleiter des Amtes für Rechtsberatungsstellen in der Deutschen Arbeitsfront umfangreiches Material zusammengestellt hat, referierte hierüber unter Aufzählung der in der Hauptsache aufgetretenen Härten, und es erfolgte dann eine allgemeine Aussprache über die aus der Gesetzgebung sich ergebenden Unzuträglichkeiten. – Einmütigkeit bestand darüber, daß ohne Hinzuziehung von Versicherungsmathematikern gesetzliche Änderungen nicht gefordert werden können. – Im Anschluß an diese Tagung des Unterausschusses verhandelten der Ausschußvorsitzende und Dr. *Wischer* mit dem Versicherungsmathematiker des Reichsversicherungsamtes, Oberregierungsrat Dr. *Heinze,* der sich erbot, in der nächsten stattfindenden Plenarsitzung des Ausschusses über sechs von ihm vorgelegte Fragen zu referieren." (Arbeitsbericht 14/15, 1936, S. 28).

7. Am 9.6.1937 (ZADR 1937, S. 437; Thematik nicht bekannt).

8. Am 24./25.1.1938: Mit dem Gesetz vom 21.12.1937 sei der Weg für einen großzügigen Ausbau der Leistungen der Rentenversicherungen vorgezeichnet worden. Durch die jedem deutschen Staatsbürger eröffnete Möglichkeit, der Rentenversicherung beizutreten, werde eine wahre Volksversicherung vorbereitet. Der Ausschuß befaßte sich am 24. und 25.1.1935 in Goslar mit den durch das Ausbaugesetz eröffneten Möglichkeiten,

„wobei für ihn die im Punkt 15 des Parteiprogramms aufgestellte Forderung nach Schaffung einer Altersversorgung für das ganze deutsche Volk maßgebende Richtschnur war. Der Ausschuß hält die Zeit für gekommen, jetzt an die Lösung dieser Frage heranzutreten, und ist der Auffassung, daß nach der Sanierung der Sozialversicherung eine allgemein fühlbare Erhöhung der Renten durchgeführt werden muß. Diese Gedanken haben ihren Niederschlag in einem Gutachten gefunden, das dem Gesetzgeber zugeleitet wird. Als vordringliche Aufgabe sieht der Ausschuß die Beseitigung der aus der Notverordnungszeit stammenden, mit Versicherungsgrundsätzen nicht zu vereinbarenden *Ruhensvorschriften* beim Zusammentreffen mehrerer Renten aus der Sozialversicherung bzw. mit Pensionen und Versorgungsbezügen. – Auf dem Gebiet der *Krankenversicherung* einigte sich der Ausschuß in einer Teilfrage auf Vorschläge für die Neuregelung der freiwilligen Weiterversicherung. Beim bisherigen Rechtszustand können sich hauptsächlich für Angestellte, die die Versicherungspflichtgrenze von 300 RM monatlich überschreiten, Härten ergeben, die durch die Fristvorschriften für die notwendige Anzeige einer freiwilligen Weiterversicherung bei der Krankenkasse bedingt sind. Mit Hilfe einer Änderung über die Meldevorschriften glaubt der Ausschuß, einen Weg weisen zu können, der diese Fragen befriedigend löst. Weitere Vorschläge auf diesem Gebiet suchen durch die Möglichkeit einer Beschränkung auf Sachleistungen, die freiwillige Weiterversicherung berechtigten Bedürfnissen der Krankenkassen und Versicherten anzupassen.“ (ZADR 1938, S. 130).

9. Am 16.6.1938 (Rechtsvereinheitlichung mit Österreich; ZADR 1938, S. 480).

10. Vom 1.-3.9.1938 (Mühlhausen): Weiterführung der Beratungen über die Rechtsvereinheitlichung auf dem Gebiet der Sozialversicherung zwischen dem Altreich und Österreich, die wegen der starken Abweichungen, die das bisherige österreichische Recht gegenüber den im Altreich geltenden gesetzlichen Bestimmungen aufweise, „besonders eingehend und umfangreich sein müssen“. Es wurde für notwendig erachtet, mit dem Leiter der zuständigen Abteilung des Ministeriums für Wissenschaft und Arbeit in Wien, der zugleich Beauftragter des Reichskommissars für die Wiedervereinigung Österreichs mit dem Deutschen Reich sei, Fühlung zu nehmen, um alsdann zu einer abschließenden gutachtlichen Stellungnahme zu kommen. – Aufgrund der vielen Eingaben, die der Akademie zugegangen waren, „nahm der Ausschuß weiter einen Bericht über den Stand der zu erwartenden Reform des Verfahrens in der Sozialversicherung entgegen, die der Ausschuß in seinem Gutachten bereits vor längerer Zeit vorgeschlagen hatte“. – Das Rentenausbaugesetz vom 21.12.1937, in dessen Vorspruch ein Ausbau der Sozialversicherungsleistungen nach „nationalsozialistischen Grundsätzen“ angekündigt worden sei, „hat zu einer Fülle von Anfragen aus allen Volkskreisen an den Ausschußvorsitzenden geführt. Mit den verschiedenen Anregungen befaßte sich der Ausschuß eingehend. Er kam hierbei u.a. zu ergänzenden Vorschlägen für eine Beseitigung von Härten, die sich für Reichsbahnarbeiter nach den bestehenden Vorschriften der Reichsbahnversicherungsanstalt ergeben. Außerdem war die Krankengeldzahlung bei Krankheiten, die infolge eines Betriebsunfalles auftreten, Gegenstand der Erörterung“. Seine „besondere Aufmerksamkeit“ schenkte der Ausschuß „den immer wieder vorgebrachten zahlreichen Anfragen über die Aufhebung der Notverordnungsvorschriften aus der Systemzeit. Bereits im Januar hatte der Ausschuß in einem ausführlichen, auch die finan-

zielle Seite berücksichtigenden Gutachten Vorschläge gemacht, die die als ungerecht empfundenen Ruhensvorschriften bei Zusammentreffen mehrerer Leistungen beseitigen sollten. Eine nochmalige sorgfältige Nachprüfung konnte nur zu einer Bestätigung der damaligen Vorschläge führen. Der Vorsitzende wurde beauftragt, die maßgebenden Stellen auf die zwingende Notwendigkeit einer Beseitigung dieser Notverordnungen hinzuweisen." (ZADR 1938, S. 635).

11. Am 17./18.11.1938 (Goslar): Abschluß der Beratungen über die Rechtsvereinheitlichung auf dem Gebiet der Sozialversicherung des Altreichs und Österreichs: „Der Ausschuß nahm zu Vorschlägen Stellung, die im Grundsatz die Einführung der Sozialversicherungsvorschriften des Altreichs in Österreich festlegen, dabei aber günstigere Regelungen des bisherigen österreichischen Rechts den Volksgenossen der deutschen Ostmark weiter zugute kommen lassen. Da die gesetzgeberischen Vorarbeiten schon weit vorgeschritten sind, kann mit einer baldigen gesetzlichen Regelung gerechnet werden. Damit wird nach sorgfältigen Vorbereitungen eine Frage ihre befriedigende Regelung finden, die für die große Mehrheit der österreichischen Volksgenossen von außerordentlicher sozialer Tragweite ist." (ZADR 1938, S. 816).

12. Am 23./24.3.1939 (Dessau): Erörterungen über den Umfang der reichsgesetzlichen Unfallversicherung: „In einem besonderen Gutachten wurde als Ziel der zu erstellenden Erweiterung darauf hingewiesen, daß der Kreis der von der Unfallversicherung erfaßten Personen möglichst alle der Kranken- und Rentenversicherung der Arbeiter und Angestellten unterliegenden Personen erfaßt, darüber hinaus aber keine Einschränkung in der Versicherung der Personenkreise bringt, die bisher schon der Unfallversicherung unterlagen. Aus dem letzteren Grunde kann auch die bisher für Österreich geltende und durch die dortige EinführungsVO aufrechterhaltene gesetzliche Regelung nicht übernommen werden, weil der Kreis der der Unfallversicherung unterliegenden Personen dort nur die auf Grund eines Arbeits-, Dienst- und Lehrverhältnisses berufsmäßig beschäftigten Personen umfaßt, also in vieler Beziehung wesentlich anders ist, als der Kreis, der nach bisherigem deutschem Recht versicherten Personen. Die großen, mit einem allgemeinen Unfallschutz aller von der Unfallversicherung erfaßten Personen verbundenen Vorteile finden ihre Begründung in folgenden Überlegungen: Während bisher die nicht der Unfallversicherung unterliegenden Personen nur die sachlichen und zeitlich begrenzten Leistungen der Krankenversicherung erhalten können, sofern sie überhaupt der reichsgesetzlichen Krankenversicherung unterstehen, würden sie bei der vom Ausschuß vorgeschlagenen Ausdehnung nunmehr bei Unfällen in das berufsgenossenschaftliche Heilverfahren überführt werden, in dem Schranken weder für die Höhe der Aufwendungen noch für die Zeitspanne ihrer Gewährung gezogen sind, weil die Unfallversicherung eine Aussteuerung nicht kennt. Die Versicherten erhalten in der Unfallversicherung ferner die zeitlich unbeschränkten und auch eine teilweise Erwerbsunfähigkeit berücksichtigenden Geldleistungen, ihren Hinterbliebenen wird beim Vorliegen der gesetzlichen Voraussetzungen Hinterbliebenenrente gewährt. Für die Gebiete der landwirtschaftlichen und der See-Unfallversicherung schlug der Ausschuß weitere Regelungen vor." (Jb.ADR 1939/40, S. 220 f.).

13. Am 12.-19.12.1939: Sitzungsthema: Auswirkungen der Kriegsereignisse auf die Gestaltung der Sozialversicherung: „Zwar sind schon zahlreiche Vorschriften zu dem

Zweck ergangen, von den Versicherten und ihren Familien Nachteile abzuwenden, die daraus entstehen könnten, daß die Versicherten anläßlich des besonderen Einsatzes der Wehrmacht einberufen wurden oder als Dienstverpflichtete, Notdienst- und Luftschutzdienstpflichtige ihren bisherigen Arbeitsplatz aufgeben mußten; auch für Kriegsflüchtige und Volksgenossen aus den geräumten Gebieten ist die sozialversicherungsmäßige Betreuung im allgemeinen sichergestellt. Darüber hinaus glaubt aber der Ausschuß, auf der Grundlage der Zusammenstellung des Sozialamts der DAF, die den Beratungen des Ausschusses zugrunde lag, noch einige Anregungen für die Weiterentwicklung der Sozialversicherung geben zu müssen, die in Gestalt eines *Gutachtens* den beteiligten obersten Reichsbehörden zugeleitet sind. Es handelt sich im wesentlichen um Fragen der Auswirkungen des vielfältigen Wechsels zwischen privater und gesetzlicher Krankenversicherung, der Entschädigungspflicht bei Unfällen infolge der Kriegsereignisse, der Anrechnung der Kriegsdienstzeiten in der wirtschaftlichen Pensionsversicherung und um Fragen der sozialversicherungsrechtlichen Betreuung der Rückwanderer aus dem Baltenland." (ZADR 1940, S. 47 f.).

13. Am 10.6.1940: Befassung der sozialversicherungsrechtlichen Stellung der sog. Meistersöhne: „Für diese hat das Handwerkerversicherungsgesetz keine Regelung gebracht, so daß sich hier eine Lücke ergibt, die auch durch die Rechtsprechung nicht geschlossen werden kann. Der Ausschuß hat es daher für notwendig gehalten, daß künftig die Sozialversicherungspflicht auch auf die Meistersöhne erstreckt wird. In einem Gutachten, das bereits dem Reichsarbeitsministerium und den beteiligten Stellen zugegangen ist, hat er ausführliche Vorschläge über die Einbeziehung der Meistersöhne in die Rentenversicherung gemacht, wobei die Frage der Kranken- und Arbeitslosenversicherungspflicht vorläufig noch offen bleibt." (ZADR 1940, S. 209).

14. Am 24./25.9.1940 (Bad Salzungen): „Im Mittelpunkt der Beratungen stand ein Gesetzentwurf über Kriegsmaßnahmen in der Sozialversicherung. In eingehender Erörterung wurde zu den Notwendigkeiten Stellung genommen, die sich aus dem Kriege hauptsächlich für die Betreuung der Wehrmachtsangehörigen ergeben haben. Die zu ändernden Maßnahmen treffen im wesentlichen Bestimmungen der RVO auf dem Gebiet der Kranken- und Rentenversicherung. Über die in dem Gesetzentwurf selbst enthaltenen Vorschläge hinaus befaßte sich der Ausschuß mit Anregungen, die in dieser Hinsicht von der DAF ausgegangen waren. Die grundlegenden Referate erstatteten Senatspräsident *Kühne* und Ministerialrat Dr. *Hoffmeister*. – An zweiter Stelle wurde die sozialversicherungsrechtliche Stellung der Handelsvertreter behandelt. Auf der Grundlage der von Prof. Dr. *Dersch*, Berlin, Prof. Dr. *Richter,* Leipzig, und dem Vertreter des Fachamtes Handel in der DAF, *Mantke,* erstatteten Referate wurde darüber beraten, inwieweit der im deutschen Wirtschaftsleben starke Berufsstand der Handelsvertreter der Sozialversicherung unterstellt werden könne und solle. Die Beratungen erstreckten sich insbesondere auf die Frage der Unterstellung unter die Krankenversicherung, die Rentenversicherung, die Unfall- und Erwerbslosenversicherung. Eine abschließende Stellungnahme hat der Ausschuß noch nicht vorgenommen. Es läßt sich aber schon heute sagen, daß für bestimmte Gruppen der Handelsvertreter und in einem gewissen Rahmen eine solche Ausdehnung der Sozialversicherung zu befürworten ist." (ZADR 1940, S. 320).

15. 1.10.1941: Befassung mit einer Frage, „die bisher noch keine voll befriedigende Regelung gefunden hat. Die Praxis empfindet es in zunehmendem Maße als Mangel, daß in der reichsgesetzlichen Krankenversicherung bisher keine endgültige Klarheit besteht, wie beitrags- und leistungsgemäß Beschäftigungsverhältnisse bei Unterbrechung der Arbeit ohne Weiterzahlung von Entgelt zu behandeln sind. Für Kurzarbeiter und Weihnachtsheimkehrer hat allerdings der Gesetzgeber ausreichende Vorschriften erlassen; für das Absetzen mit der Arbeit im Baugewerbe infolge schlechten Wetters sind ähnliche Bestimmungen für die nächste Zeit bereits angekündigt. Offen bleiben aber noch die sonstigen Fälle, in denen im Einvernehmen von Betriebsführer und Gefolgschaftsmitglied das Arbeitsverhältnis ohne Arbeitsleistung und ohne Arbeitsentgelt weiterbestehen soll, z.B. bei Teilnahme des Gefolgschaftsmitglieds an Ausbildungsveranstaltungen der NSDAP, ihrer Gliederungen und Verbände, beim Heimatbesuch von ihm Felde stehenden Angehörigen usw. In Referaten des Vorsitzenden, des Prof. Dr. *Dersch,* MinRat Dr. *Hoffmeister* und Dr. *Wischer* wurden die Unzulänglichkeiten der gegenwärtigen Lage aufgezeigt sowie auf Möglichkeiten einer einheitlichen künftigen Regelung hingewiesen. Das vorgetragene Material soll zusammengefaßt, weiterbearbeitet und alsdann auch in paragraphenmäßig formulierten Vorschlägen dem Reichsarbeitsministerium eingereicht werden.“ (ZADR 1941, S. 67).

III. Nationalsozialistische Pläne zu einer allgemeinen Altersversorgung aller deutschen Staatsbürger und zu einem Gesundheitswerk des Deutschen Volkes

Entsprechend den Forderungen in Artikel 15 des NSDAP-Parteiprogramms nach einem großzügigen Ausbau der Altersversorgung befaßten sich Parteigremien schon vor 1933 mit der Reform der Sozialversicherung.[5] In der „Deutschen Volkswirtschaft“ erschien

---

5 Hierzu Karl *Tappe*, Zeitschrift für Sozialgeschichte XVII (1977), S. 206 ff. – Allgemein hatte *Anders* 1936 in: Reichs-Invaliden-Versicherung 1936, S. 167 f. festgestellt: „Trotz niedrigem Krankenbestand konnte die Krankenversicherung Ende des Jahres 1932 nur mühsam in Ordnung gehalten werden, die Unfallversicherung hatte einen erheblichen Teil ihrer Rücklagen eingebüßt, der AV erging es noch leidlich, aber obgleich sie noch Rücklagen bilden konnte, reichten sie bei weitem nicht zur Anwartschaftsdeckung aus. Katastrophal aber war die Lage der Invaliden- und Knappschaftsversicherung, deren Zahlungsunfähigkeit vor der Tür stand. Die Ursachen dieser Entwicklung waren zum Teil die langen Kriegsjahre und die dadurch entstandene Not, die Inflation und ihre furchtbaren Folgen, die Umschichtung im Altersaufbau des deutschen Volkes, die entsetzliche Arbeitslosigkeit; die Hauptursache aber war die Mißwirtschaft der Regierungen mit ihren Parteien, Parlamenten und Interessengruppen. Es war keine Seltenheit in jener Zeit, daß im Parlament oder im sozialpolitischen Ausschuß des Reichstages – nur um die Straße zu gewinnen – Anträge auf erhöhte Leistungen eingebracht wurden, die die Sozialversicherung mit mehr als einer Milliarde Mark jährlich mehr belastet hätten. Die Deckung dieser beantragten Mehrausgaben machte den Antragstellern keine Sorge, im Gegenteil, es wurden Versprechungen für die Zukunft gemacht, die niemals gehalten werden konnten. – Andererseits setzte, um es ganz deutlich zu sagen, eine böswillige Kritik an der seit beinahe 50 Jahren bestehenden Sozialversicherung ohne jede Hemmung ein. Projektemachter, deren Sachkenntnis stark bezweifelt werden mußte, unterminierten das Gebäude der Sozialversicherung, wo sie nur immer konnten. Ja, es ging sogar so

1932 ein Gutachten des Ausschusses für Sozialversicherung (Vorsitzender: Oberregierungsrat *Rüdiger* beim Reichsversicherungsamt, später Ministerialrat) der Organisatorischen Abteilung II des Gaues Berlin.[6] Nach Meinung des Ausschusses sollten die Unfallversicherung sowie die Invaliden- und die Angestelltenversicherung nebeneinander bestehenbleiben. Auch eine Zusammenlegung der Krankenversicherung mit anderen Versicherungszweigen wurde abgelehnt. Als „Hauptursachen" für den Zusammenbruch der Sozialversicherung am Ende der Weimarer Zeit wurden angeführt:[7] die allgemeine Wirtschaftskatastrophe mit der darauf beruhenden Arbeitslosigkeit, die Inflation und Deflation, der allgemeine weltanschauliche Niedergang, dem sich auch die von der Sozialversicherung umfaßten Volkskreise nicht entziehen konnten, und die parteimäßige Politisierung der Verwaltung einzelner Zweige der Sozialversicherung sowie die Erweiterung der Leistungen ohne gleichzeitige Vorsorge für die Deckung und die Überalterung des deutschen Volkes. Für die Krankenversicherung waren noch folgende besondere Ursachen maßgebend:[8] Ausdehnung des Kreises der versicherten Personen, steigende Nominallöhne, Gewährung neuer Leistungen ihrer Art nach und starke, zum Teil ausbeuterische Beanspruchung der Leistungen ihrem Umfang nach. Die Reform sollte systemkonform, wenn auch nicht ohne größere Eingriffe erfolgen. Abgelehnt wurde die Einführung einer allgemeinen Staatsfürsorge bei Bedürftigkeit und Würdigkeit ohne Rechtsanspruch, eine allgemeine Staatsbürgerversorgung aus öffentlichen Mitteln mit Rechtsanspruch sowie das Zwangssparsystem. Das System der Staatsfürsorge sei auf „marxistischem Boden gewachsen und geht davon aus, daß jedem Volksgenossen, gleichgültig ob er fleißig oder faul, begabt oder dumm, sozial wertvoll oder wertlos ist, im Bedarfsfalle in gleicher Weise staatliche Hilfe zu gewähren ist. Dieses System ist das Dorado der Faulenzer und Drückeberger".[9]

Weitergehende Vorschläge kamen von der *Kommission für Sozialpolitik bei der Reichsleitung der NSBO*[10] unter Leitung von Walter *Schuhmann*[11] und des Sozialversicherungsausschusses der DAF. In diesem Ausschuß war der Gesetzentwurf der NSBO über die deutsche Altersversorgung und die deutsche Sozialversicherung u.a. am

---

weit, daß der nationalsozialistischen Partei vorgeworfen wurde, sie wollte die seit 50 Jahren bewährte deutsche Sozialversicherung beseitigen."

6 Die Deutsche Volkswirtschaft (hrsg. von Heinrich *Hunke*), 1932, S. 110 ff., 274 ff., 311 ff., 348 ff.; 1933, S. 91 ff., 248 ff.

7 Die Deutsche Volkswirtschaft 1932, S. 274.

8 Die Deutsche Volkswirtschaft 1932, S. 279.

9 Zitiert nach *Anders* (Fn. 2), S. 168.

10 Zu dieser Organisation Reinhard *Giersch*, Von der „Nationalsozialistischen Betriebszellenorganisation" zur „Deutschen Arbeitsfront" 1932-1934, Jahrbuch für Geschichte 26 (1982), S. 43 ff.; Volker *Kratzenberg*, Arbeiter auf dem Weg zu Hitler? Die nationalsozialistische Betriebszellen-Organisation. Ihre Entstehung, ihre Programmatik, ihr Scheitern 1927-1934, Frankfurt a.M. 1987; Gunther *Mai*, in: Vierteljahreshefte für Zeitgeschichte 31 (1983), S. 573 ff.; H. *Roth*, Die nationalsozialistische Betriebszellenorganisation (NSBO) von der Gründung bis zur Röhmaffaire (1928-1934), in: Jahrbuch für Wirtschaftsgeschichte, 1978/I, S. 49 ff.; Eberhard *Heuel*, Der umworbene Stand. Die ideologische Integration der Arbeiter im Nationalsozialismus 1933-1935, Frankfurt a.M./New York 1988.

11 Über Schuhmann unter IV.

6.10.1933 behandelt worden.[12] In dieser Sitzung führte Dr. *Deschner* den Vorsitz (weitere Teilnehmer: *Brucker*, *Zenger* – DAF; *Wischer* – Gesamtverband der deutschen Arbeiter; *Dr. Braetsch*). Der Entwurf hatte 160 Bestimmungen; die Geldverwaltung der Einheitsversicherung sollte durch die Bank der Arbeiter erfolgen. Bedenken gegen den geplanten organisatorischen Aufbau äußerte *Wischer*. Nach ihm sollte die DAF die wichtigste Funktion der Aufsichtsinstanz für die ganze Sozialversicherung bilden: „Träger der Sozialversicherung sollten aber die einzelnen Arbeiter- und Angestelltenverbände der DAF sein. Sie müßten in besonderen Einrichtungen die Kranken-, Invaliden-, Angestellten-, Knappschafts- und Arbeitslosenversicherung durchführen. Ich halte es für durchaus notwendig, auch die Arbeitslosenversicherung, die aus dem vorgelegten Gesetzentwurf herausgelassen ist, mit einzubeziehen. Durch die Übertragung der Aufgaben dieser Sozialversicherungszweige auf die Verbände soll aber keineswegs irgendeinem Berufsegoismus Vorschub geleistet werden. Daher wird vorgeschlagen, das Solidaritätsgefühl aller Arbeitnehmer durch Errichtung einer Risikoausgleichskasse bei der DAF zum Ausdruck zu bringen. Ich möchte unter keinen Umständen den Eindruck aufkommen lassen, als ob mein Vorschlag irgendwie von Sonderinteressen diktiert ist. Bei einer Übertragung der genannten Versicherungszweige auf die Verbände würde es auch leicht möglich sein, die bisherigen Leistungen der einzelnen Verbände auf dem Gebiete der Altersversorgung, Arbeitslosenunterstützung usw. gut mit einzubauen. Der Beitragseinzug würde sich ebenfalls in Verbindung mit dem Verbandsbeitrag einfach gestalten. Für die Rechtsprechung könnte ebenfalls ein klarer Aufbau gewählt werden, etwa dergestalt, daß eine erste Instanz bei dem Träger der Versicherung geschaffen wird, ein Berufungsgericht beim Bezirksleiter der DAF oder beim Landesarbeitsgericht und eine letzte Instanz als Reichsversicherungsgericht bei der DAF."

Die Unfallversicherung sollte nach *Wischer* auf der bisherigen Grundlage durch die Berufsgenossenschaften weitergeführt werden. Als weiteren Vorteil seines Vorschlags bezeichnete *Wischer*, daß die „Bedeutung der in jedem Beruf liegenden Eigenart berücksichtigt würde. Der Versicherte erhält ein inneres Verhältnis zu seinem Versicherungsträger. Die gleiche Arbeit, die gleichen Interessen der einen gleichen Beruf Ausübenden schaffen besondere Zusammenhänge. Erfreulicherweise hat der deutsche Arbeiter ein persönliches Verhältnis zu seiner Arbeit. Diese Verbindung besteht aber nicht mit der Arbeit allgemein, sondern gerade mit *seiner* Arbeit in ihrer beruflichen Eigenart. Haben wir die Verbände der DAF als Träger der Sozialversicherung, so ist es möglich, den Bedürfnissen des Berufs eher Rechnung zu tragen. Der einzelne Versicherte fühlt sich alsdann als Mitträger, gleichsam als Genossenschaftler in einer von Berufskameraden geleiteten Einrichtung. Manche anderen Gründe könnten für diese Lösung noch angeführt werden. Hingewiesen sei nur auf hygienische Erwägungen." – In der Aussprache über den Entwurf wies der Unternehmervertreter Dr. *Braetsch* auf die Zusammenfassung der großen Geldmittel in einer Hand hin. Eine solche Regelung würde auch den Bestrebungen auf dem Gebiet des Bankwesens zuwiderlaufen: „Der vorgesehene Einheitsbei-

12 Das folgende nach dem Bericht über diese Sitzung im BA Berlin, NS 5 VI Nr. 3388. Der Hrsg. dankt Herrn Karsten Linne, Hamburg, für den Hinweis auf die Existenz des Kurzprotokolls. – Der Entwurf selbst ist nicht überliefert.

trag führe leicht zum Wirtschaften aus dem großen Topf." Ein Vertreter des Handwerks wies auf die „Doppelbelastung für Arbeitnehmer hin durch den Beitrag zur Rentenversicherung und die Steuer für die Altersversorgung, während nur eine Leistung dem gegenüberstehen sollte". Bedenken hatte *Wischer* wegen der „Einführung der Bedürftigkeitsprüfung bei der Altersversorgung, da diese sich leicht gegen diejenigen auswirken würde, die sich durch Sparsamkeit gewisse Rücklagen für ihr Alter geschaffen haben, während diejenigen Nutznießer seien, die sorglos in den Tag gelebt hätten". Nach der letzten Fassung des Entwurfs zu einer Altersversorgung[13] sollte jeder deutsche Staatsbürger einen „Anspruch auf die deutsche Altersversorgung" vom vollendeten 65. Lebensjahr ab haben. Träger sollte ursprünglich die Deutsche Arbeitsfront, später dann das Reichsamt für Rentenversorgung sein. Die Altersversorgung sollte als laufende Unterstützung gewährt werden, die mindestens das Doppelte des Unterstützungsrichtsatzes der öffentlichen Fürsorge betrug. Für Eheleute war nur das anderthalbfache dieses Betrages vorgesehen. Die Mittel für die deutsche Altersversorgung waren durch eine nach dem Einkommen bemessene Sondersteuer von den Reichsangehörigen im In- und Ausland aufzubringen. Diese Sondersteuer sollten auch alle übrigen Personen, die im Deutschen Reich ansässig oder einkommensteuerpflichtig waren, entrichten. Daneben sollten die Sozialversicherungen (Rentenversicherung) und Unfallversicherungen weiterbestehen. In Höhe der deutschen Altersversorgung sollten die Renten aus der Sozialversicherung ruhen. Für alle Versicherungen sollte ein einheitlicher Beitrag eingezogen werden. Im übrigen sollte die Versorgung nur gewährt werden, „wenn und solange der zu Versorgende bedürftig und würdig ist".

Detaillierter – allerdings ohne Erwähnung einer allgemeinen Altersversorgung – waren die Vorschläge der sozialpolitischen Kommission der NSBO, die *Schuhmann* und *Brucker*[14] Anfang 1934 in dem Werk: *„Sozialpolitik im neuen Staat"* publiziert hatten. Als Ziel der Neuordnung wurde hier bezeichnet: „Einheitsversicherung und damit Erfassung des einheitlichen Wagnisses: Einbuße der Arbeitsfähigkeit". Es sei wohl selbstverständlich,[15] daß hier Einheitsversicherung nicht nur ein „formales Zusammenlegen und Aufeinanderabstimmen der verschiedenen Versicherungszweige" darstellen könne. Einheitsversicherung bedeute auch „Vereinfachung der Gesetzgebung und Vereinfachung der Verwaltung". Träger der deutschen Sozialversicherung sollte die DAF sein, wobei das Reichsversicherungsamt als oberste Verwaltungsstelle zu gelten haben würde, das jedoch in die DAF eingegliedert sei. Als mittelbare Verwaltungsstellen sollten dreizehn Landesversicherungsämter und als untere Versicherungsbehörden die Versicherungsämter errichtet werden. Diesen war die Aufgabe der Krankenversicherung zugedacht, so daß die Krankenkassen damit beseitigt sein sollten. Die „Miniaturparlamente" in der Sozialversicherung waren „restlos" zu beseitigen.[16] An die Stelle der „demokratischen Abstimmung der Organe" sollte das „uneingeschränkte Führerprinzip" treten, die volle

---

13 Auch dieser Entwurf ist bisher nicht auffindbar gewesen. Wichtige Teile ergeben sich aus dem Ausschußprotokoll vom 12.3.1934.

14 Über Brucker vgl. unter IV. Von Brucker ist 1933 erschienen: Die deutsche Sozialversicherung am Scheidewege; von Franz *Wischer* erschien 1934: Die Sozialversicherung im neuen Staat.

15 *Schuhmann/Brucker*, Sozialpolitik im neuen Staat, S. 351 f.

16 *Schuhmann/Brucker*, Sozialpolitik im neuen Staat, S. 362.

Verantwortung der leitenden Beamten der einzelnen Verwaltungsstellen. Die Verbindung mit den Versicherten sollte ein Sozialrat als raterteilendes Organ herstellen, dessen ehrenamtliche Mitglieder dem Leiter des Landesversicherungsamtes mit ihrer praktischen Erfahrung in Angelegenheiten der Sozialversicherung zur Seite stehen sollten. Für die Neuregelung der Leistungen sollten folgende grundsätzlichen Überlegungen maßgeblich sein:[17]

„a) Der Vereinheitlichung der Versicherung muß eine *übersichtliche Gliederung der Leistungen* entsprechen.

b) Die Leistungen dürfen sich nicht *überschneiden*. Doppelleistungen sind nur in Ausnahmefällen zuzulassen.

c) Leistungen haben nur da einzusetzen, wo die Hilfe *tatsächlich nötig* ist.

d) Die Leistungen müssen für nachweisbar *schwere* Notfälle *ausreichend* sein und dürfen nicht gerade *dann* enden, wenn die Not am größten wird.

e) Wohlfahrtsmittel dürfen *nicht* infolge zu geringer Leistung zusätzlich notwendig werden.

f) Die Leistungen müssen allen *rassenbiologischen und bevölkerungspolitischen* Anforderungen entsprechen."

Die Versicherten sollten einen „unbedingten Rechtsanspruch" auf die Versicherungsleistung haben, sofern sie die formalen und sachlichen Voraussetzungen erfüllt hatten, wobei der Grundsatz „Arbeit statt Rente" verankert werden sollte.[18] Die Unfallrente war für Arbeiter und Angestellte einheitlich zu regeln, während für die Renten eine „völlige Gleichbehandlung" dieser beiden Gruppen nach Meinung der Autoren ausgeschlossen war. Es sei kaum zu verkennen,[19] daß die „soziale Struktur und *berufliche Eigenart des Angestellten* wesentlich *andere* sind als die des *Arbeiters* und deshalb auch die notwendige Rücksichtnahme verlangen". Damit dürfe „jedoch nicht etwa eine Sonderstellung und Sonderbehandlung des Angestellten *deshalb* verankert werden, weil etwa nach alter Auffassung seine Arbeit *höher und wertvoller* wäre als die des Arbeiters, sondern weil wirtschaftliche und soziale Bedingungen *zur Zeit wenigstens* noch solche Aufteilungen *erforderlich* erscheinen lassen". Die Wartezeit sollte einheitlich gestaltet, die Anwartschaftsbestimmungen sollten erheblich vereinfacht werden. Die deutsche Sozialversicherung sollte nur auf den Mitteln der Versicherten aufgebaut werden. Es sollten die Reichsmittel (Reichszuschuß usw.) in Zukunft nicht mehr gewährt werden und die Berechnung so vereinfacht werden, daß sie dem Versicherten verständlich sei und er somit in die Lage versetzt werde, die amtliche Rentenberechnung auf ihre Richtigkeit nachzuprüfen. Die Mindestrente sollte nicht unter dem Wohlfahrtsunterstützungssatz liegen,[20] da das wiederum nur eine zusätzliche Hergabe öffentlicher Mittel an die rentenbedürftigen Versicherten darstellt". Auch die Beitragsleistung des Arbeitgebers sollte – unter Gewährung von Lohnerhöhungen und Lohnzuschüssen – beseitigt werden.[21]

17 *Schuhmann/Brucker*, Sozialpolitik im neuen Staat, S. 379.
18 *Schuhmann/Brucker*, Sozialpolitik im neuen Staat, S. 384.
19 *Schuhmann/Brucker*, Sozialpolitik im neuen Staat, S. 385; hieraus auch das folgende Zitat.
20 *Schuhmann/Brucker*, Sozialpolitik im neuen Staat, S. 390.
21 *Schuhmann/Brucker*, Sozialpolitik im neuen Staat, S. 392.

Die Vorschläge von *Schuhmann* und *Brucker*, die bis März 1934 im Ausschuß der Akademie für die Reform der Sozialversicherung beraten wurden, sorgten für erhebliche Irritationen, so daß selbst *Ley* sich von dem Buch distanzierte und den weiteren Vertrieb verbot.[22] Nach Erlaß des Aufbaugesetzes versuchte *Ley* zwischen Mitte 1935 und 1938 vergeblich,[23] gegenüber dem Reichsarbeitsministerium eine allgemeine Altersversorgung durchzusetzen. Erst am 3.3.1939 setzte er eine Ermächtigung Görings als Beauftragten für den Vierjahresplan für die Bildung eines Ausschusses durch,[24] der über Fragen der „Gesundheitsfürsorge und Altersversorgung" beraten sollte. Hiermit stieß Ley auf den geschlossenen Widerstand des Reichsarbeitsministeriums, der anderen beteiligten Reichsministerien und der Wirtschaft. Jedoch beauftragte *Hitler* Ley am 15.2.1940 offiziell, Vorschläge für den Aufbau einer umfassenden Altersversorgung auszuarbeiten.[25] Die Entwürfe zu einem „Versorgungswerk des Deutschen Volkes"[26] von 1940/41 sehen eine Alters-, Beschädigten- und Familienfürsorge für jeden Reichsangehörigen deutschen oder artverwandten Blutes vor. Wer sich „durch schweren Verstoß gegen seine Gemeinschaftspflichten außerhalb der Volksgemeinschaft" stellte, sollte diesen Anspruch verlieren, wobei jeder Deutsche die Pflicht hatte, „sich im Rahmen seiner Fähigkeiten bedingungslos zum Nutzen der Nation einzusetzen". Die Versorgungsansprüche sollten nicht von einer Beitragshöhe und Beitragszeit abhängig sein, vielmehr sich nach dem Durchschnitt des Jahresarbeitsverdienstes der letzten zehn Jahre vor Erreichung der Altersgrenze richten. Als Mindestgrundbetrag waren 50 RM vorgesehen. Personen, die über die Altersgrenze hinaus arbeiteten, sollten zusätzlich zum Lohn einen Alterssold in Höhe von einem Drittel des Altersruhegeldes erhalten. Das Ruhegeld sollte 60 % des versorgungsfähigen Einkommens erreichen (Höchstbetrag 250 RM). Witwen sollten nur das Beschädigten- oder Altersruhegeld erhalten, wozu noch bei mehreren Kindern der Muttersold kam. Hatte der Versorgungsberechtigte ein Einkommen von mehr als 400 RM, so wurde die Versorgungsleistung entsprechend gekürzt. Ehegatten sollten ihre Versorgungsansprüche selbständig nebeneinander geltend machen können, jedoch den Grundbetrag nur einmal verlangen dürfen und sonstige Versorgungsleistungen nur, soweit sie zusammen den fünffachen Grundbetrag und zusammen mit den sonstigen Einkünften beider Ehegatten den achtfachen Grundbetrag nicht überstiegen. Das Versorgungswerk sollte aus Steuermitteln und zusätzlichen Beiträgen für Zwecke der Versorgung aufgebaut werden. Als Finanzbedarf waren für 1942 9,4 Milliarden RM veranschlagt (gegenüber 5,1 Milliarden RM bisheriger Renten- und Fürsorgeleistungen). Eine Deckung wäre durch Erhöhung der Einkommensteuer um 5 bis 6 % möglich gewesen. Insgesamt hätte das Versorgungswerk zu einer sozialen Egalisierung und ökonomischen Nivellierung geführt, von der „Institutionalisierung der Inhumanität" einmal ganz abgesehen. Die Pläne zur Umwandlung der Sozialversicherung in eine Altersversorgung

---

22 *Teppe*, aaO. (Fn. 5), S. 218.

23 Ausführlich dazu *Teppe*, aaO., S. 238 ff.

24 *Teppe*, aaO., S. 241 f.

25 Hierzu *Teppe*, aaO., S. 243 ff.; M.-L. *Recker*, Nationalsozialistische Sozialpolitik im Zweiten Weltkrieg, München 1985, S. 98 ff.

26 Zum folgenden die in diesem Band wiedergegebenen Entwürfe mit Begründung; zum Inhalt *Teppe*, aaO., S. 246 f.; *Recker*, aaO., S. 98 ff.

wurden am 11.1.1942 durch *Lammers* (Reichskanzlei), der sich auf eine Anordnung Hitlers berief, angehalten. Eine neue Ausarbeitung des Arbeitswissenschaftlichen Instituts, die *Ley* im Herbst 1942 an Hitler übermittelte, schickte Bormann zurück mit der Begründung, Hitler könne sich damit jetzt nicht befassen.[27]

Das Sozialwerk des Deutschen Volkes sowie die Begründung und die begleitenden Denkschriften spielen seit der von *Broszat* Anfang der achtziger Jahre angestoßenen Diskussion für eine Historisierung des Nationalsozialismus eine wichtige Rolle.[28] Die Arbeiten von *Recker* (1985), von Martin H. *Geyer*[29] und zusammenfassend und weiterführend von K.H. *Roth* haben jedoch darauf hingewiesen,[30] daß das Arbeitswissenschaftliche Institut [AwI] der DAF, um 1940 die größte sozial- und wirtschaftspolitische Forschungseinrichtung Europas, eine klare sozialstrategische Linie verfolgte. Die historische Rechtfertigung hierfür lieferte Rudolf *Craemer*[31], seit Juli 1938 Leiter des Referats Sozialgeschichte im AwI. In dem Aufsatz: „Vom geschichtlichen Begriff der Sozialpolitik" von 1940/41 stellte dieser fest,[32] nur in Bismarcks sozialer Gesetzgebung sei das „Bewußtsein der inneren Einheit sozialer und staatlich-nationalpolitischer Verantwortung" gefestigt und dem Begriff der Sozialpolitik in seiner „elementaren Bedeutung"

27 Von einem Abdruck des erheblich kürzeren Entwurfs (BA Berlin, NS 25/1120) wird hier abgesehen, da dieser gegenüber den Vorlagen von 1941 keine neuen Gesichtspunkte enthält. In dem Erlaßentwurf von *Ley* war die Kopplung des Gesundheitswerks mit dem Versorgungswerk vorgesehen. Nach einem Vermerk von *Tießler* (Parteikanzlei) vom 23.12.1942 für Bormann heißt es u.a.: „Da angesichts der völlig unübersichtlichen Auswirkungen während des Krieges der Reichsfinanzminister eine Einführung der Altersversorgung ablehnt, kann es nicht angehen, diese Einführung auf dem Umweg über die Grundsätze doch noch zu erreichen. Gegenüber dem heutigen Finanzbedarf der sozialen Rentenversicherung ergibt sich für das Versorgungswerk nach den eher zu niedrig als zu hoch erscheinenden Berechnungen des Arbeitswissenschaftlichen Instituts ein Mehr von über 3 Milliarden RM. – Pg. *Reinhardt* hat mit Schreiben vom 3.11.1942 auf die kaufkraftmäßigen und währungspolitischen Belange hingewiesen und die Einführung der Altersversorgung während des Krieges abgelehnt. Es wäre verantwortungslos, während des Krieges und, sofern die bisherige Warenverknappung noch weiterhin anhält, eine so ungeheure Kaufkraftausweitung durch das Inkraftsetzen der Altersversorgung vorzunehmen. – Auch bei den anfangs Oktober stattgefundenen Erörterungen der Verbesserungen in der Knappschaftsversicherung wurde darauf hingewiesen, daß a) der einheitliche Entwurf des Versorgungswerkes auf den ersten Blick bestechend wirkt, b) der finanzielle Bedarf und die Auswirkungen sich nicht im entferntesten abschätzen lassen, c) ferner nicht zu überblicken sei, inwieweit sich die eine oder andere Bestimmung letzten Endes doch als ungünstiger gegenüber dem gegenwärtigen Zustand erweist. (z.B. der Grundsatz „Arbeit geht vor Rente" im Vergleich zur gegenwärtigen Witwenrente in der Angestelltenversicherung.) – Nicht zuletzt sei bemerkt, daß ein derartiger grundlegender Umbau eine ungeheure Mehrarbeit bedeutet. Es müssen zunächst Millionen von Renten umgerechnet und damit die Versorgungsleistungen neu festgesetzt werden. Wie diese Mehrarbeit jetzt während des Krieges angesichts der zu erwartenden neuen Einberufungen und Umsetzungen in der Rüstungswirtschaft geleistet werden soll, ist unerfindlich."

28 Hierzu Karl-Heinz *Roth*, Intelligenz und Sozialpolitik im „Dritten Reich". Eine methodisch-historische Studie am Beispiel des Arbeitswissenschaftlichen Instituts der DAF, München usw. 1993, S. 11 ff.

29 Martin H. *Geyer*, Die Reichsknappschaft. Versicherungsreformen und Sozialpolitik im Bergbau 1900-1945, München 1987, S. 364 ff.

30 *Roth*, aaO., S. 145 ff.

31 Über diesen habilitierten Historiker (gest. am 14.5.1941) *Roth*, aaO., S. 153 ff., 204.

32 Jahrbuch des Arbeitswissenschaftlichen Instituts der DAF 1940/41, S. 581 ff., 590 ff.

ein „epocheübergreifender Erfolg“ gesichert worden.[33] Soziale Staatspolitik sei „wirtschaftlich-gesellschaftliche Volksordnung innerhalb der nationalen Gebietseinheit“, „soziale Reichspolitik“ sei „wirtschaftlich-gesellschaftliche Volksführung und Völkerordnung in der Lebensgemeinschaft eines Gesamtraums“, „soziale Weltpolitik“ sei „wirtschaftlich-gesellschaftliche Gestaltung der Lebensräume im Ringen der Rassenkräfte und der von sozialen Ideen getragenen Weltmächte“. *Craemers* Aufsatz vom August 1940 über Bismarcks Erbe in der Sozialversicherung[34] erfuhr nach *Roth* „die Weihen eines historisch-legitimatorischen Versatzstücks“, das seit dem Herbst 1940 allen Einleitungen und Präambeln „der voluminösen Geheimdrucke“ zum „Sozialwerk des Deutschen Volkes“ vorangestellt worden sei.[35]

Der Ende 1939 von *Ley* wieder aufgegriffene Versuch, die künftige Altersversorgung voranzutreiben, wurde gegenüber Hitler und den beteiligten Ressorts als Mittel der Erhebung einer getarnten allgemeinen Kriegsanleihe gerechtfertigt. Insgesamt war das „Versorgungswerk“, ungeachtet der mit ihm verbundenen Modernisierungselemente des deutschen Sozialrechts, ein auf eine „totale Sozialplanung“ ausgerichtetes Projekt, das mit den Plänen von William Henry *Beveridge* von 1942 zur Reform des britischen Systems der sozialen Sicherung nur wenig Gemeinsamkeiten aufwies[36] und zudem auch eine völlige Neukonzeption der früheren Vorschläge der NSBO und DAF zu einer Einheitsversicherung darstellte. In dem neuen Modell war nach *Roth* die „Möglichkeit zur Neubestimmung des Verhältnisses von Arbeitszwang, sozialpolitischer Integration und Selektion von ‚volksschädlichem Verhalten‘“ angelegt.[37] Eine der Triebfedern dürfte das „sozialdemagogisch begründete Abfedern aktueller und noch bestehender Entbehrungen“ in der Kriegszeit gewesen sein. Insoweit ist das „Versorgungswerk“ ein Dokument von allerdings hohem ideologischem und intellektuellem Niveau, das ähnlich wie andere im Rahmen der vorliegenden Edition wiedergegebene Gesetzesprojekte[38] präzisen Aufschluß über die radikalisierten Ziele des späten Nationalsozialismus gibt.

Nach *Ley* sollte das Versorgungswerk nur einen Teil des geplanten Sozialwerks des Deutschen Volkes bilden und auch die Berufserziehung, den Wohnungsbau, die Lohnordnung und das Gesundheitswerk umfassen. Am 17.1.1941 traf sich Ley mit dem Reichsgesundheitsführer Conti zu Besprechungen in Bad Saarow,[39] über die *Ley* ein zu-

33 Zitiert nach *Roth*, aaO., S. 163; das folgende Zitat S. 164.

34 Nachgewiesen bei *Roth*, aaO., S. 320.

35 *Roth*, aaO., S. 173.

36 Hierzu G. *Elsner*, „... in gewisser Hinsicht war Robert Ley der deutsche William Beveridge“. – Zur Diskussion über Modernisierungselemente in der nationalsozialistischen Sozialpolitik in der Zeitschrift: „1999“, Heft 3/1992, S. 83 ff.

37 *Roth*, aaO., S. 48; zum folgenden S. 100.

38 Wie das geplante Gemeinschaftsfremdengesetz von 1944 und die geplante Reform der Stellung des Richters und der Gerichtsverfassung (vgl. Bde. VI und VII der Reihe).

39 Zum folgenden die allerdings unvollständige Aktenüberlieferung im BA Berlin, 15.01, Nr. 3786 und 3793. Der zeitliche Verlauf der Entwurfsfassung durch die Mitarbeiter von Ley und Conti läßt sich nicht vollständig aufklären (vgl. dazu BA Berlin, 15.01, Bl. 230 ff.). – Über Leonardo Conti (1900-1945), H. *Weiß*, Biographisches Lexikon zum 3. Reich, 1998, S. 76 und Führerlexikon 1934/35, S. 86 f.: Conti studierte von 1919-1923 Medizin; Mitglied der völkischen Studentenbewegung. Mitbegründer des Kampfbundes für deutsche Kultur. Zunächst Mitglied der DNVP trat er 1923 in die SA, 1927 in die

sammenfassendes Protokoll anfertigte, das *Conti* mit dem restriktiven Zusatz unterzeichnete: „ Mit den Grundgedanken ... einverstanden." Die Leitung des Gesundheitswerks sollte dem Reichsgesundheitsführer zustehen, der von Gau- und Kreisgesundheitsführern unterstützt werden sollte. Während Ley den Zusammenhang zwischen Arbeitseinsatz und Gesundheitsführung (insbesondere den vorbeugenden und verhütenden Gesundheitsschutz) betonte, stellte Conti die ärztliche Versorgung des einzelnen und der Familie in den Vordergrund. Diese sollte längere Zeit an einen Hausarzt gebunden sein, der für die Betreuung und Behandlung lediglich eine Pauschale erhalten sollte. Die Mittel für das Gesundheitswerk sollten durch einen Zuschlag zu der Einkommensteuer und eine Umlage der Unternehmen aufgebracht werden. Auf der Grundlage der Absprachen in Bad Saarow ließ *Conti* einen Gesetzentwurf zu einem deutschen Gesundheitswerk ausarbeiten. Obwohl sich der Entwurf im wesentlichen an die Abmachungen mit Ley hielt, meldete *Conti* bereits in der Begründung wie auch schon vorher in einer weiteren Besprechung mit Ley Bedenken gegen die starke Einschränkung der Arztwahl durch ein Listensystem an und verlangte, daß die Krankschreibung nicht mehr durch den behandelnden Arzt erfolgen sollte. *Ley* ließ daraufhin durch sein Amt „Gesundheit und Volksschutz" ebenfalls einen Erlaßentwurf zu einem Gesundheitswerk des Deutschen Volkes ausarbeiten, der selbst in den Ministerialakten nicht mehr auffindbar ist. Erhalten ist lediglich die umfangreiche Begründung,[40] die hier aus Platzgründen nicht wiedergegeben werden kann. Dieser Entwurf stand nach *Recker* „ganz augenfällig im Dienst der Arbeitseinsatzpolitik". Durch eine bessere vorbeugende und verhütende Gesundheitsvorsorge sollte erreicht werden, „daß die Leistungsfähigkeit der einzelnen Arbeitskraft konstant gehalten und das gegenwärtig häufig zu beobachtende Absinken der Arbeitsleistung mit etwa dem 40. Lebensjahr verhindert wurde". Bei den steigenden Soziallasten nach dem Krieg, wie sie mit der Durchführung des Sozialwerks zu erwarten seien, scheine es unabdingbar, diesen Leistungsabfall zu stoppen, ihn möglichst nahe an die Altersgrenze von 65 Jahren heranzurücken oder zur Verlängerung der Lebensarbeitszeit darauf hinzuwirken, daß „der Zeitpunkt des allmählichen Kräfteschwundes kurz vor dem Zeitpunkt des physiologischen Todes liegt und der endgültige Kräfteverfall mit ihm zusammenfällt". Daneben trat nach *Recker* der Gesichtspunkt der medizinischen Versorgung und der finanziellen Sicherung der Kranken deutlich zurück. Ferner ist noch ein nur die Grundzüge regelnder Erlaßentwurf *Contis* vom Sommer 1941 überliefert, der sich von einem früheren Entwurf von Ley nur in zwei wesentlichen Punkten unterschied. In der Folgezeit fand zwischen Ley und Conti ein erregter Briefwechsel statt, in dem jeder von ihnen die alleinige Federführung des Gesetzesvorhabens beanspruchte. Zudem wollte *Conti* nichts mehr von einem Verlassen des Versicherungsprinzips wissen. Auch sollte das Gesundheitswerk nicht Bestandteil des Leyschen Sozialwerks sein, wovon

---

NSDAP ein. 1925 zunächst als praktischer Arzt tätig. 1929 Mitbegründer des NSD-Ärztebundes. 1932 Mitglied des preuß. Landtags. 1933 im preuß. Innenministerium (1934 Staatsrat). Von April 1939 bis August 1944 Reichsgesundheitsführer. Leiter des Hauptamts für Volksgesundheit in der Reichsleitung der NSDAP und Leiter der Abteilung Gesundheitswesen im Innenministerium. April 1944 SS-Obergruppenführer in Flensburg.

40 Aus dieser läßt sich der Entwurf inhaltlich erschließen (hierzu *Recker*, aaO., S. 124 f.). Die folgenden Zitate bei *Recker*, aaO., S. 124, 125.

nach *Conti* auch in Bad Saarow nicht die Rede gewesen sei. Während *Conti* die Eigenständigkeit des Gesundheitswerks als oberste Reichsbehörde unter der Leitung des Reichsgesundheitsführers mit direktem Zugang zu Hitler betonte, warf *Ley* Conti vor, daß dieser mit seinen Plänen den Standesinteressen der Ärzte zu weit entgegenkomme. Die Auseinandersetzungen und die Arbeiten am Gesundheitswerk nahmen 1942 an Schärfe ab, nachdem *Lammers* (Reichskanzlei) an Ley mitgeteilt hatte, Hitler habe bisher von den Entwürfen noch keine Kenntnis genommen und keine Entscheidung über das Gesundheitswerk im allgemeinen getroffen. Auch wenn die wiedergegebenen Quellen zum Gesundheitswerk die Positionen von Ley und Conti nur mit gewissen Einschränkungen wiedergeben – das Saarower Protokoll enthält Zugeständnisse von Ley an Conti, während der Entwurf Contis auch Zugeständnisse an Ley enthält –, so dokumentiert der abgedruckte Entwurf jedoch insgesamt die auch von Conti gegenüber Ley nicht in Frage gestellte Richtung, in welche das Gesundheitswerk des späten Nationalsozialismus tendierte.

IV. Die Sozialgesetzgebung während der NS-Zeit und die Ausschußberatungen

Die Beratungen des Sozialrechtsausschusses fallen in zwei Teile. Vom 22.1. bis 4.4.1934 befaßte sich der Ausschuß mit Fragen einer Umgestaltung der Sozialversicherung weitgehend im Sinne der von Schuhmann/Brucker veröffentlichten Vorschläge und mit der dort nicht explizit angesprochenen selbständigen deutschen Altersversorgung. In der Sitzung vom 12.3.1934, in der die Altersversorgung detailliert vorgestellt wurde,[41] waren die Bedenken besonders hinsichtlich der Mittelaufbringung so groß, daß weitere Beratungen verschoben wurden. Inzwischen hatte der Reichsarbeitsminister zur Vorbereitung des sog. Ausbaugesetzes vom 5.7.1934 einen Ausschuß eingesetzt,[42] der am 7.3.1934 erstmals zusammengekommen war und in dem auch *Brucker* und Lutz *Richter* vom sozialrechtlichen Ausschuß der Akademie vertreten waren. Damit war auch für die Beratungen des Akademieausschusses klar, daß die Forderung nach einer Einheitsversicherung nicht mehr durchsetzbar war.

Insgesamt behielten die unter dem Nationalsozialismus[43] ergangenen sozialversicherungsrechtlichen Reformen die Struktur des überlieferten Sozialrechts bei. Bereits im Februar 1933 erlitten die nationalsozialistischen Kabinettsmitglieder in der Frage der Abschaffung der Krankenscheingebühr eine Niederlage.[44] Johannes *Krohn*,[45] der neue

41 Hierzu unter III.

42 *Teppe*, aaO., S. 219.

43 Zur Reformdiskussion vor 1933 vgl. die Aufsatzsammlung: Rettet die Sozialversicherung! 11 Reformvorschläge sachverständiger Persönlichkeiten (L. Richter, G. Gerhardt, Dipl. oec. F. Ebeling, Geh. Oberregierungsrat Dr. Schulz, Eckehard und Dr. Otto Schatz), Stuttgart 1931; Erich *Ritter*, Die Stellungnahme der Gewerkschaften zu den Problemen der Sozialversicherung in Deutschland, Diss. rer. pol. Frankfurt a.M. 1933, bes. S. 38 ff.; *Geyer*, aaO., S. 130 ff., 156 ff., 183 ff. und die Darstellung von *Recker*, aaO. (Fn. 25), S. 121 ff.

44 *Teppe*, aaO., S. 209 ff.

45 Über diesen unter V. Der Nachlaß ist im Bundesarchiv Koblenz erhalten.

Staatssekretär und bisherige Leiter der Hauptabteilung II des Reichsarbeitsministeriums: „Sozialversicherung und Wohlfahrtspflege" (Nachfolger Dr. Hans Engel) hielt das Reichsarbeitsministerium von nationalsozialistischen Einflüssen weitgehend frei. Von den 38 im Jahre 1938 im Ministerium tätigen Ministerialräten gehörten nur fünf der NSDAP an. Das sog. Sanierungsgesetz, das „Gesetz zur Erhaltung der Leistungsfähigkeit der Invaliden-, der Angestellten- und der knappschaftlichen Versicherung"[46] vom 7.12.1933 führte zum Anwartschaftsdeckungsverfahren zurück, da andernfalls nicht mehr finanzierbare Beitragserhöhungen notwendig gewesen wären.[47] Die drei Zweige der Rentenversicherung wurden wieder einander angeglichen:[48] Dies geschah vor allem „durch die neue Berechnungsart der Rentenleistung, die für das Gesetz von grundsätzlicher Bedeutung war, und durch die sinngemäße Übertragung der Vorschriften über Wartezeit und Anwartschaftsfristen von der Invaliden- und Angestelltenversicherung auf die knappschaftliche Pensionsversicherung. Anstelle des bisherigen komplizierten Systems wurden für die drei Versicherungen je ein konstanter Grundbetrag (dieser war zugleich die gesetzlich garantierte Mindestrente) und ein variabler Steigerungsbetrag festgesetzt, der sich proportional an der Höhe der Lohn- und Beitragsklassen orientierte. Die stärkere Gewichtung der Steigerungssätze begünstigte somit die höheren Verdiensteinkommen und benachteiligte die niederen Lohnklassen. Damit sollte derjenige, der über einen langen Zeitraum hohe Beiträge entrichtet hatte, eine entsprechend höhere Rente empfangen. Die Entscheidung lag ganz auf der vom Arbeitsministerium verfolgten Linie des Leistungsgrundsatzes in der Sozialversicherung und war eine klare Absage an alle Nivellierungstendenzen." Dies hatte folgende Konsequenzen:[49] „Während die durchschnittliche Monatsrente für Arbeiter von 34,60 RM auf 32,10 RM abgesenkt wurde, ging das durchschnittliche monatliche Angestelltenruhegeld ‚nur' von 56 RM auf 53,10 RM zurück. Um die unterschiedliche Spannweite der Renten zu zeigen, sei noch darauf verwiesen, daß die Arbeiterrenten zwischen 12 und 62,10 RM im Monat, die Angestelltenruhegelder zwischen 31,50 und 133,10 RM betrugen. Die niedrigsten Renten erhielten im übrigen die Landarbeiter; deren Lebensabend war, schaut man auf die Tarifordnungen, auch nur in den seltensten Fällen durch zusätzliche soziale Leistungen vom Arbeitgeber wie Altersruhegeld oder Invaliditätsunterstützung abgesichert."

Das Aufbaugesetz vom 5.7.1934,[50] das Gesetz über den Aufbau der Sozialversicherung, wies alle Vorstellungen der DAF und der NSBO auf Vereinheitlichung der Versicherungszweige (mit Ausnahme der Arbeitslosenversicherung) unter deren Führung zurück. Zur Vorbereitung des Gesetzes hatte der Reichsarbeitsminister einen bereits erwähnten Ausschuß mit 18 Mitgliedern eingesetzt, der am 7.3.1934 erstmals zusammentrat. Nach Abschluß der Beratungen am 11.5.1934 war der daraufhin aufgestellte Gesetzentwurf am 8.6.1934 Gegenstand von Ressortberatungen, der am 26.6. eine Chefbe-

---

46 RGBl. I 1933, S. 139.

47 Michael *Schneider*, Unterm Hakenkreuz. Arbeiter und Arbeiterbewegung 1933 bis 1939, Bonn 1988, S. 423.

48 *Teppe*, aaO., S. 216.

49 RGBl. I 1934, S. 577 ff. Zu diesem Gesetz *Teppe*, aaO., S. 220 ff. (mit weiteren Nachweisen in den Fn. 113-135); *Schneider*, aaO., S. 422 f.

50 Das folgende nach H. *Engel*, Die Reichsversicherung 1934, S. 130.

sprechung folgte. Am 3.7.1934 stimmte das Kabinett dem am 5.7. erlassenen Gesetz ohne Aussprache zu. Nach dem Aufbaugesetz blieben die bisherigen Versicherungsträger völlig selbständig. Es sei also nicht so,[51] daß durch das Gesetz „eine Einheitsversicherung geschaffen worden wäre, die die bisherigen Versicherungszweige verwischt und einen Einheitstopf schafft. Es ist auch nicht so, daß in der Krankenversicherung die einzelnen Kassenarten zugunsten einer Einheitskasse aufgehoben worden wären". Das Gesetz schaffe „also weder Einheitsversicherung noch Einheitskassen; es läßt vielmehr die einzelnen Versicherungszweige individuell bestehen. Die Reichsregierung hat sich also mit diesem Gesetz zu dem Grundsatz bekannt, daß das Wohl des Versicherten am besten gewahrt wird, wenn die einzelnen Versicherungszweige nebeneinander vorhanden sind und Gemeinschaftsaufgaben in planmäßigem Miteinanderarbeiten erfüllen." Die planmäßige Zusammenarbeit insbesondere zwischen der Krankenversicherung und der Invalidenversicherung und Aufgaben beider Versicherungen für ein Land oder eine Provinz wurden zusammengefaßt. Die bisherigen Ersatzkassen der Krankenversicherung wurden in die Sozialversicherung des Reiches eingebaut. Die Reichsknappschaft und die Reichsversicherungsanstalt für Angestellte kamen unter die Aufsicht des Reichsversicherungsamtes. Dagegen wurden die Landesversicherungsämter in Baden, Sachsen und Bayern aufgehoben. Die staatlichen Aufsichtsbefugnisse wurden ausgeweitet und beim Reichsversicherungsamt konzentriert. Nationalsozialistische Einflüsse machten sich bei der Einführung des Führergrundsatzes geltend:[52] „Ein wichtiger Gesichtspunkt des neuen Gesetzes ist die starke Betonung des *Führergedankens*. Jeder Versicherungsträger wird maßgebend von *einem Leiter* geführt. Ihm ist ein Beirat beigegeben, dem das Gesetz lediglich beratende Tätigkeit zuweist, dessen weitere Aufgaben und Rechtsstellung aber doch späteren Bestimmungen vorbehält."

Zum Aufbaugesetz ergingen bis 1942 siebzehn Durchführungsverordnungen,[53] zu denen der Ausschuß eine Reihe von Vorschlägen unterbreitet hatte. Mit Erlaß vom 5.1.1935 wurde die Überleitung der Gemeinschaftsaufgaben auf die Landesversicherungsämter angeordnet.[54] Andererseits nahmen die Krankenkassen die örtlichen Aufgaben der Invalidenversicherung wahr. Mit dem Gesetz über die Änderung einiger Vorschriften der Reichsversicherung vom 23.12.1936[55] war der Ausschuß, soweit feststellbar, nicht befaßt. Das Gesetz über den Ausbau der Rentenversicherung (sog. Ausbaugesetz vom 21.12.1937) brachte eine Vereinfachung des Anwartschaftsrechts in der Rentenversicherung und weitere Verbesserungen der Sozialversicherungsleistungen, wenn auch keineswegs in dem vom Reichsarbeitsminister gewünschten Umfang. Eine Einschränkung des Ruhens von Rentennebenbezügen aus der Reichsversicherung brachte in Abänderung der Notverordnung vom 8.12.1931 und vom 14.6.1932 das Gesetz vom 19.4.1939[56] über den weiteren Abbau der Notverordnungen in der Reichsversicherung.

---

51 *Engel*, aaO., S. 130 (rechte Sp.).

52 Nachgewiesen u.a. bei Franz *Eichelsbacher*, RVO, Textausgabe mit Ergänzungsbestimmungen und Ausführungsvorschriften, 20. Aufl. (Stand November 1943), München und Berlin 1944.

53 *Teppe*, aaO., S. 227 (unter Hinweis auf das Archiv des Bundesversicherungsamtes 2221 K, Bd. 1).

54 RGBl. I 1936, S. 1236.

55 RGBl. I 1937, S. 1393; *Teppe*, aaO., S. 233 f.

56 RGBl. I 1939, S. 3793; *Teppe*, aaO., S. 235 f.

Eine Ausweitung der Sozialversicherung war bereits durch das Gesetz über die Altersversicherung für das Deutsche Handwerk vom 31.12.1938[57] mit mehreren Durchführungsverordnungen erfolgt. Ebenfalls beteiligt war der Akademieausschuß an der Vorbereitung des Gesetzes über weitere Maßnahmen vom 15.1.1941[58] und der Verordnung über die Gewährung von Steigerungsbeträgen im jetzigen Kriege vom 8.10.1941[59].

Insgesamt war die Strategie des Reichsarbeitsministeriums nicht frei von Widersprüchen. Auf der einen Seite verfolgte es die Etablierung einer Reichssozialverwaltung mit Reichsprovinzialverwaltungen, scheiterte damit jedoch bereits 1935 an den anderen Ministerien.[60] Auf der anderen Seite führten die steigenden Einnahmen der Rentenversicherungen nicht zu einer Rücknahme der drastischen Kürzungen von 1931/32. Vielmehr herrschte eine rigide Bewilligungspraxis mit erheblichen Umschichtungen zugunsten der Gesundheitsfürsorge, der Bevölkerungspolitik und des Reichshaushalts.[61] Hierbei ist allerdings zu berücksichtigen, daß das Reichsarbeitsministerium sich mit seinen oft weitergehenden Vorschlägen gegen den Reichsfinanzminister nie voll durchsetzen konnte. Die umfangreichen Rentenerhöhungen im Verlauf des Krieges bedeuteten keinen Kurswechsel, sondern waren Bestandteil der „prophylaktischen Krisenpolitik des Regimes“.[62]

Nachdem am 5.7.1934 das Aufbaugesetz ergangen war, wurde *Brucker* am 23.8.1934 von seinem Amt bei der Reichsführung der NSBO enthoben. Der Vorsitz in dem neu benannten Ausschuß für Sozialversicherung dürfte alsbald Alfred *Anders* übertragen worden sein. In der folgenden zweiten Phase der Ausschußberatungen befaßte sich der Ausschuß mit Themen, deren Beratungen vornehmlich vom Reichsarbeitsministerium angeregt worden waren und zu denen er meist auch Gutachten vorlegte, die bei den gesetzgeberischen Überlegungen wohl eine nicht unwichtige Rolle spielten. Allerdings konnten weder der Ausschuß noch, wie bereits erwähnt, das Reichsarbeitsministerium ihre Maximalvorstellungen gegenüber den anderen Ministerien durchsetzen. Keinen Erfolg hatte das Ausschußgutachten vom 23.1.1936 über die Neugestaltung des Verfahrens der Sozialversicherung. Dagegen war der Ausschuß maßgebend an den Vorarbeiten zu einigen Durchführungsverordnungen zum Aufbaugesetz beteiligt, so u.a. zur 16. DVO vom 9.6.1938 über die Rechtsverhältnisse der Bediensteten der Versicherungsträger.[63] Insgesamt gehört der Sozialrechtsausschuß für die Zeit ab Herbst 1934 bis zum Ende der Beratungen Anfang 1941 zu den effektivsten Gremien der Akademie für Deutsches Recht. Leider sind die Beratungen vom Januar 1938 über die Schaffung einer deutschen Altersversorgung, über die nach dem Protokoll vom 4.3.1938 auch noch in den folgenden Sitzungen gesprochen werden sollte, nicht überliefert. Nach einem Exposée der Akademie vom 3.11.1942 fand die letzte Sitzung am 24./25.2.1941 statt.[64] Seit

57 RGBl. I 1938, S. 1900; 1939, S. 2113 und 1940, S. 1671.
58 RGBl. I 1941, S. 34.
59 RGBl. I 1941, S. 634.
60 *Teppe*, aaO., S. 225 f.
61 *Teppe*, aaO., S. 229 ff.; *Schneider*, aaO., S. 427 f.
62 *Teppe*, aaO., S. 236.
63 RGBl. I 1938, S. 622.
64 BA Berlin, R 61/113 (Koblenz), Bl. 8 f., Zitat Bl. 10.

dem Tode des Vorsitzenden ruhte die Tätigkeit des Ausschusses, da der stellvertretende Vorsitzende vor der endgültigen Berufung des neuen Vorsitzenden über die Weiterarbeit nicht entscheiden wollte. Zu den künftigen Arbeiten war festgestellt: „Das Reichsarbeitsministerium hat inzwischen die Weiterarbeit des Ausschusses mehrfach angeregt. Zu bearbeiten wären in erster Linie die Kriegsnotwendigkeiten in der Sozialversicherung und die von Dr. *Ley* aufzubauenden Sozialwerke (Alters- und Beschädigtenversorgung, Reichsgesundheitswerk)."

V. Mitglieder und Mitarbeiter des Ausschusses

Anders, Alfred (1880-15.4.1941). Nach Tätigkeit in der Invalidenversicherung von 1933-1941 Leiter der Barmer Ersatzkasse. Ehrenamtlicher Abteilungsleiter im Sozialamt der DAF. – *Quellen:* ZAR 1941, S. 146; F. *Tennstedt,* Soziale Selbstverwaltung. Geschichte der Selbstverwaltung in der Krankenversicherung, Bd. 2, Bonn 1977, S. 208. Weder von der Barmer Ersatzkasse noch aus dem Document Center Berlin (Bundesarchiv) waren detailliertere Daten zu erhalten.

Brucker, Ludwig (geb. 8.3.1888 in Ettlenschieß bei Ulm als Sohn eines Oberlehrers; gest. 1948 in Buchenwald nach der Verhaftung durch sowjetische Besatzungstruppen). Nach dem Realschulbesuch Ausbildung im württembergischen Verwaltungsdienst, in den er 1912 übernommen wurde. 1914 Geschäftsführer und Syndikus des Württ. Krankenkassenverbandes. 1914-1918 Teilnahme am Ersten Weltkrieg. 1919 Geschäftsführer der Arbeitsgemeinschaft der Württ. Krankenkassenverbände und der Arbeitsgemeinschaft der Süddeutschen Krankenkassenverbände. 1922-1925 in der württembergischen Industrie tätig. 1925-1933 Direktor des Bundes der Deutschen Krankenkassenbeamten (nationale Richtung). 1925 Beitritt zur „Deutsch-völkischen Freiheitsbewegung", am 1.8.1929 Eintritt in die NSDAP. 1930 Leiter des sozialpolitischen Ausschusses des Gaues Berlin, 1931 des Ausschusses für Sozialpolitik in der Reichsleitung der NSBO (Reichsamtsleiter). März 1933 Reichskommissar für den Reichsverband der Ortskrankenkassen. Mai 1933 Stellv. Führer des Gesamtverbandes der Deutschen Arbeiter. Bis August 1934 Leiter des Amtes für Sozialversicherung der DAF und Vorsitzender des Ausschusses für Reform der Sozialversicherung der ADR. Am 23.8.1934 aller Parteiämter enthoben. Ein Verfahren vor dem Obersten Parteigericht der NSDAP endete mit einer „Verwarnung". Während des Krieges informelle Kontakte zum Planungsstab des Reichsgesundheitsführers Conti im Reichsministerium des Innern. – *Werke:* Die deutschen Beamtenbesoldungsgesetze, 1929; zus. mit A. *Hecker*, Das Dienst- und Besoldungsrecht der deutschen Krankenkassenbeamten und -angestellten, 1929; Hefte 17, 25, 30 u. 41 in der Reihe: „Der Dienst in der deutschen Sozialversicherung", 1928-1929; als Hrsg., Die Sozialversicherung nach dem neusten Stand der Gesetzgebung. Systematische Darstellung und Einführung in die Praxis, 6 Bde., 1928-1932; Arbeitsschutz im neuen Reich, 1933; Die kommende Sozialpolitik im 3. Reich, 1933; Die deutsche Sozialversicherung am Scheidewege, 1933; zus. mit W. *Schumann*, Sozialpolitik im neuen Staat, 1934; Die Sozialversicherung nach dem neusten Stand der Gesetzgebung, 1940; zus. mit Fr.

Schulte, Die deutsche Krankenversicherung bis 1943; Die deutsche Unfallversicherung, 1942. – *Quellen:* Document Center Berlin; F. *Tennstedt*, aaO., S. 190 f.; Führerlexikon 1934/35, S. 75.

Cnyrin, H., Hauptamtsleiter in der Kanzlei des Führers.

Dersch, Hermann (1883-1961). Vgl. Bd. V, 1997, S. XLIX, 49 f.

Engel, Hans A. (geb. 17.11.1898 in Magdeburg; gest. April 1945 in Berlin). Nach dem Gymnasialbesuch in Magdeburg Studien der Rechtswissenschaften in Marburg; 1910 Referendar und Dr. iur., 1914 Gerichtsassessor, 1918 Regierungsassessor, 1920 Regierungsrat im Reichsarbeitsministerium, 1924 Oberregierungsrat, 1929 Ministerialrat, 1933 Ministerialdirektor, 1942 Staatssekretär als Nachfolger von Johannes Krohn. 1945 durch sowjetische Soldaten erschossen. – *Quellen:* St. *Leibfried* u. F. *Tennstedt*, Berufsverbote und Sozialpolitik, 2. Aufl. 1980, S. 60 f.; Führerlexikon 1934/35, S. 111.

Erdmann, Gerhard, Dr. iur. (geb. 31.1.1896 in Thorn; Todesdatum nicht bekannt). Hauptgeschäftsführer der Reichswirtschaftskammer und der Arbeitsgemeinschaft der Industrie- und Handelskammern in der Reichswirtschaftskammer. Mitglied des kleinen Konvents der DAF. – *Quellen:* Wer leitet?, 1940, S. 190.

Funke, Dr. iur., Sozialamt der DAF.

Grassl (auch Graßl), Hermann (geb. 14.6.1896 in Schönburg; Todesdatum nicht bekannt). Ausbildung als Volksschullehrer. Frontdienst von 1916-1918. Mitglied des Freikorps Epp. Volksschullehrer in Achslach und Rottenburg. 1931 - 14.10.1933 Mitglied des Bayr. Landtags. August 1934 stellv. Reichskommissar für die Orts- und Landeskrankenkassen in Bayern (bis 1936). 1.9.1935 Regierungsrat bei der Landesversicherungsanstalt Niederbayern/Oberpfalz in Landshut. 1937 Amtsdirektor im Schuldezernat München. SA-Obersturmbannführer, später SA-Standartenführer. – Mitglied des Reichstags seit 1933. – *Quellen:* Der Großdeutsche Reichstag 1938, Hrsg. von E. *Kienast*, 1938, S. 235.

Grützemann, Karl. Regierungsoberinspektor beim Hauptversicherungsamt in Münster/Westfalen.

Heinze. Oberregierungsrat, später Regierungsdirektor beim Reichsversicherungsamt.

Hoffmeister, Manfred (geb. 16.11.1895 im Schwarzwald; Todesdatum nicht bekannt). Bis 1941, zuletzt als Ministerialdirektor, im Reichsarbeitsministerium; anschließend Präsident der AOK Berlin. – *Quellen:* Unterlagen sind bei der AOK Berlin nicht mehr vorhanden.

Jander, Walter (geb. 11.1.1904 in Wien; Todesdatum nicht bekannt). Gauwirtschaftsberater für den Gau Magdeburg-Anhalt; Direktor und Syndikus der Junkers Flugzeug- und Motorenwerke AG in Dessau. – *Quellen:* Wer leitet?, 1940, S. 395.

Kaiser, Robert. Facharzt für Chirurgie in Berlin. Leiter des Gesamtverbandes deutscher Arbeiter, Abteilung Gesundheitsschutz.

Kilian, Wilhelm, Dr. iur. Regierungsrat, später Ministerialrat im Reichsarbeitsministerium.

Krohn, Johannes (geb. 4.7.1884 in Stettin; gest. 11.7.1974 in Bad Neuenahr-Ahrweiler). 1933 bis 1939 Staatssekretär im Reichsarbeitsministerium. Mit Beginn des Zweiten Weltkrieges meldete er sich zur Wehrmacht und wurde nach schwerer Verwundung

1941 Reichskommissar für die Behandlung feindlichen Vermögens im Reichsjustizministerium. K. hatte maßgeblichen Anteil am Ausbau der gesetzlichen Unfallversicherung in der Weimarer Zeit. In der NS-Zeit verteidigte er das bestehende Sozialversicherungssystem. 1945-1947 widersetzte er sich gegenüber den Alliierten einer grundlegenden Reform der Sozialversicherung in der Gesellschaft für Versicherungswissenschaft und -gestaltung. Beratende Tätigkeit bei der Sozialgesetzgebung der Bundesrepublik Deutschland. – *Werke:* Nachweis in: NDB, Bd. 13 (1982), S. 69. Nachlaß im Bundesarchiv Koblenz (Teile davon in Berlin). – *Quellen:* F. *Tennstedt,* NDB, Bd. 13 (1982), S. 69; Beiträge zur Sozialversicherung, Festgabe zum 70. Geburtstag, 1954.

Kühne, Bruno. Senatspräsident am Reichsversicherungsamt in Berlin.

Kurth. Abteilungsleiter bei der DAF.

Lauterbach, Dr. iur. Oberregierungsrat a.D. in Berlin.

Lasch, Karl (1904-1942). Vgl. Bd. 2 der Reihe (1986), S. XXI. Vom 1.2.1934 bis 1939 Direktor der ADR und zugleich Amtsleiter der NSDAP.

Martin, Peter (1888-1970). Nach dem Besuch eines Progymnasiums Zahlmeister. Aktiver Militärdienst von 1908-1920. Schwerkriegsbeschädigter. 1920-1933 Tätigkeit in der Kriegsopferversorgung in München. 1921 Eintritt in die NSDAP. 1932/33 Mitglied des Reichstags. 1933 im Reichsarbeitsministerium als „Parteibeamter" (Regierungsrat; Hauptabteilung I); später im Innenministerium. Reichsfachschaftsleiter der NS-Beamtenabteilung der Reichsleitung der NSDAP. 1938 SS-Standartenführer; 1944 Ministerialrat beim Reichsrechnungshof des Deutschen Reichs. – *Quellen*: *Tennstedt,* aaO., S. 194 f.

Oberlindober, Hanns (geb. 5.3.1896 in München als Sohn eines Offiziers; gest. 6.4.1949 in Warschau). Nach dem Abitur in Berlin-Friedenau Kriegsdienst von 1914-1918, anschließend Tätigkeit im kaufmännischen Beruf. 1922 Eintritt in die NSDAP und die SA (1923 Bezirksleiter in Straubing, Parteiredner ab 1928). Sept. 1930 Leiter der Kriegsopferabteilung (dann Hauptabteilungsleiter, 1933 Amtsleiter der obersten Leitung der Parteiorganisation). März 1933 Leiter der nationalsozialistischen Kriegsopferorganisation im Rang eines Reichshauptamtsleiters, später Reichskriegsopferführer. Leiter des NSADP-Hauptamts für Kriegsopfer. Unter Oberlindobers Leitung vollzog sich die Gleichschaltung der deutschen Kriegsbeschädigtenorganisation zu einem Einheitsverband von 6 Millionen Mitgliedern. Durch Organisierung internationaler Frontkämpfertreffen pflegte O. als einer der Vizepräsidenten der Deutsch-französischen Gesellschaft den Gedanken der „Verständigung der beiden Völker im Sinne des Nationalsozialismus". Mitgliedschaft im großen Rat des Deutschen Roten Kreuzes und im Siedlungsbeirat des Reichsarbeitsministeriums. Mai 1948 Auslieferung aus der amerikanischen Internierungshaft an Polen, wo er in einem Warschauer Krankenhaus verstarb. – *Quellen:* Document Center Berlin; *Weiß,* Hermann (Hrsg.), Biographisches Lexikon zum Dritten Reich, 1998, S. 340 f.; Führerlexikon 1934/35, S. 336.

Richter, Lutz (geb. 19.3.1891 in Crimmitschau; gest. ca. 1945). Nach dem Abitur in Dresden 1910-1913 Studium der Rechtswissenschaften in Heidelberg, München und Leipzig, 1913 Referendar; anschließend Heeresdienst. 1919 Promotion zum Dr. iur.

(1927 Assessor). 1923 Privatdozent an der Univ. Leipzig, 1926 apl. ao. Prof., 1930 planm. ao. Prof.; Sondertreuhänder der Heimarbeit für die deutsche Festartikelindustrie; 1943 Prof. in Königsberg. – *Werke:* Arbeitsrecht als Rechtsbegriff, 1923; Die kassenärztlichen Rechtsverhältnisse (zus. mit *Sonnenberg*), 1926 (2. Aufl. 1930); Die Organisationsgewalt, 1926; Die Einrichtungen der kassenärztlichen Selbstverwaltung, 1927; Zugehörigkeit oder Nichtzugehörigkeit von Gärtnereibetrieben zum Gewerbe, 1928; Der Arzt in Recht und Gesellschaft (Hrsg.), 1929 und 1930; Grundverhältnisse des Arbeitsrechts, 1928; Arbeitsrecht, 1931 (2. Aufl. 1934); Vereinheitlichung der Sozialversicherung; Sozialversicherungsrecht (Enzyklopädie der Rechts- und Staatswissenschaften, Abt. Rechtswissenschaft), 1931; Das Kassenärzterecht von 1931/32, 1932; Das Tarifrecht unter der Diktatur, 1932; Die faschistische Arbeitsverfassung, 1933; Treuhänder der Arbeit, 1933 (2. Aufl. 1934); Heimarbeit, 1933 (2. Aufl. 1934); Arbeitszeit, 1934; Zum Aufbau der Sozialversicherung, Festschrift für Richard Schmidt, 1932; Grundriß der Reichsversicherung, 1935; Grundlinien zur Entwicklung der reichsdeutschen Sozialversicherung in den letzten vier Jahren, 1937; Wie die Reichsversicherung aufgebaut ist, 1939; Was die deutsche Sozialversicherung für Volk und Staat bedeutet, 1938; Betrachtungen zum Abschluß des Versicherungsvertrags (Festschrift für Alfred Schulze), 1940; Mitarbeit am Handbuch der Reichsversicherung (bis 1942); Deutsches Bauernrecht, 1942. – *Quellen:* Kürschners Gelehrtenkalender 1931, 1935 und 1941; *Tennstedt*, aaO., S. 201.

Sauerborn, Maximilian (geb. 28.8.1889; Todesdatum nicht bekannt). Zuletzt Ministerialrat im Reichsarbeitsministerium (kein Mitglied der NSDAP bis zum Jahre 1942).

Schäfer. Vizepräsident der Reichsversicherungsanstalt für Angestellte in Berlin.

Schuhmann, Walter (geb. 3.4.1898 in Berlin als Sohn eines Werkzeugmachers; gest. 2.12.1956 in Berlin-Neukölln). Nach Besuch der Volksschule Landwirtschaftslehre und von 1917 an Kriegsdienst an der West- und Ostfront. 1921-1929 Monteur. 1920-1925 im Bund Oberland. 1925 Eintritt in die NSDAP, 1926-1929 Sektionsleiter der NSDAP in Berlin-Neukölln. 1929-1930 Organisationsleiter des Gaues Groß-Berlin. Von 1931 bis August 1934 bei der Reichsleitung der NSDAP (Hauptabteilung VI der NSBO), zuletzt als Reichshauptstellenleiter. 1929-1933 Stadtverordneter in Berlin; 1933 Führer des Gesamtverbandes der deutschen Arbeiter in der DAF. Preuß. Staatsrat. Ab 1.3.1936 Reichstreuhänder der Arbeit. Mitglied des Reichstags seit der 5. Wahlperiode 1930. 1939 Eintritt in die SS und seit Nov. 1939 Führer beim Stab des SS-Hauptamtes (zuletzt SS-Standartenführer beim Stab des SS-Oberabschnitts Spree). 1942 Präsident des Landesarbeitsamtes Niederschlesien, 1943 Reichshauptstellenleiter der NSDAP und Ministerialdirigent bei den Generalbevollmächtigten für Arbeitseinsatz im Reichsarbeitsministerium. – *Werke:* Sozialpolitik im neuen Staat, 1934 (zus. mit L. *Brucker*). – *Quellen:* Berlin Document Center; Führerlexikon 1934/35, S. 441; Der Großdeutsche Reichstag, 1938, S. 396 f.; *Tennstedt,* aaO., S. 202.

Schulz. Leitender Regierungsdirektor am Oberversicherungsamt Hannover.

Schlitzer. Mitglied des Presseamts der NSBO.

Wischer, Franz, Dr. iur. Reichshauptstellenleiter im Amt für die Rechtsberatungsstellen der DAF. Stellv. Vorsitzender des Ausschusses für Sozialversicherung. – *Werke:* Die Sozialversicherung im neuen Staat, 1934. – *Quellen:* BA Berlin-Lichterfeld.

Zeleny. Vizepräsident.

Ausschuß für die Reform der Sozialversicherung / für Sozialversicherung (ab Ende 1934)

I. Protokoll der Sitzung vom 22.1.1934 (Lage der Sozialversicherung. Teillösung oder Umgestaltung der Sozialversicherung)

Anwesend waren: 1. *Brucker* (Leiter), die Mitglieder 2. *Prof. Dr. Richter*, 3. *Sauerborn*, 4. *Dr. Kilian*, 5. *Anders*, 6. *Dr. Kaiser*, 7. *Oberlindober*, 8. *Dr. Schulz*, 9. *Dr. Neuhauß*, 10. *Dr. Lasch* (Direktor d. Akademie), 11. *Grützemann* (Mitglied) und 12. *Sulitzer* (Presse der NSBO).

Tagesordnung:

1. *Heutige Lage der Sozialversicherung*
2. *Teillösung oder Umgestaltung der Sozialversicherung.*

Vorsitzender Brucker: Meine Parteigenossen! Meine Volksgenossen! Ich eröffne hiermit die Sitzung des Ausschusses für die Reform der Sozialversicherung in der Akademie für Deutsches Recht. Herr Pg. Dr. Lasch hat das Wort.

Dr. Lasch: Meine sehr geehrten Herren! Der Führer der Akademie, Reichsjustizkommissar Dr. Frank hätte sehr gern an der Eröffnung Ihres Ausschusses teilgenommen. Er ist leider durch dienstliche Verpflichtungen verhindert und hat mich beauftragt, Ihnen, Herr Brucker, als Vorsitzender und Ihnen, meine Herren, als Mitgliedern des Ausschusses seine herzlichen Grüße zu übermitteln. Die Akademie legt gerade auf die Arbeit Ihres Ausschusses besonderen Wert, weil die Aufgaben, die Ihnen gestellt sind, ganz besonders tief in die sozialen und wirtschaftlichen Verhältnisse des deutschen Volkes eingreifen. Wir sind außer Zweifel, daß es unter der Leitung Ihres hervorragenden Herrn Vorsitzenden und bei der guten Besetzung Ihres Ausschusses gelingen wird, die schwierigen Probleme und Aufgaben zu lösen. Der Führer der Akademie wünscht Ihnen hierzu erfolgreiche und segensreiche Arbeit.

Vorsitzender Brucker: Ich danke Ihnen sehr, Pg. Dr. Lasch. Und, meine Herren, ich begrüße Sie ebenfalls als Mitarbeiter in dem Ausschuß für die Reform der Sozialversicherung. Sie wissen, daß die Akademie für Deutsches Recht und ihre Ausschüsse eine Gründung der Nationalsozialistischen Deutschen Arbeiterpartei sind. Unser Führer, der Präsident der Akademie, Herr Pg. Dr. Frank, legt großen Wert darauf, daß auch die Männer, die der Partei nicht angehören, aber auf dem Gebiete der Sozialversicherung bewandert und des guten Willens sind, die rechtlichen Dinge im neuen Staat helfen gestalten, hier mitarbeiten und mitwirken.

Meine Herren! Die NSDAP und der heutige Staat, die eins sind, sind die Garanten dafür, daß das neue Recht dem heutigen Volkswillen entspricht und daß dieses neue deutsche Recht ein wahres deutsches Recht sein soll, nicht eine Wiederherstellung germanischen Rechts oder eine Erhaltung römischen Rechts oder des Pandektenrechts, sondern eines Rechts, daß dem modernen Rechtssinn des heutigen Volkes und Staates Rechnung trägt. Das ist wohl der Sinn und die Aufgabe, die sich die Akademie gestellt hat und die wir insbesondere auf dem speziellen Gebiete, nämlich der Sozialversicherung, uns stellen müssen.

Das Recht muß nicht nur ein populäres sein, sondern für das Volk etwas Selbstverständliches, etwas Arteigenes! Das ist seither nicht mehr der Fall gewesen, und es ist die Aufgabe der Akademie und unseres Ausschusses, diese Übereinstimmung wiederherzustellen. Das Recht des Volkes muß ein einfaches Recht sein. Es muß leicht verständlich sein. Es muß vor allem auch maschenfrei sein.

Meine Herren! Ich habe vor mehreren Monaten einmal unserem Führer ein paar Richtsätze ausarbeiten dürfen, in denen ich über die Vereinfachung der deutschen Gesetze kurz folgendes sagte:

Die Nachkriegszeit brachte nicht nur eine Flut von Gesetzen, sondern auch eine Komplizierung, fahrlässige und schlechte Abfassung der Gesetze und damit eine Rechtsunsicherheit ohnegleichen. Verwaltungsbehörden und Richter vermögen häufig nicht mehr das bestehende Recht zu ergründen. Die Folge ist, daß nicht selten nur noch gefühlsmäßig entschieden wird. Der Gefühlsmäßigkeit liegt aber nicht rein deutsches Rechtsempfinden zugrunde, sondern der undeutsche römische Rechtseinschlag. So entstehen böse Urteile, denen das Volk fremd und feindlich gegenübersteht.

Vor einem jahrzehntelang aufmerksamen Beobachter der Gesetzentwicklung rollte ein äußerst interessantes Bild ab. Die alten Gesetze gaben dem einfachen deutschen Mann ein für seine Begriffe verständliches Bild, wenn er sie auch innerlich oft seinem Rechtsgefühl nicht einzugliedern vermochte. Die neuen komplizierten Gesetze und ihre Häufung zwangen ihn, sie zu erfassen und ihre Hintertüren zu ergründen. Jede Gesetzeshäufung bringt Reglementierung von Einzelheiten, und da nicht alles geregelt werden kann, entstehen Lücken. Die Gerichte und Verwaltungsbehörden sind damit gezwungen, nach dem Buchstaben der Gesetze zu entscheiden und die Lücken anzuerkennen. Sie entscheiden nicht mehr „unter Beachtung von Sinn und Zweck des gesamten Rechtswillens“. Das Volk aber wird zur Raffiniertheit erzogen, die von jüdischen Rechtsanwälten mit großem Fleiß gefördert wird, oder aber es muß sich eine Verurteilung gefallen lassen.

Zukünftige Gesetze müssen einfach, kurz, leicht verständlich und deutschem Rechtsempfinden Rechnung tragend sein. Nur solche Gesetze sind für deutsche Richter und Verwaltungsbehörden Instrumente zu Entscheidungen aus deutschem Rechtsgefühl.

Nun der Zweck unseres Ausschusses! Gerade die Sozialversicherung liegt dem arbeitenden Volksgenossen außerordentlich nahe. Die Sozialversicherung ist für ihn deshalb so ungeheuer wichtig, weil sie seine Gesundheit, die Erhaltung und die Wiederherstellung seiner Arbeitskraft betrifft. Wir müssen davon ausgehen, daß die Sozialversicherung ein sehr wichtiges Instrument zur Erhaltung der Gesundheit des gesamten Volkes ist. Sie ist insbesondere deshalb von großer Bedeutung, weil schließlich auch ein erbbiologischer Wert in ihr steckt. Wenn die Sozialversicherung nicht für die Erhaltung der Gesundheit und Wiederherstellung der Arbeitskraft sorgt, dann erziehen wir uns bei dem heutigen System in den Fabriken ein Geschlecht, das entweder nicht mehr fortpflanzungsfähig ist oder einen sehr schlechten Nachwuchs haben wird. Aus diesem Grunde ist die Sozialversicherung heute bedeutungsvoller denn je. Wenn wir schon derartig wichtige Bestrebungen heute im deutschen Volke haben, wie die nach einem gesunden Nachwuchs, wie die nach Wiederherstellung einer starken Volkskraft, muß das einschlägige Recht leicht verständlich und überzeugend sein, damit auch jeder einzelne Betroffene, jeder einzelne Versicherte weiß, um was es sich handelt, und vor allen Dingen auch für seine Gesundheit anders sorgt, als es seither geschehen ist, denn wir dürfen nicht außer acht lassen, daß gerade in der Sozialversicherung im alten System durch schlechte Einflüsse sie nur ein Instrument der Beitragserhebung und der Leistungsherausziehung war.

Das Gesetz muß so überzeugend sein, daß die schweren Auswüchse der Ausnutzung und der Ausbeutung in Zukunft nicht mehr so leicht möglich sind, sondern daß wir diese Auswüchse, die an dem Niederbruch der Sozialversicherung erheblich schuld sind, restlos beseitigen.

Wie das deutsche Recht allgemein ein köstliches Gemeingut sein muß, so erst recht das Sozialversicherungsrecht. Die Sozialversicherung muß für die Beteiligten - und das ist die weitaus überwiegende Mehrheit des deutschen Volkes - etwas Unantastbares und etwas Heiliges sein.

Die Sozialversicherung muß weiterhin getragen sein vom Gemeinschaftsgeist, von einem Einheitswillen und von einem allseitigen Verantwortungsbewußtsein. Die gegenseitige Hilfe, gewissermaßen von der Wiege bis zum Grabe, muß die Sozialversicherung darstellen. Die Sozialversicherung hat den einzigen Zweck, die Menschen wieder gesund zu machen und ihre Gesundheit zu erhalten, also die Arbeitskraft zu erhalten und die Arbeitskraft wiederherzustellen. Aus diesem Grunde darf es nicht sein, daß abwegig von der gegenseitigen Hilfe und Verantwortung einzelne, und zwar sind das viele einzelne, hergehen, um die Sozialversicherung auszubeuten und auszunutzen.

Dies alles im echt nationalsozialistischen Sinne, denn wir Nationalsozialisten und wir im neuen Staate wollen nichts anderes als hier ein gegenseitiges Verantwortungsbewußtsein und gegenseitige Hilfe. Meine Herren, Sie können in der Sozialversicherung alles finden, was gut und schön ist, nämlich was Volksgemeinschaft ist, was Kameradschaft ist, was Schicksalsgemeinschaft ist, was Nächstenliebe ist, was Volkswohlfahrt, was Caritas ist.

Wenn Sozialversicherungsrecht Gemeingut des Volkes ist, wenn es durchdrungen ist vom Geist des Nationalsozialismus und von der unlösbaren Verbundenheit des gesamten Volkes und von der Totalität des Staates, dann erst wird die Sozialversicherung das sein, was man von ihr von jeher schon zu fordern hatte. Wir müssen bedenken, daß die Sozialversicherung nichts und niemals etwas zu tun hatte mit politischer Macht, mit Parteiinteressen und dergleichen, sondern die Sozialversicherung hat auch im alten Staat eigentümlicherweise nichts anderes bedeutet als die gegenseitige Hilfe und die gegenseitige Verantwortung. Und ich glaube, daß wir im heutigen Staate wohl in der Lage sein werden, diesen Sinn der Sozialversicherung wieder herzustellen.

So muß heute alles getan werden, damit das, was seither Auswuchs war, was seither unverständlich für das Volk war, was seither nicht dem eigentlichen Sinne entsprach, beseitigt und durch etwas Gutes ersetzt wird. Und wir sind wirklich in der Lage, etwas Gutes dafür zu schaffen. Wir müssen in erster Linie daran denken, das Sozialversicherungsrecht dem deutschen Menschen wieder nahe zu bringen, indem wir die Kompliziertheit der Gesetze beseitigen, indem wir die dem Volke unverständlichen Bestimmungen ausmerzen, indem wir das Recht vereinfachen und dem Volksgenossen es wieder als sein ureigenes, ihm allein gehörendes Instrument geben.

Tausende von Versicherungsträgern, die vielen Versicherungszweige, der große Verwaltungsapparat, die unnötige Zentralisation, der Mangel eines einheitlichen Kopfes, die Zersplitterung der Mittel und die Zersplitterung der Leistungen - das muß auf alle Fälle ausgemerzt werden. Wir müssen auch darangehen, ein homogenes Beamtentum in der Sozialversicherung zu schaffen, um auch hier eine Einheitlichkeit, einen einheitlichen Willen und insbesondere eine disziplinierte Verwaltung zu schaffen.

Die Hilfe, die die Sozialversicherung gewährt, ist nicht immer lückenlos gewesen und ist bis zum heutigen Tage noch nicht lückenlos. Diese Hilfe der Sozialversicherung muß eine lückenlose sein und muß dazu führen, den versicherten Arbeiter wieder auf alle Fälle gesund zu machen. Das muß das oberste Prinzip sein. Es darf nicht sein, daß mit einem Versicherungsträger die Hilfe aufhört und dann schließlich nach einer Lücke der andere Versicherungsträger eingreift, sondern hier muß eine geschlossene Hilfe vorhanden sein.

Meine Herren! Unsere Aufgabe ist nicht leicht, die wir uns hier in dem Ausschuß stellen, insbesondere deshalb nicht leicht, weil in den Reformbestrebungen der Sozialversicherung außerordentlich gegenteilige Meinungen vorhanden sind. Ich muß gestehen und muß das auch offen aussprechen, daß die Kritik an allen Neuerungsversuchen sehr häufig auf egoistische Motive zurückzuführen ist - egoistische Motive, darin liegend, daß manche Einrichtungen erhalten werden sollen, d.h. daß die Führer dieser Einrichtungen auf alle Fälle ihre Einrichtungen erhalten haben möchten, obwohl sie ganz genau wissen, daß diese überflüssig ist. Die Regierung selbst scheute sich bis jetzt, an das große Problem heranzugehen, scheute sich wahrscheinlich deshalb, weil diese vielen gegenteiligen Kritiken und Meinungen noch vorhanden waren. Aber auch über das müssen wir hinwegkommen und muß auch die Regierung hinweggehen. Wir wollen ja hier gemeinsam mit der heutigen Regierung die Dinge meistern. Wir wollen miteinander mit allen Mitteln versuchen, einen brauchbaren und zweckdienlichen Weg zu finden. Teillösungen, wie das ja zum Teil geschehen ist, können die Sozialversicherung nicht ganz gesunden. Wir wissen selbstverständlich, daß manche Teillösung in der Lage ist, über den augenblicklichen Zustand, auch vielleicht über die unmittelbar nächste Zukunft hinwegzuhelfen. Wir wissen aber alle miteinander, daß jede Teillösung, die heute getroffen wird, nicht zum endgültigen Ziele führen kann, vor allen Dingen nicht davor bewahrt, daß auf Jahrzehnte hinaus die Versicherung stark belastet ist. Wir müssen also Wege finden, die die Sanierung der Sozialversicherung baldmöglichst herbeiführen. Wie wir ja auch heute in der Lage sind, Mißstände rasch zu beseitigen, selbst Mißstände gröbster und einschneidendster Art.

Meine Herren! Wir in unserem Ausschuß müssen uns selbstverständlich ein Ziel setzen. Diese Zielsetzung muß eine festumrissene sein. Wir müssen uns aber auch mit einem Zeitpunkt der Erreichung des Zieles befassen. Wir sind heute nicht in der Lage, uns in der Sozialversicherung ein Ziel zu setzen, das vielleicht sich viele Jahre hinziehen würde, sondern wir müssen mit unserer Arbeit bald fertig sein, bälder als mancher andere Ausschuß in der Akademie für deutsches Recht, weil die Frage der Sozialversicherung eine äußerst brennende ist. Wir müssen uns bis zum 1. Juli 1934 darüber klar sein, welche positiven Vorschläge wir hier der Reichsregierung zu machen haben.

Wir werden dann alle 3 bis 4 Wochen eine Sitzung abhalten. Es wird uns nicht schwer sein, den Stoff zu bewältigen, weil schon gewisse Vorarbeiten durch andere Einrichtungen getroffen sind. Wir werden unsere Sitzungen auch nicht immer in Berlin abhalten, sondern hin und wieder auch draußen im Reich. Und wir werden auch, wie das unser Pg. Dr. Frank wünscht, draußen im Reich dann jeweils mit einer Sitzung einen öffentlichen Vortrag verbinden, in welchem wir über unsere Arbeit aufklären werden.

Das amtliche Material des Reichstags, der Landtage, der Ministerien, der Behörden steht uns zur Verfügung. Das ist ausdrücklich von Pg. Dr. Frank erklärt worden. Das Material steht uns deshalb zur Verfügung, weil wir ja nichts anderes wollen, als dem Gesetzgeber, dem Kabinett, der Regierung, den Behörden zu helfen. Auch der Juristenbund wird uns wesentlich unterstützen. Wir werden dann alle drei Monate oder vielleicht auch etwas früher, einen Situationsbericht dem Akademie-Vorsitzenden erstatten. Wir sollen dann auch brennende Fragen der Ministerien uns betrachten, sie aufgreifen und Vorschläge der Regierung unterbreiten.

Und dann schließlich: Was den Arbeitsplan noch anbelangt, so denke ich mir folgende Aufteilung: 1. Wesen der Sozialversicherung, 2. Aufgaben, 3. organischer Aufbau, 4. Umfang, 5. Leistungen, 6. Mittelaufbringung, 7. Rechtsprechung, 8. die Rechtsfassung und Formgebung der Sozialversicherung, 9. Altersversorgung.

Das zur Einleitung. Und nun meine Herren, möchte ich Sie bitten, zu diesen Fragen Stellung zu nehmen.

Dr. Kaiser: Wie notwendig es ist, eine Neuerung auf dem gesamten Gebiete der Sozialversicherung eintreten zu lassen, geht aus der Praxis hervor. Ich bin untersuchender Arzt bei der Landesversicherungsanstalt Berlin. Sie kennen ja alle die Gesetzgebung, daß eine Invalidität dort erst anerkannt wird, wenn der Betroffene weniger als ein Drittel erwerbsfähig auf dem gesamten Arbeitsmarkt ist. Es genügt nicht, dem Rentensucher zu sagen, er sei auf dem allgemeinen Arbeitsmarkt sehr wohl noch imstande, ein Drittel von dem zu arbeiten, was ein Gesunder leisten kann. Die Arbeitsvermittlung gehört untrennbar zur Rentenversicherung. Der Arzt kann am besten die Lücken beobachten, die oft genug entstehen, wenn sich Krankenkasse, Invaliden- oder Unfallversicherung darum herumschlagen, wer zahlen soll. Der Leidtragende ist immer der Patient.

Das Volk will, daß eine Vereinfachung der ganzen Sozialversicherung kommt. Es will vor allen Dingen, daß die unnötigen Ungerechtigkeiten, die heute noch bestehen, ausgemerzt werden. Der einfache Mann hat kein Verständnis für ein Gesetz, das derartige Lücken und Ungerechtigkeiten zuläßt.

Aus diesem Grunde ist es nötig, alle diese Dinge schnell zu meistern. Der Arbeiter ist guten Willens, das hat der 12. November gezeigt. Aber wenn allzu lange gezögert wird, dann besteht zweifellos die große Gefahr, daß der Arbeiter Hoffnung und Vertrauen verliert.

Darum halte ich diese Arbeiten für außerordentlich wichtig und sie werden sicherlich dazu beitragen, daß wir eine Befriedung auch in den handarbeitenden Kreisen des deutschen Volkes bekommen.

Anders: Meine Herren! Wenn ich an die Ausführungen von Pg. Dr. Kaiser anschließen soll, dann muß ich sagen, daß es noch katastrophaler wird, wenn ein derartiger Arbeiter nun einmal den Antrag auf Rente gestellt hat, nachdem er so und so lange krank war und nun aus irgendeinem Grunde abgelehnt wird, daß also die Bestimmung des heutigen Gesetzes nicht ausreicht, den Mann zu invalidisieren. Dann hat er das Recht, den Instanzenweg zu betreten, und dann geht seine Berufung an das Oberversicherungsamt. Und wir, die wir in der Praxis stehen, wissen ganz genau, daß es nicht nur 4 Wochen, 8 Wochen, sondern ein Jahr und noch länger dauert, bis die betreffende Entscheidung dann beim Oberversicherungsamt gefallen ist.

Noch schlimmer allerdings ist es heute bei den Unfällen. Die Praxis hat gelehrt, daß einzelne Sachen beim Reichsversicherungsamt bis zu 3 Jahren liegen. Drei Jahre lang muß der Betreffende nun warten, bis er einmal eine Entscheidung bekommt, ob er nun wirklich Rente bekommen soll oder nicht. Das sind Zustände, die derartig katastrophal auf die Bevölkerung wirken, daß man sich wundern muß, daß überhaupt alles bisher so ruhig geblieben ist. Aber es steht einwandfrei fest, daß es auch von seiten der Behörden dort nicht zu schaffen ist, daß die Massen von Berufungen und Revisionen oder Rekursen so stark sind, daß es einfach nicht zu erledigen ist, daß man aber auch bisher kein Mittel und keinen Weg gefunden hat, den armen Menschen zu helfen, die nun drei Jahre und noch länger auf die Entscheidung warten.

Daß es da Pflicht ist, nun unbedingt dafür zu sorgen, daß solche Sachen schneller gehen, ist klar. Aber leider bringt auch die neue Verordnung des Reichsarbeitsministeriums in bezug auf die Invalidenversicherung noch keine Möglichkeit, daß nun diese Sachen schneller gehen, denn sie hat bisher nur die Grenze der Bezahlung der Anstalten für diesen Instanzenweg von 20,- auf 15,- Mk herabgesetzt.

Vorsitzender Brucker: Dann, meine Herren, scheinen Sie ja nun mit allem einverstanden zu sein, was gesagt worden ist. Ich darf vielleicht darauf aufmerksam machen, daß in dem Ausschuß für Sozialpolitik in der NSBO die Reform der Sozialversicherung bearbeitet worden ist, und zwar seit Jahr und Tag. Der Niederschlag dieser Arbeit ist hier in diesem Entwurf eines neuen Gesetzes mit Begründung enthalten. Ich möchte Sie bitten, daß Sie vielleicht diesen Entwurf genau studieren und dann hier sagen, ob und inwieweit Sie mit den Gedankengängen des Entwurfs einverstanden sind. Ich darf annehmen, daß Sie nicht mit allem einverstanden sein werden. Das würde ich auch begrüßen, denn wir wollen ja diese ungeheuer wichtige Frage mit großem Ernst noch einmal untersuchen, auch untersuchen im Hinblick auf die heutige Auffassung. Die Auffassung ist nicht dieselbe geblieben, wie sie etwa vor einem Jahr noch war. Vielleicht haben Sie, Pg. Anders, die Güte, einmal zu sagen, was uns bewogen hat, diesen Entwurf zu entwerfen.

Anders: Der Ausschuß für die Sozialversicherung bei der Reichsleitung der NSBO hat sich seit Jahren mit der Frage der Reform der Sozialversicherung befaßt. Selbstverständlich sind in den vergangenen Jahren verschiedene Entwürfe zustandegekommen, die immer wieder überholt und verändert wurden. Als dann während des Nürnberger Parteitages der Auftrag kam, aufgrund dieser Entwürfe eine Gesetzesvorlage fertigzustellen, waren nur wenige Wochen Zeit zur Verfügung, um diese schriftlich zu formulieren. Bei der beschleunigten Durchführung des Auftrages haben sich einige Fehler eingeschlichen, Formfehler und kleine Unstimmigkeiten, die nachträglich entdeckt wurden, die aber an den großen Richtlinien des Entwurfs nichts ändern können.

Nach dem Wunsch des Führers war es die Aufgabe, die Sozialversicherung nach unserer Auffassung einschließlich der Altersversorgung in Gesetzesform zu bringen. Die Altersversorgung, die ja bereits im Programm der NSDAP festgelegt ist, hatte nach unserer Meinung - und das steht bei diesem Gesetzesentwurf an erster Stelle - den Zweck, alle Menschen, die durch den Arbeitsprozeß müde und matt geworden waren und zur Arbeit nicht mehr fähig sind, mit einer auskömmlichen Altersversorgung zu versehen. Der Wunsch des Führers bestand darin, Sorge zu tragen, daß im neuen Staate Volksgenossen, die ihr Leben lang fleißig gearbeitet haben, im Alter nicht mehr betteln zu gehen brauchen. Die Frage der Altersversorgung schließt sich eng an die Invalidenversicherung an, weil ja nach dem geltenden Recht ein Arbeiter eine Invalidenrente aufgrund des Alters mit 65 Jahren erhält, ohne den Nachweis der Erwerbsunfähigkeit, der Invalidität im Sinne des Gesetzes erbracht zu haben.

Die Auffassung im Ausschuß ging dahin, daß eine Altersversorgung gesondert von einer deutschen Sozialversicherung behandelt werden muß, da sich die Altersversorgung nicht auf dem Versicherungsprinzip aufbauen kann, schon deswegen nicht, weil es einfach finanziell nicht tragbar wäre. Als Lösung der finanziellen Frage der Altersversorgung wurde der Meinung Ausdruck gegeben, daß sich eine Altersversorgung nur von allen Volksgenossen, die in Deutschland leben, finanzieren läßt. Jeder Deutsche müßte an der Aufbringung der Mittel für die Altersversorgung beteiligt sein, und zwar müßte insgesamt so viel an Mitteln aufgebracht werden, als voraussichtlich notwendig sind, um bedürftige Menschen im Alter auskömmlich zu versorgen.

Die Altersversorgung würde zugleich eine Entlastung der bestehenden Sozialversicherung bedeuten, denn nach unserer Meinung müßten ohne weiteres alle Volksgenossen im Alter von 65 Jahren auch dann, wenn sie bereits eine Rente aus der Sozialversicherung bezögen, die Leistungen aus der Altersversorgung erhalten. Mit 65 Jahren würden mithin die Leistungen aus der Sozialversicherung aufhören und die Renten aus der Altersversorgung an ihre Stelle treten.

Nachdem ich die Altersversorgung kurz gestreift habe, will ich in großen Zügen auf eine allgemeine deutsche Sozialversicherung eingehen. Wir haben hier den Grundsatz aufgestellt, daß in der Sozialversicherung nicht wie bisher einzelne selbständige Versicherungszweige bestehen dürften, sondern wir gingen davon aus, daß eine Sozialversicherung nur dann wahrhaft vollkommen ist, wenn sie alle Versicherungsfälle einheitlich erfaßt und den Versicherten auf schnellstem Wege die schnellste Hilfe bringt. Wir wollten demnach die einzelnen Versicherungszweige in einer Einheitsversicherung zusammenziehen. Wie der Herr Vorsitzende des Ausschusses bereits vorhin erwähnte, soll die Versorgung der versicherten Menschen von der Wiege bis zum Grabe erfolgen. Daher haben wir uns gesagt: Ein Mensch, der während des Arbeitsprozesses krank geworden ist, soll von der Krankenversicherung betreut werden, und zwar solange, bis er entweder wieder gesund und damit wieder arbeitsfähig oder aber, wenn ein Dauerzustand erreicht ist, er also nicht mehr zu heilen ist, soll die Rentenversicherung sofort anschließend an den Krankengeldbezug einsetzen.

Wie Sie dem Inhaltsverzeichnis des Gesetzentwurfs entnehmen wollen, hatten wir die Gliederung dieser Einheitsversicherung in die folgenden Abschnitte vorgenommen: Verwaltung, Gerichte, Ehrenämter, Rechtsverhältnisse, dann den Kreis der Versicherten und schließlich die Leistungen der Versicherungen. Die Leistungen aus der Krankenversicherung umfassen Krankenhilfe, Wochenhilfe, Sterbegeld und Familienhilfe.

Besonderen Wert haben wir auf die Berufsfürsorge gelegt, weil wir davon ausgingen, auch ein Arbeitsopfer mit dem gleichen Rechte, wie man es heute bei unseren Kriegsopfern zu tun versucht, nach Möglichkeit anstelle einer doch niemals auskömmlichen Rente umzuschulen und ihm wieder Arbeit zu vermitteln. Als weitere Leistungen aus der Rentenversicherung kommen dann die Invalidenrente und das Ruhegeld. Eine Rente aus der Unfallversicherung fällt nach unserem Begriff fort. Denn wer in einem Betriebe durch Unfall vorzeitig invalide geworden ist, bekommt zunächst sein Krankengeld und nachher eine Rente, die sich nach seinem Jahresarbeitsverdienst bemißt. Schließlich kommen die Hinterbliebenenbezüge. Alles weitere dürfte sich aus dem Inhaltsverzeichnis deutlich ergeben.

Auf eins möchte ich noch besonders hinweisen. Wir haben uns an die Richtlinien des Führers gehalten und haben die ganze Sozialversicherung nicht, wie es bisher war, als eine Einrichtung des Reiches, der Unternehmer und der Arbeiter angesehen, sondern wollten in der Sozialversicherung einzig und allein eine Einrichtung des schaffenden Volkes selbst erblicken.

Beim Durcharbeiten des Gesetzentwurfs und seiner Begründung werden Sie finden, daß wir in der Lage sind, in ganz kurzer Zeit das Defizit, das die heutigen Sozialversicherungsträger haben und das in die Milliarden geht, ohne weiteres zu decken, und zwar hauptsächlich durch das von uns vorgeschlagene Beitragsverfahren. Die von uns aufgestellten Berechnungen, die versicherungsmathematisch durchgeprüft worden sind, machen es ersichtlich, daß wir die Abdeckung des Defizits in wenigen Jahren, ja sogar schon in der Zeit, in der auch der Führer die Probleme in Deutschland gelöst haben will, vornehmen können. Aber es wäre notwendig, auch die Beiträge in der Sozialversicherung zu einem Einheitsbeitrag zusammenzufassen. Anstelle der einzelnen Beiträge für die Krankenkasse, die Angestellten- und Invalidenversicherung, die Berufsgenossenschaft, Arbeitslosenunterstützung und Arbeitslosenhilfe und für die Verbände muß ein einheitlicher Beitragssatz treten. Während die Zusammenrechnung der heute von den Arbeitnehmern aufzubringenden Beiträge 22-23 v.H. des Arbeitseinkommens ausmachen, würden wir nach unseren Berechnungen nur einen Einheitsbeitrag von 18 v.H. des Einkommens der Arbeitnehmer benötigen. Und wir wären nach Abdeckung des Defizits der heutigen Sozialversicherung sogar noch in der Lage, den Einheitsbeitrag zu senken oder aber die Leistungen wesentlich zu erhöhen.

Wenn ich vorhin sagte, daß die Einheitsversicherung nur eine Einrichtung der Arbeitnehmer sein soll, so ist es richtig, die Unternehmer von der Aufbringung der Mittel völlig zu befreien. Jedoch sollte nach unserer Auffassung der Unternehmer einen Teil der Lasten dennoch auf sich nehmen und durch einen allgemeinen gesetzlichen Lohnzuschlag seine Arbeitnehmer in der Aufbringung der Beiträge unterstützen. Dieser Lohnzuschlag soll sich aber in gewissen Grenzen bewegen, so daß der Arbeitgeber bei dieser Neuregelung der Beitragsleistungen etwas 2-3 v.H. des bisher von ihm aufgebrachten Beitragsteils einspart und durch diese Verminderung der Lasten der Unternehmer - wenn ich diesen Ausdruck gebrauchen darf - die Wirtschaft angekurbelt werden könnte.

Wenn ich nach diesem noch einen Punkt aufgreifen darf, so liegt das Heilverfahren zur Zeit heute so, daß den einzelnen Versicherungsträgern, besonders den Krankenkassen und denen der Invalidenversicherung, heute von den aufsichtsführenden Stellen die Mittel für diese Krankenfürsorge derart beschnitten wurden, daß man von einer vorbeugenden Heilfürsorge nicht mehr sprechen kann. Nach der Bestätigung eines in der Deutschen Arbeitsfront tätigen Arztes steht es einwandfrei fest, daß ein Drittel unserer Jugendlichen gesundheitlich derartig minderwertig beschaffen ist, daß sie wahrscheinlich in künftiger Zeit die Kranken- und Rentenversicherung so stark belasten werden, daß es der Sozialversicherung schwer fallen dürfte, die erforderlichen Leistungen aufzubringen. Daraus geht hervor, daß man besonders auf dem Gebiet der Tuberkulose usw. die Mittel nicht mehr aufwenden kann, die man vor Jahren noch, 1928, 1929, aufbringen konnte. Den Landesversicherungsanstalten, die beispielsweise jährlich einen Aufwand von rund 100 Millionen für Heilverfahren hatten, sind die Mittel bis auf 40 Millionen gekürzt worden (seit kurzem erhöht auf 50 Millionen RM). Sie sind überhaupt gar nicht mehr in der Lage, die ihnen gehörenden Heime, Sanatorien und Anstalten zu belegen, weil ihnen einfach die Mittel dazu fehlen.

Hinsichtlich des Feststellungsverfahrens, d.h. also des Instanzenzuges, darf ich noch kurz erwähnen, daß wir auch hier Mittel und Wege gefunden haben, eine unnötige Erschwerung des Streitverfahrens zu vermeiden. Es ist eine täglich wiederkehrende Tatsache, daß alle ablehnenden Rentenbescheide mit dem Rechtsmittel der Berufung, des Rekurses oder der Revision angefochten werden und die Gerichte der Sozialversicherung Jahre hindurch belasten. Wir haben uns das Verfahren einfacher gedacht, indem wir einem Ausschuß bei den Versicherungsämtern die Möglichkeit geben wollten, einen abgelehnten Rentenanspruch auf Einspruch des Versicherten nochmals zu prüfen, also eine Zwischeninstanz, wie es bei der heutigen Knappschaftsversicherung gehandhabt wird, einführen wollten. Dadurch könnte die Berufung wesentlich eingeschränkt und zum Teil ganz unterbunden werden, so daß die höheren Versicherungsgerichte nur noch mit grundsätzlichen Rechtsfragen zu beschäftigen wären.

Die Strafvorschriften brauche ich wohl nicht weiter zu erwähnen. Sie lehnen sich an die Bestimmungen an, die wir auch in der heutigen Sozialversicherung haben. Sie sind allerdings noch etwas schärfer gefaßt, weil wir unbedingt verlangen müssen, daß die gesetzlichen Bestimmungen und Vorschriften der Sozialversicherungsordnung strengstens innegehalten werden.

Prof. Dr. Richter: Ich darf von vornherein auf einen Gesichtspunkt hinweisen, der für das Verfahren unseres Ausschusses sehr wichtig erscheint. Aus dem, was Herr Anders eben ausgeführt hat, geht hervor, daß die Aufgabe, die uns gestellt ist, auch sehr stark in wirtschaftliche Zusammenhänge hineinführt. Wir werden bei anderer Gelegenheit, nehme ich an, noch einmal ex professo darüber sprechen müssen: Versicherung oder andere Methoden der finanziellen verwaltungsmäßigen Behandlung der Aufgaben. Daß diese beiden Möglichkeiten gegeneinander abgeglichen werden müssen, das zeigt sich schon an der Zwiegestalt des Entwurfs, der einmal mit einer allgemeinen Altersversorgung und dann mit der eigentlichen Sozialversicherung arbeitet.

Bei der Altersversorgung trifft zweifellos das zu, was Herr Anders gesagt hat, daß damit die Versicherungseinrichtung entlastet ist. Aber es entsteht dafür sofort das Problem: wie finanziert man nun diese Versorgung?

Übrigens darf ich eine Zwischenfrage stellen. Es wird Ihnen bekannt sein, daß es, abgesehen von den australischen Verhältnissen, die ich für uns für unvergleichbar und für nicht in Betracht kommend halte, eine allgemeine Altersversorgung - Pensionsversicherung genannt - in Schweden gibt. Ich möchte die Frage stellen, inwieweit diese schwedischen Dinge ausführlich bekannt sind. Mir sind sie aus früheren Studien auch nur sehr flüchtig bekannt. Ich glaube, daß man mit den Erfahrungen, die in Schweden gemacht worden sind, in sehr starkem Maße würde arbeiten müssen. Aber das nur in Klammern.

Wir haben das Finanzierungsproblem bei der Altersversorgung, und wir haben ein anderes wirtschaftliches Problem - mindestens *ein* anderes, es gibt wahrscheinlich noch andere, aber das eine fällt mir eben auf - bei der Krankenversicherung. Nämlich daß die Krankenversicherung ihre Leistung auf 26 Wochen beschränkt, wozu ja früher noch Mehrleistungen bis zu 52 Wochen kommen konnten, das hat nicht nur den Sinn, daß damit der Übergang in die rentenmäßige Fürsorge vorbereitet werden soll, sondern das hat seinen spezifisch versicherungswirtschaftlichen, versicherungstechnischen, versicherungsmathematischen Sinn. Man muß das Risiko, um es versicherungsmäßig behandeln zu können, möglichst scharf abgrenzen, sonst erlebt man Überraschungen. Und diesen Überraschungen, an denen wir ja in den letzten Jahren in der deutschen Sozialversicherung sehr schwer gelitten haben - das darf man ja wohl sagen -, glaube ich, von vornherein vorbeugen zu müssen, darin sehe ich eine ganz besondere Aufgabe jeder heutigen wissenschaftlichen und auch praktischen Befassung mit gesetzgeberischen Sozialversicherungsproblemen. Nun gehen aber meine persönlichen Erfahrungen dahin, daß man diese versicherungstechnischen, versicherungsmathematischen Probleme stets im Auge behalten muß, daß man sie aber, sei es als Jurist - verzeihen Sie, wenn ich zuerst von mir spreche -, sei es als Mann der praktischen Verwaltung, gar nicht ausreichend erfassen kann, weil die Versicherungsmathematik, ich will nicht sagen eine Geheimwissenschaft ist, aber eine Sache mit sehr vielen Schwierigkeiten, die vollkommen die geistige Fassungskraft eines Menschen ausfüllen. Darum würde es mir persönlich wichtig erscheinen, daß bei unseren Beratungen von vornherein nun stets, nicht nur wenn wir speziell über mathematische Fragen sprechen, sondern ständig, damit er auf diese Dinge aufmerksam macht, ein wirklich guter Versicherungsmathematiker dabei ist. Ich möchte im Augenblick nicht von der Personenfrage sprechen, sondern zunächst, da Herr Dr. Lasch mir zunickt, einmal die Frage stellen: Besteht nach dem Organisationsstatut der Akademie für Deutsches Recht die Möglichkeit, einen solchen Herrn hinzuzuziehen, obwohl er natürlich seiner Berufsstellung nach nicht zum deutschen Rechtsstand gehört? Ich würde also bitten zu erwägen, ob man nicht einen solchen Herrn zuziehen kann. Es müßte allerdings ein Herr sein, der nicht in einem amtlichen Zusammenhange mit Behörden steht. Sie wissen, woran ich im Augenblick denke. Ich hätte gar keine Bedenken, diesen betreffenden Herrn zuzuziehen. (*Zuruf*: Reichsversicherungsamt!) - Nein, ich würde doch meinen, es wäre richtiger, einen freien Mann zu nehmen - das heißt natürlich, der Mann kann nicht von Luft leben, irgendwo wird er schon stehen -, aber einen Mann auszuwählen, der nicht bei einer Behörde tätig ist, der aber auch nicht bei einem privaten Versicherungsunternehmen tätig ist, denn dann ist er schon wieder von der anderen Seite mit irgendwelchen Interessen belastet, sondern einen Mann zu nehmen, der irgendwo im Lehramt steht. (*Zuruf*: Riebesell!) - Der hängt aber auch mit Privatversicherungen zusammen. Ich denke im Augenblick, um die Katze aus dem Sack zu lassen, ohne irgendwelche Personalpolitik zu treiben, an einen ausgezeichneten Studienrat in Leipzig, der dort an einer höheren Lehranstalt tätig ist und von dem ich glaube, daß er das Zeug dazu hat. (*Dr. Lasch*: Wer ist das?) - Herr Dr. Beyrodt. Er hat mancherlei veröffentlicht; und wenn ich recht unterrichtet bin, ist er Nationalsozialist von vor dem 30. Januar 1933. (*Heiterkeit.*) Aber das ist nur ein ganz privater Eindruck, den ich habe. (*Heiterkeit.*)

Vorsitzender Brucker: Ich darf vielleicht hier gleich erwidern. Es hat sich sowieso die Notwendigkeit erwiesen, daß wir unseren Ausschuß noch etwas vergrößern. Ich habe noch damit zurückgehalten, weil es sich hier um die Zuziehung von Sachverständigen handelt, die starke Kritik an nationalsozialistischen Vorhaben geübt haben, die inzwischen allerdings auch Nationalsozialisten geworden sind. Aber ich würde nicht anstehen, bei einiger Klärung der Dinge diese Männer hinzuzuziehen. Es handelt sich nur um wenige.

Dr. Lasch: Darf ich dazu sagen, da wir es bisher immer so gemacht haben - die Ausschußvorsitzenden haben dabei gute Erfahrungen gemacht -, daß sie es bei einem Mitgliederstande gelassen haben, der ständig war, der auch klein gehalten war, und daß dazu in besonderen Fällen bei Spezialfragen Sachverständige gehört wurden, und zwar Sachverständige aus allen Lagern und Richtungen. Aber gegen die Hinzuziehung eines Sachverständigen als Versicherungsmathematiker ist gar nicht einzuwenden. Im Gegenteil, ich halte das für sehr wesentlich.

Vorsitzender Brucker: Ich darf noch bemerken, daß ich den Herrn Beyrodt auch sehr gut kenne. Allerdings gibt es sehr selten einen Versicherungsmathematiker, der nicht irgendwie mit der Privatversicherung verknüpft ist. Diese Leute sind ja nun mehr oder weniger wirtschaftlich an diese Versicherungseinrichtungen gebunden. Ich möchte auch nicht ganz in Abrede stellen, daß Versicherungsmathematiker, die Lehrer sind, wie z.B. Beyrodt, auch ganz frei von den Privatversicherungen sein können.

Prof. Dr. Richter: Darüber kann ich gar kein endgültiges Urteil abgeben. Mir scheint, daß er relativ weniger gebunden ist als irgendein Direktionsmathematiker.

Vorsitzender Brucker: Ich darf vielleicht noch dazu sagen, daß das versicherungsmathematische Gebiet in der Sozialversicherung eine gewisse Eigenheit hat, die nicht leicht von einem anderen in der Privatversicherung oder sonst außerhalb der Privatversicherung stehenden Menschen erfaßt wird. Ich habe im Gegenteil eigentlich den Eindruck, daß man einen zuverlässigen und sachlich denkenden Mathematiker, der sich mit diesen Dingen schon häufig beschäftigt hat, hinzuziehen soll. Ich denke z.B. an Oberregierungsrat Heinze vom Reichsversicherungsamt, der uns - ich darf das nebenbei sagen - schon sehr wesentlich unterstützt hat hier in diesen Arbeiten, d.h. in den Parteiarbeiten; der die Dinge von zwei Seiten aus angesehen hat, einmal von der Regierungsseite und auch vom früheren System her, und der die Dinge auch von unsrer Seite, von unserer nationalsozialistischen Gesinnung aus gesehen hat. Ich möchte also nicht ohne weiteres sagen, daß dieser Mann nicht etwa geeignet wäre. Aber sei dem, wie es wolle, wir würden gern einem Vorschlag folgen, der brauchbar ist. Man braucht den Mathematiker. Ich bitte nur, etwas Geduld zu haben, weil die mathematischen Berechnungen, die wir hier zu diesem Gesetzentwurf angestellt haben, gegenwärtig im Abschluß sind. Das waren Arbeiten, die monatelang dauerten. Wir können uns dann ja vielleicht diese Arbeiten - Sie werden ja auch etwas von diesen mathematischen Dingen verstehen, Herr Professor - näher ansehen. Das wird auch die Herren vom Reichsarbeitsministerium sehr interessieren, weil diese mathematischen Rechnungen von anderen Gesichtspunkten ausgehen, als das seither, insbesondere in der Vorbereitung von Verordnungen und Gesetzen, von der Regierung aus geschehen ist.

Meine Herren! Ich würde einen großen Wert darauf legen, daß wir bei der Untersuchung aller dieser Sozialversicherungsdinge auch an unsere Kriegsopfer denken, an die Versorgungsberechtigten allgemein, denn ich glaube nicht, daß sie in Außerachtlassung der Kriegsopfer geschehen kann. Die Kriegsopfer stehen im Arbeitsprozeß oder müssen wieder in den Arbeitsprozeß hineingebracht werden und unterliegen dann wiederum der Sozialversicherung. Sie wissen ja selbst, Pg. Oberlindober, wie schwer es ist, die Grenze zwischen der staatlichen Versorgungsverpflichtung und der Sozialversicherungsverpflichtung zu ziehen. Ich glaube, daß die Kriegsopfer wahrscheinlich sehr gern mittun werden, die Hilfe der Sozialversicherung in erster Linie und lieber in Anspruch zu nehmen als die des Staates; das könnte ich mir denken, denn die Hilfe der Sozialversicherung ist ja eine Gemeinschafts- und Selbsthilfe; und so wie ich die Kriegsbeschädigten und auch die Bestrebungen des Reichsbundes kenne, so glaube ich, daß er sehr viel Wert auf die Selbsthilfe legen wird. Aus diesem Grunde scheint es außerordentlich wichtig zu sein, hier auch die Kriegsopfer hereinzubeziehen und vor allen Dingen auch mit zu betreuen. Ich würde es sehr begrüßen, wenn Sie (*zu Oberlindober*) vielleicht Ihren Apparat einspannen würden, um vor allen Dingen dann zu untersuchen: wie weit ist es möglich, was kann hier Gutes für die Kriegsopfer geschehen? Ich denke daran, daß wir - ich glaube, das wird auch das Bestreben unseres Ausschusses hier sein - sehr darauf bedacht sein müssen, eine neue Leistung einzuführen, nämlich die Berufsfürsorge, Berufsfürsorge der Rentner, derjenigen Menschen, die man einfach nicht der Rentenversorgung überlassen darf. Man darf eben einfach in erster Linie nicht die Menschen der Versorgung überlassen, sondern man muß dafür sorgen, daß sie wieder in den Arbeitsprozeß hereinkommen, daß diese Menschen auch aus der Psyche des kriegsbeschädigten Mannes herauskommen. Ich habe hier einmal eine sehr nette Erfahrung machen können bei einem Schwerkriegsbeschädigten, der mir erklärte, daß er gar nicht an sein Holzbein denke, sondern den Gedanken weit von sich weise, bloß um aus der Psychose des Kriegsbeschädigten herauszubleiben. Das scheint mir nicht nur ein sehr guter Zug, sondern auch eine sehr geeignete Art der Erziehung und der Schulung zu sein.

Oberlindober: Meine Herren! Ich möchte gerade auf die Kriegsbeschädigten und ihre Wechselbeziehungen zur Sozialversicherung kommen. Das, was es dem Kriegsbeschädigten in den letzten Jahren schwer gemacht hat, in irgendein engeres oder herzlicheres Verhältnis zur Sozialversicherung zu kommen, war die Tatsache, daß die Leistungen des Staates für die Kriegsbeschädigten gekürzt worden sind, um den Sozialversicherungsapparat aufrechterhalten zu können. Sie haben eine ganze Reihe von Notverordnungen erleben können. Wir haben dadurch in den letzten Jahren rund 400 Millionen in der Kriegsbeschädigtenversorgung verloren. Dabei ist der einzelne der Kriegsbeschädigten sehr, sehr national gewesen und konnte manchmal dem etwas internationalen Ton der Sozialversicherung nicht mehr folgen.

Nun habe ich in einem Jahre praktisch versucht und zum Teil auch lösen können, den Kriegsbeschädigten in allererster Linie zum Soldaten zu erziehen, stolz zu sein auf seine Soldatenleistungen. Ich fürchte aber, wenn wir in engste Beziehungen zur Sozialversicherung kommen, daß dann das soldatische Moment wieder etwas verloren geht und daß immer mehr der Arbeitnehmertyp dabei erzogen wird. Wir können auf das Soldatentum aus nationalpolitischen Gründen nicht verzichten. Gerade das erzieherische Moment, das beim Kriegsbeschädigten für die Jugend liegt, kann und darf nicht verschwinden. Wir haben drei Viertel aller Kriegsbeschädigten in Arbeit, teils als Beamte, teils als Angestellte, teils als Arbeiter. Diese haben an und für sich schon ihre eigenen Beziehungen zur Sozialversicherung. Sie haben ihre Beziehungen zur Krankenversicherung. Sie haben verschiedenen Bindungen an die Sozialversicherung als Person. Als Gesamtheit möchte ich sie nicht binden, schon aus erzieherischen Gründen. Man sollte das, was Soldat war, fest zusammenhalten, um eines Tages vielleicht - ich weiß nicht, wie die außenpolitischen Dinge sich entwickeln - hier wieder den alten Soldatenstand zu haben, der erzieherisch auf die Gesamtheit wirken kann.

Was ich persönlich tun kann und was mein Apparat dazu tun kann, um mit Ihnen zusammenzuarbeiten, das geschieht selbstverständlich. Ich habe mich mit diesen Dingen schon in früheren Jahren sehr eingehend beschäftigt und werde auch mit dem, was ich an bescheidenen Erfahrungen habe, gern zur Verfügung stehen.

Vorsitzender Brucker: Ich darf dazu bemerken, daß natürlich auch nicht daran gedacht ist, die Kriegsbeschädigten als Gesamtheit hier einzuspannen. Das möchten wir gerade vermeiden. Wir möchten gern, was auch notwendig ist, Ihnen diese Erziehung und Schulung völlig unabhängig überlassen. Aber uns liegt daran, nachdem diese einzelnen Menschen wieder in Arbeit sind und der Sozialversicherung unterliegen, daß für sie in diesem Sinne, in dem Sinne ihrer Bewegung etwas Brauchbares geschieht, vor allen Dingen auch gerade in der Frage der Wiederinarbeitbringung, nämlich den Mann wieder auf den richtigen Platz zu setzen. Das ist gar nicht schwer. Es ist bis heute nur sehr vernachlässigt und gar nicht beachtet worden. Man denkt nicht daran, daß es unendlich viele Stellen gibt, die sehr wohl durch Invalidenrentner oder Kriegsbeschädigte ausgefüllt werden können, oft viel besser als durch andere. Ich denke daran, daß manchmal ein starker Mensch, wenn ich so sagen darf, auf einem Platze sitzt, der gar nicht diese große Arbeitskraft erfordert. Der Mensch weiß gar nichts mit diesem Posten anzufangen. Er ist von dieser Arbeit unbefriedigt. So gibt es eine ganze Reihe von diesen Stellen, die sich sehr für Kriegsbeschädigte oder für Rentner der Unfallversicherung und der Invalidenversicherung, hauptsächlich aber der Invalidenversicherung, eignen. Es wäre ein Irrtum zu glauben, daß viele Invalidenrentner nicht wieder in Arbeit gebracht werden könnten. Wir sehen oder haben das in den letzten Jahren ganz deutlich bei der Schwarzarbeit gesehen. Was ist nicht von den Invalidenrentnern an Schwarzarbeit verrichtet worden! Das Volk hat gar kein Hehl daraus gemacht. Wenn man irgendjemand aus dem Volke sprach, machte er kein Hehl daraus, daß der Invalidenrentner trotz seiner Rente arbeitet und manchmal dasselbe Arbeitseinkommen hat wie ein Gesunder.

Ministerialrat Sauerborn: Der bisherige Gang der Erörterungen spiegelt sich zunächst wider in den Ausführungen des Vorsitzenden und dann in zwei Klagen von Herrn Dr. Kaiser und Herrn Anders, die gewissermaßen mitten aus dem Leben gegriffen, bezeichnend sind für das Problem, das wir hier in diesem Ausschuß zu behandeln haben. Wenn ich etwas aus dem, was Herr Professor Lutz Richter soeben anführte und was auch in den einführenden Ausführungen des Herrn Vorsitzenden angeschnitten, schließen darf, so ist es, daß wir das ungeheure Arbeitsgebiet, das wir vor uns haben, klar und nüchtern aufgliedern müssen, wenn wir zu einem brauchbaren Ergebnis kommen wollen.

Wenn wir heute zu diesem Entwurf, den, nehme ich an, die Mehrzahl von uns heute zum ersten Mal in die Finger bekommt, Stellung nehmen sollen, so müßte das entweder sehr flüchtig und dementsprechend in einem der Bedeutung der Arbeit nicht gerecht werdenden Sinne geschehen oder aber wir kämen in eine Gefahr, die vielleicht noch größer ist, daß wir hier reden und reden und jeder seinen Standpunkt klarzulegen sucht, daß wir aber zu den Grundlagen dieses Entwurfs gar nicht in der Form Stellung nehmen, wie es der Ernst der Sache erheischt.

Herr Vorsitzender, Sie haben durch Hinweis auf eine Reihe von Einzelfragen gezeichnet, wie Sie sich unsere Arbeit denken. Der erste dieser Punkte war, wenn ich mich recht erinnere, das Wesen der Sozialversicherung. In Anknüpfung an die Ausführungen von Herrn Anders hat Herr Professor Richter bereits dargelegt, daß das eine grundsätzliche Frage wäre - und das scheint mir allerdings richtig zu sein - und daß man sich zunächst einmal mit dem Wesen der Sozialversicherung, ihren Grenzen und ihren Möglichkeiten beschäftigen sollte. Meine Herren, Sie alle wissen, wie weit diese Auffassungen auf diesem Gebiete auseinandergehen. Ich darf Ihnen hier nun die Frage, Versorgung und Versicherung, das Prinzip des Sparzwangs, der Prämienrückgewähr, andererseits den Wunsch der Ärzteschaft nach dem Privatpatienten und ähnliche Forderungen kurz in Erinnerung rufen, um Ihnen zu sagen: soviel Lösungsmöglichkeiten überhaupt vielleicht technisch denkbar sind, soviel Ansichten bestehen auch im deutschen Volke.

Nun ist es richtig, eine Reihe von diesen Ansichten sind nach dem heutigen Stande überholt, sie sind verworfen. Man hat sich mehr oder weniger auf bestimmte Bahnen geeinigt. Auch aus dem Ergebnis dieses Entwurfs, der von maßgebender Stelle, nämlich der NSBO, uns vorgelegt wird, sieht man, daß die Entscheidung hier zugunsten der Versicherung, der Sozialversicherung gefallen ist, freilich nicht der Versicherung allein, denn die Einleitung bildet noch ein Kapitel, das die Versorgung betrifft.

Meine Herren! Wenn ich mir einen bescheidenen Vorschlag erlauben darf, so den: es scheint mir, wenn wir eine sichere Basis, ein ordentliches Fundament für unsere Arbeiten haben wollen, notwendig zu sein, daß wir uns vielleicht zunächst einmal mit dem Wesen der Sozialversicherung als solchem beschäftigen. Ich würde mir den Vorschlag erlauben, daß es vielleicht angemessen erscheint, daß wir in Form von Referaten und Korreferaten für die nächste Sitzung diesen Punkt uns vornehmen, so daß nicht nur die beiden, Referent und Korreferent, sondern auch die übrigen Herren sich auf dieses Thema vorbereiten. Dann könnten wir vielleicht in einer einzigen Sitzung über diesen Punkt doch zu solchen Feststellungen schreiten, daß wir hier bereits ein Gutachten vorbereiten oder wenigstens der Vorbereitung eines Gutachtens erheblich näher kommen könnten, das uns die Basis für den weiteren Aufbau unserer Arbeiten gibt, denn alles andere, was wir besprechen, Leistung, Beiträge, Organisationsform und sonstige Sachen, hat erst dann den richtigen Sinn, wenn wir das Fundament gefunden haben, wenn wir wissen, auf welchem Platz und auf welchen Quadern wir das Gebäude errichten sollen, das der Führer von uns wünscht.

Vorsitzender Brucker: Ich stimme Ihren Ausführungen vollkommen zu. Wir werden auch diesen Weg beschreiten.

Dr. Kaiser: Es ist unbedingt notwendig, daß wir einen Mathematiker als Mitarbeiter im Ausschuß haben, der die Berechnungen ausführt. Aber trotzdem möchte ich davor warnen, daß wir uns zu sehr auf die Mathematik verlassen, gerade bei der Sozialversicherung. Es sollen ja gerade im dritten Reich Imponderabilien wieder hochgebracht werden, die enthalten sind in der Erziehung der Menschen und Beeinflussung der Versicherten dahin gehend, daß sie nicht nur Sauberkeit in der oberen Verwaltung des Staates, sondern auch in der Seele des einzelnen Menschen fordern. Der deutsche Mensch soll es ablehnen, von sich aus die Kasse auszuplündern. Alles das wird man mathematisch nicht erfassen können. Trotz bester Berechnungen wird es unerzogenen

Menschen doch immer wieder gelingen, die Kassen auszuplündern. Sind sie aber erzogen, dann wird die Mathematik uns auch wieder nicht errechnen können, wie weit die Kassen geschont werden. Notwendig ist es zweifellos, daß grundlegende mathematische Berechnungen vorliegen. Aber wir müssen auch immer daran denken, daß etwas Unwägbares nebenher läuft, was mathematisch nicht zu erfassen ist, nämlich die Erziehung des deutschen Volkes.

Professor Dr. Lutz Richter: Ich stimme Herrn Dr. Kaiser vollständig zu. Ich will nicht etwa gewissermaßen die Lasten unserer Arbeiter auf den Mathematiker abwälzen. Aber wir brauchen, ich möchte sagen, ein Gewissen, und zwar ein schlechtes Gewissen. Ich würde sogar meinen, man soll dem Mathematiker, wenn er zum ersten Mal auftaucht, auferlegen, daß er verpflichtet ist, hier ein Pessimist zu sein, denn die Versicherung muß auf der denkbar sichersten Basis konstruiert sein, sie muß also mit dem schlechtesten Ausgang der Sache rechnen. Wenn es nachher besser läuft, dann gibt es bei der Lebensversicherung Dividende, die wir kennen. Aber das ist der richtige Weg. Nur falsch ist der Weg, den man namentlich in der Rentenversicherung seit Schluß der Inflation gegangen ist, daß man nämlich mit günstigen Schicksalsschlägen gerechnet hat, die dann eben anders herum gekommen sind. Alle übrigen Dinge, gerade die Imponderabilien, sind überaus wichtig; darüber brauchen wir kein Wort zu verlieren. Aber auf der anderen Seite muß der Mathematiker - deshalb möchte ich auch, daß er immer dabei ist - von seinem Standpunkte aus mit seinem Wissen und seinen Methoden wenigstens versuchen, die Imponderabilien mehr rational zu machen oder als Imponderabilien klar herauszustellen. Dann sehen wir wieder, wie wir weiterkommen. Dann können wir u.U. auch bei der Schlußentscheidung sagen: gut, wir wollen diesen unsicheren Faktor auf uns nehmen, aber wir müssen ihn kennen.

Vorsitzender Brucker: Wir werden dem Vorschlag des Herrn Ministerialrat Sauerborn gern folgen, weil dieser Vorschlag auch allein richtig ist. Ich hätte nur noch eine Ergänzung dazu, nämlich heute schon die Herren zu bestimmen, die die Bearbeitung der einzelnen größeren Abschnitte führend übernehmen. Wir gehen davon aus in der Akademie, daß Sie draußen bei der Bearbeitung als Referenten oder Korreferenten noch weitere sachverständige Menschen oder Menschen, die guten Willens sind und etwas verstehen, einen gesunden Menschenverstand haben, hinzuziehen werden. Es steht Ihnen vollkommen frei, in dieser Hinsicht sich Hilfe zu suchen, wo Sie sie finden. Es wird nicht möglich sein, daß wir in diesem kleinen Kreise alle Dinge bis zum letzten Punkte erörtern und bearbeiten, sondern wir werden uns darauf beschränken müssen, fertige Arbeiten der Referenten und Korreferenten anzuhören und dann über die Hauptpunkte zu entscheiden. Deshalb möchte ich Sie bitten, daß Sie sich nun draußen diese Hilfe suchen.

Ich würde vorschlagen, daß wir jetzt daran gehen, die großen Gebiete auszuteilen.

Das erste muß ja sein, daß wir *das Wesen der Sozialversicherung* zu ergründen versuchen. Ich möchte fragen, wer von Ihnen als Referent dieses Gebiet übernehmen möchte. Es ist dies ein wichtiges Gebiet. Vielleicht ist der organische Aufbau fast ebenso wichtig. Aber dieses Gebiet muß zuerst in Bearbeitung genommen werden.

(Das Referat übernimmt Ministerialrat *Sauerborn*, das Korreferat Landesamtsrat *Anders*.)

Dann käme das zweite Gebiet: *Die Aufgaben der Sozialversicherung*. Das ist schon wesentlich abhängig von dem ersten.

(Das Referat übernimmt Regierungsdirektor Dr. *Schulz*, Hannover, das Korreferat Regierungsoberinspektor *Grützemann*.)

Notwendig würde ja sein, daß beide Herren miteinander Fühlung nehmen auf schriftlichem Wege, vielleicht auch einmal zusammenkommen.

Das dritte Gebiet ist *der organische Aufbau*.

(Das Referat übernimmt Regierungsrat *Dr. Kilian*, das Korreferat *Dr. Kaiser*.)

Dann der *Umfang der Sozialversicherung*. (*Zuruf*: Umfang bedeutet dabei Personenkreis.)

(Das Referat übernimmt Universitätsprofessor *Dr. Lutz Richter*, das Korreferat Ministerialrat *Sauerborn.*)

Dann *Leistungen*! Das ist schon ein umfassenderes Gebiet.

(Das Referat übernimmt Landesamtsrat *Anders*, das Korreferat Regierungsdirektor Dr. *Neuhauß.*)

Aufbringung der Mittel.

(Das Referat übernimmt *Oberlindober*, das Korreferat Regierungsrat *Dr. Kilian.*)

Dann käme *Rechtsprechung in der Sozialversicherung.*

(Das Referat übernimmt Regierungsdirektor *Dr. Neuhauß*, das Korreferat Regierungsrat *Dr. Kilian.*)

Dann *Rechtsfassung und Formgebung.*

(Das Referat übernimmt Universitätsprofessor *Dr. Lutz Richter*, das Korreferat soll „ein Mann aus dem Volke" übernehmen, dessen Name noch schriftlich mitgeteilt werden soll.)

Dann, meine Herren, darf ich noch darauf aufmerksam machen, daß eine Literatur über diese Reformfrage ja schon besteht, wenn auch eine beschränkte. Ich möchte nicht unbescheiden sein, wenn ich mir erlaube, auf eine Untersuchung, die ich vor Jahren einmal angestellt habe, hinzuweisen. Das ist das Buch „Die Sozialversicherung am Scheideweg". Der Titel des Gesamtbuches hieß etwas anders, nämlich „Die Rettung der Sozialversicherung". Ich möchte deshalb darauf hinweisen, weil Sie daraus ersehen, welche Mißstände in der Sozialversicherung waren. Sie sind damals im Zeichen des alten Systems aufgezeigt worden. Ich habe damals unter einem Pseudonym schreiben müssen. Aber ich möchte auch deshalb insbesondere darauf hinweisen, weil Sie daraus ersehen, wie sich doch die Dinge im Laufe der Jahre gewandelt haben, wie man heute über diese Dinge anders denkt. Es hat damals ein klein wenig Aufsehen erregt, weil es starke Angriffe gegen die Auswüchse des alten Systems, insbesondere der freien Gewerkschaften und damit auch des Marxismus überhaupt, enthielt. (*Dr. Lutz Richter:* Sie haben sich als Prellbock davorgestellt!)

Grützemann: Ich darf auf die Schrift von Dr. Heinrich *Weber* „Streit und Wahrheit über die Sozialversicherung" hinweisen. Darin ist sehr viel Quellenmaterial enthalten. Ich weiß nicht, ob Sie die Schrift kennen. (*Dr. Lutz Richter:* Das ist der Aachener Krankenkassendirektor.) - Nein, Universitätsprofessor in Münster!

Vorsitzender Brucker: Es gibt eine Menge solcher Schriften, nicht nur etwa von, wir wollen sagen, Parteipolitikern oder von Sachverständigen, sondern auch von Unberufenen. (*Zuruf*: Müssen wir die alle lesen? - *Heiterkeit*!) - Nein, ich möchte davor warnen, sie zu lesen. Aber man kann eine gewisse Auslese treffen. Es sind nur wenige Schriften von einigermaßen Wert. Vielleicht haben Sie, Herr Ministerialrat Sauerborn, die Güte, einmal zu untersuchen und den Herren mitzuteilen, welche Auslese getroffen werden kann. Diese Schriften gehen in die Hunderte.

Dann möchte ich bemerken, daß alle diese Bücher hier von der Landtagsbibliothek ohne weiteres geliehen werden können. Sie brauchen nur hier an die Akademie zu schreiben, die Geschäftsführung hat Herr Dr. Lasch, dann bekommen Sie die Sachen ohne weiteres zugestellt. (*Zuruf:* Ich möchte auch auf die Aufsätze hinweisen, die in der „Deutschen Volkswirtschaft" erschienen sind.) - Das sind Arbeiten gewesen, die in dem früheren Ausschuß für Sozialversicherung im Gau Berlin unter Führung des Pg. *Ministerialrat Rüdiger, des früheren Oberregierungsrat Rüdiger im Reichsversicherungsamt*, geleitet wurden. Dieser Ausschuß kam damals zu ähnlichen Gedankengängen, wie sie in dem Buch „Sozialversicherung am Scheideweg" dargestellt worden sind. Ich darf aber bemerken, daß Ministerialrat Rüdiger vor ganz kurzer Zeit, vor etwa 8 oder 10 Tagen, einen Vortrag in der Hochschule für Politik hier hielt. In diesem Vortrag bekannte er sich zu der neueren Auffassung und wich sehr ab von seiner früheren, der Auffassung des Ausschusses und damit auch von unserer aller Auffassung, der früheren Auffassung der Partei. Das ist insofern interessant, als er schon lange nicht mehr Mitarbeiter bei uns ist und wahrscheinlich, wie ich annehmen möchte, beeindruckt von den neuen Zuständen, von den neuen Gedankengängen im heutigen Staat.

Meine Herren, wir kommen damit zum Schluß. Ich möchte mir nur noch gestatten zu sagen, daß wir dann in etwa drei Wochen wieder zusammenkommen werden. Ich weiß, es wird für Sie nicht leicht sein. Der Herr Referent und der Herr Korreferent für das erste Aufgabengebiet werden sich wahrscheinlich bis dahin außerordentlich beeilen müssen, zu einem Schluß zu kommen. Aber es hilft alles nichts. Gerade der Herr Referent, Herr Ministerialrat Sauerborn, weiß, wie auch die Regierung, das Reichsarbeitsministerium sich heute bemüht, in der Sozialversicherung etwas Neues zu schaffen. Aus diesem Grunde müssen wir unsere Arbeiten sehr beeilen, damit wir in Form eines Gutachtens auch der Regierung dienen können.

Diese erste Sitzung, meine Herren, soll nur eine unterrichtende sein.

Dr. Lutz Richter: Auf der Tagesordnung, die uns mitgeteilt war, standen zwei Punkte. Natürlich war das ja wohl nicht so gemeint, daß man streng danach verfahren sollte. Immerhin steht als zweiter Punkt: *„Teillösung oder Umgestaltung in der Sozialversicherung"*. Ich würde es bedauern, wenn das nun mit den einleitenden Worten des Herrn Vorsitzenden ganz abgetan sein sollte. Ich sehe nämlich folgende Schwierigkeiten:

Was wir hier machen, was in diesem Entwurf vorgezeichnet ist und was darüber hinaus hier geschehen soll, das steuert ja auf eine Gesamtlösung hin. Daß eine Gesamtlösung einmal notwendig sein wird, das ist ja, glaube ich, vollkommen selbstverständlich. Wir haben jetzt vom Reichsarbeitsministerium auch nicht mehr zu befürchten, daß uns das Schimpfwort „Versicherungsarchitekt" an den Kopf geworfen wird, ein Schimpfwort, dem ich immer versucht war, entgegenzuhalten: dann sind die anderen die Ornamentiker! (*Heiterkeit.*) Also ganz sicher müssen wir auf eine Gesamtlösung hinaus. Aber wenn auch vorhin das Datum des 1. Juli 1934 genannt wurde, so glaube ich nicht, daß man so kühn sein darf zu denken, daß eine Gesamtlösung bis dahin steht; und selbst wenn sie bis dahin entworfen wäre, so bedarf sie der Überleitung, die natürlich nur schrittweise vor sich gehen kann.

Da möchte ich gleich noch eine kleine Anmerkung machen: In dem Inhaltsverzeichnis des Entwurfs finde ich keinen Absatz „Überleitungsbestimmungen". Diese sind ja meistens ganz besonders schwer zu entwerfen. Meine Frage geht dahin: sollen wir nun über diese Arbeit einer Gesamtlösung hinaus noch, sagen wir einmal, geistige Beiträge zu der laufenden Arbeit liefern, die im Reichsarbeitsministerium gemacht wird, die, wie ich betonen möchte, sehr verdienstlicherweise mit der Novelle vom 7. Dezember 1933, Sanierung der Rentenversicherungen, gemacht worden ist? Derartige Pläne werden in manchen Punkten vielleicht im Reichsarbeitsministerium gehegt werden. Und ich entnehme dieser Bemerkung auf der Tagesordnung, daß wenigstens die Frage aufgeworfen werden kann, ob wir uns nicht in diesem Sinne zu dem einen oder anderen Punkt erklären sollen.

Ministerialrat Sauerborn: Diese Aufteilung, wie sie in der heutigen Tagesordnung steht, müßte für jeden Punkt, den wir beraten, neu auf die Tagesordnung geschrieben werden, denn aus dem, was der Referent und der Korreferent vorschlagen, wird sich mit zwingender Notwendigkeit ergeben, wo im einzelnen Teillösungen gesucht werden müssen und wo endgültige Dauerlösungen, umfassende Lösungen getroffen werden könnten. Und ich glaube, daß wir die Frage, ob Teillösungen, in welchem Umfange Teillösungen, in welchem Umfange Gesamtlösungen, in welcher Reihenfolge, in welcher Zeitfolge Teillösungen und Gesamtlösungen zueinander stehen müssen, endgültig und abschließend erst beurteilen können, wenn das Ergebnis dieser Aussprache über die ganzen Punkte vorliegt.

Vorsitzender Brucker: Das ist durchaus richtig. Ich glaube, daß es so auch gedacht war. Wir wissen es selbst heute noch nicht. Wir sagen: es muß etwas geschehen, es muß etwas Umfassendes geschehen. Aber inwieweit wir das durch Teillösungen gestalten können, wissen wir noch nicht. Es könnte sehr wohl möglich sein - ich bezweifle, daß das leicht sein wird -, in einigen Teilen, in einigen Abschnitten durch Teillösungen eine Neugestaltung herbeizuführen. Das Wort „Neugestaltung" möchte ich allerdings in den Vordergrund rücken, denn die Dinge liegen so, daß sehr vieles und sehr wesentliches in der Sozialversicherung nicht mehr den heutigen Gedankengängen entspricht. Überlassen wir das einmal dem Schicksal unserer Sitzungen. Wir werden wahrscheinlich schon das Richtige treffen. Ich glaube, daß die Zusammensetzung dieses Ausschusses hier eine glückliche ist und daß wir sehr wohl in der Lage sein werden, auch hier das Richtige zu treffen.

Anders: Ich wollte bloß ganz kurz zu der Frage der Überleitungsbestimmungen, die hier angeschnitten worden ist, sagen, daß sich der NSBO-Ausschuß mit dieser Frage sogar sehr lebhaft beschäftigt hat, denn es war ganz einwandfrei und war jedem der einzelnen Herren klar, daß gerade die Überleitungsbestimmungen vom Alten zum Neuen ungeheure Schwierigkeiten mit sich bringen würden. Aber mit Rücksicht darauf, daß nach Anweisung die Sache in wenigen Wochen fertig sein mußte, ist in dieser Ausarbeitung bewußt die Ausarbeitung über die Überleitungsbestimmungen nicht aufgenommen worden, weil wir ja hier erst einmal wissen wollten, wie sich die Leitung überhaupt zu der Frage stellt und ob man diesem Problem überhaupt näher treten will. Erst dann wollte man an die Frage der Überleitungsbestimmungen herangehen.

Dr. Kilian: Ich darf kurz zu der Frage Teillösung oder Gesamtlösung folgendes sagen: Ich denke an unsere Arbeit seinerzeit in der Partei und dann im Gesamtverband der deutschen Arbeiter. Wir müssen zunächst - wir sind ja alle mehr oder weniger Fachleute auf dem oder jenem Gebiet der Sozialversicherung - an das gesamte Problem der Sozialversicherung herangehen, ohne zu sehr auf allen möglichen Erfahrungen und auf allem möglichen Wissen zu fußen, sondern wir müssen uns zunächst einmal klarmachen, wie denken wir uns eigentlich einmal in der Zukunft als Fernlösung eine ideale Sozialversicherung? Wenn wir uns einmal abstrahieren von unserem Wissen, das wir im Laufe der Jahre gesammelt haben - ich meine das rein juristische Wissen in Fragen der Sozialversicherung -, so werden wir, auch wenn wir in die Zukunft schauen, selbstverständlich unsere praktischen Erfahrungen, die wir bisher in der Sozialversicherung gemacht haben, verwerten können. Wir müssen aber zunächst einmal ganz abstrakt von allem Bestehenden uns klarmachen, wo hinaus wir kommen wollen, wie eigentlich eine ideale Sozialversicherung aussieht. Wenn wir dann allmählich das Ziel sehen, auf das wir hinsteuern müssen, dann ist meines Erachtens die zweite Aufgabe: wie können wir nun das jetzt bestehende Sozialversicherungsrecht in dieses zunächst als Wunschgebilde zu bezeichnende Recht überführen? Bezüglich des zweiten Punktes brauchen wir allerdings nicht nur unsere praktischen Erfahrungen, sondern auch unsere Gesetzeskenntnisse. Wir müssen genau wissen, wie die Sozialversicherung heute steht und wie es möglich ist, allmählich die Sozialversicherung so weit auszubauen, daß wir bis zu diesem Endziel kommen. Wir werden selbstverständlich - das ist meine persönliche Auffassung - ein neues Gebilde nicht von heute auf morgen schaffen können, sondern wir werden Schritt für Schritt weitermarschieren und immer weiter ummodeln müssen, bis wir schließlich zu diesem Endziel kommen. So fasse ich das Problem „Teillösung oder Gesamtlösung" auf, nämlich, wir müssen uns klar darüber sein, wie überhaupt eine Sozialversicherung aussehen soll, von der man wirklich sagen kann, daß sie ein Musterwerk ist, ein Musterwerk, das aufgebaut ist auf unserer nationalsozialistischen Weltanschauung. Und erst wenn wir das haben, dann gehen wir an die Einzelheiten heran und fragen: wie können wir die jetzige Sozialversicherung in dieses Mustergebilde ummodeln und weiter entwickeln? Das ist meine Auffassung zu dieser Sache. Ich glaube auch, daß dagegen nicht sehr viel eingewandt werden kann.

Grützemann: Das kommende Reichsversorgungsgesetz befaßt sich immerhin stark mit allen diesen Fragen. Darf ich fragen, wann dieses neue Gesetz nun zu erwarten ist?

Oberlindober: Ja, das hängt nicht allein von mir ab. Ich bin mit meinen Vorarbeiten so weit, daß ich jetzt an die Begründung gehe. Das Gesetz ist fertig. Nun kommen wir aber in die peinliche Verlegenheit, daß das Gesetz die einzelnen Ressorts durchlaufen muß. Da kommt es nun wieder darauf an, wie schnell der einzelne Schimmel in den einzelnen Amtsstellen zu galoppieren imstande ist. (*Heiterkeit.*)

Grützemann: Die Heilbehandlung der Kriegsbeschädigten nimmt auch einen erheblichen Raum ein.

Oberlindober: Wir haben untersucht, inwieweit man die Heilbehandlung von den Krankenkassen trennen kann und inwieweit nicht. Wir sind zu dem Ergebnis gekommen, daß man eine Einrichtung, die besteht in dem Moment, wo man reformiert, sehr wohl benutzen kann, so daß wir nicht von dem Krankenkassenweg abkommen, sondern ihn beibehalten, in der Hoffnung, daß von dieser Seite aus die Krankenkassen gründlich reformiert werden können.

Wir sind bei der Untersuchung noch auf ein anderes Gebiet gekommen, daß mir für die Arbeiten hier sehr notwendig zu sein scheint. Wir sagen, die Arbeitsbeschaffung ist praktisch Versorgung. Wenn ich heute einem im Kriege oder in der Arbeit zu Schaden gekommenen Menschen voll bezahlte Arbeit gebe, dann hat er bestimmt keinen Anspruch auf volle Versorgung, d.h. in dem Moment, in dem die Versorgung versagt und die Arbeit beschafft ist, ruht ein Teil der Versorgung bis zu dem Augenblick, wo der Betreffende arbeitslos wird. Das ist außerordentlich wichtig auch gerade hier in dem Punkte der Arbeitsbeschaffung, der neu hereinkommen soll. Auf diesem Gebiete wird es auch notwendig sein, daß bei allen denen, die Invaliden- oder Unfallrente bekommen, in dem Augenblick, in dem sie wieder Arbeit haben, der Rechtsanspruch wohl weiterbesteht, aber die Leistung ruht. (*Dr. Lutz Richter*: Außerordentlich richtig! Sonst reitet der Mann auf seinem Holzbein herum!)

Anders: Herrn Oberlindober wird folgendes sehr stark beschäftigen. Wir haben einen unendlichen Kampf für die Kriegsblinden durchgefochten. Ein Teil der Kriegsblinden ist durch Maschinenschreiben usw. wieder in den Arbeitsprozeß hereingekommen. Damals hat man aufgrund der grundsätzlichen Entscheidung dem Mann die Rente entziehen können, weil er ja wieder voll in Arbeit war. Das ist verschieden aufgefaßt worden. Soweit ich mich seinerzeit erkundigt habe, waren einzelne Anstaltsvorstände loyal und haben die Rente gelassen. Aber nun kam das Schlimmste: wenn man die Rente entzogen hatte, dann konnte man sie - das deckt sich ganz mit Ihrer Auffassung - nur so lange entziehen, als der Mann im Arbeitsprozeß stand. Dann kam das traurigste Kapitel, jetzt wurde der Mann entlassen. Ehe er nun wieder in den Genuß seiner Rente kam, verging ein Jahr und noch länger. Und damals haben wir dann grundsätzlich bei dem damaligen Präsidenten der Anstalt Berlin durchgedrückt, daß man diesen erblindeten Kriegsopfern, auch selbst wenn sie im Arbeitsprozeß stehen, die Rente läßt, weil sie schon gerade die Traurigsten der Traurigen sind, weil ihnen das Augenlicht fehlt.

Oberlindober: Es gibt zwei Arten von zu Schaden gekommenen Menschen, die in Arbeit sind. Die einen arbeiten, um Brot zu erwerben, die anderen arbeiten, um ihr Leid zu vergessen. Für die Schwerstbeschädigten, die Blinden oder Hirnverletzten, die schwer Tuberkolosen ist die Arbeit an sich eine Unterhaltung, eine Ablenkung von ihrem Leid. Bei den Schwerstbeschädigten würde ich das Ruhen der Rente nicht eintreten lassen. Bei den 100%ig Beschädigten, die nur dahinvegetieren können, ist die Arbeit eine Ablenkung von der dauernden Selbstbetrachtung ihrer Leiden. Und wir haben die Erfahrung gemacht während der langen Jahre, daß diejenigen Kriegs- und Schwerstbeschädigten, die in Arbeit waren, viel leichter über diese 15 Jahre hinweggekommen sind, auch gesundheitlich, als diejenigen, die immer nur ihre Wunden betrachtet haben, die allmählich zu ihren Leiden, die tatsächlich bestanden haben, ihre Neurose bekommen haben. Sie haben, wie es ein berühmter Franzose gesagt hat, alle Krankheiten durchgemacht, die es gibt, mit

Ausnahme des Kindbettfiebers. Sie haben für jedes Leiden die Anerkennung als Kriegsbeschädigung verlangt. Kurzum, sie sind die ständigen Gäste der Spruchbehörden geblieben. Das müssen wir bei den Schwerstbeschädigten unter allen Umständen vermeiden. Wir müssen ihnen sagen: du sollst deine volle Rente haben, und wenn du Arbeit bekommst, soll das eine Ergänzung, ein Zusatz sein, damit du deine Leiden vergißt. Aber der Durchschnitt, der breite Durchschnitt von 20 - 80% soll für die anderen mitdenken, mitgehen und mitopfern. In dem Augenblick, wo er in Arbeit ist, soll er die anderen miterhalten helfen, die keine Arbeit haben. Und wir werden auf diesem Arbeitsgebiet, Herr Brucker, eines erleben: in dem Augenblick, wo wir für die Invaliden und Unfallverletzten die Arbeitsbeschaffung einsetzen, wird der Etat schnellstens in Ordnung kommen, und zwar Pflichtarbeit, d.h. es werden 1, 2, 3 Arbeitsstellen angeboten; wenn er sie fahrlässig verläßt, wird ihm die Rente entzogen. Dann kommen diese Dinge ganz von selbst in Ordnung.

Vorsitzender Brucker: Ich freue mich sehr, Pg. Oberlindober, daß wir in unseren Anschauungen sehr übereinstimmen. Das kann auch nicht anders sein. (*Oberlindober*: Schade nur, daß im Reichsarbeitsministerium eine andere Meinung herrscht!) - Ich glaube nicht. Ich nehme an, daß die Herren im Reichsarbeitsministerium, die Referenten dafür sind, eben auch mit Ihnen werden Fühlung nehmen und vor allen Dingen auch einmal die Dinge von der Praxis aus ansehen müssen; dann werden sie auch schnell zu einem anderen Ergebnis kommen. Ich glaube nicht, daß der gute Wille nicht vorhanden wäre.

Oberlindober: Ich habe neulich den Herren einige Grundsätze aus dem neuen Versorgungsgesetz vorgetragen. Da wurde mir erklärt, die Sache sei die ideale Lösung, die im Jahr 1924 notwendig war, während jetzt diese Lösung nicht mehr möglich sei, nachdem ein Gewohnheitsrecht entstanden sei, man dürfe jetzt gerade nicht die Menschen vor den Kopf stoßen. Kurzum, ich glaube, es war das Trägheitsmoment.

Dr. Lutz Richter: Da kann man nur sagen als Soziologe: wozu haben wir eine Revolution gehabt? (*Heiterkeit.*)

Vorsitzender Brucker: Dann kommen wir zum Schluß.

Ich darf Ihnen sagen, daß die Reisekosten Ihnen von der Akademie erstattet werden.

Ich möchte dann die Herren noch bitten, daß Sie das stenographische Protokoll lesen und vielleicht an ihm von sich aus Berichtigungen vornehmen, so daß dann schließlich ein einwandfreies Protokoll vorliegt.

Dann möchte ich noch einmal sagen, daß diese Sitzung heute eine unterrichtende war und daß wir heute nur darüber sprechen wollten, wie wir unsere Arbeit abwickeln, vor allen Dingen uns auch ein Bild darüber machen wollten, wie der Gang der Dinge sein wird, wie insbesondere wir auch die Zielsetzung betrachten; und schließlich wollten wir uns auch vor Augen führen, bis wann wir ungefähr mit den Arbeiten fertig sein müssen. Ich darf hierbei noch bemerken, daß selbstverständlich das Gesetz nicht etwa am 1. Juli verabschiedet werden muß, sondern daß natürlich nur unsere Denkschrift unsere Anschauungen bis dahin festlegt, die wir dann dem zuständigen Ministerium, dem Reichsarbeitsministerium, überreichen können.

Oberlindober: Darf ich eine Zwischenbemerkung machen! Ich würde die Stellungnahme zunächst dem Führer allein geben in zweifacher oder dreifacher Ausfertigung, damit sie nicht in einem Büro Staubfänger wird.

Vorsitzender Brucker: Ich nehme ja an, daß wir unsere Denkschrift selbstverständlich nicht nur dem Reichsarbeitsministerium, sondern vor allen Dingen auch der Parteileitung überreichen müssen.

Wir sind damit am Schluß angelangt; und ich möchte, meine Herren Parteigenossen und Volksgenossen, wünschen, daß unsere Arbeit eine recht gesegnete sein möge.

Unserem großen Führer Adolf Hitler wollen wir auch in diesen Arbeiten treu bis zum Letzten sein. Ihm, unserem Führer und unserer Bewegung ein dreifaches Sieg Heil.

Ich danke Ihnen. Die Sitzung ist geschlossen.

(Schluß: 4 Uhr.)

II. Protokoll der Sitzung vom 14.2.1934 (Wesen der Sozialversicherung)

Anwesend waren: 1. *Brucker* (Leiter), 2. *Sauerborn* (Mitglied), 3. *Anders* (Mitglied), 4. *Prof. Dr. Richter* (Mitglied), 5. *Oberlindober* (Mitglied), 6. *Grützemann* (Mitglied), 7. *Dr. Schultz* (Mitglied), 8. *Dr. Kaiser* (Mitglied).

Tagesordnung: Das Wesen der Sozialversicherung.

Vorsitzender Brucker: Meine Herren! Ich begrüße Sie in der heutigen zweiten Sitzung unseres Ausschusses.

Wir haben das letzte Mal nur allgemein über die Sozialversicherung gesprochen und uns Gedanken darüber gemacht, wie man eine Neuordnung bewerkstelligen kann. Ich möchte Ihnen ganz kurz sagen, daß wir heute zwei Referate anzuhören haben, eines von Herrn Ministerialrat Sauerborn und eines von Herrn Anders über den ersten Tagesordnungspunkt, nämlich über *das Wesen der Sozialversicherung*. Ich erteile Herrn Ministerialrat Sauerborn das Wort hierzu.

Berichterstatter Ministerialrat Sauerborn: Meine Herren! Der Herr Vorsitzende hat bereits in der ersten Sitzung auf die allgemeine Bedeutung der Sozialversicherung hingewiesen. Diese allgemeine Bedeutung ist uns bekannt. Wir wissen, wie groß der Personenkreis ist, der von der Sozialversicherung in ihrer heutigen Gestaltung betreut wird. Wenn ich nur ein Beispiel sagen darf: in der Krankenversicherung haben wir rund 20 Millionen Versicherte. Dazu treten die Familienversicherten mit etwa 15, 16, 17 Millionen, so daß Sie sehen, daß weit mehr als die Hälfte des deutschen Volkes von der gesetzlichen Krankenversicherung betreut wird. Ähnlich liegen die Verhältnisse in der Invaliden- und Angestelltenversicherung, insbesondere, wenn Sie noch die Knappschaftsversicherung hinzunehmen. Ähnlich liegen die Dinge in der Unfallversicherung. Auch die Arbeitslosenversicherung ist in ihrer Bedeutung ja heute so deutlich vor aller Augen, daß nähere Ausführungen hierüber nicht zu ergehen brauchen.

Wir wissen, daß diese allgemeine Bedeutung, die die Sozialversicherung heute in Deutschland hat, sich nicht auf unser Vaterland allein beschränkt. Gewiß, Deutschland ist auf dem Gebiete der Sozialversicherung führend gewesen. Dort sind die Gedanken entstanden, die Uransätze bereits im Mittelalter. Ich darf an die Kuttenberger Bergordnung, die im Jahr 1300 entstanden war, erinnern; ich darf an die Bruderläden erinnern, die im Handwerk insbesondere eine große Rolle gespielt haben. Darüber hinaus sind aber auch die Ansätze zu der eigentlichen Sozialversicherung, wie wir sie insbesondere in Fabrik-Krankenkassen und in freien Hilfskassen sehen, ausgesprochen in Deutschland vorangetrieben und gefördert worden. Und Deutschland ist das klassische Land der Sozialversicherung deswegen, weil hier zunächst in der Gesetzgebung diese Gedanken einen Niederschlag und eine Regelung gefunden haben, eine Regelung, die von Anfang an derartig durchdacht und ausgebildet war, daß die anderen Staates der ganzen Welt die deutsche Sozialversicherung zu ihrem Vorbild genommen haben. Am deutlichsten tritt auch das wieder in der Krankenversicherung in Erscheinung, wo durch die Konvention im Genfer Arbeitsamt vom Jahre 1927 die Grundsätze des deutschen Krankenversicherungsrechts zur Richtschnur für die ganze Welt erhoben worden sind.

Bei dieser ungeheuren Bedeutung der Sozialversicherung ist es klar, daß jeder Schritt auf dem Wege zu weiterer Förderung, zur Reform, zum Ausbau, gründlicher Überlegung bedarf, daß er genau überlegt und geplant sein muß, damit das Gute nicht zerstört, sondern zu dem Guten Besseres hinzugesetzt werde.

Und da war es unsere Überzeugung, daß wir, ehe wir über die Gestaltung im einzelnen zu sprechen beginnen wollen, uns zunächst einmal über das Wesen der Sozialversicherung unterhalten wollten, also über die Grundlagen, über das Fundament, das alle unsere weiteren Beratungen trägt und auf dem alles Weitere aufbaut.

Wesen der Sozialversicherung. Meine Herren, lassen Sie mich ausgehen von dem Wort „Sozialversicherung“ selbst. Wie das Wort besagt, haben diejenigen, die diesen Namen geschaffen haben, eine soziale Versicherung schaffen wollen - und damit sind wir schon wieder einen Schritt weiter -, eine Versicherung im Gegensatz zu einer Reihe von sonstigen Lösungsmöglichkeiten, von denen ich insbesondere das Prinzip der Versorgung dem Versicherungsrecht gegenüberstellen würde. Ich möchte nun in diesem Zusammenhang jetzt nicht auf den Unterschied zwischen Versicherung und Versorgung eingehen, sondern bei unserem engeren Thema, dem Wesen der Sozialversicherung, bleiben, darf mir aber vorbehalten, dann später dieses Thema noch zu streifen.

Versicherung! Was ist Versicherung? Meine Herren, der dem Versicherungsrecht, der Versicherung, dem Versicherungsbegriff zugrunde liegende Gedanke ist letztlich derselbe, der schon in der bekannten Fabel von dem Vater mit den sieben Söhnen wiederkehrt. Dort, wo der einzelne nicht stark genug ist, um gewisse Erscheinungen des Lebens zu ertragen, tut er sich mit anderen, die von gleichartigen Gefahren bedroht sind, zusammen, um mit ihnen zusammen gemeinsam diesen Gefahren begegnen zu können, die Wechselfälle des Lebens erträglicher zu gestalten.

Wir müssen bei der Definition - und Sie verzeihen, meine Herren, wenn ich etwas hier in das Wissenschaftlich-Juristische hineingehe; ich beabsichtige, es nicht zu stark zu tun; ich halte es aber für notwendig, um die Grundbegriffe einmal klarzustellen. Wir müssen bei der Versicherung uns über einen juristischen Begriff der Versicherung und über einen wirtschaftlichen Begriff der Versicherung klarwerden. Der juristische Begriff kann von uns hier deswegen kurz abgetan werden, weil in der Beziehung, insbesondere in dem Versicherungsvertragsleben wir ja gerade in der Sozialversicherung allgemeine und besondere Normen haben und so hier auf den juristischen Begriff der Versicherung im zivilrechtlichen Sinne nicht allzu näher einzugehen brauchen. Wichtiger oder sehr wichtig aber ist für uns der wirtschaftliche Begriff, weil wir daraus die Tatbestandsmerkmale kennenlernen, die erforderlich sind, um überhaupt einen Versicherungsbegriff zu erhalten und kennenzulernen und um zu wissen, wenn wir die Sonde, den Maßstab an die Verhältnisse anlegen, haben wir es hier mit einer Versicherung zu tun oder sind hier Sonderheiten? Inwiefern bestehen die Sonderheiten? Inwiefern sind sie begründet? Sind sie allein zufällig? Sind sie notwendig? Sind sie entbehrlich? Sind sie zeitgebunden? Unterliegen sie unter Umständen der Abänderung? Und sind sie verbesserungsbedürftig?

Meine Herren! Die Wissenschaft kennt über den Begriff der Versicherung eine Unmenge Theorien, die ihrerseits wieder in gewissen Gruppen zusammengefaßt sind. Ich darf sie wenigstens kurz dem Namen nach andeuten, ohne sie im einzelnen vorzutragen. Es gibt eine sogenannte Spieltheorie, die, wie schon der Name besagt, etwas Ähnliches, etwas Verwandtes in der Versicherung sieht, wie es beim Spiel ist, gewisse Chancen auszunutzen. Dann die Spartheorie, die Leistungstheorie, die Schadenstheorie, die Bedarfstheorie und die sogenannte subjektive Theorie. Alles Sachen, die sehr viel Kopfzerbrechen den Wissenschaftlern verursacht haben und die, trotzdem es, wenn man manchmal die Worte hört, klingen könnte, als ob es Spielereien seien, doch einen sehr ernsten und sehr wichtigen Hintergrund haben, nämlich die Ermittlung des genauen Tatbestandes und der Tatbestandsmerkmale, die zur wissenschaftlichen Erkennung des Wesens der Versicherung unbedingt erforderlich sind.

Ich möchte mich, wie gesagt, nicht mit diesen ganzen Theorien hier befassen, sondern mehr in das Praktische hineingehen und darf dabei, ohne sie als die einzig richtige zu empfehlen oder mich auf diese festzulegen, vielleicht einmal von der Theorie Manes ausgehen, die deswegen ganz zweckmäßig für unsere Betrachtungen zu sein scheint, weil sie relativ kurz ist und die Tatbestandsmerkmale in klaren Worten ausspricht.

Manes definiert die Versicherung: Versicherung ist gegenseitige Deckung zufälligen schätzbaren Geldbedarfs zahlreicher gleichartig bedrohter Wirtschaften. Meine Herren, jedes Wort, so ungefähr das in dieser Definition ist, bedeutet ein Tatbestandsmerkmal. Sie sehen zunächst das Prinzip der Gegenseitigkeit hier verankert, die gegenseitige Deckung gleichartig bedrohter Wirtschaften. Also, es sind Wirtschaften. Unter Wirtschaften können Einzelpersonen verstanden sein, können Wirtschaftsformen verstanden sein, können Handelsgesellschaften verstanden sein, können allgemein gesagt, natürliche und juristische Personen verstanden sein, die in irgendeiner Hinsicht wirtschaften. Es ist für den Wirtschaftsbegriff wesentlich, daß gleichartig bedrohte, d.h. demselben Versicherungswagnis unterliegende, von demselben Versicherungswagnis bedrohte Menschen oder Personen, will ich einmal kurz sagen, sich zusammenfinden, um gegenseitig eine Sache zu decken, d.h. keiner von diesen wird mehr sein Risiko allein tragen wollen, sondern dadurch, daß man die ganzen Risiken zusammenlegt, wird man ein Durchschnittsrisiko zu schaffen suchen, das notwendigerweise niedriger ist als dasjenige, das im Schadensfalle den einzelnen trifft, denn der Schadensfall tritt zwar ein - wir haben Wahrscheinlichkeitsberechnungen für den Schadensfall -, aber es steht ebenso fest, daß er nicht alle Versicherungsteilnehmer betreffen wird. Das ergibt die Wahrscheinlichkeitsberechnung. Und so wird die Last, die im ganzen entsteht, auf breite Schultern verteilt. Es entsteht das Durchschnittsversicherungswagnis, das durch gegenseitige Unterstützung, d.h. durch gemeinsame Aufbringung der Mittel, abgedeckt wird.

Es handelt sich um einen zufälligen und schätzbaren Geldbedarf bei der Versicherung, wenigstens bei einer echten Versicherung. Es darf nicht sein, daß der Schadensfall im einzelnen Falle bereits festgestellt ist, daß sein Eintritt unbedingt sicher ist, sondern es muß ein Risiko dabei sein. Er muß zufällig sein, er kann eintreten, aber er braucht nicht einzutreten. Wenn er mit Sicherheit vorauszusehen ist, dann ist selbstverständlich für eine Versicherung kein Raum mehr, dann muß in anderer Weise Vorsorge getroffen werden.

Er muß ferner schätzbar sein, man muß in der Lage sein, nach den Grundsätzen der Versicherungsmathematik in Wahrscheinlichkeitsrechnungen festzustellen, wie hoch die Quote ist, daß der Versicherungsfall eintritt, und in wieviel Fällen er voraussichtlich innerhalb einer bestimmten Periode eintreten wird. Das ist deswegen notwendig, weil sonst der Durchschnittsbedarf nicht ermittelt werden kann und damit auch nicht ermittelt werden kann, was notwendig ist, was von jedem einzelnen eingezahlt wird, um den Bedarf abzudecken. Natürlich, das eine muß cum grano salis genommen werden. Es kann durchaus auch dann schwanken. Es muß nicht in jedem Falle von vornherein die Quote ausgerechnet werden, es kann auch im Umlageverfahren der tatsächlich entstandene Schaden hinterher abgedeckt werden. Das ist in der Form etwas anderes. Aber das ändert nichts an dem Gedanken.

Meine Herren! Es müssen auch zahlreiche gleichartig bedrohte Wirtschaften sein. Es ist selbstverständlich, daß dieser Durchschnittsbedarf nur dann eintreten wird, wenn in einer größeren Zahl Wirtschaften vorhanden sind, die sich zusammenschließen. Das ist etwas, was ich glaube nicht näher zu unterstreichen brauche; es ist uns allen bekannt. Wir alle wissen aus der Erfahrung, daß z.B. in der Krankenversicherung eine bestimmte Mindestmitgliederzahl erforderlich ist, um die notwendigen Ausgleiche zu schaffen, daß in der Krankenversicherung dieser Mitgliederkreis vielleicht sehr bald schon gefunden ist, der immer tragfähig ist, der in der Rentenversicherung erheblich größer gewählt sein muß. Und wir sehen andere Versicherungszweige, die insbesondere bei akuten Zuspitzungen nicht nur einen größeren, sondern sogar einen sehr großen, über das ganze Reich sich erstreckenden Kreis haben müssen, um die ganze Angelegenheit in Ordnung zu bringen.

Was aber daraus hervorgeht, das ist zunächst einmal das eine, daß man den Versicherungsvertrag im allgemeinen nach der Definition von Manes - auch da können Zweifel möglich sein, ob das stimmt - zunächst auf ein bestimmtes Risiko beschränkt: Feuer, Leben, Einbruch, Diebstahl und was es sonst alles gibt. Aber selbstverständlich ist es möglich, diese so bedrohten Wirtschaften auch für Gruppen von diesen Sachen zusammenzufassen, wie wir das ja auch in einer ganzen Reihe von Fällen in der Praxis sehen, obwohl ja auch heute noch die Regel bilden wird, daß jedes einzelne Risiko zusammengefaßt ist und lediglich Sonderprämien für denjenigen, der bei einer und derselben Gesellschaft mehrere Versicherungssparten belegt, zusammengenommen werden.

Meine Herren! Sehen wir so die Versicherung an und ersehen wir daraus, daß es sich hier darum handelt, für die einzelne Wirtschaft, für die einzelne Person, für das Individuum eine aus den Wechselfällen des Lebens drohende Gefahr für sich zu verringern, indem der Betreffende Ersatz beschafft, indem er den Schaden, den er hat, nicht allein tragen will, weil er ihn vielleicht gar nicht tragen kann, sich rückversichert, wenn ich diesen Ausdruck hier einmal im untechnischen Sinne gebrauchen darf, mit anderen zusammentut, um den Zwischenfällen des Lebens gewachsen zu sein, so haben wir auch hier das Primäre der Versicherung, der privatrechtlichen Versicherung; es ist Abdeckung des betreffenden Einzelrisikos durch eine Prämie, die in ihrer Gesamtheit ausreicht, um den vorhandenen wahrscheinlichkeitsgemäßen auftretenden Schaden nebst Rücklagen und Verwaltungskosten abzudecken. Sie sehen hier eines (was ich deswegen betone, weil es uns nachher bei unseren Betrachtungen über die Sozialversicherung sofort interessieren wird), wir sehen das Bedürfnis, den Schaden, die Schadensmöglichkeit, die Schadenswahrscheinlichkeit bei dem einzelnen durchaus zu erfassen. Das ist in einer Reihe von Versicherungssparten nicht möglich. Aber Sie alle wissen genau, daß z.B. bei Diebstahlversicherungen durchaus verschiedene Prämiensätze gezahlt werden, je nachdem, wie die Sicherung des zu schützenden Gutes sichergestellt ist, daß bei Brandversicherungen, bei Feuerversicherungen durchaus verschiedenartige Regelungen bestehen und durchaus verschiedenartige Prämiensätze gezahlt werden, je nach der Lage der Wohnung, hier z.B. in Berlin, ob sie im 4. Stock oder unter Dach oder im Erdgeschoß liegt, daß sie unter Umständen auch sehr davon abhängig sind, wie der Schutz des einzelnen Besitzes gewährleistet werden kann.

Wenn wir nunmehr diese Erkenntnisse auf das Gebiet der Sozialversicherung anwenden, so sehen wir sofort ganz grundlegende Unterschiede, die das Sozialversicherungsrecht gegenüber dem Privatversicherungsrecht hat. Wir finden zwar alle diese Tatbestandsmerkmale: gegenseitige Deckung, zufälliger schätzbarer Geldbedarf zahlreicher gleichartig bedrohter Wirtschaften auch in der Sozialversicherung. Auch hier haben wir für die Versicherungsparten, die insbesondere die alte Sozialversicherung umfassen, bestimmte Wahrscheinlichkeitswerte rein empirisch gewonnen, die wir festlegen können. Wir wissen genau, wie groß die Gefahr zu erkranken im einzelnen ist. Wir haben jedes Jahr aus der Statistik die Zahlen, die uns angeben, wieviel Versicherte erkrankt sind. Wir wissen, um die letzten Zahlen zu nennen, daß es im Jahre 1925 rund 52% waren, 1931 auf 37% gefallen, nachdem es 1930 42% und 1929 noch 59% waren, also eine Zahl, die uns angibt, daß hiermit Arbeitsunfähigkeit verbunden ist. Das ist deswegen wichtig, weil wir noch mit mindestens der doppelten Zahl von Krankheitsfällen also Versicherungsfällen rechnen müssen, die nicht zur Arbeitsunfähigkeit führen. Früher einmal, zu einem Zeitpunkte, in dem die Verhältnisse noch etwas konstanter waren - jetzt schwanken sie aus den bekannten Gründen, oder es sinkt die Zahl der Erkrankungshäufigkeit -, haben wir ungefähr sagen können: jeder zweite Versicherte wird einmal im Jahre krank. Und wir wissen weiterhin, daß der Satz, der im Reichsdurchschnitt gilt, durchaus verschieden ist in den verschiedenen Berufszweigen, daß die Krankheitshäufigkeit erheblich geringer in der Landwirtschaft ist und daß sie höher ist in der Schwerindustrie, daß sie am höchsten im Bergbau ist und daß es daneben andere Betriebsformen gibt, bei denen sie sich mehr oder weniger dem allgemeinen Reichsdurchschnitt angleicht.

Wir wissen, wieviel Invaliditätsfälle, wieviel Rentenfälle jedes Jahr neu anfallen und wieviel laufen. Wir wissen auch genau, wieviel Unfälle sich ereignen. Wir wissen, wieviel davon tödlich verlaufen, wie viele zu völliger Arbeitsunfähigkeit oder zu starker Erwerbsminderung führen. Alles das steht uns statistisch vor Augen; und wir sehen daraus, welches Risiko es ist, gegen das die Sozialversicherung den Versicherten schützen soll.

Diese Feststellungen betreffen bestimmte Gruppen von Volksgenossen, die wir unter dem Begriff „Versicherte" zusammenfassen und die insbesondere mit Rücksicht auf ihre wirtschaftliche Lage, die ihnen die Abdeckung ihrer Risiken durch Einzelmaßnahmen und Einzelvorsorge nicht gestattet, besteht.

Wenn wir diesem Risiko, das in der Sozialversicherung wie in der allgemeinen Versicherung gleich ist, nunmehr das System der Bedarfsdeckung gegenüberstellen, so sehen Sie hier den ersten grundlegenden Unterschied, in der privaten Versicherung das Bestreben, möglichst genau den Prämiensatz des Einzelversicherten dem Risiko anzupassen, das er persönlich darstellt, daher höhere Sätze z.B. in der Feuerversicherung oder Diebstahlsversicherung bei besonders gefährdeten Betrieben, niedrige Sätze bei besonders sicheren und weniger gefährdeten Betrieben.

In der Sozialversicherung kennen wir eine derartige Staffelung des Risikos nicht oder doch nur in ganz verschwindenden Fällen. Vielleicht darf ich hier in dieser Hinsicht auf den Gefahrenzuschlag in der Unfallversicherung für besonders gefährdete Betriebe hinweisen. Im wesentlichen ist in der Sozialversicherung der Maßstab für die Bemessung des Beitrags die Leistungsfähigkeit des einzelnen Versicherten, die Leistungsfähigkeit gemessen an seinem Verdienst. Die Beiträge sind gestaffelt nicht nach Gefahrengruppen, nicht nach dem Alter der Personen, z.B. in der Krankenversicherung, nicht nach der Wahrscheinlichkeit der Erkrankung, nicht nach männlichen und weiblichen Versicherten, sondern sie sind gestaffelt nach der Leistungsfähigkeit des einzelnen. Es kann in der Sozialversicherung sehr gut vorkommen, ist sogar in den Berechnungen vorgesehen, daß höhere Besoldungsgruppen erheblich an den Lasten, die die niedrigeren Einkommensklassen verursachen, mittragen. Ja, die Tatsache ist so augenfällig, daß es ein offenes Geheimnis ist, daß eine Versicherung aus Mitgliedern nur der niedrigsten Klassen überhaupt unmöglich ist, weil die Beiträge von ihnen effektiv die durch sie entstehenden Kosten nicht abdecken; denn die Sachleistungen, die ja den größten Teil der Versicherungsleistung ausmachen, werden allen Versicherte gleichmäßig gewährt und nur bei den Barleistungen, z.B. beim Krankengeld finden Abstufungen statt, die Bezug nehmen auf den wirklichen Verdienst und auf die Versicherungsstufe, in die der Versicherte im Hinblick auf seinen Verdienst eingegliedert ist.

Wir haben aber bei näherer Betrachtung noch eine Reihe von weiteren grundlegenden Unterschieden zwischen Sozialversicherung und allgemeiner Versicherung zu berücksichtigen. Die Versicherung, schon rein juristisch gesehen, entsteht durch den Versicherungsvertrag, d.h. durch die beiderseitige übereinstimmende Willenserklärung, einen Versicherungsvertrag zwischen Versicherungsnehmer und Versicherungsgewährer abzuschließen bei einer Entschlußfreiheit auf beiden Seiten. Selbst da, wo ein öffentlich-rechtlicher Zwang besteht, eine Versicherung einer bestimmten Sparte einzugehen, kommt der Vertrag doch erst zustande, wenn die Willenserklärungen in der vorgeschriebenen Form abgegeben werden.

Ganz anders in der Sozialversicherung! In der Sozialversicherung sehen wir nichts von einem Vertrag, wenigstens nicht in der normalen Sozialversicherung. Es gibt auch hier Übergangsformen. Ich darf z.B. an die freiwillige Weiterversicherung oder den freiwilligen Beitritt erinnern, die in ihren Erscheinungsformen an die Privatversicherung näher herangehen und hier Besonderheiten aufweisen. Aber dasjenige, was die Sozialversicherung zur Sozialversicherung macht, die eigentliche Pflichtversicherung, die Zwangsversicherung, geht von einer ganz anderen Tatsache aus. Sie unterstellt, sie ordnet an. Gesetzlich ist angeordnet, daß hier die Versicherung durch die Ausübung einer bestimmten Beschäftigung oder Tätigkeit zustande kommt. Bei der Unfallversicherung ist es noch etwas anderes. Ich darf das hier als bekannt voraussetzen und brauche darauf nicht näher einzugehen.

Wir haben bei der Sozialversicherung die Tatsache, daß - ich darf auch da wieder auf die Krankenversicherung als Beispiel hinweisen - die Aufnahme einer bestimmten Tätigkeit gegen Entgelt, die Zugehörigkeit zu der Gruppe der versicherten Personen ohne weiteres die Versicherung zustande bringt. Der Betreffende ist versichert. Und hier liegen dann noch weitere Unterschiede. Er ist versichert, ohne daß tatsächlich die Beiträge abgeführt zu sein brauchen, ohne daß Meldungen erfolgt zu sein brauchen, ohne daß der Versicherungsträger zu wissen braucht, daß der Betreffende bereits in ein versicherungspflichtiges Verhältnis eingetreten ist. Auch hierbei gibt es selbstverständlich Abweichungen in der Durchführung. Wir haben das Prinzip grundsätzlich, zum mindesten in der Krankenversicherung, rein durchgeführt, daß die Inanspruchnahme der Leistung und der Rechtsanspruch auf die Leistung von der Beitragszahlung, von der Prämienzahlung nicht abhängig ist, während in der privaten Versicherung, wie Ihnen das geläufig ist, die vorausgehende Zahlung der Prämie überhaupt Voraussetzung für das Entstehen eines Rechtsanspruchs sein kann.

Wir haben einen weiteren Unterschied noch darin, daß wir in der Privatversicherung den Grundsatz von dem zukünftigen ungewissen Ereignis streng durchgeführt haben, in der Sozialversicherung dagegen haben wir auch Fälle, in denen das nicht der Fall ist. Wir wissen z.B. den Fall, wo bereits beim Eintritt in das versicherungspflichtige Verhältnis eine Krankheit besteht, die nicht zur Arbeitsunfähigkeit führt, die aber behandlungsbedürftig macht. Trotzdem diese Krankheit beim Eintritt besteht, entstehen Ansprüche gegen die Kasse. Das reine Versicherungsprinzip ist hier zugunsten anderer Dinge, zugunsten größerer Gesichtspunkte in der Sozialversicherung verlassen. Hier entsteht bereits der Anspruch, obwohl weder eine Anmeldung erfolgt ist, obwohl weder Prämie gezahlt ist, obwohl das Leiden bereits bestanden hat. Sie alle wissen, daß diese Frage gerade in der privaten Versicherung, in der privaten Krankenversicherung eine große und bedeutende Rolle spielt und daß sich die Gerichte in ihren Entscheidungen mit dieser Frage des sogenannten „alten Leidens“ befassen. Sie wissen, daß man dort soweit geht, ein Leiden, das bestanden hat, beim Eintritt in den Versicherungsvertrag, das aber erst nach Ablauf einer gewissen Zeit augenscheinlich wird, Behandlungsbedürftigkeit herbeiführt, als nicht entschädigungspflichtigen Fall anzusehen - eine Sache, die sehr großen Streit und sehr viel Unmut in der Privatversicherung hervorgerufen hat und von der die privaten Versicherungen sehr bekämpft wurden, die aber bisher eine befriedigende Lösung noch nicht gefunden hat, weil auf der einen Seite die Werbekraft durch diese Tatsache bei allen denen, die die Rechtsverhältnisse kennen, stark leidet, auf der anderen Seite aber die Versicherungsgesellschaften nicht in der Lage sind oder nicht in der Lage zu sein glauben, solche Leute bereits für bestehende Leiden zu entschädigen, mit einem gewissen Recht; denn sie haben nicht wie in der Sozialversicherung den Versicherungszwang, in der infolgedessen die notwendige Anzahl von Mitgliedern vorhanden ist, die den Ausgleich bietet, sondern hier wäre zu befürchten, daß ein besonders starker Andrang von bereits kranken Personen, die schlechte Risiken- und Versicherungsausnützer sind, erfolgt, die sich die Versicherungsgesellschaften nicht vom Halse halten können und dadurch mit dem nach der Wahrscheinlichkeitsrechnung ausgerechneten Prämienbedarf nicht auskommen würden.

Neben diesen mehr juristischen Unterschieden gibt es natürlich zwischen Privatversicherung und Sozialversicherung eine ganze Reihe großer und grundsätzlicher mehr vom gesundheitspolitischen Blickpunkt zu beachtender Unterschiede.

Das Aufgabengebiet der Sozialversicherung geht weit über den Rahmen dessen hinaus, was Aufgabe der privaten Versicherung ist. In der Privatversicherung ist, um das erste von diesem

Gebiet zu streifen, z.B. das Prinzip der Schadensverhütung. In der Privatversicherung erfolgt die Vorsorge für die Schadensverhütung in nennenswertem Umfange, aber doch in dem Interesse, den entstehenden Bedarf, die Schadenssumme dadurch zu verhindern, daß man den Eintritt von Versicherungsfällen verhütet und so das Geschäft gewinnbringend macht. Sie sehen insbesondere große Bemühungen auf diesem Gebiete, ausgehend von den amerikanischen Versicherungsgesellschaften, z.B. von einer Versicherungsgesellschaft in New York, der größten Versicherungsgesellschaft der Welt, die in einem regelmäßigen Turnus alle ihre Versicherten kostenlos untersucht und für den Fall, daß organische oder sonstige Leiden sich zu bilden beginnen, darauf aufmerksam macht und Mittel und Wege zur Verfügung stellt, um diese Leiden im Keime zu beheben. Es handelt sich hier um Maßnahmen, die die Versicherungsgesellschaft sicherlich auch in unmittelbarem Interesse des Versicherten selber trifft, indem sie ihm das Leben verlängert. Aber dadurch, daß sie ihm das Leben verlängert, erhält sie sich auch auf längere Zeit den Beitragszahler und erspart sich selbst auf diese Jahre hinaus die Zahlung der Prämie. Aber schon an diesem Beispiel können Sie sehen, wie eingeschränkt diese Angelegenheit ist. Dieses Beispiel ist natürlich von den deutschen Versicherungsgesellschaften nachgeahmt worden und ist auf die verschiedensten Versicherungen übertragen worden. Ich brauche nur daran zu erinnern, um etwas anderes beispielsweise zu sagen, daß alle Feuerversicherungsgesellschaften Beiträge zu Feuerwehren geben, um eine sehr gute Bekämpfung der Brände sicherzustellen usw.

Wir sehen aber hier schon, daß sich die Fürsorge der Lebensversicherungsgesellschaften in diesem Rahmen auf den betreffenden Versicherten erstreckt. Er wird geschützt, er wird beobachtet, er wird betreut, weil die Versicherungsgesellschaft an ihm ein Interesse hat. Darüber hinaus reicht ihre Einflußnahme und ihr Einflußwille aber nicht.

In der Sozialversicherung liegen die Dinge ganz anders. Wir sehen in der Sozialversicherung grundsätzlich den Menschen nicht nur für sich allein, sondern wir sehen ihn in seiner Eigenschaft als Volksgenossen, als Mitglied des gesamten Volkes, selbstverständlich in seiner Untergliederung als Mitglied seines Standes, als Mitglied seiner Familie. Wir wissen, wenn wir die Aufgabe haben, in der Sozialversicherung an unserem Teile mitzuwirken, die Arbeitskraft als den wertvollsten Besitz eines Volkes zu erhalten und zu wahren, daß es für uns nicht darauf ankommt, nur das einzelne Individuum zu sehen und dafür zu sorgen, daß dessen Arbeitskraft erhalten bleibt - selbstverständlich ist das eine wichtige, eine vordringliche Aufgabe -, aber wir wissen, daß wir weiter sehen müssen, daß wir unsere vorbeugende Fürsorge, unsere vorbeugende Tätigkeit weiter ausdehnen wollen, daß wir unsere ganzen Versicherungsmaßnahmen weiterspannen wollen, wenn wir das Bestmögliche für die Allgemeinheit herausholen wollen. Deswegen wendet die Sozialversicherung ihre Aufmerksamkeit nicht nur dem Versicherten selbst zu, sie betrachtet auch seine Familie, sie betrachtet die einzelnen Familienmitglieder, die Umgebung. Sie haben ja das deutlichste Beispiel neben den im Gesetz vorgeschriebenen Leistungen für diese Gruppen, die ich Ihnen eben nannte, die Maßnahmen der Sozialversicherungsträger für die allgemeine Gesundheitspflege, nicht für spezielle Maßnahmen, sondern für allgemeine Gesundheitsmaßnahmen, die den ganzen Stand, die ganze Gruppe der Versicherten, mit allem was zu ihnen gehört, heben und dadurch unmittelbar die Volksgesundheit heben sollen. Ich darf auch hier wieder einzelne Beispiele nur ganz kurz nennen, z.B. die Beteiligung der Versicherungsträger an der Schulzahnpflege, die einen gesunden Kauapparat und damit eine gesunde und sachdienliche Ernährung des ganzen Körpers sicherstellen soll, die verhüten soll, daß schlechte Gebisse erst entstehen. Hier werden Beiträge gegeben, und zwar Beiträge nicht nur für die Kinder der Versicherten, sondern für die ganze Schule. Es ist natürlich im allgemeinen so, daß die Kinder der Versicherten die Mehrzahl bilden und daß die Mehrzahl von den betreuten Kindern später versicherte Mitglieder der Krankenkasse werden. Sie sehen, daß hier diese Fürsorge weit über diesen Rahmen hinausgeht. Sie sehen, daß auch die Sozialversicherung andere Leistungen zu gewähren hat, als sie an sich, wollte man sie auf den engen versicherungsrechtlichen Rahmen beschränken, zunächst in ihr Aufgabengebiet zu fallen scheinen. Ich darf in dieser Beziehung z.B. an das Sterilisationsgesetz erinnern. Hier ist den Krankenkassen die Pflicht auferlegt worden, die Kosten für die Sterilisierung von Mitgliedern zu tragen. Warum? Weil die Sterilisation für den Aufbau eines gesunden Volkes als wesentlich und dringend notwendig angesehen wird und hiermit als eine Aufgabe der Sozialversicherung angesehen wird, an ihrem Teile mitzuwirken, daß dieser Aufbau ungestört und folgerichtig vor sich gehen kann.

Wir sehen, daß die Sozialversicherungsträger darüber hinaus sogar mit gewissen Zwangsmaßnahmen gegen ihre Mitglieder vorgehen können, um diesen allgemeinen, diesen kollektivistischen, diesen nationalen Zweck zu erreichen. Denken Sie z.B. an die Richtlinien über die Heilbehandlung bei Tuberkulose und Geschlechtskrankheiten. Denken Sie an den Meldezwang. Denken Sie an die Möglichkeit, bei ansteckenden Krankheiten den Versicherten selbst gegen seinen Willen in ein Krankenhaus, in eine Isolierung zu verweisen. Alles das zeigt Ihnen, das hier das Aufgabengebiet der Versicherung nicht das beschränkte der privaten Versicherung ist, sondern daß hier neben der ersten Aufgabe, dem Versicherten in den Wechselfällen des Lebens Hilfe und Schutz zu gewähren, der Rahmen bewußt weitergespannt wird, diese Einrichtung bewußt dazu benutzt wird, um Staatsinteressen, Volksinteressen zu verwirklichen, durchzuführen und sicherzustellen.

Daß das gelungen ist und daß wir in dieser ganzen Hinsicht große Erfolge aufzuweisen haben, wenn auch noch nicht selbstverständlich ein Ideal erreicht ist, wenn wir davon auch noch sehr weit entfernt sind, das beweisen doch die Ziffern des Rückgangs der Sterblichkeit, insbesondere der Sterblichkeitsrückgang in dem ersten Lebensjahr und bei den Säuglingen. Wenn wir heute die wirkliche Lebensdauer der Menschen fast verdoppelt haben, so, glaube ich, ist es nicht unbescheiden, wenn ich davon einen wesentlichen Anteil des Verdienstes für die Sozialversicherung in Anspruch nehme.

Wenn wir aber diese ganzen besonderen Belange sehen, die das Wesen der Sozialversicherung ausmachen und die in einem Gegensatz zu der privaten Versicherung stehen, in einem Gegensatz insofern, als, möchte ich einmal sagen, das Ziel der Sozialversicherung ein erheblich weitergestecktes ist, ein, vom volklichen Standpunkt aus gesehen, noch nicht individualistisches ist, das Individuum mehr zurücktritt und nur insoweit bedacht wird, als es für sein persönliches Interesse auch im Interesse der Gesamtheit erforderlich ist, um ihm die Arbeitskraft, die Schaffensfreude zu wahren, um ihm seine Sicherung des Lebens zu erhalten, um ihn zu einem brauchbaren und willig mitarbeitenden Volksgenossen zu machen, so wissen wir auch, was wir davon zu halten haben, wenn in den letzten Jahren vielfach von mancherlei Seite der Versuch gemacht wurde, diese Sozialversicherung durch den Sparzwang zu ersetzen. Der Sparzwang ist eine starke Hinüberleitung auf das individualistische Versicherungsprinzip der privaten Versicherung. Hier wird in erheblichem Maße der Versuch gemacht, die Kosten der Sozialversicherung - das war ja wohl der Ausgangspunkt - dadurch zu senken, daß man den einzelnen Versicherungsnehmer nicht mehr so stark, zum mindesten im Prinzip sogar überhaupt nicht mehr an den kollektivistischen Interessen teilnehmen ließ, sondern seine individuellen Interessen sehr stark herausstellte durch die Nennung von Ziffern von Vermögensbeständen, die wohl nur wenige Glückliche in ihrem Leben erreichen konnten, und damit glaubte, die Angelegenheit auf diese Weise in eine andere Bahn drängen zu können, indem man - ich darf vielleicht das Wort sagen - etwas an den Egoismus des einzelnen appellierte.

Meine Herren! Das eine müssen wir uns sagen: wenn wir auf diesen Weg zurückkehren, so wissen wir, ganz abgesehen davon, daß wir für alle diejenigen, die nicht so glücklich sind, nicht krank, arbeitslos oder invalide zu werden oder einen Unfall nicht zu erleiden in einer Zeit, wo sie noch kein hinreichendes Sparkapital haben, daß dann ja nur eine mindere Fürsorge in Frage kommen kann, wenn noch Geld übrigbleiben soll zur Ansammlung solcher Kapitalien, und daß wir die sozial-medizinische und sozial-hygienische Seite der Sozialversicherung, das, was wir am Aufbau von Volksgesundheit, Volkskraft schaffen auf dem Gebiete der Sozialversicherung, drangeben müssen, wenn wir die Versorgung auf das Gebiet des Sparzwanges abschieben wollen. Was heute insbesondere in der Betreuung des gesamten, des kollektivistischen Begriffs geschieht, das würde nicht mehr möglich sein, wie es ja dem Einfluß des einzelnen bewußt überlassen werden soll, ob er im Einzelfall den Arzt, die Arznei oder sonstige Leistungen in Anspruch nehmen will oder mit Hausmitteln oder sich sonst selbst behandeln soll, womöglich zu seinem eigenen schweren Schaden, weil das Leiden nicht beseitigt, sondern ein kleines, anfangs mit leichten Mitteln zu behebendes Leiden sich nunmehr verschlimmert und zum chronischen Leiden wird.

Wir haben auch noch einen anderen Gesichtspunkt, auf den wir hinweisen müssen. Das ist die sozial-ethische Seite der Angelegenheit, die Volksverbundenheit, wie sie sich in der Sozialversicherung zeigt, wo der Starke für den Schwachen, der Gesunde für den Kranken, der Ledige für den Familienvater, der Junge für den Alten, Mann und Frau füreinander eintreten müssen und eintreten, wo sie in der Volksverbundenheit zusammen zur Erreichung des gemeinschaftlichen Zweckes verbunden sind. Das alles fällt weg, wenn wir hier dem individualistischen Prinzip des Sparzwanges - das, wie gesagt, auch von der medizinischen Seite, insbesondere von der sozialmedizinischen Seite wie auch von der rein wirtschaftlichen Seite seine allerschwersten Bedenken hat - entgegenkommen würden.

Ich glaube, nach diesen Betrachtungen braucht man - wenigstens für mich persönlich darf ich das aussprechen - sich mit dem Sparzwang nicht mehr abzugeben. Der Sparzwang als solcher in dieser Form ist eine Angelegenheit, die nach meinem Empfinden für eine Neuregelung der Dinge nicht in Frage kommen könnte, die einen ungeheuren Rückschritt bedeuten würde.

Meine Herren! Noch ein kurzes Wort - ich habe Ihre Aufmerksamkeit schon sehr lange in Anspruch genommen - zu dem Verhältnis zur *Staatsbürgerversorgung*. Über die Staatsbürgerversorgung und die Sozialversicherung werden in gelehrten Definitionen die Unterschiede auseinandergesetzt; und viele, die sich mit diesen Dingen beschäftigt haben, glauben, die Unterschiede in folgenden vier Punkten insbesondere zu sehen:

Erstens einmal in dem Umfange des Versichertenkreises. Sozialversicherung: Beschränkung auf einzelne bestimmte Gruppen; Staatsbürgerversorgung: Ausdehnung auf sämtliche Staatsangehörige.

Zweitens bei der Sozialversicherung: Beitragssystem; bei der Staatsbürgerversorgung: Steuersystem; bei der Sozialversicherung: Gegenleistungsprinzip; bei der Staatsbürgerversorgung das Bedürftigkeitsprinzip. Dann noch einer, der mir allerdings sehr an der Peripherie zu liegen scheint: Mannigfaltigkeit der Versicherungseinrichtungen, zentralistische Zusammenfassung bei der Staatsbürgerversorgung.

Ich sagte Ihnen schon: Dieser Unterschied scheint mir nicht sehr bedeutungsvoll zu sein, denn ich kann mir sehr gut denken, daß man eine Staatsbürgerversorgung sehr dezentralisiert durchführen kann, zum mindesten in der Theorie; ich kann mir ebenso denken, daß man eine Sozialversicherung stark dezentralisiert, aber auch stark zentralisiert zum mindesten in der Theorie durchführen kann. Was besser ist, das zu entscheiden steht nicht im Rahmen meines heutigen Vortrages.

Mir scheint, daß überhaupt diese ganzen Unterscheidungen keine ausschlaggebenden sind und nicht durchschlagen. Es gibt überall Spielarten, Annäherungen. Es gibt Prinzipdurchbrechungen bei der einen und der anderen Angelegenheit. Ich darf an die Beispiele der nordischen Staaten erinnern, an sonstige Beispiele erinnern. In Australien hat die Staatsbürgerversorgung Schiffbruch erlitten und wird durch die Sozialversicherung ersetzt. Aber z.B. in den nordischen Ländern, wo sie besser funktioniert, ist es ganz zweifellos, daß hier sehr starke versicherungsrechtliche Gedanken in die Staatsbürgerversorgung hineingekommen sind und daß es nachher beinahe nur noch ein Streit um Worte ist, ob man sie mehr zum Versicherungswesen oder mehr zum Versorgungswesen hinüberrechnen soll. Jedenfalls scheint mir sicher zu sein: das, was wir heute auf dem Gebiete der alten Sozialversicherung haben, sind Dinge, die sich in ihren Grundsätzen bewährt haben, von denen wir genau wissen, was wir davon haben, was wir damit erreichen können. Und nach dem Prinzip, daß man konservativ bei dem sein soll, was sich bewährt hat, solange man nicht bestimmt weiß, daß man etwas Besseres hat, scheint es mir unter allen Umständen wünschenswert, daß man zum mindesten für das Gebiet der alten Sozialversicherung bei dem Versicherungsprinzip verbleibt. Man könnte vielleicht sogar sagen: aus wirtschaftlichen Gesichtspunkten; denn bei der Staatsbürgerversorgung besteht natürlich immer die Gefahr, daß ihre Höhe und ihr Umfang von der jeweiligen Konjunktur abhängig gemacht wird, daß ein wohlhabender Staat auf diesem Gebiete weiter gehen kann und größere Leistungen gewähren kann als ein armer Staat oder ein Staat, der vorübergehend in großen Schwierigkeiten ist. Und das Perpetuierliche, was man für die Volkskraft und Volksgesundheit haben soll und muß, scheint mir bei der größeren Stetigkeit des Versicherungsprinzips besser gewahrt. Es scheint durchaus möglich, daß Prinzipien, Ergänzungen, die irgendwo wünschenswert sind, unter Beibehaltung des Systems eingebaut und besondere Vorzüge des einen oder des anderen Systems herangeholt werden können. Aber jedenfalls möchte ich mich dafür aussprechen, daß wir auf dem Gebiete der alten Sozialversicherung, also der Kranken-, Invaliden- und Unfallversicherung, unter allen Umständen von den Versicherungsprinzipien (Sozialversicherungsprinzipien) ausgehen sollten, die wir bisher hatten, daß wir hier festhalten sollten an dem, was sich in 50 Jahren als erprobt und brauchbar erwiesen hat und - das darf man wohl ruhig sagen - von der ganzen Welt anerkannt und nachgemacht wird.

Meine Herren! Über die Durchführung, Einrichtung und Frage, ob Einheits- oder getrennte Versicherungssparten, Einheit innerhalb der einzelnen Zweige, möchte ich hier nicht sprechen. Das sind Dinge, die nicht zum Wesen der Sozialversicherung gehören. Das sind Dinge der Durchführung, die nach Zweckmäßigkeitsgesichtspunkten zu beantworten und zu prüfen sind.

Ich glaube, daß ich mit dem, was ich Ihnen gesagt habe, die entscheidenden Punkte hervorgehoben habe, die meines Erachtens notwendig sind, um die Besonderheiten des Sozialversicherungswesens einerseits gegenüber dem sonstigen Versicherungswesen, dem privaten Versicherungswesen, andererseits aber auch gegenüber gewissen Neuerungen, wie z.B. im Sparzwang, zu erkennen.

Ich darf hiermit zunächst mein Referat schließen.

Vorsitzender Brucker: Wir danken Ihnen alle für Ihre vortrefflichen und tiefschürfenden Ausführungen. Ich möchte nur, ehe ich Herrn Parteigenossen Anders das Wort gebe, zwei Dinge besonders unterstreichen. Wir stehen wohl alle auf dem Standpunkt, auch wir, die wir auf eine Neuordnung sehr drängen, besonders wir Nationalsozialisten: wir wollen bewußt das Gute, das seither war, erhalten. Ja, wir wollen sogar auf das gute Alte, das vor dem letzten System war, zurückkommen und es wieder zur Geltung bringen, soweit es damals - und das ist in vielen Dingen der Fall gewesen - sich als gut und erfolgreich bewährte.

Das Zweite sind die Bestrebungen, den Sparzwang in der Sozialversicherung einzuführen. Ich selbst bin einmal auch ein gewisser Anhänger dieser Ideen gewesen, allerdings nicht so wie Hartz und diese Leute, sondern ich glaubte damals auch im alten System noch, man müßte irgendein wirksames Mittel finden, um die Begehrlichkeit der Versicherten auszuschalten. Diese Begehrlichkeit war bekanntlich so katastrophal, daß einfach die Substanz der Sozialversicherung aufgefressen wurde. Nicht die Inflation war es allein, sondern es war tatsächlich eben diese Begehrlichkeit, diese sogenannte Rentenhysterie und all die Dinge, die auf dem gleichen Wege liegen. Wir stehen heute auf folgendem Standpunkt: im nationalsozialistischen Staate darf es nicht mehr vorkommen, daß ein Mensch auf Kosten des anderen lebt, sondern wir stehen auf dem Standpunkt, daß eben in einer wahren Volksgemeinschaft diese Begehrlichkeit, die jahrzehntelang war, nicht mehr vorkommen darf. Ich glaube auch, daß der heutige Staat in der Lage ist, diese Begehrlichkeit auszurotten. Und wenn das der Fall ist, dann sind wir die ersten, die sagen, daß der Staat für die Schwachen eintreten muß. Aus diesem Grunde, glaube ich, brauchen wir uns mit dem Sparzwang überhaupt nicht mehr zu befassen. Ich stehe auf dem Standpunkt, daß das Nachgeben des Reichsarbeitsministeriums in dieser Frage, nämlich in dem Gewährenlassen oder in dem Versuchenlassen, eine solche Spareinrichtung da und dort einzuführen - daß diese Nachgiebigkeit eigentlich heute nicht mehr notwendig ist, ja, sogar gar nicht mehr am Platze ist. Deshalb glaube ich, daß wir sehr rasch über diese Frage hinweg gehen können und daß wir uns lediglich darauf einrichten, daß der eine dem andern helfen muß, daß der Starke dem Schwachen helfen muß und daß das gute Wagnis dazu dienen muß, dem schlechten Wagnis dem minderleistungsfähigen Wagnis oder dem kleineren Wagnis eben aufzuhelfen.

Ministerialrat Sauerborn: Herr Vorsitzender, ich möchte nur eine Sache richtigstellen. Sie sagten eben, daß das Reichsarbeitsministerium Versuche mit dem Sparsystem machen wolle. Nein, das ist nicht der Fall. Das Rundschreiben, auf das Sie offenbar anspielen, betrifft nicht den Sparzwang, sondern eine andere Angelegenheit. Sie wissen ja, daß man die Ausgaben, diese Inanspruchnahme von Mitteln, wenn sie nicht notwendig ist, auf die verschiedenste Weise zu bekämpfen sucht. Sie kennen die Versuche der früheren Regierung, durch Krankenscheingebühren, durch Arzneikostenanteile und ähnliche Sachen es zu machen, die eine erhebliche Herabsetzung bewirkt haben; das steht außer Zweifel. Sie kennen aber auch die Versuche, die von der Privatversicherung ausgehen und gemacht worden sind, durch Rückgewähr von Prämien die Inanspruchnahme der Krankenversicherung zu drosseln und zurückzuschrauben.

Wir im Reichsarbeitsministerium, wenn ich das einmal sagen darf hier in meiner Eigenschaft, da ich ja auch manches erfahre und kenne, sind uns vollkommen darüber klar, daß diese Angelegenheit nicht zum Vorteil ist und nicht zum Erfolg führt. Ich habe auch inzwischen bereits Mitteilungen von privaten Versicherungsgesellschaften, die Versuche damit angestellt haben, die sich sehr pessimistisch über den Erfolg dieser Maßnahme aussprechen. Sie sagen: es geht so lange gut, wie man lange Wartefristen und einen sehr großen Stamm von Leuten hat, die unter diese Wartefristen fallen, die die Beiträge zahlen, aber keinen Anspruch auf Leistungen haben. Es besteht ein halbes oder dreiviertel Jahr Sperre, ehe die Leistung eintritt. Also so lange die Wartefrist überhaupt besteht, solange kann man Beiträge einsparen. Hinterher kann man es nicht mehr. Im Gegenteil, im Augenblick, wo der Mann genau weiß: jetzt bin ich einmal krank geworden und habe jetzt keinen Anspruch mehr auf Rückzahlung, und zwar auf eine nennenswerte Rückzahlung, denn nur die allein reizt - in dem Augenblick erfolgt nichts mehr. Aber die Tatsache, daß wir das herausgegeben haben, hat einen ganz anderen Grund, mit dem wir etwas anderes wollten, als etwa unsere Sympathie zu dieser Sache auszusprechen.

Vorsitzender Brucker: Ich danke Ihnen! Ich möchte mich berichtigen. Es ist natürlich das Wort „Sparzwang“ nicht richtig. Aber man könnte dafür „Sparsystem“ setzen. Es ist natürlich das schon etwas in diesen Rahmen Fallendes. Ich habe von Anfang an - das gebe ich zu - den Eindruck gehabt, als ob das Reichsarbeitsministerium nur einmal sehen wollte, wer überhaupt für den Vorschlag heute noch ist. Im allgemeinen war ich auch der Meinung, daß Sie *(zu Herrn Ministerialrat Sauerborn)* nicht dafür sind.

Aber nun darf ich noch etwas nachholen. Es sind zwei Herren, zwei Parteigenossen, die noch in den Ausschuß aufgenommen wurden. Es sind dies Herr Dr. Erdmann und Herr Dr. Zeleny. Herr *Dr. Erdmann* war früher bei der Industrie, in der Hauptgeschäftsführung der Deutschen Arbeitgeberverbände und kennt die Sozialversicherung sehr genau und wird die Dinge sehr oft dort vom Gesichtspunkte des Unternehmertums aus bearbeitet haben. Und Herr *Dr. Zeleny* kommt aus den Kreisen des Handwerks. Es dürfte sehr gut sein, daß diese beiden Parteigenossen, die in hervorragender Stelle in der Deutschen Arbeitsfront stehen, hier ebenfalls mitwirken. Ich begrüße Sie ganz besonders, Herr Parteigenosse Dr. Erdmann! (Herr *Dr. Zeleny* ist *nicht anwesend.*)

Nun möchte ich Herrn Parteigenossen Anders das Wort geben.

Berichterstatter Anders: Meine Herren! Während der Herr Referent das gestellte Thema rein oder hauptsächlich von der juristischen und der wirtschaftlichen Seite beleuchtet hat, möchte ich mir erlauben, dieses Thema mehr von der praktischen Seite und der Seite eines Nationalsozialisten aus an zusehen.

Bei den Betrachtungen über das Wesen der Sozialversicherung ist zwischen zwei Arten einer Betrachtung zu unterscheiden. Auf der einen Seite ist der Begriff, der das Wesen der Sozialversicherung rein objektiv umschließt, in seinen abstrakten Merkmalen zu untersuchen. Diese Untersuchung könnte man als das Wesen der Sozialversicherung im engeren Sinne bezeichnen. Auf der anderen Seite ist zu ergründen, wie sich der einzelne Mensch oder einzelne Menschengruppen und schließlich wie sich die verschiedenen Weltanschauungen subjektiv zu dem Begriff Sozialversicherung und zu den Aufgaben der Sozialversicherung einstellen. Diese Betrachtung trifft das Wesen der Sozialversicherung im weiteren Sinne.

Die Sozialversicherung ist ein wesentlicher Bestandteil der gesamten Sozialpolitik. Wie dem Worte selbst bereits entnommen werden kann, handelt es sich begrifflich um eine Art Versicherung, die auf sozialem Gebiete Anwendung findet. Wir unterscheiden in der Versicherung schlechthin zwischen der Privatversicherung und der Sozialversicherung, ohne daß indessen die beiden begrifflich oder auch inhaltlich im Wesen verschieden sind. In beiden wird ein bestimmter Tatbestand des Lebens, der sogenannte Versicherungsfall, zum rechtlichen Ausgangspunkt des Versicherungsschutzes gemacht. In beiden ist auch der Eintritt des Versicherungsschutzes außer dem Versicherungsfall noch von bestimmten rechtlichen Voraussetzungen abhängig, die allerdings außerordentlich verschieden sein können. So können z.B. eine private Unfallversicherung ebenso wie die Reichsunfallversicherung einen gewerblichen Unfall zum Tatbestand des Versicherungsfalles erklären und beide den Eintritt des Versicherungsschutzes, d.h. der Leistung einer Entschädigung, einzig und allein von der Zugehörigkeit des Unfallgeschädigten von der Versicherung abhängig machen. Oder eine private Krankenversicherung verpflichtet sich genauso wie die Krankenkasse, einem Versicherten für den Fall seiner Erkrankung ärztliche Hilfe, Heilmittel und Krankengeld zu gewähren, unter der Voraussetzung, daß das versicherte Mitglied eine bestimmte Anzahl von Wochen oder Monaten Beiträge geleistet hat.

Damit soll gesagt werden, daß die begriffliche Unterscheidung von Privat- und Sozialversicherung nicht an der Art des Versicherungsfalles, auch nicht aufgrund der jeweiligen Voraussetzungen für den Eintritt des Versicherungsschutzes hergeleitet werden kann, sondern daß sie an anderen Merkmalen kenntlich sein muß.

Die soziale Fürsorge, d.h. das Einsetzen von Hilfe und Unterstützung in den Fällen, in denen Menschen durch widrige Lebenserscheinungen in ihrer Existenz bedroht werden, braucht an sich gleichfalls nicht das Merkmal für die Unterscheidung von Privat- und Sozialversicherung zu sein.

Die Betriebskrankenkassen, die zu Beginn des vorigen Jahrhunderts von Unternehmern auf rein privater Grundlage ins Leben gerufen worden waren, sind ein passendes Beispiel dafür, daß soziale Fürsorge auch von privater Seite durchgeführt werden kann.

Die geschichtliche Entwicklung des Versicherungswesens zeigt eindeutig, daß zunächst die Privatversicherungen gewisse Tatbestände des Lebens unter Versicherungsschutz gestellt haben und daß erst, ihnen nachgebildet, eine Sozialversicherung seitens des Staates geschaffen wurde. Die Gründe, die dazu führten, daß der Staat von sich aus die soziale Frage durch eine Sozialversicherung gelöst hat, liegen in der geschichtlichen und wirtschaftlichen Entwicklung. Aus ihr allein erklärt sich auch letzten Endes der begriffliche Unterschied zwischen Privat- und Sozialversicherung und die Tatsache, daß die Sozialversicherung ein wesentlicher Bestandteil jeder Sozialpolitik ist.

In ältester Zeit war der Grundsatz, daß die Allgemeinheit für solche Menschen zu sorgen habe, die durch Ereignisse des Lebens in ihrem wirtschaftlichen Fortkommen zeitweilig oder dauernd behindert werden und aus eigenen Mittel sich in solchen Zeiten nicht unterhalten können, anerkannt. Die Fürsorge für solche unglücklichen Menschen geschah entweder durch die Hergabe von Almosen oder später mit steigender Kultur durch die freiwillige Hilfsleistung der Gruppen von Menschen, denen der Hilfsbedürftige angehörte. Der Gedanke, die Leistungen für eine solche Fürsorge nicht in jedem Einzelfalle aufzubringen, sondern ganz allgemein vorsorglich für die Zukunft bereitzustellen, führte zur Einrichtung der Versicherung. Eine den gleichen Gefahren ausgesetzte Anzahl von Menschen führte an eine Stelle laufend Geldbeträge ab, und jeder von ihnen, der von der Gefahr betroffen wurde, wurde aus den gesammelten Beiträgen unterstützt. So stellt sich das versicherungsrechtliche Prinzip als nichts anderes dar, als daß Menschen durch eine dauernde Leistung in guten Zeiten sich vor den Wechselfällen des Lebens in der Zukunft sicherten, indem sie durch ihre Leistungen im Versicherungsfall das Recht erwarben, ihrerseits Leistungen zu beanspruchen.

Auf die hauptsächlichsten Gefahrenmomente ist ja mein Herr Vorredner schon eingegangen, ich brauche sie deswegen nicht mehr näher zu erläutern. Aber mit der Zunahme der wirtschaftlichen Tätigkeit und der sich daraus folgerichtig entwickelnden Industrialisierung der deutschen Wirtschaft wurden ja bekanntlich die Gefahrenmomente immer größer und zahlreicher, denn immer mehr Menschen wurden von der Industrie in den Fabriken und Bergwerken beschäftigt und damit wurden immer mehr Menschen den Gefahren der Technik ausgesetzt. Die bisher vereinzelt vorgekommenen Betriebsunfälle steigerten sich also von Jahr zu Jahr mit zunehmender Mechanisierung der wirtschaftlichen Tätigkeit. Auf der anderen Seite wurde die menschliche Arbeitskraft und damit die Gesundheit in immer größerem Maße beeinträchtigt. Das Wichtigste aber lag in der Tatsache begründet, daß immer mehr Menschen Eigentum und Wohlstand einbüßten und die Zahl derer, die von der Hand in den Mund lebten, immer größer wurde. Die Anforderungen, die an eine Versicherung zu stellen waren, die in immer steigendem Maße Menschen vor den Gefahren des täglichen Lebens, für den Lohnausfall, für Fälle der Krankheit und vor der Ungewißheit und Unversorgtheit des Alters zu sichern hatte, wurden immer höher geschraubt.

Die Privatversicherungen konnten die arbeitende Masse des Volkes aus zweierlei Gründen unter solchen Umständen keinesfalls mehr in ausreichendem Maße vor den Unbilligkeiten des Lebens schützen, denn einmal hatten sie nicht die Möglichkeit, ihre Rentabilität zu bewahren bei den immer steigenden Anforderungen, die an sie gestellt wurden, weil sie es nicht in der Hand hatten, den Personenkreis der Versicherten entsprechend zu vergrößern, da niemand gezwungen werden konnte, einen Vertrag mit ihr abzuschließen. Zweitens hätte aber nur ein Teil des arbeitenden Volkes von sich aus die notwendigen Mittel aufbringen können, um die Versicherungsprämien zahlen zu können.

Ich darf mich in den weiteren Ausführungen ganz kurz fassen, da mein Herr Vorredner die ganze Frage bereits so eindeutig geklärt hat, daß ich mich darauf beziehen möchte.

Auf eine kurze Formel gebracht, ist also unter *Wesen der Sozialversicherung* im engeren Sinne eine Versicherung zu verstehen, die einen genauestens gesetzlich vorgeschriebenen Personenkreis umfaßt, der kraft eines gesetzlichen Aktes zwingend der Versicherung unterworfen wird, und die zum Ausgleich der sozialen Spannungen, zur Erhaltung der menschlichen Arbeitskraft, der Existensfähigkeit und der Gesundheit des minderbemittelten Volkes und zur Sicherung seines Lebensabends Leistungen gewährt, die nicht von dem erfaßten Personenkreis allein, sondern von der gesamten Wirtschaft aufgebracht werden.

Das ist, rein objektiv betrachtet, die begriffliche Deutung des Wesens der Sozialversicherung.

Zur Erläuterung ihres Wesens ist es aber auch notwendig, nun einmal zu untersuchen, inwieweit dieser Begriff subjektiv dem wirklichen Leben zu dienen vermag und was den Menschen und ihrer Weltanschauung das Wesentlichste an einer Sozialversicherung erscheint, denn das erst macht das Wesen der Sozialversicherung aus, wie der blutleere Begriff im Leben des Volkes Gestalt und Lebendigkeit angenommen hat. Diese Betrachtung aber kann heute nur vom Standpunkte des Nationalsozialismus aus angestellt werden. Die Erfassung des Wesens der Sozialversicherung ist einmal abhängig von der begrifflichen Definition, zweitens von der grundsätzlichen Einstellung und den mittelbaren und unmittelbaren Auswirkungen, die der Nationalsozialismus zu ihr einnimmt und von ihr erwartet.

Der Nationalsozialismus will die Volksgemeinschaft als nächstes Ziel seines Strebens. Er sieht daher in der Sozialversicherung die Beseitigung aller sozialen Spannungen, die das Leben, die Wirtschaft und die Kultur immer auslösen wird. Das würde auch im Einklang stehen zu der Einstellung, die der Liberalismus der Sozialversicherung entgegenbrachte. Allein insoweit ist der Nationalsozialismus anderer Auffassung, als er die sozialen Spannungen und Gegensätze nicht nur insoweit beschwichtigen will, als es der liberalistischen Wirtschaft dienlich gewesen war; der Liberalismus richtete bei allen seinen Maßnahmen sein Augenmerk nur darauf, den wirtschaftlichen Kräften möglichst weiten Spielraum zu lassen und aus allgemeinen Mitteln dem Volke nur soviel zu geben, als es zur Erhaltung der Lebensmöglichkeiten notwendig hatte. Daher wurde an Leistungen in der Sozialversicherung nur soviel bisher gewährt, als es diesem Zweck entsprach. Unberücksichtigt gelassen wurde bei solchen Erwägungen, die reiner Zweckmäßigkeit entsprachen, alle jene moralischen und sittlichen Werte, die der Nationalsozialismus zur Grundlage des völkischen Lebens gemacht hat. Wohl dienten die durch die Sozialversicherung geschützten Lebensinteressen des arbeitenden deutschen Volkes dem Wohle der Wirtschaft, die aber - und das ist der grundlegende Unterschied - wiederum dem Volke, nicht einzelnen Finanzgruppen zu dienen hat. Der Nationalsozialismus sieht in der Sozialversicherung darüber hinaus aber auch ein Mittel zur Erhöhung nicht nur der Arbeitskraft, sondern auch der Arbeitslust, weiterhin einen Weg zur größtmöglichen Vervollkommnung des Gesundheitszustandes des ganzen Volkes und letzten Endes in den Leistungen der Sozialversicherung die selbstverständliche Abtragung einer Dankesschuld des ganzen Volkes an die Volksgenossen, die dem Wohle der Gesamtheit in treuer Pflichterfüllung und harter Arbeit gedient haben und in ihrem Leben nicht so glücklich waren, aus eigenen Mitteln sich vor den Mißgeschicken ihrer Tätigkeit zu schützen und einen ruhigen und auskömmlichen Lebensabend zu genießen.

Eine solche Einstellung zu dem Wesen der Sozialversicherung stellt in der Praxis verschiedene Anforderungen an eine Sozialversicherung, die im Einklang mit der nationalsozialistischen Weltanschauung stehen soll.

Die wichtigsten Forderungen lassen sich kurz dahin zusammenfassen:

1. Die Sozialversicherung muß auch in der Tat alle sozialen Gegensätze auf das niedrigste Maß ausgleichen. Sie muß daher allen Volksgenossen die unbedingte Sicherheit einer auskömmlichen Versorgung und eines ausreichenden Schutzes für den Ernstfall geben. Sie darf daher nicht als eine zusätzliche Hilfe erscheinen und im übrigen voraussetzen, daß jeder einzelne Volksgenosse von sich aus eigene Mittel zur Behebung seiner Lebensnöte bereitstellen kann. Sie darf daher nicht als eine Unterstützungseinrichtung angesehen werden, sondern sie gewährt einen wohlerworbenen Rechtsanspruch auf ihre Leistungen.

2. Die Leistungen der Sozialversicherung dürfen nicht unzureichend sein, sondern müssen im Ernstfall ein auskömmliches und versorgtes Leben gewährleisten.

3. Die Sozialversicherung darf nicht nur bestehen, um wirtschaftliche oder gesundheitliche Schädigungen durch Sach- oder Geldleistungen nachträglich zu beheben, sondern um vorbeugend und verhütend zu wirken.

4. Die Aufbringung der Mittel muß von einem möglichst großen Kreis von Personen erfolgen, um nach dem nationalsozialistischen Grundsatz „Gemeinnutz vor Eigennutz" gerade auch die Kreise mit höherem Einkommen an der Aufbringung entsprechend zu beteiligen, damit dadurch die Mittel bereitgestellt werden, um die niedrigen Renten erhöhen zu können.

5. Besonderer Wert muß auf den Ausbau der Familienleistungen gelegt werden, weil im nationalsozialistischen Staate die Erhaltung einer gesunden Familie als besonders nationalsozialistische Verpflichtung betrachtet wird.

6. Die gesamte Verwaltung der Sozialversicherung muß nationalsozialistischen Geist atmen, insbesondere ist der Aufbau einer einheitlichen Organisation von unten nach oben vorzunehmen, dagegen die Verwaltung straff und einheitlich und damit übersichtlich von oben nach unten zu gliedern.

7. Schließlich muß der Satz „Arbeit geht vor Rente" zur Anwendung gelangen und als eines der wichtigsten Institute der Sozialversicherung die Umschulung invalider oder unfallverletzter Personen in einen neuen ihren Kräften und noch verbleibenden Fähigkeiten entsprechenden Beruf vorgenommen werden. Mit dieser Berufsfürsorge muß zugleich die Arbeitsvermittlung verbunden werden.

8. Schließlich muß dann noch danach gestrebt werden, die verschiedenen selbständigen Versicherungszweige und Versicherungsträger, die ja letzten Endes alle nur einem Zweck dienen, nämlich dem Wohle des deutschen Arbeiters, zu einem großen einheitlichen Versicherungsträger zusammenzulegen, damit diese Organisation der Sozialversicherung als Selbsthilfeeinrichtung der gesamten Arbeiterschaft unter Einschluß aller Angestellten ein einheitliches Werk aus einem Guß darstellt.

Vorsitzender Brucker: Ich danke Ihnen, Herr Parteigenosse Anders, insbesondere für die 8 Richtsätze, die Sie noch am Schluß programmatisch aufgestellt haben. Diese Richtsätze geben im allgemeinen schon gewisse Fingerzeige für den Weg, den wir jetzt zu beschreiten haben.

Ich möchte nun diese beiden großen Berichte zur Erörterung stellen. Ich bitte um Wortmeldungen! - Ich nehme an, daß Sie viel dazu zu sagen haben werden. Sie werden nicht alle gleich einer Meinung sein. Deshalb wollen wir - das ist der Zweck unseres Ausschusses - uns gegenseitig aussprechen, um den richtigen Weg zu finden.

Dr. Lutz Richter: Meine Herren! Die Situation, in der wir uns jetzt zu unterhalten haben, ist insofern nicht ganz einfach, als als zweites Thema für Referate vorgesehen ist: Die Aufgaben der Sozialversicherung. Es hat sich mir heute etwas bestätigt, was ich neulich schon bei der Durchsprechung des Planes im Innern bei mir angemerkt habe: es wird wohl nicht möglich sein, Wesen und Aufgabe einer Sache radikal zu trennen. Man kann schließlich das Wesen einer Sache nur beurteilen, wenn man die Aufgaben kennt. Ich möchte aber auf die Aufgaben der Sozialversicherung, die heute schon eine gewisse Rolle gespielt haben, nicht ausführlich eingehen. Ich möchte nur das eine sagen: wir haben alle eine ungefähr einheitliche und jedenfalls zureichende Vorstellung von dem, was die Sozialversicherung eigentlich soll; was sie für Aufgaben hat, das ist ja im Grunde außer Streit. Wenn man nämlich darüber streiten würde, würde man keinen Ausschuß für Sozialversicherung einsetzen. Man hält sich an das, was sich in 50 und mehr Jahren herausgebildet und bewährt hat. Diese Aufgaben hat nun Bismarck mit den Methoden der Versicherung zu lösen versucht. So ist die Sozialversicherung entstanden, die in den langen Zeiten und namentlich in den letzten Jahren ja ein Gegenstand sehr starker Angriffe gewesen ist. Es ist mir aber eigentlich nicht bekannt geworden, daß von irgendeiner Seite her ernsthaft bezweifelt worden wäre, daß diese Aufgabe innerhalb des Volkes und innerhalb des Staates eben gelöst werden muß. Es ist niemand so liberal gewesen zu sagen: wir brauchen so etwas gar nicht mehr, wir stellen uns auf einen radikalen liberal-kapitalistischen Standpunkt, von dem aus man nämlich die Sozialversicherung hätte gänzlich in ihrer Existenzberechtigung verneinen können. Das ist gar nicht geschehen.

Es ist nur hie und da der Versuch gemacht worden, diese unbestrittene Aufgabe mit anderen Mitteln in Angriff zu nehmen.

Aber auch da sieht es im allgemeinen sehr dürftig aus. Was sich darbietet, ist im Grunde nur zweierlei, einmal das Sparzwangsystem, das von Hartz ausgearbeitet und von Hugenberg propagiert worden ist, und zum anderen die Versorgung.

Zunächst dieses Sparzwangsystem! Das hat ja nun schon schließlich so viele Fußtritte bekommen, daß es wohl nicht nötig ist, darüber noch sehr viel zu sagen. Jedenfalls ist das eine klar, daß eine wirksame Hilfe damit wahrscheinlich nicht zu erreichen wäre, weil die Hartzschen Berechnungen von der falschen Voraussetzung ausgehen, daß die Menschen während der Akkumulationsperiode, also der Zeit, in der sie sparen sollen, nicht schon in die Lage kommen, Leistungen in Anspruch zu nehmen. Irgendwo und ganz schüchtern kommt es dann heraus, daß so etwas eintreten kann. Aber bei den grundlegenden Berechnungen wird das vernachlässigt. Und so fällt dieses ganze Hartzsche Gebäude in sich zusammen.

Sodann scheint es mir allerdings eine Erscheinung eines ganz ausgeprägten Individualismus zu sein; denn wenn das, was jetzt in die Sozialversicherung hineingeht, jedem einzelnen auf ein persönliches Sparkonto gutgeschrieben wird, so ist das ein ausgesprochener Individualismus, obwohl dabei Sparzwang angewendet wird.

Ich glaube also ebenso wie Herr Brucker und die anderen Herren, daß man über diesen Sparzwang im Grunde nicht mehr sehr viele Worte zu verlieren braucht.

Nun ist vorhin eine gewisse, ich darf vielleicht sagen, Verwirrung insofern eingetreten, als eine gewisse ideologische Verbindung gesucht worden ist zwischen diesem eigentlichen Sparzwang und jener Kombination, die man in der privaten Krankheitskostenversicherung Prämienrückgewähr oder auch Prämien im Sinne von Belohnung für Nichtinanspruchnahme von Leistungen genannt hat. Wer also in diesen privaten Krankenversicherungen wie Barmenia oder dergl. ein Geschäftsjahr lang gar nicht krank geworden ist oder gar keine Leistungen in Anspruch genommen hat - darauf kommt es an -, der bekommt einen Teil seiner in dieser Periode eingezahlten Beiträge zurückerstattet als Prämie für Wohlverhalten als Belohnung dafür, daß er sich nicht dieser Verlockung des Krankwerdens hingegeben hat.

Nun, ich möchte sagen: Das ist in Wahrheit gar nicht eine Prämienrückgewähr, sondern es wird in den Plan einer solchen Versicherung neben den sonstigen Leistungen, die in dem Versicherungsfall „Krankheit" gewährt werden, eine neue Leistung eingeführt, die im Versicherungsfall „Gesundbleiben" gewährt wird. Das Gesamtrisiko wird also größer, und es kommt konstruktiv eine große Merkwürdigkeit in dieses Risiko hinein. Unter Risiko verstehen wir eigentlich etwas, was eintreten kann oder auch nicht eintreten kann. Und von den Fällen, in denen das Risiko nicht eintritt, lebt sozusagen die Versicherung. Hier ist nun das Risiko aber alternativ gestellt. Entweder tritt es ein oder es tritt auch nicht ein; aber das ist auch ein Leistungsfall. Also diese beiden Risiken, die jetzt das Versicherungsobjekt bilden, stehen in einem Wechselverhältnis. Entweder das eine oder das andere muß eintreten; und dadurch wird nun ganz zwangsläufig der Gesamtbeitragsbedarf einer solchen Versicherung sehr viel größer. Das mögen nun die privaten Versicherungsunternehmungen, die ja gewinnstrebige Unternehmen zu sein pflegen, selbst dann, wenn sie sich in den Mantel eines Vereins auf Gegenseitigkeit kleiden, mit sich selber abmachen. Wenn sie glauben, auf diesem privatwirtschaftlichen Markte von Versicherungsrisiken auf diese Weise mehr Versicherungslustige zu finden - à la bonne heure! Was sie für Erfahrung damit machen, ist ihre Sache. Ich glaube nicht, daß die private Krankheitskostenversicherung, auf die Länge gesehen, überhaupt eine sehr erfreuliche Einrichtung ist, nämlich vom wirtschaftspolitischen Standpunkt aus; und ob sie überhaupt bestandsfähig sein wird, ist mir sehr zweifelhaft. Jedenfalls charakteristisch ist, daß derartige Versuche in der Vorkriegszeit immer wieder sehr schnell aufgegeben worden sind. Und erst in den besonderen Verhältnissen der Inflation, die sich ja den Gemütern sehr stark eingeprägt haben, ist auf einmal diese private Krankheitskostenversicherung scheinbar lebensfähig geworden. Heute profitiert sie noch von diesem psychologischen Eindruck der Inflation.

Für unsere Sozialversicherung könnten wir das gerade gebrauchen, daß man das Risiko erweitert, nämlich das Gesundheitsrisiko neben das Krankheitsrisiko stellt und demgemäß den ganzen Beitragsbedarf nun noch einmal vergrößert, während bisher ja die allgemeine Klage immer die ist, daß die Beiträge zu hoch sind! Das ist ja doch dieser sehr primitive Geldbeutelgesichtspunkt, der ist doch überhaupt der Antrieb für alle diese Bemängelungen an der Sozialversicherung, die zu unserer Kenntnis gekommen sind.

Ich glaube also, man mag dieses im kleinen ruhig einmal ausprobieren; dagegen ist weiter nichts zu sagen. Aber man wird sehr wahrscheinlich sehen, daß man auf diesem Wege nicht weiterkommt. Die Begehrlichkeit, die betrügerische Ausnutzung der Sozialversicherung, der Krankenversicherung muß man mit anderen Mitteln abstoppen. Es scheint mir auch, daß man in diesem Punkte nicht so verallgemeinern darf, wie das etwa bei Lieck oder Hartz der Fall ist, denn man soll sich doch klarmachen: wenn man so tut, als ob alle Krankheitsversicherten nur dauernd auf dem Schleichwege sind, wie sie sich in den Besitz ungerechtfertigter Leistungen bringen können, dann ist das eine ganz ungeheure Beschimpfung des deutschen Volkes. Ich glaube wahrhaftig nicht, daß das deutsche Volk in Bausch und Bogen sich das irgendwie verdient hat, so beschimpft zu werden. Gewiß gibt es Ausbeuter, aber die soll man erfassen. Aber man soll sich auch darauf konzentrieren, die Ausbeuter zu erfassen und nicht den anderen Menschen, der die Leistungen nötig hat, hier die Leistungen, sozusagen den Brotkorb höher hängen.

Soviel also zu dem Sparsystem und diesem eigentlich dazu gehörenden Abwandlungsfall der sogenannten Prämienrabatte, der Beitragsrückgewährung! Aber nun die andere Sache, daß man an die Stelle der Sozialversicherung die Versorgung hat setzen wollen. Herr Ministerialrat Sauerborn hat ja einige begriffliche Merkmale über die Versorgung angegeben. Er hat aber, wenn ich recht verstanden habe, selber bezweifelt, daß damit richtig der Kern der Sache herausgestellt wird. Ich stimme Herrn Ministerialrat Sauerborn auch hierin durchaus zu. Man wird wahrscheinlich diese Erscheinungen niemals durch eine absolut luftdichte Wand gegeneinander abgrenzen können, auch begrifflich nicht, sondern es gibt da Übergangsformen. Aber das, was ich einmal als das Charakteristische für diese sogenannte Versorgung annehmen möchte und was man sich vielleicht an dem australischen Beispiel klarmachen kann, ist das, daß es eine gesonderte Vermögensführung, Vermögensverwaltung für die Deckung der hier gemeinten Bedürfnisfälle nicht gibt, sondern daß aus allgemeinen Mitteln, Steuern, Zöllen und auf ähnliche Weise vom Volk aufgebrachten Mitteln die Bedarfsfälle gedeckt werden, wobei dann eine gewisse Bedürftigkeitsprüfung unvermeidlich ist, wobei auf der anderen Seite aber, je nach den politischen Machtverhältnissen - Australien hat eine demokratische Verfassung - natürlich eine gewisse Begehrlichkeit, jetzt nicht als individueller, sondern als Gruppenegoismus eine Rolle spielt. Und dann stellt sich sehr bald heraus: es ist bei dieser Deckungs-, Finanzierungs- und Wirtschaftsmethode nicht möglich, den Ausgabenbedarf einer solchen Einrichtung auf lange Sicht sicherzustellen, sondern man lebt von den laufenden Einnahmen, und man läßt sich dadurch nun einen Vorteil entgehen, den ich zu den ganz wesentlichen Vorteilen einer versicherungstechnisch gut aufgebauten Sozialversicherung rechnen möchte. Das ist vielleicht heute noch nicht genug herausgekommen. Das zeigt sich auch bei den primitiveren Deckungsformen, etwa der Krankenversicherung und bei den auf eine ganz verfehlte Weise primitiven Deckungsformen unserer Arbeitslosenversicherung, so wie sie 1927 eingerichtet wurde, da zeigt sich das nicht mit voller Deutlichkeit. Es hat sich aber in der Vorkriegszeit jedenfalls in unserer Invaliden- und auch Angestelltenversicherung gezeigt. Die Deckungsmethode muß so sein, daß die laufende Verwaltung und Aufgabenbewältigung der Versicherungseinrichtung unabhängig von den augenblicklichen Einkünften und auch unabhängig von der allgemeinen Finanzlage des Staates werden. Das hätte ich sogar an erster Stelle nennen sollen. Es muß durch eine richtige versicherungsmäßige Deckungsmethode auch ein zwischenzeitlicher Risikoausgleich herbeigeführt werden. Das erreicht man jedenfalls am zuverlässigsten mit der Anwartschaftsdeckungsmethode, die jetzt für die Invaliden- und Angestelltenversicherung wieder eingeführt worden ist. Das ist jedenfalls neben anderen Gründen ein sehr schwerwiegender Grund, der immer wieder für die Sozialversicherung, für die Versicherungsform im Gegensatz zu der Versorgungsform spricht. Und den Staat muß man auch, glaube ich, noch erst erfinden - und so stark wird auch der nationalsozialistische Staat nicht sein -, der ohne Abspaltung - das bezieht sich jetzt nicht auf den Entwurf der Altersversorgung, wie er hier vorliegt -, der ohne Abspaltung eines Zweckvermögens von den allgemeinen Staatsfinanzen, aber nach dem reinen Versorgungsprinzip es fertig bringt, nicht nur keine Schulden zu machen, sondern hier Deckungskapitalien über das laufende Etatsjahr hinaus aufzuspeichern. Das wird nicht gehen. Das kann man auch dem Steuerpflichtigen in der unbegrenzten Allgemeinheit wahrscheinlich kaum zumuten, jedenfalls im Rahmen praktischer Politik kaum zumuten. Sagt man den Leuten: wir machen hier einen besonderen Vermögensfonds mit eigener Rechtspersönlichkeit, mit eigener Verwaltung und eigenen Deckungsprinzipien, dann wird das den Menschen viel leichter verständlich, daß sie die Beiträge nicht nur für den diesjährigen Jahresbedarf, sondern für lange Zeit zu zahlen haben. Das scheint mir der entscheidende Grund mit zu sein, jedenfalls ein Gesichtspunkt, den wir nicht aus dem Auge lassen dürfen.

Nun noch etwas anderes, was zugleich auf die Ausführungen von Herrn Anders anspielt. Herr Sauerborn hat dargestellt, inwiefern sich die Sozialversicherung unterscheidet von der gewöhnlichen Versicherung, der Privatversicherung, wie man meistens sagt, oder Individualversicherung, wie neuerdings im wissenschaftlichen Sprachgebrauch vorgeschlagen worden ist.

Ich darf, um das noch deutlicher zu machen, vielleicht hier einen Grenzfall anführen, an den man gewöhnlich nicht denkt, wenn man sich über Sozialversicherung unterhält. Das ist nämlich die öffentlich-rechtlich organisierte Gebäudebrandversicherung, wie wir sie in den meisten Teilen Deutschlands haben, in Preußen allerdings in Form der Feuersozietät nicht so klar und scharf entwickelt wie in meiner engeren Heimat, Sachsen. In Sachsen haben wir eine Landesbrandversicherungsanstalt mit Versicherungszwang und ipso-jure-Zugehörigkeit der versicherten Objekte und der dahinterstehenden Personen. Auf dem Umweg über das Grundbuch gehört jeder dazu, ob er will oder nicht. Diese sächsische Gebäudebrandversicherung hat sehr viele Merkmale, wie wir sie in der Sozialversicherung anzutreffen pflegen. Auch die gesetzespolitischen Motivationen für die Einführung der Versicherung, die allerdings 200 Jahre zurückreicht, sind im wesentlichen die gleichen wie bei der Sozialversicherung. Ich will sie nicht näher ausführen, sondern nur daran erinnern: ehe es bei uns in Sachsen diese staatliche Versicherungseinrichtung gab, half man den Abgebrannten dadurch, daß man ihnen den Brandbettelbrief gab. Das war ein Freipaß dafür, daß sie betteln durften, was nämlich andere Menschen nicht durften. Da ist der ganze sozialpolitische Zusammenhang der ganzen Einrichtung, glaube ich, sehr sinnfällig.

Und trotz alles dessen ist es doch nicht üblich, diese öffentlich-rechtliche Gebäudebrandversicherung als ein Stück Sozialversicherung anzusehen, vielleicht einmal deswegen, weil das versicherte Objekt eine tote Sache und nicht ein Mensch ist, aber dann wahrscheinlich auch noch aus einem anderen Grunde, den ich jedenfalls mit für ausschlaggebend halte. Zwar werden diese Gebäude kraft öffentlich-rechtlichen Zwanges automatisch versichert, aber die Höhe, in der sie versichert werden, und der Beitrag, der dafür erhoben wird, werden von Fall zu Fall individualisierend, differenzierend festgestellt. Da wird das konkrete einzelne Versicherungsverhältnis ins Auge gefaßt. Bei unserer Sozialversicherung geschieht das gerade nicht, sondern hier wird bei der Bemessung des Beitrags und bei der Bemessung der Leistung generalisiert, typisiert. Es wird nach allgemeinen und nicht nach besonderen Merkmalen des Einzelfalls entschieden. Darin zeigt sich nun eine eigentümliche Steigerung - ich möchte nicht sagen: Übersteigerung, weil das als Kritik aufgefaßt werden könnte -, aber eine Steigerung der Sozialversicherung gegenüber den Grundgedanken, die auch schon der gewöhnlichen Versicherung zugrunde liegen. Auch die gewöhnliche Versicherung, so individualistisch sie aufgezogen sein mag, so sehr sie auch auf die sogenannte gerechte Eintarifierung des Einzelfalles ausgeht, wirkt gemeinschaftsbildend. Denn es ist gar kein Zweifel, daß durch die einfache Tatsache, daß die Menschen gemeinsam in eine Versicherung aus eigenem Entschluß hineingeraten, auch gewisse sozial-ethische Wirkungen in der Richtung auf Gemeinschaftsbildung ausgelöst werden.

Aber diesen Gesichtspunkt stellt nun allerdings die Sozialversicherung sehr viel stärker in den Vordergrund. Sie läßt Menschen, die nur in einem sehr lockeren Sinne gleichartig bedroht sind, doch in eine einzige Versicherungsgemeinschaft eingehen und schafft dadurch einen sozialen und wirtschaftlichen Ausgleich zwischen denen, die besser gestellt sind, und denen die schlechter gestellt, die von dem Risiko stärker bedroht sind. Am deutlichsten wird das eigentlich bei der Arbeitslosenversicherung, wo man sich anfangs dagegen gesträubt hat, gewisse Leute in langfristigen Stellungen und auch mit unkündbarem Vertrag oder gar Beamte in die Arbeitslosenversicherung einzubeziehen, während man sehr wohl dem entgegenhalten kann: gerade weil euch dieses Risiko nicht bedroht, deshalb geht es euch nicht bloß ökonomisch, sondern nach eurer Gesamtlage soviel besser, daß ihr sehr wohl zu den Lasten beitragen könnt für die anderen, die von diesem Risiko stärker bedroht sind, die dieses Risiko selbst, aus eigenen Mitteln gar nicht decken können.

Macht man sich das noch einmal klar, so glaube ich allerdings, daß die Gründe, die für die Beibehaltung der bisherigen Sozialversicherung in ihrer grundlegenden Idee sprechen, absolut durchschlagend sind. Und ich glaube auch, daß diese Gründe in die nationalsozialistische Vorstellungswelt vollkommen hineinpassen und daß die Sozialversicherung in die nationalsozialistische Vorstellungswelt besser hineinpaßt, als die Versorgung im strengen Sinne das tun würde.

Oberlindober: Meine Herren! Wenn ich zu dem Wesen der Sozialversicherung einmal einen kurzen Beitrag liefern will, so deshalb, weil gerade dieser Gesichtspunkt, den ich jetzt herausstellen will, in den ganzen Ausführungen noch nicht zutage getreten ist.

Der Hauptgrund, warum heute die Unzufriedenheit im Lande mit den einzelnen Zweigen der Sozialversicherung entstanden ist, liegt darin, daß die Wechselwirkung von Leistung und Beitrag von Jahr zu Jahr sich verschoben und geändert hat. Es hat also der eine oder der andere, der versicherungspflichtig war, niemals in seine Jahresbilanz oder Vorbilanz oder Voranschlag einsetzen können, was er zur Sozialversicherung beizutragen hat, weil sich auf der einen Seite die Beiträge meistens erhöht und auf der anderen Seite die Leistungen meistens gemindert haben. Ich möchte deshalb, wenn wir vom Wesen der Sozialversicherung allgemein sprechen, die Sozialversicherung als ausgesprochene Risikoversicherung ansehen, und zwar als Risikoversicherung im schlechten Sinne der Privatversicherung.

Ich denke hier daran, daß man hier einen Personenkreis versichern will. Ich führe eine Organisation von anderthalb Millionen Kriegsbeschädigten. Wir haben es peinlich vermieden, eine Risikoversicherung einzugehen, weil wir mit festen Leistungen rechnen müssen und auch feste Beiträge bezahlen wollen, während hier in der Sozialversicherung als Zwangsversicherung die Leistungen der Versicherung nicht feststehen und ebenso die Beiträge stets labil geblieben sind.

Wenn nun ferner der Vergleich von Herrn Professor Richter zwischen den öffentlichrechtlichen Brandversicherungen und der Sozialversicherung gezogen wurde, so möchte ich hier einen grundlegenden Unterschied herausstellen, und zwar den, daß die öffentlichen Versicherungen ihr Risiko, das sie selbst tragen, dadurch zu vermindern suchen, daß sie eine Rückversicherung eingehen. So haben die ganzen öffentlichen Brandkassen Deutschland eine Rückversicherung in sich selbst und eine Rückversicherung mit einer großen deutschen Rückversicherungsgesellschaft. Wenn wir nun die öffentlich-rechtlichen Versicherungen - dazu gehören auch noch die verschiedenen Haftpflichtversicherungen, die Autokasko-Versicherung, dann die öffentlichen Lebensversicherungen usw. - einmal zusammen in eine große Dachorganisation bringen und in diese Dachorganisation die gesamte Sozialversicherung einbauen und gemeinsam mit diesen großen Versicherungen - ich darf Ihnen sagen, daß der Bestand der öffentlich-rechtlichen Kassen an Versicherungen dreiviertel des Gesamtbestandes der Allianz ausmacht -, wenn wir hier die Sozialversicherung mit einbringen in eine Rückversicherung, dann werden wir alle die Risiken, die jetzt in den gleitenden Beiträgen und in den gleitenden Leistungen zum Ausdruck kommen, unter Umständen auf die breite Basis dieser allgemeinen Rückversicherung stellen, und wir können damit einmal vermeiden, was immer kritisiert worden ist und mit Recht gerade von Arbeitgeberseite kritisiert worden ist, daß in der Sozialversicherung Gefahren bestehen, in den Zeiten, in denen die Versicherung gut steht, daß in der öffentlichen Hand Kapitalien angehäuft werden, die auf dem Kapitalmarkt dann fehlen und vielleicht zu Fehlleitungen auf dem Kapitalmarkt führen, während auf der anderen Seite in Katastrophenzeiten dann zu tief in den Geldbeutel der einzelnen Versicherungsnehmer hineingegriffen wird.

Ich würde bitten, daß vielleicht von dieser Seite aus der versicherungsrechtliche Ausschuß diese Angelegenheit einmal gründlichst untersucht, speziell die Möglichkeit, mit den öffentlich-rechtlichen Kassen zusammenzuarbeiten und eine gemeinsame Basis für eine Rückversicherung zu finden.

Was nun die Ausführungen des Parteigenossen Anders anlangt, so möchte ich mich nur auf die 8 Richtsätze beschränken. Es steht außer Zweifel, daß ich Nationalsozialist bin, möchte aber hier bei den Richtsätzen gerade als Nationalsozialist auf eine Gefahr aufmerksam machen.

Wenn wir hier beim Neubau der Sozialversicherung die Forderungen überspannen, so besteht eine große Gefahr, daß sich der Kreis der Versicherten jeder Selbstverantwortung entschlägt, jeden Sparsinn verliert und damit als Persönlichkeitswert sich aus dem Gesamtleben der Nation ausschaltet, daß jede Zielstrebigkeit verloren geht, weil die einzelne Persönlichkeit, in dem Bewußtsein, daß die Allgemeinheit für ihn sorgt, Schiffbruch erleidet. Gerade das halte ich als Hauptgesichtspunkt für dringend notwendig, auf Grund dieser Richtsätze zu sagen, damit hier unserer Arbeit von keiner Seite der Vorwurf unterschoben werden kann, wir hätten in den breiten Massen die Verantwortungslosigkeit irgendwie gefördert.

Vorsitzender Brucker: Dazu darf ich gleich sagen, daß die Frage natürlich sehr wohl überlegt werden muß - und das ist ja auch in gewissem Sinne schon vorgeschlagen -, nämlich die Zersplitterung in der Sozialversicherung in ein großes leistungsfähiges Ganzes überzuführen. Aber das kann m.E. nur so sein - wir werden darüber noch in einer besonderen Sitzung sprechen -, daß nicht ein großer Versicherungsträger, ein Wasserkopf entsteht, sondern die Versicherung kann dem Volk nur dann nahegebracht werden, wenn die Verwaltung sehr stark dezentralisiert wird. Das ist unbedingt notwendig. Wenn wir das nicht tun wollten, dann würden die Menschen sehr wenig mit beteiligt sein, jedenfalls sich nicht daran beteiligt fühlen und zum Teil nur ungern in der Sozialversicherung versichert sein. Das muß vermieden werden. Aber es ist schon richtig, daß die Zersplitterung irgendwie einmal beseitigt werden muß. Ich glaube auch, daß es heute keinen Menschen mehr in Deutschland gibt, der nicht für die Aufhebung der Zersplitterung wäre. Wie das geschehen kann, ist eine zweite Frage. Aber ich habe doch starke Bedenken, die Sozialversicherung etwa mit anderen öffentlich-rechtlichen Versicherungen zusammenzulegen oder mit ihnen zusammen eine Rückversicherung einzugehen; die Grundbedingungen sind doch zu verschieden. Nehmen Sie z.B. das Risiko an. Wie sehr verschieden ist das Risiko bei der öffentlich-rechtlichen Brandversicherung oder bei einer öffentlich-rechtlichen Lebensversicherung von dem der Sozialversicherung in allen ihren Zweigen! Aber wir können diese Rückversicherung natürlich darin finden, daß wir ein Dach über der gesamten Sozialversicherung bilden. Das scheint mir das wichtigste zu sein. Das ist das, was wir ja auch in der NSBO immer stark vertreten haben.

Oberlindober: In der Sozialversicherung werden Sie niemals das Risiko so ausschalten können. Das Risiko einer normalen Lebensversicherung bei einer öffentlichen Kasse ist nicht so groß wie das Risiko in der Sozialversicherung überhaupt. Wenn wir das hier in eine gemeinsame Rückversicherung einbringen, dann werden wir als die Träger der Sozialversicherung immer die eigentlichen Nutznießer sein.

Vorsitzender Brucker: Ja, es ist aber nicht der Zweck der Sozialversicherung, Nutznießer einer anderen Einrichtung zu sein. Das würde ich für bedenklich halten, schon deswegen, weil der Kreis der Versicherten in einer sonstigen öffentlich-rechtlichen wie z.B. in einer öffentlich-rechtlichen Lebensversicherung ein ganz anderer ist als der in der Sozialversicherung. Und ich glaube, wir können vom nationalsozialistischen Standpunkte aus es nicht begrüßen, daß jetzt nun ein großer Teil, fast die Gesamtheit des deutschen Volkes auf Kosten eines kleinen leistungsfähigen Kreises Nutzen hat. Aber in einem haben Sie Recht, Parteigenosse Oberlindober - da stimme ich dem Parteigenossen Anders nicht zu -: ich bin der Meinung, daß man den Kreis der Versicherten heute nicht mehr stark erweitern darf. Ich stehe auf dem Standpunkt, daß wir eigentlich der in diesem Buch hier enthaltenen wesentlich höheren Einkommensgrenze, die nicht gerechtfertigt ist, nicht folgen sollten, sondern wir müssen schon, wie Sie auch richtig sagten, dem Menschen mit einem höheren Einkommen ein klein bißchen Selbstverantwortung aufbürden. (*Zuruf*: Jedem Menschen!) Das ist bisher sehr vernachlässigt worden. Das ist es ja gerade gewesen, was die Sozialversicherung so in Mißkredit gebracht hat.

Nun muß ich noch auf eine andere Sache zurückkommen. Herr Prof. Richter sprach davon, daß die Auswüchse, d.h. die Ausnutzung der Sozialversicherung, doch nicht so stark gewesen seien. Ich glaube, Herr Professor, Sie sind in einem Irrtum. Die Sache lag so, daß die versicherten Arbeiter ganz offen, nicht etwa nur unter sich, sondern auch anderen gegenüber erklärten: wenn der andere sich das Geld holt, hole ich es auch. Ich kann mich selbst eines solchen Gesprächs erinnern; ich hörte auf der Straßenbahn, wie einer sagte: Dieses Jahr habe ich noch nicht alles herausgeholt, was ich sonst herausgeholt habe. Ich nehme das den Menschen nicht so sehr übel. Ich möchte nämlich die Menschen gar nicht für schlecht erklären. Nachdem eben hier diese ungeheure Freiheit war und nachdem ein gewisser Teil der Menschen eben die Sozialversicherung nach Strich und Faden ausgenutzt hat, konnten die besseren Elemente nicht mehr zurückstehen; da mußten sie eben sehen, daß sie auch zu ihrem Gelde kamen; denn die Dinge lagen doch so, daß die Beiträge ins Unendliche gestiegen waren. Wir hatten Krankenkassen, die 10 v.H. des Lohnes als Beiträge erhoben. Wir wissen, wenn die 10 v.H. nicht mehr ausreichten, mußten die Krankenkassen geschlossen werden usw. Also die Auswüchse waren fürchterlich, so daß man eigentlich gar nichts mehr zur Entschuldigung sagen kann. Es ist eine Tatsache, daß die Ausnutzung ungeheuer war. Ich denke z.B. auch an die Invalidenversicherung. Hier hat man auch ein sehr hübsches Instrument den Menschen in die Hand gegeben, nämlich die Gemeinlast, so daß die einzelne Landesversicherungsanstalt gar nicht mehr das Interesse hatte, die Renten nicht zu gewähren. Man ist hier sehr freigebig gewesen und hat dann auch allen möglichen persönlichen Wünschen der Beteiligten Rechnung getragen. Man hat gewisse Renten bezahlt, die man als Gefälligkeitsrenten ansehen konnte und dergleichen. Gerade unsere Ärzte waren es auch, die hier sehr hilfsbereit und willfährig waren. Da spielte auch der ganze Liberalismus mit hinein. Die Ärzte sind willfährig gewesen, weil sie die Kundschaft, die Patienten nicht verlieren wollten. Der Arzt, der eben nicht dem Willen des Versicherten entsprach, wäre untergegangen und ist auch zum Teil untergegangen. Dann kamen sie auf die Idee: Du mußt es auch so machen, wie es der jüdische Arzt macht, dann hast auch du zu leben. So lagen die Dinge.

Grützemann: Was zunächst die Frage der Rückversicherung angeht, die Herr Parteigenosse Oberlindober angeschnitten hat, so hätte ich deswegen dagegen Bedenken vorzubringen, weil die Privatversicherung, wenn man sie irgendwo einschalten sollte - (*Oberlindober*: Nur die öffentlich-rechtlichen!) -, ob es wünschenswert ist, da einen anderen Einfluß zur Geltung bringen zu lassen, möchte ich doch sehr bezweifeln; denn was die Anlage der Kapitalien der Sozialversicherung anlangt, so haben wir doch genügend Möglichkeiten, dafür selbst zu sorgen. Wir wissen, daß diese Kapitalien in der Volkswirtschaft eine große Rolle spielen.

Was die andere Frage anlangt, so vermisse ich bisher auch, daß die Ärzte bei der Ausnutzung der Sozialversicherung erwähnt wurden. Ich habe da praktische Erfahrungen gemacht, daß auch von dieser Seite aus eine ganz erhebliche Ausnutzung stattgefunden hat. Besonders haben wir beobachtet, daß es eine Reihe von Ärzten gibt, die eigene Institute, Röntgeninstitute, Bäder unterhalten, und daß sie in auffallender Weise Bäder bis zu einer unglaublichen Zahl verordnet haben. Ich kenne einen Fall, in dem einem Arzt 8000 M gestrichen wurden, was er sich anstandslos hat gefallen lassen; er ist nicht einmal groß dagegen angegangen. (*Heiterkeit.*) Ein anderer, ein Jude, der nach Moskau ausgerückt ist, hat ungeheuere Beträge berechnet; er hat wahllos Striche gemacht, wie es ihm gerade in den Sinn kam. Die Krankenkasse will es jetzt von uns wiederhaben. Jetzt geht ein reiner Kuhhandel los. Also die Sache ist gar nicht so unwesentlich. Ich darf aber auch sagen, daß sich die Verhältnisse schon gebessert haben. Und es wird Aufgabe der nationalsozialistischen Organisation sein, die ja in das ganze Volk hineinstrahlt, hier Erziehungsarbeit zu leisten. Durch das Gesetz zur Ordnung der nationalen Arbeit haben wir ja die wunderbare Möglichkeit bekommen, durch alle möglichen Organisationen unseren Einfluß nach dieser Richtung hin auszuüben.

Dr. Kaiser: Dem Wesen nach entspricht die Sozialversicherung durchaus nicht dem liberalistischen Geiste. Sie ist seinerzeit von Bismarck im Gemeinschaftsgeiste angelegt worden. Aber die Menschen in der verflossenen Zeit waren eben vom liberalistischen oder jüdischen Geiste durchtränkt. Die Arbeiter wurden von den Gewerkschaften darauf dressiert, daß sie möglichst überall für sich alles herausschustern sollten. So betrachteten sie die Krankenversicherung, die der Allgemeinheit dienen sollte, als eine Institution, die nur für den einzelnen da wäre und aus der jeder einzelne möglichst viel herauswirtschaften mußte. Wir wissen, daß nicht nur die Mitglieder die Kassen ausplünderten, sondern das geschah genauso durch viele Ärzte, besonders die jüdischen. Wir wissen, daß diese Ärzte ihre Verbandstoffe auf Kosten der Krankenkasse bezogen und daß sie mit diesen Verbandstoffen ihre Privatpatienten behandelten. Wir wissen, daß sie nur Bon-Jäger waren, daß sie einen Kassenpatienten möglichst alle vier Wochen nur einmal behandelten und ihn wegschickten mit den Worten: „Kommen Sie wieder nach vier Wochen, vergessen Sie aber den Bon nicht!" Wir wollen nicht glauben, daß die Zeit gut war, die wir durchlebt haben, wir wissen, daß sie schlecht war. Die Menschen waren falsch erzogen zum individualistischen Geiste hin. Und da werden wir Nationalsozialisten eben das andere tun müssen, werden die Menschen neu erziehen und sie so gestalten müssen, daß sie imstande sind, eine Gemeinschaftseinrichtung wie die Sozialversicherung zu ertragen. Wir brauchen das Wesen der Sozialversicherung nicht zu verändern, sondern wir müssen alle Menschen dahin erziehen, daß sie sagen: Die Sozialversicherung gehört der Allgemeinheit, nicht mir allein.

Ich möchte vor der von anderer Seite empfohlenen Rückversicherung warnen. Gewiß muß ein Lastenausgleich stattfinden. Die einzelnen Versicherungszweige sind, historisch gesehen, einer nach dem anderen gewachsen. Wir sehen das deutlich an der losen Aneinandergliederung der einzelnen Versicherungszweige. Dringend notwendig ist eine zentrale Stelle, welche die Wagnisse ausgleicht. Verkehrt wäre es aber, eine Rückversicherung zu bilden, bei der die verschiedenen Versicherungsobjekte über einen Kamm geschoren werden. Eine Versicherung, die sich mit abgebrannten Häusern befaßt, kann man nicht zusammenschließen mit der Sozialversicherung, die sich um kranke Menschen kümmert. Bei dem abgebrannten Hause können wir den Schaden genau kalkulieren. Das ist ein fest umrissener, mathematisch zu fassender Versicherungsfall. Die Krankenversicherung hat nichts von dieser festen Mathematik. Sie können bei einem großen Teil der

Kranken nicht nachweisen, ob sie wirklich krank sind, sondern müssen sich darauf verlassen, wenn der Patient sagt, daß er krank ist. Sie müssen es ihm glauben. Darum glaube ich nicht, daß es möglich ist, daß man diese beiden Versicherungszweige in irgendeiner Form zusammenschließen kann.

Oberlindober: Es war nicht davon die Rede, sie unter eine Verwaltung zu bringen!

Dr. Schultz: Ich glaube, die letzten Erörterungen und Fragen gehen etwas über die Tagesordnung von heute insofern hinaus, als für uns von dem Herrn Vorsitzenden die Tagesordnung dahin festgesetzt war, daß wir uns heute über das Wesen der Sozialversicherung aussprechen sollten. Wir haben ja aus den beiden sehr einleuchtenden und erschöpfenden Vorträgen des Herrn Referenten und des Herrn Korreferenten erfahren und uns ein Bild machen können, wie das Wesen der Sozialversicherung aufzufassen ist und auch wohl von der Mehrzahl von uns aufgefaßt wird. Es ist eine strenge Unterscheidung in den Referaten gezogen worden einerseits zwischen der Versicherung - ich lege hier den Ton auf Versicherung - und der Versorgung und andererseits zwischen *Sozial*versicherung und *Privat*versicherung. Namentlich zum letzten Punkte sind die Ausführungen so klar gewesen, daß, wie Herr Prof. Richter schon sagte, aus diesem Wesen des Unterschiedes zwischen Sozialversicherung und Privatversicherung sich ohne weiteres eigentlich implicite die Aufgaben beider Zweige des Versicherungswesens ergeben würden, so daß heute schon, zum Teil wenigstens, ein Teil des Referats von uns behandelt wurde, das in der nächsten Sitzung behandelt werden soll.

Ich würde hier nur noch eine Aufklärung dahin kurz erbitten: Ebenso wesentlich wie ein Unterschied besteht zwischen einer Privatversicherung und einer Sozialversicherung, ist nach meiner persönlichen Ansicht der Unterschied zwischen einer Versicherung einerseits und einer Versorgung andererseits. Und weil ich die Aufgabe habe, mich in dem zweiten Vortragsgebiet über die Aufgaben der Sozialversicherung auszulassen, wollte ich anführen, daß ich bisher meine Aufgabe dahin aufgefaßt hatte, daß ich sagen wollte: Aus dem großen Gebiet der sozialen Fürsorge ist das Referat über das der Sozialversicherung gegeben. Es scheidet also alles das aus dem großen Gebiete der sozialen Fürsorge aus, was nicht im technischen Wege der Versicherung, sondern auf anderem Wege geregelt ist. Ich möchte erinnern an die Fürsorge für die besseren Lebensbedingungen der Arbeiter, an das Wohnungswesen, an jene Einrichtungen, die zweifellos ein großer Teil der sozialen Fürsorge, aber nicht der Sozialversicherung sind.

Ebenso wollte ich ausscheiden die reinen Versorgungssachen. Aus dem Entwurf, der uns vorliegt, geht klar hervor, daß auch dieser Entwurf eine Trennung zwischen der Versorgung und der Versicherung im engeren Sinne zieht, ebenso wie auch der Entwurf für die Abänderung des Reichsversorgungsgesetzes, das ja nicht den Gegenstand unserer Besprechung bildet. Es ist, wie wir hörten, schon der Vollendung nahe oder ist schon vollendet. So scheiden nach meiner eigenen Ansicht eigentlich die reinen Versorgungssachen aus. Sie scheiden nicht aus aus dem Aufgabenkreis der sozialen Fürsorge an sich, sondern sie scheiden aus bei der Besprechung des engeren Begriffs des Wesens der Sozialversicherung.

Ich wäre dankbar, wenn der eine oder der andere der Herren heute vielleicht zu dieser meiner Anfrage nur ganz kurz Stellung nehmen würde, weil ich als alter Verwaltungsbeamter und Praktiker, wenn ich mich so bezeichnen darf, der ich die Sozialversicherung seit über 12 Jahren praktisch an den verschiedenen Stellen durchzuführen hatte, unter der Versicherung eben diese Zweige der Versicherung verstand, die dem Namen nach in der Reichsversicherungsordnung und in späteren Gesetzen, die dazu erlassen sind, niedergelegt sind. Das ist vielleicht nur momentan ein Zweifel bei mir. Aber ich wäre doch den Herren oder dem Herrn Vorsitzenden dankbar, wenn man sagte, was darunter zu verstehen ist. Ich möchte auf den Begriff der Versicherung gegenüber dem Begriff der Versorgung hinaus.

Vorsitzender Brucker: Ich darf wohl sagen, daß es unser aller Meinung ist, wenn wir bei der Neugestaltung der Sozialversicherung am Versicherungsprinzip grundsätzlich festhalten. Im Gegenteil, ich glaube, wir werden sogar darauf kommen müssen, daß wir jeden Einfluß vom versorgungsrechtlichen Standpunkte aus ablehnen. Ich stehe persönlich auf dem Standpunkt, daß z.B. die sogenannten Zuschüsse des Reichs, die bis zu einem gewissen Grade diesen Charakter der Versorgung tragen, in Zukunft abgelehnt werden müssen. Das soll nicht mehr eine Aufgabe des Staates sein, sondern die Sozialversicherung soll eine wirkliche Selbstverwaltung, eine Selbsthilfe sein.

Nur in einem Punkte werden wir einen Zweig, und zwar einen neuen Zweig haben, bei dem wir wahrscheinlich mit dem Versicherungsgrundsatz nicht viel anfangen können, das ist die Altersversorgung. Wir wissen aufgrund der langen Vorarbeiten und aufgrund unserer mathematischen Errechnungen, daß die Altersversorgung nach dem Grundsatz der Versicherung unmöglich ist, weil sie einfach an der Höhe der aufzubringenden Mittel scheitern würde. Sie werden es dann sehen, wenn wir an das Kapitel kommen, und Sie werden darüber erstaunt sein, welche ungeheueren Beiträge erforderlich sind, um selbst nur ganz geringe Unterstützungen zu zahlen, ganz abseits von der Erwägung, ob das deutsche Volk überaltert ist oder nicht. Das spielt absolut keine große Rolle. Es ist nämlich schon bei einem normalen Altersaufbau unmöglich, hier mit dem Versicherungsgrundsatz zu operieren.

Ich darf also wohl annehmen, daß alle Mitarbeiter derselben Meinung sind hinsichtlich des Grundsatzes der Versicherung oder der Versorgung. (*Zustimmung.*)

Dr. Lutz Richter: Ich wollte auf das, was Herr Oberlindober als neuen Gesichtspunkt angeführt hat, gern noch zurückkommen.

Ich würde es bedauern, wenn dieser Gedanke, der mir jedenfalls im Augenblick vollständig neu war, nämlich die Sozialversicherung irgendwie in das große System der Rückversicherung einzuschalten, die ja eine internationale Angelegenheit ist, nun einfach heute abgetan würde. Es muß nämlich sorgfältig unterschieden werden zwischen dem, was wir bisher in der Sozialversicherung Gemeinlast genannt haben, und einer wirklichen Rückversicherung. Ich bin stets ein Gegner des Zusammenwerfens von verschiedenen Versicherungseinrichtungen unter dem Stichwort „Gemeinlast" gewesen, also so, wie es im gigantischen Maße der Reichsfinanzminister Moldenhauer einmal vorhatte, weil nämlich dabei die Gefahr besteht, daß die Verfügung über die vorzunehmenden Ausgaben und die Vorhaltung der erforderlichen Gelder in verschiedene Hände gerät; und es ist sicher etwas ungeheuer Gefährliches - es wurde vorhin schon auf die Invalidenversicherung verwiesen -, daß aus dem großen Topf gewirtschaftet wird, für dessen Füllung sie selber gar nicht zu sorgen braucht. Etwas anderes ist es, wenn man die Sozialversicherung als Einheitsveranstaltung aufbaut, weil dann eine einheitliche zentrale Verwaltung da ist, die dann dafür sorgen wird, daß keine unverantwortlichen Ausgaben gemacht werden. Aber auch diese Gestaltung der Sozialversicherungseinrichtung, für sich betrachtet, schließt nicht aus, daß man schließlich einen Teil des Risikos - die Rückversicherung nennt das die Excedenten - in eine Rückversicherung einbringt. Und da trifft es nun nach meiner Kenntnis der Dinge nicht zu, daß eine Rückversicherung nur für gleichartige Risiken möglich wäre, also nur zwischen Lebensversicherung und Lebensversicherung oder zwischen Gebäudebrandversicherung und Gebäudebrandversicherung, Fahrnisbrandversicherung und Fahrnisbrandversicherung eine Rückversicherung gemacht wird; denn das Risiko, in das die Rückversicherungseinrichtung eingeschaltet wird, ist überhaupt nicht das Brandrisiko oder das Sterberisiko usw., sondern da entsteht ein ganz neues, ich möchte sagen, das abstrakte Versicherungsrisiko. Da entsteht nämlich unter Hinwegsublimierung aller konkreten Einzelumstände einfach dieses Risiko, daß der Wirtschaftsplan der Versicherung in einer Rechnungsperiode einmal nicht stimmt und dafür in der folgenden Rechnungsperiode im umgekehrten Sinne nicht stimmt. Und so wird wieder das, worauf ich schon vorhin hinwies, dieser zwischenzeitliche Risikoausgleich geschaffen, was über die Kraft der einzelnen Versicherungen u.U. hinausgeht. Deshalb schließt man die einzelnen Versicherungseinrichtungen zusammen, um dieses gemeinsame abstrakte Risiko, an dem alle beteiligt sind, einerlei, was sie versichern, in die große Einrichtung einzubringen. Da erscheint es mir zwar sehr schwierig und im einzelnen der sorgfältigen Erwägung bedürftig, aber es erscheint mir durchaus als möglich, schließlich auch die Sozialversicherung, d.h. ihre Spitzenträger, einzuschalten, d.h. es würde einfach das Reichsversicherungsamt innerhalb der Deutschen Arbeitsfront als Versicherungsnehmer bei der Münchner Rückversicherung, die die größte der Welt ist, auftauchen und ihr gesamtes Excedentenrisiko einbringen, wofür sie dann auch die richtig errechneten Prämien zahlen muß. Und gerade diese richtige Bemessung der Prämien hat wieder die Folge, daß sie sich als Druck auf die Versicherungseinrichtungen auswirkt, daß sie ihre Versicherung wirklich sorgfältig und mit aller möglichen Abwehr von unberechtigten Leistungen führt, denn das wirkt sich in ihrer Prämie, die ja dann nach strengen versicherungsmathematischen Grundsätzen berechnet wird, sehr fühlbar aus.

Damit schließt die Aussprache.

Die nächste Sitzung wird auf Montag, den 12. März, 2 Uhr nachmittags, festgesetzt.

Als Korreferent für das Referat des Prof. Dr. Richter über die Rechtsfassung und Formgebung wird Dr. Erdmann bestimmt.

Vorsitzender Brucker: Dann muß ich Ihnen leider sagen, daß wir unser Programm ändern müssen. Wir müssen jetzt schnellstens zu der Altersversorgung Stellung nehmen, und zwar deshalb, weil die Lösung der Frage der Altersversorgung einen ganz wesentlichen Einfluß auf die Neugestaltung der Sozialversicherung überhaupt ausübt. Denken wir nur daran, daß unter Umständen die Altrenten der Invaliden- und Angestelltenversicherung wegfallen oder irgendwie ausgeglichen werden. Es wird also notwendig sein, daß wir zuerst über die Altersversorgung sprechen. Diese ist auch stark in der letzten Zeit durch Herrn Dr. Ley in den Vordergrund gerückt worden. Ich habe den Auftrag erhalten, in der Deutschen Arbeitsfront zu dieser Frage baldigst Stellung zu nehmen. Es wird gut sein, wenn wir aus dieser gegebenen Institution heraus desgl. rasch dazu Stellung nehmen. Es wäre mir außerordentlich wertvoll, Ihre Ansichten darüber zu hören.

Im übrigen habe ich nichts mehr zu sagen. Ich danke Ihnen für Ihre wertvolle Mitarbeit und für Ihre Ausführungen, die heute über den ersten Punkt der Tagesordnung gemacht worden sind. Ich würde mich freuen und Ihnen dankbar sein, wenn wir im selben Sinne unsere späteren Sitzungen fortsetzen könnten.

Ich schließe die heutige Sitzung mit dem Ruf: Unserm deutschen Volk, unserm Vaterland und unserm Führer Adolf Hitler ein dreifaches Sieg-Heil! - Ich danke Ihnen!

(Schluß: 4 ½ Uhr.)

III. Protokoll der Sitzung vom 12.3.1934 (Altersversorgung)

(Beginn: 14 Uhr.)

Anwesend waren: 1. *Anders* (stellv. Leiter), die Mitglieder 2. *Dr. Kaiser*, 3. *Oberlindober*, 4. *Prof. Dr. Richter*, 5. Ministerialrat *Sauerborn*, 6. *Grützemann*, 7. *Dr. Schultz*, 8. *Dr. Kilian.*

Tagesordnung: Altersversorgung.

Stellv. Vorsitzender Anders: Meine Herren! Ich habe den Auftrag, Ihnen die Grüße des Parteigenossen Brucker zu übermitteln, der heute an einer Sitzung der Reichsleitung der NSBO teilnehmen muß und infolgedessen verhindert ist, dieser Sitzung hier beizuwohnen.

Ich eröffne hiermit die Sitzung. Da auf der Tagesordnung die Frage der Altersversorgung steht, zu der ich das Referat habe, bitte ich den Parteigenossen Dr. Kaiser, für die Zeit meines Vortrags die Leitung der Sitzung zu übernehmen.

Berichterstatter Anders: Der *Programmpunkt 15 der Bewegung* sagt: „Wir fordern einen großzügigen Ausbau der Altersversorgung", d.h. eine Versorgung für das Alter, wie sie bisher nur den direkt im Staatsdienst stehenden Personen, Beamten, Offizieren usw. zuerkannt wurde, auf alle Staatsbürger auszudehnen.

Mit dieser Forderung wird eine Frage aufgeworfen, die von größter Bedeutung für das gesamte deutsche Leben werden kann.

Es würde zu weit führen, in diesem Rahmen auf all die Versuche einzugehen, die fremde Staaten und Länder zur Lösung dieser Aufgabe gemacht haben. Aber das sei gesagt, bei allen Staaten, die sich mit der Frage befaßt haben, kamen nur Teillösungen in Betracht, ähnlich der bei uns in Deutschland schon seit Jahrzehnten bestehenden Invaliden-Altersversorgung.

Alle schaffenden Menschen, die im Arbeitsprozeß müde, matt und arbeitsunfähig geworden sind, für eine Versorgung zu erfassen, ist im Leben der Völker etwas Neues, und noch hat kein Land der Welt diesen Gedanken praktisch in Angriff genommen. Dem Nationalsozialismus soll es nach dem Wunsche des Führers und nach seinem Programm vorbehalten bleiben, diese Frage zu lösen - und sie wird gelöst werden.

Wie sieht es denn nun heute aus? Die Stärke des Staates liegt in seinem Bauerntum. Dies mußte man bis zur Vorkriegszeit anerkennen, weil der Bauer mit all seinen Fasern an dem Stückchen Erde hängt, das ihn ernährt. Seiner Scholle war seine Lebensarbeit gewidmet. Sie sicherte ihm einen friedlichen Lebensabend - für sein Alter war gesorgt. Ähnlich ging es dem Handwerker, dem Gewerbetreibenden, der Haus und Hof bzw. ein Grundstück sein Eigen nannte.

Die neue Zeit hat durch Krieg und Inflation, durch 14 Jahre marxistischer Herrschaft eine Umschichtung unseres ganzen Volkes und seiner sozialen Struktur gebracht. Tausende alter Bauern haben Haus und Hof verlassen, tausende von Handwerkern und Gewerbetreibenden sind auf Almosen und Unterstützung angewiesen. Nur ein Teil unseres arbeitenden Volkes, etwa 20 Millionen, besitzt in der Sozialversicherung eine meist unzulängliche Altersversorgung in der Invalidenrente und im Angestelltenruhegeld, wobei aber zu beachten ist, daß mit einer Durchschnittsrente von 28 - 30 Mark bzw. 40 - 45 Mark Ruhegeld ein sorgenloser Lebensabend nicht gesichert ist.

Mit Ausnahme dieser Sozialversicherten und der Beamten usw. besitzen noch 13 Millionen unseres Volkes keine restlose Versorgung im Alter. Hier muß nach dem Willen des Führers und nach seinem Programm Abhilfe geschaffen werden. Und wenn unser Volk das Problem der Altersversorgung löst, dann wird nach den Worten unseres *Pg. Rosenberg* unser Volk einmal den stolzesten Staat schaffen - es wird Bürger erziehen, die bereit sind, sich bewußt und freudig mit ihrem Leben für den Bestand des Staates und ihres Volkes einzusetzen.

Wie ist nun die Frage zu lösen?

Der Ausschuß für Sozialversicherung des Gaues Groß-Berlin und später der Ausschuß der Reichsleitung der NSBO hat sich öfters mit dieser Frage befaßt. Wenn auch immer wieder angesichts der ungeheuren Mittel, die zum Aufbau dieser Altersversorgung gebraucht werden, vor einem Zusammenbruch der Finanzen gewarnt wurde, so haben wir uns nicht beeinflussen lassen, Mittel und Wege zu suchen, um diese Frage im Sinne der Volksgemeinschaft zu lösen.

Ausgangspunkt aller Anregungen war, daß nicht so sehr die Unzufriedenheit mit dem Lohn oder Gehalt oder Einkommen die sozialen Spannungen auslöst, wie vielmehr die Unsicherheit und Sorge um das Alter. Wie man bei den Staatsbeamten durch die Ruhestandsversorgung eine gute und vorbildliche Lösung gefunden hat, galt es, dieses Vorbild zum Allgemeingut für alle Volksgenossen zu machen, die ein bestimmtes Alter erreicht haben.

Ich bin mir vollkommen darüber klar, daß man dieses hohe Ziel nur erreichen kann durch die Mithilfe aller Kräfte des Staates, denn die Altersversorgung soll und muß als ein allgemein nationales Werk der Eintracht und der Verbundenheit aller Volksgenossen ohne Rücksicht auf Stand oder Namen über den politischen und konfessionellen Strömungen stehen, die das Leben unseres Volkes bewegen. Keiner soll sich seiner Pflicht entziehen können, an diesem Werk beizutragen, wobei zu berücksichtigen ist, daß die finanzielle Tragfähigkeit der Großzahl unserer Volksgenossen beschränkt ist.

Die zu schaffende Altersversorgung, die also vom ganzen Volk getragen werden muß, wird aber nur dann finanziell durchzuführen sein, wenn *die Frage des Arbeitsbeschaffungsprogramms erfüllt und die dadurch bedingte Besserung der wirtschaftlichen Verhältnisse des gesamten Volkes eingetreten ist.*

Ein kurzer Vergleich der Leistungen der Sozialversicherung vor und nach dem Weltkrieg, ohne Sie mit langen Zahlenreihen zu langweilen, dürfte sich empfehlen. Das Jahr 1932, das, wirtschaftlich gesehen, ungünstiger war als 1931, erforderte Aufwendungen für die *Sozialversicherung* in Höhe von 3,3 Milliarden Mark, *Arbeitslosenhilfe* in Höhe von 3,2 Milliarden Mark, *Kriegsopferversorgung* in Höhe von 1,7 Milliarden Mark, *allg. Wohlfahrtsfürsorge* in Höhe von 2,0 Milliarden Mark.

Allein die *Sozialversicherung* ohne Arbeitslosenunterstützung verausgabte im Jahre 1885 59 Millionen RM, im Jahre 1900 390 Millionen RM, im Jahre 1913 1101 Millionen RM, im Jahre 1924 1665 Millionen RM, im Jahre 1929 4372 Millionen RM, im Jahre 1931 4045 Millionen RM, im Jahre 1932 2700 Millionen RM, die *öffentliche Fürsorge* dagegen ohne die Unterstützungen an Wohlfahrtserwerblose im Jahre 1929 1245 Millionen RM, im Jahre 1931 1100 Millionen RM. Der steigende soziale Notstand und vor allem die ständig wachsende Zahl der alten Volksgenossen, die für den Arbeitsprozeß nicht mehr in Frage kommen, sind unseres Erachtens der Grund für die notwendige Einführung einer Altersversorgung.

Welches sind nun die Grundlagen für den Aufbau einer Altersversorgung?

1. Die Bevölkerungsstatistik einschl. der sogenannten Sterbenswahrscheinlichkeit und
2. die Finanzierung (Aufbringung der erforderlichen Mittel).

Zu 1. Ein Werk von der Bedeutung einer allgemeinen Altersversorgung, das immerhin die Lage von Staat und Volk auf die Dauer maßgebend beeinflussen soll, kann nur in Angriff genommen werden, wenn es in seinen finanziellen Auswirkungen zeitlich wenigstens solange hinaus übersehbar ist, als die menschliche Voraussicht bei sorgfältiger Prüfung reicht. Art und Maß des Nachwuchses und die Sterblichkeitsverhältnisse bestimmen Umfang und Zusammensetzung der Bevölkerung und ihrer Altersgliederung.

Zwischen den Volkszählungen von 1871 und 1910 hat der Altersaufbau der Bevölkerung keine Veränderung erfahren. Der Gesamtvolkskörper nahm zu, die jüngeren Jahrgänge waren den nächstälteren ständig an Zahl überlegen. Auch die Bevölkerungsvorgänge, Eheschließungen, Geburten, Sterbefälle, verliefen im allgemeinen regelmäßig. Die Entwicklung konnte daher mit großer Sicherheit vorausgesagt werden. Dieses Stadium ist mit dem Beginn des Krieges endgültig zum Abschluß gekommen. Die Zunahme der Gesamtbevölkerung ergibt sich jetzt in der Hauptsache nur noch aus einer Erweiterung der mittleren und oberen Altersschichten, in Nachwirkung des früheren Anstiegs der Geburtenzahl. Die jüngeren Jahrgänge weisen von Jahr zu Jahr eine schwächere Besetzung auf. Schon dadurch allein sind ständige Veränderungen im Altersaufbau und im Verhältnis der einzelnen Altersschichten zueinander bedingt.

Wer es mit dem deutschen Volke und dem deutschen Wesen gut meint, muß erschreckt sein über die steil abstürzende Geburtenkurve, wenn man sich dabei vergegenwärtigt, daß die mongolische Rasse im Osten unseres Vaterlandes eine ungeheure Vermehrung aufweist.

Interessant ist hierbei, daß man bis zum Jahre 1841 die Zahl der Geburten in unserem Volke zurückverfolgen kann und dabei feststellen muß, daß heute doppelt soviel Menschen in Deutschland leben, aber unsere Fruchtbarkeit um über die Hälfte der Geburtenzahl gesunken ist. Während damals über 30 Geburten auf das Tausend der Bevölkerung kamen, beträgt die heutige Zahl knapp 15 Geburten. Hierbei ist zu beachten, daß die Zahl der Erstgeborenen nur um 25 % gesunken ist, es aber weniger zweite, dritte, vierte und fünfte Kinder gibt. Familien mit fünf und mehr Kindern werden eine Seltenheit.

Die Städte, vor allem die Großstädte sind auf dem Wege der Geburtenbeschränkung vorangegangen. Seit dem Jahre 1905 beobachtet man allerdings den Geburtenrückgang auch auf dem Lande. Die Großstädte könnten ihre Bevölkerungszahl schon seit Jahren nicht mehr aus eigener Kraft halten; käme nicht dauernd ein Zustrom vom Lande, so wären die Großstädte schon erheblich zusammengeschrumpft. Die Geburtenziffer der 50 deutschen Großstädte über 100.000 Einwohner betrug im Jahre 1932 nur 10,8 auf tausend, Berlin marschiert unter allen Weltstädten mit 8,1 an der Spitze, während London noch 15, Paris 14,3 und Moskau 25 auf tausend aufzuweisen hat. Das Land ist trotz seines ebenfalls gewaltigen Geburtenrückganges heute die Kraftquelle für das Wachstum des Volkes. Seine Geburtenziffern liegen noch immer wesentlich höher als die der Städte.

Zu beachten ist weiterhin, daß die Sterblichkeitsziffern eine entgegengesetzte Entwicklung genommen haben und in den letzten 50 Jahren ganz erheblich gesunken sind. Die technischen Fortschritte, die hervorragende Entwicklung unserer medizinischen Einrichtungen, die Verbesserungen der sozialen Einrichtungen haben bewirkt, daß die Sterblichkeit heute 10,8 auf tausend jährlich beträgt, während sie im Jahre 1871 noch 28 auf tausend betrug, so daß das durchschnittliche Lebensalter seit dem Jahre 1871 um 20 Jahre verlängert ist, für das männliche Geschlecht etwa 56, für das weibliche 59. Das hat zur Folge, daß trotz des Geburtenausfalls die Sterbeziffer auch heute noch unter den Geburtenziffern liegt und infolgedessen ein direkter Rückgang der Bevölkerungszahl nicht eingetreten ist. Aber hier kann man auch sagen, der Schein trügt. Denn es tritt in Wirklichkeit nur eine Verschiebung um einige Jahrzehnte ein, und dann wird „die Hypothek des Todes“ fällig, d.h. das Verhältnis zwischen Geburt und Tod wird wieder das ursprüngliche, das Gespenst des Geburtenrückganges und des Volkstodes tritt damit in unerbittlicher Klarheit vor aller Augen.

Nach einer vom Statistischen Reichsamt herausgegebenen Aufstellung der Bevölkerungsentwicklung im Deutschen Reich ohne Saargebiet und unter Berücksichtigung der Sterbetafel haben wir im Jahre 1933 4.452.000 Volksgenossen über 65 Jahre. Die Zahl steigt dauernd und beträgt in 10 Jahren, im Jahre 1945, bereits rund 6 Millionen und wird bis zum Jahre 1980 auf 9 ½ Millionen angestiegen sein. Voraussetzung dieser Zusammenstellung ist die Annahme, daß in Zukunft ständig ebenso viel Kinder lebend geboren werden wie im Jahre 1927 (rund 1.160.000). Diese starke Zunahme des im Greisenalter befindlichen Bevölkerungsteils führt zu einer erheblichen Überalterung des Volkskörpers und damit naturnotwendig zu einer Steigerung der aus der allgemeinen Altersversorgung entstehenden Belastung des Volksganzen, da der im erwerbsfähigen Alter befindliche Bevölkerungsteil die Lasten in der Hauptsache zu tragen hat. Die Zahl der über 65 Jahre alten Personen, die im Jahre 1945 rund 6 Millionen, also 45 % größer ist als im Jahre 1930, steigt also in den nächsten Jahren relativ 10 mal so stark an wie die Zahl der Erwerbsfähigen. Während auf 100 Erwerbsfähige, d.h. zwischen 15 und 65 Jahren im Jahre 1925 8,4 über 65 Jahre alte Personen kamen, beträgt die Zahl im Jahre 1945 schon 12,6. Dieses Zahlenverhältnis gibt eindeutig eine Vorstellung von der Zunahme der sozialen Belastung der Altersversorgung.

Zu 2. Die Finanzierung einer Altersversorgung ist nur möglich unter Loslösung vom reinen Versicherungsprinzip und Ausbau einer allgemeinen Abgabe aller Volksgenossen, von der eine Befreiung in besonderen Fällen eintreten darf, d.h. Aufbringung der Mittel durch eine Steuer, die, wie wir es z.B. in der heutigen Kirchensteuer bereits kennen, von den Finanzämtern eingezogen und zu bestimmten Terminen an die in Frage kommenden Versicherungsträger der Altersversorgung abzuliefern ist. Hierbei ist vorausgesetzt, daß durch die Besserung der wirtschaftlichen Verhältnisse bereits bestehende Steuern (Krisen-, Bürgersteuer usw.) der Vergangenheit angehören und damit eine Entlastung für jeden Volksgenossen eingetreten ist.

Um einen möglichst kleinen Verwaltungsapparat für diese Altersversorgung zu schaffen, dürfte es sich nach Ansicht des Ausschusses empfehlen, die Betreuung der Altersversorgungsberechtigten durch die schon in jeder Provinz bzw. jedem Land bestehende Landesversicherungsanstalt vorzunehmen, da hier der Verwaltungskörper vorhanden ist, der unter Mithilfe der anderen behördlichen Instanzen (Gemeinden, Amtsvorsteher, Bürgermeister usw.) am besten geeignet ist, ohne erheblichen Kostenaufwand für die reibungslose Durchführung der Bestimmungen Sorge zu tragen.

Wie die Erfassung dieser Altersversorgungsberechtigten durch die Versicherungsträger zu erfolgen hat, ist eine Frage der Organisation und kann damit späteren Erwägungen vorbehalten bleiben. Selbstredend ist dabei Voraussetzung, daß eine absolute Trennung der Verwaltung der Invalidenversicherung und Altersversorgung bei den Landesversicherungsanstalten Platz greifen muß.

Der Vorschlag des Ausschusses, die Bestimmungen über eine Altersversorgung in Form eines Gesetzes festzulegen, beruhte hauptsächlich darauf, in kurzer, knapper und für jeden Laien leichtverständlichen Form die Bestimmungen hierüber zu formulieren.

Altersversorgung (Berechnung). Gesetzliche Grundlage. Leistungen: Doppelter Unterstützungsrichtsatz. Eheleute eineinhalbfachen oder dreifachen Satz (§ 3) (§ 10) des Betrages. Der Unterstützungsrichtsatz ist bei der Berechnung mit 30,- RM angenommen worden.

Voraussetzung für den Empfang der Leistungen: Alter 65 Jahre (§ 1), Erfüllung der Wartezeit vom Versicherten bzw. bei Witwen muß der Ehemann vor seinem Tode die Wartezeit erfüllt haben (§ 6). Die Wartezeit dauert 10 Jahre (§ 7). Versorgung wird nur bedürftigen und würdigen Personen gewährt. Den Personenkreis bestimmt der Reichssozialminister (§ 9). Bei der Berechnung sind als Nichtempfänger die pensionsberechtigten Personen sowie Volksgenossen mit einem monatlichen Einkommen von mindestens 200,- RM betrachtet worden.

Aufbringung der Mittel: Sondersteuer nach dem Einkommen (§ 4). Von den über 18 Jahre alten steuerpflichtigen Personen (§ 5 Abs. 1). Einkommen muß aus der Arbeit oder Vermögen stammen (§ 5 Abs. 2).

Berechnung: Die Bestimmung der Beitragssätze erfolgt nach der Allgemeinen Deutschen Sterbetafel 1924/26 4 v.H. Männer. Für die Bestimmung des notwendigen Beitrages sind die monatlichen Leibrentenwerte der Männer für eine Zahlungsdauer bis zum 65. Lebensjahr verwandt worden, weil nur überhaupt 10 v.H. der weiblichen Personen bis zu ihrem 65. Lebensjahr ledig bleiben (s. 16. Statistisches Jahrbuch 1933), während die anderen verheiratet sind, oder falls sie verwitwet sind, doch verheiratet waren, so daß den gesamten Beitrag in der Hauptsache die männliche Bevölkerung zu tragen hat. Da die Beitragszahlung erst mit dem 18. Jahre beginnen soll, so wurde als Durchschnittsrente für die Angehörigen der Altersgruppe 18-20 Jahre der Rentenbetrag für das 19. Jahr genommen. Bei den anderen Gruppen ist stets die Rente des Alters verwandt worden, das in der Mitte der Jahre liegt. Da es in der Sozialversicherung nicht Einzelbeträge gibt, so muß ein jährlicher Gesamtbeitrag bestimmt werden, der dann entsprechend den Einkommens- und Vermögensverhältnissen umgelegt wird.

Bei der Berechnung ist nur die schon im Jahre 1928 (Zeitpunkt der Berechnung der Bevölkerungsbewegung von seiten des Statistischen Reichsamts) vorhandene Bevölkerung und deren Alterszusammensetzung in den einzelnen Jahrfünften berücksichtigt worden. Da nur die Entwicklung der vorhandenen Lebenden zur Berechnung herangezogen wird, so braucht über die künftige Geburtenentwicklung keine Annahme gemacht zu werden, so daß hierdurch Fehlerquellen vermieden werden. Es wurde aufgrund der Angaben auf S. 646 im Band 401 des Statistischen Reichsamts die Anzahl der Personen festgestellt, die in den verschiedenen Jahrfünften 65 Jahre alt wurden, diese Werte wurden unter Berücksichtigung der Abzinsungszahl von 4 v.H. Zinsen für den 1.1.1935 zusammengefaßt. Werden diese Werte mit fünf multipliziert, so erhält man den Kapitalwert für die Zahlung von 1 RM bei Erreichen des 65. Geburtstages. Um den Durchschnittsbeitrag zu berechnen, werden nun die Rentenwerte für die Beitragszahlung mit der Anzahl der beitragszahlenden Personen im Jahre 1935 multipliziert und die der in den Jahren 1936-1945 hinzukommenden Beitragszahler unter Berücksichtigung der Abzinsungszahl für 4 v.H. Zinsen bestimmt. Die Division der Kapitalwerte durch die Rentenwerte gibt den jährlichen Beitrag für 1 RM Kapitalwert beim Erreichen des 65. Jahres.

Neuzugang an Rentenempfängern in Tausend in den angegebenen Jahresgruppen und ihr rechnungsmäßiger Wert am Anfang des Jahres 1935.

Jahres-Gruppe	es wurden die Werte d.Jahres verwandt	durchschnittl. Neuzugang in den einzelnen Jahren Männer	Frauen	Wert Mitte 1937 Männer	Frauen
45-49	1945	265,8	303,0	179,6	204,7
50-54	1950	273,0	329,6	151,6	183,0
55-59	1955	272,4	349,1	124,3	159,3
60-64	1960	290,9	387,3	109,1	145,3
65-69	1965	388,1	415,3	119,7	128,0
70-74	1970	401,0	426,1	101,6	108,0
75-79	1975	418,4	434,7	87,1	90,5
80-84	1980	299,6	312,4	51,3	53,5
85-89	Durchschnitt 1980-1990	328,8	339,5	46,3	47,8
90-94	1990	358,0	366,7	41,4	42,4
				1.012,0	1.162,5
			Wert Anfang 1935	917,5	1.053,9
			Wert aller Jahre	4.587,5	5.269,5
			abgerundet	4,6	5,3
				Millionen RM.	

Gesamtrentenwert im Jahre 1935 aller Beitragszahler der Jahre 1935-1945

Altersgruppe	Anzahl der Beitragszahler i. Tausenden		es wurde der Leibrentenwert verwandt des Alters	52/52 α x 65	Wert i. Mill. RM		Rentenwert 1935 i. Mill. RM	
	Männer	Frauen			Männer	Frauen	Männer	Frauen
18-20	1.128	1.103	19	19.578	22,1	21,6		
21-25	3.090	3.048	22	19.097	59,0	58,2		
26-30	3.141	3.140	27	18.167	57,1	57,0		
31-35	2.930	2.961	32	16.975	49,7	50,3		
36-40	2.302	2.703	37	15.504	35,7	41,9		
41-45	1.921	2.408	42	13.749	26,4	33,1		
46-50	1.845	2.174	47	11.680	21,5	25,4		
51-55	1.700	1.896	52	9.237	15,7	17,5		
Summe:	18.057	19.433			287,2	305,0	287,2	305,0
Jahr	neu hinzukommende Zahler in Tausenden							
1936	325	317		19.578	6,4	6,2	6,2	6,0
1937	479	461		19.578	9,4	9,0	8,7	8,3
1938	638	621		19.578	12,5	12,2	11,1	10,8
1939	617	599		19.578	12,1	11,7	10,3	10,0
1940	573	557		19.578	11,2	10,9	9,2	9,0
1941	530	523		19.578	10,6	10,2	8,4	8,1
1942	538	522		19.578	10,5	10,2	8,0	7,8
1943	561	542		19.578	11,0	10,6	8,0	7,7
1944	533	516		19.578	10,4	10,1	7,3	7,1
1945	500	487		19.578	9,8	9,5	6,6	6,4
						zusammen:	371,0	386,2

Es beträgt also der jährliche Beitrag, in wöchentlichen Raten zahlbar, für 1,- RM zahlbar beim Erreichen des 65. Lebensjahres vom Jahre 1945 ab für die jetzt lebende Generation

bei den Männern 4,6 = 0,012 RM

371,0

bei den Frauen 5,3 = 0,014 RM.

386,2

I. Kapitalwert

Um die gesamte Beitragsbelastung zu berechnen, ist es notwendig, den Kapitalwert der Rente in Höhe von monatlich 60,- RM im Alter von 65 Jahren des Empfängers zu bestimmen, da die Multiplikation dieses Betrages mit dem ausgerechneten Beitragssatz den Wert der gesamten Verpflichtung des einzelnen ergibt. Der Kapitalwert beträgt: Leibrente des 65jährigen bei monatlicher Zahlung bei einem Jahresrentenbetrage von 720,- RM (Sterbetafel 1924/26 4 v.H. Männer bzw. Frauen):

bei den Männern 8,702 x 720 = 6.265,44 RM,
bei den Frauen 9,132 x 720 = 6,575,04 RM.

Der für die Frau ausgerechnete Kapitalwert ist nur dann fällig, wenn sie im Alter von 65 Jahren ledig oder verwitwet ist. Ist die Frau dagegen verheiratet, so ist bis zum Tode des Mannes nur eine monatliche Rente von 30,- RM zu zahlen.

Um zu wissen, wie lange noch im Durchschnitt eine Ehe einer 65jährigen Frau besteht, ist aufgrund der Angaben im Band 401 eine Absterbeordnung für bestehende Ehen dieser Personen aufgestellt worden. Da der Mann im allgemeinen älter ist als die Frau, wurde mit einem Altersunterschied von 3 Jahren gerechnet (Band 423, S. 15).

Ehetafel der 65jährigen Frau

Alter der Frau	Anzahl der Ehen am Anfang	Sterbewahrscheinlichkeit f. 100 d. verheirateten		Anzahl der verstorbenen Ehemänner	i. Jahre n. vorhandene Ehen	Anz. d. verstorbenen Ehefrauen	Anz. d. best. Ehen am Ende des Jahres
		Männer (3 J. älter)	Frauen				
65	100.000	4,578	2,940	4.578	95.422	2.805	92.617
66	92.617	4,944	3,306	4.579	88.038	2.911	85.127
67	85.127	5,348	3,721	4.553	80.574	2.998	77.576
68	77.576	5,928	4,109	4.599	72.977	2.999	69.978
69	69.978	6,616	4,518	4.630	65.348	2.952	62.396
70	62.396	7,133	4,970	4.451	57.945	2.880	55.065
71	55.065	7,706	5,398	4.243	50.822	2.743	48.079
72	48.079	8,534	5,847	4.103	43.976	2.571	41.405
73	41.405	9,384	6,488	3.885	37.520	2.434	35.086
74	35.086	10,114	7,290	3.549	31.537	2.299	29.238
75	29.238	11,031	8,013	3.225	26.013	2.084	23.929
76	23.929	12,076	8,773	2.890	21.039	1.846	19.193
77	19.193	12,731	9,589	2.443	16.750	1.606	15.144
78	15.144	13,734	10,464	2.080	13.064	1.367	11.697
79	11.697	15,046	11,397	1.760	9.937	1.133	8.804
80	8.804	15,833	12,393	1.394	7.410	918	6.492
81	6.492	16,996	13,450	1.090	5.402	727	4.675
82	4.675	18,456	14,571	863	3.812	555	3.257
83	3.257	19,800	15,756	645	2.612	412	2.200
84	2.200	21,211	17,005	467	1.733	295	1.438
85	1.438	22,689	18,316	326	1.112	204	908
86	908	24,233	19,690	220	688	135	553
87	553	25,841	21,122	143	410	87	323
88	323	27,511	22,612	89	234	53	181
89	181	29,238	24,155	53	128	31	97
90	97	31,018	25,745	30	67	17	50
91	50	32,844	27,378	16	34	9	25
92	25	34,708	29,046	9	16	5	11
93	11	36,600	30,741	4	7	2	5
94	5	38,509	32,452	2	3	1	2
95	2	40,419	34,169	1	1	-	1
96	1	42,313	35,878	1	-	-	-
97		44,168	37,564				
98			39,211				
99			40,797				
100			42,300				

Aus dieser Übersicht ist zu entnehmen, daß die Ehe einer 65jährigen Frau durchschnittlich noch 7 Jahre besteht. Es erhalten also diese Frauen monatlich stets 30,- RM; nach 7 Jahren erhöht sich die Rentenleistung um den gleichen Betrag. Der Kapitalwert für die Rente einer verheirateten Frau ist daher: die Leibrente bei monatlicher Zahlung für eine 65jährige Frau bei einem jährlichen

Rentenbetrag von 360,- RM zuzügl. der 7 Jahre aufgeschobenen Leibrente bei monatlicher Zahlung für den gleichen Betrag. Die zusammengesetzte Leibrente ist

12/12/α65 + 7α/12/12/65 = 9,132 + 3,719 = 12,851

Der Kapitalwert ist 360 x 12,851 = 4.626,36 RM.

Von den Frauen sind im Alter von 65 Jahren rund 50 v.H. (16. Statistisches Jahrbuch 1933) verheiratet. Der Kapitalwert beträgt daher bei der Frau

0,5 x 6.575 + 0,5 x 4.626 = 5.600,50 abgerundet 5.600.

II. Einzelbeitrag

Der Durchschnittsbeitrag beträgt für den *Mann* 0,012 x 6.265 = 75,18 RM, für die *Frau* 0,014 x 5,6 = 78,40 RM.

III. Gesamtbeitrag

Der rechnungsmäßig einkommende Beitrag im Jahre 1935 beträgt: Anzahl der Beitragszahler multipliziert mit den Beitragssätzen 18.057 x 75,18 = 19.433 x 78,40 = 2,88 Milliarden RM.

Diese Beitragsforderung vermindert sich

1. um den Anteil, der rechnungsmäßig für die Empfänger von Pensionen eingesetzt worden ist,

2. um den Anteil der Personen, die ein Einkommen von 200,- RM und mehr monatlich bei einem Alter von über 65 Jahren haben.

Wir haben rund 1,5 Millionen Beamte (Anmerkung 5, S. 19, Statistisches Jahrbuch 1933). Es ist anzunehmen, daß davon rund 90 v.H. verheiratet sind (Wirtschaft und Statistik 1928, S. 123, Altersgruppe 40-50 Jahre). Die Beamten haben also 0,9 x 1,5 = 1,35 Millionen Frauen.

Um die Anzahl von Personen festzustellen, die voraussichtlich ein monatliches Mindesteinkommen von 200,- RM und mehr haben werden nach ihrem 65. Jahre, wird die Annahme gemacht, daß diese Personen ein Vermögen von 20.000 RM und darüber besitzen. Es wurde die Grenze von 20.000 RM gewählt, weil dieses Vermögen ungefähr ausreichen würde, eine Leibrente vom 65. Jahre ab in Höhe von monatlich 200,- RM zu erhalten. Es handelt sich hierbei um rund 700.000 Personen (S. 480, Statistisches Jahrbuch 1933) mit rund 650.000 Frauen. Da diese Personen keine Leistungen aus der Altersversorgung erhalten, so ist der bei der ersten Rechnung angesetzte Beitrag für die Beamten und für die vermögenbesitzenden Personen von der gesamten Beitragsverpflichtung abzusetzen. Trotzdem müssen aber auch diese Personen mit für den notwendigen Beitrag aufkommen. Der abzusetzende Betrag ist

bei den Männern (1,5 + 0,7) x 75,18 = 165, abgerundet 0,2 Milliarden RM

bei den Frauen (1,3 + 0,65) x 78,40 = 157, abgerundet 0,2 Milliarden RM.

Das notwendige Beitragsaufkommen beträgt daher

	2,88 Milliarden RM
abzüglich 0,2 + 0,2	0,40 Milliarden RM
so daß aufzubringen sind	2,48 Milliarden RM
abgerundet	2,5 Milliarden RM.

IV. Aufbringung der Mittel

Die Mittel für die Altersversorgung sollen durch einen Zuschlag zur Einkommensteuer erhoben werden. Es könnten folgende Sätze nach der zuletzt bekanntgegebenen Einkommensschichtung (S. 495, Statistisches Jahrbuch 1933) angewendet werden:

monatliches Einkommen			Satz des Zuschlages v.H.	Betrag
	bis	100,-- RM	1	206 Millionen RM
101,--	bis	250,-- RM	3	720 Millionen RM
251,--	bis	416,67 RM	5	494 Millionen RM
416,68	bis	666,67 RM	6	374 Millionen RM
666,68	bis	1.000,-- RM	7	199 Millionen RM
1.001,--	und darüber		8	570 Millionen RM
			zusammen:	2.546 Millionen RM.

Die angegebenen Sätze entsprechen im großen und ganzen der jetzt üblichen Höhe für die Abgabe der Arbeitslosenhilfe. Erst wenn der neue Versicherungsträger steht, ist es möglich, aufgrund eingehender statistischer Untersuchungen eine genaue Berechnung durchzuführen. Die vorliegende Bearbeitung hat nur den Zweck zu zeigen, daß die Durchführung einer Altersversorgung möglich ist, und anzugeben, in welcher ungefähren Höhe der jährliche notwendige Beitrag erhoben werden muß, damit die Erfüllung der durch dieses Gesetz gegebenen Leistungsverpflichtung gesichert ist.

Stellvertretender Vorsitzender Dr. Kaiser: Ich danke dem Parteigenossen Anders und übergebe ihm wieder die Leitung der Sitzung.

Vorsitzender Anders: Herr Dr. Kaiser hat das Wort!

Berichterstatter Dr. Kaiser: Parteigenosse Anders hat Ihnen in großen Zügen eben geschildert, welche Gedanken uns vorschwebten beim Aufbau einer Altersversorgung. Ich will heute kurz auf die Paragraphen eingehen, die wir zusammengestellt hatten.

Vorher sei mir noch eine Bemerkung über die bevölkerungspolitischen Fragen gestattet. Wenn wir uns die Statistik des Reichsstatistischen Amtes über den Altersaufbau des deutschen Volkes ansehen, so finden wir, daß (in dem Buche von *Burgdörfer* „Volk ohne Jugend") zwei solcher Aufstellungen gemacht sind, die die Geburten, den Bevölkerungsstand von 1925 zugrunde legen und die einmal davon ausgehen, daß die Geburtenzahl von 1925 im Laufe der Jahre noch etwas fallen, aber von 1945 an stabil bleiben wird. Wir sehen dann, daß unser deutsches Volk stark überaltert ist, daß etwa im Jahre 2000 viel zu viele Menschen über 65 Jahre in Deutschland vorhanden sind im Verhältnis zu den arbeitsfähigen Menschen im Alter von 15 bis 65 Jahren.

Die andere Aufstellung geht davon aus, daß es nicht gelingen wird, von 1945 an den rapiden Geburtensturz aufzuhalten, sondern daß in derselben Weise das deutsche Volk weiter an Geburten pro Jahr abnehmen wird. Nach dieser zweiten Aufstellung sieht es noch katastrophaler aus; und es wäre danach unnütz, überhaupt dem Gedanken näherzutreten, eine Altersversorgung für das deutsche Volk einzurichten, weil in 50 bis 60 Jahren die tragenden Schultern der in Arbeit stehenden deutschen Volksgenossen nicht mehr ausreichten, um die Altersrenten aufzubringen, die erforderlich sind für die vielen Volksgenossen über 65 Jahre. Wir haben gehört, daß die Bevölkerungszahlen in den letzten Monaten, Gott sei Dank, etwas angestiegen sind. Ich als Arzt glaube nicht, daß dieser Geburtenanstieg nur vorübergehend sein wird. Ich habe den Eindruck, daß die deutsche Frau durchaus nicht gebärmüde ist, sondern daß einfach die Hoffnungslosigkeit der Menschen in den letzten 14 Jahren sie dahin brachte, die Kinderzahl zu beschränken. Insbesondere die vordenklichen Menschen, die sagten: Wir können es uns nicht leisten, Kinder in die Welt zu setzen, wir könnten sie nicht ausbilden lassen, und höchstwahrscheinlich werden sie späterhin auch gar keine Möglichkeit haben, ihr Brot selber zu verdienen. Aber mit dem Umbruch, den die nationalsozialistische Revolution in Deutschland gebracht hat, ist ja auch die Hoffnung der breiten Massen im Volke wieder gestiegen; und diese Hoffnung, daß es in 20 Jahren besser sein wird, wird sich gerade darin ausdrücken, daß sich jetzt die Menschen schon entschließen, Kinder zu zeugen, da ja in 20 Jahren die Verhältnisse anders sein werden und der junge Sohn oder die Tochter dann wohl imstande sein wird, sich selbst zu ernähren. Ich glaube deshalb, daß zusammen mit all den anderen Maßnahmen, die unsere Regierung schon getroffen hat (den Ehestandsdarlehn, der bevorzugten Einstellung kinderreicher Familienväter und dergl.), das Wiedererwachen der Hoffnung bewirken wird, daß zum mindesten die Geburtenzahl nicht weiter so rapide abfallen wird wie bisher. Höchstwahrscheinlich brauchen wir die zweite Aufstellung vom Statistischen Reichsamt nicht zu berücksichtigen und können die erste Aufstellung sogar dahin korrigieren, daß es nicht erst von 1945, sondern höchstwahrscheinlich schon von einer ganzen Reihe von Jahren früher an gelingen wird, die Geburtenzahl zu stabilisieren.

Wenn wir das glauben, dann kommen wir auch statistisch zu ganz anderen Zahlen bezügl. des Altersaufbaus des deutschen Volkes in 10 Jahren. Wir haben vom Parteigenossen Anders gehört, daß frühestens erst in 10 Jahren die Altersrentenauszahlung erfolgen soll, daß also ähnlich, wie seinerzeit bei der Angestelltenversicherung, erst einmal eine Zeit verstreichen soll, in der es möglich ist, ein Vermögen anzusammeln. Wir werden in 15 Jahren, falls die Stabilisierung der Geburtenzahl mit diesem oder dem kommenden Jahre eintritt, die große Dissonanz zwischen der Anzahl der Menschen über 65 Jahren und der Schicht der Menschen im arbeitsfähigen Alter überwunden haben.

Und wenn wir diese Hoffnung haben, können wir den Mut aufbringen, überhaupt eine Altersversorgung für das deutsche Volk in Angriff zu nehmen.

Ich bitte Sie, den Entwurf der Altersversorgung zur Hand zu nehmen. Ich will die einzelnen Paragraphen durchgehen und zu ihnen Stellung nehmen. Diese Paragraphen sind ja schon vor längerer Zeit zusammengestellt; und es ist klar, daß vieles überholt ist und daher auch anders dargestellt werden müßte, entsprechend den heutigen Verhältnissen.

Jeder deutsche Staatsbürger soll das Recht auf Altersversorgung haben, wenn er das gesetzliche Alter erreicht hat und Bedürftigkeit und Würdigkeit nachgewiesen sind. Ich würde deshalb in Anlehnung an das nationalsozialistische Programm folgende Änderung im *§ 1* vorschlagen: „Jeder deutsche Staatsbürger," - nicht „jeder Reichsangehörige" - „der im Besitz der bürgerlichen Ehrenrechte ist, hat nach Maßgabe der folgenden Bestimmungen Anspruch auf die deutsche Altersversorgung vom vollendeten 65. Lebensjahre ab."

Alle Menschen, die in Deutschland ihren Lebensunterhalt verdienen, die also teilhaben an der Kultur des deutschen Volkes, sollen beitragen zu den Altersrenten, die die deutschen Volksgenossen benötigen, wenn sie nicht mehr imstande sind, Arbeit zu leisten. Die Beitragsleistung erstreckt sich auf die vielen Ausländer, Chinesen, Japaner oder Juden, die in Deutschland leben und oftmals nicht das wenigste Geld verdienen.

§ 2 hieß: „Träger der deutschen Altersversorgung ist die Deutsche Arbeitsfront."

Das dürfte überholt sein, weil die deutsche Arbeitsfront andere Aufgaben hat als solche, wie sie die Altersversorgung vorschreibt. Ich würde deshalb vorschlagen, daß wir den Paragraphen etwa dahin *ändern*: „Träger der deutschen Altersversorgung ist das Reichsamt für Rentenversorgung."

Ich könnte mir vorstellen, daß ein Reichsamt für Rentenversorgung geschaffen würde, das nicht nur die Altersversorgung zu betreuen hat, sondern auch die Rentenversorgung der anderen Versicherungsträger mit übernimmt.

§ 3 besagt: „Als Altersversorgung wird eine laufende Unterstützung gewährt, die mindestens das Doppelte des Unterstützungsrichtsatzes der öffentlichen Fürsorge beträgt.“ Ich würde vorschlagen, hinter „öffentlichen Fürsorge“ einzuschalten: “für Unverheiratete“, denn auch heute bekommen Verheiratete ja höhere Unterstützungssätze von der Wohlfahrt. „Eheleute über 65 Jahre erhalten zusammen das Eineinhalbfache dieses Betrages.“ Nämlich des Betrages für Unverheiratete. (*Zuruf*: Ist das Wort „Unterstützung“ an sich nicht etwas Widerrufliches? Das Wort „Unterstützung“ würde ich unter allen Umständen hier herausstreichen. Die Altersversorgung beträgt mindestens das Doppelte!) - Ja, das ist sehr gut. Nach § 1 sollen nur deutsche Staats*bürger*, also nur deutsche Volksgenossen, eine Altersversorgung haben. Daraus geht hervor, daß auch nachgewiesen werden muß, daß die Ehefrau eine deutsche Volksgenossin ist. (*Oberlindober*: Jüdische Staatsbürger auch?) - Es ist zu erwarten, daß die Juden in einer gewissen Zeit nicht mehr deutsche Staatsbürger, sondern nur deutsche Staatsangehörige sind. Dann würden ausländische und jüdische Frauen eines deutschen Staatsbürgers nicht mehr das Recht haben, eine Altersversorgung zu bekommen. (*Oberlindober*: Es kann aber das Gesetz vorher in Kraft treten!) - Ich stelle anheim, dann dem § 3 anzufügen: sofern beide die Bedingungen des § 1 erfüllen, also zu sagen: „Eheleute über 65 Jahren erhalten zusammen das Eineinhalbfache dieses Betrages, sobald beide die Bedingungen des § 1 erfüllen.“

§ 4: „Die Mittel für die deutsche Altersversorgung werden durch eine nach dem Einkommen bemessene Sondersteuer von allen Reichsangehörigen im In- und Ausland aufgebracht.“ Ich rate fortzufahren: „Diese Sondersteuer entrichten auch alle übrigen Personen, die im Deutschen Reich ansässig bzw. einkommensteuerpflichtig sind.“ Ich könnte mir denken, daß an der Schweizer Grenze ein Schweizer in der Schweiz wohnt, seine Firma aber 2 km von der Grenze entfernt in Deutschland hat. Er ist dann also einkommensteuerpflichtig in Deutschland, aber nicht ansässig in Deutschland. Wenn wir nur schrieben: “die im Deutschen Reich ansässig sind“, dann würde dieser Ausländer nicht zur Aufbringung der Mittel für die Altersversorgung beitragen müssen. Wenn wir hier hineinbrächten: „die im Deutschen Reiche ansässig bzw. einkommensteuerpflichtig sind“, so hätten wir diese auch erfaßt.

In *§ 5* bitte ich, den ersten Absatz zu streichen, der besagt, daß die Steuerpflicht erst mit dem vollendeten 18. Lebensjahr beginnen soll. *Ein Beispiel*: Stellen wir uns vor, ein sehr wohlhabender Mann hat zeitlebens zu der Altersversorgung des deutschen Volkes beigetragen, er verunglückt mit seiner Ehefrau tödlich, es ist ein dreijähriges Kind vorhanden, das das ganze Vermögen erbt. Der Staat müßte in diesem Falle warten, bis das dreijährige Kind das 18. Lebensjahr vollendet hat, erst dann würden von diesem Vermögen wieder Beiträge für die Altersversorgung geleistet werden. Ich bitte daher um folgende Änderung: „Befreit werden können Personen, die den Nachweis erbringen, daß sie keinerlei Einkommen haben.“ - „aus Arbeit oder Vermögen“ bitte ich zu streichen -. In dem Originalentwurf stand: „befreit sind Personen.“ Man sollte auch einzelnen Menschen noch die freiwillige Aufrechterhaltung der Anwartschaft gönnen.

§ 6 lautet: „Die Altersversorgung erhält: 1. derjenige, der das gesetzliche Alter nachweist und die vorgeschriebene Wartezeit erfüllt hat, 2. die Witwe vom vollendeten 65. Lebensjahre ab, wenn der Ehemann die Wartezeit erfüllt hatte.“ Es ist hier noch zu überlegen, ob man nicht auch gestattet, daß die Witwe für den verstorbenen Ehemann eintreten kann zwecks freiwilliger Aufrechterhaltung der Anwartschaft.

Man könnte es etwa *folgendermaßen fassen*: „Die Witwe vom vollendeten 65. Lebensjahr ab, wenn sie oder der Ehemann *oder beide zusammen* die Wartezeit erfüllt haben.“

§ 7 lautet: „Die Altersversorgung wird nur gewährt, wenn der zu Versorgende oder der unterhaltspflichtige Ehemann mindestens 10 Jahre lang zur Altersversorgung beigesteuert hatte.“ Das ist die Karenzzeit, die wir einschieben wollten, um erst einmal einen Vermögensstock zu sammeln. Aber es soll jeder deutsche Volksgenosse einzahlen, wenn diese Altersversorgung in Kraft

tritt, auch z.B. der Volksgenosse, der meinetwegen 60 Jahre alt ist. Er würde dann nicht mit dem 65. Lebensjahr eine Altersversorgung bekommen, sondern frühestens mit dem 70. Lebensjahr erst. Auch die Beamten sollen zum Zahlen von Beiträgen für die Altersversorgung herangezogen werden. Auch die Volksgenossen über 55 Jahre müssen für die Altersversorgung Beiträge abführen. Es muß nur daran festgehalten werden, daß auch diese die 10 Jahre Karenzzeit durchmachen und entsprechend später, nach dem 65. Lebensjahr, in den Genuß der Altersrente kommen.

Ich rate jetzt, den § 8 mit dem § 9 umzuwechseln und erst den *§ 9* als § 8 zu bringen, der lautet: „Die Versorgung wird nur gewährt, wenn und solange der zu Versorgende bedürftig und würdig ist." Wir müssen unbedingt dafür sorgen, daß nicht jeder Leichtsinnige auf jeden Fall der Altersversorgung teilhaftig wird. Wenn Menschen kurz vor ihrem 65. Lebensjahr ihr Vermögen leichtsinnig verschleudern und nachher sagen: Ich stehe mittellos da, ich muß jetzt die Altersversorgung haben, so ist der Betreffende dann höchst wahrscheinlich nicht würdig, der Altersversorgung teilhaftig zu werden. Wir wollen auch die asozialen Elemente nicht stützen durch die Altersversorgung, Menschen, die vielleicht nie in ihrem Leben imstande gewesen sind, sich ein Einkommen zu erwerben, die sich immer darauf verlassen haben: „Der Staat muß für mich und meine Kinder sorgen", auch diese werden für die Altersversorgung nicht würdig sein. Sie werden sich mit den geringeren Unterstützungen der Wohlfahrt begnügen müssen.

Zu dem *neuen § 8* gehört: „Der Reichssozialminister" - oder irgendeine Stelle - „bestimmt, wer als bedürftig und würdig anzusehen ist."

Der neue § 9 wäre der *alte § 8*: „Die Altersversorgung erhält auch der Empfänger einer Rente aus der deutschen Sozialversicherung. Die Renten aus der deutschen Sozialversicherung ruhen in Höhe der deutschen Altersversorgung."

Zu den beiden letzten Paragraphen hätte ich nichts Besonderes zu erklären.

Vorsitzender Anders: Ich danke Herrn Parteigenossen Dr. Kaiser.

Bevor ich die beiden Referate zur Debatte stelle, möchte ich ganz kurz erwähnen, was ich vorhin vergessen hatte zu sagen: Man hat sich in den Ausschüssen lebhaft darüber unterhalten, ob es möglich wäre, diejenigen Volksgenossen zu den Beiträgen für die Altersversorgung heranzuziehen, die, wenn das Gesetz am 1. Januar nächsten Jahres in Kraft treten würde, das 55. Lebensjahr erreicht haben und dann also noch die Karenzzeit von 10 Jahren hätten, oder ob man dem Vorschlag des Parteigenossen Dr. Kaiser folgt und eben alle Menschen hier hineinnimmt. Das ist eine Frage der Statistik.

Dann möchte ich noch eins erwähnen: Wir gingen von dem Grundsatz aus, für die Altersversorgung nun nicht etwa einen ganz neuen Behördenapparat zu schaffen, sondern daß wir ja in Deutschland in unserer Sozialversicherung schon den Behördenapparat haben, der ohne weiteres die Fragen der Altersversorgung mit erledigen könnte; und das sind die heute bestehenden Landesversicherungsanstalten, die ja in jedem Land und in jeder Provinz vorhanden sind. Ob man bei einer Reform der Sozialversicherung nun dazu übergeht, die heutigen Landesversicherungsanstalten zusammenzulegen oder sonst irgendeine Reform hier vorzunehmen, spielt hierbei keine Rolle. Jedenfalls werden sie wahrscheinlich, wenn man überhaupt der Frage näher tritt, doch immer so gelegen sein, daß in jedem Treuhänderbezirk, in jedem Landesarbeitsbezirk eine derartige Anstalt vorhanden ist, die dann ohne weiteres auch die Betreuung derjenigen Menschen in einer besonderen Abteilung übernehmen könnte, die die Altersversorgung behandelt. Dazu wäre zweifellos kein großer Apparat notwendig. Es müßte eben dann so gehandhabt werden, wie wir es heute bei einigen Steuern haben. Ich erinnere nur an die Kirchensteuer, die ja von den Finanzämtern eingezogen und dann den fraglichen Behördenapparaten zur weiteren Verwendung zugeleitet wird. Die Landesversicherungsanstalten müßten in einer gewissen Verbindung zu den Steuerbehörden stehen und könnten so die Einziehung ohne weiteres mit erledigen. Das eine ist allerdings

Voraussetzung: unter besonderer eigener Verwaltung, d.h. getrennt von den bisherigen Aufgaben der Landesversicherungsanstalten.

Ich stelle nun die beiden Referate zur Debatte und bitte um Wortmeldungen.

Prof. Dr. Lutz Richter: Ich darf zunächst einmal mit den technischen Dingen anfangen. Herr Dr. Kaiser hat den Entwurf einer Lesung unterzogen. Es ist vielleicht richtig, zunächst bei diesen Punkten einzusetzen, und zwar handelt es sich für mich um den § 5, von dem ja nur der zweite Abschnitt stehengeblieben ist. Herr Dr. Kaiser möchte sagen statt „befreit sind Personen" : „befreit können werden Personen". Ich glaube, das dürfte man etwas anders formulieren. Ich verstehe nämlich Herrn Dr. Kaiser so, daß derjenige, der befreit sein will, das Recht haben soll, befreit zu werden. Und das muß man ihm auch schließlich geben, denn wenn er kein Einkommen hat - wovon soll er dann zahlen? Man kann ihn nicht lediglich nach Ermessen befreien, sondern man muß ihn befreien. Was Herr Dr. Kaiser will, ist lediglich, daß er nicht hinausgeworfen wird. Also wenn er noch irgendwelche Mittel hat, wenn er zahlen kann, dann soll es ihm freigestellt sein. Dann würde es juristisch formuliert besser so heißen: auf Antrag zu befreien sind die und die Personen, und zwar die, die den Nachweis erbringen, daß sie, wie es ursprünglich hieß, kein Einkommen aus Arbeit oder Vermögen haben. Herr Dr. Kaiser möchte das erweitert haben und sagen: daß sie keinerlei Einkommen haben. Nun kann ich mir rein praktisch zunächst für die große Masse der Lebensfälle nicht vorstellen, daß jemand ein anderes Einkommen hat als eines, das aus Arbeit fließt, oder eines, das aus Vermögen fließt, jedenfalls ein legitimes Einkommen. Es gibt noch andere Möglichkeiten: er kann betteln. Betteln möchte ich nicht Arbeit nennen, obwohl die Bettler sagen: ich arbeite in dem Revier. Er kann sich planmäßig aufs Stehlen und ähnliche Art von Erwerb der Subsistenzmittel werfen. Das ist etwas, was man nicht mit Lachen abtun kann, sondern was für den Soziologen sehr wichtig ist, aber nicht etwas ist, was wir als ein legitimes Einkommen ansehen können. Also ich glaube, wenn gesagt wird: kein Einkommen aus Arbeit oder Vermögen, so sind die praktisch maßgebenden Fälle vollkommen erschöpft. Wenn nämlich jemand von Almosen lebt - ich meine jetzt nicht als Bettler, sondern in ordentlicher Weise Unterstützter, sei es von irgendwelcher christlichen Wohlfahrt oder von öffentlichen Fürsorgeunterstützungen oder von Verwandten -, in all diesen Fällen glaube ich nicht, daß man ihm da eine Beitragspflicht auferlegen kann von Gesetzes wegen, sondern das sind die Fälle, in denen man an Befreiung denkt; die kann man offenlassen. Ich glaube, man könnte die ursprüngliche Fassung stehen lassen. Wenn wir sagen: keinerlei Einkommen, so bringen wir eine Zuspitzung hinein, von der man nicht weiß, nach welcher Richtung diese Spitze zielt; und das kann zu fehlerhaften Schlüssen führen.

Ein anderer Punkt, der hier noch keinen paragraphenmäßigen Niederschlag gefunden hat! Wenn man eine solche Altersversorgung macht, dann ist sie natürlich keine Versicherung. Aber sie kann doch von der Versicherung überhaupt und von der Sozialversicherung manches lernen, und das ist vor allen Dingen, daß sie ein gesondertes Vermögen haben muß. Es braucht kein gesondertes Rechtssubjekt zu sein, das dieses Vermögen tragen und irgendwo anlegen kann. Aber es muß von vornherein Klarheit darüber bestehen, daß die Geldmittel, die für diesen Zweck aufgebracht werden, nun wirklich gebundene Geldmittel sind, denn es handelt sich ja doch nicht nur um jährlich hereinkommendes und sofort wieder herausfließendes Geld, sondern wenigstens in gewissem Umfange handelt es sich um angesammeltes Kapital, insbesondere in den ersten 10 Jahren, wo noch keine Versorgungsleistungen zu zahlen sind. Das muß nach finanztechnischer und finanzrechtlicher Seite absolut sichergestellt sein. Deshalb müßte in den § 2, der von dem Träger handelt, auch hineingeschrieben werden - ich will es jetzt nicht formulieren -, daß das eben ein rechtlich gesondertes und für andere Zwecke unangreifbares Vermögen ist.

Soviel zu dieser Frage der gesetzlichen Gestaltung einer solchen Altersversorgung! Ich glaube, daß man im übrigen in allen wesentlichen Punkten mit diesen bewußtermaßen sehr knapp gefaßten Paragraphen auskommen kann. Ich begrüße es, daß es das Bestreben gewesen ist, mit sehr knappen Gesetzesbestimmungen auszukommen.

Aber vorweg glaube ich doch, daß wir uns in einer sehr gründlichen Weise die Frage vorlegen müssen, ob eine solche Altersversorgung geboten und möglich ist. Nun möchte ich die Frage, ob sie geboten ist, gar nicht so sehr in den Vordergrund schieben. Ich glaube sehr wohl, daß es erstrebenswert ist, daß man jedem Volksgenossen auf seine alten Tage hilft. Aber man müßte sich nur noch die, ich möchte sagen, korrigierende Frage vorlegen: welche psychologischen Auswirkungen wird das auf die von der Altersversorgung erfaßten und gestützten Volksgenossen haben? Einmal in dem Zeitraum, in dem sie die Altersversorgung genießen, und zum anderen in dem Zeitraum, in dem sie zwar noch keine Leistungsempfänger sind, in dem sie aber damit rechnen können, daß sie dermaleinst Leistungen genießen? Ich darf daran erinnern, daß man ja bei der Krankenversicherung und ähnlichen Einrichtungen erst hinterher darauf gestoßen ist, daß durch die Gewährung solcher Leistungen nicht nur etwas Positives und Wirtschaftliches in den ganzen sozialen Zusammenhang hineingestellt wird, sondern daß sich da ganz unerwartete und höchst merkwürdige sozial-psychologische Wirkungen ergeben haben. Ich erinnere an *Erwin Liek*, ohne mir alles zu eigen machen zu wollen, was Lieck vorbringt. Aber ich möchte einmal vom Standpunkte der Methode aus verlangen, daß diese Dinge gründlich erörtert werden, ohne daß ich das, wie gesagt, im Augenblick tun kann.

Viel wichtiger ist die Frage der Durchführbarkeit. Gewiß, das Programm der NSDAP enthält in seinem Punkt 15 die Forderung nach einem großzügigen Ausbau der Altersversorgung. Einen großzügigen Ausbau der Altersversorgung fordert die Nationalsozialistische Deutsche Arbeiterpartei. Ich glaube nicht, daß man das so extrem ausdeuten darf, daß man unbedingt für jeden, der einmal alt wird und dann im Alter es brauchen kann, eine Altersversorgung schaffen muß. Ich glaube, daß man diese Forderung, die ja doch in einem politischen Programm steht, und in einem politischen Programm, das entworfen worden ist, längst ehe die Verfasser zur politischen Macht und zur staatsmännischen Verantwortung gekommen waren - ich glaube nicht, daß man derartige Bestimmungen so weitgehend auslegen darf, wie es der Entwurf tut. Ich glaube, daß man das als Gedankenrichtung, als eine Zielsetzung für politisches Wollen sehr wohl ansehen darf und als solche anerkennen muß, daß man aber nun nicht einfach, ich möchte einmal sagen, den unmittelbaren Schluß auf das positive Recht ziehen darf und nun eine restlose Altersversorgung unbedingt herbeiführen muß. Ich möchte die politische Auffassung, die dahinter steht, aus staatstheoretischen Erwägungen bewußt locker halten und glaube nicht, daß die Ausleger den Verfassern des Programms einen Gefallen tun, wenn sie sie an jede einzelne Auslegungsmöglichkeit als an die einzig richtige zu binden versuchen.

Aber diese ganze Auslegungsfrage würde ich wahrscheinlich hier nicht so besprochen haben, zumal ich ja weiß, daß das immerhin nicht völlig ungefährlich ist (*Heiterkeit.*), wenn nicht die Frage der praktischen Durchführbarkeit des jetzt vorgeschlagenen, also des von dem sozialpolitischen Ausschuß der NSBO aufgestellten Entwurfs im Vordergrund stünde. Wir haben gehört, daß diese Altersversorgung, so, wie sie hier geplant ist, schätzungsweise jährlich 2 ½ Milliarden kostet. Wir haben gehört, daß diese 2 ½ Milliarden dadurch aufgebracht werden können, daß in anderen Punkten Entlastungen entstehen. Aber ich bin - ich bitte, mir das nun nicht irgendwie übelzunehmen oder das gar irgendwie persönlich zu verstehen, sondern das ist eine Notwendigkeit sachlicher Art, die sich aus unseren doch sehr ernsten, wissenschaftlich gemeinten Erörterungen ergeben - ich bin noch nicht restlos davon überzeugt, daß diese Sache nun finanzpolitisch auch wirklich durchführbar ist. Um darüber klarer sehen zu können, wäre es notwendig und unausweichlich, daß wir Zahlen über den Bevölkerungsstand, die Absterbewahrscheinlichkeit bzw. die Erlebenswahrscheinlichkeit im versorgungsberechtigten Alter bekämen, die ganz in die Einzelheiten hineingehen und die deshalb - das ergibt sich schon aus dem, was Herr Dr. Kaiser vorgetragen hat - besonders schwierig zu beurteilen sind, weil es sich da nicht um statistische Zahlen handelt, sondern um Zahlen, die sich erst aus einer künftigen Evolution ergeben müssen. Aber gegenüber dieser Unsicherheit der künftigen Entwicklung möchte ich allerdings sagen: Als Konstrukteure einer solchen Altersversorgung dürfen wir nur mit den allerungünstigsten Zahlen rechnen. Ich will mich hier gar nicht als ein Unglücksprophet aufwerfen. Ich erinnere mich nur, daß man im faschistischen Italien in jenen Jahren, als ich dort meine Studien betrieben habe, über die künftige Entwicklung der Geburtenzahl usw. sich sehr großen Hoffnungen hingegeben hat, daß aber Mussolini selbst im letzten Herbst mit sehr großer Deutlichkeit ausgesprochen hat, daß diese Hoffnungen sich nicht erfüllt haben. Wir müssen also mit der ungünstigsten Entwicklung bei der Bevölkerungspolitik rechnen. Wir müssen auch sehr vorsichtig sein, bei der Bewertung der künftigen wirtschaftlichen und finanzpolitischen Entwicklung. Wenn die Auszahlungen, die die Wohlfahrtsempfänger erhalten, verdoppelt werden sollen - darauf läuft es doch kurz gesagt hinaus -, so bedeutet das ja praktisch zugleich auch rund ... [Lücke auch im Original].

Vorsitzender Anders: Das ist ein Irrtum, Herr Professor! Verdoppelt werden sollen die jetzigen Unterstützungen nicht.

Professor Dr. Lutz Richter: Nein, aber das Auszuzahlende an den 65jährigen soll eben doppelt soviel sein, wie der Unterstützungsrichtsatz ist. (*Sehr richtig*!) Also diejenigen 65jährigen und Älteren, die heute Wohlfahrtsempfänger sind, bekommen fortan freilich aus einer anderen Kasse das doppelte Geld. Und ähnlich steht es mit denen, die heute Rentner der Invaliden- oder Angestelltenversicherung sind. Da wird das Zahlenverhältnis nicht genau einer Verdoppelung entsprechen; aber im großen und ganzen kommt es doch jedenfalls bei den Invalidenrentnern ungefähr darauf hinaus. Das ist zweifellos ein sehr hoher Mehrbedarf, der da entsteht. Ich habe jedenfalls ein etwas unklares und unsicheres Gefühl gegenüber der Belastung, die auf solche Weise notwendig werden würde. Ich könnte mich also auch von dieser Seite her heute, ehe ich nicht die Wirtschaftszahlen, die hier zugrunde liegen, ganz genau habe prüfen können, nicht dazu entschließen, ein Votum in der Richtung abzugeben, daß ich sage: man soll es so machen. Das hat mit der rein technischen Frage: wie gestaltet man einen solchen Gesetzentwurf? nichts zu tun. In dieser Frage könnte ich ziemlich weitgehend mitkommen, wobei selbstverständlich der Vorbehalt zu machen wäre, daß man zuletzt, wenn die Sozialversicherung steht, auch diesen Gesetzentwurf noch einmal vornehmen müßte, um ihn daran noch genauer anzupassen. Aber die große Frage, die in der ersten Reihe entschieden werden muß, ob überhaupt eine solche Altersversorgung zu machen ist, muß ich mir für heute offenlassen, vielleicht mit dem Hinzufügen, daß ich in dieser Beziehung zu großer Vorsicht und zu großer Skepsis neige.

Um nun aber nicht mit einer Negation dazustehen, möchte ich an etwas erinnern, was ich neulich in einem anderen Zusammenhang bereits angeregt habe; Herr Anders, Sie waren ja dabei.

Es kommt, und ist bis zu einem gewissen Grade schon verwirklicht, der ständische Aufbau. Es ist in der Erörterung über die Reform der Sozialversicherung der Gedanke aufgetaucht, die ständischen Gebilde weitgehend in die Sozialversicherung einzuschalten und einzubauen. Ich glaube nicht, daß diese ständischen Gebilde der richtige Träger für die Sozialversicherung sein würden, weil ich sie überhaupt nicht für die richtigen Träger solcher Einrichtungen oder Veranstaltungen oder Rechtsvorkehrungen ansehe, die die Allgemeinheit angehen. (*Sehr richtig*!) Aber es fragt sich doch, ob nicht die Möglichkeit besteht, daß da und dort, wo eben die Verhältnisse so liegen, die Stände eine der Sozialversicherung oder der Altersversorgung verwandte Aufgabe von sich aus auf ihrem eigenen Boden und auf ihre eigenen Schultern übernehmen können. Der Reichsnährstand hat es als eine Art von Altersversorgung bezeichnet, daß im Erbhofgesetz den alten Bauern dieses, ich glaube, es heißt Zufluchtsrecht, das Angedinge zugestanden worden ist. Ich glaube, das wäre ein Ansatzpunkt, wo man weiterkäme. Die einzelnen Stände mögen, je nach ihren Bedürfnissen, eine solche Versorgung ihrer alten Glieder - gar nicht nur der Bauern, sondern auch der Knechte oder der anderen standesangehörigen Menschen in veränderter Lebenslage - erstreben und aufbauen. Sie können sich dabei viel besser, als es das allgemeine Gesetz kann, an die besonderen Bedürfnisse gerade dieser Menschen anlehnen. Es braucht nämlich nicht immer eine laufende Geldzahlung zu sein, durch die die Versorgung herbeigeführt wird. Der Bauer bekommt seinen Auszug, sein Ausgedinge und vielleicht dazu ein Taschengeld. Er braucht aber keine so hoch bemessene Rente zu haben usw.

Und wenn nun der ständische Aufbau fortschreitet und allmählich vollständiger wird und wenn die Stände sich der Aufgabe einer Altersversorgung unterziehen, dann kommen wir schließlich zu dem gleichen Ziel einer großzügig ausgebauten Altersversorgung, ohne von vornherein ein allgemein verpflichtendes und sehr starres Schema aufzurichten.

Vorsitzender Anders: Ich wollte nur noch ganz kurz zu den Worten von Herrn Prof. Dr. Lutz Richter sagen, daß nachher in dem Stenogramm für jeden der Herren eine genaue Berechnung erscheint. Ich habe es nur nicht für notwendig gehalten, Sie hier mit langen Zahlenreihen zu belästigen, die man doch im Augenblick nicht so ohne weiteres verstehen kann. Aber nachher bekommen Sie mit dem Stenogramm dieses Material, wo genaue Berechnungen über eine derartige Versorgung aufgestellt sind und wo genau die Zahlen rein bevölkerungsstatistisch angegeben sind. Es kann dann nachher geprüft werden.

Ministerialrat Sauerborn: Meine Herren! Schon aus den Ausführungen der Herren Referenten und auch aus den Ausführungen von Herrn Prof. Richter ging hervor, wie beziehungsreich und wie schwierig diese Materie ist, schwierig aus dem Grunde, weil die Verhältnisse, die hier geordnet werden sollen, finanziell eine solche Tragweite haben, daß sie ohne die gesamte Finanzpolitik des Reichs - man braucht von Ländern in diesem Zusammenhang nicht mehr zu sprechen -, der Kommunen und auch der Sozialversicherung überhaupt nicht betrachtet werden können. Wenn wir die Zahl gehört haben, daß zur Erfüllung des Bedarfs ein Betrag von 2,5 Milliarden erforderlich ist, so ist es notwendig, uns darüber klarzuwerden: was an diesem Betrag ist zusätzlicher Bedarf, Bedarf, der bisher noch nicht befriedigt worden ist. Denn das eine ist ja sicher: Wenn wir, kurz gesagt, die heutigen Unterstützungsrichtsätze verdoppeln, die nach Stadt und Land verschieden hoch bemessen sind, auch wenn wir die Tatsache berücksichtigen - das glaube ich ja wohl auch aus dem Entwurf entnehmen zu sollen -, daß man nicht schlechthin jedem die volle Altersversorgung ausbezahlen wird, sondern daß man, je nach dem, was er noch aus eigenen Mitteln hat, das in einer Form anrechnen will und anrechnen muß, sonst würde der Bedarf ja noch erheblich größer. Und wenn wir ferner die Bedürftigkeit als Voraussetzung berücksichtigen, nach der nicht jeder Deutsche, der 65 Jahre alt wird, ohne Rücksicht darauf, ob er beigetragen hat oder nicht, einen Rechtsanspruch bekommen soll, dann ergibt sich zweifellos unter diesen ganzen Umständen eine zusätzliche Belastung einmal durch die Erhöhung der Summe an sich, die der einzelne erhalten soll, dann aber auch durch die Tatsache, daß der Kreis der Bezugsberechtigten auch nach dieser Fassung ein größerer wird. Denn wenn heute jemand mehr eigenes Einkommen hat als der Unterstützungsrichtsatz beträgt, dann erhält er eben nichts mehr. In Zukunft aber, wenn der neue Richtsatz, wenn ich ihn einmal so nennen darf, höher geworden ist, fällt darein natürlich noch eine ganz große Gruppe neuer Bezugsberechtigter. Also nehmen wir einmal an: der Richtsatz beträgt 30 M, in Zukunft soll er 60 M sein; dann werden alle diejenigen, die ein monatliches Einkommen von 30 - 60 M hatten, doch logischerweise mit einbezogen werden müssen. Also, dadurch entsteht eine Vermehrung der Kosten. Wir können zunächst einmal das eine sicher feststellen: Durch den Entwurf entstehen erhöhte Aufwendungen für die Allgemeinheit.

Wie hoch dieser Satz der zusätzlichen Belastung ist, das festzustellen, ist ohne Kenntnis des Zahlenmaterials und der Berechnungsmethode außerordentlich schwierig, ist deswegen besonders schwierig, weil ja dasjenige, was erspart worden ist - ich denke an die Invalidenrente von denen, die über 65 Jahre alt sind, oder an die Kleinrentnerunterstützungen, an sonstige Sozialunterstützungen usw. - verschieden hoch ist und nach einzelnen Gruppen berücksichtigt werden müßte. Man müßte die Ersparnis bei jeder einzelnen Gruppe feststellen. Dabei darf man auch an der Tatsache nicht vorbeigehen, daß der sogenannte Richtsatz heute leider in sehr vielen Orten nur auf dem Papier steht. Der Richtsatz soll nur der Ausdruck dessen sein, was der Betreffende als Minimum für seinen Lebensunterhalt braucht. Er ist, wie ich fürchte - ich bin an sich nicht im Fürsorgewesen tätig, aber so aus der allgemeinen Erfahrung, die man als Staatsbürger macht, bin ich der Ansicht - m.E. zu einem großen Teil durch die Finanznot der Gemeinden weitgehend der Ausdruck der geringeren Leistungsfähigkeit der Gemeinden geworden. Wenn wir das erhöhen und wenn wir fragen: was ist nun reine Erhöhung - ich habe es mir einmal ganz überschlägig gestern zu berechnen versucht anhand von Unterlagen, die mir zugänglich waren -, so glaube ich, daß man eine Ersparnis von etwa einer Milliarde bei diesem Betrag von 2,5 Milliarden herausbekommt. Wie gesagt, es sind Zahlen, für die ich mich gar nicht einsetzen will und für deren Richtigkeit ich gar nichts sagen will. Das ist das, was ich mir nach meinen Unterlagen ungefähr ausgerechnet habe. Somit bliebe eine zusätzliche Belastung von 1,5 Milliarden übrig, und zwar eine zusätzliche Belastung, die momentan auf dem gegenwärtigen Bestand aufgebaut ist. In 10 Jahren, wenn die Altersversorgung zu laufen beginnt, ist, wie wir eben gehört haben, die Zahl der Versorgungsberechtigten um ein Drittel gestiegen. (*Vorsitzender*: Eine Million!) - Nach den Zahlen, die ich gehabt habe, noch etwas mehr; es ist ungefähr ein Drittel. Aber es kommt auf eine Handvoll wirklich nicht dabei an. Bis zum Jahre 1980, also in 45 bis 48 Jahren, hat sich die Belastung verdoppelt. Auf der anderen Seite hat Herr Anders in seinem Referat gesagt: Die Voraussetzungen sind neben der Karenzzeit von 10 Jahren erstens einmal die Tatsache, daß die Arbeitsbeschaffung vollzogen ist und daß zweitens eine Reihe von Steuern weggefallen sind, welche die zusätzliche Belastung für dieses Gebiet erforderlich machen. Aber, meine Herren, die Leistungspflicht beginnt in 10 Jahren. Die Zahlung muß aber jetzt beginnen unter den gegenwärtigen Verhältnissen, wenn in 10 Jahren die notwendige Kapitaldeckung vorhanden sein soll, um mit den Zahlungen beginnen zu können. Das ist ein Gesichtspunkt m.E., der sehr scharf betont werden muß, um die Zumutbarkeit herauszubekommen; denn wir würden schon z.B. bei den Gehältern oder bei den Einkommen von 400 und einigen Mark an eine zusätzliche Steuerbelastung von 6 % haben, die weiter steigt bis auf 8 %, also einen Betrag, der nicht geringfügig ist, insbesondere bei der Tatsache, daß doch von allen Seiten anerkannt wird, daß die heutigen Steuern stark überstiegert sind.

Meine Herren, das sind, glaube ich, Gesichtspunkte, die uns hier zu einer ganz eingehenden und ganz genauen Prüfung der Sache zwingen, wenn wir hier nicht böse Rückschläge erleben und unter Umständen ein glattes Nein vom finanzpolitischen Ressort aus hören wollen.

Ich darf dann noch auf einen anderen Punkt kommen. Es ließe sich zum Entwurf natürlich wie zu jedem Entwurf in technischer Hinsicht noch manches sagen. Ich hätte noch manche Frage zu stellen, will davon absehen, aber noch auf einen Punkt hinweisen, der mir für die ganze Konstruktion wichtig erscheint.

Der Beitragseinzug soll durch die Steuer erfolgen. Das ist insofern relativ einfach, soweit es sich hier um Leute handelt, die entweder dem Steuerabzug beim Einkommen und beim Arbeitslohn unterliegen oder die veranlagt werden. Das sind Personen, die an irgendeiner Stelle vorhanden und gebucht sind. Hinzu kommen aber dann noch diejenigen Gruppen von Menschen, die überhaupt nicht steuerpflichtig sind, die also weder in einem Zweige der Sozialversicherung noch auf dem Finanzamt bisher gebucht und erfaßt sind und bei denen bisher keinerlei technische Möglichkeit vorgesehen oder gegeben ist, wie man etwa durch Zuschlag zu einer bisher schon zu zahlenden Abgabe diesen Betrag noch heranzieht. (*Zuruf*: Durch die Bürgersteuer hat das Finanzamt alle Menschen, die zum Finanzamt gehören!) - Aber nur diejenigen, die steuerpflichtig sind. (*Vorsitzender*: Ich habe mich erkundigt, es werden alle erfaßt!) Bisher zu keiner Steuer veranlagt, also zu keiner Einkommensteuer veranlagt - um diesen Punkt einmal festzuhalten - sind nach den Zahlen, die ich einmal gelegentlich auf dem Finanzministerium gehört habe, rund 10 Millionen Volksgenossen. Das ist, glaube ich, ein Punkt, den man beachten muß, weil der Einzug von einer so großen Gruppe von Menschen, der nicht als zusätzliche Arbeit gemacht werden kann, sondern als selbständige Arbeit gemacht werden muß, eine Menge Verwaltungsarbeit kostet - ich habe in diesem Punkt gerade meine Erfahrungen; ich darf sie vielleicht auch gleich einmal vertraulich mitteilen. Verwaltungsarbeit kostet natürlich Geld und unter Umständen einen recht erklecklichen Teil des Einzugsbetrages. Wie die Verhältnisse hier liegen, dafür darf ich aus meinen Erfahrungen ein Beispiel anführen. Als die Notwendigkeit bestand, die Arbeitslosenhilfe von einem größeren Kreis von Menschen als denjenigen, die zur Arbeitslosenversicherung beitragspflichtig sind, einzuziehen, fanden große Beratungen zwischen den Ressorts statt, wie man das machen könnte. Und damals wurde gesagt, daß man sich unbedingt an vorhandene Steueraufbringungsmöglichkeiten und Beitragsmöglichkeiten anschließen müsse, weil sonst ein Betrag in Wegfall käme von der insgesamt zu erstrebenden Summe, der doch außerordentlich hoch sei. Trotzdem ich damals als Referent für Krankenversicherung wirklich nicht scharf war, die Angriffe gegen die Krankenversicherung noch dadurch zu vermehren, daß wir weitere Beiträge über die Krankenversicherung einziehen, habe ich mich dem einfach beugen müssen; und das Kabinett hat kurzerhand beschlossen, die Sache zu machen, weil sonst der Ausfall zu groß wäre. Also die Erfassungsmöglichkeit bei der Krankenversicherung war soviel besser und soviel schneller, daß mit derartig großen Summen bei einem Gesamtaufkommen von, ich glaube, 4 oder 5 Millionen ungefähr gerechnet wurde. Auch diesen Punkt darf ich vielleicht in die Debatte stellen, obwohl er zum technischen Teil gehört, weil er doch für das finanzielle Ergebnis von großer Bedeutung ist.

Vorsitzender Anders: Ich darf noch hinzufügen, daß diese Zahlen, die von mir über die Höhe des Zuschlages angegeben worden sind, um überhaupt die Möglichkeit zu haben, eine derartige Sache zu finanzieren, ungefähr in dieser Höhe der Abgabe entsprechen, die jetzt für die Arbeitslosenhilfe gebraucht wird. Also man könnte danach sagen: Wenn die Arbeitslosenhilfe, die heute zu zahlen ist, wegfällt, hat man annähernd den Betrag, den man für die Altersversorgung braucht.

Ministerialrat Sauerborn: Nach meinen Berechnungen aber nicht! Ich kann nicht sagen, daß es nicht richtig ist. Aber nur nach dem, was ich berechnet habe, ist es mehr als das Doppelte. (*Vorsitzender*: Für die Arbeitslosenhilfe?) - Ja!

Grützemann: Ich habe Bedenken, daß man die im Ausland lebenden deutschen Staatsangehörigen pflichtmäßig heranziehen will. Ich denke mir die Einziehung der Beiträge ziemlich schwierig.

Dr. Schultz: Nein, soweit die im Deutschen Reich ansässig sind, heißt es in § 4!

Grützemann: Ich habe es so verstanden, daß auch unsere deutschen Staatsangehörigen im Auslande verpflichtet sind beizutreten. (*Dr. Kaiser*: Jawohl! In- und Ausland!) Ich denke mir die Einführung sehr schwierig und frage, ob nicht eine Menge Verwaltungsarbeit damit verbunden ist, so daß man vielleicht die Sache fakultativ einrichtet und lediglich den im Ausland lebenden Deutschen die Möglichkeit gibt.

Vorsitzender Anders: Das ist eine Frage, die nicht von so ausschlaggebender Bedeutung ist.

Prof. Dr. Lutz Richter: Sie hat auch völkerrechtliche Bedeutung, wenn das Deutsche Reich im Auslande wirklich Steuern erheben will.

Grützemann: Dann zu § 1! Es heißt da: Jeder deutsche Staatsbürger, der im Besitz der deutschen Staatsangehörigkeit ist. „Der deutsche Staatsbürger" schließt doch m.E. an und für sich schon den Besitz der deutschen Staatsangehörigkeit ein.

Dr. Kaiser: Ja, das sollte gestrichen werden. Es soll so lauten: Jeder deutsche Staatsbürger, der im Besitz der bürgerlichen Ehrenrechte ist.

Grützemann: In § 4 Abs. 1 lautet der Zusatz, der von Herrn Dr. Kaiser vorgeschlagen wurde: „Steuerpflichtig sind auch alle übrigen Personen, die im Deutschen Reich ansässig bzw. einkommensteuerpflichtig sind." Eine Bezeichnung „bzw." halte ich im Gesetzestext immer für bedenklich. Kann man dafür nicht sagen „oder"? (*Zustimmung.*)

Oberlindober: Ich möchte zunächst etwas Allgemeines voraussstellen. Es ist sicher schwer, Referaten zu folgen, die derartig mit Zahlen untermalt sind wie die heutigen. Ich möchte für das Verfahren in Zukunft vielleicht folgendes vorschlagen. Die Referate werden sowieso geschrieben. Es wäre ganz gut, wenn wir ein oder zwei Tage vorher die Referate zugestellt bekämen. Es kann dann jeder einzelne von uns das Referat lesen, sich anhand dieser Dinge seine Literatur einsehen, und wir kämen zweifellos zu einer fruchtbringenderen Arbeit als jetzt, denn das, was wir jetzt hören, kommt nicht restlos verdaut in die Debatte hinein, und es kommen unter Umständen schiefe Bilder in die ganze Sache.

Das zweite Allgemeine, was ich zu sagen hätte, wäre folgendes: Es besteht ein ganz große Gefahr darin, daß solche Gedankengänge und Gesetzesentwürfe, die noch ungar sind und deren Annahme noch zweifelhaft erscheint, in die Öffentlichkeit kommen und dort Hoffnungen erwekken, die unter Umständen zu ganz schweren Enttäuschungen und schweren Belastungen führen können. Ich würde deshalb bitten, daß wir uns bei diesen Dingen uns einer ähnlichen Verpflichtung unterziehen wie seinerzeit meine Mitarbeiter beim Versorgungsgesetz, nämlich einen Revers zu unterschreiben und sich ehrenwörtlich zu verpflichten, daß von diesen Worten überhaupt nichts an die Öffentlichkeit kommt, daß nichts darüber gesprochen wird und diese Dinge auch im Dienstgebäude stets unter Verschluß gehalten werden. Denn glauben Sie mir, wenn diese Dinge herauskommen, dann sieht jeder schon seine Altersversorgung als gesichert an. Wir können unter Umständen bei den riesigen Spannungen, die heute auf dem finanziellen Gebiete speziell in der Reichsverwaltung bestehen, gar nicht sagen, ob der Entwurf angenommen wird, wann er angenommen wird, in welcher Form er angenommen wird. Und enttäuschte Hoffnungen sind immer schlimmer als Dinge, von denen man nichts weiß. (*Sehr richtig*!)

Finanziell wird uns diese Sache hier vor eine riesige Aufgabe stellen. Der Betrag von 2,5 Milliarden, Herr Parteigenosse Anders, ist vielleicht für die erste Zeit richtig. Aber wenn wir an ein solches Objekt herangehen, müssen wir unbedingt mit der Spitzenleistung rechnen, also mit der Spitze der verlangten Beträge: und die Spitze ist nach Ihrer eigenen Berechnung heute 9 Millionen mal 12 Monate mal 60 Mark, das sind rund 6 Milliarden. Wir müssen mit 6 Milliarden rechnen. Und diese Beträge, die da aufkommen, wollen Sie nun auf 10 Jahre ansammeln, d.h. 10 mal die 1,5 Milliarden, die Sie aus den Zuschlägen zur Einkommensteuer haben wollen, weiter 10 mal die eine halbe Million jährlich, die das Reich sowieso à fonds perdu gibt, und drittens die 1,8 Millionen, die sich aus Ersparnissen in der Sozialversicherung ergeben. Das würde dann einen Betrag ergeben ... - (*Vorsitzender*: Die letzteren ergeben sich gar nicht in 10 Jahren, sondern erst wenn die anderen Renten ruhen.) - Ja! Wenn Sie alle diese Beträge tatsächlich bekommen, werden noch rund 896 Millionen jährlich erforderlich, um Ihre Altersversorgung bei Ihren Spitzenanforderungen zu halten. Sie würden dann in 10 Jahren rund 30 Milliarden ansammeln. Bei der normalen Verzinsung würde das in 10 Jahren einen Betrag ergeben (*Zuruf*: Das Doppelte.) - Sie müssen heute mit Zinssenkungen rechnen. Im günstigsten Falle können Sie rechnen, daß Sie von diesen 30 Milliarden, die Sie bekommen, etwa 40 - 45 Milliarden zur Verfügung haben. Nun brauchen Sie nur 10 Jahre lang die Spitzenleistung zu haben, dann sind Sie genauso weit mit der Altersversorgung, wie heute die Sozialversicherung steht. Dieses Gefahrenmoment muß unter allen Umständen ausgeschaltet werden.

Nun die Frage des rein technischen Aufbringens dieser 2,5 Milliarden, von denen Sie gesprochen haben! Sollen das Zuschläge zu den Einkommensteuerbeträgen sein oder sollen sie als Prozentsatz vom Einkommen erhoben werden? (*Vorsitzender*: Vom Einkommen!) - Dann kann es unter Umständen passieren, daß einer der Altersversorgten von seiner Altersversorgung noch einmal zur Altersversorgung zahlen muß. Er bekommt 60 Mark Altersversorgung, bekommt aus der Invaliden- oder Unfallversicherung einen erhöhten Betrag, dann vielleicht Kriegsbeschädigtenrente - das ist hier auch nicht erwähnt worden -, er kommt vielleicht auf 120 M. Dann bezahlt er 1 Prozent zur Altersversorgung. Also von der Altersversorgung bezahlt er wieder zur Altersversorgung. (*Zuruf*: Er bezahlt schon 2 Prozent!) Also, das wollte ich auch noch wissen.

Dann möchte ich gern wissen, ob Sie daran gedacht haben, daß Sie auch von den Renten der Kriegsbeschädigten die Altersversorgung erheben wollen. Das ist ein Punkt, der mich persönlich sehr interessiert, weil ich sehr damit zu rechnen habe. Wir stehen auf einem anderen Standpunkt. Wir stehen auf dem Standpunkt, daß von Renten, die das Reich für Dienste zahlt, die dem Reich also der Gesamtheit geleistet worden sind, keinerlei Steuern erhoben werden dürfen. (*Vorsitzender*: Ja, das habe ich schon gehört!) Speziell gilt das für den Kriegsdienst. Das sind Dinge, die hier zweifellos einschlagen und Ihre Berechnungen unter Umständen, wenn sie angenommen werden, wenigstens in ganz bescheidenen Grenzen über den Haufen werfen.

Nun haben Sie eine Leistungsgrenze von 200 M festgelegt. Ich bin in meinem Gesetzentwurf auch auf diese Leistungsgrenze gestoßen und bin nun der Meinung, daß man sie immer mit der Pfändungsgrenze zusammenfallen lassen muß. Die Pfändungsgrenze ist zur Zeit 170 M. Wenn Sie jetzt in Ihrem Entwurf um 30 M höher gehen, dann müßte entweder die andere wieder herauf oder jene später wieder zurück. Es wäre im allgemeinen günstig, wenn Sie hier auch die Pfändungsgrenze nehmen würden, um eine Einheitlichkeit auf allen Gebieten zu haben.

Dann eine Frage, die mir auch am Herzen liegt: die Kleinrentner. Das ist ungefähr der Volksteil, der bisher am schäbigsten behandelt worden ist. Sie wollen bei den Kleinrentner auch jetzt noch eine 10jährige Karenzzeit haben, sie sollen 10 Jahre einzahlen und dann in den Besitz der Altersversorgung kommen. Es wird das mehr eine rein theoretische Frage sein, denn bis dahin sind sie ziemlich alle gestorben. Es wäre wünschenswert, einmal hier zu sagen, von dem angesammelten Vermögen sollen die Kleinrentner nach einem Jahre, nachdem sie den guten Willen gezeigt haben, ihre Altersversorgung haben, denn das, was die Kleinrentner an Vermögen tatsächlich gehabt haben, ist ja seinerzeit in der Inflation vernichtet und ist tatsächlich dem Staat und damit der Allgemeinheit entweder zugute gekommen oder dem Staat und der Allgemeinheit geklaut worden. (*Zuruf*: Geopfert worden!) Siehe Barmath, Kutiskaer usw.! Die ganze Altersversorgung dürfen Sie unter gar keinen Umständen anfassen, ohne hier eine absolute, klare Entscheidung über die Kleinrentner zu treffen. Diese klare Entscheidung fehlt hier.

Und nun möchte ich mich in vielen Dingen auch Herrn Prof. Richter anschließen. Ich halte die Altersversorgung in der Form, wie sie hier vorgeschlagen ist, für nicht möglich und nicht durchführbar, denn Sie können unmöglich jedes Jahr für diese Zwecke rund 3 Milliarden aus dem Volkseinkommen herausziehen, ohne daß nicht auf der anderen Seite Gefahren entstehen, daß eine Kapitalverknappung eintritt, daß die Kapitalflüssigkeit darunter leidet. Das sind alles Dinge, die berücksichtigt werden müssen. Ich freue mich, daß Sie so unbescheiden sind. Ich bin hier bedeutend bescheidener für meine Kriegsbeschädigten gewesen.

Vorsitzender Anders: Die Frage der Kleinrentner hat uns selbstverständlich auch bei den Beratungen sehr stark bewegt. Aber man hat ja schon seit Jahren darauf gewartet, daß in der Frage der Kleinrentner etwas geschehen soll; und erst vor einigen Tagen ging durch die Presse eine Nachricht, daß man aus den Kreisen der Kleinrentner jetzt an die Regierung herangetreten ist, die Frage der Aufwertung noch einmal aufzunehmen. Ich kann mir vorstellen, daß auch die heutige Regierung kaum dazu übergehen wird, die Frage der Aufwertung noch einmal aufzurollen. Denn das sind ja größtenteils die Kleinrentner, die ihr Vermögen in der Inflation verloren haben und nun heute unterstützungsbedüftig sind. Ich muß sagen, in den Verhandlungen hat man diese Frage sehr stark erwogen. Aber ob man dazu übergehen kann - wie Sie es wollen, Herr Parteigenosse

Oberlindober, falls ich Sie richtig verstanden habe -, mittels der aufkommenden Beträge, die jetzt während der Karenzzeit eingehen, die Frage der Kleinrentner zu lösen (*Oberlindober*: Wenn es zu machen wäre, muß es hineinkommen!) -, ist noch der Überlegung wert.

Weiterhin möchte ich noch auf die Volksgenossen kurz zu sprechen kommen, die heute ein Einkommen haben, das unter 100 M liegt, es sei denn, daß sie eine Kriegsbeschädigtenrente beziehen. Wir sind davon ausgegangen - das werden Sie in den Berechnungen sehen -, daß alle Menschen, ganz gleichgültig wie sie zu dieser Altersversorgung beitragen, dazu gehören. Dazu gehören dann auch diejenigen, die ein Einkommen unter 100 M haben. Das ist ein Einkommen, das genausogut heranzuziehen ist, wie wir auf der anderen Seite auch alle Beamten heranziehen, von denen es ja einwandfrei feststeht, daß sie niemals in den Genuß einer Altersversorgung kommen werden. Sie müssen aber dazu beitragen, weil man m.E. - wir sehen das ja aus den Verhandlungen - die schwierige Frage überhaupt nur dann lösen kann, wenn eben jeder Volksgenosse in Deutschland mithilft.

Dabei möchte ich gleich die Gelegenheit benutzen, auch Herrn Prof. Lutz Richter zu antworten, daß ein maßgebender Mann der Partei, der Parteigenosse Rosenberg die Programmfrage behandelt und ganz kurz kommentiert hat, daß auch er zu der Ansicht kommt, daß eben ähnlich der Altersversorgung der Beamten diese Altersversorgung aufzufassen sei. Das werden Sie wohl auch gelesen haben! *(Ja!)* Damit steht einwandfrei fest, daß ein Parteimitglied, das seinerzeit bei der Aufstellung des Programms zugegen war, die Ansicht vertreten hat, daß er und der Führer und überhaupt die Partei wünschen, daß die Frage der Altersversorgung in Anlehnung an die heute bestehenden Bestimmungen für Beamte, Offiziere usw. gelöst wird. Ob es möglich ist, die Frage so zu lösen, das wissen wir alle nicht, meine Herren! Aber wir haben jedenfalls ständig versucht, der Lösung der Frage auf irgendeine Art und Weise näher zu kommen. Wie schwierig es ist, sie zu finanzieren - und das ist ja die Hauptsache hierbei -, das ersehen wir ja schon aus der Debatte hier.

Prof. Dr. Lutz Richter: Ich gebe durchaus zu, daß der Verfasser dieser Schrift, Herr Rosenberg, den Gedanken vertritt, man soll es möglichst ähnlich wie bei den Beamten und Offizieren machen. Aber ich habe doch den Eindruck, daß die wirkliche Regelung, wie sie für Beamte und Offiziere besteht, sich doch ganz wesentlich von dem unterscheidet, was der Entwurf vorsieht, denn bei Beamten und Offizieren wird die Versorgung ganz eng den Besonderheiten und dem Verlauf ihres Dienstverhältnisses angepaßt. Das ist hier nicht der Fall, sondern wer einmal 65 Jahre alt geworden ist und 10 Jahre lang überhaupt beigetragen hat, der bekommt daraufhin einen im wesentlichen einheitlichen Satz von Versorgung. Darin liegt schon ein ganz großer Unterschied gegenüber den Offiziers- und Beamtenpensionen. Ich darf aber auch daran erinnern, daß in früheren Zeiten, nämlich damals, als Friedrich der Große und andere Herrscher anfingen, den Beamten einen derartigen Anspruch einzuräumen, von dem augenblicklich fällig werdenden Diensteinkommen dieser Personen damals ein besonderer Teil abgezweigt und in einen Pensionsfonds eingezahlt wurde, ähnlich, wie wir es in der Sozialversicherung gewohnt sind, daß also gewissermaßen jeder Beamte eine Art Pensionskonto bei der zentralen Kassenverwaltung hatte. Damit wird nämlich finanzpolitisch wichtiger erreicht, einmal, daß nur diejenigen an der Aufbringung beteiligt sind, die eine Chance haben, einmal an dem Genuß der Leistungen beteiligt zu werden, zum anderen aber, daß das wirtschaftende Subjekt, das sich des Dienstes dieses Mannes, des Beamten, des Offiziers oder auch des Arbeiters und Angestellten bedient, von vornherein in seine Kostenrechnung diesen Posten hineinschreiben muß, während bei der Konstruktion, die hier im Entwurf gewählt ist, das gar nicht der Fall ist, sondern da werden den Menschen nachträglich und außerhalb der Betriebsrechnung Steuern auferlegt. Ich glaube, daß sich die Sache dadurch doch eben finanztechnisch ganz wesentlich anders darstellt, daß also insofern der Entwurf den Forderungen Rosenberg doch nicht völlig entspricht.

Dann noch ein anderer Punkt, den ich hier auch kurz erwähnen möchte. Herr Anders hat soeben wieder betont, an der Aufbringung der Lasten für die Altersversorgung sollen restlos alle deutschen Menschen beteiligt werden mit der ganz geringfügigen Ausnahme derjenigen, die überhaupt kein Einkommen haben. Es würde also jemand, der ein sehr geringes Einkommen erzielt, herangezogen werden müssen. Uns hat sich nun immer wieder in der Finanzgeschichte gezeigt, zuletzt noch bei der Bürgersteuer, daß es eben finanztechnisch nicht möglich ist, die ganz geringen Einkommen zu dieser Besteuerung mit heranzuziehen, weil dann nämlich die Aufbringungskosten, die Verwaltungskosten höher werden als das, was einkommt. Wenn man von jemand jährlich 12 mal einen Groschen als Last hereintreiben soll, dann kostet das ganze bestimmt mehr als 1,20 M im Jahre, denn schon der Brief, den man dem Mann schreibt kostet bei der Post 8 Pfg. Bei 12 Briefen würden das 96 Pfg. von den 1,20 M sein. Dann muß das gebucht werden. Es müssen eine ganze Menge Beamte dazu da sein.

Also von daher ergeben sich Schwierigkeiten. Es ergeben sich, wie man es auch macht, Ausfälle in dieser grundsätzlich aufgestellten Rechnung. Entweder streicht man diesen Einnahmeposten gleich ab oder man hält an ihm fest; dann muß aber ein entsprechender Verwaltungsaufwand eingesetzt werden. Man kommt dann nicht auf den Sollbetrag, sondern bleibt dahinter zurück bzw. muß man zur Auffüllung des Sollbetrages den Leistungsfähigeren noch mehr auferlegen. Und dann entsteht wieder die Frage, auf die Herr Oberlindober auch in meinem Sinne schon hingewiesen hat, daß die Frage der Leistungsfähigkeit immer wieder geprüft werden muß, namentlich eben doch unter ganz konkreten wirtschaftlichen Verhältnissen. Und daß wir gegenwärtig die Steuern nicht erhöhen sollten, sondern im Gegenteil Anlaß hätten, die Steuern herabzusetzen, ich glaube, darüber besteht doch nur eine Meinung. Ob das aber Steuern oder Beitrag zur Altersversorgung oder sonstwie heißt, das läuft finanzwirtschaftlich auf dasselbe hinaus.

Vorsitzender Anders: Ja, meine Herren, das ist richtig. Aber wie ich schon zum Eingang meiner Ausführungen erwähnt habe, ist der Ausschuß davon ausgegangen, um überhaupt diese Frage lösen zu können, daß ein Teil der heute bestehenden Lasten wegfallen muß. Ich kann mir vorstellen, daß man, wenn man nicht auf diesem Wege weiterkommt, folgendes sagt: Es muß eine allgemeine Besteuerung des gesamten Volkes eintreten, und daß es überhaupt kein anderes Mittel gibt, um eine Altersversorgung einzuführen, als auf dem Wege einer Steuer, die das ganze Volk trägt. Ob diese Steuer nun jetzt im Augenblick tragbar ist, kann ich nicht beurteilen. Ich weiß nicht, was die Bürgersteuer einbringt; die Statistik darüber fehlte mir. Ich weiß nicht, was die sonstigen Steuern einbringen, aber jedenfalls ist die Frage nur auf dem Wege einer allgemeinen Steuer zu lösen, so daß jeder seinem Einkommen entsprechend beitragen muß. Die Altersversorgung ist keine Versicherungseinrichtung; das steht einwandfrei fest. Es kann nur eine Versorgung sein, eine Staatsbürgerversorgung, deren Aufbringung der Mittel durch Steuern erfolgt. Aber es wäre auch m.E. töricht, wenn man heute eine derartige Altersversorgung einführt und dabei sagen könnte: wir zahlen bloß die Hälfte und zahlen den Leuten 30 M. Dann wäre das ja genau dasselbe, worüber heute soviel geklagt wird, es hätte nämlich überhaupt gar keinen Wert. (*Sehr richtig*!) Man würde dann sagen können: Es ist nur eine Milliarde erforderlich usw. Das wäre aber kein Vorteil.

Auf eins darf ich einmal hinweisen: Sie glauben gar nicht, wieviel Schreiben täglich von Parteimitgliedern eingehen, die da sagen: Der Führer hat sein Programm festgelegt, wir erwarten nun, daß erfüllt wird. Wir wissen ja auch alle aus Erfahrung, wie der Parteigenosse Oberlindober seine Versorgung durchgeführt hat. Mir wurde vor einigen Tagen sogar geschrieben: Wir sehen doch das ganz deutlich bei den Kriegsopfern; der Führer der Kriegsopfer, der Parteigenosse Oberlindober, hat seine Sache durchgesetzt, das wird gemacht, warum wird hier nichts getan? Also so liegt die Sache. (*Oberlindober*: Ich war auch billiger als Sie! - *Heiterkeit.*) - Ja, das können Sie auch, denn Sie haben das große Glück, Herr Oberlindober, daß Sie sich auf der absteigenden Linie befinden und wir uns auf der aufsteigenden. Sie werden weniger, aber wir werden mehr.

Den Vorschlag von Herrn Oberlindober begrüße ich. Wie auch schon in der ersten Sitzung gesagt worden ist, muß absolute Verschwiegenheit hier über alle derartigen Verhandlungen gewahrt werden. Ich werde aber trotzdem dem Vorschlag folgen und jetzt noch ein besonderes Schreiben rundgehen lassen, damit auch jeder Herr hier noch unterschriftlich erklärt, daß er nichts von diesen Sachen an die Öffentlichkeit bringen wird.

Oberlindober: Ich würde sogar vorschlagen, daß, wenn das durchbrochen wird, der betreffende Herr aus dem Ausschuß abberufen wird. (*Zuruf*: Ehrenwörtlich verpflichten!)

Vorsitzender Anders: Wir werden auch vorsichtig sein bei der Abfassung der Pressenotiz und von der Sitzung nichts schreiben, was irgendwelche Hoffnungen erwecken könnte. (*Zuruf*: Gar keinen Pressebericht!)

Oberlindober: Einfach: Heute tagte der Ausschuß für Sozialversicherung in der Akademie für Deutsches Recht - aus!

Vorsitzender Anders: Ja, das ist das einzig Richtige. Es sind einige Veröffentlichungen erfolgt, nach denen man sich vorstellen könnte, daß die Betreffenden darauf warten und wissen wollten, was nun hier beraten worden ist.

Dr. Schultz: Ich möchte den Antrag von Herrn Oberlindober erweitern und bitten, daß über den Entwurf, der uns vertraulich mitgeteilt worden ist, jetzt ebenfalls nichts mehr in die Öffentlichkeit kommt, denn wir machen sehr oft die Erfahrung, ob das in der Krankenversicherung oder Unfallversicherung ist, daß dann plötzlich Herren und Frauen zu uns kommen und sagen: Na ja, es wird ja doch anders, wir wissen das, wir waren in Berlin, wir haben gehört, das und das ist besprochen worden, das soll geschehen. Und uns ist dann hier als Mitgliedern der Mund geschlossen, weil wir es nicht für richtig halten, darüber zu sprechen. Und die anderen tun wenigstens so, als wenn sie davon irgendwas erfahren haben. Nun weiß ich nicht, wie sie es erfahren haben, ob durch die Presse oder sonstwie; das entzieht sich meiner Kenntnis. Aber bei Gelegenheit haben wir jedenfalls den Eindruck, als wenn so etwas aus den Entwürfen, die hier beraten werden, in die Öffentlichkeit gekommen ist, und in den Kreisen, die daran interessiert sind, werden nun schon diese Entwürfe als facta und später als Gesetze angesehen. Ich begrüße deswegen den Vorschlag und Antrag von Herrn Oberlindober und bitte doch auch vielleicht, daß wir uns darüber einig werden, daß wir von jetzt ab über den Entwurf nichts mehr irgendwie veröffentlichen, auch nicht in der Zeitung, um nicht Hoffnungen zu erwecken, von denen wir nicht wissen, ob sie ganz oder wieweit erfüllt werden.

Vorsitzender Anders: Das Amt für Sozialversicherung hat bereits einen Anordnung herausgegeben, die Ihnen ja wohl bekannt ist, daß über die Reform der Sozialversicherung überhaupt nichts geschrieben und gesprochen werden darf. Aber man hat ja doch nur die Bindungen bei den Parteigenossen. Ich kann einem anderen Menschen nicht vorschreiben, daß er nicht darüber schreiben soll. Den Parteigenossen habe ich in der Hand, aber den anderen nicht.

Dr. Schultz: Es genügt, wenn die Mitglieder des Ausschusses heute einfach erklären, wir sprechen nicht darüber. Dazu bedarf es gar keiner ehrenwörtlichen Erklärung. Wir Beamte z.B. sind gewöhnt, daß wir über das, was zu unserer Kenntnis kommt, nicht sprechen. Es ist sehr einfach: jeder, der heute hier anwesend ist, sagt: ich spreche nicht darüber. Dann ist nach meiner Ansicht die Sache damit erledigt. (Sehr richtig!)

Grützemann: Herr Anders, ich habe Sie doch recht verstanden: gesprochen werden darf nicht über das, was hier im einzelnen verhandelt wird, aber sonst im allgemeinen wohl über die Probleme? Denn die ganze Literatur ist doch voll davon. Siehe *Schuhmann-Brucker*! Darin steht ja doch alles.

Vorsitzender Anders: Das ist gewesen, geschieht aber jetzt nicht mehr. (*Grützemann*: Im letzten Buch!) - Das ist schon vorbei, das ist nun einmal draußen.

Grützemann: Es kommen Herren von der Universität zu mir, wir unterhalten uns. Natürlich sage ich nicht, was in dem Entwurf steht. Aber über die allgemeinen Probleme ist doch so viel geschrieben worden!

Vorsitzender Anders: Ich glaube, wir reden aneinander vorbei. Es ist doch ganz klar: es steht im Parteiprogramm, es steht sogar in der Literatur jetzt neuerdings durch das Buch Schuhmann-Brucker. Ich kann niemandem sagen: Du darfst darüber nicht sprechen. Derartige Probleme werden immer erörtert werden. Es handelt sich nur darum, daß in der Öffentlichkeit bekannt ist, daß die Akademie für Deutsches Recht in dem Ausschuß für Sozialversicherung sich mit diesen Fragen befaßt und daß nun von hier aus nichts darüber gesprochen wird. (Sehr richtig!) So ist es doch richtig? (*Zustimmung.*)

Ministerialrat Sauerborn: Das ist absolut richtig und selbstverständlich. Was hier beschlossen wird, wie hier der Stand der Dinge ist, wie hier Lösungsvorschläge gemacht werden, das soll geheim bleiben. (Sehr richtig) Da verpflichten wir uns selbstverständlich zu absoluter Vertraulichkeit. Daß wir aber anderwärts auch über die gleichen Probleme ohne Beziehung auf diese Sache sprechen dürfen, das ist ja selbstverständlich. (Sehr richtig!)

Oberlindober: Ich kann mir sehr gut vorstellen, daß Herr Professor Richter und ich, wenn das hinauskommt, was wir heute über die Altersversorgung gesprochen haben, von unverständigen Menschen gesteinigt werden. (*Prof. Dr. Lutz Richter*: Das werden wir ertragen!)

Regierungsrat Dr. Kilian: Darf ich mir zu dem Problem der Altersversorgung noch einen Vorschlag erlauben? Ich glaube, ich kann ganz offen in diesem Kreise sagen: Die Frage, inwieweit eine Altersversorgung einzuführen ist, ist den Ausschußbesprechungen im Reichsarbeitsministerium zunächst zurückgestellt worden. Das Arbeitsministerium hat sich damit einverstanden erklärt, daß man in der Zwischenzeit, bevor man an die allgemeine Reform der Sozialversicherung herangeht, noch die nötigen Unterlagen in kleinem Kreise erörtert und von diesem Standpunkte aus, vielleicht schon bevor die Sozialversicherung geregelt ist, zu irgendeinem Ergebnis kommt. Ich stehe auf dem Standpunkt, daß es die Aufgabe der Akademie für Deutsches Recht ist, in jeder Beziehung das Arbeitsministerium in diesem Punkte zu unterstützen. Wir kamen heute zu dem Ergebnis, daß es sich bei diesem Problem nicht darum handelt, daß wir es für notwendig und erforderlich halten, ob der Entwurf nun unserer Auffassung nach der richtige ist oder nicht, sondern daß es sich im wesentlichen um eine Frage der Finanzierung handelt, über die wir uns so ziemlich alle hier im Ausschuß persönlich kein Urteil erlauben können. Soweit ich informiert bin, sind die Zahlen, die uns Herr Parteigenosse Anders mitgeteilt hat, von sachverständiger Seite geprüft worden. Man hat auch in der Deutschen Arbeitsfront zu den Zahlen Stellung genommen.

Ich möchte nun anregen, ob es nicht zweckmäßig ist, wenn in einer der nächsten Sitzungen - es braucht nicht die nächste zu sein, die Erörterung kann vielmehr einige Zeit verschoben werden - einmal ein Sachverständiger gehört wird. Wir sind in unseren Sitzungen ja davon ausgegangen, daß wir ab und zu Sachverständige beiziehen können. Wäre es nicht vielleicht ganz gut, wenn wir gerade in diesem Kreise den einen oder anderen Sachverständigen hörten, und zwar weniger einen Sachverständigen, der Versicherungsmathematiker ist, als gerade einen Sachverständigen, der finanzpolitisch die Verhältnisse, wie sie jetzt sind und wie sie in absehbarer Zeit kommen werden, überblicken kann, damit auch dieser Akademieausschuß dem Arbeitsministerium gegenüber erklären kann: „Wir Mitglieder des Ausschusses haben uns überzeugt: entweder es ist möglich, oder wir können im Augenblick noch keine Erklärung abgeben", oder aber umgekehrt: „wir haben die Überzeugung, daß es nicht möglich ist" - ein Standpunkt, wie wir ihn vom Parteigenossen Oberlindober gehört haben. Ich möchte deshalb Herrn Parteigenossen Anders fragen, ob es möglich ist, daß zu einer der nächsten Sitzungen irgendein Sachverständiger geladen wird, dem wir gewisse Fragen stellen können, nachdem ihm vorher das Material zugänglich gemacht worden ist, und der uns seine Auffassung mitteilen kann.

Vorsitzender Anders: Wie Parteigenosse Dr. Kilian schon sagte, ist die Frage auch im Arbeitsministerium behandelt worden; und ich kann wohl sagen, ohne daß ich da irgendwie vorgreife, daß man die Altersversorgung an sich selbstverständlich nicht ablehnt. Es handelt sich nur darum - und in dem Augenblick wurde ja die Frage zurückgestellt -, sie zu finanzieren. Die Versorgung möchte wohl jeder gern haben. Aber ob sie zu leisten ist, ist eine Frage, die ja nicht so ohne weiteres zu beantworten ist.

An sich darf ich weiter ausführen, daß die Verhandlungen im Arbeitsministerium ergeben haben, daß der Herr Staatssekretär Dr. Krohn den Parteigenossen Brucker und mich gebeten hat, im Laufe dieser Woche zu ihm zu kommen und ihm dann im kleinen Kreise die Altersversorgung so, wie wir sie uns gedacht haben, vorzutragen und ihm die bei uns vorhandenen versicherungsmathematischen Berechnungen vorzulegen. Er wird sie dann ja von sich aus auch durch seinen Mathematiker prüfen lassen.

An sich stehe ich auf dem Standpunkt, daß es ganz richtig wäre, was der Parteigenosse Dr. Kilian vorgeschlagen hat. Es ist nur eine Frage, ob der betreffende Herr, den ich hier im Auge habe, sich dazu bereiterklären wird. Jedenfalls halte ich es auch für wichtig, daß er einmal hier als Versicherungsfachmann, als Versicherungsmathematiker diesen Entwurf vor uns vielleicht erläutert und seine Erklärungen dazu abgibt. Ich werde das also dem Parteigenossen Brucker empfehlen und versuchen, daß vielleicht schon in der nächsten Sitzung, die am kommenden Montag stattfinden soll, diese Erklärungen abgegeben werden, die ja wahrscheinlich nicht so sehr lange Zeit beanspruchen werden.

Oberlindober: Darf ich fragen, wie Sie sich zu der Anregung verhalten, daß wir die Referate vorher, vor der Sitzung zugestellt bekommen?

Vorsitzender Anders: Ich halte den Vorschlag für sehr gut, daß man vielleicht allgemein überhaupt für die Zukunft alle Referate, die gehalten werden, zwei Tage vorher den einzelnen Herren zuschickt.

Oberlindober: Sie brauchten dann gar nicht gehalten zu werden. Man hat sie schon gelesen, und es könnte gleich in die Diskussion eingetreten werden. Ich glaube, wir sollten die Sitzungen hier nicht allzuhäufig aufeinander folgen lassen; sonst können wir uns alle von unseren Nebengeschäften restlos trennen und nur noch für die Akademie tätig sein. Es ist rein physisch unmöglich.

Vorsitzender Anders: Es war vom Parteigenossen Brucker nicht beabsichtigt, die Sitzungen hier so häufig stattfinden zu lassen. Er hatte den Gedanken, alle drei oder vier Wochen eine Sitzung abzuhalten, damit jeder Programmpunkt genügend durchgearbeitet werden könnte. Die Verhältnisse zur Zeit gerade in bezug auf die Sozialversicherung und die Bildung eines Ausschusses im Reichsarbeitsministerium haben es nötig gemacht, daß dieser Ausschuß hier damit konform geht und damit die Arbeiten gleichzeitig fertig werden, etwas forciert arbeiten muß. Infolgedessen hat Herr Parteigenosse Brucker gebeten, die nächste Sitzung nächsten Montag, also heute über acht Tagen, zur selben Zeit einzuberufen, und zwar mit der *Tagesordnung: Die Aufgaben der Sozialversicherung*. Das Referat und Korreferat hatten Sie, Herr Schultz?! (Ja!) Es wird uns, glaube ich, nicht so sehr lange beschäftigen, so daß Sie an dem Tage dann auch noch vielleicht den Versicherungsmathematiker zu der heutigen Tagesordnung hören können.

Dr. Schultz: Da ich erst heute erfahren habe, daß ich in acht Tagen mein Referat halten soll, werde ich mich sehr kurz fassen. Ich kann das auch, weil ein Teil des Referats schon bei dem ersten Referat über das Wesen der Sozialversicherung mit berührt werden mußte und zum Teil die Leistungen und Aufgaben der Sozialversicherung späteren Referaten vorbehalten sind. Also ich will mich da nicht wiederholen und anderen Herren nicht vorgreifen.

Vorsitzender Anders: Sonst liegt nichts weiter vor, meine Herren? - Sind noch irgendwelche Fragen, die zu beantworten wären? - Dann darf ich die heutige Sitzung schließen, und zwar wie stets im Gedenken an unseren Volkskanzler! Unser Führer Adolf Hitler: Sieg-Heil! Sieg-Heil! Sieg-Heil!

(Schluß: 4 ½ Uhr.)

IV. Protokoll der Sitzung vom 19.3.1934 (Aufgaben der Sozialversicherung. Aufbau der Sozialversicherung)

Anwesend waren: 1. *Brucker* (Leiter), 2. *Dr. Schultz* (Mitglied), 3. *Grützemann* (Mitglied), 4. *Dr. Richter* (Mitglied), 5. *Dr. Kaiser* (Mitglied), 6. *Dr. Neuhauß* (Mitglied), 7. *Dr. Erdmann* (Mitglied), 8. *Oberlindober* (Mitglied), 9. *Anders* (Mitglied), 10. *Zeleny* (Mitglied), 11. *Sulitzer* (Presse der NSBO).

Tagesordnung:

1. Aufgaben der Sozialversicherung
2. Organischer Aufbau der Sozialversicherung.

Vorsitzender Brucker: Meine Herren! Ich begrüße Sie in unserer heutigen vierten Sitzung. Wir haben heute zwei Aufgaben zu lösen, nämlich erstens die Aufgaben der Sozialversicherung darzustellen und dann zweitens über den organischen Aufbau der Sozialversicherung zu beraten. Der erste Punkt wird sehr rasch erledigt sein.

Ehe wir in die Tagesordnung eintreten, würde ich noch Herrn Professor Dr. Lutz Richter bitten, über eine anderen Frage kurz zu referieren, nämlich über gewisse Vorschläge, die von dritter Seite zur Reform der Sozialversicherung gemacht worden sind.

Ehe wir in die Verhandlung der Dinge eintreten, darf ich Ihnen sagen, daß Herr Oberregierungsrat *Dr. Heinze* vom *Reichsversicherungsamt* heute bei uns weilt, ebenso Herr *Bruno Kurth, Abteilungsleiter in der Deutschen Arbeitsfront* - beide sind Mathematiker -, um uns zu beraten und insbesondere anhand der statistischen Erfahrungen zu sagen, ob gewisse Dinge in einer neuen Sozialreform durchzuführen und ob sie tragbar sind.

Weiterhin darf ich Ihnen noch sagen, daß Parteigenosse Dr. Kilian und Herr Ministerialrat Sauerborn heute leider verhindert sind, an dieser Sitzung teilzunehmen.

Ich darf dann den Berichterstatter, Herrn Regierungsdirektor Dr. Schultz, Hannover, bitten, über die Aufgaben der Sozialversicherung zu sprechen, dann im Anschluß daran Herrn Regierungsinspektor Grützemann, Münster.

Aufgaben der Sozialversicherung

Berichterstatter Regierungsdirektor Dr. Schultz: Herr Vorsitzender! Meine Damen und Herren! Wenn ich mich heute meines Auftrags, des Referats über die Aufgaben der Sozialversicherung, entledige, so habe ich, wie neulich schon der Ausschuß für Sozialversicherung selber an die Spitze meiner Erwägungen gestellt, daß organisch untrennbar sind das Wesen der Sozialversicherung und die Aufgaben der Sozialversicherung. So hat sich auch bei unserer Besprechung am 14. Februar dieses Jahres ergeben, daß wir damals bei dem Referat über das Wesen der Sozialversicherung das heutige Referat und das Korreferat über die Aufgaben der Sozialversicherung streifen mußten.

Aus dem großen Gebiete der Sozialfürsorge allgemein scheiden, wenn wir heute auf die Aufgaben der Sozialversicherung kommen, alle diejenigen Aufgaben aus, die formtechnisch nicht im Wege der Versicherung, sondern im Wege des Versorgungsprinzips geleistet werden. Wir haben in unserer letzten Sitzung über ein großes Problem und eine große Aufgabe dieses Versorgungssystems, die Altersversorgung, gesprochen. Andererseits trennt sich unser Gebiet scharf ab von dem Gebiet der Privatversicherung.

Über das Gebiet des Versorgungswesens brauche ich heute nicht zu sprechen, das ist allen hier Anwesenden bekannt. Wir hatten auch an der Hand der Referate und Korreferate, die sich über das Wesen der Sozialversicherung verbreiteten, die Aufgaben scharf getrennt von den Aufgaben und dem Wesen der Privatversicherung. Wir waren im Laufe unserer Besprechung dazu gekommen, daß wir ungefähr so präzisiert hatten: Die Aufgabe der Privatversicherung ist es, für die Einzelwirtschaft, die einzelne Person die Gefahren der Wechselfälle des Lebens dadurch zu verringern, daß der Einzelne sich rückversichert und sich mit anderen zusammenschließt, um die Gefahren abzuwenden - Abdeckung des Einzelrisikos durch Zahlung einer Prämie, die in ihrer Gesamtheit ausreicht, um den wahrscheinlichkeitsmäßigen Schaden zu decken.

In der Sozialversicherung steht im Gegensatz dazu an der Spitze der Aufgaben die Fürsorge nicht für den Einzelversicherten allein, sondern für ihn als Mitglied seiner Familie, seines Berufsstandes und als Volksgenossen. Aus diesem großen allumfassenden Gesichtspunkt heraus betrachtet gehört zu den Aufgaben der Sozialversicherung neben der Fürsorge für den Einzelversicherten die gleichzeitige Fürsorge und Vorsorge für seine Familienangehörigen, seine nähere Umgebung und weitere Maßnahmen zur Erhaltung der Gesundheit und der Arbeitskraft unseres gesamten deutschen Volkes.

Durch das bestehende Recht, meine Damen und Herren, niedergelegt in den Grundgesetzen, in der Reichsversicherungsordnung, dem Angestelltenversicherungsgesetz, dem Gesetz über Arbeitsvermittlung und Arbeitslosenversicherung, ist der Schutz der sozialen Fürsorge in die großen Aufgabengebiete der Krankenversicherung, der Unfallversicherung, der Invaliditäts- und Altersversicherung, der Angestelltenversicherung, der Arbeitslosenversicherung und der Erwerbslosenfürsorge geteilt worden. Die Aufgaben, die den einzelnen Versicherungsträgern zufielen, waren von dem Grundgedanken diktiert und getragen, den in den einzelnen Versicherungen gesetzlich bestimmten Personenkreis kraft Gesetzes einer Zwangsversicherung zu unterwerfen, welche diesen Versicherten zunächst selbst und sodann in eintretenden Notfällen auch den Familienangehörigen soziale Fürsorge gewährt, und zwar in den Fällen von Krankheiten, Unfall, Arbeits- und Erwerbsunfähigkeit, Berufsunfähigkeit, Invalidität, Alter, Zurückbleiben der Witwe, Zurückbleiben des Witwers und Zurückbleiben der Waisen.

Die Art und der Umfang der in den einzelnen Gesetzen bestimmten Fürsorge findet ihren Ausdruck in den Leistungen, welche die Versicherungsträger den Versicherten in den einzelnen gesetzlich bestimmten Fällen zu gewähren haben. Es gehört nicht in den Rahmen meines heutigen Referats, über Art und Umfang der Leistungen Vorschläge und Ausführungen zu machen, da diese Aufgabe ebenso wie die anderen Fragen des Aufbaus der Sozialversicherung (Versicherungsträger, Versicherungsbehörden usw.) besonderen späteren Referaten vom Herrn Vorsitzenden vorbehalten sind. Ich kann und muß mich deshalb bei meinen jetzigen Ausführungen darauf beschränken, Anregungen zu der allgemeinen Frage zu geben, ob und welche Erweiterung des bisher gegebenen Aufgabenkreises der Sozialversicherung der heutigen Volksgemeinschaft des deutschen nationalsozialistischen Volkes entsprechend wünschenswert, notwendig und zweckmäßig erscheint.

Als allgemein erforderlich ist schon von dem Herrn Referenten und Korreferenten über das Wesen der Sozialversicherung der Gesichtspunkt an die Spitze gestellt worden, daß es Aufgabe der Sozialversicherung ist, zur Beseitigung der sozialen Gegensätze und Spannungen, zur Erhaltung und Erhöhung der Arbeitskraft nicht nur des einzelnen Versicherten, sondern des ganzen Volkes, zur Vervollkommnung des Gesundheitszustandes unseres Volkes und zur Verhütung und Vorbeugung gegen die Schädigungen des Lebens auskömmliche Mittel schnell zur Verfügung zu stellen, deren Aufbringung durch einen möglichst großen Personenkreis erfolgt und sichergestellt wird. Ich habe hier absichtlich das Wort „schnell" betont, weil ich es für unsere spätere Erörterung über das Referat zu dem Aufbau der Sozialversicherung und der Behörden als wünschenswert und begrüßenswert erachten würde, wenn wir dann auch Vorschläge erörterten, wie durch einen Aufbau der Behörden, eventuell unter Abkürzung des Instanzenzuges, der leicht verständliche und seiner Zeit mit ganz besonderem Recht von Herrn Anders hervorgehobene Gesichtspunkt erfüllt werden könnte, daß die Leistungen nicht nur ausreichend sein sollen, sondern vor allem schnell gegeben werden.

Unter den Klagen, zu welchen die bisherige Sozialversicherung in ihrer Durchführung zum Teil Anlaß gab, wurde auch hervorgehoben, daß durch das Instanzenwesen zum Teil Prozesse sehr lange schwebten, ehe der Versicherte zu seinen Ansprüchen gelangte. Dafür waren aber nach Ansicht der Praktiker nicht die Spruchbehörden als solche oder die Versicherungsbehörden verantwortlich zu machen, sondern es lag in dem Rechtszuge, wie er gegeben war. Ich kann mir sehr wohl vorstellen, daß bei diesem Rechtszuge später von uns eine Änderung in der Weise vorgeschlagen wird, daß wir Einzelleistungen schon von Instanzen unterer Art endgültig entscheiden lassen, so daß wir nicht die obersten Behörden, wie das Reichsversicherungsamt, mit diesen Entscheidungen beschweren, was naturgemäß bei der ungeheuren Überlastung dieser Behörde zu einer nicht so schnellen Entscheidung führen kann, wie es von dem Versicherten in vielen Fällen gewünscht wird.

In den Kreis der Aufgaben, die ich oben berührt habe, gehören nach meiner Ansicht insbesondere die Fürsorgemaßnahmen für die werdende Mutter, für das werdende Kind, die Fürsorge für die Mütter allgemein und für die Säuglinge, die Mithilfe an der Bekämpfung der ansteckenden Krankheiten und Maßnahmen, die den Schäden des Lebens vorbeugen und sie verhüten. Es ist mir zu meiner Freude gelungen, heute Vorschläge aus der Praxis vortragen zu können, welche ein großer Versicherungsträger, nämlich die Landesversicherungsanstalt Hannover, jetzt ganz neu aufgestellt und für die er Richtlinien auch schon bekanntgegeben hat. Ich möchte aus diesem praktischen Fall heraus den Damen und Herren hier folgendes vortragen:

Die Landesversicherungsanstalt Hannover beabsichtigt nach ihren Richtlinien, ein neues Programm für den Umbau und die Erweiterung des vorbeugenden Gesundheitsschutzes zu treffen, und hat dafür sehr erheblich erhöhte Mittel in ihren Etat eingestellt. Nach den vorläufigen Richtlinien wird die Landesversicherungsanstalt im Frühjahr und Herbst dieses Jahres in ihrem Erholungsheim bei Goslar Kuren für erholungsbedürftige kinderreiche Mütter durchführen. Die Kurbewilligungen erfolgen unter der Bedingung, daß der Ehemann der Antragstellerin bei der Landesversicherungsanstalt versichert ist, die Anwartschaft erhalten und die Wartezeit für die Invalidenrente erfüllt ist. Die Antragstellerin darf das 55. Lebensjahr nicht überschritten haben und muß Mutter von mindestens drei im Haushalt lebenden Kindern unter 16 Jahren sein. Die Kuren sollen dazu dienen, den durch die Last des Alltags und wirtschaftliche Not körperlich entkräfteten und seelisch niedergedrückten Müttern Gesundheit und Leistungsfähigkeit wiederzugeben. In früheren Jahren sei die Durchführung solcher Erholungskuren hauptsächlich daran gescheitert, daß sich die Mütter aus Sorge um ihre Familie und ihren Haushalt nicht zu einer Kur freiwillig entschließen konnten. Derartige Hindernisse, sagt die Landesversicherungsanstalt, dürfte es heute im nationalsozialistischen Staate nicht mehr geben. Es sei deshalb dringend erforderlich, daß sich die Organisationen der freien Wohlfahrtspflege, die Frauenschaften, die NS-Volkswohlfahrt in reger Mitarbeit mit der Landesversicherungsanstalt bei der Auswahl der Mütter und zur Versorgung und Beaufsichtigung der Kinder und des Haushalts zur Verfügung stellen.

Nach weiteren vorläufigen Richtlinien beabsichtigt derselbe Versicherungsträger als erste Landesversicherungsanstalt in Deutschland, wie sie stolz hervorhebt, für die in der Heil- und Erholungsfürsorge bisher nicht berücksichtigte Altersgruppe der männlichen Jugendlichen von 14 - 18 Jahren Kuren nach neuen Gesichtspunkten durchzuführen. Diese Kurmaßnahmen gehen von der Erkenntnis aus, daß gewisse Krankheitszustände nicht durch Ruhe und Mastkuren, sondern durch aktive Förderung der natürlichen Abwehrkräfte des Körpers zu behandeln sind. Im Vordergrund der Kurmaßnahmen soll deshalb aktive Übungstherapie stehen: körperliche Umstellung durch Abhärtung und besondere Stärkung der Muskeln unter Einwirkung der Sonnenbestrahlung und Übungsbehandlung. Durch lagermäßige Unterbringung, straffe Tageseinteilung, einfache, aber ausreichende Verpflegung soll die Übungsbehandlung unterstützt und Erziehung zum Gemeinschaftsleben erreicht werden.

Die Landesversicherungsanstalt wird in der Zeit vom Mai bis September 1934 versuchsweise zwei Kuren mit je 40 männlichen Jugendlichen in ihrer Heilstätte bei Goslar unter ärztlicher Leitung durchführen. Zur Aufnahme kommen besonders ausgesuchte männliche schwache Personen von 14 - 18 Jahren folgender Art:

1. an sich Volltaugliche, aber Anfällige, die jeder Infektionsgefahr schnell erliegen.
2. Jugendliche, die unter Dauerleistung des Berufs (Achtstundentag) usw. versagen.

Von derselben Landesversicherungsanstalt sind noch folgende Maßnahmen der Heil- und Erholungsfürsorge in Aussicht gestellt:

1. Zur Förderung der Aufziehung eines kräftigen erbgesunden Nachwuchses eine erhebliche Erweiterung der Heil- und Erholungsfürsorge für Kinder in den Kinderheilstätten der Anstalt,
2. Förderung der Mütter- und Säuglingsberatungsstellen durch Beihilfen,
3. Förderung der Schulzahnpflege durch Bereitstellung erhöhter Mittel,
4. für die Bekämpfung des Alkoholmißbrauchs, der Tuberkulose, der Krebskrankheit, der Geschlechtskrankheiten und des Lupus wesentliche Beihilfen.

Bei diesen gesamten großzügigen Maßnahmen, welche dieser Versicherungsträger aus sich heraus als eine wesentlich erweiterte Aufgabe der Sozialversicherung angesehen und getroffen bzw. in Aussicht gestellt hat, betonte er, daß die Einrichtungen der vorbeugenden Gesundheitsfürsorge bei der Durchführung der großen bevölkerungspolitischen Aufgaben der nationalsozialistischen Regierung unentbehrlich seien, um unser wertvollstes Gut, die Arbeitskraft des deutschen Volkes, zu erhalten und das Vielfache des für sie aufgewendeten Betrages später an Heilverfahren, Fürsorgeleistungen und Renten zu ersparen.

Ich habe mir erlaubt, diese vorgenannten Maßnahmen eines großen Versicherungsträgers hier zu erwähnen und etwas ausführlicher vorzutragen, weil sie mir ein nachahmenswertes Vorbild und Beispiel für den erweiterten Aufgabenkreis aller Versicherungsträger der Sozialversicherung erscheinen und, wie auch Herr Staatssekretär *Dr. Krohn* erst kürzlich in seinem in der Zeitschrift „Reichsversicherung" veröffentlichten größeren Aufsatz zum Umbau der Sozialversicherung besonders hervorgehoben hat, die vorbeugende und wiederherstellende Gesundheitsfürsorge in allen Versicherungszweigen immer mehr in den Vordergrund gerückt ist und einen immer größeren Raum unter den Leistungen der Versicherungsträger und ihren Aufgaben einnimmt.

Zur Vollständigkeit und zum Abschluß meiner Ausführungen gestatte ich mir, noch folgendes anzuführen: Zu den Reformaufgaben einer Sozialversicherung im nationalsozialistischen Staat gehören im erweiterten Sinne auch alle diejenigen Maßnahmen, welche Mißstände beseitigten, die in den Jahren nach der Revolution im Jahre 1918 sich in einigen Versicherungszweigen, besonders auf dem Gebiete der Krankenversicherung, herausgebildet und berechtigte Kritik in weiten Volkskreisen herausgefordert hatten.

Es ergab sich die Aufgabe, in der Sozialversicherung und ihrer praktischen Handhabung durch die Versicherungsträger die Übelstände auszumerzen, welche durch mangelhafte, nachlässige und leichtsinnige Geschäftsführung zum Schaden des Versicherten eingetreten waren, und aus den geschäftsführenden Organen und Beamten und Angestellten der Versicherungsträger alle diejenigen zu entfernen, die sich einer solchen verantwortungslosen Geschäftsführung schuldig gemacht hatten. Durch die schnell einsetzenden Maßnahmen der Reichsregierung, insbesondere des Herrn Reichsarbeitsministers, wurde zunächst das staatliche Aufsichtsrecht über die Versicherungsträger, insbesondere die Krankenkassen, dahin erweitert, daß diese Aufsicht, die sich bisher nur auf die Prüfung der Rechtlichkeit, der Gesetzmäßigkeit der Satzung bezogen hatte, auf alle Fragen der Zweckmäßigkeit ausgedehnt wurde. Der Herr Reichsarbeitsminister übernahm in vielen dringenden Fällen die Aufsicht selbst durch Einsetzung ihm unterstellter und nach seiner Anweisung arbeitender Kommissare, die anstelle der sonstigen Aufsichtsbehörden traten. Durch die Ausdehnung des Gesetzes zur Wiederherstellung des Berufsbeamtentums auf die Versicherungsträger als Körperschaft des öffentlichen Rechts wurde die Möglichkeit gegeben, Beamte und Angestellte der Versicherungsträger unter den Voraussetzungen des Berufsbeamtengesetzes fristlos zu entlassen oder zu kündigen oder in den Ruhestand zu versetzen. Durch diese Maßnahmen wurde die Gewähr geschaffen, daß Beamte und Angestellte, die seit dem 9. November 1918 zur Anstellung gelangt waren ohne übliche Vorbildung oder Eignung, ferner alle nichtarischen Personen, soweit sie nicht Frontkämpfer waren, ferner alle diejenigen, welche nach ihrer bisherigen politischen Tätigkeit nicht die Gewähr boten, daß sie jederzeit rückhaltlos für den nationalen Staat eintreten, entlassen oder in den Ruhestand versetzt wurden.

Durch das Gesetz über Ehrenämter in der sozialen Versicherung und der Reichsversorgung vom 18. Mai 1933 wurde eine gleiche Sichtung und Säuberung nach den allgemeinen Grundsätzen des Berufsbeamtengesetzes bei sämtlichen Organen der Versicherungsträger und bei den Beisitzern der Versicherungs- und Versorgungsbehörden durchgeführt.

Die gleichen Maßnahmen erstrecken sich auf die Vertrauensärzte der Versicherungsträger und der Versicherungsbehörden und auf sämtliche Kassenärzte. Das letztere möchte ich besonders hervorheben, weil Ihnen, meine Herren, ja zweifellos bekannt ist, welche ungeheure Aufgabe bei der Durchführung der Sozialversicherung gerade den Ärzten übertragen ist. Ich übertreibe nicht, wenn ich als Mann der Praxis, der ich 12 Jahre die Ehre hatte, in Spruchkammer und Beschlußkammer die Sozialversicherung durchzuführen, hier ausspreche, daß es uns überhaupt unmöglich war, ohne die sachgemäße und verständnisvolle Arbeit der Ärzte die Sozialversicherung durchzuführen. Die Unvollkommenheit der menschlichen Verhältnisse brachte es mit sich - zum Teil auch gewisse Ansprüche der Versicherten -, daß wohlerwogene ärztliche Gutachten, welche uns zur Verfügung standen, durch schnell inzwischen herbeigeholte „Feld-, Wald- und Wiesengutachten" anderer Ärzte entkräftet werden sollten. Die Folge davon war, daß wir zwei Gutachten hatten und ein drittes herbeiziehen mußten. Auch dieses Gutachten wurde dann angegriffen, weil es angeblich noch nicht das Richtige traf. Und so waren wir leider trotz der verständnisvollen Mitarbeit unserer Ärzte, namentlich unserer Vertrauensärzte, manchmal in einer prekären Lage, da sich leider unter den Ärzten auch solche fanden, welche, um den Versicherten zu helfen, vielleicht auch gegen ihr eigenes besseres Wissen Atteste ausstellten, die sich mit dem Sachverhalt jedenfalls nicht deckten.

Eine Unterstützung wurde leider diesem Verfahren, das das Gesetz zweifellos nie gewollt hat, durch die etwas unglückliche Fassung des § 1681 der Reichsversicherungsordnung gegeben. Der § 1681 sah damals vor, daß der Versicherte noch im letzten Moment der Sitzung verlangen konnte, daß auf seine Kosten noch ein bestimmter Arzt gehört werden mußte. Die Praxis führte leider dazu, daß in mißverstandener Auslegung dieser an sich guten Bestimmung es öfter dazu kam, daß, wenn wir die Sitzung angesetzt hatten mit einer bestimmten Anzahl von Spruchsachen, in einem bestimmten Teil der Sachen die Versicherten mit diesem Antrag an uns herantraten, und daß wir dann Gutachten heranzogen, aus denen wir als Laien in ärztlicher Beziehung schon ohne weiteres sahen, daß sie nicht das Richtige trafen.

Solche Mißstände, die namentlich der praktischen Durchführung der Aufgaben der Sozialversicherung direkt entgegenarbeiten, müssen wir ausmerzen, meine Herren! Ich habe mir deswegen erlaubt, auf diesen kleinen Mißstand hinzuweisen, da wir später vielleicht bei der Organisation und dem Umbau darauf noch einmal zurückkommen werden.

Ich möchte jetzt zum Schluß sagen, daß durch alle jene Maßnahmen, die ich oben angeführt habe, den berechtigten Wünschen und Ansprüchen unserer neuen Volksgemeinschaft und der Versicherten entsprochen wurde, soweit eben durch diese Maßnahmen der Reichsregierung vorhandene Mißstände zu beseitigen waren. Es wurde hiermit also eine dringende Vorarbeit und Aufgabe der Sozialversicherung im weiteren Sinne schon vorbereitend gelöst. Die weiteren Fragen, ob und in welcher Weise der Gesamtaufbau der Sozialversicherung, die Festsetzung der Leistungen, die Anordnung der Versicherungsbehörden und die Rechtsprechung in der Sozialversicherung einer Änderung oder Ergänzung bedürfen, sind, wie ich schon einmal sagte, späteren besonderen Referaten vorbehalten.

Ich schließe deshalb meine Ausführungen in der Hoffnung und mit dem Wunsche, daß es auch auf diesen Gebieten ebenso wie auf dem soeben von mir besprochenen gelingen möge, diejenigen Reformen zu treffen, welche nach der maßgebenden Ansicht der Reichsregierung und namhafter Kenner der Sozialversicherung erforderlich sind und im Rahmen der Möglichkeit liegen, ohne das große Gut der Sozialversicherung, das in dem bisherigen Aufbau lag, zu zerstören, vielmehr um auf ihm verbessernd aufzubauen.

Vorsitzender Herr Brucker: Ich danke Ihnen, Herr Regierungsdirektor! Ich darf dann Herrn Parteigenossen Grützemann bitten, das Gegenreferat zu halten.

Berichterstatter Regierungsoberinspektor Grützemann: Der Herr Vorredner hat die Aufgaben der Sozialversicherung mehr von der praktischen Seite aus beleuchtet. Ich glaube, es ist nicht abwegig, wenn wir uns die Aufgaben auch noch etwas von der weltanschaulichen Seite aus ansehen.

Von einer Sozialversicherung im modernen Sinne sprechen wir, seitdem in Auswirkung der kaiserlichen Botschaft vom 17.11.1881 in den 80er Jahren nacheinander die Kranken-, Unfall-, Invaliditäts- und Altersversicherungsgesetze entstanden sind. Es ist vielleicht zweckmäßig, sich die Beweggründe, die Veranlassung zu der kaiserlichen Botschaft gaben, obwohl sie bekannt sind, noch einmal in Erinnerung zu bringen. Ich will sie nicht eingehend erörtern, sondern nur kurz auf die allgemeine soziale Lage der damaligen Zeit hinweisen, weil man aus den Beweggründen am besten die Aufgaben der Sozialversicherung, die das Kernstück der Sozialpolitik bilden, erkennen kann. Ich möchte die damalige Lage etwa wie folgt kennzeichnen:

Der Gesellschafts- und Wirtschaftskörper befand sich, wie auch heute noch und wie immer, in einer dauernden Entwicklung. Klassen und Stände bildeten und veränderten sich, dauernd entfalteten sich neue Kräfte, neue Gegensätze traten auf. Ein Stand bekämpfte den anderen, weil er sich übervorteilt oder seine Belange nicht genügend berücksichtigt glaubte. Die alten Überlieferungen über das Eigentumsrecht an Grund und Boden sowie die Eigentumsverteilung überhaupt wurden angegriffen, wobei Beseitigung und Milderung der Klassengegensätze das Ziel war. Es wandelten sich die Auffassungen darüber, wieweit man die Kulturgüter weiteren Volksschichten zugute kommen lassen will. Man bekannte sich zur Volkskultur. Mit dem Fortschreiten dieser Volkskultur erwachten Gleichberechtigungsbestrebungen gegen manche Berufsstände, die sich bisher kastenartig gegen andere Klassen abschlossen. Der bisherigen Überbewertung der Bedeutung dieser Stände für die Gesamtgemeinschaft galt der Kampf. Der Teil der sozialen Frage, der im Vordergrund stand, war die Arbeiterfrage, die sich auf die gewerblichen und landwirtschaftlichen Arbeiter bezieht. Sie bestand, seitdem sich die Arbeiter der Sonderinteressen ihrer Klasse gegenüber den anderen Klassen und dem Staat bewußt geworden waren und dieses Bewußtsein zu festen Organisationen geführt hatte.

Die Befreiung aus der bisherigen Hörigkeit hatte nicht nur den kleinen und mittleren Ackerbauer, sondern auch den Arbeiter frei gemacht. Das mehr oder weniger patriarchalische Verhältnis zwischen Arbeitgeber und Arbeitnehmer hatte aufgehört oder sich gelockert sowohl in der Landwirtschaft als auch im Gewerbe.

Die Industrialisierung hatte zur weitestgehenden Arbeitsteilung mit ihren Folgeerscheinungen geführt. Die rationeller arbeitende Industrie verdrängte die kleinen Gewerbe und vermehrte die Zahl der sogenannten proletarischen Arbeiter, die in die Fabriken gezwungen wurden. Durch die fortschreitende Rationalisierung verlor der Arbeiter den Einfluß auf das Arbeitsergebnis, die Verbundenheit mit der Arbeit ging ihm verloren. Der nunmehr freie Arbeiter mußte, um leben zu können, sich Arbeit suchen, wo und wie er sie fand. Die Arbeitsbedingungen, insbesondere Arbeitslohn, Arbeitszeit und Beschäftigungsart wurden ihm trotz - oder gerade infolge - der Freiheit des Arbeitsvertrages, meistens infolge des rücksichtslos einsetzenden Konkurrenzkampfes mehr oder weniger diktiert. Eine eigentliche Berufsvertretung hatten die Arbeiter nicht oder war verboten. Die Existenz des Arbeiters wurde immer unsicherer.

Die einseitige Ausbildung und Ausübung einer einzelnen körperlichen oder geistigen Funktion, die Gefahren der Arbeit an Maschinen und in gewissen Berufen bedrohten die Gesundheit der arbeitenden Menschen. Die Industrialisierung begünstigte die Frauen- und Kinderarbeit. Die Zusammendrängung großer Arbeitermassen in den aufblühenden Industrieorten führte zu Wohnungs- und Siedlungsfragen. Die Änderung der Produktionsweise, das Produzieren für einen mehr oder weniger ungewissen Markt hatten neben anderen Erscheinungen Konjunkturschwankungen und damit Arbeitslosigkeit zur Folge. Die geschilderten Zustände zwangen zu Maßnahmen, die auf Beseitigung, mindestens aber auf weitestgehende Abschwächung der Mißstände hinzielten.

Aber nicht nur die Beseitigung offen zutage tretender Mißstände allein konnte das Ziel sozialreformerischer Maßnahmen sein. Durch die Arbeitsteilung hatte sich die gesellschaftliche Ordnung von Grund auf geändert. Die Klassenschichtung war eine andere geworden. Die Hebung der Bildung der unteren Klassen hatte dazu geführt, daß die Klassenunterschiede, die von der arbeitenden Masse hauptsächlich in dem Unterschied zwischen Besitz und Nichtbesitz und der verschiedenen Einkommensverteilung erblickt wurden, als ungerechte Spannungen empfunden wurden. Die geistigen Bewegungen hiergegen, von Führern besonders in den Arbeitermassen getragen, hatten durch Agitation und Organisation die Arbeiterbewegung entstehen und erstarken lassen. Sie hatten aber auch das Verständnis anderer Kreise für Reformen der Gesellschaftsordnung geweckt. Die Bewegungen sind mannigfaltiger Art. Die Mittel, die zu den erstrebten Zielen führen sollten, mußten nach der weltanschaulichen, wirtschaftlichen und politischen Einstellung der interessierten Gruppen jeweils verschieden sein.

So etwa war die Lage, wie sie sich bei Erlaß der kaiserlichen Botschaft in Deutschland darstellte. Die kurzen Ausführungen lassen erkennen, daß eine Umwälzung auf allen Gebieten des sozialen Lebens eingetreten war, die gebieterisch zu gesetzgebenden Maßnahmen zum Schutze der wirtschaftlich schwachen Bevölkerungskreise, also insbesondere der Arbeitnehmerkreise, zwang.

Die Aufgaben, die der Sozialversicherungsgesetzgebung vorbehalten sein sollten, zeichneten sich in der erwähnten kaiserlichen Botschaft bereits ab, wenn es darin heißt: „Die Heilung der sozialen Schäden soll auf dem Wege der positiven Förderung des Wohles der Arbeiter gesucht werden. Dem Vaterlande sollen neue dauernde Bürgschaften seines inneren Friedens und den Hilfsbedürftigen größere Sicherheit und Ergiebigkeit des Beistandes, auf den sie Anspruch haben, gegeben werden." Um dieses Ziel zu erreichen, wurden angekündigt das Gesetz über die Versicherung der Arbeiter gegen Betriebsunfälle, eine Vorlage über die gleichmäßige Organisation des gewerblichen Krankenkassenwesens und schließlich ein Gesetz, das den durch Alter und Invalidität erwerbsunfähig gewordenen Arbeitnehmern gegenüber der Gesamtheit einen begründeten Anspruch auf ein höheres Maß staatlicher Fürsorge gibt.

In Auswirkung dieser Botschaft entstanden nun nacheinander die grundlegenden Gesetze der Sozialversicherung, und zwar 1883 Krankenversicherung, 1884 Unfallversicherung, Gesetz für die Industrie, 1886 Unfall- und Krankenversicherung in der Landwirtschaft, 1887 Gesetz über die Unfallversicherung im Baugewerbe, 1887 Gesetz über Unfallversicherung der Seeleute, 1889 Invaliditäts- und Altersversicherung. Im Jahre 1911 wurde dann das Angestelltenversicherungsgesetz geschaffen. Im Jahre 1923 wurde die knappschaftliche Versicherung im Reichs-Knappschafts-Gesetz zusammengefaßt. Im Jahre 1927 wurde das Arbeitslosenversicherungsgesetz erlassen, das jedoch nicht Gegenstand des heutigen Referats sein soll.

Die Aufgaben, die in den verschiedenen Sozialversicherungsgesetzen verankert sind, haben, mögen die Leistungen im einzelnen verschieden sein, doch einen gemeinsamen Grund. Sie knüpfen an die Tatsache einer Arbeitsleistung an. Das höchste Gut des arbeitenden Menschen, seine Arbeitskraft, soll erhalten bleiben und, sofern dies nicht mehr möglich ist, soll für den Verlust der Arbeitskraft eine Entschädigung gewährt werden. Nach einem Leben der Arbeit soll der Arbeitnehmer an seinem Lebensabend durch eine Altersrente vor Not geschützt sein. In zahlreichen Ergänzungsgesetzen sind diese Aufgabengebiete fortentwickelt worden. Darüber hinaus hat aber die Sozialversicherung noch bedeutende andere Aufgaben zu erfüllen, die mit fortschreitender Erfahrung immer mehr in den Vordergrund traten.

Die Träger der Invaliden-, Kranken- und Angestelltenversicherung haben nicht nur die Aufgabe, Krankheiten zu heilen, sondern können auch Mittel aufwenden, Krankheiten zu verhüten. Sie können Maßnahmen ergreifen, die geeignet sind, den vorzeitigen Eintritt der Invalidität oder Berufsunfähigkeit zu verhindern oder eine allgemeine Besserung der Gesundheitsverhältnisse der versicherten Bevölkerung herbeizuführen.

Die Träger der Unfallversicherung haben die besondere Aufgabe, Maßnahmen zur Verhütung von Unfällen zu treffen und die dieserhalb erlassenen Vorschriften zu überwachen.

Die Aufgaben, die von der Sozialversicherung zu erfüllen sind, sind im Urgrund ethischen Charakters. Sie entsprechen nach den Motiven zum ersten Entwurf eines deutschen Sozialversicherungsgesetzes, des Gesetzes zur Unfallversicherung, der Auffassung Bismarcks, daß die Bekämpfung der sozialen Mißstände durch eine Sozialversicherungsgesetzgebung für den modernen Staat zunächst eine Pflicht der Humanität und des Christentums sei; dann sei sie aber auch notwendig aus Gründen der Staatsraison, die das Ziel zu verfolgen habe, auch in den besitzlosen Klassen der Volksteile, welche zugleich die zahlreichsten und am wenigsten unterrichteten sind, die Anschauung zu pflegen, daß der Staat nicht nur eine notwendige, sondern auch eine wohltätige Einrichtung sei.

Die Beweggründe, die zur Sozialversicherungsgesetzgebung geführt haben, waren somit im Kern gut, mag man sie heute auch zum Teil von anderen Gesichtspunkten aus betrachten. Sie sind auch heute noch gut.

Wenn wir nun die Frage aufwerfen, ob nun die Sozialversicherung ihre Aufgabe erfüllt habe, so können wir diese Frage nicht restlos bejahen. Wir dürfen aber nicht in den Fehler vieler Kritiker verfallen, die nicht nur jegliche Erfolge der Sozialversicherung verneinen, sondern auch einen völligen Niedergang der sittlichen Auffassung aller beteiligten Kreise glauben feststellen zu müssen. Unzweifelhaft hat sich durch die Maßnahmen der Sozialversicherung die Volksgesundheit gehoben, steht die Unfallverhütung auf hoher Stufe und ist manche Not gemildert worden. Was wäre, rein staatspolitisch betrachtet, aus der durch den Krieg zermürbten Bevölkerung geworden, wenn wir, besonders in den schlimmsten Notzeiten, keine Sozialversicherung gehabt hätten! Wenn es zum Niederbruch der Sozialversicherung gekommen ist, dann tragen der Geist der Zeit, die herrschenden Ideen, die die Gesellschaft, den Staat und die Wirtschaft gestaltet haben, die Schuld daran. Dieser Geist war der des Liberalismus mit seinen individualistischen Tendenzen der Ich-Sucht und außerdem besonders in der Nachkriegszeit der Geist der parlamentarischen

Demokratie. Der Geist der Ich-Sucht hat den Charakter der Menschen verdorben, hat ihn vergessen lassen, daß die Sozialversicherung eine Selbsthilfeeinrichtung [ist], an deren Erhaltung jeder Versicherte mitverantwortlich ist, die nur dann bestehen kann, wenn nicht jeder einzelne mehr aus ihr herausholen will, als er selbst hineingegeben hat, daß nicht jede belanglose Unpäßlichkeit, sondern nur die größeren Schäden, die der einzelne nicht allein hätte tragen können, durch solidarisches Eintreten der Gesamtheit der Versicherten abgegolten werden können und daß die Sozialversicherung keine allgemeine Versorgungsanstalt sein kann. Dieser Geist beherrschte nicht nur die Versicherten, sondern auch viele Beteiligten, die irgendwo an der Sozialversicherung verdienen konnten, mancher Arzt nicht ausgenommen. Das schlimmste Verhängnis aber war es, daß die politischen Parteien sich der Sozialversicherung als eines willkommenen Kampfobjektes bemächtigten und dadurch, anstatt klassenversöhnend zu wirken, wie es Bismarck wollte, das Gegenteil eintrat, nämlich Klassenkampf stärkster Art. Die Sozialversicherung wurde im Parlament zum Kuhhandelsobjekt. Wir wollen aber gerechterweise zugeben, daß Krieg und Inflation den Zusammenbruch beschleunigten, daß allerdings auch die maßgebenden Regierungskreise sich über die wirkliche Lage unserer Wirtschaft getäuscht und unsere Leistungsfähigkeit auf dem Gebiete der Sozialversicherung überschätzt haben. Auf nähere Einzelheiten kann ich nicht eingehen. Wenn wir jedoch aus allem die Lehre ziehen wollen, wie der nationalsozialistische Staat die Aufgaben der Sozialversicherung anders auffassen muß, können wir meines Erachtens an den Ursachen des Versagens der Sozialversicherung, als deren wichtiges Gebiet oben ihre Aufgaben anzusehen sind, nicht vorbeigehen.

Ich habe bisher versucht zu zeigen, daß die Beweggründe der modernen Sozialpolitik im allgemeinen und die der Sozialversicherung im besonderen, nicht nur in wirtschaftlichen, sondern auch in geistigen Umwälzungen zu suchen waren. Die Aufgaben, die sich die Sozialversicherung bisher gestellt hatte, konnten natürlich nur im Rahmen der bisher geltenden Weltanschauung gelöst werden.

Der nationalsozialistische Staat wird und muß die Aufgaben der Sozialversicherung mit neuem Geiste erfüllen. Rein äußerlich betrachtet sind die Aufgaben, die den bisherigen Kern der Sozialversicherung ausmachen, im allgemeinen die gleichen. Wichtiger aber ist, daß der Geist der nationalsozialistischen Weltanschauung in der Gesetzgebung, in Rechtsprechung und in den ausführenden Organen der Verwaltung zum Ausdruck zu kommen hat. Nicht zuletzt muß aber auch der Geist derjenigen, für die überhaupt die Sozialversicherung geschaffen ist, im nationalsozialistischen Sinne gewandelt werden. Es wird also im wesentlichen Aufgabe der Erziehung der Beteiligten sein, ob künftig die Aufgaben der Sozialversicherung besser als bisher erfüllt werden können.

Gemeinnutz geht vor Eigennutz. Dieser fundamentale Grundsatz des Nationalsozialismus muß auch in der gesamten Sozialversicherung zur Geltung kommen. Die Nation, überwiegend verkörpert durch ihre arbeitenden Volksgenossen, muß gesund bleiben an Leib und Seele. Daß dies geschieht, erfordert das Lebensinteresse des gesamten Volkes. Nicht für den einzelnen ist die Sozialversicherung geschaffen worden, sondern für die Erhaltung der Arbeitskräfte und des inneren Friedens des gesamten arbeitenden Volkes. Deshalb wird die Sozialversicherung noch mehr als bisher nicht nur Krankheiten heilen, sondern durch entsprechende Maßnahmen Krankheiten und Unfälle verhüten müssen. Da der Arbeitnehmer den Lohn für seine Arbeit nicht nur für sich allein verbrauchen kann, sondern dieser Lohn auch für den Unterhalt der Familie bestimmt ist, wird auch künftig die Familie an den segensreichen Einrichtungen der Sozialversicherung teilnehmen müssen. Das Gebiet der Sozialversicherung wird in hervorragender Weise dazu herangezogen werden können, die bevölkerungs- und rassepolitischen Bestrebungen des Staates zu unterstützen, und wird dies im Gesetz festlegen müssen.

Die Schöpfer der Sozialversicherung erhofften durch die Einführung der Sozialversicherung unter anderem auch einen Ausgleich der zwischen den verschiedenen Klassen eingetretenen Spannungen, also eine Klassenversöhnung. Diesen Ausgleich hat die Sozialversicherung, wie ich bereits ausführte, nicht erreicht. Der Nationalsozialismus hat ihn auf anderen Wegen erreicht, wobei ich nur an die SA, an Arbeitsdienst, die Arbeitsfront, die Organisation Kraft durch Freude, das Gesetz zur Ordnung der nationalen Arbeit und manches andere mehr erinnern möchte. Diese Aufgaben der Klassenversöhnung werden also auf anderen Gebieten bereits wirksam erfüllt und noch weitere aufgebaut werden. Gleichwohl möchte ich auch diesen Punkt als künftiges Aufgabengebiet der Sozialversicherung nicht missen. Es muß aus dem Gesamtinhalt des Gesetzes erkennbar sein.

Zum Schluß möchte ich die Aufgaben der Sozialversicherung wie folgt zusammenfassen:

In der *Invaliden- und Angestelltenversicherung* Gewährung einer ausreichenden Rente, wenn durch Invalidität Verlust der Arbeitskraft eingetreten ist. Bei Eintritt des Todes des Ernährers eine ausreichende Hinterbliebenen-Versorgung.

In der *Krankenversicherung* Heilbehandlung und Sachleistungen bis zur Wiederherstellung der Gesundheit oder Eintritt eines Dauerzustandes oder, wenn es nicht anders sein kann, bis zum Tode Sterbegeld. Die Heilbehandlung muß nach Gesichtspunkten erfolgen, die den Kranken und den Ärzten ihre Würde lassen. Sie muß zweckentsprechend sein und darf mit Rücksicht auf die Interessen der Gesamtheit der Versicherten die Grenzen des Notwendigen nicht überschreiten. Zwischen Arzt und Kranken muß wieder ein Vertrauensverhältnis hergestellt werden. Die Fortschritte der medizinischen Wissenschaft müssen auch den Sozialversicherten zugute kommen.

In der *Unfallversicherung* Gewährung einer Rente für völligen oder teilweisen Verlust der Arbeitskraft. Die sogenannten Berufskrankheiten müssen auch weiterhin begrifflich als Unfallfolgen behandelt werden, ihre weitere Erforschung ist fortzusetzen. Der Unfallversicherung ist weiterhin besonderes Augenmerk zu schenken, ebenso der Berufsumschulung.

Die schwere Arbeit unter Tage im Bergbau ist besonders zu bewerten, weil sie zu einem früheren Verbrauch der Arbeitskraft führt. - Allgemein muß auch der vorbeugenden Gesundheitspflege besondere Aufmerksamkeit geschenkt werden.

Vorsitzender Brucker: Ich danke Ihnen, Parteigenosse Grützemann, und stelle diese Berichte zur Erörterung. Ich bitte um Wortmeldungen! - Dann gestatten Sie mir, daß ich nur einige Worte zu den beiden Referaten sage.

Aufgabe der neuen Sozialversicherung muß es sein, die Leistungen lückenlos zu gestalten, damit der Zustand, der seither bestand, beseitigt wird, daß nämlich zwischen den Leistungen der einzelnen Versicherungsträger eine gewisse Pause war, die den Versicherten außerordentlich beunruhigte, die auch den Heilungsprozeß hinausschob, ja sogar den Versicherten dann erst invalide machte. Dieser Zustand muß beseitigt werden. Das ist wohl etwas ganz Wichtiges für die neue Ordnung.

In zweiter Linie muß dann ein besserer Schutz der Familie eintreten. Das ist ja hier auch zum Ausdruck gekommen. Es muß darauf gesehen werden, daß Mutter und Kind anders geschützt sind, als es seither der Fall war. Die seitherige Leistung der Familienhilfe genügt bei weitem nicht. Auch die Leistungen der Wochenhilfe sind zum Teil lückenhaft gewesen. Es darf unter keinen Umständen mehr vorkommen, daß leistungsschwache Versicherungsträger, wie es bei der Landwirtschaft war, bei den Landkrankenkassen einfach gesetzwidrig hergehen und die Wochenhilfeleistungen nicht oder nicht in vollem Umfange gewähren. Das war ein außerordentlich trübes Kapitel der letzten Jahre und ist häufiger vorgekommen, als es allgemein bekannt ist. Die Landkrankenkassen haben sich einfach geweigert, die vollen Leistungen zu gewähren. Gewisse Landkrankenkassen, die gut geleitet waren, kannten das nicht. Und so ist der ländlichen Bevölkerung nicht der Schutz gewährt worden, der insbesondere dort notwendig war, vielleicht manchmal noch notwendiger war als bei der Industriearbeiterschaft. Ein gesundes Geschlecht wollen wir in Zukunft haben. Deshalb muß der Schutz der Familie durch die Sozialversicherung in Zukunft ein besserer sein.

Als drittes muß dann die Vorbeugung von Krankheiten besser ausgestaltet sein. Auch die seitherige Vorbeugung genügt nicht. Wir sehen es ja in diesem glänzenden Vorgehen der Landesversicherungsanstalt Hannover. Ich bin davon auch längst unterrichtet. Die Landesversicherungsanstalt Hannover mit ihrem nationalsozialistischen Präsidenten hat hier ganz neue Wege beschritten, hat da eingesetzt, wo es tatsächlich notwendig ist. Dieses Vorgehen ist durchaus nationalsozialistisch und von uns sehr zu begrüßen.

Wir wollen nicht mehr in erster Linie den erbungesunden Menschen in der Sozialversicherung fördern. Selbstverständlich müssen wir für ihn sorgen; das ist klar. Aber wir werden nicht mehr das Hauptaugenmerk und Hauptgewicht auf die Fürsorge dieser Menschen legen, sondern wir werden den erbgesunden Menschen in den Vordergrund rücken und ihm alles das gewähren, was unbedingt notwendig ist, um zukünftig ein gesundes Geschlecht zu erzielen.

Eine besondere Hilfe in der Sozialversicherung wird in Zukunft auch das Gesetz zur Ordnung der nationalen Arbeit bieten. Ich möchte hier das ganz besonders unterstreichen, was der § 2 dieses Gesetzes sagt, nämlich daß der Betriebsführer in Zukunft verpflichtet ist, für das Wohl der Gefolgschaft zu sorgen. Ich sehe darin eine zusätzliche Maßnahme, und zwar eine äußerst wichtige Maßnahme; denn der Betriebsführer wird in Zukunft sich nicht mehr nur noch auf die Sozialversicherung verlassen dürfen, er wird sich seiner Gefolgschaft auch in diesen Dingen zusätzlich annehmen müssen. Er wird vor allen Dingen dafür zu sorgen haben, daß die Menschen anders und besser wohnen. Er wird ihnen in der Gewährung eines ausreichenden und wirklichen Urlaubs behilflich sein müssen. Er wird auch dafür Sorge zu tragen haben - und das ist sehr notwendig -, daß die Arbeitsstätten in Zukunft gesünder sind. Das wird ein sehr wertvolles Instrument sein, um zukünftig die Sozialversicherung in vielen Dingen besser auszugestalten oder zu ergänzen.

Die Aufgabe der Sozialversicherung ist also, die Gesundheit und damit die Arbeitskraft wiederherzustellen und sie zu erhalten. Das ist wohl die Kernfrage der Sozialversicherung. Ich möchte nicht, wie Parteigenosse Grützemann das eben getan hat, zu sehr herausstellen, daß durch die Sozialversicherung, wie das seinerzeit Bismarck oder seine Beamten in den Vordergrund rückten, der soziale Friede hergestellt werden könne. Nein, meine Herren, die Sozialversicherung ist kein Instrument gewesen, den sozialen Frieden herzustellen und die Klassenunterschiede zu beseitigen. Das haben wir ganz deutlich in der Entwicklung gesehen. Das wird sie auch in Zukunft nicht sein können. Sie wird kein Instrument sein, um die soziale Unzufriedenheit zu vermeiden. Ich stehe auf dem Standpunkt, daß die Sozialversicherung andere Aufgaben hat und daß die heutigen nationalsozialistischen Maßnahmen auf anderen Gebieten, z.B. durch Ordnung der nationalen Arbeit vielmehr und vielleicht überhaupt allein in der Lage sind, den sozialen Frieden herzustellen. Ich kann nicht daran glauben, daß die Sozialversicherung in Zukunft das erreichen wird, was hier Bismarck wollte. Und wenn die nationalsozialistische Gesetzgebung auf dem Wege fortfährt, den sie mit diesem grundlegenden Gesetz beschritten hat, dann bin ich überzeugt, daß man von der Sozialversicherung absolut nicht mehr eine derartige Wirkung erwarten muß.

Meine Damen und Herren! Dann kommen wir zur zweiten Aufgabe heute, nämlich zu dem organischen Aufbau der Sozialversicherung. Ehe wir Herrn Parteigenossen Dr. Kaiser berichten lassen - er muß ja nun heute allein berichten, weil Herr Dr. Kilian abwesend ist -, möchte ich Herrn Prof. Dr. Richter bitten, zuerst einmal ganz kurz über diesen Vorschlag zu sprechen, der hier gemacht worden ist.

Professor Dr. Lutz Richter: Meine Damen und Herren! Es liegt eine Denkschrift von einem mittleren Beamten vor. Wie ich annehme, ist er irgendwo in der sozialen Verwaltung tätig. Jedenfalls spricht aus seiner Denkschrift ein sehr guter Einblick in diese Dinge, wenn auch einiges, wie mir scheint, rein nach der juristischen Seite nicht ganz richtig gesehen ist.

Ich kann mich bei dem Vortrag des Inhalts dieser Denkschrift sehr kurz fassen, weil sie alles in allem nicht sehr viel grundlegend Neues enthält. Sie ist mehr eine Zusammenfassung dessen, was uns ja schon bekannt ist.

Der Verfasser dieser Denkschrift unterstreicht sehr stark, daß die Sozialversicherung viel zu sehr im Volke verwurzelt ist, als das man sie zerschlagen könnte. Er entscheidet sich im großen Ganzen für eine konservative Behandlung der Sozialversicherung. Er will das vorhandene Gesetzeswerk umbauen, er will die dabei aufgetauchten Fehler reformieren. Aber er will im großen und ganzen doch an den Grundlagen der bisherigen Sozialversicherung festhalten.

Er kommt dann zu einer Reihe von Forderungen, die so deutlich formuliert sind, daß ich glaube, am besten zu tun, wenn ich sie Ihnen einmal vorlese.

Es heißt da:

Folgende Punkte dürften im Vordergrund einer Reform stehen:

A. Die Versicherungsansprüche müssen gewährleistet sein.

B. Soziale Ungerechtigkeiten müssen beseitigt, die Leistungen zum Teil verbessert werden.

C. Die betrügerische Ausnutzung der Sozialversicherungseinrichtungen muß möglichst ausgeschlossen werden, die Versicherten müssen eng an die Sozialversicherungsträger herangezogen werden.

D. Zwischen gleichartigen schwachen und leistungsfähigen Versicherungsträgern muß ein Lastenausgleich angestrebt werden.

E. Es sind möglichst scharf umrissene Versicherungsgrenzen festzulegen.

F. Die Auseinandersetzung der Versicherungsträger untereinander ist klarer und einfacher zu gestalten.

G. Die Entwicklung einer Reihe von Sozialversicherungsträgern zum Selbstzweck muß beseitigt werden.

H. Die Sozialabgaben müssen gemindert werden.

I. Eine Neuorganisation der reichsgesetzlichen Versicherungsträger ist anzustreben.

Diese Forderungen sind ja zum größten Teil ohne weiteres einleuchtend und sprechen für sich selbst. Sie werden von dem Verfasser dann noch ziemlich ausführlich erläutert. Ich möchte mich dabei ganz kurz fassen und vortragen, was der Verfasser zu den einzelnen Punkten sagt:

Der *erste Punkt* war die Gewährleistung der Versicherungsansprüche. Dabei wird gesagt, daß die Beitragszahlung die wirtschaftliche Sicherstellung im Falle der Arbeitsunfähigkeit bezweckt. Dem Verfasser schwebt hier offenbar hauptsächlich die Rentenversicherung vor. Er wendet sich nun dagegen, daß durch die Notverordnungsregelung der letzten Jahre die Renten gekürzt worden sind und daß Anrechnungen von Leistungen des einen Versicherungszweiges auf die des anderen vorgenommen worden sind. Mir scheint nun allerdings, daß gerade diese Gedankengänge einen ziemlich ausgeprägten individualistischen Charakter haben, daß der Verfasser sich das eben doch schließlich in der Sozialversicherung so vorstellt, wie es vielleicht in der Privatversicherung berechtigt ist, und sagt: Ich habe durch meine Beiträge oder Prämien mir dieses Recht erkauft und muß nun unbedingt darauf bestehen, daß mir dieses Recht auch gegebenenfalls voll gewährt wird. Allerdings hat der Verfasser wohl Recht, wenn er sagt: Wo bleibt unter diesen Verhältnissen, die die Notverordnungen herbeigeführt haben, das Vertrauen der Versicherten zur Invalidenversicherung?

Dann kommt ein Satz, der allerdings wieder etwas zweifelhaft ist: Wenn ein Versicherungsträger die gesetzlichen Leistungen nicht mehr gewährleisten kann, so sollte doch wenigstens versucht werden, ob nicht andere gesetzliche Leistungen zurückgeschraubt werden könnten. Ich glaube nicht, daß diese Methode zu irgendeinem allgemein befriedigenden Ergebnis führen kann. Das erinnert mich an das Gebet: heiliger Florian, schütz´ unser Haus, zünd´ andere an!

Dann bewegt sich der Verfasser in einem offenen Irrtum, wenn er davon spricht, daß in der Krankenversicherung der § 310 der Reichsversicherungsordnung geeignet ist, die Leute nicht zu ihrem vollen Rechte kommen zu lassen, daß nämlich die Krankheiten, die beim Eintritt schon bestehen, nicht mit Leistungen abgegolten werden. Da liegt der Irrtum darin, daß dieser § 310 sich ja nur auf die freiwillig Versicherten bezieht. Für die Pflichtversicherten wissen wir ja, daß es gerade ein Charakteristikum der sozialen Krankenversicherung ist, daß sie auch schon eingetretene Versicherungsfälle mit Leistungen bedenkt. Insofern brauchen wir auf diese Gedankengänge des Verfassers nicht einzugehen.

Der *zweite Punkt* war die Beseitigung sozialer Ungerechtigkeiten und das Bedürfnis, zum Teil die Leistungen zu verbessern. Soziale Ungerechtigkeiten müssen beseitigt werden; und diese sozialen Ungerechtigkeiten findet der Verfasser hauptsächlich bei den Krankenkassen darin, daß der Grundlohn verschieden bemessen ist. Hier scheint er sich nun wieder in ganz schiefen Gedankengängen zu bewegen. Er sagt nämlich: Der Grundlohn schwankt zwischen 2 RM bei einigen Landkrankenkassen und 10 RM bei den Ortskrankenkassen größerer Städte. Auch das ist ja nicht richtig. Nicht die Kasse hat einen Grundlohn, sondern jede Kasse hat abgestufte Grundlöhne. Vielleicht ist die Obergrenze tiefer gelegen als die 10 RM, die das Gesetz zuläßt. Daß in dieser niedrigen Bemessung des Grundlohns Ungerechtigkeiten liegen - ja, das führt, wenn man es dann auf das Richtige zurückbezieht, doch zu folgender Problematik: Sollen allen Versicherten schlechthin gleiche Leistungen gewährt werden ohne Rücksicht auf ihre Beiträge, ohne Rücksicht demgemäß auf ihr Arbeitseinkommen, ihre ganze soziale Lebensstellung oder soll man, wie es die Sozialversicherung bisher im wesentlichen tut, die Leistungen abstufen nach den Beiträgen und damit auch nach dem individuellen Bedarf und der individuellen Lebensstellung? Nun führt die Sozialversicherung den letzteren Grundsatz ja ohnehin nicht restlos durch, nämlich die Sachleistungen, insbesondere die Arzthilfe, werden ja gewährt in dem vollen Ausmaß, der für den einzelnen Fall paßt. Da wird nicht gefragt, bist du ein Niedrig- oder Hochverdiener. Es wird dann weiter für die Unfallversicherung, und zwar für die landwirtschaftliche, angeführt, daß da die Bestimmung für die Rentenbemessung keinen Unterschied zwischen dem Unternehmer des größten landwirtschaftlichen Betriebes und dem Unternehmer eines kleineren oder mittleren Betriebes mache. Hier spricht der Verfasser sich nun plötzlich für die Differenzierung der Leistungen aus, während er bei der Krankenversicherung gegen jede Differenzierung zu sein scheint. Es fehlt da etwas an der grundsätzlichen Klarheit. Im übrigen glaube ich, daß jedenfalls aus dem Gesetz heraus auch die landwirtschaftliche Unfallversicherung ihre Leistungen sehr wohl nach der Art des Versicherungsfalles, nach der sozialen Lage des von dem Versicherungsfall Betroffenen abstuft. Ob das in der Durchführung manchmal nicht ganz stimmt, das kann ich von meiner Situation aus natürlich sehr schwer nachprüfen.

Weiter heißt es *unter B 2*, daß die Leistungen zum Teil verbessert werden müssen. Der Verfasser findet vor allem Haus- und Familiengeld viel zu niedrig. Damit hat er bis zu einem gewissen Grade recht, ebenso wenn er die Höhe der Hinterbliebenenrente aus der Unfallversicherung für vielfach zu gering ansieht. Aber ein bedenklicher Punkt wird wieder berührt, wenn es heißt, es soll ein höherer Satz, und zwar für die Hinterbliebenen mit 40 RM monatlich, gewährt werden, denn verhältnismäßig sind immer nur wenige Todesfälle zu entschädigen. Die Versicherungsträger werden dadurch nicht arm. *(Heiterkeit.)* Das halte ich nun wieder einmal - das ist ja mein Steckenpferd von Anfang an in unseren Beratungen gewesen - für etwas ganz Bedenkliches zu sagen: wir wollen es nur geben. Das mag im Einzelfalle nicht viel ausmachen. Aber es multipliziert sich doch; und schließlich kann Geld nur ausgegeben werden, wenn es eingenommen worden ist. Der Verfasser sagt selber, daß die sozialen Lasten vermindert werden sollen. Ja, da muß eben erst noch eine ganz eigentümliche Gelderzeugungsmaschine erfunden werden! *(Heiterkeit.)*

Unter C kommt die betrügerische Ausnutzung, die möglichst ausgeschlossen werden soll. Dabei schweben dem Verfasser einmal erhebliche Strafen vor, und zwar soll diese erhebliche Strafe vor allem bei der Unfallversicherung Anwendung finden. Bei der Krankenversicherung kommt er auf den Vorschlag der sogenannten Prämienrückgewähr zurück, über die wir uns ja neulich schon unterhalten haben.

Und schließlich ist die Rede von der moralischen Seite der Sache, die ja ganz bestimmt nicht vernachlässigt werden darf. Eine immer wiederkehrende Aufforderung an den Kreis der Versicherten, an dem Wohl und Wehe der Versicherungsträger mitzuwirken, soll ergehen. Das halte auch ich für wünschenswert. Nur scheint mir, daß die bloße, ich möchte sagen, papierne Aufforderung auch nicht allzuviel nützt, sondern wirksamer wird das wohl, wenn es gelingt, auf eine vernünftige Weise die Versicherten selbst in die Arbeit der Versicherung einzuschalten.

D. Lastenausgleich zwischen gleichartigen schwachen und leistungsfähigen Versicherungsträgern! Dabei kommt er dazu, eine einheitliche Krankenkasse für räumlich größere Gebiete zu fordern, und weiter eine Verschmelzung der vielen verschiedenartigen Berufsgenossenschaften.

E. Möglichst *scharf umrissene Versicherungsgrenzen* festzulegen. Es sei in der Unfallversicherung durch die Gesetze der letzten Vergangenheit der Kreis der versicherten Betriebe und Tätigkeiten viel zu weit gezogen. Es sei zu beanstanden, daß der Weg von und nach der Arbeitsstätte in die Unfallversicherung einbezogen ist - ein Punkt, in dem ich mit dem Verfasser weitgehend übereinstimme. Sehr umstritten sei die Frage der Behandlung von Gesundheitsdienst und Wohlfahrtspflege als neuerdings unfallversicherungspflichtige Betriebe. Dabei stößt sich der Verfasser besonders daran, daß hier nun eine Versicherungspflicht auch besteht für Angehörige der besseren Gesellschaftsklassen *(Heiterkeit.)*. „Wenn beispielsweise ein Kreiskommunalarzt angeblich auf Grund eines Versicherungsfalls neben seinem sehr hohen Gehalt noch eine Rente von etwa 400 RM bezieht, so fragt man nach dem Sinn der reichsgesetzlichen Unfallversicherung." Nun, in dem einzelnen Fall mag das gewiß einmal verblüffend sein. Aber man darf, glaube ich, nicht zu sehr vom Einzelfall aus argumentieren.

Es wird weiter verlangt, daß die Versicherungsgrenzen nach dem Einkommen gezogen werden. Und es wird weiter gefragt, ob bei der Wochenfürsorge das richtige Maß gehalten worden ist. Für Mutterschutz und Bevölkerungspolitik kämen wohl mehr andere Maßnahmen in Frage. Praktisch sehe es so aus, daß die ehelichen Mütter von der Wochenfürsorge verhältnismäßig wenig hätten, daß aber insbesondere die unverheirateten Mitglieder - das sind also die außerehelichen Mütter - den Nutzen von der Wochenfürsorge hätten. Hingegen fehle es an einer Hilfe für die Ehefrau kleiner Gewerbetreibender und kleiner Beamten und Angestellter. Auch das scheint mir nicht ganz zutreffend, da wir hier zwar keine Versicherung für Wochenhilfe, aber eine besonders ausgebaute Wochenfürsorge haben. Und bei den Beamten wird ja außerdem hauptsächlich auf dem Wege der Dienstpragmatik einigermaßen wenigstens geholfen.

Dann ist die Rede von der *Auseinandersetzung der Ersatzansprüche der Versicherungsträger untereinander*; die Ersatzansprüche wären zu kompliziert, machten zuviel Verwaltungsarbeit, es sei eine scharfe Abgrenzung der Leistungspflichten der verschiedenen Versicherungsträger notwendig. Dazu macht der Verfasser dann Vorschläge im einzelnen, die mir nicht ganz neu zu sein scheinen, die im wesentlichen vielmehr darauf hinauslaufen, zurückzukehren zu der alten Abgrenzung zwischen Kranken- und Unfallversicherung, wie sie vor der Novelle, ich glaube, von 1927 bestanden hat.

Weiter müßte beseitigt werden die Entwicklung einer Reihe von Sozialversicherungsträgern zum Selbstzweck; es bestehen Überorganisationen, es würde zuviel veröffentlicht, Statistiken usw. *(Heiterkeit.)* Ich glaube, mit dieser Kritik hat der Verfasser in sehr erheblichem Maße Recht.

Es ist ja überhaupt die Gefahr aller Organisationen, daß sie sehr leicht zum Selbstzweck werden oder, wenn man der Sache näher auf den Leib rückt, zum Zweck derer werden, die in diesen Organisationen eben zu organisieren haben und die daraus ihre eigene Existenz bestreiten.

Dann müssen die *Sozialabgaben gemindert* werden. Der Verfasser weist auf die hohen Verwaltungskosten hin. Daran ist sehr vieles richtig. Nur glaube ich nicht, daß man durch eine Reduktion der Verwaltungskosten allein die Sozialversicherung so weit reformieren kann, daß die Beiträge wesentlich niedriger werden.

Zutreffend scheint es ja zu sein, wenn der Verfasser von gewissen Etatsverschleierungen spricht, wodurch Kosten, die in Wahrheit Verwaltungskosten sind, dann als Kosten für sachliche Sonderzwecke erscheinen.

Und endlich macht der Verfasser einen ziemlich weit ausholenden Vorschlag für die Neuorganisation. Er will im wesentlichen auf eine Gebietseinteilung zukommen. Dabei will er 30 hauptsächliche Versicherungsträger für das ganze Reich bilden. Ein Teil der Vorschläge ist übrigens überholt, z.B. hinsichtlich der sogenannten Spitzenverbände. Die Denkschrift ist ja schon ein paar Monate oder fast ein Jahr alt.

Es soll alles, was den kranken Versicherten angeht, den Krankenkassen überwiesen werden. Die Landesversicherungsanstalten sollen sich auf die Rentenversicherung beschränken. Auch die Organisation der Unfallversicherung soll ganz wesentlich vereinfacht werden. Auch hier soll das Territorialprinzip angenommen werden. Dadurch würden insbesondere auch Streitigkeiten über die Zugehörigkeit der einzelnen Betriebe zu den Genossenschaften abgeschnitten werden. Es sollen schließlich den Landesversicherungsanstalten Abteilungen für Unfallversicherung, und zwar getrennt für gewerbliche, landwirtschaftliche und gemeindliche Unfallversicherung, angegliedert werden.

Die Invalidenversicherung soll insofern umorganisiert werden, als sich die Landesversicherungsanstalt auf die Rentenleistungen beschränken soll, die Leistungen für Heilverfahren und derartiges; also auch das, was jetzt in Hannover gemacht ist, sei lediglich Sache der Krankenkassen.

Es ergibt sich folgendes Schlußbild der Organisation: Nach den vorangegangenen Ausführungen ist für einen Gebietsumfang, den die Landesversicherungsanstalten heute haben, vorgeschlagen worden: anstelle sämtlicher Krankenkassen die Landeskrankenkasse als Träger der Krankenversicherung, anstelle der vielen Berufsgenossenschaften eine einzige gewerbliche Berufsgenossenschaft einzurichten. Es würden sich dann neben den 30 Landesversicherungsanstalten 30 Landeskrankenkassen und 30 gewerbliche Unfallversicherungsträger ergeben. Diese drei großen Versicherungsträger, von denen der Unfallversicherungsträger, wie ja schon erwähnt, 3 Unterabteilungen hätte, würden dann zusammenzuschließen sein zu einem Landessozialamt. Wieweit der Zusammenschluß gehen soll, ob es eine gänzliche Verschmelzung oder nur ein Zusammenarbeiten sein soll, das ist nicht ersichtlich. Es wird die Frage aufgeworfen, ob man neben diesen drei anderen Versicherungsträgern innerhalb des Landessozialamtes nicht auch noch das Landesarbeitsamt einfügen könnte.

Ich glaube, das ist der wesentliche Inhalt dieser Denkschrift. Ich hoffe, daß ich dem Verfasser gerecht geworden bin, wenn ich mir auch erlaubt habe, gleich einige kritische Bemerkungen anzufügen.

Vorsitzender Brucker: Ich danke Ihnen, Herr Professor, für die Untersuchung und Darstellung dieser Dinge. Ich darf vielleicht den Herrn Parteigenossen Grützemann bitten, da es sich um einen Herrn aus Münster handelt, dem Herrn Bescheid zu geben, was wir von der Sache halten. Einige Punkte, besonders die letzten hinsichtlich der Organisation, sind beachtenswert; sonst sind aber, wie üblich, außerordentliche Unrichtigkeiten darin enthalten und falsche Schlüsse gezogen worden, wie wir das ja bei hunderten von solchen Vorschlägen seither gesehen haben.

Wir kommen zum zweiten Punkt der Tagesordnung, und ich möchte Herrn Parteigenossen Dr. Kaiser bitten, hierüber zu berichten.

Organischer Aufbau der Sozialversicherung

Berichterstatter Dr. med. Kaiser: In Vertretung von Parteigenossen Dr. Kilian will ich Ihnen das Referat über den organischen Aufbau der Sozialversicherung halten.

Wir haben vom Parteigenossen Grützemann gehört, wie die deutsche Sozialversicherung historisch gewachsen ist. Und wenn wir sie uns ansehen, dann bemerken wir auch deutlich, wie ein Versicherungszweig nach dem anderen herangekleckert worden ist, wie unsere deutsche Sozialversicherung noch des einheitlichen Aussehens entbehrt, wie sie zersplittert und zerfahren vor uns steht. Es fehlt offenbar die ordnende Hand, die imstande ist, diese zersplitterte Sozialversicherung in ein einheitliches Gebilde zu überführen.

Wir haben in der heutigen Sozialversicherung folgende verschiedene Versicherungszweige: die Krankenversicherung, Invalidenversicherung, Angestelltenversicherung, Unfallversicherung, knappschaftliche Pensionsversicherung und Arbeitslosenversicherung. Von der letzteren sehen wir einmal ab, da sie hier nicht zur Erörterung stehen soll.

Die Unfallversicherung teilt sich wiederum in drei Gruppen, die gewerbliche Unfallversicherung, die landwirtschaftliche Unfallversicherung und die Seeunfallversicherung.

Auch die knappschaftliche Pensionsversicherung ist wieder in zwei Abteilungen geteilt, in eine für die Arbeiter und in eine für die Angestellten.

Die Versicherungsträger als solche sind außerordentlich zahlreich. Wir haben in Deutschland etwa 7000 verschiedene Versicherungsträger.

Wenn wir uns nun das Recht ansehen, das innerhalb der einzelnen Wirtschaftszweige besteht, so ist auch dieses Recht nicht einheitlich gestaltet. Wir haben schon drei große Gesetzesbücher; das ist einmal die Reichsversicherungsordnung, dann das Angestelltenversicherungsgesetz und das Reichsknappschaftsgesetz. Durch Notverordnungen in den letzten Jahren sind diese drei Gesetze noch sehr kompliziert worden, so daß es einem Laien unmöglich ist, das Gesetz zu verstehen, und der Fachmann bestimmt auch große Mühe hat, es zu handhaben.

Gehen wir zur *Krankenversicherung* über! Wir haben folgende verschiedene Arten von Krankenkassen: erstens einmal die allgemeine Ortskrankenkasse, dann die besonderen Ortskrankenkassen, die Landkrankenkassen, die Innungskrankenkassen, die Betriebskrankenkassen, die Seekrankenkasse und die Ersatzkrankenkassen.

Ich darf die einzelnen Zahlen nennen. Wir haben an allgemeinen Ortskrankenkassen 1935, an besonderen Ortskrankenkassen 136, an Landkrankenkassen 415, an Innungskrankenkassen 789, an Betriebskrankenkassen 3302, an Ersatzkrankenkassen 51 und eine Seekrankenkasse.

Sie sehen, wie zersplittert schon der Krankenversicherungszweig ist. Bei dieser Zersplitterung fehlt es auch wieder an einer Spitze unter den Krankenkassen, die sie alle zusammenfaßt. Das Gesetz bestimmt, daß jede Krankenkasse für sich allein auch bezüglich der Rücklagen, die sie ansammeln muß, dasteht. Es wird also hier nicht an einen Wagnisausgleich bezüglich der Rücklagen gedacht. Und so ist es auch gekommen, daß die Krankenkassen in der verflossenen Zeit sich gegenseitig Konkurrenz machten, daß eine immer mehr eine Verbeugung vor der Straße machen wollte, daß sie sich z.B. überstürzten in der Schaffung von Erholungsheimen. Jede Krankenkasse, wenn sie auch noch so klein war, mußte ein Männererholungsheim, ein Frauenerholungsheim, ein Kindererholungsheim, eine Lungenheilstätte und womöglich noch andere Heilstätten haben - mit dem Erfolg, daß sehr viele Krankenkassen an diesen Erholungsheimen schließlich zusammengebrochen sind.

Die Krankenkassen haben sehr wohl eingesehen, daß es doch notwendig gewesen wäre, daß irgendeine übergeordnete Spitze bei ihnen vorhanden gewesen wäre. Der § 414 der Reichsversicherungsordnung gibt ja auch die Erlaubnis zur Bildung von Kassenvereinigungen. So haben sich dann auch vier große Verbände gebildet, die Reichsverbände der Ortskrankenkassen, der Land-, Betriebs- und Innungskrankenkassen. Diese vier zusammen haben wieder eine Arbeitsgemeinschaft gebildet, um eben die notwendigen Fragen, die die Allgemeinheit betreffen, zu klären.

Aber diese Vereinigungen sind eben Vereine, sie haben keinen öffentlich-rechtlichen Charakter. Es fehlt ihnen die Machtvollkommenheit, wirklichen Zwang auszuüben. Und so ist auch, leider Gottes, trotz aller Regsamkeit dieser Verbände hier nicht viel herausgekommen. Aber diese Verbände, z.B. der Reichsverband der Ortskrankenkassen wie auch die anderen haben sich ja auch wieder von der Spitze in Provinzial- oder Landesstellen gegliedert. Es wird dort sehr rege gearbeitet. Trotzdem entspricht der Erfolg nicht der Arbeit, die dort geleistet wird.

Sehen wir uns die *Rentenversicherung* an, so haben wir zwei große Abteilungen in der Rentenversicherung, die Invalidenversicherung der Arbeiter und die Angestelltenversicherung für die Angestellten. Die Invalidenversicherung umfaßt 27 Landesversicherungsanstalten, 4 Arbeiterpensionskassen der Reichsbahn, eine Reichsknappschaft und eine Seekasse. Auch in diesem Versicherungszweig der Rentenversicherung gibt es keine übergeordnete Spitze, die also Fragen allgemeiner Natur ausgleichen könnte. Diese Spitze müßte dann einen öffentlich-rechtlichen Charakter haben. Diesen Mangel haben die Rentenversicherungsträger auch erkannt und haben sich freiwillig zu einem Verein zusammengeschlossen, zu dem Reichsverband Deutscher Landesversicherungsanstalten. Aber er hat die Form eines eingetragenen Vereins. Trotz dieses Zusammenschlusses ist die Einheitlichkeit der einzelnen Landesversicherungsanstalten auch wieder nicht gewahrt. Wir haben von dem begrüßenswerten Entschluß gehört, den die Landesversicherungsanstalt Hannover gefaßt hat. Es ist aber bedauerlich, daß eben nur eine von den 27 Landesversicherungsanstalten diesen schönen Weg geht. Es wäre bestimmt viel zweckmäßiger, wenn eine zentrale Spitze die Anweisung an alle 27 Landesversicherungsanstalten ausgegeben hätte; denn die Not ist nicht nur in Hannover groß und soll auch nicht nur in Hannover beseitigt werden, sondern sie ist ja im ganzen Deutschen Reiche groß, und es wäre zweckmäßig, wenn über das ganze Reich hinaus gleichmäßig von allen Rentenversicherungsträgern dieselben Maßnahmen getroffen würden.

Wir sehen ja auch, daß die einzelnen Landesversicherungsanstalten im Rahmen des Möglichen doch noch ihren eigenen Weg gehen. Es gibt Landesversicherungsanstalten, die besondere Steckenpferde haben. Die eine interessiert sich besonders für die Lupusbekämpfung, die andere hat wieder mehr Interesse für die ägyptische Augenkrankheit. Und so werden für diese einzelnen Krankheiten besondere Mittel ausgegeben durch den Bau von Heilstätten - sehr begrüßenswert! Aber der Lupus ist nicht eine Krankheit, die etwa nur in Westfalen vorkommt, sondern eine Krankheit, die über das ganze Deutsche Reich verbreitet ist. Es ist schön, daß die einzelnen Landesversicherungsanstalten das auch tatkräftig in die Hand nehmen, aber es ist bedauerlich, daß die Rentenversicherungsträger nicht eine einheitliche Spitze haben, die allgemein anweist: Der Kampf gegen den Lupus muß so gestaltet werden, und der Kampf gegen die ägyptische Augenkrankheit - der Kampf gegen die Volksseuchen, allgemein gesprochen - könnte so gestaltet werden.

In der Angestelltenversicherung ist es zweifellos besser bestellt. Wir haben hier einen einheitlichen Versicherungsträger an der Spitze, die Reichsversicherungsanstalt für Angestellte. Aber ganz einheitlich ist es auch hier wieder nicht. Daneben sind noch 9 Ersatzkassen zugelassen, als Beispiel der Beamtenversicherungsverein für das deutsche Bank- und Bankiergewerbe hier in Berlin.

Außer diesen beiden Hauptvertretern der Rentenversicherung gibt es nun noch eine zusätzliche Rentenversicherung für die Bergleute, die knappschaftliche Pensionsversicherung, die in eine für Arbeiter und eine für Angestellte geteilt ist. Durchgeführt wird diese knappschaftliche Pensionsversicherung durch die Reichsknappschaft. Für die Reichsbahnarbeiter hat die Reichsbahn eine besondere Pensionskasse. Für die Reichsarbeiter besteht ebenfalls eine zusätzliche Rentenversicherung bei einer besonderen Zusatzversicherungsanstalt des Reiches. Auch für die Reichsangestellten gibt es im Rahmen der Angestelltenversicherung durch Zahlung höherer Beiträge noch eine Zusatzversicherung.

Sie sehen also, daß auch die Rentenversicherung reichlich zersplittert ist.

Die *Unfallversicherung* wird durch die Berufsgenossenschaften durchgeführt. Es gibt 64 gewerbliche, 39 landwirtschaftliche und eine Seeberufsgenossenschaft. Außer diesen offiziellen Berufsgenossenschaften gibt es noch Eigen-Unfallversicherungen, z.B. für die Betriebe der öffentlichen Körperschaften: Reich, Reichsbahn, Länder, Gemeinde, Gemeindeverbände.

Bei den Berufsgenossenschaften ist es auch wieder zu einem freiwilligen Zusammenschluß nach oben gekommen in dem Verband der gewerblichen und in dem Verband der landwirtschaftlichen Berufsgenossenschaften. Aber außer diesen beiden Zusammenschlüssen gibt es noch wieder einzelne Unterverbände, in denen sich artgleiche Berufsgenossenschaften zusammengeschlossen haben, um die notwendigen Fragen zu entscheiden. Also auch hier keine Einheitlichkeit!

Sehen wir uns nun einmal den Kreis der Versicherten an, wie sie in den einzelnen Versicherungszweigen zusammengefaßt sind, so ist auch dieser *Kreis der Versicherten* uneinheitlich. Bei der Krankenversicherung umfaßt er ja im allgemeinen Arbeiter und Angestellte. Aber hier ist auch schon wieder eine Abweichung in Gestalt der Ersatzkassen, die vorwiegend nur Angestellte umfassen, vorhanden. In der Unfallversicherung haben wir straff zusammengefaßt Arbeiter und Angestellte bis zu einer gewissen Einkommensgrenze. In der Rentenversicherung haben wir wieder die Trennung zwischen Arbeitern und Angestellten. Bei der Reichsknappschaft wiederum sind Arbeiter und Angestellte in einer Rentenversicherung zusammengeschlossen.

Man hatte sich nun ursprünglich gedacht, daß die einzelnen Versicherungszweige gesondert für sich laufen sollten, daß die einzelnen Versicherungsträger auch nur bestimmten Versicherungszwecken zu dienen hätten, Krankenversicherung nur für Krankenhilfe, Rentenversicherung nur für Rentenhilfe. Die Praxis hat jedoch gezeigt, daß eine solche Abtrennung unmöglich ist, daß es zahlreiche Überschneidungen gibt, besonders im Heilverfahren, und daß alle Versicherungsträger sehr starke Berührungspunkte haben. Und so entstehen dann auch unliebsame Vorkommnisse infolge der getrennten Kassenführung und dem getrennten Aufbau der verschiedenen Versicherungszweige an den Punkten, wo sich beide berühren, besonders im Heilverfahren. Ich erinnere nur an die Streitigkeiten zwischen Krankenkassen und Berufsgenossenschaften bezüglich des Heilverfahrens. Man streitet sich: Ist es ein berufsgenossenschaftlicher Fall oder ist es noch ein Krankenversicherungsfall? Der Streit wird sehr oft dann auf dem Rücken der Versicherten ausgetragen. Das ist wohl auch ein Grund mit, weshalb die Versicherten nicht das notwendige Zutrauen zu der heutigen deutschen Sozialversicherung haben, weil sie die Empfindung haben, daß sie hier und da doch reichlich im Stiche gelassen worden sind, daß Lücken entstanden sind, daß sie nicht fortlaufend betreut worden sind, wenn es noch notwendig gewesen wäre.

Wenn wir uns z.B. die entschädigungspflichtigen Berufskrankheiten, die von der Berufsgenossenschaft betreut werden, ansehen, so ist aus der großen Gruppe der Krankheiten wahllos, kann man wohl sagen, die Zahl von 22 Krankheiten herausgenommen. Andere Länder haben andere Zahlen, die Schweiz z.B. 36. Wahllos sind 22 Krankheiten aus den vielen hunderten von Krankheiten, die es gibt, herausgenommen. Man hat sie auf eine Liste gestellt und gesagt: Wenn ein Arbeiter nicht in einem Betriebe, sondern in bestimmten Betrieben tätig gewesen ist und an solcher Krankheit erkrankt, dann hat er Anspruch, wenn er arbeitsunfähig, überhaupt rentenbedürftig wird, auf eine Rente von der Berufsgenossenschaft; es ist eine entschädigungspflichtige Berufskrankheit.

Ich sage, die Zahl von 22 ist eine willkürliche Zahl. Aber selbst wenn wir diese 22 Krankheiten noch einmal unter die Lupe nehmen und greifen das umstrittenste Kapitel der Staublungenerkrankung heraus, so sehen wir, zu welchen Ungerechtigkeiten es zwangsläufig kommen muß, wenn man sich nur auf das bestehende Gesetz verläßt. Es heißt nämlich, eine schwere Staublunge gilt nur dann als entschädigungspflichtige Berufskrankheit, wenn sie in bestimmten Betrieben erworben ist, in Sandsteinbergwerken, Schleifereien, also in solchen Betrieben, wo man mit Gesteinsstaub in Berührung kommt. Ein Mensch aber, der in einer Putzerei arbeitet, in der er mit dem mörderischen Sandstrahlgebläse zu arbeiten hat, mit dem Metallteile, an dem noch Ton von der Form in kleinen Stücken anhaftet, unter hohem Druck abgeschliffen werden, und der sich hier eine Staublungenerkrankung zuzieht - es gibt sehr viele Staublungenkranke in diesen Betrieben -, dessen Staublunge fällt nicht unter die Gruppe der entschädigungspflichtigen Berufskrankheiten.

Es kann natürlich und ist auch schon zu folgenden Schwierigkeiten gekommen: Ein Mensch hat 5 Jahre im Bergwerk gearbeitet, und hat 5 Jahre mit dem Sandstrahlgebläse gearbeitet, hat also 10 Jahre gearbeitet, ist an Staublunge krank geworden. Nun gehen die Auseinandersetzungen los. Der eine sagt: Nein, das ist keine Staublungenerkrankung, die entschädigungspflichtig ist, denn er hat sie sich höchstwahrscheinlich in den letzten 5 Jahren zugezogen, wo er mit dem Sandstrahlgebläse gearbeitet hat. Der andere sagt: Nein, die hat er sich vor den Jahren schon im Bergwerk zugezogen. Jedenfalls wird immer der Versicherte sich übervorteilt fühlen, wenn er keine Rente bekommt. Das ist ein Beispiel dafür, wie es zu unliebsamen Vorkommnissen führen kann, wenn wir bei diesen 22 entschädigungspflichtigen Berufskrankheiten bleiben. Aber selbst wenn wir es tun, wäre zu wünschen, daß wenigstens das Gesetz so noch gehandhabt würde, wie es vorgeschrieben ist.

Aber wenn wir nun noch weiter blicken, so können wir auch verstehen, daß viele Volksgenossen unzufrieden sind, wenn sie sehen, daß der eine Volksgenosse für eine Krankheit, die er sich im Berufe erworben hat, eine Rente bekommt, der andere aber bei derselben, aber nicht im Beruf erworbenen Krankheit keine Rente erhält. Ein Beispiel: In einer chemischen Fabrik werden Haarwässer hergestellt, die Arbeiter erkranken an einem Hautekzem. Es ist eine entschädigungspflichtige Berufskrankheit. Der Arbeiter bekommt seine Rente. Der Friseurgehilfe im Friseurladen behandelt seine Kunden mit demselben Haarwasser, bekommt dasselbe Ekzem, erkrankt genauso, verliert seinen Posten, weil kein Meister ihn in seinem Betrieb einstellt. Dann bekommt der Arbeiter in der chemischen Fabrik seine Rente, weil er dieses Gewerbeekzem bekommen hat. Das ist entschädigungspflichtig. Der Friseurgehilfe bekommt sie nicht, weil sein Betrieb nicht versicherungspflichtig war.

Es ist natürlich dem einzelnen Erkrankten ganz gleich, ob der Betrieb versicherungspflichtig war oder nicht. Er sieht seine Krankheit; sie ist durch dasselbe Mittel entstanden, er ist arbeitslos geworden genauso wie der arbeitslose Kollege aus der chemischen Fabrik. Der eine ist versorgt, der andere ist nicht versorgt, er fällt der Wohlfahrt zur Last.

Ich wollte nur an diesem Beispiel zeigen, wie es zu unliebsamen Vorkommnissen führen kann, wenn dieses Recht in der heutigen Form weiter bestehenbleibt. Zu ähnlichen unliebsamen Zwischenfällen kommt es genauso zwischen der Krankenversicherung und Rentenversicherung. Auch hier fehlt eine übergeordnete Spitze, die die verschiedenen Versicherungszweige zusammenfaßt und solche Fragen allgemeinen Inhalts klärt. Auch das ist bei den verschiedenen Versicherungszweigen erkannt. Man ist auch da wieder den Weg der Selbsthilfe gegangen und hat wieder Vereine gegründet, Provinzialarbeitsgemeinschaften, in denen die einzelnen Versicherungszweige zusammenkommen und sich bemühen, die Fragen allgemeinen Inhalts zu klären. Aber es ist ein freiwilliger Zusammenschluß. Viel kommt bei dieser Arbeit nicht heraus.

Nun noch zu einigen Kleinigkeiten: Die Verteilung der Lasten ist bekannt, wie sie verschieden gestaltet ist. Bei der Krankenversicherung, der Rentenversicherung, der Unfallversicherung, der Knappschaft - in jeder Versicherung anders -, das brauche ich nicht weiter zu erörtern.

Die Art des Beitragseinzugs ist bei den einzelnen Zweigen verschieden gestaltet, bei einigen in bar, bei anderen ist wieder das Markensystem.

Wenn wir uns die Behörden in der Sozialversicherung ansehen, so haben wir 960 Versicherungsämter, 64 Oberversicherungsämter und ein Reichsversicherungsamt. Diese Behörden sind mit der Durchführung der Sozialversicherung betraut. Die Versicherungsämter sind staatlichen oder Gemeindebehörden angegliedert, zum Teil auch selbständig. Die Funktion der Versicherungsämter kann auch anderen staatlichen Behörden übertragen werden.

Die Oberversicherungsämter sind höheren Staatsbehörden angegliedert oder auch selbständig.

Neben den bisher genannten 64 Oberversicherungsämtern haben wir noch 21 besondere Oberversicherungsämter für die Reichsbahn und 8 besondere Oberversicherungsämter für den Bergbau. In Sachsen, Bayern und Baden ist wieder eine andere Regelung getroffen. Wir haben hier als höchste Instanz das Landesversicherungsamt, das in vielen Fällen anstelle des Reichsversicherungsamtes treten kann.

Schließlich ist die Aufsichtsbehörde auch noch das Reichsarbeitsministerium.

Wenn wir nun die *Aufsicht* ansehen, so ist auch diese vielgestaltig und zersplittert. Die Reichsversicherungsanstalt und die Reichsknappschaft werden durch das Reichsarbeitsministerium beaufsichtigt. Die Landesversicherungsanstalten, Berufsgenossenschaften, Seekasse, Seekrankenkasse werden durch das Reichsversicherungsamt und die Landesversicherungsämter beaufsichtigt. Die Zusatzversicherungen der Reichsbahn unterstehen der Aufsicht des Generaldirektoriums der Reichsbahn. Die Krankenversicherung untersteht den Versicherungsämtern, Oberversicherungsamt und Reichsversicherungsamt. Neuerdings wird die Aufsicht über die Krankenversicherung ja auch noch durch Kommissare ausgeübt, die von dem Reichsarbeitsminister eingesetzt worden sind.

Auch der *Instanzenzug* ist nicht einheitlich. Sie wissen, daß bei Beschwerden in der Krankenversicherung z.B. der Weg über das Versicherungsamt zum Oberversicherungsamt geht. Bei der Renten-, Unfall- und knappschaftlichen Versicherung gehen die Beschwerden gleich an das Oberversicherungsamt, der Rekurs dann an das Reichsversicherungsamt.

Das ist der heutige organische Aufbau. Man kann eigentlich nicht von „organisch" reden. Das ist der heutige Aufbau unserer Sozialversicherung! Sie sehen, sie ist zersplittert, es geht durcheinander. Der Laie findet sich bestimmt nicht zurecht. Auch der Fachmann hat Schwierigkeiten, sich zurechtzufinden.

Wenn wir nun dem Gedanken nähertreten wollen, wie ein organischer Aufbau der Sozialversicherung zustande kommen könnte, so würde ich vorschlagen, daß wir uns umschauen, welchen Weg man denn als völkische Selbsthilfe schon in der Vergangenheit beschritten hatte, um die Schäden auszugleichen. Betrachten wir einmal diese vielen selbstgeschaffenen Vereine, wo immer die Tendenz bestand, man wolle sich eine Spitze schaffen, die oben alles zusammenfaßt und die die Fragen allgemeinen Inhalts regelt, so glaube ich, ist es richtig, wenn wir diesen Weg beschreiten. Auch der ist organisch gewachsen, und er würde am ehesten zu einem Ziele führen.

Mir würde vorschweben, daß wir die Sozialversicherung so gliedern, daß eine einheitliche Reichsspitze vorhanden ist, unter dieser einheitlichen Reichsspitze provinzial gegliedert, nicht entsprechend den heutigen 27 Landesversicherungsanstalten, sondern wir müssen uns dem modernen Geist fügen, müssen uns die 13 Wirtschaftsbezirke der Deutschen Arbeitsfront ansehen, müssen sagen, daß diese Reichsstelle sich in 13 Provinzialstellen über das ganze Deutsche Reich gliedert, daß jede Provinzialstelle sich wiederum in Kreisstellen oder, wie man sie benennen will, gliedert, daß diese Kreisstellen sich wiederum in Ortsstellen gliedern, die ganz nahe an dem Versicherten sein müssen. Die untersten Gliederungen, die Ortsstellen, würden die Aufgabe haben, ganz einheitlich einen Beitrag für alle Sparten der Sozialversicherung einzuziehen. In diesen Ortsstellen würden auch die Auszahlungen erfolgen, Krankengeld, Rentengeld und dergleichen. Diese Ortsstellen könnten je nach Bedarf eingerichtet werden, um ein Optimum in der Größe der Krankenkassen zu schaffen. Wir wissen, daß eine Krankenkasse bei etwa 10000 - 20000 Mitgliedern ungefähr dem Optimum entspricht und daß da die Verhältnisse noch übersichtlich sind, daß häufig die Verwaltung jeden einzelnen beinahe noch persönlich kennt und daß man sehr wohl unter diesen 10000 - 20000 die 300 oder 500 faulen Köpfe herausbekommt, die die Kasse nur ausplündern wollen. Es müßten also je nach Bedarf diese Ortsstellen eingerichtet werden, so daß immer auf 10000 - 20000 versicherte Seelen eine solche Ortsstelle käme. Es könnte sehr wohl erlaubt sein, daß sich eine solche Ortsstelle im Betriebe vorfindet wie bisher die Betriebskrankenkasse, daß also der Versicherte als solcher es überhaupt nicht recht gewahr wird, daß eine Änderung eingetreten ist - es sind fast die alten Zahlstellen geblieben, die er früher auch schon benutzte -, daß diese Ortsstellen alles annehmen, daß sie die Sozialversicherung an den Versicherten heranbringen, von ihm alles entgegennehmen, alle Eingaben auch über Rentenanträge und dergleichen, daß sie das weiterleiten an die Kreisstelle, daß die Kreisstelle in erster Linie die Krankenversicherung betreut, alle Fragen der Krankenversicherung erledigt, daß die Fragen der Rentenversicherung an die Provinzialstelle geleitet werden - es könnte von der Ortsstelle der Antrag auf Rente direkt an die Provinzialstelle geleitet werden - und dann vielleicht die Kreisstelle auch Durchgangsstelle für die Rentenverfahren sein könnte, um vielleicht schon einzelne Erhebungen anzustellen, besonders bei Unfällen - da kommen alle polizeilichen Erhebungen in Betracht -, daß die Ortsstellen den Auftrag haben, diese Erhebungen anzustellen. Es würde, wenn wir so zusammenfassen, ein einheitlicher Versicherungsträger geschaffen werden, der die verschiedensten Sparten allerdings enthält. Nehmen wir also die Reichsstelle oben an, es würden verschiedene Abteilungen sein für Krankenfürsorge, Rentenabteilung und als Unterabteilung der Rentenversicherung die Unfallabteilung.

Ich würde vorschlagen, daß die Geldverwaltung ebenfalls einheitlich geschieht, daß nicht die einzelnen Versicherungssparten selbst ihre Geldverwaltung haben; denn daran liegt es heute zum großen Teil, daß der Streit entsteht; Wer soll zahlen? Soll in diesem Falle der eine Versicherungszweig oder der andere Versicherungszweig zahlen? Und dann sträubt man sich. Das geht immer auf Kosten des Versicherten. Wenn alles aus einer Kasse ginge, so würde dieses Kriterium wegfallen. Es würde dann nicht mehr die Schwierigkeit bestehen, ob dieser oder jener Versicherungszweig haftbar ist, ob er zahlen soll oder nicht.

Die Altersversorgung könnte im Rahmen dieser Versicherung angegliedert werden. Das ist eine Sache, die besonders besprochen werden muß. Aber dieser Einheitsbeitrag, den ich für alle Sparten der Sozialversicherung vorschlagen würde, die sich dann nur in Krankenpflege und Rentenpflege und eventuell Alterspflege noch teilte, sollte meines Erachtens von dem Arbeitnehmer allein aufgebracht werden. Es soll seine Sozialversicherung sein. Dann würde es den Ärzten außerordentlich erleichtert werden, bei der Erziehung des Menschen ihm immer wieder zu sagen: Schädige deine Sozialversicherung nicht, die gehört dir, du trägst deine Sozialversicherung, du mußt dafür sorgen, daß sie nicht ausgeplündert wird! Dann würde er auch auf sein Werk stolz sein, weil es ihm gehört und weil er das Werk trägt.

Das wäre in großen Zügen der Vorschlag, den ich zu machen hätte, wie man zu einem organischen Gebilde kommen könnte. Durch die Zusammenfassung zu diesem organischen Gebilde könnten wir erreichen, daß eine lückenlose Betreuung stattfindet, daß der Versicherte das notwendige Vertrauen zu seiner Sozialversicherung gewinnt. Dadurch würde erreicht werden, daß die notwendige Erziehungsaufgabe dem Arzt dem Versicherten gegenüber auch erleichtert würde.

Vorsitzender Brucker: Ich danke dem Parteigenossen Dr. Kaiser. Vielleicht darf ich ein paar Worte zu diesen Ausführungen sagen.

Wir in der NSBO haben ja seit etwa zwei Jahren den Standpunkt vertreten, daß gerade in bezug auf den organischen Aufbau der Sozialversicherung etwas geschehen muß. Dieselben Argumente, die Parteigenosse Dr. Kaiser vortrug, bewegten auch uns. Es wurde letzthin einmal an einem anderen Orte gesagt, daß es vorkomme, daß in einem Hause mehrere Krankenkassen für die Bewohner des Hauses zuständig sind. So ist es! Zuständig sind die allgemeine Ortskrankenkasse Berlin, die allgemeine Ortskrankenkasse Schmargendorf, die allgemeine Ortskrankenkasse Tegel und vielleicht noch diese und jene besondere Ortskrankenkasse, aber auch Innungskrankenkasse und Betriebskrankenkasse. Das war für diese Hausbewohner etwas ganz Unverständliches. Aber nicht nur das! Es war auch so, daß die Menschen in diesem Hause, wenn sie zu ihrer Krankenkasse kommen wollten, außerordentlich weite Wege zurücklegen mußten. Bis zu 40 km mußten sie allein in Berlin reisen. Auf dem Lande liegen die Dinge insofern gleich, als dort der Versicherte ebenfalls unter Umständen bis zu 100 km zurücklegen muß, um überhaupt zu seiner Krankenkasse zu kommen. Solche Verhältnisse gibt es. Wenn man sich z.B. den Kreis Belzig ansieht, der eine ungeheure Gebietsausdehnung hat, so müßte hier der Versicherte, um zu seiner Krankenkasse zu kommen, an die Peripherie des Kreises, nach Belzig fahren. Aber nicht nur hier in Belzig ist es so. Ich entsinne mich eines Beispiels in Württemberg. Die allgemeine Ortskrankenkasse Neuenbürg umfaßt auch Orte, die mitten in Baden liegen. Da müßte der Versicherte von Herrenalb über die Hauptstadt Badens, Karlsruhe, über Pforzheim nach Neuenbürg fahren, um zu seiner Krankenkasse zu kommen. Er ist an einem Tage hingefahren. *(Heiterkeit.).* Einen Tag brauchte er zur Abwicklung, und am dritten Tage ist er nach Hause gekommen. Das sind furchtbare Zustände gewesen und so ist es heute noch zum Teil. Daß hier etwas geschehen muß, ist ganz selbstverständlich.

Die Sozialversicherung, d.h. also diejenige Stelle in der Sozialversicherung, die die unmittelbare Betreuung vorzunehmen hat, muß ganz nahe bei dem Versicherten liegen.

Aber auch in der Rentenversicherung war es so. Die unterste Stelle, die Verwaltungsstelle der Sozialversicherung, hatte ja keine Befugnisse, hatte ja nicht die Aufgabe, in der Invalidenversicherung irgendetwas zu unternehmen, höchstens die Beiträge einzuziehen. Hier sind die Versicherten von der betreffenden Stelle, der Landesversicherungsanstalt, noch viel weiter, 100 oder 200 und manchmal noch mehr Kilometer entfernt.

In Württemberg waren die Dinge so: Da hat man schon seit Anbeginn der Sozialversicherung diesen Mangel erkannt und in jedem Ort eine Ortsbehörde für die Arbeiterversicherung errichtet. Diese Ortsbehörde für die Arbeiterversicherung hatte neben den Krankenkassenangelegenheiten auch die Invalidenversicherungsdinge zu erledigen, auch zum Teil oder, man kann eigentlich sagen, durchweg auch die Dinge der Unfallversicherung, Rentenanträge entgegenzunehmen oder die Rentenüberwachung vorzunehmen. Also, hier finden wir schon einen solchen Anfangspunkt. Diese Einrichtung dort hat sich außerordentlich bewährt. Sie ist heute zu erhalten. Deshalb ist es auch gar nicht einzusehen, warum man nicht hier eine starke Zusammenfassung betreiben soll.

Nun stehe ich auf dem Standpunkt, daß das, was Parteigenosse Dr. Kaiser gesagt hat, bis herunter zu dieser Ortsverwaltung durchaus richtig ist. Nur würde ich vorschlagen, daß wir die Sozialversicherung nicht endgültig so zusammenfassen, daß die unterste Verwaltung dieser Zusammenfassung im Orte liegt, sondern im Arbeitsamtsbezirk. Ich halte auch den politischen Kreis schon für zu klein, um hier die Dinge auszugleichen. Sehen wir uns einmal die Beitragsaufkommen der Krankenkassen im politischen Kreis oder gar an Orten an, so finden wir, daß hier außergewöhnlich große Unterschiede bestehen. Man weiß, daß die eine Krankenkasse 2 ½ % Beitrag erhebt, die andere 4 %, die nächste 6 %, manche noch darüber hinaus. Früher waren es so bis zu

10 %. Aber auch früher, als einige Krankenkassen 10 % Beitrag erheben mußten, gab es immer solche, die nur 2 ½ % erhoben. Das ist ein Ding der Unmöglichkeit geworden. Wir können auf keinen Fall die Menschen so verschiedenartig behandeln. Es muß hier unter allen Umständen ein Ausgleich stattfinden. Es ist natürlich der Arbeitsamtsbezirk infolge seiner Größe eher geeignet auszugleichen, er ist auch der leistungsfähigere, als es ein Ort oder etwa ein politischer Kreis sein würde.

Ich würde aber nun folgendes tun: Um die verschiedenartigen Berufsgruppen zu berücksichtigen und insbesondere auch die Sozialversicherung dem Menschen näher zu bringen, würde ich die Landwirtschaft, das Gewerbe, die Industrie in der Verwaltung verschiedenartig behandeln. Ich kann mir denken, daß es sehr gut möglich ist und daß es auch vor allen Dingen erstrebenswert ist, für die Industrie, für die Fabriken mit einer gewissen Arbeiterzahl, meinetwegen von 100 an, die Durchführung der gesamten Sozialversicherung, soweit dies unten angängig, zu überlassen. Ich würde außerdem die Arbeiter, unter Umständen die Angestellten - das letztere ist eine Frage, die noch zu erörtern ist -, also die Arbeiter in einer Krankenkasse oder in einer Verwaltung der Sozialversicherung innerhalb dieses Arbeitsamtsbezirks oder des politischen Kreises oder der größeren Orte, etwa der Stadt, zusammenfassen. Ich würde auch der ländlichen Bevölkerung die Durchführung der Sozialversicherung übereignen, um sie besser betreuen zu können, um ihren Sonderheiten eher Rechnung tragen zu können. Ich würde aber hier dann nicht etwa die Industriekrankenkasse oder die gewerbliche Krankenkasse hereinspielen lassen. Besonders würde ich die Menschen auf dem Lande alle zusammenfassen ohne Ansehung ihres Berufs, um ihnen hier die Durchführung zu überlassen, weil ja die Lebensweise, die Lebenshaltung, auch die gesellschaftlichen Verhältnisse bei ihnen allen gleichlaufen. Wenn man in ein Dorf kommt, so findet man, daß sich der Landarbeiter hierin von dem Dorfschmied oder dem Dorfschreiner oder dem Schlosser in keiner Weise unterscheidet. Ihre Bedürfnisse sind gleichartig. Deshalb könnte man sehr gut dort diese Menschengruppen zusammenfassen. Tun wir das, dann werden wir auch hier die Menschen interessieren; sie werden ein größeres Interesse an ihrer Sozialversicherung zeigen. Ich stehe auf dem Standpunkt, daß - was Herr Dr. Kaiser durchaus richtig sagte - man auf keinen Fall in Zukunft mehr 5 oder meinetwegen noch mehr Beitragseinzieher oder 5 Krankenkontrolleure in einem Orte herumlaufen lassen darf, sondern daß man das alles sehr wohl zusammenfassen kann. Alle diese gemeinsamen Dinge können vermöge dieser Erfassung der Sozialversicherung in einem Arbeitsamtsbezirk zusammen erledigt werden. Wir würden außerordentlich viel Unzufriedenheit dadurch beseitigen. Es ist auch, wie z.B. Unternehmen mitteilen, unerhört, daß bei ihnen Beitragseinzieher, Krankenkontrolleure, dann diese Betriebsrevisoren, wie man sie nennt, in Mengen aus- und eingehen, so daß der Unternehmer mit Bestimmtheit damit rechnen kann, daß jede Woche einer oder zwei von diesen Leuten zu ihm kommen. Das muß unter allen Umständen beseitigt werden. Das ist ein Zustand, der einfach nicht mehr tragbar ist und der die ganzen Dinge unübersichtlich und teuer macht.

Ich glaube, wir werden alle darin einig sein, daß wir die Sozialversicherung irgendwie zusammenfassen müssen. Wir wissen ja auch, daß man selbst in der Regierung diesen Gedanken aufnimmt, eine gewisse Zusammenfassung vorzunehmen. Man kann sich auch denken, daß diese Zusammenfassung nicht nur zu einer Spitze im Reich führen muß, sondern daß sie auch provinziell etwa in diesen 13 Bezirken möglich ist. Wir sind auch der Meinung, daß diese provinziellen Stellen sehr wohl die Aufsicht über die unteren Verwaltungsstellen ausüben können, daß man hierzu keine besonderen Organe braucht. Wir wissen auch, daß, nachdem die Sozialversicherungszweige in ihrer Mehrheit in Form der Arbeitsgemeinschaft seither gemeinsam vorgehen mußten, um Krankheitsvorbeugung zu betreiben, um die Bekämpfung der Krankheiten gemeinsam irgendwie vorzunehmen - wir wissen damit, daß also ein Zusammenschluß dem tatsächlichen

Bedürfnis entspricht. Hier nun den richtigen Weg zu finden, ohne das Gute, das seither vorhanden war, zu zerstören, das ist unsere Aufgabe.

Wir dürfen selbstverständlich nicht dazu kommen, daß wir einfach rücksichtslos alle seitherigen Sozialversicherungsträger zusammenwerfen, eine große Verwaltung bilden, um dann die Dinge gemeinsam zu betreiben. Das darf nicht sein. Das würde manches Gute ausbooten. Aber wir sind sehr wohl in der Lage, unter Berücksichtigung der seitherigen guten Dinge doch eine starke Zusammenfassung zu treffen.

Bei dieser Zusammenfassung der Verwaltung, der Durchführung der Sozialversicherung würde es ja auch notwendig sein, an die Behörden zu denken. Die Sozialversicherungsbehörden müßten natürlich ebenfalls mit in diesen Rahmen hineingepreßt werden. Aber das scheint mir auch keine Schwierigkeit zu sein.

Ich glaube, das ist das, was man vorläufig dazu sagen kann. Ich möchte Sie nun bitten, sich ebenfalls zum Worte zu melden.

Dr. Schultz: Ich habe mich zwar auf eine Entgegnung des heute Vorgetragenen noch nicht eingestellt. Aber, da ich den Entwurf durchgearbeitet habe, ist mir das, was heute Herr Dr. Kaiser und auch der Herr Vorsitzende vorgetragen haben, in den Gedankengängen geläufig.

Meine Herren! Der Grundgedanke, der bisher die Sozialversicherung beherrschte, war der, daß die Versicherungsträger, die in den Gesetzen bestimmt waren, die Stellen waren, welche die Einziehung der Beiträge, die Verwaltung, die Vermögensaufsicht, die Feststellung der ersten Krankheit, die Feststellung der Unfälle usw. von sich aus betrieben. Das war ein ungeheuer weiser Gedanke, allein aus dem Gesichtspunkt heraus, daß man sagte: Der Versicherungsträger, der die ganze Verantwortung für das Vermögen und die Beiträge einerseits und die Leistungen andererseits für seine Versicherten hat, hat natürlich das ureigenste Interesse daran, daß sofort die Krankheit, der Unfall, die Invalidität festgestellt wird, daß er seinen Vertrauensarzt heranzog, daß also hier eine gewisse Herrschaft im eigenen Hause, wenn ich mich so ausdrücken soll, von dem dazu berufenen Hausherrn ausgeübt wurde. Wenn wir deswegen den gewiß außerordentlich dankbaren Anregungen der beiden Herren, die eben gesprochen haben, folgen - und wir wollen denen ja auch folgen -, dann dürfen wir uns doch nach meiner Ansicht nicht von dem Grundgedanken freimachen, der dazu geführt hat, die einzelnen Versicherungsträger bisher zu schaffen. Ich will nicht weit gehen, ich will in der Stadt Berlin bleiben. Ich habe gehört - der Herr Vorsitzende wird ja genau darüber unterrichtet sein, die anderen Herrn vielleicht auch -, daß auch hier der Versuch schon gemacht worden ist, bei den Krankenkassen etwas Theorie in die Praxis umzusetzen. Hier in Berlin hatten sich ganz besonders die Mißstände herausgestellt, die vorhin erwähnt wurden. Es war tatsächlich ein Unding, daß im selben Hause soundso viele verschiedene Krankenkassen zuständig waren; es war ein Unding, daß ein Versicherter aus dem Osten von Berlin nach dem Süden oder dem Norden fahren mußte, um seine Krankenkasse zu erreichen. Darüber ist ja auch gar kein Wort zu verlieren. Es wird sich keiner unter uns finden, der diese Mißstände nicht anerkennt. Bei einer der Beratungen im Reichsarbeitsministerium über die Zusammenlegung der Krankenkassen in Berlin war ich zufällig auch anwesend, wobei ich auch den Vorzug hatte, den Herrn Vorsitzenden kennenzulernen - da wurde dieser neue Plan als eine gute praktische Lösung empfohlen und uns anderen Kommissaren, die wir von auswärts kamen, - es waren nicht nur Preußen, sondern auch Sachsen und andere Kommissare vertreten - von dem Kommissar der vereinigten Ortskrankenkassen Berlins geraten: „Macht es ebenso". Aber Sie alle, meine Herren, die Sie in Berlin sind, wissen, wie sich diese Verhältnisse jetzt anders entwickelt haben, als damals die Hoffnung der Herren war. Man hat wohl eine einheitliche Verwaltung geschaffen, aber diese Verwaltung ist unter unsäglichen Mühen zustande gekommen und hat Schwierigkeiten heraufbeschworen, die ich hier nicht näher erörtern will, die aber den Herren, vor allem dem

Herrn Vorsitzenden, ganz gewiß viel besser bekannt sind als mir persönlich, der ich das nur von dritter Seite erfahren habe.

Diese praktischen Erfahrungen, meine Herren, haben doch dazu geführt, daß der Herr Reichsarbeitsminister einen beachtenswerten Erlaß jetzt herausgegeben hat, der die Vereinigung von Ortskrankenkassen an seine besondere Genehmigung bindet. Diese Vorschrift kann man voraussichtlich auf die Verhältnisse zurückführen, die das Beispiel hier in Berlin zunächst gezeitigt hat.

Ich führte vorhin an, um Ihnen ein Beispiel hier aus Ihrer allernächsten Nähe zu zeigen, wie schwer es ist, jetzt eine Zentralisation durchzuführen, selbst in einer Stadt, wo die geeigneten Kräfte vorhanden sind, wo die besten Ärzte zusammengefaßt sind, um für dieses riesige Unternehmen, will ich einmal sagen, die ärztliche Zentralstelle zu schaffen - wie schwer das hier geworden ist und wie diese Erfahrungen dazu geführt haben, daß jetzt diese Vereinigungen von Ortskrankenkassen eigentlich verboten und nur an die besondere Genehmigung des Reichsarbeitsministers gebunden sind. Wenn wir uns von dem Gedanken beherrschen lassen, der bisher der maßgebende war: Die Versicherungsträger sind die Stellen, die für alles verantwortlich waren, weil sie die besten Kenner in ihrem eigenen Hause waren, so glaube ich, muß man sehr vorsichtig sein, sich von diesem Gedanken zu entfernen. Ich stimme den Ausführungen der beiden Herren in den Punkten vollkommen bei, die sich darauf beziehen, daß wir die Wege finden müssen, die dem Versicherten jede Erleichterung bei der Verfolgung seiner Ansprüche bringen, die Krankheit oder Invalidität oder was es sonst sein mag, an ihn stellen; das bedarf nach meiner Ansicht keines Wortes der Ergänzung. Wir Männer der Praxis unterstützen das in erster Linie aus praktischen Erfahrungen.

Aber, meine Herren, ich kann mir denken, daß man da auch noch andere Wege finden kann, ohne das Gebäude der Versicherungsträger aus den von mir angegebenen Gründen ohne weiteres niederzulegen. Ich habe es außerordentlich sympathisch empfunden, daß Sie, Herr Vorsitzender, vorhin am Schluß Ihrer Ausführungen sagten: Wir wollen die Versicherungsträger nicht alle durcheinanderwerfen - das ist auch der Kernpunkt, warum ich überhaupt das Wort ergreife -, sondern wir wollen sie nach Möglichkeit erhalten, wir wollen nur Mittel und Wege suchen, um eine Vereinfachung und gewissermaßen eine Zentralisation zu finden. Aber, meine Herren, wie schwer wird das sein! Man sprach von Ortsstellen, die uns ja bisher nur in Gedanken vorschweben. Ich denke daran, daß man vielleicht bei den Betrieben den Beitrag erheben kann, wo ja schon die Betriebskrankenkassen seit Jahren tätig sind. Da könnte man meiner Ansicht nach sehr wohl die Unfallsachen feststellen. Aber diesen Stellen liegen die Krankensachen insofern ziemlich fern, als diese Ortsstellen keine Ahnung davon haben, welche Mittel für die Krankenversicherung zur Verfügung stehen. Sie wissen auch nicht, welche Mittel den Landesversicherungsanstalten für die Invalidität und die Altersversorgung zur Verfügung stehen. Wenn die Landesversicherungsämter - es sind 13 in Aussicht genommen - jetzt dazu ausersehen werden, die gesamten Feststellungen zu machen, so habe ich das Bedenken, daß diese Behörden ohne weiteres nicht dazu in der Lage sein werden, wenn sie nicht eine ganz außerordentliche Unterstützung von unteren Stellen erfahren, die wir dann für sie sicherstellen müssen. Diese Stellen würden sich an das Landesversicherungsamt - in Gestalt eines der bisher bestehenden Oberversicherungsämter - angliedern können. Es ist darum der Name „Landesversicherungsamt" gewählt, weil der Bezirk eben dem Lande entsprechen soll, 13 Länder, also 13 Landesversicherungsämter. Aber wenn ich mir die praktischen Aufgaben vorstelle, die diese Ämter dann in den gesamten Versicherungszweigen übernehmen sollen, nur unterstützt von den Ortsstellen, die die Beiträge festsetzen, dann glaube ich, daß das eine ungeheure Schwierigkeit für die Stellen sein würde.

Deshalb möchte ich heute in aller Bescheidenheit, aber aus dem Gesichtspunkt heraus, daß wir hier zusammenkommen, um auch unsere Bedenken zu sagen, namentlich wenn wir an die praktische Durchführung von Vorschlägen denken, daß nur mit aller Vorsicht an diese Frage der

Zentralisierung herangetreten werden kann. Ich möchte mir erlauben, das zur Aussprache zu bringen, damit wir nicht über diesen Punkt, den ich für einen der Hauptpunkte halte, vielleicht zu leicht hinweggleiten, indem wir unser Augenmerk, wie es verständlich ist, zunächst auf die Vorteile richten: die Vereinfachung der Versicherung. Ich hatte schon einmal gesagt, daß ich allen diesen Vorschlägen ohne jeden Zusatz zustimme, daß ich nur Bedenken habe, wie praktisch diese Organisation durchgeführt werden soll; denn ich glaube, wenn ich die Herren richtig verstanden habe, soll doch dabei zum mindesten etwas ausgeschaltet werden: die Landesversicherungsanstalten oder die Berufsgenossenschaften oder die Krankenkassen, jedenfalls ein Teil der Krankenkassen. Diese Stellen, die als Versicherungsträger die gar nicht hoch genug zu schätzende Aufgabe der Verantwortung bisher tragen, haben dafür zu sorgen, daß die Mittel, die die Versicherten ihnen zu treuen Händen geben, richtig verwaltet und richtig verteilt werden. Wenn man diese Stellen beseitigt oder ihren Einfluß vermindert und alles dem Landesversicherungsamt überträgt, so habe ich das Bedenken, daß das Landesversicherungsamt für die nächste Zeit jedenfalls nicht in der Lage sein wird, das in einer Weise zu erfüllen, wie wir es hoffen. Darum erlaube ich mir, in bescheidenem Umfange diese Bedenken auszusprechen, weil ich sie für grundlegend halte, denn, meine Herren, das werden Sie wissen - es ist ein großer Unterschied zwischen hier in Berlin gefaßten wohl erwogenen Beschlüssen und der praktischen Durchführung und Auswirkung dieser Beschlüsse. Wir haben es manchmal bedauert, daß wir nicht zu Vorschlägen zu Änderungen der Reichsversicherungsordnung gehört wurden, wir Oberversicherungsämter, aus dem einfachen Grunde, weil wir aus eigener Erfahrung die Durchführung und die Ausführung neuer Bestimmungen kannten und vielleicht auch bescheidene Gegenvorstellungen erhoben hätten. Hier, wo zu unserer Freude wenigstens zweien von uns die ehrenvolle Aufgabe [zuteil] geworden ist, doch auch unsere Stimme der Praxis leise zu erheben, möchte ich jedenfalls nicht versäumen, das hier in geziemender Form vorzutragen, um den Herren zu zeigen, daß wir uns mit dieser Frage innerlich schon lange beschäftigt haben und daß wir nur die Sorgen haben, die ich eben kurz in den einzelnen Punkten vorgetragen habe.

Ich möchte also nur die Bitte daran knüpfen, bei diesen ganzen Erwägungen doch nicht zu wenig zu berücksichtigen, welche immensen Aufgaben wir gegebenenfalles der Behörde oder der Verwaltungsstelle - nennen wir sie, wie wir wollen; Name ist Schall und Rauch - übertragen und ob die Stelle dem gewachsen ist. Vielleicht werden die Herren ja dann nachher uns noch darüber belehren können, wie Sie sich eine Mitarbeit der bisherigen Versicherungsträger dabei denken oder ob Sie, was man ja aus den Worten noch heraushören konnte, überhaupt diese Mitarbeit der Versicherungsträger glauben entbehren und alles diesem Landesversicherungsamt bzw. den unteren Stellen übertragen zu können.

Vorsitzender Brucker: Herr Regierungsdirektor, vielleicht darf ich gleich einiges zur Berichtigung sagen. Zuerst einmal: Das Reichsarbeitsministerium hat natürlich mit dieser Bestimmung bezüglich der Genehmigungspflicht von Vereinigungen und Auflösungen kein Verbot ausgesprochen. Selbstverständlich wird das Gesetz hemmend wirken in Ansehung der Neuordnung der Dinge; das ist klar. Das Reichsarbeitsministerium hat sich von Anfang an und insbesondere in der letzten Zeit immer auf den Standpunkt gestellt, daß man artgleiche Krankenkassen zusammenlegen soll; und es hat auch gehofft, daß draußen jetzt nun in der etwas revolutionären Bewegung das von selbst geschehen ist. Es ist auch sehr weitgehend geschehen. Ich darf nur sagen, daß z.B. in Württemberg es keine besondere Ortskrankenkasse mehr gibt. Die sind alle einfach durch den Reichskommissar für Württemberg beseitigt worden. Das war an und für sich richtig. (*Dr. Schultz:* Wir haben keine mehr in Hannover!) Abgesehen davon, daß es da fast keine Innungskrankenkassen gibt, allerdings Betriebskrankenkassen, denen wir auch nicht zu nahe treten wollen. Landkrankenkassen gab es dort sowieso nicht.

Eines ist sehr einleuchtend für eine Zusammenfassung, das ist die Ansammlung der vielen Tausende von Rücklagen. Dadurch ist eine außerordentlich hohe Summe Geldes der Verwendung entzogen. Die einzelnen Krankenkassen hatten alle schon hübsche Rücklagen angesammelt. Wir wissen - das hat letzthin auch einmal Staatssekretär Krohn selbst gesagt -, daß diese Rücklagen an und für sich gar nicht notwendig sind. Selbst in der schwersten Zeit, führte er aus, sind die Rücklagen nur da und dort einmal in Anspruch genommen worden. Bei Kriegsschluß war es so, daß die Rücklagen bestimmter Krankenkassen sofort aufgezehrt wurden, weil sich alles krank meldete. Dann ist es heute vielleicht bei Epidemien oder bei einer sehr schlechten Verwaltung vorgekommen, daß die Rücklagen absorbiert wurden und die Krankenkassen nun unterstützungspflichtig wurden. Das besagt aber noch lange nicht, daß wir für jede neue Krankenkasse eine Rücklage ansammeln müssen. Es würde mehr dafür sprechen, in irgendeiner Form eine gemeinsame Rücklage zu schaffen, um dann aus der gemeinsamen Rücklage in einzelnen selten vorkommenden Fällen den Versicherungsträger zu unterstützen.

Was auch sehr schwierig war und zu vielen Anständen führte, waren die verschiedenartigen Leistungen am selben Orte, also nicht nur verschiedenartige Beiträge, auch völlig verschiedenartige Leistungen. Ich darf daran erinnern, daß z.B. innerhalb einer Stadt irgendeine kleine Krankenkasse Familienhilfe gewährte, die damalige, frühere Familienhilfe, nicht die heute nun als Regelleistung vorgeschriebene, während alle anderen Krankenkassen, hauptsächlich die großen, keine Familienhilfe gewährten, oder daß eine große Krankenkasse Familienhilfe gewährte, während eine ganze Anzahl Krankenkassen keine gewährte. Das war ein unzuträglicher Zustand und hat zu großen Mißständen und zur Unzufriedenheit geführt. Diese Zusammenfassung hauptsächlich auch im Hinblick auf eine gemeinsame Rücklage würde natürlich auch sehr leicht einen Risikoausgleich gewähren, der dringend notwendig ist.

Nun aber, Herr Regierungsdirektor, befinden Sie sich in einem Irrtum. Wir wollen nämlich nicht ein Landesversicherungsamt schaffen, um nun etwa Krankenkassen, Landesversicherungsanstalten auszuschalten, sondern, was Parteigenosse Dr. Kaiser sagte, wir wollen die bestehenden Einrichtungen benutzen. Die sollen benutzt werden vielleicht bis auf die Hälfte der Landesversicherungsanstalten, die keine Verwendung mehr finden würden, weil wir ja nun anders einteilen wollen, weil wir nun die 13 Dinge füllen wollen und nicht mehr 27. Es wäre die Folge, daß die Krankenkassen selbst draußen überall Verwaltungsstellen sein würden, allerdings nicht in einer solchen intensiven Ausnutzung wie seither, weil wir in der Dezentralisation noch weitergehen möchten. Das ist ja der Witz, daß wir hier eine starke Spitze in Form einer Zentralisation an bestimmten Punkten schaffen; aber nur in zwei Punkten, in der Finanzpolitik und in der Personalpolitik, daß wir aber im übrigen die Durchführung der Sozialversicherung, die Verwaltung dezentralisieren wollen bis zu dem kleinsten Dorfe. Ich glaube, das liegt auch im Zuge der Zeit. Das ist das, was allerorten geschehen ist. Wenn Sie sich z.B. die Deutsche Arbeitsfront ansehen, so ist da das ganze Verbandswesen in dieser Weise zusammengefaßt worden. Ich glaube, mit der größten Zuversicht, daß ein anderer Weg auch in der Sozialversicherung nicht beschritten werden kann, selbst wenn noch so sehr die historische Entwicklung pietätvoll beachtet wird. *(Heiterkeit.)* Ich glaube nicht, daß das ein Grund sein kann, insbesondere auch deshalb nicht, weil jedenfalls der Kenner der Entwicklung ganz genau weiß, daß die historische Entwicklung eine zufällige war, daß es nicht wahr ist, daß Bismarck z.B. diese Entwicklung wollte. Es steht einwandfrei fest, daß Bismarck die Entwicklung nicht wollte und daß es nur einer der größten Zufälle war, daß damals die Krankenversicherung und Unfallversicherung nicht vereinigt worden sind, nämlich die Krankheit Bismarcks war es. Und der ganz vorzügliche Architekt, dieser österreichische Minister *Schäffle*, ist damals ausgeschaltet worden. Er war dabei obzusiegen; und es ist nur ein Zufall gewesen, daß sich die Dinge so entwickelt haben. Also, ich halte von der historischen Entwicklung sehr wenig.

Es ist dann gesagt worden, die Versicherungszweige dürfen nicht zusammengeworfen werden oder sollen nach unserer Ansicht zusammengeworfen werden. (*Dr. Schultz:* Nein! Ich fragte nur!) Das Zusammenwerfen der Versicherungszweige hat aber nicht zur Folge, daß jetzt nun meinetwegen die Rentenversicherung nicht anders gehandhabt werden muß als die Krankenhilfe. Die Rentenhilfe kann nicht in der untersten Gliederung festgestellt werden, sondern das muß schon, in der Natur der Sache liegend, durch die Mittelstellen geschehen wie seither auch durch die Landesversicherungsanstalt. Aber gewiß, in der Invalidenversicherung, auch in der Unfallversicherung sind so unendlich viele Dinge, die sehr wohl in der untersten Verwaltungsinstanz erledigt werden können. Abgesehen davon, daß es durchaus richtig ist, hier einen Risikoausgleich für alle Versicherungszweige überhaupt zu schaffen. Gerade die Rentenversicherung bedarf dieses Risikoausgleiches sehr dringend und notwendig; dessen sind wir uns alle wohl bewußt.

Was die Unfallversicherung angeht, so stehe auch ich wie Herr Prof. Dr. Lutz Richter auf dem Standpunkt, daß es eine Unfallversicherung gar nicht zu geben braucht, daß nur der Unfall eben innerhalb der Rentenversicherung besonders bedacht werden muß, besondere Leistungen hier gewährt werden müssen. Aber das besagt noch lange nicht, daß wir die Unfallversicherung als einen selbständigen Versicherungszweig bestehenlassen müssen.

Prof. Dr. Lutz Richter: Meine Herren! Ich darf mir auch noch ein paar Bemerkungen gestatten. Zunächst einmal glaube ich, daß man nicht so vorgehen darf - ich glaube, damit sind Sie alle einverstanden, es muß bloß noch einmal klar ausgesprochen werden -, daß man sich zuerst die Frage stellt: Wollen wir eine möglichst einheitliche oder wollen wir etwa eine möglichst vielgestaltige Sozialversicherung haben?, daß man also mit dem organisatorischen Gesichtspunkt anfängt, sondern angefangen werden muß mit dem Gesichtspunkt der sachlichen Aufgaben, des Funktionierens, vielleicht mit den Bedürfnissen, und zwar bis ins einzelne hinein. Erst dann kann man sich die Frage stellen: Welche Organisationsformen ergeben sich daraus?

Die Bedürfnisse, um die es sich dabei handelt, scheinen mir im wesentlichen folgende zu sein: Erstens, man muß die einzelnen Leistungsfälle, die einzelnen Wagnis- oder Versicherungsfälle, die man überhaupt mit Leistungen bedenken will, auf ihre versicherungstechnische Struktur hin prüfen. Man kommt von da aus, also rein immanent versicherungstechnisch, ganz ohne irgendwelche, sagen wir einmal, politische Grundvorstellung doch wohl dazu, daß man mehrere Versicherungszweige unterscheiden muß. Und zwar scheinen mir jedenfalls die kurzfristigen und die langfristigen Risiken verschiedene versicherungstechnische Behandlung zu verlangen. Die kurzfristigen sind im wesentlichen Krankheiten und was damit zusammenhängt, die langfristigen sind die Rentenfälle. Wenn der Betriebsunfall und die Berufskrankheit eine tiefgehende Sonderbehandlung überhaupt erfahren sollen, dann werden sie auch versicherungstechnisch besser behandelt werden müssen. Aber diesen Punkt darf ich einmal offenlassen - das hat eben Herr Brucker angedeutet -, weil über das Schicksal der Unfallversicherung getrennt gesprochen werden muß, weil es vielleicht möglich ist, ohne einen besonderen Versicherungszweig den dringendsten Leistungsbedarf auf diesem Gebiete oder in dieser Richtung zu decken.

Also man sieht sich mindestens vor zwei verschiedene versicherungstechnische Notwendigkeiten gestellt, einmal das kurzfristige Krankheitsrisiko, das wohl am zweckmäßigsten - ich glaube, die Herren Mathematiker werden mir da zustimmen - im Wege eines verhältnismäßig einfachen Umlageverfahrens erledigt wird, und auf der anderen Seite das langfristige Rentenrisiko, für das unbedingt ein anderes Verfahren angewendet werden muß. Daraus ergeben sich natürlich Folgerungen für die Organisation, nicht so sehr die Frage: Wer soll das Rechtssubjekt sein, das als Träger auftritt? Aber: Wie sollen diese Träger innerlich konstruiert sein?

Zweitens scheint mir ganz notwendig, daß immer wieder hervorgehoben wird, daß man sich immer wieder vor Augen hält: Es muß die Verfügung über die Leistungen, die Entscheidung darüber, ob im konkreten Fall Leistungen zu gewähren sind, sich decken mit der Verantwortlichkeit für die Aufbringung des Deckungsbedarfs. Wer die Leistung festsetzt, muß auch die Beiträge festsetzen, bzw. dafür verantwortlich sein, damit die nötigen Deckungsmittel hereinkommen. Das gibt wahrscheinlich auch bereits wieder eine Spaltung zwischen diesen beiden erwähnten hauptsächlichen Versicherungszweigen.

Weiter wird man, um diese Verantwortlichkeit für die Deckung klarzustellen, auch wohl dafür sorgen müssen, daß die Aufgabe des einzelnen Organs nicht unübersehbar wird. Man wird von hieraus dazu kommen, die Sache nicht zu sehr zu zentralisieren, weil sonst der zentral entscheidende, ich darf einmal sagen, Funktionär eben einfach nicht mehr der Sache gewachsen sein kann. Daraus kann man ihm persönlich gar keinen Vorwurf machen, sondern man muß sich eben immer klar darüber sein, daß ja alle Leistungsfähigkeit des Menschen beschränkt ist.

Aus diesem Gesichtspunkt der Verantwortlichkeit der gemeinsamen Verantwortlichkeit für Aufbringung und Ausgaben ergibt sich aber auch ein Bedenken gegen das, was man so unter Gemeinlast oder Lastenausgleich oder so etwas Ähnliches versteht. Ich habe ja neulich gesagt, daß ich durchaus geneigt bin, auf den Gedankengang einzugehen, den Herr Oberlindober angeschnitten hat, daß man vielleicht gewisse extreme Risiken im Wege einer Rückversicherung decken kann, aber einer Rückversicherung, wobei dann versicherungsmäßig kalkuliert wird und wo im übrigen die Frage vollkommen offenbleibt, ob man hier eine besondere Rückversicherungseinrichtung für die ganze Sozialversicherung machen soll oder ob man sich mit dieser Rückversicherung lieber an die allgemeine Rückversicherung, also an die großen privaten Gesellschaften, die es dafür gibt, anschließen soll. Das ist eine Nebenfrage. Jedenfalls möchte ich davor warnen, so etwas zu machen, was bisher in unserem Gesetze - das heißt, augenblicklich gilt es nicht, aber es hat derartige Paragraphen gegeben - unter der Flagge der Allgemeinlast gesegelt ist. Das hat in ganz großem Maßstab - ich darf daran einmal erinnern - dem Reichsfinanzminister Prof. Moldenhauer vorgeschwebt und das war es, was eben gerade dazu führte, daß der einzelne, der Leistungen bewilligt, sich seiner finanziellen Verantwortlichkeit dabei nicht mehr bewußt ist, denn er denkt dann immer: ach, da ist im Hintergrund der große Topf, und wenn mein kleiner nicht ausreicht, dann werden ich ihn von dort eben auffüllen lassen. Das würde ich, wie gesagt, für ganz gefährlich halten, ebenso wie ich es in der gegenwärtigen Konstruktion nicht für richtig halte, daß in der Invalidenversicherung zwar eine große Zahl von Landesversicherungsanstalten besteht, daß aber deren eigentliches Leistungs-Soll, nämlich die Aufbringung der gesamten Renten, soweit es nicht durch den Reichszuschuß lief, gar nicht a conto der einzelnen Landesversicherungsanstalt geht. Das heißt nicht „Gemeinlast", aber es ist eine Gemeinlast - die Gesamtheit der Rentenausgaben, und entsprechend wird auch ein großer Teil des Beitragsaufkommens in einen großen gemeinsamen Topf geworfen, und man sieht dann nicht mehr eine klare Verantwortlichkeit für die finanzielle Verwaltung. Entweder macht man den Träger, dessen Organ-Personen dann auch wirklich für das finanzielle Wohl dieses Trägers verantwortlich sind, oder wenn man eben an dem Nebeneinander der verschiedenen Träger festhalten will, muß man sie auf ganz klarer finanzpolitischer Basis lassen.

Drittens scheint mir nun allerdings ein sehr wesentliches Erfordernis nach der Seite der Beteiligten, nach der Seite des Volkes hin das zu sein, daß für den Publikumsverkehr, für den einzelnen Volksgenossen, der mit der Sozialversicherung zu tun hat, eine ganz klar übersehbare Regelung getroffen wird. Diese kann für meine Auffassung nur darin bestehen, daß er sich mit allen Anliegen und mit allen seinen Verpflichtungen an eine einzige Stelle zu wenden hat. Das braucht aber kein Träger zu sein, sondern an sich eine Verwaltungsstelle, d.h., er braucht eben nur in dem Gebäude zu sein, es können innerhalb des Gebäudes dann verschiedene Schalter oder Abteilungen bestehen. Am liebsten wäre mir allerdings eine interne Einteilung dieser Stellen, die lediglich nach Buchstaben gestaltet ist, so daß der Mann weiß: wenn ich zur Krankenkasse komme, habe ich es mit dem und dem Beamten, mit dem gleichen zu tun. Der kennt ihn genau, der kann gegen

Unterschleife, gegen betrügerische Ausnützung auftreten; und es entsteht hoffentlich ein Vertrauensverhältnis. Man müßte also von unten her mit einer solchen einheitlichen Verwaltungsstelle aufbauen. Und meine Meinung ist allerdings nun die, daß diese unterste Stelle nicht nur Durchgangsstelle sein soll, sondern daß sie ein Stück eigener Aufgabe und eigener Verantwortlichkeit haben sollte; denn wenn sie wiederum Durchgangsstelle ohne Exekution ist, dann besteht wieder die Gefahr, daß die Leute ein eigentliches sachliches Interesse an der Sache gar nicht entwickeln, sondern jedem Wunsch des Versicherten möglichst weit entgegenkommen, weil es für sie viel bequemer ist. Es ist solchem Mann hinter dem Schalter immer unangenehm, wenn er dem Mann vor dem Schalter sagen muß: das kann ich nicht. Damit diese Stelle ein eigenes Interessiertsein hat, müßte diese untere Stelle selber Träger eines Stückes der Versicherung sein, und zwar der Krankenversicherung, die sowieso aus versicherungstechnischer Notwendigkeit getrennt organisiert sein muß, getrennt von der Rentenversicherung. Während die Rentenversicherung mehr auf ein einheitliches Gebilde hinzielt, kann die Krankenversicherung ganz gut auf viele, vielleicht bis auf in die hunderte oder in die Tausende gehende Stellen verteilt sein.

Nun die Frage: Wie groß soll diese Krankenkasse sein? Herr Dr. Kaiser hat von einer Größe von 10000-20000 Versicherten gesprochen. Mir scheint das ungefähr richtig zu sein. Im einzelnen ist es schließlich eine Frage der Betriebswirtschaft. Man wird in großen Orten vielleicht über diese Grenze von 20000 hinausgehen. Mir hat früher die Zahl von 50000 vorgeschwebt. Aber in diesem Punkte braucht man sich nicht [evtl.: nur] auf das Grundsätzliche festzulegen.

Also der Streit darüber, ob man einen Ort oder einen Kreis oder einen Arbeitsamtsbezirk nehmen soll, scheint mir stark um des Kaisers Bart zu gehen. Es handelt sich darum, eine Abgrenzung zu finden, die den wirklichen Lebensverhältnissen, den Verkehrsbeziehungen der einzelnen Gegend usw. gerecht wird.

Hingegen scheint mir nun allerdings, daß es nicht haltbar sein wird, innerhalb des räumlichen Bereichs verschiedene Arten von Krankenkassen nebeneinander zu errichten. Ich weiß, es werden dagegen Innungskrankenkassen, Betriebskrankenkassen usw., alles Mögliche anführen, was, für sich gesehen, ganz gut und schön ist. Ich glaube aber, daß sich die Dinge heute so weit entwickelt haben, daß man hier lieber von diesen Rücksichten ganz Abstand nehmen soll, daß man die großen allgemeinen Rücksichten in den Vordergrund stellen soll, daß man eben in diesem Punkte allerdings eine Einheitlichkeit als das Wünschenswerteste ansehen soll, denn so wie man einmal die Betriebskrankenkassen oder Sonderkrankenkassen irgendwie zuläßt, kann man nicht mehr vermeiden, daß die Menschen, die im gleichen Hause wohnen, verschieden behandelt werden. Macht man einheitliche Kassen, macht man diese aber hinreichend klein, dann besteht sehr wohl die Möglichkeit, daß diese einheitlichen Kassen sich an die besonderen Bedürfnisse ihres Versichertenkreises sehr weitgehend anpassen. Wenn die einheitliche Kasse für den ländlichen Bezirk mit etwa 10000 Einwohnern zuständig ist, ja, dann wird sie, ich darf einmal sagen, das Gepräge einer Landkrankenkasse haben. Oder wenn das eine Kasse ist, die in einer kleinen Stadt tätig ist, dann wird sie in ziemlich hohem Grade das Gepräge einer Innungskrankenkasse annehmen, wenn es eine Stadt ist, wo handwerkliche Betriebe und kleingewerbliche Betriebe überwiegen.

Sehr große Bedenken habe ich auch - ich bitte, mich da nicht etwa mit früheren literarischen Äußerungen zu packen und mir die entgegenzuhalten - gegen die Betriebskrankenkassen, so wie die Dinge sich jetzt entwickeln, denn daß in dem Betriebe nun etwa gar ein ständisches Element läge, das glaube ich nicht. Der Betrieb ist sehr wohl eine Grundlage für die arbeitsrechtliche Regelung dieser Dinge, so wie wir sie im Arbeitsordnungsgesetz vor uns haben. Aber für die Sozialversicherung scheint mir der Betrieb jedenfalls kein zwingendes Argument für sich zu haben, auf Grund dessen man gerade eine Betriebskrankenkasse machen sollte. Ich habe aber auch Bedenken, eine bloße Verwaltungsstelle, eine Expedition der Krankenkasse in den Betrieb hineinzusetzen und der Betriebsgemeinschaft, insbesondere dem Betriebsführer in die Hand zu drücken, denn dadurch erreicht man dann doch wieder das Auseinanderklaffen von Expedition und verantwortlicher Entscheidung. Und dann kommt noch etwas anderes hinzu: Die unterste Stelle, mit der der Versicherte künftig zu tun haben soll, soll alle seine Versicherungsangelegenheiten erledigen. Die untere Stelle soll sich um Unfallangelegenheiten, um Rentenangelegenheiten kümmern. Sofern die Unfallangelegenheiten überhaupt noch irgendeine besondere Rolle spielen, wird die unterste zuständige Stelle in starkem Maße - ja, ich möchte sagen - eine inquisitorische Institution sein. Herr Dr. Schultz hat davon gesprochen, daß polizeiliche Untersuchungen bei Unfällen vorzunehmen sind. Ich lasse dahingestellt, ob das verwaltungsrechtlich ganz korrekt ist, das als polizeilich zu bezeichnen. *(Dr. Schultz*: Das Wort habe ich nicht gebraucht!) Ich lasse das aber ganz dahingestellt. (*Dr. Schultz:* Ich habe mich versprochen!) Jedenfalls handelt es sich bei diesen untersten Stellen in starkem Maße um die sofort nach einem Unfall einsetzenden Unfalluntersuchungen. (*Dr. Schultz:* Die meine ich!) Wenn nun diese unterste Stelle selbst mit dem Betrieb allzusehr in Kontakt gebracht ist, dann wird diese unterste Stelle nicht geeignet sein, die Unfalluntersuchung im Betriebe vorzunehmen, denn die Untersuchung ist in einem hohen Prozentsatz der Fälle doch offenbar eine Untersuchung, bei der sich die „Anklage" gegen die Betriebsleitung richtet. Deshalb erscheint mir eine Verquickung dieser untersten Verwaltungsstelle mit der Betriebsleitung in irgendeinem Sinne bedenklich.

Ich möchte also sagen: Diese Krankenkassen, zugleich als Vermittler für die anderen Versicherungszweige, müssen selbständig organisiert sein in kleinen Bezirken. Ich akzeptiere die Zahl von 10000-20000. Ich meine, daß man sich hier sehr stark an die örtlichen Verhältnisse anpassen soll.

Darüber braucht man meines Erachtens weiter nichts (abgesehen einmal von der Aufsichtsführung) als die Stelle, die die Rentenversicherung durchzuführen hat. Irgendwelche Zwischenstellen nach Art von Kreisstellen oder Provinzialstellen sind nicht nötig. Die Rentenversicherung mag von 13 Landesversicherungsanstalten oder von Provinzialanstalten geführt werden; das ist mir gleich. Aber mit Rücksicht auf die allgemeine Verwaltungsorganisation hier irgendwelche Zwischenstufen einzuschalten, das erscheint mir ganz unnütz. Die Sache muß so einfach wie möglich gemacht werden.

Dann darf ich noch auf zweierlei hinweisen, was gegenüber diesen drei zunächst behandelten Gesichtspunkten verhältnismäßig in den Hintergrund tritt. Das eine möchte ich die bankmäßige Seite nennen. Sie haben davon gehört, soundso viele Krankenkassen haben in soundso großem Umfange Rücklagen angesammelt, haben diese Rücklagen schließlich nie gebraucht. Ich halte es für notwendig, daß man gerade bei Anwendung des Umlageverfahrens in der Krankenversicherung an sich eine Rücklage in vernünftigem, maßvollen Umfang bildet. Ich halte es aber allerdings nicht für notwendig, daß diese Rücklagen nun in den Händen der Krankenkassen bleiben, daß diese Rücklage finanztechnisch angelegt wird von dem Vorstand der Krankenkasse, sondern ich halte es für durchaus möglich, daß alle diese Mittel, die sich hier und da ansammeln und die in ihrer Summe einen sehr bedeutenden finanzpolitischen Faktor ausmachen, irgendwo zusammenfließen. Man könnte daran denken, daß man die Krankenkassen verpflichtet, ihre Rücklagen bei der Reichsbank oder einer anderen allgemeinen Bankeinrichtung anzulegen. Aber man könnte auch vorsehen, daß die Gelder möglichst in der Sozialversicherung bleiben; man könnte dafür eine Zentrale für das ganze Reich, eine zentrale Finanzverwaltungsstelle schaffen, die dann die bankmäßige oder die anlagemäßige Behandlung dieser Gelder übernimmt. Jede Krankenkasse, jeder sonstige Versicherungsträger hat bei dieser Geldverwaltungsstelle oder Kapitalverwaltungsstelle, möchte ich lieber sagen, sein Konto. Er kann unter gewissen Bedingungen von diesem Konto auch abheben. Dann muß diese zentrale Finanzverwaltungsstelle auch dafür sorgen, daß auch flüssige Mittel vorhanden sind.

Also diese, wie ich eben sagen möchte, bankmäßige Seite der Sache könnte man aus der normalen Verwaltung der Versicherungsträger sehr gut abtrennen. Inwieweit nun mit diesen zusammengefaßten Kapitalien einmal Aushilfe geleistet werden könnte in Form von Darlehen, die natürlich dem einzelnen Versicherungsträger wieder zur Last geschrieben werden, das ist eine Sache, auf die ich jetzt nicht einzugehen brauche.

Schließlich noch ein Gesichtspunkt! Herr Dr. Kaiser hat davon gesprochen, daß sich doch in allen Versicherungszweigen ganz freiwillig oder mehr oder weniger freiwillig Spitzenverbände gebildet haben, daß man dazu gekommen ist, diese an sich isolierten Versicherungsträger zentral zusammenzufassen. Nun, ursprünglich scheint es sich dabei um einen Erfahrungsaustausch gehandelt zu haben; und erst allmählich haben sich dann gewisse eigene Einrichtungen dieser Arbeitsgemeinschaften oder wie sie sonst heißen, entwickelt. Herr Dr. Kaiser möchte an diese Entwicklung anknüpfen, möchte die Aufgaben für jeden Versicherungszweig zentral in die Hand genommen wissen. Insbesondere wurde ja das Beispiel von der Landesversicherungsanstalt Hannover herangezogen. Ich habe Herrn Dr. Kaiser dahin verstanden, daß er sagte: Na, wenn Hannover so etwas macht, warum machen es die anderen nicht auch? Das könnte einfach auf zentrale Weisung geschehen. Gut, das hat natürlich manches für sich. Ich darf aber eines entgegenhalten: nämlich ein gewisser edler Wettstreit zwischen den einzelnen Versicherungsträgern kann auch nichts schaden. Es kommt eben der betreffende Mann, der in Hannover zu schalten und zu walten hat, auf diesen Gedanken, irgendein anderer kommt auf einen anderen Gedanken. Und nun sind die Gedanken nicht immer so ausgereift, daß man gleich abschließend darüber urteilen kann, ob sie für das ganze Reich zu verwirklichen oder abzulehnen sind. Da halte ich es gar nicht für schlecht, wenn zunächst einmal im Bereich einer Provinz usw. ein Versuch gemacht wird; und wenn dieser Versuch sich dieses Jahr bewährt, kann er im nächsten Jahr als Anregung weitergegeben werden. Es kann dann schließlich auch zu einer zentralen Anordnung kommen, die auch der Reichsarbeitsminister treffen könnte. Ich fürchte, wenn man die Dinge von vornherein zentralisiert, daß dann nach all den psychologischen Eigenheiten einer Zentralverwaltung sehr vieles an guten Anregungen einfach unter den Tisch fallen und an den unvermeidlichen bürokratischen Widerständen scheitern wird. Ich würde also eine gewisse Initiative dieser einzelnen Stellen, dieser, sagen wir, Landesversicherungsanstalten, oder, sagen wir, Krankenkassen usw. nicht von vornherein abschneiden, ebenso wie ja der Gedanke der Mehr-Leistung, der Kann-Leistung sich doch dahin entwickelt hat, daß diese Leistungen, sofern sie sich zu typischen Mehr-Leistungen herausgebildet hatten, später vom Gesetzgeber aufgegriffen und zu Regelleistungen gemacht worden sind.

Ich glaube, wir sollten uns heute darauf beschränken, von der Organisation der eigentlichen Versicherungsträger zu sprechen. Es ist aber zwischenhinein von Versicherungsämtern die Rede gewesen. Nun ist das in dem Entwurf, der uns vorliegt, so zu verstehen, daß das, was dort „Amt" heißt, der Träger sein soll. *(Ja!)* Das ist dann also nur eine Verschiebung in der Bezeichnung. Es bleiben auf jeden Fall gegenüber den Stellen, die die eigentliche Durchführung der Sozialversicherung zu erledigen haben und die ich auch weiterhin Träger nennen möchte, noch die Aufgaben eigentlich obrigkeitlicher Art, nämlich einmal die Führung der Aufsicht und zum anderen die Rechtsprechung, die Entscheidung in Streitfällen. Und ohne daß ich auf diese Dinge heute schon im einzelnen eingehen will, scheint es mir doch notwendig, dazu noch ein paar Worte zu sagen:

Es muß eine klare Trennung zwischen diesen obrigkeitlichen überwachenden und rechtsprechenden Funktionen und den eigentlichen sachlichen Aufgaben der Sozialversicherung selbst herbeigeführt werden. Ich würde es für verfehlt halten, wenn man etwa sagen wollte: die untere Stelle ist die Krankenkasse; kommt es bei der Krankenkasse zu Reibungen, kommt es zur Frage der Aufsicht oder zur Frage der Rechtsprechung, dann soll nun die Provinzial-Landesversicherungsanstalt oder wie man sie nennt, die nächste Instanz sein, sondern der Instanzenzug in Aufsichtssachen und Rechtsprechungssachen muß vollkommen danebenher gehen. Ich glaube weiter - auch das will ich nur andeuten -, man sollte stärker als bisher die aufsichtlichen und damit immer noch verwaltenden Funktionen von der eigentlichen Rechtsprechungsfunktion abtrennen. Rechtsprechung und Verwaltung gehören nicht in dieselbe Hand. Das hat auch der nationalsozialistische Staat durch seine ganze bisherige Praxis durchaus anerkannt. Nur in der Sozialversicherung ist dieser Gesichtspunkt durch einen unglücklichen Umstand in der Frühzeit der Sozialversicherung vergessen worden. Dadurch kommen die höchst merkwürdigen Dinge, die wir beim Schlafwagenschaffner erlebt haben, wo ganz unverkennbar eine Entscheidung ganz formal als Rechtsprechung ergeht, nämlich die Entscheidung darüber, ob der einzelne Versicherte zu dem einen oder zu dem anderen Versicherungszweig gehört, entweder zur Invalidenversicherung oder zur Angestelltenversicherung. Diese Entscheidung wird aus verwaltungspolitischen Rücksichten gefällt. Es ist dann in der Sitzung, soweit ich unterrichtet worden bin, ganz klar ausgesprochen worden: wenn wir die Schlafwagenschaffner zu Angestellten erklären, dann leidet die wirtschaftliche Tragfähigkeit der Invalidenversicherungsträger darunter. *(Sehr richtig!)* Ja, das sind zwei Dinge, die gar nichts miteinander zu tun haben. Wenn der Gesetzgeber glaubt, daß die Versicherungsträger dadurch übermäßig geschwächt werden, dann mag er einen Rechtssatz erlassen, der die Schlafwagenschaffner so oder so behandelt. Wenn aber das geltende Recht auf die Schlafwagenschaffner angewandt wird, so kann nur nach Recht und nicht nach verwaltungsmäßigen Rücksichten entschieden werden. Darum gehört beides getrennt. In welcher Weise diese beiden Aufgaben zu organisieren sein würden, damit möchte ich Sie jetzt nicht aufhalten.

Dr. Schultz: Ich freue mich, daß Herr Prof. Lutz Richter mir in vielem zugestimmt hat, nicht etwa, weil ich den persönlichen Ehrgeiz habe, etwas gesagt zu haben, was von anderer Seite anerkannt wird, sondern weil ich wirklich diese Bedenken hatte, die durch das Wort „Landesversicherungsamt" in den Entwurf hineingekommen sind. In dem selben Moment, wo ich hörte, daß mit „Landesversicherungsamt" nicht eine Behörde, sondern jetzt ein Versicherungsträger gemeint ist, da war ein Teil meiner Bedenken dadurch beseitigt, und als Sie sagten, Herr Vorsitzender, daß in dem Entwurf nicht daran gedacht wäre, die Versicherungsträger alle auszuschalten. Ich konnte aber zu keiner anderen Auffassung kommen; denn einmal sagt der Entwurf in Klammern: Der Entwurf beabsichtigt die Beseitigung der Krankenkassen als Versicherungsträger. Und zweitens spricht er nicht von einer Landesversicherungsanstalt, sondern von einem Landesversicherungsamt. Diese beiden Tatsachen zusammen haben mich zu der Auffassung gebracht, daß ich meine Bedenken hier noch aussprechen wollte. Aber ich konnte mir eigentlich innerlich nicht denken, daß Sie, Herr Vorsitzender, sämtliche Versicherungsträger, sämtliche Kompetenzen der Versicherungsträger einer Behörde übertragen wollten; das wollte mir nicht recht in den Kopf.

Dr. Neuhauß: Ich wollte nur zu dem, was so von Herrn Dr. Schultz ausgeführt worden ist, bemerken, daß, soweit ich den Entwurf durchgelesen und verstanden habe, allerdings den dort als „Landesversicherungsamt" bezeichneten Stellen die Aufsicht über die Versicherungsämter übertragen werden soll. Es heißt im § 4 des Entwurfs: Das Landesversicherungsamt ist Aufsichtsamt für sämtliche Versicherungsämter seines Bezirks, welche als Organe des Versicherungsträgers die Krankenversicherung durchzuführen haben. (*Zuruf:* Leistung!)-

Wenn ich dazu aus meiner eigenen Praxis noch einiges dazu anführen darf, so wäre es folgendes: Es ist ja zweifellos ein Umstand, der nach vieler Richtung als sehr mißlich empfunden wird, daß die Leistungen der Krankenkassen so sehr verschieden sind. Im Regierungsbezirk Wiesbaden variieren die Krankenkassenbeiträge von 2,2%, also bei Betriebskrankenkassen, bis zu 7,4%, also hart bis an die Grenze von 7,5%. Es ist ohne weiteres klar, daß dementsprechend naturgemäß auch die Leistungen verschieden sind. Dabei trifft es sich fast immer so, daß da, wo die Beiträge gering sind, die Leistungen ziemlich hoch sind. Da, wo hohe Beiträge erhoben werden, sind meist auch die Leistungen am geringsten, weil eben die Lage solcher Kassen mißlich ist. Es ist gar kein

Zweifel, daß diese verschiedenartigen Zustände für die Versicherten außerordentlich mißlich und bedrückend sind und daß es schwer ist, den Versicherten das klarzumachen. Sie sagen einfach: Ich muß soundsoviel bezahlen, und mein Arbeitskamerad, der in einer anderen Kasse versichert ist, hat nur die Hälfte des Beitrages zu leisten, die ich leiste. Ich möchte daher der Ansicht Ausdruck geben, daß eine gewisse Vereinheitlichung auf diesem Gebiete notwendig ist, ohne augenblicklich in der Lage zu sein, nun bestimmte Vorschläge in der Sache zu machen. Das würde an dieser Stelle zu weit führen. Nur meine ich, man müßte diese Ungleichheit auf irgendeinem Wege beseitigen.

Und dann glaube ich auch, daß man die Zahl der Versicherten, die man nun zusammenschließen müßte, nicht zu hoch greifen sollte. Es ist eine bekannte Erfahrung, daß bei zu großen Kassengebilden doch in vieler Hinsicht das Gefühl für die Wirtschaftlichkeit der Maßnahmen etwas verschwindet und daß das Gefühl, einem großen Betriebe vorzustehen, dazu verleiten kann, diese oder jene Ausgabe, die vielleicht an sich vermeidbar wäre, mit Rücksicht auf die Größe des Betriebes als unbeachtlich zu betrachten. Ob 10000 oder 15000 bis vielleicht 20000 Versicherte auf einen Kassenbezirk kommen sollen - das ist eine Frage, die im einzelnen zu prüfen wäre, die auch von der besonderen örtlichen und wirtschaftlichen Struktur eines Bezirkes abhängt.

Grützemann: Ich habe mir den Entwurf eingehend durchgesehen und hin und her überlegt, wo man noch bessere Vorschläge machen könnte. Ich habe mich schon früher, bevor ich daran dachte, in diesen Ausschuß zu kommen, mit meinen Kollegen aus der Praxis unterhalten, weil ja schon seit langer Zeit in der Literatur Aufsätze über die Frage der Zusammenlegung usw. erschienen sind. Wir sprachen ganz offen, und da sagte ich: ja, was haltet ihr denn eigentlich davon? Ich habe das Gefühl und kann es nicht loswerden, daß überall die Angst der leitenden Stellen um ihre Selbständigkeit für ihre Stellungnahme maßgebend ist. Der eine hat die Bedenken, der andere jene, und wenn man die Aufsätze durchliest, glaubt man, das 100%ig bejahen zu sollen. Aber bei Lichte besehen, klingt doch überall die Sorge heraus, daß sie ihre Selbständigkeit verlieren. Man soll wohl beachten, was da vorgebracht wird, aber man muß gegenüber diesen Gegenäußerungen einen kühlen Kopf behalten. Denn es ist eine alte Erfahrung: Sobald etwas Neues erscheint, was modern ist, so können sich besonders die älteren Herren nicht recht damit anfreunden. Sie können sich nicht recht modernisieren und kommen nur schwer darüber hinweg. Wir haben diese Beobachtung auch gemacht bei der Organisation der Behörden der Reichsversorgung. Als wir anfingen, hatten wir 300 Versorgungsämter; und was war das für eine Wirtschaft, als da ein paar aufgelöst werden sollten. Niemand konnte aufgelöst werden, alle waren ganz unentbehrlich. Und heute haben wir 65 oder 75 Ämter, und die Sache geht tadellos; und ich weiß nicht einmal, ob wir bei diesen 75 bleiben werden. Wir haben auch die vielen Beamtenverbände gehabt. Wir brauchen nur einmal an die neuen Organisationen zu denken, da schrie alles Zetermordio, keiner konnte sich auflösen, es ging einfach nicht; und jetzt geht alles wunderbar und spielt sich immer besser ein.

Herr Prof. Richter hat sehr richtig betont: wir gehen da zunächst einmal von einer Veränderung der Aufgaben aus. Dann kommen wir ganz zwangsläufig zu einer neuen Organisation.

Eins ist mir noch unklar geblieben: Wer erledigt in Zukunft die Angelegenheiten der Unfallverhütung, die jetzt von den Berufsgenossenschaften durchgeführt werden? Die Frage ist doch sehr bedeutungsvoll. (*Zuruf.*) - Ja, kann man das so ohne weiteres der Gewerbeaufsicht übertragen? Ist das nicht gefährlich? Ich habe mich auch da erkundigt. Ich war da mit einer Dame der Gewerbeaufsicht zusammen, die sehr rührig und eifrig ist. Diese Gewerbekontrolleurin meinte, daß das nach ihrer Ansicht ganz unbedenklich gehe, und ich glaube auch, das ließe sich durchaus machen.

Nun schreiben natürlich die vielen, vielen Herren von den verschiedenen Berufsgenossenschaften, die da als Aufsichtsbeamte tätig sind, das ginge gar nicht, das könne gar kein anderer machen als die Herren, die es bisher gemacht haben. (*Zuruf:* Das ist eine ganz alte Sache!) - Ich stehe auf dem Standpunkt: Es kann auch anders gemacht werden.

Auf eins möchte ich noch kommen. Der Herr Parteigenosse Brucker hat gesagt, er ist von dem Bestreben beseelt - und das sieht man auch aus dem ganzen Entwurf -, nach Möglichkeit nichts zu zerschlagen, zum mindesten nicht in der Übergangszeit, bis sich das erst eingespielt hat. Er sagt: Wir wollen nach Möglichkeit alles, was vorhanden ist, beibehalten. Wir brauchen die Innungskrankenkassen, wir brauchen die Betriebskrankenkassen, aber nicht als Krankenkassen, sondern als Verwaltungsstellen, die lediglich dem Versicherungsamt unterstellt sind, eine ausführende Stelle, nicht eine Kasse. Daraus folgert natürlich, daß z.B. eine Betriebskrankenkasse lediglich eine Abteilung dieses Versicherungsamtes ist, die nur aus Zweckmäßigkeitsgründen bestehenbleibt, weil man es sich bei einer großen Fabrik - ich denke da an die großen Kruppschen Werke - bequemer machen will, an sie heranzukommen. Das ist aber nicht mehr die alte Betriebskrankenkasse, sondern nur eine Verwaltungsstelle des Versicherungsamtes. Daraus folgert, daß natürlich nun das Versicherungsamt dann auch die sämtlichen Kosten, auch die Kosten für die Beamten usw., voll zu tragen hat, weil es ja auch die Beiträge voll für sich in Anspruch nimmt, und daß es unter Umständen auch für die Räume, die für diese Zwecke gebraucht werden, an die Fabrik zu zahlen hat, wenn sie die bestehenden Einrichtungen für sich in Anspruch nimmt.

Dr. Kaiser: Uns schwebt in der NSBO überhaupt eine Umgestaltung der gesamten Gewerbeaufsicht vor. Es wäre möglich, daß alle diese Fragen der Unfallverhütung ihr übertragen würden. Dazu wäre natürlich, wie ich schon betonte, eine Umgestaltung nötig. Die jetzt vorhandenen 800 Gewerbeaufsichtsbeamten sind nicht in der Lage, die in Betracht kommenden 20 Millionen zu kontrollieren. Da schwebt uns nun eine Lösung in der Weise vor, daß wir Arbeiter im Betriebe für den Betriebsschutz ausbilden. Sie müssen gut ausgebildet werden und ein Examen machen, in dem sie die Befähigung für einen Betriebswart nachweisen, und daß dann die Aufsicht in den Betrieben nicht mehr von Geweberäten, den Beamten der Gewerbeaufsicht, vorgenommen wird, sondern daß die im Betriebe befindlichen Gewerbewarte da die Betriebe zu überwachen haben. Sie werden die Aufgaben eines mittleren Verwaltungsbeamten ausführen ohne die polizeiliche Gewalt eines höheren Gewerbeaufsichtsbeamten. Es wäre durchaus möglich, daß auf diese Weise die Gewerbeaufsicht die Fragen der Unfallverhütung mit übernähme. (*Zuruf:* Der Gewerbewart ist doch aber Mitglied der Gefolgschaft des Betriebes!)

Professor Dr. Lutz Richter: Ich begrüße es sehr, daß Herr Grützemann darauf hingewiesen hat. An solche Erwägungen, wie sie von den bisherigen Versicherungsträgern pro domo vorgebracht werden, dürfen wir uns natürlich grundsätzlich nicht stören. Wir können hören, was uns da gesagt wird; aber das sind nicht die maßgebenden Gesichtspunkte. Mir ist als Argument für die Beibehaltung der bisherigen Form der Unfallversicherung vorgehalten worden, was ich denn eigentlich wollte, die Unfallversicherung hätte einen so ausgezeichneten Gefahrentarif, daß damit schon alle weiteren Probleme gelöst wären. In meinen Augen liegt die Sache aber so, daß die bisherige Art der Unfallversicherung einen ganz ungeheuren Verwaltungsapparat erfordert und dabei eigentlich von meinem Standpunkte aus gar nichts herauskommt. Auch die besondere Unfallverhütung, die ja in sehr verdienstvoller Weise von den bisherigen Berufsgenossenschaften gemacht worden ist, kann allein nicht der Grund sein, diese Berufsgenossenschaften aufrechtzuerhalten. Ich glaube, daß sich da bisher auch schon Reibungen und Konkurrenzierungen zwischen der staatlichen Gewerbeaufsicht, zwischen ihren Unfallverhütungsbeamten und denjenigen der Berufsgenossenschaften ergeben haben, offenbar in größerem Umfange, als es bisher der Öffentlichkeit bekannt wird.

Man könnte diese Dinge sehr gut in der staatlichen Hand konzentrieren und würde nur für eines sorgen müssen, daß die speziellen Fachkenntnisse, die bisher in den Berufsgenossenschaften gesammelt worden sind, weiter zu Worte kommen. Denn die staatliche Gewerbeaufsicht wird zweifellos ganz anders organisiert werden müssen als bisher. Man wird eine Zentrale im Reich bekommen, und dort können dann Beiräte für die einzelnen Gewerbezweige errichtet werden, die die Vorschriften, das was heute in den Unfallverhütungsvorschriften steht, mit ausarbeiten helfen.

Ob man unten noch etwas hinzusetzen kann, wie das Herr Dr. Kaiser angedeutet hat, scheint mir durchaus erwägenswert zu sein. Ich habe nur ein kleines Bedenken, daß der Mann, der mit zu der Betriebsgefolgschaft gehört und im Betriebe steht, und der nun im Betriebe die Gewerbeaufsicht vertreten und unterstützen soll, sich dabei hart tun wird. Man stellt ihn da in eine Pflichtenkollision. Gegenüber den Unfallverhütungsvorschriften und seinen Aufsichtspflichten bestehen Interessen der Betriebsleitung, aber auch - das darf man nicht vergessen - widerstrebende Interessen der anderen Arbeiter im Betriebe. Die Arbeiter sind nicht immer wild darauf, daß alle Unfallverhütungsvorschriften befolgt werden. Namentlich bei Akkordarbeiten usw. sind sie oft sehr geneigt, die Unfallverhütungsvorschriften auf die leichte Achsel zu nehmen. Da würden sie vielleicht einen Gefolgschaftsgenossen in eine unerträgliche Lage hineinmanövrieren. Dafür gibt es aber vielleicht andere Möglichkeiten.

Vorsitzender Brucker: Wir haben einen Punkt vergessen, die Knappschaften. Wir sind wohl alle einig, daß die bisherige Reichsknappschaft nicht weiter bestehen kann, weil sie finanziell so daniederliegt, daß ihr kein Mensch mehr aufhelfen kann. Deshalb ist auch der Vorschlag gemacht worden, man möchte die selbständige Knappschaftsversicherung aufheben und die im Bergbau beschäftigten Menschen der allgemeinen Sozialversicherung, d.h. der anderen Sozialversicherung angliedern. Hinsichtlich der Beiträge soll es dabei bleiben, daß sie keine höheren Beiträge wie die anderen bezahlen, nur hinsichtlich der Leistungen sollen sie mehr bekommen, ein Vielfaches der Rente oder gewisse Leistungen, die sie seither in der Krankenversicherung als zusätzliche Leistungen hatten. Ich glaube, daß hierüber keine Meinungsverschiedenheit besteht, denn selbst in Regierungskreisen weiß man keinen anderen Ausweg als diesen. *(Heiterkeit.)*

Die Fragen, die mit der Gewerbeaufsicht zusammenhängen, wollen wir vielleicht nachher zusammen mit den Fragen der Rechtsprechung behandeln.

Hinsichtlich der Verantwortlichkeit der bisherigen Versicherungsträger, die, glaube ich, von Herrn Professor Richter herausgestellt worden ist und die Sie deshalb zum Teil erhalten wissen wollen, weil man ihnen die Verantwortlichkeit abnehmen würde, wenn man sie in einen größeren Topf wirft, darf ich Ihnen sagen, daß die Verantwortlichkeit auch sehr wohl in einer etwas höheren Stelle liegen kann als gerade in der untersten. Man könnte sich doch auch sehr wohl denken, daß die Verantwortung in der Zusammenfassung des Kreises oder des Arbeitsamtsbezirks liegt, daß also die Verwaltungsstellen, die Sektionsstellen von der zusammenfassenden Stelle so beaufsichtigt werden, daß die Verantwortlichkeit keineswegs darunter leiden dürfte; denn diese Sektionen oder Sektionsverwaltungsstellen sollen ja nicht selbständig handeln, sondern sie sollen anhand der Satzungen sich so aufführen, daß die Verantwortung der übergeordneten Stelle gewahrt ist. Ich kann mir nicht vorstellen, daß hier die Verantwortlichkeit im allgemeinen leiden würde.

Ich glaube, wir sind klar darüber, daß die Sozialversicherung irgendwie zusammengefaßt werden muß, und zwar hinsichtlich der finanziellen Frage, der Frage der Personalpolitik und einer gemeinschaftlichen Rücklage. Ich habe schon einmal gesagt, daß uns hier der Parteigenosse Oberlindober einen Floh ins Ohr gesetzt hat, der mir sehr gefällt, so daß ich seine Anregung nicht ablehnen möchte. Ob das nun in der Form einer Rückversicherung geschehen soll, wie Sie es angeregt haben - ich würde das als eine Lösung ansehen. Aber das würde nicht behindern, daß wir die Dinge in der Provinz zusammenfassen, in diesen großen Bezirken, d.h. also, daß wir in der Mittelstelle die gesamte Sozialversicherung zusammenfassen und sie vielleicht in sich in Sparten aufteilen, nämlich in die Sparten Krankenkasse, Rentenhilfe, und es käme auch etwas Wichtiges hinzu, die Arbeitsbeschaffung, nämlich das Wiederinarbeitbringen der Rentner. Man könnte sich auch darüber, glaube ich, einig werden, daß man die Dinge unten zusammenfassen muß, in den politischen Kreisen oder in den Arbeitsamtsbezirken.

Nun sind wir uns aber, glaube ich, darin noch nicht einig geworden, welche Selbständigkeit nunmehr die seitherigen untersten Gliederungen, die Betriebskrankenkassen, die Innungskrankenkassen, die Landkrankenkassen usw. haben. Da möchte ich bitten, sich einmal hierüber auszusprechen. Ich habe bisher auf dem Standpunkt gestanden, daß die Zusammenfassung innerhalb eines Arbeitsamtsbezirks durchaus möglich ist und daß wir dann die seitherigen besonderen Berufsgruppen mit eigenen Verwaltungsstellen bedenken. Wenn Sie aber der Meinung sind, daß das nicht tragbar wäre, dann bitte ich, diese Ansicht noch einmal zu begründen.

Erdmann: Ich möchte mich nur kurz äußern. Grundsätzlich stimme ich durchaus der Methodik zu, die Herr Professor Lutz Richter hier in Vorschlag gebracht hat. Ich glaube auch, daß man sich, um dem Problem, das hier erörtert worden ist, gerecht zu werden, zunächst einmal mit der grundsätzlichen Frage auseinandersetzen muß, wie es Herr Professor Richter schon getan hat.

Ich stimme ihm darin durchaus bei, daß man die Frage prüfen muß, ob es überhaupt möglich ist, ein einheitliches Risiko versicherungsmäßig zu schaffen, d.h. wir müssen zunächst einmal die Vorfragen prüfen, ob wir uns hier über ein versicherungsrechtliches Fundamentalproblem oder über ein verwaltungspolitisches Problem unterhalten.

Nun glaube ich, daß wir in einem Punkt einer Auffassung sind. Ich teile durchaus die Auffassung von Herrn Professor Richter, daß das Ziel, ein einheitliches Versicherungsrisiko zu schaffen, nicht erreichbar ist, indem wir zum mindesten unterscheiden müssen zwischen den beiden Hauptgruppen, zwischen kurzfristigen und langfristigen Leistungen, bei der Renten-, Angestellten- und Invalidenversicherung einerseits und der Kranken- und Unfallversicherung andererseits, wobei ich zunächst die Frage, ob eine selbständige Unfallversicherung noch eine Daseinsberechtigung hat, vorläufig einmal unerörtert lasse, sie dann aber doch noch mit einigen Worten behandeln will.

Wenn man sich über diese Aufteilung klar ist und wenn man sich klar ist, daß es sich hier nicht um versicherungsrechtliche, sondern um verwaltungspolitische Probleme handelt, ist die Frage zu erörtern: welche Organisationsform ist am zweckmäßigsten, um mit Erfolg den Arbeitnehmer gegen die verschiedenartigen Risikofälle, Versicherungsfälle, Wechselfälle des Lebens, möglichst ausreichend, dauernd, lückenlos und schnell zu schützen? Welche Versicherungsform ist die richtigste?

Nun haben Sie noch eine Frage gestellt, die Frage nach der Selbständigkeit der bisherigen Sonderkassen, der Betriebskrankenkassen, Innungskrankenkassen, Landkrankenkassen usw. im Rahmen eines derartigen von Ihnen entwickelten verwaltungstechnischen Schemas. Ich möchte vorausschicken, daß ich den Grundsatz einer verwaltungspolitischen Zusammenfassung in der mittleren Instanz auf der Basis der heutigen Treuhänderbezirke, der heutigen Bezirke der Arbeitsfront für durchaus richtig halte und anerkenne. Ich glaube, daß es eine ganz wesentliche verwaltungstechnische Vereinfachung sein würde, wenn wir auf dem Gebiet der Sozialversicherung das Prinzip der Sozialprovinz, um mich dieses Ausdrucks zu bedienen, durchführen und anerkennen würden. Wobei mir doch noch eine Frage zweifelhaft ist, wieweit man der mittleren Instanz, dem Bezirk des Treuhänders oder dem Bezirk der Arbeitsfront, über den Bereich der Aufsichtsbefugnis hinaus in den einzelnen Spezialgebieten, insbesondere der Krankenversicherung, nun das Recht zu materiellem Eingreifen geben soll, insbesondere das Recht zu materieller Regelung von Leistungen und Gegenleistungen.

Das leitet nun über zu der von Ihnen gestellten Fragen der Selbständigkeit der einzelnen Verwaltungsstellen, wenn man überhaupt dem Gedanken Rechnung trägt, daß man die Betriebskrankenkassen, Innungskrankenkassen und Landkrankenkassen zu einer solchen selbständigen Funktion noch im Rahmen eines solchen Schemas zuläßt. Ich kann hier Herrn Professor Lutz

Richter nicht folgen. Die Frage ist schon oft erörtert worden. Ich möchte aber noch einmal darauf eingehen. Ich glaube, es wird kaum einen Zweck haben, die Betriebskrankenkassen, Innungskrankenkassen, Landkrankenkassen zu belassen, wenn man ihnen lediglich die von Ihnen zugedachten Verwaltungsbefugnisse zuerkennen will. Ich glaube, daß das praktisch keinen Sinn hat, weil damit diesen Instanzen nichts genutzt ist. Wenn solche Einrichtungen bestehengelassen werden, so hat das meines Erachtens nur dann einem Sinn, wenn man es unter dem Gesichtspunkt des Fortbestehens ihres Eigenlebens tut, wenn man anerkennt, daß diese Gruppe von Ständen, um mich dieses Ausdrucks zu bedienen, sagen wir einmal, im Handel oder in der Landwirtschaft, in der Frage der sozialpolitischen Versorgung ein eigenes Leben nicht nur im verwaltungspolitischen Sinne, sondern auch materiell im Sinne der Betreuung ihrer Gruppenangehörigen besitzt, und daß ihnen damit die Befugnis überlassen wird, nach Maßgabe der besonderen Bedürfnisse der von ihnen repräsentierten Gruppen auch materiell sowohl nach der Seite der Leistungen wie auch der Höhe der Beiträge zu verfahren. Wenn Sie so vorgehen wollen, daß man eine einheitliche Leistung durch eine Zentralstelle vorschreiben will, so, glaube ich, ist eine Aufrechterhaltung selbständiger Verwaltungsstellen, um lediglich Aufgaben verwaltungsmäßig ohne jedes eigene Recht durchzuführen, nicht notwendig, und man sollte diesen Gedanken dann gänzlich fallenlassen.

Ich persönlich glaube aber, daß das Wertvolle in diesen Einrichtungen - das sind Empfindungsfragen, Ermessensfragen, Erfahrungsfragen - doch darin liegt, daß das eigene Interesse und die eigene Verantwortung der Beteiligten selbst im Wirkungskreis der Betreuung der sozialen Versicherung gar nicht hoch genug zu bewerten ist. Deshalb glaube ich, wenn man dem Gedanken hier zuneigt, auch den heute vorhandenen Ständen oder den Betrieben eine gewisse selbständige Betreuung in Form der Krankenkassen zu belassen, dann muß man auch den Schritt machen, ihnen, wenn es einen Sinn haben sollen, eine gewisse Eigenbeweglichkeit in der Bewegung der Leistungen zu gewähren.

Das zu dieser Frage, die ich damit beantwortet haben möchte.

Noch ein Wort zu der Frage der Unfallversicherung! Ich glaube, so ganz einfach kann man die Frage der Unfallverhütung hier nicht behandeln. Ich fühle mich nicht berufen, in irgendeiner Form eine Lanze für die Unfallverhütungstätigkeit der bisherigen gewerblichen oder landwirtschaftlichen Berufsgenossenschaften zu brechen. Eines muß man anerkennen: daß die Erfahrung und das Maß von verantwortlicher Gesinnung der beteiligten Unternehmer und Arbeitnehmer, wie sie nicht territorial, sondern branchenmäßig in den Berufsgenossenschaften vereinigt sind, für die weitere Zukunft gar nicht hoch genug veranschlagt werden kann. Am besten arbeitet die Berufsgenossenschaft, die mit 100%iger Verwaltungsarbeit die Unfallverhütungstätigkeit so stark und so hervorragend ausgearbeitet und durchgeführt hat, daß Unfälle unter Umständen ganz vermieden werden. Hier ist die branchenmäßige Zusammenfassung das Grundlegende und Wertvolle, weil nur auf dieser organisatorischen Basis tatsächlich die Erfahrung nutzbar gemacht werden kann, die notwendig ist, um eine sachlich bedingte Unfallverhütung durchzuführen. Das kann nicht durch staatliche Beamte gewährleistet werden.

Herr Professor Richter oder Herr Dr. Kaiser hat es zum Ausdruck gebracht, daß bei Änderung der staatlichen Gewerbeaufsicht gerade dem branchenmäßigen Gesichtspunkt Rechnung getragen werden soll. Wir würden dann auf kompliziertem Wege das wiederherstellen, was wir heute mehr oder weniger in Gestalt der Berufsgenossenschaft haben. Ich möchte das hier nicht weiter erörtern, aber doch zur Überlegung anheimgeben.

Sodann aber ein sehr wichtiges materielles Moment, das mir im Augenblick für uns bei der Frage der Unfallverhütung doch noch von Wichtigkeit zu sein scheint, nämlich ein Gesichtspunkt vom Standpunkt des versicherten Unternehmers. Wir haben doch nicht eine Unfallversicherung selbständiger Art um deswillen eingeführt, weil wir ein besonderes Risiko Unfall oder Erwerbsbeschränkung durch Unfall oder Tod durch Unfall versicherungsrechtlich oder versicherungstechnisch anerkannt haben. Man müßte sich hier in diesem Kreise auch einmal über die Frage unterhalten, ob wir das Risiko Erwerbsbeschränkung durch Unfall oder Tod durch Unfall preisgeben wollen zugunsten des allgemeinen Risikos der Erwerbsbeschränkung. Dieses besondere Risiko Erwerbsbeschränkung durch Unfall hätte eine höhere Rente für den Unfallverletzten zur Folge. Darin liegt die ungeheure praktische versicherungstechnische Bedeutung, vom Standpunkt des unfallverletzten Versicherungsnehmers aus gesehen. Wollen Sie nun diese bevorzugte Behandlung des unfallverletzten Erwerbsbeschränkten durch die höhere Rentengewährung preisgeben durch eine Einbeziehung dieses Risikos oder Aufgehenlassen dieses Risikos in das allgemeine Risiko? Wenn man das nicht will, wenn man also die höhere Rente für den Unfallverletzten anerkennen will - ich persönlich bejahe diese Frage aus einer Reihe von Gründen, auf die im einzelnen nicht eingegangen werden kann -, dann kommen Sie wieder zu einem besonderen Risiko "Unfall", das Sie dann im Rahmen einer allgemeinen Rentenversicherung behandeln müssen; und dann müssen Sie doch eine besondere Sparte innerhalb der allgemeinen Rentenversicherung oder Krankenversicherung, wie Sie es nennen wollen, anerkennen. Also ich glaube, daß man über diese Frage im Interesse der Verletzten gar nicht hinweggehen darf, sondern daß man sich sehr ernst die Fragen vorlegen muß, ob man tatsächlich so weit gehen will und kann, daß man den Unfallverletzten als besonderes versicherungstechnisches Risiko preisgeben und ihn wie jeden anderen verletzten Rentenberechtigten behandeln will. Diese Frage möchte ich nur anheimstellen.

Bisher ist noch nicht eingegangen worden auf den letzten Teil der Ausführungen von Herrn Dr. Kaiser, wie die Organisation und Mitwirkung sowie die Beitragsverteilung zwischen Arbeitnehmer und Arbeitgeber erfolgen soll. Das ist ein Punkt, der vielleicht in einer besonderen Diskussion behandelt werden muß. Alle diese Fragen der Generaldiskussion sind ja so ungeheuer schwerwiegend, daß jede einzelne Frage einer besonderen Diskussion wert wäre.

Ich weiß nicht, ob Herr Dr. Kaiser aus der von ihm vorgeschlagenen Verteilung der Beiträge zwischen Arbeitgebern und Arbeitnehmern wieder bei einer 100%igen Beteiligung der Arbeitnehmer auch die Konsequenzen zieht für die Beteiligung in den einzelnen Versicherungszweigen, ob er also, praktisch gesprochen, die 100%ige Beitragspflicht der Arbeitnehmer auch entsprechend in einem 100%igen Recht der Arbeitnehmer in der Selbstverwaltung der Sozialversicherung sich auswirken lassen will. Das wäre doch eine Konsequenz, die man ziehen müßte. Gerade im Sinne seiner weiteren Ausführungen, daß es die Sozialversicherung der Arbeitnehmer sei, für die die Arbeitnehmer verantwortlich seien, müßte man diese Konsequenz ziehen. Das ist eine Frage, die von ganz grundsätzlich sozialpolitischer Bedeutung ist, über die man sehr viel sagen kann.

Ich persönlich würde es aus der ganzen Situation heraus, auch aus der ganzen weltanschaulichen sozialpolitischen Auffassung heraus, die der heutigen Entwicklung zugrunde liegt, bedauern, wenn man - das möchte ich hier ganz offen zum Ausdruck bringen - so weit gehen würde, den Unternehmer aus der Mitwirkung an der Sozialversicherung vollkommen auszuschalten. Ich gehe auch nicht so weit zu sagen, daß die Sozialversicherung grundsätzlich die Aufgabe hat, die Unternehmer und die Arbeitnehmer zusammenzuführen. Das ist anderen Zweigen der heutige Sozialpolitik vorbehalten, die das sicherlich viel wirksamer machen. Hier ist mit Recht schon auf das Gesetz zum Schutz der nationalen Arbeit und auch die Arbeitsfront hingewiesen. Aber ich glaube, gerade der Hinweis auf die Idee, die der Arbeitsfront zugrunde liegt, nämlich alle schaffenden Menschen zum gemeinsamen Handeln und gemeinsamen Denken zusammenzuführen, daß überhaupt der Unterschied zwischen Unternehmer und Arbeitnehmer in dem bisher verstandenen Sinne völlig fortfällt, sollte uns auch hier bei der Frage der Behandlung der Sozialversicherung zu denken geben. Ich glaube, daß es sich hier nicht um eine wirtschaftsmaterielle, sondern um sehr ernst zu nehmende, höchst ideelle Funktionen handelt, die nach meinem Empfinden die Frage einer Nachprüfung bedürftig machen, ob man den Unternehmer aus der Mitwirkung an der Sozialversicherung ganz herauslassen sollte. Also ich persönlich glaube, daß es notwendig wäre, diese beiden Kreise gerade auf diesem Gebiete zusammenzuführen, zu gemeinsamer Arbeit und zu gemeinsamem Denken auch auf diesem Boden zu erziehen.

Ich wollte nicht unterlassen, auf diesem Punkt mit kurzen Worten einzugehen, damit er nicht unter den Tisch fällt.

Vorsitzender Brucker: Die Frage der Beteiligung werden wir später noch bei der speziellen Frage der Aufbringung der Mittel zu behandeln haben. Wir werden heute noch kurz reden müssen über die Machtverhältnisse der Versicherungsträger.

Aber ich möchte einmal doch noch die Frage aufwerfen: Können wir es verantworten, daß auch in Zukunft noch 7000 Versicherungsträger in Deutschland vorhanden sind? Diese Frage können wir auf keinen Fall bejahen. Und wenn wir das machen, dann müssen wir doch irgendeinen Weg finden, die seitherigen Versicherungsträger in etwa zusammenzufassen.

Dr. Schultz: Meine Damen und Herren, ich glaube, man kann sehr wohl beides miteinander vereinigen. Man kann einerseits den absolut verständlichen und auch wohl von uns zu befolgenden Vorschlag des Herrn Vorsitzenden annehmen, indem man sagt: Wir stehen auf dem Standpunkt, daß die Zahl der Versicherungsträger vermindert wird. Ich glaube, dem werden die meisten von uns zustimmen. Was mein Herr Nachbar (Herr *Erdmann*) ausgeführt hat, schließt das nicht aus. Ich habe die Ausführungen dahin verstanden, daß, wenn man die Krankenkassen bestehenläßt, sie nicht nur als verwaltungstechnische Organisationen bestehenbleiben, sondern das ihnen wichtige Aufgaben erhalten bleiben, aus dem Grundsatze heraus, den Herr Professor Lutz Richter hier angeführt hat, daß, wer die Verantwortlichkeit hat, auch einen Einfluß auf die Verteilung der Beiträge und der Leistungen haben muß. Ich möchte diese Frage des Herrn Vorsitzenden also dahin beantworten: Wir müssen anstreben, die Zahl der Versicherungsträger zu vermindern, aber wir dürfen andererseits nicht den bestehenden Versicherungsträgern wichtige Funktionen nehmen, die sie bisher gehabt haben. Dazu gehört auch die Frage der Gewährung der Leistungen. Diese wollen wir ihnen belassen. Das ist nach meiner Ansicht doch zu vereinigen. Ich folge Ihnen vollkommen, Herr Vorsitzender, daß wir die Zahl der Versicherungsträger aus den Gründen, die hier verschiedentlich und übereinstimmend angeführt worden sind, vermindern müssen. Aber ich habe Bedenken dagegen, den nach Ihrer Ansicht und Ihren Vorschlägen noch bestehenbleibenden Versicherungsträgern die Bestimmung über die zu gewährenden Leistungen zu entziehen und dies, wie in dem Entwurf stand, einem Landesversicherungsamt, einer Behörde, zu übertragen. Ich hatte aber Ihre Gegenäußerung dahin verstanden, daß das Landesversicherungsamt nicht so gemeint sei, sondern das könnte sehr wohl ein Versicherungsträger sein. Ich glaube, Sie sagten doch auch zum Schluß, das eine schließe das andere nicht aus, man könnte beide Wege gehen und sie miteinander vereinigen.

Vorsitzender Brucker: Ich darf vielleicht den Schluß daraus ziehen, daß wir an und für sich *einen* Versicherungsträger schaffen, daß wir aber den seitherigen Versicherungsträgern draußen eine gewisse Selbständigkeit lassen und damit auch eine gewisse Verantwortung, daß aber diese Versicherungsträger in Zukunft nicht mehr als selbständige Versicherungsträger erscheinen dürfen. Sie sind nicht auf sich gestellt, sondern sie müßten im Rahmen dieses *einen* Versicherungsträgers Mitglieder einer großen Verwaltung sein. Ich glaube, wenn man das tut, könnte man zu einem gewissen Ergebnis kommen und auch eine gewisse Befriedigung der Dinge erreichen.

Ich habe nur noch ein Bedenken, und das ist das: In einzelnen regionalen Bezirke gibt es ganz verschiedene Innungs- und Betriebskrankenkassen, auch Landkrankenkassen. In Baden und Württemberg gibt es keine Landkrankenkassen, in Thüringen gibt es nur eine. In manchen Kreisen bestehen keine Innungskrankenkassen, ja sogar keine oder vielleicht nur ganz selten eine oder zwei Betriebskrankenkassen. Wie verhalten wir uns nun aber den Bestrebungen gegenüber, nun mehr Innungs- oder Betriebskrankenkassen zu bilden? Da stehe ich auf dem Standpunkt, daß wir dann, wenn wir es so machen, daß wir diese, wollen wir einmal sagen, Selbstverwaltungskörperchen erhalten, es aber auch zulassen müssen, daß in Zukunft noch mehr entstehen. Das könnten wir dann aber auch meines Erachtens tun, das würde sich auch mit meinem Vorschlage vollkommen decken, weil wir dann nämlich nicht noch mehr Versicherungsträger schaffen, sondern weil das dann ja nur sehr abhängige Bestandteile dieses einen großen Versicherungsträgers sind und insbesondere abhängig sind von der unteren Verwaltung innerhalb eines Kreises oder innerhalb eines Versicherungsamtsbezirks.

Ich möchte daher an Sie die Frage richten: Wie stellen Sie sich zu dieser Idee?

Erdmann: Das hängt von dem Grade der Abhängigkeit oder Nichtabhängigkeit ab.

Vorsitzender Brucker: Finanzverwaltung und Personalverwaltung: in diesen Dingen müssen sie abhängig bleiben.

Professor Dr. Lutz Richter: Woran denken Sie bei der Finanzverwaltung? Meinen Sie damit das Bankmäßige oder die Beitragsaufbringung?

Vorsitzender Brucker: Ich würde da eine gewisse Freiheit lassen, aber es dürften nicht mehr so große Unterschiede bestehenbleiben, wie bisher vorhanden sind, nicht mehr 2% auf der einen und 7% auf der anderen Seite. Ich denke bei der Frage der Einheitlichkeit der Finanzverwaltung an das Rücklagewesen, aber auch noch an die Verwaltung des Vermögens. Hier muß eine gewisse Aufsicht eintreten, damit der einzelne Versicherungsträger mit ihm nicht mehr anfangen kann, was er will.

Erdmann: Ich glaube, daß man dem weitgehend zustimmen kann. Ich glaube, daß man für die Finanzverwaltung dazu übergehen wird, zentrale Richtlinien aufzustellen, die unter Umständen sogar für das Reich im ganzen Reichsgebiet in der generellsten Weise aufgestellt werden müssen. Denn das Vermögen der Sozialversicherungsträger spielt volkswirtschaftlich und finanzpolitisch eine viel zu große Rolle, als daß jeder Sozialversicherungsträger nach seinem eigenen Gefallen Volkswirtschaftspolitik mit seinen Mitteln treiben könnte. Genauso wird es auch regional möglich sein, finanzverwaltungspolitische Grundsätze und für die Durchführung generelle Richtlinien im Bezirk aufzustellen. Der entscheidende Punkt ist immer folgender: Wieweit ist bezüglich der Beiträge und der Leistungen eine Selbständigkeit der einzelnen untersten Instanzen, die vielleicht nicht mehr selbständige Versicherungsträger zu sein brauchen, sondern von der regionalen Instanz abhängig sind, noch möglich? Auch hier wird es, glaube ich, ohne weiteres möglich sein, die Rücklagenbildung einer einheitlichen Finanzverwaltung zu übertragen. Ich möchte aber in diesem Zusammenhange noch einmal warnen vor dem Wirtschaften aus dem großen Topf heraus. Ich glaube, daß dieser Grundsatz bei der Finanzpolitik der Sozialversicherung unter allen Umständen jetzt berücksichtigt werden muß. Denn es ist ganz klar: Die Verantwortung steigt in dem Maße, in dem Ausgabe und Einnahme in einer Hand verantwortlich vereinigt sind, und sie weicht in dem Umfange, in dem Sie hier die aufbringenden und die ausgebenden Stellen voneinander trennen. Eine gewisse Vereinheitlichung wird zweckmäßig und auch möglich sein; aber das Richtige hier zu finden, wird im Augenblick vielleicht kasuistisch nicht möglich sein. (*Vorsitzenden:* Das ist auch nicht nötig!) Aber die allgemeinen Grenzwerte werden sicher auch von Ihnen anerkannt werden.

V. Protokoll der Sitzung vom 27.3.1934 (Umfang der Sozialversicherung. Leistungen der Sozialversicherung. Mittelaufbringung der Sozialversicherung)

Anwesend waren: 1. *Brucker* (Leiter), 2. *Prof. Dr. Richter* (Mitglied), 3. Reg.Direktor *Neuhauß* (Mitglied), 4. Landesamtmann *Anders* (Mitglied), 5. Reg.Direktor *Dr. Schultz* (Mitglied), 6. Regierungsrat *Dr. Kilian* (Mitglied), 7. Regierungsoberinspektor *Grützemann* (Mitglied), 8. Oberregierungsrat *Heinze* (als Sachverständiger), 9. *Kurth* (als Gast).

Tagesordnung:

1. *Umfang der Sozialversicherung.* Berichterstatter: Universitätsprofessor Dr. Lutz *Richter*, Leipzig, Mitberichterstatter: Ministerialrat *Sauerborn*, Berlin.
2. *Leistungen der Sozialversicherung.* Berichterstatter: Landesamtmann *Anders*, Berlin, Mitberichterstatter: Reg.Direktor Dr. *Neuhauß*, Wiesbaden.
3. *Mittelaufbringung der Sozialversicherung.* Berichterstatter: Reichsführer der NSKOV *Oberlindober*, Berlin, Mitberichterstatter: Reg.Rat Dr. *Kilian*, Berlin.

Vorsitzender Brucker: Meine Herren! Ich begrüße Sie in unserer 5. Sitzung. Wir haben heute eine besonders große Tagesordnung. Das hat seinen Grund darin, daß wir mit unseren Vorarbeiten rasch zum Schluß kommen müssen, denn die Verhandlungen über die Sozialversicherung sowohl im Reichsarbeitsministerium wie auch an anderen Stellen schreiten rüstig fort.

Wir haben heute drei Punkte auf der Tagesordnung stehen, zuerst „Umfang der Sozialversicherung", dann „Leistungen der Sozialversicherung" und schließlich die „Mittelaufbringung der Sozialversicherung". Es ist bedauerlich, daß Parteigenosse Oberlindober nicht kommen kann, um zu referieren. Ich möchte dann Parteigenosse Dr. Kilian bitten, über diese Dinge allein zu berichten.

Ich darf vielleicht heute eine besondere Bitte aussprechen, nämlich die, die Referate so kurz wie möglich zu halten. Wir wollen uns heute nur über grundsätzliche Dinge und auch über diese nur kurz auseinandersetzen. Ich werde Ihnen dann nach Abwicklung der drei Tagesordnungspunkte sagen, warum dies sein muß. Ich bitte nun Herrn Prof. Richter über den Umfang der Sozialversicherung zu berichten, ein Kapitel, das ja wohl ganz kurz abgemacht werden kann.

Umfang der Sozialversicherung

Berichterstatter Universitätsprofessor Dr. Lutz Richter, Leipzig:

Meine Herren! Wenn der Titel des Referats lautet „Umfang der Sozialversicherung", so taucht da zunächst einmal ein terminologischer Zweifel auf. Das Wort „Umfang" kann nämlich zweierlei bedeuten, entweder nämlich die sachliche Ausdehnung der Sozialversicherung, d.h. die Frage, welche Wechselfälle des Lebens sollen durch diese Einrichtung gedeckt und mit Leistungen bedacht werden? Oder Umfang kann die persönliche Ausdehnung bedeuten und würde dann soviel sein wie der Kreis der Versicherten. So ist ja der bisherige Sprachgebrauch der Gesetze, und so verstehe ich heute meine Aufgabe. Also auch ich will für heute unter Umfang der Sozialversicherung die persönliche Ausdehnung verstehen.

Ich möchte jedoch gleich an dieser Stelle den Vorschlag machen, statt „Umfang der Sozialversicherung" künftig in den Gesetzen usw. lieber deutlicher zu sagen: *Kreis der Versicherten. (Sehr richtig!)* So ist es ja auch in dem Entwurf, der uns vorliegt, vorgesehen.

Die Frage, die mir heute gestellt ist, habe ich nur zu behandeln für die Sozialversicherung. Für die ja ebenfalls im Entwurf vorliegende deutsche Altersversorgung taucht dieses Problem des Umfanges nach der Konstruktion, die im Entwurf gewählt ist, überhaupt nicht auf. Darauf brauche ich also nicht einzugehen.

Ich möchte Ihnen zunächst einen Überblick über das bisherige Recht geben, dann kurz die Vorschläge des Entwurfs besprechen und mir schließlich erlauben, eigene Vorschläge zu machen.

Überblick über das bisherige Recht:

Gestattet sei ein allgemeiner Hinweis auf mein Buch „Sozialversicherungsrecht" von 1931, dessen Darstellung in § 7 I bis auf ganz geringfügige Einzelheiten (Grenze 7200 statt 8400 RM nach § 11 Abs. 3 des Gesetzes vom 7. Dez. 1933) noch heute zutrifft und das namentlich auch die methodischen Gesichtspunkte besser zeigt, als dies im mündlichen Vortrag möglich ist.

Vorweg zu erwähnen ist die Unterscheidung von Versicherungspflichtigen (Pflichtversicherten) und Versicherungsberechtigten (freiwillig Selbst- oder Weiterversicherten). Die letzteren treten zunächst zurück.

Bekannt ist, auf welche Menschen die Sozialversicherung (die Versicherungspflicht) sich erstreckt und wie sie sich auf die verschiedenen Versicherungszweige verteilt:

Arbeiter ohne Arbeitsverdienstgrenze, aber mit Rentenbemessungsgrenze von 7200 RM Jahresarbeitsverdienst in der Unfallversicherung (§ 571 c RVO),

Angestellte lückenhaft und mit Arbeitsverdienstgrenze von 3600 RM in der Krankenversicherung, allgemein und mit Jahresarbeitsverdienstgrenze von jetzt 7200 RM in den Renten-(Ang.-) Versicherung, allgemein und ohne Jahresarbeitsverdienstgrenze, aber mit Rentenbemessungsgrenze in der Unfallversicherung,

Hausgewerbetreibende in der Krankenversicherung mit, in der Invalidenversicherung ohne Einkommensgrenze,

Kleinunternehmer und andere Selbständige, bes. landwirtschaftliche (§§ 548/922, 923 RVO),
Kleinschiffer mit höchstens 2 versicherungspflichtigen Arbeitnehmern (§ 1058 RVO),
selbständige Lehrer und Erzieher (§ 4 AVG),
Schausteller und Artisten kraft Werkvertrags (§ 545 RVO),
sonstige (gemischte), Soldaten - kraft Antrags: auch Schutzpolizeiangehörige, Mitglieder von Feuerwehren und Hilfeleistungsvereinen, Lebensretter,

die *Lehrlinge* werden wesentlich wie die entsprechenden Arbeiter und Angestellten behandelt, *ohne Entgeltserfordernis in der Rentenversicherung.*

Die Beamten sind den Arbeitern und Angestellten zunächst gleichzuachten, dann aber großenteils durch Ausnahmevorschriften doch aus der Sozialversicherung herauszulassen.

Wichtig ist, daß die Versicherung auf den einfachen Tatbestand hin einsetzt und Meldungen und dergl. nur eine nebensächliche, nicht rechtsbegründete Rolle spielen. Gleich hier sei die wichtige Ausnahme für die unständig Beschäftigten erwähnt.

Grundsätzlich ist Entgeltlichkeit der Beschäftigung vorauszusetzen (Ausnahme Lehrlinge s.o.); nur für die Unfallversicherung gilt das Gegenteil. Nach unten hin findet die Versicherungspflicht ihre Grenze, wenn das Arbeitsentgelt sehr gering ist: nur freier Unterhalt (§ 1227 RVO, § 9 AVG), nur vorübergehende Dienstleistungen (§§ 168, 1232 RVO, § 10 AVG).

Auf die sonstigen Ausnahmen von der Versicherungspflicht (Versicherungsfreiheit, Befreiung auf Antrag) braucht nicht eingegangen zu werden. Sie dienen teils dazu, die zunächst miterfaßten

Beamten aus der Sozialversicherung wieder auszuschalten, teils Fälle zu berücksichtigen, in denen die Erreichung von Leistungen von vornherein unwahrscheinlich ist (Arbeit zwecks Berufsausbildung für Berufe, deren Dauerstufe nicht versicherungspflichtig macht), teils sonstigen besonderen Umständen Rechnung zu tragen.

Zur Methodik der Erfassung ist noch zu erwähnen, daß Lehre und Praxis nach Vorgang Kaskels mit dem Nebeneinander der zwei Merkmale *Zugehörigkeit zur sozialen Klasse und Beschäftigungsverhältnis* arbeiten, daß dies aber abwegig ist und im Gesetz bei genauem Zusehen keine Stütze findet.

Auf die Versicherungsberechtigung ist nicht weiter einzugehen. Sie führt der Sozialversicherung keine grundsätzlich neuen Kreise von Menschen zu. Durch die freiwillige Selbstversicherung kann insbesondere der Kreis der versicherten Unternehmer erweitert werden. Die freiwillige Weiterversicherung dient der Erhaltung und wirtschaftlichen Nutzbarmachung entstandener Anwartschaften (im weiteren rechtswissenschaftlichen Sinne) in der Rentenversicherung und in der Krankenversicherung einem praktischen Bedürfnis (das besonders bei mangelhaft entwickelter privater Krankheitskostenversicherung wichtig war), zugleich der sozialpädagogischen Gewöhnung der Menschen an die Versicherung. In der Krankenversicherung erlischt seit 1930 wieder die Versicherungsberechtigung bei Überschreitung einer Jahresobergrenze des Gesamteinkommens (seit Jan. 1934 RM 7200). Die freiwillige Höherversicherung gehört nicht in unseren Zusammenhang, weil sie den persönlichen Kreis der Versicherten nicht erweitert.

Der vorliegende Entwurf der NSBO bringt gegenüber dem geltenden Recht eine große Vereinfachung.

Versicherungspflichtig sollen sein für alle Teile der künftigen deutschen Sozialversicherung deutsche Arbeiter und unter Scheidung nach einem Berufskatalog Angestellte des Versicherungsträgers (§ 37) bei entgeltlicher Beschäftigung (§ 36) sowie Hausgewerbetreibende mit einer allgemeinen Jahresverdienstobergrenze von 6000 RM in der Krankenversicherung (§ 38) ohne solche Grenze in der Rentenversicherung.

Ausnahmen sind nur vorgesehen bei vorübergehender (fehlt Rücksichtnahme auf unständig Beschäftigte) und bei gering entgoltener Beschäftigung (§ 42).

Versicherungsberechtigung kennt der Entwurf nur in der Form der Weiterversicherung, diese unbegrenzt (§ 41).

Kritisch möchte ich zu dem Entwurf gleich hier folgendes sagen: Das Festhalten an dem Nebeneinander der Merkmale „Arbeiter und Angestellte" und (unentgeltliches) „Beschäftigungsverhältnis" erscheint mir rechtstechnisch unschön und sachlich als Reminiszenz an die Klassenideologie (§ 36).

Außer den Hausgewerbetreibenden müssen auch die Heimarbeiter versicherungspflichtig sein; sie möchten auch ausdrücklich erwähnt werden, weil sie zumeist nicht echte Arbeiter sind.

Im § 37 ist das „und" falsch; es muß heißen „oder".

Bei der Berechnung der Jahresverdienstgrenze der Krankenversicherung sollen - was ich für richtig halte - Familienzuschläge nicht angerechnet werden. Wie aber steht es mit Abzügen bei Kinderarmen? Wie sollen die Beiträge behandelt werden, die ein Lediger oder Kinderarmer an (die doch geplanten) Ausgleichskassen abzuführen hat (§ 38)?

Aus § 39 ergibt sich, daß nur solche Ausländer, mit deren Heimatstaaten Gegenseitigkeitsverträge bestehen, den deutschen Arbeitern und Angestellten gleichgestellt werden, also versicherungspflichtig sein sollen. Hierbei ist zu bedenken, daß die Beitragspflicht auch den übrigen nichtdeutschen Arbeitern und Angestellten auferlegt werden muß, damit diese nicht im Effektivlohn besser als deutsche Arbeitsmenschen gestellt sind und diese unterbieten können.

Im § 40 werden die Beamten usw. aus der Sozialversicherung ganz ausgeschaltet. Das ist im Grundsatz richtig. Mir mißfällt nur die Form der Fiktion. Beamte sind keine Arbeiter oder Angestellte; wenn sie im Gesetz gar nicht erwähnt werden, fallen sie nicht darunter. Zur etwa nötigen Klarstellung gegenüber dem bisherigen Rechtszustand genügt eine Bemerkung in der Begründung. - Ob die während der (nur?) wissenschaftlichen Ausbildung für ihren zukünftigen Beruf gegen Entgelt tätigen Personen ganz ausgeschlossen werden sollten, ist mir zweifelhaft. Für Krankenversicherung dürfte auch bei ihnen ein gewisses Bedürfnis vorliegen, und außerdem ist zu bedenken, daß sich ein Mißbrauch mit sogenannten Praktikanten breitmachen kann (Lohnunterbietung).

Eigene Vorschläge:

Das ja wohl jetzt allgemein anerkannte Streben nach Vereinfachung und Vereinheitlichung der Sozialversicherung kann sich bei der Abgrenzung des Kreises der Versicherten stark auswirken.

Grundsätzlich empfiehlt sich Beschränkung auf den Kreis der abhängig arbeitenden Menschen, der Arbeiter und Angestellten - Arbeitnehmer -, zu denen zunächst nur die Hausgewerbetreibenden und Heimarbeiter hinzuzunehmen sind. Ob auch gewisse kleine Selbständige versicherungspflichtig sein sollen, mag offenbleiben. An sich haben sie mit der Sozialversicherung kaum etwas zu schaffen. Vielleicht aber ist es bedenklich, einmal einbezogene Kreise wieder auszuschalten. Namentlich für den kleinen Landwirt dürfte ein Bedürfnis nach Versicherung und besonders nach Unfallversicherung (soweit diese überhaupt bestehenbleibt) anzuerkennen sein. Doch sollte geprüft werden, ob hier nicht - unter Abtrennung von der allgemeinen (Arbeitnehmer-) Sozialversicherung - der Stand eingreifen und seine Glieder sichern und versichern könnte.

Die Beamten sollte man fortan aus dem Gefüge der Sozialversicherung ganz herauslassen.

Von den Arbeitern und Angestellten sollten idealerweise alle einbezogen werden. Das bedingt den Wegfall jeder Verdienstgrenze. Ob freilich dieses Ideal unter den jetzigen wirtschaftlichen Verhältnissen erreichbar ist, mag offenbleiben. Jedenfalls möchte ich eine weitere Senkung der Jahresarbeitsverdienstgrenze vermieden sehen; die Herabsetzung auf 7200 RM muß hingenommen werden, wenn überhaupt an einer Grenze festgehalten wird. Diese Grenze sollte dann einheitlich für alle Versicherungspflichtigen und für alle Teile der Sozialversicherung gelten. In den Rentenversicherungen muß ihr auch das Beitragssystem entsprechen; der Klassenaufbau darf nicht auf halbem Wege stehenbleiben - das ist ja jetzt auch für die Invalidenversicherung erreicht. Für die Krankenversicherung ist eine Beschränkung nicht durch eine niedrige Verdienstgrenze der Versicherungspflicht, sondern allenfalls durch eine Bemessungsgrenze für die Geldleistungen (wie in § 571 c RVO) anzustreben, die sich dann auch auf die Beitragspflicht auswirkt (vgl. auch die Grenze in § 180 RVO).

Über die Behandlung der Soldaten kann erst nach Klarheit über die künftige Wehrverfassung entschieden werden.

Einige Ausnahmen von der Versicherungspflicht werden für kurzfristige und gering entlohnte Arbeitsverhältnisse zu machen sein - ähnlich wie im bisherigen Recht.

Zweifelhaft erscheint, ob eine Ausnahme für die in der Berufsausbildung stehenden Beschäftigten gemacht werden soll, die nach der gegenwärtigen Lage keine Aussicht haben, als Arbeitnehmer in dem Berufe zu bleiben und Rentenleistungen zu genießen. Denn die Verhältnisse können sich bis zum Zeitpunkt des Versicherungsfalles ändern. Vielleicht ist es vorzuziehen, daß auch diese Beschäftigten in die Sozialversicherung einbezogen werden. Bei Erkrankung oder Unfall (unter dem hier gebotenen Vorbehalt der Sonderbehandlung dieses Ereignisses) würden sie dann Leistungen bekommen; hinsichtlich der Rentenversicherung könnte man daran denken, ihnen nach endgültigem Ausscheiden aus der Beschäftigung versicherungspflichtiger Art eine Beitragserstattung von ungefähr der Art zu gewähren, die weiblichen Angestelltenversicherten im Falle ihrer Verheiratung zusteht (§ 62 AVG - natürlich im einzelnen anders ausgestaltet). Das würde jedenfalls für die Frage der Versicherungspflicht und der verwaltungstechnischen Erfassung eine Vereinfachung bedeuten, auch den Beteiligten selbst bei der jetzigen Unsicherheit aller Berufslaufbahnen alle Möglichkeiten offenhalten.

Endlich sollten dem Verbleiben in der freiwilligen Versicherung keine Schranken gesetzt werden. Der § 178 RVO sollte fallen, er dient vorwiegend dem Interesse der Ärzte an ihrer Privatpraxis und entblößt den Versicherungsträger in der Hauptsache gerade von günstigen Risiken.

Vorsitzender Brucker: Ich danke Ihnen, Herr Professor. - Ich möchte nun, ehe wir in die Erörterung dieser Dinge eintreten, Herrn Oberregierungsrat Heinze die Gelegenheit geben, die mathematischen Zahlen vorzutragen.

Oberregierungsrat Heinze: Wenn mir die Aufgabe gestellt ist, mich vor Ihnen vom Standpunkte des Versicherungsmathematikers aus zu dem vorliegenden Gesetzentwurf über die Altersversorgung und die Sozialversicherung zu äußern, möchte ich im Rahmen eines so kurzen Referates die zu beantwortende Frage dahin präzisieren:

Welche finanziellen Anforderungen stellen die Vorschriften des Entwurfs und welche Notwendigkeiten für die praktische Durchführung ergeben sich aus der rechnerischen Betrachtung?

Ich werde versuchen, diese Frage möglichst kurz zu beantworten, und dabei auch einen kritischen Blick auf die rechnerischen Schätzungen werfen, die dem Entwurf beigegeben worden sind und Ihnen vorliegen.

Bevor ich jedoch auf Einzelheiten eingehe, erlauben Sie mir bitte einige allgemeine Bemerkungen über die grundsätzliche Natur versicherungstechnischer Berechnungen überhaupt.

Bei versicherungstechnischen Berechnungen aller Art kann die Mathematik nur als Helferin tätig sein. Der Ausdruck „Berechnung" ist nur insofern zutreffend, als aufgrund bestimmter Zahlen, die als Rechnungsgrundlage verwendet werden, nach den Regeln der Mathematik Ergebnisse errechnet werden, denen naturgemäß kein größerer Wirklichkeitswert beigemessen werden kann, als er den benutzten Grundzahlen innewohnt. Ganz allgemein können natürlich immer nur Erfahrungsergebnisse aus Gegenwart und Vergangenheit benutzt werden für Rechnungen, deren Schwergewicht ausnahmslos in der Zukunft liegt. Grundvoraussetzung jeder derartigen Berechnung ist demnach die Annahme, daß die aus der Erfahrung entlehnten Grundzahlen und Wahrscheinlichkeitswerte auch für die Zukunft Geltung haben. Über je weitere Zeiträume sich eine derartige Berechnung zu erstrecken hat, um so unsicherer wird deshalb das Ergebnis, weil es allen bisherigen Erfahrungen widersprechen würde, derartige Grundzahlen und Verhältniswerte für in Wahrheit unveränderlich halten zu wollen. Abweichungen von der Wirklichkeit sind deshalb bei einer derartigen Berechnung immer vorauszusetzen, und die Aufgabe der Berechnung kann deshalb vernünftigerweise immer nur darin erblickt werden festzustellen, welches Ergebnis in der Zukunft für wahrscheinlich gehalten werden müßte nach dem gegenwärtigen Stande der Erfahrungen auf denselben oder vergleichbaren Gebieten.

Was von versicherungstechnischen Rechnungen ganz allgemein gilt, trifft in besonders hohem Maße für die Berechnungen und Schätzungen auf dem Gebiete der Versicherung oder Altersversorgung ganzer Teile des Volkes zu, also auf dem Gebiete der Sozialversicherung und ebenso dem der Altersversorgung. Dabei ist es im Grunde unerheblich, ob man es aus irgendwelchen Gründen für ratsam hält, die bei solchen Gelegenheiten anzustellenden Erwägungen und Berechnungen mit Bedacht nur auf die zur Zeit lebende Generation abzustellen, oder ob man sich dazu entschließt, auch die Einwirkungen kommender Generationen mit in Betracht zu ziehen. Denn es wäre ein Trugschluß zu glauben, daß auf dem ersteren Wege der Berechnung eine größere Sicherheit verliehen werden könnte. Weil es unmöglich ist, die Einflüsse auszuschalten, welche auf das wirkliche Geschehen einwirken infolge der unabwendbaren Änderung der Wahrscheinlichkeitswerte und grundlegenden Verhältniszahlen, besteht zwischen den beiden erwähnten Methoden grundsätzlich eigentlich kein Unterschied. Denn man wird ohne Zweifel zugeben müssen, daß eben die Veränderung dieser Grundzahlen in der Zukunft - auch soweit sie sich auf die Anfangsgenerationen beziehen - von anderen außenliegenden Einflüssen geändert werden, so vor allem auch von der zu der vorhandenen Anfangsgeneration hinzuwachsenden Zukunftsgeneration.

Beim Problem der Altersversorgung kommt diesen Gedankengängen ohne Zweifel besondere Bedeutung zu. Denn es ist sicher, daß die Frage der Versorgung der gealterten Volksgenossen untrennbar verbunden ist mit anderen bevölkerungspolitischen Grundfragen größten Ausmaßes. Man wird deshalb zu einer brauchbaren rechnerischen Betrachtung über die genannte Frage nur kommen können, wenn man auch die wichtigsten dieser Grundlagen mit in die Betrachtung einbezieht, so vor allem die über das Wachstum der Bevölkerung, über den Zusammenhang der Bevölkerung und dem zur Verfügung stehenden Wohnraum, die Fragen der Wanderung und Ähnliches.

Zum einzelnen: Eine Aufzählung der Leistungsvorschriften des Entwurfs kann ich mir ersparen. - Wenn ich mich zunächst der Altersversorgung zuwende, möchte ich im Sinne der an den Anfang meiner Ausführungen gestellten Frage darauf hinweisen, daß es fraglich bleibt, ob die Erfüllung der Wartezeit auch dem über 55jährigen noch möglich sein soll. Ich möchte glauben, daß man für die Übergangszeit andernfalls zu schwierigen Verhältnissen käme.

Größere Bedenken löst die Voraussetzung der Bedürftigkeit (§ 9) hinsichtlich der Möglichkeit aus, sie rechnerisch zu verwenden. Es wird kaum zu vermeiden sein, hier eine bestimmte Einkommensgrenze als Maßstab der Bedürftigkeit zu verwenden. Namentlich im Zusammenhang mit der Frage, ob bei einem unter der Grenze liegenden Einkommen die Rente auch voll zu gewähren ist oder ob nur bis zur Grenze aufgefüllt werden soll, kommt dieser Frage eine erhebliche Bedeutung zu, auf die ich später noch zurückkommen werde.

Im Entwurf sind die Leistungen der Krankenversicherung gegenüber der RVO verbessert, ohne daß jemand imstande wäre anzugeben, welche Lastenvermehrung hieraus entstehen könnte, wenn man von der Voraussetzung ausgeht, daß die finanziellen Anforderungen ohne weiteres im Verhältnis zu dem im Gesetz festgelegten Umfang der Leistungen steigen müssen. Ob sich eine zu erwartende Mehrbelastung durch Vereinfachungen in der Verwaltung ausgleichen ließe, wird jedenfalls ernstlich bezweifelt werden können.

In der Rentenversicherung will ich auf die Änderungen der allgemeinen Voraussetzungen für den Leistungsbezug im ganzen nicht eingehen, sondern nur zwei Feststellungen herausheben: Zum ersten erscheinen mir die Unterschiede zwischen Invaliden- und Angestelltenversicherung bei einem so grundlegenden Reformvorschlag wie dem vorliegenden schwer vertretbar. Zum anderen muß damit gerechnet werden, daß die erleichterten Bedingungen für den Bezug der Witwenrente in der Invalidenversicherung ein starkes Ansteigen dieser Rente zur Folge haben werden, dessen Maß so gut wie gar nicht geschätzt werden kann.

Bei der Berechnung der Leistungen fällt wieder der Unterschied im Grundbetrag zwischen Invaliden- und Angestelltenversicherung stark in Erscheinung. Die Berechnung der Steigerungsbeträge ist im Hinblick auf die beabsichtigte vereinheitlichte Art des Beitragseinzugs im Grundsatz praktisch, setzt aber in der Durchführung ein wahrscheinlich nur mit großem Verwaltungsapparat zu bewältigendes Kontensystem voraus. Außerdem wird auch die Berechnung der Steigerungsbeträge durch die einschränkenden Vorschriften, die bei den Beträgen von 85 bzw. 70 RM an Kürzungen vorsehen, leider wieder recht kompliziert.

Aus den Unfallrenten und den für die bergmännische Versicherung getroffenen Sonderregelungen müssen Belastungen erwartet werden, die heute schwer geschätzt werden können, die aber im Rahmen des Ganzen sicherlich auch nicht überbewertet zu werden brauchen.

Auf die Frage, in welchem Umfange die Ruhens- und Kürzungsvorschriften sich bei der Rentenversicherung auswirken werden, kann ich im einzelnen nicht eingehen. Zwei Punkte scheinen mir jedoch wert zu sein, hervorgehoben zu werden:

Das Ruhen bei anderen Einkommen nach der Vorschrift des § 103 stellt etwas völlig Neues dar und ist deshalb wohl beachtenswert, weil hier deutlich eine Abkehr vom Versicherungsprinzip und die Hinneigung zum Versorgungsprinzip vorgenommen wird.

Zum anderen: Die Verknüpfung mit der Altersversorgung (§ 104) entlastet die Rentenversicherung in hohem Maße. Dabei erscheint mir die Frage aber durchaus erwägenswert, ob die hier vorgesehene Regelung einmal sachlich begründet und zum anderen in praktischer Beziehung zweckmäßig ist. So sicher es richtig scheint, die Altersversorgung auch auf die zur Sozialversicherung Gehörenden zu erstrecken, soweit diese das gesetzliche Alter erreicht haben und noch im Besitz ihrer Erwerbsfähigkeit sind, so zweifelhaft scheint es mir, ob man nicht das eigentliche Wagnis der vorzeitigen Erwerbsunfähigkeit der Rentenversicherung allein überlassen sollte. M.E. käme man auf diesem Wege zu einer reinlichen Scheidung hinsichtlich der Wagnisse. Die Entlastung der Rentenversicherung wäre dann ohne Zweifel noch immer groß genug, um ihre Renten so gestalten zu können, daß sie in einem angemessenen Verhältnis zu denen der Altersversorgung ständen. Daß die Arbeitsprodukte hierfür den entsprechenden Beitrag tragen müßten, wäre nicht mehr als recht und billig. Auf der anderen Seite würde aber die Altersversorgung entlastet um die recht erheblichen Beträge, die sie nach dem Entwurf auch für Erwerbsunfähige in höheren Lebensaltern übernehmen muß. Daß auch praktisch einfachere Verhältnisse einträten, weil ein Wechsel des Zahlungspflichtigen oder die Zahlung von zwei Stellen aus vermieden würde, wenn der Versicherte das Alter von 65 Jahren erreicht, sei nur nebenbei erwähnt.

Dem Gesetzentwurf ist eine kurze rechnerische Anlage beigefügt, die auf dem Wege einer einfachen Schätzung dartun will, daß bei dem im Entwurf beabsichtigten Aufbau für die Sozialversicherung insgesamt keine höheren, sondern eher niedrigere Aufwendungen erforderlich sein werden und daß die aus der Altersversorgung zu erwartenden Lasten innerhalb der Grenze des praktisch Tragbaren bleiben. Die Rechnungsanlage kann und will nicht als mathematische Begründung im üblichen Sinne angesehen werden. Meine Aufgabe kann ich deshalb auch nicht in einer Kritik der dort durchgeführten Rechnungen sehen. Ich werde mich vielmehr darauf beschränken,

1. einige Bemerkungen über die verwendeten Rechnungsgrundlagen zu machen,
2. den Gang der Rechnung zu schildern sowie ihre Ergebnisse kurz darzulegen, um schließlich
3. meine eigene Ansicht über die Zuverlässigkeit dieser Schätzungsergebnisse mitzuteilen.

Bei den Rechnungsgrundlagen sind nach Möglichkeit die neuesten zur Verfügung stehenden Zahlen verwendet worden, soweit sie für das behandelte Gebiet in Betracht kommen. So sind vor allem für die Rentenversicherung die Ergebnisse der Berechnungen des RVA zur Bilanz der I.V. [Invalidenversicherung] verwendet worden, die in der Denkschrift zum Gesetz vom 7.12.1933 veröffentlicht sind, und als Anwartschaftswerte die hiermit im Zusammenhang stehenden Zahlen der Veröffentlichung von *Heinicke* in den Bl.f.Vers. Math. Soweit allgemeine Grundwahrscheinlichkeiten, wie Sterbenswahrscheinlichkeit, Wahrscheinlichkeit verheiratet zu sein, usw. in Frage kamen, sind die Erfahrungen der Volkszählung des Jahres 1925 verwendet worden. Demgemäß ist auch die wahrscheinliche Entwicklung der Bevölkerung so vorausgesetzt, wie sie sich nach den Ermittlungen des Statistischen Reichsamts im Anschluß an die Volkszählung des Jahres 1925 darstellt. Es werden Zweifel erlaubt sein, ob die Wahrscheinlichkeitswerte und die vorausgesetzten Entwicklungen für zutreffend gehalten werden können. Aber bisher sind keine neueren Unterlagen zur Verfügung, so daß hinsichtlich dieser Gruppe von Rechnungsunterlagen ohne Bedenken festgestellt werden kann, daß im ganzen Bedenken gegen sie nicht zu erheben sind.

Was den Zinsfuß betrifft, so wäre die in der Rechnungsanlage durchgeführte Diskontierung zu 4% vom Standpunkt einer üblichen versicherungstechnischen Berechnung aus schwerlich irgendwie bedenklich. Auch die Bilanzen zur Invalidenversicherung sind nicht mit niedrigerem

Zinssatz gerechnet worden. Wenn es hier aber trotzdem für notwendig gehalten wird, an dieser Stelle einige Einschränkungen zu machen, die nicht nur in den Bestrebungen zur Senkung der Zinsen ihren Grund finden, so hat dies seine Ursache vor allem in der Verkoppelung mit der Altersversicherung. Doch sehe ich die Bedeutung dieser Frage eigentlich in einem Sinne, der mehr außerhalb der rein mathematischen Betrachtungen liegt und ziehe deshalb vor, zum Schluß meiner Ausführungen hierauf nochmals zurückzukommen.

Die durchgeführten Berechnungen suchen den Ausgleich zwischen Beitrag und Leistung grundsätzlich auf dem Wege des Anwartschaftsdeckungsverfahrens. Das ist in vollem Umfange zu billigen, wenn schon auch hier einige Bemerkungen am Platz sind, die mit der Zinsfrage in engem Zusammenhang stehen. Auch hierauf komme ich noch zurück.

Mit Hilfe des Anw.Deck.Verf. ist sowohl für die Altersversorgung als auch für die Sozialversicherung der notwendige Beitrag jedes einzelnen Alters der lebenden Generation ermittelt worden, um dann aus diesen Einzelbeträgen den erforderlichen Durchschnittsbeitrag zu errechnen. Gegen dieses Verfahren ist grundsätzlich nichts einzuwenden. Es läßt aber die Frage offen, in welcher Weise der Wechsel der Generationen berücksichtigt werden soll. Wenn in der Rechnungsanlage grundsätzlich der Weg gewählt worden ist, die ganze Berechnung der Rentenversicherung nur auf die lebende Generation abzustellen, so liegt auf der Hand, daß diese damit in außergewöhnlicher Weise belastet wird. Denn selbst wenn man die später noch mit einbezogene Deckung des zur Zeit vorhandenen Fehlbetrages zunächst außer Betracht läßt, so leuchtet ohne weiteres ein, daß der Beitrag der Anfangsgeneration besonders hoch liegen muß, weil die niedrigeren Beiträge der in künftigen Generationen in die Versicherung hineinwachsenden jungen Aktiven hierbei außer Betracht bleiben. Diese Wirkung wird dann noch verstärkt dadurch, daß der vorhandenen Fehlbetrag aus den bereits laufenden Renten gleichfalls von den Mitgliedern der jetzt lebenden Generation gedeckt werden soll. Zum mindesten mit Bezug hierauf wird man zu der Frage berechtigt sein, ob diese Regelung billig ist. Die heutige Arbeitergeneration hat - soweit sie den Krieg überlebt hat - ihre kargen Ersparnisse in der Inflation verloren, muß die besonders harten Folgen der Kriegs- und Nachkriegsjahre in der Invalidenversicherung ohnehin tragen und soll nun allein aus ihren Beiträgen nicht nur die eigenen Renten voll allein aufbringen, sondern auch hier noch die Schulden der früheren Jahre auf ihre Schultern nehmen! Meiner Ansicht nach wäre es zum mindesten recht und billig, die künftigen Generationen mit an diesen außergewöhnlichen Lasten tragen zu lassen. Die Lage wird dadurch noch besonders erschwert, daß nach dem Entwurf die Versicherten allein alle Lasten tragen sollen, also ohne Beteiligung der Allgemeinheit. Man muß hierzu bedenken, daß heute das Reich in der Invalidenversicherung ein Drittel aller Lasten trägt. In den Beitrag umgesetzt, bedeutet dies, daß die I.V. statt 5% heute 7,5% erheben müßte, wenn sie ohne Hilfe des Reiches den gleichen Stand erreichen sollte.

Wenn ich mich jetzt den Ergebnissen der Rechnungsanlage im einzelnen zuwende, scheint es mir angebracht, hier nochmals besonders festzustellen, daß die rechnerischen Ergebnisse nicht nur mit Rücksicht auf die immer vorhandene Unsicherheit der Unterlagen, sondern auch wegen des absichtlich nur auf dem Wege roher Schätzungen geführten Rechnungsverfahrens nicht mehr Gültigkeit beanspruchen können, als derartigen Schätzungen zukommt.

Nun zu diesen Ergebnissen selbst:

Das für die Rentenversicherung erforderliche Beitragsaufkommen wird auf jährlich 3,3 Milliarden geschätzt. Hier ist die Unfallversicherung mit einbegriffen, auch Verwaltungskosten und Heilverfahren sind berücksichtigt. Um einen Vergleich zu haben, halte man dagegen, daß im Jahre 1932

die Beiträge in der Invalidenversicherung	642	Millionen,
die Beiträge in der Unfallversicherung	311	Millionen,
die Beiträge in der Angestelltenvers.	288	Millionen,
die Beiträge in der Knappschaftsvers.	93	Millionen
	1334	Millionen

betrugen. Allerdings waren die Beitragseinnahmen der I.V. gegenüber normalen Zeiten um 300 bis 400 Millionen zu niedrig. Die Knappschaftsversicherung mußte 100 Millionen Zuschüsse erhalten, und auch die Unfall- und Angestelltenversicherung erscheinen mit zu niedrigen Zahlen gegenüber dem normalen Zustand. Den 3,3 Milliarden, die vorhin genannt waren, müssen demnach etwa 1,9 Milliarden als Normalbeitragseinnahme der jetzigen Versicherung gegenübergestellt werden. Immerhin bleibt dann eine Steigerung von 1,4 Milliarden, d.h. um 74%, und wenn man die Zuschüsse des Reichs zur I.V. mit einrechnet, noch immer eine solche um rund eine Milliarde oder 44%.

Um außerdem noch den zur Zeit vorhandenen Fehlbetrag decken zu können, wird nach der Rechnungsanlage eine Erhöhung von 3,3 auf 3,6 Milliarden für erforderlich gehalten. Der Schätzung nach soll das etwa 11% der Löhne und Gehälter aller Versicherten entsprechen.

Hierbei ist jedoch noch nicht berücksichtigt, daß durch die Vorschriften über das Ruhen der Rente in Höhe der Renten aus der Altersversorgung eine beträchtliche Entlastung der Rentenversicherung eintritt, die dahin geschätzt wird, daß der erforderliche Beitrag hierdurch von 3,6 auf 2,0 Milliarden sinkt, das würde dann etwa 6,5% der Beiträge entsprechen.

Bei der Altersversorgung ist die Rechnung ganz ähnlich geführt worden, indem zunächst auf einfachstem Wege der für die einzelnen Alter erforderliche Beitrag ermittelt wurde, um dann wieder auf der Grundlage der angenommenen Bevölkerungsentwicklung den gewogenen Durchschnittsbeitrag festzustellen. Ohne Berücksichtigung der Minderungen, die aus der Bestimmung zu erwarten sind, daß nicht alle Volksgenossen der in Betracht kommenden Alter Anspruch auf Versorgung haben, ist der Wert der jährlichen Beitragsleistung auf diesem Wege zunächst mit 2,88 Milliarden bestimmt. Nachträglich sind dann die Minderungen eingeschätzt worden, die sich aus der genannten einschränkenden Bestimmung ergeben, und zwar auf dem Wege, daß einmal sämtliche Beamten und dann die Besitzer der Vermögen von mindestens 20.000 RM entsprechend berücksichtigt wurden. Hieraus wird eine Ermäßigung des erforderlichen Jahresbeitrages um rund 400 Millionen auf 2,5 Milliarden errechnet.

Ich bin der Ansicht, daß sich hier erhebliche Unsicherheiten ergeben, weil es an jeglichen verläßlichen Unterlagen fehlt, um diese Minderungen einzuschätzen. Es muß m.E. vor allem grundsätzlich bezweifelt werden, ob nicht die Grenze von 200 RM, welche hierbei in der Rechnung zugrunde gelegt wird, das im Sinne des Entwurfs eigentlich gewollte Ziel wesentlich überschreitet. Die errechnete Ermäßigung, die nur ungefähr 13% des Gesamtbetrages ausmacht, muß schon rein gefühlsmäßig als viel zu niedrig angesehen werden. Zu dieser Folgerung kommt man meiner Ansicht nach auch, wenn man sich vergegenwärtigt, daß nach einigen Jahrzehnten in der I.V. rund 4 Millionen Renten an Invalide und Witwen erwartet werden, von denen etwa die Hälfte auf die Alter über 65 entfallen dürften. Da diese Greise und Greisinnen wohl ausnahmslos unter die Bedürftigen im Sinne des § 9 zu rechnen wären, kann man wohl kaum annehmen, daß die Berücksichtigung der Nichtbedürftigen nur 13% Minderung ergeben sollte. Wichtig ist aber vor allem auch die Frage, ob denn Personen, deren Einkommen die angenommene Grenze nicht erreicht, die Rente der Altersversorgung voll beziehen sollen oder ob ihnen nur der Teil zu gewähren ist, der ihr Einkommen bis zu dieser Höhe ergänzt.

Im ganzen wird man sagen können, daß dieser Frage der Grenze sowohl ihrer Höhe nach als auch hinsichtlich der Gewährung von Teilrenten eine für die rechnerische Behandlung nahezu ausschlaggebende Stellung zukommt. Sieht man z.B. im Hinblick auf die Höhe der Beamtengehälter und -pensionen eine Einkommensgrenze von 100,- RM als ausreichend an und zieht bei geringeren Einkommen nur die Gewährung von Teilrenten in Betracht, wie es wohl recht und billig scheinen möchte, so müßte man die Minderung des notwendigen Beitragsaufkommens sicher auf ein Vielfaches von 13% schätzen.

Wenn ich zuvor erklärt habe, daß die in der Rechnungsanlage angestellten Schätzungen nur zu rohen Ergebnissen führen können, die höchstens als Annäherungswerte Geltung beanspruchen dürfen, wird man noch ein Urteil darüber erwarten, ob ich diese Schätzungswerte für etwa zutreffend halte. Obwohl es als gewagt angesehen werden muß, ohne eine wirklich eingehende und deshalb zeitraubende Berechnung, an die unter den obwaltenden Umständen natürlich gar nicht zu denken ist, über diese Frage urteilen zu wollen, möchte ich mich dem doch nicht entziehen.

Um es kurz zu fassen: Ich halte den für die Rentenversicherung geschätzten Beitragssatz von 11% des Arbeitseinkommens für wahrscheinlich ausreichend unter einigen Bedingungen, die ich hernach noch kennzeichnen will. Ein einfacher Hinweis möge hier hergestellt sein: Die I.V. erhebt zur Zeit etwa 5% des Lohnes als Beitrag. Die Beteiligung des Reiches entspricht etwa 2,5%. Da nach der Bilanz der I.V. der Beitrag um etwa 1% erhöht werden müßte, wären insgesamt etwa 8,5% für die heutige I.V. als ausreichend anzusehen. Dann lassen sich Leistungen und Beiträge nach dem Aufbau des Entwurfs mit 11% vermutlich ausgleichen. Allerdings muß die Erhöhung der Rentenleistungen in den erforderlichen Grenzen gehalten werden. Diese Grenzen scheinen mir nach der gegenwärtigen Fassung überschritten zu sein, wie man schnell z.B. daraus erkennt, daß die Durchschnittsrente nicht nur im Verhältnis 11 : 8,5 steigt, wie es nach dem eben angeführten Beispiel nur der Fall sein dürfte. Doch ließe sich hier nötigenfalls wahrscheinlich leicht Abhilfe schaffen, wenn man die Art der Begrenzung der Steigerungsbeträge (§§ 87 u. 89) des Entwurfs passend änderte.

Wenn es vielleicht verwunderlich erscheinen möchte, daß ich diese schwerwiegende Frage der Rentenhöhe, die auch bei geringen Überschreitungen des zulässigen Betrages die Bilanz natürlich völlig umwerfen kann, nicht für ausschlaggebend halte, so darf ich hierzu erklären, daß ich in der Tat glaube, bei einer Rentenversicherung dieses Ausmaßes und dieser Konstruktion liegt der wahre Schwerpunkt eben an anderer Stelle. Ich gehe hier kurz auf die Frage ein, in der ich in der Tat die Schicksalsfrage der I.V. erblicke.

Der Mathematiker bemüht sich, in großen Rechnungen mit möglichster Genauigkeit die künftige Entwicklung der Leistungen und Beiträge vorweg zu schätzen, um daraus die notwendige Beziehung zwischen Einnahmen und Ausgaben herzuleiten. Hierbei fällt die von ihm leidlich vorherzusehende Höhe der Leistungen allerdings entscheidend ins Gewicht. Dagegen können aber gewaltige Änderungen eintreten, welche die Grundlagen seines ganzen Rechnungsgebäudes ins Wanken bringen, wenn nämlich die benutzten Wahrscheinlichkeitswerte Änderungen erfahren, die er nicht voraussehen konnte. Er ist einem Baumeister zu vergleichen, der bei seinem Plan wohl die Belastung genau voraus zu berechnen vermag, welche die einzelnen Stockwerke zu tragen vermögen, der aber nicht sicher weiß, ob die Fundamente, auf denen die Pfeiler des Gebäudes ruhen sollen, unveränderlich feststehen werden.

Vergleicht man Zugangswahrscheinlichkeiten für Invalidenrenten miteinander, die zu verschiedenen Zeiten beobachtet wurden, so erkennt man eine höchst auffallende und deshalb unbedingt aufklärungsbedürftige Steigerung dieser Werte. Beispielsweise haben sich die Zahlen (immer für je 1000 Versicherte gerechnet) für die hauptsächlich in Betracht kommenden Alter seit den Erhebungen im Jahre 1915 bis zur jüngsten Ermittlung entwickelt wie folgt:

	45		50		55		60	
	M	F	M	F	M	F	M	F
1915	6.40	11.59	13.10	18.74	24.37	33.90	48.73	64.24
1931	8.94	16.30	14.53	29.04	27.86	54.31	65.91	111.55

Diese Entwicklung gibt gewiß zu denken. Ich will noch ausdrücklich darauf hinweisen, daß es sich bei den Zahlen der jüngsten Ermittlung nicht um die Werte der Krisenzeit handelt, wie man nach der Jahresbezeichnung denken könnte, sondern um die Durchschnittswerte der Erfahrungen von 1924 - 1930. Auch sind die Alter über 60 mit Absicht ganz außer Betracht gelassen worden. Wenn jemand ferner etwa einwenden wollte, man habe die Zahlen von 1931 nur ermitteln können unter Zuhilfenahme völlig unzureichender Unterlagen über die Zahl der Versicherten, so ist dem, wie jeder Kenner ohne weiteres zugeben wird, natürlich beizupflichten. Aber es muß ihm auch entgegengehalten werden, daß das früher genauso war. Die damaligen und heutigen Zahlen haben demnach in dieser Richtung den gleichen Grad der Unsicherheit.

Die Frage der sehr hohen Zugangswahrscheinlichkeiten wird deshalb auch heute lebhaft erörtert. Manche Beurteiler gehen hierbei ohne Zweifel weit über das richtige Maß hinaus. Wenn z.B. der bekannte Sachverständige Prof. *Stier* jüngst in einer Fachzeitschrift der Sozialversicherung (Die Arbeiterversorgung 1934 Nr. 5) sagt, man sei zu der Annahme berechtigt, daß im Reichsdurchschnitt die Zahl der sachlich nicht berechtigten Invalidenrenten zum mindesten zwischen 25 und 50 v.H. liege, dann habe ich ihm energisch widersprechen müssen. Denn selbst wenn man glaubt, daß ein erheblicher Teil des Zugangs nicht bewilligt werden dürfte, so könnte sich beim Bestande der Renten der von Prof. Stier genannte Satz doch niemals ergeben.

Immerhin muß jedenfalls die Tatsache als völlig feststehend hingenommen werden, daß die Zugangswahrscheinlichkeiten für Invalidenrenten, mit früheren Beobachtungen verglichen, eine so bedeutende Erhöhung aufweisen, daß die Frage ernsthaft zu prüfen ist, worauf diese Erhöhung beruht. Die statistischen Unterlagen werden erst nach der vom Reichsversicherungsamt jetzt in Angriff genommenen Verbesserung eine Möglichkeit geben, diese Frage von der rechnerischen Seite zu beantworten. Dabei wird sich herausstellen, wieweit die beobachteten Ungleichmäßigkeiten auf natürliche Ursachen zurückgeführt werden können.

Heute muß man sich mit der Feststellung begnügen, daß die tatsächlich beobachtete gewaltige Erhöhung der Zugangswahrscheinlichkeiten jedenfalls einer der Gründe ist, die es unmöglich machen, die Leistungen der Invalidenversicherung auf eine solche Höhe zu bringen, wie dies vom sozialen Gesichtspunkt aus wünschenswert ist. Daß die Hilfe der Rentenversicherung nur denen zugute kommen soll und darf, denen sie nach dem Willen des Gesetzgebers zukommt, ist jedenfalls sicher. Soweit also heute Renten darüber hinaus gewährt werden, bietet sich hier eine Möglichkeit, den Baum der I.V. durch Eingreifen an der Wurzel gesunden zu lassen. Das kann und wird aber nur möglich sein durch die tätige Mithilfe derer, die es angeht: der Versicherten selbst.

Und so bitte ich meine oben gemachte Einschränkung zu verstehen: Der Satz von 11% kann trotz der nach der jetzigen Rechnung etwas zu hohen Renten ausreichen. Er wird es aber nur, wenn es gelingt, jene notwendige Bereinigung der Hauptgrundlagen herbeizuführen. Ich halte diese Bereinigung für möglich, und zwar einmal durch die Verbesserung des Verfahrens bei der Überwachung der Rentengewährung, zum anderen und vor allen Dingen aber als die selbstverständliche Folge einer geistigen Umstellung beim Versicherten. Er muß aufhören, in der Sozialversicherung eine unerwünschte, ihn stark belastende Einrichtung zu sehen, die man dann wenigstens nach Kräften ausbeuten soll. Er muß vielmehr lernen, sie als sein kostbares eigenes Gut zu betrachten und sie gegen jeden Mißbrauch zu schützen. Ich füge hinzu, daß ich mit Bezug auf den Erfolg einer solchen Erziehungsarbeit optimistisch bin. Meiner Ansicht nach muß es jeder sein, der an die Zukunft der Sozialversicherung glaubt. Denn nur auf diesem Wege wird sich ihr

Schicksal wenden lassen. Mit Paragraphen sind Selbstsucht und Rentenbegehrlichkeit nicht zu bekämpfen. Gelänge es aber nicht, dieser Feinde der Versicherung Herr zu werden, dann würde es sich nach meiner festen Überzeugung auf jedem Wege als unmöglich erweisen, ein gesundes Verhältnis zwischen Beiträgen und Leistungen herzustellen. Denn eine Rentenversicherung, die bei hohen Beiträgen doch nur Renten von ungenügender Höhe in Aussicht stellen könnte, verwirkte selbst ihre Daseinsberechtigung und würde in Zukunft sicher vom Unwillen aller Beteiligten hinweggefegt werden.

Bei der Altersversorgung halte ich es für nützlich, sich zunächst über die maximalen Belastungen klarzuwerden, die erwartet werden müßten, wenn man jedem Volksgenossen des in Betracht kommenden Alters die volle Rente zubilligte, also ohne Rücksicht auf sein eigenes Einkommen. Man gewinnt auf diese Weise einen guten Überblick, wo die obere Grenze der möglichen Belastungen liegt. Nach der mehrfach erwähnten Entwicklung der Bevölkerung des Deutschen Reichs, wie sie das Statistische Reichsamt vorausberechnet hat, gäbe es im Jahre 1945, d.h. nach Ablauf der 10jährigen Wartezeit, rund 5,97 Millionen Volksgenossen im Alter von mehr als 65 Jahren. Im Jahre 1980 wäre die Zahl angewachsen auf 9,5 Millionen. Unter Berücksichtigung der aus den wahrscheinlich vorhandenen Ehen eintretenden Verminderungen der Renten kommt man hieraus ohne weiteres für 1945 zu einer Jahreslast von 4,2 Milliarden RM, für 1980 zu einer solchen von 6,75 Milliarden Die Entwicklung der künftigen Geburtenhäufigkeit findet in diesen Zahlen keinen Ausdruck. Das bis 1980 beobachtete Ansteigen der Zahlen der älteren Personen ist also natürlich und unabwendbar. Abwendbar und deshalb im gegebenen Fall unnatürlich ist nur der Unterschied, der sich bei Einbeziehung der künftigen Geburtenentwicklung ergeben kann hinsichtlich des Verhältnisses zwischen den noch im Erwerbsleben stehenden Volksgenossen und der Zahl der nötigenfalls zu Versorgenden. Da auf den Schultern der Erwerbstätigen die Last ruhen wird, bedarf es keines weiteren Hinweises, in wie starkem Maße die Frage der Altersversorgung abhängig ist von der Schicksalsfrage des deutschen Volkes, eben von der Entwicklung der Geburtenzahl.

Eine einfache Diskontrechnung für die einzelnen Jahre bis 1980 unter späterer Einbeziehung aller nach 1980 noch folgenden Jahre in Form einer ewigen Rente vom gleichbleibenden Jahresbetrage führt dann dazu, daß wenn man zunächst von Minderungen wegen eigenen Einkommens ganz absieht, eine Jahresbeitragsleistung von rund 3 Milliarden ohne wesentliche Bedenken als etwa richtige Schätzungszahl angesehen werden kann.

Ich habe schon vorhin erklärt, daß ich die Minderung höher schätzen möchte, als es in der Rechn.Anlage geschehen ist. Sicher aber kann durch Festlegen der Grenze und eine geeignete Bestimmung über die Zahlung von Teilrenten dafür gesorgt werden, daß sie erheblich höher wird.

Zur Aufbringung der Mittel mich zu äußern, halte ich grundsätzlich nicht für meine Aufgabe. Ich mag auch diesem Teil der ganzen Frage keine übermäßige Bedeutung zuzuerkennen, solange nicht über die grundlegenden anderen Fragen völlige Klarheit geschaffen worden ist. Ich will mich auf folgende kurze Bemerkungen beschränken:

Bei der Sozialversicherung erübrigen sich nähere Ausführungen. Denn bei einem Beitragssatz von 11% für die Rentenversicherung, 5% für die Krankenversicherung, 3% für die Arbeitslosenversicherung, wie es im Entwurf vorgesehen ist, würde die Gesamtbelastung niedriger sein als bisher. Die Einschränkungen hinsichtlich des Zureichens der Sätze von 11 und 5% brauchen nicht wiederholt zu werden.

Bei der Altersversorgung möchte ich hier hervorheben, daß als entscheidend m.E. nicht die Fragestellung angesehen werden darf: Besteht überhaupt die Möglichkeit, die erforderlichen Lasten zu tragen?

Diese letztere Frage darf aber unter keinen Umständen für sich, d.h. losgelöst von den Gesamtwirkungen des ganzen Entwurfs betrachtet werden. Denn wenn die Altersversorgung in Kraft tritt, entlastet sie neben der Sozialversicherung vor allem die Wohlfahrtsfürsorge so weitgehend, daß, im ganzen gesehen, eine wohl zu beachtende Verlagerung von Mitteln eintritt. Man darf deshalb nicht etwa den Fehler begehen, die aus der Altersversorgung zu erwartende Belastung einfach als zusätzliche Belastung anzusehen.

Soviel zu dieser Frage. Sie steht im übrigen im engsten Zusammenhang mit der bereits vorher gestreiften besonderen Natur, die dem Problem des Zinses in diesem Rahmen zukommt. Hierauf sei nun zum Schluß nochmals besonders eingegangen.

Wenn die Beiträge nicht in Zukunft eine unerträgliche Höhe erreichen sollen, deren Aufbringung zu den größten Schwierigkeiten führen oder sich als unmöglich erweisen müßte, so ist jedenfalls ein Deckungsverfahren von der Art zu wählen, daß von vornherein zum mindesten ein gewisser Ausgleich der Jahresleistungen herbeigeführt wird. Dadurch führen aber die Jahre der Wartezeit notwendig zur Ansammlung eines ungeheuren Kapitals. Man bedenke, daß, wenn man einmal von der vorhin genannten Jahresbeitragssumme von 2,5 Milliarden ausgeht, im Laufe der 10jährigen Wartezeit unter der Annahme eines Zinssatzes von 4% ein Kapital von nahezu 30 Milliarden angesammelt würde! Diese eine Feststellung macht die volle Bedeutung der berührten Frage offensichtlich. Man braucht gar nicht zum Vergleich heranzuziehen, daß die größten Kapitalansammlungen der bisher bekannten Art im Vergleich hiermit verhältnismäßig gering sind, um zu erkennen, daß diese Seite der Frage geradezu den volkswirtschaftlichen Kernpunkt des ganzen Entwurfs darstellt.

Das Nominalkapital sämtlicher deutscher Aktiengesellschaften (einschl. Versicherungsgesellschaften usw.) betrug am 31.12.1932 22,3 Milliarden, die Spareinlagen sämtlicher deutscher Sparkassen betrugen zum gleichen Zeitpunkt 10,2 Milliarden, das Vermögen der deutschen Sozialversicherung 4,6 Milliarden.

Ein schnell angesammeltes Kapital von 30 Milliarden oder ähnlicher Höhe würde zwangsläufig einen derart beherrschenden Einfluß auf die Entwicklung des gesamten Zinsniveaus erlangen, daß hiermit auch die Frage des Zinsfußes sich unter einem völlig anderen Gesichtswinkel darstellt. Deshalb möge hier doch noch der Hinweis zugefügt sein, daß jedenfalls eine grundsätzliche Erörterung dieser hochbedeutsamen Frage von anderen, höheren Gesichtspunkten aus nach meiner Ansicht die notwendige Voraussetzung für jede praktische Weiterverfolgung des gesamten Entwurfes darstellt.

In diesem Lichte gewinnt übrigens auch die Frage des Deckungsverfahrens ein gänzlich neues Gesicht. Man rührt hier an die Grenzfälle, in denen mathematisch völlig einwandfreie Grundsätze unter Umständen in Gefahr geraten können, beim Versuch ihrer Anwendung auf die Ereignisse und Bedürfnisse der praktischen Wirklichkeit eben durch die Wirklichkeit selber ad absurdum geführt zu werden. M.a.W.: Hier beginnen sich deutlich die Grenzen der rein mathematischen Betrachtungsweise abzuzeichnen. Wurde vorher darauf hingewiesen, daß versicherungstechnische Berechnungen um so stärker an unbedingtem Wirklichkeitswert einbüßen müssen, je weiter die Zeiträume sind, über die sie erstreckt werden, so ist hier der Hinweis am Platze, daß das Gleiche bei jeder auf den Zinsertrag gegründeten Rechnung beachtet werden muß, wenn ihr Umfang hinsichtlich des zu verzinsenden Kapitals ein bestimmtes Maß überschreitet.

Daß eine Abstellung auf das einfache Umlageverfahren nicht in Betracht kommen kann, liegt für jeden Einsichtigen klar zutage. Ebenso sicher aber zwingen die soeben angestellten Überlegungen im Hinblick auf die mit einem anderen Deckungsverfahren notwendig verbundene Kapitalansammlung dazu, die ganze Frage zu allererst vom großen volkswirtschaftlichen Gesichtspunkt aus grundlegend zu klären. Denn es bedarf gar keiner weiteren Begründung, daß ohne eine solche Klärung jede irgendwie geartete Berechnung geradezu in der Luft hängen muß, und zwar eben wegen der Notwendigkeit, den bei derartigen Kapitalansammlungen noch praktisch möglichen und vor allem den im nationalsozialistischen Staat noch für zweckmäßig zu haltenden Ertrag des Kapitals vorweg festzulegen.

Anders ausgedrückt: Auch die rechnerische Lösung muß auf einem Zusammenhang zwischen Kapital und Ertrag aufgebaut sein, der im Sinn und Geist unseres Staates als vereinbar mit dem Gesamtinteresse des deutschen Volkes gelten darf, dem sich alles unterzuordnen hat.

Vorsitzender Brucker: Ich danke Ihnen, Herr Oberregierungsrat Heinze. Haben Sie, Herr Kollege Kurth noch etwas hinzuzufügen? *(Nein!)* Oder decken sich Ihre Ansichten mit denen von Herrn Heinze? *(Ja!)*

Dann möchte ich den Bericht von Herrn Prof. Richter und auch den Bericht von Herrn Oberregierungsrat Heinze zur kurzen Erörterung stellen.

Regierungsdirektor Dr. Neuhauß: Der Entwurf, wie er uns vorliegt, geht ja von der Ansicht aus, daß im allgemeinen, abgesehen von den Hausgewerbetreibenden, Unternehmer nicht unter die Versicherung fallen sollen. Ich möchte nur kurz aus der Erfahrung, ähnlich wie es Herr Prof. Richter bereits angedeutet hat, sagen, daß, mindestens solange man eine Unfallversicherung hat, es doch außerordentlich bedenklich erscheinen würde, die große Gruppe der kleinen und mittleren landwirtschaftlichen Betriebsunternehmer aus der Versicherung herauszulassen. Es sind dies Kreise in der Wirtschaft, die in ihrer ganzen Lebenshaltung und nach ihrer wirtschaftlichen Grundlage sich nicht allzusehr von den entsprechenden Arbeitnehmern unterscheiden. Im großen Umfange werden sie, besonders im Westen, wo der kleine und mittlere Grundbesitz überwiegt, von der Versicherung erfaßt und erfahren den Segen der Versicherung auch in vielen Fällen. Ich würde es daher für bedenklich halten, wenn man nun, wie der Entwurf es beabsichtigt, diesen gesamten Kreis aus der Versicherung herausnehmen wollte, sofern nicht etwa ihre Berufsorganisation selbst in der Lage ist, ihnen auf anderen Wegen das zu geben, was ihnen jetzt die Unfallversicherung gibt.

Vorsitzender Brucker: Weitere Wortmeldungen liegen nicht vor. - Dann kommen wir zum zweiten Punkt: *Leistungen der Sozialversicherung.* Darf ich Kollegen Anders bitten!

Berichterstatter Landesamtmann Anders: Meine Herren! Bei den Betrachtungen über die Leistungen in der Sozialversicherung muß festgestellt werden, daß diese Leistungen in den einzelnen Versicherungszweigen trotz der verschiedenen rechtlichen Verhältnisse, auf denen sie beruhen, vielfach gleichartig und wiederkehrend sind. Wenn sie auch in der letzten Zeit, besonders durch die Notverordnung vom 8.12.1931, erhebliche Schwankungen aufzuweisen haben.

In der Krankenversicherung, der Unfall- und Knappschaftsversicherung unterschied man grundsätzlich sogenannte Regelleistungen und die nach dem Gesetz vorgesehenen Mehrleistungen. Die Regelleistungen mußten in jedem Falle gewährt werden, die Mehrleistungen, die nur auf einer Kannvorschrift beruhten, sind nach der Notverordnung fast vollständig in Wegfall gekommen. Man hat sie neuerdings zum Teil wieder zugelassen, und zwar bei den Versicherungsinstituten, deren Beiträge unter 5% des Arbeitseinkommens liegen. Im allgemeinen aber hatte man nach dem heute geltenden Recht in der Sozialversicherung hinsichtlich der Krankenversicherung als Regelleistungen Krankenpflege, Krankengeld, Wochenhilfe, Familienhilfe und Sterbegeld.

Die Leistungen waren hinsichtlich ihrer Dauer begrenzt und führten allerdings dazu, was ja häufiger zu großem Ärgernis Anlaß gegeben hat, daß die Leistungen frühzeitig eingestellt werden mußten. Weiterhin war es recht häufig der Fall, und darauf komme ich später noch zurück, daß Kompetenzstreitigkeiten vorkamen, wenn z.B. ein Versicherter, der einen Betriebsunfall erlitten haben wollte, und noch nicht einwandfrei feststand, daß ein solcher tatsächlich vorlag, aus der Krankenversicherung entlassen wurde, eine Zeitlang überhaupt ohne jede Versorgung blieb und der Wohlfahrt zur Last fiel, weil die Berufsgenossenschaft noch nicht eingreifen konnte.

In der Unfallversicherung gab es eine Rente, die entweder vorläufig gezahlt wurde, also eine vorläufige Unfallrente; oder wenn die Unfallschädigung als Dauerzustand erkannt werden konnte, als Dauerrente. Die Unfallversicherung zahlte außerdem die Witwenrente, Witwerrente und Waisenrente. Als besondere Leistungen kamen noch das Heilverfahren und die Berufsfürsorge in Betracht.

In der Invalidenversicherung gab es nach dem bisher geltenden Recht nur die Invalidenrente, die gezahlt wurde, wenn der Betreffende nach § 1255 RVO Invalide wurde oder aber das 65. Lebensjahr vollendete. Im letzteren Falle hatte er auch ohne Nachweis der Invalidität Anspruch auf die Altersinvalidenrente.

Das Heilverfahren als vorbeugende Maßnahme wurde von den Trägern der Invalidenversicherung, der Angestelltenversicherung und der Knappschaftsversicherung gewährt. Diese Leistungen aber sind in der letzten Zeit so stark eingeschränkt worden, daß beinah nur noch ein Drittel des früheren Betrages für die Heilverfahren aufgewendet wird. Es sind dies z.Zt., glaube ich, 40 Millionen, während früher beinah an 100 Millionen dafür aufgewendet werden konnten.

Wie ich bereits erwähnt habe, haben wir in der Knappschaftsversicherung die gleichen Leistungen wie in der Krankenversicherung. Außerdem ebenfalls die Invalidenrente, Invalidenpension, Hinterbliebenenrente und Heilverfahren.

Bei dem Entwurf, den wir für eine deutsche Sozialversicherung ausgearbeitet haben, sind wir grundlegend von folgenden Gedankengängen ausgegangen: Es kann nur einmal ein Krankengeld geben, d.h. wenn der Versicherte erkrankt, bekommt er Krankengeld und Krankenhilfe, und zwar solange, bis der Zeitpunkt eintritt, daß er entweder wieder gesund wird oder daß er stirbt; oder aber die Krankheit dahin führt, daß auf absehbare Zeit eine Gesundheitsbeeinträchtigung bestehen bleibt, dann bekommt er Unfallrente. Führt die Gesundheitsbeeinträchtigung zur völligen Invalidität, setzt ohne weiteres die Invalidenrente ein. Daher hat der Entwurf nur Leistungen aus der Krankenversicherung und Renten vorgesehen.

Wir haben folgende Grundsätze aufgestellt:

1. Die Leistungen müssen sofort einsetzen und müssen zeitlich hintereinander ohne jede Pause folgen.

2. Die Leistungen müssen in solchem Ausmaß und solange gewährt werden, bis entweder die Erwerbsbeschränkung beseitigt oder ein Dauerzustand erreicht ist.

3. Bei der Feststellung einer auf einen übersehbaren Zeitraum sich erstreckenden dauernden und gleichbleibenden Erwerbsbeschränkung, ganz gleich aus welchem Grunde, muß eine auskömmliche und zweckentsprechende Versorgung des Geschädigten eintreten.

4. Schließlich müssen bei dem Tode des Versicherten, ganz gleich aus welchem Grund er eintritt, sofort auch den Hinterbliebenen die Leistungen zur Verfügung gestellt werden.

Hierbei möchte ich ganz besonders darauf aufmerksam machen, daß wir gerade hinsichtlich der Witwenrente in der Angestellten- und Invalidenversicherung einen erheblichen Unterschied haben. Während bei der Angestelltenversicherung die Witwe nach dem Tode des Ehemannes sofort in den Genuß der Witwenrente tritt, ist bei der Invalidenversicherung der Nachweis der Invalidität erforderlich, es sei denn, die Witwe hat das 65. Lebensjahr erreicht.

Nach unserer Gesetzesvorlage sind nur noch zwei Gebiete hinsichtlich der Leistungen zu erwähnen, das sind einmal die Krankenversicherungsleistungen und zum anderen die Rentenversicherungsleistungen. Zu den ersteren gehören Krankenpflege und Krankengeld, und zwar, wie bereits erwähnt, solange, bis entweder die Heilung ein Dauerzustand oder der Tod eingetreten ist. Als Wichtigstes aber muß betont werden, daß nach unserem Entwurf nicht Krankengeld oder Rente die Hauptsache ist, sondern die Verpflichtung, alle möglichen Mittel zu erschöpfen, um unfallgeschädigten oder invaliden Versicherten wieder Arbeit und Brot zu geben. Wir haben hinsichtlich dieser Berufsfürsorge und Umschulung ein sehr gutes Vorbild, denn in der Zeit nach dem Kriege ging man mit aller Energie daran, die Unternehmer von Gesetzes wegen zu zwingen, Kriegsbeschädigte in ihren Betrieben einzustellen. Damit sind wohl recht gute Erfahrungen gemacht worden. Ganz besonders hat die Neuzeit gelehrt, daß dank der Betriebsamkeit der NSKOV es kaum noch Kriegsbeschädigte gibt, die nicht auf irgendeine Art und Weise in einem Betrieb beschäftigt werden. Es sei denn, daß es sich um so schwer Kriegsbeschädigte handelt, die überhaupt nicht mehr arbeiten können. Nach unserer Ansicht muß dieser Weg auch für Invalide und Unfallverletzte beschritten werden. Es ist ganz sicher, daß man einen großen Teil dieser Menschen wieder in den Arbeitsprozeß eingliedern kann. Schon im Verlauf dieses Jahres wird die Zahl der Arbeitslosen sehr stark vermindert werden und einmal wird der Augenblick kommen, wo man auch die Arbeitsopfer in Berufen unterbringen kann, die keine besondere Anstrengung mit sich bringen.

Ebenso wichtig wie die Berufsfürsorge erscheint uns das vorbeugende Heilverfahren. Auch hier müssen nach unserer Meinung erheblich größere Mittel seitens der Versicherungsträger wieder eingestellt werden, damit das Heilverfahren in größerem Maße wieder Platz greifen kann. Wir haben hier in der letzten Sitzung gehört, daß eine Landesversicherungsanstalt in dieser Hinsicht schon richtungweisend vorangegangen ist, indem sie für einen Kreis von Personen, der früher grundsätzlich nicht der Heilpflege unterlag, Wege beschritten hat, die völlig neu sind. Jedenfalls werden wir nicht davon abgehen, in Übereinstimmung mit unserem Entwurf bei allen Beratungen dafür zu sorgen, daß die Versicherungsträger in jeder Hinsicht entlastet werden, dadurch daß Arbeitsopfer wieder zu Arbeit und Brot kommen.

Vorsitzender Brucker: Ich danke Ihnen, Herr Kollege Anders! - Darf ich dann Herrn Regierungsdirektor Neuhauß bitten!

Mitberichterstatter Regierungsdirektor Neuhauß: Als Aufgabe der Sozialversicherung ist erkannt worden die Erhaltung der Arbeitskraft des einzelnen und für den Fall der vorübergehenden oder dauernden Minderung oder Aufhebung seiner Arbeitskraft eine Versorgung, die ihn und seine Familie vor Not schützt, im Todesfalle die Hinterbliebenen sicherstellt.

Die Arbeitskraft wird beeinträchtigt durch Krankheit. Hier gilt es, in erster Linie durch geeignete Maßnahmen, die durch Krankheit gefährdete Arbeitskraft möglichst rasch wieder herzustellen. Daneben tritt die Gewährung einer Barleistung, durch welche dem Erkrankten und seinen Familienangehörigen während der Zeit der Erkrankung der notwendige Lebensunterhalt sichergestellt wird.

Zu fordern ist eine ausreichende, und zwar unmittelbar einsetzende ärztliche Hilfe und Behandlung, die tunlichst bis zur Wiederherstellung der Gesundheit zu gewähren ist. Es ist besonderes Gewicht darauf zu legen, daß die ärztliche Behandlung nicht nur darauf abzielen darf, den Erkrankten so rasch wie möglich wieder gesund und arbeitsfähig zu schreiben, sondern die Krankheit richtig zu erkennen und mit allen Mitteln der medizinischen Wissenschaft zur Ausheilung zu bringen. Für die Vertrauensärzte der Krankenversicherung bietet sich hier ein äußerst dankbares und umfangreiches Betätigungsgebiet, dem sie m.E. mehr als bisher Beachtung schenken müssen. Das zur Zeit geltende Recht begrenzt als Regel den Anspruch auf Krankenhilfe auf die Dauer von 26 Wochen und gewährt nur die Möglichkeit, die Krankenhilfe als sogenannte Kassenmehrleistung längstens bis zur Dauer eines Jahres zu erstrecken. Man ging dabei von der Annahme aus, daß in der Mehrzahl der Fälle Erkrankungen innerhalb der Dauer von 26 Wochen zum Abschluß gebracht sein würden. Es ergibt sich also aus der bisherigen Rechtslage die Tatsache, daß die Krankenhilfe mit Ablauf von 26 Wochen, sofern nicht eine Krankenhilfe von längerer Dauer als Mehrleistung gewährt wird, fortfällt, selbst wenn die Krankheit noch nicht behoben ist und weitere Behandlung erfordert. In solchen Fällen bleibt der Kranke, soweit er nicht bei Erfüllung der gegebenen Voraussetzungen die Unfall- oder Invalidenversicherung in Anspruch nehmen kann oder über sonstiges Einkommen verfügt, der öffentlichen Fürsorge überlassen, die von ganz anderen Grundsätzen ausgeht und ausgehen muß. Man wird im Interesse einer sachgemäßen Durchführung der Krankenhilfe fordern müssen, daß sie solange gewährt wird, bis tatsächlich Heilung eingetreten oder ein Beharrungszustand erreicht ist, der nach ärztlichem Ermessen in absehbarer Zeit eine Änderung nicht erfahren wird bezw. bei unglücklichem Ausgang der Tod eingetreten ist.

Eine besondere Betrachtung verdient die Krankenhausbehandlung Erkrankter. Schon nach bisherigem Recht können die Krankenkassen anstelle von Krankenpflege und Krankengeld Kur und Verpflegung in einem Krankenhause gewähren, teils mit, teils ohne Zustimmung der Kranken. Diese Leistung ist aber in das Ermessen der Krankenkassen gestellt, einen im Spruchverfahren verfolgbaren Rechtsanspruch auf Krankenhauspflege hat der Versicherte nicht, wenn auch naturgemäß die Krankenkassen sich bei der Gewährung oder Versagung dieser Leistung nicht vom willkürlichen, sondern vom pflichtmäßigen Ermessen leiten lassen sollen. Die stationäre Krankenhauspflege spielt in der Krankenbehandlung eine sehr wesentliche Rolle. Es gibt zahlreiche Krankheitsfälle, die nach der Natur der Krankheit nicht im Hause, sondern nur in Krankenanstalten erfolgreich behandelt werden können. Darüber hinaus gibt es aber Fälle, in denen die Krankenhausbehandlung deswegen notwendig ist, weil der Erkrankte in seinem Haushalt mangels geeigneter Räume oder mangels geeigneter Pflege nicht mit Erfolg behandelt werden kann. Es ist klar, daß im ersteren Falle Krankenhauspflege eintreten muß, weil ja schon nach bisherigem Recht die Krankenpflege ausreichend und zweckmäßig sein muß. Aber auch im zweiten Falle, nämlich dann, wenn der Kranke in seiner Familie oder in seinem Haushalt nicht die nötige Pflege haben kann, wird Krankenhauspflege als Versicherungsleistung zu fordern sein. Selbstverständlich wird in allen Fällen die Notwendigkeit der Krankenhauspflege sorgfältig zu prüfen sein, denn sie ist, wie die Erfahrung gezeigt hat, für die Krankenversicherung mit erheblichen Kosten verbunden, und es muß an die Möglichkeit gedacht werden, daß Ärzte aus nicht rein sachlichen Beweggründen die Verlegung erkrankter Versicherter in Krankenhauspflege als notwendig bezeichnen, obwohl bei objektiver Prüfung diese Notwendigkeit nicht besteht. Unter diesen Umständen erscheint es ratsam, an dem bisherigen Zustand festzuhalten, wonach zwar ein eventuell im Spruchverfahren verfechtbares Recht des Versicherten auf Krankenhauspflege nicht besteht, wohl aber der Versicherungsträger pflichtmäßig zu prüfen hat, ob bei der Lage des Falles Krankenhauspflege geboten ist. Die erweiterte Staatsaufsicht wird überdies die Möglichkeit geben, den Versicherungsträger zur Erfüllung seiner Pflichten anzuhalten. Meines Erachtens bringt der Entwurf in § 50 die richtige Lösung.

Von großer Bedeutung für den Versicherten ist ferner die Familienhilfe. Durch Erkrankung von Familienmitgliedern, insbesondere der Ehefrau, welcher die Führung des Haushalts und die Beaufsichtigung der Kinder obliegt, kann der Versicherte in schwierige Lagen geraten, die ein Eingreifen der Sozialversicherung notwendig machen. Schon das jetzt geltende Recht sieht als Regelleistung in § 206 RVO einen Anspruch auf ärztliche Behandlung für die unterhaltsberechtigte Ehefrau und die unterhaltsberechtigten Kinder für die Dauer von 13 Wochen vor und die Erstattung der Hälfte der Kosten für Arznei und kleinere Heilmittel. Allerdings ist Voraussetzung für diesen Anspruch, daß der Versicherte innerhalb der letzten 6 Monate mindestens 3 Monate aufgrund eines Reichsgesetzes gegen Krankheit versichert war. Es ist zu wünschen, daß diese den Anspruch einschränkende Voraussetzung fortfällt, wie es der Entwurf in § 55 vorsieht.

Bezüglich der Wochenhilfe und des Sterbegeldes kann von besonderen Darlegungen abgesehen werden.

Von wesentlicher Bedeutung für die Krankenversicherung ist der Begriff der Arbeitsunfähigkeit. Nach dem bisherigen Recht ist darunter zu verstehen die auf eine Erkrankung zurückzuführende Unfähigkeit des Versicherten, seine bis zur Erkrankung ausgeübte Tätigkeit fortzusetzen oder doch nur unter der Gefahr einer Verschlimmerung seines Zustandes. Die gleiche Begriffsbestimmung findet sich im § 46 Abs. 3 des Entwurfes. Es ist dies ein Begriff, der sich nicht deckt mit dem in der Unfall- und Invalidenversicherung gegebenen Begriff der Erwerbsunfähigkeit.

Das bisherige Recht bestimmt den Begriff der Invalidität im § 1255 Abs. 2 RVO wie folgt: "Invalide ist, wer nicht mehr imstande ist, durch eine Tätigkeit, die seinen Kräften und Fähigkeiten entspricht und ihm unter billiger Berücksichtigung seiner Ausbildung und seines bisherigen Berufs zugemutet werden kann, ein Drittel dessen zu erwerben, was körperlich und geistig gesunde Personen derselben Art mit ähnlicher Ausbildung in derselben Gegend durch Arbeit zu verdienen pflegen." Es ist dies derjenige Zustand, den man nach bisherigem Sprachgebrauch als Arbeitsunfähigkeit auf dem sogenannten allgemeinen Arbeitsmarkte zu bezeichnen pflegte. Auch der vorliegende Entwurf geht in seinen §§ 61, 62 und 62 a, welche die Invalidenrente behandeln, von einer ähnlichen Anschauung aus, während er im § 46 Abs. 2 als Arbeitsunfähigkeit im Sinne der Krankenversicherung den Zustand bezeichnet, in dem der Versicherte nicht oder doch nur mit Gefahr, seinen Krankheitszustand zu verschlimmern, seiner bisher ausgeübten Erwerbstätigkeit nachzugehen vermag. Der Unterschied zwischen beiden Begriffen ist in die Augen springend. Man kann arbeitsunfähig im Sinne der Krankenversicherung sein, ohne die Voraussetzungen der Erwerbsunfähigkeit der Invalidenversicherung und auch der Unfallversicherung zu erfüllen. Eine Begriffsbestimmung der Erwerbsunfähigkeit im Sinne der Unfallversicherung enthält die Reichsversicherungsordnung nicht. In der Praxis kommt es auch hier auf die Fähigkeit an, auf dem sog. allgemeinen Arbeitsmarkt einem Erwerb nachzugehen. Der Entwurf will in § 75 den früheren Beruf angemessen berücksichtigt wissen.

Die Feststellung dieses Unterschiedes ist wichtig für die Beantwortung der Frage, welche Ansprüche einem Versicherten zustehen, der längere Zeit krank gewesen ist und bei dem nunmehr ein Beharrungszustand erreicht ist, in dem nach ärztlicher Ansicht für absehbare Zeit eine Änderung nicht mehr zu erwarten, auch ärztliche Hilfe nicht mehr erforderlich ist. In solchem Falle endet die Krankenhilfe. In zahlreichen Fällen wird ein Versicherter nicht in der Lage sein, seine vor der Erkrankung ausgeübte Berufstätigkeit wieder aufzunehmen, ohne daß seine Erwerbsfähigkeit die Grenze für die Gewährung der Invalidenrente erreicht hat. Ihm würde also nach Beendigung der Krankenhilfe eine Leistung aus der Sozialversicherung nicht zustehen, es sei denn, daß es sich um eine durch einen Betriebsunfall verursachte Beeinträchtigung der Erwerbsfähigkeit handelt. Nun sieht allerdings der § 49 des Entwurfs vor, daß Krankengeld bis zum Beginn der Rente, nicht aber über die Krankenhilfe hinaus gewährt wird. Es kann unter diesen Umständen der Begründung des Entwurfs, daß durch Ausdehnung des Anspruchs aus der Krankenversicherung bis zur Heilung, zum Tode oder zur Erreichung eines Beharrungszustandes eine lückenlose Versorgung gewährleistet sei, nicht beigetreten werden. Der Grund liegt, wie bereits ausgeführt, darin, daß nicht wie in der grundsätzlichen Einführung zu dem Entwurf ausgeführt wird, ein einheitlicher Begriff der Arbeitsunfähigkeit geschaffen ist, sondern daß auch der Entwurf den bisherigen Begriff der Arbeitsunfähigkeit im Sinne der Krankenversicherung, d.h. die Unfähigkeit, den vor der Erkrankung ausgeübten Beruf auszuüben, im Gegensatz zu der Erwerbsunfähigkeit auf dem sogenannten allgemeinen Arbeitsmarkte tatsächlich doch aufrechterhält. Es muß also notgedrungen in gewissen Fällen eine Lücke in der sozialrechtlichen Versorgung eintreten. Man würde sich die Schließung der Lücke auf dem Wege denken können, daß die im Entwurf in § 57 vorgesehene Berufsfürsorge eintritt, welche den Zweck hat, den durch Krankheit oder Unfall in seiner Arbeitsfähigkeit beschränkten Versicherten als möglichst vollwertige Arbeitskraft in den Arbeitsprozeß wieder einzugliedern. Die Berufsfürsorge umfaßt nach dem Entwurf die berufliche Ausbildung zur Wiedergewinnung oder Erhöhung der Arbeitsfähigkeit, nötigenfalls Umschulung für einen neuen Beruf und den Nachweis einer Arbeitsstelle. Hierdurch wäre die Möglichkeit gegeben, einen durch die Folgen einer Krankheit für die Ausübung seiner bisherigen Berufstätigkeit unfähig Gewordenen für einen anderen Beruf um- bzw. auszubilden. Immerhin müßte dann aber für die Dauer dieser beruflichen Umbildung dem Versicherten eine laufende Geldleistung gewährt werden, von der er in der Zwischenzeit seinen und seiner Familie Unterhalt bestreiten kann.

Bei der Krankenversicherung handelt es sich ihrer Natur nach um vorübergehende Leistungen. An laufenden Leistungen sieht das bisherige Recht Invalidenrente, Unfallrente und Ruhegeld vor. Der Zweck der Unfallversicherung war es, die in bestimmten gefährdeten Betrieben Beschäftigten gegen die besonderen Gefahren sicherzustellen, die ihrer Arbeitskraft aus der Art der unfallgefährdeten Betriebe erwachsen. Vielfach geäußerten Zweifeln gegenüber, ob eine besondere Unfallversicherung notwendig sei, ist zu bemerken, daß es sich bei Unfallgeschädigten um Volksgenossen handelt, welche in Ausübung ihres der Allgemeinheit dienenden Berufs verunglückt und geschädigt sind. Sie haben daher m.E. Anspruch auf eine besondere Fürsorge, wie sie in den Bestimmungen über die Unfallversicherung gesetzlich festgelegt ist. Sie ist besonders darin zu erblicken, daß ihnen auch für teilweise Einbuße an Erwerbsfähigkeit eine Entschädigung in Form von Teilrenten gewährt wird. Die Beschäftigung in einem solchen Betriebe ist es, die die Versicherungspflicht begründet. Hinzu treten die gesundheitlichen Schädigungen, welche durch dauernde Beschäftigung in gewissen Betrieben verursacht werden, die in bestimmter Richtung auf den Körperorganismus schädigend einwirken, die sogenannten Berufskrankheiten. Entschädigt wird die Beeinträchtigung der Erwerbsfähigkeit in Form einer Rente, welche der durch die Körperverletzung oder Gesundheitsstörung verursachten Beschränkung der Erwerbsfähigkeit entspricht, wobei unter Erwerbsfähigkeit wiederum die Fähigkeit verstanden wird, sich auf dem allgemeinen Arbeitsmarkte zu betätigen (um einen bisher verwendeten Ausdruck zu gebrauchen). Auch der Entwurf geht in § 75 Abs. 2 von einem ähnlichen Begriff aus.

Während in den früheren Jahren selbst kleine durch Unfall herbeigeführte Erwerbsbeeinträchtigungen entschädigt wurden - es gab in der Anfangszeit der Unfallversicherung sogar eine Rente von 5% -, ist durch das Notverordnungsrecht der letzten Jahre eine Beschränkung eingetreten. Es wird angenommen, daß Veranlassung zu der Gewährung einer Unfallrente nicht mehr vorliege, wenn die Erwerbsfähigkeit des Verletzten um weniger als 1/5 beeinträchtigt ist. Man wird dieser Auffassung beipflichten müssen. Beeinträchtigungen der Erwerbsfähigkeit um weniger als 1/5 machen sich im allgemeinen im Erwerbsleben nicht geltend.

Es sei hier auf den wesentlichen Unterschied hingewiesen, der zwischen dem letztbestehenden Unfallversicherungsrecht und dem Entwurfe besteht.

Nach dem jetzigen Recht unterliegen bestimmte in der Reichsversicherungsordnung einzeln aufgeführte Betriebe der Versicherung, die in diesen Betrieben Beschäftigten sind gegen Unfälle in diesen Betrieben versichert. Der Entwurf trifft in § 75 eine hiervon verschiedene Regelung: Ganz allgemein erhält eine Unfallrente, wer durch Betriebsunfall oder entschädigungspflichtige Berufskrankheit eine Körperverletzung oder Gesundheitsschädigung erlitten hat.

Es ist nun nicht völlig klar, ob die Versicherung gegen Unfall sich auf jeden Unfall, der in irgendeinem Betriebe sich ereignet hat, erstrecken soll. § 36 des Entwurfs bezeichnet als versicherungspflichtig alle deutschen Arbeiter und Angestellten, die in einem entgeltlichen Beschäftigungsverhältnis stehen, und die Hausgewerbetreibenden. Nach § 37 stellt das Reichsversicherungsamt einen Berufskatalog auf, nach dem sich die Zugehörigkeit zur Gruppe der Arbeiter und Angestellten ergibt. Hieraus könnte gefolgert werden, daß alle hiernach Versicherten ganz allgemein gegen jeden Unfall versichert sind, den sie bei ihrer Betriebsarbeit erleiden, ohne Rücksicht auf die Art des Betriebes.

So begrüßenswert diese Regelung an sich erscheint, so wird m.E. dennoch zu prüfen sein, ob nicht eine feste Begrenzung der Betriebe, bei denen Unfallversicherung bestehen soll, notwendig ist.

Zur Höhe der Unfallrente sei folgendes bemerkt: Nach jetzigem Recht beträgt sie 2/3 des Jahresarbeitsverdienstes bei völliger Erwerbsunfähigkeit infolge des Unfalls, bei teilweiser Erwerbsunfähigkeit den Teil der Vollrente, der dem Maße der Einbuße an Erwerbsfähigkeit entspricht. Der Entwurf bestimmt in § 75, daß die Unfallrente der durch die Körperverletzung oder Gesundheitsschädigung verursachten Beschränkung der Arbeitsfähigkeit entsprechen soll. Hieraus ist wohl der Schluß zu ziehen, daß bei völliger Erwerbsunfähigkeit die Rente in voller Höhe des angenommenen Jahresarbeitsverdienstes zu gewähren ist, soweit nicht die Grenze von 200 M monatlich überschritten wird, nicht wie jetzt, nur in Höhe von 2/3. M.E. wird an der bisherigen Regelung festzuhalten sein, daß die Rente bei völliger Erwerbsunfähigkeit 2/3 des Jahresarbeitsverdienstes beträgt, allenfalls könnte man in analoger Anwendung der Ruhegehaltsbestimmungen für Beamte bis zu ¾ gehen.

Zur Frage der Invalidenrente und des Ruhegeldes sei Folgendes bemerkt: Geht man davon aus, daß die Krankenhilfe bis zum Eintritt eines Dauerzustandes zu gewähren ist, so kann man die besonderen Bestimmungen des bisherigen Rechts über die Gewährung der Invalidenrente entbehren. Denn die Invalidenrente setzt ja erst ein, wenn ein Beharrungszustand erreicht ist und die sonstigen Voraussetzungen für die Gewährung der Rente erfüllt sind.

Was die Hinterbliebenenrenten betrifft, so gewährt das bisherige Recht solche in der Unfallversicherung, der Invalidenversicherung, der Angestelltenversicherung und der Knappschaftsversicherung. Sie bestehen in Witwenrente, Witwerrente und Waisenrente. In der Krankenversicherung kommen Hinterbliebenenrenten nicht in Betracht.

Nach bisherigem Recht erhält die Witwe eines durch Betriebsunfall Getöteten 1/5 des Jahresarbeitsverdienstes, die nur noch halberwerbsfähige Witwe 2/5, für Kinder bis zum 15. Lebensjahre 1/5 mit der Beschränkung, daß die Renten der Hinterbliebenen 4/5 des Jahresarbeitsverdienstes nicht überschreiten dürfen. Bei der Invalidenversicherung war aber Voraussetzung, daß die Witwe das 65. Lebensjahr vollendet hat oder ihrerseits invalide ist.

Mit Recht läßt der Entwurf diese Voraussetzung fallen und gibt der Witwe einen Anspruch auf Witwenrente, wenn der Ernährer gestorben ist und seinerseits bis zur Zeit seines Todes die Wartezeit erfüllt hatte und die Anwartschaft nicht erloschen war; denn der Tod des Ernährers greift ohnehin hart in das Schicksal der Familie ein. Man kann die Witwe, besonders wenn sie der Aufsicht bedürftige Kinder hat, nicht auf Lohnarbeit verweisen, die sie den ganzen Tag von ihrem Haushalt und ihren häuslichen Pflichten fernhält, sondern muß sie in den Stand setzen, ihren häuslichen Verpflichtungen nachzukommen.

Auf die Witwer- und Waisenrente brauche ich an dieser Stelle nicht einzugehen. Ihre Regelung im Entwurf entspricht im wesentlichen dem heutigen Recht.

Um zum Abschluß zu kommen, darf ich in Übereinstimmung mit dem Herrn Referenten folgendes herausstellen:

Von Gegnern der Sozialversicherung ist ihr vielfach zum Vorwurf gemacht worden, daß sie durch das System der Rentengewährung den Gesundungswillen schwäche und die sogenannte Rentenbegehrlichkeit großziehe. Dies ist selbstverständlich einseitig und übertrieben. Der Segen der sozialen Versicherung liegt in jahrzehntelanger Entwicklung so offensichtlich zutage, daß es keiner Widerlegung derartiger Angriffe bedarf.

Richtig ist allerdings, daß bei allen Maßnahmen zugunsten des Versicherten als vornehmstes Ziel die Erhaltung bzw. Wiederherstellung der Arbeitskraft des Versicherten im Vordergrund zu stehen hat. Demnach ist auf gewissenhafte ärztliche Behandlung in Erkrankungsfällen und auf Ausgestaltung des Heilverfahrens besonderer Wert zu legen, nicht zuletzt auch auf die mit allen Mitteln zu fördernde Berufsfürsorge, welche die für die Ausübung ihres bisherigen Berufes unfähig Gewordenen durch geeignete Maßnahmen: Ausbildung für einen neuen, ihrer verbliebenen Leistungsfähigkeit entsprechenden Beruf, Gewährung von Hilfsmitteln hierzu, in den Stand setzen soll, wieder einen Arbeitsplatz auszufüllen, um ihnen damit das Bewußtsein zu geben, wieder nützliche Glieder im Arbeitsprozeß zu sein.

Vorsitzender Brucker: Ich danke Ihnen, Herr Regierungsdirektor! - Dann möchte ich den Abschnitt *„Leistungen der Sozialversicherung"* auch zur Erörterung stellen. Ich nehme an, daß manches dazu zu sagen ist.

Regierungsdirektor Dr. Schultz: Meine sehr geehrten Herren! Wir haben drei sehr interessante Vorträge gehört, die von verschiedenen Gesichtspunkten ausgingen.

Herr Oberregierungsrat Heinze, der die Frage der Sozialversicherung und der Altersversorgung von der Frage der Mittel, die aufgebracht werden sollen, beleuchtete, ging von dieser Seite aus. Die Vorträge der anderen Herren Referenten und Korreferenten gingen einmal von dem Umfang der Sozialversicherung aus, und zwar einmal von dem personellen Umfang, d.h. dem Personenkreis, der unter die Versicherung fallen soll, und dann von dem Umfang der Leistungen, die gewährt werden sollen. Und die beiden letzten Herren sprachen von den Leistungen selber. Ich glaube, es ist notwendig, daß, wenn wir nachher praktische und klare Vorschläge machen wollen und sollen in dem Gutachten, das zuletzt vorgesehen ist, wir dann von einem einheitlichen Gesichtspunkt ausgehen: Erforderlich ist, wie das z.B. Herr Anders in dem Entwurf und auch in seinen Ausführungen vorgeschlagen hat, daß als „Leistung" oder als „Umfang" der Sozialversicherung bestimmte Punkte bestimmt werden, welche im einzelnen festzusetzen wären, gleichgültig, wie die Deckungsfrage nachher geregelt wird. Es müßte hierbei die Vorfrage geklärt werden, ob die Unfallversicherung als Versicherungszweig aufrechterhalten bleibt oder nicht. Das ist natürlich ein wesentlicher Punkt. Lassen wir die Unfallversicherung bestehen, wie einige Herren wollen, dann müßten wir auch die Leistung der Unfallversicherung in die Leistungen eingliedern; lassen wir aber die Unfallversicherung generaliter fallen, dann müssen wir die Leistungen, die früher die Unfallversicherung auf sich genommen hatte, in andere Versicherungsgebiete eingliedern.

Ich wollte mit meinen Worten nur die Anregung geben, daß wir heute, ehe wir auseinandergehen, uns doch darüber klarwerden sollten, welchen Weg wir beschreiten wollen. Vor allem: Besteht hier schon die Möglichkeit, darüber eine Klarheit zu gewinnen, ob die Unfallversicherung als solche bestehenbleiben soll oder nicht? Für beide Vorschläge sind sehr wichtige Gesichtspunkte angeführt worden. Man kann beide Richtungen selbstverständlich vertreten.

Weiter sollten wir uns darüber klarwerden, welche Leistungen der Sozialversicherung wir für unbedingt notwendig halten, gleichgültig, wie die Deckungsfrage ist. Oder aber wir gehen von dem anderen Gesichtspunkte aus und sagen: Welche Mittel werden voraussichtlich für den Aufbau der Sozialversicherung, der hier bisher erwähnt ist, zur Verfügung stehen? Und können wir nach diesen Mitteln, die voraussichtlich zur Verfügung stehen, die Leistungen und den Umfang der Versicherten abmessen?

Das sind zwei Gesichtspunkte, die ich eigentlich an die Spitze stellen möchte. Es geht nicht gut, daß wir auf der einen Seite die Deckungsfrage ganz aus dem Spiel lassen und sagen: diese richtet sich nach den Leistungen, und daß wir deshalb nur von den Leistungen sprechen und die Deckungsfrage nicht berühren, denn eines ergänzt das andere und eines ist von dem anderen abhängig. Darüber sind wir uns klar. Deshalb wollte ich den Herrn Vorsitzenden darum bitten, ob wir uns nicht, um ein praktisches Ergebnis zu gewinnen, eben zunächst einmal darüber klarwerden können: Welche Versicherungszweige sollen nach den übereinstimmenden Ansichten der hier Versammelten bestehen bleiben? Ob das später in dieser Form Gesetz wird, ist eine andere Frage. Aber unsere Aufgabe habe ich bisher immer so aufgefaßt, hier praktische Vorschläge nach unseren besten Prüfungen und Erwägungen zu machen. Da würde also zunächst die Frage sein: Wollen wir die Unfallversicherung in bisherigem Umfange und bisheriger Form bestehenlassen oder nicht? Welche Versicherungszweige bleiben übrig? Welcher Kreis der Versicherten soll dann darunter fallen? Soll derselbe Personenkreis bleiben oder soll er erweitert werden? Sodann die Frage der Leistungen! Wollen wir, wie Herr Anders z.B. vorgeschlagen hat - und ich habe das in

Books From California
51 W. Easy St
Simi Valley, CA 93065
UNITED STATES
customerservice@booksfromca.com

Books From California
51 W. Easy St
Simi Valley, CA 93065
UNITED STATES

To: Alibris APEX DC 76906280-83 - APEX
800 Avondale Ave.

Grandview Heights, OH 43212-3473
UNITED STATES

If this order is shipping from the US to an international buyer, remember to attach proper documentation. Complete and attach USPS Form CN-22 for all Priority Mail International Envelopes or First-Class Mail International shipments (available at your post office).

Order Number:	33969683
Ship Method:	Standard
Customer Name:	Alibris APEX DC 76906280-83 - APEX
Order Date:	9/11/2026
Alibris Order #:	76906280-83
Email:	

Items:

[redacted] Locator

Qty	Item		Item ID	Condition
1	Akademie für Deutsches Recht 1933-1945 - Protokolle der Auss...1940-1942) (German Edition) Schubert, Werner SKU: mon0003439989 ISBN: 3631358385 - Books	C -2-01-800-001-1538	76906280-83	Very Good

Notes:
Very good Very Clean Copy-Over 500, 000 Internet Orders Filled. hardcover

meinem Referat auch durchaus zustimmend vertreten und auch die Bitte ausgesprochen zu prüfen, ob das möglich ist -, noch verschiedene Leistungen eingliedern? Z.B. in der Form, daß bisherige „Mehrleistungen" als „Regelleistungen" festgesetzt werden und daß die 26 Wochen Krankenversicherung dahin abgeändert werden, daß die Grenze fallengelassen wird?

Und schließlich möchte ich aber auch noch auf einen ganz bestimmten Punkt kommen, den Herr Anders wiederholt erwähnt hat und den ich auch für sehr bedeutungsvoll halte, nämlich die Frage: Wie soll es praktisch gemacht werden, daß wir, um eine übermäßige Inanspruchnahme der Leistungen der Sozialversicherung und der Mittel der Sozialversicherung zu vermeiden, einen praktischen Weg finden, um die betreffenden Versicherten in den Arbeitsprozeß, wie Herr Anders sich ausdrückte, wieder einzusetzen?

Wenn ich da ganz kurz aus unserer Praxis bei den Spruchgerichten etwas vortragen darf, dann ist es das: Wenn der Versicherte zur Verhandlung kam, wurde er untersucht, und wenn unser Vertrauensarzt, der für uns zunächst in medizinischer Hinsicht die maßgebende Stelle war, zu dem Untersuchenden sagte: „Sie sind wieder arbeitsfähig", dann sagte der Mann wiederholt zu uns: „Ja, bitte, schaffen Sie mir doch Arbeit!" Dann saßen wir fest. Das konnten wir nicht; denn wir hatten weder die Kompetenz, das zu tun, noch die Möglichkeit, denn es ist ein himmelweiter Unterschied, ob der Vertrauensarzt und das Gericht, das Oberversicherungsamt oder das Reichsversicherungsamt dem betreffenden Mann bescheidet: „Sie sind wieder arbeitsfähig. Sie haben keinen Anspruch mehr auf Rente", oder ob man dem inneren Wunsche des Mannes entspricht und sagt: „Hier, bitte, wir wollen Ihnen auch die Arbeitsmöglichkeit verschaffen". Das ist aber eine so wichtige Frage, daß, wenn wir sie lösen können in einer Form, die Aussicht auf Erfolg hat, wir einen großen Teil der Schwierigkeiten mit den Renten dadurch überhaupt beheben könnten. Das ist aber nach meiner Ansicht der wichtige Angelpunkt, um den sich vieles dreht. Das werden mir auch viele Herren aus der Praxis bestätigen, namentlich Ärzte, die auch vor die oft schwer zu beantwortende Frage gestellt werden, ob der betreffende Versicherte noch invalide und in welchem Grade er erwerbsbeschränkt ist. Diese Frage ist in der Praxis oft schwer zu entscheiden. Es liest sich so glatt: „1/3 arbeitsfähig". Aber übertragen Sie das auf die Praxis! Fragen Sie Herrn Dr. Kaiser, der früher, wie ich hörte, auch Vertrauensarzt bei einem größeren Versicherungsträger war. Wir würden hier, wie gesagt, viel helfen, wenn wir einen Weg fänden, wie wir den Mann oder die Frau wieder in den Arbeitsprozeß überführen könnten. Das darf kein gesprochenes Wort bleiben, sondern ein praktischer Weg muß gefunden werden, um diese Umschaltung und Einschaltung des betreffenden Versicherten in den Arbeitsprozeß zu erreichen. Wenn uns das gelingt, dann, glaube ich, sind wir über eine ganz große Schwierigkeit, die wir alle empfunden haben und die wir alle gern beseitigen möchten, hinweg. Deswegen erlaube ich mir, noch einmal auf diesen Punkt zurückzukommen.

Vorsitzender Brucker: Herr Regierungsdirektor Schultz, wir werden auf Ihre Frage, ob die Versicherungszweige bestehenbleiben sollen oder alle vereinigt werden, nachher zurückkommen. Ich glaube, wir sind damit mit diesem Punkt 2 fertig. *(Zustimmung.)*

Dann bitte ich Herrn Dr. Kilian, über den letzten Punkt zu sprechen: *Mittelaufbringung der Sozialversicherung.*

Mitberichterstatter Regierungsrat Dr. Kilian: Wenn ich über die Aufbringung der Mittel kurz referiere, dann will ich zunächst ganz dahingestellt sein lassen, ob wir einen einheitlichen Versicherungsträger haben oder noch weiter mehrere Versicherungsträger nebeneinander bestehenbleiben; das kann hier ganz unerörtert bleiben.

Ich darf ganz kurz von dem jetzigen Zustand ausgehen. Es ist ja den Herren bekannt, daß die Mittel in den einzelnen Versicherungszweigen ganz verschieden aufgebracht werden. In der Krankenversicherung werden die Mittel dadurch aufgebracht, daß man nach Lohnstufen und nach gewährtem Lohn die Beiträge berechnet und sie einfordert. In der Invalidenversicherung und Angestelltenversicherung werden die Mittel dadurch aufgebracht, daß Marken zu kaufen sind, die dann in die betreffenden Karten einzukleben sind. Bei der Unfallversicherung hängt die Höhe des Beitrags von der Höhe des Lohnes ab, den ein Unternehmer zu zahlen hat, und ferner auch von der Gefahrenlage, nach der eingestuft ist. Ich will nur diese Momente kurz andeuten.

Es ist ebenfalls den Herren bekannt, daß nach heutigem Recht die Beiträge nicht einheitlich von Arbeitgebern oder Unternehmern oder von Versicherten halb und halb aufgebracht werden, sondern daß das ganz verschieden ist, in der Krankenversicherung 1/3 und 2/3, bei der Rentenversicherung halb und halb. Die Beiträge zur Unfallversicherung müssen die Unternehmer allein aufbringen.

Schon wenn man ganz kurz diese Verhältnisse überblickt, wird man zu dem Ergebnis kommen, daß in Zukunft diese Regelung unter keinen Umständen bestehenbleiben darf. Schon das Interesse, das wir an den Versicherten selbst haben, erfordert es, daß wir die Aufbringung der Mittel derartig einfach gestalten, daß auch der Versicherte weiß, was er aufbringt; denn heute ist es ja so, daß der Versicherte seine Lohntüte bekommt, auf der allerhand Zahlen stehen, auch darauf steht, was er abgezogen bekommt. Was er aber für den einzelnen Zweig der Sozialversicherung abgezogen bekommt, weiß er nicht. Er kann nie wirklich kontrollieren, ob er nun wirklich die richtige Summe abgezogen bekommt, ob auch der Unternehmer tatsächlich diese Summe, die ihm von seinem Lohn abgezogen wird, auch abliefert und dergleichen mehr.

Deshalb geht der Entwurf m.E. sehr richtig und konsequent davon aus, daß die gesamten Beiträge nur noch von dem Versicherten aufzubringen sind. Der Entwurf geht bewußt ganz andere Wege, als das bisher der Fall war. Der Entwurf sagt: Wenn auch der Unternehmer ein sehr großes Interesse an der Sozialversicherung hat, so geht aber die Sozialversicherung in allererster Linie den Versicherten an; und deshalb soll auch der Versicherte ganz allein die Mittel aufbringen, die erforderlich sind, um ihn später gegen die Wechselfälle des Lebens zu schützen. Selbstverständlich ist das nicht durchführbar, wenn man lediglich nun von heute auf morgen die Beitragslast auf die Versicherten abwälzt, ohne daß sich diese Abwälzung irgendwie in der Lohnhöhe auswirkt. Wir müssen verlangen, daß dann, wenn der Versicherte allein die Beiträge zahlt, der Lohn in entsprechender Weise in die Höhe geht. Wenn man diese Forderungen stellt, muß man sich insbesondere vergegenwärtigen, daß es unter keinen Umständen angeht, diese kolossal komplizierten, ich möchte sagen, Rechenexempel weiter aufrechtzuerhalten. Unter allen Umständen muß der Versicherte ganz genau wissen, welche Beiträge er leistet. Deswegen ist es unter allen Umständen erforderlich, daß genau berechnet wird, welcher Prozentsatz erforderlich ist, um die notwendigen Mittel für die Sozialversicherung zu schaffen. Man kann diesen Prozentsatz sehr einfach finden, indem man das addiert, was bisher der Unternehmer und der Versicherte zusammen geleistet haben, und man kann dann einen einheitlichen Prozentsatz feststellen und durch eine Beitragsordnung oder durch eine Anordnung des Sozialministers oder des Reichsversicherungsamts anordnen, daß nunmehr von dem Lohn soviel Prozent abgezogen werden. Der Versicherte weiß dann ganz einfach, was er nun für seine Sozialversicherung aufwendet. In gewissem Ausmaß wird dann der Lohn in die Höhe gehen. Der Unternehmer wird dann einen gewissen Zuschuß geben müssen, daß er um einen gewissen Prozentsatz den Lohn erhöht. Man kann einwenden, das wäre ja nur ein rechnerisches Exempel. Das mag richtig sein. Ich stehe aber auf dem Standpunkt, wir müssen hier eine ganz klare Rechtslage schaffen; der Versicherte muß genau feststellen können, welchen Beitrag er zahlt.

In diesem Sinne hat deswegen der Entwurf in seinem § 119 vorgesehen, daß die Mittel für die Sozialversicherung vom Versicherten aufgebracht werden und daß zur Deckung der Leistungen und der sonstigen zulässigen Ausgaben ein Beitrag erhoben wird, daß der Beitragssatz vom Reichsversicherungsamt festgesetzt wird und daß wie auch vorhin schon Herr Oberregierungsrat Heinze erwähnt hat, der Beitragssatz für die Rentenversicherung so bemessen wird, daß der Wert aller künftigen Beiträge samt den Vermögen den Betrag deckt, der nach der Wahrscheinlichkeitsrechnung mit Zins und Zinseszins erforderlich ist, um alle künftigen Aufwendungen für die Rentenversicherung zu bestreiten. Ferner muß auch der Beitragssatz nach einem bestimmten Hundertteil des Bruttolohnes festgesetzt werden.

Der Entwurf denkt sich die Weiterentwicklung folgendermaßen: Der Arbeitgeber zahlt die Beiträge für seine versicherten Beschäftigten an den Tagen an den Zahlstellen, die dann noch näher bestimmt werden, ein. Also auch nach der gewünschten Regelung soll der Arbeitgeber für die Abführung der Beträge sorgen.

Man kann sich die einzelne Gestaltung sehr einfach denken: Der Arbeitgeber teilt der betreffenden Stelle mit: ich beschäftige soviel Arbeiter, und ich habe die und die Beiträge zu leisten. Nun bekommt der Arbeiter, sagen wir einmal, alle vier Wochen eine genaue Abrechnung, in der steht: Der Bruttolohn beträgt soundso viel; davon werden 20% oder, je nachdem, 19 oder 21% Beiträge abgezogen. Die Steuern werden auch abgezogen. Diese Aufstellung, die alle 4 Wochen zu machen ist, und zwar für jeden einzelnen Arbeiter, wird in mehrfacher Ausfertigung, sagen wir in vierfacher Ausfertigung hergestellt. Eine Ausfertigung behält der Arbeitgeber, eine andere bekommt der Arbeiter, und die beiden anderen Ausfertigungen werden ebenfalls der Zahlstelle eingereicht, bei der vorher schon der Unternehmer genau angegeben hat, welcher Beitrag zu zahlen ist. Und dort von der Zahlstelle wird nun genau geprüft, ob nun wirklich dieser Lohn ausgezahlt und dieser Betrag abgezogen worden ist. Es kann also nicht mehr vorkommen, daß dem Arbeiter Beträge abgezogen werden, die nachträglich nicht eingezahlt werden.

Es heißt deswegen auch in diesem Entwurf: Die Versicherten müssen sich bei jeder Lohnzahlung die Beiträge vom Barlohn abziehen lassen, ferner, was eigentlich selbstverständlich ist, daß auch die nötigen Überwachungsvorschriften geregelt werden, die sich vielleicht im großen und ganzen mit dem befassen, was ich eben kurz vorgetragen habe, also Vorschriften, die verhindern, daß es tatsächlich der Unternehmer auf irgendeine Art und Weise fertigbringt, von den Arbeitern mehr Beiträge einzuziehen, als er später abliefert. Jedenfalls müssen wir unter allen Umständen anstreben, einen Einheitsbeitrag von den Versicherten zu fordern. Selbst wenn dann intern diese Einzugsstelle einen gewissen Teil, sagen wir einmal der Unterversicherung abgäbe und eine interne Verrechnung durchgeführt würde, müßten wir darauf bestehen, daß der Beitragseinzug ganz einfach und einheitlich geschieht. Wenn man nicht zu dem Ergebnis kommt, was hier der Entwurf vorgesehen hat, daß also die Beiträge ganz einheitlich nur von den Versicherten aufzubringen sind, dann wäre m.E. nur noch die eine Möglichkeit gegeben, daß der Beitrag in der gesamten Sozialversicherung halb und halb zu tragen ist, daß also auch der Unternehmer die eine Hälfte trägt und der Arbeiter die andere Hälfte. Jedenfalls ist es unter keinen Umständen mehr möglich, daß da eine Drittelung oder eine Halbierung - und bei der Knappschaft ist es noch ganz anders - und daß noch Reichszuschüsse und Reichsbeiträge eingeführt werden; das ist m.E. unter keinen Umständen möglich. Wir müssen zu dem Ergebnis kommen, daß der Beitragseinzug einheitlich und einfach gestaltet wird, jedenfalls so, daß der Versicherte genau weiß, was er zahlt, und daß eine Gewähr dafür gegeben ist, daß auch die Beträge, die eingezogen werden, an die zuständigen Stellen abgeliefert werden.

Ich glaube, mehr brauche ich heute in diesem Kreise nicht zu sagen. Es dürfte im Hinblick auch auf die Verhandlungen, die noch in aller Kürze im Reichsarbeitsministerium weitergeführt werden, zweckmäßig sein, noch besonders darauf hinzuweisen, daß die Akademie unter allen Umständen der Auffassung ist, daß der Beitragseinzug einheitlich sein muß.

Vorsitzender Brucker: Ich danke Ihnen!

Grützemann: Es ist über die sogenannte soziale Belastung sehr viel geschrieben worden. Ich glaube, als die Sozialversicherungsgesetze neu eingeführt wurden, wurde allgemein und auch für die nächsten Jahre der Beitrag, den der Arbeitgeber zu zahlen hatte, als eine ausgesprochene besondere Belastung angesehen. Je mehr aber auch andere Länder dazu übergingen, Sozialversicherung einzuführen, ist dieser Gedanke doch mehr und mehr geschwunden, denn man hat sich allmählich daran gewöhnt, diese sogenannte soziale Belastung als einen, sagen wir einmal, einfachen Lohnfaktor, letzten Endes Preisfaktor einzukalkulieren.

Nun bin ich durchaus dafür, daß man durch die Neuregelung, wie der Entwurf sie vorsieht, den Gedanken hervorkehrt, daß der Arbeiter eigentlich im Grunde seine Versicherung selbst bezahlt, denn es sei doch wirklich so: Der Arbeitgeber könnte einen höheren Lohn zahlen, wenn er eben nicht einen Teil über Lohnkonto, also Unkostenkonto oder sonstwie verbuchen müßte. Warum soll nun nicht der Arbeiter sagen können: ich bringe die Mittel für meine Versicherung selbst auf? Ich halte es durchaus für wichtig, daß man an dem Gedanken festhält, daß ein einheitlicher Prozentsatz festgesetzt wird, den der Arbeitnehmer zu zahlen hat. Ebenso wichtig ist es natürlich, daß der Arbeitnehmer einen Ausgleich durch eine entsprechende Lohnerhöhung findet, was praktisch für den Unternehmer dann auf dasselbe hinauskommt. Bloß - Herr Pg. Dr. Kilian hat es schon angedeutet - die Schwierigkeiten, die ich sehe, liegen darin, wie man dann bei der Unfallversicherung den Teil, den die Arbeitgeber doch allein tragen, nun in den Lohnerhöhungen zum Ausdruck bringen soll. Wenn wir dazu kommen sollten, die Unfallversicherung in die große allgemeine Versicherung einzubauen, dann scheint mir das doch praktisch etwas schwierig zu sein. Wenn man bedenkt, daß in den Kosten für die Unfallversicherung, die die Berufsgenossenschaften haben, ja noch viele andere Kosten enthalten sind, z.B. für Unfallverhütung, so scheint mir da noch nicht völlig klar zum Ausdruck gekommen zu sein, wie man denn nun hier diese Lohnerhöhung mit Bezug auf die Unfallversicherung einbaut, zumal dann, wenn man die Unfallversicherung auch noch auf weitere Fälle ausdehnen will, nicht nur auf die rein gefährdeten Betriebe, sondern wenn man ganz allgemein, wenn begrifflich ein Unfall vorliegt, eine Unfallrente gewähren will.

Regierungsdirektor Schultz: Meine Herren! Ich möchte Herrn Regierungsrat Kilian in seinen Vorschlägen für eine Vereinfachung der Einziehung der Beiträge vollkommen beipflichten. Ich glaube aber, da heute der Vertreter des Arbeitgeberverbandes nicht hier ist, ich aber seine Ansicht neulich erfahren habe, doch vom psychologischen Standpunkt aus noch etwas in die Debatte einwerfen zu müssen, nämlich die Frage, ob es durchaus notwendig und zweckdienlich ist, den Arbeitgeber aus der Sozialversicherung auszuschalten. Bisher war es so, daß der Arbeitgeber sowohl an der Tragung der Beiträge beteiligt war, als auch als Äquivalent dann aber auch in der Sozialversicherung überall vertreten war. Es könnte ja dahin führen - ich weiß nicht, ob das beabsichtigt ist -, die Arbeitgeber ganz aus der Sozialversicherung auszuschalten; und das ist ein großes psychologisches Moment, das ich für meine Person nicht unterschätzen möchte, jedenfalls nicht, ohne daß wir noch einmal zu der Frage Stellung genommen haben. Ich halte die Beteiligung der Arbeitgeber in der Sozialversicherung für ein durchaus schwerwiegendes Moment, das bisher aus guten Gründen eingeführt war, und habe Bedenken, daß man vielleicht nun sagt: Der Versicherte trägt allein die Last, also hat er auch allein über das andere zu entscheiden. Das scheint mir etwas zu weitgehend zu sein.

Ich möchte also jetzt in die Debatte diesen rein psychologischen Gesichtspunkt werfen, ob wir es nicht bei der bisher guten Einrichtung belassen, daß die Arbeitgeber sowohl an den Pflichten wie an den Rechten beteiligt sind. Es läßt sich meiner Ansicht nach sehr wohl ein Ausweg finden.

Regierungsrat Dr. Kilian: Ich hatte vorhin keinen Anlaß, darauf einzugehen. M.E. muß man davon ausgehen, daß die Verteilung der Beitragslast mit, sagen wir einmal, der Verteilung der Gewalten, mit der Verteilung des Einflusses in den Organen der Versicherungsträger gar nichts zu tun hat. Wir gehen selbstverständlich davon aus, daß auch in sämtlichen Organen der Sozialversicherung die Arbeitgeber als die Unternehmer, die Führer der Betriebe vertreten sein müssen, und zwar stehe ich auf dem Standpunkt - ich glaube, daß ist auch die Auffassung von Parteigenosse

Brucker -, daß in den Gremien der Träger der Sozialversicherung Unternehmer und Arbeiter zu gleichen Teilen unter allen Umständen vertreten sein müssen.

Eine andere Frage ist nur die, ob der Unternehmer auch, möchte ich einmal sagen, außerordentlich belastet werden soll, denn daß er belastet wird, ist ja eine Selbstverständlichkeit; ich deutete es schon an. In dem Augenblick, in dem er nicht mehr verpflichtet ist, Beiträge zu zahlen, muß er einen bestimmten Mehrbetrag an Lohn ausgeben, der übrigens nicht genau derselbe Betrag zu sein braucht, wie der Beitrag ausmacht. Wenn man genau rechnet, wird man vielleicht zu dem Ergebnis kommen, daß der Unternehmer weniger aufzuwenden hat als bisher. Jedenfalls ist es eigentlich mehr eine Frage der Vereinfachung, ob wir nur dem Arbeitnehmer die Last der Versicherungsbeiträge auferlegen oder auch dem Unternehmer. Ich möchte, wenn wir zu einer Einheitsversicherung kommen, unter allen Umständen dem Entwurf hier das Wort reden und vorschlagen, nur den Versicherten zu belasten. Es wäre etwas anderes, wenn wir nicht zu dem Ergebnis einer Einheitsversicherung kämen und z.B. die Unfallversicherung nebenher gehen ließen. Wenn tatsächlich die Auffassung des Kabinetts dahin ginge, daß auch die Beiträge zur Unfallversicherung allein von dem Unternehmer zu zahlen wären, so könnte ich mir aber trotzdem denken, daß bzgl. der sonstigen Zweige der Sozialversicherung ein einheitlicher Beitrag von den Versicherten erhoben wird und daß der Unternehmer dann außerdem noch neben der Ablieferung dieses Beitrags an die Einzugsstelle seinen Beitrag an die Berufsgenossenschaft entrichtet. Ich möchte aber annehmen, daß man, wenn man einmal an die Reform der Sozialversicherung herangeht, an diesem großen Problem nicht vorbeigehen wird. Kommt man zu dem Ergebnis, daß es ein einheitlicher Versicherungsträger ist, dann muß man notwendigerweise auch zu dem Ergebnis kommen, daß nur der Versicherte die Last trägt. Intern selbstverständlich hat sich der Arbeitgeber wie auch der Versicherte zu gleichen Teilen an der Verwaltung zu beteiligen.

Prof. Dr. Lutz Richter: Ich möchte gern noch ein paar Dinge erwähnen, von denen ich sonst fürchte, daß sie in ihrer grundsätzlichen Bedeutung nicht genug herausgearbeitet werden.

Mir scheint, in diesem Thema „Mittelaufbringung der Sozialversicherung" stecken drei Fragen, nämlich einmal die Frage nach dem Bedarf: Welche Mittel braucht man überhaupt? Und wo nimmt man die Mittel her, die man braucht? Das Zweite ist die Frage der Schlüsselung und das Dritte erst die Frage nach der Art, wie die Gelder eingezogen werden sollen.

Was zunächst die Frage nach dem Bedarf angeht, so muß diese Frage ja versicherungstechnisch behandelt werden. Es müssen die versicherungsmäßig richtigen Deckungsmethoden angewendet werden, also für alle langfristigen Risiken das Kapitaldeckungsverfahren. Darauf brauche ich nicht weiter einzugehen nach allem, was hier früher schon besprochen worden ist. Ich möchte dabei nur auf eines hinweisen. Mir scheint nämlich, daß diesen soliden versicherungstechnischen Deckungsmethoden auch die Nebenleistungen unterworfen werden müßten, insbesondere die Heilverfahren zur Abwendung, Vorbeugung oder Beseitigung von dauernder Erwerbsunfähigkeit und auch das, wovon heute wieder die Rede war und was ungeheuer wichtig ist, nämlich die Berufsfürsorge, die Unterbringung der Menschen in Arbeit, die ja natürlich auch Geld kostet. Dazu glaube ich hier doch sagen zu müssen: Selbst wenn man diese Sache rein verwaltungstechnisch durch die Krankenkassen besorgen lassen sollte - ich erinnere an die Denkschrift, die wir neulich besprochen haben, wo es heißt: Alles, was die Krankenversicherung angeht, sollen die Krankenkassen und nicht die Rentenversicherung machen -, selbst dann muß das deckungsmäßig als ein Teil des langfristigen Risikos angesehen werden. Es muß deshalb diese sorgfältige Deckungsmethode angewandt werden, weil wir sonst - ich erinnere an die Erlebnisse mit der Knappschaft - in die Lage kommen können, daß die Aktiven gar nicht mehr fähig sind, umlagemäßig den Deckungsbedarf auch für diese Heilverfahren und auch für diese Berufsfürsorge aufzubringen.

Im übrigen will ich auf die Einzelheiten dieser Sache nicht eingehen. Ich hatte nur den Eindruck, daß das vielleicht heute in dem Rahmen des augenblicklichen Themas nicht genug berücksichtigt war.

Die zweite Frage ist die der Schlüsselung, der Verteilung der Beiträge auf Versicherte und Arbeitgeber oder Heranziehung dieser beiden Gruppen zur Tragung der Beitragslast. Dazu möchte ich nicht mehr viel sagen. Es ist ja von Herrn Dr. Kilian das andere entwickelt worden, daß es vielleicht als günstigste Lösung vorschweben müßte, den Gesamtbeitrag vom Versicherten tragen zu lassen. Dabei müßte ein Lohnausgleich eintreten. Es ist in zweiter Hinsicht gesagt worden, daß, wenn das nicht gangbar scheint, man einfach halbieren sollte. Das möchte ich auch von mir aus für richtig halten. Entweder den vollen Beitrag trägt der Versicherte oder der Beitrag wird im Verhältnis von ½ : ½ geschlüsselt. Alles andere bringt nur Komplikationen. Einen kleinen Vorbehalt könnte man für die Unfallversicherung machen. Wenn daran gedacht wird - das wissen wir ja noch nicht, die Frage ist noch offen -, die Unfallversicherung im wesentlichen in ihrer bisherigen Gestalt bestehenzulassen, dann trägt sie ja - das muß ich noch einmal sagen - einen gewissen poenalen Charakter. Dem Unternehmer wird damit gesagt: Weil du so kühn bist, etwas derartig Gefährliches zu unternehmen, darum sollst du auch hier gegenüber der allgemeinen bürgerlichen erhöhte Schadensersatzpflicht tragen. Daraus erklären sich als innere Rechtfertigung die besonderen Leistungen der Unfallversicherung. Dann ist es natürlich unausweichlich, daß man auch die Last dafür lediglich dem Unternehmer aufbürdet, was aber das ganze System, wie es Herrn Dr. Kilian vorschwebt und wie es dem Entwurf zugrunde liegt, in keiner Weise berühren würde, denn wenn dieser Beitrag wirklich in vollem Umfange nur vom Unternehmer getragen wird, dann kommt ja das ganze Abzugsverfahren und alles andere nicht in Frage, dann reibt sich das also nicht aneinander.

Im übrigen möchte ich noch einmal unterstreichen: Die Frage, wie man den Verwaltungseinfluß auf die beiden Gruppen verteilt, und die Frage, wie man den Beitrag auf die beiden Gruppen aufschlüsselt, haben nichts miteinander zu tun. Das war ein ganz stumpfsinniges, materialistisches, mehr mammonitisches Vorurteil der Vergangenheit, daß man glaubte, wenn der Arbeiter 2/3 Beiträge zahlt, müßte er auch 2/3 der Verwaltungsplätze einnehmen. Dagegen wende ich mich immer mit großer Schärfe.

Nun aber schließlich der Einzug! Ich halte es auch für richtig, daß man dem Arbeitnehmer das, was er überhaupt an Beitrag aufzubringen hat, einerlei, welcher Bruchteil des Ganzen es ist, in einer Summe abzieht und ihm auf klare und verständliche Weise sagt, wieviel er dabei zahlt. Das braucht nicht zu bedingen, daß ein und derselbe Beitrag für das ganze Reich für alle Versicherten, insbesondere für alle Krankenkassen in gleicher Höhe erhoben wird. So schwebt es ja wohl dem Entwurf vor. Wenn wir etwas stärker aufgliedern und örtlich oder zahlenmäßig enger begrenzte Krankenkassen einrichten, dann kann der Beitragsteil, der an die Krankenversicherung fällt, verschieden hoch sein, und es kann trotzdem der Gesamtbeitrag, der auf den Versicherten entfällt, in einer Summe abgezogen werden, und das erscheint vorteilhaft.

Ich möchte dabei noch eins unterstreichen. Der Entwurf aber will es so haben, wie auch ich es für richtig halte. Aber gegenüber dem bisherigen Recht, auch gegenüber dem, was sich nun eben einmal in unserem Gehirn festgesetzt hat, muß ich das noch einmal unterstreichen. Wir haben nämlich bisher in fast allen Versicherungszweigen das System der Beitragsbemessung oder Beitragsberechnung nach Stufen oder Klassen, d.h. etwa in der Krankenversicherung: Es werden Grundlohnstufen gebildet von, sagen wir einmal, 1,50 M bis 2,49 M Tagesarbeitsverdienst; und so baut sich das auf. Diese Klassen sind zum Unglück für die verschiedenen Versicherungszweige auch noch verschieden, so daß man für ein und denselben Menschen unter Umständen für 3 oder 4 verschiedene Versicherungszweige verschiedene Klassen herausrechnen muß, wodurch auch in den Lohnbüros ungeheure Arbeit entsteht, die im Endeffekt vollständig [tot?] ist. Aber diese Seite der Sache will ich nicht ausführlicher besprechen. Ich möchte auf eine andere Schattenseite dieses Stufensystems hinweisen.

Das ist die ungleichmäßige und im Endergebnis ungerechte Belastung des einzelnen Arbeitsverhältnisses, sei es Beitragsteil des Arbeitnehmers, sei es Beitragsteil des Arbeitgebers - diese ungleichmäßige Belastung mit Beiträgen. Nämlich für die ganzen Beitragsstufen oder Klassen wird ein einheitlicher Beitrag - man nennt es Durchschnittsbeitrag oder wie man will - erhoben. Also in der Invalidenversicherung werden in der Lohnklasse II 60 Pf. erhoben bei einem Wochenverdienst von - ja, ich weiß das nicht auswendig *(Zuruf: 6 - 12 M!)* - von 6,01 M bis 12 M. Das bedeutet aber, daß der niedrigst verdienende Mann innerhalb dieser Lohnstufe prozentual doppelt so hoch mit Beiträgen belegt ist wie der höchstverdienende. Darin liegt eine ganz große Ungerechtigkeit, um so mehr, als ja dann an einer Stelle, die vollkommen willkürlich gewählt ist, es schnappt. Der Mann, der 12,01 M verdient, ist dann wieder prozentual viel höher belastet, bei 18 M viel niedrigen, bei 18,01 M wieder höher. Es ist ein ganz sinnwidriges System. Es wird auch nicht dadurch korrigiert, daß man sagt, es gleicht sich bei den Leistungen aus. Nehmen wir die Krankenversicherung, so bekommt jemand, der in der unteren Lohnstufe, sagen wir, von 1,50 bis 2,49 M steht, sein Krankengeld nach einem Durchschnittsgrundlohn von 2,- M. Er bekommt also eine Mark Krankengeld. Der andere, der nicht 2,49 M sondern 2,51 M verdient, bekommt dann von 3 M Durchschnitt 1,50 M Krankengeld. Nun ist das zwar gesehen auf das einzelne Versicherungsverhältnis ein gewisser Ausgleich. Beitrag und Leistung innerhalb des einen Versicherungsverhältnisses mögen sich ausgleichen. Aber, gesehen auf die soziale Lage des bedürftigen Menschen, ist das absolut nicht gleich, sondern je nach dem, ob der Mann dicht oberhalb oder dicht unterhalb einer Grenze gelegen hat, bekommt er ein höheres Krankengeld oder ein niedrigeres. Darum bin ich unbedingt dafür, es so zu machen, wie der Entwurf es vorsieht, daß man nämlich schlechthin den wirklichen Arbeitsverdienst zugrunde legt, evtl. bis zu jener Bemessungsgrenze, von der ich vorhin in meinem Bericht gesprochen habe, aber bis dahin den wirklichen Arbeitsverdienst; und von dem wird ein fester Prozentsatz als Beitrag abgezogen. Dann fallen alle diese Ungerechtigkeiten, die mit den Lohngrenzen und Lohnstufen verbunden sind, ganz allein weg. Außerdem wird die ganze Rechnung, wie mir scheint, sehr viel einfacher. Dann braucht der Lohnbuchhalter nur auf seiner Rechenmaschine eine Drehung zu machen, dann weiß er, wie hoch der Prozentsatz ist, während er heute den einzelnen Mann immer erst in eine Stufe hineinstecken muß. Dabei hilft ihm keine Rechenmaschine, das muß er im Kopf rechnen, solche Maschine gibt es nicht. Er muß also eine viel größere rein technische Verwaltungsarbeit machen, von der niemand einen Gewinn hat. Darauf wollte ich noch hinweisen.

Regierungsdirektor Dr. Schultz: Nur zu dem letzten Punkt! Wie soll dann aber die Leistung bemessen werden, wenn es nach Prozenten gemacht wird? *(Zuruf: Auch nach Prozenten!)* Bisher haben die Krankenkassen Stufen und Klassen gebildet, um danach das Krankengeld zu berechnen. Die Leistungen der Krankenversicherung, ärztliche Hilfen sind gleich, aber das Krankengeld ist nicht gleich. Das wird nach den Klassen bemessen. Diese eine Frage müßte auch noch geklärt werden; denn wenn der Versicherte von seinem Wochenlohn 10% oder einen Prozentsatz zahlt, dann drückt sich darin noch nicht die Höhe des Krankengeldes aus.

Prof. Dr. Lutz Richter: Ich glaube, das ist mit einem Wort zu beantworten. Das wird auch prozentual nach dem wirklichen Arbeitsverdienst berechnet, immer vorbehaltlich der Bemessungsgrenze. Das ist eine rein technische Angelegenheit. Man kann ebensogut aus der Summe der geleisteten Beiträge einen Prozentsatz, einen Bruchteil errechnen.

Vorsitzender Brucker: Das ist seither in der Praxis schon der Fall. Wenn nach dem wirklichen Arbeitsverdienst die Beiträge eingezogen wurden, wurden auch die Krankengelder, die Leistungen ebenfalls nach dem wirklichen Arbeitsverdienst bezahlt.

Meine Herren! Wir sind nun am Schluß der Erörterung dieser drei Punkte. Gestatten Sie mir noch einige bedeutungsvolle Worte, die unsere Arbeit in Zukunft stark beeinflussen werden.

Es folgen hierauf Mitteilungen des Vorsitzenden und eine Aussprache über die weitere Arbeit des Ausschusses.

Danach schließt der Vorsitzende mit einem dreifachen Sieg-Heil auf Vaterland und Führer die Sitzung.

(Schluß: 5 ¾ Uhr.)

VI. Protokoll der Sitzung vom 11.1.1935 (Einheitlicher Beitragseinzug in der Sozialversicherung)

(Beginn der Sitzung: 14 Uhr 30 Min.)

Der Vorsitzende eröffnet die Sitzung. Nach einigen geschäftlichen Mitteilungen erhält Pg. Dr. Erdmann das Wort zu seinem Bericht über den einzigen Punkt der Tagesordnung: *Einheitlicher Beitragseinzug in der Sozialversicherung.* Dr. *Erdmann:* (Das Referat liegt vor.) [nicht erhalten]

Vorsitzender: Ich danke Herrn Dr. Erdmann für seinen Bericht. Dann bitte ich Herrn Pg. Mende, das Wort zu seinem Bericht zu nehmen.

Mende: Meine Herren! Wenn man die Frage des einheitlichen Beitragseinzugs einmal von der praktischen Durchführbarkeit aus beurteilen will, so muß man sich zunächst die Frage stellen: Was soll durch diesen einheitlichen Beitragseinzug erreicht werden? Voraussetzung ist, daß durch diese Änderung des ganzen Systems die Verwaltungsarbeit nicht von den einzelnen Büros bei den Arbeitgebern in die Verwaltungsstellen der Versicherungsträger verlagert wird. Wenn man nun davon ausgeht, welche Arbeiten der Arbeitgeber im einzelnen bei der Feststellung und Abführung der Beiträge auszuführen hat, dann sieht man schon bei der Beitragsabführung in der Krankenversicherung, daß neben der An- und Abmeldung der einzelnen Versicherten eine Berechnung des Beitrages erforderlich ist. Bei der Abführung des Beitrags in der Rentenversicherung ist das Verfahren insofern einfacher, als lediglich Marken verwendet zu werden brauchen, so daß dort keine besonderen Anmeldevorschriften und auch Abmeldungen erforderlich sind; mit dem Verwenden der Beitragsmarken ist der Arbeitnehmer seinen Pflichten im Beitragsgeschäft nachgekommen.

In der Knappschaftsversicherung ist es wiederum ähnlich wie in der Krankenversicherung. Auch da wird der Beitrag zum größten Teil in bar entrichtet und in einem Bruchteil des Lohns oder Gehaltes berechnet. Die Arbeit, die in den Lohnbüros erledigt werden muß, liegt in der Hauptsache also auf dem Gebiet der Berechnung der Beiträge. Das Geschäft der Beitragsabführung spielt keine große Rolle und bedeutet keine besondere Belastung des Arbeitgebers.

Man muß sich nun fragen, wie dem Arbeitgeber eine Arbeit erspart werden könnte, ohne daß dieselbe Arbeit auf einer anderen Stelle geleistet werden muß. Selbstverständlich ist, daß ein einheitlicher Beitragseinzug eine vollständige Abkehr von dem bisher in der Rentenversicherung als billig und praktisch bewährten Markensystem zur Voraussetzung hätte. Ich bin der Auffassung, daß eine Änderung der Bestimmungen über die Rentenberechnung damit nicht unbedingt notwendig verbunden ist. Wenn man bei der bisherigen Regelung der Beitragsfestsetzung bleibt, dann würde für den Arbeitgeber lediglich die Abführung der Beiträge an die verschiedenen Stellen wegfallen. Eine solche Erleichterung würde praktisch also keine Rolle spielen. Wenn man aber die Beiträge zu einem einzigen Prozentsatz des Einkommens zusammenfassen würde, dann würde das eine wesentliche Erleichterung insofern bedeuten, als der Arbeitgeber bei der Auszahlung des Lohnes nicht mehr für die einzelnen Versicherungszweige verschiedene Beitragsberechnungen aufzustellen hat. Das setzt aber voraus, daß der Beitrag in allen Versicherungszweigen nach einem Bruchteil des Lohns oder Gehalts festgesetzt wird. Man könnte hierbei, ohne daß die Voraussetzungen für die Rentenberechnung abgeändert zu werden brauchten, wohl mehr oder weniger an der bisherigen Beitragshöhe festhalten. Nach meiner Auffassung brauchte nur die Bestimmung geändert zu werden, daß der Beitrag nicht mehr nach einem festen Satz bestimmt wird, sondern in einem Bruchteil des Lohns oder Gehalts ausgedrückt wird, der aber in seiner Höhe etwa dem bisherigen Beitrag entspricht.

Daß ein Einheitsbetrag für alle Versicherungszweige nicht in Frage kommt, braucht hier nicht weiter erörtert zu werden. Denn wir würden damit die Möglichkeit, die heute in der Krankenversicherung besteht, den Beitrag recht beweglich zu halten, vollständig ausschalten.

Wenn man nun den Beitrag nach einem Bruchteil des Lohnes festsetzt, läßt sich die Sache so durchführen, daß der Arbeitgeber prüft: mit was für einem Versicherten habe ich es im Einzelfalle zu tun, gehört er in die Invalidenversicherung oder in die Angestelltenversicherung, zu welcher Krankenkasse hat er Beiträge zu leisten, wie hoch sind die Beiträge für die Arbeitslosenversicherung und für die übrigen Versicherungszweige? Diese Arbeit müßte erstmalig für jeden einzelnen Versicherten besonders gemacht werden, und es müßte festgestellt werden, wie hoch der Prozentsatz des Lohnabzuges für die Sozialversicherung für den einzelnen Versicherten ist. Dieser Prozentsatz könnte dann in der Regel solange beibehalten werden, bis der Versicherte entweder beispielsweise aus der Rentenversicherung dadurch ausscheidet, daß er durch Rentenbezug versicherungsfrei wird, oder bis seine Beiträge zur Krankenversicherung dadurch geändert werden, daß die Krankenversicherung einen andern Beitragssatz einzieht.

Wenn nun hier eine Vereinfachung möglich ist, so daß dem Arbeitgeber die verschiedene Berechnung des Beitrages erspart bleibt, so tritt dann auf der andern Seite insofern wieder eine Erschwerung bei der Beitragsverteilung ein, als die Beiträge, wenn sie bei der Einzugsstelle eingehen, dann auf die einzelnen Versicherungszweige verteilt werden müßten. Das setzt voraus, daß die Einzugsstelle Unterlagen für jeden einzelnen Versicherten hat, mit welchem Prozentsatz er bei den einzelnen Versicherungszweigen beteiligt ist. Nun ist eins ja wohl klar: Im Ganzen gesehen ist die Verteilung dieser Beiträge auf den Lohn leichter vorher auszurechnen, als nachträglich bei der Einzugsstelle die meistenteils - wenn die Beiträge nach Bruchteilen des Lohnes festgesetzt sind - doch sehr krummen Zahlen wieder auseinanderzurechnen. - Diese Aufbereitung der Beiträge würde also auch keine sehr wesentliche Erleichterung mit sich bringen können.

Wenn man sich nun aber schon mit dem Gedanken beschäftigt, wie das ganze Beitragssystem zu ändern ist, wird man weiter aber auch die Frage zu prüfen haben: Inwieweit wird dann davon auch die *Beitragskontrolle* berührt? Da ist meines Erachtens der wichtigste Punkt für eine Vereinfachung und vor allen Dingen auch für eine wesentliche Ersparnis gegeben. Die Verhältnisse in der Beitragsüberwachung sind heute so, daß jeder Versicherungsträger einen eigenen Überwachungsapparat unterhält und daß diese Überwachung dann zu doppelten und dreifachen Besuchen des einzelnen Betriebes führt, bei denen dann jeder einzelne Versicherungsträger lediglich seine eigene Beitragskontrolle durchführt. Hier und da ist man schon zu einer Vereinheitlichung dieser Beitragskontrolle übergegangen. Die Erfahrungen, die man dabei gemacht hat, sind nicht gerade besonders gut gewesen; aber das ist schließlich eine Frage, die mit der Erziehung des Überwachungspersonals zusammenhängt. Wenn nun dieses Einziehungsverfahren, dessen technische Durchführung hier im Augenblick wohl nicht näher erörtert zu werden braucht, in der Weise durchgeführt werden könnte, daß bei der Abführung der Beiträge gleichzeitig durch die Einzugsstelle eine Überwachung erfolgt, dann wäre wohl auch das Ziel zu erreichen, das der einheitliche Beitragseinzug überhaupt verfolgt: nämlich neben einer Vereinfachung der Verwaltungsarbeit auch im Grunde eine Ersparnis zu bringen. Denn man darf nicht übersehen, daß einmal auch die Kosten für den Vertrieb der Beitragsmarken, die immerhin etliche Millionen betragen, wegfallen würden, daß weiter eine Vereinfachung des Überwachungsapparates hinzukäme und daß der Arbeitgeber, der ja heute schon in der Krankenversicherung seinen Meldepflichten genügen muß, vom Standpunkt der An- und Abmeldung aus gesehen nicht wesentlich stärker belastet werden würde, als daß er auf den vorgeschriebenen Mustern im Wege dieses Beitragseinzugsverfahrens einige Eintragungen mehr vornehmen müßte und daß dann die Einzugsstelle die weitere Aufteilung dieser Beträge auf die übrigen Versicherungszweige vornimmt.

Einen wesentlichen Nachteil - darauf ist schon hingewiesen worden - hätte das Verfahren insofern, als die Abführung der Beiträge aus einem Betriebe in *einer Gesamtsumme* dann auf keinen Fall mehr möglich wäre. Denn zunächst muß unbedingt daran festgehalten werden, daß auch im Einzugsverfahren für den einzelnen Versicherten für die Rentenversicherung nachgewiesen werden kann, wann und in welcher Höhe der fällige Wochen- oder Monatsbeitrag für ihn abgeführt worden ist.

Die technische Durchführung würde nach meiner Auffassung, wenn sie auf die Einzugsstellen - ich nehme hier zunächst an: auf die Krankenkassen - verteilt würde, im allgemeinen keine allzu große Zusammenballung von Arbeitskräften für die Aufbereitung dieser Beiträge zu bedeuten brauchen, wenn man durch Einsetzung von Maschinen, wobei ich besonders an das Lochkartensystem denke, ein Verfahren herausfindet, bei dem die Beitragsnachweise auf dem Wege von der Einzugsstelle bis zu einer Zentralkartei so ausgewertet und zusammengefaßt werden, daß sie einmal in der Zentralkartei, ähnlich wie heute bei der Sammlung der Quittungskarten mit den Beitragsmarken, nicht wesentlich mehr Raum in Anspruch nehmen und dann auch in der Zentralkartei ähnlich zusammengefaßt werden können wie diese Quittungskarten mit dem Markeninhalt. Ob das mit dem Lochkartensystem in dieser Weise durchgeführt werden kann, müßte geprüft werden; wesentliche Schwierigkeiten dürften da jedenfalls für die Art der technischen Durchführung nicht entstehen.

Eine andere Frage ist allerdings die Frage der Kosten. Das erfordert natürlich eingehende Berechnungen, wie sich das neue Verfahren im Verhältnis zu den jetzigen Gesamtkosten von Beitragsabführung und Beitragsüberwachung billiger gestalten ließe. Die Krankenkassen haben ja heute sowieso schon ein Konto für den einzelnen Betrieb, für den einzelnen Arbeitgeber, der bei ihnen versichert. Hier wäre also schon ein Ansatz vorhanden, daß man dieses Kontensystem weiter ausbaut und dann allerdings nicht mehr allein für den Arbeitgeber, sondern für jeden Versicherten ein solches Konto führt und dann aus diesem Konto heraus die Verteilung der Beiträge für die einzelnen Versicherungszweige vornimmt. In der kurzen Zeit, die bis heute zur Verfügung stand, ist es natürlich nicht möglich gewesen, eingehendere Berechnungen anzustellen, wie sich die Kosten für dieses Verfahren auch nur ungefähr gestalten würden. Ich glaube aber, daß immerhin die Verbindung des einheitlichen Beitragseinzuges mit der Beitragsüberwachung auf diesem Wege doch zu so weitgehenden Vereinfachungen führen könnte, daß man diese Frage doch noch näher untersuchen sollte. An der Durchführbarkeit *im Augenblick* bestehen allerdings sehr starke Zweifel. Die Versicherungsträger sind nach meiner Auffassung heute infolge der Umgestaltung ihrer ganzen Verwaltungsarbeit und vielfach auch mit Rücksicht auf das Personal, das ihnen zur Verfügung steht, *nicht* in der Lage, außerdem zur Zeit noch diese gewaltige Umstellung durchzuführen. Für die Durchführung im Augenblick spielt vielleicht auch die immerhin noch vorhandene Ungeklärtheit der Verhältnisse eine gewisse Rolle. Ehe man das Beitragssystem so vollständig ändert, wird man doch wohl abwarten müssen, bis sich die Verhältnisse etwas mehr gefestigt haben, bis insbesondere auch die Anforderungen an die Leistungen der Krankenkassen ein feststehenderes Maß erreicht haben, so daß man dann auch hier, vor allen Dingen in der ersten Zeit der Einführung, mit nicht allzu häufigen Änderungen zu rechnen haben wird.

Ich möchte daher sagen, daß ich die Durchführung im Augenblick nicht für zweckmäßig - will ich einmal sagen - halte, daß aber immerhin der Gedanke, der an sich ja sowieso schon in dem Aufbaugesetz festgelegt ist, weiter untersucht werden sollte und insbesondere in der von mir angedeuteten Richtung rein nach der finanziellen Seite hin nachzuprüfen wäre, ob nicht doch auf diesem Wege einerseits eine Ersparnis erzielt und andererseits auch der Wirtschaft eine immerhin beträchtlich ins Gewicht fallende Verwaltungsarbeit abgenommen werden könnte.

Aussprache über die beiden Referate

Oberlindober: Das Referat des Parteigenossen Mende hat derartig viele Fragen berührt, daß es wertvoller wäre, wenn gerade zu diesem Referat nicht schon jetzt, sondern erst später Stellung genommen werden könnte. Jetzt möchte ich nur betonen, daß wir, wenn wir zu einer Änderung der Versicherung kommen, es von vornherein in Kauf nehmen müssen, daß daraus eine Mehrarbeit entsteht und daß es auch im Augenblick hoch erscheinende Kosten verursacht, die sich in der Schlußwirkung vielleicht günstig für die Gesamtheit gestalten. Wir werden bei einer Neuordnung der Versicherung auch von vornherein mit dem Widerstand der Kräfte rechnen müssen, die auf Beharrung eingestellt sind; das sind die Kräfte, die zur Zeit in der Sozialversicherung tätig sind. Wenn wir heute etwas Neues bringen, werden sofort die eingespielten Kräfte die Sache für unmöglich, zu teuer und unpraktisch erklären.

Ich selbst bin der Meinung, daß man die ganzen Fragen auch einmal von dem Standpunkt der Neuordnung des Reiches ansehen muß, daß man sich auch einmal überlegen sollte, ob es nicht notwendig wäre, in einem neu gestalteten Reichsgebiet gemeinsame Abrechnungsstellen für sämtliche Versicherungsträger zu schaffen, und ob es nicht möglich wäre, bei der Krankenversicherung zum Markenverfahren wie bei der Invalidenversicherung oder umgekehrt bei der Invalidenversicherung zum Einzugsverfahren wie bei der Krankenversicherung zu kommen. Eine Entscheidung all dieser Fragen wird uns vielleicht sehr leicht fallen, wenn wir wissen, wie die Neugestaltung des Reiches aussehen wird. Herr Minister Dr. Frick hat kürzlich von einer Einteilung in 20 Reichsgaue gesprochen; das ergäbe dann vielleicht 20 Landesversicherungsämter mit klar abgegrenzten Arbeitsgebieten. Dann würde man auch die Möglichkeit haben, das Risiko, das heute in einzelnen Gegenden besonders groß ist, auf die Gesamtheit der dortigen Kassen zu verteilen. Kurzum, eine ganze Reihe von Fragen auf dem Gebiet der Abrechnung und Einziehung kann erst dann geregelt werden, wenn wir wissen, wie die Neugestaltung des Reiches aussehen wird.

Ministerialrat *Sauerborn:* Die Frage, die uns heute beschäftigt, wird mit Recht als heißes Eisen angesehen. Sie ist nach jeder Seite so beziehungsreich, daß jeder Schritt auf diesem Gebiet nicht einmal, sondern hundertmal überlegt werden muß, bevor man ihn tut.

Ich kann bestätigen, was Herr Oberlindober soeben gesagt hat, daß uns die Neugliederung des Reiches und die Schaffung neuer Landesversicherungsanstalten für die Gaue vielleicht in mancher Beziehung eine freiere Hand geben und Möglichkeiten eröffnen werden, die bisher nicht bestanden haben. Wir haben uns im Reichsarbeitsministerium bei den Arbeiten für das Reformgesetz selbstverständlich in enger Fühlungnahme mit dem Reichsinnenministerium befunden, und unsere Pläne gehen sehr weitgehend konform mit den Absichten, die dort bestehen. In einem gewissen Zeitpunkt sind wir sogar auf dem Wege, der durch die Pläne zur Reichsreform bereits gewiesen war, soweit vorgegangen, daß uns das Reichsinnenministerium erklärte, so angenehm das wäre, bitte es doch, die Dinge etwas zurückzuschrauben, da inzwischen Bedenken aufgetreten wären. So sind wir einen Schritt zurückgegangen und haben heute im Aufbaugesetz eine Reihe von Dingen, die wir selbst nur als Übergangserscheinungen ansehen und die nach Festlegung dessen, was in der Reichsreform geschehen soll, ihre entsprechende Gestaltung bekommen müssen.

Herr Mende sieht in der gemeinsamen Beitragsüberwachung große Verbilligungsmöglichkeiten. Das Aufbaugesetz hat ja in seiner Begründung die Beitragsüberwachung bereits zu einer möglichen Gemeinschaftsaufgabe für Krankenversicherung und Invalidenversicherung erklärt, und ich glaube, daß diese Frage in absehbarer Zeit zur Entscheidung reif sein wird. Selbstverständlich ist es höchst unerfreulich, wenn heute bei einem Betriebe einmal der Kontrolleur der Krankenversicherung die Kranken- und Arbeitslosenversicherung prüft, wenn weiter auch die Reichsanstalt für Arbeitsvermittlung von ihrem Recht zur selbständigen Nachprüfung der Arbeitslosenversicherung Gebrauch macht und wenn außerdem noch der Prüfer der Landesversicherungsanstalt und der Prüfer der Reichsversicherungsanstalt den Betrieb besuchen. Zu diesen vier Prüfern kommt dann noch der Kontrolleur der Unfallversicherung, die ja auch Beiträge im Umlageverfahren erhebt. Daß hier eine Vereinfachung angestrebt werden muß, ist selbstverständlich.

Zunächst kann ich nicht einsehen, daß das Recht der Arbeitslosenversicherung zur selbständigen Prüfung unter allen Umständen aufrechterhalten werden müßte. Die Prüfung der Krankenversicherung und der Arbeitslosenversicherung könnte man durch eine einzige öffentliche Körperschaft vornehmen lassen. Wenn man dann auch noch die Prüfung für die Rentenversicherung vereinheitlichen würde, dann würde das für den Arbeitgeber, auf den das heutige Nebeneinander stark verärgernd wirken muß, schon eine große Entlastung bedeuten. Ich glaube, dieses Problem wäre unschwer zu lösen.

Durchaus mit Recht haben die Herren Referenten erstens von den materiell-rechtlichen Voraussetzungen und zweitens von der verwaltungstechnischen Seite des ganzen Fragenkomplexes gesprochen. Was die materiell-rechtliche Seite anlangt, so ist es ja kein Zufall, daß die Rentenversicherungen und die Krankenversicherung nach verschiedenen Grundsätzen arbeiten. Man hat versucht - bis zu einem gewissen Grade ist das auch gelungen -, die Bedürfnisse der Arbeitslosenversicherung und der Krankenversicherung, bei denen es sich um ähnlich geartete Risiken handelt, zu assimilieren. Trotz allem ergeben sich doch verwaltungstechnische Schwierigkeiten, die in der Praxis überwunden werden, weil sie eben überwunden werden müssen. Daß aber die materiell-rechtlichen Voraussetzungen nicht beliebig abgeändert werden können, ist klar. Es ist selbstverständlich, daß wir bei der Lage, in der wir heute sind und m.E. auch immer bleiben werden, bezüglich der Sozialversicherung alle Ersparnismöglichkeiten ausnutzen müssen, die darin liegen, daß der Beitrag aufs äußerste auf das abgestimmt wird, was effektiv notwendig ist. Nun ist aber, wie uns allein die Zahlen der Morbidität und der Mortalität zeigen, das Bedürfnis durchaus verschieden, je nachdem, ob die Landbevölkerung oder die Industriebevölkerung, die Bergarbeiterschaft oder die Seeleute usw. in Frage kommen. Wenn man hier also, was natürlich die materiell-rechtlichen Voraussetzungen für einen einheitlichen Beitragseinzug schaffen würde, zu einer Normierung der Leistungen für das ganze Reichsgebiet übergehen würde, dann würde das das ganze Problem zwar sehr erleichtern, wäre aber m.E. ungefähr das Falscheste, was man machen könnte; denn man würde dann ein Mittel zur Erfüllung des Zweckes, nämlich den Beitragseinzug, für die Leistungsgewährung bestimmend sein lassen.

Von der verwaltungstechnischen Seite aus einige Bemerkungen! Der ungeheure Vorteil des Markensystems liegt in dem urkundlichen Beweis durch Klebung der Marke und dem dezentralisierten Kleben, wobei jeder Arbeitgeber eine Marke in eine Karte einklebt, die als Bescheinigung für die ganze Arbeitszeit vorhanden bleibt, am Schluß schon durch die Farbenänderungen sehr leicht aufzurechnen ist und die Unterlage für die individuelle Rente bildet. An der individuellen Rente muß man m.E. festhalten, einmal aus dem Leistungsprinzip heraus, aus dem Gefühl, daß man die Leistung nach dem bemessen muß, was der Versicherte durch die Beitragszahlungen für sich selbst getan hat, dann aber auch aus einem materiellen Interesse der Versicherung heraus. Die Versicherung muß doch ihr Risiko abdecken, und sie kann das nur, wenn die richtigen Beiträge gezahlt werden. Bei uniformierten Leistungen hätte kein Mensch ein Interesse daran, einen höheren Beitrag zu zahlen; jeder würde nach Möglichkeit in der untersten Stufe kleben.

Wie groß aber die Arbeit sein würde, wenn man den Arbeitgebern das dezentralisierte Markenkleben abnähme und die Buchung auf irgendeinen Versicherungsträger übertrüge, ist kaum vorstellbar. Einige Momente geben uns allerdings hierfür Anhaltspunkte. Die heutige Gestaltung des Beitragseinzugs ist ja das Ergebnis einer fünfzigjährigen Entwicklung. Im Laufe dieser Entwicklung hat fast alles, was technisch möglich ist, irgendwo und irgendwann schon einmal gegolten. So hatte z.B. die RfA ursprünglich das Kontensystem, bei dem jeder eingezahlte Beitrag auf das Konto des Betreffenden gebucht wurde. Später ging sie zu dem Markenkleben über mit dem Erfolg, daß sie sich damals von einem Büro entlasten konnte, das beinahe 3 000 Personen umfaßte. Wenn man damals bei 2 bis 2,5 Millionen Versicherten solche Erfahrungen gemacht hat, dann muß einem ein leichtes Grauen ankommen, wenn man sich überlegt, wie es sich bei 20 Millionen Versicherten gestalten würde. Die Arbeit mag bei dem heutigen System zumal für einen großen Betrieb nicht ganz einfach sein; da steht aber das Lohnbüro zur Verfügung, und ich glaube nicht, daß dort eine Arbeitskraft mehr beschäftigt werden muß, weil das Markenkleben für Invalidenversicherung und Angestelltenversicherung zu erledigen ist. Daß aber bei den Versicherungsträgern eine ungeheure Personalvermehrung eintreten müßte, wenn man zu einem anderen System übergehen würde, scheint mir sicher zu sein. Wenn man diesen Schritt tut und sich dann die Kosten des Verwaltungsapparates ansehen würde, dann würde man, glaube ich, reuig wieder zu dem alten Zustand zurückkehren.

Ich komme jetzt auf einen Gesichtspunkt, der vielleicht gegenwärtig eine größere Rolle spielt als in normalen Zeiten. Ich habe in dieser Woche Verhandlungen geleitet, die zwischen der Reichsanstalt für Arbeitsvermittlung und den Krankenkassenspitzenverbänden geführt wurden. Dabei fiel der vielleicht etwas outrierte, aber von sämtlichen Kassenvertretern unterstrichene Ausspruch: Teuere Reichsanstalt, nimm uns den Beitragseinzug für die Arbeitslosenversicherung ab. Wenn du das tust, versprechen wir dir, das dafür zu zahlen, was du uns heute an Beitragsgeld zurückgibst. Wenn wir dann die Möglichkeit haben, entlastet von dem Beitragseinzug der Arbeitslosenversicherung, nur unsere erheblich geringeren Forderungen an Krankenversicherungsbeiträgen einzuziehen, dann werden wir aus den Rückständen so viel hereinholen, daß das für uns ein prima Geschäft ist. - Es ist gar keine Frage, daß die Summierung der verschiedenen Beiträge zu einem einzuziehenden Posten den Beitragseinzug erschwert. Wenn die einzelnen Versicherungszweige an verschiedenen Tagen, vielleicht in verschiedenen Wochen ihre Beiträge fordern, dann werden sie eine viel größere Bereitwilligkeit finden, als wenn mit einem Male die ganze Summe erhoben wird. So merkwürdig es klingen mag, wenn man auf die Monatsabrechnung sieht: aber es ist ein Unterschied, ob der eine Beitrag diese Woche und der andere in der nächsten Woche erhoben wird oder ob beide zu gleicher Zeit erhoben werden.

Professor Dr. *Dersch:* Ich darf vielleicht an das anknüpfen, was Herr Ministerialrat Sauerborn eben ausgeführt hat, besonders an die Erfahrungen, die wir bei der Reichsversicherungsanstalt gemacht haben. Ich habe diese Entwicklung an der Quelle und nachher als Referent im Ministerium mitgemacht und habe daraus die Überzeugung gewonnen, daß wir nie wieder zu einem anderen Verfahren als zum Markenverfahren kommen können. Wir haben da in der Reichsanstalt für Angestelltenversicherung in mehrfacher Hinsicht eine geradezu katastrophale Entwicklung gehabt. Wir haben auf der einen Seite ein ungeheures Anschwellen der Verwaltungskosten erlebt durch die Mehrfachbuchführung. Herr Ministerialrat Sauerborn hat schon erwähnt, das Arbeitgeber-Konten und Versicherten-Konten geführt wurden. Es gab außerdem Zwischen-Konten, die sich als notwendig erwiesen hatten, um die Buchungen, die nicht endgültig gemacht werden konnten, zunächst einmal nur auf ein vorläufiges Konto zu bringen. Also es war eine Unmenge von Buchungskräften nötig. Trotzdem war auf der andern Seite nicht gewährleistet ein laufendes Beikommen mit den Buchungen, ein immer zur Hand befindliches Konto, das dem einzelnen Versicherten zeigte: das ist bis jetzt bei dir aufgelaufen. Wenn die Reichsversicherungsanstalt wissen wollte, wieviel für einen eingezahlt war, besonders wenn einer selbst bei ihr anfragte, dann mußte sie zunächst mal wieder zurückfragen und den Frager bitten, daß er seine Zettel über das schickte, was er bei der Post für die Reichsversicherungsanstalt eingezahlt hatte. Danach konstruierte man das Konto wieder, ein Zustand, der zum Himmel schrie.

Ich gebe zu, daß das Verfahren vielleicht damals bei einer so riesigen zentralisierten Behörde bei dem erstmaligen Versuch zunächst nicht gleich ideal ausfallen konnte. Aber ich glaube nach allen diesen Erfahrungen, daß das System an sich damit Schiffbruch erlitten hat. Man hat gesehen, daß es in jeder Hinsicht zu teuer gewesen ist und daß es nicht einmal sicher genug war. Wir haben allerdings - das möchte ich zur Ergänzung anführen - von Leuten, die trotzdem noch nicht überzeugt waren, damals im Ministerium dutzendweise Ausarbeitungen bekommen und Vorschläge, die dahin gingen: es sei doch das ideale System, und man verstehe nur nicht, es richtig durchzuführen. - Wenn es notwendig sein sollte, dann wird man sicher im Reichsarbeitsministerium diese Ausarbeitungen finden, die damals zu den Akten genommen worden sind. Ich habe sie reihenweise mit großer Mühe damals studiert, um mir ein Bild zu machen. Auch aus diesen Ausarbeitungen, die reorganisierend wirken wollten, habe ich die Überzeugung gewonnen, daß dieses Buchungssystem ein für allemal wenigstens bei einer so großen Zentralisierung Schiffbruch erlitten hat und daß das Markensystem für die Rentenversicherung das einzige ist, das wir brauchen können. Etwas anderes ist es - das hat mir wiederholt zu denken gegeben -, ob man nicht bei denjenigen Versicherungszweigen, die keine Marken haben, die Marken einführen kann und ob man dann zu einer gemeinsamen Marke kommen könnte, die für sämtliche Versicherungen zusammen geklebt wird, und daß dann das, was bezahlt ist, aufbereitet wird. Ich persönlich bin der Auffassung, daß das nicht geht. Ich habe es mir damals auch schon bei verschiedenen Entwürfen, die durch die gesetzgebenden Körperschaften liefen, durch den Kopf gehen lassen und bin zu der Überzeugung gekommen, daß auch das zu kostspielig wäre; denn es erfordert auch wieder einen zentralisierten Verwaltungsapparat, der diese Geschichte nur mit umgekehrten Vorzeichen in die Hand nimmt, und es gibt auch für den einzelnen nicht die notwendige Sicherheit. Also wir kommen auch auf diese Art der Sache nicht bei.

Persönlich bin ich jetzt schon überzeugt, ohne daß ich mich gegen Versuche sperren möchte, daß wir auch bei künftigen Gesetzgebungsänderungen nicht zu einem absolut vereinheitlichten Beitragseinzug kommen können. Was die Herren Dr. Erdmann und Mende dazu im einzelnen ausgeführt haben, hat durchaus die Sache getroffen. Diese Ausführungen waren, obwohl sie nach dem, was die beiden Herren selbst sagten, noch nicht als abschließend gedacht waren, in Wirklichkeit doch schon so überzeugend durch die Bedenken, die vorgebracht wurden, daß man dieser Vereinheitlichung mindestens außerordentlich skeptisch gegenüberstehen muß und sollte - und ich persönlich möchte meinen: auch wegen einer Zusammenziehung des Verfahrens des Beitragseinzuges mit der Kontrolle; denn wenn schon dieser Einzug so umfangreiche Kosten macht und so viele Schwierigkeiten in der Verwaltungsarbeit, dann bezweifle ich, ob diese durch die gewiß vorhandenen Vorteile - und darin trete ich Herrn Dr. Mende bei - sie sind sicher da - einer gemeinsamen Kontrolle wirklich aufgehoben oder gar überwogen werden würden.

Ich möchte an das Letzte anknüpfen, und da decke ich mich mit dem, was Herr Mende ausgeführt hat, und auch mit dem, was Herr Ministerialrat Sauerborn sagte. Eine gemeinsame Kontrolle scheint mir unabhängig von der Frage des gemeinsamen Einzuges schon jetzt durchaus spruchreif zu sein. Es ist sogar schon weitgehend vorgearbeitet worden. Ich erinnere mich, daß wir seinerzeit als Referenten im Arbeitsministerium 1922 diese Gesetzentwürfe bearbeitet haben. Ich hatte damals die Angestelltenversicherung und ein anderer Herr hatte die Krankenversicherung. Da hatten wir damals schon den Kreis der versicherten Personen. Nachher wurde das für das Gesetz von 1923 unter diesem Gesichtspunkt noch etwas angeglichen; wir sagten: Der § 1226 und der § 165 RVO, die früher ganz auseinandergingen, sollten nicht nur aus anderen sachlichen Erwägungen, sondern auch deshalb in der Fassung einander angeglichen werden, damit man da schon für eine künftige gemeinsame Kontrolle für den Kontrollbeamten eine bequeme Basis schafft, daß das Blickfeld nicht so zerrissen ist und daß er besser arbeiten kann. Nicht nur darin, sondern auch in anderen Beziehungen ist diesem Punkte schon vorgearbeitet worden. Ich würde es für einen großen Segen halten, wenn diese Häufung von Kontrollen, die Herr Ministerialrat

Sauerborn eben anschaulich und zutreffend geschildert hat, nicht mehr in dieser Weise verewigt würde, sondern bald aufhören könnte.

Also meine Vorschläge gingen dahin: die Untersuchung über die grundsätzliche Frage eines gemeinsamen Beitrageseinzuges fortzuführen, allerdings sehr skeptisch und wahrscheinlich mit der Voraussicht, daß sie zu einem negativen Ergebnis führen müsse, aber möglichst bald eine gemeinsame Kontrolle in Angriff zu nehmen.

Senatspräsident Dr. *Kühne:* Das Letzte ist das, was bisher an Positivem herausgekommen ist, nämlich der Nutzen einer gemeinsamen Beitragskontrolle. Ich stehe auf dem Standpunkt, daß das zweckmäßig sein kann. Es wird aber, um zwecksmäßig sein zu können, im wesentlichen auf die Personen ankommen. Das Ganze hängt wesentlich davon ab, daß diese Personen die Sache nicht bloß taktvoll machen, sondern auch die Einzelheiten der Versicherungszweige beherrschen. Das ist nicht leicht. Die Versicherungszweige sind verschieden. Es ist nicht wohl möglich, im Zusammenhange mit der Beitragsfrage aus dem Grunde diese Verschiedenheit zu beseitigen, um die Beiträge leichter einzuziehen oder zu kontrollieren. Zunächst kommt das Materielle und dann erst die Beitragseinziehung als Mittel zum Zweck. Die Beitragskontrolleure werden einer besonderen Schulung bedürfen, um dieser Aufgabe gerecht zu werden; dann wird ihre Arbeit zweifellos segensreich sein. Ich möchte allerdings von dieser Kontrolle die Unfallversicherung ausnehmen. Sie fällt nach der Art, wie sie entstanden ist, aus dem Rahmen heraus, und ich glaube kaum, daß die Beitragskontrolle mit ihr einheitlich gestaltet werden kann.

In negativer Beziehung möchte ich auch dem Herrn Vorredner beitreten, daß mindestens in absehbarer Zeit eine Vereinheitlichung des Beitragseinzuges nicht möglich ist. Ich möchte auch hier die Unfallversicherung zunächst beiseite lassen, aus allgemeinen Gründen, auf die ich nicht näher eingehen möchte.

Wenn ich an die Rentenversicherung und an die Krankenversicherung denke - ich habe auch meine Erfahrungen bei der Reichsversicherungsanstalt für Angestellte gemacht, ich bin Referent der Beitragsabteilung gewesen und habe die Misere kennengelernt -, dann muß ich schon sagen: Ich habe selten in meinem Leben eine solche Unordnung und solche Schwierigkeiten erlebt, wie sie damals aus dieser eigentümlichen Gestaltung des Beitragseinzuges erwachsen sind, aus dem Kontensystem, das wir dort gehabt haben. Die Aufbereitung, von der die Rede war und die große Schwierigkeiten machte, erfolgte einmal beim Arbeitgeber. Er hatte für diesen einen Versicherungszweig eine komplizierte Buchungsarbeit vorzunehmen; er mußte ein Konto für sich führen, dann aber auch die Verteilung auf die Versicherten selbst vornehmen, und das war schwerer als bei einer anderen Form. Das war nur Vorbereitung. Die Reichsangestelltenversicherung hat ein System gehabt, das an Schwierigkeiten kaum zu überbieten war, geistreich ausgedacht, mit Maschinen versehen, die außerordentlich teuer waren, die den Buchungsvorgang festhielten, automatisch die Buchung kontrollierten. Es hat sich aber herausgestellt, daß mit diesen Einrichtungen eine Ordnung absolut nicht zu erzielen war. Die Beiträge ließen sich trotz eines ungeheuren Personals nicht mehr in einer angemessenen Zeit verbuchen, und auf dem Boden der Reichsangestelltenversicherung häuften sich die Postabschnitte, die nicht mehr erledigt werden konnten, in ungeheuren Massen von Bündeln. Sie waren überhaupt nicht mehr aufzuarbeiten. Das hatte die weitere Folge, daß die Kontokarten in einem beklagenswerten Zustande waren, unvollständig, zum Teil in aller Hast verbucht. Das führte dazu, daß das Personal, das die Nerven verloren hatte, die Kontokarten handschriftlich verschönte oder auch irgendwelche Stempel darauf anbrachte, die den Eindruck erweckten, als ob das Konto in Ordnung sei. In Wirklichkeit stimmte es mit den Vorgängen nicht mehr überein. Die Unordnung war so grotesk, daß die Reichsangestelltenversicherung einen Buchungssachverständigen anstellte. Wir haben eine Mustergruppe gebildet, in der wir versuchten, verschiedene Buchungssysteme, Beitragseinziehungssysteme auszuprobieren. Ich kam dann zum Arbeitsministerium. Mein Schwanengesang bei der Angestelltenversicherung war ein Bericht, in welchem ich sagte: so geht es nicht; führt das Markensystem ein. - Diese Erfahrung ist so niederschmetternd, daß ich sagen muß: ein Kontosystem dieser oder ähnlicher Form niemals wieder; das ist unmöglich; das ist ad absurdum geführt worden.

Auch das, was ich sonst bei den Versicherungsbehörden gesehen habe, ist ähnlich dem, was ich eben ausgeführt habe. Aber in der Invalidenversicherung habe ich meine eigenen Erfahrungen gesammelt. Diese Erfahrungen gingen dahin: Gewiß, bei den Marken geschieht auch allerlei, aber im großen und ganzen ist das Bild, was sich zeigt, befriedigend. Die Schwierigkeiten, die auftauchen, liegen auf ganz anderen Gebieten. Dagegen überall da, wo - jetzt ist es sehr selten geworden, aber vor 10 Jahren war es häufiger - die Quittungskarten durch die Krankenkassen geklebt werden, fing die Sache an zu versagen. Woran das lag, weiß ich nicht. Aber das Ergebnis war so, daß gerade zum Teil durchaus katastrophal für die Versicherten dadurch Anwartschaftsverluste usw. eintraten, die auf diese Art des Beitragseinzugs zurückzuführen waren, der sich auch da nicht in dieser Form bewährt hat. Die Praxis zeigt auch, daß man davon abgekommen ist, aus Gründen, die ich durchaus verstehen kann. Wenn ich mir diese Erfahrungen auf diesen beiden Gebieten heute noch einmal vergegenwärtige, dann bin ich in der Tat auch geneigt, den Herren Vorrednern beizutreten, wenn ich der Meinung bin, daß es in dieser Weise nicht geht. Ich glaube, daß man überhaupt auf dem Wege, sagen wir: über die Einziehung durch die Krankenkassen, die Bareinziehung, zu einem befriedigenden Ergebnis nicht gelangen kann im Hinblick auf die sehr schwierige Aufbereitung.

Was Herr Dersch andeutete, der Weg über eine vereinheitlichte Markeneinziehung, wäre m.E., wenn überhaupt der einzig gangbare. Dieser Weg würde aber eine Konsequenz haben, die die Krankenkassen nur ungern mitmachen werden. Es würde so sein, daß man vermutlich, nachdem die Marken das typische der Rentenversicherung sind und die Landesversicherung gewissermaßen heute ohnehin die provinziell zentralisierte Versicherungsanstalt geworden ist, von einem Beitrag zur Invalidenversicherung ausgeht, der einen Zuschlag zu anderen Sparten erhält. Wenn man nicht wieder zu einer umfangreichen Aufbereitung bei der Landesversicherung kommen will, ein Verfahren, was nicht durchzuführen ist, weil es eine ungeheure Personalvermehrung bedeuten würde, dann würde die Sache nur so durchzuführen sein, daß die Krankenkassen in der Tat zu Kostgängern der Landesversicherungsanstalt und in irgendeiner Form abgefunden werden. Das wäre ein Weg, der aber nicht auf Gegenliebe bei den Krankenkassen stoßen würde und natürlich erhebliche Schwierigkeiten im Gefolge hätte, aber vor allen Dingen eine Umgestaltung der Kassenleistungen in irgendeiner Form mit sich bringen würde. Das würde - das war auch die Auffassung der Herren Vorredner - in der Tat bedeuten, das Pferd mit dem Schwanz aufzuzäumen, wenn man versucht, die Leistungen der Versicherungsträger deshalb umzugestalten, damit man zu einem anderen Beitragseinzug kommt. Ich glaube, daß auch dieser Weg aus anderen Gründen nicht tunlich ist, und ich möchte im Prinzip der Meinung sein, daß man von einem einheitlichen Beitragseinzug, abgesehen von der einheitlichen Kontrolle, tunlich absehen sollte.

Vorsitzender: Ich möchte zu der gemeinsamen Kontrolle ganz kurz sagen, daß nach meiner Erfahrung schon vor einem Jahrzehnt ungefähr damit begonnen wurde, gerade bei der Rentenversicherung und Krankenversicherung zu einer gemeinsamen Kontrolle zu kommen. Damals spielte die Angestelltenversicherung usw. noch nicht eine so große Rolle. Aber gerade in der Zeit vor 10 Jahren verlangten schon die einzelnen Versicherungssparten ein solches Spezialistentum, daß es unmöglich war, von einem Menschen zu verlangen, daß er alle Sparten der Sozialversicherung so beherrscht, daß er auch wirklich als Kontrollbeamter die Auskunft geben kann, die er geben muß, denn er kommt ja nicht nur in die Betriebe, er kommt auch zu den Menschen draußen. Wir haben erfahrungsgemäß damals erlebt, daß unzählige Beschwerden kamen, in denen es hieß: Ja, der Kontrollbeamte hat uns aber dies gesagt. Dadurch sind sogar Prozesse entstanden. Das Verfahren mußte angestrengt werden. Man hat sich, wenn ich mich nicht irre, auch an maßgebender Stelle damit befaßt. Ich glaube, ich habe persönlich mit Herrn Ministerialdirektor Grieser darüber gesprochen. Da sagte man auch: Es ist unmöglich in der heutigen Zeit - gerade damals fing es mit den Verordnungen an -, daß ein Mensch das alles beherrscht. Nun gebe ich zu, daß man nach dem Neuaufbau der Sozialversicherung, wenn einmal die ganze Reichsversicherungsordnung in klarer, einfacher Form dasteht, auch wieder von einem versierten Kontrollbeamten verlangen kann, daß er die einzelnen Bestimmungen beherrscht.

Ministerialdirektor *Hoffmeister:* Es war mir an den Vorträgen besonders interessant, daß schon früher die Frage aufgetaucht ist, ob auch in den Versicherungszweigen, die bisher die Marken noch nicht eingeführt haben, die Marken eingeführt werden könnten. Das gilt in der Hauptsache für die Krankenversicherung. Ich habe seit einiger Zeit die Allgemeine Ortskrankenkasse Berlin zu leiten und habe da auch gesehen und gehört, daß von den 220 000 Konten ungefähr 105 000 nur die einfachen Hausgehilfenfälle sind. Sie kennen den einfachen Fall. Der Arbeitgeber muß für den Arbeitnehmer 3,30 M bezahlen. Die Allgemeine Ortskrankenkasse ist jetzt so im Rückstand, daß sie seit Oktober keine Beitragsrechnungen mehr herausgesandt hat. Die Unordnung ist so groß wie damals bei der Reichsversicherungsanstalt. Die Unordnung, wie sie vorhin von Ihnen geschildert worden ist, ist sicher bei uns in noch höherem Maße vorhanden. Wir haben allein in einer Verwaltungsstelle heute morgen gesagt bekommen, daß etwa an Meldungen 40 000 rückständig sind - bei einer einzigen Verwaltungsstelle, wir haben 29 Verwaltungsstellen -, daß weitere 4 000 Meldungen überhaupt noch nicht in Angriff genommen worden sind, daß in einer Verwaltungsstelle - immer der gleichen - etwa 2 400 Quittungskarten liegen, die noch aufgerechnet werden müssen. Sie können sich ungefähr ein Bild davon machen, was da für eine Wirtschaft ist. Nun fragt es sich: Was macht man jetzt, um das Beitragswesen umzustellen? Die Fachleute sind an der Arbeit, es zu prüfen, und bis jetzt stehen wir ziemlich ratlos da, ich glaube, so ähnlich wie Sie, Herr Kühne, vor etwa 12 Jahren. Da kam mir auch der Gedanke, ob man nicht für gewisse Fälle auch eine Markenklebung vorsehen kann. Ich bin persönlich - ich bin in gewissem Sinne natürlich nur ein Laie - eigentlich der Auffassung, daß man für Hausgehilfinnen mindestens die Möglichkeit eines Markenklebens vorsehen sollte, allerdings nicht so, daß es etwa als Zuschlag zu einer anderen Marke gedacht ist, sondern daß man, ebenso wie man eine Angestelltenversicherungskarte oder eine Quittungskarte bei der Invalidenversicherung hat, nur eine Krankenkassenkarte hat. Weshalb soll nicht ein Arbeitgeber, der eine Hausgehilfin hat, eine solche Karte ausgestellt erhalten und sich ebenso, wie er sich die Invalidenmarken von der Postanstalt besorgt, die Marken für die Krankenversicherung besorgen! Wird die Hausgehilfin dann krank, so muß sie mit der Karte hinkommen. Es wird außerdem bezirksmäßig eine Liste geführt. Die Kontrollbeamten gehen dann herum und stellen bei dem Arbeitgeber von Zeit zu Zeit fest, ob die Marken eingeklebt worden sind. Ich würde der Meinung sein, daß man sich bei diesen 105 000 Konten damit eine außerordentliche Menge Arbeit sparen würde. Ich möchte Ihnen kurz schildern, wie kompliziert das gemacht worden ist. Wir führen für diese 3,30 M drei Konten. Erstens stellt ein Beamter auf der kleinen Kontokarte den Beitrag mit 3,30 M fest, und, nachdem er ihn berechnet hat, geht es in die Kartei. An diese Kartei geht die Dame heran, nimmt die Karte heraus und schreibt danach die Rechnung aus. Dann geht es in den 5. Stock zur Buchhaltung. Da wird es in die Bücher eingetragen. Nachdem es in die Bücher überschrieben ist, geht es in die Kontokorrentbuchhaltung. Da wird ein Riesenbuch aufgeschlagen. Das ist so schwer, daß man es nur mit beiden Armen heben kann. Da werden diese 3,30 M das letzte Mal eingetragen. Wenn es nun durch diesen dreifachen Arbeitsvorgang gegangen ist, dann wird die Rechnung ausgestellt. Sie können sich denken, was das bei den 220 000 Konten für eine Arbeit ist. Wir haben 15 000 Rückstände. Das tägliche Geld ist uns ausgegangen. Wir haben jetzt das feste Geld von ungefähr 1 Million angreifen müssen. Dadurch gehen uns monatlich ungefähr 4 000 M Zinsen verloren. Bei diesen Zuständen werden Sie auch meiner Ansicht sein, daß die einheitliche Beitragskontrolle nicht ohne weiteres durchführbar ist. Die Kontrolle ist dann ganz einfach bei den Rentenversicherungen, wenn es sich nämlich nur um die Markenklebung handelt, dann läßt sich die Kontrolle der Quittungskarten durchführen. Aber bei der Krankenversicherung ist es anders. Da müssen die Rechnungen ausgestellt werden. Wir haben Hunderte von Arbeitgebern, die hilfeflehend um ihre Rechnungen ersuchen. Wir haben jeden Tag Leute, die sagen: Wir haben seit Oktober gebeten, die Rechnungen zu bekommen. Wir müssen 1 000 M bezahlen. Aber wir können es nicht, bevor wir nicht wissen, wieviel Sie uns in Rechnung stellen. Daher kommen Beschwerden über Beschwerden, und die laufenden Arbeiten können nicht weiter gemacht werden. Wenn sie 10- bis 20mal geschrieben haben, dann bekommen sie, wenn sie sich an den Reichskommissar wenden, die Rechnung zugestellt. Würde man die einheitliche Beitragskontrolle einführen, dann würde sich der Arbeitgeber salvieren, indem er erklärt: Es tut mir leid; ich habe 10 M zu bezahlen; ich kann sie nicht bezahlen, denn die Rechnung fehlt mir. Deshalb möchte ich, so sehr ich für die einheitliche Kontrolle bin - ich befürchte, daß in der Praxis Schwierigkeiten bestehen -, auch der Meinung sein, daß diese nicht unerheblichen Verschiedenheiten in den einzelnen Versicherungszweigen Anlaß bieten, etwas vorsichtig zu sein. Ich fürchte auch, daß die Kontrollbeamten doch nicht die genügenden Auskünfte geben können. Ich möchte insbesondere meinen, daß gerade auf dem Gebiet der Krankenversicherung nicht etwa die Kontrolleure die geeigneten Personen sind, um diese Kontrolle auszuüben. Jedenfalls halte ich die Kontrollbeamten, die in Berlin tätig sind, nach dem, was ich bisher gesehen habe, nicht für geeignet, die Kontrolle auch noch für die Rentenversicherung vorzunehmen. Ich halte sie nach dem, was ich bisher erlebt habe, nicht mal für geeignet, für unsere eigenen Versicherungszweige diese Kontrolle auszuüben.

Den einheitlichen Beitragseinzug müßte man von Seiten des Arbeitgebers für sehr zweckmäßig ansehen. Aber ich bin auch der Meinung, daß eine große Summe viel schwerer zu bezahlen ist als mehrere kleine Teile und daß man schon aus diesem Grunde davon absehen sollte, ganz abgesehen davon, daß man diese Aufbereitung dann für die verschiedenen Versicherungszweige vorsehen müßte. Aber eins bitte ich zu erwägen - vor allen Dingen, wenn sich die Krankenversicherung des Arbeitsministeriums das einmal durch den Kopf gehen lassen wollte -, ob wir nicht doch die Möglichkeit bekommen sollten, für die Krankenversicherung in gewissem Umfange da, wo es zweckmäßig erscheint, die Marken einzuführen. Ich denke, daß z.B. hier in Berlin ein Tätigkeitsfeld für diese Art der Beitragsentrichtung gegeben wäre. Ich würde es dann aber natürlich für notwendig halten, daß da der Reichsverband und sonstige maßgebende Stellen noch gehört würden.

Dr. *Wischer:* Wenn man überhaupt einen praktisch gangbaren Weg für einen gemeinsamen Beitragseinzug finden sollte - ich bin der Auffassung, daß er nicht zu finden ist -, dann müßte zweierlei gewährleistet sein. Zunächst einmal darf es nicht dahin kommen, wie das ja auch hier schon erörtert worden ist, daß die einzelnen Versicherungsträger - insbesondere gilt das für die Krankenversicherung - in der Freiheit ihrer Beitragsberechnung und auch in ihrer Leistungsgestaltung irgendwie eingeengt werden, daß wir also zu einer Uniformiertheit kommen. Zweitens müßte erreicht werden, daß mit dem gemeinsamen Beitragseinzug auch eine wirklich wirksame Beitragskontrolle durchgeführt werden kann. Es gibt hier natürlich eine Menge Lösungen, die sich theoretisch sehr schon ansehen und auch schlüssig sind. Man kann sagen: Jeder Arbeitgeber hat eine Lohnliste zu führen, eine Gehaltsliste, er führt den Beitrag geschlossen an irgendeine einzelne Einzugstelle - das braucht gar nicht der Versicherungsträger zu sein - ab, und jeder Versicherte hat eine Karte ähnlich wie seinerzeit die gelbe Karte bei der Reichsversicherungsanstalt für Angestellte zur Zeit des Kontenverfahrens. Diese Einzugstelle ist nun jederzeit in der Lage nachzuprüfen, ob der Beitrag auch rechtzeitig gezahlt ist. Das ist meiner Auffassung nach der einzige große Vorteil des Kontenverfahrens gewesen, daß, wenn es wirklich richtig durchgeführt worden wäre, eine gute Kontrolle möglich war. Wenn der Beitrag bis zu einem bestimmten Termin, etwa bis zum 15. des nächstfolgenden Monats nicht eingegangen war, konnte man sofort hinter jedem Beitrag her fahnden, und dann bekommt auch der Versicherungsträger seinen Beitrag einigermaßen pünktlich, während heute eine Kontrolle und Übersicht darüber, wann die Beiträge gezahlt werden, dem Versicherungsträger erschwert ist. Das ist der eigentliche Vorteil des Kontenverfahrens. Etwas Ähnliches könnte man meines Erachtens, theoretisch gesehen, auch für die gesamte Sozialversicherung einführen. Ich glaube aber, daß es einmal für den Arbeitgeber gegenüber dem jetzigen Zustand eine wesentliche Mehrbelastung bedeuten würde. Dann schrecken auch die Spuren, die wir beim Kontenverfahren in der Angestelltenversicherung feststellen mußten, die uns heute noch wieder so plastisch dargestellt worden sind. Ich glaube deshalb, so theoretisch schön eine solche Lösung aussehen mag, daß sie in der Praxis doch scheitern muß.

Ich möchte aber noch ein Wort zu der gemeinsamen Beitragskontrolle sagen. Es wurde darauf hingewiesen, daß ja das Aufbaugesetz auch hier gewisse Möglichkeiten mindestens in der Begründung eröffnet. Ich glaube aber, eine wirksame Beitragskontrolle in der Richtung, daß tatsächlich Beitragsrückstände nicht vorkommen, die gerade in der Rentenversicherung für den Versicherten oft von großem Nachteil sind, wird, wenn man Vereinfachungen vornimmt, also vielleicht statt vier nur zwei Stellen prüfen läßt, auch dann nicht möglich sein. Denn in den großen Betrieben, die nun allgemein bekannt sind, wird normalerweise die ordnungsgemäße Beitragszahlung schon vorgenommen. Im übrigen haben wir da den Vertrauensrat, der sich auch um diese Dinge kümmert. Aber bei allen jenen kleinen Arbeitsverhältnissen, wo nur 1, 2, 3 Arbeitnehmer vorhanden sind, wenn ich an die Hausgehilfen denke, ist doch die Beitragskontrolle, selbst wenn man eine gewisse Vereinheitlichung vornimmt, in ihrer Wirksamkeit in Zukunft nicht gewährleistet, weil der Versicherungsträger gar nicht in der Lage ist, festzustellen, wo sich eigentlich die Versicherten befinden. Ich glaube, es wäre doch der Erwägung wert, wie man gerade auch auf diesem Gebiet der Kontrolle im Interesse des Versicherten in Zukunft noch etwas Besseres schaffen kann. Ich möchte aber von mir aus nachdrücklich den Gedanken ablehnen, nun etwa wieder zu einem Kontenverfahren zu kommen, weil hier eben doch die bösen Erfahrungen auf dem Gebiete der Angestelltenversicherung vorliegen.

Ministerialrat *Sauerborn:* Ich glaube, wenn etwas dem Gedanken eines einheitlichen Beitragseinzuges in der Diskussion von heute den Todesstoß gegeben hat, dann waren es die Ausführungen des Herrn Dr. Hoffmeister, der statt einer stärkeren Zusammenfassung, einer Vereinheitlichung in allen den Dingen einer weiteren Differenzierung der heute in der Praxis lebendig gewordenen Möglichkeiten das Wort redet und, wie uns ja seine Ausführungen gezeigt haben, dafür Gründe vorbringen kann, die Hand und Fuß haben.

Es ist ganz zweifellos: Wenn wir uns die Entwicklung der Beitragsrechnung ansehen - wir brauchen gar nicht auf das Krankenversicherungsgesetz zurückzugehen, sondern nur die Reichsversicherungsordnung zu nehmen -, so sah der damalige § 180 drei Möglichkeiten vor, die für die Zahlung angewendet werden konnten. Man konnte zwischen dem Verfahren nach dem wirklichen Arbeitseinkommen wählen, allerdings beschränkt auf eine Summe von 6 Mark pro Tag - das war nur vorübergehend möglich, jetzt ist es wieder beschränkt auf 10 Mark -, dann zwischen der Lohnstufe und drittens der Mitgliederklasse. Eine von diesen drei Gruppen konnten sich die Kassen wählen. Die Entwicklung hat dahin geführt, daß seit dem Jahre 1924, nach allen tastenden Versuchen, die bis dahin gemacht waren, sich der Gesetzgeber entschloß, den Kassen die Möglichkeit zu geben, diese drei Gruppen zu wählen, aber nicht nur eine von den drei Gruppen, sondern praktisch alle drei nebeneinander. Und wenn Sie heute die Kassen sehen, die diese Dinge im einzelnen in ihren Satzungen geregelt haben, so sind die Fälle sehr häufig, in denen effektiv alle drei Beitragserhebungsarten nebeneinander Verwendung finden: Die Erhebung nach dem wirklichen Arbeitsverdienst bei den Großbetrieben, die Lohnstufe für den Normalfall und die Mitgliederklasse für gewisse Gruppen, insbesondere die Hausgehilfen werden nebeneinander verwendet.

Daß man nun um des Prinzips, um des Beitragseinzuges willen einzelne von diesen Dingen ausschaltet - man müßte die Erhebung nach dem wirklichen Arbeitsverdienst ausschalten, denn sie paßt nicht in das System -, halte ich für außerordentlich bedenklich, wenn Sie sich klarmachen, für wieviel Versicherte und welchen Teil des gesamten Beitragsaufkommens der Krankenversicherung die Erhebung nach dem wirklichen Arbeitsverdienst die zweifellos viele Kosten sparende Erhebungsart ist. Wenn auch die Zahl der Betriebe relativ gering ist, so ist doch die Zahl der darin Versicherten außerordentlich groß. Hier würde man also sowohl dem Betriebe, dem Arbeitgeber, wie der Kasse neue Verwaltungskosten aufbürden, wenn wir diese Erhebungsart wieder beseitigen wollten.

Wenn Herr Hoffmeister sagt, man müsse prüfen, ob etwa für einzelne Gruppen oder Klassen von Versicherten das Markeneinzugsverfahren das Gebotene sei, so halte ich persönlich diese Auffassung unbedingt für prüfungswert und bin der Auffassung, daß wir sie prüfen müßten. Allerdings ganz einfach ist das Problem nicht. Das Problem verlangt meines Erachtens jetzt, prima vista gesehen, - der Gedanke kommt mir zum ersten Mal - die Beantwortung der Frage: ist es möglich, bei einer bestimmten Mitgliederklasse wahlweise nebeneinander die Entrichtung der Marken oder die Barentrichtung für den Arbeitgeber zuzulassen, oder muß für die Gruppe einheitlich festgesetzt werden, daß das Markensystem anzuwenden ist? Der Gedanke, den Herr Dr. Hoffmeister damit verbindet, daß er das Markensystem einführen will, ist für die besonders großen Gruppen von Arbeitgebern in derselben oder ähnlichen Weise einfach und billig zu gestalten, wie es bei der Erhebung nach dem wirklichen Arbeitsverdienst der Fall ist. Wenn hier tatsächlich Ersparnismöglichkeiten gefunden werden, müssen sie unter allen Umständen ausgenutzt werden. Daß man dabei aber ganz behutsam und unter Beachtung aller Umstände vorgehen muß, das beweist unter anderem das Beispiel der AOK Berlin, wo Leute sitzen, die sicher, wie ich annehme, guten Willens waren, aber lediglich aus kaufmännischen Erwägungen heraus an Probleme herangingen, die in der Praxis erheblich anders liegen, als es in einem kaufmännischen Betrieb der Fall ist. Es ist kein Zufall, daß Buchführung und andere Dinge bei beiden eben verschieden sind.

Dann ein Wort zur gemeinsamen Kontrolle! Auch das ist ein Problem, das geprüft werden muß, aber sicherlich auch ein Problem, das nicht einfach liegt. Ich darf dazu zwei Gesichtspunkte in die Debatte werfen: Einmal sind die Bedürfnisse und die Möglichkeiten verschieden, auf der einen Seite Krankenversicherung und Arbeitslosenversicherung, auf der anderen Seite Rentenversicherung. In der Krankenversicherung ist es so, daß bei einer geordneten Verwaltung jederzeit ersichtlich sein wird, ob der Arbeitgeber rückständig ist oder nicht, so daß also die Kontrolle nur bei den faulen Köpfen anzusetzen ist. In der Rentenversicherung ist dieser Überblick nicht möglich, denn die Karten kommen erst nach ein oder zwei Jahren in den Besitz des Versicherungsträgers. Da ist eine laufende Kontrolle nur dadurch möglich, daß die Kontrollbeamten zu den einzelnen hingehen. Lohnt es nun für die Krankenversicherung, einen solchen Kontrollapparat aufzuziehen, der nicht nur die faulen Köpfe, sondern alle erfaßt, oder ist etwa das Problem so anzufassen, daß von der Invalidenversicherung aus gewisse Verwaltungskosten der Krankenversicherung mitübernommen werden können, indem die Invalidenversicherungskontrolleure, deren Zahl dann allerdings größer sein müßte als heute, auf Erfordern der Krankenkasse Kontrollen in Betrieben machen, die einmal als faul von der Krankenkasse gemeldet worden sind? Ob es viel Zweck hat, weiß ich nicht, denn die Krankenversicherung kontrolliert in diesem Fall nach einem Mahnschreiben im allgemeinen dadurch, daß sie den Vollstreckungsbeamten hinschickt; das ist wohl eine der wirksamsten Methoden. Aber eine andere Frage ist die, ob - etwas Ähnliches haben wir heute schon als Gemeinschaftsaufgabe zwischen Krankenversicherung und Invalidenversicherung, zwischen Krankenversicherung und Angestelltenversicherung - hier auf dem Gebiet der Beitragskontrolle vielleicht eine Verbindung zwischen AV und IV hergestellt werden könnte, so daß hier für beide gemeinsam kontrolliert würde; denn wir haben doch wahrscheinlich mit den gleichen Betrieben zu tun. Das wird in einer ganzen Reihe von Fällen möglich sein. Jedenfalls würde sich ein Schlüssel für die Unterteilung finden lassen. Ich glaube, auch nach dieser Richtung wäre die Sache einer Nachprüfung wert.

Vielleicht können wir das Ergebnis der heutigen Verhandlungen benutzen, um einmal die Frage der Erweiterung des Verwendungsgebiets des Markeneinzugsystems und ihrer Möglichkeiten und sodann die Frage einer gemeinsamen Kontrolle vielleicht zu einem selbständigen Beratungsgegenstand zu machen. Wenn wir auch sicher dazu kommen werden zu sagen: einen einheitlichen Beitragseinzug gibt es nicht, wenn wir nicht die Leistungen uniformieren wollen - und das lehnen wir ab -, dann wollen wir aber doch mindestens die Ersparnisse, die möglich sind, beibehalten und die Möglichkeiten dafür aufzuzeigen, damit sie verwaltungstechnisch durchgeprüft oder bei der einen oder anderen Kasse praktisch erprobt werden können.

Vorsitzender: Eigentlich hat Herr Ministerialrat Sauerborn schon das gesagt, was ich sagen wollte. Im allgemeinen haben die Referate und die Debatte ergeben, daß die Frage des gemeinsamen Beitragseinzuges schon von uns als gelöst betrachtet werden müßte, wenigstens zur Zeit, daß also dem Arbeitsministerium kein Weg vorgeschlagen werden kann, der vom Ausschuß befürwortet werden könnte, um diesen gemeinsamen Beitragseinzug vorzunehmen.

Was sich aus der Debatte ergeben hat, ist m.E. so wertvoll, daß man das auch in dem Bericht an das Reichsarbeitsministerium besonders sagen müßte. Nun könnten wir also in die künftigen Sitzungen eintreten.

Ich darf dann Herrn Dr. Erdmann das Schlußwort geben. (*Zuruf* des Dr. *Erdmann.*)

Ich möchte nur noch um die Ermächtigung bitten, in einer Eingabe an das Arbeitsministerium das zusammenzustellen, was die Referate und die Debatte ergeben haben, und gleichzeitig das vorzuschlagen, was unseres Erachtens notwendigerweise in den künftigen Sitzungen noch besprochen werden muß. Damit sind die Herren einverstanden.

Als Zeitpunkt für die nächste Sitzung möchte ich Freitag, den 15. Februar 1935, 14 Uhr vorschlagen. Besondere Einladungen ergehen noch. - Damit sind die Herren einverstanden.

Wir haben nun die beiden großen Aufgaben, die uns das Reichsarbeitsministerium überwiesen hat, so gut, wie es uns möglich war, gelöst und haben in der Frage der Beiräte, soweit ich gehört habe, dem Reichsarbeitsministerium ganz wertvolle Dienste geleistet.

Die Sitzung ist geschlossen. - Heil Hitler!

(Schluß der Sitzung: 16 Uhr 20 Minuten.)

VII. Protokoll der Sitzung vom 15.2.1935 (Vereinfachung des Beitragseinzugs etwa durch Erweiterung des Beitragsmarkenklebeverfahrens. - Vereinheitlichung des Kontrollwesens in der Sozialversicherung)

Tagesordnung:

I. Vereinfachung des Beitragseinzuges etwa durch Erweiterung des Beitragsmarkenklebeverfahrens:
   1. Referent: Senatspräsident Dr. *Kühne*, Berlin
   2. Referent: Ministerialrat *Hoffmeister*, Berlin.

II. Vereinheitlichung des Kontrollwesens in der Sozialversicherung:
   1. Referent: Professor Dr. *Dersch*, Berlin
   2. Referent: Ministerialrat *Sauerborn*, Berlin.

III. Verschiedenes.

(Beginn der Sitzung: 14 Uhr 20 Minuten.)

Vorsitzender: Ich eröffne die heutige Sitzung. Die Tagesordnung ist Ihnen bekannt. Wir werden den zweiten Punkt vorwegnehmen.

Bevor ich in die Tagesordnung eintrete, möchte ich Ihnen mitteilen, daß der Herr Präsident der Akademie für Deutsches Recht Vater eines dritten Kindes geworden ist. Ich habe auf Grund seiner Anzeige ihm die Glückwünsche des Ausschusses ausgesprochen. Er hat unter dem 7. Februar gedankt.

Herr Dr. Erdmann hat sich entschuldigt, weil er dienstlich außerhalb Berlins weilt. Herr Hoffmeister und Herr Mende werden wahrscheinlich noch kommen.

Der Punkt der Tagesordnung, den wir jetzt behandeln wollen, heißt: *Vereinheitlichung des Kontrollwesens in der Sozialversicherung.* Sie wissen, daß diese Frage bei unserer letzten Besprechung über andere Fragen aufgetaucht ist. Ich habe mit Herrn Staatssekretär Krohn über diesen Punkt gesprochen, und er hat mich angewiesen, diese beiden Punkte in der Akademie zu behandeln. Darum habe ich sie auf die heutige Tagesordnung gesetzt.

Ich wäre nun Herrn Professor Dersch sehr dankbar, wenn er das erste Referat halten wollte.

Professor *Dersch:* Ich habe heute früh Gelegenheit gehabt, Herrn Ministerialrat Sauerborn kurz zu sprechen. Wir haben uns dahin geeinigt, daß er im wesentlichen die Beziehungen der Invaliden- zur Krankenversicherung behandelt, während ich mich heute auf das Verhältnis der Invalidenversicherung zur Angestelltenversicherung beschränke.

Vorweg darf ich eine rein persönliche Bemerkung machen: Ich bitte um eine gewisse Nachsicht. Sie wissen, daß ich eine sehr schwere Grippe hinter mir habe und deshalb eigentlich die Übernahme des Referats hätte ablehnen müssen. Aber ich habe es schließlich als eine Pflicht angesehen, das Referat zu übernehmen, und habe mich deshalb Herrn Direktor Anders gegenüber grundsätzlich dazu bereit erklärt, ihn aber gebeten, mir zu gestatten, daß ich nicht mit der Gründlichkeit, mit der ich sonst derartige Dinge zu bearbeiten glaube, an dieses Referat herangehe und es vielleicht etwas mehr summarisch bringe. Immerhin glaube ich doch, einiges sagen zu können, und zwar auf Grund der Erfahrungen, die die Angestelltenversicherung und die Invalidenversicherung in dem jahrelangen Zusammenwirken zu verzeichnen haben. Grundsätzlich darf zunächst folgendes herausgestellt werden.

Die Angestelltenversicherung hat gegenüber einer Vereinheitlichung der Kontrolle, und zwar der Beitragskontrolle, bisher offiziell einen absolut ablehnenden Standpunkt eingenommen. Es wird gerade für uns sehr wesentlich sein, aufs genaueste nachzuprüfen, ob dieser ablehnende Standpunkt begründbar ist, ob sich Momente anführen lassen, die dafür sprechen, oder ob eine Wandlung der Auffassung angebracht ist.

Unter diesem Gesichtspunkt möchte ich zunächst unter Punkt 1 auf das Wesen der Beitragskontrolle etwas näher eingehen und dann unter Punkt 2 das Problem herausstellen, ob eine Beitragskontrolle durch einen anderen Versicherungsträger oder eventuell auch durch gemeinsame Beamte von Versicherungsträgern verschiedener Versicherungszweige durchführbar und empfehlenswert ist. Ich möchte dabei die Gesichtspunkte, die dagegen und die dafür sprechen, vorbringen, soweit sie mir wesentlich erscheinen, und sie gegeneinander abwägen, um dann zu einer eigenen Meinung zu kommen.

Punkt 1: *Das Wesen der Beitragsüberwachung.* Meines Erachtens ist es hier sehr wesentlich, daß wir davon ausgehen, daß die Beitragsüberwachung nicht irgendeine Nebenpflicht ist, die sich für den Versicherungsträger als eine korrekte Verwaltungsbehörde ergibt, sondern daß es eine Pflicht ist, die ausgesprochen zu den Hauptpflichten des Versicherungsträgers gehört und die ihm vom Gesetz selbst auferlegt wird; also § 199 der Angestelltenversicherung sowie der korrespondierende Paragraph für die Invalidenversicherung, für die Landesversicherungsanstalten. Wenn wir versuchen, den Rechtsgrund für eine so einschneidende Pflicht des Versicherungsträgers herauszuholen, dann ist klar, daß ein doppeltes Interesse besteht, und zwar ein Interesse, das weit über das Individuum hinausgeht und sehr intensiv in die Belange der Allgemeinheit hineinragt.

Dieses doppelte Interesse setzt sich einerseits zusammen aus dem Interesse, das der Versicherungsträger als Selbstverwaltungskörper der öffentlich-rechtlichen Sozialversicherung daran hat, daß das Beitragsaufkommen, das ihm gesetzmäßig zusteht, auch wirklich eingeht. Er hat als korrekte Verwaltungsbehörde nicht nur ein Interesse daran, sondern die Pflicht, darüber zu wachen und aufs schärfste dafür zu sorgen, daß alles eingeht, was ihm zukommt. Das ergibt sich vor allem auch daraus, daß nach dem Deckungssystem - einerlei ob es ein Deckungssystem im alten Recht oder im neuen Recht ist - die Waagschale ausbalanciert werden muß und daß es schlechterdings nicht zu einer ordentlichen Vermögensverwaltung kommen kann, wenn die eine Waagschale nicht ordnungsmäßig das erhält, was ihr zukommt.

Damit verknüpft sich aber zweitens noch ein Interesse des Versicherungsträgers, das teilweise ein allgemeines Interesse ist, aber gleichzeitig auch die Fürsorge für die Gesamtheit der Individualinteressen der einzelnen Versicherten darstellt. Gerade bei der Invalidenversicherung und bei der Angestelltenversicherung ist in einem noch viel größeren Ausmaß als bei der Kranken- und Unfallversicherung das Erfordernis vorhanden, daß die individuelle Deckung da ist. Bekanntlich ist bei der Krankenversicherung und bei der Unfallversicherung die einzelne Leistung nicht davon abhängig, daß der Beitrag auch geleistet ist. Ich sage Ihnen nichts Neues, wenn ich demgegenüber betone, daß es in der Invaliden- und der Angestelltenversicherung bei der konkreten Versicherungsleistung absolut darauf ankommt, daß die Wartezeit erfüllt und die Anwartschaft aufrechterhalten ist. Ich meine, es geht nicht nur den einzelnen Versicherten an, dafür zu sorgen, daß er selber genug klebt, unter Zuhilfenahme der Ersatzzeiten die Wartezeit erfüllt und die Anwartschaft in Ordnung hat, sondern es wächst sich auch in einem sehr nennenswerten Ausmaß zu einer Pflicht des Versicherungsträgers selber aus, daß er darüber wacht, wo sich bei einer ordnungsmäßigen Beitragskontrolle große Lücken herausstellen und wo der Arbeitgeber die ihm obliegende Pflicht zur Ablieferung der Beiträge nicht erfüllt hat. Das ist ein echtes öffentliches Interesse. Gehen wir davon aus, und ich glaube, daß wir daran festzuhalten haben, dann müssen wir hier zweierlei Interessen berücksichtigen und zwischen beiden gewissermaßen eine Synthese herzustellen versuchen. Es handelt sich um das Interesse, das, wie ich es eben schilderte, der eigene, will ich mal sagen, Versicherungszweig daran hat, daß er selber an der eigenen Pflichterfüllung die Kontrolle ausübt, und zum anderen um das Interesse, das doch schließlich die Gesamtheit der Sozialversicherung und andere ihr verschwesterte Versicherungszweige insbesondere daran haben, daß er nicht allein für sich wirtschaftet, sich nicht gebärdet, als sei er allein da, sondern in gehöriger Verzahnung mit den anderen Versicherungszweigen vorgeht.

Daraus, glaube ich, ergeben sich jetzt die Hauptprobleme und Hauptschwierigkeiten in der praktischen Handhabung. Das hat sich insbesondere in den vergangenen Jahren bei der praktischen Handhabung der Beitragskontrolle durch die Reichsversicherungsanstalt und die Landesversicherungsanstalten gezeigt.

Damit komme ich zu *Punkt 2* der Frage: Wie ist das Problem zu beleuchten und vielleicht auch zu lösen? Ist es trotz dieser anerkanntermaßen als eigene, von Gesetzes wegen den Versicherungsträgern obliegenden Pflicht möglich und denkbar, daß der einzelne Versicherungsträger vollkommen ausreichend diese eigenen Pflichten erfüllt, nicht durch seine eigenen Beamten, sondern evtl. auch durch andere Beamte, Beamte eines anderen Versicherungszweiges, oder ist es vielleicht auch möglich, daß gewisse gemeinsame Beamte, die sowohl nach dem einen wie auch dem anderen Versicherungszweig hin verkettet sind, diese Aufgaben und Funktionen ausüben?

Da möchte ich zunächst einmal die Punkte herauszustellen versuchen, die allerdings gewisse Bedenken erwecken könnten, zum mindesten aber eine Betrachtung darüber erforderlich machen, ob es sich dabei wirklich um Bedenken handelt. Das ist besonders deshalb erforderlich, weil in der Praxis bei den Punkten, die ich jetzt nacheinander behandeln will, vielfach erhebliche Bedenken erhoben worden sind. Das erste Bedenken, das gegen eine gemeinsame Kontrolle vielleicht in die Waagschale geworfen werden könnte, wäre, daß der Personenkreis der Versicherten de lege lata noch sehr erheblich auseinandergeht. Gewiß hat bereits eine starke Annäherung stattgefunden, also eine Angleichung des § 1226 an den § 1 des Angestelltenversicherungsgesetzes, die ganz bewußt - ich habe mir erlaubt, neulich schon kurz darauf einzugehen - in der Gesetzgebung im Jahre 1922 vorgenommen wurde. In der Tat ist es so, daß gewissermaßen das untere Stockwerk in § 1226 und das obere Stockwerk, schichtenmäßig betrachtet im Aufbau der versicherten Bevölkerung, in § 1 des Angestelltenversicherungsgesetzes zu erblicken ist. Aber gerade an den Schnittflächen zeigt sich, daß diese Regelung noch immer reichlich kompliziert ist. Das liegt zweifellos zu einem erheblichen Teil daran, daß es sicher unmöglich ist und in alle Ewigkeit hinein auch unmöglich sein wird, daß der Gesetzgeber so, wie 2 x 2 = 4 ist, die Versichertenkreise so gegeneinander abgrenzt, daß sie einfach in Schächtelchen untergebracht werden können und man vielleicht bei jedem Beruf genau Bescheid wüßte. Damit muß man sich als Praktiker abfinden. Die Frage ist aber die - und das wäre zu untersuchen -, ob nicht der Kreis, der ja durch die Ausführungsverordnung, die wir in der Praxis gewöhnlich den „Berufskatalog des Reichsarbeitsministers" nennen, detailliert und für die praktische Handhabung nivelliert worden ist, in der gesetzlichen Fassung künftig vielleicht doch noch etwas klarer herausgestellt werden könnte. Dabei wird das Problem nicht so sehr im Verhältnis: Invalidenversicherung zur Angestelltenversicherung, sondern vielmehr im Verhältnis: Krankenversicherung zur Invalidenversicherung/Angestelltenversicherung auftauchen. Ich erinnere da als Beispiel an die sehr erheblichen Kämpfe, die in der Praxis jahrelang um die Poliere, um die Textilmeister getobt haben, die schließlich dazu führten, daß man den Berufskatalog abänderte und bei den Webemeistern dann in gewissem Umfange diejenigen mit hineinnahm, die als Schulmeister früher nicht zu den Meistern im Sinne des Gesetzes gerechnet wurden. Weiter erinnere ich daran, daß man, um diese elenden Streitigkeiten zu beseitigen, die die Praxis zermürben und viel böses Blut schaffen, durch einen besonderen Paragraphen im Jahre 1922 den Weg eröffnete, daß bei einer schriftlichen Vereinbarung des Versicherten und seines Arbeitgebers, wenn es ihnen zu dicke kam, die Versicherungsträger einfach sagten: wir setzen mit definitiv bestimmender Wirkung fest - das ist der § 190 des Angestelltenversicherungsgesetzes, glaube ich -, daß der Betreffende entweder in die IV oder in die AV hineinkommt, wie sie es gerade für gut halten. Daran hat sich ein geradezu unerträglicher Zustand geknüpft. Die

Invalidenversicherung und die Angestelltenversicherung warfen sich gegenseitig vor, sie jagten sich gewisse Berufskreise, und zwar hauptsächlich die Poliere, gegenseitig ab, und sie warfen sich auch vor, daß man es gar nicht so ungern sähe, wenn von diesem Paragraphen in einem solchen Ausmaß Gebrauch gemacht würde, daß die Beteiligten gegen die guten Sitten und gegen besseres Wissen den Versicherungsträger einfach an die Wand drückten. Das sind unhaltbare Zustände. Auf einem solchen Boden muß man schlechterdings zu der Auffassung kommen, daß das ein Punkt des Anstoßes sein kann, der die allergenaueste Prüfung erfordert, der also zusammenhängt mit der Gesetzgebung de lege lata.

In demselben Zusammenhang kommt aber hinzu, und das ist der zweite Punkt, auf den ich eingehen will, daß, wenn schon durch die gegenseitige Abgrenzung der Berufsgruppen eine gewisse Elastizität aus praktischen Bedürfnissen des Lebens heraus verlangt wird, nicht ganz ohne Grund in der Praxis von der Angestelltenversicherung gesagt wird: ja, dann bedarf es, um eine ordnungsmäßige Kontrolle ausüben zu können, einer immerhin weitgehenden praktischen und theoretischen Erfahrung und eines besonderen Wissens auf diesem Gebiet, denn dann muß der einzelne diesen Berufskatalog übersehen können. Für den Beamten der Invalidenversicherung spielt er zwar auch eine gewisse Rolle, aber er ist nicht primär für ihn, er kommt mehr hilfsweise für ihn in Frage. Ich will nachher meine eigene Auffassung dazu vortragen und will hier nur zunächst einmal die Problempunkte herausstellen. In den vergangenen Jahren ist in der Praxis ganz besonders darauf hingewiesen worden, und die Angestelltenversicherung hat es immer wieder betont, daß ihre eigenen Kontrollbeamten das viel besser machen könnten, die Beamten der Invalidenversicherung seien schlechterdings außerstande, das machen zu können.

Als dritter Punkt kommt folgendes hinzu. Die Versicherungsträger sind nicht ganz von dem Vorwurf freizusprechen, daß sie nicht in jeder Beziehung wie objektiv nebeneinanderstehende öffentlich-rechtliche Organisationen die Kontrolle gehandhabt und angesehen haben, sondern daß sie sich als Rivalen betrachteten. Man kann darüber denken, wie man will: die Praxis zeigt, daß die einzelnen Landesversicherungsanstalten und auch die Reichsversicherungsanstalt selber aus öffentlich-rechtlichen egozentrischen Motiven heraus danach trachteten, den Kreis ihrer Versicherten nach Möglichkeit zu erweitern. So ist es sicherlich die vergangenen Jahre hindurch gewesen. Augenblicklich ist es besser damit geworden. Natürlich ist diese Rivalität sehr bedenklich. Wenn man Beamte zu einer gemeinsamen Kontrolle nehmen will, Beamte, die sich als einseitige Interessenwahrer einer, wenn auch öffentlich-rechtlichen Korporation betrachten, so gibt das selbstverständlich zu denken.

Viertens kommt folgendes hinzu. Leider ist es so gewesen und wird es auch heute noch in nennenswertem Umfang so sein, daß die Unternehmer die sogenannten sozialen Lasten auf ein Minimum zu bringen bestrebt sind und aus diesem Grunde alle möglichen mehr oder weniger künstlichen Mittel versucht haben und auch heute noch versuchen, sich um die Lasten herumzuschlängeln. Daraus ergibt sich, daß der Unternehmer vielfach versucht, den Kündigungsschutz zu eliminieren, den er zu beobachten hat, wenn der Angestellte unter das Angestelltenschutzgesetz fällt. Da ist es ihm sympathischer, wenn er in der Invalidenversicherung ist und er eventuell nicht noch sechs Monate Gehalt zu zahlen hat. Daher ist er bestrebt, den Arbeitnehmer in die Invalidenversicherung zu bringen. Er hat das gleiche Bestreben vielfach deshalb, weil die Tariflöhne in den Tarifordnungen für Angestellte im allgemeinen höher sind als für Handarbeiter. Er hat das Bestreben vielfach aus dem Grunde auch, weil die Beiträge zur Angestelltenversicherung höher sind als die zur Invalidenversicherung. Er begeht also das, was man zu deutsch als Schiebung anzusehen hat, wenn er aus einem Werkmeister einen Vorarbeiter, aus einem Angestellten sonstiger Art einen Gehilfen macht, und es bedarf da ganz besonderer Routine, um hinter diese Schliche zu kommen. Da besteht auch das Problem, wer sich damit befassen soll; denn die Leute in der Invalidenversicherung haben keine Veranlassung, dahinter zu kommen, welche zum Teil sehr lichtscheuen Verträge da abgeschlossen werden, sondern da werden eher die Leute aus der Angestelltenversicherung hineinleuchten können.

Dazu kommt ferner, daß der Versicherungsträger, wenn, wie ich vorhin sagte, es ihm als eigene Pflicht obliegt, die Kontrolle durchzuführen, in gewissem Umfange ein berechtigtes Interesse daran hat, daß Personen, die seinen eigenen Weisungen unterstehen, zur Realisierung dieser Pflichterfüllung dienen, daß also der Mutterversicherungsträger die Hand fest auf der Beitragskontrolle hat und nicht ausgeschaltet werden kann, letzten Endes sich etwas ergibt, was in den Augen des großen Publikums auch als Pflichtverletzung gewertet werden könnte.

Dazu kommt die finanzielle Frage. Von mancher Seite wurde, zumindest in den vergangenen Jahren, gesagt, daß durch eine gemeinsame Kontrolle das Gegenteil von dem erreicht werden würde, was man erstrebt. Man erstrebt ja eine finanzielle Erleichterung und Entlastung der Versicherungsträger, in Wirklichkeit würde sich aber eine Vermehrung der Kosten ergeben; denn diejenigen, die bisher als ganz besondere Spezialisten gearbeitet hätten, z.B. in der Angestelltenversicherung in relativ großen Bezirken, hätten das immerhin mit wenig Kosten geschafft, sobald es aber in die Invalidenversicherung komme und diese ungeheure Spezialisierung beseitigt werde, müsse man die Last auf mehr Schultern verteilen. Man müsse die Bezirke verkleinern, und das Endergebnis werde eine finanzielle Mehrbelastung sein, die in diesem Falle primär die Invalidenversicherung treffe, das Ganze mittelbar aber dadurch, daß auch die Angestelltenversicherung beteiligt sei.

Auf der anderen Seite - das ist die zweite Gruppe - gibt es eine stattliche Reihe von Punkten, die für eine gemeinsame Handhabung der Kontrolle in Frage kommen. Zunächst kann man de lege ferenda der Kontrolle die praktische Handhabung noch dadurch sehr erleichtern, daß man die Personenkreise noch besser als bisher aufeinander abstimmt. Ich will damit sagen, daß auch der Richter, der sich nicht in jahrelanger Tätigkeit zum Spezialisten herangebildet hat, die Grenzen klar sehen kann.

Für eine gemeinsame Kontrolle spricht auch, daß Rechtsprechung und Verwaltung in der Richtung sehr wertvolle Dienste leisten. Die Rechtsprechung hat eine ganze Reihe strittiger Punkte geklärt. Bekanntlich werden die Streitigkeiten, die im Beitragsstreitverfahren erledigt werden und als Grenzstreitigkeiten zwischen den Versicherungsträgern vor sich gehen, in den letzten Jahren immer seltener. Das liegt daran, daß die grundsätzlichen Entscheidungen gewisse Personengruppen allmählich ganz scharf umrissen haben. So werden auch die Kontrollbeamten immer sicherer werden.

Ich habe vorhin davon gesprochen, daß die Unternehmer vielfach mit allen Mitteln versuchen, die Leute in die Invalidenversicherung zu bringen, die unzweifelhaft in die Angestelltenversicherung gehören. Ich glaube, daß sich im Laufe des letzten Jahres in dieser Beziehung doch einiges geändert hat. Der Unternehmer hat eine bessere Ethik bekommen. Auch ohne 120%iger Idealist zu sein, kann man doch feststellen, daß das Arbeitsordnungsgesetz und die nationalsozialistische Ethik des Arbeitsverhältnisses außerordentlich segensreich gewirkt haben. Der Unternehmer distanziert sich nicht mehr so sehr wie früher, sondern stellt den Grundsatz, daß Gemeinnutz vor Eigennutz geht, in den Kreis seiner Betrachtungen, er hat jetzt mehr als früher für seine Gefolgschaft übrig und wird aus dieser höheren Ethik heraus in begrenzterem Ausmaß solche Manöver versuchen. Er wird das aber nicht nur aus einer höheren Ethik heraus tun, sondern auch aus der Raison vor dem Treuhänder heraus. Er weiß ganz genau, daß der Treuhänder ihm ganz gewaltig heimleuchten würde.

Weiter sind glücklicherweise gerade in den letzten Jahren sehr starke Bestrebungen zu beobachten, die auf eine Verbesserung der Kenntnisse und des Niveaus der Beamten in der Sozialversicherung hinzielen. Wir erleben es - das kann man den Sozialversicherungsbeamten ohne weiteres als Positivum anerkennen -, daß sie durch die mannigfaltigsten Kurse, Vorträge und durch eigene Ausbildung in den Stand gesetzt werden, ganz anders als früher in die Sozialversicherung hineinzusehen, insbesondere auch, was das Verhältnis der einzelnen Versicherungen zueinander betrifft.

Des weiteren machte die Angestelltenversicherung früher geltend, sie brauche unter allen Umständen deshalb eine alleinige Beitragskontrolle durch ihre eigenen Beamten, weil sie das System der Ortsausschüsse und Vertrauensmänner habe. Ich kann aus eigener Erfahrung bestätigen, daß es, um diese Ortsausschüsse und Vertrauensmänner lebensfähig zu machen, einer laufenden Unterrichtung bedurfte, damit sie die Beitragskontrolle und das Auskunftsgeschäft richtig handhaben konnten. Seit dem 1. Januar 1935 sind die Ortsausschüsse und Vertrauensmänner verschwunden. Durch eine Abmachung zwischen der Reichsversicherungsanstalt und der Deutschen Arbeitsfront sind diese Funktionen in gewissem Umfang in die Hände der Auskunftsstellen der Deutschen Arbeitsfront gelegt worden. Diese Besonderheit fällt also jetzt als Hindernis einer gemeinsamen Kontrolle fort.

Bisher hat ein Abkommen zwischen der Reichsversicherungsanstalt und den Landesversicherungsanstalten bestanden. Ich bin der Auffassung, daß dieses Abkommen über eine gemeinsame Kontrolle ganz gut funktioniert hat, daß sich die Streitigkeiten verringert haben und daß all die Maßnahmen, die den ersten Ansatz zu einer gemeinsamen Kontrolle darstellten, in Wirklichkeit gar nicht ad absurdum geführt worden sind.

Die ganze Gesetzgebung, die ersichtlich zu einer Verflechtung der Versicherungszweige in vermehrtem Ausmaß führt, bringt zwangsläufig auch ein Moment einer gemeinsamen Kontrolle mit sich, und zwar das Ersparnismoment. Meine eigene Auffassung ist, daß es sich dabei um einen Trugschluß handelt. Ich bin der Ansicht, daß wir gut durchgebildete Beamte haben können, die sehr wohl die gemeinsame Kontrolle in diesen beiden Versicherungszweigen durchführen können. Man braucht die Bezirke gar nicht so eng zu nehmen, und sie werden um so eher dazu geeignet sein, als ja durch die Wanderversicherung usw. ohnedies schon ein gemeinsamer Überblick auch für den normalen Beamten jeden Versicherungsträgers der Invaliden- und der Angestelltenversicherung erforderlich ist.

In diese Kette stelle ich noch, und zwar nicht zuletzt, ein Glied ein: Es ist eine ungeheure Belästigung des Unternehmers, wenn nacheinander die Kontrollbeamten verschiedener Versicherungszweige in seinen Betrieb kommen und der eine genau dasselbe sagt, was der andere auch gesagt hat. Das hat Herr Ministerialrat Sauerborn in diesem Ausschuß neulich schon erschöpfend und klar ausgeführt, und ich kann mich auf das von ihm Gesagte beziehen. Ich bin durchaus der Auffassung: Wenn es irgend geht, muß man schon aus diesem Grunde dem Unternehmer die lästige und unnötige Störung seines Betriebes fernhalten; man muß die Störung, die durch eine solche Kontrolle normalerweise entsteht, auf das erträgliche Maß reduzieren.

Als letzten Punkt dann: Diese Rivalität der Versicherungsträger ist nach meinen Erfahrungen jetzt wesentlich besser geworden, weil einmal die Rechtsprechung schon große Klärungen herbeigeführt hat und weil außerdem die Versicherungsträger selbst sich allmählich daran gewöhnt haben, daß das allzu fiskalische Denken in diesem Falle doch von Übel ist und daß eben gewisse Berufsgruppen nach dem natürlichen Aufbau der Gesetze entweder in die Invalidenversicherung oder in die Angestelltenversicherung gehören, es also nicht darauf ankommt, ihren Besitzstand noch gewaltsam zu erweitern, sondern daß der Besitzstand gewissermaßen schon vom Gesetz selbst festgestellt und in Wirklichkeit gar nicht so elastisch ist, wie es den Anschein hat.

Nehme ich das alles zusammen, dann komme ich resumierend dazu zu sagen: Die Waagschale, die die Gründe *für eine gemeinsame Kontrolle* enthält, ist erheblich mehr gefüllt als die Waagschale, die die Gründe gegen eine gemeinsame Kontrolle in sich birgt. Wenn man die Gegengründe prüft, die bisher aus der Praxis der Angestelltenversicherung heraus geltend gemacht worden sind, muß man sagen: Irgendwelche durchgreifenden, schweren Trennungsgründe sind nicht da; umgekehrt spricht vielmehr eine ganze Reihe von positiven Momenten für ein gemeinsames Zusammengehen, so daß Beamte der Angestelltenversicherung das Geschäft für die Invalidenversicherung mitmachen können und umgekehrt, je nachdem wie es praktisch erscheint.

Aber unter zwei *Voraussetzungen!* Das würde ich für die künftige Gesetzgebung für wesentlich halten. Einmal unter der Voraussetzung, daß die Ausbildung der Sozialversicherungsbeamten noch wesentlich verbessert wird. Zweitens unter der Voraussetzung, daß auch die Gesetzgebung in der Abgrenzung des Kreises der versicherten Personen der Praxis vielleicht noch etwas mehr hilft, als es bisher der Fall war. Für uns, die wir schon jahrelang mehr zentral die Versicherung bearbeiten, genügt ja das geltende Gesetz; aber für den, der mehr an der Peripherie sitzt, der dezentralisiert tätig ist, sind vielleicht doch noch einige Krücken für die praktische Arbeit notwendig.

Unter diesen Voraussetzungen würde der Vorschlag, den ich dem Ausschuß machen möchte, dahin gehen, daß der Ausschuß sich dahin aussprechen möchte, unter diesen beiden Voraussetzungen *beim Reichsarbeitsministerium eine gemeinsame Beitragskontrolle im Verhältnis der Invaliden- und der Angestelltenversicherung durchaus zu befürworten.*

Vorsitzender: Bevor ich Herrn Ministerialrat Sauerborn bitte, das zweite Referat zu erstatten, möchte ich grundsätzlich sagen, daß es nach meinen Erfahrungen in der Frage der Kontrollbeamten so war, daß eine ganze Reihe von Landesversicherungsanstalten den Grundsatz vertrat, den ich für richtig halte, aus ihrem Personal die besten Kräfte für die Revisionstätigkeit zu nehmen. Andererseits hatten eine Reihe von Anstalten das Prinzip, in die Kontrollbeamtengruppe Militäranwärter hineinzunehmen, die zur Ausbildung von den einzelnen Kollegen mit auf die Tour genommen wurden und sich nachher selbstverständlich in einem ganz kleinen Rahmen hielten. Ich weiß aus Erfahrung, daß diese Beamten mitunter gar nicht in der Lage waren, die schwierigen Fragen zu entscheiden, die sich namentlich in der Richtung ergeben, ob jemand angestellten- oder invalidenversicherungspflichtig ist.

In der Praxis habe ich ferner die Erfahrung gemacht, daß die Fälle seltener geworden sind, in denen Streit darüber entstand, ob jemand invaliden- oder angestelltenversicherungspflichtig ist. Nur eins habe ich gerade in der letzten Zeit beobachtet: die grundsätzlichen Entscheidungen des Reichsversicherungsamtes in dieser Richtung beziehen sich immer auf einen bestimmten Ort. Ich denke da z.B. an die sogenannten Gelderheber. Diese berühmte Geschichte spielt schon seit zwei Jahren und kommt aus folgendem Grunde zu keinem Ende: Die grundsätzliche Entscheidung, die damals ergangen ist, daß die Gelderheber der Gas-, Wasser- und Elektrizitätswerke invalidenversicherungspflichtig sind, weil sie eine Tätigkeit ausüben, die schlechthin für die Invalidenversicherung in Frage kommt, war auf die Verhältnisse der Stadt Schwerte abgestellt. Nun sind selbstverständlich die Verhältnisse in Schwerte ganz anders als in Berlin und anderen Großstädten. Ich weiß aus Eingaben, daß die Gelderheber in Berlin und anderen Großstädten abends umfangreiche kaufmännische Formulare ausfüllen und Berechnungen anstellen und ihre täglichen Einnahmen und Reste verbuchen müssen; sie üben also eine Tätigkeit aus, wie sie sonst wohl auch von Menschen ausgeübt wird, die angestelltenversicherungspflichtig sind. Nun beruft sich aber selbstverständlich jede Landesversicherungsanstalt auf diese grundsätzliche Entscheidung im Falle Schwerte. Um diese Frage endgültig zu klären, haben wir ersucht, daß jetzt ein neues Verfahren aufgezogen wird, um den Fall einmal für Berlin zu klären. Also es entstehen in der Praxis Schwierigkeiten dadurch, daß diese grundsätzlichen Entscheidungen immer nur für einen bestimmten Ort und für eine bestimmte Stelle ausgesprochen sind, daß aber die dabei maßgebenden Verhältnisse bei objektiver Betrachtung nicht mit den Verhältnissen an anderen Orten zu vergleichen sind.

Berichterstatter Ministerialrat *Sauerborn:* Wenn ich die Frage des *Kontrollwesens zwischen Krankenversicherung und Rentenversicherung* zu betrachten habe, so liegen die Dinge hier teilweise erheblich anders als auf dem Gebiete, das der erste Herr Referent behandelt hat.

Über die Frage, was Beitragsüberwachung ist, ob das eine Hauptpflicht ist, brauchen wir uns nicht zu unterhalten. Denn es ist selbstverständlich, daß ein persönliches und ein öffentliches Interesse an ihrer korrekten Durchführung besteht.

Wenn wir die Frage betrachten, ob überhaupt eine gemeinsame Beitragskontrolle erfolgen sollte, so sind da drei Gesichtspunkte maßgebend, unter denen Verbesserungen erfolgen könnten. Denn wir wollen ja eine Änderung nicht etwa deswegen, um es anders zu organisieren. Sondern wir wollen prüfen, ob Verbesserungen möglich sind.

Eine Verbesserung kann einmal liegen in einer Entlastung des Verwaltungskostenetats. Eine solche Entlastung sehe ich nicht allein darin, wenn summenmäßig die aufgewandten Mittel steigen, sondern wenn der Nutzeffekt für den Versicherungsträger steigt. Bei gleichen und selbst bei höheren Kosten kann trotzdem eine Verbilligung der Verwaltungskosten vorliegen.

Eine Reform kann zweitens eine Verbesserung für den Unternehmer mit sich bringen.

Drittens kann die Verbesserung in einer Sicherung des Versicherten liegen, indem namentlich der Verlust von Anwartschaften durch Nichtkleben usw. vermieden oder wenigstens seltener gemacht wird.

Wenn wir nach diesen drei Richtungen eine Verbesserung suchen wollen, so ist zunächst unverkennbar, daß dadurch, daß man für möglichst mehrere Versicherungszweige die Kontrolle gemeinsam wahrnehmen läßt, eine Intensivierung kommt, die eine Ersparnis an Reisekosten mit sich bringt, da nun nicht mehr die Beamten mehrerer Versicherungsarten im Lande umherreisen, daß ferner durch die häufigere Kontrolle eine größere Sicherung für den Arbeitnehmer eintritt und daß schließlich für den Unternehmer die Tatsache eintritt, daß er nicht mehr von verschiedenen Persönlichkeiten durch die Kontrolle belästigt wird, sondern es immer mit demselben Beamten zu tun hat.

Es ist allerdings eine merkwürdige Erscheinung, daß auch auf anderen Gebieten, wo derartige Kontrollen und Beitragserhebungen erfolgen, keineswegs eine einheitliche Organisation festzustellen ist. Hier in Berlin und auch in anderen Großstädten erleben wir es ja zu unserer großen Überraschung, daß immer verschiedene Beamte der einzelnen Städtischen Werke - der Gas-, Elektrizitäts- und Wasserwerke - zur Kontrolle und Beitragseinziehung kommen und daß die Vereinigung dieser drei verschiedenen Werke in der Hand der Stadt noch niemals dazu geführt hat, daß nun ein einziger Beamter mit der gleichzeitigen Ablesung des Gas-, Elektrizitäts- und Wassermessers beauftragt wird und die drei Gebühren zusammen einzieht. (*Zuruf:* Bei uns in Leipzig kommt bloß einer!) - Das ist leider nur eine Ausnahme. - Wenn man sich erkundigt, warum das nicht einheitlich geschieht, dann wir einem erwidert, daß die Verhältnisse ganz verschiedenartig lägen und daß die Leute, die man für diese Posten ansetzen könnte, in die größte Verlegenheit kämen, wenn sie die drei Posten erledigen sollten; sie würden dann alles durcheinanderwerfen und lauter Unsinn machen. Jedenfalls wollte ich auf diese Erfahrung hinweisen, um zu zeigen, daß wir nicht nur auf dem Gebiete der Sozialversicherung, sondern auch auf anderen wichtigen Gebieten des öffentlichen Lebens eine verschiedene Beitragserhebung und Beitragskontrolle haben.

Im Gegensatz zu den Versicherungszweigen, die mein Herr Vorredner behandelt hat, besteht im Verhältnis zwischen Krankenversicherung und Rentenversicherung der Hauptunterschied, daß bei diesen beiden Versicherungszweigen *verschiedene Beitragsverfahren* bestehen. Rentenversicherung und Angestelltenversicherung haben das Gemeinsame, daß beide das Markenklebesystem haben. Die Krankenversicherung hat ein anders geartetes Verfahren. Das führt dazu, daß an sich die Tätigkeit des Kontrolleurs bei der Krankenversicherung eine ganz andere ist als bei der Rentenversicherung und bei der Angestelltenversicherung. Der Kontrolleur bei diesen beiden Versicherungszweigen prüft tatsächlich: ist geklebt, sind Beiträge bezahlt, sind die Beiträge in der richtigen Höhe und für die richtigen Zeiten bezahlt; er prüft vielleicht auch noch: sind sie in der richtigen Versicherung bezahlt. Diese Prüfung erfolgt bei der Krankenversicherung in der Kasse, und die Tätigkeit des Kontrollbeamten setzt in der Kasse eigentlich erst in dem Augenblick ein, wo der Beamte in der Buchhaltung der Kasse festgestellt hat: hier ist etwas nicht in Ordnung, hier ist zu wenig bezahlt, hier ist in einem Falle nicht für die volle Zeit bezahlt. Von dem Falle, daß überhaupt nicht gezahlt worden ist, will ich einmal ganz absehen. Hier geht also der Beitragskontrolleur mit einer Liste hinaus, auf der eine Kasse angibt: das ist rückständig. Er geht dann dort hin, nimmt Einwendungen gegen die Zahlungspflicht oder den Einwand entgegen, daß bereits Zahlung geleistet sei, sucht, das zu prüfen, und tritt als Mahner, evtl. als Einzieher und in einzelnen Fällen als Vollstreckungsbeamter auf. Dieser Unterschied ist deshalb wichtig, weil es für die grundverschiedene Tätigkeit und die Geistesverfassung dessen, der dieses Amt ausübt, von Bedeutung ist. Es ist ganz selbstverständlich, daß diese Tätigkeit eine außerordentlich viel einfachere ist und deshalb auch von einem gehaltlich geringer bezahlten Beamten, auch mit einer geringeren Vorbildung, Ausbildung und Durchbildung, geleistet werden kann als diese andere Tätigkeit, die eine große Kenntnis des Versicherungsrechts und diffiziler Grenzstreitigkeiten erfordert. Da kommt etwas dazu, was in dem Verhältnis zwischen der Krankenversicherung und Rentenversicherung von der Rentenversicherung immer gegen diese Vereinheitlichung dieses Kontrollsystems geltend gemacht worden ist, und insofern ist vielleicht das Thema doch zu eng, wenn wir es nur auf den Beitragseinzug erstrecken. Denn die Tätigkeit dieses Kontrollbeamten beim Beitragseinzug, die mit seiner Gesamttätigkeit innig zusammenhängt, ist nicht nur eine rein rechnungsmäßige beitragskontrollierende, beitragseinziehende oder beitragsmahnende usw., sondern gerade bei der Rentenversicherung in erheblichem Umfange eine beratende. An den Kontrollbeamten werden alle möglichen Fragen gestellt, die das Versicherungsverhältnis, die Anwartschaftsberechtigung usw. betreffen. Er ist dazu da, die Arbeitgeber und Arbeitnehmer vor Schaden zu bewahren, ihnen Ratschläge zu erteilen, wie sie Rechtsnachteile durch verspätete oder falsche Abführung der Beiträge, durch Verlust der Anwartschaft, dadurch entstehende Haftung usw. vermeiden können und sich davor zu schützen in der Lage sind. Darüber hinaus wird er auch in einer ganzen Reihe von anderen Punkten um Rat gefragt und in Anspruch genommen. Es ist kein Zufall, wenn z.B. gerade die Reichsversicherungsanstalt für Angestellte im bewußten Gegensatz zu der Handhabung einer Reihe von Landesversicherungsanstalten und auch zu der Handhabung der Krankenkassen, wo die Bedürfnisfrage allerdings anders liegt, gerade ihre besten und erfahrensten Beamten zu Beitragskontrolleuren bestimmt und sie hinausgeschickt hat, um diese ganzen Untersuchungen vorzunehmen, weil es sich eben um die Beratung und die ganze Durchführung der Versicherung handelt und eine ganz genaue Kenntnis aller Intimitäten des Versicherungsrechts vorausgesetzt werden muß.

Die Rivalität - um auf die Bedenken einzugehen, die Herr Prof. Dersch unter diesem Schlagwort vorgetragen hat, die nach der Meinung insbesondere der Reichsversicherungsanstalt gegen die Zusammenfassung der Kontrolle spreche -, die zwischen zwei Versicherungen besteht, ist zwischen der Kranken- und Rentenversicherung in diesem Maße zweifellos nicht vorhanden. Hier handelt es sich um geschlossene Versicherungszweige, bei denen diese Rivalität nicht in Frage kommt. Man könnte hier unter Rivalität höchstens das eine noch erblicken, daß etwa ein Beamter der Krankenkasse oder der Beamte der Invalidenversicherung, wer nun gerade diese Beitragskontrolle vornimmt, zunächst erst für seinen Versicherungsträger sorgt und erst in zweiter Linie, soweit ihm dann noch Zeit und Lust übriggeblieben sind, für die andere Versicherung. Das ist eine Sache, die bei einem ordnungsgemäß eingespielten Beamtenapparat keine Rolle spielt. Ich darf darauf hinweisen, daß der Führer der Ortskrankenkasse zum mindesten von dem Leiter der Landesversicherungsanstalt ernannt wird, so daß sich die beamtenmäßige Erziehung ganz anders geltend macht, daß sich zum mindesten der Beamte der Ortskrankenkasse in einem ganz anderen Maße als Beamter der Sozialversicherung fühlen wird denn als Beamter dieser einzelnen Kasse. Das wird auch insbesondere dann der Fall sein, wenn man ihn an den verschiedensten Stellen und in den verschiedensten Kassen und auch in der Gemeinschaftsstelle der Landesversicherungsanstalt arbeiten läßt. So wird dieses Hausmachtinteresse dann verschwinden. Wenn wir unter diesen Umständen die Dinge betrachten, so müssen wir zunächst davon ausgehen, daß bei der Verschiedenheit des Beitragseinzugsverfahrens zwischen KV und IV die Verlagerung der gemeinsamen Kontrolle wohl nur nach der örtlichen Stelle hin erfolgen könnte. Das ist schon notwendig, um die Intensivierung herbeizuführen, die erstrebt werden soll, dann aber auch, weil das Beitragssystem der Krankenversicherung die dauernde Verbindung mit der Krankenkasse verlangt und es der heutige Beitragseinzug erfordert, daß der Kontrolleur dauernd mit der Kasse in Fühlung ist und von ihr das Material bekommt, welches er für seine Außentätigkeit gebraucht. Hat man diese Ausbildung, so ist die erste Voraussetzung für eine gemeinsame Kontrolle die, daß sie durch Beamte ausgeübt wird, die den Beanspruchungen gewachsen sind, d.h. Beamte, die das notwendige Geschick, die notwendige sachliche Einstellung, aber auch vor allen Dingen die notwendigen sachlichen Kenntnisse des Versicherungsrechts besitzen, um nach jeder dieser Richtungen hin tätig zu sein. Da scheint es mir allerdings neben der ersten Voraussetzung der besseren Ausbildung, die schon Herr Prof. Dr. Dersch hervorgehoben hat, und neben der besonderen besseren Abgrenzung der Versicherungszweige zwischen IV und AV notwendig zu sein, dafür zu sorgen, daß die Ausbildung in irgendeiner Form sichergestellt wird, die allen berechtigten Belangen Rechnung trägt. Ich weiß nicht, trotzdem ich selbst als Referent für Krankenversicherung, insbesondere für diesen Versicherungszweig, ein besonders warmes Herz habe, ob es unter diesen Umständen richtig wäre, lediglich den Krankenkassenbeamten als diesen gemeinsamen Kontrolleur loszulassen, ob es dann nicht richtiger wäre, diese Beitragskontrolle zu einer Gemeinschaftsaufgabe zu machen, und zwar diese Angelegenheit nicht zu einer Gemeinschaftsaufgabe der Krankenversicherung zu machen, sondern darüber hinaus zu einer Gemeinschaftsaufgabe zwischen Krankenversicherung und Rentenversicherung und für den gemeinsamen Beamten, der durch die Ausbildung in sämtlichen drei Versicherungszweigen ohne weiteres für diese Tätigkeit in Frage kommt, Einrichtungen lokaler Art für den Bereich jedes Versicherungsamts zu schaffen, der in seiner Stelle nunmehr schon genügend vorgebildet für alle drei Versicherungszweige diese Sache gemeinsam und auch richtig durchführen kann.

Wenn ich diesen Vorschlag zur Diskussion stelle, so würde ich allerdings bitten, die Grenze hierbei nicht nur zum mindesten einmal überlegungsmäßig bei dem reinen Beitragseinzugssystem zu ziehen, sondern ich würde auch fragen, ob diese Stelle sich mit den anderen gemeinsam zu kontrollierenden Dingen irgendwie vereinigen, ihnen anschließen oder anpassen ließe. Wir haben über den Beitragseinzug hinaus noch eine Reihe von Dingen, die auch noch zu kontrollieren sind, z.B. das weite Gebiet der Leistungen. Wir haben den berüchtigten Krankenkontrolleur alter Art. Wir haben die Ermittler und Prüfer bei der Landesversicherungsanstalt, bei der Angestelltenversicherungsanstalt, die die Rentengewährung und alle möglichen Dinge wie Invalidität, Grad der Invalidität usw. noch dauernd ermitteln, auch Berufsunfähigkeit. Wir sind in der Krankenversicherung heute dazu übergegangen, oder vielmehr: wir gehen dazu über, wir sind dabei, den Krankenkontrolleur alter Art durch ein bewußtes Fürsorgesystem zu ersetzen, wo nicht mehr der Mann hinkommt und sieht, ob die Krankenordnung eingehalten ist oder ob der Betreffende zu einer bestimmten Zeit, wo er keinen Ausgang hat, zu Hause ist, ob er auch tatsächlich den Vorschriften des Arztes entsprechend lebt, sondern diese ganze notwendige Kontrolle als öffentlich-rechtliche echte Pflicht der Versicherungsgemeinschaft kleiden wir heute in den viel wertvolleren Rahmen der Fürsorge ein, weil die Fürsorger und Fürsorgerinnen, die diese Dinge mit feststellen müssen, gleichzeitig auch auf die häuslichen, die gesundheitlichen, die Familienverhältnisse usw. einwirken. Diese Personen würden auch in hervorragender Weise geeignet sein und tun es auch schon aus eigenem Antrieb, wenn auch heute ungeregelt, in großem Umfange Ermittlungen für die Rentenversicherung insofern mit zu machen, als sie aus ihren Fürsorgeermittlungen und ihrer Kenntnis des Rechtsstoffes und der Instanzenwege heraus beratend und fördernd mitwirken, indem sie die für Heilverfahren oder sonstige Betreuung geeigneten Fälle an die zuständigen Stellen mit Hilfe der Krankenversicherungsanstalten bringen.

Ich will meine Ausführungen nicht zu weit ausdehnen. Ich möchte nur noch auf folgendes hinweisen. Wenn wir überhaupt von gemeinsamen Kontrolleinrichtungen in der Sozialversicherung sprechen, dann dürfen wir die Unfallversicherung nicht außer acht lassen. Hier ist ein besonderes Beitragseinzugsverfahren vorhanden. Dieses auch noch besonders heranzuziehen, würde neue Schwierigkeiten bereiten. Wenn ich zu einem raten darf, so ist es zweifellos ein Gedanke, der unbedingt der Erwägung und Prüfung wert ist: Gemeinsame Kontrolleinrichtungen. Mag sein, daß die Sache heute noch nicht in vollem Umfange erreichbar ist, aber als Ziel könnte ich es mir verlockend und erfolgversprechend für die Versicherungsunternehmer, die Versicherungsträger und Versicherten vorstellen. Die Voraussetzung dazu ist aber ein sorgsames Vorgehen, eine sorgfältige Personalauswahl und ein schrittweises Vorgehen. Vielleicht könnte man auch auf diesem Wege dadurch besonders Erfahrungen sammeln, daß man an einzelnen Stellen oder Orten verabredungsgemäß durch besonders geeignete Personen einmal Versuche in größerem Stil vornehmen läßt, um zu ermitteln, welche besonderen Voraussetzungen, die sich rein erfahrungsgemäß und tatsächlich überlegungsgemäß ergeben, noch erforderlich sind, um das notwendige Beamtenpersonal zu schaffen, was diesen Voraussetzungen gewachsen ist. Ich glaube nicht, daß wir heute schon im größeren Umfange über ein solches Beamtenpersonal verfügen.

Vorsitzender: Ich danke Ihnen, Herr Ministerialrat, für Ihre Ausführungen und stelle diesen Punkt zur Aussprache.

Senatspräsident Dr. *Kühne:* Ich kann mich um so eher darüber äußern, weil ich längere Zeit in der Reichsversicherungsanstalt für Angestellte in der Abteilung tätig war, die die Beitragskontrolle so ausübte, wie sie damals eben ausgeübt werden mußte und konnte, nämlich im Zusammenhang mit dem erwähnten Kontensystem. Das ist eine Tätigkeit gewesen, die sich mit dem vergleichen läßt, was sich heute bei den Krankenkassen vollzieht: Kontrolle im Büro. Diese Bürokontrolle muß aus dieser Betrachtung ganz ausscheiden; das ist etwas ganz anderes und ist auch hier nicht gemeint. Wenn hier von der Vereinheitlichung des Kontrollsystems geredet wird, dann denkt man an die „Reisenden" der Sozialversicherung, die dafür sorgen, daß die geldlichen Verhältnisse in Ordnung kommen usw., aber dann das übrige tun, um die Unternehmer zu betreuen. Dabei ist doch zweierlei zu unterscheiden: einmal die Kontrolle im Betriebe auf die Abführung der Beiträge, daraufhin, welche Versicherten dort beschäftigt werden, welchen Versicherungszweigen sie angehören, - eventuell die Beratung des Unternehmers, des Betriebsführers. Das erstreckt sich manchmal bis in den Haushalt hinein. Bei dieser Gelegenheit findet zuweilen eine sehr weitgehende Aufklärung über die Versicherung selbst statt, die unter Umständen nachher Zweifelsfragen auslöst, wie weit der Versicherungsträger auf den Erklärungen des Kontrollbeamten festsitzt, wie weit dieser verbindliche Erklärungen abgeben kann.

Das andere ist die fürsorgerische Seite, die sich viel mehr auf den Versicherten selbst erstreckt. Bei dieser Gelegenheit konnten auch Feststellungen über das Beitragsverhältnis gemacht werden. Aber dieser Fürsorgebeamte, diese Fürsorgebeamtin sind doch schließlich auf ganz andere Dinge abgestellt und verfolgen ganz andere Zwecke als der Kontrollbeamte, mit dem wir es zu tun haben. Der Kontrollbeamte, um den es sich hier handelt, ist der Angestellte oder Beamte des Versicherungsträgers, der ganz speziell die Unternehmen aufzusuchen und an der Betriebsstelle festzustellen hat: Wie sind die Beschäftigungs- und Beitragsverhältnisse? Diese Tätigkeit halte ich übrigens für außerordentlich schwierig. Die Versicherungsvorschriften sind so kompliziert, sie lassen sich trotz aller dahin gehenden Hoffnungen und Wünsche nicht so weit vereinfachen, daß wirklich eine volkstümliche Fassung der Gesetze möglich wäre. Es liegt eben in der Schwierigkeit jeder Versicherung, daß die gesetzliche Normengebung auch schwierig sein muß. So entsteht eine Reihe von Problemen, die durch die Mannigfaltigkeit des wirtschaftlichen Lebens und der Beschäftigungsverhältnisse selbst verstärkt werden. Infolgedessen scheint mir ein ganz besonderer Nachdruck darauf zu legen zu sein, wenn man nicht zu der Vereinheitlichung kommen will, daß man vor allem die Vorbildung dieser Leute, soweit irgend möglich, ganz besonders stark fördert, daß man ausgewählte Kräfte hinsetzt, die nicht nur die besten Bürobeamten sein dürfen, sondern die auch mit dem Publikum umgehen können, die es verstehen, mit den Leuten zu reden und Ergebnisse zu erzielen, die im Interesse der Versicherung materiell nötig sind.

Was die Vereinheitlichung selbst angeht, so ist diese Frage hinsichtlich der Angestellten- und Invalidenversicherung einigermaßen spruchreif. Bei den beiden Rentenversicherungen, die außerordentlich nahe miteinander verwandt sind, zusammengefaßt unter dem Begriff der Rentenversicherung, liegt die Sache so, wie Herr Professor Dersch sie schilderte, daß doch die Frage, zu welcher Versicherungssparte der einzelne gehört, außerordentlich zweifelhaft sein kann. Beide Dinge sind stark miteinander verknüpft. Im Ausland hat man diese beiden Sparten nicht; diese Regelung ist nur auf dem Boden der deutschen Verhältnisse möglich gewesen. Ich meine also, daß man hier nicht so sehr darauf dringen sollte, die Sache durch Beamte kleinen Formats lokal erledigen zu lassen, sondern es werden besonders vorgebildete und geeignete Persönlichkeiten sein müssen, die von einer Zentrale aus abgesandt werden und in größeren Reisen die einzelnen Bezirke abzugrasen haben.

Ich komme hier auf den Punkt, den Herr Ministerialrat Sauerborn hinsichtlich der Krankenversicherung anschnitt. Für die Frage der Kontrolle wird es sehr wichtig und wesentlich sein, wie sich der Beitragseinzug gestaltet. Ausgehend von den jetzigen Verhältnissen kann ich mir vorstellen, daß man auch da, soweit es sich um die Beitragszahlung handelt, eine Außenkontrolle ähnlich derjenigen ausübt, wie sie in der Invaliden- und Krankenversicherung gehandhabt wird, wo bereits ein Teil der Kontrolle im Büro erledigt werden kann. Aber auch hier wäre es unzweckmäßig, wenn man die Kontrolle zu stark ins Örtliche legen würde. Kleinere Kassen mit unzulänglich vorgebildetem Personal sind oft nicht in der Lage, Beamte zu stellen, die den Aufgaben gewachsen sind. Hier handelt es sich um eine Gemeinschaftsaufgabe. Wenn man daran denken wollte, die Kontrolle für die Krankenversicherung zu vereinheitlichen, dann würde sich das meines Erachtens ausgezeichnet als eine Gemeinschaftsaufgabe der Krankenversicherung eignen. Geht man nun einen Schritt weiter und macht daraus eine gemeinsame Arbeit der Renten- und Krankenversicherung, dann würde es naturgemäß sein, daß man auch da wieder auf bezirkliche Zentralen zurückgreift, also auf die Landesversicherungsanstalten, die Versicherungsträger höherer Ordnung, und dann würde sich die Angestelltenversicherung dem wohl anschließen können. So glaube ich denn, daß bei dieser Stelle nur abgestellt auf die Außenkontrolle in der angedeuteten Richtung durch besonders ausgewählte und vorgebildete Beamte, sich eine Vereinheitlichung der Kontrolle sehr wohl wird erzielen lassen.

Vorsitzender: Wenn ich Sie recht verstanden habe, dann bestehen Bedenken gegen eine gemeinsame Kontrolle in der Rentenversicherung bei Ihnen nicht. Sie gehen aber noch einen Schritt weiter und sagen: Auch die gemeinsame Kontrolle einschließlich der Krankenversicherung ist als Gemeinschaftsaufgabe zu betrachten, sie wäre aber in der Praxis nur zu lösen, wenn nicht die Angestellten der Krankenkassen, sondern die Beamten der Rentenversicherung mit dieser Aufgabe betraut würden.

Senatspräsident Dr. *Kühne:* Wir haben bei der Landesversicherungsanstalt zunächst für die gemeinsamen Aufgaben der Krankenversicherung eine Abteilung Krankenversicherung. Diese

Abteilung wird sich nach und nach für die verschiedenen Zwecke Personal angliedern müssen. So kann ich mir denken, daß für die Krankenversicherung und die Vereinheitlichung der Kontrolle auf diesem Gebiet Kontrollbeamte zu diesem Zweck angestellt werden. Die Landesversicherungsanstalt hat die zweite Abteilung, ihre ursprüngliche Invalidenversicherung. Wenn man das weiter durchdenkt, dann könnte ja, nachdem die Landesversicherungsanstalt einen einheitlichen Leiter hat, dasselbe Personal, das dort die Kontrolle ausübt, das naturgemäß in der Sparte auch bewandert sein wird, in dieser Weise beschäftigt werden. So wäre es möglich, einen einheitlichen Stab von Kontrollbeamten dort zu finden, die bei geeigneter Vorbildung gleichzeitig auch in der Lage sind, die Belange der Angestelltenversicherung für diesen Bezirk mitzukontrollieren.

Vorsitzender: Also: Bei der Rentenversicherung keine Schwierigkeiten zwischen diesen beiden, bei der Krankenversicherung einbegriffen, so daß zu der neuen Abteilung, die die Landesversicherungsanstalt aufbauen muß, auch befähigte Leute aus der Krankenversicherung hinzukommen und die Aufgabe erhalten, gemeinsam diese Kontrolle auszuüben.

Dr. *Wischer:* Wenn ich das ganze Problem nicht nur vom Standpunkt des Versicherungsträgers, sondern vom Standpunkt des Versicherten sehe, dann ist es wohl unzweifelhaft, daß gerade für eine wirksame Kontrolle der Renten-, Invaliden- und Angestelltenversicherung das allergrößte Interesse besteht. Herrn Professor Dersch hat schon gesagt, daß die Aufgabe der Kontrolle durch ein öffentliches Interesse bedingt sei, daß es sich nicht um eine Aufgabe handelt, die etwa der Versicherungsträger lax durchführen könne. Diese Auffassung findet man auch immer wieder in den Kreisen der Versicherten, die eben der Ansicht sind, sie brauchten sich von sich aus gar nicht um ordnungsgemäße Beitragsentrichtung zu kümmern, sondern das sei die Pflicht des Versicherungsträgers.

Wenn wir diese ganze Frage hier anpacken, dann müssen wir uns wohl auch überlegen, wie wir auf diesem Gebiet zu einer zweckmäßigeren Kontrolle kommen können, die es verhindert, daß große Beitragsrückstände entstehen und dadurch den Versicherten ein großer Schaden verursacht wird. Auf diesem Gebiete ist es nach meiner Kenntnis der Dinge überall noch nicht viel besser geworden, als es früher war.

Nun bin ich der Auffassung, daß wir zunächst einmal, wenn wir nicht zu einer Lösung für das gesamte Gebiet der Sozialversicherung kommen - ich glaube, da ergeben sich doch erhebliche Schwierigkeiten -, mindestens für das Gebiet der Renten-, Angestellten- und Invalidenversicherung zu einer wirksamen Vereinheitlichung kommen sollten.

Ich habe hier noch eine Frage an Herrn Professor Dersch: Sollen diese Kontrollbeamten wie bisher Beamte der einzelnen Versicherungsträger sein, also der Landesversicherungsanstalt bzw. der Reichsversicherungsanstalt für Angestellte? Man hat mit Recht schon auf die Rivalität hingewiesen, die zwischen den beiden Versicherungszweigen auch heute noch besteht. Will man diese Rivalität ausschalten, dann wäre es wohl zweckmäßig, diese Kontrollbeamten für die beiden Versicherungszweige als Beamte irgendeiner anderen Stelle, vielleicht des Reichsversicherungsamtes direkt einzusetzen, um dadurch die Objektivität auch bei der Entscheidung über die Frage der Versicherungspflicht in jeder Beziehung zu wahren. Ich könnte mir vorstellen, daß hierfür gerade das Reichsversicherungsamt geeignet ist, weil dort der Beamte die Möglichkeit hat, in Zweifelsfällen Rückfrage zu halten und die allerbeste Auskunft zu bekommen, da ja dort die letztinstanzlichen Entscheidungen gefällt werden.

Ich würde es darüber hinaus für zweckmäßig halten, daß ein engeres Zusammenarbeiten zwischen den Kontrollbeamten für die Renten- und Krankenversicherung gewährleistet wird. Ihnen würden zum mindesten die Kenntnisse der Krankenkassen zur Verfügung stehen; denn die Krankenkassen erfassen ja ziemlich alle Arbeitgeber, während der Kontrollbeamte, der für die Rentenversicherung kontrolliert, durchaus nicht genau im Bilde ist, wo Arbeitgeber vorhanden sind, die Versicherte der Rentenversicherung beschäftigen.

Professor *Dersch:* Ich hatte es mir zunächst allerdings so vorgestellt, daß man entweder den Invalidenversicherungsbeamten das Beitragsgeschäft für die Angestelltenversicherung mitüberträgt, oder umgekehrt, daß man auch den Beamten der Angestelltenversicherung, die nun schon einmal da sind, das Beitragsgeschäft aus der Invalidenversicherung mitüberträgt, allerdings nicht so, daß nur das eine oder andere, sondern daß beides verwaltungsmäßig gemischt wird.

Ich will dann weiter kurz darauf hinweisen - ich habe allerdings absichtlich keine Stellung schon vorher dazu eingenommen -, daß es vielleicht auch möglich wäre, das durch gemeinsame Beamte bewerkstelligen zu lassen. Das ist wohl das Problem, das jetzt Herr Dr. Wischer, schärfer herausgehoben, aufwirft. Das wären gemeinsame Beamte, die nicht Beamte zweier zusammengeflochtener Versicherungsträger, sondern die vielleicht Beamte des Reiches sind. An und für sich würde ich den Zustand sehr begrüßen, wenn das beamtenmäßig und finanziell möglich wäre. Denn dann kämen wir um diesen einen Punkt sicher herum. Ob diese Beamten später immer so ideal sein werden, daß sie - die gemeinsamen Beamten oder die Beamten der Invalidenversicherung - nun tatsächlich ganz streng objektiv genauso für die Angestelltenversicherung mit sorgen, das wage ich nicht zu entscheiden. Mensch ist nun eben einmal Mensch, und der Betreffende kann schließlich auch etwas fiskalisch für die Invalidenversicherung eingestellt sein. Wir hatten übrigens einmal in der Praxis einen Versuch gemacht - ich glaube, ich bin es selber damals im Ministerium gewesen -, solche gemeinsamen Angestellten zu verwenden, allerdings nicht als Staatsbeamte - das war aus haushalts- und beamtenrechtlichen Gründen nicht möglich -, aber als gemeinsame Beamte; und da ergaben sich die Schwierigkeiten, daß die Reichsversicherungsanstalt rein auf Privatdienstvertrag Angestellte und die Invalidenversicherung teilweise Landesbeamte hatte. Deshalb war das nicht möglich. Dann wäre der Ausweg der, daß sie eben Reichsbeamte sein könnten. Ich hätte dagegen keine erheblichen Bedenken.

Vorsitzender: Man muß sich bei der Lösung der Frage überlegen, wie es in der Praxis aussieht. Heute hat jede Landesversicherungsanstalt eine sogenannte Kontrollabteilung. In Berlin z.B. sind die Beamten dieser Kontrollabteilung nach Bezirken eingeteilt. Jeder Bezirk hat seine Kontrollbeamten. Außerdem hat der Leiter der Kontrollabteilung noch einen Stab von Beamten übrig, die nicht in Bezirke eingeteilt sind, die also sozusagen seine oberste Heeresleitungsreserve darstellen. Diese setzt er plötzlich in irgendeinem Stadtteil ein, wo sie dann von Haushalt zu Haushalt revidieren. Bei den provinzialen Landesversicherungsanstalten gibt es auch Herren, die einen bestimmten Bezirk zu bearbeiten haben. Ob man dort auch die oberste Heeresleitungsreserve hat, weiß ich nicht. Ich erinnere mich aber an eine Sitzung vor einigen Jahren in Kassel, wo auch plötzlich aus einer Abteilung ein Kreis von Beamten herausgezogen wurde, der blitzartig in einer Gegend zur Revision eingesetzt wurde.

Wenn man davon ausgeht, daß man hier etwas einer anderen Behörde, einer Zentralstelle unterstellen will, so müßte diese einen ganz besonderen Apparat in Verbindung mit den Versicherungsträgern haben; denn wenn man dieses örtliche System hat, ist es tatsächlich so wie bei allen Kontrollen, daß die Firmen die Revisionsperiode kennenlernen und wissen, wann sie zur Revision herankommen. Es liegen also Schwierigkeiten darin, diese Beamten einer Zentralstelle zu unterstellen.

Ministerialrat *Sauerborn:* Einig sind wir uns über den Punkt, daß augenblicklich das Problem einer einheitlichen Kontrolle zwischen den Rentenversicherungen nicht spruchreif ist. Auch darüber sind wir uns weiter einig, daß die Voraussetzungen für eine einheitliche Beitragskontrolle zwischen Krankenversicherung und Rentenversicherung erst noch geschaffen werden müßten. Herr Senatspräsident Kühne hat gesagt, ihm schwebe vor, daß es bei der Krankenversicherung und Rentenversicherung in dem anzustrebenden Verhältnis wohl Beamte der Landesversicherungsanstalt sein müßten, die für alle Versicherungsträger gemeinsam die Kontrolle durchführten, daß es also etwa aus der Gemeinschaftsabteilung der Krankenversicherung oder aus der Landesversicherungsanstalt im Zusammenhang mit der Gemeinschaftsabteilung hervorgehende Beamte sein müßten. Ich will nicht dagegen sprechen; ich meine nur, wenn man das macht, müßte man eine örtliche Untergliederung durchführen, die Leute in örtliche Bezirke aufteilen und einen gewissen Kontrollapparat als Außenarm der Landesversicherungsanstalt aufziehen, damit die notwendige Verbindung mit der Krankenversicherung gegeben ist, mit deren Beitragssystem wir ja heute und wohl für die nächste Zeit noch rechnen müssen. Allerdings müßte man - das habe ich auch schon gesagt - nicht für jede kleine Krankenkasse eine besondere, sondern für alle Krankenkassen des Bezirks eine gemeinsame Einrichtung haben. Die ganze Frage ist ja mehr theoretischer Natur, weil die Sache noch nicht als spruchreif anzusehen ist und wir nur in der Frage zu einem Vorschlag kommen könnten, welche Voraussetzungen erfüllt sein müßten, damit wir in Zukunft dem erstrebten Ziele näherkommen.

Eine technisch schwierige und vielleicht auch schon aus Prestigegründen nicht unwichtige Frage ist die, was für Beamte es sein sollen, die für beide Rentenversicherungen kontrollieren, Beamte der Landesversicherungsanstalten, Beamte der Reichsversicherungsanstalt oder besondere Beamte, die entweder beide gemeinsam anstellen oder die das Reich - etwa beim Reichsversicherungsamt - anstellt.

Ich glaube, mit dem einen Gedanken brauchen wir uns gar nicht zu beschäftigen, daß es Reichsbeamte sein könnten. Wenn wir von der Sozialversicherungssparte dem Herrn Finanzminister einen solchen Vorschlag unterbreiten, können wir sicher sein, daß er einfach zu den Akten geschrieben wird. Schon aus etatsrechtlichen Gründen wird der Herr Finanzminister einen solchen Weg nicht beschreiten wollen. Dem Reich wird es niemals einfallen, die Kosten für diese Kontrolleinrichtung zu übernehmen, die zweifellos von den Versicherungsträgern zu tragen sind und bis heute unbeanstandet und aus ihren eigensten Interessen heraus auch von ihnen getragen worden sind. Man müßte es schon so konstruieren, daß diese Reichsbeamten ihre Gehälter vom Reich bekommen und das Reich die Ausgaben von den Versicherungsträgern ersetzt erhält.

Eine weitere Schwierigkeit liegt noch in folgendem: Heute hat jede Landesversicherungsanstalt und hat die Reichsversicherungsanstalt ein Interesse daran, den geeignetsten Mann auf den Posten zu setzen, weil ihre eigenen materiellen Interessen dabei mitspielen. In dem Augenblick, wo der Mann nicht mehr ihr Beamter ist und sie nicht mehr das Gefühl haben, daß er ausschließlich für ihre Interessen tätig ist, setzt das ein, was wir schon vielfach erlebt haben, daß die Versicherungsträger für diese Zwecke die Beamten abgeben, die sie gern anderswo hinbringen möchten, und daß wir dann das Gegenteil von dem bekommen, was wir erstreben.

So schön es theoretisch wäre, auf eine solche Weise den Streit zwischen den beiden Brüdern - das sind doch die Versicherungsträger schließlich - auszuschalten, glaube ich doch, daß hier andere Wege gesucht und gefunden werden müssen. Ich weiß nicht, ob nicht die Frage auf der Basis des Gedankens der Gemeinschaftsaufgabe - ein Gedanke, der heute schon ausgesprochen worden ist - zu lösen wäre, indem man also eine Gemeinschaftseinrichtung von IV und AV schafft.

Vorsitzender: Bei der Rentenversicherung sehe ich darin aus der Praxis eigentlich keine großen Schwierigkeiten. Wenn man eine gemeinsame Kontrolle machte, dann wäre es doch eigentlich nur eine Vereinbarung zwischen der Angestelltenversicherung, die ja zentral in Berlin sitzt, und den zuständigen Landesversicherungsanstalten, eine Vereinbarung, die lediglich in einem Aufgabenkreis endigen würde, der dem betreffenden Beamten zugeteilt wird. Die Landesversicherungsanstalt Berlin z.B. könnte ihre Bezirke vielleicht kleiner machen und mit den Bezirken einteilen, in denen schon Revisionsbeamte der RfA sind. Die beiden Beamtenkategorien würden also zusammengeworfen und würden unter einer einheitlichen Leitung ihre Revisionstätigkeit ausüben. Draußen in der Provinz sieht es etwas anders aus. Dort hat ja die RfA-Zentrale nicht so viele Revisionsbeamte wie die LVA. Die Kontrollbeamten von der RfA haben in der Provinz einen sehr großen Kreis zu bearbeiten. Da könnten u.U. Beamte von der betreffenden Landesversicherungsanstalt eingreifen. Besondere Schwierigkeiten sehe ich da nicht.

Herrn Ministerialrat Sauerborn stimme ich darin bei, daß, wenn man es auf die Krankenversicherungen erweitert, das nur unter dem Gesichtspunkt geschehen kann, daß man es als Gemeinschaftsaufgabe betrachtet.

Kilian: Die Verzahnung der Kontrolltätigkeit in der IV und KV bietet keine Schwierigkeiten, denn nachdem man einen einheitlichen Versicherungsträger geschaffen hat, müßte die erforderliche Ausbildung der Prüfer zu ermöglichen sein, so daß sie die Kontrolle sowohl in der IV wie in der KV durchführen, selbst wenn der Beitragseinzug und die Tätigkeit bei der Prüfung voneinander verschieden sind. (*Zuruf.*) - Ich würde die Orts- und Landkrankenkassen zusammennehmen. Selbstverständlich kann man all diese Dinge nicht von heute auf morgen einführen. Ich halte es schlechterdings für unmöglich, daß die Prüfer der LVA ohne weiteres die Prüfung hinsichtlich der KV vornehmen können.

Haben wir einen einheitlichen Versicherungsträger, dann ist die Frage müßig, ob es ein Reichsbeamter oder ein Landesbeamter ist. Der Prüfer wird Beamter der LVA sein, und in Zukunft werden diese Beamten voraussichtlich mittelbare Reichsbeamte werden.

Größere Schwierigkeiten sehe ich dagegen in der Verzahnung der Kontrolltätigkeit in der IV und AV. Allerdings werden die Schwierigkeiten nicht allzu groß sein, denn der Beamte, der bisher die Kontrolltätigkeit in der IV durchgeführt hat, wird sich in verhältnismäßig kurzer Zeit auch mit den Vorschriften und der Rechtsprechung auf dem Gebiet der AV bekanntmachen können. Aber hier bestehen augenblicklich noch zwei getrennte Versicherungszweige, von denen ich annehme, daß sie immer noch Konkurrenten sind. Es ist deshalb verhältnismäßig schwierig, einen Kontrollbeamten zu finden, der objektiv ist und bei seiner Kontrolltätigkeit nicht zu Gunsten des einen oder des anderen Versicherungszweiges vorgeht. Hier müßte es möglich sein, eine gemeinsame Kontrollbehörde zu bilden, so daß die Prüfer schließlich in den Dienst eines übergeordneten Organs treten. Bei der augenblicklichen Gesetzeslage sehe ich keine juristischen Schwierigkeiten, zwischen der IV und KV eine Verbindung herzustellen und Prüfer mit den erforderlichen Kenntnissen heranzuziehen, die die Kontrolltätigkeit in beiden Zweigen ausüben.

Senatspräsident *Kühne:* Ich kann mir sehr gut vorstellen, daß eines Tages auch die Rivalität zwischen IV und KV verschwinden wird. Diese Annahme ist vielleicht insofern nicht so ganz grundlos, als wir künftig ganz anders eingestellte Vorstände der Landesversicherungsanstalt haben werden; der Leiter wird die Anstalt nach ganz anderen Gesichtspunkten als bisher leiten. Die Landesversicherungsanstalt wird auch nicht mehr der typische Vertreter der Invalidenversicherung sein, sondern wir werden einen ganz neuen Typ der LVA haben. Früher oder später wird einmal die neue Reichsabteilung kommen, die mit der Rivalität der einzelnen Versicherungszweige aufräumen wird. Wir werden bezirkliche Anstalten für die einzelnen Bezirke haben, nämlich für die Gaue. Diese Anstalten werden die Dinge unter einer höheren Warte betrachten und nicht die eine Sparte zu Gunsten der anderen ausspielen. Aber das sind noch Vorstellungen, die in die Zukunft weisen. Auch hinsichtlich der Krankenversicherung arbeiten wir mit allen möglichen Vorstellungen, die erst verwirklicht werden sollen. Die Hineinnahme der Krankenversicherung hängt davon ab, welches Beitragseinzugssystem kommen wird. Beim jetzigen System ist es nicht ganz einfach, weil die Voraussetzungen für die Kontrolle verschieden sind. Zwischen der IV und der KV ist die Schwierigkeit nicht so groß wie zwischen IV und AV. Denn bei der IV und KV haben wir fast restlos eine Einheitlichkeit des Versichertenkreises, wohingegen bei IV und AV diese Einheitlichkeit nicht besteht.

Vorsitzender: Ich schlage vor, daß wir zu einem endgültigen Urteil über diesen Punkt erst in der nächsten Sitzung kommen, nachdem die Referate den Herren zugegangen sind.

Ministerialrat *Sauerborn:* Ich würde es vielleicht für zweckmäßig halten, wenn wir bis zur nächsten Sitzung bestimmte Grundsätze aufstellten, und zwar für den kleineren und für den größeren Plan, und dabei die Voraussetzungen stipulierten, die nach Ansicht des Ausschusses notwendig wären, wenn der kleinere oder der größere Plan gemacht werden sollte. Wir könnten uns dann in der nächsten Sitzung über diese Grundsätze unterhalten.

Auf Vorschlag des Vorsitzenden werden die Herren Professor Dr. Dersch und Ministerialrat Sauerborn für die nächste Sitzung einen Entwurf ausarbeiten, der alsdann vom Ausschuß beraten werden soll.

Die nächste Sitzung wird für den 15. März, 14 Uhr, in Aussicht genommen.

(Schluß der Sitzung: 16 Uhr 10 Minuten.)

VIII. Protokoll der Sitzung vom 1.4.1935 (Vereinheitlichung des Kontrollwesens in der Sozialversicherung. - Vereinfachung des Beitragseinzuges etwa durch Erweiterung des Beitragsmarkenklebeverfahrens)

Tagesordnung:

I. Vereinheitlichung des Kontrollwesens in der Sozialversicherung.
Referent: Ministerialrat *Sauerborn,* Berlin.

II. Vereinfachung des Beitragseinzuges etwa durch Erweiterung des Beitragsmarkenklebeverfahrens:
1. Referent: Senatspräsident Dr. *Kühne,* Berlin
2. Referent: Ministerialrat Dr. *Hoffmeister,* Berlin.

III. Verschiedenes.

(Beginn der Sitzung: 14 Uhr 20 Minuten.)

Vorsitzender Direktor *Anders:* Meine Herren, ich eröffne die heutige Sitzung, die ja auf einen in zweifacher Hinsicht denkwürdigen Tag fällt. Einmal können wir heute den 120. Geburtstag unseres Altreichskanzlers feiern, der durch seine Taten dem Deutschen Volke unvergessen bleiben wird, der aber auch weiterhin dem Deutschen Volke in seinen Gedanken und Erinnerungen ein politisches Testament hinterlassen hat, von dem wir erst heute richtig erkennen, daß er mit seinen Warnungen und Mahnungen vollkommen recht gehabt hat. Unser Führer hat in seinem Werk „Mein Kampf" diese seltene staatsmännische Größe Bismarcks gewürdigt und zum Schlusse wörtlich gesagt „Die Zeit hat erfüllt, was Bismarck von ihr erhofft hat."

Weiterhin ist heute auch der Tag, an dem die Reichsjustizverwaltung eingeführt worden ist, die ja für uns in diesem Ausschuß nur insofern eine Veränderung bringt, als mit dem heutigen Tage die Landesversicherungsämter endgültig ihre Stellungen aufgeben und alle Arbeiten, die sie vom 1. Januar bis zum 31. März ds. Js. noch ausgeführt haben, und auch die restierenden Sachen auf das Reichsversicherungsamt übergehen.

Mit Rücksicht darauf, daß Herr Ministerialrat Sauerborn infolge eines Todesfalles heute am Erscheinen verhindert ist, werden wir den 2. Punkt unserer Tagesordnung vorwegnehmen: *Vereinfachung des Beitragseinzuges etwa durch Erweiterung des Beitragsmarkenklebeverfahrens.*

Senatspräsident Dr. *Kühne:* Die Unzulänglichkeit des Kontensystems ist ja schon sehr eingehend in diesem Kreise geschildert worden, und zwar einmal bei der Rentenversicherung, dann aber auch bei der Krankenversicherung. Die Unfallversicherung bleibt hier außer Betracht, weil sie ihren eigenen Gesetzen folgt; dann aber auch bei gewissen Sondereinrichtungen, wie knappschaftliche Versicherungen und Seekasse, über die ich mich einstweilen des näheren nicht verbreiten möchte. Das gilt auch von den Sonderanstalten der Reichsbahn. Nachdem bei der Invaliden- und Angestelltenversicherung das Markensystem eingeführt ist, kann sich die Untersuchung auf die Frage beschränken, ob ein einheitliches System in der Richtung der Beitragsmarkenverwendung in der Krankenversicherung Platz zu greifen hat. Diese Frage ist bisher sehr widerspruchsvoll beantwortet worden. Von jeher hat die Regierung die von der Wirtschaft wiederholt gewünschte Einführung eines einheitlichen Beitrages für die gesamte Sozialversicherung abgelehnt. Es handelt sich nur um einen einheitlichen Beitragseinzug zur Krankenversicherung und Invaliden- und Angestelltenversicherung. Aber auch hier ist der einheitliche Beitrag in Gestalt einer einheitlichen Beitragsmarke nicht möglich, weil verschiedene nicht auf einen Nenner zu bringende Beitragsquoten in Frage kommen. Bei der Kranken- und Invalidenversicherung in ihrem besonderen Verhältnis zueinander ist eine solche Vereinheitlichung schon gar nicht möglich, weil sich der Versichertenkreis nicht völlig deckt. Zum Beispiel sind Lehrlinge ohne Entgelt in der Krankenversicherung. In der Invaliden- und Krankenversicherung haben wir auch abweichende Lohnstufen, weil abweichende Berechnungsarten bestehen. Wir haben beispielsweise in § 1387 in der neuen Fassung der Invalidenversicherung acht Stufen, bei der Ortskrankenkasse Berlin zehn Stufen mit völlig anderer Einteilung. Das zeigt sich bei jeder Klasse. Dann haben aber auch die Marken in der Renten- und Krankenversicherung völlig verschiedene Funktionen. Gemeinsam ist nur ihre Quittungsfunktion. Aber zu beachten ist, daß wir in der Rentenversicherung den Versicherungszwang haben. Ohne Marken gibt es grundsätzlich keinen Versicherungsschutz. Die Marken dienen hier dem Nachweis der Wartezeit, der Beibringung der Anwartschaft. Die Marken wirken rentensteigernd. Auf der anderen Seite haben wir es mit einer Zwangsversicherung zu tun, d.h. grundsätzlich tritt der Versicherungsschutz automatisch ein. Infolgedessen beschränkt sich hier die Verwendung der Marken im wesentlichen auf die Quittungsfunktion. Aus all diesen Gründen ist die Einführung einer gemeinsamen Marke nicht möglich, wenn man nicht an eine grundstürzende Umgestaltung denken will. Das wird aber im Aufbaugesetz auch gar nicht verlangt, sondern nur ein einheitlicher Beitragseinzug. Dabei würde es genügen, wenn der Beitragseinzug seiner Art nach der gleiche ist, ohne daß etwa dieselben Marken gleichzeitig beiden Versicherungen zu dienen hätten.

Die Ausdehnung des Beitragsmarkenklebeverfahrens auf die Krankenversicherung ist meines Erachtens möglich, jedenfalls in erheblichem Umfange, und auch in dem gleichen Umfange zweckmäßig. Dabei handelt es sich im wesentlichen um eine technische Frage, wobei noch zu beachten ist, daß sich die Marke auch auf anderen Zweigen des öffentlichen Lebens immer mehr einbürgert. So hat die Reichsfinanzverwaltung die Marke zu Steuerzwecken eingeführt, und sie ist ja auch im Privatleben als Quittung weitgehend eingebürgert. Ich erinnere an die Verkehrsmittel, an öffentlich-rechtliche Berufsverbände und dergleichen.

Die Vorteile des Markenklebeverfahrens liegen im wesentlichen in der Vereinfachung der Arbeit für die Beteiligten, also für den Betriebsführer und den Versicherten. Der Betriebsführer wird einer umfangreichen Kontenführung enthoben; er hat nur die Marke einzukleben. Daß etwa die Kasse selbst den Einzug des Beitrages in bar besorgt und ihrerseits die Marken in die Karten klebt, hat sich bei der Invalidenversicherung als nicht vorteilhaft herausgestellt. So wurde auch hier die Marke durch den Arbeitgeber in die Karte eingeklebt.

Aber auch für die Kasse ergeben sich gegenüber dem jetzigen Verfahren Vorzüge. Es ist gesagt worden, die Kontrolle würde erschwert. Ich muß sagen, daß mich dieser Einwand nicht überzeugt hat. Denn gerade die Tatsache, daß in der Invalidenversicherung die Markenklebung im allgemeinen ordnungsmäßig erfolgt, scheint doch dafür zu sprechen, es in der Krankenversicherung ebenso zu machen. Wo sich Mängel herausgestellt haben, waren es regelmäßig nur kleine Betriebe mit einzelnen Arbeitnehmern, namentlich Hausgehilfen. Da kommen schon bei der Invalidenversicherung die Schwierigkeiten und die werden vermutlich auch bei der Krankenversicherung auftauchen, wobei ich aber daran erinnern darf, daß gerade für die Hausgehilfen die Markenklebung aus anderen Gründen empfohlen wird.

Sehr bezeichnend ist ein Argument, das man seinerzeit gerade gegen die Einführung des Markenklebeverfahrens in der Invalidenversicherung geltend machte. Damals wurde betont, daß bei der Einführung der Marke zwangsläufig eine große Zahl von Angestellten in der Reichsversicherungsanstalt entbehrlich werden würde. Ähnliche Argumente sind auch jetzt geltend gemacht worden, als der Gedanke auftauchte, auch in der Krankenversicherung zu diesem Verfahren überzugehen. Daß tatsächlich ein erheblicher Personalrückgang möglich ist, zeigt das Beispiel der Reichsversicherungsanstalt, wo etwa 3 300 Angestellte erforderlich waren, um die Geschäfte abzuwickeln. Mit der Einführung der Marke sank diese Zahl auf 750. Das gibt in der Tat zu denken, zeigt aber auch, mit welcher Vereinfachung praktisch zu rechnen ist. Wenn im übrigen darauf hingewiesen wird, daß auf diese Weise gewissermaßen der Arbeitsmarkt für die Angestellten belastet wird, so halte ich diese Befürchtung für gegenstandslos, denn die Krankenkassen sind auf der anderen Seite durch die Entwicklung der Gesetzgebung mit solchen Sonderaufgaben belastet, daß das nicht zu befürchten ist.

Es kommt noch ein psychologisches Moment hinzu. Die Kontenführung wies vielfach durch Unkenntnis oder Nachlässigkeit der Angestellten alle möglichen Unzulänglichkeiten auf. Das typische Beispiel dafür ist ja die Allgemeine Ortskrankenkasse in der zurückliegenden Zeit. Diese Fälle haben bei den Beteiligten eine ganz wesentliche Verärgerung hervorgerufen und ihre Einstellung zur ganzen Sozialversicherung verschlechtert, was bei einem reibungslosen Funktionieren, wie es mit dem Markensystem Hand in Hand zu gehen pflegt, nicht der Fall gewesen wäre. All das würde vermieden werden, wenn man den Beitragseinzug auf diese Weise erleichterte.

Es kommt noch eine Erleichterung für die Versicherten hinzu, die in dringenden Fällen die Klebekarte als Ausweis benutzen können und nicht Gefahr laufen, etwa als Privatpatienten behandelt zu werden. Sie können also durch diese Karte ihre Kassenmitgliedschaft nachweisen.

Diesen Vorteilen stehen natürlich auch Schwierigkeiten entgegen, die zunächst einmal in der Eigenart der Marke selbst begründet liegen. Die Widerstände, die die Reichspost schon bei der Markenverwendung in der Invalidenversicherung geleistet hat, werden sich beim weiteren Ausbau des Markensystems zwangsläufig wiederholen.

Auf der anderen Seite ist es aber unbedingt notwendig, daß die Marken der Invaliden- und Krankenversicherung an einer Stelle zu erhalten sind. Die Reichspost wehrt sich nun, und zwar mit Recht, gegen eine zu hohe Zahl von Markengattungen, da dadurch der Postbetrieb sehr erschwert wird. Man könnte diese Zahl dadurch verringern, daß man in der Invalidenversicherung die Mehrwochenmarken abschafft, die meines Erachtens durchaus entbehrlich sind. Sie sind auch nicht praktisch, da sie häufig verwechselt werden. Man könnte auch daran denken, in der Krankenversicherung für einen höheren Betrag mehrere Marken einer niedrigeren Stufe zu verwenden, wenn nur die Felder der Karten genügend groß sind, da die einzelne Marke an sich nicht die Bedeutung hat wie in der Invalidenversicherung. Sollten die Widerstände bei der Post zu groß sein, dann wäre zu überlegen, den Markenverkauf einer anderen Stelle zu übertragen, als vielleicht die Krankenkassen bzw. die Zahlstellen in Betracht kämen, die ohnehin die Karten auszugeben hätten. Die Karte für die Invalidenversicherung müßte für den gleichen Zeitraum gültig sein, und zwar für ein Jahr. Sie würde bei der Anmeldung dem Versicherten auszuhändigen und bei der Abmeldung wieder abzuliefern sein. Beim Antritt ist stets eine neue Karte zu nehmen, da die Karten und Marken nicht die Bedeutung haben wir bei der Invalidenversicherung. Das empfiehlt sich auch deshalb, weil die alten Karten unter Umständen Merkmale an sich tragen, die dem Versicherten unangenehm sind. Ebenso ist beim Wechsel des Versicherungsgrundes, wenn z.B. aus der Pflichtversicherung eine freiwillige Versicherung wird, eine neue Karte auszustellen. Für die verschiedenen Arten des Versicherungsgrundes könnten verschiedene Farben gewählt werden, damit die Karten kenntlich sind. Weiterhin wäre zu erwägen, für alle Kassen eine Einheitsmarke einzuführen, weil die Kasse selbst aus der Karte hervorgeht, die jedes Mal beim Antritt neu ausgestellt wird. Durch den häufigen Wechsel der Karten wird die Beitragskontrolle erleichtert. Bei der Ablieferung läßt sich leicht feststellen, welche Beiträge fehlen.

Es fragt sich nun, in welchem Umfange von der Verwendung der Beitragsmarken in der Krankenversicherung Gebrauch gemacht werden soll. Soll man die Marken generell einführen oder nur auf einen bestimmten Kreis der Versicherten beschränken? Ich entnehme aus einem Aufsatz von Dr. *Wischer* in der „Ersatzkasse“, daß zunächst daran gedacht ist, nur bestimmte Berufsgruppen hierbei zu erfassen. Ich könnte mir denken, daß man das Markenklebeverfahren generell einführt und den Kassen die Möglichkeit gibt, durch Satzungsbestimmung für einzelne bestimmte

Fälle eine andere Regelung zu treffen, z.B. am Bareinzug festzuhalten. Ich denke daran, daß Großbetriebe gewohnt sind, den gesamten Beitrag in einem Satz abzuführen. Dadurch schafft man eine hinreichende Beweglichkeit, die allen Möglichkeiten Rechnung trägt. Um eine Kautele zu schaffen, könnte man die Satzungsbestimmung genehmigungspflichtig machen.

Im Gesamtergebnis möchte ich dahin kommen, daß es sich durchaus empfiehlt, den Beitragseinzug zum Zwecke der Vereinfachung auch auf die Krankenversicherung auszudehnen, und zwar grundsätzlich generell, wobei durch die Satzung in geeigneten Fällen Ausnahmen gemacht werden können, und zwar in der Form, wie ich sie angedeutet habe.

Vorsitzender Direktor *Anders:* Ich danke Ihnen, Herr Senatspräsident. Ich darf noch hinzufügen, daß die Reichspost bis vor kurzem keine Entschädigung für die Ausgabe der Invalidenmarken erhielt. Erst vor einiger Zeit ist der Reichspost eine Entschädigung in Höhe von 15 oder 18 Millionen Reichsmark pro Jahr von den Landesversicherungsanstellten zugebilligt worden. Ich glaube, in dieser Beziehung sind keine großen Schwierigkeiten zu erwarten. Auf jeden Fall darf man wohl annehmen, daß die Ortskrankenkassen durch das Markenverfahren wesentlich schneller in den Besitz des Beitrags gelangen, denn die Abrechnung mit der Reichspost hat bei der Invalidenversicherung bisher ausgezeichnet funktioniert. Wie sich die Neuerung bei der Allgemeinen Ortskrankenkasse mit der Überweisung im Scheckverkehr auswirken wird, kann ich noch nicht beurteilen.

Ich bitte nun Herrn Dr. Hoffmeister, das Wort zu nehmen.

Ministerialrat Dr. *Hoffmeister:* Die Reichsversicherungsanstalt für Angestellte hatte im Gegensatz zur Invalidenversicherung zunächst das Kontoverfahren für die Einziehung der Beiträge gewählt. Man kam immer mehr in ein völlig unmögliches Verfahren hinein. Die Beiträge wurden ganz willkürlich verbucht, es kam zu den schwersten Beanstandungen, und man mußte auf Grund eines Gutachtens von diesem Verfahren abgehen. Man sagt sich jetzt, daß das einzig Mögliche die Rückkehr zum Beitragsmarkenverfahren sei. In der Allgemeinen Ortskrankenkasse hat sich im vorigen Jahr ungefähr dasselbe ergeben. Auch dort hat das Beitragskontenverfahren, das allerdings völlig falsch aufgebaut war, zu den schwersten Hindernissen geführt. Vielfach waren die Beiträge für mehr als drei Monate rückständig. Erst eine völlige Umstellung des Verfahrens hat eine gewisse Lockerung herbeigeführt. Man ist jetzt so weit, daß man wenigstens für die Beiträge des vorigen Jahres reinen Tisch gemacht hat. Auch wird die Berechnung der Beiträge für März schon am 7. April vorgenommen werden und die Rechnungen vielleicht vom 10. April hinausgehen können. Dieses Verfahren war aber nur dadurch möglich geworden, daß man die Beitragsarten teilte. Wenn man für 800 000 Versicherte die Beitragsrechnungen hinausschickt, dann bedeutet das eine ungeheure Verwaltungsarbeit. Wir haben allein 220 000 Arbeitgeber, an die Beitragsrechnungen hinausgehen müssen. Nur 7 500 gehören zu den sogenannten Prozentkonten; bei ihnen wird einfach die Lohnsumme festgestellt und davon ein bestimmter Beitragssatz abgeführt. Darüber hinaus mußte man eine Teilung vornehmen, um die Beitragsrechnungen möglichst zu verringern. Man ist zu dem Verfahren gekommen, daß man für die Hausgehilfen keine Beitragsrechnungen mehr hinausschickt, sondern jedem Arbeitgeber mitteilt, daß er von Amts wegen an jedem Monatsschluß den Beitrag für den vergangenen Monat zu überweisen hat. Er kann sich den Beitrag auch von seinem Postscheck- oder Bankkonto abziehen lassen; er braucht nur eine entsprechende Mitteilung an die Ortskrankenkasse zu geben, die von sich aus die Abbuchung veranlaßt. Ich glaube, daß dieses Verfahren eine wesentliche Erleichterung mit sich bringt, denn es handelt sich hierbei um etwa 105 000 Konten, von denen 80 000 reine Hausgehilfenkonten sind.

Ich habe Zweifel, ob man angesichts dieser Neuerung noch mit der großen Energie darauf hinarbeiten soll, das Beitragsmarkenverfahren in der Krankenversicherung einzuführen. Ich darf hierbei feststellen, daß es in der Krankenversicherung durchaus nicht verboten ist, das Markenverfahren einzuführen. In der Angestellten- und Invalidenversicherung ist das Markenverfahren vorgeschrieben; der Arbeitsminister kann ein anderes Verfahren anordnen. Bei der Krankenversicherung ist jeder Kasse gestattet, in der Satzung zu bestimmen, daß das Markenverfahren Platz greift. So hat z.B. die Allgemeine Ortskrankenkasse Hamburg schon vor längerer Zeit für die Hafenarbeiter, die nicht ständig beschäftigt sind, das Markenverfahren eingeführt. Man hätte sonst von ihnen überhaupt keinen Beitrag bekommen. Es ist also nicht notwendig, daß der Arbeitsminister erst die Ermächtigung zur Einführung des Markenverfahrens gibt. Es existieren hierüber zwei Bestimmungen, die §§ 393 b und 404 a, die den Kassen die Ermächtigung geben, die Beiträge in Marken zu erheben, sofern es ihnen zweckmäßig erscheint.

Es fragt sich nun, ob das Beitragsmarkenverfahren grundsätzlich für alle Versicherten einzuführen ist. Ich möchte meinen, daß man das zweckmäßigerweise nicht tun sollte, denn die Verhältnisse sind bei der Krankenversicherung so kompliziert, namentlich hinsichtlich der Lohnhöhe und des Beitrages, und außerdem auch bei den einzelnen Kassen so verschieden, daß ich nicht glaube, daß man zu einem einheitlichen Beitragssatz für alle Stufen kommen kann, sondern es wird im allgemeinen doch auch hier wieder jeder Kasse überlassen bleiben müssen, ob sie für jeden Versicherten oder nur für gewisse Gruppen von Versicherten eine Beitragsmarke einführen soll. Man wird dabei besonders beachten müssen, ob man diesen Beitrag auch erheben soll, wenn gleichzeitig der Beitrag der Arbeitslosenversicherung zu erheben ist. Diese Schwierigkeit und der beständige Verkehr mit der Reichsanstalt für Arbeitsvermittlung und Arbeitslosenversicherung darf nicht unterschätzt werden. Ich sehe es fast täglich, wie die Reichsanstalt nur als Geldnehmerin mit aller Energie immer wieder fordert, daß ihr die Beiträge möglichst schleunigst und bis auf den Pfennig genau überwiesen werden, weil sie mit der Beitragseinziehung nichts zu tun hat, während die Krankenkassen in der unangenehmen Lage sind, nicht nur den Beitrag einzuziehen, sondern ihn auch aufzuteilen auf die Kranken- und Arbeitslosenversicherung.

Ich möchte meinen, daß man zweckmäßig davon absieht, in allen Fällen, in denen Beiträge zur Arbeitslosenversicherung erhoben werden, Beitragsmarken einzuführen. Die Marken würden beide Bestandteile enthalten müssen und man müßte darüber hinaus zwei Marken einführen. Ich sehe darin so viele Schwierigkeiten, daß ich glaube, davor warnen zu sollen. Eine Einheitlichkeit etwa für alle Gruppen zu erreichen, scheint mir eigentlich praktisch unmöglich; man bleibt bei den Gruppen stehen, bei denen die Arbeitslosenversicherungspflicht nach geltendem Recht nicht besteht.

Da ist die Gruppe der Hausgehilfen hervorstechend. Es scheint mir überhaupt, daß sie die einzige Gruppe ist, bei der man sich mit dieser Frage ernstlich beschäftigen sollte, wobei ich nicht etwa sagen will, daß man immer zu einem Ergebnis kommen soll. Im Gegenteil, ich habe das Gefühl, daß vielleicht die Allgemeine Ortskrankenkasse mit dem jetzigen Verfahren, nämlich die Beiträge nicht durch Rechnung einzufordern und ihre Entrichtung pflichtmäßig den Arbeitgebern aufzugeben, vielleicht den besseren Weg wählt. Also nur die Gruppe Hausgehilfen.

Die unständig Beschäftigten möchte ich weglassen, weil sie tatsächlich auch wieder zu verschieden liegen, insbesondere die Hafenarbeiter fallen weg, weil sie in der Arbeitslosenversicherung versicherungspflichtig sind und deshalb nach dem allgemeinen Grundsatz nicht geeignet erscheinen. Es gibt aber manche Schwierigkeiten, die man hier zu überwinden hat.

Die erste Frage: In der Krankenversicherung braucht während der Zeit der Krankheit ein Beitrag nicht gezahlt zu werden. Ist ein Angestellter oder Arbeiter nur während eines halben Monats in Arbeit, sonst krank, so brauchen Beiträge nur für die Hälfte der Arbeitszeit bezahlt zu werden. Wie macht man das, wenn man Beitragsmarken hat? Sie können nicht geteilt werden; Tagesmarken sind unmöglich. Man wird also eine Wochenmarke einführen müssen, und dazu ist wohl doch eine Ermächtigung des Arbeitsministers nötig; denn man muß nun noch bestimmen, daß für die Tage der Woche, an denen der Mann krank war, Beiträge trotzdem zu entrichten sind. Man muß also wie in der Invalidenversicherung sagen: ist der Mann einen Tag beschäftigt, so ist der Beitrag zu entrichten. Das kann die Satzung allein nicht machen. Nach geltendem Recht wären tatsächlich, wenn jemand von 7 Tagen nur 3 Tage in Arbeit war und sonst krank war, nur für 3 Tage Beiträge zu entrichten. Wir haben keine Marken, müssen also ermächtigt werden, in diesem Falle die ganzen Beiträge zu erheben. Das ist eine Änderung des geltenden Rechts, die kaum überbrückt werden kann.

In Leipzig werden die Beiträge wöchentlich erhoben. (*Zuruf:* Von den Hausgehilfen monatlich!) - Bei den Arbeitern in Leipzig gibt es aber den Wochenbeitragssatz.

Ist die Leistung von dem Kleben der Marke abhängig? - Nach geltendem Recht nicht; denn die Tatsache der Mitgliedschaft gibt schon den Anspruch auf Leistungen. Hier müßte nach meiner Ansicht - ich glaube, das könnte schon in der Satzung bestimmt werden - die Leistung zum Kleben der Marke ausgeschlossen werden. Ein Hausgehilfe müßte tatsächlich durch Einkleben der Marke in die Karte nachweisen, daß der Beitragsentrichtung genügt ist; erst dann hat er den Anspruch auf Kassenleistungen. Die Kontrolle könnte dann leicht ausgeübt werden. Jeder Arbeitgeber müßte die Hausgehilfen melden. Jeden Monat würde dann ein Revisor straßenweise in den Haushalten feststellen, ob die Beitragsmarken in die Karten eingeklebt sind.

Eine sehr unangenehme Frage besonderer Art ist auch die, wie zu verfahren ist, wenn der Arbeitgeber gleichzeitig Hausgehilfen und andere Arbeitnehmer hat. Wenn jemand ein Geschäft hat, dann hat er vielleicht zehn Angestellte und eine Hausgehilfin. Soll er nun für die Hausgehilfin den Beitrag mit aufs Konto überweisen oder soll er verpflichtet sein, für die Hausgehilfin sich eine Karte anzuschaffen. Zweckmäßig würde es vielleicht so gemacht werden können, daß dem Arbeitgeber anheim gestellt wird, ob er überweisen oder Marken kleben will. Ein zwangsweises Markenkleben halte ich in solchem Falle nicht für zweckmäßig, weil der Arbeitgeber mit Recht sagen könnte, daß es für ihn unverständlich sei, wenn er für zehn Leute den Beitrag in einer Summe überweist, für die Hausgehilfin aber nicht.

Die Marke wäre ganz einheitlich für eine gewisse Gruppe von Hausgehilfen zu wählen. In Berlin würden nur die beiden Gruppen mit 3,30 RM und 4,90 RM in Frage kommen. Infolgedessen würde hier der Verkauf verhältnismäßig einfach sein. Es würde aber nicht angehen, in Berlin nur die Verwaltungsstellen mit dem Verkauf zu beauftragen; denn sie liegen meist so weit weg, daß dem Arbeitgeber nicht zugemutet werden kann, sich die Marken von dort zu beschaffen. Der Weg ist an sich einfach, aber man muß etwas für die Versicherten und die Arbeitgeber tun; man kann nicht verlangen, daß diejenigen, die das Geld bezahlen, so großen Schwierigkeiten ausgesetzt sind.

Es wird nichts übrigbleiben, als auch in solchen Fällen die Post zu beauftragen. Wie sich die Post bei ihrer Zurückhaltung gegenüber der Invaliden- und Angestelltenversicherung bei solchem Wunsche einer Krankenkasse verhalten würde, ist zweifelhaft. Sie wird eine Entschädigung verlangen, auf diesen Punkt komme ich noch zurück, um abzuwägen, was im Einzelfalle zweckmäßiger ist und ob die ersparten Kosten im Verhältnis zu dem stehen, was man gewinnt.

Man kann nicht etwa sagen, daß das Verfahren nur in Berlin eingeführt werden soll; denn jede Kasse in Leipzig, Frankfurt, Hamburg usw. kann, wenn sie es für angemessen hält, selbständig ein solches Verfahren einführen. Die Karte hätte den Vorteil, daß der Versicherte auch eine gewisse Freizügigkeit innerhalb Berlins hätte. Er könnte die Karte immer mitnehmen. Wie schon Herr Senatspräsident Kühne meinte, müßte man die Karte etwa alle Jahre umtauschen. Eine längere Frist scheint mir nicht zweckmäßig zu sein, denn dann läßt sich schwer nachprüfen, ob die Beiträge tatsächlich entrichtet sind.

Was gewinnt man bei diesem Verfahren? Ich habe ein Beispiel für die Allgemeine Ortskrankenkasse Berlin zurecht gemacht. Diese hat etwa 80 000 reine Hausgehilfenkonten. Für diese Konten sind zur Zeit 80 Angestellte tätig, so daß jeder Angestellte etwa 1 000 Konten zu bearbeiten hat. Wenn jetzt das Beitragsmarkenverfahren eingeführt würde, so würde ein großer Teil dieser Angestellten überflüssig werden, aber nicht etwa alle, denn man müßte die Marken verkaufen, die Karten entgegennehmen, nachprüfen, ob die Marken ordnungsmäßig entrichtet sind, und Kontrollen hinausschicken, die die ordnungsmäßige Entrichtung überwachen. Weiter müßte man die Gebühren für den Verkauf an die Post bezahlen. Was in diesem Falle günstiger wäre, ist mir persönlich sehr zweifelhaft geworden, weil ich den Eindruck habe, daß die Überwachung des Markenklebens doch auch einen nicht unerheblichen Verwaltungskostenaufwand erfordert.

Ich komme deshalb, so leid es mir tut, nicht mehr zu demselben Ergebnis, wie ich es zuerst gewünscht hätte. Ehe eine Kasse sich entschließt, das Markenverfahren für eine Gruppe einzuführen, sollte sie eingehend prüfen, ob alle Umstände es rechtfertigen. Ich halte es aber trotzdem für ersprießlich, daß diese Erörterungen gepflogen worden sind und daß sie auch einer breiteren Öffentlichkeit bekannt werden; denn immerhin enthalten sie ein Problem, das sicherlich noch nicht etwa begraben werden kann, sondern in der Weiterentwicklung der Sozialversicherung eine gewisse Rolle spielen wird und muß. Es kann im Einzelfalle sehr wohl nötig sein, daß man das Beitragsmarkenverfahren einführt. Wenn man sieht, daß in Hamburg bei den Hafenarbeitern das Beitragsmarkenverfahren sich bewährt hat, und wenn man Gründe für dieses geltend machen kann, so kann es im Einzelfall erwägenswert sein zu prüfen, ob man vom Markenverfahren Gebrauch machen soll. Insbesondere ist es wichtig, daß man nach dem geltenden Recht schon zu dem Ergebnis kommt, daß die Einführung möglich ist. Die einzige Schwierigkeit, die vom Gesetzgeber überwunden werden müßte, wäre die, daß man eine Wochenmarke für die Krankenversicherung einzuführen hätte.

Professor Dr. *Dersch:* Ich stimme Herrn Ministerialrat Dr. Hoffmeister darin bei, daß man mit einer einzigen Marke nicht auskommen kann. Entweder muß man eine ganz kleine Marke machen, die vervielfältigt werden kann, oder es gibt noch andere Möglichkeiten.

Als seinerzeit für die Angestelltenversicherung die Marken neu eingeführt werden sollten, haben wir erwogen, ob man nicht Zusatzmarken einführen kann. Dann ist etwas ganz Neues vorgeschlagen worden. Leider ist daraus nichts geworden. Es gibt in manchen Ländern Briefmarken, die zerschnitten werden können, und es tauchte damals der Gedanke auf, ob man das nicht auch machen könnte. Man müßte dann das Markenbild so einrichten, daß aus einer Marke zwei oder drei gemacht werden können. Es scheiterte damals in der Angestelltenversicherung, obwohl sehr viel dafür sprach, daran, daß die halbe Marke nicht immer in der Klasse ausreichte, so daß doch wieder Zusatzmarken nötig gewesen wären. Ob es hier zweckmäßig wäre, vermag ich nicht zu übersehen.

Ministerialrat Dr. *Hoffmeister:* Wenn ich zu einem positiven Ergebnis nicht gekommen bin, so bin ich mir bewußt, daß das Beitragssystem, wie es namentlich bei großen Krankenkassen nach geltendem Recht notwendig ist, natürlich zu denselben Schwierigkeiten führen kann wie in der Angestelltenversicherung. Ob es dazu nicht immer kommen wird, kann ich nicht übersehen. Aber gerade, weil es dazu kommen kann, sollte man gerade das Markenverfahren nicht zu den Akten legen, sondern immer wieder darauf hinweisen. Wenn man kann, sollte man das ganze Beitragsverfahren wesentlich ändern und nicht mehr die Verschiedenheit in den verschiedenen Zweigen bestehenlassen. Man müßte zu einem einheitlichen Beitrag kommen. Das wäre das große Ziel. Wenn man dann weiter eine einheitliche Beitragsmarke für gewisse Gruppen schafft und die Beitragseinnahme bloß auf die Versicherungsträger verteilt, dann wäre der große Erfolg erreicht, den man erstreben muß. Ob man das praktisch erreicht, weiß ich nicht. Zur Zeit scheint es mir daran zu liegen, daß wir ein System von verschiedenen Versicherungen aufgezogen haben, die leider so selbständig geworden sind, daß man vielleicht Gefahr läuft, das ganze Gebäude einzureißen. Das muß unbedingt vermieden werden. Aber wenn man sich dem Markenbeitragsverfahren zuwenden könnte und wenn wirklich ein einheitlicher Beitrag erreicht werden könnte, dann wäre das des Schweißes der Edlen wert.

Professor Dr. Lutz *Richter:* Ich stimme Herrn Ministerialrat Dr. Hoffmeister darin zu, daß das Ziel ein einheitlicher Beitrag für alle Zweige sein sollte. Sie sind nun hier im Ausschuß neulich zu dem Ergebnis gekommen, daß dieses Ziel zur Zeit nicht zu erreichen ist, und ich halte es nicht für angebracht, diese Frage nochmals aufzurollen. Wenn man von den bisherigen Methoden des Einzuges ausgeht, wird man einen Weg zu diesem Ziel nicht finden können; man wird ihn vielleicht finden, wenn man von der Sache größeren Abstand nimmt, wenn man sich von der bisherigen Methode löst und eine neue Methode erfindet. Wenn dieses Ziel nicht zu erreichen ist, dann glaube ich, daß das bisherige System der Beitragserhebung in den verschiedenen Zweigen in seinen Grundzügen gut ist. Es wird möglich sein, es zu verbessern. Ich begrüße die Verbesserung mit dem Postscheckabbuchungsverfahren. Ich glaube auch, daß es bei den Hafenbetriebsarbeitern zweckmäßig sein kann, Beiträge in Marken zu erheben. Immerhin liegen die Verhältnisse im Hamburger Hafen anders als in anderen Seestädten Deutschlands. Es hat sich bei Untersuchungen, die ich habe anstellen lassen, auch gezeigt, daß die Verhältnisse im Hafen Genua anders sind als im Hafen Venedig.

Kleine Verbesserungen wären möglich. Wenn sich Gelegenheit dazu bietet, soll man dazu Hilfestellung geben. Das Ministerium wird dazu Gelegenheit haben. Ich glaube nicht, daß es wesentliche Bedeutung hat, daß wir uns lange damit aufhalten. Der Krankenversicherung eine autoritäre Anregung zu geben, daß sie das Markenverfahren im ganzen einführt, würde ich für bedenklich halten. Ich habe das Gefühl, daß wir damit an umständlichen und bürokratischen Veranstaltungen größeres Übel schaffen, als wir auf der anderen Seite austilgen möchten. Wir haben in den Städten große Ortskrankenkassen, aber auch viele andere Kassen. Die Leute, die zu den einzelnen Kassen gehören, wohnen in der ganzen Stadt zerstreut. Die Verkaufsstellen, also die Postanstalten, müßten Marken für alle Kassen haben. Es müßten also so viel Markengattungen feilgehalten werden, wie es Krankenkassen gibt. Da werden Sie bei der Post auf wenig Gegenliebe stoßen. Oder man muß eine Marke einführen, die bei allen Kassen als Quittung verwendet werden kann. Wie sollen dann aber die Kassen untereinander abrechnen? Sie müßten die Karten einziehen und feststellen, wieviel von dem Gesamteingang auf die einzelnen Kassen entfällt. Ich glaube, da machen wir Schwierigkeiten, wo bisher keine sind, und wir tilgen vielleicht einige bisher bekannte Unbequemlichkeiten. Ich würde vorschlagen, diesen Punkt zu den Akten zu schreiben.

Senatspräsident Dr. *Kühne:* Zur Regelung der Kassenangelegenheit ist ein besonderes Eingreifen des Gesetzgebers nicht nötig. Das läßt sich zum größten Teil durch § 393 b erledigen.

Es ist selbstverständlich und bereits Meinung des Ausschusses, daß zur Zeit eine einheitliche Beitragseinhebung dergestalt, daß der Beitrag für alle Versicherungszweige erhoben wird, nicht möglich ist, sobald die Karten verschieden sind. Schließlich ist ja das Thema von heute die Frage: Wie läßt sich eine Vereinfachung dadurch herbeiführen, daß man anstelle anderer Systeme das Markenverfahren setzt. Schon diese Themenstellung enthält die Notwendigkeit, sich mit der Frage zu befassen. Es ist schließlich eine technische Frage, wie man dieses Problem löst.

Ich kann mir vorstellen, daß Ministerialrat Dr. Hoffmeister, der Berlin reorganisiert, aus seinem besonders großen Erfahrungskreise heraus sagt: Ich hoffe, daß es auf diesem Wege gehen wird. Ich hoffe auch, daß es so gehen wird. Ich könnte mir vorstellen, daß man bei Markenverwendung auch für Hausgehilfen die Geschichte ebensogut oder noch einfacher machen kann. Aber darüber hinaus ist es nicht nötig, bei dieser Gruppe Halt zu machen.

Was die Arbeitslosenversicherung anbetrifft, so ist es richtig, daß durch Verkoppelung die Sache erschwert wird. Insofern sollte man es nicht mit einem Male machen, sondern zuerst nur bei den Hausgehilfen. Die Arbeitslosenversicherung hat ein ungewisses Schicksal. Es könnte in nicht allzu ferner Zeit eine Entwicklung einsetzen, die uns diese Frage wesentlich erleichtert und damit den Kassen manche Arbeit erspart.

Professor Dr. Lutz Richter hat schon auf die Schwierigkeit hingewiesen, daß, wenn an einem Orte mehrere Kassen sind, eine Unzahl von Markensorten vorhanden sein müßte, daß man für jede Kasse besondere Markenverkaufsstellen einrichten müßte. Das ist auch nicht wünschenswert, wenn ein Arbeitgeber mit mehreren Kassen zu tun hat.

Schließlich die Einheitsmarke! Sie wird zur Zeit noch auf große Schwierigkeiten stoßen. Die Abrechnung wird kompliziert werden. Die Sache läßt sich nicht übersehen. Ich möchte von der Einheitsmarke absehen.

Trotz der Nachteile wäre es am besten zu versuchen, bei den verschiedenen Kassenarten die Marken besonders durch die Kassen selbst vertreiben zu lassen. Die Schwierigkeit, daß die Kasse zu weit vom Arbeitgeber entfernt ist, muß in Kauf genommen werden. Sie besteht auch bei anderen Dingen. Im allgemeinen wird die Zahl der Kassen nicht so groß sein, daß sich daraus Schwierigkeiten ergeben könnten.

Dann ist die Schwierigkeit erwähnt worden, daß die Marke für eine Woche geklebt werden muß und daß man nicht Tagesmarken einführen kann. Dieser Schwierigkeit könnte man dadurch begegnen, daß man Teilmarken verwenden läßt. Zweckmäßiger wäre es, nicht so weit zu gehen, daß es einer Änderung des Gesetzes bedarf. Man sollte es grundsätzlich auf Wochen abstellen und es vermeiden, Teile von Wochen mit Beiträgen zu decken. Wie das im einzelnen zu machen ist, das auszuführen, würde zu weit führen. Ich gebe zu, daß man dann eine Änderung im Wege der Gesetzgebung herbeiführen muß.

Die Bemerkung von Herrn Ministerialrat Dr. Hoffmeister, daß die Leistung vom Kleben der Marken abhängig gemacht wird, sehe ich nicht ein. Bisher ist es so, daß, wenn der Beitrag nicht bezahlt wird, der Anspruch besteht, und er muß auch bestehen; denn gerade in der Krankenversicherung geht es nicht an zu warten; es kann dadurch schwerer Schaden entstehen. Es darf nicht dem Arbeitnehmer zur Last fallen, wenn der Arbeitgeber seiner Beitragspflicht nicht genügt.

Der Unterschied von der Invalidenversicherung liegt auf der Hand. Dort haben wir den Versicherungszwang nicht, während in der Krankenversicherung der Zwang besteht, der automatisch die Versicherung eintreten läßt durch die Beschäftigung. Ich sehe nicht ein, weshalb da ein Unterschied sein soll, wenn man den Beitrag bar bezahlt oder wenn er in Marken bezahlt wird.

Die finanzielle Auswirkung! Ich erwähnte schon eine wahrscheinliche Ersparnis von Kontrollarbeit, Buchungsarbeit und eine Platzersparnis, die sich bei den Kassen ergibt und auch bei den Arbeitgebern. Die Kosten, die etwa durch die Kartenkontrolle entstehen könnten, werden nicht so hoch sein wie die des Buchungsbetriebes. Wir haben in Berlin 80 Angestellte und jeder hat 1 000 Konten. Das, was sich etwa bei dem Markensystem ergeben könnte, würde auch nicht annähernd diese Zahl von Angestellten erreichen. Ich glaube aber, daß da die Erfahrungen fehlen und daß es schwer ist, zu einem positiven Ergebnis zu kommen. Die finanzielle Ersparnis ist auch im Augenblick nicht das Wesentliche, sondern im Augenblick handelt es sich darum, einen Weg zu finden, der garantiert, daß den Beitragsforderungen nachgekommen und das Verfahren möglichst vereinfacht wird. Das wäre durch das Markenkleben am einfachsten zu erreichen.

Ministerialrat Dr. *Hoffmeister:* Am 7. oder 10. jedes Monats wird das Beitragskonto geprüft. Ist zu diesem Zeitpunkt der Beitrag nicht eingegangen, dann wird gemahnt. Es wird eine Mahngebühr von 50 Pfg. erhoben. Dazu kommen 8 Pfg. Porto, und darauf werden sich die meisten Arbeitgeber sicherlich ein zweites Mal nicht wieder einlassen. Zu den Akten möchte ich diese Angelegenheit natürlich auch nicht geschrieben wissen.

Auf der anderen Seite halte ich es nicht für zweckmäßig anzuregen, daß der Arbeitsminister ein Rundschreiben erläßt, denn sonst würde sich jeder Leiter einer Krankenkasse bemüßigt fühlen, dieses neue System zu probieren. Das wäre bedenklich. Wenn eine größere Einheitlichkeit in der Krankenkasse gekommen wäre, dann wäre die Sache einfacher. Solange aber die vielen Kassen bestehen, wird man im allgemeinen, glaube ich, an eine einheitliche Beitragsmarke in der

Krankenversicherung nicht denken können. Ich bin der Auffassung, daß man das nur in größeren Kassen tun kann, und diese Kassen kann man in geeigneter Form, etwa durch einen Aufsatz, auf diese Bedenken und Schwierigkeiten hinweisen. Dann wird sich diese oder jene größere Kasse überlegen können, daß für sie das System der Beitragsregelung, wie es jetzt für die Hausgehilfen in Berlin angefangen worden ist, nicht zweckmäßig erscheint, sondern vielleicht das Markenverfahren, und dann wird man die notwendigen praktischen Erfahrungen sammeln können.

Vorsitzender Direktor *Anders:* Ich schließe die Aussprache über diesen Punkt und schlage vor, daß wir dem Reichsarbeitsministerium über dieses Thema keine Vorlage machen, sondern daß der Ausschuß von sich aus in der Zeitschrift der Akademie für Deutsches Recht eine Abhandlung bringt, die in großen Zügen darauf hinweist, was hier besprochen wurde. Damit wäre dem Reichsarbeitsministerium ein Anhaltspunkt bzw. Material gegeben, diese Frage weiterzuverfolgen.

Im übrigen stimme ich dem zu, was Herr Präsident Kühne sagte. Eine Zeit wird kommen, in der wir eine Arbeitslosenversicherung nicht mehr haben werden. Daß dann die Verhältnisse einfacher liegen werden, liegt auf der Hand. Im allgemeinen wundere ich mich bei vielen Themen, die wir durchgearbeitet haben, darüber, daß wir zu einer Einheitsversicherung kommen, die durch das Gesetz vom 5. Juli abgelehnt worden ist. Ich kann mir aber vorstellen, daß doch noch einmal eine Zeit kommen wird, in der wir diese Einheitsversicherung bekommen werden.

Sind die Herren einverstanden mit meinem Vorschlag? (*Zurufe:* Jawohl!)

Dann habe ich die Ehre, Ihnen, Herr Professor Dersch, im Auftrage des Herrn Präsidenten der Akademie das Bestallungsschreiben zu überreichen. Ich hoffe, daß es Ihnen vergönnt sein möge, Ihre wertvolle Arbeitskraft der Akademie zur Verfügung zu stellen.

Dann noch etwas! Vor einiger Zeit wurde der Herr Präsident der Akademie, Minister Dr. Frank, von einem Herrn der Angriffs-Redaktion interviewt. Das Interview wurde unter dem 25. März in der Presse wiedergegeben. In diesem Interview hat der Herr Minister ganz besonders den Ausschuß für Sozialversicherung erwähnt. Ich freue mich darüber, und wir haben alle Ursache, darauf stolz zu sein. Er hat in diesem Interview nur den Ausschuß für Sozialversicherung und den Ausschuß für Jugendrecht erwähnt.

Punkt 1 der Tagesordnung

Professor Dr. *Dersch:* Meine Herren! Zunächst habe ich die Gründe geprüft, die in der bisherigen Praxis, besonders in der Praxis der Reichsversicherungsanstalt, gegen die gemeinsame Handhabung der Kontrolle vorgebracht wurden, dann aber auch die Umstände, die nach meiner eigenen Erfahrung, und auch wohl nach der Erfahrung der Praxis in der Angestelltenversicherung für eine gemeinsame Kontrolle angeführt werden können.

Die Reichsversicherungsanstalt hat immer gesagt, eine solche gemeinsame Kontrolle erfordert unter allen Umständen ein Sich-zu-Hause-finden und -fühlen in den verschiedenen Versicherungszweigen. Das ist ein wesentlicher Punkt. Gerade die große Erziehungsarbeit und die Durchbildungsarbeit, die in der Sozialversicherung und besonders jetzt in der Krankenversicherung im Gange sind, zeigen, daß man das sehr wohl erkannt hat, aber auch in der Lage ist, das durchzuführen. Das muß hier hervorgehoben werden.

Zweitens kommt in Betracht, daß die gegenwärtige Gesetzgebung im Aufbau der Versichertenkreise noch gewisse Divergenzen aufweist, die vielleicht nicht bis in alle Ewigkeit unbedingt notwendig sind. Ich teile die Auffassung, die Herr Ministerialrat Hoffmeister hier hat durchblikken lassen, daß die Vereinheitlichung zwar nicht total erfolgt, aber doch schon sehr stark vorwärtsgetrieben ist.

Der dritte Punkt war wohl der, daß die Versicherungszweige in der Vergangenheit ihrem Aufgabenkreise nach getrennt marschierten und deshalb wenig Fühlung miteinander hatten und daß man es daher nicht besonders gern sah, eine Verschmelzung wenigstens in ihrem Funktionenkreis vorzunehmen. Ich glaube, das sind die wesentlichsten praktischen Punkte, die gegen die Vereinheitlichung sprechen.

Das, was aber unbedingt dafür spricht, ist erstens, daß trotz der Bedenken, die von manchen Seiten erhoben werden, sehr viele Belästigungen der Wirtschaft, des Unternehmertums und sämtlicher Beteiligten dadurch erspart werden können, daß nicht mehrere, sondern nur eine Person die Kontrolle durchführt. Aber auch meine Erfahrungen gehen dahin, daß ein Versicherungsträger dem anderen hilft, wenn er gut kontrolliert. Zum Beispiel zeigt die Praxis auch des Reichsversicherungsamtes und der Rechtsprechung, daß, wenn die Invalidenversicherung schlecht kontrolliert wird, das in die Angestelltenversicherung ausstrahlt und umgekehrt. Eine gemeinsame Kontrolle würde beiden zum Guten dienen, vorausgesetzt natürlich, daß der Kontrolleur beide Gebiete beherrscht. Daß das ein Mensch nicht erledigen könne, halte ich für einen unberechtigten Einwand. Selbstverständlich braucht er eine ganz besondere Erfahrung dafür; aber das ist eine Sache der Erziehung und der Durchbildung, und in dieser Richtung sind wir ja auf dem richtigen Wege.

Die Reichsversicherungsanstalt hat ihr besonderes System der Ortsausschüsse gehabt. Man muß zugeben: Solange diese Ausschüsse bestanden, war es für die Reichsversicherungsanstalt verwaltungsmäßig eine Notwendigkeit, mit diesen Ortsausschüssen in besonderer Fühlung zu sein, diesen Ortsausschüssen besondere Instruktionen zu geben, usw. Nachdem jetzt die Ortsausschüsse durch die neuere Gesetzgebung beseitigt worden sind und die Deutsche Arbeitsfront in die dadurch entstandene Lücke zum Teil eingesprungen ist, fällt das, was man gegen eine gemeinsame Kontrolle anführen zu müssen glaubt, sicher weg, und man hat sehr wohl die Möglichkeit, dezentralisierte oder auch zentralisierte Stellen einzuführen.

Herr Dr. Wischer hat dann in dankenswerter Weise angeregt, die Frage einmal beamtenrechtlich durchzuprüfen. Ich hatte mich dazu dahin geäußert, daß es zu begrüßen sein würde, wenn das Durcheinander von reinen Privatangestellten, von Länderbeamten, von Reichsbeamten usw. eingeschränkt werden könnte. Ob es aber beamtenmäßig dazu kommen kann, vermag ich nicht zu beurteilen. Dazu fehlen mir die notwendigen Einblicke.

Oberregierungsrat Dr. *Kilian:* Ich möchte noch einmal auf die Rivalität zwischen der Angestelltenversicherung und der Invalidenversicherung zu sprechen kommen. Eine gewisse Rivalität ist zweifellos bei den beiden Versicherungszweigen festzustellen. Da fragt es sich, ob es möglich sein wird, einen gemeinschaftlichen Kontrolleur zu schaffen, der von einem der Versicherungsträger angestellt ist, so daß der, der bisher nur die AV-Pflichtigen geprüft hat, gleichzeitig auch die IV-Pflichtigen prüft und umgekehrt. Die dabei entstehenden Schwierigkeiten könnten m.E. auf ein Minimum reduziert werden, wenn man die betreffenden Persönlichkeiten tatsächlich zu Beamten macht, und zwar hielte ich einen Ausweg dann als gegeben, wenn man diese Kontrolleure den Versicherungsbehörden angliedert. Man könnte unter Umständen daran denken, die betreffenden Kontrolleure zu Beamten des Reichsversicherungsamtes zu machen, die nicht in Berlin, sondern draußen in der Provinz ihren Sitz haben, die rein als Beamte die einzelnen Betriebe prüfen und dann von sich aus festlegen, ob die eine oder andere Person invaliden- oder angestelltenversicherungspflichtig ist. Streitigkeiten, die dadurch entstehen könnten, würden selbstverständlich nach wie vor durch das in der RVO usw. vorgeschriebene Verfahren zu erledigen sein. Jedenfalls könnte dadurch, daß diese Kontrolleure nicht mehr Beamte oder Angestellte eines Versicherungszweiges sind, sondern mittelbare Beamte oder Reichsbeamte, die Gefahr einer einseitigen Prüfung nach der einen oder anderen Richtung eingeschränkt werden. Für mich wäre es außerordentlich interessant, zu diesem Punkte die Meinungen der Herren zu hören.

Vorsitzender Direktor *Anders:* Vor wenigen Tagen habe ich im Auftrage des Sozialamts zusammen mit Herrn Dr. Wischer mit Herrn Präsident Grießmeyer die Frage der Beiräte besprochen, und wir haben zum Schluß auch diese Angelegenheit berührt. Ich habe ihn darauf aufmerksam gemacht, daß die Rivalität auch von mir in der Praxis festgestellt worden ist. Zum Teil liegt das darin begründet, daß der sogenannte Katalog der RfA nicht, wie ich einmal sagen will, auf dem laufenden gehalten worden ist. Die Instanzen streiten sich herum, ob jemand invaliden- oder angestelltenversicherungspflichtig ist. Herr Präsident Grießmeyer hat das wohl anerkannt, wies aber darauf hin, daß es im Interesse einer Vereinfachung der Kontrolle praktisch wäre, wenn Beamte für die Rentenversicherung als Kontrolleure tätig wären, und zwar für beide Sparten. Daß er seine Leute für geeigneter hielt, mußte ich voraussetzen.

Dr. *Wischer:* Wenn ich einmal kurz dazu etwas sagen darf: Er wandte sich nur dagegen, daß die Beamten der Landesversicherungsanstalten nun auch die Kontrolle für die Angestelltenversicherung durchführen sollten, und sagte, dann sei schon besser eine übergeordnete Instanz, wie Sie es vorschlagen.

Ministerialrat Dr. *Hoffmeister:* Formell kann man es so machen, daß man den Kontrollbeamten zum Reichsbeamten macht und damit dem Reichsversicherungsamt oder dem Oberversicherungsamt unterstellt. Woher nehme ich aber die Anwärter? Ich muß doch schließlich die vorhandenen Kontrollbeamten nehmen. Wenn ich jetzt die Leute aus der Reichsversicherungsanstalt nähme, dann würde die Landesversicherungsanstalt wieder Einspruch erheben, und auch die Krankenversicherung würde Einwendungen machen. Jedenfalls bestehen große Schwierigkeiten, die geeigneten Leute zu finden. Daß man zu einer Vereinheitlichung kommen muß, ist jedem klar. Die hier jetzt geleistete Doppelarbeit ist unerträglich. Wie man aber über die Schwierigkeiten des Anfangs hinwegkommen soll, das weiß ich nicht. Vordringlich ist, glaube ich, die Frage, wie man zunächst die gesetzlichen Unebenheiten, die zwischen den einzelnen Versicherungszweigen bestehen, beseitigt. Denn es ist unerträglich, daß Krankenversicherung und Invalidenversicherung getrennt marschieren. Ich könnte mir denken, daß man die vorhandenen Beamten von sämtlichen Versicherungszweigen zunächst einmal einsetzt und ihnen durch Kurse ein gewisses Allgemeinverständnis für die vorhandenen Versicherungszweige beibringt. Dann setzt man sie einfach bezirksweise ein und hätte damit die jetzt immer noch geleistete Doppelarbeit beseitigt. Der Vorteil wäre, daß man dann viel eingehender prüfen könnte. Kleine Fehler können natürlich immer vorkommen. Auch der beste Beamte wird nicht unbedingt fehlerfrei arbeiten.

Professor Dr. Lutz *Richter:* Ich bedaure, hier etwas widersprechen zu müssen, und zwar aus Gesichtspunkten, die nicht unmittelbar in der Kontrolle liegen. Ich glaube, die Kontrolle ist so wichtig, daß man sie nicht allzusehr aus dem ganzen Zusammenhang loslösen kann. Wenn die Kontrolle durch Beamte erfolgte, die mit den Versicherungsträgern nichts mehr zu tun hätten, sondern Staatsbeamte wären, so befürchte ich für die Steuerung dieser Beamten, wie ich mich einmal ausdrücken will, das Eintreten großer Schwierigkeiten. Nun haben wir uns früher darüber unterhalten und wir waren, wie ich glaube, der Auffassung, daß die Selbstverwaltung bei den Versicherungsträgern zusammen mit der Selbstverantwortung ein außerordentlich wichtiger Faktor ist. Jeder Versicherungsträger ist dafür verantwortlich, daß sein Haushalt in Ordnung ist und daß die Beiträge hereinkommen. Da kann man ihm aber die Sorge für das Hereinkommen der Beiträge nicht abnehmen und die staatliche Kontrolle einführen. Die Kontrolle ist doch der innere Schlüssel für die Verantwortlichkeit, und ich bin der Auffassung, daß die Kontrolle vom Versicherungsträger gehandhabt werden muß. Mir schwebt folgendes vor, und das findet seine Stütze im Aufbaugesetz: Ich denke mir, daß die lokale Kontrolle lediglich von den Krankenkassen durch ihr Personal ausgeübt wird, und zwar als eigenes Geschäft, soweit es sich um Krankenkassenversicherungsbeiträge handelt, und als Auftragsangelegenheit, soweit es sich um die Rentenversicherung handelt. Die Landesversicherungsanstalten und die Reichsversicherungsanstalt würden sich dann mit einem verhältnismäßig kleinen qualifizierten Kontrollpersonal zufrieden geben, das einmal eine Art Nachkontrolle bei den Krankenkassen auszuüben hätte in bezug auf deren unmittelbare Kontrolle, und zum anderen vielleicht Stichproben bei den Unternehmern selbst vorzunehmen hätte. Ferner könnte es vielleicht die Behandlung schwieriger Fälle zugewiesen bekommen.

Im übrigen schließe ich mich durchaus der Auffassung an, daß es, unbeschadet der Selbständigkeit der einzelnen Versicherungszweige und -träger, wünschenswert wäre, die Normen über die Versicherungspflicht stärker als bisher in Einklang zu bringen.

Ministerialrat Dr. *Hoffmeister:* Ich bin der Meinung, daß eine Mitwirkung der Versicherungsträger vorgesehen werden sollte. Das würde am besten erreicht werden durch einen Beirat. Ich habe Bedenken gegen die weitgehende Verwendung der Krankenversicherungsbeamten. Sie werden nicht so geschult sein, daß sie als Kontrollbeamte für die Rentenversicherung in Frage kommen. Sie beherrschen ja nicht einmal ihr eigenes Gebiet vollkommen. Kontrolltätigkeit setzt immer voraus, daß weitergehende Kenntnisse vorhanden sind. Ich denke hier insbesondere an die Landesversicherungsanstalten. Warum soll nicht ein Vertreter der Reichsversicherungsanstalt in jedem solchen Beirat sitzen und seine Wünsche äußern können?

Vorsitzender Direktor *Anders:* Ich sagte schon früher, daß insbesondere die Landesversicherungsanstalten die Praxis übten, ihr bestes Personal als Kontrollbeamte zu verwenden.

Professor Dr. Lutz *Richter:* Zunächst besteht kein Zweifel darüber, daß wir überall im besten Begriffe sind, das Personal so weit wie möglich zu schulen. Es fragt sich aber, was wir in dem Augenblick tun, in dem wir mit einer solchen Einrichtung einsetzen. Ich würde keine Schwierigkeit sehen, wenn man die Kassen die Kontrolle durch ein Personal ausüben läßt, das bei ihnen vorhanden ist. In dem Augenblick, in dem man damit beginnt, soll man eben geeignetes Personal dorthin versetzen.

Dr. *Wischer:* Wenn ich die bisherigen Erörterungen über diesen Punkt noch richtig im Gedächtnis habe, so waren wir uns darüber klargeworden, daß man nicht eine einheitliche Beitragskontrolle für sämtliche Versicherungszweige durchführen sollte, sondern eine Teilung vornehmen müsse. Herr Professor Lutz Richter wirft nun den Gedanken in die Debatte, diese Kontrolle durch die Krankenkassen durchzuführen. Manches spricht für diese Auffassung. Es ist nicht erfreulich, wenn der Kontrollbeamte kein Verhältnis zu dem Versicherungsträger hat, für den er kontrollieren soll.

Da mir die Rivalität zwischen den Rentenversicherungsträgern bekannt ist, hatte ich in der letzten Sitzung gesagt, es würde das Beste sein, den Beamten eine neutrale Stellung zu geben. Das Reichsversicherungsamt hat jetzt eine andere soziale Stellung als früher. Es ist praktisch die oberste Aufsichtsinstanz, so daß auf dem Wege über das Reichsversicherungsamt eine Einwirkung auf die einzelnen Versicherungsträger möglich ist. Mit dem Beirat der Landesversicherungsanstalt, in dem vielleicht ein Vertreter der Reichsversicherungsanstalt sitzt, wird nicht viel gewonnen sein. Ich glaubte schließlich, daß durch die zentrale Stellung des Reichsversicherungsamts eine ganz andere Schulung der Beamten möglich sei. Die Streitfälle zwischen der Invaliden- und der Angestelltenversicherung nehmen ziemlich stark ab; das Wichtigste ist durch das Reichsversicherungsamt schon entschieden. Ich fürchte nur, daß die Überwachungsbeamten damit noch nicht genügend vertraut sind. Es wird ferner nichts anderes übrigbleiben, als die vorhandenen Überwachungsbeamten zu übernehmen.

Senatspräsident Dr. *Kühne:* Ich bin dafür, in dieser Frage sich nicht zu überstürzen. Es ist klar, daß bei dem derzeitigen Stand der Dinge das Übergangsstadium sehr schwierig ist, einmal was die Vorbildung der Angestellten anlangt, die für Kontrollzwecke in Frage kämen, zum anderen aber auch in bezug auf ihre beamtenrechtliche Stellung, die noch ganz ungeklärt ist.

Sehr bedeutsam ist, daß der Behördenaufbau der Sozialversicherung noch nicht genügend durchgeführt ist. Vorläufig hat man damit an der Spitze angefangen. Man wird abwarten müssen, wie der Aufbau der Versicherungsbehörden in den mittleren und unteren Instanzen aussehen wird.

Sicher ist richtig, daß die Selbstverwaltung und Selbstverantwortlichkeit der Versicherungsträger gestärkt werden muß, damit sie gut arbeiten. Auf der anderen Seite stehen die Versicherungsträger aber doch in einem Zustand der Rivalität.

Das Aufbaugesetz ist erst ein Anfang. Es ist immer zu bedenken, daß der Staat ein großes Interesse daran hat, daß auch seine Sozialversicherungsgesetze ordentlich durchgeführt werden. Es ist nicht von der Hand zu weisen, daß hier eine Kontrolle durch Beamte stattfinden soll; denn es handelt sich letzten Endes um Durchführung staatlicher Gesetze, also eine Hoheitsaufgabe, nicht nur um ein Interesse des einzelnen Versicherungsträgers, der für seinen Haushalt zu sorgen hat.

Solange die Angestelltenversicherung besteht, würde die Reichsversicherungsanstalt es kaum gern sehen, wenn die Landesversicherungsanstalten betraut werden würden. Welche andere Form man wählen soll, ist mir nicht zweifelsfrei.

Oberregierungsrat Dr. *Kilian:* Wenn sich der Ausschuß auf den Standpunkt stellen sollte, daß es nicht möglich ist, einen gemeinsamen Kontrolleur für beide Zweige der Rentenversicherung zu schaffen, sondern für die Angestelltenversicherung einen besonderen Kontrolleur zu belassen, dann würde ich selbstverständlich vorschlagen, daß es hinsichtlich der Kontrolltätigkeit in der Invalidenversicherung und Krankenversicherung nach dem Aufbaugesetz selbstverständlich nur noch eines Kontrolleurs bedarf. Die Landesversicherungsanstalt hat nunmehr auch die Aufgaben der Krankenversicherung wahrzunehmen, soweit es durch die dritte Verordnung zum Aufbau der Sozialversicherung und eventuelle weitere Durchführungsverordnungen angeordnet wird. Ebenso haben nach dem Aufbaugesetz die Krankenkassen in gewisser Richtung - genau steht es noch nicht fest - die örtlichen Aufgaben der Invalidenversicherung zu erfüllen. Wenn ich also nur diese beiden Versicherungszweige im Auge habe, ist für mich die Lösung der Frage sehr einfach. Selbstverständlich hat derselbe Kontrolleur nicht nur seine Kontrolltätigkeit auf die Invalidenversicherung zu erstrecken, sondern auch zu prüfen, ob hinsichtlich der Krankenversicherung alles in Ordnung ist. Mir wäre es gleichgültig, ob der Kontrollbeamte bei der Versicherungsanstalt oder bei der einzelnen Krankenkasse eingesetzt wird. Die Tätigkeit, die der Kontrollbeamte der bisherigen Krankenversicherung hinsichtlich der Invalidenversicherung ausübt, würde er als Beauftragter der Invalidenversicherung ausüben. Umgekehrt würde selbstverständlich der Kontrollbeamte, der bisher nur in der Invalidenversicherung tätig war, auch die Aufgaben als Kontrollbeamter der Krankenversicherung ausüben. Ich könnte mir also sehr wohl denken, daß unter allen Umständen vermieden wird, daß innerhalb kurzer Zeit zwei Kontrollbeamte kommen, die einmal die Verhältnisse der Invalidenversicherung, das andere Mal die der Krankenversicherung prüfen.

Ich könnte mir denken, daß die Kontrollbeamten im Versicherungsträger selbst bleiben. Die Reichsversicherungsanstalt hat ihre eigenen Beamten, und die Invalidenversicherung und die Krankenversicherung haben auch ihre eigenen Beamten. Ich frage mich nun, ob es möglich ist, die Kontrolltätigkeit in den Versicherungszweigen zusammenzulegen. Kommen wir dazu, dann würde selbstverständlich das Ergebnis sein, daß dieser Kontrollbeamte, der die Angestelltenversicherung und die Invalidenversicherung zu prüfen hat, selbstverständlich auch die Rechtsverhältnisse der Krankenversicherung nachzuprüfen hat. Der beamtete Kontrolleur hätte in diesem Falle also sämtliche Versicherungszweige nachzuprüfen. Entscheidend hängt das davon ab, ob ich eine besondere Prüfungseinrichtung schaffen soll oder ob ich die Kontrolltätigkeit in die Versicherungszweige hineinverlegen bzw. in den Versicherungszweigen belassen soll. Ist das Letzte der Fall, so sehe ich keine Möglichkeit, die Kontrolltätigkeit in den Zweigen der Rentenversicherung zusammenzulegen, sondern es wäre auf der einen Seite der Kontrollbeamte der Reichsversicherungsanstalt und auf der anderen Seite der der Landesversicherungsanstalt, der auch die Befugnisse des Kontrollbeamten der Krankenversicherung auszuüben hätte. Auf der anderen Seite wäre der beamtete Kontrolleur, der sämtliche Versicherungszweige zu prüfen hat.

Ich glaube, daß diese grundlegende Frage zunächst abschließend beantwortet werden muß. Gegebenenfalls müßte in Form eines Gutachtens Stellung dazu genommen werden.

Vorsitzender Direktor *Anders:* Ich stehe vollkommen auf dem Standpunkt, daß der Kontrollbeamte der Invalidenversicherung in der Lage ist, jederzeit auch die Kontrolle in der Krankenversicherung auszuüben. Wenn einzelne Kontrollbeamte der Invalidenversicherung im Augenblick dazu vielleicht noch nicht imstande sind, so wird es nur ganz weniger Nachhilfe bedürfen, um sie in den Stand zu setzen, die Kontrolle auch in der Krankenversicherung auszuüben. Über die Angestelltenversicherung fehlt mir allerdings die Erfahrung; ich weiß daher nicht, ob die Kontrollbeamten der Angestelltenversicherung auch die Kontrolle in der Krankenversicherung würden ausüben können. Falls die Herren, denen diese Verhältnisse genau bekannt sind, das für unmöglich halten, würde man da vielleicht einen Eventualvorschlag machen können.

Ministerialrat Dr. *Hoffmeister:* Aus den bisherigen Ausführungen geht hervor, daß man jetzt eigentlich ein neues Problem erwägt. In der vorigen Ausschußsitzung lag die Sache doch so, daß man nur auf der einen Seite die Rentenversicherung, die Angestelltenversicherung und die Invalidenversicherung durch den gleichen Beamten kontrollieren lassen wollte und auf der anderen Seite die Kranken- und die Arbeitslosenversicherung ebenfalls durch einen gemeinsamen Kontrollbeamten. Es scheint mir nun aber jetzt der Vorschlag gemacht zu werden, daß Angestelltenversicherung, Invalidenversicherung und Krankenversicherung für die Kontrolle zusammengetan werden sollen. (*Vorsitzender:* Ja, es geht darum, alle Kontrollen durch *einen* Mann ausführen zu lassen.)

Ich bin auch aus der Angestelltenversicherung hervorgegangen, kann aber ein Primat der Angestelltenversicherung nicht anerkennen; ich kann nicht zugeben, daß sie beanspruchen könnte, etwas ganz Besonderes zu sein. Ich bin ferner der Auffassung, daß ein Kontrollbeamter der Angestelltenversicherung die Verhältnisse der Invalidenversicherung kennt, ebenso wie umgekehrt der Kontrollbeamte der Invalidenversicherung die Verhältnisse der Angestelltenversicherung in genügendem Umfange kennt. Wenn dem einen oder anderen Beamten da oder dort noch etwas an diesen Kenntnissen fehlen sollte, so ist das nicht tragisch zu nehmen; das läßt sich bald nachholen. Ich bin also der Auffassung, daß die Beamten der Angestelltenversicherung und die Kontrollbeamten der Landesversicherungsanstalten durchaus die beiderseitigen Verhältnisse beurteilen können.

Wenn nun gesagt wird, daß die Beamten der Reichsversicherungsanstalt auch die Verhältnisse der Krankenversicherung übersehen könnten, so glaube ich, dem zustimmen zu können. Ebenso bin ich der Ansicht, daß die Beamten der Landesversicherungsanstalten ohne große Mühe imstande sein werden, die Verhältnisse der Krankenversicherung zu beurteilen. Die Dinge liegen bei der Krankenversicherung nicht so schwierig, sondern Schwierigkeiten bestehen gerade zwischen der Invalidenversicherung und der Angestelltenversicherung, wie ich als jahrelanges Mitglied des Angestelltensenats des Reichsversicherungsamtes aus eigener Erfahrung weiß.

Vorsitzender Direktor *Anders:* Zweifellos wäre es die beste Lösung, wenn man zu dem Ergebnis käme, daß sowohl die Kontrolleure der Invalidenversicherung wie die Kontrolleure der Angestelltenversicherung in der Lage wären, auch die Kontrolle in der Krankenversicherung zu übernehmen. Damit wäre dann die Frage gelöst; damit wäre die ganze Vereinheitlichung erreicht, die wir anstreben; dann haben wir nur *einen* Beamten, der alle Sparten erledigt. Ich stehe auch auf dem Standpunkt, daß das möglich sein wird, wenn man hie und da noch etwas nachhilft. Ich kann mich also nicht dem anschließen, was Herr Präsident Kühne gesagt hat. Wenn auch das neue Gesetz die ja lange bekämpfte Form der Angestelltenversicherung aufrechterhalten hat - ob das noch sehr lange dauern wird, ist vielleicht trotzdem die Frage -, so kann ich doch nicht einsehen und zugeben, daß die Angestelltenversicherung eine besondere Stellung einnähme.

Ministerialrat Dr. *Hoffmeister:* Ich stehe auf dem Standpunkt, daß jeder Beamte der Angestelltenversicherung und der Invalidenversicherung die gegenseitigen Verhältnisse genügend kennt und daß er auch ohne größere Schulung imstande sein würde, die Kontrolle für die Krankenversicherung zu übernehmen. Es fragt sich, wohin man den Kontrollbeamten stellt. Ich bin der Auffassung, daß man ihn nicht der Reichsversicherungsanstalt unterstellen sollte, denn das ist nur eine Zentrale. Ich bin auch der Auffassung, daß man ihn nicht dem Reichsversicherungsamt unterstellen sollte. Das ist zwar jetzt die höchste Aufsichtsinstanz. Aber wenn man sich vorstellt, daß nun die Kontrollbeamten in allen Landesteilen, in Königsberg wie im südlichsten Zipfel von Baden, Angestellte des Reichsversicherungsamtes sein sollten, daß dann womöglich Schulungskurse eingerichtet und nun alle diese Beamten im ganzen Reiche nach Berlin zusammengeholt werden und nun Dienstreisen durch ganz Deutschland machen, so läßt mich diese Erwägung davon völlig absehen. Es geht nicht anders, als daß man diese Kontrollbeamten an örtliche Stellen angliedert. Ob an die Landesversicherungsanstalt oder an das Oberversicherungsamt, ist Geschmackssache. Selbstverständlich müßte aber das Reichsversicherungsamt die Spitze bleiben und die Richtlinien geben; niemals aber kann es die Stelle sein, bei der die Kontrollbeamten angestellt werden.

Senatspräsident Dr. *Kühne:* Wenn man darauf abzielt, die Kontrolle bei den verschiedenen Versicherungsträgern ausüben zu lassen, ist die Frage der Kontrolle überhaupt nicht recht zu lösen, solange die einzelnen Versicherungszweige, namentlich Invalidenversicherung und Angestelltenversicherung nicht weitgehend einander angenähert werden, nicht nur in den Voraussetzungen, sondern auch in der Organisation selbst. Ob das möglich ist, ist eine Frage für sich. Solange es so ist wie jetzt, wo wir die Reichsversicherungsanstalt und die Landesversicherungsanstalten haben, halte ich es nicht für möglich, die Kontrollbeamten wechselseitig mal von der einen, mal von der anderen Seite zu verwenden. Zu diesen Kontrollen werden die Beamten auch nicht restlos in der Lage sein, weil sie dafür nicht genügend geschult sind. Ich habe schon Bedenken gegen die Vereinigung der Kontrolle für die Angestelltenversicherung und die Invalidenversicherung. Noch größere Bedenken habe ich gegen die Ausführung der Kontrolle der Krankenversicherung durch Beamte der Reichsversicherungsanstalt, da diese jetzt zweifellos die Krankenversicherung nicht beherrschen, weil sie sie nicht zu beherrschen brauchen. Es wird auch nicht leicht sein, den Kontrolleuren der Invalidenversicherung und der Angestelltenversicherung die Kenntnisse der Krankenversicherung beizubringen, solange sie Angestellte der Invalidenversicherung oder der Angestelltenversicherung sind.

Nun habe ich mir auszuführen erlaubt, daß hier auch ein Staatsinteresse bei der Durchführung der Versicherungsgesetze zu berücksichtigen ist. Deshalb sollte bei aller Anerkennung der Notwendigkeit der Dezentralisation etwas mehr Wert auf die Güte der Kontrolle gelegt werden, und die Leute, die sie ausüben, sollten Beamte sein, die besonders ausgebildet sind und den einzelnen Versicherungssparten und ihren Trägern völlig objektiv gegenüberstehen und die Verhältnisse nur so sehen, wie der Gesetzgeber sie gewollt hat.

Oberregierungsrat Dr. *Kilian:* Ich habe deshalb angeregt, die Kontrollbeamten in ein Verhältnis zum Reichsversicherungsamt zu bringen, weil nach dem neuen Gesetz und wohl in alle Zukunft die Oberversicherungsämter Landesbehörden bleiben werden und ich es nicht für richtig halte, die Kontrollbeamten an eine Landesanstalt anzugliedern, sondern man sollte sie zu Reichsbeamten machen, die zum Reichsversicherungsamt nur im losen Verhältnis stehen. Das Amt sollte nur die Aufsicht ausüben, im übrigen aber sollten diese Kontrollbeamten genauso selbständig sein wie die Versorgungsämter und die einzelnen Arbeitsämter und würden vielleicht die Bezeichnung führen können: „Der Kontrollbeamte der Sozialversicherung“. Ich wollte vermeiden, sie an örtliche Landesstellen einzugliedern. In dem Augenblick, wo wir eine einheitliche Reichssozialverwaltung hätten oder nur die Hoffnung bestünde, daß eine solche geschaffen werden würde, wäre die Sache höchst einfach. Aber ich sage wohl nicht zu viel, wenn ich der Befürchtung Ausdruck gebe, daß wir dahin nicht kommen werden, sondern daß diese Instanzen als Mittelinstanzen immer Instanzen der allgemeinen Verwaltung und damit Landesangelegenheit bleiben werden. Auch wenn wir Gaue oder etwas Derartiges bekommen, werden diese Institute und diese Beamten Landesangelegenheit bleiben. Deshalb habe ich mir den Vorschlag erlaubt, diese Kontrollbeamten als Dienststellen dem Reichsversicherungsamt zu unterstellen.

Professor Dr. *Dersch:* Zu unserer Orientierung eine Frage an Herrn Dr. Wischer. Dieses Problem scheint mir sehr wesentlich darauf hinauszulaufen, welche Erfahrungen man bisher mit dem dezentralisierten Kontrollbeamten der Landesversicherungsanstalt gemacht hat. Denn dasselbe würde nachher mutatis mutandis auch gelten, wenn wir Reichsbeamte, angegliedert an das Reichsversicherungsamt, hätten. Es wird gegen diesen Vorschlag geltend gemacht, daß diese Beamte ja gar keine Fühlung mit den Kreisen hätten, mit denen sie an Ort und Stelle zu tun haben, und das Reichsversicherungsamt schwebte dann gleichsam oben darüber. Nun bestehen doch diese Kontrollbeamten bei der Landesversicherungsanstalt schon sehr lange und sind dermaßen aufgezogen, daß sie ungefähr in dem Sinne, wie Kollege Kilian es eben dargestellt hat, dezentralisiert sind: dezentralisierte Sozialbehörden der Angestelltenversicherung. Sie sind, soviel ich weiß, sehr selbständig und werden eigentlich gewissermaßen nur am Leitfaden gehalten. Wie hat sich das bewährt? Kommen diese Kontrollbeamten in bestimmten Zeitabschnitten zusammen? Werden sie von oben kontrolliert? Werden ihre Sachen an Referenten in der Reichsversicherungsanstalt zur Bearbeitung weitergegeben?

Dr. *Wischer:* Die Reichsversicherungsanstalt hat etwa 110 Überwachungsbeamte im ganzen Reiche, die draußen ganz auf sich gestellt sind, während bei einem Plane, wie wir ihn jetzt erörtern, eine gewisse Anzahl von Überwachungsbeamten bezirklich zusammenarbeiten würde. Die Kontrolle dieser Beamten geschieht durch die Reichsversicherungsanstalt für Angestellte, und nach allem, was ich gehört habe, klappt die Sache. Abschließend kann ich das natürlich nicht beurteilen; dazu müßte ein Gutachten der Reichsversicherungsanstalt für Angestellte erbeten werden. Aber ich habe nur Gutes gehört und weiß im übrigen auch aus den Kreisen der versicherten Angestellten, daß sich ein enges Vertrauensverhältnis zu diesen Überwachungsbeamten herausgebildet hat. Solange wir noch die Vertrauensmänner und Ortsausschüsse hatten, haben diese enge Fühlung mit den Beamten gehalten; die Beamten haben an den Sitzungen der Ortsausschüsse teilgenommen und dort auch Anregungen aus dem Kreise der versicherten Angestellten erhalten.

Gegen den in dieser Sitzung neu aufgetauchten Gedanken einer Zusammenfassung von Krankenversicherung einerseits und Invaliden- und Angestelltenversicherung andererseits habe ich Bedenken, die vielleicht zu zerstreuen sind, und zwar nach der Richtung, ob die Überwachungsbeamten der Invaliden- und Angestelltenversicherung in der Lage sind, die Aufgaben der Krankenversicherung mitzuübernehmen. Ich bitte zu bedenken, daß wir es in einem Bezirk mit verschiedenen Trägern der Krankenversicherung zu tun haben, mit Orts-, Betriebs-, Innungskrankenkassen usw., und daß gerade das Recht der Krankenversicherung sehr weitgehend in die Satzungen gelegt ist, so daß es für einen solchen Überwachungsbeamten notwendig wäre, nicht nur die gesetzlichen Vorschriften, sondern auch die Satzungen und die Verwaltungspraxis der einzelnen Krankenkassen genau zu kennen. Hinzu kommt noch als weiteres Problem das der Ersatzkrankenkassen und deren Rechtsstellung.

Vorsitzender Direktor *Anders:* Im allgemeinen ist es doch so, daß die Kontrollbeamten mit den Vertrauensmännern schon deshalb einen innigen Konnex gehalten haben, weil diese ihnen sehr viel Arbeit abgenommen haben.

Professor Dr. Lutz *Richter:* Die Kontrollbeamten sollen doch die richtige Bewertung der versicherungspflichtigen Tatbestände und das Hereinkommen der Beiträge kontrollieren. In diesen

Punkten unterscheiden sich die Krankenkassen nicht wesentlich durch ihre Satzungsautonomie. Die Satzungsautonomie erstreckt sich zum Teil auf rein interne Verfassungsfragen, zum anderen Teil auf die Leistungen, und beide Gebiete gehen den Kontrollbeamten nichts an.

Dr. *Wischer:* Wir dürfen uns nicht darüber hinwegtäuschen, daß der Kontrollbeamte der Exponent der Sozialversicherung im Betriebe ist. Wenn er in den Betrieb kommt, dann werden an ihn alle möglichen Fragen gestellt.

Professor Dr. Lutz *Richter:* Gerade deshalb will ich ihn ja in erster Linie als Beamten der Krankenversicherung sehen. Dann erreichen wir, daß in jedem Betriebe nur eine Stelle zuständig ist. Ein Betrieb ist ja immer geschlossen nur in einer Krankenkasse, und von da aus kann der Kontrollbeamte dann die andere Frage, zu welchem Zweige der Rentenversicherung die Leute gehören, gut mitkontrollieren, während im umgekehrten Falle, wenn der Kontrolleur von dem Träger der Rentenversicherung kommt, die Sache schwieriger ist. Er kann dann über die Interna der Krankenkasse nicht so gut Bescheid wissen.

Ministerialrat Dr. *Hoffmeister:* Ich darf daran erinnern, daß schon nach geltendem Recht der Beamte nicht in der Lage ist, jede Zweifelsfrage von sich aus zu entscheiden oder auch nur maßgebende Auskunft zu geben. Ich weiß von der Reichsversicherungsanstalt, daß die Überwachungsbeamten nicht etwa selbst entscheiden dürfen, sondern angewiesen sind, jede Zweifelsfrage sofort der Reichsversicherungsanstalt selbst vorzulegen.

Vorsitzender Direktor *Anders:* Es besteht sogar eine grundsätzliche Entscheidung des Reichsversicherungsamtes, daß die Auskunft des Revisionsbeamten für die Entscheidung der betreffenden Dienststelle nicht bindend ist.

Senatspräsident Dr. *Kühne:* Die Entscheidungen in diesem Punkte sind nicht einheitlich. Neulich wurde im Reichsversicherungsamt eine Entscheidung ausgegraben, in der fast das Gegenteil steht.

Ministerialrat Dr. *Hoffmeister:* Die Reichsversicherungsanstalt hat ungefähr 110 Überwachungsbeamte. Diese Beamten haben ganz gut gearbeitet. Sie sind durch ständige Kontrollen eines höheren Beamten überwacht worden. Die Überwachungsbeamten haben Tagebücher zu führen und bestimmte Pläne auszuarbeiten, nach denen sie die Arbeitgeber aufsuchen. Diese Reisepläne sind der Reichsversicherungsanstalt zu melden. Sie haben auch Beitragsmarken zu verkaufen, haben die Versicherungskarten zu prüfen usw. Man darf aus diesem System aber nicht entnehmen, daß es gerade sehr schön gewesen sei, daß die Kontrollen in dieser Weise von einer Zentralstelle aus geleitet wurden. Die Reichsversicherungsanstalt als *der* Versicherungsträger mußte ja zwangsläufig ein solches System einrichten, um überhaupt sämtliche Arbeitgeber im Reich kontrollieren zu können. Schön ist es aber nicht, daß der Überwachungsbeamte von der Zentrale weit entfernt ist und vielleicht einmal im Jahre von einem Kontrollbeamten der Anstalt besucht wird.

Viel besser ist es, wenn man die Überwachung irgendwie an örtliche Stellen anschließt, sei es an das Oberversicherungsamt, wodurch die Beamten zu Reichs- und Staatsbeamten gemacht würden, sei es an die Landesversicherungsanstalten oder die Krankenkassen, wodurch die Überwachungsbeamten zu Beamten der Versicherungsträger würden. Vom Reichsversicherungsamt aus die Organisation aufzuziehen, würde ich allerdings für sehr bedenklich halten. Wie schwierig ist es schon beispielsweise in der Allgemeinen Ortskrankenkasse Berlin mit ihren über ganz Deutschland verstreuten 24 Heimen, die Personalverhältnisse zu kontrollieren. Wenn ich daran denke, daß von Berlin aus zentral alles beobachtet werden soll, was in den fernsten Ecken Deutschlands geschieht, und daß man doch im wesentlichen nur auf die Berichte der Leute angewiesen sein würde, dann will mir das nicht zweckmäßig erscheinen. Viel richtiger ist es, die Überwachung an örtliche Stellen anzugliedern.

Das Bedenken, daß die Überwachungsbeamten dann Landesbeamte wären, kann man über Bord werfen. Wir werden bald keine Länder mehr haben, sondern nur noch Gaue, und dann gibt es auch nur noch Reichsbeamte. Allerdings ist mir im Augenblick nicht ganz klar, ob man die Kontrolleure überhaupt zu Beamten machen oder ob man mehr die Versicherungseigenschaft in den Vordergrund schieben soll.

Oberregierungsrat Dr. *Kilian:* Nach dem Aufbaugesetz scheint es mir völlig unmöglich zu sein, zwischen Rentenversicherung und Krankenversicherung zu teilen. Die Invalidenversicherung und die Krankenversicherung gehören doch nunmehr zusammen, und wir müssen gewisse Aufgaben konstruieren, die gemeinschaftlich sind. Ich halte es für ganz unmöglich, wenn wir an die Vereinfachung des Kontrollverfahrens herangehen, für diese beiden Versicherungszweige, die aneinandergekoppelt worden sind, nun zwei verschiedene Kontrollbeamte anzusetzen. Auch mir wäre es sympathischer, wenn wir auf der einen Seite die Rentenversicherung, auf der anderen Seite die Krankenversicherung hätten; aber das geht nicht mehr.

Auf der anderen Seite glaube ich auch, daß es nicht durchzusetzen sein wird, die Krankenkassen zu Organen der Reichsversicherungsanstalt zu machen. Bewußt hat man den Schnitt gemacht: hie Angestellte, hie Arbeiter. Ob es richtig war oder nicht, brauchen wir nicht zu erörtern, und wie die Sache in Zukunft sein wird, wissen wir nicht. Das eine scheint mir jedenfalls festzustehen: Nur ein Kontrollbeamter kann in der IV und KV zusammen angesetzt werden. Wenn große Schwierigkeiten hinsichtlich der Rivalität bestehen, dann wäre es schon besser, einen Beamten bei der Reichsversicherungsanstalt und einen anderen bei der Krankenversicherung und Invalidenversicherung anzusetzen. Auch ich persönlich bin zwar davon überzeugt, daß die Reichsversicherungsanstalt nicht über der Invalidenversicherung steht; aber ich halte es bei der augenblicklichen politischen Lage für ganz unmöglich, daß sich die Reichsversicherungsanstalt jemals damit wird einverstanden erklären können, daß ein Kontrollbeamter, der noch zu der LVA gehört, auch die Kontrollen für die RfA ausübt. Ein objektiver Prüfer würde einen solchen Vorschlag vielleicht als richtig ansehen; aber ich glaube nicht, daß er zur Zeit in die Tat umgesetzt werden könnte.

Vorsitzender Direktor *Anders:* Mit Rücksicht auf das Aufbaugesetz sehe ich das ein, was Herr Kilian erwähnte. Nachdem man einmal diese scharfe Trennung gemacht hat, wäre schon eine Verbesserung dadurch erreicht, daß heute nicht mehr vier Kontrollbeamte nacheinander kontrollieren - z.B. in einem ländlichen Betriebe der Beamte der Invalidenversicherung, der Revisionsbeamte der Angestelltenversicherung, der Kontrolleur der Krankenversicherung und schließlich einer vom Landeskrankenkassenverband -, sondern in einer bestimmten Zeit höchstens zwei, nämlich einer von der Invalidenversicherung und Krankenversicherung und einer von der Angestelltenversicherung.

Ich würde es begrüßen, wenn Professor Dersch und Herr Kilian bis zur nächsten Sitzung zu diesem Punkte einen Vorschlag ausarbeiten würden. Nach der jetzigen Debatte glaube ich, sagen zu können, daß wir uns mehr dem Standpunkt nähern, Angestelltenversicherung und Invalidenversicherung getrennt zu halten.

Professor Dr. *Dersch:* Unter der Voraussetzung, daß es Selbstverwaltungsbeamte sind! Primär ist immer noch zu prüfen, ob man es nicht irgendwie an dezentralisierte Behörden angliedert und beamtenmäßige Kontrolleure schafft. Dann könnte man alle drei zusammenfassen. Das Bedenken, daß dann die Versicherungsträger nicht genügend interessiert wären, vermag ich nicht zu teilen; wir werden schon Wege finden, diese Beamten mit den Versicherungsträgern zu verkoppeln.

Der Ausschuß ist mit dem Vorschlage des Vorsitzenden einverstanden. Die nächste Sitzung wird für Montag, den 15. April 1935, 14 Uhr pünktlich, in Aussicht genommen.

(Schluß der Sitzung: 17 Uhr 10 Minuten.)

IX. Protokoll der Sitzung vom 15.4.1935
(Vereinheitlichung des Kontrollwesens in der Sozialversicherung)

(Beginn der Sitzung: 14 Uhr 10 Minuten.)

Vorsitzender *Brucker:* Ich eröffne die heutige Sitzung des Ausschusses für Sozialversicherung.

Auf der Tagesordnung steht nur ein Punkt, nämlich die *Endgültige Stellungnahme des Ausschusses über die Vereinheitlichung des Kontrollwesens in der Sozialversicherung.*

Herr Professor Dr. Dersch und Herr Oberregierungsrat Kilian haben hierzu schon schriftliche Ausarbeitungen vorgelegt. Ich halte es für ratsam, daß die beiden Herren in großen Zügen, ohne sich an das Manuskript zu halten, entwickeln, was sie in den Gutachten festgelegt haben, und daß wir dann in der Aussprache zu einem Beschluß kommen, welche Vorschläge wir dem Arbeitsministerium endgültig in diesem Punkt vorlegen wollen.

Professor Dr. *Dersch:* Ich glaube, daß ich zunächst im Sinne der an dieser Ausarbeitung sonst noch beteiligten Referenten handele, wenn ich zum Ausdruck bringe, daß wir Herrn Direktor Anders außerordentlich dankbar dafür sind, daß er durch die zweite Lesung eine doch ganz gehörige Vertiefung dieser Angelegenheit erreicht und uns Gelegenheit gegeben hat, etwas zu Papier zu bringen, wovon wir hoffen, daß es auch in den Augen des hohen Ministeriums Wohlgefallen erregen und sich Ansehen erringen wird.

Wir, Herr Kilian und ich, haben zunächst mit Herrn Ministerialrat Sauerborn noch eine Rücksprache genommen. Er war das letzte Mal verhindert gewesen. Es hat sich herausgestellt, daß Herr Ministerialrat Sauerborn den besonderen Punkt noch, wenn er da gewesen wäre, in die Debatte gebracht hätte, ob man nicht, wenn wir dauernd von einer Überwachung der Beiträge gesprochen haben, einen Unterschied machen muß zwischen der Überwachung, die im Büro stattfindet, und der Überwachung außerhalb, die man gewissermaßen als Betriebskontrolle bezeichnen kann. Da hat sich ergeben, daß wir das als ein neues Moment in diesen Bericht wohl aufnehmen müssen. Ich hatte von vornherein bei meinen Ausführungen den Gedanken gehabt, daß es allerdings in der Linie liegt. Man muß zwischen der Kontrolle unterscheiden, die durch Besichtigungen der Betriebe stattfindet, und den Ergebnissen, die da festgelegt werden, und der endgültigen verwaltungsmäßigen, büromäßigen Stellungnahme des Versicherungsträgers selbst hierzu. Man muß weiter insbesondere den Punkt festhalten, daß z.B. die ganze Summe der Einziehungen im Verwaltungszwangsverfahren nicht durch diese Außenbeamten bloß erledigt werden könnten, sondern daß das nach wie vor, auch wenn man zu einem Vorschlag im Sinne einer Zusammenlegung der Kontrolle kommt, Sache des betreffenden Versicherungsträgers sein wird. Deshalb geht nunmehr dieser Bericht hier davon aus, daß ein Unterschied bei den sämtlichen Fragen gemacht wird, die hier geprüft werden, einerseits Außenkontrolle und andererseits büromäßige Behandlung des Beitragswesens.

Am Anfang meiner Ausführungen habe ich deshalb hier in Übereinstimmung mit Herrn Ministerialrat Sauerborn und Herrn Oberregierungsrat Kilian ausgeführt, daß der Ausschuß sich auf den Standpunkt gestellt hat, es sei lediglich eine gemeinsame Kontrolle für die Außenüberwachung in Erwägung zu ziehen. Dagegen muß auch in künftiger Zeit die büromäßige Kontrolle Sache des betreffenden Versicherungsträgers sein, besonders aber auch diese Beitragseinziehung. Das ist ein Punkt, der ganz neu hineingekommen ist und den ich deshalb, wie gesagt, an den Anfang meiner mündlichen Ausführungen stelle. Er ist hier in dem allgemeinen Teil des Gutachtens vorausgeschickt.

Weiter ist in dem allgemeinen Teil kurz orientierend ausgeführt, daß das Gutachten sich in zwei Abschnitte gliedert, in den *ersten Abschnitt: Verhältnis Invaliden- und Angestelltenversicherung zueinander* - und in den *zweiten: Verhältnis der Kranken- und Invalidenversicherung.* Dann ist diese Stellung im Gutachten kurz begründet. Es wird ausgeführt, daß zunächst die Vorschriften über die Wanderversicherung, überhaupt die neueren gesetzlichen Vorschriften an die Hand legen, daß man sich eigentlich zunächst mit diesen beiden Schwestergebieten im Verhältnis zueinander beschäftigt und daß den Ausschuß auch noch weiter das bewogen hat. Wenn man nämlich bei dieser primären Prüfung zu der Auffassung kommt, daß diese beiden Versicherungszweige zusammengehen sollen, dann braucht man in dem zweiten Fall, der die Krankenversicherung behandelt, nicht die Fäden noch einmal besonders zu knüpfen, einmal zur Invalidenversicherung und dann zur Angestelltenversicherung, sondern dann ist nur eine gemeinsame Linie von der Krankenversicherung zu diesem schon als gemeinsam in der Zukunft notwendigen Kontrollbeamten zu ziehen.

Das ist im wesentlichen der allgemeine Teil, der dem speziellen Teil vorangeht.

In dem ersten Teil, der die Beitragskontrolle im Verhältnis von Invaliden- und Angestelltenversicherung zueinander behandelt, ist ausgeführt, daß, wie in der Vorbemerkung schon angedeutet, nur die Außenkontrolle dabei geprüft wird, und es ist hier hervorgehoben, daß gerade im Verhältnis dieser beiden Versicherungszweige zueinander sehr viele praktische Fragen von vornherein den Gedanken gewissermaßen aufdrängen, daß man sie gemeinsam behandeln läßt, besonders die Abgrenzungslinie, die sich zwischen den § 1226 RVO und § 1 AVG für die Praxis dauernd ergibt. Da ist nun gesagt, daß der Ausschuß eine endgültige Stellungnahme nur auf Grund einer ganz ausführlichen Prüfung des Für und Wider vorgenommen hat, und es sind nun nacheinander zunächst die Gründe hervorgehoben, die gegen eine gemeinsame Kontrolle sprechen oder doch von gewissen Seiten schon in die Waagschale geworfen worden sind. Darf ich es ganz kurz stichwortartig hervorheben.

Punkt A - ich habe immer zu dem betreffenden Punkt den Gegenpunkt unter einem zweiten Abschnitt genommen -. Erstes Bedenken gegen eine gemeinsame Kontrolle ist der Personenkreis, der in den § 1226 RVO und § 1 AVG noch sehr undurchsichtig und in einer die Linie sehr verschwommen bezeichnenden Weise zum Ausdruck gebracht ist. Es ist aber schon angedeutet, daß die Frage sofort aufzuwerfen ist, ob nicht die Begrenzung, die ja ohnedies schon durch die Berufsgruppenbildung erheblich verbessert worden ist, gesetzestechnisch in Zukunft noch weiter verbessert werden kann.

Als Punkt B ist hervorgehoben, daß gegen eine gemeinsame Beitragsüberwachung angeführt wird, besonders seitens der Angestelltenversicherung, es sei gerade für diesen Zweig ein Spezialistentum erforderlich, das besonders diesen Katalog im Kopf haben müsse und ähnliches. Dazu wird hier schon angedeutet, daß dieses Problem sicher in eine etwas andere Ebene gerückt wird, wenn man die Abgrenzungslinie wesentlich vereinfacht, die bei ihrer jetzigen Ziehung natürlich erhebliche Schwierigkeiten für die, die sie bearbeiten, hervorruft.

Es ist aber noch weiter unter einem Punkt C geltend gemacht - da wird gleich die Frage der Ausbildung mit erörtert -, daß in den Versicherungszweigen bisher eine starke Rivalität dauernd hervorgetreten ist und daß - das Wort objektiv ist mit Absicht nicht erwähnt; es ist sehr vorsichtig ausgedrückt - die Betreffenden in guter Absicht und, wie sie wohl glauben, im wohlverstandenen Interesse ihrer Versicherungszweige sehr fiskalisch vorgegangen sind, daß es deshalb gewissen Bedenken unterliegen würde, entweder aus der Invalidenversicherung die Beamten mit der Angestelltenversicherung oder umgekehrt zu betrauen. Auch dazu wird endgültig unter Punkt 2 Stellung genommen.

In Punkt D wird ausgeführt, daß sehr häufig in der Vergangenheit die Unternehmer Verschleierungen in der Angestelltenversicherung durch Konstruktion verschleierter Handarbeiterbeschäftigungsverhältnisse oder verschleierter Angestelltenbeschäftigungen durch angebliche selbständige Verträge usw. versucht haben. Auch dazu wird unter Punkt 2 endgültig Stellung genommen. Von mancher Seite - das wird noch in Punkt C angeführt - wird in die Waagschale geworfen, eine finanzielle Erleichterung werde es doch nicht geben, weil man sehr zentralisiert bisher hätte arbeiten können, und wenn man nun den nicht so gut eingearbeiteten Beamten diese ganze Überwachung gebe, werde sich von selbst eine Dezentralisation mit einer ganz großen Vermehrung des Personalbestandes ergeben. Das wird unter dem Punkt 2 gegeneinander abgewogen, und es wird gesagt: Zu A: Die Bedenken, die gegen diese teilweise eben sehr verschwommene Grenzlinie geltend gemacht werden, können nicht geteilt werden. Die bisherige Rechtsprechung hat schon sehr viel Klarheit gebracht. Die bisherige Gesetzgebung hat ebenfalls schon durch den Berufskatalog für einige Berufe die Entwicklung emporgebracht. Es ist sicher nicht zu viel gesagt, daß man das Vertrauen zur Gesetzgebung haben kann, daß sie hier eine für die Praxis wesentlich bessere und klarere Linie noch finden wird, selbst wenn man ohne weiteres zugibt, daß man natürlich eine ganze Menge von Zweifelsfragen immer haben wird.

Damit ist gleich der Ausbildungspunkt verknüpft. Es wird gesagt: Man setzt allerdings seitens des Ausschusses dabei voraus, daß die Überwachungsbeamten einer besonderen Schulung unterworfen werden. Es ist hervorgehoben, daß man bisher schon Bestrebungen in wachsendem Maße zu verzeichnen hat, die auf eine Vertiefung der Ausbildung der Sozialversicherungsbeamten abzielen, die auch diese Aufgabe mit sichtbarem Erfolg in Angriff genommen haben, und daß man sich künftig seitens des Ausschusses den Weg in dieser Weise auch noch weiter nach oben verlaufend denkt.

Zu Punkt B: Die Bedenken, die aus dem Spezialistentum von seiten der Angestelltenversicherung erhoben werden, erledigen sich jetzt dadurch, daß eben 1. die Grenzlinie nicht mehr so verschwommen gezogen wird, 2. die Überwachungsbeamten innerlich gestärkter und gefestigter für die Aufgaben werden, die ihnen gemeinsam obliegen werden.

Zu Punkt C: Die Bedenken, die aus der Rivalität geltend gemacht werden, werden besonders ausführlich behandelt, denn das sind diejenigen, die auch in Zukunft nach Auffassung des Ausschusses, wenn auch nicht so sehr wie früher, aber doch in nennenswertem Maße noch bestehen. Denn das ist - hier ist einmal mit Absicht ein Fremdwort gebraucht - eine Mentalität der Versicherungsträger, mit der man sich doch immerhin abfinden muß, die bestehen wird und bestehenbleibt. Infolgedessen schlägt der Ausschuß vor - das entspricht dem Resultat, wie wir es zu allerletzt in der letzten Ausschußsitzung schließlich hatten -, daß Beamte geschaffen werden, ein besonderer neuer Beamtentyp, der nicht in die Selbstverwaltung eingegliedert ist, sondern der an eine staatliche Stelle angeschlossen wird, die nicht irgendwie mit der Selbstverwaltung identisch ist. Der Ausschuß schlägt vor, daß sie entweder in das Reichsversicherungsamt oder in die Oberversicherungsämter eingegliedert werden. Ich habe - das ist etwas, was vielleicht noch nicht so prononciert in unseren Besprechungen zum Ausdruck kam, was ich aber glaubte, hier hineinnehmen zu sollen auf einen Wunsch und eine Anregung von Herrn Ministerialrat Sauerborn hin - deshalb hier geschrieben: Der Ausschuß würde die Eingliederung in die Oberversicherungsämter bevorzugen, da hier die Unmittelbarkeit der Verbindung mit der Mutterbehörde, zu der die Beamten gehören, noch enger gewährleistet ist, als es bei einer stärkeren Zentralisation im Reichsversicherungsamt der Fall wäre.

Punkt D: Die Schwierigkeiten aus Umgehungsversuchen sind nicht mehr so groß wie früher in Anbetracht der nationalsozialistischen Erziehungsarbeit, die sich jetzt schon bemerkbar macht. Aber weiter wird gesagt: Wenn man die Überwachungsbeamten auf Grund besserer Schulung in den Stand setzt, mehr in die Hintergründe zu sehen, werden sie auch dieser Aufgabe gewachsen sein.

Punkt E: Die finanzielle Frage unterliegt überhaupt keinem Bedenken mehr, denn eine Verminderung der Lasten wird sicher dabei herauskommen, wenn die gemeinsamen Beamten, die später so tüchtig sind, daß sie nicht nur ganz kleine Bezirke bewältigen können, diese Aufgabe übernehmen.

Als ganz neuer Punkt kommt noch hinzu, daß sie nicht nur Entgegnungen auf die Einwürfe haben, sondern daß noch besondere selbständige Gründe vorhanden sind, die der Ausschuß hier unter Punkt F anführt, daß die gemeinsame Überwachung wesentliche Erleichterungen für die Wirtschaft insofern bringen würde, als durch die vielfachen Beitragskontrollen nun im Augenblick Belästigungen und Störungen der Betriebe stattfinden, die auf ein Mindestmaß herabgesetzt werden können, wodurch auch die Freudigkeit an der Durchführung der Sozialeinrichtungen sichergestellt würde.

In Punkt G wird noch anschließend erörtert, daß überhaupt nicht die Frage gestreift worden ist, die früher von der Angestelltenversicherung sehr stark betont wurde, daß im System der Ortsausschüsse und Vertrauensmänner die Errichtung dieser Stellen erforderlich war. Das ist deshalb nicht mehr hier angemerkt, weil infolge der Ortsausschüsse die Vertrauensmänner beseitigt sind und teilweise die Aufgabe auf die Auskunftsstellen der Deutschen Arbeitsfront durch die Vereinbarung zwischen Reichsversicherungsanstalt und Arbeitsfront übergegangen ist.

Im letzten Punkt H ist hervorgehoben: Es spricht für eine gemeinsame Überwachung sehr wesentlich auch die immer betonte Gemeinschaftsarbeit zwischen den Versicherungsträgern. Es würde durchaus in der Linie dieser Entwicklung liegen, wenn man auch bei der Überwachung den Hebel ansetzt.

Wir glaubten dann, daß es sowohl der Ansicht unseres verehrten Herrn Vorsitzenden als auch den Erwartungen, die man wohl im Reichsarbeitsministerium gegenüber unserem Bericht hat, entsprechen würde, wenn man zu ganz bestimmt *formulierten Vorschlägen* kommen würde. Ich habe mir gestattet, sie einstweilen zu skizzieren, unter dem Vorbehalt, daß der Ausschuß nach der heutigen Besprechung sie noch genauer fixiert. Vielleicht ist es gut, wenn ich sie wörtlich vorlese. Es ist dann gesagt: Zusammenfassend kommt der Ausschuß für die Invaliden- und Angestelltenversicherung zu dem Vorschlag: 1. die Gesetzgebung in beiden Versicherungszweigen dahin auszugestalten, daß die Grenzlinie für die Bestimmung der Berufsgruppen klar und eindeutig im Gesetz selbst und durch etwaige Ausführungsbestimmungen gezogen wird, 2. daß die Vorbildung der Beamten der Sozialversicherungsträger und insbesondere künftiger gemeinsamer Überwachungsbeamter in steigendem Maße vertieft wird und 3. daß auf diesen beiden Grundlagen fußend künftig durch die Gesetzgebung eine gemeinsame Überwachung der Außenkontrolle und in den Versicherungszweigen der Invaliden- und Angestelltenversicherung durch einheitliche Überwachungsbeamte, die nicht Beamte der Versicherungsträger, sondern Beamte ... eingeleitet wird. Die Eingliederung dieser einheitlichen Überwachungsbeamten würde zweckmäßig nach Ansicht des Ausschusses in die Oberversicherungsämter erfolgen.

Damit ist der erste Teil zu Ende.

Oberregierungsrat *Kilian:* Ich habe zunächst in dem zweiten Teil noch einmal klargestellt, daß es doch sehr erstrebenswert sei, auch das Kontrollwesen in der Krankenversicherung in irgendwelche Beziehungen zu bringen zu der Kontrolltätigkeit in den von Herrn Professor Dersch angeführten Versicherungszweigen, also der Invaliden- und Angestelltenversicherung. Ich habe mich dann auf den Standpunkt gestellt, daß zunächst die Gründe, die für oder gegen eine gemeinsame Kontrolle sprechen, mutatis mutandis im wesentlichen dieselben sind mit Ausnahme von dieser Rivalität, von der Herr Professor Dersch gesprochen hat, und ich habe deshalb geglaubt, daß ich mich zunächst einmal auch auf die von mir bestimmt genannten Nummern dieser ersten Ausführungen beziehen kann, um Wiederholungen zu vermeiden.

Ich habe ferner festgestellt, daß der Ausschuß, aber speziell für die Krankenversicherung im Verhältnis von der Krankenversicherung zur Rentenversicherung, auf folgende Punkte hinweisen muß. Im Gegensatz zu den Zweigen der Reichsversicherungsanstalt im Verhältnis von Krankenversicherung und Rentenversicherung liegt der Hauptunterschied darin, daß bei beiden Versicherungszweigen verschiedene Beitragssysteme bestehen. Ich habe ausgeführt, daß bei dem einen das Markensystem eingeführt ist, während in dem anderen ein ganz anderes Verfahren besteht, wogegen in der Krankenversicherung die Beiträge entweder in bar oder sonstwie überwiesen werden. Ich habe ferner ausgeführt, daß dieser Unterschied dazu führt, daß schon die Tätigkeit der Überwachungsbeamten in der Krankenversicherung eine wesentlich andere ist als in der Invaliden- und Angestelltenversicherung. Während sich in diesen Versicherungszweigen die Außenkontrolle schon darauf zu erstrecken hat, ob die Marken in der gesetzlich vorgeschriebenen Höhe geklebt sind und für die tatsächlichen Beschäftigungszeiten verwendet sind, ob eine Versicherungspflicht bei der Invalidenversicherung besteht, setzt die Tätigkeit des Kontrollbeamten in der Krankenversicherung erst dann ein, wenn sich irgendwie in der betreffenden Abteilung der Krankenkasse - meistens ist es die Beitragsabteilung - irgendein Rückstand oder eine sonstige Unstimmigkeit herausgestellt hat.

Ich habe ferner festgestellt, daß die Aufgabe des Kontrollbeamten der Krankenkasse zunächst im wesentlichen darin besteht, die Zahlungspflicht an Ort und Stelle anzumahnen, Rückstände einzuziehen, Einwendungen gegen die Zahlungspflicht nachzuprüfen und sogar gegebenenfalls als Vollstreckungsbeamter tätig zu sein.

Ich habe weiter festgestellt, daß an und für sich diese Tätigkeit verhältnismäßig einfacher ist und eine geringere Vorbildung und Erfahrung voraussetzt als die Kontrolltätigkeit in der Rentenversicherung, die eine umfassende Kenntnis der gesetzlichen Vorschriften und der Rechtsprechung, auch des Reichsversicherungsamtes für die Zugehörigkeit zur Angestellten- oder Invalidenversicherung erfordert. Ich habe ferner klargestellt, daß der Überwachungsbeamte der Rentenversicherung in vielen Fällen neben der rein kontrollierenden eine beratende Tätigkeit ausüben muß. Die Fragen des Versicherungsverhältnisses, der Anwartschaft usw. muß er zu beantworten in der Lage sein, auch im übrigen zur Vermeidung von Rechtsnachteilen, die Versicherten und die Unternehmer beraten, während von dem Kontrollbeamten der Krankenkassen ein solches Maß von Wissen zunächst nicht verlangt zu werden braucht.

In einem Punkt b habe ich aber klargestellt, daß hingegen eine Rivalität, die zwischen den Trägern der Rentenversicherung der Arbeiter und Angestellten in gewissem Umfange als gegeben angenommen werden muß, zwischen den Trägern der Krankenversicherung einerseits und der Rentenversicherung andererseits nicht vorhanden ist, wenn es sich um zwei geschlossene Versicherungszweige handelt, die als solche sehr wenig miteinander zu tun haben. Ich habe auf die Vorschriften des Aufbaugesetzes hingewiesen und habe geglaubt, feststellen zu können, daß im Hinblick darauf, daß der Leiter der Krankenkasse von der Krankenversicherungsanstalt ernannt wird, man nicht davon ausgehen muß, daß die Führung der Kasse in Zukunft eine Richtung einschlägt, die ausschließlich die eigenen Belange berücksichtigt und kein Verständnis für die Belange der Invalidenversicherung aufzubringen vermag trotz des bestehenden grundsätzlichen Unterschiedes gerade hinsichtlich Aufbringung der Mittel. Ich glaube aber gleichwohl, daß die Schaffung einer gemeinsamen Kontrolleinrichtung möglich ist.

Ich habe mich dann auf den Standpunkt gestellt, daß eine Umgestaltung dieser auf die richtige Abführung der Beiträge gerichteten Kontrolle auch in der Krankenversicherung eine Reihe von Feststellungen erfordert, welche Versicherten beschäftigt werden, in welcher Art und Weise, gegen welches Entgelt sie tätig sind und dergleichen. Es liegt auf der Hand, daß auch in vielen Fällen der Kontrollbeamte der Krankenversicherung eingehende Ermittlungen anzustellen hat, die nicht allein für die Krankenversicherung abstrahiert werden können, sondern die auch für das gesamte Versicherungsverhältnis von Gefolgschaftsmitgliedern wichtig sind. Es erscheint uns unverständlich, warum die vom Kontrollbeamten der Krankenversicherung angestellten Erhebungen, die an sich schon in gleicher Weise die Träger der Rentenversicherung angehen, ihnen vorenthalten sind und durch besondere Kontrollbeamten mit demselben Aufwand an Arbeitskraft wieder für die Rentenversicherung sichergestellt werden. In Fällen dieser Art hat der Ausschuß keinen Zweifel, daß der Kontrollbeamte der Krankenkasse de lege ferenda verpflichtet sein muß, auch insoweit für die Rentenversicherung tätig zu sein. Denn wenn er sich sowieso mit den Versicherungsverhältnissen befassen muß, wenn er verpflichtet ist, alle von ihm angestellten Erhebungen, die auch die anderen Zweige berühren, dem anderen Versicherungsträger mitzuteilen, dann wird er in einer großen Zahl von Fällen in der Lage sein, büromäßig die notwendigen Folgen zu ziehen, ohne wieder einen besonderen Kontrollbeamten in Anspruch nehmen zu müssen. Darüber hinaus wird man dem Kontrollbeamten der Krankenversicherung ohne Schwierigkeiten zumuten können, in allen Fällen den Trägern der Rentenversicherung einen Bericht zu erstatten, in dem Umstände mitgeteilt werden, welche die Belange der anderen Versicherungszweige zu berühren geeignet sind. Wenn ein Schuldner längere Zeit mit Beiträgen im Rückstande ist, so kann man auch annehmen, daß die Marken für die Rentenversicherung nicht ordnungsmäßig geklebt worden sind. Umgekehrt kann man ohne weiteres dem Überwachungsbeamten der Rentenversicherung die Verpflichtung auferlegen, sich die Bestätigung der Anmeldungen und der Beitragsrechnungen der Krankenkasse von dem Unternehmer vorlegen zu lassen und die Krankenkasse zu benachrichtigen, falls irgendwo eine notwendige Anmeldung unterblieben ist. Wie mir bekanntgeworden ist, wird sogar dieses Verfahren schon seit einigen Jahren im Bezirk der LVA Berlin durchgeführt. Es hat sich dabei herausgestellt, daß damit keine nennenswerten Aufwendungen verbunden waren.

Eine wechselseitige Anzeigepflicht scheint mir auch ohne weiteres möglich zu sein, wenn sich bei einer Kontrolle herausstellt, daß die Vermögensverhältnisse eines Unternehmers eine schleunige Zwangsvollstreckung geboten erscheinen lassen. Er kann dann feststellen, daß der Betreffende finanziell sich in so schwieriger Lage befindet und man eventuell mit Konkurs rechnen muß. In diesem Falle muß er ohne weiteres die Pflicht haben, auch die anderen Träger der Sozialversicherung, also hier die Rentenversicherung, zu benachrichtigen. Ich habe aber geglaubt, auch schon hier nochmals ausdrücklich betonen zu müssen, daß auch diese doch zunächst nur teilweise gemeinsame Kontrolle durchgeführt werden kann, wenn die Forderung, die schon Herr Professor Dersch im ersten Teil seines Gutachtens erhoben hat, daß nämlich die bisher tätigen Kontrollbeamten der Krankenkasse einer gründlichen Aus- und Vorbildung unterworfen werden, erfüllt wird, einer Vorbildung, die es ihm ermöglicht, sich die notwendigen praktischen Kenntnisse des gesamten Versicherungsrechts anzueignen.

Zum Schlusse meiner Ausführungen bin ich darauf eingegangen, ob es nicht möglich ist, ganz allgemein, und zwar umfassend, die Kontrolltätigkeit in den beiden Versicherungszweigen der Renten- und Krankenversicherung miteinander zu verbinden. Bisher habe ich ja immer nur davon gesprochen, inwieweit man schon auch ohne eine Umorganisation den beiden Kontrollbeamten, die bisher noch erscheinen, zumuten kann, für den anderen Versicherungszweig ebenfalls tätig zu sein.

Ich habe nun geglaubt, daß man, wenn man sich auf den Standpunkt, den Herr Professor Dersch im ersten Teil seines Gutachtens vertreten hat, für die Rentenversicherung zunächst einmal besondere Kontrolleinrichtungen schafft und mit diesen Kontrollen Beamte beauftragt, die unabhängig von dem Versicherungszweige sind, und daß es dann auch möglich ist, die Außenkontrolle in der gesamten Reichsversicherung diesen besonders bestellten Kontrollbeamten zu übertragen. Dann ist es also im wesentlichen nur eine Frage der Ausbildung, ob man es dem betreffenden Beamten zumuten kann, im vollen Umfange sowohl die Interessen der Versicherten und der Unternehmer als auch die Belange sämtlicher Versicherungsträger wahrzunehmen.

Ministerialrat *Sauerborn:* Ich glaube, ich kann mich den Ausführungen der beiden Herren Referenten nur anschließen. Wenn etwas in dem ganzen Gutachten als schwacher Punkt gewertet werden kann, so ist es der aus der Notwendigkeit der Beseitigung der Rivalität hervorgehende Wunsch, die Kontrollbeamten so unterzubringen, daß diese Rivalität verschwindet. Wir haben uns das überlegt und haben uns gesagt, das Beste wäre es zweifellos, wenn sie einer Versicherungsbehörde angegliedert werden. Das ist der Punkt, der zunächst angegriffen werden könnte. Es handelt sich um echte Versicherungsträgeraufgaben, die an sich bei der bisherigen reinlichen Scheidung in Aufsichts- und Rechtsprechungsinstanzen und der Instanz, die als Träger der Aufgaben in Betracht kommt, eine gewisse Vermischung der Personen sichtbar werden lassen. Es ist ausdrücklich gesagt, daß sie nicht Beamte der Versicherungsträger sein sollen. Das würde aber sachlich nicht bedeuten, daß nicht gewisse Punkte von dort aus vorgebracht werden könnten. Aber es ist mißlich, wenn ein Beamter, der nicht bei einer Behörde tätig ist, bis zu einem gewissen Grade - und das bringt die Geschäftsführung mit sich - seine Anweisungen von einer anderen Stelle als seiner eigentlichen Behörde entgegennehmen soll. In diesem Punkt könnte vielleicht ein gewisser Schönheitsfehler hinsichtlich der Konstruktion gefunden werden, der aber immerhin nicht ganz leicht zu umgehen ist.

Ich habe mir die Sache überlegt und bin auf folgenden Ausweg gekommen. Könnte man entweder dadurch, daß man in dem Gutachten diesen Weg andeutet, oder, falls dieser Weg nicht für gangbar gehalten wird, dann vielleicht privatim folgenden Vorschlag machen, daß wir sagen: Die Rivalität besteht, sie wird auch bestehenbleiben; wenn die Gesetzgebung und auch die Rechtsprechung noch so weit fortschreitet, so wird es immer noch einzelne Fälle geben, die noch nicht ganz entschieden sind oder neue Fälle oder etwas anderes. Man kann dann dem Beamten - das würden relativ im Verhältnis zu dem ganzen Kontrollapparat seltene Fälle sein - auferlegen, diese Meldung an beide Stellen zu erstatten, an die zuständige Landesversicherungsanstalt und auch an die Reichsversicherungsanstalt, was nicht hindern würde, daß der Beamte zum mindesten bereits eine vorläufige Entscheidung trifft. Es ist doch mißlich, wenn der Beamte draußen mit allen den Leuten verhandelt und ihnen keine Auskunft geben kann. Er kann doch nicht sagen: Sie werden schriftlichen Bescheid bekommen; denn das sähe so aus, als wüßte er es selber nicht. Den Parteien gegenüber ist das ein unangenehmer Standpunkt. Für beide wäre dann die Möglichkeit gegeben, daß man sich auseinandersetzt.

Falls dieser Weg der Angliederung des Beamten an die Versicherungsbehörde nicht wünschenswert erscheinen sollte, dann wäre vielleicht als anderer Ausweg noch folgendes zu überlegen. Die Rivalität besteht zwischen den beiden Versicherungszweigen. An sich wird man von einer Rivalität innerhalb der Kranken- und Rentenversicherung in dem Sinne wohl nicht sprechen können, weil es sich da um ganz andere Dinge handelt. Hier könnte ein Beamter so handeln, daß er zunächst für die Krankenversicherung oder die Rentenversicherung einzieht, falls das Geld nicht ausreicht, um die sämtlichen Schulden zu decken. Der andere Versicherungszweig hätte dann zunächst das Nachsehen. Das würde zu keiner Zuspitzung führen. Man könnte den Schwierigkeiten dadurch begegnen, daß man eine anteilige Verrechnung des Betrages einführte. Da nun aber hier die Berührungs- und Kampfpunkte wesentlich kleiner sind, wäre es vielleicht für den Fall, daß die Angliederung an die Versicherungsbehörde nicht möglich wäre, denkbar, daß man die Beamten der Gemeinschaftsabteilung als besondere Beamte der Revisionsabteilung angliedert, - also nicht die, die das allgemeine Prüfungswesen der Krankenkassen haben, aber Leute, die eine größere Freiheit besitzen, damit sie unter keinem Druck stehen. Diese Angliederung würde selbstverständlich auch wieder auf Kosten aller drei Zweige gehen. Man würde bei dieser Gemeinschaftsabteilung schon eine gewisse Verbindung der Rentenversicherung mit der Krankenversicherung haben. An sich scheue ich ja heute diesen Einwand, daß man zwischen den Aufgaben der Versicherungsträger und denjenigen der Behörde nicht mehr so scharf unterscheidet, nicht mehr in dem Maß, wie es früher der Fall war. Früher war die Trennung vollkommen; aber heute bahnt sich doch im neuen Recht eine gewisse Verschiebung dieser Sache an. Es ist dann zweifellos, daß der Präsident der Landesversicherungsanstalt neuen Stils - nicht die Landesversicherungsanstalt, aber der Präsident - gewisse Aufgaben hat, die sehr stark an die Aufsichtstätigkeit herankommen. Wenn ich an die Revisionsabteilung mit ihrem Prüfungswesen erinnere, dann ist das etwas, was mit der Aufsicht doch sehr stark zusammenhängt. Es würde das nur mit der Konsequenz zusammenhängen, wer ist der Leiter der Landesversicherungsanstalt? Wenn das ein Staatsbeamter ist, der in dieser seiner Eigenschaft mehrfache Aufgaben hat, also die Leitung der Aufgaben des Versicherungsträgers und gewisse staatliche Funktionen, wie wir das auch bei anderen Stellen, z.B. beim Landrat haben, so könnte man darauf zurückkommen. Aber ich würde doch den Ausschuß bitten, auch noch zu erwägen, ob man nicht, falls diese zuerst vorgeschlagene Lösung, die Kontrollbeamten an die Versicherungsbehörden anzuschließen, nicht gangbar erscheint, auf die beiden anderen Wege hinweist und andeutet, daß nach Auffassung des Ausschusses auch hier Lösungsmöglichkeiten beständen. Meines Erachtens ist, wenn diese Mitteilungspflicht besteht, allen berechtigten Interessen Rechnung getragen. Schlimmstenfalls ist das Verfahren nach der Reichsversicherungsordnung vorgesehen. Falls man die neutrale Stelle auf anderem Wege erreichen kann, könnte man erwägen, ob man sie an die Revisionsabteilung der Krankenversicherung anschließen soll.

Vorsitzender: Wenn ich recht verstanden habe, dann wollten Sie mit dem Vorschlag erreichen, daß der Revisionsbeamte eine Entscheidung trifft, aber beim Versicherungsträger - in diesem Fall ist es die LVA und das RfA - gleichzeitig Mitteilung macht. Dadurch würden Sie gewissermaßen eine Vorverhandlung herbeiführen, ehe eine Beitragsstreitigkeit entsteht, die sonst durch das Versicherungsamt geschlichtet werden könnte.

Ministerialrat *Sauerborn:* Ich möchte den beiden Versicherungsträgern den Tatbestand zur Kenntnis bringen. Beide haben die Möglichkeit, den Tatbestand und die von dem Prüfer getroffene Entscheidung nachzuprüfen und, falls ihnen die Entscheidung nicht paßt, im Wege des Verwaltungsstreitverfahrens vorzugehen. Das ist in dem Augenblick nicht notwendig, wo die Beamten effektiv bei den Behörden tätig sind. Ob das Mißtrauen der beiden Anstalten dadurch geringer wird, ist auch noch eine Frage.

Vorsitzender: In der neuen Verordnung ist doch beim Reichsversicherungsamt eine Stelle dafür vorgesehen.

Ministerialrat *Sauerborn:* Das ist etwas anderes. Die Stelle beim Reichsversicherungsamt ist eine Einrichtung der Landesversicherungsanstalten. Sie ist kein Teil des Reichsversicherungsamtes, sondern wird nur in örtlicher Verbindung mit der Reichsversicherungsanstalt errichtet. Natürlich wird eine gewisse Kontrolle der Tätigkeit dieser Stelle durch das Reichsversicherungsamt zugunsten der Landesversicherungsanstalten durchgeführt. Es ist eine Gemeinschaftseinrichtung für die Rechnungsprüfung. Die Sache wird zur Zeit geprüft, es ist noch nicht entschieden. Man prüft nämlich folgende Frage: Wenn jetzt das Rechnungsprüfungswesen von den Verbänden auf die Landesversicherungsanstalt übernommen wird, so wird nach einem einheitlichen Plan die Unterverteilung der Prüfer auf die einzelnen Landesversicherungsanstalten erfolgen. Nun gibt es eine ganze Reihe von Dingen, die durch diese Stelle zweckmäßig nicht geprüft werden können. Es ist beispielsweise an die großen Kassen über 100 000 gedacht, bei denen die Verhältnisse ganz anders liegen als bei den kleineren und mittleren Kassen. Wenn nun ein Prüfer im Bezirk seiner Landesversicherungsanstalt vielleicht nur eine von diesen Kassen unter sich hat - eine ganze Reihe von ihnen wird überhaupt keinen haben -, so fehlt ihm jede Vergleichsmöglichkeit über die Güte und Zweckmäßigkeit der Verwaltung. Deshalb erscheint es zweckmäßig, daß hier eine Prüferelite besteht, durch die mehrere Kassen geprüft werden. Dann ist es notwendig, auch die Gemeinschaftsabteilungen der Landesversicherungsanstalten, die ebenfalls Krankenversicherungsträger sind, zu prüfen. Auch das wäre die Aufgabe der Gemeinschaftsstelle, die im Anschluß an das Reichsversicherungsamt zu errichten wäre.

Schließlich kann es auch Fälle geben, in denen die Aufklärung irgendeines Tatbestandes im öffentlichen Interesse schnell erfolgen muß. Dann würde man eben dieses „Überfallkommando" zur Verfügung haben, das man überall ansetzen kann. Wenn irgendeine Geschichte politisches Aufsehen erregt, weil etwa ein Fall von Unterschlagung oder dergl. passiert ist, würde man sofort diese Stelle ansetzen können und mit Hilfe dieser Stelle, in der besonders tüchtige Leute tätig sind, schnell für Aufklärung sorgen.

Oberregierungsrat *Kilian:* Es wäre vielleicht schon dann geholfen, wenn dem betreffenden Überwachungsbeamten die Pflicht auferlegt würde, Erhebungen, die er anstellt, den beiden Versicherungsträgern mitzuteilen. So einleuchtend mir das an und für sich ist, so habe ich doch gewisse Bedenken. Ich kann mich noch sehr lebhaft an meine Tätigkeit im Oberversicherungsamt erinnern, als ich z.B. Erhebungen darüber anstellen mußte, ob irgendein Vorarbeiter oder Werkmeister wirklich angestelltenversicherungspflichtig oder nur als Arbeiter invalidenversicherungspflichtig war. Ich habe die Beobachtung gemacht, daß fast schon die ganze Entscheidung in der Art der Erhebungen liegt. Wenn ich von vornherein darauf aus bin, nun möglichst alles aufzuzählen, was der betreffende Arbeiter an höher zu bewertender Tätigkeit ausgeübt hat, wenn ich meine Erhebungen in dieser Form abfasse und vielleicht die körperliche Arbeit des Betreffenden mehr in den Hintergrund stelle, dann weiß ich nicht, ob überhaupt die Versicherungsbehörde noch sehr viel Freiheit bei Entscheidung solcher Fälle hat. Sie wird schließlich zu dem Ergebnis kommen, nach den Erhebungen eher anzunehmen, der Betreffende sei invalidenversicherungspflichtig. Bei den Zeugenvernehmungen über die Abgrenzung der Berufsgruppen kommt es entscheidend darauf an, ob und wie derjenige von vornherein eingestellt ist, der diese Erhebungen macht. Ist er ein unabhängiger Beamter, wird er möglichst alles, was sowohl für wie auch gegen den einen oder anderen Versicherungszweig geltend gemacht werden kann, zusammentragen. Ich möchte aber bezweifeln, daß z.B., wenn wir überhaupt der Meinung sind, daß eine Rivalität besteht, der frühere Prüfer der LVA alles an höher zu bewertender Tätigkeit des Betreffenden ebenso genau zusammentragen würde wie der Kontrollbeamte der Landesversicherungsanstalt.

Ich möchte deshalb die Befürchtung aussprechen, daß dadurch, daß der Kontrollbeamte die Erhebungen den beiden Versicherungszweigen einschickt, doch kein ganz objektives Bild gewonnen werden kann. Schließlich sind ja die Ermittlungen zu Papier gebracht, und es ist recht schwer, auf Grund dieser Ermittlungen zu einem anderen tatsächlichen Ergebnis zu gelangen. Ich fürchte also, daß sich auch bei diesem Verfahren der Mangel bemerkbar machen würde, daß der Kontrollbeamte seinem Versicherungsträger nicht völlig unabhängig gegenübersteht. Als ich seinerzeit noch junger Anfänger war, habe ich verhältnismäßig große Schwierigkeiten gehabt. Der Betreffende wollte unbedingt angestelltenversicherungspflichtig sein, seine Kollegen hatten den Mann dauernd in den Himmel gehoben. Ich aber war sehr pessimistisch und habe mich möglichst nach der anderen Seite hin bemüht.

Ministerialrat *Sauerborn:* Mein Vorschlag ist nur ein Eventualvorschlag für den Fall, daß der Vorschlag des Ausschusses nicht durchführbar erscheinen sollte. Nur für den Fall suche ich nach einem Wege, wie man die Rivalität beseitigen könnte.

Professor Dr. Lutz *Richter:* Ich habe schon neulich darauf hingewiesen, daß wir die Sache zu sehr rein technisch unter dem Gesichtpunkt der Aufgabe der Kontrolle betrachten. Auf der andern Seite haben wir uns vor Weihnachten sehr darum bemüht, den Gedanken der Selbstverwaltung so herauszuarbeiten, daß die Organisation der Versicherungsträger und des Beirats dieser Selbstverwaltungsidee entspricht. Wenn wir nun heute dazu kommen, diese gesamte Aufgabengruppe der

Beitragskontrolle allen Versicherungsträgern zu nehmen und auf die staatlichen Aufsichtsbehörden zu übertragen, so setzen wir uns in einen gewissen Widerspruch zu unseren eigenen früheren Begründungen. Wenn man schon die Versicherungsträger als Selbstverwaltungsgebilde ansieht, dann gehört diese Beitragskontrolle zur Abrundung dazu, jedenfalls soweit die Krankenversicherung in Frage kommt. Ich würde den Ausführungen des Herrn Dersch insoweit zustimmen, als man die Kontrolle für die Invalidenversicherung und für die Angestelltenversicherung in dieselbe Hand legen soll und als mit Rücksicht auf die Rivalität nichts übrigbleibt, als diese Aufgabe einer behördlichen Stelle zu übertragen. Ich könnte das tun, weil in diesen großen Anstalten der Selbstverwaltungsgedanke ohnehin notleidend ist, weil sie nicht so sehr betonte Selbstverwaltungsgebilde sind. Aber bei der Krankenversicherung bin ich doch der Auffassung, daß die Beitragskontrolle, die dort eine ganz andere Bedeutung als bei der Rentenversicherung hat, zu den eigenen Aufgaben der Krankenkasse gehört.

Das sind natürlich keine Dinge, die man mit rationalen Gründen entscheiden kann. Man muß vielmehr in seine eigene Brust greifen und sich entscheiden: Entspricht das, was geplant ist, der Vorstellung von Selbstverwaltung oder nicht? Meiner Auffassung nach ist das nicht der Fall. Man kann also die Krankenkasse aus der gemeinsamen Beitragskontrolle ruhig herauslassen.

Ministerialrat *Sauerborn:* Ich sehe darin keine Wegnahme von den Versicherungsträgern und Übertragung auf Behörden. Ich sehe darin vielmehr den Wunsch, die Neutralität in irgendeiner Form zu sichern. Ich stelle mir die Sache so vor, daß die betreffenden Beamten bei einer Behörde angestellt sind, aber ihre Weisungen von den Versicherungsträgern empfangen. Die Versicherungsträger müssen also für die Tätigkeit dieser Beamten weisungsberechtigt bleiben. Es ist auch der Wunsch, Arbeit, die von mehreren Personen geleistet wird, zusammenzufassen, indem derselbe Beamte, der nun einmal in einem Betrieb tätig wird, die Arbeit sowohl für die Krankenversicherung als auch für die übrigen Versicherungsträger tut, was wesentlich zur Verbilligung der ganzen Sache beitragen würde.

Professor Dr. Lutz *Richter:* Wir haben jetzt drei verschiedene Positionen: Einmal die der beiden Herren Referenten und des schriftlich vorbereiteten Gutachtens, dann meinen sehr entschieden selbstverwaltungsbetonenden Standpunkt und endlich den vermittelnden Vorschlag von Herrn Ministerialrat Sauerborn. Sein Vorschlag hat, wie mir scheint, dieselben Schwierigkeiten psychologischer und organisatorischer Art in sich, die mit einer Doppelunterstellung notwendigerweise verbunden sind. Bei einem solchen System werden zweifellos ganz unnütze Reibungen provoziert. Der Mann, der kontrolliert wird, empfindet es als angenehm, wenn bloß ein Kontrolleur kommt und nicht drei. Aber das Gefühl der Zugehörigkeit zu bestimmten Versicherungsträgern leidet, wenn einer für drei kommt. Das scheint mir in die Krankenversicherung nicht hineinzupassen. Eine klare und psychologisch verständliche Situation für den draußen stehenden Beteiligten wird sich nicht ergeben.

Ministerialrat *Sauerborn:* Der Betrieb, der weiß, daß er durch den einen Beamten in allen drei Richtungen revidiert ist, wird froh sein, daß die Kontrolle vorbei ist. Ich gebe zu, daß Schwierigkeiten entstehen. Sie entstünden nicht, wenn alles beim alten bliebe. Aber dann ergibt sich wieder die Schwierigkeit, wie die Beiträge eingezogen werden können. Nachdem wir gesagt haben, daß der einheitliche Beitragseinzug gegenwärtig nicht möglich ist, bleibt mir nur noch die Frage, ob dann wenigstens für den Unternehmer Erleichterungen möglich sind. Der Unternehmer wird das begrüßen. Eine andere Frage ist es, ob [es] der Versicherungsträger begrüßt. Dann kommt die andere Frage: Ist dadurch, daß die Krankenversicherung einen Teil der Aufgaben der Rentenversicherung mitübernimmt, ein wesentlicher Teil der Arbeit zu verrichten? Viele werden das nicht für ausreichend erachten; denn für die schwierigen Fälle schicken sie ihre besten Beamten hin.

Vorsitzender: Für die Arbeitslosenversicherung kommt ein besonderer Prüfer. Aber ich persönlich stehe auf dem Standpunkt, den Herr Ministerialrat Sauerborn eingenommen hat. Es trifft nicht zu, daß sich der Betriebsführer irgendwie gehemmt fühlt; denn gerade von seiten der Betriebsführer ist immer wieder der Wunsch geäußert worden, daß *ein* Mann zu ihnen geschickt werde und nicht so viele. Das Interesse liegt also nur bei den Krankenkassen, die glauben können, man hätte ihnen einen Stein aus der Krone genommen.

Senatspräsident *Kühne:* Herr Ministerialrat Sauerborn wies darauf hin, daß man unterscheiden müsse zwischen der Ermittlungskontrolle, der Ermittlungsarbeit und der Beitragsüberwachung. Dazu ist zunächst einmal zu sagen, daß die Ermittlung, welcher Sparte ein Versicherungspflichtiger angehört, eine Aufgabe ist, an der ganz wesentlich mehrere Versicherungsträger notwendig beteiligt sind. Dagegen ist die Beitragsüberwachung eine Aufgabe, die grundsätzlich immer nur einen bestimmten Versicherungsträger angeht, sofern feststeht, daß der Beitrag überhaupt geschuldet wird. Nun gibt es Unternehmer, die ihrer Beitragspflicht nicht genügen. Um das festzustellen, wird ein Kontrollbeamter eingesetzt, der meines Erachtens von dem Versicherungsträger geschickt werden muß, dem der Beitrag geschuldet wird. Das ist aber auch eine ganz einfache Angelegenheit, für die verhältnismäßig wenig Fachkenntnisse notwendig sind und bei der andererseits ziemlich zahlreiche Kontrollgänge erforderlich sind.

Eine ganz andere Angelegenheit ist die Feststellung, ob die Versicherungspflicht überhaupt besteht oder nicht, bzw. welchem Versicherungsträger der Betreffende zuzurechnen ist. Gerade hier liegen die schwierigen Aufgaben, die eine besondere Ausbildung des Kontrollbeamten erfordern, für die keineswegs alle Angestellten geeignet sind. Das schadet aber nichts, wenn man die beiden Sparten in der Praxis vollkommen trennt, indem man die Beitragskontrolle bei unstreitigen Ansprüchen dem Versicherungsträger wie bisher überläßt, dagegen die schwierigen Ermittlungen einigen wenigen überträgt. Weil es sich hier notwendig um die Beteiligung mehrerer Versicherungsträger handelt, kann man nicht sagen, hier sei die Rivalität mehrerer Versicherungsträger maßgebend, sondern maßgebend ist das besondere Interesse des Staates daran, daß seine Gesetze so durchgeführt werden, wie er es sich gedacht hat. Für diese besonderen Aufgaben muß man Kräfte haben, die objektiv arbeiten und Beamteneigenschaft haben und nicht bei einem Versicherungsträger stationiert sind, sondern ihren Sitz bei einer Versicherungsbehörde haben müssen und ihr zugeteilt sind, und zwar nicht etwa in einer Doppeleigenschaft, indem sie teils der Behörde, teils dem Versicherungsträger unterstehen. Dann besteht nicht die Schwierigkeit, daß durch einen nicht unparteiischen Bericht die Versicherungsbehörde festgelegt wird, sondern dann wird die Ermittlung durch eine neutrale Behörde so vorgenommen, daß sie in einem etwaigen Streitverfahren die nötigen Unterlagen darstellt.

Wenn sich die Kontrollbeamten auf diese Ermittlungstätigkeit beschränken und wenn ich sie ferner als Beamte einer Versicherungsbehörde angesehen wissen möchte, so besteht nur noch die Schwierigkeit, welche Versicherungsbehörde das sein kann. Über das Schicksal der Versicherungsbehörden ist man sich bisher noch keineswegs im klaren. Wir wissen nur, daß das Reichsversicherungsamt eine etwas stärkere Stellung haben soll. Die Oberversicherungsämter ihrerseits haben zum Teil so große Bezirke, daß es für den einzelnen Ermittlungsbeamten ungeheuer schwierig sein wird, den ganzen Bezirk zu versorgen. Deshalb überlege ich mir, ob man diese Beamten nicht irgendeiner lokalen Stelle, die es wohl geben muß, anschließt. Daß man sie aber zu Beamten macht, halte ich für durchaus notwendig.

Ministerialrat *Sauerborn:* Ich bin mit Herrn Kühne darin einig, daß die Krankenkasse für die Ermittlungstätigkeit nicht in Frage kommt. Wenn jemand erst einmal gemeldet ist, braucht die Krankenkasse keinen Kontrollbeamten hinzuschicken, sondern sie sieht den Stand der Zahlungen in ihren Karten. Bei der Rentenversicherung liegen die Dinge anders. Da muß ebenso wie bei der Krankenversicherung eine Kontrolle vorhanden sein. Da ist aber auch die Beitragskontrolle notwendig.

Wenn man aber den Vorschlag von Herrn Kühne ganz durchdenkt und eine Trennung zwischen der Ermittlungstätigkeit und der Beitragskontrolle der Rentenversicherung vornimmt, wird der Spaß teuer; denn dann sind zwei Leute erforderlich bei einer Tätigkeit, die meines Erachtens in einem Geschäftsgang erledigt werden könnte. Wenn eine Sache gemeinsam gemacht werden kann, dann ist es die Ermittlungskontrolle für die drei Versicherungsträger und die Beitragskontrolle für die Rentenversicherung.

Senatspräsident *Kühne:* Bei der Rentenversicherung stelle ich mir die Sache so vor, daß zunächst eine Beitragskontrolle vorhanden ist, die vom Versicherungsträger ausgeht, und daß dann im Regelfalle, wenn also der Anspruch gar nicht bestritten wird, die Sache glatt gestellt wird, daß dagegen in den Fällen, in denen sich Zweifel ergeben, die der Kontrollbeamte nicht lösen kann, von ihm Meldung erstattet wird. Das sind nicht allzu viele Fälle. Es werden immer nur pathologische Fälle sein. Selbstverständlich wird die Ermittlungsstelle nur in diesen Fällen ihre Tätigkeit antreten. Ich glaube nicht, daß das eine besondere Verteuerung darstellt, sondern man wird vielleicht manche Arbeit vermeiden können.

Bei der Krankenkasse wird die Sache ähnlich liegen. Da spielt die Ermittlungstätigkeit eine viel geringere Rolle. Wenn da solche Fälle auftreten, würden sie der Versicherungsstelle zu melden sein, und diese hätte dasselbe zu leisten wie bei der Rentenversicherung. Aber im Regelfalle wird bei der Krankenversicherung die Sache nicht so schwierig sein, namentlich dann, wenn sich die Krankenversicherung mit der Invalidenversicherung überschneidet und die Sache schon in der Invalidenversicherung zum Ausdruck gebracht wird. In diesen Fällen wird die Versicherungspflicht bei der Krankenkasse in der Regel unbestritten vorliegen.

Oberregierungsrat *Kilian:* Ich habe dagegen Bedenken. Ich kann mir nicht denken, daß man in der Rentenversicherung die Tätigkeit als Beitragskontrolleur und als Ermittlungskontrolleur auseinanderziehen kann. Bei der Rentenversicherung werden die Kontrolleure angesetzt, gehen von Betrieb zu Betrieb und müssen ohne weiteres diese beiden Kontrollen ausüben. Bei der Krankenversicherung dagegen besteht der Unterschied, daß man schon im Büro die Unterlagen hat und feststellen kann, wie die Verhältnisse draußen stehen. Wenn festgestellt wird, daß jemand angemeldet, der Beitrag aber nicht bezahlt ist, wird die Krankenkasse einen Mann hinschicken, der den Beitrag einzieht. Bei der Krankenversicherung wird der eigentliche Kontrollbeamte erst dann tätig, wenn Zweifel über die Versicherungspflicht entstehen. Da kann man sehr scharf zwischen der reinen Ermittlungskontrolle und der Beitragskontrolle trennen. Aber bei der Rentenversicherung kann man keinen Unterschied machen. Denn da kann man die Beitragskontrolle nicht schon im Büro ausüben. In dem Augenblick, in dem der Kontrollbeamte einen Betrieb betritt, hat er auch sämtliche Versicherungsverhältnisse nachzuprüfen. Deshalb möchte ich diesem Gemeinschaftskontrolleur, der der Versicherungsbehörde angegliedert ist, alle Kontrollen übertragen mit Ausnahme der reinen Beitragskontrolle in der Krankenversicherung.

Dr. *Wischer:* Es ist darauf hingewiesen worden, daß die Beitragskontrolle eine ureigene Aufgabe des Versicherungsträgers sei und daß deshalb Bedenken bestünden, sie dem Versicherungsträger zu nehmen. Ich darf daran erinnern, daß wir uns seinerzeit dahin entschieden hatten, daß gewisse Aufgaben vom Beirat mit beeinflußt werden sollen.

Weiterhin ist gesagt worden, daß der Betriebsführer eine Vereinheitlichung der Beitragskontrolle begrüßen würde. Ich darf in diesem Zusammenhang erwähnen, daß auch der Versicherte selbst an einer ordnungsmäßigen Beitragskontrolle ein großes Interesse hat, besonders in der Rentenversicherung. Ich glaube, alles spricht dafür, die Beitragskontrolle übergeordneten Stellen zu geben. Die Erfahrungen, die ich in der Praxis gemacht habe, zeigen, daß bei Beitragsrückständen der Versicherungsträger nicht immer genug hinterher ist, damit der Versicherte vor Schaden bewahrt wird. Wenn eine übergeordnete Instanz die Kontrolle in die Hand bekommt, verspreche ich mir für den Versicherten sehr viel und glaube, daß mancher Schaden von ihm ferngehalten wird. Denn wenn der Versicherungsträger nicht energisch genug vorgeht, kann der Eindruck entstehen, als habe er kein besonderes Interesse daran, dem Versicherten zu seiner Rente zu verhelfen.

Es gibt auch noch andere Aufgaben, die man dem Kontrollbeamten übertragen könnte: die Ermittlung in der Rentenversicherung beim Rentenentziehungsverfahren; die Feststellung, ob der Rentenbezieher überhaupt noch als Invalide anzusehen ist. Ich komme auf diese Überlegung, weil in der letzten Zeit die Frage eine Rolle gespielt hat, inwieweit man die Reichsversicherungsanstalt für Angestellte für örtliche Aufgaben der Rentenversicherung einspannen kann.

Ministerialrat *Sauerborn:* Ich möchte Herrn Senatspräsident Kühne fragen, ob er beabsichtigt, das ganze Ermittlungswesen auf den Staat zu übertragen und dabei so weit zu gehen, daß Streitigkeiten zwischen Arbeitgeber und Versicherungsträger von der Behörde zu entscheiden sind.

Senatspräsident *Kühne:* So weit möchte ich nicht gehen. Das Beitragsstreitverfahren soll so weiterlaufen wie bisher. Im übrigen wäre das eine Frage des Verfahrens.

Professor Dr. *Dersch:* Ich möchte versuchen, Herrn Senatspräsident Kühne doch noch für den Bericht zu gewinnen. Wir sind uns wohl alle darüber einig, daß die Tätigkeit, die büromäßig erledigt werden kann, den Versicherungsträgern verbleibt. Eine Divergenz besteht nur in den Aufgaben der Außenbeamten. Herr Senatspräsident Kühne schlägt vor, die Beamten sollten nur die Grenzfragen in der Versicherungspflicht erledigen, nicht aber die einfachen Fälle, in denen die Versicherungspflicht unstreitig ist und nur die Beiträge rückständig sind. Ich denke, Sie könnten unserer Auffassung beitreten. Es handelt sich doch in der Praxis um die Fälle, in denen die Karten nicht in Ordnung sind. Ich kann nicht recht einsehen, weshalb der Beamte, der die Versicherungspflicht nachprüft, nicht auch gleich diese leichten Fälle erledigen soll. Wir würden dann eine zweite Gruppe von - minderqualifizierten - Beamten sparen. In der Krankenversicherung liegt die Sache anders. Da haben wir die Meldungen, und da kann die Prüfung rein büromäßig erfolgen. Mit Herrn Kollegen Richter werden wir uns allerdings wohl nicht einigen, denn da steht Ansicht gegen Ansicht; entweder erblickt man in der Neuregelung einen erheblichen Stoß gegen die Selbstverwaltung oder nicht. Nach meiner Ansicht kann die Selbstverwaltung diesen Stoß vertragen.

Vorsitzender: Welcher Versicherungsbehörde die Beamten anzuschließen sind, hat letzten Endes das Ministerium zu entscheiden. Wir könnten nur den Vorschlag machen, die Beamten an irgendeiner Stelle anzuschließen, aber nicht an die Versicherungsträger.

Senatspräsident *Kühne:* Ich möchte einen Ergänzungsvorschlag machen. Die Kontrolle wird durch dieselben Leute erfolgen können, die etwa beim Landesversicherungsamt, Abteilung Krankenversicherung, amtieren könnten. Es werden aber immer noch einige Fälle übrigbleiben, die Spezialermittlungen erfordern. Hier könnte ich mir denken, daß man eine Kontrollstelle schafft mit sehr wenigen, aber hochqualifizierten Beamten, die diese besonders schwierig gelagerten Fälle ermitteln. Diese Beamten müßten beim Oberversicherungsamt angegliedert sein.

Professor Dr. *Dersch:* Ich glaube, die besonders schwierigen Fälle werden sehr zahlreich sein.

Ministerialrat *Sauerborn:* Heute ist es so: Die Versicherungsträger stellen einen Fall fest; wenn eine Einigung nicht erfolgt, entscheidet das Oberversicherungsamt im Streitverfahren. Soll das nicht auch in Zukunft so bleiben können? Die Bedenken, daß die Ermittlungen nicht ausreichend seien, könnte man dadurch ausräumen, daß man besonders betont, daß die Oberversicherungsämter an die Ermittlungen nicht gebunden sind, sondern von sich aus noch die erforderlichen Ermittlungen vornehmen können. Dann könnten wir die besondere Beamtengruppe sparen. Ich weiß nicht, ob es so viele Fälle sein werden.

Vorsitzender: Früher waren es sehr viele Fälle, in denen die Versicherungspflicht von beiden Versicherungen beansprucht wurde. Jetzt haben diese Fälle erheblich nachgelassen. Wenn wir in dem Berufskatalog eine klare Linie schaffen und die Grenze genau ziehen, werden die Fälle noch seltener sein, in denen über die Versicherungspflicht eine Entscheidung getroffen werden muß.

Ministerialrat *Sauerborn:* Wenn es sich nicht mehr um viele Fälle handelt, würde es sich beinahe nicht mehr lohnen, eine besondere Beamtengruppe zu haben. Man würde vielmehr sagen: Ein ordnungsmäßig arbeitendes Oberversicherungsamt, das auch selbst Vernehmungen vornehmen kann, erfüllt die Aufgaben als Staatsbehörde.

Vorsitzender: Die Fälle, in denen das Oberversicherungsamt selbst der Sache nachgeht, sind nicht so zahlreich. Ich muß leider sagen, daß sehr viele Oberversicherungsämter nach dem entscheiden, was in den Akten steht.

Senatspräsident *Kühne:* Ich kann Herrn Ministerialrat Sauerborn darin beitreten, daß man die Normalkontrolle Kontrollbeamten überträgt, die bei der Krankenversicherung angegliedert werden. Ich glaube, diese Regelung wird die Krankenkassen nicht vor den Kopf stoßen, da die Beitragsüberwachung im wesentlichen eine Bürokontrolle ist. Im übrigen muß ich sagen, daß die preußischen Oberversicherungsämter leider zu einem großen Teil Versager sind. Man legt dort einfach die Akten zugrunde, oder man bittet das Amtsgericht, Zeugen zu vernehmen. Der Amtsrichter kennt die Sozialversicherung nicht. Man sollte Vorsorge treffen, daß bei jedem Oberversicherungsamt ein besonders informierter Ermittlungsbeamter angestellt ist. Dadurch würde auch die amtsgerichtliche Vernehmung erspart. Aber das überschreitet schon unser Thema.

Vorsitzender: Es wird also vorgeschlagen, daß man die Beamten der Landesversicherungsanstalt, Abteilung Krankenkasse, angliedert, die mit den Krankenkassen sehr innig zusammenhängt.

Professor Dr. Lutz *Richter:* Dieser Vorschlag wäre mir schon sympathischer.

Oberregierungsrat *Kilian:* Hier ergibt sich eine große Schwierigkeit. Hätten wir nur die Invaliden- und Krankenversicherung, dann wäre die Sache einfach. Aber solange die Rivalität zwischen Invaliden- und Angestelltenversicherung besteht, wird die Angestelltenversicherung Bedenken haben. Sie wird sagen, daß sie eigene Prüfer haben wolle.

Ministerialrat *Sauerborn:* Ich komme zu meinem Vorschlag, die Beamten in der Gemeinschaftsabteilung der Krankenversicherung auszubilden, von dem Gesichtspunkt her, daß die Rivalität, wie sie zwischen Invaliden- und Angestelltenversicherung besteht, in diesem Ausmaß zwischen Rentenversicherung und Krankenversicherung nicht besteht und nicht bestehen kann, sondern daß hier an der Feststellung des Tatbestandes, ob überhaupt eine Versicherungspflicht besteht, ein gleich großes Interesse vorhanden ist. Ich ergänze meinen Vorschlag dahin, daß in den streitigen Fällen an beide in Betracht kommenden Versicherungen ein kurzer Tatbestand zu überweisen ist, so daß die Versicherungen das Material haben. Auf der anderen Seite besteht die Frage, ob die Beamten in der Lage sind, das Interesse der Selbstverwaltung am Beitragseinzug, also die Kontrolle der richtigen Abführung und des richtigen Klebens der Marken mitzumachen.

Vorsitzender: Ich würde kategorisch sagen: nach nationalsozialistischen Grundsätzen gibt es keine Rivalität. Warum soll man das nicht sagen?

Dr. *Wischer:* Herr Ministerialrat Sauerborn meinte, daß die Stelle, die die Überwachung zu übernehmen hat, den Tatbestand dem Versicherungsträger mitteilen sollte. Eingangs hat er gesagt, daß der Überwachungsbeamte schon eine vorläufige Entscheidung treffen muß. Wenn er nun eine solche Entscheidung trifft, und es kommt bei den Verhandlungen doch etwas anderes heraus, dann haben wir wieder den mißlichen Zustand, daß der Überwachungsbeamte eine falsche Entscheidung getroffen hat, wodurch sein Ansehen erheblich leidet.

Oberregierungsrat *Kilian:* Ich glaube, wir kommen zu einem Ergebnis, wenn wir diese beiden Eventualfälle hier erörtern und sagen: entweder so oder so. Nachdem wir einmal der Rivalität in dem Gutachten einen ziemlich großen Raum gegeben haben, können wir die Beamten herausheben, und es wäre zu erwägen, sie entweder zu wirklichen Beamten zu machen oder, wenn Bedenken dagegen wegen der Selbstverwaltung erhoben werden sollten, sie an die Gemeinschaftsabteilung der Krankenversicherung anzugliedern.

Ministerialrat *Sauerborn:* Ich schlage vor zu sagen: Der Ausschuß sieht folgende Möglichkeiten vor: ... [Im Original offengelassen.]

Vorsitzender: Sind die Herren damit einverstanden? (*Zustimmung.*) Dann werden wir das Gutachten in diesem Sinne abgeben. Die größtmöglichste Vereinfachung und vor allen Dingen die Beschleunigung des Verfahrens werden bei der kommenden Neuregelung eine ausschlaggebende Rolle spielen. Das werde ich noch mit dem Herrn Staatssekretär Krohn besprechen. Infolgedessen wird die nächste Sitzung wahrscheinlich erst kurz vor Pfingsten stattfinden, weil ich beabsichtige, noch zwischendurch an einer Referentenbesprechung teilzunehmen.

Andererseits interessiert mich noch die Frage, wie man einen Weg finden kann, um den Versicherungsträgern zu den Beiträgen zu verhelfen, die ihnen böswillig nicht gezahlt werden. Im Sozialamt der Deutschen Arbeitsfront häufen sich die Fälle, daß die betreffenden Versicherungsträger von den Maßnahmen, die ihnen die RVO ermöglicht, zu wenig Gebrauch machen und zu nachsichtig sind. Wir haben schon versucht, den Treuhänder in solchen Fällen zum Eingreifen zu bewegen. Zum Beispiel gibt es hier in Berlin eine Firma, die schon seit drei Jahren für ihre Leute keine Beiträge zur Invalidenversicherung zahlt. Ich habe es nicht geschafft, den Treuhänder hier zum Eingreifen zu veranlassen. Der Stellvertreter des Treuhänders hat hier lediglich eine ganz lose Entscheidung gefällt. Dagegen ist ein Treuhänder in Westfalen sehr scharf vorgegangen. Es läuft dort augenblicklich ein Fall, in dem er einen solchen Arbeitgeber vor das Ehrengericht bringen wird. Wir müssen in den Beratungen der Akademie Mittel und Wege finden, um Abhilfe zu schaffen. In Ostpreußen sind die Dinge geradezu katastrophal. Vor allen Dingen in der Großlandwirtschaft sind Beitragsrückstände für die Sozialversicherung von 40 000 bis 50 000 Mark keine Seltenheit. Ich werde Gelegenheit nehmen, mit Herrn Staatssekretär Krohn darüber zu sprechen, und die nächste Sitzung dieses Ausschusses wird nach dieser Besprechung kurz vor Pfingsten stattfinden.

Ich schließe die Sitzung.

(Schluß der Sitzung: 16 Uhr 10 Minuten.)

X. Protokoll der Sitzung vom 8.10.1935 (Reform des Verfahrens in der Sozialversicherung)

(Beginn der Sitzung: 14 Uhr 25 Minuten.)

Reform des Verfahrens der Sozialversicherung

1. Berichterstatter: Prof. Dr. Lutz *Richter* (Leipzig). (Ein *gedrucktes Referat* [nicht überliefert] ist den Ausschußmitgliedern vorher zugegangen.)

In Ergänzung meines schriftlichen Referats möchte ich zunächst darauf hinweisen, daß in dem Verfahrensbuch der Reichsversicherungsordnung ebenso wie in den Verfahrensbestimmungen der anderen sozialen Versicherungsgesetze verschiedene Dinge nebeneinander geregelt werden und daß man zunächst in zweifacher Hinsicht eine Trennung vornehmen muß.

Erstens muß bei dem *materiellen Umfang des Verfahrens* zwischen Rechtsprechungsverfahren - Spruchverfahren - und Verwaltungsverfahren - Beschlußverfahren - eine Trennung vorgenommen werden. Das Rechtsprechungsverfahren findet hauptsächlich bei der Feststellung der Versicherungsleistungen und dann auch bei anderen Angelegenheiten Anwendung, die den Namen „Spruchsachen" führen. Das Beschlußverfahren ist formal im Sinne eines Verwaltungsgerichtsverfahrens aufgebaut; es handelt sich dabei also um einen Prozeß, der sich vor einem Gericht abspielt, und nicht um ein Verwaltungsverfahren, das sich bei der Verwaltung abspielt. Dem Gegenstande nach handelt es sich dabei in Einzelfällen auch wieder um wirkliche Rechtsstreitigkeiten, in der Mehrzahl der Fälle aber um reine Verwaltungsangelegenheiten. Bei der jetzigen gesetzlichen Regelung kommt die Aufsicht in ihrer Wichtigkeit und staatspolizeilichen Würde nicht hinreichend zur Geltung, wenn auch Besonderheiten nach meiner Ansicht durchaus dem Sinne der Aufsicht entsprechen, so z.B. der Umstand, daß der Vorsitzende allein zu entscheiden hat und die Beisitzer nicht mitzureden haben. Das kommt aber in der Verfahrensordnung der Sozialversicherung nur nebenbei zur Geltung.

Die zweite Überschneidung, die sich im geltenden Recht findet und zu einer scharfen Unterscheidung nötigt, ist bei dem *Verfahren zur Feststellung der Leistungen* zu beobachten, die der Versicherungsträger gegebenenfalls zu bringen haben wird. Dabei gibt es einen Verfahrensabschnitt, der sich im Schoße des Versicherungsträgers abspielt, und einen anderen, der sich vor den Versicherungsbehörden abspielt. Aber in den formulierten Gesetzesbestimmungen sind diese beiden sachlich notwendigen Abschnitte nicht so deutlich getrennt, wie es wünschenswert wäre, so daß es für die Bevölkerung sehr schwer ist zu erfassen, was hier rechtens sein soll.

In diesen beiden Richtungen werden wir für unsere Beratungen eine deutliche Trennung vornehmen müssen, unbeschadet der Frage, wie man später beim Aufbau eines Verfahrensgesetzes im einzelnen vorgehen soll.

Hinsichtlich der früher schon von mir aufgestellten Forderung, daß Rechtsprechung und Verwaltung auch hinsichtlich der Behörden zu trennen seien, beziehe ich mich auf meine schriftliche Äußerung und verzichte auf weitere Ausführungen, da hier die Entscheidung anders gefallen ist, als es mir wünschenswert erscheint.

Ebenso will ich auf den Hinweis nicht weiter eingehen, daß man nach meiner Meinung die Arbeitsgerichtsbehörden weitgehend in die Sozialversicherung einschalten könnte. Aber auch hier scheint mir die gesetzgeberische Entscheidung bereits entgegen meiner Auffassung gefallen zu sein.

Hingegen möchte ich trotz der gesetzgeberischen Entscheidungen, die gefallen sind, eine andere Frage hier behandeln, nämlich die Tatsache, daß es in dem überlieferten Recht Fälle gibt, in denen Akte der Verwaltung einer verwaltungsgerichtlichen Nachprüfung unterliegen. Die Frage, ob es im nationalsozialistischen Staat überhaupt noch eine *Verwaltungsgerichtsbarkeit* geben soll, ist lebhaft umstritten worden; man hat vielfach die vollständige Abschaffung der Verwaltungsgerichtsbarkeit überhaupt gefordert. Auf diesem Gebiete ist aber im Grunde die gesetzgeberische Entscheidung für die Beibehaltung der Verwaltungsgerichtsbarkeit in einem vernünftigen Umfange insofern bereits gefallen, als die Deutsche Gemeindeordnung, die sich selbst als Grundgesetz des neuen Staates bezeichnet, in sehr erheblichem Umfange die Verwaltungsgerichtsbarkeit vorsieht. Außerdem äußert sich für unser Gebiet das Aufbaugesetz dahin, daß es in Sozialversicherungsgesetzen eine Verwaltungsgerichtsbarkeit geben soll; denn sonst hätte es keinen Sinn, eine oberste Spruchbehörde einzusetzen. Daß an der Verwaltungsgerichtsbarkeit in der Sozialversicherung festgehalten werden soll, scheint mir auch das Ergebnis unserer Besprechungen in München zu sein. Unsere Fragestellung beschränkt sich also jetzt hauptsächlich auf den Umfang, den die Verwaltungsgerichtsbarkeit in der Rechtsprechung haben soll. Damit hängt die Frage nach der Zuständigkeit für die einzelnen Verfahrensverrichtungen zusammen, die innerhalb der Sozialversicherung vorkommen.

Dabei müssen wir von der Tatsache ausgehen, daß die Versicherungsträger bei ihrer Tätigkeit unausweichlich auch Verfahrensbeteiligte sind. Denn wenn ein Versicherungsträger Leistungen gewähren muß oder nach freiem Ermessen geben kann, und es macht jemand auf eine solche Leistung einen Rechtsanspruch oder bittet darum, so ist das, was beim Versicherungsträger einsetzt, eine Prozedur, ein Stück Verfahren, und zwar ein Verfahren, an dem der Versicherungsträger in anderer Weise beteiligt ist als ein Richter. Ich habe schon in meinen Veröffentlichungen zum Ausdruck gebracht, daß der Versicherungsträger gegenüber dem Leistungsanspruch Partei ist, ebenso wie er Partei ist, wenn er Beiträge verlangt oder eintreibt, und Partei ist, wenn er sich schlüssig macht, ob er ein Heilverfahren gewähren soll oder nicht. Natürlich ist der Versicherungsträger hier nicht Partei in dem Sinne, wie sich im Zivilprozeß zwei Gleichberechtigte als Parteien gegenüberstehen. Das Verfahren, das in diesen Fällen Platz greift, ist nicht Rechtsprechung, ist auch kein instanzielles Verfahren, sondern die Stellungnahme des Versicherungsträgers ist die Stellungnahme der anderen Partei. Trotzdem ist natürlich die Partei, die hier im Versicherungsträger vor uns steht, ein Subjekt des öffentlichen Rechts, und der Versicherungsträger führt öffentliche Verwaltung, auch wenn er zu einzelnen Leistungsansprüchen Stellung nimmt oder wenn er sich entschließt, ob er in einem Falle Beiträge eintreiben soll oder nicht. Zugleich ist dieser Versicherungsträger Selbstverwaltungsgebilde. Wenn auch von anderer Seite im Gegensatz zu meiner Stellungnahme scharf ausgesprochen worden ist, daß es sich hier nicht um Selbstverwaltungsträger, sondern einfach um staatliche Anstalten handle, so sind wir uns doch in diesem Ausschuß schon früher über den Selbstverwaltungscharakter der Versicherungsträger vollkommen klargeworden. Ein Selbstverwaltungskörper kann aber einerseits Verwaltung führen, ist jedoch andererseits noch lange nicht von der staatlichen Gesamtordnung losgebunden, sondern vielmehr planmäßig darin eingefügt: er steht unter Aufsicht usw. Aus dem Selbstverwaltungsgedanken ergeben sich also keine Bedenken dagegen, dem Versicherungsträger selbständige und auch endgültige Entscheidungen zu überlassen. Zu der Grundkonstruktion der Reichsversicherung würde es nicht in Widerspruch stehen, wenn der Versicherungsträger aus vollkommen eigener Entschließung und Verantwortung zu Fragen, die auftauchen, auch zu Rechtsfragen, Stellung zu nehmen hat. Daß er dabei rechtmäßig verfährt, dafür kann schon durch die Aufsicht gesorgt werden. Allerdings muß aus dem Selbstverwaltungscharakter nicht gefolgert werden, daß nun etwa alle Akte vollständig der staatlichen Nachprüfung unterliegen müßten.

Aus dem Wesen der Versicherungsträger selbst gewinnen wir also keinen Maßstab dafür, in welchem Umfange Verwaltungsgerichtsbarkeit vorzusehen ist. Wir müssen uns also nach anderen Maßstäben umsehen. Da ist nun grundsätzlich festzustellen, daß im nationalsozialistischen Recht eine gewisse *Einschränkung der Verwaltungsgerichtsbarkeit* zu beobachten ist. Für eine möglichst sparsame verwaltungsgerichtliche Nachprüfung spricht bei der Reichsversicherung noch der besondere Grund, daß dadurch noch eine ungeheure Fülle von Geschäften entstehen und eine lange Dauer des Gesamtverfahrens sich ergeben würde, so daß in vielen Fällen der Beteiligte, selbst wenn er schließlich siegen sollte, nichts gewinnt, wenn er dafür ein sehr langes Hinausschieben der Endentscheidung eintauscht. Das Bestreben, das Verfahren rascher zu Ende zu führen als bisher, ist wichtiger und muß im Vordergrunde stehen. Deshalb möchte ich die Versicherungsträger in ziemlich weitem Umfange endgültig und selbständig entscheiden lassen und den Rechtsweg nur für besonders wichtige Fragen offenhalten.

Daraus ergibt sich, daß für das Verfahren über Ansprüche wiederum zwei Abschnitte zu unterscheiden sind:

1. das Verfahren des Versicherungsträgers,

2. das Verfahren vor den Versicherungsbehörden, die dabei als Verwaltungsgerichte tätig werden.

Zu 1: Verfahren des Versicherungsträgers

Für den Versicherungsträger handelt durchweg der Leiter verantwortlich. Daraus darf nicht gefolgert werden, daß nun etwa jede noch so kleine Entscheidung oder Prüfung vom Leiter zu erledigen ist; das wäre praktisch undurchführbar. Vielmehr ergehen im Geschäftsgang Entschließungen und Entscheidungen über Leistungsforderungen, Beiträge usw. vielfach nicht vom Leiter, sondern von untergeordneten Personen; der Leiter muß unbedingt einen Teil der ihm an sich zustehenden Geschäfte auf seine Gehilfen abschieben. Diese Gehilfen sind, z.B. in Ortskrankenkassen, vielfach recht untergeordnete Gehilfen, die Entscheidungen am Schalter treffen. Eine solche Erledigung durch untergeordnete Bedienstete des Versicherungsträgers ist für den Normalfall unbedenklich, wenn der andere sich dabei beruhigt.

Wenn aber diese Vorherentscheidung dem Wunsche des anderen Beteiligten nicht gerecht wird, dann muß die Möglichkeit bestehen, innerhalb des Versicherungsträgers in einem geordneten Verfahren eine verantwortliche Entschließung herbeizuführen, d.h. es muß ein *Einspruch* vorgesehen werden, der entweder an den Leiter selbst geht oder, wenn dessen Geschäftsumfang zu groß ist, an einen qualifizierten Gehilfen des Leiters. Hier muß verfahrensrechtlich eine genauere Ordnung geschaffen werden als bisher; es muß vorgesehen werden, 1. unter welchen Voraussetzungen der Einspruch gegen Entscheidungen untergeordneter Gehilfen eingelegt werden kann, 2. wer darüber zu entscheiden hat, ob der Leiter oder einer seiner Gehilfen, 3. in welcher Form und in welcher Frist die Entscheidung zu ergehen hat. Ferner müssen Vorkehrungen getroffen werden, durch die die letztliche Verantwortlichkeit des Leiters gewahrt wird.

Zu 2: Verfahren vor den Versicherungsbehörden

Das eigentliche Einspruchsverfahren soll nicht etwa in jedem Falle Platz greifen, in dem der Beteiligte sich mit der zweiten, abschließenden Entscheidung des Versicherungsträgers nicht beruhigen will, sondern hier muß eine Auswahl der möglichen Rechtsfälle eintreten. Die Methode der Zulassung derartiger Rechtsmittel ist bisher so gewesen, daß durch eine Generalklausel zunächst dieses Rechtsmittel allgemein zugelassen und dann nur für einzelne ziemlich enge Gruppen ausgeschlossen wurde. Mir scheint der umgekehrte Weg richtig zu sein: Es müssen genau umschriebene Dinge festgesetzt werden, in denen solche verwaltungsgerichtlichen Behelfe überhaupt zulässig sind. Welche Gruppen sich zur Aufnahme in diese Listen eignen, braucht jetzt nicht erörtert zu werden. Maßgebend muß der Gesichtspunkt sein, welche praktische Bedeutung diese Entscheidungen haben. Der Maßstab kann aber nicht etwa aus dem Wert des Streitobjektes entnommen werden, der bei der Regelung der Zulässigkeit der Instanzen im Zivilprozeß maßgebend ist. Damit ist man schon bei der Arbeitsgerichtsbarkeit nicht durchgekommen, und auch bei der Sozialversicherung wird der Wert des Streitobjektes überhaupt keine Rolle spielen können, sondern der sachliche Gehalt des Streitgegenstandes maßgebend sein müssen.

Der Rechtsbehelf, mit dem der Weg zum Verwaltungsgericht beschritten wird, muß einen klaren, sachgemäßen Namen haben. Ich bin für den Namen *Klage.* Man soll nicht von Berufung, Beschwerde usw. reden; denn es beginnt ein ganz neues Verfahren, das nicht mehr Verwaltung, sondern Gerichtsbarkeit ist: es wird ein Dritter angerufen, und dafür erscheint der Ausdruck „Klage" zutreffend.

Wie soll nun dieses Verwaltungsgerichtsverfahren aussehen? Ich bin der Ansicht, daß *eine Tatsacheninstanz* genügt. Wir haben jetzt die Merkwürdigkeit, daß in den meisten Versicherungszweigen nur eine Revision zugelassen ist, daß aber in einzelnen Fällen ein Rekurs, d.h. eine zweite Tatsacheninstanz vorgesehen ist. Dafür scheint mir kein Bedürfnis zu bestehen. Ich möchte dem einen Riegel vorschieben und die Zentralinstanz davor bewahren, daß sie ganz unnötigerweise mit einer großen Fülle von Geschäften durch die Nachprüfung von Tatsachen belastet wird. Eine Tatsacheninstanz genügt.

Für diejenigen Fälle, in denen wegen der Schwierigkeit der Rechtsfrage eine Nachprüfung im Rechte geboten ist, und um eine einheitliche Rechtsbildung und Rechtsanwendung wahren zu können, ist es aber notwendig, eine für das ganze Reich zuständige einheitliche oberste Zentralbehörde als *zweite Rechtsinstanz* zu haben.

Das Rechtsmittel, das diesen Verfahrensabschnitt einleitet, will ich zunächst als Revision oder, um ein deutsches Wort zu gebrauchen, als Rechtsrüge bezeichnen.

Die Revisionsgründe könnten dieselben sein, die jetzt im Gesetz vorgesehen sind.

Die Frage, gegen welche Entscheidungen der ersten Instanz eine Rechtsrüge zulässig sein soll, möchte ich dahin beantworten, daß nach einer Beschränkung gesucht werden muß, ebenso wie ich es eben bei der Klage getan habe. Nicht gegen jedes Urteil der ersten Instanz darf die Revision gegeben sein, sie muß stärker beschränkt werden als bisher. Die Entscheidung darüber, welche Sachen revisionsfähig sein sollen, kann man in der Sozialversicherung leider nicht nach dem meines Wissens bewährten Vorgange des Arbeitsgerichtsgesetzes in die Hand der unteren Stelle legen, gegen deren Entscheidung das Rechtsmittel vorgebracht werden soll. Denn der zuerst entscheidende Versicherungsträger ist nicht wie das Arbeitsgericht erster Instanz Gericht, sondern als Versicherungsträger Partei; ihm kann man also diese Befugnis nicht einräumen. Hier entsteht also die Schwierigkeit, sich darüber schlüssig zu werden, welche Stelle darüber entscheiden soll, welche Art von Sachen revisionsfähig gemacht werden sollen.

Nachdem ich so das Nötige über den sachlichen Inhalt und den äußeren Gang des Verfahrens gesagt habe, entsteht nun die Frage: Wie soll das organisatorisch aussehen, d.h. *welche Versicherungsbehörden* soll es geben?

Nun scheint es mir selbstverständlich zu sein, daß wir, wenn wir zwei Rechtszüge haben, auch nur die untere und die obere Stufe der Behörden brauchen. Die obere ist das Reichsversicherungsamt, die untere will ich einstweilen Oberversicherungsamt nennen. Daraus folgt, daß die Versicherungsämter in ihrer jetzigen Gestalt wegfallen könnten. Für die verbleibenden Stufen Oberversicherungsamt und Reichsversicherungsamt ist dann natürlich zu verlangen, daß sie mit entsprechend vorgebildetem Personal ausgerüstet werden und daß dieses hinreichend qualifiziert ist.

Zu der Frage der Besetzung mit Berufsbeamten kommt außerdem die Frage hinzu, ob noch Beisitzer hinzugezogen werden sollen. Ich bin dafür, und zwar aus den gleichen Gründen, die wir für den Selbstverwaltungsgang der Versicherungsträger angeführt haben.

Das wäre das Wesentlichste zum Rechtsprechungsverfahren, das den eigentlichen Kern der Sache bildet. Auf das Verwaltungsverfahren möchte ich zunächst nicht eingehen und möchte nur etwas über das Verhältnis zwischen den Versicherungsbehörden, von denen ich sprach, und den Versicherungsträgern bemerken. Durch Gesetz ist entschieden, daß den Versicherungsbehörden auch künftig die Aufsicht über die Versicherungsträger zufällt. Wie sie sich im einzelnen verteilt, das geht in die Einzelheiten und braucht nicht besprochen zu werden. Aus der Aufsichtsaufgabe heraus kann die Existenz der Versicherungsämter nicht gerechtfertigt werden, und ich glaube, daß diese Aufsicht über die Krankenkassen ohne weiteres den Oberversicherungsämtern zufallen würde. Angängig würde es auch sein, sie den Landesversicherungsanstalten zu übertragen. Dagegen hätte ich allerdings Bedenken, weil die Landesversicherungsanstalten selber Versicherungsträger sind. Also, die gleichen Behörden, die die Rechtsprechung in Sozialversicherungssachen ausüben, würden auch allein die Aufsicht führen, und damit wäre das erreicht, was Herr Professor Dersch am Herzen liegt, daß nämlich die weitere Aufsichtstätigkeit und Rechtsprechungsarbeit sich wechselseitig befruchten.

Hinzu kommt die sonstige Verwaltungstätigkeit der Versicherungsbehörden neben der Aufsicht. Im Grunde genommen ist das nicht sehr viel, und ich glaube, daß man dafür eine ausgebaute Verfahrensordnung gar nicht braucht. Insbesondere braucht man im Verwaltungsverfahren und erst recht im engeren Aufsichtsverfahren die Mitwirkung von Beisitzern nicht; denn die in der Selbstverwaltung tätigen Personen passen da schlecht hin, und das wäre demnach zu beseitigen.

Ich komme nun noch zu einzelnen Punkten in der Verfahrensregelung. Zunächst einmal muß die Verfahrensdauer abgekürzt werden, und man muß darüber wirklich Klarheit erzielen. Aus diesem Grunde möchte ich das Hin und Her zwischen Versicherungsträgern und Versicherungsämtern, das heute noch besteht und in einigen Bestimmungen der Reichsversicherungsordnung vorgeschrieben ist, ganz beseitigen. Denn es handelt sich dabei lediglich um ein Überbleibsel der Verfahrenskonstruktion, die die Reichsversicherungsordnung ursprünglich versucht hatte. Daß diese Verfahrenskonstruktion bereits als ein Fehlgriff erkannt worden ist, braucht nicht erst bewiesen zu werden, da das die Gesetzgebung bereits selber festgestellt hat. Zum Beispiel wird der Versicherungsträger auf das Gutachten, das das Versicherungsamt in Rentensachen abgeben muß, verzichten können. Wird ein solches Gutachten wirklich einmal gebraucht, dann kann es vom Versicherungsamt erbeten werden und braucht nicht besonders vorgesehen zu sein. Ich würde die Mitwirkung der Versicherungsbehörden im ersten Verfahrensteil, der sich vor dem Versicherungsträger abspielt, wegfallen lassen. Nur eins wird notwendig sein, nämlich die Unfalluntersuchung. Diese Unfalluntersuchung ist aber nach der heutigen Regelung trotz einer gewissen Mitwirkung des Versicherungsamtes im wesentlichen Aufgabe der Polizei, um die man nicht herumkommen wird, weil sie sofort an Ort und Stelle ist. Eine frühzeitige objektive Festlegung der Tatbestandsstücke bei einem krassen Unfallereignis ist unentbehrlich, aber auch über das Polizeiliche hinaus. Denn es muß erwogen werden, wie eine frühzeitige Mitwirkung z.B. der Ärzte zur Feststellung der Auswirkungen eines Unfalles sicherzustellen ist. Das jetzige System ist noch nicht ganz gut. Ich mache aber dazu keine Vorschläge, sondern möchte nur darauf hinweisen, daß auch das ein besonderer Punkt unserer weiteren Untersuchung sein wird.

Vorsitzender: Ich danke Herrn Professor Dr. Lutz Richter für sein Referat. Nur noch eine Frage habe ich. Herr Professor Lutz Richter wollte einen bestimmten Teil der Fälle ausschalten, die schon einwandfrei im Verfahren beim Versicherungsträger geklärt worden sind, so daß es nicht notwendig ist, in jedem Falle eine Klage zu erheben.

Professor Dr. Lutz *Richter:* So habe ich es gemeint. Ich möchte meine Formulierung noch schärfer fassen: Grundsätzlich entscheidet der Versicherungsträger ebenso wie eine Verwaltungsbehörde in der allgemeinen Verwaltung selber und abschließend, und die verwaltungsgerichtliche Klagemöglichkeit bildet demgegenüber die Ausnahme, die für ganz bestimmte wichtige Gruppen von Fällen zugelassen wird.

Mitberichterstatter Professor Dr. *Dersch:* Bei meinen Ausführungen scheide ich zunächst wie Herr Professor Dr. Lutz Richter das Beschlußverfahren noch aus, da darüber noch mehr auszuführen sein wird. Im übrigen bin ich sehr weitgehend mit den Ausführungen meines Herrn Vorredners einverstanden, kann mich jedoch in einigen grundsätzlichen Punkten ihm nicht völlig anschließen.

Zunächst einmal kommt es, rein praktisch gesprochen und um die für mich wesentlichen Punkte herauszustellen, auf folgendes hinaus: 1. Beseitigung des Versicherungsamtes! Das bedeutet also Ausschaltung der bisherigen Tätigkeit des Versicherungsamts in der Krankenversicherung als unterste Instanz im Leistungsverfahren, ferner in der gleichen Position: Ausschaltung des Versicherungsamts, das nur hilfsweise in der Rentenversicherung tätig ist. In diesem kleinen Reststückchen bleibt dann noch die Unfallversicherung. 2. Beseitigung des formellen rechtskraftfähigen Rentenbescheides in der Renten- und in der Unfallversicherung aus erster Hand, und nur Extrahierung eines solchen Bescheides auf einen Einspruch hin! 3. Eine Berufung oder Klage nur in begrenztem Umfange, d.h. praktisch gesprochen: Beseitigung des jetzigen Weges, mit der Berufung unter allen Umständen in eine zweite Instanz gehen zu können! 4. Wesentliche Begrenzung der Revision in den Fällen, in denen eine Revision an und für sich Platz greifen soll, und gänzliche Beseitigung einer oberen Tatsacheninstanz, d.h. völlige Abschaffung des Rekurses!

Das sind für mich die wesentlichen praktischen Punkte, die sich herausheben. In meinen Ausführungen möchte ich nun eigentlich weniger auf eine theoretisch saubere dogmatische Konstruktion Wert legen, sondern mehr auf Grund meiner praktischen Erfahrung einzelne Punkte etwas näher untersuchen. Dabei werde ich allerdings teilweise zu einer abweichenden Auffassung kommen.

Entsprechend dem nationalsozialistischen Grundzug einer Beseitigung des Grundsatzes der Gewaltenteilung, der sehr scharf im alten Staat beobachtet wurde, wird man auch darauf abkommen, künftig eine Vermengung von Verwaltungsverfahren und Verwaltungsgerichtsverfahren vorzunehmen. Man wird vielleicht auch sagen können: Es wird in großem Umfange Verwaltungsstellen geben, die eine echte Gerichtsbarkeit ausüben, ohne daß sie jedoch zu Gerichten werden. Im Ganzen haben wir drei Stellen, die, übereinander gelagert, tätig werden: Unterste Stelle ist der Versicherungsträger, mittlere Stelle das Oberversicherungsamt und obere Stelle die Zentralentscheidungsinstanz, das Reichsversicherungsamt.

Hinsichtlich der untersten Stelle habe ich im Einklang mit Herrn Professor Dr. Lutz Richter keine Bedenken, da wir es unzweifelhaft hier mit echter Selbstverwaltung zu tun haben, dagegen, daß man dieser Stelle auch Rechtsprechungs- und Entscheidungsbefugnisse gibt. Eine Personalunion ist hier durchaus nicht abzulehnen, und ich trete hier ganz meinem Herrn Vorredner bei. Anderer Auffassung bin ich dagegen, daß diese Stelle nicht echte rechtskraftfähige Entscheidungen aus erster Hand treffen soll. Ich vermisse da zunächst noch eine mich überzeugende Begründung dafür, warum das nicht geschehen soll. Herrn Professor Dr. Lutz Richter stimme ich durchaus zu, wenn er ein umständliches Zustellungsverfahren beseitigt wissen will. Den Rentenbescheid dagegen auszumerzen, halte ich für sehr bedenklich, da wir dadurch in einen ähnlichen Zustand kämen, wie wir ihn früher in der Unfallversicherung hatten, der aber überwunden worden ist, und zwar mit vollem Recht, da er einen beträchtlichen Leerlauf zur Folge hatte. Ich meine, es ist zu umständlich, ein formelles Verfahren in allen Versicherungszweigen einzurichten, das man Einspruchsverfahren oder Widerspruchsverfahren nennt. Ich würde in der Krankenversicherung ruhig das formlose Verfahren lassen und es meinetwegen mit der Möglichkeit des Widerspruchs an den Vorsitzenden oder an den Spruchausschuß ausstatten, würde jedoch in der Rentenversicherung nicht unter allen Umständen ein solches Vorverfahren vorlagern.

Dann hätte ich noch eine Frage: Soll das Widerspruchsverfahren nur in einer begrenzten Zahl von Fällen möglich sein oder soll ...

Professor Dr. Lutz *Richter:* Verzeihen Sie, Herr Professor Dersch, ich habe den Eindruck nach Ihren Worten, mich nicht deutlich genug ausgedrückt zu haben. Ich wollte folgendes sagen: Prinzipiell müßten alle Verwaltungsakte, die beim Versicherungsträger vor sich gehen, vom Leiter vorgenommen werden. Insofern wären sie dann innerhalb des Versicherungsträgers auch abschließend. Nun sage ich: Das geht praktisch nicht, und zwar überall da nicht, wo es Massengeschäfte von geringer Bedeutung gibt. Nun bin ich der Ansicht, daß nicht enumeriert werden müßte, in welchen Fällen man nachher an den Spruchausschuß gehen kann, sondern umgekehrt schwebt mir vor, daß man aus den an sich dem Leiter zufallenden Entscheidungen solche durch Aufzählung abzweigt, die der Leiter durch ein untergeordnetes Organ oder durch Angestellte erledigen lassen kann. Das wären z.B. die Bescheidung der kleineren Leistungsansprüche der Krankenversicherung, die Bescheidung der kleineren Ansprüche der Arbeitslosenversicherung und auch in der Renten- und Angestelltenversicherung die Fälle, in denen die Frage der Invalidität und Berufsunfähigkeit außer Zweifel steht, wo es sich gewissermaßen nur um das Ausrechnen von Wartefristen und dergleichen handelt. Hiergegen gibt es dann den Einspruch. Dagegen wollte ich nichts einwenden, sondern nur dagegen, daß besonders wichtige Entscheidungen, bei denen es erfahrungsgemäß nachher doch zu Auseinandersetzungen kommt, von vornherein in diesem formellen Verfahren erledigt werden.

Vorsitzender: Es besteht hier ein kleiner Unterschied zwischen der Krankenversicherung und der Rentenversicherung. In der Krankenversicherung ist die Sache klar. In der Rentenversicherung gibt es aber keine Zwischenbescheide irgendwelcher Art, sondern nur den Rentenbescheid und auf der anderen Seite den Ablehnungsbescheid. Wenn einwandfrei feststeht, daß der Antragsteller die Wartezeit nicht erfüllt, die Anwartschaft nicht gewahrt hat oder Invalidität nicht vorliegt, dann schreibt man zurück: Sie haben die Wartezeit noch nicht erfüllt, Sie müssen noch soundsoviel Beiträge nachliefern, oder: der Arzt hält Sie für noch nicht invalide, nehmen Sie Ihren Antrag zurück. Das ist eine Vereinfachung der Verwaltung, die allerdings nicht vorgesehen ist und deshalb streng genommen nicht besteht.

Professor Dr. Lutz *Richter:* Wenn sich das eingebürgert hat, könnte man es ja legalisieren, nur halte ich es nicht für richtig, da, wo das formlose Verfahren nicht ausreicht, um zu einer endgültigen Erledigung einer Angelegenheit zu kommen, trotzdem auf einem formlosen Verfahren zu beharren.

Mitberichterstatter Professor Dr. *Dersch:* Dann ist dieser eine Punkt erfreulicherweise geklärt. Das, was ich vorhin ausführte, richtet sich dann lediglich noch gegen das abgezweigte Vorverfahren. Hier bleiben meine Bedenken allerdings bestehen, weil man in der Krankenversicherung das Vorverfahren entsprechend der jetzigen Lage für alle Sachen wählen würde und weil man auf der anderen Seite in der Rentenversicherung nach meiner Überzeugung keine Sachen hat, die so geringwertig sind, daß sie mit einem Vorverfahren abgespeist werden könnten; so daß man immer gewärtig sein müßte, daß der Betreffende doch weiter geht.

Ich komme jetzt zu einem besonders wichtigen Punkt, bei dem ich anderer Auffassung bin als mein Herr Vorredner und über den wir uns nachher wohl noch zu unterhalten haben werden. Nach meiner Überzeugung ist es nicht ratsam, dem Versicherungsträger, so sehr man auch Vertrauen zu einem Selbstverwaltungskörper als Entscheidungsstelle haben kann, einen Entscheid aus erster Hand zu geben und zu sagen: Du hast über dir in gewissen Fällen nicht einmal das Damoklesschwert des Rechtszuges. Denn dann ist der Versicherungsnehmer dem Versicherungsträger ausgeliefert, der nicht aus seiner Haut heraus kann, er wird seine eigenen finanziellen Belange in den Vordergrund stellen, wird fiskalisch denken, und der Versicherte kann nichts weiter unternehmen. Das kann ich nicht mitmachen. Der Versicherte muß die Möglichkeit haben, sein Recht bei einer Stelle, einer rein staatlichen Stelle, die mit der Selbstverwaltung nichts zu tun [hat], zu finden, wenn es ihm nicht gegeben worden ist. Ich meine also: Nicht die Enumerationsmethode, sondern die Generalklausel unter Herausnahme der Fälle, bei denen eine Anrufung dieses Rechtsweges nicht möglich sein soll. Dabei möchte ich Herrn Professor Lutz Richter insofern entgegenkommen, als ich durchaus bereit wäre, die Bagatellsachen beim Versicherungsträger zu belassen und nicht erst das Oberversicherungsamt damit zu belästigen. Das muß aber vorsichtig herausgesucht werden. Die lange Dauer der Sachen hängt vielfach damit zusammen, daß sie unsachgemäß behandelt werden. Ihrer Natur nach brauchten sie nicht drei und vier Jahre anhängig zu sein. Die einzelnen Sachen werden viel zu breit getreten, und man versteht es nicht, gleich den springenden Punkt herauszubekommen. Das Argument der Arbeitsüberlastung dürfte hier also nicht so sehr ins Gewicht fallen.

In der Eigenart des Verfahrens liegt es, daß es auch heute noch etwas umständlich ist. Die Fristen, innerhalb deren jemand eine Sache mitgeteilt werden muß, kann man künftig in der Gesetzgebung beschränken. Ich meine also, man kann hinsichtlich der Erneuerung des Verfahrens gewiß schon so viel tun, daß man irgendein brauchbares Gegengewicht findet.

Bei der dritten Instanz trete ich Herrn Professor Dr. Lutz Richter durchaus darin bei, die Revision nach Möglichkeit zu beschränken. Erfreulich ist es, daß er die Revision nicht mit Stumpf und Stiel ausrotten will. Viele Praktiker sogar wollen die Revision radikal beseitigen, immer in dem irrigen Glauben, daß es sich um zu viel Sachen handle, daß sich die Arbeitslast übermäßig auftürme und die Betreffenden von wichtigeren Aufgaben abgezogen würden. Das widerspricht jedoch den Tatsachen.

Dagegen bin ich in einem Punkt anderer Auffassung, und zwar über die Wahlrevision und den vielleicht daneben noch möglichen Rekurs. Soll die Revision nach der Enumerationsmethode nur für bestimmte Gruppen von Fällen zugelassen werden oder soll es so gemacht werden wie im arbeitsrechtlichen Verfahren, daß die untere Instanz eine Sache wegen grundsätzlicher Wichtigkeit der Revision zugänglich machen soll? Grundsätzlich die Revision zuzulassen, ist mein Standpunkt. Man müßte sie aber von vornherein auf gewisse Gruppen beschränken, die sehr weit zu fassen wären. Damit würde sich das andere erübrigen, daß man die Revision dann außerdem noch in bestimmten anderen Sachen von der Instanz aus zuläßt. Ich betone, daß sich das arbeitsgerichtliche Verfahren bewährt hat, und ich würde es im Einklang mit meinem Herrn Vorredner begrüßen, wenn man in die Sozialversicherung etwas Ähnliches hineinbringen könnte, würde indessen bedauern, wenn das, was sich in der Sozialversicherung in dieser Hinsicht bisher bewährt hat, dadurch über Bord geworfen würde. Ich meine also, daß eine Kombination des Verfahrens nach dem Arbeitsgerichtsgesetz und dem Verfahren, das in der Sozialversicherung besteht, viel für sich hätte. Vor Jahren habe ich das bereits einmal angeregt. Es ist aber leider nicht übernommen worden. Ich würde die Kombination auch für die Arbeitsgerichtsbarkeit als einen wesentlichen Gewinn betrachten.

Beim Rekurs kann man zweierlei Auffassung sein. Die Erfahrungen des Versicherungsamts sprechen jedoch mehr dafür, den Rekurs in einem begrenzten Umfange zuzulassen, natürlich nicht für die Rentenversicherung, aber für die Unfallversicherung. Ich darf jedoch Herrn Dr. Kilian die weiteren Ausführungen zu diesem Punkt überlassen.

Vorsitzender: Ich danke Ihnen, Herr Professor Dersch, für Ihre Berichterstattung. Das Wort hat nun Herr Oberregierungsrat Dr. Kilian.

Mitberichterstatter Oberregierungsrat Dr. *Kilian:* Im wesentlichen bin ich der Auffassung, die Herr Professor Dersch soeben geäußert hat, und ich möchte nur auf einige Punkte besonders eingehen. Ich glaube, sagen zu können, daß sich das Verfahren in der Renten- und der Unfallversicherung im großen und ganzen bewährt hat. Für die Akademie ist es jedoch wichtiger, hier zunächst einmal das Verfahren in der Krankenversicherung zu untersuchen. Denn gerade das Verfahren der Krankenversicherung wird man am ehesten angreifen können. Dieses Verfahren ist so schleppend und leidet unter einem solchen Hin und Her von Schriftsätzen, daß ein halbes Jahr oder vielleicht noch länger vergeht, bis man schließlich zur endgültigen Entscheidung des Versicherungsamtes kommt. Daran schließt sich dann noch das Berufungsverfahren, das auch wieder verhältnismäßig lange dauert. Ich glaube, daß das Verfahren vor dem Versicherungsamt völlig fehl am Platze ist und daß in ihm sehr viele unnötige Schriftsätze gewechselt werden. Nun fragt es sich, ob es möglich ist, daß schon der Versicherungsträger selber einen Bescheid erteilt, aus dem von vornherein hervorgeht, aus welchen Gründen eine beantragte Leistung von der Krankenkasse abgelehnt worden ist. Kommt ein Versicherter mit einem solchen Bescheide der Krankenkasse zur nächst höheren Instanz oder geht er damit zur Rechtsberatungsstelle der Deutschen Arbeitsfront, so kann ihm ohne weiteres der betreffende Bearbeiter, den er um Rat fragt, erklären: Nach Lage der Sache ist eine weitere Klage aussichtslos oder aussichtsvoll. Zu prüfen wäre, ob das beim Versicherungsamt schwebende Verfahren dadurch abgekürzt oder beseitigt werden kann, daß von der Krankenkasse selber eine Entscheidung genauso wie in der Rentenversicherung gefällt wird. Ich habe mir alles, was dafür oder dagegen spricht, überlegt und bin zu dem Ergebnis gekommen, daß im Hinblick auf Art und Menge der Anträge bei den Krankenkassen es nicht möglich ist, von vornherein wie in der Unfall- und der Rentenversicherung zu verlangen, daß die Krankenkassen berufungsfähige Bescheide erteilen. Der Geschäftsgang in den Krankenkassen geht anders vor sich wie in einer großen Anstalt, bei der selbstverständlich nicht so viele Anträge gestellt werden wie gerade im Schalterraum einer Krankenkasse.

Ich schlage deshalb vor, das derzeitige Verfahren beizubehalten, d.h. der Versicherte wendet sich zunächst an den Schalterbeamten und erhält von ihm Auskunft darüber, ob er Anspruch auf eine Leistung der Krankenversicherung hat. Beruhigt er sich bei dieser Auskunft, dann brauchen über die Angelegenheit weitere Erwägungen nicht mehr angestellt zu werden; beruhigt er sich nicht, dann möchte ich ihm zunächst ohne Beschränkung auf eine Einspruchsfrist, sondern ganz formlos das Recht zusprechen, das maßgebende Organ, also den Leiter, zu bitten, nunmehr von sich aus eine authentische Entscheidung zu treffen. Der Leiter wird die Sache dann prüfen und dem Versicherten eine schriftliche Entscheidung zukommen lassen, die in vielen Fällen sehr kurz sein kann. Für gewisse Fälle möchte ich dem Leiter der Krankenkasse das Recht zuerkennen, wobei im Gesetz noch Näheres festgelegt werden müßte, bei der Entscheidung einen Ausschuß zu Rate zu ziehen. Wünschenswert wäre es dabei, daß er zwei Laien bei dieser Entscheidung hinzuziehen könnte. Dem Versicherten würde nunmehr die erste offizielle Entscheidung der Kasse zugestellt werden, die dann bei der nächst höheren Instanz anfechtbar wäre. Meinem Herrn Vorredner stimme ich darin bei, daß es sehr viele Fälle gibt, wo eine Klage des Versicherten gegen die Entscheidung des Leiters ein Unding wäre. Das sind die einfach gelagerten Fälle. Natürlich müßte man sehr vorsichtig vorgehen, in welchen Fällen die Entscheidung des Leiters als endgültig zu bezeichnen wäre. In anderen Fällen würde ich grundsätzlich dem Versicherten die Möglichkeit geben, die nächst höhere Instanz anzurufen. In diesem Verfahren bedürfte es einer genauen Vorschrift darüber, in welcher Zeit diese Klage oder Berufung eingereicht werden könnte.

Wenn nun die zweite Instanz gesprochen hat, dann ergibt sich die Frage, wie weiter verfahren werden soll. - Ich persönlich neige der Auffassung zu, daß generell eine Revision möglich sein soll. Denn es ist unangenehm, die Einschaltung des Reichsversicherungsamtes nur von dem guten Willen der Spruchkammer abhängig zu machen. Gerade bei meinen Kursen sind mir mehrfach Fälle genannt worden, in denen das Oberversicherungsamt unbedingt hätte abgeben müssen, teilweise aber sogar bewußt nicht abgegeben hat mit der Begründung, die Entscheidung des Reichsversicherungsamtes aus dem Jahre 1900 sei überhaupt nicht mehr maßgebend, und sie selbst entschiede nunmehr endgültig. In solchen Fällen ist leider keine Remedur gegeben. Deshalb möchte ich die Revision grundsätzlich zulassen, aber selbstverständlich nicht allgemein, sondern nur in einer ganz bestimmten Anzahl von gegenständlich fest umrissenen Angelegenheiten. Welche Dinge das sind, kann im Rahmen eines allgemeinen Referats nur schwer dargelegt werden.

In den anderen Versicherungszweigen muß man es unbedingt bei dem bisherigen Verfahren belassen. Ob sich der Versicherungsträger noch mit dem Versicherten in Verbindung setzt, bevor er den schriftlichen Bescheid erteilt, ist eine Sache, die man den Versicherungsträgern überlassen kann. Jedenfalls kann man in der Rentenversicherung verlangen, daß in jeder Angelegenheit ein Bescheid erteilt wird, da ja bei einer Versicherungsanstalt selbstverständlich nicht alle Tage Hunderte von Anträgen eingehen.

Auch an der Berufung wird man generell nichts ändern können. Aber auch da möchte ich grundsätzlich der Auffassung von Herrn Professor Richter zuneigen, allerdings mit der von Herrn Professor Dersch hervorgehobenen Einschränkung: vorsichtig vorgehen und prüfen, in welchen Fällen eine Berufung beim Oberversicherungsamt nicht in Frage kommt. Es gibt auch eine ganze Reihe von Fällen, die rein rechnerisch zu prüfen sind. Allerdings möchte ich auch vorschlagen, da sehr vorsichtig vorzugehen und generell die Berufung zuzulassen, allerdings in gewissen Fällen die Berufungsmöglichkeit einzuschränken.

Nun komme ich zur letzten Instanz. Auch da sollte in der Rentenversicherung die Revision generell in demselben Umfange wie bisher beibehalten werden; aber auch da wäre zu prüfen, in welchen Fällen die Revision ausgeschlossen ist. Ich könnte mir denken, daß man dem Katalog, der sich augenblicklich in der Reichsversicherungsordnung findet, noch eine ganze Reihe Nummern anfügen könnte, in denen die Revision ausgeschlossen ist.

Nun komme ich zum Rekurs bei der Unfallversicherung. Auch hier hat man sich schon oft mit der Frage beschäftigt, ob nicht die Revision eingeschaltet werden könnte. Das Reichsversicherungsamt hat vor einigen Jahren offiziell vorgeschlagen, den Rekurs durch die Revision zu ersetzen. Auch ich hatte das ursprünglich ohne weiteres für möglich gehalten. Nachdem ich Gelegenheit hatte, auch praktisch die Auswirkung der Revision zu sehen, kann ich in der größten Anzahl der Fälle keinen Unterschied zwischen dem Rekurs und der Revision sehen. Nun liegen doch die Verhältnisse folgendermaßen. Bei der Rentenversicherung kommen Tatfragen, und zwar festumrissene Tatbestände nicht vor. Selbstverständlich ist der Krankheitszustand des Versicherten ein Tatbestand. Aber diese Fragen sind in der Rentenversicherung nicht zu entscheiden, ob nun ein bestimmtes, festumrissenes Ereignis den Versicherungsfall auszulösen imstande ist. Gerade die Abteilung I des Reichsversicherungsamtes befaßt sich in Hunderten von Entscheidungen mit der Frage, ob überhaupt der Unfall als erwiesen angesehen werden kann. Das Reichsversicherungsamt hat in seiner sehr großen Rechtsprechung immer wieder die Frage zu prüfen gehabt, ob eine Lösung vom Betriebe vorliegt, ob z.B. der Heimweg unterbrochen worden ist. Das sind Tatfragen, die es bei der Rentenversicherung nicht gibt.

Nun habe ich beobachtet, daß diese Dinge in vielen Fällen zur Entscheidung des Reichsversicherungsamts kommen und daß dieses im Rekursverfahren die Zeugenvernehmung ganz anders gewürdigt hat als das Oberversicherungsamt. Man kann selbstverständlich solche Dinge auch im Revisionsverfahren beurteilen. Wenn man zu dem Ergebnis kommt, daß die bisher gehörten Zeugen keine Stütze für eine Entscheidung bieten können, kann man die Entscheidung des Oberversicherungsamtes aufheben, ist aber dann genötigt zurückzuverweisen. Ebenso liegt es, wenn eine Sache zur Sprache kommt, die sich mit dem ursprünglichen Zusammenhang eines Leidens mit einem Unfall befaßt, wenn eine Reihe von Gutachten erstattet worden sind, die zum Teil wenig schlüssig sind. Da ist es beim Reichsversicherungsamt viel einfacher, selbst ein Gutachten einzuholen und womöglich durch eine Verfügung eine Sache als aussichtslos oder als offenbar begründet zu entscheiden. All das wäre nicht mehr möglich, wenn in der unteren Instanz die Revision eingeführt würde.

Eins ist richtig: Wenn man die Tätigkeit des Reichsversicherungsamtes möglichst einschränken und in der Unfallversicherung möglichst viele Tatbestände der Entscheidung des Reichsversicherungsamts entziehen will, dann könnten vielleicht die übrigbleibenden Streitigkeiten im Wege der Revision entschieden werden. Es ist ja die große Krux bei der Unfallabteilung des Reichsversicherungsamtes, daß sie nur darüber zu entscheiden hat, ob ein Unfall eine Rente von 30% oder von 40% ausgelöst hat. Man kann aber unmöglich in diesen Katalog hineinschreiben, daß Gradfragen der Entscheidung des Reichsversicherungsamts entzogen sind; denn dann würden Rechtsmittel nicht mehr mit Gradfragen begründet, sondern der ursprüngliche Zusammenhang würde hineingezogen werden. Selbst wenn wir den Katalog der nicht zur Entscheidung des Reichsversicherungsamtes gelangenden Sachen noch weiter ausdehnen, werden außerordentlich viel Fälle übrigbleiben, bei denen sich das Reichsversicherungsamt praktisch mit Tatfragen zu beschäftigen hat. Deswegen kann ich mich nicht dazu entschließen, auch in der Unfallversicherung den Rekurs ohne weiteres durch die Revision zu ersetzen.

Herr Professor Dersch hat mit Recht angeführt, daß es die Revisionsinstanz in sehr vielen Fällen in der Hand hat, z.B. wenn neue Gutachten vorgelegt werden, zu sagen: die Entscheidung der ersten Instanz ist aufgehoben, weil das Recht der freien Beweiswürdigung überschritten ist. Aber nun ist das Gutachten bei den Akten, und es ist schlüssig. Also hat die oberste Instanz nun die Möglichkeit, als Berufungsinstanz zu entscheiden. Praktisch sehe ich keinen großen Unterschied. Aber in unserem Falle glaubte ich, betonen zu müssen, daß es nur eine große Belastung des Reichsversicherungsamtes wäre, wenn man ihm die Möglichkeit nähme, von sich aus die Beweiserhebung oder ein neues Gutachten einzufordern.

Vorsitzender: Durch alle drei Referate geht einwandfrei der Gedanke hindurch, daß von uns aus die Versicherungsämter als überflüssig betrachtet werden. Das ist ein Kardinalpunkt, der nun erst mit Herrn Staatssekretär Krohn besprochen werden muß. Denn es gab eine Zeit, in der grundsätzlich auch die höheren Dienststellen dieser Ansicht waren. Dann aber kam eine Zeit, in der man sie nicht für überflüssig hielt. Wie man im Augenblick darüber denkt, weiß ich nicht. Ich werde daher die Ergebnisse unserer heutigen Besprechung Herrn Staatssekretär Krohn vortragen und hören, wie er sich persönlich stellt.

Ich muß allerdings aus meiner Erfahrung heraus sagen, daß immer die Sachen, die mit der Unfallversicherung zusammenhängen, die längste Zeit erfordert haben. Mir ist vor kurzem ein Fall bekanntgeworden, wo 4 1/2 Jahre vergangen sind, ehe die Entscheidung des Reichsversicherungsamtes getroffen wurde. Wir müssen unbedingt einen Weg finden, der zu einer schnelleren Entscheidung führt.

Als mein Herr Vorredner bei der Rentenversicherung von Fällen sprach, die an sich klar sind, führte er die Wartezeit und die Anwartschaft an. Aber gerade die Anwartschaft ist ein außerordentlich verzwicktes Verfahren. Ich kann aus eigener Praxis feststellen, daß in komplizierten Fällen hier unter sechs Herren sieben verschiedene Meinungen auftauchten. (Professor Dr. Lutz *Richter:* Wäre es dann nicht richtiger, das materielle Recht klarer zu gestalten?!) - Es wäre in der Invalidenversicherung sicherlich viel einfacher, wenn man es genauso machte wie bei der Angestelltenversicherung, also ein Jahr nähme. Dann wären alle Kompliziertheiten bei der Anwartschaft behoben. Aber hier geht es immer um Ansichten und Meinungen, und wenn man glaubt, der Sache endlich auf den Grund gekommen zu sein, dann kommt irgendein spitzfindiger Kopf mit irgendeiner neuen Meinung.

Ministerialrat *Sauerborn:* Unsere Dienstreise hat ergeben, daß unser Urteil über die Versicherungsämter richtig ist, soweit es sich nicht um großstädtische Versicherungsämter handelt. Die definitive Entscheidung darüber, was werden soll, ist nicht gefallen, weil noch andere Fragen hier hineinspielen, die über das Verfahrensrecht und die Gerichtsbarkeit weit hinausgehen und deshalb eine besondere Rolle spielen. Wir brauchen aber hier die Versicherungsämter nicht in ihrer Totalität zugrunde zu legen. Das Motto, unter dem wir hier arbeiten - Vereinfachung und Beschleunigung der Verfahren -, ermöglicht uns eine Beratung unabhängig von den großen Debatten.

Herr Kilian hat absolut mit Recht den merkwürdigen Verlauf eines Verfahrens beim Versicherungsamt geschildert. Allerdings glaube ich, daß er bezüglich der Dauer etwas zu pessimistisch ist. Im allgemeinen fallen bei den Versicherungsämtern die Entscheidungen sehr schnell - sind aber auch danach! Daß die Versicherungsämter eine besonders sachverständige Stelle seien, kann man nach der Möglichkeit, die den Beamten der Versicherungsämter rein zeitlich für die Beschäftigung mit solchen Dingen zur Verfügung steht, kaum annehmen, auch nicht nach der Ausstattung der Versicherungsämter mit Hilfsmitteln. Es ist in Tausenden von Fällen nachzuweisen, daß die Beamten des Versicherungsamtes, die zur Entscheidung berufen sind, sobald eine Rechtsfrage auftritt, sich zunächst einmal mit Material und Kommentar bei der Krankenkasse eindecken und, weil sie nicht wissen, wo es überhaupt stehen könnte, auch noch den Rat des Geschäftsführers erbitten, um die Entscheidung vorzubereiten. Daß unter diesen Umständen das heutige Verfahren vor den Versicherungsämtern unzureichend ist, daß sie überhaupt ihren Aufgaben nicht gewachsen sind, liegt auf der Hand. Es ist überflüssig, es nützt niemand, und der Rechtssicherheit wird höchstens geschadet.

Zweifellos ist der jetzige Leiter und Geschäftsführer der Krankenkasse viel sachverständiger, als es der Beamte des Versicherungsamtes überhaupt sein kann. Wenn wir schon einmal eine Beschleunigung haben wollen, scheint es mir daher auch richtig zu sein, die erste Instanz in die Krankenkasse selbst zu legen.

Ich sagte eben „Instanz". Ich habe nicht das Bedenken von Herrn Professor Richter, daß man den Versicherungsträger rein als Partei ansehen müsse. Ich glaube auch, daß de lege lata zum mindesten das Gesetz auf einem anderen Standpunkte steht. Es gibt dem Versicherungsträger gewisse Entscheidungsbefugnisse und nimmt seine Entscheidungen als öffentlich-rechtliche Entscheidungen hin. Ich brauche nur auf die Beitragshebeliste zu verweisen: Ein Auszug aus ihr gilt als Vollstreckungstitel. Auch die Stellung der Krankenkasse ist anders als die einer zivilistischen Partei. Denn es handelt sich hier nicht darum, daß die Leistungen auf Grund irgendwelcher Ermessensfragen gewährt werden; sondern der Versicherungsträger, vertreten durch seinen Leiter, ist ein Treuhänder zwischen dem Versicherungsnehmer, der eine Leistung haben will, und der Versicherungsgemeinschaft, aus deren Zweckvermögen die Leistung gewährt werden soll. Hier ist bereits eine entscheidende Funktion zwischen zwei Parteien vorhanden und insofern scheinen mir die Dinge anders zu liegen als bei einem rein zivilistischen Streit. Ich hätte also keine Bedenken, auch diese Entscheidung als vollinstantielle Entscheidung anzusehen. Das scheint mir aber praktisch von keiner großen Bedeutung zu sein.

Nun haben wir uns zu fragen: Wie soll eine eventuelle Entscheidung des Krankenversicherungsträgers aussehen? Soll zunächst die mündliche Entscheidung am Schalter ergehen, und dann die Entscheidung des Leiters dagegen angerufen werden können? - In der Praxis spielen sich ja die Dinge ganz verschieden ab, je nach der Größe. Es gibt Kassen, wo die Entscheidung von vornherein durch den Leiter ergeht. Es ist aber auch eine Frage des Temperaments des Versicherten. Bei einem Rentenversicherungsträger, bei der Unfallversicherung handelt es sich um Entscheidungen, die im Amtszimmer auf Grund von Akten, Vorbringen usw. getroffen werden. Bei der Kasse ergehen diese vorläufigen Entscheidungen am Schalter in Gegenwart der Partei, und diese ist mitunter so temperamentvoll, daß der Schalterbeamte gezwungen ist, um unangenehme Szenen in den Kassenräumen zu verhüten, den betreffenden Petenten ohne weiteres von vornherein an seinen Vorgesetzten oder an den Leiter oder dessen Stellvertreter der betreffenden

Verwaltungsstelle zu verweisen. Ich würde daher nicht zwischen vorläufiger und nachfolgender Entscheidung unterscheiden, sondern zwischen der mündlichen Bescheidung und dem evtl. später einzuholenden Bescheid des Versicherungsträgers, repräsentiert durch den Leiter. In der normalen Zahl der Fälle wird sich die Sache glatt am Schalter abspielen. In 95 bis 97 % aller Fälle bekommt der Mann seine Leistung. In den anderen wird ihm erklärt, aus welchen Gründen das nicht möglich ist. Auch in diesen Fällen werden die Betreffenden meistens überzeugt worden sein. Geben sie sich nicht zufrieden, dann sollen sie das Recht haben, die Entscheidung des Leiters zu begehren, indem sie sich entweder schriftlich an die Kasse wenden oder die Entscheidung durch den Leiter beantragen. Mit der Entscheidung, die dann fällt, ist die Angelegenheit für die Kasse abgeschlossen.

Nun wäre dem Betreffenden ein Rechtszug zu eröffnen. Ich hätte keine Bedenken, dieses Verfahren als erste Instanz anzusehen. Aber das ist eine mehr dogmatische Frage. Denn wenn die Sache weiter geht, so handelt es sich um die Frage: Was soll nunmehr geschehen? Soll nun eine Auswahl derjenigen Fälle getroffen werden, in denen die zweite Instanz angerufen werden kann? Ich persönlich meine, man sollte die Anrufung der zweiten Instanz in allen Fällen zulassen. Denn die Fälle, die dem Versicherten wichtig genug erscheinen, um die Entscheidung zu begehren, werden ihm zum mindesten seinem Rechtsgefühl entsprechend so erscheinen, als sei ihm Unrecht getan. Und der Deutsche will dann die Entscheidung von einem unabhängigen Gericht haben. Wir haben heute die Möglichkeit, durch die Rechtsberatungsstellen der Deutschen Arbeitsfront in ganz weitem Maße ein unnützes Anbringen von Streitigkeiten zu verhindern, und wir sehen bereits, wie segensreich sich das auswirkt. Wir können es ruhig einmal versuchen, damit allein auszukommen, und nicht von vornherein gewisse Streitigkeiten auszuschalten und damit unter Umständen dem Rechtsgefühl der Deutschen einen Stoß zu versetzen.

Man könnte weiterhin eine Verminderung der Belastung und eine Beschleunigung dadurch erreichen, daß man nicht die Kammer entscheiden läßt, sondern sich einmal darüber Gedanken macht, in welcher Form man abgekürzte, vereinfachte Entscheidungen in offenbar liegenden Fällen gewissen Leuten übertragen könnte, um auf diese Weise die schwieriger gelagerten Fälle herauszustellen und für ihre beschleunigte Erledigung Sorge zu tragen.

Herr Oberregierungsrat Kilian hat den Wunsch ausgesprochen, die Revision auch in Sachen der Krankenversicherung zuzulassen mit der Beschränkung auf den Begriff der Revision. Ich gebe zu, daß dem Deutschen der Drang innewohnt, seine Instanz zu haben. Aber hier muß man auch das Interesse der Allgemeinheit herauskehren und dem Querulantentum und der Sucht, übermäßig viel Instanzen zu haben, nicht allzusehr entgegenkommen. Bei der letzten Regelung haben wir die Revision abgeschafft und durch die Möglichkeit ersetzt, daß das Oberversicherungsamt seinerseits die Sache abzugeben hat, wenn eine bisher noch nicht entschiedene Frage auftaucht. Herr Oberregierungsrat Kilian meint, in einer großen Anzahl von Fällen hätten die Oberversicherungsämter dem nicht stattgegeben. Ich persönlich glaube, aus dem mir zugegangenen Material eher das Gegenteil feststellen zu können. Wir haben dem Oberversicherungsamt wohlweislich [nicht] das Recht gegeben, seine Entscheidungen für revisibel zu erklären, sondern ehe es seine Entscheidung fällt, hat es die Abgabe zu bewirken. Wenn man das Reichsversicherungsamt fragt, dann wird es mitteilen, daß von diesem Recht und dieser Pflicht des Oberversicherungsamtes im allgemeinen vielleicht in zu reichlichem Maß Gebrauch gemacht worden ist. Ich habe eine große Anzahl von Fällen gesehen, wo das Reichsversicherungsamt die Akten wieder eingepackt und mit dem Hinweis auf gewisse Entscheidungen wieder zurückgeschickt hat. Man würde auch zweifellos im Aufsichtswege dafür Sorge tragen können, daß das Oberversicherungsamt dem Wunsche des Gesetzes entsprechend, die Rechtseinheit gewahrt zu wissen, in zweckmäßigen Fällen auch tatsächlich abgibt. Ich glaube nicht, daß ein Bedürfnis für die Wiedereinführung der Revision besteht.

Vielleicht können wir uns auf das einigen, was ich vorgeschlagen habe. Wir haben dann den schriftlichen Bescheid des Versicherungsträgers, der qualitativ der Entscheidung des Versicherungsamtes gleichzusetzen ist, wahrscheinlich aber bedeutend besser ist; wir haben weiter die Entscheidung des Oberversicherungsamtes. Das dürfte in Fragen der Krankenversicherung im allgemeinen voll ausreichen. Denn da handelt es sich nicht um Leistungen, die sich über das ganze zukünftige Leben erstrecken, sondern um Dinge, die äußerstenfalls den Zeitraum eines Jahres in Anspruch nehmen.

Vielleicht darf ich bei dieser Gelegenheit gleich noch etwas über die letzte Instanz sagen. Herr Oberregierungsrat Kilian hat bereits gesagt, daß er bei der Unfall- und Invalidenversicherung das Verfahren im wesentlichen so lassen will. Gewisse Dinge, die ich zu dem Verfahren bei der Krankenversicherung gesagt habe, könnte man hierauf übertragen. So handelt es sich nur noch um die Frage, ob neben der Revision beim obersten Gericht auch noch ein Rekurs aufrechterhalten bleiben soll. Diese Sache ist kolossal kompliziert, und ich habe früher den Unterschied zwischen Revision und Rekurs nicht recht begreifen können. Ich fragte mich, ob denn bei einer Entscheidung der obersten Instanz ein so großes Bedürfnis vorliegt, noch einmal die Tatsachen nachzuprüfen. Zunächst habe ich angenommen, daß auch hier die Unzulänglichkeit der Urteile der Oberversicherungsämter eine große Rolle spiele. Wir haben bei Gelegenheit einmal nachgesehen, wie viele Urteile der Oberversicherungsämter durch die Revision abgeändert werden. Das war tatsächlich ein außerordentlich kleiner Prozentsatz. Das also kann das Bedürfnis nicht abgegeben haben. Da scheint mir nun folgendes der Grund zu sein. Wir Juristen sind gewohnt, unter Rechtsnachprüfungsinstanz eine Instanz zu sehen, die sich mit dem Jus selbst beschäftigt, mit der falschen Auslegung oder falschen Anwendung eines Gesetzes, um die Rechtseinheit zu schaffen. Nun hat aber gerade die Unfallversicherung in hervorragendem Maße medizinische und technische Fragen zu entscheiden, die auf den Streitstoff eine ähnliche Wirkung haben wie der Rechtssatz. Und das scheint mir der springende Punkt zu sein: Die medizinischen und technischen Grundsätze haben den Anlaß gegeben, die Möglichkeit der Nachprüfung im Wege des Rekurses zu schaffen, weil man ihnen auf Grund der Rechtsnachprüfung nicht beikommen konnte. Denn ebenso sehr wie es von Bedeutung ist, daß ein Rechtssatz gleichmäßig angewandt wird, besteht ein Bedürfnis dafür, daß auch medizinische Tatbestände gleichmäßig gewertet werden. Gelänge es, diese Dinge dem Verfahren der Rechtsnachprüfung irgendwie gleichzustellen, dann hätte ich keine Bedenken dagegen, das Verfahren dann auch Revision zu nennen. Dann würden wir mit der Revision auskommen und könnten auf den Rekurs verzichten. Würden wir dagegen die Nachprüfung der medizinischen und technischen Grundsätze ausschließen, so würde sich immer wieder ein Bedürfnis nach einem rekursähnlichen Rechtsmittel zur Erlangung der Rechtssicherheit und Rechtseinheit ergeben und hier eine unbefriedigende Lücke zurücklassen.

Vorsitzender: In vieler Beziehung stimme ich Ihnen vollkommen zu. Der Hauptgedanke dabei ist allerdings der: Dieses ganze Verfahren ist nicht denkbar, solange wir die Oberversicherungsämter in der heutigen Form und Besetzung haben.

Ministerialrat *Hoffmeister:* Ich bin der Auffassung, daß das Versicherungsamt abzuschaffen ist. Man muß unterscheiden zwischen dem Verfahren der Krankenversicherung und dem der Rentenversicherung. Im Rentenversicherungsverfahren war das Versicherungsamt nur gutachtend tätig. In der Krankenversicherung dagegen ist das Versicherungsamt viel zu wenig beschäftigt, als daß es genau in die Materie eindringen könnte. Es kommt hinzu, daß sich das Versicherungsamt immer von neuem in den ganzen Sachverhalt hineindenken muß. Das alles kann vermieden werden. Die Krankenkasse kennt den Fall, hat ihn geprüft, hat die Gutachten in der Hand und muß das alles mühselig dem Versicherungsamt vorlegen. Der Vergleich mit der Rentenversicherung zwingt dazu, jetzt den entscheidenden Schritt zu tun und die Krankenkasse einzusetzen. Die Entscheidung kann sehr wohl der Leiter selbst oder sein Stellvertreter treffen. Damit wäre das Versicherungsamt als solches vollständig ausgeschlossen.

Man sollte auch immer die Klage oder die Berufung zulassen. Man muß sich hier allerdings entscheiden, weil eine Frist daran gebunden ist. Nimmt man an, es handle sich um eine Klage, so würde keine Ausschlußfrist gegeben sein, wohl aber bei der Berufung. Da man sich beim Rentenversicherungsverfahren seit Jahren daran gewöhnt hat, eine Berufung einzusetzen, so würde ich auch hier die Berufung empfehlen, und zwar in allen Fällen; denn ich glaube nicht, daß man irgendwelche Fälle ausscheiden könnte.

Hinsichtlich der Frage der Revision neige ich dazu, es in der Krankenversicherung so zu lassen, wie es ist. Es handelt sich in der Hauptsache um vorübergehende Sachen. Wenn hinterher einmal eine Ungerechtigkeit festgestellt wird - Ungerechtigkeiten wird es immer geben. Auch eine Revisionsinstanz kann sich einmal irren.

Auch bei der Rentenversicherung würde ich es wie bisher bei der Revision lassen.

Bezüglich der Unfallversicherung habe ich mir dieselben Gedanken gemacht wie Herr Kollege Sauerborn, komme allerdings zu einem noch radikaleren Ergebnis. Solche medizinischen Fragen können ja auch in dem übrigen Rentenverfahren auftreten. Wenn hier eine Versicherung seit Jahrzehnten an ein bestimmtes Verfahren gewöhnt ist, ist sie leicht geneigt zu glauben, das sei auch weiterhin notwendig. Wenn, wie Sie sagen, die Prozentsätze, die zu einer Änderung der Vorentscheidung in der Rekursinstanz geführt haben, nur sehr gering sind, dann könnte man schließlich doch die Revision einführen. Ich habe dabei noch einen etwas ketzerischen Gedanken. Als Menschen sind wir nun einmal sehr häufig geneigt anzunehmen, der Vorderrichter habe sich geirrt. Und wenn nun über das Reichsversicherungsamt hinaus noch eine Revisionsinstanz geschaffen wird, dann wird selbstverständlich auch diese in allen möglichen Fällen angerufen werden. Ich persönlich würde meinen, daß man hier den Einschnitt machen sollte. Es ist Widersinn, wenn man in der obersten Instanz nochmals die Tatsachen prüft und nochmals ein Gutachten einholt. Auch in der Unfallversicherung sollte man den Weg gehen. Das würde auch draußen in der Öffentlichkeit verstanden werden. Es sind wohl nur die Berufsgenossenschaften, die an diesem alten Zopf ein Interesse haben und an ihm festhalten wollen. Es würde aber im Interesse der einfacheren Gestaltung des Verfahrens liegen, ihn abzuschneiden.

Was die Mitwirkung des Beirats angeht, so könnte sie besser unterbleiben. In der Knappschaftsversicherung gibt es heute noch den Geschäftsausschuß. Ich habe zahllose Entscheidungen von ihm gesehen. Sie lauteten gewöhnlich: Das Urteil des Geschäftsführers wird bestätigt. In ganz wenigen Fällen wurde etwas anderes angenommen. Hier müssen wir anerkennen, daß die Beamten, die mit der Entscheidung solcher Fragen zu tun haben, im allgemeinen so eingearbeitet sind, daß sie die Sache auch ohne Beirat richtig entscheiden können. Und wir wollen doch den Beirat nicht dazu herabwürdigen, daß er entweder selbst oder durch einen Ausschuß in solchen kleinen Fällen entscheidet. Wir wollen doch die Rechtsmöglichkeiten nicht immer weiter ausdehnen. Ich bin also gegen die Mitwirkung des Beirats.

Vorsitzender: Es gibt noch eine höhere Instanz als das Reichsversicherungsamt. Das erlebt man im Sozialstaat fast täglich: Die fünfte Instanz ist gewöhnlich der Stellvertreter des Führers und die sechste der Führer selbst.

Dr. *Wischer:* Soweit es sich um das Rentenverfahren in der Krankenversicherung handelt, möchte ich mich den Ausführungen von Herrn Ministerialrat Sauerborn anschließen. Ich halte es nicht für notwendig, noch eine dritte Instanz, das Reichsversicherungsamt, einzuschalten. Man sollte es vielmehr bei dem heutigen Rechtszustande belassen.

Für das Feststellungsverfahren bei der Renten- und Unfallversicherung neige ich allerdings mehr der Auffassung zu, die zuerst Herr Professor Richter vertreten hat. Ich glaube, daß man es zunächst so belassen kann wie heute, daß der Versicherungsträger, der ja eine solche Prüfung viel sorgfältiger vornimmt, als es bei der Krankenkasse der Fall sein kann, einen berufungsfähigen Bescheid gibt. Da wird es also nicht notwendig sein, noch einen besonderen Ausschuß einzuführen. Die Auffassungen sind allerdings geteilt.

Die Berufung sollte man in jedem Falle zulassen, also keine Ausnahmen machen. Soweit es sich aber um die Revision handelt, stimme ich Herrn Professor Richter zu: Hier sollte man eigentlich nur eine Anzahl von Fällen gesetzlich festlegen, in denen die Revision zulässig ist. Ich bin ebenfalls der Auffassung, daß die letzte Instanz nicht Tatsacheninstanz sein sollte, daß also das Rekursverfahren abzuschaffen ist. Ich bin mir aber darüber klar, daß darin gewisse Gefahren liegen können, die sich heute aus der unzureichenden Besetzung der Oberversicherungsämter ergeben. Ich setze also voraus, daß hier ein Wandel eintritt. Das wird möglich sein, wenn man zu einer einheitlichen Sozialverwaltung kommt. Dann würde sich die Qualität derjenigen, die in den Oberversicherungsämtern arbeiten, heben. Ich gebe zu, daß bei der Unfallversicherung vielleicht gewisse Ausnahmen am Platze sein könnten. Aber dazu braucht man nicht ein Rekursverfahren.

Darüber hinaus halte ich aber weiteres für notwendig. Wenn wir bei der Renten- und Unfallversicherung im großen und ganzen alles beim heutigen Zustande lassen, erreichen wir nicht die erstrebte Vereinfachung und Beschleunigung des Verfahrens. Ich lasse mich immer leiten von der Zahl der aussichtslosen Fälle - das sind ungefährt 85 bis 90 %, in denen es sich nicht lohnt, nachdem vorher alles reichlich geklärt ist, noch das Reichsversicherungsamt in Anspruch zu nehmen. Da wird man zu etwas drastischeren Mitteln greifen müssen. Ich bitte daher, noch folgende Vorschläge in Erwägung zu ziehen.

Zunächst: Wäre es nicht möglich, beim Reichsversicherungsamt einen Vertretungszwang einzuführen? In sehr vielen Fällen lassen sich die Antragsteller auch heute schon vertreten. Aber wenn beispielsweise eine Sache von der Rechtsberatungsstelle der Deutschen Arbeitsfront wegen Aussichtslosigkeit abgelehnt worden ist, wird der Antragsteller in vielen Fällen von sich aus das Rechtsmittel der Revision ergreifen. Häufig geschieht das sogar, ohne daß er eine Revisionsbegründung beibringt; oft findet er sich nicht einmal im Termin ein. Das geschieht nur, weil er meint, er wäre schön dumm, wenn er eine Chance aus der Hand gehen ließe. Das könnte man ausschließen, wenn man einen Vertretungszwang einführte. Ein zweiter Schritt zur Beschleunigung des Verfahrens wäre etwa der, daß man in irgendeiner Form einen Kostenvorschuß fordert. Ich bin mir durchaus bewußt, daß gerade in Sozialversicherungsverfahren gewisse soziale Bedenken dagegen sprechen, und möchte ihn daher nicht für jeden Fall vorschlagen, aber z.B. bei einer Wiederholung von Anträgen.

Es wäre auch zu überlegen, ob man nicht im Sozialversicherungsverfahren ein Versäumnisverfahren einführen sollte. Mit allen diesen Mitteln könnte man erreichen, daß der Versicherte es sich überlegt, bevor er ein Rechtsmittel in Anspruch nimmt.

Schließlich wird man auch mal das Ärztesystem in irgendeiner Form einer anderen Lösung entgegenführen müssen. Heute wird der Versicherte, der einen Antrag stellt, vom Vertrauensarzt des Versicherungsträgers untersucht. Wenn die Sache nicht günstig für ihn ausläuft, dann hat er das subjektive Gefühl, daß er von einem Parteiarzt begutachtet worden ist, wie man schon gehört hat. Wenn der Versicherte den Vertrauensarzt des Versicherungsträgers als Parteiarzt betrachtet, dann muß er allerdings auch gelten lassen, daß man das Gutachten seines Privatarztes, des behandelnden Arztes, auch als ein Parteigutachten ansieht. Ich mache mir diese Werturteile nicht zu eigen, gehe aber von den Dingen aus, wie sie wirklich sind, und bitte, einmal zu erwägen, ob nicht die ärztlichen Gutachten, die auch für die Entscheidung des Versicherungsträgers zunächst maßgebend sind, von einem Arzt erstattet werden, der nicht (?) in einem Dienstverhältnis zur Versicherungsbehörde steht. Ich denke in erster Linie an das Oberversicherungsamt. Bei jedem Oberversicherungsamt wird eine Liste von Ärzten geführt, die mit dem Versicherungsträger nichts zu tun haben. Unter diesen Ärzten sollte der Antragsteller einen aussuchen können, und dessen Gutachten sollte für die Entscheidung des Versicherungsträgers maßgebend sein. Damit würde zum mindesten erreicht werden, daß der Versicherte nicht mehr das Gefühl hat, nicht richtig begutachtet zu sein, und es wird auch nicht mehr das Bestreben bestehen, in weitere Instanzen zu gehen.

Wir sollten über das hinaus, was bisher erörtert worden ist, um das Verfahren unter den Versicherten zu popularisieren, solche Erwägungen doch noch anstellen. Ich befürchte sonst, wenn wir es in der Renten- und Unfallversicherung bei dem lassen, was bisher war, daß wir das Ziel der Beschleunigung und Vereinfachung nicht erreichen werden.

Senatspräsident *Kühne:* Wir sind uns im Grunde genommen einig darin, das Versicherungsamt bei den Materien, die wir besprechen, auszuschalten. Es fragt sich, was in den verschiedenen Sparten an seine Stelle zu treten hat. Zunächst in der Krankenversicherung! Da kann ich Herrn Sauerborn zustimmen. Das Verfahren bei der Krankenkasse sollte formlos sein, weil die Erscheinungsformen dieses Verfahrens verschieden sind. Wenn es sich um Arbeitsunfähigkeit handelt, dann geht der Mann nicht bloß zum Schalter, sondern zum Kassenarzt, zum Vertrauensarzt. Darauf wird eine Entscheidung getroffen, nicht am Schalter, sondern am Schreibtisch des Kassenbeamten. Es ergeben sich also verschiedene Möglichkeiten. Nur wenn der Versicherte mit dem formlosen Bescheid des Kassenbeamten nicht zufrieden ist, dann wird ihm durch den Leiter oder seinen Stellvertreter ein Bescheid erteilt, der dann die Unterlage für ein förmliches Verfahren bildet. In der Krankenversicherung sollte man das, was sich daran anschließt, nicht Berufung nennen, sondern man kann von einer Klage sprechen, die beim Oberversicherungsamt anzubringen wäre. Das Bedenken, daß die Rechtshängigkeit auf einen späteren Zeitpunkt verlegt wird, ist nicht gegeben. Ich bin der Meinung, daß das formlos aufgezogen wird, mit der Möglichkeit einer Klageerhebung, die befristet sein kann. Die Möglichkeit der Anrufung des Oberversicherungsamtes in der Krankenversicherung einzuschränken, wird schwer sein. Immerhin könnte ich mir vorstellen, daß man solche Fälle ausscheidet, in denen restlose Klarheit besteht und das Versicherungsamt nur das bestätigen kann, was sich vorher ergeben hat, z.B. wenn der Kassenarzt und der Vertrauensarzt der Kasse zu einem übereinstimmenden Ergebnis kommen. In solchem Fall könnte ich mir denken, daß man die Klage unmöglich macht.

Im übrigen sollte das Oberversicherungsamt ohne Revision endgültig entscheiden. Ich habe das Verfahren mit und ohne Revision in der Praxis durchgemacht. Wenn es sich um Kleinigkeiten handelt, ist die Revision nicht nötig. Wenn aber solche kleinen Fälle Fragen von allgemeiner Bedeutung betreffen, die viele Kassen interessieren, dann muß selbstverständlich Abgabemöglichkeit bestehen. Damit die Abgabe nicht übersehen wird, sollte man Kautelen einführen. Wenn die Abgabe auf Antrag einer Partei verweigert wird, dann könnte man die Beschwerde an eine übergeordnete Stelle wegen verweigerter Abgabe geben, damit sichergestellt wird, daß nicht Oberversicherungsämter gerechtfertigte Abgaben nicht vornehmen. Daß im übrigen die Abgabe in vielen Fällen überflüssig gemacht wird, ist selbstverständlich. Ich weiß aber, daß in Fällen von allgemeiner Bedeutung die Abgabe vorenthalten worden ist; und da muß Beschwerdemöglichkeit sein.

Bezüglich der Invaliden- und der Rentenversicherung trete ich dem letzten Vorredner bei, daß wir uns nicht mit dem begnügen sollen, was bisher war. Das sieht so aus, als ob wir uns das Leben leicht gemacht hätten. Ich beziehe mich auf das, was ich in der vorigen Sitzung ausgeführt habe. Wir dürfen die Revision nicht sonderlich über das Maß hinaus einschränken, das wir jetzt haben. Man kann die jetzige Sicherung ausbauen; grundsätzlich sollte man die beiden Rechtsmittel zulassen. Aber man muß ein Sieb davor stellen, und dieses Sieb hat mein Vorredner übereinstimmend mit meinen Vorschlägen in der Vertretung durch die Arbeitsfront oder durch die Rechtsanwaltschaft angesehen. Die Rechtsanwaltschaft muß eingeschaltet werden, weil nicht alle Versicherten durch die Arbeitsfront vertreten werden. Das wird eine segensreiche Wirkung haben. Wir sind jetzt schon, seitdem die Arbeitsfront arbeitet, besser daran als früher, und wenn wir den

Vertretungszwang einführen, dann wird sich das noch ganz anders geltend machen. Wir brauchen nicht das Mittel der Gebühren, das der Vorredner vorgeschlagen hat. Die Leute haben ja nichts, so daß schließlich die Wohlfahrt die Gebühren bezahlen müßte. Aber das genannte Sieb wird schon helfen. Eine Abhilfe läßt sich nicht bloß bei der Revision, sondern auch bei der Berufung bzw. bei der Klage in der Krankenversicherung durchweg anwenden; das ist, wenn Vertretungszwang nicht besteht, die Vorschrift, daß die Klage bzw. das Rechtsmittel binnen zwei Wochen gegeben ist. Das führt zu einer starken Prozeßökonomie und wird erzieherisch wirken.

Zum Schluß komme ich auf den Unterschied zwischen Rekurs und Revision. Meine Erfahrungen mit dem Rekurs sind nicht gut. Wenn gesagt wurde, die Revision arte bei uns zum Teil zur Tatsacheninstanz aus, sei ein verkappter Rekurs, so ist das in dieser Allgemeinheit nicht richtig. Durch die Mitwirkung der Arbeitsfront, durch die wir den Kleinkram loswerden, haben die Revisionen etwas weitere Formen als früher. Aber wir entscheiden nicht als Tatsacheninstanz, oder doch nur selten, und kommen nicht auf die Idee, anstelle des Berufungsgerichts einen Beweis zu erheben. (*Zuruf!*) - Die Meinungen darüber sind verschieden. Jedenfalls wird es nicht gemacht. Die Revision ist eine echte Revision, wenn auch die Revisionsgründe etwas ausgeweitet sind.

Beim Rekurs ist mir immer wieder eins deutlich geworden. Als dieses Verfahren im Ausschuß besprochen worden war, bin ich immer wieder von Herren der Abteilung I der Unfallversicherung nach zwei Seiten bearbeitet worden, die einen wollten, daß der Rekurs bleibt, die anderen wünschten ebenso energisch, daß er abgeschafft wird. Man kann also nicht sagen, daß in der Unfallversicherungsabteilung eine einheitliche Meinung bestünde. Ich glaube, daß der Rekurs eine gewisse Berechtigung hat. Ich kann mir vorstellen, daß es nützlich ist, auch als Tatsacheinstanz arbeiten zu können.

Vorsitzender: Ich stelle noch einmal fest, daß wir in den Beratungen einen großen Schritt weitergekommen sind. Es ist an der Zeit, bevor wir in eine zweite Beratung eintreten, die Anfang November stattfinden soll, daß ich erst einmal mit Staatssekretär Krohn verhandle, um zu erfahren, ob sich die Linie, die wir einhalten wollen, mit seiner Ansicht deckt. (Oberregierungsrat Dr. *Kilian:* Es ist Aussicht, daß sie sich deckt.) - Ich würde Ihnen Nachricht geben, wie die Sache ausläuft, und dann würde ich zur nächsten Sitzung einen Plan entwerfen, wie wir das aufbauen wollen, und würde dann in die einzelnen Fragen nochmals eintreten.

Oberregierungsrat Dr. *Kilian:* Wenn ich vorhin gesagt habe, daß mein Referat in der Unfallversicherung die Sache gehen läßt, so wollte ich damit nicht zum Ausdruck bringen, daß wir nicht darauf dringen müssen, das Verfahren im einzelnen stark zu vereinfachen. Ich habe geglaubt, zunächst nur die große Linie entwickeln zu sollen. In der Krankenversicherung wollen wir anstelle des Versicherungsamtes etwas Neues einführen; in den anderen Versicherungen wollen wir das nicht. Sonst stimme ich mit Ihnen überein.

Der *Vorsitzende* gibt noch ein Schreiben des Generaldirektors Dr. Ullrich-Gotha bekannt und schließt dann die Sitzung.

(Schluß der Sitzung: 17 Uhr 25 Minuten.)

XI. Sitzungen am 20. und 21.11.1935

1. Protokoll der Sitzung vom 20.11.1935 (Reform des Verfahrens vor den Versicherungsträgern)

(Beginn der Sitzung: 17 Uhr.)

Vorsitzender: Meine Herren, ich eröffne die heutige Vollsitzung, nachdem bereits ein *Unterausschuß* heute vormittag getagt und einige Richtlinien festgesetzt hat.

Herr Minister Frank und Herr Direktor Lasch hatten mir versprochen, an der heutigen Sitzung teilzunehmen. Durch eine Anordnung des Führers, nach der sie nach München mußten, ist es leider nicht möglich. Ich begrüße daher den Vertreter des Herrn Minister Frank, Pg. *Schäfer*. Weiter begrüße ich den Parteigenossen *Kaiser,* der auf seinen Wunsch beurlaubt worden war und von nun an der Akademie und dem Ausschuß für Sozialversicherung seine Kraft widmen wird.

Wenn wir nun zur Sache übergehen, so darf ich daran erinnern, daß wir nach der letzten Sitzung unsere Stellungnahme davon abhängig gemacht haben, wie sich Herr Staatssekretär Dr. Krohn in seiner Ansicht über den weiteren Bestand der Versicherungsämter verhält. Aus der Rücksprache, die ich mit ihm gehabt habe, war eindeutig zu ersehen, daß er auch auf dem Standpunkt steht, daß die Versicherungsämter bei der künftigen weitergehenden Reform der Sozialversicherung fallen werden. Infolgedessen haben wir im kleinen Kreise der Akademiemitglieder das schon so besprochen. Der Ausschuß ist dafür festgesetzt worden und hat heute Vormittag getagt. Wir haben nun unsere ganzen Beratungen darauf basieren zu lassen, daß wir mit dem Wegfall der Versicherungsämter rechnen können und daß wir infolgedessen das Verfahren - das war der Hauptzweck - auch vereinfachen können. Ich halte es für praktisch, daß wir hier nicht große Referate halten, sondern über die grundlegenden Punkte, die heute in dem Unterausschuß festgelegt worden sind, einzeln uns besprechen.

Bevor wir auf die einzelnen Grundsätze eingehen, möchte ich noch etwas zu der Frage sagen, ob wir hier unser Gutachten über eine Reform der Sozialversicherung in Paragraphenform oder in Grundsätzen festsetzen sollen. Bei der Besprechung, die der Herr Präsident der Akademie vor wenigen Wochen mit den Ausschußvorsitzenden hatte, kam zur Sprache, daß der Präsident beim Durchlesen der Berichte gesehen habe, daß es zwei Arten von Ausschüssen gibt. Die einen kleiden ihre Vorschläge in Paragraphenform, die anderen legen nur Grundsätze fest. Ich persönlich bin für unseren Ausschuß der Ansicht, daß wir die Paragraphenform nur in ganz besonderen Fällen wählen, wenn es nämlich darauf ankommt, daß wir uns zu einem Entwurf äußern, der in den federführenden Ministerien vorliegt und mit dem wir nicht ganz einig gehen. Sonst bin ich dafür, daß wir nur Grundsätze aufstellen. Ich habe das in der erwähnten Sitzung mit Herrn Minister Frank besprochen. Er hat mir gesagt, daß er es auch im allgemeinen für richtig hält, Grundsätze aufzustellen; das Gesetz in Paragraphenform zu kleiden, sei Sache des federführenden Ministeriums.

Der Herr Präsident hat in dieser Sitzung mit den Ausschußvorsitzenden die Tätigkeit der Ausschüsse gelobt, und ich habe mir erlaubt, den Inhalt seiner Ausführungen festzulegen und Ihnen davon Kenntnis zu geben. (Der *Vorsitzende* verliest den Inhalt dieser Ausführungen des Ministers Dr. *Frank.*)

Wir kommen jetzt zu den Grundsätzen, die der Unterausschuß aufgestellt hat: *A. Spruchverfahren.* I. Verfahren vor den Versicherungsträgern: a) Krankenversicherung:

1. Die Leistungen der Krankenversicherung werden vom Leiter der Krankenkasse oder den von ihm Beauftragten festgestellt.

Oberregierungsrat Dr. *Kilian:* Das bisherige Recht sah nicht vor, daß das Organ, der Träger der Krankenversicherung selbst, Leistungen festzustellen hat, festzustellen im technischen Sinne. Bisher spielte sich das Verfahren so ab, daß der Versicherte sich an die Krankenkasse wandte und eine Leistung beantragte und, wenn die Kasse diese Leistung formlos ablehnte, die Kasse verklagen mußte wie einen Privatmann, und zwar beim Versicherungsamt. Die erste Entscheidung in Sachen der Krankenversicherung traf daher das Versicherungsamt nach mündlicher Verhandlung und Aufklärung des Sachverhalts. Wir haben erkannt, daß dieses Verfahren viel zu umständlich ist. Da ein mit Gründen versehener Bescheid von dem Träger der Krankenversicherung bisher nicht erteilt worden ist, dauerte das Verfahren beim Versicherungsamt verhältnismäßig lange. Es mußte erst der ganze Sachverhalt, der der Ablehnung zugrunde lag, ermittelt werden, und das Urteil konnte erst nach langen Verhandlungen gefällt werden.

Der Ausschuß hat sich auf den Standpunkt gestellt, daß das Verfahren in der Krankenversicherung möglichst weitgehend dem Verfahren in den übrigen Zweigen der Reichsversicherung angepaßt werden muß. In der Renten- und in der Unfallversicherung sah schon das bisherige Recht die Erteilung eines Bescheides vor. Es war daher zu prüfen, ob auch in der Krankenversicherung man davon ausgehen kann, daß die Krankenkasse, vertreten durch ihren Leiter, einen Bescheid erteilt. Wir sind zu dem Ergebnis gekommen, daß wir die Krankenkasse nicht verpflichten können, in allen Fällen einen Bescheid zu erteilen, in denen in der Rentenversicherung ein Bescheid erteilt werden muß, sondern wir wollen das an und für sich bewährte Verfahren zunächst beibehalten, daß nämlich die Krankenkasse eine Leistung formlos ablehnen bzw. formlos gewähren kann, d.h. der Schalterbeamte wird in der weitaus größten Zahl der Fälle dem Versicherten, der die Krankenkasse aufgesucht hat, erklären, daß die Leistung berechtigt ist, indem er das Krankengeld auszahlt, oder er wird eine Auszahlung von Krankengeld oder eine Leistung ablehnen. Erst wenn der Versicherte sich mit dieser formlosen Ablehnung nicht einverstanden erklärt, soll er einen förmlichen Bescheid beantragen können.

Wird ein förmlicher Bescheid beantragt, dann ist zunächst der Leiter verpflichtet, den Sachverhalt genau festzustellen, die ärztlichen Gutachten zu prüfen, genauso wie die Landesversicherungsanstalt oder die Berufsgenossenschaft einen förmlichen Bescheid erteilt.

Der Unterausschuß hat geglaubt, die Worte einfügen zu sollen „oder den von ihm Beauftragten“. Besonders bei großen Krankenkassen kann bei der großen Menge der Anträge der Leiter nicht mit jedem Fall befaßt werden. Der Leiter muß eine andere Person beauftragen können, die in seinem Namen die Leistung feststellt. Selbstverständlich muß der Beauftragte eine qualifizierte Persönlichkeit sein; der Leiter kann selbstverständlich, wie unter Ziffer 3 in Klammern erwähnt ist, nur einen solchen Angestellten mit der Feststellung von Leistungen betreuen, der mindestens eine Prüfung gemacht hat und sich dadurch für den Krankenkassendienst geeignet erwiesen hat.

Jedenfalls soll mit dem Grundsatze gesagt sein, daß ein Ausschuß oder ein sonstiges Gremium, das bisher teilweise herangezogen worden ist, wegfällt, und daß der Leiter als Führer der Krankenkasse bzw. ein Beauftragter die Leistung feststellt.

Wird ein Antrag auf förmlichen Bescheid gestellt, dann muß der Leiter oder sein Vertreter einen solchen Bescheid erteilen. Der Unterausschuß hat die Frage geprüft, ob es zweckmäßig ist, schon in diesem Stadium des Verfahrens eine Frist festzusetzen, eventuell anzuordnen, daß ein solcher Antrag nur innerhalb einer verhältnismäßig kurzen Frist gestellt werden kann, etwa 14 Tage oder 4 Wochen. Der Unterausschuß hat das nicht für nötig gehalten und hat geglaubt, daß auch dieser Antrag auf Bescheiderteilung formlos geschehen kann, also auch fernmündlich, weil es sich in der Krankenversicherung meist um Fälle handelt, die verhältnismäßig rasch vorübergehen, und es im allgemeinen ausgeschlossen ist, daß erst nach Monaten auf einen formlos abgelehnten Anspruch ein Antrag auf förmliche Feststellung gestellt wird.

In dem Grundsatz Nr. 3 ist festgestellt, wie der Bescheid aussehen muß. Es sind Voraussetzungen, die auch bisher bei einem Bescheid der Renten- und der Unfallversicherung erfüllt werden mußten.

Vorsitzender: Ich halte es für richtig, mit der Nr. 1 gleich die Nummern 2 und 3 zu verbinden:

2. Pflichtleistungen sind durch förmlichen Bescheid festzustellen, wenn der Versicherte es beantragt (keine Frist; formlos).

3. Der förmliche Bescheid hat schriftlich zu erfolgen; er muß mit Gründen versehen sein, eine Rechtsmittelbelehrung enthalten und unterschrieben sein. (Für die Begründung: Er muß ergehen vom Leiter oder einem qualifizierten Angestellten, der eine Prüfung für den Kassendienst abgelegt hat.)

Ministerialrat *Sauerborn:* Nr. 1 bedeutet gegenüber dem, was wir in der letzten Ausschußsitzung besprochen haben, eine Erweiterung; wir haben nicht wie in der Unfall- und in der Invalidenversicherung die formlose Gewährung in das Spruchverfahren einbezogen. Es wäre zweckmäßig, daß wir uns darüber unterhalten, ob es angebracht ist, in der Krankenversicherung mit ihrem Massenbetrieb diese Dinge als Spruchverfahren zu bezeichnen.

Die Nr. 2 soll doch besagen, daß, wenn eine Ablehnung erfolgt ist, eine Feststellung getroffen werden kann. - „Pflichtleistungen" in Nr. 2 ist doch wohl zu verstehen als Gegensatz nicht zur Mehrleistung, sondern zur Leistung, die in das Ermessen des Versicherungsträgers gestellt ist. (*Zustimmung.*)

Bei Nr. 3 müssen wir zwischen Ortskrankenkassen und anderen Krankenkassen unterscheiden. Bei den Ortskrankenkassen ist der Leiter der geschäftsleitende Angestellte; bei den anderen Krankenkassen ist der Leiter eine ehrenamtliche Person, die einen Stellvertreter hat.

Hier ist nur von dem Leiter und einem qualifizierten Angestellten gesprochen. Soll nicht der Stellvertreter vor dem qualifizierten Angestellten zur Entscheidung berufen sein? Wenn man sagte: „vom Leiter oder seinem Stellvertreter", so würde in denjenigen Fällen, in denen bei der Ortskrankenkasse geschäftsleitende Angestellte in Frage kommen, der Zusatz mit der Prüfung nicht erforderlich sein, weil zum stellvertretenden Leiter nur jemand bestellt werden kann, der die Prüfung gemacht hat, zum mindesten, wenn die Verfahrensordnung in Kraft ist, wird es soweit sein.

Professor Dr. *Richter:* Mit der Bedingung, daß der Angestellte eine Prüfung für den Kassendienst abgelegt hat, möchte ich verhindern, daß in diesem förmlichen Verfahren irgend jemand beauftragt wird, statt des Kassenleiters zu entscheiden. Ich gehe davon aus, daß bei kleineren Kassen diese Entscheidungen wirklich von dem Kassenleiter getroffen werden müssen, sei er nun ehrenamtlich oder beruflich, sei er Leiter und geschäftsführender Angestellter oder sei er das, was man Verwaltungsdirektor nennt. Auf jeden Fall möchte ich die wirklich verantwortlichen Personen haben. Ich sehe ein, daß das in der Praxis nicht in allen Fällen durchführbar ist, und bin insofern nachgiebig, als ich zulassen will, daß der Leiter sich in dieser Sache vertreten läßt. Dabei liegt mir am Herzen, daß ein qualifizierter Vertreter berufen wird. Ich wollte eigentlich eine höhere Qualifikation, aber man hat sich mit der Prüfung für den Kassendienst begnügt. Einen institutionellen Stellvertreter, von dem Herr Sauerborn gesprochen hat, kennt das Recht bisher nicht; unter welchen Voraussetzungen und Förmlichkeiten der Leiter einer Krankenkasse oder eines Versicherungsträgers einen ständigen Stellvertreter bestellen kann, sagt uns das neue Recht noch nicht. Ich nehme gern zur Kenntnis, daß beabsichtigt ist, ein solches Institut einzuführen. Ich glaube, es kommt meinem Standpunkt näher, wenn *gesagt* wird: „Der förmliche Bescheid muß ergehen vom Leiter oder seinem Stellvertreter.“, wobei an einen institutionellen Stellvertreter gedacht ist.

Vorsitzender: Im Aufbaugesetz wird von einem Leiter und den Stellvertretern gesprochen, weil ja die Körperschaft, die früher die Leitung hatte, der Vorstand, nicht mehr da ist.

Professor Dr. *Richter:* Ich sehe jetzt, daß es in § 11 heißt: Die Satzung bestimmt die Zahl der Stellvertreter des Leiters. - Das war mir entgangen. Dann würde ich bitten zu sagen: „der Leiter oder sein Stellvertreter“, wenn das genügt.

Ministerialrat Dr. *Hoffmeister:* Selbstverständlich muß der Leiter ein Beamter oder Angestellter sein, der über Qualitäten verfügt. Wenn man nur den Leiter und seinen Stellvertreter vorsieht, dann läßt sich das bei großen Kassen unmöglich machen. Deshalb hatten wir empfohlen, es sollte ein von dem Leiter ermächtigter Stellvertreter sein. Wir wollten das nicht ins Gesetz bringen. Deshalb ist in Nr. 3 vermerkt, daß es nur für die Begründung vorgesehen ist. Wenn also die Vorlage im Ministerium gemacht wird, dann soll gesagt werden, daß nicht jeder den Antrag stellen soll, sondern nur derjenige, der die Prüfung für den Kassendienst gemacht hat. Es genügt, wenn er die A-Prüfung gemacht hat, weil er dann die Voraussetzungen erfüllt, die man an Kassenbeamte stellen muß. Schalterabfertiger sind entweder Hilfsarbeiter oder Leute, die die A-Prüfung, oder solche, die die B-Prüfung bestanden haben. Man kann nicht etwa einfach Hilfsarbeiter nehmen; aber es genügt, wenn der Mann die A-Prüfung bestanden hat. Er braucht nicht dienstordnungsmäßig angestellt zu sein. Es muß dem Leiter möglich sein, jeden, der ihm geeignet erscheint, für diese Bescheiderteilung vorzusehen.

Vorsitzender: Bei großen Kassen ist es unmöglich, weil man ja im Aufbaugesetz den Leiter für alles verantwortlich macht. Wenn man nun hier sagt „Stellvertreter“ oder „von ihm beauftragt“ und wenn man nachher, um die Sache nicht zu lang zu machen, in der Begründung darauf hinweist, dann wird das genügen, weil selbstverständlich jeder Leiter, der die Verantwortung tragen muß, schon Leute bestimmen wird, denen er traut und die ihm gegenüber die Verantwortung tragen können. Das brauchte also nur in die Begründung aufgenommen zu werden.

Ministerialrat Dr. *Sauerborn:* Ich bin damit einverstanden, daß das in die Begründung aufgenommen wird. In der Sache habe ich Bedenken. In erster Linie muß, soweit es technisch möglich ist, der förmliche Bescheid mit allen Garantien umgeben werden, die da sind: Es muß gewissermaßen der beste Mann, über den der Versicherungsträger verfügt, tätig werden, nämlich der Leiter oder sein Stellvertreter oder seine Stellvertreter. Ich sehe ein, daß es bei großen Versicherungsträgern nicht möglich ist, nur den Leiter oder seine ein oder zwei Stellvertreter die Bescheide ausfertigen zu lassen; ich sehe ein, daß hier weitere Angestellte zugezogen werden müssen. Ich habe aber Bedenken gegen etwas, was Herr Hoffmeister sagte: ich möchte qualifizierte Leute haben, aber nicht den Schalterbeamten. Den möchte ich ausschließen. Er ist für die Entscheidung nach Nr. 1 zuständig. Da soll es beim Versicherungsträger eine Instanz weiter gehen, eine höhere Stelle soll den Bescheid erteilen. Das ist für mich wesentlich. Wenn es nicht anders geht, dann sollte man es durch einen machen, der die zweite Prüfung bestanden hat. Bei Nr. 1 bin ich einverstanden, aber bei dem förmlichen Bescheid muß es eine höherqualifizierte Persönlichkeit sein. Bei einem kleinen Versicherungsträger könnte es dieselbe Person sein, weil der Leiter den Schalterdienst mit versieht. Bei kleinen Verhältnissen würde ich verlangen, daß der Leiter oder sein Stellvertreter den Bescheid erteilt.

Ministerialrat Dr. *Hoffmeister:* Ich bin derselben Auffassung. Ich habe gerade darauf gedrungen, daß hier nicht die Einzahl, sondern die Mehrzahl steht. Das soll bedeuten, daß nicht etwa der Schalterabfertiger die Sache entscheiden kann, sondern er soll als Sachbearbeiter die Sache zeichnen, und der Leiter oder dessen Stellvertreter soll die Sache entscheiden. Solche Sachen müßten sogar von zwei Leuten gezeichnet werden. Ob man so weit gehen soll, daß die Beauftragten die B-Prüfung abgelegt haben müssen, ist schwierig zu entscheiden. Ich möchte bitten, nicht so weit zu gehen. Denn man kann nicht übersehen, wie sich das in der Praxis auswirkt; vor allen Dingen weiß man nicht, ob genügend Leute vorhanden sind, die die B-Prüfung abgelegt haben. Es soll nur ein Beauftragter sein; das soll man dem Leiter oder seinem Stellvertreter überlassen. Man muß zu ihm das Vertrauen haben, daß er sich nur die Leute aussucht, die dazu imstande sind.

Ministerialrat Dr. *Sauerborn:* In diesem Punkte unterscheiden wir uns. Mir scheint es wesentlich zu sein, daß bei einem förmlichen Verfahren die Zentrale entscheidet.

Ministerialrat Dr. *Hoffmeister:* Das ist unmöglich! Wir haben 28 Verwaltungsstellen, und nun stellen Sie sich einmal vor, wie die Hauptabteilung all diese Sachen entscheiden soll!

Senatspräsident Dr. *Kühne:* Mir scheint die Schwierigkeit gerade darin zu liegen, daß man in Nr. 2 schlechthin von Pflichtleistungen spricht. Das sind doch einmal die sogenannten Mußleistungen. Die Schwierigkeit liegt nun darin, daß es sich bei dieser Formulierung um eine ganze Anzahl von Bescheiden handeln kann. Die Arbeit kann sich dann so summieren, daß die Zentrale in Berlin sie nicht mehr durchführen kann. Dann müßte ein größerer Kreis von berechtigten Angestellten eingeschaltet werden. Da entsteht die Frage, ob man nicht den Begriff der Pflichtleistung etwas einschränken könnte. Ich könnte mir vorstellen, daß man in der Krankenversicherung Bagatellen als solche behandelt und bei ihnen überhaupt jede instanzliche Nachprüfung untersagt, so daß förmliche Bescheide nur dort erteilt werden, wo es sich um große Komplexe von Ansprüchen handelt. Dadurch wird der Kreis der durch förmlichen Entscheid zu erledigenden Ansprüche besser zu übersehen sein, und es wird möglich sein, auf die Erfordernisse, die Herr Ministerialrat Dr. Sauerborn aufgestellt hat und denen ich im Grunde beitrete, zurückzukommen. Bei der ersten Instanz muß man nämlich schon eine gewisse Garantie haben, und die ist bei einem Schalterbeamten nicht ohne weiteres gegeben, auch wenn er die A- oder B-Prüfung abgelegt hat. Es muß ein qualifizierter Mann sein, der die Entscheidung trifft, und ich habe Bedenken, jemand als qualifiziert anzusehen, der nicht alle Prüfungen abgelegt hat.

Vorsitzender: Es steht einwandfrei fest, daß bei einer großen Kasse der Leiter oder seine Stellvertreter die Sache nicht machen können. Weiterhin steht fest, daß nur eine qualifizierte Persönlichkeit die Unterschrift vollziehen kann. Aber ist nicht der betreffende Verwaltungsstellenvorsteher eine qualifizierte Persönlichkeit? Er ist doch unbedingt ein Vertrauensmann des Leiters. Ich möchte sogar behaupten, daß es eine ganze Reihe von Verwaltungsstellenleitern gibt, die über eine größere Praxis und über größere Erfahrungen verfügen als mancher Vorsitzende eines Versicherungsamtes.

Dr. *Kaiser:* Wir wollen uns doch mal in die Lage der Versicherten versetzen! Der Versicherte bekommt zunächst einen formlosen Bescheid. Wenn er damit nicht zufrieden ist, verlangt er eine förmliche Entscheidung. Das Rechtsempfinden verlangt, daß diese Entscheidung unter allen Umständen von einem anderen getroffen wird. Der Versicherte könnte es überhaupt nicht verstehen, wenn unter dem zweiten Bescheid auch nur der Name desjenigen steht, der den formlosen Bescheid erlassen hat. Man sollte hier keine Beschränkung auferlegen und sollte den förmlichen Bescheid in allen Fällen zulassen, denn den Versicherten erscheint alles als wichtig. In der ersten Instanz ist es auch möglich, selbst Bagatellfälle zu behandeln. Allerdings erscheint es mir nicht angängig, Bagatellen bis zur Spitze des Versicherungsträgers zu treiben. Aber warum sollte man da keine Zwischeninstanz schaffen? Das wäre vielleicht für viele Angestellte ein Anreiz, die B-Prüfung abzulegen.

Vorsitzender: Das wäre dann so, wie ich eben sagte: Den ersten Bescheid gibt der betreffende Bearbeiter, der am Schalter steht, und der förmliche Bescheid - die erste Instanz - kann nicht von demselben Manne unterschrieben sein, sondern nur vom Verwaltungsstellenvorsteher oder seinem Stellvertreter. Wenn es zutrifft, daß vom ersten Juli keine Angestellten mehr vorhanden sind, die die B-Prüfung nicht abgelegt haben, dann geht die Sache in Ordnung.

Ministerialrat Dr. *Hoffmeister:* Ich könnte mir denken, daß am Schalter Leute sitzen, die ihre A- und B-Prüfung mit „1" gemacht haben. Warum soll man ihnen nicht gestatten, den Bescheid zu unterschreiben? Beim Reichsversicherungsamt sind die Vorbescheide von demselben Manne unterschrieben, der auch die endgültigen Bescheide unterschreibt, nur muß es ein Mann sein, der die Sicherheit bietet, daß er die Sache ordnungsmäßig nach den gesetzlichen Vorschriften beurteilen kann. Ich bin sehr geneigt, solche Leute dafür zuzulassen, die die B-Prüfung abgelegt haben.

Vorsitzender: Trotzdem muß ich Herrn Dr. Kaiser und auch Herrn Ministerialrat Dr. Sauerborn Recht geben. Wer nicht in der Praxis steht, glaubt gar nicht, was für einen Eindruck es auf die Leute macht, wenn beide Entscheide dieselbe Unterschrift tragen. Es wirkt auf die Leute ganz anders, wenn ein anderer Name darunter steht. Außerdem kann ich nicht verstehen, warum es nicht der leitende Beamte tun soll, der in der Verwaltungsstelle sitzt. Es ist doch eine erste Instanz!

Oberregierungsrat Dr. *Kilian:* Meines Erachtens wird zuviel von dem Unterschiede zwischen formlosen Bescheid und förmlichem Bescheid gesprochen. Wenn die Kasse dem Versicherten etwas schriftlich in die Hand gibt, kann sie doch sofort einen förmlichen Bescheid erteilen. Daß ich nicht von vornherein einen förmlichen Bescheid verlange, hat seinen Grund darin, daß der Schalterbeamte in vielen Fällen mündlich erklärt, es bestehe kein Anspruch auf irgendeine Leistung. Wenn aber schon etwas schriftlich gemacht wird, kann man doch gleich einen förmlichen Bescheid erteilen. Denn der förmliche Bescheid unterscheidet sich doch praktisch vom formlosen Bescheid durch nichts. Für einen förmlichen Bescheid ist doch nicht etwa ein besonderes Verfahren vorhanden; er unterscheidet sich vom formlosen Bescheid nur dadurch, daß er eine Rechtsmittelbelehrung enthält.

Ist also ein Versicherter mit dem mündlichen Bescheid nicht einverstanden, dann verlangt und erhält er den förmlichen Bescheid. Wer diesen förmlichen Bescheid erteilt, ist ziemlich belanglos. Meiner Ansicht nach müßte es mindestens ein Angestellter sein, der die B-Prüfung abgelegt hat.

Die Fälle, in denen der erste Entscheid schriftlich erteilt wird, sind doch minimal gegenüber den Fällen, in denen er mündlich am Schalter erteilt wird. Dann sollte man einen schriftlichen Bescheid von vornherein als förmlichen Bescheid erteilen.

Professor Dr. *Richter:* Wir waren uns heute früh darüber einig, daß nichts im Wege steht, daß die Kassen von vornherein einen förmlichen Bescheid erteilen. Hier ist nur die Rede von denjenigen Fällen, in denen ein förmlicher Bescheid erteilt werden muß. Das ist unantastbar.

Nun ist die Frage: Wer soll den Bescheid ergehen lassen oder zeichnen? Idealfall: der Leiter. Schwierigkeiten bei großen Kassen! Andererseits dürfen wir uns nicht verleiten lassen, eine Regelung zu treffen, die nur auf große Kassen paßt; es muß bei kleinen auch funktionieren. Deshalb können wir nicht ausdrücklich vorschreiben, daß der förmliche Bescheid von jemand anders erlassen werden muß als der formlose; denn bei kleinen Kassen ist vielleicht nicht so viel Personal vorhanden. Wenn eine Kasse dezentralisiert ist und vielleicht eine Verwaltungsstelle Kreuzberg hat, dann würde ich allerdings annehmen, daß der Chef einer solchen Zweigstelle zugleich institutioneller Stellvertreter des Leiters ist. Da brauchte keine Schwierigkeit zu entstehen, wenn man bei der institutionellen Einrichtung des Stellvertreters, die in der Satzung getroffen werden soll, weit genug geht. Mir schwebt aber ein anderer Ausweg vor. Vielleicht kann man *sagen:* „Der förmliche Bescheid muß erlassen werden vom Leiter oder einem mit Zustimmung der Aufsichtsbehörde ständig berufenen Angestellten." Dann kann die Aufsichtsbehörde je nach den Verhältnissen der Kasse und unter Beachtung von allgemeinen Richtlinien, die das Reichsversicherungsamt oder der Arbeitsminister gibt, dafür sorgen, daß die qualifizierten Angestellten, die solche förmlichen Bescheide erlassen können, die hinreichende Qualifikation haben. Auf diese Weise können wir uns den Verhältnissen der verschiedenen Kassengrößen anpassen.

Ministerialrat Dr. *Hoffmeister:* Ich glaube, wir sind einig, daß nur diejenigen die Sache machen sollen, die die B-Prüfung bestanden haben. Wenn man das hineinschreibt, bindet man den Leiter. Soll man ihn damit binden, daß er bestimmte Personen nehmen muß? Was für einen Wert hat das? Bei dem Vorschlage des Herrn Richter denke ich wieder an Berlin. Dem Oberversicherungsamt wird eine Liste von Leuten vorgelegt, die die Sache machen sollen. Es kann gar nicht prüfen, wer geeignet ist, sondern genehmigt die Sache einfach. Es sind Leute, die die B-Prüfung bestanden haben. Es kann sein, daß der Verwaltungsstellenleiter durch andere Arbeiten stark in Anspruch genommen ist und man ihm aus verwaltungstechnischen Gründen die Entscheidung nicht überlassen kann. Man nimmt deshalb einen anderen aus der Verwaltungsstelle. Weshalb nicht? Das Oberversicherungsamt wird das einsehen, und den Belangen der Versicherten ist vollständig Genüge getan, wenn der Mann die B-Prüfung bestanden hat und es im übrigen dem Ermessen des Leiters überlassen bleibt, einen geeigneten Mann auszusuchen.

Ministerialrat Dr. *Sauerborn:* Ich kann mich dem Vorschlag des Herrn Richter auch nicht anschließen. Es ist zweifellos richtig: Wir haben in der Übergangszeit eine Unmasse von Eingriffen der staatlichen Organe in die Selbstverwaltungstätigkeit der Versicherungsträger gehabt. Das war damals notwendig. Ich möchte aber nicht, daß das eine Dauereinrichtung wird. Es soll Selbstverwaltung sein, und diese Selbstverwaltung soll auf ihrem Gebiete tatsächlich unter eigener Verantwortung arbeiten. Diese Bescheiderteilung ist nunmehr eine Sache der verantwortlichen Leitung der Kasse geworden, eine Trägeraufgabe, nämlich der endgültige förmliche Bescheid darüber, ob nach der Meinung des Versicherungsträgers dieser leistungspflichtig ist oder nicht. Da soll ihm die Entscheidung nicht abgenommen werden darüber, ob der eine oder der andere dazu geeignet ist. Es gehört zu der Verantwortung des Leiters, daß er die richtigen Leute wählt.

Mir ist der Gedanke neu, ich habe es noch nie so angesehen, als ob in der Krankenversicherung die Massenabfertigung am Schalter zum Spruchverfahren gehört. Selbst wenn man das macht: Die erste Instanz ist das förmliche Verfahren, und dieses sollte von den verantwortlichen Personen gemacht werden, dem Leiter, seinen Stellvertretern oder den mit Prokura ausgestatteten Personen, während der Schalterbeamte Handelsvollmacht hat.

Nun darf ich vielleicht hiermit nochmals einen anderen Gedanken verbinden. Herr Senatspräsident Kühne wollte die Nr. 2 mengenmäßig eingeschränkt haben. Ich habe Bedenken, ob das möglich sein wird, ob wir nicht sogar weitergehen müssen. Wenn wir bei Pflichtleistungen - darunter sind die satzungsmäßigen Leistungen zu verstehen, die nicht ins reine Ermessen der Kasse gestellt sind - ein förmliches Verfahren haben mit zwei Instanzen und eventuell sogar das Reichsversicherungsamt damit noch befassen, so ist damit an Rechtssicherheit und Möglichkeit der Durchsetzung eines Anspruches allerhand gegeben. Ist es bei Ermessensleistungen, wo wirklich nur das Ermessen der Kasse vorhanden ist, [und] keine weiteren Rechtsmittel [gegeben sind], nicht richtig, mal den Appell von dem Schalterbeamten oder der untergeordneten Stelle, die zunächst entscheidet, an den Leiter oder seinen Stellvertreter zu geben? Wenn Sie die Sache aus Ihrer Tätigkeit oder aus der Tätigkeit Ihrer leitenden Herren heraus überlegen: Kommen Sie nicht gerade bei der Gewährung von Krankenhauspflege häufig zu einer weitherzigeren Stellungnahme, die Ihnen deshalb möglich ist, weil Sie die finanziellen Verhältnisse und Möglichkeiten des Versicherungsträgers besser übersehen können als der Zahlstellenverwalter? Sie können weitherziger sein als die allgemeinen Richtlinien und können im Einzelfall noch etwas gewähren und dem Versicherten zubilligen, daß er sich nochmal an maßgebende Stellen der Kasse wendet. Es soll ja wahrscheinlich hierdurch nicht ausgeschlossen sein, aber es könnte so ausgelegt werden, daß nur in diesen Fällen, die hier genannt sind, der förmliche Antrag oder überhaupt der Antrag an die

Leitung möglich ist. Wir müssen gerade in den anderen Fällen diesen Appell möglich machen, sonst würde die Praxis ihn neben dem Gesetz erzwingen.

Dr. *Wischer:* Ich möchte auch Bedenken äußern, in Nr. 2 die Pflichtleistungen einzuschränken. Das würde praktisch den Ausschluß des Rechtsanspruchs bedeuten; denn wenn kein förmlicher Bescheid erteilt werden kann, gibt es auch keine Möglichkeit, im Instanzenzug weiterzugehen. In der Krankenhauspflege sollte man eher eine Erweiterung anstreben. Wenn der Schalterbeamte die Krankenhauspflege ablehnt, kann man dem Versicherten nicht zumuten, daß er sich damit zufrieden gibt. In diesem Falle müßte mindestens der Leiter die endgültige Entscheidung treffen. Allerdings wird es nicht möglich sein, weil es eine „Kann"-Leistung ist, das Reichsversicherungs- oder das Oberversicherungsamt anzurufen.

Heute morgen wurde darauf hingewiesen, daß man bei Ablehnung der Krankenhauspflege den Weg der Dienstaufsichtsbeschwerde gehen kann, und zwar im Hinblick auf die Erweiterung im Dienstaufbaugesetz, wonach die Dienstaufsichtsbehörde sich mit Ermessensfragen befassen kann. Meine Erfahrung geht dahin, daß es mindestens sehr stark umstritten ist, ob man auf dem Wege über die Dienstaufsichtsbeschwerde etwas erreichen kann, was im Gesetz ausgeschlossen ist, daß man also sagt: Das Gesetz sieht Krankenhauspflege nur als Kann-Leistung an, die nicht mit Rechtsmitteln verfolgt werden kann; nun mache ich einen Umweg. - Es ist mir bekannt, daß viele Versicherungsämter es ablehnen, sich überhaupt mit diesen Fragen zu befassen; sie sagen: Wir können nicht entscheiden. - Mir persönlich wäre es lieb, wenn wir mindestens im Hinblick auf die Krankenhauspflege einen förmlichen Bescheid durch den Leiter festsetzten. Man sollte sich nicht mit der Auskunft durch den Schalterbeamten begnügen.

Ministerialrat Dr. *Hoffmeister:* Ich halte auch eine Teilung der Pflichtleistungen in solche, die formell erledigt werden sollen, und solche, die nicht formell erledigt werden, für unmöglich. Ich kann nicht sagen, wie man das im Einzelfall teilen sollte. Jede Kasse zieht sich selbstverständlich wichtige Entscheidungen aus eigener Verantwortung heran. Die Kurpflege wird selbstverständlich der Zuständigkeit des Schalterbeamten entzogen; das wird in der Hauptabteilung entschieden. Man sollte dem pflichtmäßigen Ermessen des Leiters nicht so viele Schranken setzen. Der Leiter hat nicht etwa bloß die Interessen einiger Versicherten zu vertreten, sondern er verwaltet ein großes Vermögen ärmster Volksgenossen; er muß deshalb besonders darauf bedacht sein, daß er die Interessen der Gesamtheit der Versicherten vertritt, und wird sich hüten, wichtige Entscheidungen Leuten zu überlassen wie den Schalterbeamten; er wird gewisse Entscheidungen nach oben ziehen. Wir können uns deshalb damit begnügen, den qualifizierten Angestellten dahin zu erläutern, daß er die B-Prüfung bestanden haben muß. Ich bitte, hier nicht irgendeine Stelle einzufügen. Das ist auch technisch unmöglich. Es muß einer sein, der die B-Prüfung bestanden hat; wo er steht, das überlassen wir dem Leiter.

Professor Dr. *Dersch:* Ich wollte nochmals herausstellen, daß wir in der Erörterung auf die Anregung des Herrn Dr. Sauerborn hin zu einem besonderen Verfahren gekommen sind, das in dieses Spruchverfahren nicht hineingehört, nämlich zu einer Art Widerspruch, der sich in einer reinen Ermessenssache an den Leiter richtet. Da sind wir uns, wie mir scheint, einig geworden; diejenigen Herren, die dazu gesprochen haben, begrüßen das offenbar sympathisch, sind aber offenbar alle der Auffassung, daß es ein Rechtsmittel dagegen nachher nicht geben soll.

In der Praxis ist es mir persönlich beim Heilverfahren der Rentenversicherung und auch bei § 184 der Krankenversicherung doch immerhin als eine große Krux schon öfter erschienen, daß man im Wege der Aufsichtsbeschwerde nichts Richtiges machen kann. Früher, nach dem alten System der Abgrenzung der Aufsichten war die Aufsichtsbeschwerde eine glatte Farce. Da konnte man nur sagen: Der Selbstverwaltung steht es zu; also wir veranlassen nur nochmals eine Prüfung. Jetzt kann man dem Buchstaben des Gesetzes nach auch in Zweckmäßigkeitsfragen das machen. Aber wir wissen alle: Die Aufsicht soll so gehandhabt werden, daß man in der großen Menge der Fälle nichts macht; man pflegt im Aufsichtswege nichts zu machen. Aber ein gewisses Bedürfnis ist da - immer unter der Voraussetzung, daß es im Endergebnis sich von der Versicherung tragen läßt -, daß der einzelne ein Rechtsmittel einlegen kann. Ich habe in früheren Zeiten öfter bei der Reichsversicherungsanstalt das Empfinden gehabt: Da wäre ab und zu eine echte Beschwerde, ein Rechtsmittelzug wegen Ablehnung eines Heilverfahrens angebracht gewesen. Also die Frage wäre doch zu erörtern, aber hier ist nicht der Platz dazu.

Dann ist die Fassung hier wohl so gedacht: wenn der Antrag abgelehnt wird. Nun wird es in der Praxis häufig vorkommen, daß der Antrag teilweise abgelehnt wird. Dann ist es ja wohl auch so zu verstehen, daß das Rechtsmittel dagegen erhoben werden kann. Wenn es aber auch nicht teilweise abgelehnt wird, sondern nur mittelbar etwas darin steckt, was den Mann nicht befriedigt: Was kann er dann machen? Zum Beispiel: Es wird ein Krankengeld festgesetzt. Der Mann sagt: Ihr müßt das anders ausrechnen, ihr müßt einen anderen Grundlohn zugrundelegen. - Dann ist im Grunde genommen nichts abgelehnt worden. Ob man das nicht zum Ausdruck bringen muß? (Ministerialrat Dr. *Hoffmeister:* Er stellt den Antrag nach Ziffer 2 und bekommt Bescheid.)

Eine unpopuläre Frage, die der Rechtsmittelbelehrung! Ich bin ein Freund davon. Wenn aber bei jeder Sache eine riesenlange Rechtsmittelbelehrung daran hängt, dann werden ja die Leute, die manchmal gar nicht daran denken, ein Rechtsmittel einzulegen, dazu getrieben. Ich habe kaum gewagt, diese Frage anzuschneiden. Aber wir sollten das prüfen.

Vorsitzender: In der Invalidenversicherung ist die Rechtsmittelbelehrung auch sehr lang. Da haben mich die Leute öfter gefragt, sie verständen das nicht, wo denn stände, wohin sie zu gehen hätten. Deshalb meine ich, man könnte das auch in der Begründung sagen, daß diese Rechtsmittelbelehrung kurz sein muß.

Professor Dr. *Richter:* Der letzte Punkt wird sich einfach dadurch erledigen, daß das ganze Rechtsmittelsystem bei uns einfacher werden soll, so daß die Versicherungsträger nicht mehr große Vordrucke brauchen, sondern einen Stempel benutzen können. Im übrigen glaube ich nicht, daß man auf die Rechtsmittelbelehrung verzichten kann, nur weil sie unter Umständen zu einem Übermaß der Rechtsmittelbenutzung anreizt. Das muß man in Kauf nehmen.

Nun zu Nr. 2! Ich bin zunächst der Meinung, daß eine Einschränkung nicht möglich ist, weil es innerhalb dieser Leistung keine Qualifikationsmerkmale gibt, die einen verständlichen Unterschied für den einfachen Menschen abgeben würden. Ich bitte zu erwägen, ob man mit dem Rechtsmittelverfahren nicht einen Schritt weiter gehen kann. In den Ermessensleistungen stecken zwei Möglichkeiten: Entweder es ist wirklich ein reines Plus, das der Versicherungsträger geben kann, ohne Rechtspflicht. Das wäre das Heilverfahren in der Rentenversicherung. Da scheint mir auch, daß man nicht mit einem Rechtsmittelverfahren in das Ermessensverfahren hineinfunken sollte.

Nach § 184 liegt die Sache anders; das nennen wir in der Theorie eine Ersatzleistung, und da geht das Ermessen des Versicherungsträgers nur dahin, ob er anstelle der Primärleistung die Ersatzleistung gewähren will oder ob er es bei der primären Leistung belassen will. Eins muß er leisten; er kann nicht sagen: Die Pflichtleistung lehne ich ab, weil ich die Ermessensleistung für richtig halte, und die Ermessensleistung lehne ich ab, weil ich zu einem negativen Schluß komme. An sich besteht ein Rechtsanspruch, aber ein durch ein dazwischen geschaltetes Ermessen bedingter Rechtsanspruch. Könnte man nicht in Nr. 2 sagen „Pflicht- oder Ersatzleistungen" usw.? Damit haben wir dann auch die Rechtsmittel zum Oberversicherungsamt usw. für diese Fälle der Krankenhauspflege. Ich habe den Eindruck, daß es bei solchen Ersatzleistungen gut wäre, wenn sie einer Rechtskontrolle unterstellt würden; denn da spielt nicht bloß die Frage des individuellen Rechtsanspruches hinein, sondern noch eine andere, nämlich: Wie wird der Volksgesundheit am besten gedient? Kann eine Kasse durchweg die Krankenhauspflege aus finanzieller Engherzigkeit ablehnen? Für solche Fälle scheint mir die Prüfung im Aufsichtswege nicht ausreichend zu sein.

Ich bitte deshalb zu erwägen, ob wir nicht neben die Pflichtleistungen die Ersatzleistungen stellen sollen.

Vorsitzender: Ich habe ein Grauen vor der finanziellen Auswirkung. Das ist einfach nicht zu tragen. Ich darf dabei zur Erläuterung sagen, daß es wohl keine Krankenversicherung zur Zeit in Deutschland gibt, die das Jahr 1935 nicht mit einem starken Minus beenden wird, wenn es weiter so geht, wie es heute ist. Bei jeder Geschichte wird die Krankenkasse in Anspruch genommen; die Krankenkassen werden für Aufgaben gebraucht, die eigentlich keine Kassenversicherungsaufgaben sind. Ich denke da an die Wochenhilfe. Das ist keine Krankheit. Das wird alles den Krankenkassen aufgebürdet, und dabei steigt die Geburtenzahl noch. Aus dem Bayerischen Wald gehen mir Nachrichten zu, nach denen sie dort eine solche Zahl von Wochenfällen haben, daß sie einfach daran kaputt gehen. So geht das nicht. Wir haben uns deshalb auf den Standpunkt gestellt, daß hier nur Pflichtleistungen in Betracht kommen können.

Ministerialrat Dr. *Sauerborn:* Ich glaube auch, das geht nicht. Wenn wir an die Genesungsfürsorge, an die Erholungsfürsorge denken; bis zu einem gewissen Grade kommt die Krankenhauspflege auch dazu. Es besteht doch ein Etat, und innerhalb dieses Etats muß das Notwendigste getan werden. Man muß der Leitung die Möglichkeit geben, daß sie die vorhandenen Gelder bestmöglich ausnutzt. Wenn man da noch einen Rechtsanspruch gibt, dann werden die Summen nicht ausreichen und der Etat wird nicht balanciert werden können. Bei der Krankenhauspflege stehe ich auf einem anderen Standpunkt. Da wird man auf die Dauer doch durchdrücken können, daß eine Nachprüfung erforderlich ist. Ich habe in meinem Kommentar zur Reichsversicherungsordnung auf ein Urteil des Versicherungsamts München hingewiesen. Diese Entscheidung trifft im wesentlichen meinen Standpunkt, daß nämlich in denjenigen Fällen, in denen die notwendige Behandlung nur im Krankenhaus gewährt werden kann, ein Versagen überhaupt ein Versagen der ärztlichen Hilfe ist. In diesen Fällen würde man heute schon einen geordneten Rechtsweg haben. Die Schwierigkeit, die Professor Dersch schilderte, indem nun ein zweites Verfahren aufgezogen werden soll, ist, glaube ich, entstanden, weil wir im Wege der Rechtseinheit den ersten Bescheid am Schalter in das Spruchverfahren einbezogen haben. Es handelt sich hier nicht um ein Spruchverfahren, sondern um eine Verwaltungstätigkeit, und wenn Sie das bei den Ermessensleistungen so ansehen, dann kommen Sie auf dem Verwaltungswege auch an den Leiter heran, ohne daß das Spruchverfahren berührt wird. Dann gehen die Dinge glatt auf. Sie können den Appell an den Leiter zugestehen. Ich würde vorschlagen, die Nr. 1 aus der Rubrik „Spruchverfahren" zu streichen und als das zu bezeichnen, was sie ist, als eine Verwaltungstätigkeit der Kasse. Dann kommen Sie aus den Schwierigkeiten heraus.

Professor Dr. *Richter:* Daß eine Änderung der Überschrift dieses Problem löst, leuchtet mir nicht ein. Die Überschrift „A. Spruchverfahren" hat sich nur aus dem Gedankengange ergeben, in welchem wir heute früh die Sache in Angriff genommen haben. Ich bin der Meinung, daß wir das Verfahren bei einem Versicherungsträger von dem Verfahren vor den Versicherungsbehörden unterscheiden müssen. Natürlich geht eines ins andere über. Wie es da steht, gefällt es mir auch nicht. Ich würde einfach sagen:

I. Verfahren bei den Versicherungsträgern zur Feststellung der Leistungen,

II. Spruchverfahren vor den Versicherungsbehörden.

Wie ist es nun bei Ermessensleistungen? Hier heißt es allgemein: Die Leistungen werden nach Nr. 1 festgestellt; dann heißt es in Nr. 2: Bei den Pflichtleistungen gibt es diesen Weg. Nr. 3 ist nur eine Ergänzungsbestimmung zu Nr. 2. Nun könnte man erwägen, ob man unter *Nr. 4* sagt: „Bei Ermessensleistungen kann die abschließende Entscheidung des Leiters des Versicherungsträgers angerufen werden", oder so ähnlich, damit auch der Mann aus dem Volke sieht: Ich kann mich hier von dem Schalterbeamten - ohne riskieren zu müssen, daß man mir einen Riegel vorschiebt - an den Leiter wenden.

Vorsitzender: In der Praxis ist es im allgemeinen so: Wenn irgendeine Mehrleistung, Ersatzleistung oder Ermessensleistung abgelehnt wird, wendet sich der Betreffende immer an den Vorstand oder an das Direktorium. Dann wird das immer im Gremium besprochen und geprüft, ob man nicht aus sozialen Erwägungen von Fall zu Fall aus dem Dispositionsfonds etwas für den Mann tun kann. Grundsätzlich kann man das Prinzip allerdings nicht durchbrechen.

Professor Dr. *Dersch:* Darf ich vorschlagen, diese Ziffer 3 zu streichen und eine andere Bestimmung dafür anzufügen. Dann beträfe Nr. 1 das rein Verwaltungsmäßige, Nr. 2 den förmlichen Bescheid bei Pflichtleistungsansprüchen, wozu die Form des förmlichen Bescheides gehört, und Nr. 3 die Ermessenssachen.

Senatspräsident Dr. *Kühne:* Ich würde vorschlagen, zum Ausdruck zu bringen, daß der förmliche Bescheid nicht nur dann zulässig ist, wenn der Versicherte ihn beantragt, sondern daß der Versicherungsträger auch in der Lage ist, ihn von Amts wegen zu erteilen.

Professor Dr. *Richter:* Dann könnten wir sagen: „..., wenn der Versicherte es beantragt oder der Versicherungsträger es für angezeigt hält".

Vorsitzender: Die jetzige Nr. 3 würde dann der zweite Absatz der Nr. 2 werden. Für Nr. 3, die die Ermessensleistungen betreffen soll, sind wir uns darüber einig, daß für Ermessensleistungen derselbe Weg beschritten werden soll.

Professor Dr. *Richter:* Dann könnten wir sagen: „Über die Gewährung von Ermessensleistungen entscheidet auf Verlangen des Versicherten der Leiter oder ..." (Senatspräsident Dr. *Kühne:* In Ermessensfragen ergeht letzten Endes jede Entscheidung durch den Leiter!) Kann man dem einzelnen Untertanen das Recht einräumen, daß ihm wirklich vom Chef selbst und nicht etwa von seinem Stellvertreter der Bescheid erteilt wird? Das geht doch zu weit.

Vorsitzender: Wenn man sagt: „der Leiter", dann genügt das. Denn der Leiter wird sich seinen Mann schon durch Verwaltungsbefehl bestellen.

Oberregierungsrat Dr. *Kilian:* Dann darf man aber in Nr. 1 auch nicht sagen: „oder den von ihm Beauftragten"!

Professor Dr. *Richter:* Nr. 1 brauchen wir deswegen nicht zu ändern. Bei Nr. 2 sagen wir es nicht ausdrücklich, sondern nur in der Begründung. Das würde aber auch für Nr. 3 gelten.

Vorsitzender: Das möchte ich nun doch nicht sagen! Sollen Ermessensleistungen wirklich von einem qualifizierten Angestellten bewilligt werden können? Das kann doch unter Umständen finanziell sehr gefährlich werden.

Ministerialrat Dr. *Hoffmeister:* Wir hatten Nr. 1 so ausgelegt, daß sowohl die Pflichtleistungen wie die freiwilligen Leistungen darunter fallen. Ist dann die Nr. 3 überhaupt noch notwendig?

Dr. *Wischer:* Der kleine Schalterbeamte soll nicht selbständig eine Krankenhauspflege ablehnen können.

Vorsitzender: Herr Dr. Hoffmeister spricht immer von der AOK Berlin. Aber für eine Ersatzkasse für das ganze Deutsche Reich ist es noch schwieriger. Da ist es einfach unmöglich. Ich weiß nicht recht, ob man nicht auch bei den Ermessensleistungen sagen kann: „oder die Beauftragten des Leiters".

Senatspräsident Dr. *Kühne:* Das ist durch Nr. 1 vollständig gedeckt. Dann kann man in der Begründung ausführen, daß es sich einmal um Pflichtleistungen und sodann auch um Ermessensleistungen handelt.

Vorsitzender: Es ist jetzt eine Diskussion darüber entstanden und ausgeführt worden, daß der Leiter das nicht alles schaffen kann. Ich glaube, man kann es ruhig so lassen. Denn wenn einem Geschäftsführer eine Ermessensfrage vorliegt, bei der er sieht, daß er die Leistung nicht ohne Rückendeckung bewilligen kann, gibt er sie sowieso zur Zentrale. - Dann besteht also über den Absatz a Einigkeit. - Wir kommen nun zu b: *Rentenversicherung:* Wie bisher. Die Leistungen der Rentenversicherung werden durch einen förmlichen Bescheid des Leiters festgestellt. (Das vorbereitende Verfahren durch das Versicherungsamt - §§ 1617 bis 1629 - fällt weg.) Den Antrag können auch die Rechtsberatungsstellen der Deutschen Arbeitsfront entgegennehmen.

Dr. *Wischer:* In der Rentenversicherung - die Unfallversicherung ist hier nicht einbezogen - soll sich gegenüber dem bisherigen Zustande nichts ändern. Wir müssen nur die Mitwirkung des Versicherungsamts ausschließen, weil wir das ja überhaupt beseitigen wollen. Wir waren uns auch darüber klar, daß solche Entscheidungen, die bisher durch das Versicherungsamt gefällt wurden, heute durch den Träger der Rentenversicherung gefällt werden können.

Der zweite Satz trägt gewissen Erwägungen Rechnung, die zur Zeit schweben, wonach die Rechtsberatungsstelle der Deutschen Arbeitsfront als inländische Behörde im Sinne der Reichsversicherungsordnung angesehen werden soll. Es hat sich nämlich als mißlich herausgestellt, daß zahlreiche Anträge bei der Rechtsberatungsstelle der Deutschen Arbeitsfront eingereicht werden, die Rechtsberatungsstelle sie aber immer an den Versicherungsträger oder an ein Versicherungsamt weiterleiten muß, wenn nicht die Gefahr bestehen soll, daß unter Umständen eine Rentenzahlung verspätet einsetzt. Wir hielten es für richtig, diese Erwägungen, die zur Zeit im Arbeitsministerium schweben, in unsere Vorschläge mit aufzunehmen.

Vorsitzender: Ich hatte Gelegenheit, bei der Rücksprache mit Herrn Staatssekretär Krohn auch diese Frage anzuschneiden. Ich habe darauf aufmerksam gemacht, daß der Reichsorganisationsleiter Dr. Ley ausgesprochen hat, die Deutsche Arbeitsfront würde eine Körperschaft des öffentlichen Rechts werden. In diesem Augenblick würden dann auch die Unterabteilungen der Deutschen Arbeitsfront, also auch die Rechtsberatungsstelle, ebenfalls eine Körperschaft des öffentlichen Rechts. Dann wäre die Sache klar. Es ist aber noch nicht so weit. - Bestehen hiergegen Bedenken? - Dann gehen wir über zu c. *Unfallversicherung:* Wie bisher die Pflicht zur Unfallanzeige; ebenso die von Amts wegen zu betreibende Unfalluntersuchung. Aber die Leistungen sind nur auf Antrag festzustellen. Grundsätzlich nur bis zum Ablauf von zwei Jahren, ausnahmsweise darüber hinaus.

Professor Dr. *Richter:* Die bisher für diese Dinge vorgesehene Verordnung zeichnet sich vor allem durch eine große Undurchsichtigkeit aus. In der Unfallversicherung heißt es im ersten Paragraphen, daß ihre Leistungen von Amts wegen festzustellen sind. Aber de facto ist es doch so, daß sich der einzelne darum kümmern muß. Es kommt lediglich auf die Sicherung des Tatbestandes an, damit nicht noch nach langen Jahren ein Streit darüber entsteht, ob seinerzeit überhaupt ein Unfall vorgekommen ist. Zu dieser Sicherung des Tatbestandes dient bisher die Unfallanzeigepflicht und die Unfalluntersuchung. Das ist auch ohne weiteres nötig. Ebenso ist es notwendig, daß die Untersuchung unter wesentlicher Beteiligung der lokalen Polizeibehörde, die in vielen Fällen ohnehin damit zu tun hat, vorgenommen wird. Was die Polizei feststellt, dient der Sicherung des Tatbestandes und wird aktenmäßig festgelegt. Aber die Folgerungen aus dem Unfall zu ziehen, einen Anspruch auf irgendeine Rente oder sonst etwas geltend zu machen, kann man ebensogut dem Versicherten überlassen, der das ja auch in den anderen Versicherungszweigen zu tun hat. Deswegen kann die Bestimmung, daß die Leistungen von Amts wegen festzustellen sind, wegfallen.

Eine andere Frage ist die Frist. Die Frist darf nicht zu knapp bemessen sein, aber schließlich muß sie auch ein Ende haben. Deshalb haben wir die grundsätzliche Bestimmung vorgeschlagen, daß nach Ablauf von zwei Jahren kein Antrag mehr gestellt werden kann. Diese Frist bedingt aber einige Ausnahmen ungefähr derart, wie wir sie schon im bisherigen Rechte haben: Wenn z.B. Schäden erst später aufgetreten sind usw.

Dr. *Wischer:* Wir wollen es also im großen Ganzen hier bei den §§ 1546 und 1547 belassen. Nun steht in § 1549, daß die Fristen auch gewahrt werden, wenn der Anspruch rechtzeitig bei einem nicht zuständigen Träger der Unfallversicherung oder bei einem Versicherungsamt angemeldet wird. Hier müßten wir wie bei der Rentenversicherung auch die Rechtsberatungsstelle der Deutschen Arbeitsfront einschalten.

Professor Dr. *Dersch:* Wenn sich eine Sache nicht für die Behandlung durch die Krankenkasse eignet, muß doch die Berufsgenossenschaft von Amts wegen die Frühbehandlung in die Hand nehmen, während sie hiernach ruhig warten kann. (*Zurufe von verschiedenen Seiten.*)

Professor Dr. *Richter:* Die Krankenkasse hat dann alle Ansprüche, die der Verletzte hätte. Wenn wir § 1511 wieder aufnehmen, haben wir alles, was wir brauchen.

Ministerialrat Dr. *Hoffmeister:* Ich würde vorschlagen zu sagen: „Nur auf Antrag der Krankenkasse oder des Versicherten". Der Antrag ist darin zu erblicken, daß die Krankenkasse die Meldung an die Unfallversicherung macht.

Senatspräsident Dr. *Kühne:* Es besteht die Gefahr, daß die Frühbehandlung nicht richtig einsetzt. Der Versicherte wird den Antrag vielleicht nicht stellen, und wir haben es immer wieder erlebt, daß auch die Kasse diesen Antrag nicht stellt. Dadurch wird die Frühbehandlung in der Tat versäumt. Wenn wir sagen, die Leistungen seien nur auf Antrag festzustellen, so kann es vorkommen, daß die Behandlung verschleppt wird.

Ministerialrat Dr. *Sauerborn:* Wir könnten hinter den Worten „Aber die Leistungen sind nur auf Antrag festzustellen" einfügen: „es sei denn, daß der Träger der Unfallversicherung eine Übernahme der Frühbehandlung für erforderlich hält".

Professor Dr. *Richter:* Hinter den Worten „Wie bisher die Pflicht zur Unfallanzeige" könnte man vielleicht einfügen „einschließlich § 1503", damit auch die Krankenkassen diese Anzeigepflicht trifft. (*Diese Einfügung wird vorgenommen.*)

Vorsitzender: Damit hätten wir also alles unter der Nr. I klargestellt.

Wir kommen nun zu *II. Spruchverfahren vor den Versicherungsbehörden. a) Krankenversicherung:*

1. Gegen die förmlichen Bescheide der Versicherungsträger ist Berufung (Klage) an das Oberversicherungsamt zulässig.

2. Über die Berufung (Klage) entscheidet das Oberversicherungsamt endgültig, wenn es nicht die Revision zuläßt. - Es kann die Revision zulassen, wenn einer gesetzlichen Vorschrift eine Auslegung von grundsätzlicher Bedeutung gegeben werden muß, über die das Reichsversicherungsamt noch keine grundsätzliche Entscheidung veröffentlicht hat. - Es muß die Revision zulassen, wenn das Reichsversicherungsamt über die Auslegung eine grundsätzliche Entscheidung veröffentlicht hat, von der das Oberversicherungsamt abweichen will.

3. Klarheit besteht darüber: Wird die Revision zugelassen, so ist das eine volle Revision mit allen positiven und negativen Merkmalen: positiv insofern, als das Revisionsgericht in dem vollen Umfang entscheidet, in dem es überhaupt über Revisionen entscheidet; negativ insofern, als ein Revisionsgrund vorliegen muß. § 1697. - Die Einzelheiten des Revisionsverfahrens bleiben vorläufig offen; sie sollen im Sinne des bisherigen Rechts geregelt werden.

4. In der Revisionsinstanz besteht Vertretungszwang für den Versicherten (Rechtsberatungsstelle der Deutschen Arbeitsfront, Rechtsanwalt oder in Ausnahmefällen - bei Nichtariern usw. - ein besonders zugelassener Vertreter).

b) Rentenversicherung: Wie II a. Ferner: Die Revision ist ausgeschlossen über Höhe, Beginn und Ende der Rente oder des Krankengeldes sowie bei Kapitalabfindungen und endlich bei den Kosten des Verfahrens.

c) Unfallversicherung: OVA wie bisher (§ 1675):

1. Auch in Unfallsachen ist nur die Revision zulässig. Im Senat des Reichsversicherungsamts tritt an die Stelle des Richters ein Arzt als ordentliches Mitglied.

2. Die Revision ist nur zuzulassen wie in den Fällen der Renten- und Krankenversicherung. Außerdem Ausschluß der Revision in einigen Fällen des § 1700 (?).

Oberregierungsrat Dr. *Kilian:* Ich glaube, zu Nr. 1 brauche ich nichts zu sagen; denn es ist selbstverständlich, daß gegen die förmlichen Bescheide des Trägers der Krankenversicherung die Möglichkeit vorhanden sein muß, das Oberversicherungsamt anzurufen. Es fragt sich nur, ob wir an dem technischen Ausdruck „Berufung" festhalten oder ob wir dieses Rechtsmittel als „Klage" bezeichnen. Die Bezeichnung „Klage" hat zweifellos im technischen Aufbau viel für sich; denn damit bringen wir zum Ausdruck, daß alles, was vorher liegt, eine gewöhnliche Entscheidung des Versicherungsträgers im Verwaltungsverfahren ist und daß nunmehr ein neues Verfahren eingeleitet wird, bei einer Versicherungsbehörde. Wenn wir an dem Ausdruck „Berufung" festhalten, so geben wir damit zu erkennen, daß es sich bei dem ersten Verfahren um ein instanzielles Verfahren handelt. Das können wir vermeiden, wenn wir statt „Berufung" „Klage" sagen und damit zum Ausdruck bringen, daß das erste Verfahren eigentlich nur ein Verwaltungsverfahren ist. Ich persönlich möchte an dem Ausdruck „Berufung" festhalten, weil er sich eingebürgert hat und kein Anlaß besteht, dieses Wort durch ein anderes zu ersetzen. Ich möchte es eigentlich nur als eine Geschmackssache bezeichnen, ob wir „Berufung" oder „Klage" sagen. Richtiger wäre es, dieses Rechtsmittel als Klage zu bezeichnen, da wir in dem Verfahren zu I von einem Verwaltungsverfahren ausgehen; denn auch in der übrigen verwaltungsrechtlichen Praxis sprechen wir von einer Klage, wenn ein Verwaltungsgericht angerufen wird.

Professor Dr. *Richter:* Ich darf mich hierzu auf das beziehen, was ich neulich gesagt habe. Ich habe betont, daß mit der Anrufung des Oberversicherungsamts als eines Verwaltungsgerichts eben etwas seiner Struktur nach Neues, ein neuartiger Verfahrensabschnitt einsetzt. Vorher steht der Versicherungsträger zwar mit öffentlicher Gewalt dem Versicherten gegenüber, immerhin als Partei, weil er zu zahlen hat. Nunmehr entscheidet ein Neutraler. Sie haben vorhin gewünscht, daß der Ausdruck „Spruchverfahren" wegen seines das Gerichtliche zum Ausdruck bringenden Charakters für diesen zweiten Abschnitt reserviert wird. In [der] Konsequenz dieser Benennung liegt eigentlich schon, daß das richtige Rechtsverfahren jetzt erst losgeht; denn der Akt, mit dem ein Rechtsverfahren eingeleitet wird, heißt nun mal Klage. Ich kann ihn auch anders nennen. Die Sache ist nur die: Wir haben die Gesetze nicht bloß zu schreiben, sondern auch auszulegen und den Auslegern deutlich zu machen. Für den wissenschaftlichen Unterricht würde es eine Erleichterung sein, wenn wir nicht jedesmal sagen müßten: Das Ding heißt Berufung; man kann es so nennen; aber der Sache nach ist es die Verwaltungsklage. Darum glaube ich, wäre es, wenn es sich eingebürgert hat, verständlicher als der jetzige Ausdruck. Wenn Sie schon nicht „Klage" sagen wollen, dann müßte man das beinahe mit einem in der alten Verwaltung eingebürgerten Ausdruck als „Rekurs" bezeichnen. Das ist nicht schön und nicht empfehlenswert, aber es entspricht eher der Vorstellung als „Berufung".

Professor Dr. *Dersch:* Darin bin ich grundsätzlich anderer Auffassung. Es ist Geschmackssache, wie man das nennt. Aber es liegt doch ein tiefgehender Gegensatz zugrunde, und der kommt jetzt gerade in den Ausführungen von Herrn Richter scharf zum Ausdruck, nämlich daß in dem einen Falle gesagt wird: Das ist eine richterliche Entscheidung, gegen die die Berufung sich richtet, während die andere Meinung sagt: Nein, darauf kommt es nicht an; es genügt überhaupt eine Entscheidung. Der letzten Auffassung bin ich. Die erste Instanz ist der Versicherungsträger. Ich halte es nicht für so sehr dem wissenschaftlichen und sonstigen Sprachgebrauche bereits angepaßt, daß man ganz allgemein unter Berufung nur eine Berufung gegen eine gerichtliche Entscheidung verstände. Ich halte die Stelle, die die Entscheidung hier trifft, für eine Stelle, die zwar nicht Richter im herkömmlichen Sinne ist, die aber tatsächlich vom Gesetz beauftragt ist, in diesen Fällen verwaltungsgerichtliche Entscheidungen zu treffen, obwohl ich weiß, daß sie kein Verwaltungsgericht ist. Diesen Einwand erlaube ich mir von vornherein wegzunehmen.

Also Sie bringen gerade auf diese Art eine große Unklarheit in die Sache. Was Sie glauben, Ihren Studenten nicht klarmachen zu müssen, müssen Sie umgekehrt den Praktikern, die in größerer Zahl vorhanden sind, immer klarmachen; denn die Berufung richtet sich gegen eine Entscheidung, die da ist, und gegen die Berufung geht die Revision. Sie machen es so, daß Sie gegen eine Entscheidung, die da ist, die Klage loslassen und gegen diese Entscheidung die Revision, unter der jeder eine gegen eine zweite Entscheidung getroffene Entscheidung versteht. (*Widerspruch des Professors Dr. Richter.*) - Das ist herkömmlich im dreiinstanzlichen Aufbau; die Revision ist die dritte Instanz und niemals eine zweite. Es gibt im Arbeitsgerichtsgesetz eine Revisionsbeschwerde, deshalb so genannt, nicht nur, weil es eine Beschlußangelegenheit ist, sondern gerade, weil es ein gegen eine erstinstanzliche Entscheidung gerichtetes Rechtsmittel ist, bei dem nur der Tatsachenbeweis ausgeschlossen und nur die Rechtsprüfung zulässig ist. Es steckt herkömmlicherweise darin, daß es eine dritte ist, die sich gegen eine zweite richtet. Das wird in diesem Falle auch umgeworfen. Ich wäre dafür, bei dem eingebürgerten Sprachgebrauch zu bleiben.

Professor Dr. *Richter:* Im Strafverfahren haben wir die Revision gegen eine erstinstanzliche Entscheidung des Schwurgerichts. Im übrigen glaube ich, daß wir diesen Bedenken aus dem Wege gehen. Wir werden das Wort „Revision" nicht mehr gebrauchen, sondern „Rechtsrüge" sagen.

Ministerialrat Dr. *Sauerborn:* An den Ausführungen des Herrn Richter gefällt mir eins. Da gestehe ich zu, daß ich ohne weiteres die Konsequenzen aus dem ziehe, was ich vorhin gesagt habe, daß es erwünscht ist, zwischen Verfahren bei Versicherungsträgern und vor Versicherungsgerichten zu unterscheiden. Wenn wir uns über „Klage" und „Berufung" nicht einigen können, dann darf ich auf etwas anderes hinweisen, was es im gewöhnlichen Justizverfahren gibt. Da gibt es gegen Strafverfügungen und -befehle den Antrag auf gerichtliche Entscheidung. Wenn wir einen solchen Ausdruck wählen, dann bekommen wir klare Verhältnisse. (*Zuruf:* Einspruch!)

Professor Dr. *Richter:* Einspruch heißt, daß die erste Stelle wieder zu entscheiden hat.

Dr. *Kaiser:* Diese Grundsätze sind nicht nur für die Fachleute, sondern auch für die Volksgenossen geschrieben; sie müssen so klar gefaßt sein, daß er sie versteht. Wenn die Fachleute auch wissen, was Berufung ist, so muß doch zum Ausdruck gebracht werden, daß jetzt das gerichtliche Verfahren losgeht, und für den schlichten Mann bedeutet Klage immer ein gerichtliches Verfahren. Selbstverständlich ist der Weg, den Herr Sauerborn vorschlägt, genauso gut. Das sagt klar, daß es sich um ein gerichtliches Verfahren handelt, es ist nur länger; der schlichte Mann würde unter Klage dasselbe verstehen, was in diesem längeren Satz zum Ausdruck kommt. Berufung genügt jedenfalls nicht.

Vorsitzender: Ich bin für gerichtliche Entscheidung. Das ist ganz klar, das versteht jeder Mensch.

Ministerialrat Dr. *Hoffmeister:* Ich stand ursprünglich auf dem Standpunkt des Herrn Professor Dersch. Die erste Instanz hat entschieden; dagegen gibt es nach dem allgemeinen Rechtsempfinden eine Berufung. Ich sehe nicht ein, weshalb man lange eingeführte Begriffe fallenlassen soll. Ich sehe in dem Begriff „Berufung" auch einen Antrag auf gerichtliche Entscheidung; jede Berufung ist das.

Ministerialrat Dr. *Sauerborn:* Ich habe den Vorschlag gemacht, weil ich klarmachen will, daß es jetzt an das Gericht geht.

Professor Dr. *Richter:* Ich möchte nur zur Klarstellung sagen: Auch hier findet das alte Rechtssprichwort Anwendung: falsa demonstratio non nocet. Wenn man Berufung sagt, schadet es nichts.

Oberregierungsrat Dr. *Kilian:* Der Grundsatz würde also lauten: „Gegen die förmlichen Bescheide der Versicherungsträger ist der Antrag auf gerichtliche Entscheidung zulässig. - Über den Antrag entscheidet das Oberversicherungsamt endgültig, wenn es nicht die Revision zuläßt."

Ministerialrat Dr. *Sauerborn:* Wir kommen hierdurch auch aus einer anderen Schwierigkeit. Wir haben bisher in der Krankenversicherung etwas grundsätzlich anderes gehabt, die Berufung an das Oberversicherungsamt gegen eine Entscheidung erster Instanz, die von dem Versicherungsgericht gefallen war. Diese Berufung konnte von zwei Parteien eingelegt werden. Dieser Antrag hier kann nur von dem Versicherten eingelegt werden. (Professor Dr. *Richter:* Wir kommen damit Herrn Dersch entgegen; die Verkoppelung zwischen beiden Verfahrensstoffen wird enger.)

Oberregierungsrat Dr. *Kilian:* Wir müssen nun den nächsten Grundsatz aufstellen, daß über den Antrag das Oberversicherungsamt grundsätzlich endgültig entscheidet. Wir haben uns heute im Unterausschuß darüber unterhalten, ob es nicht notwendig ist, entsprechend dem bisherigen Recht, in bestimmten Ausnahmefällen auch einen Streit aus der Krankenversicherung an das Reichsversicherungsamt zu bringen. Bisher ist das insofern möglich, als nach § 1693 der Reichsversicherungsordnung in gewissen Fällen das Oberversicherungsamt die Sache abgeben muß an das Reichsversicherungsamt. In diesen Fällen tritt das RVA an die Stelle des OVA, d.h. es entscheidet dann erstinstanzlich. Der ganze Sachverhalt muß also eingehend vom RVA geprüft werden. Dieses entscheidet praktisch über die eingelegte Berufung, über den Antrag auf gerichtliche Entscheidung selbst, oder es erläßt nur eine grundsätzliche Entscheidung und beschränkt sich auf die Entscheidung der Rechtsfragen.

Der Ausschuß hat nun geglaubt, es sei zweckmäßiger, wenn man ganz allgemein dem OVA die Möglichkeit läßt, die Revision zuzulassen, wobei ich statt „Revision" schließlich auch einen anderen Ausdruck setzen kann. Das bedeutet, daß selbstverständlich auch in einer Bagatelle, die das OVA nicht als solche ansieht, das RVA entscheiden muß. Wir haben nun festgestellt, daß selbstverständlich dem OVA gewisse Richtlinien gegeben werden müssen, in welchen Fällen es entweder die Revision zulassen kann oder in welchen Fällen es die Revision zulassen muß. Wir sind zu dem Ergebnis gekommen, daß die Revision zugelassen werden kann, wenn einer gesetzlichen Vorschrift eine Auslegung von grundsätzlicher Bedeutung gegeben werden muß, über die das Reichsversicherungsamt noch keine grundsätzliche Entscheidung veröffentlicht hat. Wir wollten uns dabei an die Vorschrift des Arbeitsgerichtsgesetzes anlehnen. Dieses sagt sogar schon beim Berufungsverfahren, daß das Landesarbeitsgericht generell dann angerufen werden kann, wenn der Streitwert erreicht ist, daß aber auch in anderen Fällen das Landesarbeitsgericht entscheidet, wenn das Arbeitsgericht die Berufung wegen der grundsätzlichen Bedeutung des Rechtsstreites zugelassen hat. Dieselbe Vorschrift besteht im Revisionsverfahren: Gegen das Urteil findet Revision beim Reichsarbeitsgericht statt, zunächst allgemein, wenn der Streitwert erreicht ist, dann aber auch, wenn das Landesarbeitsgericht die Revision wegen der grundsätzlichen Bedeutung des Rechtsstreites zugelassen hat. Nähere Vorschriften enthält das Arbeitsgerichtsgesetz nicht, insbesondere sind keine Vorschriften darüber vorhanden, keine Anweisung, keine Richtlinien, wann, in welchen Fällen das Arbeitsgericht in einer Sache wegen ihrer grundsätzlichen Bedeutung die Revision zulassen kann.

Wir wollten uns dabei auch an Vorschriften des AVG anschließen, in welchem eine ähnliche Regelung getroffen ist. Dort ist auch vorgeschrieben, daß die Kammer, das Oberversicherungsamt, eine Sache dem Reichsversicherungsamt zunächst allerdings vorlegen muß und abgeben kann, wenn einer gesetzlichen Vorschrift eine Auslegung von grundsätzlicher Bedeutung gegeben werden muß, über die das Reichsversicherungsamt nicht grundsätzlich entschieden hat, und daß die Sache an das Reichsversicherungsamt abgegeben werden muß, wenn dieses schon eine grundsätzliche Entscheidung gefällt hat, aber das Oberversicherungsamt von dieser grundsätzlichen Entscheidung abweichen will. Ich halte es für zweckmäßig, daß man von einer Abgabe an das Reichsversicherungsamt absieht. Praktisch ist es ja doch so, daß das Oberversicherungsamt auch bisher eine reguläre Entscheidung treffen muß; es muß jedenfalls seine Rechtsauffassung eingehend begründen. Warum soll nicht das Oberversicherungsamt in einer solchen Sache nicht auch sachlich entscheiden, nicht den Tenor dahin verkünden, daß die Sache zur grundsätzlichen Entscheidung an das Reichsversicherungsamt abgegeben wird. Es liegt näher, daß das Oberversicherungsamt eine Entscheidung trifft, den Antrag zurückweist oder ihm stattgibt und den Versicherungsträger verurteilt. Handelt es sich um eine grundsätzliche Sache, dann muß man es dem Oberversicherungsamt überlassen können, die Revision an das Reichsversicherungsamt zuzulassen. Das hat allerdings die Bedeutung, daß das Reichsversicherungsamt dann, soweit natürlich ein Revisionsgrund vorliegt, die Sache in vollem Umfange von der rechtlichen Seite aus nachprüft und nicht darauf beschränkt ist, die grundsätzliche Frage, die das Oberversicherungsamt bisher dem Reichsversicherungsamt vorgelegt hat, zu entscheiden und eine andere Sache, die das Reichsversicherungsamt in seinem Verfahren feststellt, indem der Versicherungsträger oder das Oberversicherungsamt einen Fehler gemacht hat, unberührt lassen muß.

Selbstverständlich läßt auch dieser Vorschlag noch die Frage offen, in welcher Weise das Oberversicherungsamt tatsächlich gezwungen werden kann, die Revision an das Reichsversicherungsamt zuzulassen. Es kommt oft vor, daß Oberversicherungsämter von grundsätzlichen Entscheidungen des Reichsversicherungsamtes abweichen und erklären: Wir legen die Sache nicht vor, weil wir uns klüger dünken als das Reichsversicherungsamt. In diesen Fällen wird die Entscheidung rechtskräftig, und es besteht keine Möglichkeit, diese Entscheidung noch im Instanzenzuge nachzuprüfen. Auch unser jetziger Vorschlag schließt diese Möglichkeit nicht aus. Ich glaube, daß wir insofern weiterkommen, daß bei der Zulassung der Revision das Reichsversicherungsamt die Verhältnisse viel weiter nachprüfen kann als bisher; denn wenn das Oberversicherungsamt eine Sache abgegeben hat und in die Gründe hineingeschrieben hat: der und der Punkt erscheint uns von grundsätzlicher Bedeutung, oder in dem und dem Punkte wünschen wir von einer grundsätzlichen Entscheidung des Reichsversicherungsamtes abzuweichen, dann kann selbstverständlich das Reichsversicherungsamt nur über diesen Punkt entscheiden. Lassen wir die Revision zu, dann kann das Reichsversicherungsamt auch über ganz andere Punkte entscheiden, die es für wichtig hält, die das Oberversicherungsamt übersehen hat oder in denen es vielleicht von einer anderen Entscheidung abgewichen ist.

Unter Nr. 3 haben wir festgestellt, daß selbstverständlich, wenn die Revision zugelassen wird, es eine volle Revision mit allen positiven und negativen Merkmalen ist, positiv insofern, als das Revisionsgericht überhaupt in dem vollen Umfange entscheidet, in dem es überhaupt über Revisionen zu entscheiden hat; negativ insofern, als ein Revisionsgrund vorliegen muß. Wenn das Oberversicherungsamt eine Revision zugelassen hat und der Versicherte legt gegen das Urteil Revision ein, behauptet aber nur Tatsachen, dann muß selbstverständlich die Revision zurückgewiesen werden.

Senatspräsident Dr. *Kühne:* Was zunächst die Frage anbetrifft, ob Abgabe wie bisher oder Revision, so möchte ich in einem Punkte von Herrn Kollegen Kilian abweichen. Denn in der Krankenkasse nehmen wir, soweit es sich um die Abgabe handelt, einen etwas weitherzigeren Standpunkt ein. Wir substituieren gelegentlich einem Abgabegrund, den das Oberversicherungsamt annimmt, einen anderen. Wir halten eine Abgabe für zulässig, wenn es auf einen Punkt ankommt, in dem bisher grundsätzlich noch nicht entschieden ist. Darum halten wir das Revisionsverfahren für das Zweckmäßigere. Ich würde es auch begrüßen, wenn man es in dieser Weise machte. Im übrigen eröffnet es in der Tat der Revisionsinstanz alle Möglichkeiten, die bei der Revision vorhanden sind. Das Abgabeverfahren ist immer mit gewissen Schwierigkeiten behaftet.

Dagegen habe ich gegen diese Vorschläge hier doch einige Bedenken: Das Oberversicherungsamt kann die Revision zulassen, wenn einer gesetzlichen Vorschrift eine Auslegung von grundsätzlicher Bedeutung gegeben werden muß, über die bisher noch nicht grundsätzlich entschieden worden ist. Diese Kann-Vorschrift wird zu ganz eigentümlichen Ergebnissen führen. In der Praxis erleben wir es sehr häufig, daß das Oberversicherungsamt eine Sache absolut unberechtigt zur grundsätzlichen Entscheidung abgibt. Wir müssen dann den Abgabebeschluß aufheben. Die Sache wird einfach dem Oberversicherungsamt im Verwaltungswege mit dem Anheimgeben zurückgegeben, diesen Abgabebeschluß aufzuheben. Andererseits fühlen sich manche Oberversicherungsämter stark genug, über alle möglichen Geschichten selbst zu entscheiden, und behalten sich alle möglichen Dinge vor, die von grundsätzlicher Bedeutung sind. Wenn man nun dem Oberversicherungsamt schon im Gesetz die Möglichkeit eröffnet, die Revision nach seinem pflichtgemäßen Ermessen zuzulassen oder nicht, dann, fürchte ich, werden wir eine Praxis bekommen, die womöglich noch über das hinausgeht, was schon jetzt gelegentlich zu Beanstandungen Anlaß gibt.

Weiterhin ist m.E. auch eine Lücke in diesem Vorschlag. Wenn ein Oberversicherungsamt die Revision in einem Falle nicht zuläßt, in dem ganz zweifellos eine grundsätzliche Frage vorliegt, über die bisher noch nicht entschieden worden ist, muß irgendeine Möglichkeit bestehen, das Oberversicherungsamt zur Zulassung der Revision zu zwingen. Bei einer Kann-Vorschrift ist das natürlich ausgeschlossen. Die Art und Weise, in der dieser Zwang durchgeführt werden kann, bedarf noch näherer Prüfung.

Weiterhin: Es muß die Revision zulassen, wenn das Reichsversicherungsamt über die Auslegung eine grundsätzliche Entscheidung veröffentlicht hat, von der das Oberversicherungsamt abweichen will. - Dazu ist nichts weiter zu sagen.

Im übrigen habe ich schon betont, daß es zu begrüßen ist, wenn die Revision dem Revisionsgericht die volle Nachprüfungsmöglichkeit im Rahmen der Revisionsinstanz gibt.

Professor Dr. *Dersch:* Ich wollte aus der gleichen Erfahrung heraus zu demselben Punkte Anregungen geben. Wir haben eine Kann-Vorschrift, und wir haben eine Muß-Vorschrift für den Fall, daß schon eine veröffentlichte Entscheidung vorhanden ist, von der das Oberversicherungsamt abweichen will. Das ist nun durch die Ausführungsbestimmungen in der Angestelltenversicherung verschärft worden. Das habe ich, glaube ich, selbst veranlaßt, und zwar aus demselben Empfinden heraus, das Herr Senatspräsident Kühne eben dargelegt hat. Diese Bestimmungen reichen nicht aus. Es genügt nicht, wenn die Kann-Vorschrift das Regelmäßige ist und die Muß-Vorschrift nur da Platz greift, wo in einer Entscheidung generell abgewichen werden soll. In der Angestelltenversicherung ist deshalb gesagt: Wenn in einer Sache zum erstenmal grundsätzlich entschieden werden soll, muß vom Oberversicherungsamt abgegeben werden. Ich möchte anregen, eine solche Bestimmung aufzunehmen. Das würde den Gang der Dinge sehr angenehm fördern. Wenn eine Novelle zu einem Gesetz kommt und grundsätzliche Fragen entstehen, dann können wir nicht recht heran und müssen immer abwarten. Wenn es aber im Gesetz heißt, daß immer abgegeben werden muß, wenn über eine Sache grundsätzlich zum erstenmal entschieden wird, dann brauchen nicht soundsoviel Oberversicherungsämter auf diese Entscheidung zu warten, sondern die Entscheidung ist sehr schnell da. Ich kann nur immer wieder unterstreichen: Die Muß-Vorschrift müßte ganz wesentlich erweitert werden. Das setzt natürlich voraus, daß man sie auch durchführen kann. Deshalb hat sich in der Unfallversicherung vor einigen Jahren ein Senat einmal - eigentlich contra legem - über die Sache hinweggesetzt und die Entscheidung für nichtig erklärt, wenn bewußt abgewichen und wenn bewußt nicht abgegeben sei. Das war außerordentlich kühn, entsprach aber durchaus der Tendenz der Dinge. Ein Ventil ist hier durchaus wünschenswert. Vor einigen Jahren habe ich einmal in einem Aufsatz vorgeschlagen, in solchen Fällen möchte entweder das Wiederaufnahmeverfahren ermöglicht oder irgendein Widerspruchsrecht gegeben werden. Ich würde vorschlagen, diese beiden Punkte noch ergänzend hineinzunehmen.

Im übrigen bin ich durchaus ebenfalls der Auffassung, daß aus den Gründen, die Herr Kilian angeführt hat, eine Revision hier durchaus gangbar und eine Abgabe nicht nötig ist.

Ich wollte noch einen Punkt zur Diskussion stellen. Vorhin wurde das Arbeitslosenversicherungsgesetz erwähnt. Da hat die Gesetzgebung einen dritten Weg beschritten und gesagt, daß nur der betreffende Rechtssatz der obersten Instanz zur Entscheidung vorgelegt wird. Ich habe es in dem betreffenden Senat immer so gehandhabt, daß ich nur Rechtssätze aufgestellt habe. Das hat damals ungemein segensreich gewirkt. Ob man das hier machen kann, weiß ich nicht.

Damit hängt noch ein Zweites zusammen: Wenn man eine solche Entscheidung aufstellt, und sie beschränkt sich auf den Einzelfall, dann kann immer ein anderes Oberversicherungsamt davon abweichen, wenn nicht Korrektivvorschriften über die Abgabe gegeben sind. Es müßte also noch ausgedrückt werden, daß ein solcher Rechtssatz allgemeine Bedeutung hat.

Ministerialrat Dr. *Sauerborn:* Ich bin auch der Auffassung. Ich stimme Nr. 2 Abs. 3 ohne weiteres zu. Bei Nr. 2 Abs. 2 habe ich dasselbe Bedenken wie die beiden Herren. Nun entstehen folgende Fragen. Das Oberversicherungsamt hat nicht gemerkt, daß es sich um eine neue Sache handelt. Hier steht aber: Es muß die Revision zulassen. Was geschieht dann?

Ferner: Wenn wir die Revision in der Form zuließen, wie wir es täten, wenn wir das Kann durch das Muß ersetzten, träte unter Umständen folgender Fall ein: Bei neu eingetretenen wirtschaftlichen Verhältnissen tritt plötzlich eine neue Frage auf, und zwar gleichzeitig an 50 Stellen. Es ergehen 50 verschiedene Urteile. Dann werden also 50 Revisionen eingelegt, und über diese 50 Revisionen ist dann zu entscheiden. Man kann sagen, daß das verhältnismäßig wenig Arbeit macht. Wenn einmal eine Entscheidung da ist, wird sie eben in die anderen Entscheidungen eingeklebt. Ist es dann nicht einfacher, diese Frage grundsätzlich zu entscheiden, den Rechtssatz zu entscheiden und diesen Rechtssatz dann für die Entscheidung aller anderen Dinge maßgebend und bindend sein zu lassen, so daß das Reichsversicherungsamt die Möglichkeit hätte, sämtliche Dinge, in denen die Revision eingelegt ist, nach unten zu geben und zu ersuchen, soweit von diesem neuen Rechtssatz abgewichen ist, neu zu entscheiden?

Die Kann-Bestimmung ist jedenfalls sehr trübe. Dann hat zwar das Reichsversicherungsamt die Garantie, daß von seinen Entscheidungen nicht abgewichen wird, aber neue Rechtsfragen werden nur sehr schwer den Weg zu ihm finden. Wir wären wesentlich besser daran, wenn wir es so machten, wie es im neuen Zulassungsrecht geschieht: Dort sitzt der Beauftragte des Reichsarbeitsministers als uninteressierter und neutraler Beamter und kann die Revision einlegen - oder wenn wir etwas hätten, das dem Staatsanwalt im Strafprozeß entspräche. Wir müssen etwas haben, was eine Rechtssatzentscheidung, die aber in allen Fällen, sicherstellt.

Professor Dr. *Dersch:* Es kommt tatsächlich vor, daß 50 Sachen gleichzeitig auftreten; da wird es doch aber so gehandhabt, daß das Oberversicherungsamt 49 Sachen liegen läßt und die 50. Sache zur Gesetzesauslegung herausgibt und nun wartet, bis darüber entschieden ist; und dann nimmt es sich die übrigen 49 Sachen vor.

Professor Dr. *Richter:* Zunächst möchte ich auf die Entscheidung zurückkommen, von der Herr Dersch gesagt hat, sie sei contra legem ergangen. Ich möchte eine solche Entscheidung gar nicht besonders beanstanden. Es war ein Zufallstreffer. Denn irgendwie muß das Reichsversicherungsamt doch an die Sache herangekommen sein. Künftig soll das Rechtsmittel, das an das Reichsversicherungsamt herankommt, nur auf Antrag Platz greifen. Dann sind solche Zufallstreffer ausgeschlossen.

Das Bestreben war doch, das Reichsversicherungsamt möglichst stark zu machen, um eine sorgfältige Behandlung der vorkommenden Fälle zu ermöglichen und um das Gewicht der Rechtseinheitsinstanz zu betonen. Dabei hat uns allerdings vorgeschwebt, daß das Oberversicherungsamt künftig gut besetzt sein wird, und zwar mit wirklich qualifizierten Leuten. Wenn diese Leute wirklich die hinreichende Qualifikation haben, dann bin ich auch überzeugt, daß sie diese diskretionäre Vorschrift über die Zulassung der Revision auch vernünftig handhaben. Ich darf darauf aufmerksam machen, daß man bei der Zulassung der Revision in arbeitsgerichtlichen Sachen große Sorge darüber gehabt hat, ob das funktionieren würde. Das hat sich inzwischen ausgezeichnet eingespielt. Wenn das die Richter in den Landesarbeitsgerichten können, dann müßte es doch mit dem Teufel zugehen, wenn die Leute in den Oberversicherungsämtern das nicht könnten!

Wenn Sie die Befürchtung haben, daß die Leute das falsch machen werden, dann ist mit einer bloßen Erweiterung der Muß-Vorschrift unter entsprechender Einschränkung oder Beseitigung der Kann-Vorschrift wenig gewonnen. Denn wie können wir sie zwingen, wenn sie sich bewußt über die Muß-Vorschrift hinwegsetzen?

Wir könnten aber etwas anderes machen: Wir könnten demjenigen, der als Partei überzeugt ist, daß hier eine Revision zugelassen werden müßte, einen besonderen Rechtsbehelf, etwa eine Revisionsbeschwerde geben, bei der in einem verkürzten Verfahren noch einmal die Zulassung der Revision geprüft wird. Aber im arbeitsgerichtlichen Verfahren hat man in der Diskussion einen solchen Rechtsbehelf ausdrücklich abgelehnt; man hat gesagt, wir müßten den Richtern soviel Vertrauen schenken. Und dieses Vertrauen haben sie nicht enttäuscht.

Wegen der unter Umständen einmal zahlreich anfallenden Sachen brauchen wir uns keine Sorge zu machen. Denn selbstverständlich wird auch die künftige Verfahrensordnung die Möglichkeit einer Aussetzung der Sache zwecks Abwartung einer grundsätzlichen Entscheidung zulassen. Wenn wirklich einmal mehrere Sachen gekommen sind, hat das Reichsarbeitsgericht sämtliche zugelassenen Revisionen über eine gleichartige Frage in derselben Sitzung erledigt, und das Büro hat große Teile der Entscheidung in die verschiedenen Ausfertigungen hineingeschrieben. Das ist kein Unglück. Solche Familienfälle haben wir in der letzten Zeit nicht mehr zu beobachten gehabt. Da würde ich gar keine Sorge haben.

Nun war weiter angeregt worden, man solle zur raschen Klärung einer neuentstandenen Rechtsfrage das Verfahren zulassen, das Herr Dersch in der Arbeitslosenversicherung zunächst ausgebildet hat, wonach das Reichsversicherungsamt gar nicht in der Sache entscheidet, sondern nur den Rechtssatz feststellt. Dagegen habe ich erhebliche Bedenken. Ich kann mich nicht darüber äußern, ob sich das bisher bewährt hat. Aber ich habe das grundsätzliche Bedenken, von dem ich glaube, daß es gerade von der nationalsozialistischen Rechtsauffassung aus sehr schwer wiegen muß: Die Aufstellung eines Rechtssatzes, herausgelöst aus der Konkretheit des Falles, ist deshalb immer sehr gefährlich, weil man dabei allzuleicht über den Einzelfall hinausschießt und zuviel sagt. In dieser Richtung hat das englische und amerikanische Recht sehr interessante Erscheinungen gezeitigt. Dort hat man in dem case law sehr sorgfältige Methoden, ein früheres Urteil, das als Präjudiz binden würde, so weit zu zergliedern, daß man alles ausscheidet, was für den vorliegenden Fall nicht paßt. Wenn wir aber ausdrücklich sagen, daß sich das Reichsversicherungsamt darauf beschränken kann, Rechtssätze auszusprechen, so befürchte ich, daß wir konkrete Rechtszusammenhänge stören und zu einer falschen Abstraktion und Generalisierung kommen.

Nicht ausgeschlossen sein soll selbstverständlich die Möglichkeit, daß die Revisionsinstanz nicht durcherkennt, sondern aufhebt und zurückverweist und dabei sagt, was für diesen Fall grundsätzlich zu sagen ist.

Noch ein weiterer Punkt muß angeschnitten werden, nämlich das eigentümliche System einer mechanischen Rechtvereinheitlichung, wie es bisher in dem Sozialversicherungsrecht besteht, und zwar insofern, als die Untergerichte, also Versicherungsämter und Oberversicherungsämter, über den entschiedenen Einzelfall hinaus an die grundsätzliche Entscheidung des höchsten Gerichtes gebunden sind. Das zivilprozessuale Verfahren kennt das nicht. Das Reichsgericht entscheidet jeweils den einzelnen Fall. Trotzdem setzen sich diese Entscheidungen kraft der Autorität des Reichsgerichts durch. Ich bin überzeugt, daß eine solche Autorität, die nur auf sachlicher Richtigkeit beruht, im Grunde viel wertvoller ist und fruchtbarere Folgen hat als eine Autorität, die nur auf der mechanischen Vorschrift beruht, daß von einer Entscheidung nicht mehr abgewichen werden kann.

Wir haben diese Nachprüfung nur vorläufig „Revision" genannt, weil dadurch klar zum Ausdruck kommt, was wir meinen, nämlich Nachprüfung nur dieser Punkte, die in § 1697 erwähnt sind, Fehler im Recht und Fehler im Verfahren, und vielleicht auch noch Verstöße gegen den klaren Inhalt der Akten. Ich glaube aber, wir sollten einen deutschen Namen gebrauchen. Meines Wissens hat einer der anderen Ausschüsse der Akademie und ein Ausschuß, der beim Reichsjustizminister gebildet ist, für das Strafverfahren neue Bezeichnungen für diese Rechtsbehelfe aufgestellt. Meiner Erinnerung nach soll die Revision künftig als Rechtsrüge bezeichnet werden. Man sollte versuchen, in der Terminologie einen Gleichklang zu erreichen. „Rechtsrüge" wäre ein sehr hübsches Wort.

Dr. *Wischer:* Ich kann die Bedenken gegen die Kann-Vorschrift nicht in vollem Umfange teilen. Einmal gehen wir davon aus, daß die künftigen Oberversicherungsämter natürlich ganz anders arbeiten werden als vielfach die heutigen. Diese Voraussetzung war für uns heute in der Kommissionssitzung für alles, was wir festgelegt haben, maßgebend.

Dann aber ist diese Vorschrift, die ja fast wörtlich dem § 182 des AVAVG entnommen ist, durchaus geeignet, in der Arbeitslosenversicherung alle Fragen von grundsätzlicher Bedeutung an das Reichsversicherungsamt heranzubringen. Wenigstens ist mir das aus meiner Tätigkeit im Arbeitslosenversicherungsamt bekannt. Praktisch leidet dieser Senat schon an Arbeitsmangel; denn alles, was aus dem AVG auszulegen war, ist auf diese Weise ausgelegt. Aus diesen Erwägungen heraus wird man die Bedenken doch nicht allzuhoch anzuschlagen brauchen. Einer der Herren hat in der vorigen Sitzung das Gegenteil behauptet, daß nämlich viele Oberversicherungsämter von der Abgabe nach heutigem Recht einen übertriebenen Gebrauch machen. (Ministerialrat Dr. *Sauerborn:* Abgeben tut einer leicht, aber Rechtsmittel gegen seine Entscheidung zulassen nicht!)

Ich meine, man könnte es bei dieser Fassung bewenden lassen, zumal sich erhebliche Schwierigkeiten ergeben, wenn wir eine Muß-Vorschrift haben, wenn das Oberversicherungsamt die Entscheidung nicht zuläßt.

Oberregierungsrat Dr. *Kilian:* So große Schwierigkeiten wird es künftig nicht mehr geben, wenn alle Oberversicherungsämter unter einem Ministerium stehen. Wenn der Vorsitzende eines Oberversicherungsamtes Sachen, die er abgeben sollte, nicht abgibt, und die Sachen kommen an das Ministerium, dann kann man ihm im Wege der Dienstaufsicht manches sagen, z.B.: Dieser Fall kommt nicht nochmal vor; du hast abzugeben.

Bisher waren die Oberversicherungsämter leider in Preußen fast von den schlechtesten Beamten besetzt. Nun soll das anders werden. Ich nehme deshalb an, daß man diese Schwierigkeiten nicht haben wird, und schlage nur vor, daß wir in dem ersten Satz von II a Nr. 2 sagen: „Über die Berufung entscheidet das Oberversicherungsamt endgültig, wenn es nicht *wegen der grundsätzlichen Bedeutung der Sache* die Revision zuläßt." und im zweiten Absatz: „Es soll die Revision zulassen ...", im dritten Absatz: „Es muß die Revision zulassen ...".

Senatspräsident Dr. *Kühne:* Die Schwierigkeit taucht dann bei den Fällen, in denen es abweichen will, genauso auf; denn viele Oberversicherungsämter kennen nicht das Vorhandensein einer grundsätzlichen Entscheidung. Daran wird sich in Zukunft nicht so schnell etwas ändern. Ich habe große Bedenken, ob sich das in den Arbeitsgerichten [?] wirklich einmal so ändern wird. Viele Richter sind von vornherein Justizjuristen (?), die eine andere Vorstellung haben. Ich betone nochmals, daß wir Oberversicherungsämter haben, die uns mit Abgaben überschwemmen, und solche, die uns alle wichtigen Sachen vorenthalten. Wir können uns der ersten erwehren, indem wir die Sachen aufheben. Dagegen bedauern wir es, wenn wir an eine Frage nicht herankommen, die die Öffentlichkeit bewegt und die wir gern entscheiden würden, aber nicht können, weil wir keine Gelegenheit haben. Darüber wird auch geklagt, daß namentlich Versicherungsträger sagen: Wir haben es nicht durchsetzen können, daß abgegeben wurde. Ich glaube, auch in der Angestelltenversicherung solche Fälle gesehen zu haben. Ich muß schon sagen, von diesem Gesichtspunkt aus ist es gleich, ob es eine Soll- oder eine Muß-Vorschrift ist. Aber die Garantie halte ich für sehr wichtig, daß mindestens der Versicherungsträger die Möglichkeit hat, eine Revisionsbeschwerde zu erheben, um schließlich dem Reichsversicherungsamt die Möglichkeit zu geben, über die Zulässigkeit der Revision auf diese Beschwerde hin zu entscheiden.

Man sollte dann überhaupt eine Soll-Vorschrift vorsehen und überhaupt keine Muß-Vorschrift.

Ministerialrat Dr. *Sauerborn:* Die Meinungen scheinen sich mehr dem Standpunkt des Entwurfes zuzuneigen. Ich würde dann allerdings bitten zu sagen: Es *muß* die Revision zulassen, wenn es abweichen will; ich sehe dann noch eine entfernte Korrekturmöglichkeit im Wege des § 1517 a. Das mit der Aufsichtsbeschwerde halte ich für ausgeschlossen; das ist ein Eingriff in die richterliche Unabhängigkeit. Ferner wird der Vorsitzende des Oberversicherungsamtes sich darauf zurückziehen können, daß er auch der Meinung gewesen sei, die Revision zuzulassen, daß aber die Mehrheit der Kammer nicht dafür war. Wenn Mißstände da sind, würde man davon durch die Arbeitsfront erfahren, z.B. bei unzulässigen Revisionen, aus denen erkennbar wird, daß in grundsätzlichen Fragen die Revision zu Unrecht verweigert worden ist (?). Ich weiß, daß das Reichsversicherungsamt ungern daran geht. Dann würde das Reichsversicherungsamt wenigstens mit § 1517 a eine Entscheidung fällen können und wenigstens für die Zukunft eingreifen. Das wäre wenigstens noch ein Ventil.

Professor Dr. *Dersch:* Dann wäre an den Grundsätzen eigentlich nicht viel zu ändern; man müßte nur aus dem „Kann" ein „Soll" machen. Im nächsten Absatz würde „muß" stehenbleiben. An späterer Stelle müßte dann noch der § 1517 a eingesetzt werden. Da darf ich vielleicht Herrn Richter erwidern: Er hat sich in der Praxis sehr bewährt. Ich kann nicht finden, daß man davon abgehen soll. Die Behauptung, weil es im Zivilrecht nicht ist, es in der Sozialversicherung abzuschaffen, müßte erst bewiesen werden. Die Rechtssätze, die wir aufstellen, stellen wir nicht so auf wie ein Gesetzgeber, sondern sie werden vorsichtig und konkretisiert hingestellt, etwa nach englischem Muster; es hat sich bewährt. (Oberregierungsrat Dr. *Kilian:* Ohne daß ein Rechtsstreit vorliegt, kann das veranlaßt werden!) Die Sache läuft jetzt acht Jahre. Da kann man so ungefähr übersehen, ob es sich bewährt hat. Herr Dr. Wischer bestätigt es.

Vorsitzender: Unter Nr. 2 müßten wir noch ergänzen: „... wenn es nicht *wegen der grundsätzlichen Bedeutung der Sache* die Revision zuläßt".

Senatspräsident Dr. *Kühne:* § 1517 a ist für uns in der Krankenversicherungsabteilung von sehr geringer Bedeutung. Wir haben davon nur bescheidenen Gebrauch gemacht. Wenn wir jetzt in Abs. 2 der Nr. 2 sagen: Es soll die Revision zulassen - und im nächsten Absatz: es muß ..., so wird, wenn das ins Gesetz übergeht, leicht die Frage auftauchen, was der Gesetzgeber gemeint hat. Es kann leicht die Konsequenz entstehen, man müsse das dahin auslegen, daß etwas zu geschehen hat. Diese Konsequenz muß berücksichtigt werden.

Professor Dr. *Richter:* Es gibt doch zugelassene Revisionen. Dann wird im Aufsichtswege das Oberversicherungsamt angewiesen, noch mal zu entscheiden? (*Zuruf.*)

Oberregierungsrat Dr. *Kilian:* Wenn die Entscheidung nichtig ist, ist keine da.

Professor Dr. *Dersch:* Wir müßten sagen: Bei Verletzung dieser Pflicht ist die Entscheidung nichtig.

Vorsitzender: Es muß die Revision zulassen, wenn es abweichen will. Bei Verletzung dieser Vorschrift ist die Entscheidung nichtig.

Professor Dr. *Richter:* Damit wird also für alle diese Fälle der Begriff der Rechtskraft ausgeräumt. Andererseits ist das Verfahren ausdrücklich zu Ende. Nun ist ein merkwürdiger Zustand: Richtet man sich nach der nichtigen Entscheidung oder nicht?

Professor Dr. *Dersch:* Dann kann sie mit den regelmäßigen Rechtsmitteln angefochten werden.

Professor Dr. *Richter:* Für die Unfallversicherung möchte ich die Rechtsbeschwerde, die Nichtigkeitsbeschwerde an das Reichsversicherungsamt. Verletzt das Oberversicherungsamt diese

Vorschrift, so kann die Entscheidung mit der Nichtigkeitsbeschwerde beim Reichsversicherungsamt angefochten werden. (Ministerialrat Dr. *Hoffmeister:* Warum sagen wir nicht: Dann ist die Revision trotzdem zulässig?) - Weil wir dann jedesmal eine Revision bekommen. (Ministerialrat Dr. *Hoffmeister:* Das ist überhaupt die Gefahr!) - Wenn es keine Revision ohne Zulassung gibt, dann geht das eben nicht.

Senatspräsident Dr. *Kühne:* Unsere Entscheidungen sind uns bekannt. Wenn der Vorsitzende mit dem Berichterstatter die Sache erledigt, dann ist es gut.

Ministerialrat Dr. *Hoffmeister:* Es ist tatsächlich eine Revision, über die dann der Vorsitzende allein entscheiden kann.

Ministerialrat Dr. *Sauerborn:* Es hat erzieherischen Wert. Wenn der Vorsitzende mehrmals bei Nichtigkeitsbeschwerden Unrecht bekommen hat, dann wird er vorsichtig.

Oberregierungsrat Dr. *Kilian:* Wir sagen: Die Entscheidung ist nicht rechtskräftig.

Professor Dr. *Richter:* Der Satz würde also lauten: „Verletzt das Oberversicherungsamt diese Vorschrift, so kann gegen seine Entscheidung Nichtigkeitsbeschwerde erhoben werden, über die der Vorsitzende des Senats des Reichsversicherungsamtes allein entscheidet."

Oberregierungsrat Dr. *Kilian:* Wir kommen zu *Nr. 4:* „In der Revisionsinstanz besteht Vertretungszwang für den Versicherten." Wir sind zu dem Ergebnis gekommen, daß es doch zweckmäßig ist, in der Revisionsinstanz einen Vertretungszwang einzuführen. Bisher braucht der Versicherte auch nach der neuen Verordnung vom 9. September sich nicht vertreten zu lassen, sondern kann allein kommen. Wenn er sich eines Vertreters bedient, so nur eines bestimmten Vertreters. Es wäre zweckmäßig, in der Revisionsinstanz einen Vertretungszwang einzuführen und auszusprechen, daß Vertreter nur sein können: die Rechtsberatungsstellen der Deutschen Arbeitsfront und die Rechtsanwälte. Dann müßte noch ein Organ gefunden werden, insbesondere für Nichtarier, die von der Deutschen Arbeitsfront nicht vertreten werden. In dem Verfahren vor den Versorgungsgerichten ist der Reichsbund der jüdischen Frontkämpfer vertretungsberechtigt, neben der NSKOV und dem Reichstreubund ehemaliger Berufssoldaten. Ich möchte annehmen, daß man ein Organ finden kann, das als vertretungsberechtigt angesehen wird.

Senatspräsident Dr. *Kühne:* Neben den Rechtsanwälten müssen wir die Verwaltungsrechtsräte nennen. Es handelt sich um Verwaltungsverfahren. Die Verwaltungsrechtsräte vertreten jetzt bei uns häufig in Arztsachen. (Oberregierungsrat Dr. *Kilian:* Das widerspräche der Verordnung vom 9. September.) - Da diese Einrichtung vorhanden ist, können wir sie nicht ausschalten. In Arztsachen sind die Verwaltungsrechtsräte gut, weil sie die Materie kennen.

Professor Dr. *Richter:* Die Bestimmung vom September ermöglicht nur eine Vertretung, während wir hier einen Zwang haben.

Ministerialrat Dr. *Sauerborn:* Über die Nützlichkeit dieser Vorschrift besteht kein Zweifel. Ich schlage eine Erweiterung vor, nämlich auch noch die Nichtigkeitsbeschwerde diesem Zwang zu unterstellen und zu sagen: „In dem Verfahren vor dem Reichsversicherungsamt besteht Vertretungszwang". (Senatspräsident Dr. *Kühne:* Ist es so gedacht, daß ein Vertreter kommen *muß?*)

Oberregierungsrat Dr. *Kilian:* Es genügt, wenn die Revision von einem Vertretungsberechtigten eingelegt wird. Vielleicht sagen wir nicht nur Vertretungszwang, sondern auch Begründungszwang. Formale Begründung!

Professor Dr. *Richter:* Wenn wir einen Vertretungszwang vorsehen, dann liegt darin, daß der Begründungszwang besteht. Das sind prozessuale Einzelvorschriften, die noch nicht zum Thema gehören.

Vorsitzender: Wir kommen zu *b: Rentenversicherung: Wie II a.* Ferner: Die Revision ist ausgeschlossen über Höhe, Beginn und Ende der Rente oder des Krankengeldes sowie bei Kapitalabfindungen und endlich bei den Kosten des Verfahrens.

Senatspräsident Dr. *Kühne:* Es wurde gesagt, das Reichsversicherungsamt solle entlastet werden. Es wird dezimiert werden. Infolgedessen habe ich Bedenken, ob man so weit gehen soll, ob man das, was wir in der Krankenversicherung mit guten Gründen machen, schlankweg in der Rentenversicherung machen kann. Wenn man das wie II a formuliert, dann ist es nicht nötig, die Revision auszuschließen; denn wenn überhaupt grundsätzliche Fragen vorkommen können, dann können sie bei diesen Dingen allgemeiner Bedeutung ebensogut vorkommen.

Professor Dr. *Richter:* Wir sind hier von der allgemeinen Maxime ausgegangen, daß wir das unendliche Vielerlei in dem Verfahren ausräumen wollen, damit das Verfahren einen klaren Gang nimmt, damit die Juristen sich in die Sache hineinfinden können. Heute weiß beim einfachsten Quark kein Rechtsanwalt Bescheid. Das muß einfacher werden. Wenn wir eine vernünftige Regelung dieses verwaltungsgerichtlichen Verfahrens gefunden haben, dann ist nicht einzusehen, warum sie nicht für alle Versicherungszweige passen soll. Deshalb wollen wir das Verfahren in Rentenversicherungssachen genau so laufen lassen wie in der Krankenversicherung, und wir kommen schließlich auch dazu, die Sache in der Unfallversicherung so laufen zu lassen.

Es ist heute früh nur der Zweifel aufgekommen, ob man die Sachen, die jetzt § 1696 aufzählt und von der Revision ausschließt, nicht auch künftig ausschließen soll. Es haben sich zwei Meinungen gebildet, und deshalb sollte die Entscheidung des Plenums angerufen werden.

Eine Meinung ging dahin, zur weiteren Entscheidung müsse man Ausschlußvorschriften, in denen man zunächst probeweise die Rentenversicherung wegläßt, noch aufnehmen. Die andere Meinung, der ich mich angeschlossen habe, ging dahin: Wenn wir schon Revision nur auf Zulassung geben, dann werden sich die Fälle von allein sieben. Ich habe gesagt: Ein so komischer Oberversicherungsamtsvorsitzender, der nur wegen der Kosten oder wegen eines Quarks die Revision zuläßt, müßte mir noch gezeigt werden, wenn die Voraussetzung erfüllt ist, daß da qualifizierte Leute sitzen. Ich stelle mir allerdings vor, daß man von den künftigen Vorsitzenden verlangt, daß sie die zweite juristische oder die Verwaltungsprüfung abgelegt haben. Daß da jemand mit allgemeiner Verwaltungspraxis sitzt und gar nichts vom geordneten Verfahren versteht, kann ich mir nicht vorstellen. Unter dieser Voraussetzung glaube ich, daß wir mit dem Erfordernis der Revisionszulassung genug abriegeln, daß wir diese mechanisch wirkende Abriegelung daneben nicht noch brauchen.

Wenn Herr Dr. Kühne gefragt hat, ob wir das Reichsversicherungsamt dezimieren wollten, so darf ich allerdings sagen: So lieblos will ich nicht sein. Ich betrachte diesen Entwurf als willkommene Stützung meiner Auffassung, daß man die besonderen Ausschlußvorschriften des § 1696 nicht mehr braucht.

Ministerialrat Dr. *Hoffmeister:* Die Vorschrift, daß über Höhe, Beginn und Ende der Rente ein Revision nicht zulässig sein soll, besteht in der RVO und im RVG seit 20 Jahren. Niemals ist ein Bedürfnis dafür gewesen. Ich kann nicht einsehen, warum man davon abgehen soll. Dasselbe gilt für die Kapitalabfindungen und für die Kosten des Verfahrens. Wenn Herr Professor Richter sagt: man wird nicht abgeben, - dann gibt er mir Recht; denn wenn ich weiß, daß der Vorsitzende nicht abgeben wird, dann kann ich das auch gleich bestimmen. Das Reichsversicherungsamt ist nicht dazu da festzustellen, ob die Rente 21,50 RM oder 21,75 RM beträgt oder ob sie in diesem Monat oder in einem anderen beginnt. Wir würden diejenigen, die bisher Gesetzgeber gewesen sind und das festgelegt haben, desavouieren, wenn wir behaupten, sie hätten etwas Falsches getan. Wir wollen das Reichsversicherungsamt entlasten. Es kann mal eine Rechtsfrage dabei auftreten. So wichtig ist sie für die Beteiligten nicht, daß das Reichsversicherungsamt angerufen werden muß. In der Krankenversicherung ist die Revision überhaupt ausgeschlossen. Ich sehe nicht ein, weshalb man nicht sagen kann: Höhe, Beginn und Ende des Krankengeldes. - Das Krankengeld selbst soll ihm bleiben, nur die Teilleistung soll man nachprüfen. Es genügt, wenn man es bei zwei Instanzen läßt.

Professor Dr. *Dersch:* Ich sehe noch nicht klar, wie es gemeint ist. Bisher ist bei den irrevisiblen Sachen in der Invaliden- und Angestelltenversicherung die Abgabe zulässig und notwendig. Das würde hiernach jetzt beseitigt werden. In der Praxis handelt es sich z.B. um die sehr schwierigen Fälle der Wanderversicherung, die Höhe der Rente bei der Wanderversicherung festzusetzen, eine grundsätzliche Entscheidung darüber zu bekommen. Im Wege der Abgabe ist es jetzt möglich, nach dieser Fassung wird es künftig nicht möglich sein. Ich glaube, durch das Wort „Revision" ist eine Unklarheit hineingekommen. Revision soll nicht zulässig sein. Das würde ich allerdings für empfindlich halten, wenn künftig im Gegensatz zu jetzt dadurch auch bewußt unmöglich gemacht werden sollte, grundsätzliche Entscheidungen über solche Wanderversicherungsfragen zu fällen.

Vorsitzender: Es kann leicht die Gefahr auftreten, daß von den Oberversicherungsämtern Renten festgesetzt werden, über die man den Kopf schütteln muß. Und diese Festsetzung ist dann endgültig.

Ministerialrat Dr. *Sauerborn:* Bei dieser Fassung ist mir nicht wohl. Krankenversicherung einerseits und Invaliden-, Angestellten- und Unfallversicherung andererseits sind zweierlei. Bei der Krankenversicherung handelt es sich um Dinge, die nach kurzer Zeit vorübergehen und deren Geldbetrag nicht allzuhoch ist. Aber hier handelt es sich um das ganze zukünftige Leben des Betreffenden. Aber ob wir hier diesen rigorosen Standpunkt einnehmen können, ohne in dem deutschen Volksgenossen, der bisher seine drei Instanzen gehabt hat, das Gefühl zu erwecken: hier kannst du nicht mehr ran - das scheint mir sehr fraglich zu sein. In der Unfallversicherung haben wir den Rekurs wegfallen lassen. Damit bin ich ohne weiteres einverstanden. Aber ob wir in diesen wichtigen Fragen, die für die ganze Zukunft des Betreffenden von Bedeutung sind, nicht doch die Revision mit gewissen Einschränkungen zulassen, wie sie im zweiten Teil angegeben sind, scheint mir doch fraglich.

Professor Dr. *Richter:* Bei einer vernünftigen Handhabung der Revisionszulassung durch die Oberversicherungsämter, die ich für gewährleistet halte, genügt das auch in der Rentenversicherung. Ich kann mir wohl denken, daß jemand im Volke murrt, wenn man ihm die vielen Rechtsmittel beschneidet. Aber es liegt doch wohl in der Erziehung des Volkes zu einer vernünftigen Rechtsauffassung, daß man ihm nicht diese vielen aus der liberal-rechtsstaatlichen Anschauung entsprungenen Rechtmittel gibt. Wenn die Revision zugelassen wird, ist dafür gesorgt, daß die Leute, die wirklich etwas auf dem Herzen haben, an den höchsten Richter kommen. Im übrigen hat der höchste Richter die Aufgabe, die Einheit der Rechtsprechung zu wahren. Deshalb wäre mit der zugelassenen Revision durchzukommen. Ich sehe keinen Grund dafür, daß wir für bestimmte Streitfälle schon von Gesetzes wegen die Revision einräumen. Aber ich möchte mich mit verstärktem Nachdruck dagegen wenden, die Revision in bestimmten Fällen von vornherein ganz auszuschließen, nachdem uns die Herren vom Reichsversicherungsamt erklärt haben, daß es ja auch in den Fällen, wo § 1696 Platz griff, bisher trotzdem die Abgabe gab, so daß in diesen Fragen doch eine höchstrichterliche Nachprüfung vorhanden war.

Herr Hoffmeister hat mich mit einem logischen Grund schlagen wollen. Aber es ist doch etwas anderes, ob ich es ganz weglasse oder für äußerste Fälle zulasse. Das Arbeitsgerichtsgesetz schließt beim Kündigungsrecht ebenfalls den Weg zum Reichsarbeitsgericht aus. Daß dieser Weg völlig ausgeschlossen ist, habe ich - und offenbar auch Herr Dersch - immer als Mißstand empfunden. Ich erinnere mich, daß ich die Möglichkeit gelegentlicher Nachprüfung in der Kündigung dadurch erschleichen wollte, daß ich sagte: Mindestens die Sprungrevision kann hier zugelassen werden. Diesem Rattenfängergesang ist niemand gefolgt. Aber Sie ersehen daraus, daß mir das schon lange am Herzen gelegen hat. Man soll das oberste Gericht von gewissen Rechtsfragen nicht ganz ausschließen. Das ist etwas anderes, als wenn wir die Revision überhaupt nicht zulassen. Deshalb bitte ich, diesen Schwanz ganz zu streichen.

Oberregierungsrat Dr. *Kilian:* Auch mir ist nicht ganz wohl dabei, wenn in der Rentenversicherung bei den Fragen, ob Invalidität vorliegt oder nicht, die Revision ganz ausgeschlossen werden soll. Denn wenn die Revision wegen grundsätzlicher Bedeutung der Sache vom Oberversicherungsamt zugelassen wird, kann es sich nie um die Frage handeln, ob jemand invalide ist oder nicht. Selbst wenn der Vorsitzende der Spruchkammer ein sehr tüchtiger Beamter ist, so glaube ich doch nicht, ob er die Möglichkeit hat, den Befundbericht des Arztes tatsächlich ganz genau zu prüfen, wenn an einem Morgen 25 Sachen durchgepeitscht werden. Praktisch ist es so, daß in diesen Fällen der Gerichtsarzt gehört wird; und wenn dieser den Mann für invalide erklärt, wird kein Beisitzer der Auffassung sein, daß der Mann nicht invalide ist. Und ich halte es für ganz unmöglich, daß sich der Vorsitzende über die Beisitzer hinwegsetzen wird. Also wird die Invalidenrente bewilligt werden. Wenn in all diesen Fällen die Revision ausgeschlossen ist, werden die Versicherungsanstalten die ersten sein, die sagen: Um Himmels willen! Unser Etat wird unendlich belastet! Denn es werden unendlich viel Invalidenrenten zuerkannt werden. Deshalb halte ich es für fast unmöglich, in allen diesen Fällen die dritte Instanz auszuschließen; vielmehr stehe ich auf dem Standpunkt, man sollte einen anderen Weg einschlagen und die Revision generell für zulässig erklären und sich nur darüber unterhalten, ob der Katalog der irrevisiblen Sachen vielleicht nach der einen oder anderen Richtung erweitert werden muß.

Dr. *Wischer:* Kann vielleicht einer der Herren sagen, wie hoch der Prozentsatz der Fälle ist, in denen die Landesversicherungsanstalten die Revision einlegen gegen Urteile der Oberversicherungsämter? Meiner Auffassung nach überwiegt bei weitem die Zahl der von den Versicherten gegen ablehnende Bescheide der Oberversicherungsämter eingelegten Revisionen.

Ministerialrat Dr. *Sauerborn:* Das ist durchaus richtig. Und die Revisionen, die zu einer Abänderung der Entscheidung führen, sind im wesentlichen von den Versicherungsträgern eingelegt worden, während die von den Versicherten eingelegten Revisionen im allgemeinen hinten runterfallen. Das Erfolgsmoment liegt ganz wesentlich auf Seiten der Versicherungsträger.

Vorsitzender: Ich habe im vorigen Jahr aus kameradschaftlichen Gründen die Vertretung eines prominenten Parteigenossen übernommen, und zwar beim Oberversicherungsamt in Frankfurt. Da standen an dem Tage soviel Fälle zur Beratung, daß tatsächlich für jeden Fall fünf Minuten zur Verfügung standen. Und in fünf Minuten soll nun über das Schicksal in einer Unfallsache entschieden werden! So ist die Praxis.

Professor Dr. *Richter:* Dem helfen wir durch die Revision nicht ab. Das bedarf der konkreten Regelung des Verfahrens.

Professor Dr. *Dersch:* Trotzdem würde ich die Revision zulassen. Wenn ich mich vorhin nur über die irrevisiblen Sachen ausgesprochen hatte, so darf ich auf meine längeren Ausführungen Bezug nehmen, die ich neulich im Ausschusse machte.

Ministerialrat Dr. *Hoffmeister:* Da früher die Abgabemöglichkeit und die Möglichkeit der Nachprüfung durch die obere Instanz bestand, ist es doch wohl zweckmäßig, daß man die Revision zuläßt. Über Beginn und Ende bin ich doch anderer Auffassung. Die Frage, die Herr Kilian jetzt angeschnitten hat, wirft uns wieder ganz zurück. Ich persönlich stehe auf einem anderen Standpunkt. Ich bin der Auffassung, daß es sich gerade bei diesem Gutachten in der Hauptsache um Fälle handelt, die auch das Reichsversicherungsamt immer nur als die leichtesten angesehen hat. Da werden vier bis sechs Gutachten vorliegen. Wenn die Sachen kompliziert sind, steht es drei zu drei. Man kann dann entscheiden, wie man will, und es der Tatsacheninstanz überlassen, wie sie es machen will. Das Oberversicherungsamt wird da auch nicht klüger sein. Diese Sorge braucht man nicht zu haben. Im übrigen: Wenn wirklich einmal falsch entschieden ist, so ist doch nicht die Gewähr dafür gegeben, daß das Reichsversicherungsamt immer richtiger entscheidet.

Vorsitzender: Aber es hat eine größere Ruhe und interessiert sich mehr.

Ministerialrat Dr. *Sauerborn:* Ja! Es kann den Fall viel besser durcharbeiten. Wenn die Gutachten drei zu drei stehen, dann beweist das, daß irgendetwas faul ist. Dann muß die Möglichkeit gegeben sein, die Entscheidung nachprüfen zu lassen.

Dr. *Kaiser:* Ich würde es als Arzt für ungerecht halten, wenn man die Revision über Höhe, Beginn und Ende der Rente ausschließt. Ich möchte nur an die Häufigkeit der Wirbelsäulenverletzungen erinnern. Das ist das schwierigste Kapitel in der ganzen Unfallversicherung. Es gibt viele Krankheiten an der Wirbelsäule, die einen schicksalsmäßigen Verlauf haben. Da kann ein zufälliger Zusammenhang bestehen zwischen dem Unfall und dem Verlauf, der ohne den Unfall genauso gewesen wäre. Es ist aber auch möglich, daß durch den Unfall eine wesentliche Verschlimmerung dieser schicksalshaften Krankheit eingetreten ist. Da würde ich es für ungerecht halten, wenn es dem Versicherten unmöglich gemacht würde, seine Sache bis zur letzten Instanz durchzupauken. Für ebenso unzulässig würde ich es halten, daß der Versicherungsträger die Rente ad infinitum bezahlen soll, ohne daß ein Grund vorliegt. Gerade deswegen halte ich es für richtig, daß diese Dinge bis vor die höchste Instanz gebracht werden können.

Dr. *Wischer:* Ich habe mich mit diesen Dingen ganz besonders eingehend befaßt. Die Ansicht des Herrn Sauerborn, daß die Versicherten das Fehlen der Revisionsmöglichkeit überaus schmerzlich empfinden würden, kann ich nicht teilen. Es ist doch sehr weit die Meinung verbreitet, daß man die Revision einschränken sollte, und ich hätte keine Bedenken dagegen, es so zu machen, wie es hier vorgeschlagen ist. Allerdings würde ich auch den zweiten Satz streichen.

Es trifft unstreitig zu, daß die Streitsachen vor den Oberversicherungsämtern häufig durchgepeitscht werden. Aber es ist doch nicht gesagt, daß das so bleiben muß. Ich bin im Gegenteil der Auffassung: Es ist heute so, weil noch die Revisionsmöglichkeit besteht und sich die Vorsitzenden der Oberversicherungsämter die Dinge vielfach leicht machen, denn sie wissen, daß es nicht die letzte Entscheidung ist, daß es noch eine letzte Instanz gibt. Ich möchte mich doch für die hier vorgeschlagene Fassung mit Ausnahme dieses einen Satzes entscheiden.

Ministerialrat Dr. *Sauerborn:* Wir alle wollen eine Beschränkung insbesondere der unberechtigten Revision, aber da haben wir doch bereits durch den Vertreterzwang ein verflucht wirksames Mittel eingebaut. Damit sollten wir den Schritt groß genug sein lassen.

Oberregierungsrat Dr. *Kilian:* Dann müßten wir auch in der Rentenversicherung sagen: Diese Vorschriften bleiben wie bisher.

Professor Dr. *Richter:* Mein primärer Vorschlag geht dahin, es so zu machen wie bei der Krankenversicherung unter Weglassung dieses einen Satzes. Aber angesichts der jetzt zutage tretenden Stimmung möchte ich einen subsidiären Vorschlag machen: Es im wesentlichen so zu machen wie bei der Krankenversicherung, nur darüber hinaus schon gesetzlich die Revision als zulässig zu bezeichnen in einer höchst eng bemessenen Gruppe von ganz hervorragend wichtigen Fällen, so daß die Fälle des § 1696 mit der Zulassung durch das Oberversicherungsamt erledigt werden und man nur die ganz wichtigen Fälle wie beispielsweise das Vorliegen von Invalidität von Gesetzes wegen als revisibel bezeichnet. Welche Fälle das sind, müssen wir einen Praktiker bitten, uns aufzuzählen.

Oberregierungsrat Dr. *Kilian:* Das ist sehr einfach. Es ist gerade die Frage der Invalidität. Sie ist für den einzelnen wie für den Versicherungsträger unendlich wichtig.

Vorsitzender: Wenn man die Fälle einzeln aufführt, besteht die Gefahr, daß man irgendetwas vergißt.

Professor Dr. *Dersch:* Wir würden sagen: Die Revision ist an und für sich zulässig mit Ausnahme der und der Fälle, und in diesen irrevisiblen Fällen kann die Revision zugelassen werden. Dann könnten wir uns auf einer mittleren Linie einigen und Herrn Hoffmeister dahin Rechnung tragen, daß wir einen sehr großen Katalog irrevisibler Fälle aufstellen.

Ministerialrat Dr. *Hoffmeister:* Ich halte es für einfacher zu sagen: „In Fällen der Invalidität und Berufsunfähigkeit ist die Revision zugelassen."

Professor Dr. *Dersch:* Und die Wartezeitsachen? Die Anwartschaftssachen?

Senatspräsident Dr. *Kühne:* Wenn man die Invaliditäts- und Anwartschaftsstreitigkeiten hineinnimmt, hat man in der Praxis alles. Ich mache es schon seit Jahren und habe jetzt die Wahrnehmung gemacht, daß die Dinge ein ganz anderes Gesicht bekommen haben, seitdem die Herren Vertreter der Deutschen Arbeitsfront auftreten und die Sache wahrnehmen. Früher fand auch die schlimmste Sache ihren Vertreter. Heute dagegen ist es so, daß der Vertreter der Arbeitsfront die Dinge in einem weiten Umfange bereits abriegelt und die Sachen, bei denen die Revision aus irgendwelchen Gründen gegeben ist, damit abtut, daß er sagt: Ich bitte, nach Lage der Akten zu entscheiden. Die dadurch herbeigeführte Entlastung ist außerordentlich fühlbar. Wenn man noch den Vertretungszwang hinzunimmt, wird die Entlastung noch viel stärker zu fühlen sein. Das ist der wichtigste Punkt, eine Entlastung und eine angemessene Rechtsmittelbewilligung.

Die andere Geschichte ist sehr schwierig. Es ist schwierig, einen Katalog der zur Revision zugelassenen Sachen aufzustellen. Denn wenn wir alles Wichtige fassen wollen, müssen wir es beim jetzigen Zustand lassen. Es ist aber ebenso schwierig, den Katalog der Fälle, in denen die Revision ausgeschlossen ist, zu erweitern. Selbst in Fällen, bei denen die Revision jetzt ausgeschlossen ist, empfinden wir diese Tatsache häufig als eine besondere Last, namentlich bei den Fällen der Waisenrenten. Wenn wir diesen Katalog noch erweiterten, würde das nur bedeuten, daß wir noch häufiger vor diesen Konflikt gestellt werden als bisher.

Ich würde es so lassen, und zwar mit der Ausnahme, die Herr Dersch vorgeschlagen hat. Sie erscheint nur im ersten Moment etwas verzwickt, weil sie neu ist. Im Grunde genommen bleibt es beim jetzigen Zustand, nur mit der wichtigen Einschränkung durch den Vertretungszwang.

Vorsitzender: Ich möchte vorschlagen, daß wir die ganzen Vorschläge und Grundsätze, die doch letzten Endes vielleicht die Unterlage für den Gesetzgeber sind, so klar und eindeutig wie nur möglich aufstellen und nicht verzwickt. Denn jeder soll das neue Gesetz verstehen können. Wenn wir einen Katalog aufstellen, wird das Gesetz so unverständlich, daß sich niemand zurecht findet. Wir müssen einen Wortlaut finden, den jeder Volksgenosse verstehen kann.

Professor Dr. *Richter:* Das einfachste wäre zu sagen: In Sachen der Rentenversicherung ist die Revision durchweg zugelassen. Das einzig Sichtbare ist dann der Vertretungszwang.

Dr. *Wischer:* Also wird praktisch die Rechtsberatungsstelle der Arbeitsfront die Revisionsinstanz!

Professor Dr. *Dersch:* Dann würde ich bitten, das, was Herr Hoffmeister vorgeschlagen hat, unter allen Umständen zu wahren. Denn sonst würden wir weitergehen als bisher.

Professor Dr. *Richter:* Wenn wir sagen: Grundsätzlich ist die Revision in Rentensachen zulässig; ausgenommen sind die Sachen aus § 1696. Und dann kommt der Satz: Aber auch in diesen Fällen kann die Revision zugelassen werden - wie soll das der Volksgenosse verstehen!?

Oberregierungsrat Dr. *Kilian:* Ich würde sagen: Generell ist die Revision zulässig; in folgenden Fällen ist die Revision nur zulässig, wenn sie zugelassen wird; dann werden die Fälle aufgezählt.

Vorsitzender: Ich möchte vorschlagen, daß wir uns diesen Punkt bis morgen früh durch den Kopf gehen lassen; gerade dieser Punkt ist der gefährlichste.

Ministerialrat Dr. *Hoffmeister:* Ich möchte folgendes vorschlagen. Vielleicht bleibt es in der Rentenversicherung beim jetzigen Verfahren, daß Revision allgemein zulässig ist mit den Ausschließungsgründen, und man sagt, daß dieser Weg, wie er in der Krankenversicherung vorgeschlagen ist, für den Fall angestrebt werden soll, daß die Oberversicherungsämter besser besetzt werden.

Vorsitzender: Die bessere Besetzung der Oberversicherungsämter kann man eigentlich in die Grundsätze nicht aufnehmen. Da ist der Wunsch der Vater des Gedankens. Wir rechnen damit, aber ob es möglich sein wird, in kurzer Zeit die Sache restlos durchzuführen, möchte ich beinahe bestreiten. Also wir müssen schon in unsere Erwägungen hineinziehen, daß eine Zeitlang wohl noch, wenigstens zum Teil, die Verhältnisse bleiben, wie sie sind.

Ministerialrat Dr. *Sauerborn:* Wir können das Urteil über die gegenwärtigen Oberversicherungsämter nicht gut in das Rechtsgutachten der Akademie hineinnehmen. Vielleicht kann man den *Vorschlag* des Herrn Hoffmeister folgendermaßen formulieren: „Der Ausschuß steht auf dem Standpunkt, daß der Weg so, wie ihn eben Ministerialrat Dr. Hoffmeister angegeben hat, gegangen werden soll. Dabei geht der Ausschuß davon aus, daß in der Entwicklung dahin gestrebt werden soll, durch geeignete Maßnahmen und nach Maßgabe der Erfahrungen, die man durch Einschaltung des Vertretungszwanges erzielt, eine Einschränkung ähnlich, wie sie in der Krankenversicherung erreicht ist, herbeizuführen."

Vorsitzender: Das würde ich anerkennen können.

Wir kommen zu *c: Unfallversicherung:* OVA bis bisher (§ 1675):

1. Auch in Unfallsachen ist nur die Revision zulässig. Im Senat des Reichsversicherungsamts tritt an die Stelle des Richters ein Arzt als ordentliches Mitglied.

2. Die Revision ist nur zuzulassen wie in den Fällen der Renten- und Krankenversicherung. Außerdem Ausschluß der Revision in einigen Fällen des § 1700.

Für Revision setzen wir dann das Wort, das an anderer Stelle dafür gewählt wird.

Oberregierungsrat Dr. *Kilian:* Es könnte das so formuliert werden, daß das Berufungsverfahren oder der Antrag auf gerichtliche Entscheidung dem bisherigen Berufungsverfahren entspräche und anstelle des Rekursverfahrens das Verfahren der Rechtsrüge, das Revisionsverfahren trete. Es müßte dann auch zunächst dabei verbleiben, daß in allen Fällen die Revision grundsätzlich zulässig ist, daß sie nur in den Fällen ausgeschlossen ist, in denen § 1700 den Rekurs bisher ausgeschlossen hat, daß aber natürlich in diesen Fällen eine Revision zugelassen werden kann, entsprechend der früheren Abgabe. Ich kann aus meiner Praxis in der Abteilung I des Reichsversicherungsamtes feststellen, daß eine Reihe von grundsätzlichen Entscheidungen sich mit Angelegenheiten befaßt hat, in denen der Rekurs bisher ausgeschlossen war. Ich denke besonders an die Frage der vorläufigen Renten und der Neufeststellung von Dauerrenten wegen wesentlicher Veränderung der Verhältnisse. Bei grundsätzlichen Entscheidungen, wie Gewährung von Krankengeld usw. müßte es im wesentlichen bei diesem Verfahren verbleiben, nur daß an die Stelle der Abgabe zur grundsätzlichen Entscheidung die Zulassung zur Revision oder Rechtsrüge durch das Oberversicherungsamt tritt.

Die Frage ist nun die, ob man neben diesen Änderungen auch noch die Änderung durchführen soll, daß im Senat des Reichsversicherungsamtes an die Stelle des Richters ein Arzt als ordentliches Mitglied zu treten hat. Darüber müssen wir uns allgemein unterhalten, wie das Reichsversicherungsamt künftig besetzt werden soll, ob man daran festhalten soll, daß im Senat außer dem Vorsitzenden, einem ständigen Mitgliede und den beiden Beisitzern auch noch ein Richter als ordentliches Mitglied fungiert. Ich glaube, wir werden davon abgehen müssen, und zwar aus der Erwägung heraus, daß die Tätigkeit des Richters überflüssig geworden ist. Da die ständigen Mitglieder des RVA im wesentlichen keine Juristen, sondern Verwaltungsjuristen waren, wollte man seinerzeit eine Garantie einbauen dafür, daß auch im Reichsversicherungsamt die allgemeinen Grundsätze des Zivilprozeßrechts und des bürgerlichen Rechts Anwendung finden. Das ist nicht mehr nötig, weil ja die ständigen Mitglieder des RVA fast alle Juristen sind und die Befähigung zum höheren Justiz- und Verwaltungsdienst haben. Deshalb halte ich den Richter ganz allgemein nicht für nötig.

Es fragt sich aber, ob in der Unfallversicherung anstelle des Richters ein Arzt zu treten hat, der dann ordentliches Mitglied des Senats ist und selbstverständlich auch bei der Urteilsabfassung genauso mitwirkt wie bisher der Richter. Wenn wir die Revision ganz allgemein für zulässig halten, sollten wir davon absehen, nur in der Unfallversicherung einen Arzt zuzuziehen; denn sehr viele medizinische Fragen werden, wie wir vorhin erörtert haben, auch in der Abteilung II und teilweise auch in der Abteilung III des Reichsversicherungsamts erörtert. Es würde vielleicht ein schiefes Bild geben, wenn nur in den Unfallsenaten ein Arzt mitwirkte. Wir müßten dieses Problem vielleicht von einer höheren Warte aus beurteilen - das möchte ich heute nicht tun -, ob allgemein in den Senaten des Reichsversicherungsamts, soweit es sich um ärztliche Fragen handelt, ein Arzt, nicht als Gutachter, sondern als richtiggehender Richter mitwirkt. Wenn man nicht auch für die anderen Senate des Reichsversicherungsamtes diese Änderung durchführt, sollte man zunächst dieses Verfahren nicht nur für die Unfallversicherung einführen. Vorbehaltlich dieser Entscheidung möchte ich dafür plädieren, daß man allgemein in den Senaten des Reichsversicherungsamtes an die Stelle des Richters ein weiteres ständiges Mitglied des RVA setzt.

Ministerialrat Dr. *Sauerborn:* In der letzten Sitzung habe ich gesagt, daß es mit dem Wegfall des Rekurses leicht ist, gewisse technische medizinische Fragen mit unter den Begriff der Rechtsfragen zu nehmen und auf diese Weise eine oberstrichterliche Rechtsprechung sicherzustellen. Herr Professor Richter ist auch der Auffassung, daß das Rechtsfragen sind und daß eine verständige Revisionsinstanz diese Fragen in den Rechtsbereich einbeziehen würde. Ich würde es für genügend halten, wenn wir in einem Zusatz dazu diese Sache anerkennen würden, wenn wir darauf hinwiesen, daß wir davon abgehen, weil es bisher im allgemeinen nicht so gehandhabt wurde wegen des Rechtsmittels des Rekurses, daß wir solche Fragen innerhalb des Revisionsbereiches als Rechtsfragen einbezogen wissen wollen.

Daß ich den Arzt beteiligt haben will, dafür spricht die Tatsache, daß wir ihn in andere Organe hineingebracht haben, daß wir ihn bewußt einschalten wollen. Aber ich kann nicht einsehen, daß in diesem Falle die Einschaltung eines Arztes notwendig oder nur nützlich sein würde. Wir haben in diesen Entscheidungen mit vielen Dingen zu rechnen, nicht nur mit Fragen ärztlicher Natur, sondern auch mit Fragen des technischen Betriebes, der technischen Aufsichtsbeamten und ähnlichen. Man würde mit Recht, wenn ein Arzt eingeschaltet würde, fragen, warum nicht auch der Techniker wie der Arzt zugezogen wird. Tatsächlich sind beide bisher in die Entscheidung nicht eingestellt, weil sie Gehilfen des Richters sind, aber nicht selbst Richter. Ich glaube, man läßt den Arzt in einer gerechteren Stellung, wenn man ihm die Möglichkeit zu einem medizinischen Gutachten gibt und der Richter unter Würdigung aller Umstände das Urteil fällt.

Dr. *Kaiser:* Wenn der Arzt als Richter auftreten soll, wird er natürlich über juristische Dinge nichts sagen können. Doch könnte ich mir denken, daß ein Arzt, der die Vollkommenheit eines Richters bekommt, auf Grund seiner medizinischen Kenntnisse z. B. die verschiedenen Gutachten besser lesen kann als ein Jurist und sich ein besseres Bild davon machen kann, wie dieses oder jenes Gutachten zu werten ist. Das kann der Jurist nicht, weil ihm die medizinischen Kenntnisse fehlen. Ich glaube doch, daß der Arzt wertvolle Dienste leisten kann.

Professor Dr. *Dersch:* Ich begrüße es an und für sich sehr, wenn ein Arzt hineinkommt. Aber wer soll die Urteile machen? Der Arzt kann das nicht; und das eine Mitglied kann nicht 12 Urteile machen. (Dr. *Wischer:* Man kann sich da mit dem Vorberichterstatter helfen!) - Wenn jemand seinen Namen darunter setzen muß, reicht der Vorberichterstatter nicht aus. Man könnte aber evtl. den Arzt als überschüssigen weiteren Mann hinzusetzen. Außerdem muß aber dann noch ein Mitglied da sein.

Oberregierungsrat Dr. *Kilian:* Der Arzt bekommt nur die Sachen, die medizinisch sind; und da muß er die Urteile machen.

Senatspräsident Dr. *Kühne:* Folgendes Moment gibt zu Bedenken Anlaß. Im Rekurs war es möglich, einen Arzt als Sachverständigen unmittelbar zu hören. Im Revisionsverfahren ist das nicht möglich. Nur so dürfte überhaupt der Gedanke entstanden sein, einen Arzt als Mitglied eintreten zu lassen. Die praktischen Bedenken sind aber sehr erheblich. Nun ist vielleicht folgender Ausweg möglich. Es ist geplant, daß das Versicherungsamt ein ärztliches Mitglied als Berater bekommen soll. Es ist durchaus möglich, daß bei der Vorbereitung gerade etwas schwierigere Sachen dem Herrn zugeleitet werden und daß man das Votum dieses Herrn lediglich zur Information des Richters erbittet. Dann kann die Wertung der vorhandenen Gutachten durch den Arzt irgendwie in den Akten kenntlich gemacht werden, und die Juristen können sich dadurch besser informieren und werden zu einer besseren Würdigung kommen.

Dr. *Wischer:* Für eine solche Lösung haben wir im Arbeitslosenversicherungssenat ein gewisses Vorbild gehabt. Sie werden sich erinnern, daß Herr Lewald immer als Gutachter da saß.

Ministerialrat Dr. *Sauerborn:* Es ist ein ganz ausgezeichneter Vorschlag, daß der Arzt trotz der Revision gutachtlich gehört werden kann.

Vorsitzender: Dann taucht wieder die Kostenfrage auf.

Senatspräsident Dr. *Kühne:* Wenn wir einen Arzt als Mitglied haben, zählt er zum Etat und kostet nichts extra.

Oberregierungsrat Dr. *Kilian:* Das wäre die Rolle, die Herr Ministerialrat Bauers einnimmt. Ihm werden die Akten zugesandt, bei denen die Gutachten sehr zweifelhaft sind.

Dr. *Kaiser:* Ich halte es für sehr wichtig, daß es ein ganz bestimmter Arzt ist und die andere Partei nicht etwa sagen kann: Nun wollen wir noch unseren Arzt hören. Es muß ein bestimmter Arzt sein, z.B. der Arzt des Reichsversicherungsamtes, der nur die Aufgabe hat, die vorliegenden Gutachten zu werten und dem Richter zu helfen.

Vorsitzender: Im allgemeinen besteht anscheinend Einigkeit.

Nun erhebt sich nur noch die Frage: Genügt der Arzt, der im Reichsversicherungsamt hauptamtlich angestellt ist, für diese Fälle; oder wollen wir, ganz abgesehen von der bisherigen Übung, so weit gehen, daß wir es in der Revisionsinstanz dem betreffenden Senat überlassen, noch einen Arzt als Gutachter hinzuzuziehen?

Dr. *Kilian:* Wenn dieser Arzt gehört wird, so kommt sein Votum im Urteil nicht zum Ausdruck; er ist nur der stille Berater des Senats.

Vorsitzender: Dann ist es nicht notwendig, daß wir sagen: In der Revisionsinstanz kann noch ein Arzt zugezogen werden; dann würde der zweite Satz: „Im Senat des Reichsversicherungsamts tritt an die Stelle des Richters ein Arzt als ordentliches Mitglied" wegfallen. - Darüber besteht Einigkeit.

Oberregierungsrat Dr. *Kilian:* Dann müßte Nr. 2 ganz gestrichen werden. Es müßte dann genauso geregelt werden wie in der Rentenversicherung. Die Revision wäre generell zulässig, wäre aber in den Fällen des § 1700 nur dann möglich, wenn das Oberversicherungsamt die Revision besonders als zulässig bezeichnet. Ich würde dann vorschlagen zu sagen: „In Unfallsachen ist nur die Revision zulässig. In den Fällen des § 1700 ist eine Revision nur dann möglich, wenn das Oberversicherungsamt die Revision wegen der grundsätzlichen Bedeutung der Sache zugelassen hat." Der Arzt wird nur in der Begründung genannt. Dem Senat steht es frei, bei der Beratung seinen ärztlichen Berater informatorisch zu hören.

Professor Dr. *Richter:* Es besteht wohl Einigkeit darüber, daß der erste Rechtsbehelf, der zum Oberversicherungsamt führt, „Antrag auf gerichtliche Entscheidung" heißt und die Revision „Rechtsrüge".

Ministerialrat Dr. *Sauerborn:* Es müßte in der Begründung auch angedeutet werden, daß wir nicht nur die reinen Rechtsfragen im juristischen Sinne, sondern auch die Fragen technischer oder medizinischer Natur unter dem Begriff der in der Revision zu beurteilenden Tatbestände zusammenfassen.

Vorsitzender: Nun wäre es noch für die allgemeine Auffassung notwendig, daß wir das, was Sie sagten, Herr Kilian, an den Schluß der Krankenversicherung nach Punkt 4 brächten.

Oberregierungsrat Dr. *Kilian:* Es müßte dann heißen: „Der Spruchsenat besteht aus dem Vorsitzenden, zwei ständigen Mitgliedern oder Hilfsrichtern, einem Betriebsführer und einem Versicherten."

Professor Dr. *Richter:* Es genügt zu sagen: zwei weiteren Mitgliedern des Reichsversicherungsamts. Ob sie ständige Mitglieder sein müssen oder Hilfsrichter, gehört an eine andere Stelle. (Senatspräsident Dr. *Kühne:* „Mitglied" ist eine Bezeichnung für die ständigen Mitglieder.)

Oberregierungsrat Dr. *Kilian:* Früher gab es keine Hilfsrichter. Jetzt werden Assessoren als Hilfsrichter zugezogen. Der Senat ist mit sechs Leuten besetzt, der Assessor oder der Regierungsrat hat aber keine Stimme.

Vorsitzender: Man könnte sagen: zwei weiteren Mitgliedern, von denen eines Hilfsrichter sein kann.

Oberregierungsrat Dr. *Kilian:* Der Satz würde lauten: „Der Spruchsenat besteht aus einem Vorsitzenden, zwei ständigen Mitgliedern, einem Betriebsführer und einem Versicherten. An die Stelle eines der ständigen Mitglieder kann ein Hilfsrichter treten."

Gegen diese Formulierung wurde kein Widerspruch erhoben.

Wegen der vorgerückten Zeit wollte der Ausschuß die Beratungen vertagen. Da Professor Dr. *Dersch* am nächsten Tage an den Beratungen nicht mehr teilnehmen konnte, wurde ihm Gelegenheit gegeben, sich zu den folgenden Grundsätzen vorweg zu äußern.

Professor Dr. *Dersch:* Zu den Ordnungsstrafsachen habe ich nichts zu bemerken.

Streitigkeiten über Versicherungspflicht und Versicherungsberechtigung. Das würde so laufen, wie es im Augenblick in der ganzen Sozialversicherung und in der Knappschaftsversicherung ist, daß nämlich im Spruchverfahren über diese Dinge mit entschieden wird. Das hat sich eigentlich ganz gut eingelebt, und ich hätte keine Bedenken, wenn es so gemacht würde. (Oberregierungsrat Dr. *Kilian:* Es würde insofern ein Beschlußverfahren nicht stattfinden.) Es hat auch den Vorteil, daß man nicht immer diese Umbesetzungen hat. Die Sachen werden angesetzt und werden regulär im Senat entschieden. Sonst bedeutet eine Beschlußsache viele Umstände, weil der Senat mit anderen Leuten besetzt werden muß.

Streitigkeiten über die Zugehörigkeit zu einem von mehreren Versicherungszweigen. Die Versicherungsträger sollen danach durch Einigung unter sich etwas bindend ausmachen können; der Versicherte soll gebunden sein. Da habe ich allerdings Bedenken, das über den Kopf des Versicherten hinweg zuzulassen. Ich bin durchaus nicht entzückt davon, daß wir dauernd allerhand unangenehme Streitigkeiten haben. Aber wir haben doch auch Fälle, die absolut ernsthaft zu nehmen sind, die nicht nur Spezialfälle sind, sondern für ganze Gruppen gelten. Da halte ich es für etwas gefährlich, den Versicherungsträgern ohne weiteres die Dispositionsfähigkeit zu geben. Es kommt hinzu: Diese Dinge wachsen sich nach unseren Erfahrungen tarifrechtlich stark aus. Wenn die Versicherungsträger da nun mittelbar die Tariflöhne beeinflussen können, so ist das eine empfindliche Angelegenheit.

Ministerialrat Dr. *Hoffmeister:* Vielleicht kann man sagen: „Ergibt sich zwischen den Beteiligten keine Einigkeit, ...". (*Zustimmung* des Professors Dr. *Dersch.*) Ich denke an eine Sache, die wir seit Jahren im Senat haben, an die Eingruppierung der Zählerableser in den Gemeinden. Das ist nicht nur eine Angelegenheit der Versicherungsträger, sondern auch des Gemeindehaushalts, und wenn die Träger der Invaliden- und der Angestelltenversicherung sich einigen, dann braucht die Gemeinde noch lange nicht damit einverstanden zu sein. Darum kann man das nicht gut machen.

Oberregierungsrat Dr. *Kilian:* Im nächsten Absatz ist vorgesehen, damit die Gerichte nicht einseitig besetzt sind, daß ein Versicherter von der AV und auch von der IV dabei ist.

Professor Dr. *Dersch:* Bei der Besetzung des Großen Senats im Reichsversicherungsamt taucht oft die Frage auf, wenn eine Zugehörigkeitssache entschieden werden soll, und es wird dann nach Möglichkeit die Zusammensetzung gemischt vorgenommen. Da ist der Gedanke also schon realisiert.

Beim nächsten Absatz kriegen Sie mit der Angestelltenversicherung Streit. Von der Knappschaftsversicherung wird Ihnen gesagt werden, das sei unmöglich. Das muß ich unter allen Umständen bestätigen, obwohl ich nicht dafür bin, eine Geheimwissenschaft daraus zu machen. Man soll das nicht übertreiben. Aber etwas ist doch daran, daß die Leute in die Bergwerke kriechen müssen und die Fachausdrücke beherrschen müssen. Als ich diese Abteilung bekam, habe ich mich auch erst einarbeiten müssen. (Oberregierungsrat Dr. *Kilian:* Es sollen nicht zwei Oberversicherungsämter nebeneinander bestehen, sondern dafür ein Oberversicherungsamt eventuell mit Spezialkammern.) Ich verstehe nicht den Unterschied zwischen besonderen Senaten und Spezialsenaten. (Dr. *Wischer:* Das ist gegen die Knappschaftsversicherungsämter gerichtet.) - Dann müßte das gestrichen werden. Gegen den Wegfall habe ich keine Bedenken. Unter Umständen ist es von Übel, wenn die Leute bei der Wanderversicherung keine Ahnung von der Angestelltenversicherung haben und über die Steigerungsbeträge in den Invalidensenaten mit entscheiden sollen.

Präsidialsystem. Das sind Beschwerdesachen. Was verstehen Sie unter reinen Beschlußverfahren? Beschwerden vom Versicherungsamt oder Oberversicherungsamt an das Reichsversicherungsamt? (Oberregierungsrat Dr. *Kilian:* Oberversicherungsamt oder vielleicht Landesversicherungsanstalt als Aufsichtsbehörde. Das Reichsversicherungsamt wird in vielen Fällen als RAV entscheiden.) Das sind schon die Sachen, die ohnedies schon so außerhalb der Sitzung laufen, daß der Abteilungs- bzw. der Chefpräsident die Sache entscheidet. Das hat sich bewährt. Ich habe es bei der Krankenversicherung immer als mißlich empfunden, daß gerade bei diesen Beschwerden Orgien rein abstrakter, theoretischer Art gefeiert wurden. Das ist furchtbar gewesen. Wenn diese Dinge zum Verschwinden gebracht werden könnten, würde ich es begrüßen.

Professor Dr. *Richter:* Alle rechtlichen Streitigkeiten gehören ins Spruchverfahren. Das Übrige sind Verwaltungssachen. Wenn in einer Aufsichtssache die Beisitzer wieder mitwirken, ergibt sich der Irrsinn, daß der zu Beaufsichtigende sich selbst mitbeaufsichtigt.

Senatspräsident Dr. *Kühne:* Es scheint mir hier eine Art Anachronismus vorzuliegen, und es scheint, daß sich in diesen Dingen das Führerprinzip sehr stark durchgesetzt hat.

Vorsitzender: Darüber werden wir uns morgen unterhalten.

Herr Professor Dersch, ich danke Ihnen, daß Sie Ihre Ansichten zu diesen Dingen schon heute geäußert haben. Wir werden uns morgen darüber weiter unterhalten.

Ich schließe die Sitzung.

(Schluß der Sitzung: 23 Uhr 30 Minuten.)

2. Protokoll der Sitzung vom 21.11.1935 (Reform des Verfahrens vor den Versicherungsträgern)

(Beginn der Sitzung: 9 Uhr 15 Minuten.)

Vorsitzender: Wir kommen zu den *weiteren Grundsätzen:*

Das Spruchverfahren gilt auch in Ordnungsstrafsachen. Eine Ordnungsstrafe ist stets durch förmlichen Bescheid festzustellen. Im übrigen gelten die Vorschriften über das Spruchverfahren, nur daß das Oberversicherungsamt endgültig entscheidet.

Streitigkeiten über Versicherungspflicht und Versicherungsberechtigung sowie über Beitragspflicht zwischen Versicherungsträgern, Versicherten und Arbeitgebern oder Betriebsführern werden im Spruchverfahren entschieden.

Bei Streitigkeiten über die Zugehörigkeit zu einem von mehreren Versicherungszweigen (Invaliden-, Angestellten-, Knappschafts-, Krankenversicherung) hat der Versicherungsträger vor Erlaß eines Bescheides die Stellungnahme des anderen Versicherungsträgers herbeizuführen.

Ergibt sich zwischen beiden keine Einigkeit, so ist der Fall dem Oberversicherungsamt vorzulegen, das im Spruchverfahren entscheidet. Bei dieser Entscheidung ist das Oberversicherungsamt verstärkt zu besetzen, und zwar derart, daß je ein Versicherter aus dem Kreise der beteiligten Versicherungsträger und entsprechende Betriebsführer zugezogen werden.

Die verstärkte Besetzung gilt im Falle der Revision auch für das Reichsversicherungsamt.

Die besonderen Kammern und Senate für die Angestelltenversicherung und die Knappschafts-Oberversicherungsämter fallen weg. Gegen die Bildung von Spezialkammern und -senaten bei den Oberversicherungsämtern und beim Reichsversicherungsamt bestehen keine Bedenken.

Alle übrigen Sachen, die bisher unter der Bezeichnung „Beschlußverfahren“ liefen, werden im reinen Verwaltungsverfahren (Präsidialsystem) erledigt.

Für die technische Verfahrensgestaltung im einzelnen soll es bei den Erleichterungen bleiben, die das neue Verfahrensrecht ohnehin schon gebracht hat (Alleinentscheidung des Vorsitzenden usw.).

Oberregierungsrat Dr. *Kilian:* Der Unterausschuß hat sich gestern morgen auch mit dem Beschlußverfahren befaßt. Er hat festgestellt, daß viele Streitigkeiten, die bisher im Beschlußverfahren erledigt werden, in das Spruchverfahren übergeführt werden können. Damit würde zweifellos eine große Vereinfachung erzielt werden, indem dann für eine Reihe von Sachen, die bisher im Beschlußverfahren erledigt worden sind, dieselben Vorschriften zu gelten haben, die über das Spruchverfahren aufgestellt sind. Als solche früheren Beschlußsachen glaubte der Unterausschuß in erster Linie die Ordnungsstrafsachen ansehen zu sollen. Es wird notwendig sein, eine Ordnungsstrafe durch einen förmlichen Bescheid festzustellen, und zwar bei sämtlichen Versicherungsträgern. Dieser Bescheid wäre dann in demselben Verfahren anfechtbar. Zunächst kann gegen diesen Bescheid Antrag auf gerichtliche Entscheidung gestellt werden, über den das Oberversicherungsamt zu entscheiden hat.

Es war nur noch die Frage zu erörtern, ob gegen dieses Urteil des Oberversicherungsamtes die Revision, die Rechtsrüge, zugelassen werden soll. Der Unterausschuß hat die Auffassung vertreten, daß es nicht erforderlich ist; denn bei den Ordnungsstrafsachen handelt es sich im wesentlichen um einfache Tatbestände, und es muß nur von dem Oberversicherungsamt festgestellt werden, ob ein Verschulden vorliegt und ob die Strafe, die verhängt worden ist, angemessen ist. Jedenfalls werden in diesem Verfahren wenig Rechtsfragen zu erledigen sein, so daß es verantwortet werden kann, nur eine Instanz zu geben, also nur den Antrag auf gerichtliche Entscheidung. Das Oberversicherungsamt würde dann darüber endgültig zu entscheiden haben. Damit würde ja auch das Reichsversicherungsamt in sehr vielen Fällen entlastet werden. Ich weiß allerdings nicht, ob die Strafbeschwerde, die bisher das Reichsversicherungsamt in der technischen Abteilung erledigt hat, nun vom Oberversicherungsamt ohne technischen Beisitzer erledigt werden kann. Einen breiten Raum nehmen ja in der Unfallabteilung die Beschwerden gegen Bestrafungen wegen Übertretung der Unfallverhütungsvorschriften ein, und da mußten natürlich sehr viele technische Fragen erörtert werden, z.B. die Frage, ob die Unfallverhütungsvorschriften eingehalten worden sind, ob ein Schutzgitter, das angebracht worden ist, den Vorschriften entsprach oder nicht, usw. Das Oberversicherungsamt ist offenbar sehr oft in einer unangenehmen Lage; denn es muß das Votum des technischen Aufsichtsbeamten ohne weiteres hinnehmen, weil ihm die technischen Kenntnisse fehlen. Es wäre vielleicht zu erwägen, ob da nicht eine Kautel eingebaut werden könnte. Ich weiß allerdings augenblicklich keinen Ausweg. Man könnte höchstens das Oberversicherungsamt anweisen, in Zweifelsfällen ein Gutachten, sagen wir, vom staatlichen Gewerbeaufsichtsbeamten einzuholen, wenn bestritten wird, daß die Auffassung des technischen Aufsichtsbeamten zutrifft. Ich weiß jedenfalls, daß diese Beschwerden in der Abteilung I einen ziemlich großen Raum einnehmen, und der zuständige Senat ist sogar mit einem Techniker als Vorsitzenden besetzt. Aber ich möchte annehmen, wenn wir hineinschreiben, daß es dem Oberversicherungsamt freisteht, ein Gutachten des staatlichen Gewerbeaufsichtsbeamten einzuholen, daß dann das Oberversicherungsamt über technische Fragen entscheiden kann. Die anderen Ordnungsstrafsachen, z.B. wegen falscher Anmeldung oder wegen nicht getätigter Anmeldung, sind meist Fragen, die jedes Mitglied des Oberversicherungsamts erledigen kann.

Vorsitzender: Liegt es nicht im Ermessen des Oberversicherungsamtes, zur Klarstellung von Sachen einen Fachmann zuzuziehen?

Professor Dr. *Richter:* Für ein Gutachten im Wege der Beweiserhebung brauchen wir keine besonderen Vorschriften. Im übrigen habe ich ein Grauen davor, wenn Spezialangelegenheiten, wie die technische Aufsicht, in ihrer Wichtigkeit übersteigert werden, indem ein besonderer Senat mit einem Techniker im Reichsversicherungsamt sein muß. Das reißt die Dinge auseinander. Die Dinge werden selbstmächtig.

Oberregierungsrat Dr. *Kilian:* Der erste Punkt wird zu einer Diskussion keinen Anlaß geben.

Der zweite Punkt betrifft Streitigkeiten über Versicherungspflicht und Versicherungsberechtigung usw. Solche Streitigkeiten können sehr gut im Spruchverfahren erledigt werden. Sie betreffen das unmittelbare Verhältnis der Versicherten zum Versicherungsträger. Ob es sich darum handelt, daß der Versicherte von den Versicherungsträgern Leistungen haben will wie im sonstigen Spruchverfahren, oder ob eventuell künftige Leistungen festgestellt werden sollen, ist praktisch dasselbe. Auch hier wird man das Spruchverfahren einführen können, allerdings uneingeschränkt. Gegebenenfalls würde das Reichsversicherungsamt im Revisionswege darüber zu entscheiden haben. Wir hätten dann in diesen Dingen keine besondere Besetzung der Beschlußkammern und Senate. Diese Dinge brauchten nicht besonders behandelt zu werden; in die gewöhnlichen Sitzungen könnten solche Streitigkeiten hineingebracht werden, und es wäre immerhin interessant, die Eintönigkeit der Sitzung dadurch zu unterbrechen, daß mal etwas anderes kommt als Ansprüche des Versicherten gegenüber dem Versicherungsträger auf Leistungen.

Schwierig ist der dritte Punkt: Streitigkeiten über die Zugehörigkeit zu einem von mehreren Versicherungszweigen. Ich darf da die Streitigkeiten erwähnen, die dahin gehen, ob jemand invaliden- oder angestelltenversicherungspflichtig ist. Diese Streitigkeiten haben bisher gerade zu großen Schwierigkeiten geführt, besonders im Hinblick darauf, daß im Oberversicherungsamt besondere Ausschüsse für Angestelltenversicherung zu entscheiden hatten und daß bisher der Angestelltenversicherung der Vorzug gegeben worden ist. Es wurde vielfach von der Invalidenversicherung beanstandet, daß über solche Streitigkeiten im Verfahren der Angestelltenversicherung zu entscheiden ist. Das könnte dadurch vereinfacht werden, daß zunächst alle Beteiligten sich gütlich einigen. Wenn die beiden Versicherungsträger, die in Frage kommen, und auch der Versicherte, einig sind, dann kann es bei dieser Entscheidung verbleiben. Wenn allerdings einer von den Beteiligten abweicht, dann ist es zweckmäßig, die Akten und die Ermittlungen, die von den Versicherungsträgern angestellt worden sind, dem Oberversicherungsamt vorzulegen. Dieses würde dann ebenfalls im Spruchverfahren zu entscheiden haben. Ich gebe allerdings zu: Wenn ein Streit wegen der Invaliden- oder Angestelltenversicherung entsteht und der Versicherte gehört hat, daß einer der Versicherungsträger mit der Auffassung des andern nicht einverstanden war, dann wird er natürlich skeptisch sein und sich auf eine gütliche Regelung nicht einlassen. Gestern haben wir nicht daran gedacht, daß auch der Versicherte ein großes Interesse daran hat, besonders wenn er Wert darauf legt, angestelltenversicherungspflichtig zu sein. Wir haben die Belange des

Versicherten außer Acht gelassen und haben geglaubt, die Regelung dahin treffen zu sollen, daß es genügt, wenn die Versicherungsträger sich einigten. Das wird man nicht tun können. In der Unfallversicherung ist es möglich. Wir haben auch Vorschriften, die den Fall regeln, daß entschädigungspflichtige Unfälle anerkannt werden. Wenn zwei gewerbliche Berufsgenossenschaften darüber streiten, welche die Last zu tragen hat, dann hat der Versicherte kein Interesse daran; denn er bekommt von der einen wie von der anderen das Geld. Wenn aber eine gewerbliche und eine landwirtschaftliche Berufsgenossenschaft streiten, dann hat der Versicherte ein großes Interesse daran, die Unfallrente von der gewerblichen Berufsgenossenschaft zu bekommen, weil dann die Rente viel höher ist als die von einer landwirtschaftlichen Berufsgenossenschaft.

Deshalb ist es in der Unfallversicherung bisher so gewesen zur Entlastung des Reichsversicherungsamtes: Wenn zwei gewerbliche Berufsgenossenschaften stritten, hatte die Anstalt nicht das geringste Interesse daran und ließ das die Berungsgenossenschaften untereinander machen. Beim Verbande ist eine Schiedstelle eingerichtet, die einfach die eine oder andere verurteilt, die Entschädigungslast zu tragen. Ich glaube, daß dieses Verfahren nicht aufrechterhalten werden kann, weil man dabei von einem unglaublichen Ausgangspunkt ausgeht. Wenn nämlich die Berufsgenossenschaft, die den Antrag stellt, der Schiedsstelle nicht den hohen Vorschuß zahlt, dann gibt sich die Schiedsstelle nicht die Mühe, überhaupt zu entscheiden. Diese Regelung ist im Dritten Reich unmöglich. Auch für solche Fälle würde ich es für richtig halten, wenn man wieder wie früher entschiede. Es fragt sich nur, ob man auch das Oberversicherungsamt einbauen soll. Ich möchte meinen, daß man es nicht nimmt, sondern diese Streitigkeiten dem Reichsversicherungsamt überläßt. Da bedarf es keiner Begründung, ob bei einem Unfalle, der sich bei der Fahrzeughaltung ereignet hat, die Fuhrwerksberufsgenossenschaft oder die Brauereiberufsgenossenschaft eintreten muß, die auch Fahrzeuge versichert. Das ist eine Frage von untergeordneter Bedeutung. Das RVA könnte diese Dinge in einfachen Verfahren erledigen. Ich glaube deshalb, daß man in der Unfallversicherung noch weitergehen soll als bei Streitigkeiten zwischen zwei getrennten Versicherungen. Man sollte in erster Linie das Reichsversicherungsamt entscheiden lassen, nicht im Spruchverfahren, sondern im reinen Verwaltungsverfahren. Das gehört zu den übrigen Sachen, die weiter unten erwähnt sind.

Bei den Streitigkeiten unter den Trägern der Rentenversicherung wäre es nur notwendig, um die Parität zu wahren, daß jeweils beim Oberversicherungsamt Versicherte und auch Betriebsführer aus den entsprechenden Versicherungszweigen mitwirken; denn wenn ein Streit zwischen der IV und der AV besteht, dann ist es zweckmäßig, nicht nur Versicherte aus der IV, sondern auch aus der AV in die Spruchkammer zuzuziehen. Das bedeutet, daß auch ein weiterer Betriebsführer zugezogen werden müßte. Dasselbe wäre beim Reichsversicherungsamt notwendig; es würde dann der Senat in der Besetzung von sieben Mitgliedern entscheiden. Es mag vielleicht eine zu große Wirtschaft sein, aber um die Schwierigkeiten zu vermeiden, die bisher aufgetreten sind, wird man es verantworten können, daß noch zwei Beisitzer mehr fungieren.

Wir haben ferner die Frage geprüft, ob es notwendig ist, die besonderen Kammern der Angestelltenversicherung und die besonderen Knappschaftsoberversicherungsämter aufrechtzuerhalten. Der Ausschuß hat das nicht für notwendig gehalten. Selbstverständlich müssen, besonders in der Knappschaftsversicherung, an den Entscheidungen Herren mitwirken, die über eine besondere Sachkunde verfügen. Für die Angestelltenversicherung halte ich allerdings eine besondere Sachkunde nicht für notwendig; es muß von jedem Mitgliede des Oberversicherungsamtes verlangt werden, daß es auch in der Angestelltenversicherung beschlagen ist. Aber die Knappschaftsversicherung hat besondere Eigentümlichkeiten; da müssen in den Sitzungen Leute aus dem Bergbau mitwirken; nicht nur der Beisitzer, sondern auch schon der Vorsitzende müssen Beziehungen zum Bergbau haben. Das könnte aber sehr leicht dadurch geschaffen werden, daß in dem gemeinschaftlichen Oberversicherungsamt besondere Kammern für Knappschafts- und für Angestelltensachen errichtet werden. Damit würde jedenfalls sehr viel Geld erspart werden. Es ist nicht einzusehen, daß es an manchen Orten zwei getrennte Oberversicherungsämter gibt, z.B. in Dortmund. Selbstverständlich kommen nicht bei allen Oberversicherungsämtern besondere Spezialkammern in Frage, sondern nur bei denen, die in Bergbaugegenden liegen.

Es fragt sich nur noch, wie alle übrigen Sachen, die bisher im Beschlußverfahren erledigt worden sind, künftig erledigt werden sollen. Senatspräsident Dr. Kühne hat einmal eine Aufstellung über die Dinge gemacht, die augenblicklich im Reichsversicherungsamt und bei den Oberversicherungsämtern im Beschlußverfahren erledigt werden. Der Ausschuß hat die Auffassung vertreten, daß außer den bereits genannten Beschlußsachen, die nunmehr im Spruchverfahren erledigt werden sollen, alle anderen Dinge sich mehr für eine Verwaltungsentscheidung eignen. Gerade in der Krankenversicherung sind viele Streitigkeiten bisher in dem formellen Beschlußverfahren Beschwerde und weitere Beschwerde erledigt worden. Diese Dinge können von der höheren Instanz angeordnet werden, und die Aufsichtsbehörde könnte im gewöhnlichen Verwaltungsverfahren ohne große Begründung eine Entscheidung treffen.

Wer in der Mittelinstanz, besonders in der Krankenversicherung, nun die Entscheidung zu treffen hat, steht noch nicht fest. Wir sind davon ausgegangen, daß die Versicherungsämter wegfallen. Bisher sind sie die Aufsichtsbehörden. Es könnte immerhin damit gerechnet werden, daß die Oberversicherungsämter die Aufsichtsbehörden sind für die Krankenkassen oder daß der Leiter der Landesversicherungsanstalt vielleicht mit der Aufsicht betraut wird. Dann könnte eine Reihe solcher Entscheidungen von dieser mittleren Instanz bzw. in der Rentenversicherung vom Reichsversicherungsamt erledigt werden, so daß ein Rechtszug gegeben ist. Sollte in Sachen der Krankenversicherung einmal eine Verwaltungsentscheidung vom Oberversicherungsamt getroffen werden, die nicht zutrifft, dann hat man im Wege der Dienstaufsichtsbeschwerde immer die Möglichkeit, eine solche Entscheidung rückgängig zu machen, die dann nicht rechtskräftig wird. Vielleicht äußern sich die Herren dazu, ob wir damit auskommen.

Wir nehmen aus dem ganzen Wust der bisherigen Beschlußsachen die Ordnungsstrafen heraus, ferner die Streitigkeiten über Versicherungspflicht und Versicherungsberechtigung, über Beitragspflicht zwischen Versicherungsträgern, Versicherten und Arbeitgebern oder Betriebsführern, die Streitigkeiten über die Zugehörigkeit zu einem von mehreren Versicherungszweigen; für diese geben wir ein besonderes Verfahren, ein reguläres Verfahren, das nicht Beschlußverfahren sein soll, sondern Spruchverfahren. Alles andere glauben wir im Verwaltungswege entscheiden zu können.

Vorsitzender: Wir haben in der Praxis sehr viele Fälle gehabt, in denen Versicherte, die bisher der Invalidenversicherung angehörten, darauf drängten, in die Angestelltenversicherung zu kommen. Neuerdings haben diese Fälle sehr nachgelassen. Aber das Bild hat sich auch etwas geändert, und das wissen die Menschen nicht. Sie glauben immer, daß sie bei der Angestelltenversicherung in bezug auf die Rente oder das Ruhegeld wesentlich besser wegkommen. In Wirklichkeit ist es heute so: Wenn jemand bei den heutigen Gesetzesbestimmungen verhältnismäßig hohe Beiträge zahlt, sagen wir von 2 M aufwärts in der Invalidenversicherung und dementsprechend in der Angestelltenversicherung 8 M monatlich, dann bekommt der Versicherte in der Invalidenversicherung, weil die Steigerungsbeträge 20 % gegenüber 15 % der Angestelltenversicherung ausmachen, unter Umständen eine höhere Rente, als er in der Angestelltenversicherung Ruhegeld bekommen würde. Der einzige Vorteil liegt darin, daß beim Todesfall die Witwe in der Angestelltenversicherung Rente bekommen kann, während in der Invalidenversicherung die Witwe eine Rente nur beim Nachweis der Invalidität oder beim Erreichen des 65. Jahres bekommt. Dadurch haben wir im Sozialamt schon viele Fälle abbiegen können, indem wir den Leuten vorgerechnet haben, daß sie sich in der Invalidenversicherung besser stehen. (Professor Dr. *Richter:* Wie ist es mit den Grundbeträgen?) - Das gleicht sich aus. Es sind die Fälle mit 65 Jahren. Wenn ein Arbeiter, der rund 200 M im Monat verdient und pro Woche 2,40 RM Invalidenversicherungsbeitrag bezahlt, das Glück hat, bis zu seinem 62. Lebensjahre in Arbeit zu bleiben, dann ist seine Invalidenrente etwa 6 M höher als das Ruhegeld in der Angestelltenversicherung.

Senatspräsident Dr. *Kühne:* Das sind seltene Fälle. Man darf die nicht materialistische Momente nicht außer acht lassen. Die Leute legen aus Prestigegründen zum Teil Wert darauf, in die Angestelltenversicherung zu kommen. Es kommen aber auch materielle Gesichtspunkte in Betracht: der Unterschied zwischen Invalidität und Berufsunfähigkeit; sie kommen schneller zur Rente; sie ziehen das Heilverfahren bei der Angestelltenversicherung vor. Das ist begreiflich. Dafür nehmen sie lieber eine niedrigere Rente in Kauf, die nur in einzelnen Spitzenfällen eintritt.

Ministerialrat Dr. *Sauerborn:* Durchaus zu Recht hat der Ausschuß gesagt, daß die besonderen Knappschaftsversicherungsämter wegfallen sollen; es ist nicht einzusehen, warum wir dieses Spezialverfahren noch untergliedern sollen. Haben Sie die Eisenbahner-Oberversicherungsämter nur vergessen? Die sollten wir doch auch hineinnehmen.

Oberregierungsrat Dr. *Kilian:* In den Eisenbahner-Oberversicherungsämtern sind meist Herren der gewöhnlichen Oberversicherungsämter unter den Beisitzern (?).

Senatspräsident Dr. *Kühne:* Bei den Knappschaftsoberversicherungsämtern handelt es sich tatsächlich um besondere Gegenstände; bei den Eisenbahnern ist es nicht anders als bei den anderen Oberversicherungsämtern.

Ministerialrat Dr. *Hoffmeister:* Ich möchte verschiedene Anträge stellen.

Zunächst bitte ich, den Begriff „Spruchverfahren" wegzulassen. Der Unterschied hat nur darin bestanden, daß die Besetzung anders war. Jetzt soll alles gleichmäßig werden. Ich würde vorschlagen, über II zu schreiben: *„Gerichtliches Verfahren vor den Versicherungsbehörden."* Das würde mit dem Vorschlage des Herrn Sauerborn übereinstimmen.

Dann habe ich auf Grund der Ausführungen des Herrn Dr. Kilian Bedenken hinsichtlich der Ordnungsstrafsachen in der Unfallversicherung. Ich bin nicht genau unterrichtet. Wenn in der Unfallversicherung bisher ein besonderer Senat darüber gewacht hat, daß in den Unfallverhütungsvorschriften gewisse Grundsätze aufgestellt, vielleicht auch Richtlinien verfolgt wurden, dann habe ich Bedenken, ob man diese Stelle jetzt ohne weiteres wegfallen lassen kann. Ich kann es nicht ganz übersehen. Ich könnte mir denken, daß man doch Wert darauf legt, vom Reichsversicherungsamt aus gewisse Maßnahmen treffen zu können, um eine Einheitlichkeit im Reich zu sichern. Sollte es notwendig sein, dann müßte man eine Möglichkeit einschieben, um bei den Unfallverhütungssachen eine Abgabe an das Reichsversicherungsamt oder eine Revision usw. einzuschieben. Ich fürchte auch, daß die Herren, die in der Technik sitzen, einen Schreck kriegen, wenn man ihnen plötzlich eine Maßnahme wegnimmt.

Oberregierungsrat Dr. *Kilian:* Mit der Revision wäre nicht gedient. Denn der Senat des Reichsversicherungsamtes, der bisher über die weitere Beschwerde entscheidet, entscheidet alle Fragen rein sachlich, und erörtert auch die rein technischen Fragen. Der Techniker kann nicht über die Revision entscheiden. Dann würde nur darüber entschieden werden können, ob der Sachverhalt, den das Oberversicherungsamt angenommen hat, ohne Überschreitung des Rechtes der freien Beweiswürdigung festgestellt werden konnte, ob tatsächlich ein Verschulden vorliegt, ob die Rechtsgrundsätze angewendet worden sind oder nicht. Bei den Unfallverhütungsvorschriften ist es doch so, daß in den meisten Fällen Unterlassungen von Schutzmaßnahmen vorliegen. Dazu brauchen wir technische Kenntnisse. Der Jurist kann dazu sehr wenig sagen. Im Reichsversicherungsamt dagegen sitzt außer dem Vorsitzenden noch ein weiteres technisches Mitglied und ein Jurist. Die Dinge werden meist photographiert, und diese Herren sind selbstverständlich in der Lage, sofort zu sehen, ob eine Unterlassung vorliegt oder nicht.

Ministerialrat Dr. *Hoffmeister:* Im Reichsarbeitsblatt finden Sie immer die verschiedensten Aufsätze über diese Fragen und Bilder, die aus dem Reichsversicherungsamt kommen. Ich könnte mir denken, daß ein Interesse des Staates daran besteht, daß die allgemeinen Unfallverhütungsvorschriften im ganzen Reich einheitlich angewandt werden. Deshalb wäre zu überlegen, ob das Reichsversicherungsamt nicht doch in gewissem Umfang eingeschaltet werden muß, um die Einheitlichkeit zu regeln. Oder genügen theoretische Anweisungen? Ich fürchte nur, daß die Herren sagen, sie hätten den Kontakt mit der Praxis verloren und müßten alles vom grünen Tisch aus entscheiden.

Professor Dr. *Richter:* Das Wichtigste ist, daß das Reichsversicherungsamt als Aufsichtsinstanz in der Berufsgenossenschaft darauf hinweist, daß einheitliche Unfallverhütungsvorschriften erlassen werden. Ob diese Dinge dann darin enthalten sind, ist doch eigentlich keine Rechtsfrage, sondern eine Tatfrage, die der am besten entscheiden kann, der der Sache am nächsten steht. Wir haben dieses eigentümliche und von mir bekämpfte Nebeneinander von technischen Aufsichtsbeamten der Berufsgenossenschaft und der Gewerbeaufsicht. Wie ist es dann, wenn der Gewerbeaufsichtsbeamte mit irgendeiner Vorkehrung nicht einverstanden ist, die der Betriebsführer getroffen hat? Man gibt im Rahmen der Gewerbeaufsicht lange nicht so ins Detail gehende Vorschriften, wie es die Unfallverhütungsvorschriften sind. Trotzdem kommt der Gewerbeaufsichtsbeamte ganz gut zu seinem Ziel. Wenn sich der Unternehmer hartnäckig zeigt, kann der Gewerbeaufsichtsbeamte gegen ihn eine Strafverfügung erlassen. Dagegen gibt es den Antrag auf richterliche Entscheidung, die vom Amtsrichter gefällt wird. Der Amtsrichter aber versteht von technischen Fragen noch viel weniger als der Vorsitzende eines Oberversicherungsamtes, weil sie in dem gesamten Geschäftsbereich des Amtsrichters eine viel zu untergeordnete Rolle spielen. Trotzdem ist kein Mensch darauf gekommen zu sagen, für diese Strafsachen müsse eine mit einem Techniker besetzte Zentralinstanz vorhanden sein. Ich weiß nicht einmal, ob es überhaupt noch eine Berufung an die Strafkammer gibt. Jedenfalls ist es damit dann endgültig aus.

Ob das Reichsversicherungsamt künftig an das Material kommt? Es braucht doch nur angeordnet zu werden, daß die Oberversicherungsämter alle Akten in solchen Sachen, in denen das Oberversicherungsamt endgültig entschieden hat, zum Reichsversicherungsamt einzuschicken haben. Die mögen dann über diesen Akten brüten.

Ministerialrat Dr. *Hoffmeister:* Ich habe trotzdem noch gewisse Bedenken dagegen und möchte vorschlagen, mindestens diese Stelle noch einmal unter der Hand zu hören. Ich weiß nicht, ob man eine Einrichtung, die seit Jahrzehnten besteht, ohne weiteres fallen lassen soll.

Wir haben im dritten Absatz von Streitigkeiten über die Zugehörigkeit zu einem Versicherungszweig gesprochen. Dann heißt es nochmals: „Ergibt sich zwischen beiden keine Einigkeit ...". Das ist etwas lang ausgedrückt. Wenn Streitigkeiten vorliegen, hat das Oberversicherungsamt zu entscheiden.

Dann wollte ich bitten, nicht zu vergessen, in dem Gutachten wenigstens die Wanderversicherung zu erwähnen. Darf ich fragen, welche Kammer da entscheiden soll? Soll das ganz beliebig sein? Wenn bei der Wanderversicherung Angestelltensachen vorlagen, hat immer ein Angestelltensenat, und wenn Knappschaftssachen vorlagen, immer ein Knappschaftssenat entschieden.

Senatspräsident Dr. *Kühne:* Ich halte diese Regelung für sehr richtig. Ich bin durchaus nicht der Meinung, daß die Invalidenversicherung wieder Leute delegieren muß. Man muß diese Sache nicht unnötig komplizieren.

Professor Dr. *Richter:* Das ist doch lediglich eine Frage der Geschäftsverteilung.

Ministerialrat Dr. *Hoffmeister:* Bei einem so wichtigen Gutachten dürfen wir uns nicht dem Vorwurf aussetzen, daß wir über eine so wichtige Sache kaltblütig hinweggegangen sind.

Dann möchte ich noch eine kleine Anregung bezüglich der Besetzung des Großen Senates geben. Ich würde wenigstens in der Begründung sagen, daß der Große Senat so zusammengesetzt sein soll, wie er in der Praxis schon bisher zusammengesetzt war. Es hat außerordentliche Schwierigkeiten gemacht, den Senat so zusammenzusetzen, daß die beteiligten Versicherungsträger je zwei Leute hineinzusetzen haben. Das hat bisher nie im Gesetz gestanden, und als diese Frage auftauchte, hat man über die Zusammensetzung des Großen Senates wochenlang gebrütet.

Vorsitzender: Ich weiß nicht, ob die Auffassung einheitlich ist und ob wir in Zukunft überhaupt noch mit dem Großen Senat zu rechnen brauchen.

Ministerialrat Dr. *Hoffmeister:* Der Große Senat ist immer notwendig, weil wir selbst bei der Zulässigkeit der Revision vorgesehen haben, daß die Revision zugelassen werden muß, wenn das Oberversicherungsamt von einer bereits ergangenen Entscheidung abweichen will.

Professor Dr. *Richter:* Diese Frage ist so nebensächlich, daß sie in dieses Gutachten nicht hineingehört. Wenn am Schlusse steht: „Für die technische Verfahrensgestaltung im einzelnen soll es bei den Erleichterungen bleiben", so ist damit gesagt, daß uns das nicht beschäftigt. Da würde ich den Großen Senat mit hinzurechnen.

Ministerialrat Dr. *Hoffmeister:* Ich bin anderer Auffassung. Ich habe jahrelang die Praxis miterlebt. Wir können den Großen Senat nicht entbehren. Es ist schon eine üble Folge gewesen, daß sogar in den einzelnen Versicherungszweigen jeder Versicherungszweig glaubte, etwas anderes machen zu dürfen als die anderen. Das können wir auf keinen Fall dulden. Wir müssen in der ganzen Rentenversicherung zu einer einheitlichen Rechtsprechung kommen. Wenn wir das im Verfahren zusammenfassen, müssen wir um so mehr darauf bedacht sein, daß eine einheitliche Rechtsprechung entsteht. Ich bin auch nicht der Auffassung, daß man das weglassen sollte. Das ist eine Frage, die die ganze Sicherheit der Rechtsprechung betrifft.

Nun zu den besonderen Oberversicherungsämtern und dem Knappschaftsoberversicherungsamt! Professor Dersch hat gestern die Auffassung vertreten, die ich schon im Unterausschuß geltend gemacht habe. Ich habe Bedenken dagegen, das Knappschaftsoberversicherungsamt ohne weiteres wegfallen zu lassen. Zum mindesten muß man sich dessen bewußt sein, daß das Knappschaftsoberversicherungsamt neben seiner Rechtsprechungstätigkeit auch noch eine Tätigkeit in der Aufsicht des Bergamts hat. Ich möchte auch hier bitten, vor der endgültigen Fassung des Gutachtens mit den Herren der Knappschaft in Verbindung zu treten. Persönlich bin ich allerdings der Auffassung, daß man unter Umständen diesen besonderen Kammern für Knappschaftssachen diese Aufsichtsbefugnisse übertragen kann.

Dr. *Wischer:* Als wir uns gestern Nachmittag über das Spruchverfahren oder das gerichtliche Verfahren vor den Versicherungsbehörden unterhielten, haben wir unter den verschiedenen Möglichkeiten die Konstruktion der Nichtigkeitsbeschwerde gewählt. Ich hatte gestern schon gewisse Bedenken dagegen, weil ich befürchte, daß dann auf dem Wege über die Nichtigkeitsbeschwerde doch sehr viele Sachen an das Reichsversicherungsamt herankommen, die wir eigentlich nicht herangebracht wissen möchten. Nun mögen diese Bedenken bei den Spruchverfahren nicht so erheblich sein. Aber ich habe doch erhebliche Bedenken, wenn wir das auch auf das bisherige Beschlußverfahren anwendeten. Da ist es doch sehr unklar, ob in einer bestimmten Frage schon eine grundsätzliche Entscheidung gefällt ist oder nicht. Ich erinnere nur an die Versicherungspflicht von Tankwarten, an die Gas- und Wasserableser usw. Da kommt es auf die tatsächlich ausgeübte Tätigkeit an. Es ist durchaus möglich, daß ein Senat des Reichsversicherungsamtes sagt, ein Kassenbote, der die und die Tätigkeit ausübt, ist invalidenversicherungspflichtig, womit noch nicht gesagt ist, daß ein anderer Kassenbote, der noch einige weitere Tätigkeiten ausübt, angestelltenversicherungspflichtig ist. Wir müssen uns doch wohl überlegen, ob sich nicht durch die Änderung, die wir gestern Nachmittag vorgenommen haben, auch für dieses Verfahren gewisse Konsequenzen ergeben.

Senatspräsident Dr. *Kühne:* Diesen Ausführungen möchte ich eigentlich beitreten. Auch ich habe den Eindruck, daß die Nichtigkeitsbeschwerde für diese Fälle tatsächlich entbehrlich, vielleicht sogar nicht ganz unbedenklich ist. Denn bei diesen Dingen, die eben angeführt wurden, habe ich immer das Empfinden gehabt, daß es sich gar nicht um Rechtsfragen handelt, sondern um die Würdigung gewisser tatsächlicher Verhältnisse im Einzelfall. Wenn das Oberversicherungsamt glaubt, in bestimmter Weise entscheiden zu müssen, und der Auffassung ist, daß der vorliegende Fall anders sei als der, den das Reichsversicherungsamt einmal entschieden hat, dann soll es damit sein Bewenden haben.

Oberregierungsrat Dr. *Kilian:* Bei der Nichtigkeitsbeschwerde soll nur der Vorsitzende eine Verfügung treffen. Kommt er zu dem Ergebnis, daß eine Abweichung nicht vorliegt, sondern daß die Dinge anders liegen, wird er die Nichtigkeitsbeschwerde zurückweisen.

Ministerialrat Dr. *Hoffmeister:* Tatsächlich sind Ihre Bedenken berechtigt. Wenn ich auf der einen Seite diese Vorschriften anwende, dann muß ich auch auf der anderen Seite die Nichtigkeitsbeschwerde zulassen. Oder sollte ich sagen, daß die Nichtigkeitsbeschwerde in diesem Falle nicht zulässig ist? Dann fragt man nach dem Warum. Der Vorsitzende des Senates im Reichsversicherungsamt wird einen Weg finden können, um in diesem Fall die Sache abzuschmettern. Eins ist mir klar: Die Nichtigkeitsbeschwerde führt dazu, daß jedermann behauptet, daß in seinem Falle tatsächlich schon eine Entscheidung vorliege.

Oberregierungsrat Dr. *Kilian:* Wenn wir den Großen Senat beibehalten, sollten wir uns die Frage vorlegen, ob wir nicht das Verfahren, das zunächst der Senat, der abweichen will, einzuhalten hat, vereinfachen. Es ist eine furchtbare Belastung des Referenten. Er muß eine große Entscheidung machen, muß die Auffassung des Senats im einzelnen begründen. Dann geht die Sache an den Großen Senat. Ich meine, wenn es sich in der Sitzung herausstellt, daß man von einer anderen grundsätzlichen Entscheidung des Reichsversicherungsamts abweichen will, würde es vollkommen genügen, die Sache zu vertagen und hineinzuschreiben: Die Sache wird dem Großen Senat überwiesen. Ich halte es auch nicht für erforderlich, den Großen Senat so zu besetzen wie bisher. Es genügt vollkommen, wenn der Präsident des Reichsversicherungsamtes den Vorsitz führt und wenn dann vielleicht noch ein Arbeitgeber und ein Versicherter mehr zugezogen wird. Aber daß da nun zwei ständige Mitglieder sitzen - es würden sogar vier ständige Mitglieder dort sitzen, wenn wir die Riegel abschafften, halte ich wirklich nicht für erforderlich. Es müßte auch die Möglichkeit gegeben sein, daß schon der Berichterstatter, dem die Sache vorgelegt wird und der schon in seinem Gutachten abweichen zu müssen glaubt, die Sache sofort dem Großen Senat übergibt. In der Abteilung I hat man einen unglaublichen Horror vor dem Großen Senat. Ich selbst bin in unzähligen Entscheidungen von grundsätzlichen Entscheidungen abgewichen, indem ich herausknobelte, daß der Tatbestand doch ein klein wenig anders war. Man könnte also die Sache sehr einfach so machen, daß der Vorsitzende des Senates bei der Vorbereitung der Sache sie gegebenenfalls von vornherein dem Großen Senat überweisen kann. Sollte sich diese abweichende Rechtsauffassung im gewöhnlichen Senat ergeben, sollte man ohne weiteres die Sache vertagen und den Beschluß verkünden: Die Sache wird dem Großen Senat übergeben. Wenn der Große Senat sehr einfach besetzt ist, würde dadurch der Horror vor ihm erheblich vermindert werden, und es wäre kein so großes Aufgebot erforderlich, bis es zur Entscheidung des Großen Senats kommt.

Ministerialrat Dr. *Sauerborn:* Damit bin ich natürlich einverstanden. Ich halte es nur für notwendig und nützlich, wenn schon einmal das Reichsversicherungsamt besteht, daß dann dort auch die Rechtseinheit gewahrt wird und ein Grundsatz, der einmal ausgesprochen worden ist, nur unter deutlicher Kennzeichnung seiner Aufhebung oder Änderung wieder geändert werden kann. An sich bin ich für Beibehaltung der Institution. Technisch allerdings soll man die Sache so weit wie möglich vereinfachen, um nicht zu Umgehungsversuchen Anlaß zu geben.

Professor Dr. *Richter:* Ich bin nach wie vor der Meinung, daß der Große Senat nicht zu unserem Thema gehört. Da die Frage nun einmal gestellt ist, möchte ich sagen, daß man nach meiner Auffassung auf eine solche Einheitsvorkehrung innerhalb des Reichsversicherungsamts nicht wird verzichten können. Auch ich bin für eine Vereinfachung. Nun möchte ich davor warnen, daß diese Vereinfachung etwa in einer Weise durchgeführt wird, daß gar keine Chance mehr für die Abänderung einer früheren grundsätzlichen Entscheidung besteht. Das wäre das Gefährlichste. Denn die Lebensvorgänge verändern sich, und daher muß das Recht elastisch bleiben. Man muß also das Verfahren vor dem Großen Senat so einrichten, daß die abweichende Meinung nicht von vornherein in eine aussichtslose Position gedrängt wird.

Wenn Herr Kilian meint, der eigentlich zuständige Senat brauchte in die Materie nicht richtig hinein, wenn er sieht, daß er anderer Meinung ist als die grundsätzliche Entscheidung, dann werde er es dem Großen Senat zuschreiben; der Senat brauche sich nicht damit zu befassen. Ich glaube, dann ist die Chance endgültig vorbei, daß eine andere Entscheidung als die frühere erzielt wird. Der Große Senat wird sagen: Was wollen die Leute? Das ist längst entschieden! - Wir kommen um diese Last nicht herum, daß er genau begründen muß, daß er Gelegenheit haben muß, in der Verhandlung vor dem Großen Senat mit Verve seine Auffassung darzustellen. Wenn wir diese Möglichkeit nicht geben, dann verknöchert die Judikatur.

Senatspräsident Dr. *Kühne:* Ich pflichte Herrn Professor Richter in letzterer Hinsicht bei. Wenn ein Senat abweichen will, dann muß er es aus wohlerwogenen Gründen tun und diese Gründe auch darlegen. Das hat die Bedeutung, daß leichtfertiges Angehen des Großen Senats vermieden wird. Sonst ist das einfach: Wenn es unbequem ist, gibt man es an den Großen Senat. Als ich Berichterstatter war und die Verweisungsbeschlüsse machen mußte, habe ich es als Last empfunden. Es ist eine Arbeit, aber sie ist notwendig und man muß sie beibehalten, damit der Große Senat Unterlagen für seinen Spruch hat.

Der Große Senat muß als Krönung des Verfahrens behandelt werden und kann nicht entbehrt werden. Aber die jetzige Ausgestaltung scheint mir ein Monstrum zu sein. Die Besetzung macht Schwierigkeiten. Solche großen Gremien sind keine Garantie dafür, daß es besser wird. Wir sind jetzt bemüht, solche Mißgeburten einzuschränken. Hier kann man das tun. Es genügt vollständig, wenn der Senat aus fünf Mitgliedern zusammengesetzt ist, dem Chefpräsidenten als Vorsitzenden, einem Mitgliede des Versicherungsamts (?), einem Mitgliede des Reichsversicherungsamts, ferner sollte man bei den Vertretern der Betriebsführer und der Versicherten sich nicht an das klammern, was man bisher gehabt hat, und versuchen, aus den einzelnen Sparten die Leute zusammenzusuchen. Hier handelt es sich um große Grundfragen; da möchte ich davon absehen, daß man aus den Betriebsführern und den Versicherten sich Leute sucht, sondern es würde vollkommen ausreichen, aber auch erforderlich sein, daß je ein Beisitzer von der Arbeitsfront selbst bestellt wird, die ein Interesse daran hat, daß diese Fragen für die Betriebsführer und die Versicherten ordnungsmäßig erledigt werden. Dann werden für alle Versicherungen Leute ausgesucht, die in diesen wichtigen Fragen mitreden können. (Professor Dr. *Richter:* Sollen die Beisitzer ein für alle Mal bestimmt werden?) - Ja, es muß ein fester Senat sein. Nur die Mitglieder des Amtes sind beweglich, aber in ihrer Sparte auch ständig.

Ministerialrat Dr. *Hoffmeister:* Man soll es dabei belassen, daß der abgebende Senat sich über seine Stellung eingehend schlüssig wird. Den Vorschlag des Herrn Senatspräsidenten Kühne halte ich für gangbar. Das würde zur Einheitlichkeit führen, weil ein bestimmtes Gremium über diese Frage entscheidet. Ich hoffe, daß man dabei nicht Spezialfragen entscheiden muß. Ich denke dabei an die Knappschaftsversicherung. Aber man kann es so versuchen. Die Deutsche Arbeitsfront stellt hervorragende Leute in Aussicht und wird Gewähr dafür bieten, daß der Große Senat die Sache richtig entscheidet.

Ministerialrat Dr. *Sauerborn:* Selbst diese Frage mit dem Knappschaftssenat läßt sich dabei regeln. Wenn Knappschaftsfragen kommen, dann sagt man den ordentlichen Mitgliedern: Ihr seid verhindert -, und die Stellvertreter aus der Knappschaft gehen hin.

Oberregierungsrat Dr. *Kilian:* Wir hatten zum Schluß geschrieben, es soll bei den Erleichterungen bleiben. Wir wollten damit zum Ausdruck bringen, daß selbstverständlich Vorsorge dafür getroffen werden muß, daß das Reichsversicherungsamt viele Entscheidungen nicht in der mündlichen Verhandlung treffen kann, sondern durch eine Verfügung des Vorsitzenden. Bisher ist es so, daß schon nach den Vorschriften der Reichsversicherungsordnung der Vorsitzende, wenn er mit dem Berichterstatter derselben Meinung ist, durch Verfügung entscheiden kann, wenn die Sache aussichtslos ist oder an Verfahrensmängeln leidet. In der Notverordnung und auch in der Aufbauverordnung steht, daß so auch entschieden werden kann, wenn die Revision offenbar begründet ist. Bei diesen Verfahrenserleichterungen soll man es belassen.

Es wäre nur noch die Frage zu erörtern, ob man nicht weitergehen kann. Ich glaube aber, man wird nicht weitergehen sollen; denn dann wäre es möglich, daß überhaupt keine Senatssitzungen mehr abgehalten, sondern fast alle Entscheidungen ohne mündliche Verhandlung gemacht werden. Das ist nicht der Sinn eines gerichtlichen Verfahrens. Es sollen nur diejenigen Dinge weiterhin durch Verfügung erledigt werden, die zweifellos sind, also entweder aussichtslos oder offenbar begründet oder in denen das Verfahren mangelhaft ist und man zu einer Zurückverweisung kommt. (*Vorsitzender:* Es wäre dann notwendig, die in Frage kommenden Fälle anzuführen.)

Ich hatte ursprünglich daran gedacht, ob nicht die Möglichkeit gegeben werden soll, es in das Ermessen des Vorsitzenden zu stellen, ob er eine Verfügung macht oder die Sache an den Senat bringt, und zwar bei Dingen von geringer Bedeutung. Ich habe aber doch Bedenken; denn dann gäbe es vielleicht Senatsvorsitzende, die fast sämtliche Sachen durch Verfügung erledigen. Es soll bei denen bleiben, die aussichtslos oder die offenbar begründet sind, also wenn eine Revision gegen eine vollkommen unzutreffende Entscheidung des Oberversicherungsamtes eingelegt ist oder wenn das Verfahren so mangelhaft ist, daß es zu einer Zurückverweisung kommt.

Senatspräsident Dr. *Kühne:* Die Fälle der Unzulässigkeit und der Aussichtslosigkeit sind häufig. Bei der Aussichtslosigkeit hängt es von der Persönlichkeit des Senatsvorsitzenden ab, ob er mehr für Verfügung oder für Senatsentscheidung ist. Ich persönlich neige dazu, an den Senat zu gehen, weil ich der Meinung bin: es ist die letzte Instanz; da ist es besser. Die im Aufbaugesetz verankerte Möglichkeit, bei begründeten Sachen Verfügungen zu erlassen, haben wir auch schon gehabt. Das hat ein kümmerliches Dasein geführt, man hat nur bescheidenen Gebrauch davon gemacht. Ich weiß nicht, ob sich das ändern wird. Ich bin nicht dafür, es zu beseitigen, aber ich bin überzeugt, daß es keine große Bedeutung erlangen wird. Den Kreis zu erweitern, davor würde ich warnen.

Professor Dr. *Richter:* Warum nennen Sie die Alleinentscheidung Verfügung? Das ist doch eigentlich die Bezeichnung für einen Verwaltungsakt. Auch diese Entscheidung bleibt eine richterliche Entscheidung und ist kein Verwaltungsakt. (Senatspräsident Dr. *Kühne:* Das hat sich eingebürgert!) - Ich möchte nicht, daß er ins Gesetz übernommen wird. (*Zuruf des Oberregierungsrats Dr. Kilian.*) - Wenn der Berichterstatter ohnehin der Meinung ist, daß eine Sache in den Senat muß, dann wird er sie dem Präsidenten nicht vortragen. Wenn der Berichterstatter meint, eine Sache könne einfach erledigt werden, dann muß er die Unterschrift herbeiführen. Sachlich ist das bei Dissens zwischen beiden nicht möglich. Daß man aber ins Gesetz schreibt, daß diese beiden ein Abstimmungskollegium bilden, kommt mir albern vor.

Senatspräsident Dr. *Kühne:* Das ist nicht unwichtig. Das Senatsbüro gibt die Sache dem Berichterstatter als aussichtslos. Der Berichterstatter muß sich die Sache ansehen. Wenn er sich davon überzeugt, daß die Sache sich nicht zur Entscheidung durch Verfügung eignet, dann gibt er sie ans Senatsbüro und dieses schreibt den Termin aus. Es ist nicht möglich, daß das Senatsbüro einen anderen Berichterstatter aussucht, der vielleicht bereit ist, die Sache mitzumachen. Das wäre keine richterliche Entscheidung mehr. Wenn der Berichterstatter erklärt hat: ich mache das nicht mit -, dann muß die Sache in den Senat. So habe ich es immer gehalten; sonst ist es keine Garantie. Wenn der Berichterstatter die Sache für aussichtslos hält, dann geht sie an den Vorsitzenden. Er kann sein Veto einlegen, oder er unterzeichnet. Es ist also immerhin nötig, daß die

Leute einer Meinung sind. Wenn es sich um Entscheidungen von großer Tragweite handelt, dann will es mir doch scheinen, als ob es praktisch ist, wenn man schon reformieren will, lieber dieses Zweimännerkollegium im Gesetz zu verankern, anstatt daß, wie Professor Richter vorschlägt, der Berichterstatter nur Expedient ist und der Vorsitzende der allein Entscheidende ist. Man darf ein gutes und richtiges Prinzip, das Führerprinzip, nicht in alle Verästelungen verfolgen, auch da, wo es nicht mehr am Platze ist; das ist Überspitzung.

Professor Dr. *Richter:* Berichterstatter und Vorsitzender müssen einer Meinung sein. Das geht praktisch nicht anders. Ich wundere mich darüber, daß das Zuschreiben durch das Büro gemacht wird. Beim Reichsgericht bestimmt der Präsident den Berichterstatter. Sachlich sind wir uns einig, daß es so gemacht werden muß. Ich habe nur den Eindruck, daß hier einfach ein Stück Geschäftsordnung des Gerichts in die Prozeßordnung hineingekommen ist. Die rein behördenmäßige Erledigung gehört nicht ins Gesetz, sondern in die Geschäftsordnung. (Senatspräsident Dr. *Kühne:* Ich möchte aus dieser geschäftsordnungsmäßigen Sache eine verfahrensrechtliche machen; ich möchte den zweiten Mann zum Mitentscheidenden machen.) - Es sieht so aus, als wäre es vorstellbar, daß gewissermaßen der Senatspräsident sich Fälle aus dem Geschäftsgang stiehlt, die dem Berichterstatter überhaupt entzogen werden, und nun, ehe sie beim Berichterstatter gewesen sind, darauf schreibt: aussichtslos, a limine abgewiesen. - So etwas traue ich den Senatspräsidenten nicht zu.

Senatspräsident Dr. *Kühne:* Ich tue es nicht, weil die Menge der Geschäfte es nicht zuläßt. Manche machen es wie im Reichsgericht; der Berichterstatter bekommt die Sachen mit dem Stigma versehen. Wenn er jung ist, macht er es aussichtslos und der Vorsitzende unterschreibt es. Ich bin der Meinung, es muß ein Zweimännerkollegium sein. Der Berichterstatter bekommt die Geschichte und ist dann auch wirklich der erste Richter in der Angelegenheit. Wenn er der Meinung ist, daß die Sache nicht aussichtslos ist, dann ist der Weg zum Vorsitzenden verschlossen. (Professor Dr. *Richter:* Wenn Sie wollen, daß wir dieses Mißtrauensvotum ins Gesetz schreiben, so habe ich nichts dagegen.)

Ministerialrat Dr. *Sauerborn:* Das ist kein Mißtrauensvotum. Es ist hier die letzte Instanz ein Kollegialgericht, in dem mit einem einfachen Verfahren entschieden werden soll. Es soll ein Kollegialgericht bleiben, es soll nicht auf zwei Augen, sondern auf vier Augen stehenbleiben.

Oberregierungsrat Dr. *Kilian:* Ich denke mir die Formulierung so. Wir sagen zunächst: Folgende Dinge werden in diesem gerichtlichen Verfahren erledigt. - Dann erklären wir, wie das gerichtliche Verfahren im einzelnen stattfindet: 1. die Streitigkeiten, 2. wie werden sie erledigt? Dann gibt es noch eine andere Reihe von Streitigkeiten. Wie werden diese erledigt? Wir dürfen auch gesetzestechnisch nicht mehr sagen, für diese Sachen gilt das und das Verfahren, sondern wir müssen erst feststellen, welche Streitigkeiten es überhaupt in der Sozialversicherung gibt, und dann in einem Abschnitt sagen, wie alle diese Streitigkeiten erledigt werden. Dann wird gesagt: Es gibt noch andere Streitigkeiten, und die werden soundso erledigt.

Professor Dr. *Richter:* Wir sollten sagen: Verfahren bei den Versicherungsträgern. Verfahren vor den Versicherungsbehörden. a) Gerichtliches Verfahren. - Dann: Im gerichtlichen Verfahren werden folgende Streitigkeiten erledigt. - b) Verwaltungsverfahren. (*Zustimmung.*)

Dr. *Wischer:* Das ist richtig. Wir haben uns mit der Reform der Verfahrensvorschriften befaßt. Ein zweites großes Gebiet ist der Aufbau der Versicherungsbehörden. Darüber müssen wir etwas sagen. Wir müssen aufnehmen: Wegfall der Versicherungsämter, und müssen etwas zur einheitlichen Sozialverwaltung sagen. Wir müssen sagen, daß die Oberversicherungsämter nicht richtig funktionieren. Man weiß nicht, ob nicht von einzelnen Ministerien die Dinge unmöglich gemacht werden. Das darf uns nicht abhalten als Ausschuß der Akademie, das herauszustellen und als wünschenswert hinzustellen.

Vorsitzender: Das wäre die sogenannte Präambel. Darauf bauen wir ja eigentlich auf, daß wir sagten: Versicherungsämter kommen nicht mehr in Frage, und bei Oberversicherungsämtern gehen wir davon aus, daß sie anders besetzt werden müssen.

Ministerialrat Dr. *Sauerborn:* Wie wäre es, wenn wir mit einer Abhandlung über dasjenige begännen, was uns an der heutigen Ordnung nicht paßt: Nach Auffassung der Akademie ist folgendes zu beanstanden und abzuändern ... Daher kommt der Ausschuß zu folgenden Vorschlägen ...

Professor Dr. *Richter:* Ich bin nicht dafür, daß wir den Behördenaufbau zum Gegenstande des Gutachtens machen, und schlage vor zu sagen: Der Ausschuß geht davon aus, daß es künftig keine Versicherungsämter mehr, sondern nur noch Oberversicherungsämter und das Reichsversicherungsamt gibt und daß diese Behörden sachgemäß mit einem hochqualifizierten Personal besetzt sind. Von dieser Voraussetzung ausgehend, kommt er für das Verfahren zu folgenden Vorschlägen. Ich halte es für eine vergebliche Mühe, wenn wir ausführlich die Gerichtsorganisation besprechen wollten.

Vorsitzender: Den Aufbau der Versicherungsbehörden wird eine besondere Verordnung des Reichsarbeitsministeriums regeln. Ich muß annehmen, daß es für die Reform des Verfahrens rechtzeitig kommt. Wir müssen uns auf den Standpunkt stellen, daß wir in unseren Vorschlägen damit rechnen, daß die Versicherungsämter weggefallen sind und die Oberversicherungsämter qualitativ hochwertig besetzt sind.

Ministerialrat *Dr. Hoffmeister:* Ich halte den Weg des Herrn Sauerborn für besser. Wenn wir nur sagen: Der Ausschuß geht davon aus, daß keine Versicherungsämter mehr bestehen -, dann wird man fragen: warum? Wir müssen begründen, weshalb wir von etwas anderem ausgehen. Deshalb würde ich mich nicht genieren zu sagen, weshalb ich die Versicherungsämter nicht für gut halte. Wesentliche Gründe sind, daß in Rentenbescheiden z.B. der Versicherungsträger entscheidet, das Reichsversicherungsamt außer Acht gelassen wird, daß in der Krankenversicherung Versicherungsämter entscheiden, daß in dem vorbereitenden Verfahren das Versicherungsamt sich nicht bewährt hat. Solche Tatsachen muß jeder ohne weiteres anerkennen. Die Oberversicherungsämter lassen wir ja bestehen. Wir können in einem Nebensatz sagen, daß wir hofften, daß die Besetzung besser werden werde. Aber das würde ich weglassen. Wir brauchen nur zu sagen, daß die Kammern in allen Ämtern zusammengefaßt werden sollen. Den Wegfall der Versicherungsämter müssen wir begründen, weil das Reichsarbeitsministerium, wenn es ein Gesetz oder eine Verordnung erläßt, auch eine Begründung geben muß.

Ministerialrat Dr. *Sauerborn:* Nun kommen noch eine ganze Reihe anderer Punkte, z.B. daß die Versicherungsämter nicht genügend zu tun haben, um die notwendige Sachkunde zu besitzen. Das ist allmählich so bekannt geworden, daß wir sagen können: Aus den bekannten Gründen hat sich das Versicherungsamt nicht bewährt.

Senatspräsident Dr. *Kühne:* Ich würde empfehlen, einige der Gründe stichwortartig anzudeuten, ohne dabei in die Breite zu gehen. Wegen der Oberversicherungsämter brauchen wir gar nichts zu sagen. Wir nehmen sie so hin, wie sie augenblicklich sind. Daß man sie später besser aufbaut, ist selbstverständlich.

Dr. *Wischer:* Wir waren uns aber doch in der vorigen Sitzung ziemlich einig darüber, daß es zweckmäßig sei, eine eigene Sozialverwaltung aufzubauen. Sollten wir nicht mindestens hier andeutungsweise sagen, daß der Ausschuß der Auffassung ist, es sei zweckmäßig, die Oberversicherungsämter aus anderen Verwaltungen herauszulösen und eine einheitliche Sozialverwaltung mit dem Reichsversicherungsamt als Spitze zu schaffen. Dann können wir im übrigen vom gegenwärtigen Zustand ausgehen.

Ministerialrat Dr. *Sauerborn:* Dann müssen wir uns effektiv mit den einzelnen Punkten auseinandersetzen. Denn das ist ein Eingriff in Dinge, die mit der Behördenreform, der Reichsreform und anderen Dingen zusammenhängen. Ich halte Ihren Standpunkt durchaus für den besten. Wenn wir aber das Problem aufscheuchen, können wir nicht mit den bekannten „Gründen“ operieren. Denn das Innenministerium ist sich selbst darüber klar, daß die Versicherungsämter in ihrer jetzigen Form versagt haben.

Professor Dr. *Richter:* Ich stelle mir natürlich auch die Oberversicherungsämter als untere Reichsbehörden vor, die nichts mehr mit den Regierungspräsidenten zu tun haben. Aber über diese Dinge müßte man dann erst beraten. Es kommt darauf an, daß wir zunächst zu diesem Gutachten kommen; und das ist möglich, ohne auf den Behördenaufbau einzugehen.

Senatspräsident Dr. *Kühne:* Ich würde nur den Vorbehalt machen: Sofern es nicht zu einer Vereinheitlichung der Sozialversicherung kommt, geht man einstweilen von der Grundlage der Oberversicherungsämter aus.

Professor Dr. *Richter:* Auch wenn es zu der Vereinheitlichung kommt, bleiben die Dinge doch ihrer Funktion nach Oberversicherungsämter. Wir haben doch unseren Verfahrensvorschlägen die Idee zugrunde gelegt, die Sache durch die Arbeitsbehörden zu machen.

Vorsitzender: Dann wären wir mit unserer Beratung zu Ende.

Ich danke Ihnen und schließe die Sitzung.

(Schluß der Sitzung: 11 Uhr 30 Minuten.)

XII. Protokoll der Sitzung vom 12.5.1936 (Anwartschaften und Wartezeiten in der Sozialversicherung)

(Beginn der Sitzung: 14 Uhr 15 Minuten.)

Vorsitzender Direktor Anders: Meine Herren, ich eröffne die heutige Sitzung des Ausschusses der Akademie und danke Ihnen für Ihr Erscheinen. Ich begrüße als Gast Herrn Oberregierungsrat Pg. Dr. Heinze, der mir liebenswürdigerweise ein Referat über die Fragen zugesagt hat, die wir in der letzten Kommissionssitzung des Ausschusses behandelt haben.

Weiterhin begrüße ich als Gast Pg. Dr. Funke vom Sozialamt der Deutschen Arbeitsfront.

Leider haben einige Herren, die dienstlich von Berlin abwesend sind, absagen müssen.

Ich darf einleitend sagen, daß wir uns auf Veranlassung des Sozialamtes der Deutschen Arbeitsfront mit der Frage der *Anwartschaften und Wartezeiten in der Sozialversicherung*, bei denen wir die Anwartschaften in erster Linie behandeln, befassen wollen. Ich habe inzwischen eine Rücksprache mit den Herren Staatssekretär Krohn und Ministerialdirigent Zschimmer gehabt, und beide Herren haben es an sich begrüßt, daß wir dieses heikle Thema anfassen wollen. Wir haben uns in der letzten Kommissionssitzung über die grundlegenden Fragen unterhalten und sind uns dahin einig geworden, daß es notwendig ist, wenn wir diese Frage überhaupt behandeln wollen, unbedingt erst mit einem Versicherungsmathematiker Rücksprache zu nehmen. Wir einigen Tagen habe ich mit dem Pg. Dr. Wischer bei Herrn Oberregierungsrat Heinze vorgesprochen, der uns in liebenswürdiger Weise eine Stunde seiner kostbaren Zeit geopfert hat. Wir sind uns am Schluß dieser Aussprache darüber einig geworden, daß Herr Oberregierungsrat Heinze heute Gelegenheit nehmen wird, zu uns über all diese Fragen, die wir als Kardinalpunkte betrachtet haben, zu sprechen, und uns darüber lediglich seine persönliche Auffassung mitteilen wird.

Ich kann es mir ersparen, jetzt auf die einzelnen Punkte einzugehen, da Herr Oberregierungsrat Heinze wahrscheinlich alle diese Punkte berühren wird und wir nachher Gelegenheit zur Aussprache haben werden.

Oberregierungsrat Heinze: Wenn ich zu Ihnen über die Frage der finanziellen Auswirkungen der Vorschläge, die Sie vorgelegt haben, sprechen soll, dann lassen Sie mich eine kurze Bemerkung darüber vorausschicken, daß ich wahrscheinlich mit Ihnen die jetzigen Vorschriften für so schwer verständlich halte, wie es bei einer Versicherung der Arbeiter nicht recht tragbar erscheint, daß ich sie zum Teil für so ungerecht und sogar auch sinnwidrig halte, daß ich sie auch vom Standpunkt des Rechners und Mathematikers aus ablehnen möchte, und schließlich daß sie in vielen Teilen dem echten sozialen Empfinden so wenig entsprechen, daß für sie im Dritten Reich kein Platz mehr ist.

Daß ich hier nur meine persönliche Ansicht vortragen kann und darf, hat bereits Herr Direktor Anders liebenswürdigerweise erwähnt.

Vorausschicken muß ich weiterhin, daß ich Ihnen wahrscheinlich eine schwere Enttäuschung bereiten muß, wenn Sie annehmen sollten, es sei unmöglich, Ihnen, gestützt auf irgendwelches konkretes Zahlenmaterial, versicherungstechnische Berechnungen über die Auswirkungen der einzelnen Vorschläge vorzutragen. Das ist leider unmöglich und liegt in der Natur der hier zu behandelnden Fragen.

Sie wissen, daß die statistischen Unterlagen in der Invalidenversicherung so außerordentlich bescheiden sind, wie es - wenigstens vom Standpunkt des Technikers aus gesehen bei einer Rentenversicherung, die rund 18 Millionen Versicherte betreut und die 3 ½ Millionen Rentner zu versorgen hat und bald vielleicht 5 Millionen Rentner zu versorgen haben wird, beinahe gar nicht für denkbar gehalten werden sollte. Daß diese Sparsamkeit am statistischen Apparat vom technischen Standpunkt aus gesehen vielleicht nicht einmal wirklich eine Sparsamkeit genannt werden kann, will ich nur nebenbei erwähnen.

Nun ist Ihnen wahrscheinlich bekannt, daß das Reichsversicherungsamt seit jüngerer Zeit, namentlich aber seit der Vorbereitung des Sanierungsgesetzes vom Dezember 1933 sich bemüht, in erweitertem Umfange versicherungstechnische Feststellungen wenigstens insoweit zu treffen, als es zur Ermittlung der unbedingt erforderlichen Rechnungsgrundlagen für versicherungsmathematische Berechnungen notwendig erscheint. Deshalb könnte ja die Frage naheliegen, ob es nicht auf Grund dieser jetzt angestellten statistischen Ermittlungen eher denkbar wäre, über diese hier zu behandelnden Fragen Berechnungen anzustellen. Auch diese Frage muß verneint werden. Der Grund dafür liegt in der besonderen Art der Fragen, die hier zu besprechen sind. Die Aufgabe ist ja nicht die, die wirkliche Auswirkung der einen oder anderen Vorschrift absolut auszurechnen, sondern unsere Aufgabe würde dahin gehen, den Unterschied in der Belastung festzustellen, der gegenüber der jetzigen tatsächlichen Handhabung erwartet werden müßte. Das ist in vielen, wenn nicht in allen Fällen nahezu unmöglich. Man muß sich in weitgehendem Maße an Schätzungen und Vermutungen halten. Ich will dafür ein kurzes Beispiel anführen. Wenn wir etwa über die Vorschriften der Dreivierteldeckung reden, dann kann man wohl die Zahl derjenigen Fälle feststellen, in denen sich die jetzigen Vorschriften der Dreivierteldeckung bei der Feststellung oder Ablehnung der Rente irgendwie ausgewirkt haben; aber niemand kann feststellen, wieviel Fälle das wären und von welcher finanziellen Bedeutung sie wären, wenn diese Vorschriften der Dreivierteldeckung im einen oder andern Sinne geändert, gelockert oder sonstwie durch andere ersetzt würden.

Ich will nicht ganz von der Hand weisen, daß die neuen statistischen Ermittlungen, die wir augenblicklich im Reichsversicherungsamt anstellen, in Zukunft vielleicht bei der weiteren Bearbeitung für die Zwecke der Bilanzen, für die sie ja aufgestellt werden, diese oder jene Einblicke auch in der Richtung auf die Fragen, die wir hier behandeln, geben könnten. Aber ich sehe keine Möglichkeit, jetzt versicherungstechnische Berechnungen für die eine oder andere Vorschrift anzustellen. Die an mich zu stellende Frage kann danach meiner Ansicht nach nur so verstanden werden, ob der Versicherungsmathematiker vielleicht auf Grund der besonderen Einstellung, die man bei ihm infolge seiner Stellung zu den Problemen der Versicherung noch am ehesten voraussetzen kann - daß er nämlich immer wie gebannt den Blick auf die finanziellen Auswirkungen gerichtet hält -, in der Lage wäre, ein allgemeines Urteil darüber abzugeben, ob diese oder jene Vorschrift tragbar sei oder nicht.

Ich bin mir bewußt, daß es nur herzlich wenig ist, was von meinem Standpunkt aus dazu zu sagen ist, und daß der Wert solcher Feststellungen recht bedingt ist. Wenn ich es trotzdem nicht abgelehnt und nicht für zwecklos erklärt habe, hier zu sprechen, so nicht zuletzt deshalb, weil ich mich nicht dem Vorwurf aussetzen wollte, daß ich die Verantwortung scheute, mich in dieser allgemeinen Art über den einen oder anderen dieser Vorschläge zu äußern. Erlauben Sie mir also, daß ich die sechs Vorschläge in der Reihenfolge, wie sie mir Herr Direktor Anders mitgeteilt hat, kurz durchgehe, um zunächst meine allgemeine Ansicht über jeden dieser Vorschläge zu sagen.

Wenn im *ersten Vorschlag* das Kalenderjahr zum einjährigen Anwartschaftszeitraum der Invalidenversicherung gemacht werden soll, dann möchte ich glauben, daß dieser Vorschlag nicht nur praktisch ist. Er wird ja seit langem erörtert, schließt sich an die Angestelltenversicherung an, wo er sich meiner Kenntnis nach im allgemeinen bewährt hat, und finanziell ungünstige Auswirkungen könnte man von ihm überhaupt nicht erwarten.

Dieser Vorschlag war mit dem weiteren Vorschlage verbunden, die Mindestzahl der jährlich zu entrichtenden Beiträge von 10 auf 15 oder 26 zu erhöhen, wie es in diesem Entwurf steht.

Hierzu wäre festzustellen, daß eine solche Erhöhung auf alle Fälle eine finanzielle Verbesserung der Invalidenversicherung darstellt, die unter Umständen einen recht erheblichen Umfang annehmen kann, nämlich wenn man bis auf die Zahl 26 ginge. In diesem Falle wäre die finanzielle Verbesserung so beträchtlich, daß man manche der übrigen Vorschläge in ihren finanziellen Auswirkungen wahrscheinlich in Kauf nehmen könnte. Die Erhöhung auf 26 Beiträge bedeutet zunächst nur eine große Erhöhung der Beitragseinnahmen, der später auch entsprechende Lasten aus den höheren Renten gegenüberstehen würden. Die finanziellen Verbesserungen sehe ich aber in den trotzdem dabei zu erwartenden versicherungstechnischen Vorteilen. Dagegen kann und will ich mich nicht dazu äußern, inwieweit eine solche Erhöhung über 10 Beiträge im Jahr aus sozialen Erwägungen für tragbar angesehen werden kann. Diese Frage wäre gesondert zu beurteilen.

Der *zweite Vorschlag* will anstelle des jetzigen § 1267 gleichfalls in enger Anlehnung an die Vorschriften der Angestelltenversicherung die besonders einfache Regelung durchführen, die in dem Vorschlage steht. Sie bedeutet ein sehr weitgehendes Entgegenkommen gegenüber dem Versicherten - darüber herrscht kein Zweifel -, und man kann wohl daran zweifeln, ob das Ergebnis dieses starken Entgegenkommens nachher in jeder Richtung als billig angesehen werden könnte, ob nicht in ungerechtfertigter Weise frühere Versicherte daraus Vorteile ziehen könnten, die man ihnen eigentlich nicht zubilligen möchte und sollte. Eine gewisse Einschränkung dieses Vorschlages schiene mir auf alle Fälle wünschenswert und zweckmäßig. Die finanziellen Auswirkungen der Vorschrift sind vor allen Dingen deshalb unbehaglich, weil sie völlig unübersehbar sind.

Der *dritte Vorschlag* will hinsichtlich der Ersatztatsachen gleichfalls eine deutliche Angleichung an die Angestelltenversicherung vornehmen. Das würde sicherlich praktisch sein. Finanzielle Auswirkungen erheblichen Umfanges wird wohl niemand aus diesem Vorschlage erwarten können.

Im *vierten Vorschlag* sollen die Auskünfte, die von irgendwelchen noch zu bestimmenden amtlichen Stellen - wie ich wohl annehmen darf, in schriftlicher Form - gegeben worden sind, bindend gemacht werden. Ich bin der Überzeugung, daß man gegen diese Änderung der Vorschriften, so wenig übersehbar sie in ihrer Wirkung vielleicht auch sein mögen, schlechterdings keinen Einwand erheben könnte.

Der *fünfte Vorschlag* will den Anspruch nach einer bestimmten Zahl von entrichteten Beiträgen unverfallbar machen. Es ist von tausend Beiträgen gesprochen worden. Eine solche Regelung entspricht in sehr weitgehendem Maße dem allgemeinen Rechtsempfinden. Der Vergleich mit der Privatversicherung liegt sehr nahe. Wem sollte es nicht auffallen, mit welcher Gewissenhaftigkeit man im Privatversicherungsgesetz, im Gesetz über den Versicherungsvertrag, die Rechte des Versicherten gewahrt hat, sobald er nur eine verhältnismäßig gering bemessene Zahl von Beiträgen entrichtet hat. Wenn ich mir natürlich auch bewußt bin, daß man sich vor irgendwelchen schematischen Vergleichen mit der Privatversicherung hüten muß, so möchte ich doch glauben, daß man einem solchen Vorschlage unter keinen Umständen die Berechtigung versagen kann. Die daraus entstehende Belastung ist selbstverständlich; eine zahlenmäßige Abschätzung dieser Belastung ist aus den von mir vorhin genannten Gründen unmöglich. Wenn ich trotzdem der Überzeugung bin, daß man unter gewissen, noch später zu nennenden Vorsichtsmaßregeln einer solchen Regelung unbedenklich zustimmen sollte, dann ist das in meiner Überzeugung begründet, daß diese Forderung einfach nicht mehr abzulehnen ist.

Dagegen möchte ich ganz erhebliche und besonders deutliche Bedenken gegen den *letzten Vorschlag* geltend machen, wonach alle Anwartschaften als bis zum 31. Dezember 1935 erhalten gelten sollen. Diese Vorschrift halte ich für so weitgehend, daß sie am besten aus den Erörterungen ganz ausgeschieden werden sollte, zum mindesten sollte sie nicht ohne besondere weitgehende Einschränkungen weiter erwogen werden. Auch der Vergleich mit der Angestelltenversicherung, die ja vor einer größeren Reihe von Jahren eine ähnliche Vorschrift aufgenommen hat, geht wegen der völlig anderen Lage beider Versicherungen fehl. In finanzieller Hinsicht würde hieraus eine Belastung entstehen, die kein Mensch auch nur annähernd zu schätzen vermochte. Ich möchte hinzufügen, daß ich diese Vorschrift tatsächlich auch für entbehrlich halte, wenn die sonstigen Vorschriften des Anwartschaftsrechts entsprechend gestaltet würden.

Nach dieser kurzen Durchsprechung der sechs Vorschläge darf ich vielleicht kurz zusammenfassend sagen, daß ich unter all den ausdrücklich gemachten Vorbehalten die Vorschläge unter 2 - 5 mit entsprechenden Änderungen oder Sicherungsmaßnahmen für tragbar halten würde, wenn entsprechend dem Vorschlag zu 1 eine Erhöhung der Mindestzahl der jährlich zu entrichtenden Beiträge auf 26 damit verbunden wird, daß ich dagegen den Vorschlag zu 6 ausscheiden möchte. Für ihn sehe ich tatsächlich kein Bedürfnis. Die unterschiedslose Wiederherstellung der Anwartschaften für Versicherte, die längst das Versicherungsverhältnis aufgegeben haben, scheint mir tatsächlich keinem Bedürfnis zu entsprechen. Wenn etwa eine Hausangestellte oder ein Geselle längere Zeit versichert war und dann Jahre oder Jahrzehnte hindurch keine Beiträge mehr entrichtet hat - welcher Grund sollte bestehen, all diese Anwartschaften wieder gelten zu lassen? Das würde zu einem Zustand führen, dessen finanzielle Gestaltung niemand zu überblicken vermag. Ich glaube auch, daß in zahlreichen Fällen, in denen die Anwartschaft verfallen ist oder als verfallen gilt, längst auf die eine oder andere Weise andere Kostenträger eingetreten sind, und ich möchte es auch aus diesem Gesichtspunkt für unzweckmäßig und wirklich nicht wünschenswert halten, etwa der Invalidenversicherung jetzt nachträglich diese Kosten zuzuschreiben. Das geschähe aber auf diesem Wege. Zu rechtfertigen wäre eine solche Vorschrift nur in den Fällen, wo der Rentenanspruch wegen der verfallenen Anwartschaft nicht gegeben ist und der Verfall dieser Anwartschaft eine besonders schwere und als unbillig empfundene Härte gegenüber dem Versicherten darstellt.

Ich möchte diese Gelegenheit benutzen, um ein paar Worte über den Gewinn aus verfallenen Anwartschaften, mit dem sich die mir vorgelegten Fragen so eng berühren, daß ich sie in den Kreis der Erörterungen einbeziehen möchte, zu sagen. Ich darf dabei vielleicht etwas zurückgreifen.

In der Denkschrift des Jahres 1915, als über die Vermögenslage der Invalidenversicherung am 1. Januar 1914 vom Reichsversicherungsamt berichtet wurde, befindet sich eine Bilanz, die mit einem Fehlbetrag von rund 5 Milliarden schließt. Diese Bilanz führt auf der Passivseite lediglich die Barwerte von laufenden Renten, von Anwartschaften der Aktiven und von Anwartschaften der Rentner neben den Barwerten der Verwaltungskosten und Heilverfahren auf. Dagegen umschließt sie nicht die sämtlichen Barwerte für Leistungen und Beiträge aller künftigen Versicherten. Nachträglich wird dann erst in der Betrachtung dieser Denkschrift erörtert, welche Änderungen sich bei der Einbeziehung der künftigen Beiträge und Leistungen ergeben. Interessant und für uns wichtig ist die Tatsache, daß jeder der künftigen Jahrgänge ebenfalls mit einem deutlichen und recht meßbaren Fehlbetrag schließt, und daß erst aus der Einbeziehung der verfallenen Anwartschaften der Zukunft ein Gewinn errechnet wird, der für alle Zugänge der als ewig gedachten Versicherung etwas mehr als 5 Milliarden ausmacht. Auf diese Weise wird der knappe Ausgleich der Bilanz damals erreicht.

Es ist nicht meine Aufgabe, mich darüber zu äußern, wieweit ich diese Rechnung für nach jeder Richtung hin stichhaltig ansehe. Aber eins muß ich zur Deutlichkeit und zur Vermeidung von Mißverständnissen feststellen; die letzte Bilanz der Invalidenversicherung ist anders aufgestellt. Die Bilanz zum Dezember 1933 schließt ebenfalls mit einem Fehlbetrag von ungefähr 5 Milliarden, aber der Ausgleich dieses Fehlbetrages wird durch eine Berechnung dieser Art auch nicht teilweise für möglich gehalten. Daß das nicht möglich ist, liegt an der anderen Art, in der diese Bilanz damals vom Reichsversicherungsamt aufgestellt worden ist. Im Gegensatz zu der damaligen Berechnung haben wir in diese Bilanz bereits die Barwerte sämtlicher Leistungen auf der einen Seite und sämtlicher Beiträge auf der anderen Seite für alle Versicherten nicht nur der Gegenwart, sondern auch der Zukunft eingeschlossen. Die von uns damals benutzten Zugangswahrscheinlichkeiten für Rentner umschließen also bereits den Vorteil, der sich für eine Versicherungsanstalt daraus ergibt, daß von den im Versicherungsfall beantragten Renten eine große Zahl nicht gewährt werden kann, weil die Anwartschaft verfallen ist. Auf der Aktivseite werden sämtliche Beiträge aktiviert, die erfahrungsgemäß jetzt oder später zu erwarten sind, d.h. auch diejenigen Beiträge, aus denen später gar keine Leistungen beansprucht werden.

Ich hoffe, damit deutlich gemacht zu haben, daß bei dieser Art der Bilanzierung kein Raum für die Aktivierung besonderer Stornogewinne bleibt. Ich habe noch kurz nachzutragen: Unter diesen Gewinnen aus verfallener Anwartschaft, die man häufig als Stornogewinne bezeichnet, begreift man im weitesten Sinne alle Gewinne aus verfallenen Anwartschaften und aus Beiträgen, aus denen später keine Leistungen gewährt werden. Beides deckt sich ja nicht. Wenn man also heute bei dieser Art der Bilanzierung in der Invalidenversicherung etwa noch Vorteile außerhalb der Bilanz aus irgendwelchen Stornogewinnen oder dergl. erwarten wollte, dann könnte das - das wird nach dem Vorausgeschickten deutlich sein - nur entweder daraus erwartet werden, daß in Zukunft die Zahl der verfallenen Anwartschaften noch größer als früher sein wird, oder daraus, daß noch mehr Beiträge künftighin wirkungslos entrichtet werden, ohne daß Leistungen aus ihnen verlangt werden. Ich halte beides für unwahrscheinlich. Sicherlich ist das Gegenteil richtig. Wir können sicher damit rechnen, daß die Anwartschaften immer seltener verfallen werden, und daß in Zukunft viel weniger Beiträge als in der Vergangenheit wirkungslos entrichtet werden. Dafür gibt es mehrere Gründe: Einmal die viel bessere Kenntnis des Wertes der Versicherung, die planmäßig von den verschiedensten Stellen verbreitet wird, was früher nicht der Fall war, zum anderen die Beratung der Versicherten nach jeder Richtung, ferner die Neugestaltung des Rechtes der Wanderversicherung und nicht zuletzt auch die Wirkung der neuen Vorschriften über die Aufrechterhaltung der Anwartschaft bei der glücklicherweise immer mehr abnehmenden Arbeitslosigkeit.

Zu dem Verfall der Anwartschaften will ich noch kurz auf folgendes hinweisen. Ich halte es für notwendig, grundsätzlich zwischen zwei Arten des Verfallens von Anwartschaften zu unterscheiden, die ich als regelmäßigen und als regelwidrigen Verfall bezeichne. Der regelmäßige Anwartschaftsverfall ist eine unmittelbare Folge des Aufhörens der versicherungspflichtigen Beschäftigung. Der Verfall ist hier von dem Versicherten gleichsam gewollt; er legt keinen Wert mehr auf seine Versicherung. Diese Fälle sind sicherlich sehr zahlreich und müssen wohl beachtet werden. Der regelwidrige Verfall der Anwartschaft tritt gegen den Willen des Versicherten ein. Der Versicherte glaubt, versichert zu sein, verliert aber tatsächlich nachher die Anwartschaft, sei es aus Unkenntnis, sei es aus Lässigkeit, sei es aus mangelnder wirtschaftlicher Kraft. Wenn mir die Frage vorgelegt würde, ob die deutsche Invalidenversicherung den Gewinn aus verfallenen Anwartschaften entbehren kann - das ist beinahe die Kernfrage des heute zur Rede stehenden Problems -, dann würde ich, gestützt auf die soeben skizzierte Unterscheidung, folgende Antwort geben: Der regelmäßige oder regelrechte Verfall wird immer da sein. Er ist gewollt und kann auch im finanziellen Aufbau der Versicherung mit Fug und Recht weiter benutzt werden, ohne daß wir uns dabei unmoralisch vorzukommen brauchen. Anders steht es mit dem regelwidrigen Verfall. Ich bin der Überzeugung, die nach meinem Beruf vielleicht ketzerisch klingen kann, daß man diesen regelwidrigen Gewinn entbehren und entbehrlich machen muß. Es wäre unmoralisch, ihn beibehalten zu wollen, und am allerwenigsten darf dies eine soziale Zwangsversicherung tun.

Selbst wenn also ein Versicherungsmathematiker auf Grund irgendwelcher Berechnungen, deren tatsächlicher Gang mir heute nicht klar ist, zu der Überzeugung kommen sollte, daß wir auch heute den Gewinn aus regelwidrigem Anwartschaftsverfall in der deutschen Invalidenversicherung nicht entbehren könnten, dann müßte man doch nach meiner Ansicht auf dem Standpunkt stehen, daß diese absichtliche Beibehaltung des erwähnten Gewinns keinesfalls zu rechtfertigen ist, und daß man hier dem Versicherungsethiker unbedingt den Vorrang vor dem Versicherungsmathematiker ungeachtet der etwa sich ergebenden Konsequenzen einräumen sollte. Das soll heißen: Wenn sich auf Grund einer solchen Berechnung ergeben sollte, daß die Beiträge ohne diese finanzielle Stütze etwas höher sein müssen, als sie mit dieser Stütze sein könnten, dann müßte man doch auf diese Stütze verzichten; denn es ginge nicht an, zu Lasten derjenigen die Beiträge niedrig zu halten, die aus Unkenntnis oder Unvermögen ihre Anwartschaften haben verfallen lassen müssen.

Ich glaube, daß das besonders kraß bei der Betrachtung der Vorschläge 4 und 5 in die Erscheinung tritt. Will man es wirklich noch verantworten, daß ein Versicherter, der sich über die ihm nicht verständlichen Vorschriften seiner Versicherung bei den dazu amtlich bestimmten Stellen Rat holt und der eine - wie ich annehme - schriftliche Auskunft darüber bekommt, nach wie vor seine Anwartschaft verlieren kann, weil eben die Auskunft falsch war? Die Frage stellen, heißt nach meiner Ansicht schon, sie verneinen. Soll weiter wirklich ein Arbeiter, der für seine Versicherung 1500 und mehr Mark an Beiträgen entrichtet hat, immer noch Gefahr laufen, den gesamten Anspruch zu verlieren? Ich bin auch zu dieser Frage derselben Meinung wie zu der vorhergehenden.

Ich darf noch einmal zusammenfassen, auf welchen Grundvoraussetzungen nach meiner Ansicht die Vorschläge für das Anwartschaftsrecht ruhen sollten. Es handelt sich tatsächlich wohl nur um die Weiterversicherten, während die Pflichtversicherten hier nahezu ausscheiden. Die Weiterversicherten sind in sehr verschiedener finanzieller Lage. Der Schutz der Schwachen unter ihnen wird immer das Ziel der Reform bleiben müssen. Daneben erheischt natürlich die Leistungsfähigkeit der Versicherung sehr ernste Beachtung und pflegliche Behandlung. Verneinen kann man beides meines Erachtens, wenn man als zu erhalten oder als wiederherstellbar besonders diejenigen Ansprüche von Versicherten empfiehlt, bei denen eine große Zahl von Beiträgen bereits entrichtet ist und bei denen der Verfall der Anwartschaft dann zweifellos eine Härte für den Versicherten bedeuten würde. Dabei muß aber auf der anderen Seite der Anreiz vermieden werden, daß bei Festlegung einer solchen Zahl - seien es 1000, seien es 1200 Mark - der Versicherte die Weiterentrichtung der Beiträge unterläßt. Ein solcher Anreiz läge sehr nahe. Ich glaube aber, daß diese verschiedenen Forderungen vereinbar sind.

In Ihrem Vorschlag 2 über das Wiederaufleben der Anwartschaft schließen Sie sich eng an die Angestelltenversicherung an. Daher auch die Trennung zwischen 100 und 200 Beiträgen. Ich möchte die Frage stellen, ob man sich nicht besser einheitlich auf 200 Wochenbeiträge zurückziehen sollte. Wieweit die Angestelltenversicherung mit einer ähnlichen Regelung einverstanden wäre oder wieweit es dort durchführbar wäre, entzieht sich meiner Beurteilung.

Für den Kernpunkt der ganzen Reform halte ich den Vorschlag 5, der die Sicherung des Anspruchs von einer bestimmten Zahl entrichteter Beiträge an herstellen will. Die uneingeschränkte Sicherung der vollen Rente halte ich aber für bedenklich; denn gerade dadurch wird der Anreiz zu groß, nach Entrichtung der bestimmten Zahl von Beiträgen tatsächlich auf die Weiterversicherung zu verzichten. Ich möchte glauben, daß man auch recht wohl eine Synthese finden kann. Eines darf ich vielleicht einschalten: Es möchte so scheinen, als ob irgendwelche erzieherischen Vorschriften befürwortet werden, gleichsam als solle der Versicherte erzogen werden, seine Versicherung fortzusetzen. Ähnliche Gedankengänge klingen offenbar in manchen Reformvorschlägen an, die in den letzten Jahren gemacht worden sind. Ich halte diesen Gedanken nicht für richtig. Nach meiner Ansicht sind allein beachtenswert die schutzbedürftigen Interessen des Versicherten auf der einen und die Leistungsfähigkeit der Versicherung auf der anderen Seite. Den Mißbrauch, den ich vorhin andeutete, könnte man nach meiner Ansicht auf ziemlich einfache Weise dadurch verhüten, daß man etwa von 1000 Beiträgen an zwar den Anspruch an sich unverfallbar machte, aber bei dieser Zahl die volle Rente nicht gewährte, wenn die Anwartschaft nach den sonstigen Vorschriften nicht erhalten ist, sondern die Steigerungsbeträge nur zur Hälfte berechnete, daß man es bei etwa 1200 Beiträgen zu ¾ täte, und daß man erst von etwa 1400 Beiträgen an die volle Rente gewährte. Ich glaube, daß man auf diesem Wege einerseits vermeiden könnte, den Versicherten zum Mißbrauch anzureizen, und andererseits die Belastung der Versicherung in erträglichen Grenzen halten würde. Durch diesen leichten Druck würde nach wie vor für den Versicherten die Weiterversicherung durchaus erstrebenswert sein.

Zu diesen geringen Abänderungsvorschlägen könnte dann wohl noch der Gedanke treten, ob man nicht sämtliche Vorschriften über das Wiederaufleben entbehren kann, wenn man den soeben von mir skizzierten Vorschlag noch etwas weiter ausbaut. Das hätte den Vorteil, daß die sehr schwer übersehbare Belastung des Vorschlags 2 ganz vermieden würde.

Mit diesen Abänderungsvorschlägen möchte ich die Gesamtheit der Vorschläge 1 bis 5 nicht für untragbar halten, wenn die Mindestzahl der im Jahre zu entrichtenden Beiträge auf 26 erhöht ist. Ich glaube, daß eine solche Regelung auch dem Rechtsempfinden der Versicherten selbst Rechnung tragen würde, und darauf kommt es nach meiner Ansicht in erster Linie an. Ich bin der ketzerischen Ansicht, daß die Rechenmaschine allein bei diesen Erörterungen nicht den Ausschlag geben darf, so hoch ich sonst auch ihre Bedeutung veranschlage. Wenn ich so die Forderung nach dem Primat des Versicherungsethikers aufstelle, könnte mir leicht entgegengehalten werden: Das entkräftet aber leider nicht die rein finanziellen Bedenken, die andere Versicherungsmathematiker vielleicht in höherem Maße als ich haben. Das ist richtig, und doch möchte ich darauf antworten, daß eine wirklich weitschauende Beurteilung gerade auch beim Versicherungstechniker erfordert, daß alle aus der Zeit geborenen Änderungen und Wirkungen mit in den Kreis der Betrachtung gezogen werden. Wir haben doch heute die freudige Gewißheit, daß die unfaßbar niedrigen Beitragseinnahmen der Invalidenversicherung in den kurz hinter uns liegenden Jahren jetzt durch die Überwindung der Arbeitslosigkeit gebannt sind. Unter diesen Umständen liegt der Hinweis nahe - und wieder für den Versicherungstechniker am allernächsten -, daß die Verbesserung, die die Bilanz der Invalidenversicherung auf der Aktivseite durch diese stabile Verbesserung der Beitragseinnahme erfährt, auf jeden Fall um ein Vielfaches jede denkbare Auswirkung der Vorschläge für eine Verbesserung der Anwartschaft auch bei pessimistischster Beurteilung aufwiegen wird. Deshalb glaube ich, daß die von Ihnen geplanten Verbesserungen des Anwartschaftsrechts, soweit sie nach den gemachten Einschränkungs- und Erweiterungsvorschlägen befürwortet werden können, nicht nur vom sozialen Gesichtspunkt aus angestrebt werden müssen, sondern daß sie auch vom Standpunkt des kühlen Rechners aus befürwortet werden können und daß dann die deutsche Invalidenversicherung wirklich wieder einen Schritt tun könnte, um zu werden, was sie sein soll: ein wirklich brauchbares Werkzeug sozialer Gerechtigkeit.

Vorsitzender Direktor Anders: Ich danke Ihnen, Herr Oberregierungsrat, für Ihre interessanten Ausführungen. Die sechs Punkte, die wir hier aufgestellt haben, sollen nicht das einzige sein, was wir bei dem gesamten Fragenkomplex zu behandeln haben. Ich habe diese sechs Punkte nur aus dem Ergebnis der letzten Ausschußberatungen herausgeschält. Dabei habe ich den Punkt 6 von vornherein mit gewissen Bedenken in die Vorschläge aufgenommen. Ich habe es getan, weil wir auch darüber gern die Meinung des Ausschusses hören wollten.

Besonders hat mich gefreut, daß Herr Oberregierungsrat Heinze nachdrücklich darauf hingewiesen hat, daß die so oft angeführten Stornogewinne doch nicht von der großen Bedeutung sind, die ihnen im allgemeinen zugeschrieben wird. Ich habe seinerzeit die seit Jahren erschiene Literatur über die Frage der Anwartschaft durchgeprüft und habe dabei festgestellt, daß sich durch die gesamte Literatur wie ein roter Faden der Gedanke der Stornogewinne zieht. Die Verfasser legen ihnen eine derartige Bedeutung zu, daß man nach Auffassung dieser Verfasser eigentlich überhaupt nicht wagen dürfte, an dieses Problem heranzugehen. Es freut mich, daß Herr Oberregierungsrat Heinze eine andere Stellung dazu einnimmt.

Ich möchte vorschlagen, die sechs Punkte nunmehr im einzelnen durchzusprechen.

Zu Punkt 1 möchte ich allgemein bemerken, daß das ganze Anwartschaftsrecht für die Pflichtversicherten, für die die Versicherung in erster Linie bestimmt ist, eigentlich überhaupt nicht in Frage kommt. Es handelt sich hierbei hauptsächlich um diejenigen, die sich freiwillig versichern oder weiterversichern.

Ich stelle nunmehr *Punkt 1 Satz 1* zur Aussprache. Nach diesem Vorschlag soll in der Zukunft für die Anwartschaft genau wie in der Angestelltenversicherung als Zeitspanne das Kalenderjahr in Frage kommen.

Ministerialrat Sauerborn: Ich darf zunächst einige grundsätzliche Bemerkungen machen. Bei unseren ganzen Erörterungen, bei jedem Vorschlag, der zur Abstellung von anerkannten und fühlbaren Schäden gemacht werden soll, lastet auf uns wie ein Alpdruck die Frage der Stornogewinne. Herr Oberregierungsrat Heinze hat in meines Erachtens glücklicher Weise beim Anwartschaftsverfall zwei Fälle unterschieden: den regelmäßigen und den regelwidrigen Anwartschaftsverfall. Wenn wir uns dieser Diktion anschließen, so wird es uns auch von der Versicherungs- und sozialethischen Seite aus nicht schwer fallen, zu sagen, daß uns der regelmäßige Anwartschaftsverfall nicht besonders zu kümmern braucht. Vielleicht wäre es schön, wenn man auch solchen Leuten noch etwas aus der Versicherung erhalten könnte; aber es handelt sich hier um Personengruppen, die von ihrem Arbeitsleben aus gesehen nicht zu den Kreisen gehören, die noch von der Invalidenversicherung betreut werden sollen. Es sind einmal die große Gruppe der Leute, die als Hausgehilfinnen oder in ähnlicher Weise vorübergehend tätig sind und dann durch Verheiratung aus der Berufstätigkeit ausscheiden, und zum anderen die Gruppe derer, die einen Beruf erlernen, um ihn später als selbständige Gewerbetreibende oder Handwerker auszuüben. Wenn diese Leute ihre Anwartschaft erhalten wollen, dann mögen sie sich selbst darum kümmern. Es ist nicht unsere Aufgabe, gerade für diese Leute erhebliche Erleichterungen über den bestehenden Zustand hinaus zu suchen.

Anders liegt es beim regelwidrigen Anwartschaftsverfall. Auch da scheint es mir aber, daß wir zwei Gruppen unterscheiden müssen. Grob abgegrenzt haben wir es hier zunächst mit denjenigen zu tun, die im Paragraphengewirr erstickt sind, die versichert zu sein glauben, es aber tatsächlich nicht mehr sind, weil sie auf Grund irgendeiner ihnen unklaren Tatsache die Anwartschaft verloren haben. Daß wir diese Leute nach Möglichkeit schützen müssen, scheint mir eine Selbstverständlichkeit zu sein. Eine zweite Gruppe, bei der man schon geteilter Meinung sein kann, umfaßt diejenigen, die bei voller Kenntnis der Tatsachen aus Säumigkeit, Lässigkeit oder anderen Gründen die Anwartschaft verlieren, weil sie sich nicht darum kümmern und nicht die notwendige Aufmerksamkeit für ihr Versicherungsgeschäft zeigen. Man kann bezweifeln, ob diese eines Schutzes in derselben Weise wie die zuerst genannte Gruppe bedürfen. Ich kann mir vorstellen, daß auch hier die Schwere des Verschuldens in einem gewissen Einklang zu dem Rechtsnachteil stehen muß, der daraus erfließt, daß man also nicht aus einer kleinen Säumigkeit den dauernden Verlust für alle Zeiten folgen lassen soll. Immerhin scheint mir das aber eine Frage zu sein, die auch anders beurteilt werden kann. Wenn gar eine grobe Fahrlässigkeit oder eine vollkommene Unachtsamkeit vorliegt, dann kann man sich wohl fragen, ob das noch mit dem Gedanken der Versicherungsgemeinschaft vereinbar ist, und ob in diesem Falle nicht das Verschulden des Betreffenden so weit überwiegt, daß von einer Schuld der Versicherungsgemeinschaft wirklich nicht mehr gesprochen werden kann.

Was den Vorschlag 1 anlangt, so wird er meines Erachtens von allen Seiten, sowohl von der versicherungstechnischen Seite als auch von den Versicherungsträgern, sehr gern hingenommen werden. Ob wir einen Zeitraum von einem Jahr oder von zwei Jahren wählen, wird im wesentlichen die Polizei interessieren, für die sich die Arbeit verdoppelt, während für den Versicherten und seinen Arbeitgeber die Mehrarbeit nicht erheblich sein wird.

Vorsitzender Direktor Anders: Soweit ich informiert bin, war das Kalenderjahr seinerzeit schon bei Beginn der Invalidenversicherung als Vorschlag gemacht worden. Stimmt das, Herr Senatspräsident? (*Senatspräsident Kühne:* Ich glaube, ja!) Es ist dann aus irgendwelchen Gründen fallengelassen worden. Später hat man dann einen Ausstellungstag und einen Gültigkeitstag eingeführt. Das hat den größten Wirrwarr hervorgebracht, weil unter Umständen zwei Anwartschaftszeiten zu laufen begannen, wodurch dann gewöhnlich Unheil hervorgerufen wurde.

Professor Dr. Lutz Richter: Ich glaube, die Sache mit dem Kalenderjahr bedarf keiner Erörterung mehr. Es ist auch ziemlich gleichgültig, wie man damals auf den zweijährigen Zeitraum und sein kompliziertes Beginnen gekommen ist. Wahrscheinlich hat man gedacht, man käme den Leuten damit entgegen. Wer gebummelt hat, kann dann wenigstens im nächsten Jahr das Versäumte nachholen. Das ist ein Entgegenkommen, das ganz typisch falsch ist. Dadurch kommt man nur dem Unverstand entgegen, aber nicht dem Nicht-Wissen-Können. Dazu ist, glaube ich, kein Anlaß mehr vorhanden. Viel richtiger ist es, man macht kleinere Abschnitte, die jeder verstehen kann. Dann kann sich auch jeder danach richten. Da ist das Kalenderjahr die einzige Lösung. Finanzpolitisch kann es auch keinen Unterschied ausmachen.

Herr Ministerialrat Sauerborn ist auch auf die beiden Arten des Anwartschaftsverlustes eingegangen, die Herr Oberregierungsrat Heinze als nicht regelwidrig bezeichnet hat. Er hat zutreffend gesagt, daß man beim regelwidrigen Anwartschaftsverlust noch weiter differenzieren kann. Das halte ich auch, wenigstens zunächst, für richtig. Nun scheint mir aber, daß noch eine andere Gruppe hinzukommt, die schon bei den beiden Heinzeschen Gruppen nicht ganz miterfaßt ist, wo auch die Lage anders ist. Herr Oberregierungsrat Heinze sagt, es sei verhältnismäßig einfach, wenn der Betreffende aus seinem Beruf ausscheidet. Das ist richtig. Andererseits bedarf ein solcher Mann keiner besonderen Schutzmaßnahmen. Denn es liegt im Wesen der Versicherung: Alle für einen, einer für alle. Derjenige, der sich nur vorübergehend in einem Beruf betätigt, soll die Lasten mit tragen. Wenn daraus die Versicherung sogenannte Stornogewinne zieht, dann ist das ganz in Ordnung. Bei dem regelwidrigen Verlust, der durch Säumigkeit, Lässigkeit, Verschulden oder auch nur einen leichten Grad von Fahrlässigkeit infolge des Erstickens in dem Paragraphenwerk entsteht, soll man nach Abhilfe trachten. Nun ist noch eine dritte Gruppe vorhanden, die uns auch im Arbeitsrechtsausschuß oft Kopfzerbrechen gemacht hat. Das sind diejenigen Leute, die dem objektiven Recht nach als Pflichtversicherte in einem aktiven Versicherungsverhältnis stehen, und bei denen nur wegen technischer Versäumnisse, die auf Seite des Unternehmers liegen, die buchmäßige Seite des Versicherungsverhältnisses nicht richtig zustande kommt. Dadurch tritt ein Rechtsverlust, ein Anwartschaftsverlust, oder wie wir es sonst nennen, hervor. Der Arbeitgeber hat einfach seine Pflicht aus der Versicherung nicht erfüllt, und zwar gerade bei an sich gut und lang laufenden Arbeitsverhältnissen, wo jeder denkt: es wird schon alles in Ordnung sein -, und erst sehr viel später, wenn der Arbeitgeber pleite macht oder dergleichen, stellt sich heraus: Hier sind seit langer Zeit keine Beiträge mehr geklebt, die Karten sind nicht umgetauscht worden. Dann ist alles Recht für diesen Mann verloren. Da besteht jetzt wieder die Schwierigkeit: Wie hilft man hier? Daß man aus sozialpolitischen Gründen helfen muß, bedarf keiner Erörterung. Die Versuche, hier zu helfen, sind, wie mir scheint, alle schief angesetzt gewesen. Womit man helfen will, ist ein zivilrechtlicher Schadensersatzanspruch des Versicherten gegen denjenigen, der ihn geschädigt hat, also gegen den Arbeitgeber. Dabei stellt sich einmal heraus, daß das zivilrechtliche Fundament dieses Schadensersatzanspruches sehr brüchig ist, zweitens daß der Schadensersatzanspruch nach allgemeinen Verjährungsregeln verjährt, und drittens scheitert er, selbst wenn sich der Schadensersatzanspruch ausnahmsweise theoretisch halten läßt, praktisch an der Leistungsunfähigkeit des pleite gegangenen Arbeitgebers. Hier sollte man im Zusammenhang mit dem Anwartschaftsrecht eine Korrektur vorsehen. Ich würde also hier eine dritte Gruppe von Anwartschaftsverlusten ansetzen, die man weder zu den regelrechten noch zu den regelwidrigen Fällen rechnen kann. Nun glaube ich, wäre die beste Hilfe hier, wenn man zunächst klarstellte, daß diese Vorschriften, die der Arbeitgeber verletzt hat, Schutzbestimmungen im Sinne des Vertrages sind. Das läßt sich mit einem Federzug des Gesetzgebers erreichen. Praktisch ist aber damit wenig geholfen. Denn selbst, wenn man sagt: Es ist ein Schutzgesetz verletzt worden, dann scheitert die Sache so und so oft an der Verjährung und ähnlichen Einreden, auch der des Mitverschuldens. Da kommt man praktisch nicht weiter. Man sollte eine Vorkehrung treffen, die es ermöglicht, in solchen Fällen die Anwartschaft durch eine nachträgliche Zahlung wieder aufleben zu lassen, die dem schadenersatzverpflichteten Arbeitgeber aufzuerlegen wäre, deren Hereinbringung aber Sache der Versicherungsanstalt sein müßte, so daß der Betreffende nach einem Vermögensverfall nicht einfach sagt: Ich habe nichts -, sondern dem Betreffenden auf die Dauer seiner weiteren Existenz eine Nachzahlungspflicht auferlegt wird, über deren Erfüllung die Versicherungsanstalt wacht.

Was das Quantum dieser Nachzahlungspflicht angeht, so genügt es nicht, wenn der betreffende Mann nach 10 Jahren einfach die Beiträge mit dem Nennbetrag entrichtet, sondern da müssen auf die Beiträge als Ausgleich kräftig Zuschläge als entgangene Zinsgewinne seitens des Versicherungsträgers gelegt werden. Man kann das nach oben abrunden. Aber jedenfalls wird man an diesen Punkt denken und ganz neue Wege gehen und von der eingefahrenen Rechtsprechung des Reichsgerichts und des Reichsarbeitsgerichts abgehen müssen. Man müßte also einen Anspruch festsetzen und ihn unverjährbar machen. Ich glaube, das ist ein Punkt, der in den bisherigen Versprechungen noch nicht zur Erörterung gekommen ist. *(Widerspruch.)* Ich habe keinen Bericht über die letzte Sitzung bekommen, es ist aber ein Punkt, der jedenfalls mit auf den Wunschzettel zu setzen ist.

Ministerialrat Sauerborn: Die Nichtaufnahme dieses Punktes bei den 6 Punkten kommt wohl daher, daß wir diesen Gesichtspunkt nicht unter dem Gesichtspunkt der Stornogewinne behandelt haben, sondern daß wir ganz ähnlich wie Sie eben gesagt haben: Es ist sozialpolitisch nicht tragbar, daß dieser betreffende Versicherte seinen Anspruch verliert oder daß man ihn auf den Schadensersatzanspruch verweist, sondern es muß der Versicherungsanstalt die Verpflichtung auferlegt werden, diese Zeit mit zu berücksichtigen, und man muß ihr den Anspruch gegen den Arbeitgeber geben, und zwar nicht nur den Anspruch auf Nachzahlung plus Zinsen, sondern sogar noch einen Risikozuschlag dafür, daß sie von diesen Ansprüchen einen größeren Teil nicht wird verwirklichen können, so daß der Arbeitgeber also vielleicht den doppelten Betrag zu leisten hat, so daß aus den Überschüssen die Verluste gedeckt werden könnten, die hinterher eintreten, und das Gesamtrisiko die Versicherungsgemeinschaft und nicht mehr der einzelne Versicherte trägt.

Professor Dr. Lutz Richter: Sehr gut! Mir liegt es nur dringend am Herzen, daß wir nicht wieder aus Gründen formaler Systematik sagen: Das gehört nicht hierher; das bleibt für später aufbewahrt. Wir haben es reichlich lange für später aufbewahrt, auch im Arbeitsrechtsausschuß. Es muß da bei der ersten sich bietenden Gelegenheit einmal etwas getan werden.

Vorsitzender Direktor Anders: Ich möchte dazu sagen, daß dieser Punkt sehr eifrig vom Sozialamt der Deutschen Arbeitsfront verfolgt wird. Sie wissen, daß bisher alle Gerichte, auch das Reichsgericht, merkwürdige Entscheidungen gefällt haben. Sie haben Beschlüsse gefaßt und Urteile gefällt, die niemals befriedigen konnten. So ist noch vor wenigen Monaten bei der Anstalt Berlin ein Fall vorgekommen, wo ein Mann unausgesetzt Lehrlinge nicht versicherte. Er wurde verklagt und bestraft, zahlt aber nicht. Nun hat aber in letzter Zeit ein Arbeitsgericht in Bayern ein Urteil gefällt, wonach der Arbeitgeber die Zahlung zu leisten hat und die Verjährung ausgeschlossen ist. Ich halte den Verlust der Betriebsführereigenschaft auch für ein sehr starkes Druckmittel. (*Prof. Dr. Lutz Richter:* Kommt der Mann zu seinem Recht?) - Der Mann nicht.

Aber es ist der Druck vorhanden, daß der Arbeitgeber zahlt. Das ist doch die Hauptsache. Ich glaube, es war Herr Dr. Wischer, der den Fall erzählte, daß ein Lokal in Tempelhof 8 oder 10 Kellner beschäftigte, aber drei Jahre lang keine Beiträge gezahlt hatte. Als er gefaßt wurde, hat er das Lokal verschoben und seine Frau hat ein zweites Lokal aufgemacht. Dadurch hat er sich freigemacht. Heute würden er und seine Frau die Betriebsführereigenschaft verlieren und keinen neuen Konsens bekommen. Das wäre ein Druckmittel. Wir werden diesen Punkt sehr stark im Auge behalten müssen.

Senatspräsident Dr. Kühne: Die Hauptsache ist, daß wir den Anspruch des einzelnen Versicherten sicherstellen. Unsere ganze Unterhaltung über die Anwartschaft dreht sich darum, wie der einzelne Versicherte geschützt wird, daß er nicht trotz soundso vieler Beiträge, Beschäftigungszeiten usw. ins Leere sieht. Die Frage, wie nachher die Versicherungsanstalt zu ihrem Gelde kommt, liegt auf anderen Gebieten, die nicht hierher gehören. Immerhin steht sie mit der hier behandelten Frage in Verbindung. Deshalb können wir sie mit erörtern. Das wichtigste ist die Sicherstellung, daß nämlich Zeiten wirklicher Beschäftigung für den Fall, daß die Beiträge vom Arbeitgeber nicht beigebracht sind, als Ersatzzeiten in irgendeiner Weise gutgebracht werden, damit dieser Fall des Anwartschaftsverlustes vermieden wird. Das sind Dinge, die uns in der Praxis am ernstesten beschäftigen. Bei den anderen Fällen kann man sagen, wenn sich der Betreffende darum gekümmert und die kleinen Beiträge bezahlt hätte, dann wäre die Sache in Ordnung gewesen. Hier handelt es sich aber um Fälle, wo der Versicherte die Karte dem Arbeitgeber ausgehändigt und geglaubt hat, es sei alles in bester Ordnung. In Wirklichkeit stellt sich aber dann heraus, daß nicht alles in bester Ordnung ist, und daß unter Umständen die Nachbringungsfristen abgelaufen sind. Es wird sich auch darum handeln, die Nachbringungsfristen zu erweitern. Im übrigen handelt es sich zum Teil um Fragen, die im ganzen mehr Fragen des Arbeitsrechtes sind, die Frage des Verlustes der Betriebsführereigenschaft usw.

Wenn hervorgehoben worden ist, daß der Verlust der Betriebsführereigenschaft ein Druckmittel sei, so wirkt es in der Tat auf Leute, die überhaupt noch einer Erziehung für die Zukunft zugänglich sind. Das ist richtig. Aber in den anderen Fällen hilft den Versicherten die nachträgliche Aberkennung der Betriebsführereigenschaft nichts mehr. Wenn man den Schutz der Versicherten ins Auge faßt, dann ist das doch nur eine teilweise Hilfe. Die wirkliche Hilfe liegt darin, daß man in irgendeiner Form die Zeiten des unverschuldeten Nichtzahlens von Beiträgen dem Versicherten als Ersatzzeiten garantiert.

Vorsitzender Direktor Anders: Haben Sie dagegen Bedenken, Herr Oberregierungsrat Heinze, daß man diese Zeiten als Ersatzzeiten ansieht? (Oberreg.Rat *Heinze*: Nicht wesentliche!)

Ministerialrat Dr. Hoffmeister: Es ist wohl sicher, daß es von jetzt an nur das Kalenderjahr gibt, und zwar sowohl für Pflichtbeiträge wie für freiwillige Beiträge, und daß die Ersatzzeiten wie bisher angerechnet werden?

Vorsitzender Direktor Anders: Die Frage kommt später. Es dreht sich jetzt nur um die Frage: Kalenderjahr statt jetziger Anwartschaftszeit. Wünscht noch einer der Herren das Wort zu Punkt 1? - Dann kämen wir zum *zweiten Teil des Punktes 1*, daß jährlich 10, 15 oder 26 Beiträge nachgewiesen werden müssen. Herr Oberregierungsrat Heinze hat schon zu diesem Punkt Stellung genommen und dabei lediglich immer auf die 26 Beiträge hingewiesen. Über die Zahl sich jetzt in einer Diskussion zu einigen, halte ich für ziemlich kompliziert. Das dürfte auch erst möglich sein, wenn die anderen Punkte erledigt sind. Ich möchte nur bitten, grundsätzlich dazu Stellung zu nehmen, ob man bei den Weiterversicherten und den freiwillig Versicherten die Zahl auf mehr als 10 erhöhen soll.

Ministerialrat Sauerborn: Ich glaube, 26 Beiträge würden das Herz aller Landesversicherungsanstalten erheblich höher schlagen lassen. Rein technisch gesehen, würde diese Regelung bedeuten, daß für die Hälfte aller Wochen des Jahres Beiträge zu leisten sind. Das ist gegenüber dem heutigen Zustand selbstverständlich eine Verschlechterung. Die Leute können es heute mit weniger Geld machen. Nun fragt es sich: Ist es eine zumutbare Verschlechterung? M.E. sollte man es gegenüber den Leistungen und der Tatsache, daß die Renten erhöht werden, für zumutbar halten. Denn es ist wirklich an sich bei der heutigen niedrigen Zahl eine Art Geschenk in größerem Umfange, was vielleicht doch nicht ganz berechtigt ist. Ob man allerdings, wenn man jede zweite Woche für beitragspflichtig erklärt, gerade bei den besonderen Verhältnissen der Aufrechterhaltung einer Anwartschaft nicht zu weit geht, das kann ich nicht beurteilen, es scheint mir, daß es doch eine gewisse Härte ist. Ich müßte meine Entscheidung letzten Endes davon abhängig machen: Was ist der größte Vorteil, und was ist die geringste Härte? Immer im Vergleich zu den anderen: Was kann ich dadurch auf den anderen Gebieten einer größeren Gruppe von Menschen an Vorteilen bieten, und wie steht im Vergleich zu diesen Vorteilen die Neubelastung, die hier eintritt? Persönlich bin ich überzeugt, daß 10 eigentlich ein Satz war, insbesondere bei den früheren Zeiträumen, der eigentlich eine Farce darstellte.

Senatspräsident Dr. Kühne: Ich trete dem vollständig bei. Es hängt vielleicht in etwa mit der Höhe der Beiträge zusammen, die nun gezahlt werden müssen. Bei den freiwillig Weiterversicherten ist es ein Unterschied, ob ich 26 Beiträge in der Klasse 2 zahle oder 10 Beiträge in der Klasse, die dem Einkommen entspricht, und ob der Arbeitgeber mit dazu beiträgt. Diese Dinge müssen dabei berücksichtigt werden. Es wäre zu erwägen, wenn man eine höhere Anzahl von Wochenbeiträgen verlangt, ob man da vielleicht wieder irgendwelche Kautelen einschaltet. Es ist so, daß man an der blauen Marke die Beiträge erkennt. Daß jemand mehr klebt, kommt kaum mal vor.

Vorsitzender Direktor Anders: Es ist zur Zeit nach dem geltenden Recht so: Wenn jemand bisher 10 Beiträge leisten muß und nun aus irgendwelchen Gründen 9 Marken à 2 Mark klebt und hinterher hört, daß die Anwartschaft verfallen ist, weil er 10 Beiträge zahlen muß, dann sagt sich der Mann: Jetzt verlangt man von mir mindestens 10 Marken II. Klasse à 60 Pfg. = 6 Mark; ich habe 18 Mark geklebt und man ist doch nicht zufrieden. So liegt die Sache augenblicklich. Persönlich möchte ich zu der Frage der Erhöhung der Zahl sagen, daß man das unbedingt verlangen müßte. Sonst sind das ja die Nutznießer der Menschen, die pflichtversichert sind. Das ist meiner Auffassung nach nicht zu verantworten.

Professor Dr. Lutz Richter: Ich möchte darauf aufmerksam machen: Wenn jemand mit geringen Weiterzahlungen im wesentlichen nur erleichtert seine Anwartschaft aufrechterhält und das lange Zeit läuft, dann hat die Versicherungsanstalt einen Gewinn zwischen dem schließlich zu zahlenden Steigerungssatz und den Zinsen. Je länger die Zahlungen der Marken zurückliegen, desto besser ist es für die Versicherungsanstalt. Wenn sie aus erst frisch geklebten Marken zahlen muß, kommt sie schlechter weg. Es würde sich fragen, welchen hauptsächlichen Sinn man der freiwilligen Weiterversicherung beilegt. Soll das nämlich eine freiwillige Weiterversicherung im Sinne des Wortes sein, so daß man in dieser Zeit des freiwillig Weiterversichertseins seine Rentenanwartschaft noch erhöhen kann? Soll also das Gewicht auf der hinzutretenden Steigerung liegen oder soll man es so ansehen, daß diese weitergezahlten Beiträge nur den Sinn haben, die einmal erworbene Anwartschaft aufrechtzuerhalten? Wenn man die Sache so ansieht, dann glaube ich, daß das Vorschreiben einer höheren Beitragsklasse nicht verstanden wird, und daß man sich mit einer relativ niedrigen oder mit der niedrigsten Beitragsklasse begnügen muß.

Wegen der Zahl der dazu erforderlichen Beiträge möchte ich mich der Auffassung anschließen, daß man diese Zahl erhöhen soll. Nachdem die Angestelltenversicherung je Kalenderjahr 6 Beitragsmonate verlangt, könnte man in der Invalidenversicherung auf 26 Wochen kommen, namentlich wenn man berücksichtigt, daß die Beiträge der Invalidenversicherung niedriger sind als die der Angestelltenversicherung. Das müßte tragbar sein.

Ministerialrat Sauerborn: Ich glaube, das stimmt nicht ganz. Tatsächlich ist es doch so, daß die Rente steigt, wenn auch um geringe Beträge. Eine normale Rente frißt in etwa 7 bis 8 Jahren die gesamten Beiträge allein aus dem Steigerungsbetrag auf. Der Versicherte bekommt alles, was er eingezahlt hat, an Steigerungsbeträgen heraus. Diese ganze Berechnung war sehr schön zu dem Zeitpunkt, als die Durchschnittsrente 7 Jahre lief. Heute beträgt der Durchschnittszeitraum 12 bis 14 Jahre. Von diesem Gesichtspunkt aus ist jeder Versicherte für die Invalidenversicherung ein Reinfall. Nur durch den Stornogewinn gleicht sich das aus. Ich glaube, man sollte auch die Beitragshöhe in eine bestimmte Beziehung zum Einkommen setzen. Selbstverständlich kann man von einem Versicherten, der nur noch ein geringeres Einkommen bezieht, nicht die gleichen Beiträge wie früher verlangen.

Vorsitzender Direktor Anders: Es kommt hinzu, daß ein großer Prozentsatz derjenigen Menschen, die sich weiterversichern, in einem guten Einkommen stehen. Darin liegt das Verlangen begründet. Diese Leute können das zahlen, denn tatsächlich sind sie die Nutznießer der Pflichtversicherten.

Dr. Funke als Gast: Meiner Ansicht nach haben wir es in der Sozialversicherung mit einer Versicherungsgemeinschaft zu tun. Wer zu dieser Gemeinschaft gehört, muß bestimmte Opfer bringen. Wenn er später ausscheidet, hat er normalerweise auch die Mittel, seine Anwartschaft aufrechtzuerhalten, indem er 26 Wochen zahlt. Diese Vorschrift haben wir auch in der Angestelltenversicherung. Auch da muß man 6 Monate Beitrag zahlen, und zwar in der Beitragsklasse, die dem Einkommen entspricht. Ich sehe nicht ein, warum wir das in der Invalidenversicherung anders machen sollten. Zu uns kommen sehr viele Klagen, in denen darauf hingewiesen wird, daß die Invalidenversicherung in vielen Beziehungen schlechter sei als die Angestelltenversicherung. Vielfach kann man feststellen, daß die Renten in der Invalidenversicherung nur deshalb in der Vergangenheit so niedrig gewesen sind, weil die Aufrechterhaltung der Anwartschaft so verhältnismäßig leicht gemacht worden ist. Wenn wir diese Vorschriften auch in der Invalidenversicherung einführen, werden wir eine Steigerung der Durchschnittsrente erreichen. Auf der anderen Seite werden wir erreichen, daß diejenigen, die aus der Gemeinschaft ausscheiden, es sich sehr viel ernstlicher überlegen als bisher. Dadurch würden wir viel klarere Verhältnisse bekommen. Ich würde also 26 Beitragswochen vorschlagen, und zwar in einer Höhe, die dem Einkommen entspricht.

Ministerialrat Dr. Hoffmeister: Ich stimme dem Herrn Vorredner völlig zu. Auch ich bin der Auffassung, daß der Beitrag immer in einem Verhältnis zum Einkommen stehen muß. Das ist eine durchaus billige Forderung. Was die Zahl der Beiträge betrifft, so bin auch ich für eine Erhöhung. Dagegen würde ich nicht empfehlen, den Erfolg, den man durch eine Erhöhung der Zahl der Beiträge erzielt, dadurch wieder wegzunehmen, daß man von der Gruppe 2 auf Gruppe 1 heruntergeht. Dann sollte man schon dabei bleiben, daß derjenige, der ein hohes Einkommen hat, dem Einkommen entsprechende Beiträge zahlt. Wer kein Einkommen hat, kann einfach in der Gruppe 1 26 Wochen zahlen. (*Senatspräsident Dr. Kühne:* Das darf er eben nicht; Gruppe 2 ist die Mindestgruppe!) Herr Prof. Richter meinte, man könnte die Beiträge nur zur Aufrechterhaltung der Anwartschaft bezahlen. Da werden dann wieder die Irrtumsfälle kommen, daß ein Versicherter glaubt, er hätte bereits den Anspruch, und dann stimmt eine Marke nicht. Dann ist wieder die Verwirrung da. Ich würde es lieber bei einer Anwartschaftserhaltung belassen, die gleichzeitig steigernd wirkt.

Vorsitzender Direktor Anders: Ich muß mich dem voll anschließen. Solche Fälle haben wir in der Knappschaftsversicherung häufig erlebt. Als man damit anfing, gab es einen Sturm der Entrüstung, und jetzt hat sich die ganze Sache sehr schön eingelebt. Ich glaube, ich kann sagen, daß der Ausschuß vorläufig jedenfalls auf dem Standpunkt steht, daß man die Zahl 10 erhöhen soll - meinetwegen bis auf 26 - und daß die Beiträge dem Einkommen entsprechen sollen.

Professor Dr. Dersch: Ich glaube, mich dem anschließen zu können, möchte aber nicht versäumen, auf ein praktisches Bedenken hinzuweisen, das vielleicht nicht ausschlaggebend ist. Mir ist in Erinnerung, daß wir in der Angestelltenversicherung sehr viele Schwierigkeiten damit hatten, daß die Leute falsch gerechnet hatten. Die Rechtsprechung geht dahin, daß die Marke nicht etwa angerechnet, sondern glatt gestrichen wird.

Professor Dr. Lutz Richter: In § 82 des Versicherungsgesetzes heißt es, daß in diesem Fall die Beiträge in der dem jeweiligen Einkommen entsprechenden Klasse zu entrichten sind. Wenn das vorgeschrieben ist, muß auch irgendeine Überwachung darüber stattfinden, daß die Beiträge wirklich in der entsprechenden Höhe entrichtet werden. Nun bitte ich, mich darüber zu unterrichten, in welcher Weise das kontrolliert wird. Schließlich bedingt eine Überwachung einen Verwaltungsapparat, der beträchtliche Teile des Aufkommens wieder aufzehrt.

Professor Dr. Dersch: Eine teilweise Anwort kann ich darauf geben, die mich allerdings auch nicht befriedigt. Ich habe in der Praxis Fälle gehabt, in denen wirklich niemand wußte, wie gerechnet werden sollte. Der Betreffende war ohne jedes Verschulden nicht in der Lage, bestimmt zu wissen, ob er in der richtigen Klasse war. Dem habe ich gesagt, er solle sich von der Reichsversicherungsanstalt die Gültigkeit der Marke anerkennen lassen. Das ist das einzige Mittel. Eine andere Möglichkeit gibt es nicht.

Vorsitzender Direktor Anders: Es ist so: Von den Beamten der Landesversicherungsanstalten werden nur die Pflichtversicherten revidiert und kontrolliert. Aber auch bei den freiwillig Versicherten müßte man irgendeinen Modus finden.

Ministerialrat Sauerborn: Eine hundertprozentige Kontrolle ist selbstverständlich unmöglich. Der beste Weg scheint mir deshalb der zu sein, einen starken Anreiz, die richtige Marke zu kleben, dadurch zu geben, daß daraus der größte Gewinn entspringt. Denn es ist Tatsache, daß man nicht klebt zur Erhaltung der Anwartschaft, sondern daß man das Gewicht auf die Steigerung des Betrages legt.

Professor Dr. Richter: Dann läuft es weniger auf eine normale Regelung als vielmehr auf eine erzieherische Einwirkung auf die Leute hinaus.

Vorsitzender Direktor Anders: Damit hängt noch mehr zusammen. Der Programmpunkt 15 der NSDAP verlangt eine Altersversorgung. Nun erhebt sich die Frage, wie eine Altersversorgung des deutschen Volkes zu erreichen ist. Es gibt dafür nur zwei Möglichkeiten. Einmal die, daß man eine Altersversorgung für alle Menschen dadurch einführt, daß man eine Steuerumlage erhebt. Die andere Möglichkeit ist die, daß man die heute bestehende Sozialversicherung so ausbaut, daß sie eine Altersversorgung des deutschen Volkes wird.

Wer kommt nun dafür in Frage? Wenn man von einer Altersversorgung spricht, ist es klar, daß man bei einem bestimmten Einkommen Halt machen muß. Und es ergibt sich weiter die Frage: Wie groß ist die Zahl derjenigen, die unterhalb dieser Grenze liegen und nicht sozialversicherungspflichtig sind. Abzüglich des Heeres und der Beamten sind es m.E. noch 3 bis 4 Millionen Menschen. Diese Versorgung liegt nun tatsächlich darin, daß man sagt: Derjenige, der aus der Versicherung ausgeschieden ist und sich freiwillig weiterversichert, kann sich dadurch eine Altersversicherung schaffen, daß er seine Marke klebt.

Ministerialrat Sauerborn: Ich kann mir noch einen dritten Weg denken: daß man die bestehenden Altersversorgungen wie Sozialversicherungsversorgung, Pensionen usw. bestehenläßt und für die Übrigbleibenden eine besondere Versicherung schafft.

Vorsitzender Direktor Anders: Wir sind uns darüber einig, daß wir den Vorschlag insoweit akzeptieren: Wir schlagen vor eine Erhöhung von 10 auf höchstens 26 Beiträge und überlassen es den weiteren Beratungen, die genaue Zahl festzusetzen.

Wir kommen dann zum zweiten Punkt. Das ist der berühmte § 1267, aus dem niemand recht klug werden konnte und der hier zusammengefaßt ist. Es ist eine sehr starke Anlehnung an die

Bestimmungen der Angestelltenversicherung. Ich würde es begrüßen, wenn Herr Senatspräsident Kühne seine Stellung hierzu äußern würde.

Senatspräsident Dr. Kühne: Eins ist zunächst zu sagen: Die Vereinfachung ist ganz ungeheuer. Denn die Anwendung dieses Paragraphen stellte uns vor ganz unglaubliche Probleme. Man mußte jeden einzelnen Fall ganz genau unter die Lupe nehmen, und es war außerordentlich mühevoll, den einzelnen Fall so zu sehen, daß für den Versicherten noch etwas Tragbares herauskam. Die neue Fassung ist insofern von außerordentlichem Wert, als die Prüfungen sehr vereinfacht worden sind. Die finanzielle Auswirkung ist eine ganz andere Frage. Ich maße mir ein versicherungsmathematisches Urteil nicht an, möchte aber glauben, daß die finanzielle Auswirkung nicht sehr erheblich sein dürfte. Meines Erachtens werden nur Härten im Einzelfall vermieden, ohne daß damit erhebliche Nachteile für die Gesamtheit verbunden wären.

Vorsitzender Direktor Anders: Ich möchte aus der Praxis der Invalidenversicherung sagen, daß es geradezu eine Katastrophe ist, wenn ein Expedient auf diesen Paragraphen kommt. Es ist immer so: Wenn er sich selbst nicht ganz im klaren ist und einen Mitarbeiter fragt, hat der eine andere Meinung. Es ist ungeheuer schwer, in den ehemaligen § 1283 einzudringen, und ich möchte behaupten, daß es zum mindesten immer sehr ungewiß ist, wie entschieden wird. Unser Vorschlag ist an sich sehr einfach und klar, und abgesehen von der finanziellen Belastung, die ja vorläufig noch nicht zur Debatte steht, glaube ich, daß die Versicherungsträger aufatmen werden, wenn sie eine so einfache Lösung dieses Paragraphen finden.

Professor Dr. Richter: Hat man mit dem parallelen Paragraphen des Angestelltenversicherungsgesetzes günstige Erfahrungen gemacht? (*Vorsitzender:* Soweit ich informiert bin, ja!) Mir fällt auf, daß Absatz 2 des § 35 noch eine Stufung kennt, je nachdem, ob die Wartezeit erfüllt war oder nicht. Da bin ich mir über die Grundbedeutung noch nicht ganz klar. Warum begnügt man sich nicht damit, daß die noch nicht erfüllte Wartezeit noch nachträglich erfüllt wird?

Oberregierungsrat Heinze: Ich habe mir vorhin erlaubt, zu diesem Paragraphen kurz auszuführen, daß ich es persönlich für begrüßenswert halte, wenn man sich einheitlich auf 200 zurückziehen würde, also die störende Stufung fallenließe. Ich vermag nicht recht den Grund für diese Stufe einzusehen. Der einzige Grund, den ich dafür sehe, ist tatsächlich die Vereinheitlichung mit der Angestelltenversicherung. Wie sich diese Vorschrift für die Angestelltenversicherung finanziell ausgewirkt hat, ist mir nicht bekannt. Meines Wissens hat sich die Reichsversicherungsanstalt selbst darüber beklagt, daß aus dieser Vorschrift eine besondere Belastung erwachsen wäre. Aber mein Widerspruch gegen die hier vorgeschlagene Regelung stützt sich im wesentlichen darauf, daß ich das dadurch erzielte Ergebnis auch nicht für befriedigend halten könnte. Denn weshalb soll bei den früher Versicherten der Unterschied gemacht werden, ganz abgesehen von den Härten, die immer auftreten werden, wenn jemand nahe vor dem Ablauf der Wartezeit stand. Mir würde es deshalb viel näher liegen, eine einheitliche Zahl festzulegen, und zwar eher etwas nach oben, also z.B. nach 200 Beiträgen lebt das Frühere wieder auf. Aber ich habe mir gleichfalls erlaubt, darauf hinzuweisen, daß ich es als die glücklichste Lösung ansehen würde, wenn die Vorschriften über das Wiederaufleben ganz allgemein gestrichen und alles durch die Möglichkeit ersetzt wird, entsprechend dem fünften Vorschlage von einer gewissen Zahl ab alles unverfallbar sein zu lassen. Sonst müßte ein früher Versicherter seine Wartezeit nochmals zurücklegen, wenn er es nicht vorgezogen hat, seinen Anspruch aufrechtzuerhalten. Das Wiederaufleben hat immer etwas außerordentlich Unbefriedigendes und öffnet einer sehr willkürlichen Auslese unter den Versicherten Tür und Tor. Gerade diejenigen Versicherten werden davon am meisten Gebrauch machen, denen wir eigentlich bei dieser Reform die Hand nicht bieten wollten.

Senatspräsident Dr. Dersch: Zu der Frage, warum die angeführte Vorschrift in das Angestelltenversicherungsgesetz hineingekommen ist, kann ich folgendes mitteilen. Ursprünglich war eine Fassung vorgesehen, die solche Anforderungen an das Wiederaufleben stellte, daß sie tatsächlich eine Farce war. Im Jahre 1922 wurde dann die ganze Frage der Anwartschaft verbessert, und damals wurde - ich erinnere mich noch recht deutlich - von einem Reichstagsabgeordneten ausgeführt: Wenn wir es schon verbessern, dann müssen wir einen Unterschied nach der Richtung machen, ob jemand schon so viel geleistet hat, daß er wenigstens die Wartezeit zurückgelegt hat, in diesem Falle soll er sich besser stehen als der andere. Im Grunde waren es also Gefühlserwägungen, die zu dieser Vorschrift führten.

Senatspräsident Dr. Kühne: Ich kann nicht ganz der Auffassung von Herrn Heinze beitreten, daß die Vorschriften über das Wiederaufleben, wie man sie hier im Auge hatte, gerade denen zugute kommen, die ihrer sozial eigentlich am wenigsten bedürfen. Wie sieht es in der Praxis aus? Es sind gerade die Allerärmsten, für die diese Vorschriften in Frage kommen, und zwar bedienen sie sich nicht selbst dieser Möglichkeiten, sondern die hinter ihnen stehenden Gemeindevorsteher. Die Heimatgemeinde hat für diese Ärmsten der Armen die Lasten zu tragen und bemüht sich nun mit allen und manchmal nicht den feinsten Mitteln, durch entsprechende Markenverwendung hinten herum die Sache so zu gestalten, daß die verlorene Anwartschaft in der Invalidenversicherung für den Betreffenden wieder auflebt, oder daß womöglich eine neue Anwartschaft zurückgelegt wird. Ich glaube kaum, daß es da ausreichen wird, wenn man nur mit einer Mindestzahl von 1000 oder 1200 operiert und sagt: Wer diese hat, dem soll nichts mehr geschehen; die anderen aber müssen eine neue Wartezeit zurücklegen. Hier kommt der Gedanke hinein, den schon Herr Heinze vortrug: Wenn an der Wartezeit nur eine Kleinigkeit fehlt, dann liegt zweifellos eine große Härte vor. Wenn statt 1000 nur 990 geleistet sind, dann ist zweifellos schon viel geleistet worden, und doch ist dann die Anwartschaft erloschen und soll nach dem Vorschlage von Herrn Heinze nicht wieder aufleben. Ich halte das doch für eine Härte. Wir werden eine Vorschrift über das Wiederaufleben der Anwartschaft immer haben müssen. Es kann sich nur darum handeln, wie man sie ausgestalten soll. Hier erscheint mir der Vorschlag des Herrn Vorsitzenden mit Rücksicht darauf, daß wir in der Angestelltenversicherung dasselbe Prinzip haben, doch sehr zweckmäßig. Gewiß könnte ich mir, wenn wir heute glatte Bahn hätten, vorstellen, daß man mit einem einheitlichen Betrage von vielleicht 200 Wochen operiert und es auf die Wartezeit nicht besonders abstellt. Nachdem aber in einem Versicherungszweige eine bestimmte Regelung vorliegt und dort eine Änderung kaum zu erwarten ist, meine ich, man sollte sich doch bemühen, die ganze Angelegenheit möglichst auf einen Nenner zu bringen. Im übrigen hat das Abstellen auf die Wartezeit doch manches für sich.

Professor Dr. Richter: Ich teile die Auffassung von Herrn Senatspräsident Kühne, daß es unerwünscht ist, wieder eine verschiedene Regelung für Angestelltenversicherung und Invalidenversicherung zu treffen. Ich kann aber die Frage nicht unterdrücken: Ist uns für unsere Arbeiten die Angestelltenversicherung vollkommen verschlossen, bedeutet nicht unsere jetzige Arbeit, daß wir uns zwar zunächst mit der Invalidenversicherung befassen, aber doch mit dem Gedanken, daß sich die Angestelltenversicherung dieser vernünftigen Neuordnung ebenfalls unterwirft?

Vorsitzender Direktor Anders: Sie haben Recht, Herr Professor. Wir haben nur die Invalidenversicherung vorweggenommen, weil wir von dem Gedanken ausgingen: Die Angestelltenversicherung ist neueren Datums, und was sich dort bewährt hat, kann man ohne weiteres übernehmen. Wir wollen nicht Halt machen vor den Anwartschaftsvorschriften in der Angestelltenversicherung.

Professor Dr. Richter: Es steht also grundsätzlich nichts dem im Wege, daß wir das, was wir für die Invalidenversicherung entwerfen, auch auf die Angestelltenversicherung übertragen. Unter dieser Voraussetzung möchte ich folgendes sagen. Eigentlicher Antrieb für unsere Reformarbeit ist die Undurchsichtigkeit des bisherigen Rechts. Das erste Bestreben wird sein müssen, das neue Recht zwar versicherungstechnisch in Ordnung zu halten, es dabei aber so zu gestalten, daß es möglichst einfach ist, damit sowohl der Versicherte wie der Angestellte der Versicherungsanstalt klar sehen. Unter diesem Gesichtspunkt möchte ich auf den Gedanken von Herrn Heinze zurückkommen, einen einheitlichen Betrag festzusetzen, der mindestens geleistet sein muß. Ob man auf dem Wege über Vorschlag 5 restlos zum Ziele kommt, ist mir nach den Ausführungen von Herrn Senatspräsident Kühne zweifelhaft geworden. Der Mann, der 999 Beiträge geleistet hat, fällt, wenn wir keine Vorschrift über das Wiederaufleben der Anwartschaft haben, doch wieder aus. Das scheint mir unbillig zu sein. Es fragt sich aber, ob man nicht den ersten Vorschlag von Herrn Heinze aufgreifen sollte, einen einheitlichen Betrag festzusetzen. Wenn man allerdings einheitlich 200 Wochenbeiträge festsetzen würde - das würde den 48 Monatsbeiträgen der Angestelltenversicherung entsprechen -, dann würde man nach meinem Gefühl doch zu sehr die Wiedererlangung der Anwartschaft erschweren. Vielleicht könnte man als Mittelweg 150 Wochenbeiträge gleich drei Jahre wählen. Mir will scheinen, daß wir uns von dem eigentlichen Sinn des Wiederauflebens etwas haben ablenken lassen. Einmal ist gesagt worden: Leute, die etwas zu Geld kommen, können durch ein verhältnismäßig hohes späteres Opfer ihre alte Anwartschaft wieder zum Leben erwecken. Auf der anderen Seite ist gesagt worden: Es gibt ganz Arme, die selbst gar keine Beiträge leisten können, für die aber die Gemeinde eingreift aus dem egoistischen, aber vielleicht doch nicht verdammenswerten Interesse heraus, die Leute aus der öffentlichen Fürsorge heraus und wieder in die Sozialversicherung hineinzubringen. Daneben scheint es mir noch einen dritten Fall zu geben, und für diesen sind die Vorschriften über das Wiederaufleben meines Erachtens ursprünglich bestimmt gewesen. Das ist z.B. der Fall des Dienstmädchens, das nach zehnjähriger Tätigkeit in einem Haushalt einen Handwerker geheiratet hat, damit in verhältnismäßig gute Verhältnisse gekommen ist und daher nicht an eine Aufrechterhaltung ihrer Invalidenversicherung gedacht hat, die dann aber nach dem Tode des Mannes plötzlich ohne wirtschaftlichen Rückhalt im Leben steht und nun wieder eine Erwerbstätigkeit als Wirtschafterin oder dergl. aufnimmt. Von der Regelung dieses ursprünglichen, sozialpolitisch gesunden Falles dürfen wir uns nicht zu sehr dadurch ablenken lassen, daß wir die anderen, weniger glatten Fälle stark in den Vordergrund rücken.

Oberregierungsrat Dr. Kilian: Ich möchte für unsere kommenden Beratungen die Frage zur Erörterung stellen, ob nicht § 1267 ganz gegenstandslos wird, wenn wir von der 3/4-Deckung auf die 1/2-Deckung heruntergehen; denn dann brauchten wir ein Wiederaufleben der Anwartschaft überhaupt nicht. Die entscheidende Frage ist, ob man vom finanziellen Gesichtspunkt aus überhaupt daran denken kann.

Vorsitzender Direktor Anders: Nach den rohen Besprechungen, die ich darüber hatte, möchte ich meinen, daß ein solcher Weg nicht von vornherein unmöglich ist. In diesem Falle würde in der Tat § 1267 überflüssig werden.

Als nächster Tagungsabschnitt werden für den 17. und 18. Juni Ausschußsitzungen in Bad Hermannsborn in Aussicht genommen.

(Schluß der Sitzung: 18 Uhr 35 Minuten.)

XIII. Protokoll der Sitzung vom 22.10.1936 (Dienstrecht der Beamten und Angestellten der Sozialversicherung)

Nach einer einleitenden Besprechung, die nicht protokolliert wurde, führte der *Vorsitzende* aus: Wir kommen jetzt zu dem *Dienstrecht der Beamten und Angestellten in der Sozialversicherung*. Sie wissen, daß das eine sehr brennende Frage ist. Denn in der Sozialversicherung gibt es alle möglichen Kategorien von Beamten. Ich weiß, daß das Arbeitsministerium diese Frage zur Zeit bearbeitet. Insofern ist es für uns sehr günstig, daß wir den Bearbeiter dieser Fragen im Reichsarbeitsministerium mit einem Referat beauftragen konnten.

Oberregierungsrat Dr. Kilian: Das Recht der Bediensteten der Träger der Sozialversicherung ist so mannigfach geregelt, daß es mir nicht möglich ist, Ihnen in ein paar kurzen Strichen eine restlose Übersicht über das bisherige Recht zu geben. Ich will aber durch die einleitenden Ausführungen erreichen, daß Sie alle zu dem Ergebnis kommen, daß die jetzige Regelung unter keinen Umständen aufrechterhalten werden kann, weil im Dritten Reiche wie in allen Gebieten so auch auf dem Gebiet des Sozialversicherungs- und des Dienstrechtes Wert darauf gelegt werden muß, daß die Verhältnisse ganz klar und eindeutig liegen.

Nach dem geltenden Rechte haben wir ganz verschiedene Beamten- und Angestelltenkategorien im Dienste der Sozialversicherung zu unterscheiden. Bisher kennen wir reine Angestellte ohne irgendwelche regulären Beamtenrechte nur bei der Berufsgenossenschaft. Dort sind sämtliche Angestellte, selbst die Geschäftsführer der einzelnen Berufsgenossenschaften, Angestellte und haben keinerlei Beziehungen zum Beamtenrecht. Man hat zwar auch für diese Angestellten eine gewisse Versorgung und eine gewisse selbständige Stellung dadurch zu erreichen versucht, daß man sie nach einer Reihe von Jahren Hilfsarbeitertätigkeit einer Dienstordnung unterstellt hat. Diese Dienstordnung ist im Großen gesehen genauso aufgebaut wie ein Beamtengesetz. Sie beginnt mit den Rechten und Pflichten dieser Angestellten, enthält Vorschriften über die Frage der ständigen Anstellung und darüber, wann eine lebenslängliche Anstellung möglich ist. Sie regelt das Kündigungsrecht und den Kündigungsschutz, also die Frage, nach wieviel Jahren eine Kündigung nur noch aus einem wichtigen Grunde möglich ist. Insbesondere regelt sie die gehaltlichen Verhältnisse und die Versorgung im Falle des Todes, im Falle der Pensionierung und endlich die Bezüge der Witwe und der Waisen.

Im Großen gesehen könnte man somit der Auffassung sein, daß sich diese dienstordnungsgemäßen Angestellten ja in Wirklichkeit doch nicht sehr viel von den Beamten unterscheiden. Aber die Berufsgenossenschaft beschäftigt nicht nur solche Dauerangestellten, sondern auch eine Reihe von Hilfsarbeitern, die in einem ganz losen Verhältnis zu ihr stehen und auch im allgemeinen jederzeit gekündigt werden können. Wichtig ist jedenfalls, daß es innerhalb der Berufsgenossenschaften keinen Dienstposten gibt, der mit einem Beamten im staatsrechtlichen Sinne besetzt ist.

Ich gehe nun zu den *Krankenkassen* über. Nach geltendem Recht ist es auch bei den Krankenkassen nicht mehr möglich, einen Bediensteten in einem Beamtenverhältnis zu beschäftigen. Auch bei den Krankenkassen gibt es jedenfalls künftig nur noch Angestellte, die entweder als Hilfsarbeiter bzw. Angestellte in einem losen Verhältnis stehen, oder aber nach Ablegung der erforderlichen Prüfungen dienstordnungsgemäße Angestellte sind. So ist auch in der Krankenversicherung selbst der Geschäftsführer der größten Krankenkasse Deutschlands kein Beamter, sondern Angestellter; er hat weder die Rechte noch die Pflichten eines Beamten. Aber im großen und ganzen unterscheidet er sich nicht wesentlich in seiner Stellung von der eines Beamten.

Ganz besonders ist hier zu bemerken, daß ein Disziplinarverfahren, das gegen einen Beamten eröffnet werden kann, bei einem solchen dienstordnungsgemäßen Angestellten der Krankenkasse selbstverständlich nicht möglich ist.

Aber in der Krankenkasse gibt es immer noch - wenn auch nur noch wenige - Bedienstete, die in der früheren Zeit noch Beamte waren.

Ich will im Anschluß an diese einleitenden Ausführungen doch noch auf die Entwicklung bei den Krankenkassen zurückkommen, weil es mit wertvoll zu sein scheint nachzuweisen, daß man schon früher die Auffassung vertreten hat, daß es notwendig sei, gewisse Stellen der Krankenkassen mit Beamten zu besetzen. Aber innerhalb der Krankenkasse haben wir immer noch die Möglichkeit, daß gewisse Posten von Bediensteten aus der früheren Zeit her noch mit Beamten besetzt sind, und zwar mit Beamten der Kasse, die die Rechte und Pflichten eines Beamten der Gebietskörperschaft haben. Da die Hauptgebietskörperschaft für die Krankenkassen im allgemeinen der Kreis ist, so haben diese Beamten die Rechte und Pflichten eines Gemeindebeamten. Vor dem Jahre 1933 waren selbstverständlich noch mehr dieser Bediensteten tätig. Durch das Berufsbeamtengesetz ist allerdings der größte Teil von ihnen in den Ruhestand versetzt worden, so daß heute nur noch wenige, aber immerhin doch etliche Posten mit Beamten besetzt sind.

Nunmehr gehe ich zu den *Landesversicherungsanstalten* über. Dort sind die Verhältnisse noch weniger übersichtlich, obwohl innerhalb der Landesversicherungsanstalten im wesentlichen nur Beamte beschäftigt werden. Die wenigen Leute, die im Angestellten- oder Arbeiterverhältnis stehen, will ich beiseite lassen; es handelt sich nur um Posten mit einer untergeordneten Tätigkeit. Aber bei allen Landesversicherungsanstalten haben wir Beamte, und es wird Sie vielleicht wundern zu erfahren, daß gerade dort die Verhältnisse noch schlimmer sind als bei den Berufsgenossenschaften. Bei den Landesversicherungsanstalten sind zwar überall Beamte vorhanden, aber ihre Rechtsstellung ist nach jeder Richtung hin verschieden. Während z.B. in den süddeutschen Ländern die Beamten der Landesversicherungsanstalten - vom Leiter angefangen bis hinunter zum untersten Beamten - reine Landesbeamte sind - wobei dann noch die schöne Differenzierung zu machen ist, daß diese Beamten in dem einen Lande unmittelbare Landesbeamten sind, während sie in anderen nur mittelbare Landesbeamte sind -, sind die Verhältnisse in Preußen nach jeder Richtung hin verschieden. Wir haben in Preußen im allgemeinen nur die Beamten des höheren Dienstes, also z.B. die Landesräte, als Beamte der Provinz bzw. Beamte mit den Rechten und Pflichten eines Provinzialbeamten, während der größte Teil der anderen Beamten der Preußischen Landesversicherungsanstalten zwar Beamte sind, aber nicht etwa Provinzialbeamte, sondern Beamte der Landesversicherungsanstalt, also Beamte einer Körperschaft des öffentlichen Rechts.

Eine besondere Ausnahme macht die Landesversicherungsanstalt der Rheinprovinz. Hier sind sämtliche Beamten, angefangen beim Landesrat, Vizepräsidenten usw. bis zu den untersten Beamten, Provinzialbeamte. Das liegt daran, daß die Rheinprovinz noch im Ausgang des vorigen Jahrhunderts mit der Landesversicherungsanstalt einen Vertrag abgeschlossen hat, wonach die Provinz verpflichtet ist, Provinzialbeamte der Landesversicherungsanstalt zu führen. Die Beamten bleiben Provinzialbeamte; sie tun nur nicht mehr bei der Provinz, sondern bei der Landesversicherungsanstalt Dienst, werden allerdings ausschließlich von der Landesversicherungsanstalt besoldet, unterstehen aber im übrigen, besonders in disziplinärer Hinsicht, der Gewalt des Leiters der Provinz, also des Oberpräsidenten.

Wenn man bei dieser Gelegenheit sein besonderes Augenmerk auf die Leiter der Landesversicherungsanstalt legt, so ergibt sich ein sehr merkwürdiges Bild, insbesondere in Preußen. Im allgemeinen ist der Landeshauptmann, also der Provinzialbeamte bei der Regierung, Leiter der Preußischen Landesversicherungsanstalten. Es gibt drei preußische Landesversicherungsanstalten, bei denen der Leiter nicht der Landeshauptmann, sondern - in Hessen-Nassau, Hannover und Pommern - ein besonders ernannter Leiter ist, bei denen also der Geschäftsführer tatsächlich auch der Leiter der Landesversicherungsanstalt ist. In den Fällen, in denen der Landeshauptmann Leiter ist, führt er im wesentlichen nicht die laufenden Geschäfte, sondern er hat dafür einen ständigen Stellvertreter. Ganz neuerdings hat sich in Ostpreußen eine dritte Ausnahme herausgebildet: Dort ist nicht der Landeshauptmann Leiter der Landesversicherungsanstalt, sondern der Oberpräsident und Gauleiter Koch ist regulärer Leiter der Landesversicherungsanstalt.

Nun wäre das alles sehr schön, wenn die Dienstrechtsverhältnisse dieser Beamten ungefähr gleichgelagert wären. Das ist aber nicht der Fall. Wenn ich als Referent für das Dienstrecht der Beamten und Angestellten Fragen aus Süddeutschland oder Fragen aus Norddeutschland zu beantworten habe, dann ist es mir schlechterdings nicht möglich, alle diese Dinge, die sich in den Landesgesetzen befinden, im einzelnen im Kopf zu haben. Ich muß jedesmal wieder die einzelnen Gesetze aufschlagen und feststellen, nach welchen Vorschriften sich das Rechtsverhältnis dieses betreffenden einzelnen Beamten bemißt.

Nun ist man zwar im Laufe der Zeit immer mehr darauf abgekommen, insbesondere auch die Besoldungsverhältnisse im Reich und in den Ländern einheitlich zu gestalten. In sehr vielen Fällen ist das aber nicht möglich, weil sehr viele Besoldungsordnungen der Länder unter der Regelung des Reichs liegen und viele Länder noch nicht in der Lage sind, die Bezüge ihrer Beamten aufzubessern, so daß wir zwar in Preußen nur noch die Reichs-Besoldungsordnung kennen, in einer ganzen Reihe von Ländern aber noch Landesbesoldungsordnungen gelten, weil sie sie nicht angleichen können. So entsteht ein großes Tohuwabohu, insbesondere auch deshalb, weil die Gruppeneinteilung im Reich und in den Ländern ganz verschieden ist. Während z.B. im Reich das Gehalt in demselben Maße fällt, in dem die Höhe der Besoldungsnummer steigt, ist es beispielsweise in Sachsen umgekehrt.

Ich erwähne hier die Besoldungsordnung, obwohl sie nur eine ganz untergeordnete Rolle spielt. Viel schwieriger ist die ganze Sache z.B. im Falle eines Disziplinarverfahrens, weil dieses nicht nach dem Reichsrecht, sondern nach dem Landesrecht oder dem in der betreffenden Provinz geltenden Rechte geregelt ist.

Ich komme dann auf die Reichsversicherungsanstalt zu sprechen. Hier liegen die Verhältnisse so, daß nur der Präsident, bzw. die früheren Direktoren und die Mitglieder des Direktoriums, sowie ferner noch die Beamten des höheren Dienstes, also die Oberregierungsräte und Regierungsräte, in einem regulären Beamtenverhältnis stehen. Sämtliche anderen Bediensteten, vom Amtmann bis zum Sekretär, stehen nach der Auffassung des Arbeitsministers nicht im Beamtenverhältnis. Der Finanzminister hat in letzter Zeit geglaubt, aus den Bestimmungen das Gegenteil herauslesen zu können. Augenblicklich sind sich die beiden Ressorts nicht darüber klar, ob die Angestellten wirklich Angestellte oder Beamte sind. Diese Tatsache zeigt schon, daß die Verhältnisse wirklich sehr kompliziert sind. Welche Bedeutung das hat, geht z.B. daraus hervor, daß bei der Durchführung des Berufsbeamtengesetzes auch in bezug auf den Abbau der Beamten der Reichsversicherungsanstalt im Jahre 1933 finanziell eine verschiedene Folge eintrat, z.B. bei der Frage, ob sie im Interesse des Dienstes zu entlassen seien, je nachdem, ob sie Beamte oder Angestellte waren. Sind sie nämlich Angestellte, dann hatte sie nur Anspruch auf eine Dreiviertelpension; sind sie aber Beamte, dann hatten sie Anspruch auf die volle Pension. Dieses eine Beispiel könnte ich beliebig durch andere ergänzen. Wenn ein neues Gesetz kommt, muß man fast in jedem einzelnen Punkte die Frage aufwerfen, welche Rechtsstellung diese Beamten haben. So ist z.B. in früheren Zeiten zwischen den einzelnen Ressorts ein erheblicher Kampf darüber entbrannt, ob die Personalabbau-Verordnung auch auf die Beamten bzw. Angestellten der Reichsversicherungsanstalt anzuwenden wäre. Es fehlt noch, daß wieder einmal ein entsprechendes Beamtengesetz kommt: Auch dann werden selbst die größten Kommentatoren vergeblich versuchen, auf Grund der bisherigen Vorschriften eine Lösung zu finden, die eindeutig, klar und übersichtlich ist.

Ich beschließe meine Ausführungen mit der Besprechung der Verhältnisse bei der *Reichsknappschaft*. Dort ist es so, daß nur der Präsident der Reichsknappschaft - eine Persönlichkeit, die es heute noch nicht gibt! - Reichsbeamter ist. Denn im Jahre 1933 hat der Arbeitsminister die Knappschaft dadurch in eigene Regie übernommen, daß er einen Reichskommissar eingesetzt hat. Dieser Kommissar leitet auch heute noch die Geschäfte der Reichsknappschaft. Er ist Reichsbeamter und Mitglied des Reichsversicherungsamtes. Aber der in Aussicht genommene Präsident ist Reichsbeamter im Gegensatz zu der früheren Regelung vor der Machtergreifung, nach der Leiter und Vorsitzender der Reichsknappschaft ein Generaldirektor war.

Im übrigen stehen sämtliche Bedienstete der Reichsknappschaft in einem Angestelltenverhältnis. Aber es wäre vermessen zu sagen, daß sich dieses Angestelltenverhältnis der Angestellten der Reichsknappschaft nun deckte mit dem Rechtsverhältnis der Dauerangestellten der Berufsgenossenschaft. Bei der Reichsknappschaft haben wir nach wie vor einen Tarifvertrag, der jetzt als Tarifordnung weiter gilt. Dutzende von Eingaben sind an das Reichsarbeitsministerium gerichtet worden, in denen darauf hingewiesen wird, daß die Verhältnisse bei der Reichsknappschaft bedeutend ungünstiger geregelt sind als in anderen Zweigen der Sozialversicherung, und daß es dringend notwendig sei, diesen als Tarifordnung weitergeltenden Tarifvertrag allmählich an das sonst geltende Dienstrecht der Beamten und Angestellten anzupassen. Bisher war das nicht möglich, weil mein Ministerium den Standpunkt vertritt, daß viele Dinge einmal im ganzen geregelt werden müßten. Es sei ein Unding, jeden Tarifvertrag und jeden Dienstvertrag an dem einen oder anderen Punkte auszubessern.

Es kommt hinzu, daß die ganze Stellung der Angestellten der Sozialversicherung durch die neue Zeit eine ganz andere geworden ist. Wir haben z.B. keinen Geschäftsführer einer Kasse mehr, der von den Wünschen des Vorstandes abhängig war, sondern wir haben einen Leiter. Dieser hat im wesentlichen ganz andere Befugnisse und eine ganz andere Verantwortung als der frühere Geschäftsführer. So können wir auf dem ganzen Gebiet des Dienstrechts beobachten, daß sich durch den Umbruch die Verhältnisse grundlegend geändert haben, aber die alten Bestimmungen nach außen immer noch weitergelten. Ich muß oftmals die reinsten Eiertänze aufführen, wenn ich gefragt werde, ob diese oder jene Bestimmung der Dienstordnung oder des Tarifvertrages noch gilt. Ich habe es auch als Referent bisher immer abgelehnt, in die einzelnen Dienstordnungen und Tarifverträge eine Bestimmung über die Stellung des Leiters aufzunehmen, weil das ein Flickwerk wäre. Es ist unter allen Umständen erforderlich, endlich einmal eine einheitliche Linie an das ganze Dienstrecht heranzutragen.

Es gab und gibt im allgemeinen auch heute noch sehr viele Fachkenner, die sagen, in aller Kürze oder in späterer Zeit werde ja doch einmal der ganze Aufbau der Sozialversicherung ein anderer werden, und da werde vermutlich auch die Reichsreform Rückwirkungen auf den ganzen Aufbau der Versicherungsträger auslösen, und daher solle man es zunächst beim Alten lassen.

Man hätte also notgedrungen sagen können: Also lassen wir es zunächst noch einmal beim Alten und winden uns durch und regeln das Recht, wenn Anfragen kommen, in einzelnen Erlassen nach Zweckmäßigkeitsgesichtspunkten. Das ist aber seit geraumer Zeit nicht mehr möglich. Denn man hat sich innerhalb der maßgebenden Ressorts - Finanzministerium und Innenministerium - auf den Standpunkt gestellt, es sei ein Ding der Unmöglichkeit, neben den Beamten und den freien Angestellten noch dieses Institut der dienstordnungsgemäßen Angestellten und der Dauerangestellten zu haben. Dauerangestellte werden ja nicht nur bei den Trägern der Sozialversicherung beschäftigt, sondern ebenso auch bei den Kommunen, bei den Finanzämtern usw. Daher ist man jetzt der Meinung, man müsse künftig eine klare Scheidung treffen: Auf der einen Seite die Beamten mit den Rechten und Pflichten der Beamten, auf der anderen Seite reine Angestellte, die keiner Dienstordnung unterstehen und die auch nicht den Schutz und die Rechte der Beamten genießen.

Es ist auch schon ein Entwurf einer Abänderung des Reichsangestelltentarifvertrages usw. aufgestellt worden. Man kam allmählich zu dem Ergebnis, daß es natürlich nicht angängig sei, diese alten Tarifverträge als Dienstordnungen weiterlaufen zu lassen, sondern es sei auch wesentlich, in diese Dienstverträge nun Vorschriften einzubauen, wie sie im Nationalsozialismus unter allen Umständen gefordert werden müssen. So hat der Treuhänder für den öffentlichen Dienst vor verhältnismäßig kurzer Zeit eine neue Tarifordnung für Angestellte im öffentlichen Dienst aufgestellt. Dieser Tarifordnung müssen selbstverständlich auch die Angestellten der Sozialversicherung unterworfen werden. Denn wenn man einmal eine eigene Tarifordnung für den öffentlichen Dienst hat, ist es ja unmöglich, nur für die Sozialversicherungsträger eine besondere Regelung einzuführen. Aber es ist m.E. ebenso unmöglich, sämtliche bisher im Angestelltenverhältnis stehende Angestellte künftig einfach dieser Tarifordnung zu unterstellen. Denn sie haben sich ja im Laufe der Zeit ihren Ruhegehaltsanspruch usw. erworben. Für sie müßte zum mindesten für diese verhältnismäßig lange Zeit eine Übergangsvorschrift getroffen werden. Aber darüber hinaus ist es m.E. unmöglich, in der Sozialversicherung überhaupt im wesentlichen mit Angestellten zu arbeiten. Ich schalte also zunächst bei meinen weiteren Ausführungen die Landesversicherungsanstalt aus und beschäftige mich mit den übrigen Zweigen der Sozialversicherung, und in diesem wird im wesentlichen mit Angestellten gearbeitet.

Ein solcher Rechtszustand ist in keiner anderen Verwaltung vorhanden. Überall hat man ein Beamtengerippe, um das sich eine mehr oder minder große Zahl von Angestellten gruppiert, so daß wir m.E. unbedingt zu dem Ergebnis kommen müssen, daß es auch in der Sozialversicherung nötig sein wird, neben freien Angestellten, die der neuen Tarifordnung unterworfen sind, einen Beamtentyp zu schaffen, und zwar einen Beamten des Versicherungsträgers mit den Rechten und Pflichten eines Reichsbeamten.

Diese Regelung wird übrigens schon seit einer Reihe von Jahren angestrebt; selbst am Ende der Systemzeit war dieses Bestreben schon vorhanden. Besonders wurde diese Neuregelung vom Reichsbunde der deutschen Beamten erstrebt.

Ich darf vom parteipolitischen Standpunkt aus eine kleine Ergänzung einschalten. Da die Angestellten der Versicherungsträger doch im großen und ganzen Angestellte und keine Beamten sind, müssen diese Angestellten von Rechts wegen von der Deutschen Arbeitsfront - früher NSBO - betreut werden. Aber schon früher hat sich die Partei auf den Standpunkt gestellt, daß diese Angestellten, die doch mehr oder minder den Beamten gleichzustellen sind, im Sinne der Organisationsvorschriften der Partei nicht als Angestellte, sondern als Beamte zu werten sind, so daß also auch heute noch sämtliche sogenannten Sozialversicherungsbeamten im Amt für Beamte der NSDAP organisiert sind und die übrigen Nichtparteigenossen deswegen im Reichsbunde der deutschen Beamten. Kämen wir hier zu dem Ergebnis, daß künftig solche Bedienstete der Versicherungsträger nur Angestellte sein können, unterstellt der Tarifordnung für den öffentlichen Dienst, dann müßten m.E. logischerweise diese sämtlichen Beamten von Herrn Neef entlassen und in die Deutsche Arbeitsfront überführt werden. Es steht mir nicht zu, mich darüber zu verbreiten, ob das eine oder das andere richtig und zweckmäßig wäre. Aber ich muß pflichtgemäß auf die Konsequenz hinweisen, um damit zum Ausdruck zu bringen, daß an dieser Neuregelung, die kommen muß, auch die Beamtenorganisation der NSDAP ein großes Interesse hat.

Ich muß nun mindestens in kurzen Zügen darauf eingehen, wie es überhaupt zu dieser Entwicklung gekommen ist. Ich will mich dabei zunächst auf die Krankenkassenbeamten und -angestellten beschränken.

Bei der Einführung der Sozialversicherung kannte man in dem alten Krankenversicherungsgesetz nur beruflich gegliederte Krankenkassen. Diese wurden ehrenamtlich oder von den Gemeinden selbst - die sogenannten Gemeindekrankenkassen - verwaltet. Schon damals schwebten Erwägungen darüber, ob es nicht zweckmäßig sei, gewisse Posten, wie z.B. die Kassen- und

Rechnungsführer, vor einem öfteren Wechsel zu schützen und gewisse Kautelen einzubauen. Die damaligen Belange der Krankenkassenangestellten wurden in einem Verbande gewahrt, der im Jahre 1894 entstanden ist, im Verbande der Verwaltungsbeamten der Ortskrankenkassen Deutschlands. Dieser Verband strebte danach, daß von Seiten des Gesetzgebers Wert darauf gelegt wird, daß das Dienstrecht dieser Angestellten in einem festem Dienstvertrag geregelt wird. Zu Beginn dieses Jahrhunderts wurde an die Regierung der Antrag gerichtet, möglichst bald einen Gesetzentwurf vorzulegen, in dem die Dienststellungsverhältnisse der Angestellten der Krankenkassen geregelt werden.

Ich will auf die weitere Entwicklung der Reichsversicherungsordnung nicht näher eingehen.

Im Jahre 1911 war in der Reichsversicherungsordnung der § 359 enthalten, der besagt, daß der Vorstand ... Beamte auf Lebenszeit oder nach Landesrecht unwiderruflich oder mit Anrecht auf Ruhegehalt anstellen kann. Hier hat man also zum ersten Mal den Wünschen der Bediensteten Rechnung getragen und die Möglichkeit geschaffen, daß solche Bedienstete im Beamtenverhältnis angestellt werden. In der Begründung zu diesem Paragraphen wird u.a. angeführt, bei der Anstellung auf Lebenszeit würden namentlich kleinere Kassen mit einer gewissen Vorsicht verfahren müssen. Für die ganz großen Kassen, deren Geschäftsführung einer besonderen Stetigkeit bedürfe, sei die Anstellung der geschäftsleitenden Personen dringend angezeigt. Mit anderen Worten: Man hat darauf Wert gelegt, daß die Stellen, deren Inhaber tatsächlich hoheitliche Funktionen innerhalb des Versicherungsträgers auszuüben hatten, mit Beamten mit den Rechten und Kautelen des Beamten besetzt werden.

Wie Sie schon aus der Fassung des § 359 ersehen, war nicht jedes Land verpflichtet, Beamte einzuführen; sondern jedes Land konnte unabhängig den Paragraphen so durchführen, daß es mehr oder minder viele Beamte anstellte. In Preußen hat man diesen Paragraphen ziemlich allgemein durchgeführt. In einem Erlaß aus dem Jahre 1914 hat man den Krankenkassenbeamten die Rechte und Pflichten gemeindlicher Beamter verliehen, während andere Länder keinen großen Wert darauf gelegt haben, Beamte anzustellen, oder Angestellte nur in geringem Umfange ins Beamtenverhältnis überführt haben. So blieben die Verhältnisse auch während der Kriegszeit. Der Bund deutscher Krankenkassenbeamten und -angestellten hat sich immer mehr für die Überführung in das Beamtenverhältnis eingesetzt, aber ohne Erfolg. Die Gründe, die die damalige Regierung veranlaßt haben, möglichst wenig auf die Wünsche des Bundes der Krankenkassenbeamten und -angestellten einzugehen, lagen allein auf politischem Gebiet. Es scheint mir sehr interessant zu sein, diese politischen Hintergründe hier aufzuzeigen, weil aus ihnen m.E. ohne weiteres hervorgeht, daß der nationalsozialistische Staat ein Interesse daran hat, das Gegenteil von dem zu tun, was die damalige Regierung für notwendig befunden hat.

Der Hauptverband Deutscher Krankenkassen, der bekanntlich eine Filiale der Sozialdemokratischen Partei war - wenn auch nicht offiziell, so doch in der Form -, hat keinen Wert darauf gelegt, diese Angestellten in das Beamtenverhältnis zu überführen; denn er legte Wert darauf, diese Krankenkassenangestellten in den sozialdemokratischen Gewerkschaften zu haben. Waren sie Beamte, dann war eine Betätigung innerhalb der Gewerkschaft unmöglich. Man hat ganz offen erklärt, daß es im Interesse der damaligen Regierung liege, die Bediensteten in den Gewerkschaften zu haben, so daß also der § 359 RVO, der die Möglichkeit vorsah, Beamte anzustellen, der damaligen Regierung gar nicht paßte. Es ist interessant, daß am 5. Februar 1919 die provisorische Reichsregierung unter Bauer den § 359 aufgehoben und damit eine Übertragung der Beamteneigenschaft völlig unmöglich gemacht hat. Man hat zwar diesen Beschluß der damaligen provisorischen Regierung nach einigen Monaten insofern wieder abgeändert, als man in einem Gesetz vom Juni 1919 denjenigen Kassenangestellten, die schon früher die Rechte und Pflichten eines Beamten hatten, den Eintritt in diese früheren Rechtsverhältnisse ermöglichte. Von diesem Recht haben dann die meisten damaligen Beamten Gebrauch gemacht. Aber für die Zukunft war es nicht mehr möglich, Angestellten der Krankenkassen die Rechte und Pflichten von Gemeindebeamten zu übertragen, so daß also in der Krankenversicherung nur noch einige solche alten Beamten vorhanden sind, künftig aber eine Anstellung im Beamtenverhältnis unmöglich ist, selbst wenn es sich um die größte Kasse Deutschlands, um die Ortskrankenkasse Berlin, handelte. Der Direktor der AOK, dessen Funktionen augenblicklich von einem Reichskommissar ausgeübt werden, könnte nicht Beamter sein, sondern wäre wie jeder Angestellte, der untergeordnete Dienste leistet, im Angestelltenverhältnis zu beschäftigen.

Ich glaube, mit diesen Ausführungen nachgewiesen zu haben, daß es unter allen Umständen notwendig ist, hier eine klare Linie zu schaffen und zu prüfen, welche Stellen von Beamten und welche Stellen von Angestellten wahrzunehmen sind. Ich möchte gleich betonen, daß ich mich unter keinen Umständen bereiterklären könnte, als Referent vorzuschlagen, nun etwa alle Angestellte, die bisher der Dienstordnung unterstellt waren, ins Beamtenverhältnis zu überführen. Nach einer Statistik, die ich hier vor mir habe, haben wir einschließlich der im Arbeitsverhältnis befindlichen Personen mit 60000 Bediensteten in der Sozialversicherung zu rechnen. Es ist selbstverständlich unmöglich, diese 60000 Angestellten zu Beamten zu machen. Aber wir müssen uns darüber klar sein, welche Posten innerhalb der Sozialversicherung mit Beamten und welche Posten mit Angestellten besetzt werden müssen.

Bis zum 30. Juni 1933 war diese Frage in keiner Weise geklärt. Denn es fehlten überhaupt Rechtsvorschriften darüber, welche Aufgaben durch Beamte und welche Aufgaben durch auf Dienstvertrag angestellte Personen zu erfüllen waren. Die Zahl der Beamtenstellen war also früher eine Frage der Haushaltsgestaltung. Jede Körperschaft konnte Beamte anstellen, soviel sie wollte, und sie konnte Angestellte anstellen, soviel sie für nötig hielt. So kommt es, daß im Reich und in den Ländern Dienstposten mit Beamten besetzt sind, die in der freien Wirtschaft zweifellos mit Angestellten besetzt werden. Man hatte beamtetes Kanzleipersonal, ja man hatte sogar beamtete Gärtner, beamtete Chauffeure, beamtete Heizer usw. Jedenfalls konnte man, wie man wollte, einen Dienstposten mit einem Beamten besetzen, oder man konnte ihn auch, wenn man es für notwendig hielt, von einem Angestellten versehen lassen. Das ist jetzt anders geworden.

Durch das *Beamtenrechtsänderungsgesetz vom 30. Juni 1933* hat man klargestellt, daß Reichsbeamte nur eingestellt werden dürfen, soweit dauernd erforderliche Amtsstellen zu besetzen sind, die die Wahrnehmung obrigkeitlicher Aufgaben in sich schließen oder aus Gründen der Staatssicherheit nicht von Angestellten oder Arbeitern versehen werden dürfen. Die Wahrnehmung obrigkeitlicher Aufgaben liegt insbesondere nicht vor bei Tätigkeiten, die sich ihrer Art nach von solchen des allgemeinen Wirtschaftslebens nicht unterscheiden, sowie bei solchen Tätigkeiten im Verwaltungsdienst, die sich bei mechanischen Hilfsarbeiten, einem Schreibdienst oder bei einfachen Büroarbeiten erschöpfen.

Das Gleiche gilt nach § 2 für die Länder, Gemeinden, Gemeindeverbände und die sonstigen Körperschaften, Anstalten, Stiftungen des öffentlichen Rechts. Man stellt hier also klar darauf ab, daß Beamte nur dann tätig sein dürfen, wenn es sich um die Wahrnehmung obrigkeitlicher Aufgaben in erster Linie handelt, oder wenn aus Gründen der Staatssicherheit der Posten nicht mit einem Angestellten besetzt werden darf.

Die zweite Variation kann wohl im wesentlichen bei der Sozialversicherung ausscheiden. Ich denke daran, daß im Auswärtigen Amt Personen, die vielleicht nur mit untergeordneten Tätigkeiten betraut sind, aber z.B. chiffrierte Telegramme von einem Zimmer ins andere zu tragen haben, möglichst Beamte sein sollen, weil man Wert darauf legt, daß dieser Posten von einem Manne betraut wird, der in diesem festen Treueverhältnis zum Reiche steht, und solche Posten nicht mit Angestellten besetzt werden, die womöglich nach zwei bis drei Monaten wieder ausscheiden und in die Lage kommen, wichtige Staatsgeheimnisse auszuplaudern.

Ebenso ist es in sehr vielen Betrieben, die der Wehrmacht unterstehen. Auch hier kann es im Interesse der Staatssicherheit liegen, selbst untergeordnete Posten mit Beamten zu besetzen. Auch die Reichspost und die Reichsbahn haben sich auf den Standpunkt gestellt, daß es die Staatssicherheit erfordere, Beamte zu verwenden.

Diese Ausnahmen brauchen wir in der Sozialversicherung nicht zu erörtern; denn es ist unmöglich, in der Sozialversicherung von Stellen zu sprechen, bei denen die Staatssicherheit eine Besetzung mit einem Beamten verlangt.

So schön dieser § 1 lautet, so schwierig ist es, ihn im Einzelfalle auszulegen. Die Worte „Wahrnehmung obrigkeitlicher Aufgaben" machten bisher erhebliches Kopfzerbrechen. Ich bin weit davon entfernt, mich jetzt in alle möglichen Definitionen zu verlieren und an Hand von allen möglichen Spitzfindigkeiten den Nachweis zu führen, daß es sich hier um hoheitliche Aufgaben handelt; sondern ich will nur im allgemeinen auf die Motive zu diesem Gesetz vom 30. Juni 1933 eingehen, aus denen man in großen Zügen ersehen kann, was der Gesetzgeber unter obrigkeitlichen Aufgaben versteht.

Zunächst müssen wir uns darüber klar sein, daß der § 1 nur dann angewendet werden kann, wenn nicht nur die Amtsstelle als solche hoheitliche Aufgaben wahrzunehmen hat - wenn das nämlich der Fall wäre, müßte jeder Aktenträger in einem Ministerium Beamter sein -, sondern auch der einzelne Dienstposten, in dem der betreffende Angestellte beschäftigt wird, die Wahrnehmung hoheitlicher, obrigkeitlicher Aufgaben in sich schließt. Das geht zweifellos aus der Begründung zu diesem Beamtenrechtsänderungsgesetz hervor. Es lag ein Gutachten von Popitz vor, dem sich der Gesetzgeber in vollem Umfang angeschlossen hat.

Es ist natürlich auch nicht erforderlich, daß die Tätigkeit, die der Betreffende ausübt, nun obrigkeitlicher Art ist. Denn in § 1 heißt es ausdrücklich: „die die Wahrnehmung obrigkeitlicher Aufgaben in sich schließt". Es genügt also, daß die Wahrnehmung obrigkeitlicher Aufgaben einen Bestandteil der Tätigkeit des Bediensteten bildet.

Der Begriff der obrigkeitlichen Verwaltung läßt sich leider nicht scharf umreißen. Wenn man die ganze staatliche Verwaltung überblickt, ist es verhältnismäßig leicht, eine Trennungslinie zwischen der eigentlichen öffentlichen Verwaltung und der sogenannten fiskalischen Verwaltung, also der mehr wirtschaftlichen Verwaltung, zu finden. Die staatliche Verwaltung umfaßt sämtliche Arbeitsgebiete, die ja das Wesen des Staates ausmachen, während die letztere Aufgabe ebensogut auch von privaten Personen ausgeführt werden kann. Hier handelt es sich um ein Vermögen des Staates, und dieses Vermögen wird im allgemeinen genauso verwaltet, wie jeder Privatmann sein Vermögen verwaltet. Wenn also eine Gemeinde ein Elektrizitätswerk betreibt, macht es gar keinen Unterschied, ob dieses Elektrizitätswerk in den Händen einer Gemeinde oder in den Händen einer Privatperson ist. Das ist die übliche fiskalische Verwaltung, die nichts mit der hoheitlichen Verwaltung zu tun hat.

Nun glaubt man aber auch noch, die öffentliche Verwaltung spalten zu müssen, und zwar will man die tatsächlich obrigkeitliche Verwaltung und die Verwaltung, die der Staat als Träger der Fürsorge ausübt, unterscheiden. Als obrigkeitliche Verwaltung bezeichnet man jenen Teil der Verwaltung, in dem der Staat wie auch der sonstige Träger öffentlicher Gewalt dem einzelnen gegenüber als übergeordneter Dienstträger erscheint, der seinen Willen gegebenenfalls auch mit Gewalt durchsetzen kann. Man bezeichnet also nur diejenigen Dienstposten als obrigkeitlich, mit denen eine Befehls- und Zwangsgewalt verbunden ist. Das typische Beispiel für eine solche obrigkeitliche Gewalt ist z.B. die obrigkeitliche Gewalt der Polizei; denn man muß doch annehmen, daß selbst der kleine Gendarm obrigkeitliche Gewalt ausübt. Das ist die Brachialgewalt des Staates, die bis in die tiefsten Verzweigungen erkennbar ist, während es doch eine ganze Reihe Verwaltungen gibt, bei denen die obrigkeitliche Gewalt nur von der Spitze, vom Ministerium, aber nicht von dem einzelnen Beamten ausgeübt wird, der diese Aufgaben des Staates an der Front zu erfüllen hat.

Man hat also zwischen dieser obrigkeitlichen Gewalt und den Arbeits- und Verwaltungsgebieten, in denen der Staat mehr fördernd als befehlend in Erscheinung tritt, unterschieden, und man behauptet, daß gerade da die Grenzlinien zwischen der obrigkeitlichen und der sonstigen öffentlichen Verwaltung schwer zu ziehen sind. Man zitiert alle derartigen Verwaltungen, z.B. die Ressorts für Arbeit, für Landwirtschaft, für Verkehr, für Unterricht, und man sagt, in diesen Ressorts trete der befehlende Wille des Staates nicht bis zum untersten Beamten in die Erscheinung, sondern dieser Beamte in den untergeordneten Instanzen sei im wesentlichen fördernd im Interesse der Allgemeinheit tätig. Man behauptet dann zwar die Beamtenfähigkeit sämtlicher Amtsstellen der Zentralbehörde, aber man glaubt, daß es doch unendlich viele Verwaltungen gibt, die an der Front keinesfalls obrigkeitliche Funktionen in sich schließen.

Nun muß ich ganz kurz auf die Ausführungen eines Herrn eingehen, der ja auch bei der Reform des Dienstrechtes ein maßgebliches Wort mitzureden haben wird, eines Herrn, der gleichzeitig Mitglied des Beamtenrechtsausschusses der Akademie für Deutsches Recht ist, auf die Ausführungen des Herrn Geheimrat Fischbach im Reichsfinanzministerium, der im Beamtenjahrbuch Heft 11 vom vorigen Jahr [1935, S. 659-667] alle diese Fragen im einzelnen erörtert hat. Ich will Sie nicht mit den theoretischen Ausführungen von Herrn Geheimrat Fischbach behelligen, der das, was ich eben ausgeführt habe, noch ausfeilt. Ich muß aber zu den *Ausführungen* von Herrn Geheimrat *Fischbach*, die sich mit der Sozialversicherung befassen, Stellung nehmen:

„Wenn auch die Beamtenfähigkeit der Amtsstelle der Zentralbehörden in allen Fällen bejaht werden kann, so dringt vielfach der obrigkeitliche Wille nicht bis zu den ausführenden Organen durch, nämlich wenn der Staat sich mit dem Erlassen der gesetzlichen und sonstigen Vorschriften begnügt und die Aufgaben an Einrichtungen der Selbstverwaltung delegiert. So liegt es bei manchen Gebieten der Sozialfürsorge, z.B. Sozialversicherung, soweit sie nicht ausdrücklich staatliche Fürsorge ist. Daß Einrichtungen dieser Art der Staatsaufsicht unterworfen sind, bedeutet noch nicht, wie das Preußische Oberverwaltungsgericht in einer Entscheidung vom Jahre 1891 ausgesprochen hat, ihre Einfügung in den staatlichen Organismus, selbst wenn es Körperschaften des öffentlichen Rechts sind. Die Tätigkeit dieser Einrichtung besteht in der Befriedigung eigener Bedürfnisse bzw. solcher ihrer Mitglieder im Rahmen der Volksgemeinschaft, bei der Sozialversicherung insbesondere in einer auf Gegenseitigkeit beruhenden öffentlichen Zwangsversicherung als in einer rein sozialen Funktion. Soweit diese Einrichtungen den Mitgliedern Bescheide erteilen und Beitragsrückstände gegebenenfalls im Wege des Zwangsverfahrens beitreiben, ist damit allein noch nicht eine obrigkeitliche Funktion verbunden, die eine Besetzung der Dienstposten mit Beamten notwendig macht."

In diesem Aufsatz also kommt Geheimrat Fischbach zu dem Ergebnis: Was die einzelnen Versicherungsträger tun, hat mit hoheitlicher Funktion gar nichts zu tun, obwohl er anerkennt, daß Zwangsbescheide erteilt werden können, daß die Beiträge mit Zwangsmitteln beigetrieben werden können. Aber trotzdem sagt er, das sei Ausfluß der fürsorglichen Tätigkeit des Staates.

Nun ist es interessant, daß Fischbach im *Augustheft* dieses Jahres allmählich zu dem Ergebnis kommt, daß man diese enge Auslegung nicht ganz wird aufrechterhalten können. Er führt dann im einzelnen aus, man müsse den Begriff obrigkeitlicher Befugnisse ausdehnen. Es sind auch wieder etliche Seiten, auf denen zu diesem Begriff im einzelnen Stellung genommen wird.

Ich habe diesen Aufsatz mit sehr großem Interesse gelesen und könnte ihm im theoretischen Teil nach jeder Richtung hin beipflichten. Nun werden im zweiten Teile des Aufsatzes eine ganze Reihe Gebiete nochmals behandelt. Siehe da: Es ist wieder ein kleiner Abschnitt über die Sozialversicherung da, und dort heißt es wörtlich: „Die Versicherung der Volksgenossen gegen Alter, Unfall und Krankheit ist eine bedeutungsvolle Aufgabe des modernen Staates. Infolgedessen werden die allermeisten Stellen der Angestellten und diejenigen Dienstposten, die wegen ihrer Gesamtbedeutung für die Anstalt lebenswichtig sind, z.B. die Haushalts- und Kassengebarung, mit Beamten zu besetzen sein." - Richtig! - „Im übrigen unterscheiden sich die Betätigungen der Bediensteten (Betreuung der einzelnen Volksgenossen) nicht wesentlich von solchen des einzelnen Wirtschaftslebens (hier: des Versicherungswesens). Erwähnt sei in diesem Zusammenhange insbesondere die öffentliche Krankenkasse, für deren Personal eine Dienstordnung maßgebend ist. Unter die Dienstordnung fallen ... Diesem Mischtypus zwischen Beamten und Angestellten steht das neue Recht nicht freundlich gegenüber. Gerade § 1 des Beamtenrechtsänderungsgesetzes drängt auf eine klare Scheidung zwischen Beamten und Angestellten. Eine künftige gesetzliche Regelung wird daher den Angestellten mit beamtenähnlichen Rechten und Pflichten voraussichtlich beseitigen und die Fragen der Sicherung der Existenz und der Altersversorgung anders regeln."

Aus diesem Aufsatz scheint mir also ebenfalls hervorzugehen, daß der maßgebliche Referent im Finanzministerium der Auffassung ist, es gebe vielleicht hier und dort noch einen Posten, den man mit einem Beamten besetzen könnte; aber im großen und ganzen bestehe kein Unterschied zwischen der reichsgesetzlichen Sozialversicherung und der Privatversicherung. Vielleicht bin ich zu pessimistisch und glaube, aus diesem Aufsatz zuviel herauslesen zu sollen. Aber ich habe bisher immer die Erfahrung gemacht, daß leider sehr viele Referenten in den anderen Ressorts sich mit der Bedeutung der Sozialversicherung noch nicht genügend beschäftigt haben. Ich habe das Empfinden, als ob in großen Kreisen der anderen maßgeblichen Ressorts die Auffassung vertreten wird, Unfallversicherung, Feuerversicherung, Diebstahlversicherung usw. sei genau dasselbe. Also müsse § 1 des Beamtenrechtsänderungsgesetzes angewandt werden, wonach diejenigen Posten nicht mit Beamten besetzt werden dürften, die es auch in der freien Wirtschaft gibt und die auch in der freien Wirtschaft selbstverständlich mit einfachen Angestellten besetzt werden. Gerade gegen das Wort „Versicherungswesen" muß ich mit aller Schärfe Stellung nehmen. Dieses Wort verkennt vollkommen die Aufgaben der Sozialversicherung. Ich möchte schon jetzt betonen, daß ich im letzten Teil meiner Ausführungen gerade diesen Begriff an Hand von Beispielen herausarbeiten will: hie Privatversicherung - hie reichsgesetzliche Sozialversicherung.

In der Literatur beschäftigt man sich aber über die von mir schon angedeuteten Spitzfindigkeiten hinaus noch mit einer Frage, die mir noch spitzfindiger zu sein scheint. Man behauptet nämlich, alle diese Erörterungen - obrigkeitliche Gewalt, fürsorgliche Tätigkeit - bezögen sich uneingeschränkt auf die Stellung des Staates, es sei aber eine andere Frage, ob eine Körperschaft des öffentlichen Rechts überhaupt in der Lage sei, selbst wenn sie obrigkeitliche Funktionen auszuüben habe, Beamte zu beschäftigen. Mir ist auch eines Tages in einer Ressortbesprechung entgegengehalten worden, ob denn die Krankenkasse überhaupt dienstherrenfähig sei. Ich habe im Augenblick gar nicht gewußt, wohin diese Frage zielte; aber schon nach ganz kurzen Erörterungen kam ich dazu, daß hier die große Frage angeschnitten werden sollte: Wie ist überhaupt die Rechtsstellung der juristischen Personen des öffentlichen Rechts? Sind sämtliche juristische Personen des öffentlichen Rechtes gleich zu behandeln, oder gibt es auch juristischen Personen des öffentlichen Rechtes erster und zweiter Ordnung? Denn unbestritten erkennt man die Fähigkeit, Dienstherr in einem öffentlich-rechtlichen Dienstverhältnis zu sein, nicht nur dem Reich und den Ländern, sondern auch Gemeinden, Kommunalverbänden und allen sogenannten Gebietskörperschaften und ferner auch den Kirchen zu.

In der Literatur findet man - jedenfalls seit 1933 - nichts darüber. Diese Begriffe sind im wesentlichen in den früheren Staatsrechtslehrbüchern enthalten, Bücher, die nach der letzten Verlautbarung des Herrn Reichsministers Dr. Frank nicht mehr geeignet sind, zitiert zu werden. Ich möchte aber zum Ausdruck bringen, daß man diesen Begriff der Dienstherrenfähigkeit z.B. auch aus den Vorschriften des Allgemeinen Landrechts herausgelesen hat.

(*Geheimrat Professor Dr. Kisch* besucht den Ausschuß.)

Vorsitzender: Ich habe die Ehre, den stellvertretenden Präsidenten der Akademie für Deutsches Recht, Herrn Geheimrat Kisch, heute als Gast zu begrüßen. Ich danke für Ihr Erscheinen in unserer heutigen Sitzung. Wir sind augenblicklich bei der Behandlung des Dienstrechts der Beamten und Angestellten in der Sozialversicherung. Auf unserer Tagesordnung steht das Referat des Pg. Kilian.

Geheimrat Professor Dr. Kisch: Der Herr Präsident der Akademie für Deutsches Recht, Herr Reichsminister Dr. Frank, wäre sehr gern zu Ihrer Sitzung erschienen. Er muß aber zu seinem Bedauern jetzt den Herrn italienischen Justizminister vom Bahnhof abholen und hat mich beauftragt, Ihnen seine Grüße und seinen Dank zu überbringen.

Sie, Herr Vorsitzender, haben ja Ihren Ausschuß bisher in einer Weise geleitet und gefördert, daß die Akademie besonderen Grund hat, Ihnen dankbar zu sein. Ich denke nur an die ausgezeichneten Gutachten, die in der letzten Zeit aus diesem Ausschuß an den Präsidenten gelangt sind über die Anwartschaft, die Vereinfachung des Verfahrensrechtes. Sie dürfen überzeugt sein, daß der Herr Reichsminister den Wert und die Bedeutung Ihrer Arbeit voll würdigt. Er läßt Sie durch mich herzlichst bitten, die großen Ziele unsere Körperschaft weiter in dem gleichen Geiste zu fördern, wie es bisher geschehen ist.

Oberregierungsrat Dr. Kilian: Es ist nun sehr interessant, sich einmal das preußische Recht näher anzusehen. Nach dem Allgemeinen Landrecht stehen die Staatsbeamten entweder in unmittelbaren Diensten des Staates oder „gewisser Verhältnisse, untergeordneter Kollegien, Korporationen und Gemeinden". Da nun dieses Gesetz das nicht ganz klare Wort „gewisse" hineinbringt, ohne es näher zu erläutern, hat man sich in Preußen auf den Standpunkt gestellt, daß fast alle öffentlich-rechtlichen Korporationen in der Lage seien, Beamte anzustellen; mit anderen Worten: Fast sämtliche öffentlich-rechtliche Korporationen sind dienstherrenfähig, aber unter der Voraussetzung, daß die Landesverwaltung bei der Errichtung oder näheren Ausgestaltung mitzuwirken hat, wenn auch die Rechtsverhältnisse dieser öffentlich-rechtlichen Korporationen vom Reichsrecht geregelt sind. So hat man nach früherem Recht in Preußen die Landwirtschaftskammern, die Handelskammern, die Handwerkskammern und auch - was uns hier in diesem Ausschuß besonders interessiert - die Ortskrankenkassen für fähig erklärt, Beamte anzustellen. Man hat aber nach einer Entscheidung des Preußischen Oberverwaltungsgerichts z.B. der Reichsversicherungsanstalt für Angestellte die Dienstherrenfähigkeit versagt, weil die Reichsversicherungsanstalt für Angestellte eine Körperschaft des öffentlichen Rechts ist, die erstens von Reichs wegen eingerichtet und geregelt ist und auf die zweitens der preußische Staat durch seine Aufsicht keinen Einfluß hat, während die Aufsicht über die Ortskrankenkassen, die auch im Reichsrecht geregelt sind, nicht bei einer Reichsinstanz, sondern bei einer Landesinstanz liegt.

Man hat auch in der früheren Literatur als reichsrechtliches Beispiel für öffentlich-rechtliche Körperschaften, die keine Beamte anstellen können, die Berufsgenossenschaften zitiert. Noch in verhältnismäßig neuer Zeit hat das Reichsgericht entschieden, daß die Regelung der Rechtsverhältnisse der Genossenschaftsangestellten durch Tarifvertrag möglich sei, da ja diese Angestellten nicht in irgendeinem Beamtenverhältnis stünden. Diese Reichsgerichtsentscheidung ist im 114. Bande zitiert. Auch da hat das Reichsgericht wieder betont, daß sich die Dienstherrenfähigkeit nur bei den Gebietskörperschaften und der Kirche von selbst verstehe. Es müßten besondere gesetzliche Grundlagen vorhanden sein, wenn auch die Bediensteten anderer öffentlich-rechtlicher juristischer Personen Beamte sein können. Diese Fähigkeit zur Anstellung öffentlicher Beamter muß durch das betreffende Organisationsrecht speziell verliehen werden.

Ich glaube, die Frage ist sehr müßig, ob es notwendig ist, die Dienstherrenfähigkeit überhaupt zu bejahen, die Frage, ob die Landesbehörde diese Einflußmöglichkeiten hat, oder ob sie nur dem Reiche zustehen. Die bisher gefällten Entscheidungen mögen bis 1933 zutreffend gewesen sein.

Heute kann man selbstverständlich mit solchen Dingen nicht mehr operieren; man kann nicht sagen, die Krankenkassen in Preußen seien dienstherrenfähig, weil ihre Dienstherrenfähigkeit nach dem weisen Allgemeinen Landrecht bejaht werden konnte, aber die Reichsversicherungsanstalt für Angestellte, die ebenso aufgebaut ist wie die Krankenkassen, nur mit dem Unterschiede, daß wir Tausende von Krankenkassen haben, während in Deutschland nur eine Reichsversicherungsanstalt besteht, die also eine mächtige Behörde darstellt, sei nicht dienstherrenfähig; man kann das Recht, das man den Krankenkassen zuerkennt, der Reichsversicherungsanstalt nicht versagen.

Meine Aufgabe war nur die, im einzelnen nachzuweisen, daß man sogar schon im alten Recht Sozialversicherungsträgern die Dienstherrenfähigkeit zugesprochen hat und daß keinerlei Hinderungsgründe bestehen, gegebenenfalls in einem Gesetz klipp und klar zum Ausdruck zu bringen, daß auch die anderen Träger der reichsgesetzlichen Sozialversicherung, die sich im Aufbau von den Ortskrankenkassen in keiner Weise unterscheiden, in der Lage sind, Beamte anzustellen.

Ich will nun in ganz kurzen Zügen auf die Befugnisse der einzelnen Beamtenkategorien und der einzelnen Angestelltenkategorien in der Sozialversicherung eingehen, um Ihnen an Hand dieser speziellen Beispiele den Nachweis zu führen, daß es sich bei der reichsgesetzlichen Sozialversicherung tatsächlich um hoheitliche Aufgaben handelt, und daß es nicht angängig ist, die Sozialversicherung überhaupt nur nach der einen oder anderen Richtung mit der Privatversicherung zu vergleichen.

Der *Redner* erörtert sodann die Befugnisse des Leiters einer Ortskrankenkasse und fährt fort: Nach der Meinung maßgeblicher Kommentatoren ist nach dem geltenden Recht nicht nur der Beamter, der nach außen hin mit seinem Namen dem Volksgenossen gegenübertritt, sondern auch derjenige wird als Beamter anerkannt, der hoheitliche Akte nur vorbereitet. Wenn man sich nicht auf diesen Standpunkt stellen wollte, dürfte man auch im Reichsfinanzministerium nur diejenigen Stellen mit Beamten besetzen, die auch nach außen hin das volle Zeichnungsrecht haben, also die Stellen des Staatssekretärs, der Direktoren und der Dirigenten. Aber schon bei den Ministerialräten könnte man zweifelhaft sein, ob sie überhaupt Beamte sein könnten, da sie nur eine beschränkte Zeichnungsbefugnis haben; und die Regierungsräte, die nach außen hin überhaupt nicht in die Erscheinung treten dürfen, müßten sich unter allen Umständen im Angestelltenverhältnis befinden.

Man hat also anerkannt, daß es genügt, wenn ein Dienstposten von einem Bediensteten ausgefüllt wird, dessen Aufgabe nur darin besteht, die Hoheitsakte vorzubereiten, die der Leiter der Krankenkasse nach außen hin zeichnet.

Ich will Sie nun nicht mit der einzelnen Aufzählung der Aufgaben des Verwaltungspersonals behelligen; aber Sie werden auch so ohne weiteres zugeben müssen, daß es neben dem Leiter der Krankenkasse bei jeder Kasse, besonders bei den großen Kassen, noch eine ganze Reihe von Persönlichkeiten gibt, die zweifellos hoheitliche, obrigkeitliche Gewaltsbefugnisse den Versicherten gegenüber auszuüben haben, so daß es also bei einer großen Kasse m.E. nach geltendem Recht unter allen Umständen möglich ist, nicht nur die Dienststelle des Leiters mit einem Beamten zu besetzen, sondern darüber hinaus noch eine ganze Reihe von Persönlichkeiten in das Beamtenverhältnis zu überführen. Offenbar ist Herr Geheimrat Fischbach in seinem zweiten Aufsatz anderer Meinung; denn er will offenbar die Befugnis, Beamte anzustellen, nur auf den Leiter der betreffenden Versicherungsträger beschränken. Vielleicht glaubt er auch, gewissen Rechnungs- und Kassenführern Beamtenbefugnisse übertragen zu müssen. Daß das aber nicht ausreicht, glaube ich, Ihnen dadurch nachgewiesen zu haben, daß ja nach allgemeiner Auffassung nicht nur derjenige Beamter sein kann, der nach außen hin in die Erscheinung tritt, sondern auch derjenige, der einen Hoheitsakt vorbereitet, und das ist bei den Krankenkassen sehr weitgehend der Fall. Vielleicht kann, wenn es sich als notwendig herausstellen sollte, Herr Ministerialrat Hoffmeister, der die größte Kasse führt, einmal im einzelnen darlegen, wie viele von seinen unmittelbaren Mitarbeitern nötig sind, um überhaupt die Geschäfte der Kasse in Gang zu halten.

Wegen der vorgerückten Zeit glaube ich, die anderen Versicherungsträger nicht im einzelnen durchgehen zu brauchen, um Ihnen nachzuweisen, welche Befugnisse auch da der Leiter sowohl wie der Verwaltungsamtmann, der Oberinspektor usw. zu erfüllen hat, da die Rechtsverhältnisse im großen und ganzen bei der Reichsversicherungsanstalt und bei der Reichsknappschaft auch nicht anders liegen als bei der Krankenversicherung - mit dem einen Unterschied, daß das Hauptgebiet der anderen Versicherungsträger die Festsetzung und Auszahlung von Renten ist, während sich die Hauptaufgabe der Krankenversicherung im wesentlichen darin erschöpft, daß ein augenblicklicher Krankheitszustand entschädigt wird, und daß die Beträge, die dem einzelnen Versicherten zugewandt werden, im Verhältnis zu den Renten, die jahrelang laufen, nicht so sehr ins Gewicht fallen - abgesehen von dem, was sämtliche Versicherungsträger auf dem Gebiet der vorbeugenden Fürsorge bisher in mustergültiger Weise geleistet haben - in dieser Hinsicht wären sie also in gleicher Weise zu behandeln -, und ganz abgesehen davon, ob ein Versicherungsträger ein sehr großes Gebilde ist oder nur verhältnismäßig wenig Versicherte betreut.

Ich möchte mich nur noch einmal schärfstens gegen den Gedanken verwahren, daß die Träger der Reichsversicherung für die hier in Betracht kommenden Aufgaben anders behandelt werden als etwa die Kommunen, die Reichspost und die Reichsbahn. Ich muß mich gegen den Gedanken verwahren, daß die Träger der Sozialversicherung ungefähr dasselbe durchzuführen hätten wie die Privatversicherung.

Es ist zwar richtig, daß auch in der Reichsversicherung der Versicherungsgedanke von sehr großer Bedeutung ist. Gründe der Erziehung, der Gleichheit und der Wirtschaftlichkeit sprechen dafür, Leistungen und Gegenleistung, Beitragszahlung und Übernahme des Wagnisses weitgehend in ein Gleichgewichtsverhältnis zu bringen, soweit dieses überhaupt im Rahmen der Sozialversicherung möglich ist. Aber das darf die wesentlichen Unterschiede zwischen der Privatversicherung und der Reichsversicherung und die ganz unterschiedliche Rolle, die der Versicherungsgedanke bei beiden spielt, nicht vergessen lassen. Die Privatversicherung geht bekanntlich von dem einzelnen Versicherungsnehmer und seinen Belangen aus. Daß das Wagnis auch bei jeder Privatversicherung natürlich auf einen großen Mitgliederkreis verteilt werden muß, ist selbstverständlich; denn nur dadurch ist eine Versicherung denkbar, daß der eine bedeutend mehr Beiträge leistet, als er Leistungen bezieht. Denn wenn jeder die Leistungen beanspruchen wollte, die er eingezahlt hat, dann wäre der Aufbau einer Versicherung selbstverständlich unmöglich.

Es ist aber wichtig, daß bei der Privatversicherung das wirtschaftliche Interesse des Versicherungsunternehmens eine ganz erhebliche Rolle spielt. Wenn eine große Versicherungsgesellschaft nicht mehr in der Lage wäre, Leistungen zu bewirken, so hat das zwar auch eine gewisse Rückwirkung auf das Wohl der Volksgenossen, die an dieser Versicherung beteiligt sind. Aber der Staat als solcher braucht sich um diese Privatversicherung nicht sonderlich zu kümmern - abgesehen von der Aufsicht, die er auch über die Privatversicherungen führt. Denn das ganze Verhältnis beruht in der Privatversicherung vollkommen auf Vertrag, auf Freiwilligkeit und auf Kündbarkeit. Von Kündigungsfristen abgesehen, kann der Versicherte im allgemeinen jederzeit wieder aus der Versicherung austreten.

Das ist nun aber gerade bei der Reichsversicherung in keiner Weise der Fall. Die Reichsversicherung bietet in jeder Beziehung das entgegengesetzte Bild. Schon aus der Kaiserlichen Botschaft vom 17. November 1889 geht deutlich hervor und ist auch im Laufe der Jahre immer mehr herausgearbeitet worden, daß es sich bei der Versicherung nicht um das Wohl des einzelnen Versicherungsnehmers handelt, sondern daß das Wohl der Volksgemeinschaft maßgeblich ist. Deswegen hat man auch schon nach dem Gesetz dem Versicherten nicht auf Vertrag beruhende Rechte verliehen, die vielleicht abweichend von der üblichen Regelung gestaltet werden könnten, wie es bei der Privatversicherung möglich ist; sondern entscheidend ist in der Reichsversicherung die Tatsache, daß grundsätzlich alles auf Zwang und auf gesetzlicher Regelung aufgebaut ist und daß freiwillige Entscheidungen und insbesondere freiwillige Verträge, die abweichend von den gesetzlichen Vorschriften das Rechtsverhältnis regeln könnten, nicht möglich sind. Selbst bei den sogenannten freiwilligen Leistungen ist dem Versicherungsträger nur eine gewisse Möglichkeit in einem sehr engen Rahmen gegeben. Jedenfalls beruht dem großen Grundgedanken nach die gesamte Leistung auf den eingehenden gesetzlichen Vorschriften.

Die Sozialversicherung befaßt sich im wesentlichen mit drei Dingen: Gewährung der gesetzlichen Leistung, Aufbringung der Mittel und - was nicht verkennen ist - die Tätigkeit, die darauf abzielt, Schäden zu verhüten.

Sehr oft ist der Gedanke aufgetaucht, die Aufgabe der Sozialversicherung bestehe nur darin, Renten zu gewähren, und es sei doch drastisch, sein Augenmerk auch einmal auf die Verhütung von Schäden überhaupt zu richten. Auch in jüngster Zeit gibt es nicht zu unterschätzende Persönlichkeiten, denen diese Tätigkeit der Sozialversicherung, die ja im Laufe der Jahre immer mehr ausgebaut worden ist, noch nicht so aufgegangen ist, wie es notwendig wäre.

Auf all diesen Gebieten arbeitet die Reichsversicherung nicht wie ein Privatunternehmer mit Verträgen, und bei Streitigkeiten arbeitet sie nicht mit Zivilprozessen, sondern mit obrigkeitlicher Gesetzgebung, Rechtsprechung und öffentlich-rechtlicher Vollstreckung. Besonders bei der Gewährung von Leistungen handelt es sich nicht um eine Privatangelegenheit des einzelnen Versicherten, sondern gerade um einen Akt hoheitlicher Fürsorge, der sich m.E. im Wesen von der Betätigung des Staates z.B. auf dem Gebiete der reinen Versorgung nicht unterscheidet. Im Grunde genommen ist zwischen Reichsversicherung und Reichsversorgung, soweit es sich um die Gewährung von Leistungen handelt, nicht der geringste Unterschied zu machen.

Eine besondere Bedeutung ist in diesem Zusammenhange der Tatsache beizumessen, daß ja auch die Leistungen im großen und ganzen nicht auf die Höhe der Beiträge abgestellt sind in dem Sinne, daß jemand, der freiwillig viel mehr einzahlen will, als notwendig ist, nun eine Leistung erhält, die verhältnismäßig höher ist als die Leistung, die die übrigen Volksgenossen erhalten. Daß es z.B. bei der Rentenversicherung selbstverständlich ist, daß ein höherer Beitrag einer höheren Leistung entspricht, ist ja nur darauf zurückzuführen, daß sich die Renten auch in ihren Steigerungsbeträgen nach den eingezahlten Beiträgen richten. Aber bei der Reichsversicherung ist es nicht so wie in der Privatversicherung, daß man sich in einem Vertrage die Möglichkeit ausbedingen könnte, durch einen zusätzlichen Beitrag eine zusätzliche Leistung zu erhalten. Die Höhe dieser Leistung ist im Gesetz genau geregelt. Und wenn in dem einen oder anderen Punkt in der Satzung die Möglichkeit gegeben ist, von der normalen Regelung abzuweichen, so ist gerade diese Befugnis für die Frage von ausschlaggebender Bedeutung, ob es sich hier um Hoheitsverwaltungen handelt. Denn wenn der Versicherungsträger ein autonomes Gesetzgebungsrecht hat - und das hat er für die Aufstellung der Satzung -, dann kann man m.E. nicht sagen, daß sich dieser Sozialversicherungsträger wesentlich von einer Gebietskörperschaft unterscheidet, die ebenfalls solche Befugnisse hat.

Es ist doch immerhin von großer Bedeutung, wie hoch das ganze Vermögen und die gesamten Einnahmen sind, mit denen heute die Versicherung zu rechnen hat. Wenn wir sehen, daß sich die Einnahmen in den letzten Jahren zwischen 3,3 und 3,7 Milliarden jährlich bewegen, so müssen wir doch zugeben, daß es ein Ding der Unmöglichkeit ist, den Sozialversicherungsträger ganz anders zu behandeln als die ebenfalls eine öffentlich-rechtliche Korporation darstellende Gebietskörperschaft. Die Aufbringung der Mittel wird in lediglich obrigkeitlicher Form geregelt. Die Beitragspflicht der Beteiligten liegt eindeutig fest. Durch Bescheide, die staatsrechtlich dem Urteil staatlicher Gerichte gleichstehen und der Rechtskraft fähig sind, entscheidet der Versicherungsträger über die Rechte und Pflichten seiner Gefolgschaftsmitglieder und über die Höhe der

Beiträge. Zur Vollstreckung kann sich der Versicherungsträger der öffentlichen Verwaltungsbehörden bedienen, wie auch sie umgekehrt den Verwaltungsbehörden zur Rechtshilfe verpflichtet sind. Er kann aber auch selber Vollstreckungs- und Vollziehungsbeamte bestellen und in Ausübung öffentlicher Gewalt die nötigen Mittel selbst eintreiben. Ich kann zwischen dem Gendarm, den sonstigen Vollziehungsbeamten des Finanzamtes und dem Vollziehungsbeamten einer Krankenkasse keinen Unterschied sehen. Beide sind in der vordersten Front tätig und dokumentieren doch ganz eindeutig die staatliche Willensgewalt.

In diesem Zusammenhange darf ich auch noch das große Gebiet des Kontrollrechts erwähnen. Wer gibt dem Versicherungsträger das Recht, Kontrollbeamte in die einzelnen Betriebe zu entsenden, die die Bücher einsehen und die gesamten wirtschaftlichen Verhältnisse überprüfen können? Wer gibt zum Beispiel dem technischen Aufsichtsbeamten der Berufsgenossenschaft das Recht, darauf zu sehen, daß die Unfallverhütungsvorschriften durchgeführt werden? Wer gibt den technischen Aufsichtsbeamten der Berufsgenossenschaften das Recht, den Betriebsführer, bei dem ein Verstoß gegen Unfallverhütungsvorschriften festgestellt wird, anzuzeigen? Wer gibt den technischen Aufsichtsbeamten der Berufsgenossenschaft das Recht, diesen Betriebsführer in Strafe zu nehmen? Wenn sich der Sozialversicherungsträger grundsätzlich in nichts von dem Träger der Privatversicherung unterschiede, wenn diese Befugnisse des reichsgesetzlichen Sozialversicherungsträgers nicht hoheitliche Funktionen in sich schlössen, dann könnte man mit demselben Recht die Dienstherrenfähigkeit und die obrigkeitlichen Befugnisse fast aller Gebietskörperschaften, ja des Staates selbst bestreiten.

Ich will das in diesem Zusammenhange nur ganz kurz erörtern. Ich will auf die große Bedeutung der Sozialversicherung auf dem Gebiete der Bekämpfung von Volkskrankheiten, der gesundheitsfördernden Maßnahmen, der Gesundheitspolitik hinweisen. Wenn der Versicherungsträger diese Aufgaben in vorderster Front ausführt, dann scheint es mir doch selbstverständlich zu sein, daß alle diese maßgeblichen Funktionen unmittelbar von der staatlichen Willensgewalt, der Befehlsgewalt des Staates abgeleitet sind, und daß alle diese Funktionen überhaupt nur deshalb durchgeführt werden können, weil die Sozialversicherungsträger nach dem Gesetz in der Lage sind, genauso wie der Schutzmann mit Brachialgewalt den Willen des Staates den Versicherten gegenüber in vorderster Front zum Ausdruck zu bringen.

Alle diese Befugnisse stehen der Privatversicherung in keiner Weise zu. Selbstverständlich ist auch der Versicherungsnehmer hier verpflichtet, die Beiträge zu leisten, und wenn er es nicht tut, kann ihn die Versicherungsgesellschaft bei den ordentlichen Gerichten verklagen, und der Betrag kann zwangsweise eingezogen werden - aber nur in demselben Verfahren, mit dem auch ein anderer Volksgenosse seinen Volksgenossen vor Gericht laden kann. Aber die Befugnisse, die ich geschildert habe, springen doch so stark in die Augen, daß man gar nicht daran zweifeln kann, daß sich zwischen der Sozialversicherung und der Privatversicherung ein himmelweiter Unterschied auftut und es ganz abwegig ist, wie Fischbach zu schreiben, daß es sich in der Sozialversicherung um einen Ausfluß der fürsorgerischen Tätigkeit des Staates handele, die sich von dem übrigen Versicherungswesen in nichts unterscheide.

Kommt man aber zu diesem Ergebnis, daß die Versicherungsträger hoheitliche Funktionen auszuüben haben, dann ist es nur noch eine Frage von untergeordneter Bedeutung, wieviel Angestellte bei einem Versicherungsträger mit solchen obrigkeitlichen Funktionen betraut sind und wieviel Bedienstete Dinge verrichten, die jeder Privatunternehmer ebenfalls zu verrichten hat. Zu allen diesen untergeordneten Fragen brauchte die Akademie keine Stellung nehmen. Es wird die Aufgabe des Ressorts sein, sich im einzelnen darüber klarzuwerden, ob in einer Krankenkasse mit einer bestimmten Anzahl von Versicherten zwei Beamte notwendig sind, ob einer genügt, oder ob drei erforderlich sind, oder ob gar noch mehr Dienstposten mit Beamten zu besetzen sind. Grundsätzlich scheint mir jedenfalls die Frage zu bejahen zu sein, daß es unter allen Umständen erforderlich ist, diese Dienstposten, die hohe hoheitliche Aufgaben in sich schließen, entsprechend der Vorschrift des § 1 des Beamtenrechtsgesetzes tatsächlich mit Beamten zu besetzen.

Haben wir für die gesamte Sozialversicherung ein einheitliches Beamtenrecht, dann ist es verhältnismäßig einfach, auch für die übrigbleibenden Bediensteten die Rechtsform zu finden. Alle diese Bediensteten sind selbstverständlich wie jeder Angestellte im Staats-, Reichs- und Kommunaldienst der zuständigen Tarifordnung für den öffentlichen Dienst zu unterstellen. Sie sind dann freie Angestellte, denen man selbstverständlich auch gewisse Vorteile einräumen, im Falle von Krankheit, Alter oder Tod usw. gewisse Bezüge garantieren muß. Aber diese Angestellten sind dann auch in der Sozialversicherung in keiner Weise anders zu behandeln als die Angestellten im Reich und in den Ländern. Eine Dienstordnung ist dann vollständig überflüssig. Wir würden dann zukünftig nur noch zwei Kategorien von Bediensteten haben, die auch sonst überall in der staatlichen Verwaltung, in der Finanzverwaltung usw. vorhanden sind, nämlich erstens die Beamten mit den vollen Rechten und Pflichten eines Beamten - sagen wir: eines Reichsbeamten - und zweitens Angestellte, die dem Angestelltentarif unterstehen, die eingestellt werden müssen und gekündigt werden können, die Ansprüche auf Urlaub usw. haben wie jeder andere Angestellte.

Ich möchte deshalb vorschlagen, daß die Akademie in einem Gutachten dahin Stellung nimmt und *folgenden Leitsatz* vorschlägt: „Die Bediensteten der Versicherungsträger sind Beamte dieser Versicherungsträger mit Rechten und Pflichten von Reichsbeamten, soweit die Voraussetzungen für die Schaffung von Beamtenstellen nach Kapitel 1 des Beamtenrechtsänderungsgesetzes gegeben sind."

Vorsitzender: Ich danke Ihnen, Pg. Dr. Kilian, für Ihr hervorragendes Referat. Wenn sich auch alle Herren des Ausschusses darüber klar waren, daß im Dienstrechte der Beamten und Angestellten der Sozialversicherung ein sehr großes Durcheinander herrschte, so haben wir aus Ihrem Referat entnommen, daß es geradezu ein Tohuwabohu ist. Es war die höchste Zeit, daß sich der Ausschuß mit diesem Thema befaßte, um dem zuständigen Ministerium Werkzeug und Material an die Hand zu geben, dieses Dienstrecht der Beamten und Angestellten in der Sozialversicherung einheitlich zu regeln.

Ich möchte nun Herrn Professor Richter bitten, zu seinem Referat über die Wahrnehmung obrigkeitlicher Aufgaben im Sinne des Beamtenrechtsänderungsgesetzes das Wort zu nehmen.

Professor Dr. Lutz Richter: Es wird sich nicht ganz vermeiden lassen, daß ich einige Dinge berühre, über die Herr Kilian schon gesprochen hat. Aber es liegt in dem mir gewordenen Auftrag, daß ich diese Dinge wiederholen muß, um einen gewissen Zusammenhang einzuhalten.

Was die Voraussetzungen angeht, so sehe ich in der Tat für die gesetzgeberische Arbeit nur folgende zwei.

In Artikel 9 des Aufbaugesetzes vom 5. Juli 1934 heißt es: „Der Reichsarbeitsminister regelt im Einvernehmen mit dem Reichsminister des Innern und dem Reichsminister der Finanzen die Rechtsverhältnisse der Bediensteten der Versicherungsträger." Sie wissen, daß dieser etwas seltsam anmutende Ausdruck „Bedienstete" hineingekommen ist, weil man bei der Erteilung dieser Ermächtigung der sachlichen Regelung in keiner Weise vorgreifen wollte.

Die zweite Voraussetzung ist im Gesetz zur Änderung von Vorschriften auf dem Gebiete des Allgemeinen Beamten-, des Besoldungs- und des Versorgungsrechts vom 30. Juni 1933 gegeben. Da sind es zwei Paragraphen, die in Betracht kommen. Diese Paragraphen sind so wichtig, daß ich um die Erlaubnis bitten muß, den Wortlaut zu verlesen.

§ 1 lautet: „Reichsbeamte dürfen nur eingestellt werden, soweit dauernd erforderliche Amtsstellen zu besetzen sind, die die Wahrnehmung obrigkeitlicher Aufgaben in sich schließen oder die aus Gründen der Staatssicherheit nicht von Angestellten oder Arbeitern versehen werden dürfen. Die Wahrnehmung obrigkeitlicher Aufgaben liegt insbesondere nicht vor bei Tätigkeiten,

die sich ihrer Art nach von solchen des allgemeinen Wirtschaftslebens nicht unterscheiden, sowie bei solchen Tätigkeiten im Verwaltungsdienste, die sich in mechanischen Hilfsleistungen, im Schreibdienst und in einfachen Büroarbeiten erschöpfen."

Und *Abs. 2* lautet: „Ausnahmen von der Voraussetzung des dauernden Bedürfnisses für eine Amtsstelle sind nur zulässig, wenn die Besetzung mit einem Beamten erforderlich ist. Das Gleiche gilt für Beamte im Vorbereitungsdienst, für Beamte, die auf Probe angestellt sind, und für Beamte, die nach der letzten, die Voraussetzung für die planmäßige Anstellung bildende Staatsprüfung im öffentlichen Dienst beschäftigt werden."

Ich mache in Anknüpfung an die Debatte über die Dienstherrenfähigkeit darauf aufmerksam, daß *Abs. 1 des § 2*: „Die Vorschriften des § 1 gelten entsprechend für die Länder, Gemeinden, Gemeindeverbände und die sonstigen Körperschaften, Anstalten und Stiftungen des öffentlichen Rechts." von all den Gebilden spricht, die man bisher als Personen des öffentlichen Rechts zusammengefaßt hat, die irgendwie in ihrer Titulatur die Bezeichnung als sonstige Körperschaft des öffentlichen Rechts führen.

Mit diesen beiden Rechtsquellengruppen sind die staatsrechtlichen Voraussetzungen für unsere Frage erschöpft. Es gibt keine Vorschrift des Staatsrechts, wonach etwa innerhalb der Körperschaften des öffentlichen Rechts zwischen dienstherrenfähigen und nichtdienstherrenfähigen zu unterscheiden sei. Ich will jetzt nicht darauf eingehen, die These meines Lehrers Otto Mayer, der die Dienstherrenfähigkeit auf die sogenannten Gebietskörperschaften beschränkt, noch etwas näher zu beleuchten. Ich mache sie mir auch nicht zu eigen.

Das geltende Recht macht einen solchen Unterschied nicht, und da in diesen Bestimmungen des Beamtenrechtsänderungsgesetzes diese Frage doch ziemlich grundsätzlich aufgerollt ist, können solche Theoreme wie das von Otto Mayer heute keine Rolle mehr spielen.

Ich halte es für notwendig, vor der Einzeluntersuchung etwas über die Zielsetzung zu sagen. Meine Auffassung, die ich schon in einem Vortrag, den ich im Jahre 1925 vor dem Verbande der Beamten und Angestellten der Reichsunfallversicherung gehalten habe, geht dahin, daß das Ziel eine beamtenrechtliche Durchgestaltung der Dienstverhältnisse bei den Versicherungsträgern sein möge, selbstverständlich mit der Ausnahme, daß ganz untergeordnete Dienstverhältnisse dabei nicht beamtenrechtlich gestaltet werden. Mir scheint, Herr Kilian wird in diesen Ausnahmen etwas weiter gehen.

Der Sinn dieses Verlangens scheint mir darin zu liegen, daß die Bediensteten der Sozialversicherungsträger einer straffen Disziplinierung unterworfen werden müssen und daß man sie auch ruhig jener politischen Fesselung unterwerfen kann, um deren Vermeidung willen man damals den alten § 119 herausgetan zu haben scheint. Eine solche politische Bindung bedarf heute keiner Rechtfertigung mehr. Mir scheint aber die beamtenrechtliche Gestaltung auch im Interesse des Ansehens der Versicherungsträger innerhalb des Gefüges unseres Gemeinlebens zu liegen.

Wieweit man vielleicht für einzelne Versicherungsträger Einschränkungen machen muß, will ich ebenfalls nicht erörtern. Ob es angängig ist, den Angestellten, der in einem Großbetrieb nebenher vielleicht die Geschäfte der Betriebskrankenkasse versieht, lediglich deshalb zum Beamten zu machen, ist mir zweifelhaft. Sehr zweifelhaft sind mir auch die Verhältnisse bei den Ersatzkassen. Möglicherweise gibt es noch irgendwelche anderen Sondergemeinschaften, die man von dieser Zielsetzung ebenfalls ausnehmen müßte.

Ich wende mich jetzt der eigentlichen Frage zu, nämlich der Prüfung, ob bei der jetzigen Rechtslage eine beamtenrechtliche Regelung für die Bediensteten der Sozialversicherungsträger überhaupt möglich ist. Das Aufbaugesetz steht dem sicherlich nicht entgegen. Das Beamtenrechtsänderungsgesetz fordert als wesentliches Merkmal die Wahrnehmung obrigkeitlicher Aufgaben. Es ist nun gar kein Zweifel möglich, daß das Beamtenrechtsänderungsgesetz auch auf die Versicherungsträger anwendbar ist. Für mich ist auch vollkommen außer Zweifel, daß das Beamtenrechtsänderungsgesetz auch für den Gesetzgeber maßgebend und bindend ist, sofern nicht etwa in einer hochpolitischen Aktion eine Umstoßung der Grundentscheidung versucht werden sollte, die mit diesem Gesetz vom 30. Juni 1933 gegeben ist. Das wäre staatsrechtlich - das wäre vielleicht auch politisch - möglich, liegt aber vollkommen außerhalb des Aktionsbereiches unseres Ausschusses. Wir haben vielmehr das Beamtenrechtsänderungsgesetz als geltendes Recht hinzunehmen. Vorhin ist die Bemerkung gefallen, daß irgendwie damit zu rechnen sei, daß das nur ein vorläufiges Gesetz sei. Ich kann mir zwar denken, daß es in seiner rechtstechnischen Gestalt geändert wird; ich kann mir aber nicht denken, daß gerade die Grundentscheidung, die in § 1 gegeben ist, noch einmal zur Diskussion gestellt wird.

Nun ist § 1, der nach § 2 auch auf Nichtreichsbeamte anwendbar ist, auf den ersten Blick durchaus nicht durchsichtig. Es ist auch sehr schwer, da eine weitere Beleuchtung zu bringen. Herr Kilian hat das bereits in sehr erfreulicher Weise getan.

Was zunächst das Material angeht, so findet sich in der Theorie sehr wenig; in der eigentlichen Theorie gar nichts, weil die Zeit noch nicht gekommen ist, daß sich die hohe Theorie mit solchen Fragen in Ruhe hätte befassen können. Was man findet, sind Aufsätze wie die mehrfach zitierten von Fischbach und anderen. Was da steht, ist nicht Theorie, sondern Paraphrase des Gesetzestextes, untermischt mit Temperament und Interesse.

Auch praktisches Material findet sich kaum. Ich hatte Gelegenheit, mit dem Referenten für diese Dinge im Reichsfinanzministerium zu sprechen. Er mußte sogar seinen Aktenstoß noch einmal durchsehen lassen und hat mir dann einen Fehlschein geschickt. Man ist also auf die Begründung angewiesen. Daraus geht nur soviel hervor, daß diese Wahrnehmung obrigkeitlicher Aufgaben etwas grundsätzlich anderes sein soll als die Tätigkeit in der Privatwirtschaft. Das wissen wir sowieso; dazu hätte es eines solchen Gesetzes überhaupt nicht bedurft.

Dazu kommt an amtlichem Material - Entscheidungen sind mir nicht zugänglich gewesen - ein Erlaß des Reichs- und Preußischen Ministers des Innern vom 26.2.1935 - Preußisches Ministerialblatt für die Innere Verwaltung 1935, S. 289.

Dieser Erlaß ist sehr interessant. Er ist beinahe ein Kommentar zu den §§ 1 und 2 und richtet sich an die preußischen Gemeindeverwaltungen. Daraus ergibt sich als wichtigster Punkt, daß zu der Wahrnehmung obrigkeitlicher Aufgaben nicht unbedingt die Ausübung staatlichen Zwanges gehört, daß vielmehr auch nach Auffassung des Ministers die Akte der staatlichen Fürsorge eine Ausübung der Staatsgewalt darstellen. Leider ist da aber mit dem Wort changiert. Immerhin ist offenbar gemeint, daß eine Amtsstelle mit rein fürsorgerischen Aufgaben trotzdem mit Beamten besetzt werden kann.

Da das Material dürftig ist, sehen wir uns für die weitere Ausbeutung auf den Sinnzusammenhang angewiesen, in den dieses Gesetz hineingestellt worden ist, wobei vielleicht auch der Titel nicht ganz gleichgültig ist. Es heißt nämlich „Änderungsgesetz". Mithin stellt es nicht eine ganz grundsätzliche Regelung im Sinne einer Kodifikation dar; es wird nicht aus tiefster Ruhe die ganze Materie neu geregelt, sondern einige dringende Übelstände werden durch eine Änderung ausgetilgt.

Des weiteren sehen wir uns auf eine eigentliche Gesetzesinterpretation angewiesen.

Aus der strafrechtlichen Diskussion über den Beamtenbegriff kann man gar nichts gewinnen. Ich werde mich darauf also nicht einlassen.

Was den Sinnzusammenhang angeht, so handelt es sich offenbar um die Einschränkung eines überwuchernden Beamtentums, die Bekämpfung der Neigung, an allen möglichen Stellen Beamtenstellen emporschießen zu lassen. Das geht aus der Begründung und aus der rechtsgeschichtlichen Lage hervor. Vor allem sollte der Rechtsprechung des Reichsgerichts entgegengetreten werden, von der ich persönlich sagen darf, daß sie in ihrer Grundidee richtig und nur in ihrer praktischen Fehlanwendung, die gar nicht dem Reichsgericht, sondern den Kommunalverwaltungen zur

Last zu legen ist, Unsinn geworden ist. Nach dieser Rechtsprechung wurde man Beamter mit allen dazugehörigen Vermögensrechten und Individualrechtsfolgen durch bloße Ausübung obrigkeitlicher Geschäfte, wobei die Grenze der obrigkeitlichen Geschäfte vollkommen flüssig war. Als Illustration hierzu darf ich vielleicht die berühmte Rotundenfrau erwähnen.

Das Gesetz erstrebt demgegenüber mit verschiedenen Mitteln eine klare Scheidung von Beamten und Angestellten, wobei diese privatrechtlichen Angestellten durchaus Angestellte im öffentlichen Dienst sein können. Ich erinnere an das Arbeitsordnungsgesetz. Es wurde also nicht die Lösung allgemeiner beamtenrechtlicher Fragen vorgenommen, und die Lösung von beamtentheoretischen Fragen ist bei Erlaß dieses Gesetzes von vornherein nicht unternommen worden. Man würde dem Gesetzesverfasser und der Stelle, die das Gesetz sanktioniert hat, Unrecht tun, wenn man unterstellte, daß man irgendwelche beamtentheoretischen Fragen hätte entscheiden wollen.

Das bedeutet für unsere konkrete Aufgabe, daß wir von der Betrachtung des Beamtenrechtsänderungsgesetzes nicht gar zu viel erwarten dürfen. Es ist zwar eine Grundentscheidung gefällt; aber es ist ein Gesetz, das nur in eine ganz bestimmte Situation hineinpaßt, und es wäre gefährlich, auf diesen Paragraphen eine allgemeine Theorie des Beamtenrechts aufbauen zu wollen.

Von den drei logischen Gliedern, die bei der rechtlichen Regelung des Beamtentums behandelt werden müßten, fehlt in dem Beamtenrechtsänderungsgesetz eins, das sehr wichtig ist. Die drei Glieder wären *folgende*: Eine Beamtenstellung für den einzelnen wird nur durch einen Formalakt erworben, durch die Maßgeblichkeit einer Urkunde, in der ein ganz bestimmter Wortlaut enthalten sein muß; *zweitens*: Beamte dürfen nur für obrigkeitliche Aufgaben eingestellt werden, d.h. diese besondere Rechtsform soll nur dort verwendet werden, wo es über den Tätigkeitsbereich hinaus einen inneren Sinn hat; *drittens* müßte es dann heißen: Solche Aufgaben, die ihrem Wesen nach Erledigung durch Beamte verlangen, dürfen auch nur durch Beamte erledigt werden. Das ist der richtige Grundgedanke, der dem Reichsgericht bei seiner Rechtsprechung vorgeschwebt hat, der aber in der Praxis abgebogen worden ist. Diesen Grundgedanken hat das Gesetz nicht ausgesprochen. Einzelne Schriftsteller versuchen das Gesetz so auszudeuten, als ob dieser Grundsatz doch in ihm enthalten wäre. Ich kann das nicht anerkennen. Immerhin ist es wissenswert und auch sehr wertvoll, daß der *Erlaß des Innenministers unter Ziffer 3 Abs. 4* sagt: „Wenn auch § 1 nicht positiv vorschreibt, daß Amtsstellen, die diesen Voraussetzungen entsprechen, mit Beamten besetzt werden müssen, so unterstellt er doch immerhin, daß eine solche Stelle in der Regel mit Beamten besetzt werden soll." Das steht also in einem Erlaß, der auch die Gemeindebehörden angeht und der die Gemeinden vor dem Übereifer bewahren soll.

Formal ist die Entwicklung so gewesen, daß man mit wildem Eifer alle möglichen Beamtenstellen in Angestelltenstellen zurückverwandelte, und zwar auch dort, wo es das Gesetz gar nicht gewollt hat. Darum sagt der Minister: Nein, wenn die Sachaufgabe dem Beamtentyp entspricht, soll die Stelle auch mit Beamten besetzt werden, ohne daß das ausdrücklich im Gesetz steht, dann soll das Gesetz so gehandhabt werden. Ich halte das für uns für wichtig, weil ja das, was für die Gemeinden gesagt ist, auch für die Sozialversicherung gesagt werden muß.

Nun zur Auslegung im einzelnen! § 1 des Beamtenrechtsänderungsgesetzes fordert verschiedene Voraussetzungen dafür, daß es erlaubt ist, Beamte einzustellen, wobei es nicht völlig klar ist, ob es sich um das Erlaubtsein der Anstellung des einzelnen handelt oder um das Erlaubtsein der Einstellung einer Beamtenstelle in den Etat. Nun sagt freilich der Minister in seinem Erlaß: „Das Beamtenrechtsänderungsgesetz geht dem Stellenplan vor." Andererseits aber kommt in dem Erlaß auch zum Ausdruck, daß ein Verstoß gegen das Gesetz bei der im übrigen formrichtigen Einstellung des einzelnen Beamten dieses so begründete Verhältnis nicht etwa nichtig macht. Wenn also die Rotundenfrau Augustine Meier nun doch noch auf einem solchen Platz eingestellt wird, ist sie für ihre Person Beamtin, und nur die Aufsichtsinstanz wird der Gemeinde oder ihrem Bürgermeister eins auf den Hut geben, weil er entgegen dem Gesetz eine Beamtin eingestellt hat.

Die Voraussetzungen sind im einzelnen folgende:

1. Es muß sich um eine Amtsstelle handeln. Schon entstehen Schwierigkeiten. Das Popitzsche Gutachten hat nicht von einer Amtsstelle, sondern von einem Dienstposten gesprochen. Es muß sich um den einen Arbeitsplatz handeln; der muß obrigkeitliche Aufgaben wahrzunehmen haben. So bei Popitz. Durch die veränderte Textierung im Gesetz ist das unklar geworden. Die Kommentatoren, insbesondere der Schnellkommentar von Pfundtner-Neubert sagen, die Abweichung von Popitz sei gerade deshalb vorgenommen worden, um es nicht zu sehr auf den einzelnen Arbeitsplatz zuzuspitzen, weil man sich Versetzungen innerhalb einer großen Verwaltung nicht zu sehr erschweren wollte. Es ist also auf die einzelne Amtsstelle abgestellt. Und nun ist nicht klar gesagt, ob das eine ganze Behörde oder nur eine Abteilung innerhalb der Behörde ist. Liest man weiter, dann findet man, daß die Sache durch den Abs. 2 eine individualisierte Wendung erhält. Denn daß trotz nicht dauernden Bedürfnisses die Besetzung mit einem Beamten erforderlich ist, kann sich doch eigentlich nur auf einen Arbeitsplatz beziehen; denn man kann sich nur schwer vorstellen, daß es eine ganze Behörde geben könnte, für die kein dauerndes Bedürfnis gegeben wäre.

Ich glaube, der mehrfach zitierte Erlaß spitzt es auch vielmehr auf den einzelnen Dienstposten zu. Da wendet man sich zum Popitzschen Gutachten zurück. Ich glaube, man wird einen Mittelweg gehen müssen und nicht verlangen können, daß nun gerade Augustine Meier fortgesetzt obrigkeitliche Aufgabe zu erfüllen hat; aber es genügt nicht, daß die ganze Berufsgenossenschaft oder Krankenkasse unter diese Voraussetzung gestellt ist.

Die zweite Voraussetzung ist die dauernde Erforderlichkeit der Amtsstelle mit Ausnahme des Abs. 2. Das braucht nicht näher erläutert zu werden; denn bei der Sozialversicherung haben wir es meist durchaus mit dauernden Erforderlichkeiten zu tun.

Die dritte Voraussetzung ist eine funktionelle Qualifikation dieser Amtsstelle; und zwar muß diese Amtsstelle auf zweierlei Weise ausgezeichnet sein: entweder durch Insichschließen der Wahrnehmung obrigkeitlicher Aufgaben oder durch Nicht-versehen-werden-dürfen durch Angestellte oder Arbeiter aus Gründen der Staatssicherheit.

Auf die erste Voraussetzung komme ich noch zu sprechen; auf die zweite braucht man nicht näher einzugehen, außer mit ein paar Worten. Verblüffend ist dieses „dürfen". Man darf nicht vermuten, daß da nun noch ein weiteres Gesetz im Hintergrunde stünde, sondern das sind nach Ermessen zu beurteilende übergesetzliche Notwendigkeiten. Darum ist der Ausdruck in einem Gesetz vielleicht nicht sehr glücklich gewählt. Die Staatssicherheit ist dabei maßgebend. Aus der Entstehungsgeschichte des Gesetzes kann man wohl so viel erraten, daß es sich im wesentlichen um die Reichsbahn handelt, daß die Reichsbahn, nachdem dieser Passus im ersten Entwurf nicht enthalten war, widersprochen und gesagt hat: Was wird aus unseren Lokomotivführern? Das ist die Staatssicherheit. Die andern Fälle - Möglichkeit des Geheimnisverrats usw. - könnte man vielleicht schon unter die erste Alternative bringen. Aber bei den Lokomotivführern ist das schlechterdings nicht möglich.

Ich glaube mit Herrn Kilian, daß der Gesichtspunkt der Staatssicherheit für die Sozialversicherungsträger praktisch ausscheidet. Die Erörterung dreht sich nur um die Voraussetzung 3 a: um das Insichschließen der Wahrnehmung obrigkeitlicher Aufgaben. Die Wortfassung ist sehr gut. Es heißt „in sich schließen" und es ist nicht gesagt, daß die ganze Funktion des Stelleninhabers aus obrigkeitlichen Aufgaben zu bestehen braucht. Es genügt, wenn obrigkeitliche Aufgaben mit unterlaufen, aber nicht als etwas rein Zufälliges, sondern es muß etwas Essentielles sein, etwas, was zu einer solchen Stellung gehört.

Im übrigen: Was heißt „Wahrnehmung obrigkeitlicher Aufgaben"? Das ist nur verneinend beleuchtet durch § 1 Abs. 1 Satz 2; es liegt nämlich insbesondere nicht vor bei Tätigkeiten, die sich ihrer Art nach von solchen des allgemeinen Wirtschaftslebens nicht unterscheiden, und sodann bei ganz untergeordneten mechanischen Schreibtätigkeiten usw.

Das Negative ist für sich klar. Aber es fragt sich, ob wir daraus einen Gegenschluß auf alles andere ziehen dürfen. Man könnte sich da nun einem kleinen exercitium logicum hingeben. Die Frage bleibt offen. Das „insbesondere" läßt schließen, daß es sich nicht um einen ausschließlichen Gegensatz handeln soll.

Es fragt sich nun, ob man andere Rechtssätze, insbesondere dazu ergangene Entscheidungen heranziehen kann. Hierbei wird an Artikel 131 der Weimarer Verfassung gedacht, in dem die Rede von der Ausübung öffentlicher Gewalt ist. Ist diese Ausübung öffentlicher Gewalt aber gleichbedeutend mit der Wahrnehmung obrigkeitlicher Aufgaben nach unserem Gesetz? Das wird vielfach ohne Nachweis angenommen. Ich glaube, dieser Nachweis würde nicht zu führen sein. Von hier ist also nicht sehr viel zu gewinnen. Wie schwierig das ist, bitte ich, durch folgende Gegenüberstellung zeigen zu dürfen.

Nehmen Sie die Ausdrücke: öffentliche Gewalt - obrigkeitliche Aufgaben - hoheitliche Verwaltung. Und nun permutieren Sie die Objektiva und die Substantive: öffentliche Aufgaben - öffentliche Verwaltung - obrigkeitliche Gewalt - obrigkeitliche Verwaltung - hoheitliche Gewalt - hoheitliche Aufgaben! Das geht alles; es kommt immer nur ein Sinn heraus, aber nirgends ein wirklich präziser Sinn. In diesen Zusammenhang gehört nun auch der § 3 des Gesetzes zur Ordnung der Arbeit in den öffentlichen Verwaltungen und Betrieben. Was es mit diesem Gesetz im allgemeinen auf sich hat, darf ich als bekannt unterstellen. Es heißt im § 3 „in öffentlichen Verwaltungen". Was das überhaupt ist, ist im Gesetz nicht definiert. In öffentlichen Verwaltungen, die nicht Hoheitsbefugnisse ausüben usw., gibt es einen Vertrauensrat; in öffentlichen Verwaltungen, die hoheitliche Befugnisse ausüben, gibt es keinen Vertrauensrat. Das hängt also offenbar mit dem Substanziellen der öffentlichen Verwaltung sehr stark zusammen.

Nun ist es für die Versicherungsträger anerkannt, daß sie mit verschwindenden Ausnahmen solche Verwaltungen darstellen, in denen kein Vertrauensrat zu errichten ist, die also Hoheitsbefugnisse auszuüben haben. Das ist in einem Erlaß des Reichsarbeitsministers vom 14. April 1934 ausgesprochen, der versteckt ist in dem Preußischen Ministerialblatt für Wirtschaft und Arbeit und sonderbarerweise im Reichsarbeitsblatt nicht zu finden ist.

Herr Kilian hat die Theorie erwähnt, die aus dem Gesamtbereich der öffentlichen Verwaltung einen Sonderbereich herauszuheben versucht, in dem mit Zwangsgewalt obrigkeitliche Verwaltung ausgeübt wird, während es im übrigen einen Bereich schlichter Verwaltung geben würde, die dann aber auch noch schlichte Hoheitsverwaltung genannt wird im Gegensatz zu dem dritten und nun bestimmt nicht in unseren Zusammenhang gehörenden Bereich, nämlich den der bloßen wirtschaftlichen Verwaltung mit privatrechtlichen Mitteln. Man spricht auch von fiskalischer Verwaltung. Dabei übersieht man, daß in dem Augenblick, in dem man den Fiskus zitiert, eine ganze Reihe Vorstellungen heraufbeschworen werden, die im Privatrecht durchaus keine Anwendung finden, nämlich gerade die Bindung an den Etat und derartiges. Dazu würden dann auch die fürsorgerischen Aufgaben gehören und solche Verwaltungsaufgaben, die etwa einen forschenden Charakter oder ähnliches haben wie Landesplanung usw. Dabei möchte ich an einem Beispiel auf die Abhängigkeit dieser Unterscheidung von Zufällen hinweisen. Das Landesvermessungswesen ist bei uns noch landesrechtlich geregelt, und da gibt es nun Landesgesetze, in denen diesen Landmessern Zwangsbefugnisse und Enteignungsbefugnisse eingeräumt sind. In anderen Ländern haben wir das nicht. Da geht die Landesvermessung, auch ohne daß der Schutzmann mit Brachialgewalt dem Landmesser Zutritt verschafft; denn die Beteiligten haben selbst das größte Interesse daran, daß die Landesvermessung ordnungsgemäß durchgeführt wird. Soll denn nun die Landmessung in dem einen Lande eine hochqualifizierte und in dem anderen Lande eine minderqualifizierte Aufgabe sein, je nachdem, ob sich die Vermessungsbeamten zwangsweise Zutritt verschaffen können oder nicht? Ich halte den ganzen Versuch einer solchen Unterscheidung für unbrauchbar und möchte nicht unterlassen, darauf hinzuweisen, daß die Autoren, die darauf rumreiten, gewöhnlich den Walter Jellinek als ihren Protagonisten bezeichnen. Im Beamtenrechtsänderungsgesetz scheint mir keinesfalls diese Unterscheidung zwischen qualifizierter öffentlicher Verwaltung mit Zwangsgewalt und schlichter Hoheitsverwaltung gemeint zu sein. Das geht ja auch aus dem Erlaß deutlich hervor.

Nun besteht kein Zweifel, daß die Sozialversicherung im Sinne der Staatstheorie zum Bereich der Fürsorge oder Wohlfahrtspflege gehört, nämlich im Gegensatz zur Polizei und zu alledem, bei dem die Brachialgewalt im Vordergrunde steht. Daß man nach außen hin sagen wird, wenn wir Sozialversicherung trieben, trieben wir öffentliche Fürsorge - darin gehe ich mit Herrn Ministerialdirektor Engel einig. In diesem Zusammenhange ist aber kein Zweifel, daß die Sozialversicherung in den Bereich der Fürsorge in weitem Sinne gehört. Es ist auch unzweifelhaft, daß es sich bei der Sozialversicherung um eine Verwaltung handelt, die mit öffentlich-rechtlichen Mitteln vorgeht. Herr Oberregierungsrat Kilian hat das an vielen Beispielen dargetan. Aber auch dem Kern nach - von den einzelnen Spitzen, die daraus hervorwachsen, abgesehen - ist das ganze Unterfangen, eine Sozialversicherung hinzustellen, etwas, was von vornherein öffentliche und öffentlich-rechtliche Verwaltung ist. Es ist weiterhin niemals zweifelhaft gewesen, kann aber vollends nach dem Aufbaugesetz nicht zweifelhaft sein, daß es sich in der Sozialversicherung um mittelbare staatliche Verwaltung handelt. Es ist ja auch ganz deutlich, daß diese ganze Erledigung, dieser ganze Bereich der Sozialversicherung, auch wenn sie von abgezweigten öffentlichen Körperschaften erledigt wird, vom Staate veranlaßt worden ist, und daß diesen öffentlich-rechtlichen Körperschaften - anders als die Gemeinden - vom Staat eigens eingesetzt worden sind. Es gibt ja hinsichtlich der Selbstverwaltung eine Auffassung, die mehr und mehr Anhang findet - ich möchte im Augenblick nicht selbst dazu Stellung nehmen -, die sagt: Selbstverwaltung ist überhaupt ein Stück Staatsverwaltung und gerade nicht eine eigene Verwaltung. Der Zusammenhang mit dem Staat ist also eng genug. Insofern deckt sich meine Auffassung mit der von Herrn Kilian. Der Zusammenhang ist nicht weniger eng als der, den wir bei den Gemeinden antreffen.

So komme ich, ohne mich auf Literatur, Autoritäten und Ähnliches berufen zu können, zu dem Ergebnis, daß eine beamtenrechtliche Gestaltung des Dienstrechts bei den Sozialversicherungsträgern rechtlich möglich ist. Ob sie auch rechtspolitisch anzustreben ist, steht im Augenblick nicht zur Erörterung.

Vorsitzender: Ich danke Herrn Professor Dr. Lutz Richter für sein Referat.

Ich habe feststellen können, daß zwischen beiden Referaten keine Gegensätze vorhanden sind. Ich glaube, daß wir wie immer in der Lage sind, einen Unterausschuß einzusetzen, der uns die erforderlichen Richtsätze aufstellt. Diese Methode hat sich bei allen unseren Arbeiten gut bewährt.

Darf ich fragen, wer von den Herren zu diesen beiden Referaten Stellung nehmen will?

Professor Dr. Dersch: Herr Kilian hat mit Recht einen Unterschied gemacht zwischen der Gruppe der Beamten und der Gruppe der reinen Dauerangestellten. Es liegt mir daran, daß etwas genauer darauf eingegangen wird, wie diese zweite Gruppe zu behandeln ist. Das ist nicht die Aufgabe Ihres Referats gewesen. Mir scheint, als ob auch diese zweite Gruppe, auch wenn wir sie als dienstvertraglich angestellt ansehen, doch eine andere Stellung einnimmt als z.B. die Gruppe irgendwelcher Privatversicherungsangestellten. Wir haben an anderer Stelle im Arbeitsrecht in Folge dieser Notwendigkeit schon gewisse Vorschriften, nach denen eine Annäherung dieser Angestellten an die Beamten im Verordnungswege möglich sein kann. Es wird zu prüfen sein, ob man nicht dem Ministerium die Möglichkeit geben sollte, hier zu rangieren.

Vorsitzender: Ich möchte die Debatte damit an sich abschließen. Aber ich möchte noch auf eins zurückkommen.

Herr Geheimrat Professor Kisch hat vorhin den Herren des Ausschusses im Namen des Herrn Reichsministers seinen Dank ausgesprochen. Der Herr Reichsminister hat gestern in der Sitzung der Ausschußleiter alle Ausschußvorsitzenden beauftragt, diesen Dank seiner Person als Präsident der Akademie nicht nur, sondern auch den Dank der Reichsregierung und den Dank der Parteileitung den Herren Ausschußmitgliedern zu übermitteln, was ich hiermit getan haben möchte.

Wenn nun Herr Geheimrat Kisch in seinen kurzen Ausführungen auf einiges hinwies, für das die Leitung der Akademie besonders viel Interesse gezeigt hat, so handelt es sich um die beiden letzten Gutachten, und zwar betreffend die Reform des Verfahrens und die Reform der Anwartschaft. Ich brauche hier in diesem Kreise und in Gegenwart des Herrn Ministerialdirektors Engel nicht zu erwähnen, wieviel Mühe und Arbeit gerade diese beiden Gutachten gemacht haben. Ich darf aber nicht verfehlen, darauf hinzuweisen, daß selbstredend alle die Herren, die an diesen Gutachten mitgearbeitet haben, nun auch innerlich den Wunsch haben, daß das Ministerium nun endlich einmal einen Schritt tut, der dazu führt, daß aus diesen Gutachten wirklich ein Gesetz wird. Ich möchte daher diesen Augenblick benutzen, Sie, Herr Ministerialdirektor, zu bitten, da Sie ja an maßgebender Stelle der Gesetzgebung sitzen, sich mit Ihrer Person für die Erfüllung dieser unserer Wünsche einzusetzen. Der Vertreter des Stabes des Stellvertreters des Führers, Pg. Hoffmeister, der leider Gottes eben die Sitzung verlassen mußte, hat uns bereits mitgeteilt, daß diese ganze Frage die volle Unterstützung des Stabes des Stellvertreters des Führers habe, und daß ganz besonders die Verordnung über das Anwartschaftsrecht vielleicht schon am 1. Januar nächsten Jahres in Kraft treten kann - wir haben ja das Kalenderjahr als Anwartschaftszeit vorgeschlagen.

Andererseits werden wir noch Gelegenheit haben, mit dem Stabe Hess zu sprechen, daß die Frage der Beseitigung der Versicherungsämter vom Stabe Hess gewissermaßen dem Arbeitsministerium nahegelegt wird. Ich glaube, es wird für die Arbeitsfreudigkeit der Herren dieses Ausschusses von besonderer Bedeutung sein, wenn endlich einmal aus diesen Gutachten Gesetze werden.

Ministerialdirektor Engel: Wir bekommen ja von diesem Ausschuß in regelmäßigen Abständen Gutachten - von diesem Ausschuß, den ich eigentlich „unseren Ausschuß" nennen möchte; denn auch diejenigen Männer von uns, die nicht Mitglieder dieses Ausschusses sind, fühlen sich mit der Arbeit dieses Ausschusses so verbunden, daß ich Ihnen gern sagen möchte, mit welchem Interesse Ihre früheren Gutachten bei uns gewertet worden sind, und wie insbesondere auch die letzte Arbeit, die Ihr verehrter Herr Vorsitzender eben schilderte, bei uns nicht nur Interesse gefunden hat, sondern darüber hinaus auch auf eine Bereitschaft gestoßen ist, in diesen Dingen etwas zu unternehmen. Abschließend darüber etwas zu sagen, ist hier weder der Ort noch die Stunde. Aber da ich von meinem Herrn Minister als Vertreter seines Hauses zu der jetzigen Tagung der Akademie für Deutsches Recht gesandt worden bin und Ihrem Kreise nahe sein kann, möchte ich gern die Gelegenheit benutzen, gerade diesem Ausschuß den Dank und das Gefühl enger Verbundenheit auszudrücken. Das ist nicht nur mein aufrichtiges Bedürfnis, sondern das aller Männer im Ministerium, insbesondere meiner engeren Mitarbeiter.

Gestatten Sie, daß ich dabei eine Frage anbringe, ich beabsichtige nicht, auf die interessanten Gutachten, die heute morgen hier vorgetragen worden sind, einzugehen, ich kann mir aber denken, daß der Unterausschuß eine Sichtung gerade dieses großen Gebietes, auf dem beide Herren Referenten eine übereinstimmende Ansicht festgestellt hatten, vornehmen kann, die der ganzen Sache sehr dienlich ist. Ich lege großen Wert darauf, daß auf Grund der zurückliegenden Zeit die Sozialversicherung und die Fürsorge nicht als eins genannt werden. Man mag das als eine Äußerlichkeit bezeichnen, aber ich habe auch noch eine Reihe anderer Arbeitsgebiete und weiß, wie sehr eine Vermengung der Begriffe die Klarheit trüben kann. Ich möchte das Wort „soziale Betreuung" vorschlagen, das alles deckt und alles umreißt. Schlagen Sie aber die Sozialversicherung zur Fürsorge, so kommen wir auf Grenzgebiete, wo dann Auseinandersetzungen und Überschneidungen mit benachbarten Ressorts vorkommen, die weder im Interesse der Versicherungsträger, noch unserer Arbeit, noch unseres Etats liegen.

Vorsitzender: Dann darf ich zum Schluß unserer Sitzung noch auf etwas aufmerksam machen, was auch der Präsident der Akademie gelegentlich einer Besprechung besonders hervorgehoben hatte. Es ist ganz klar, daß die Gutachten, die von den einzelnen Ausschüssen gemacht worden sind, nicht immer die Zustimmung aller Fachleute und Nichtfachleute gefunden haben, und in diesen Fällen ist von einzelnen Ausschußmitgliedern oder den Ausschußvorsitzenden, sei es in der Tagespresse, sei es in der Fachpresse kritisch Stellung genommen worden. Es war, glaube ich, allen Ausschußleitern eine ganz besondere Freude, als der Herr Minister Frank gelegentlich einer Besprechung sagte, daß es ihm persönlich eine ungeheure Freude bereite, wenn er bei einer Kritik erfahre, daß der Ausschuß seine Meinung vertreten hat und daß hier Männer einen Willen geäußert und eine Tat vollbracht haben, zu der sie kraft ihres Wissens und kraft ihres Wollens stehen. Das ist ein Ansporn für die Tätigkeit aller Ausschüsse. So, wie wir bisher gearbeitet haben, werden wir weiterarbeiten zum Wohle des ganzen Volkes und im Sinne unseres Führers, der ja eine wahre deutsche Sozialversicherung schaffen will. Dazu wollen wir unser Teil beitragen. (Der *Vorsitzende* schließt die Sitzung mit einem Sieg-Heil auf den Führer.)

(Schluß der Sitzung: 13 Uhr.)

XIV. Protokoll der Sitzung vom 19.2.1937 (Dienstrecht der Beamten und Angestellten der Sozialversicherung)

(Beginn der Sitzung: 13 Uhr 45 Minuten.)

Vorsitzender: Ich eröffne die erste Sitzung des Ausschusses für Sozialversicherung der Akademie für Deutsches Recht im Jahre 1937. Ich danke allen Herren für ihr Erscheinen und darf dem Wunsche Ausdruck geben, daß die Vorschläge, die der Ausschuß in den Jahren 1935 und 1936 gemacht hat, im Jahre 1937 nun in die Tat umgesetzt werden.

Im Auftrage des Präsidenten der Akademie für Deutsches Recht habe ich die Ehre, Herrn Direktor *Schäfer* (Berlin) und Herrn Regierungsrat *Grassl* (München) als Mitglieder dieses Ausschusses zu begrüßen. Beide Herren stehen ja in ihrer beruflichen Tätigkeit mitten im praktischen Leben der Sozialversicherung und werden auf Grund ihrer praktischen Erfahrungen die Ausschußarbeiten befruchten können. Ich hoffe auch, daß sie viel Freude an der gemeinsamen Arbeit innerhalb des Ausschusses haben werden.

Wir hatten in der letzten Sitzung das Thema „Dienstrecht der Beamten und Angestellten in der Sozialversicherung" behandelt. Die beiden Referenten waren Herr Oberregierungsrat Kilian und Herr Professor Lutz Richter. Herrn Professor Dersch habe ich gebeten, heute in einem Korreferat zu diesen beiden Referenten Stellung zu nehmen.

Kleinigkeiten haben sich ja im Laufe der Zeit geändert, vor allem insofern, als das Dienstrecht der Beamten eingeführt und Gesetz geworden ist. Ich habe einige Leitsätze aufgestellt, und an Hand dieser Leitsätze wird Herr Professor Dersch zu diesen beiden Referaten Stellung nehmen.

Professor *Dersch:* Die beiden Referate sind so erschöpfend und gründlich, daß ein ausführlicheres Korreferat lediglich in einer Kette von Wiederholungen bestehen könnte. Deshalb möchte ich bitten, davon abzusehen, daß ich zu allem und jedem Stellung nehme. Denn bei diesen ausführlichen Referaten können Sie nicht von mir erwarten, daß ich nun zu jedem einzelnen der ausführlich untermauerten Punkte lediglich sage: ja, ich bin auch der Ansicht. Ich möchte also bitten, mich darauf beschränken zu dürfen, einzelne Fragen herauszugreifen. Dabei möchte ich nicht etwa den wissenschaftlichen Streit aufwerfen, ob es an und für sich möglich ist, gesetzgeberisch den Versicherungsträgern die Möglichkeit zur Anstellung von Beamten zu geben – was als die Fähigkeit, Dienstarbeitgeber zu sein, angesehen wird. Ich möchte bitten, diese Frage als erledigt zu betrachten, weil die Gesetzgebung jederzeit in der Lage ist, so etwas einzuführen. Vielmehr möchte ich meinen, daß wir erstens nach dem inzwischen eingetretenen gesetzlichen Zustand, der durch das Beamtenrecht geschaffen worden ist, noch einmal gewissermaßen summarisch Rückschau nehmen und daß ich zweitens lediglich einiges aus der Praxis ergänzend hinzufüge, also ganz bewußt im wesentlichen auf das Praktische eingestellt.

Punkt 1 der Leitsätze lautet: „Das Dienstrecht ist völlig unübersichtlich. Die Bediensteten der Versicherungsträger sind zur Zeit Reichsbeamte, Landesbeamte, Offizialbeamte, Anstaltsbeamte, Regulativbeamte, ab 1. Juli 1937 unmittelbare und mittelbare Reichsbeamte, dienstordnungsmäßig Angestellte und Tarifangestellte. Eine Vereinheitlichung ist deshalb dringend notwendig."

Soweit meine praktische Erfahrung reicht, ist an allen Stellen, die ich durchlaufen habe, wohl die Auffassung nicht nur der einschlägigen Personalreferenten, sondern auch aller derer, die irgendwie mit dem Dienstrecht zu tun haben, daß in der Tat dieser Leitsatz nicht zuviel sagt. Das Dienstrecht ist derart zerklüftet, daß man sich sogar innerhalb desselben Versicherungszweiges, insbesondere in der Invalidenversicherung, kaum noch auskennt. Von dem vielen, was Herr Kilian angegeben hat, darf ich nur das eine herausgreifen, daß wir im Reichsversicherungsamt seit vielen Jahren dauernd dadurch ungeheure Schwierigkeiten haben, daß die Beamten teilweise als Landesbeamte anzusehen sind und eine Überschneidung der Aufsicht stattfindet, man also nicht weiß, wer die persönliche und wer die sachliche Aufsicht hat, und wir immer einen Tanz aufführen mußten, um zu einem ersprießlichen Resultat zu kommen, der teilweise in Verhandlungen mit den in Betracht kommenden Landesstellen, teilweise in gütlichem Zureden bestand. Das ist eine absolut unhaltbare Situation.

Ebenso unhaltbar ist nach meinen persönlichen Erfahrungen der Zustand in der Angestelltenversicherung. Dort sind in einem weitaus überwiegenden Maße sogenannte Dienstvertragsangestellte beschäftigt, die aber de facto und rechtlich in vielem dem beamtenrechtlichen Zustand stark angenähert sind, so daß nicht nur das Reichsgericht in seinen Entscheidungen, die auf dem Wege über Haftpflichtprozesse bisher wiederholt produziert worden sind, als auch sonstige Stellen im Grunde genommen nicht wissen, wie die Rechtslage nun ist: Sind es nun Beamte im herkömmlichen Sinne? – Sind sie es nicht? – Ist es ein neuer Typ von Beamten, der da bereits entstanden ist oder nicht?

Diese beiden herausgegriffenen Gruppen – gar nicht zu reden von dem Zwitterzustand, der sich in der Krankenversicherung infolge der verschiedenen Novellen historisch entwickelt hat – legen es in der Tat als ein unabweisbares dringendes Bedürfnis nahe, die in dem Aufbaugesetz in Aussicht genommene Vereinheitlichung des Rechtes der dienstordnungsmäßig Angestellten und der Tarifangestellten auf einen Nenner zu bringen, soweit sie eben in der Qualifikation ihrer öffentlich-rechtlichen Stellung überhaupt auf einen einheitlichen Nenner gebracht werden können. Der Ausschuß würde geradezu ein gutes Werk tun, wenn er das erreichte.

Zu Punkt 1 wäre wohl nichts Besonderes mehr zu sagen. – Vielleicht nur noch das eine, was mir persönlich seit einiger Zeit durch den Kopf geht: die Stellung der Ersatzkassenangestellten. Da muß ich ganz offen bekennen, daß ich mich bis jetzt noch nicht zu einer Stellung durchgerungen habe, die ich als endgültig und klar bezeichnen könnte. Denn die Ersatzkassen sind nach dem Grundgedanken des Aufbaugesetzes nach meiner persönlichen Auffassung nun echte öffentlich-rechtliche Versicherungsträger geworden, aber sie hängen doch nun wieder teilweise im Privatrecht. Ob nun die Angestellten bei ihnen in demselben Umfange auf die öffentlich-rechtliche Basis gebracht werden können wie die bei den anderen Versicherungsträgern Angestellten, will mir noch etwas zweifelhaft erscheinen. Die Frage ist wohl noch nicht ausgetragen und dürfte für die Diskussion des Ausschusses ein dankbares Thema darstellen.

Im Anschluß daran wollte ich auch die Betriebskrankenkasse noch etwas herausstellen, die in München schon etwas gestreift wurde. Sie nimmt insofern eine besondere Stellung ein, als wir es hier von Hause aus mit Gebilden zu tun haben, die zunächst einmal privatrechtlicher Art sind, soweit der Unternehmer als Person in Frage kommt, die aber durch die eigenartige Verknüpfung der öffentlich-rechtlichen Funktion der Kasse mit dem Betrieb nun gleichzeitig, und zwar überwiegend, öffentlich-rechtlicher Art sind, die diesen gemischten Charakter nicht leugnen können, sobald wir uns die Angestellten ansehen, die nach der durchaus herrschenden Auffassung als Angestellte des Betriebes, nach der Auffassung des Reichsversicherungsamtes jedoch als solche Angestellte angesehen werden, die in sinngemäßer Heranziehung des § 328 BGB zugunsten eines Dritten – d.h. zugunsten der Krankenkasse – angestellt sind. Ich habe mir diese Sache sehr ausführlich überlegt, um zu einer möglichst klaren Stellung zu kommen, bin aber nach wie vor der Auffassung, daß alles, was irgendwie arbeitsrechtlich den Unternehmer – früher Arbeitgeber genannt – angeht, doch nach der privatrechtlichen Seite hin tangiert, daß wir es also mit einem echten Arbeitsverhältnis an sich privatrechtlicher Art zu tun haben und der einschlägige § 362 der RVO den Unternehmer nur öffentlich-rechtlich verpflichtet, seine Angestellten den Geschäften seiner Betriebskrankenkasse zur Verfügung zu halten. Die schwierigen Haftungsfragen, die daraus entstehen, lassen sich im allgemeinen öffentlich-rechtlich nicht lösen, sondern man muß da mindestens sinngemäß auf gewisse Vorschriften des bürgerlichen Rechts zurückgehen. Immerhin möchte ich es auch hier nicht ohne weiteres ablehnen, in gewissem Umfange auch die Möglichkeit offenzuhalten, daß einzelne wenigstens den Beamtencharakter verliehen bekommen könnten. Ich weiß nicht, ob das möglich sein wird. Sollte es möglich sein, dann allerdings nur in einem ganz verschwindenden Umfange, ganz anders als bei den Ersatzkassen, wo ich persönlich der Auffassung bin, daß man da noch sehr viel weiter gehen kann.

Punkt 2 lautet: „Künftig sollen in der öffentlichen Verwaltung nur zwei Arten von Bediensteten gesetzlich vorgesehen werden: a) Beamte nach dem DBG, b) Angestellte nach der Tarifordnung für den öffentlichen Dienst."

Ich stimme dem grundsätzlich bei, und zwar besonders auf Grund der Erfahrungen, die ich Ihnen eben wiedergegeben habe, die uns die Angestelltenversicherung gegeben hat. Allerdings möchte ich dazu eine Anregung geben. Wenn man auch grundsätzlich der Auffassung ist, daß nur diese beiden ganz reinlich voneinander zu scheidenden Gruppen geschaffen werden sollen, so möchte ich doch meinen, daß die Angestellten, wenn man sie nun ihrerseits wieder mit den anderen Angestellten in öffentlichen Stellen oder auch mit den Angestellten in privaten Stellen vergleicht, die doch auch wieder besonders dastehen, auch beamtenrechtlich angenäherten Sicherungen unterworfen werden sollten, wenigstens in einem weitgehenden Umfange. Ich denke da z.B. an die zahlreichen Sachen, die ich seit Jahren in der Praxis habe und die sich gerade in der letzten Zeit etwas mehren, nämlich die Befreiungsangelegenheiten von der Invalidenversicherung und von der Angestelltenversicherung nach § 1234 RVO und dem korrespondierenden Paragraphen des Angestelltenversicherungsgesetzes. Dort heißt es ganz unmißverständlich, daß nicht nur Beamte, sondern Beschäftigte schlechthin befreit werden können, wenn sie Anwartschaft auf Pension und auf Hinterbliebenenversorgung haben. Wir sind uns schon immer darüber einig gewesen, daß auch diejenigen Personen, die bei den Versicherungsträgern beschäftigt sind und nicht Beamtenqualität haben, hierunter fallen. Aber die Praxis hat ergeben, daß man doch mit einer gewissen Vorsicht vorgehen muß und nur eine bestimmte Art von Personen als beamtenähnlich gesichert ansehen kann. Da ist im Anschluß im wesentlichen an Erörterungen, die zwischen den einzelnen Länderministerien unter Leitung des Reichsarbeitsministeriums vor Jahren einmal stattgefunden haben, eine Reihe von Leitsätzen aufgestellt worden, die uns das Fundament für die praktische Handhabung dieser Fälle abgeben und dazu führen, daß gewissermaßen systematisch von dieser Blickrichtung sich allmählich schon eine ganz bestimmte Gruppe unter dem Gesichtspunkte besonderer Sicherungen abhebt. Diese Leitsätze stehen auf dem Standpunkt, daß die Versicherungsfreiheit nur dann ausgesprochen werden kann, wenn diese Personen derart gestellt sind, daß sie nur aus wichtigem Grunde gekündigt werden können, und wenn die Stellung nach den beamtenmäßigen oder beamtenähnlichen Grundsätzen endlich einmal in eine mit einem echten Pensionsanspruch, mit einer echten Hinterbliebenenrente ausgestattete Stellung einmündet.

Das ist eine Gruppe von Vorschriften, die nach meiner Auffassung diese Personen von den anderen Tarifvertragsangestellten abhebt, die im wesentlichen nur bei diesen, bei unsozialen [!] Angestellten und bei ähnlichen Angestellten, natürlich auch bei Handarbeitern von öffentlichen Körperschaften vorkommen. Und es scheint mir so, als müßte man unter den Tarifvertragsangestellten künftig zwei Untergruppen machen, nämlich die gewöhnlichen in Privatbetrieben Beschäftigten, und diejenigen, die in den öffentlichen Unternehmungen oder öffentlichen Betrieben und sonstigen Verwaltungen tätig sind. Wie man die nun ihrerseits ordnet, ist eine Frage der späteren Gruppierung und Regelung. Jedenfalls wird man da das herausstellen müssen, was ich eben angeführt habe: den Gesichtspunkt dieser besonderen Sicherungen. Man wird aber vielleicht auch noch das mit zu berücksichtigen haben, daß sie teilweise Funktionen haben, die, wenn auch nicht direkt Funktionen der öffentlichen Gewalt, so doch diesen stark angenähert sind.

Zu Punkt 2 darf ich mich wohl auf diese Bemerkungen beschränken. Es wäre lediglich vielleicht noch ergänzend die Frage zu behandeln, unter welchen Voraussetzungen jemand als Beamter im Sinne dieser Grundsätze anzusehen wäre. Aber ich glaube, das wird genauer unter den späteren Leitsätzen zu erörtern sein.

Punkt 3 lautet: „Sämtliche Träger der Reichsversicherung haben Amtsstellen zu besetzen, die die Wahrnehmung obrigkeitlicher Aufgaben in sich schließen, § 148 DBG."

Die Frage geht letzten Endes dahin, ob überhaupt ein Unterschied zwischen den Korporationen zu machen ist, ob einerseits Gebietskorporationen, andererseits Nichtgebietskorporationen zu unterscheiden sind und ob man demgemäß der Auffassung sein muß, daß nur Gebietskorporationen solche Amtsstellen zu besetzen haben, andere Korporationen dagegen nicht. Das ist der Punkt, den ich vorhin bat, als eine rein theoretische Angelegenheit und hier aus praktischen Gründen einfach als erledigt anzusehen; denn darüber kann wohl kein Zweifel sein – das ist besonders auch in dem ersten Referat des Herrn Kilian schon ausführlich herausgearbeitet worden und das hat auch trotz einiger wissenschaftlicher Bedenken Herr Richter akzeptiert –, daß jedenfalls nach der herrschenden Meinung nicht nur die Gebietskörperschaften, sondern auch andere öffentliche Körperschaften echte Beamtenstellen haben können. Von diesem Standpunkt ausgehend besteht kein Zweifel, wenn überhaupt jemand außerhalb des Kreises der echten Gebietskörperschaften aus dem Kreise der öffentlichen Körperschaften solche Beamtenstellen besetzen kann, dann doch ganz sicher die öffentlichen Träger der Sozialversicherung. Also man soll ohne Unterscheidung der einzelnen Versicherungszweige diese Frage grundsätzlich bejahen und nur noch einmal über die Ersatz- und über die Betriebskrankenkassen sprechen.

Zu diesem Punkte würde rein praktisch nichts weiter zu sagen sein, wenn ich von dem Standpunkte ausgehe, daß die theoretische Grundfrage im wesentlichen hier nicht noch einmal aufzurollen ist und damit auch die Frage der obrigkeitlichen Aufgaben; denn gerade mit diesen Punkten haben sich die beiden Referenten sehr ausführlich beschäftigt, sie haben insbesondere genau erörtert, ob die Dienststellen als solche obrigkeitliche Aufgaben haben sollen oder ob die Einzelpersonen in der Lage sein sollen, obrigkeitliche Funktionen zu haben, und sie haben sich beide auf den Standpunkt gestellt, daß man nicht zu eng begrenzen soll, sondern daß man das möglichst weitherzig handhaben soll, daß, wenn man obrigkeitliche Funktionen oder Aufgaben als das Fundament für die Einrichtung solcher Amtsstellen ansieht, die Personen, die in diesen Amtsstellen tätig sind, in diesen Kreis fallen, auch wenn sie selbst nicht ausschließlich oder überwiegend obrigkeitliche Aufgaben haben, daß es genügt, wenn sie in die Lage kommen können, solche Funktionen auszuüben, und daß im wesentlichen nur Personen mit untergeordneten Funktionen wie z.B. Boten, herausfallen würden. Sie haben sich weiter auf den Standpunkt gestellt, daß unter obrigkeitlichen Aufgaben nicht nur solche zu verstehen sind, die zwar polizeiliche Befugnisse voraussetzen, sondern daß der Begriff der Obrigkeit im verwaltungsmäßigen, öffentlich-rechtlichen Sinne viel weiter zu fassen ist. Besonders kann ich mich durchaus den sehr ausführlichen Darlegungen anschließen, die Herr Kilian zu der Abgrenzung der Privatversicherung von der öffentlichen Versicherung vorgenommen hat.

Der vierte Leitsatz lautet: „Sämtliche Versicherungsträger sind dienstherrnfähig."

Er ist nach meiner Auffassung mit dem dritten Leitsatz zweckmäßig zu vereinigen. Er läuft mit diesem so zusammen, daß ich davon absehe, was ich eben gesagt habe, noch zu variieren.

Der fünfte Leitsatz lautet: „Die Bediensteten der Versicherungsträger sind deshalb in das Beamtenverhältnis zu überführen, soweit sie obrigkeitliche Aufgaben zu erfüllen haben."

Ich habe mir erlaubt, diese Frage schon im Zusammenhang mit Punkt 3 zu erledigen; denn die Amtsstellen als solche und die Personen, die nun mit Beamteneigenschaft ausgestattet werden sollen, sind schwer zu trennen. Jedenfalls bin ich in der Sache selbst zu Punkt 5 der Ansicht, daß man möglichst weitgehend die Bediensteten der Versicherungsträger hier hineinnehmen soll, daß man nicht kleinlich untersuchen soll, ob jemand im Einzelfall nur Versicherungskarten ausschreibt oder ob er in der Kassentätigkeit unmittelbar oder nur mittelbar obrigkeitliche Aufgaben erfüllt. Es wird nicht möglich sein, innerhalb des Versicherungsträgers die Leute danach zu unterscheiden, die auf demselben Büro sitzen. Der eine hat Versicherungsbescheide zu unterschreiben, der andere hat zufällig nur die Rentenbescheide vorzuarbeiten und nur sein Handzeichen darauf zu setzen. Die Unterscheidung würde nicht verstanden werden und würde praktisch zu unerträglichen Mißhelligkeiten führen. Ich glaube nicht, daß die Referenten das beabsichtigt haben, sondern, wenn ich die Referate richtig verstanden habe, gehen sie dahin, in diesem Punkte möglichst extensiv zu verfahren, immerhin aber so, daß ein Teil der Angestellten und Arbeiter übrig bleibt, der nicht darunter fällt.

Ich bitte, in der Besprechung auf einen Punkt einzugehen, der in beiden Referaten etwas unter den Tisch gefallen ist. Wir haben sehr viel mit den Gefolgschaftsmitgliedern in den Heilanstalten, Krankenhäusern, Ambulatorien zu tun. Es gibt eine Menge unter diesen, die eine eigene Landwirtschaft haben. Da wird die Frage der Abgrenzung schwierig. Personen, die da in leitender Stellung sitzen, nehmen an dem Funktionskreis derjenigen Beamten teil, die zweifellos als öffentliche Beamte des Versicherungsträgers angesehen werden können. Das werden aber verhältnismäßig wenige sein. Die Grenze zu finden, wird nicht leicht sein. Ich habe die Frage angeschnitten, weil mir bei der Handhabung der Aufsicht wiederholt solche Dinge vorgekommen sind; ich habe gemerkt, wie schwer unter Umständen im Einzelfall die Unterscheidung ist. Zum Beispiel habe ich praktisch eine ganze Kette von teilweise unangenehmen Erfahrungen in den letzten beiden Jahren bei der Knappschaft gemacht.

Punkt 6 lautet: „Darunter fallen im allgemeinen sämtliche Bediensteten bis zum Inspektor einschließlich, ferner sämtliche Leiter und stellvertretenden Leiter, auch der kleinen Krankenkassen sowie die Vollziehungsbeamten.“

Es schien mir, als sollte ich diesen Punkt schon mit dem vorherigen verbinden. Er ist hier in den Leitsätzen wahrscheinlich für die generelle Gesetzgebung als eine Art Richtschnur gedacht, während wir ihn schon beim fünften Punkt theoretisch mit erledigen müssen. Mir ist es bedenklich, den Kreis so zu ziehen, wie er vorgeschlagen ist. Ich möchte wesentlich weiter gehen, möchte auch noch andere Bedienstete unterhalb des Inspektors als geeignet ansehen, in diesen Kreis einbezogen zu werden, und zwar in weitergehendem Ausmaße. Dieser Punkt würde mir am meisten Kopfzerbrechen machen, wenn er so in die Praxis überginge. Ich bitte, ihn noch einmal besonders vorzunehmen.

Leitsatz 7: „Das übrige Personal steht in einem privatrechtlichen Dienstverhältnis zum Versicherungsträger und ist der Tarifordnung für den öffentlichen Dienst zu unterstellen.“

In der allgemeinen Vorbemerkung, die ich gemacht habe, habe ich Punkt 7 bereits zum Teil vorweggenommen. Wir haben das öffentliche Arbeitsordnungsgesetz für die Stellen, die hier in Frage kommen, und dieses Gesetz unterscheidet bei der Bildung des Vertrauensrates zwischen denjenigen Verwaltungen, die obrigkeitliche Funktionen ausüben, und denen, die das nicht tun. Andererseits macht das öffentliche AOG, wenn es sich um Kündigungsschutz, um Kündigungswiderruf handelt, keinen Unterschied, sondern bestimmt hierüber ohne weiteres in den §§ 56 ff., so daß hier in dem jetzigen Rechtszustande eine unangenehme Mischung entsteht zwischen den einzelnen öffentlichen Verwaltungen. Ich habe aus diesem Grunde vor einem halben Jahre einen Herrn an der Universität beauftragt, den Begriff der öffentlichen Verwaltung im Sinne des öffentlichen AOG genauer zu untersuchen. Für eine künftige Neuregelung sollte man viel mehr vom Einheitsdenken ausgehen und nicht so fundamentale Unterschiede Platz greifen lassen, wo es nicht unbedingt nötig ist. Ich gebe zu: Es ist, behördenmäßig gesehen, schwierig, nun den Vertrauensrat für die sogenannten Hoheitsverwaltungen genauso aufzuziehen wie für irgendeinen Privatbetrieb. Andererseits aber werden wir bis dahin so viele Erfahrungen haben, daß man für diese Personen ruhig auch künftig einen Vertrauensrat aufstellen könnte. Die Erziehung zur Betriebsgemeinschaft wird bis dahin schon so weit vorgeschritten sein, daß eine öffentlich-rechtlich ausgerichtete Verwaltung keine Angst zu haben braucht, daß ihr beamtenrechtlich in ihre Belange hineingefunkt wird, wo es ihr unangenehm ist. Wir haben ganz früher auch sog. Beamtenausschüsse gehabt. Der Zweck, aus dem ich gerade diesen Punkt herauskehre, ist: Wir sollten einmal untersuchen, ob man nicht bei einer Neuregelung, die nun beamtenmäßig, dienstvertragsmäßig erfolgt, bei der Sozialversicherung jedenfalls möglichst weit gehen soll.

Was dann im übrigen die Stellung anlangt, die diese Personen haben würden, so fallen sie natürlich unter die allgemeinen Vorschriften der Tarife. Aber ich glaube doch, darauf hinweisen zu sollen, daß später Unterschiede gemacht werden müssen. Es ist doch etwas anderes, ob jemand bei einer Aktiengesellschaft, bei einem Privatmann beschäftigt ist oder ob er bei einer öffentlichen Verwaltung beschäftigt ist. Es wird sich, wenn wir es auch vermeiden, sog. öffentliche Quasibeamte – wenn ich sie so bezeichnen darf – für die Versicherungsträger zu schaffen, trotzdem in der Gruppe der Tarifangestellten eine Annäherung an die Beamtenstellung ergeben. Ich halte das auch nicht für abwegig; es darf nur keine beamtenrechtliche Folgerung daraus gezogen werden; das muß scharf herausgearbeitet werden; der Unterschied muß ganz scharf dastehen. Diese Personen können und müssen Sicherungen haben; sie sind zu einer ganz besonderen Treue in ihrem Dienstverhältnis verpflichtet, man kettet sie in einer besonders intensiven Weise an den Träger der öffentlichen Gewalt, auch wenn sie nicht Beamte sind; man erwartet von ihnen in vielen Beziehungen etwas, was über den allgemeinen Pflichtenkreis derjenigen hinausgeht, die in der Privatindustrie beschäftigt sind. Man sollte ruhig daraus die Konsequenz ziehen und ihnen im Kündigungsschutz usw. intensivere Sicherungen geben. Ich bin sogar so radikal, hier einen Gedanken für diskussionsfähig zu halten, den ich einmal im Arbeitsrechtsausschuß ganz allgemein in die Debatte geworfen habe, der dort aber so allgemein nicht angenommen worden ist, nämlich nach einer gewissen Zeit ganz allgemein die Kündigung auf wichtige Gründe zu beschränken, es gar nicht der einzelnen Stelle zu überlassen, sondern 5 oder 10 Jahre festzusetzen. Das würde dem Geist einer echten, von innen heraus empfundenen Betriebsgemeinschaft entsprechen, die es ablehnen muß, jemanden ohne wichtigen Grund auf die Straße zu setzen, der in besonderer Treue viele Jahre zu ihr gehalten hat. Ich glaube, wir können da gleichzeitig arbeitsrechtlich etwas Bahnbrechendes durch die Neuregelung des Kündigungsrechts und überhaupt des Dienstvertragsrechts der Bediensteten der Versicherungsträger schaffen.

Vorsitzender: Herr Professor Dersch hat von dem Recht der Angestellen der Ersatz- und der Betriebskrankenkassen gesprochen. Bei den Ersatzkassen war im allgemeinen der Tarif des Bank- und Versicherungsgewerbes gültig. Dann unterstanden die Ersatzkassen früher einem Aufsichtsrat, der in Personalangelegenheiten sehr viel zu sagen hatte. Die Personalverhältnisse waren ganz anders als die bei den Versicherungsträgern. Bei den Betriebskrankenkassen üben Angestellte des Betriebes die Funktionen der Krankenkassenbeamten aus. Jetzt sind die Ersatzkassen in einer Zwitterstellung; sie sind nicht öffentliche Körperschaften, sondern Sozialversicherungsträger nach der Reichsversicherungsordnung. Wie weit da das Recht geht, ist schwer festzustellen. Ich glaube kaum, daß die Betriebe es sich bei den Betriebskrankenkassen gefallen lassen werden, wenn die Angestellten der Betriebskrankenkassen einfach herausgenommen werden.

Oberregierungsrat *Kilian:* Ich habe mich bemüht, in dem vorletzten Leitsatz einen Grundsatz aufzustellen, wie weit wir in der Verbeamtung gehen wollen. Ich muß zugeben, daß ich diesen Grundsatz weniger von meinem Standpunkt als Mitglied des Ausschusses aus aufgestellt habe als von meinem Standpunkte als Referent des Ministeriums. Ich bin persönlich der Auffassung des Herrn Professors Dersch, daß man möglichst weit gehen soll; denn es läßt sich oft kaum feststellen, besonders bei einem großen Betriebe, ob der Inspektor noch Hoheitsaufgaben erfüllt und der Obersekretär nicht mehr. Ich weiß aber, daß ganz allgemein die Tendenz besteht, möglichst wenig neue Beamtenstellen zu schaffen. Aus diesem Grunde habe ich in meinem Ministerium vorgeschlagen, daß man fordern sollte, wenigstens bis zum Inspektor zu gehen, wenn es sich um große Betriebe handelt, also Leiter und stellvertretende Leiter vorhanden sind, die auch entsprechend höher bezahlt werden als ein Inspektor. Ich habe weiter vorgeschlagen, daß bei kleineren Kassen zum mindesten der Leiter, der stellvertretende Leiter und der Vollziehungsbeamte unter allen Umständen Beamteneigenschaft haben müssen, ohne Rücksicht darauf, wie sie besoldet werden. Aber ich glaube, als Forderung aufstellen zu müssen, wenn wir zur Verbeamtung kommen, daß sie bis zum Inspektor gehen muß. Ich möchte vorschlagen, diesen Leitsatz in einem Gutachten an das Arbeitsministerium wegzulassen. Die Akademie kann sich mit Recht auf den Standpunkt stellen, daß man weit gehen soll, daß man sich nicht an Kleinigkeiten halten soll. Ich bin gerade in dieser Frage in einer sehr erfreulichen Divergenz im Hinblick auf meine Stellung im Ausschuß und im Ministerium; denn es sind selbstverständlich von den Versicherungsträgern Wünsche geäußert worden, die leider teilweise entgegengesetzt waren. Viele Versicherungsträger haben gefordert, daß möglichst viele Beamtenstellen geschaffen werden, andere haben sich dagegen gesträubt. Diese Fragen sind im Ministerium schon erörtert worden. Über diese Erörterungen darf ich selbstverständlich keine Erklärung abgeben. Ich beschränke mich deshalb in der Besprechung auf die grundsätzlichen Fragen.

Vorsitzender: Wenn man in einem Leitsatz oder in einem Bericht vorschreibt: „bis zum Inspektor", dann birgt das im praktischen Leben eine große Gefahr in sich, denn infolge von Krankheit oder Beurlaubung muß oft ein Obersekretär oder ein Sekretär längere Zeit den Dienst eines Inspektors machen. Man wird sich darauf berufen und sagen: Ich habe durch meine Leistungen bewiesen, daß ich diese Arbeit machen kann. Ich schlage vor, da nicht eine bestimmte Grenze zu setzen.

Professor *Richter:* Es erscheint mir gefährlich, in diesem Zusammenhange über die Rechtsstellung der Angestellten der Ersatzkassen zu sprechen, ehe wir diese Rechtsstellung kennen. Die Ersatzkassen sind durch Gesetz zu Trägern der Reichsversicherung erklärt; andererseits hört man aus dem Reichsarbeitsministerium, und auch in der Begründung steht es, öffentliche Körperschaften seien sie dadurch nicht geworden. Ich kann mir als Wissenschaftler darauf keinen Vers machen; die Sache hat Hintergründe, die ich nicht durchschauen kann. Jedenfalls können wir die Stellung der Angestellten bei den Ersatzkassen nicht regeln, ehe wir nicht die Stellung der Ersatzkassen selbst kennen.

Bei den Betriebskrankenkassen ist es einfacher. Ich glaube, den gesetzgeberischen Willen, der dazu geführt hat – mit meinem inneren Einverständnis –, daß die Betriebskrankenkassen aufrechterhalten bleiben, doch dahin verstehen zu sollen, daß die Krankenversicherungsaufgabe einer ohnehin bestehenden Gemeinschaft überantwortet wird, daß man nun zwar aus finanztechnischen Gründen innerhalb des Betriebes und der Betriebsgemeinschaft die Betriebskrankenkasse als juristische Person im zugespitztesten Sinne lostrennen muß, aber nicht die darin tätigen Menschen aus der Betriebsgemeinschaft lostrennen sollte. Daraus ergibt sich, daß die Angestellten nur für die Betriebskrankenkasse tätig sind, aber nicht Angestellte der Betriebskrankenkasse sind, so daß die Frage einer Verbeamtung dieser Leute schon wegfällt. Ich würde sie nicht zu Beamten machen. Eine Schwierigkeit besteht bei den Leitern (?), obwohl sie nach der ausdrücklichen Erklärung von Herren aus der Abteilung III des Reichsarbeitsministerium Führer ihres Betriebes sein können, eine Konsequenz, um die man arbeitsrechtlich nicht herumkommt, solange man duldet, daß Juden ihre Tätigkeit in der Wirtschaft einsetzen. Man kann nicht in rationalistischer Weise den Führer des Betriebes vom Unternehmer wegdenken. Es gibt Fälle, in denen der Unternehmer nicht in eigener Person Betriebsführer ist. Das sind Sonderfälle, von denen aus man nicht juristisch und soziologisch konstruieren darf. Aber mit den Leitern der Betriebskrankenkassen haben wir uns nicht zu beschäftigen.

Was die Masse der Versicherungsträger, Krankenkassen usw. angeht, so ergibt sich schon aus der Münchener Erörterung, daß fast alles für weitgehende Einführung des Beamtenrechts und nur wenig und nicht Durchschlagendes dagegen spricht. Man muß sich nur davor hüten, die Diskussion in die Richtung zu treiben, als ob es sich um die Schaffung neuer Beamtenstellen handelte. Ob wir das so oder so regeln, darum wird kein Mensch mehr oder weniger beschäftigt. Die Frage ist nicht: Soll sich die Zahl der Tätigen vermehren oder vermindern, sollen insbesondere neue Beamtenstellen eingerichtet werden, sondern: Soll für etwas, was als Aufgabe da ist, was als Dienstposten da ist, die gemäße oder nichtgemäße Rechtsform gefunden werden? – Nach meiner Überzeugung ist für sehr viele Dienstposten die angemessene Rechtsform das Beamtenrecht. Wo die Grenze liegt, ist im einzelnen schwer zu sagen; das kann auch kaum Aufgabe eines Akademieausschusses sein. An dem Inspektor habe ich mich sofort gestoßen, denn das sagt ja nichts. Ich würde es für gefährlich halten, sich daran zu klammern. Man muß sich an die Aufgaben halten, die die Menschen zu erledigen haben, und muß im Gesetz sagen: Wer Sachaufgaben der und der Art hat, muß Beamter werden. Das im einzelnen festzustellen, ist Sache des Stellenplans. Die Aufsichtsinstanz wird aufpassen, daß der Stellenplan, der zum Haushaltsplan gehört, richtig aufgestellt ist. Allgemein und ohne genaue Kenntnis der einzelnen Umstände läßt sich das nicht festlegen.

Ich bin auch der Meinung, daß nicht alle Leute, die bei einem Versicherungsträger tätig sind, Beamte sein können. Aber ich habe nicht ganz verstanden, wie Herr Dersch diese Leute behandelt wissen will. Die Leitsätze sagen: Diese übrigen Menschen sind Angestellte nach der Tarifordnung für den öffentlichen Dienst. Ich darf das abwandeln. Es ist nicht nötig, daß es nur eine Tarifordnung gibt. Ich könnte mir denken, daß durch den Sondertreuhänder eine Tarifordnung für den öffentlichen Dienst in der Sozialversicherung geschaffen wird. Da kommt man den Dingen schon näher.

Selbstverständlich haben wir nicht nur Angestellte, sondern auch Arbeiter. Auch diese müssen nach einer Ordnung leben, und angemessene Rechtsform für die Schaffung dieser Ordnung dürfte auch hier die Tarifordnung sein. Hierzu kommt nach dem Gesetz zur Ordnung der Arbeit im öffentlichen Dienst die Möglichkeit, auch Dienstordnungen zu erlassen. Diese Möglichkeit braucht man wohl nicht ganz abzuriegeln, insbesondere kann durch Dienstordnung die Tarifordnung ergänzt werden. Aber ich glaube alles andere, was hinsichtlich dieser nichtbeamteten Bediensteten der Versicherungsträger zu sagen ist, könnte man völlig der Ausgestaltung durch Tarifordnung und Dienstordnung in dem neuen Sinne des Arbeitsordnungsgesetzes überlassen. Da braucht man nicht so weit in die Einzelheiten zu gehen, wie Herr Dersch das gemeint hat.

Insbesondere hat Herr Dersch sich damit beschäftigt, daß man innerhalb der Tarifordnung einem Teil dieser Leute eine stärker gesicherte Rechtsstellung einräumen soll. Dagegen ist grundsätzlich nichts einzuwenden, es kann aber kaum Sache einer allgemeinen Begutachtung durch uns sein, sondern ist Sache der Ausgestaltung in der Tarif- und in der Betriebsordnung. Übrigens würde ich dann auch nicht gar zu weit gehen. Es besteht ein rechtspolitisches Interesse daran, es nun nicht wieder zu einer Verwischung kommen zu lassen zwischen den Beamten, die wir alle wollen, und den übrigen, die nicht Beamte sein sollen. Selbstverständlich würde es Übergänge geben. Wenn jemand lange Kassenangestellter ist, dann wird er später Beamter. Aber nun ein nach 5 oder 10 Jahren [wohl: nur aus wichtigen] aus nichtigen Gründen kündbares Arbeitsverhältnis ohne Beamtenqualität einzuführen, dafür sehe ich im Augenblick kein starkes Bedürfnis, und wir haben es durch eine Entwicklung von Jahrzehnten erlebt, wie gefährlich es ist, wenn im praktischen Rechtsleben die Übergänge der Rechtsformen so verwischt werden, wie es bei den Dauerangestellten der Kommunen und schließlich auch bei den Kassenangestellten der Fall ist. Darum würde ich etwas zögern.

Ich übrigen glaube ich, daß ein paar Sonderfragen, die Herr Dersch beim 7. Leitsatz gestreift hat, eigentlich aus dem Rahmen unserer Betrachtung herausfallen, weil ich nicht sehen kann, inwiefern sich die Frage des Vertrauensrates bei den Versicherungsträgern, die öffentliche Verwaltung sind, anders stellt als bei sonstigen öffentlichen Verwaltungen, insbesondere solchen, die Hoheitsaufgaben haben. Da hat nun mal der Gesetzgeber entschieden. Ob diese Entscheidung völlig einleuchtet, lasse ich dahingestellt. Es ist nicht wünschenswert, Entscheidungen, die nach dem Umbruch im vollen Bewußtsein gefällt sind, nach kurzer Zeit ohne tiefgehende Erfahrungen bereits in Frage zu ziehen. Was wir an den Rechtsschöpfungen anderer machen, könnte uns leicht von anderer Seite an unseren Rechtsschöpfungen widerfahren. Ich halte es nicht für geboten, die Entscheidung über den Vertrauensrat in der öffentlichen Verwaltung wieder ins Rollen zu bringen.

Ministerialrat Dr. *Sauerborn:* Die Frage der Ersatzkassen können wir, glaube ich, heute mit gutem Grund zurückstellen, weil wir vielleicht noch bei der Debatte dieses ganzen Themas in die Lage versetzt werden, auf einer positiveren Rechtsgrundlage, als sie augenblicklich besteht, arbeiten zu können. Das Aufbaugesetz hat die Entscheidung getroffen, daß die Ersatzkassen Versicherungsträger sind. Sie haben also Funktionen der Reichsversicherungsordnung als ordentliche Versicherungsträger durchzuführen. Der Name „Ersatzkasse" ist vielleicht insofern gegenüber der früheren Konstruktion etwas überholt. Wenn die Frage der Ersatzkassen aber in absehbarer Zeit eine eindeutige Klärung finden sollte, wäre auch für die Akademie der Zeitpunkt gekommen, Stellung zu diesem Problem zu nehmen; denn daß wir bei unserem Endgutachten zu dem gesamte Fragenkomplex eine Gruppe von Versicherungsgträgern ganz auslassen könnten, scheint mir schlechterdings unmöglich zu sein – ganz abgesehen davon, ob man das ganze Recht auf sie anwendet oder nur gewisse Grundsätze.

Zur Frage der Betriebskrankenkassen hat Herr Professor Dersch ausgeführt, man müsse prüfen, ob nicht bei einzelnen Betriebskrankenkassen oder bezüglich einzelner Personen, die in der Geschäftsführung dieser Kassen beschäftigt seien, Beamtenqualität in Betracht komme. In einem kleinen Betrieb, der 2.000 Gefolgschaftsmitglieder beschäftigt, werden diese Leute nur mit einem Teil der Arbeitskraft in die Betriebskrankenkasse eingefügt sein. In Großbetrieben, die 40.000 bis 60.000 Versicherte haben, wird eine ganze Reihe von Angestellten zweifellos nur für die Betriebskrankenkasse tätig sein. Im Hinblick auf solche Betriebe würde man wirklich die Frage stellen können, ob nicht für gewisse Gruppen Beamtenqualität in Frage kommt, weil sie in ihrer Arbeit von einem Bediensteten einer Ortskrankenkasse usw. nicht mehr unterschieden werden können. Ich glaube trotzdem, Herrn Professor Dersch in der positiven Beantwortung nicht folgen zu können. – (Professor Dr. *Dersch:* Ich habe die Frage offengelassen!) – Ich möchte mich aus folgenden, hauptsächlich praktischen Gründen dagegen aussprechen. Der Sinn der Betriebskrankenkasse wie jeder Organisation in der Sozialversicherung ist nicht Selbstzweck, sondern Mittel zum Zweck. Man hat die Organisation der Betriebskrankenkasse in dieser Form gefunden, weil sie eine sehr billige und sehr einfache Betreuung der Gefolgschaftsmitglieder ermöglicht. Ich sehe einen der größten Vorteile der Betriebskrankenkasse darin, daß das Beitragssystem durch die enge Verbindung zwischen Lohnbüro und Betriebskrankenkasse so überaus billig gestaltet werden kann. Würde man diese engen Beziehungen zerschneiden, so würde das m.E. den wesentlichen Wert der Verbilligung, der in der Betriebskrankenkasse liegt, aufheben. Es wäre mir sehr fraglich, ob es dann noch möglich wäre, den Menschen, der in der Betriebskrankenkasse beschäftigt ist, für Zwecke des Werkes heranzuziehen.

Nun zur Einteilung in Beamte und Angestellte! Ich gebe Herrn Professor Lutz Richter Recht darin, daß wir uns, wenn sich auch die Reichsversicherungsordnung nicht um die Arbeiter kümmert, doch fragen müssen, ob wir das ganze Recht in Zukunft auf diejenigen beschränken wollen, die versicherungsgemäße Arbeit leisten, oder auch auf die Personen erstrecken wollen, die im

Gebäude des Versicherungsträgers Dienste leisten, die in jedem Betrieb geleistet werden. Ich denke z.B. an Heizer und Reinemachefrauen sowie an das Personal in Genesungsheimen usw. Ob man sich dafür entscheiden soll, sie einzubeziehen, scheint mir allerdings fraglich. Ich möchte mich beinahe der Auffassung anschließen, daß man sich auf das Personal beschränken soll, das typische Arbeit an der Versicherung leistet.

Bei den anderen beiden Gruppen, den Beamten und Angestellten, ist nun die große Frage, wo die Grenze sein soll. Was die Inspektoren betrifft, so dürften damit diejenigen Leute gemeint sein, denen selbst einen gewisse Entscheidungsbefugnis im Dienst zufällt. Das, glaube ich, ist das maßgebende Merkmal dafür, wo die Grenze liegen muß. Wir werden beim Finanzministerium und beim Innenministerium als den typischen Beamtenministerien keinen leichten Standpunkt in der Vertretung unseres alten Wunsches haben, daß diejenigen, die ein gewisses Maß von entscheidender Verantwortung haben, die obrigkeitliche Funktionen wahrnehmen, Beamte werden sollen. Das Finanzministerium insbesondere ist ja dafür, daß es nur ganz wenig Beamte geben soll. Nur mit solchen sachlichen Gesichtspunkten werden wir Erfolg haben können.

Die zweite Gruppe untersteht der Reichsversicherungsordnung. Für diese Gruppen nimmt das Dienstverhältnis nach einem gewissen Zeitraum an Festigkeit außerordentlich zu. Außerdem bestehen gewisse Anwartschaften auf Pension und andere beamtenähnliche Rechte. Ich glaube, daß die Tarifverträge für die Angestellten in öffentlichen Betrieben solche Vorrechte, wie sie heute die dienstordnungsmäßig Angestellten bei den Versicherungsträgern, insbesondere bei der Krankenversicherung haben, nicht vorsehen. Ich trage allergrößte Bedenken dagegen, daß wir bei einer Neuregelung Menschen, die in dieser günstigen Stellung sind, in ihren Rechten irgendwie schmälern sollen. Überall wird heute angestrebt, für Arbeiter die monatliche Kündigung und eine gewisse monatliche Bezahlung einzuführen. Und da sollen wir auf so wichtigen Gebieten wie hier, wo ein besonderes Treueverhältnis besteht, wo auch die Stetigkeit der Verhältnisse in ganz anderem Maße als in Privatbetrieben gewährleistet ist, zurückgehen? Ich möchte doch davor warnen, daß wir uns an einen Tarif anschließen. Solch ein Angestelltentarif muß auf alle Verhältnisse passen; ob er aber den Bedürfnissen in der Sozialversicherung gerecht wird, weiß ich nicht. Ich glaube, wir sollten das, was seit langen Jahren existentes Recht ist, nicht fallen lassen, um eine solche mehr oder weniger problematische Regelung, auf die die Versicherungsträger verhältnismäßig wenig Einfluß haben, durchzuführen.

Herr Professor Richter hat auch die Frage angeschnitten, ob man den Kündigungsschutz gewähren soll. Ich habe schon ausgeführt, daß die Verhältnisse bei den Versicherungsträgern wegen der Konstantheit der Beschäftigung und des Geschäftsbedürfnisses wesentlich günstiger liegen als anderswo. Wenn wir nach einer Anzahl von Jahren einen verstärkten Kündigungsschutz gewähren, dann ist das m.E. für den Versicherungsträger durchaus tragbar und stärkt auf der andern Seite das Treueverhältnis zwischen dem Versicherungsträger und dem Gefolgschaftsmitglied psychologisch ganz enorm. Ich möchte das unbedingt befürworten.

Was die Angestellten in Genesungsheimen und sonstigen Wirtschaftsbetrieben betrifft, so scheint mir allerdings, daß die Konstanz, die bei den Versicherungsträgern selbst besteht, bei solchen Einrichtungen nicht in demselben Maße gegeben ist. Ich halte es für gefährlich, all das, was für die eigentlich verwaltende Tätigkeit beim Versicherungsträger festgesetzt wird, ohne weiteres auf diese Einrichtungen zu übertragen. Wir würden für diese Wirtschaftsbetriebe eine Vorbelastung schaffen, die sich unter Umständen für den ganzen Versicherungsbetrieb ungünstig auswirken könnte.

Vorsitzender: Zu den Ausführungen von Herrn Professor Lutz Richter möchte ich ganz kurz folgendes sagen. Ich erlebe es im Sozialamt wöchentlich mehrmals, daß Betriebe dazu übergehen, von sich aus den verlängerten Kündigungsschutz einzuführen. Auch die Tagespresse berichtet ab und zu von solchen Verbesserungen. Es liegt im Zuge der Zeit, daß man für den Arbeiter Sicherungen schafft, und ich kann das insofern verstehen, als wir sehr viele Betriebe haben, in denen die Leute ihr Leben lang beschäftigt sind.

Ganz generell möchte ich aber folgendes sagen. Wenn wir in unseren Gutachten bisher immer sehr stark in die Einzelheiten gegangen sind, so möchte ich doch vorschlagen, bei der Bearbeitung dieser Frage, die das Dienstrecht der Beamten und Angestellten betrifft, nicht so starke und starre Normen zu wählen. Das wollen wir dem Gesetzgeber überlassen. Wir wollen nur unsere Wünsche in eine Form kleiden, die unseren Ansichten entspricht, aber keine Grenzen setzen. Ich glaube, auf diese Weise kommen wir viel besser zum Ziel, nicht nur in dieser Weise, sondern auch in der Frage der Beamtenstellen. Wir, die wir seit langen Jahren in der Praxis stehen, wissen ja, daß seit beinahe zwei Jahrzehnten aus den Kreisen der Menschen, um die es hier geht, immer wieder der Wunsch laut wurde, sie möchten irgendwie eine Sicherung haben. Ganz besonders ist von den Krankenkassenangestellten immer wieder in die Debatte geworfen worden, daß sie irgendein sichtbares Dienstrecht haben wollten. Nun war ich, nachdem wir bei der Münchener Tagung diese Frage sehr eingehend behandelt hatten, doch sehr erstaunt, daß ein Mitglied unseres Ausschusses, Herr Dr. Erdmann, ohne daß er an der Münchener Tagung teilgenommen hat, in einer Mitgliederversammlung des Verbandes der deutschen gewerblichen Berufsgenossenschaften ganz offensichtlich gegen unseren Standpunkt Stellung genommen hat. Er hat hier in einer Ansprache folgendes erklärt: Ein weiteres Kapitel in diesem grundsätzlichen Fragenkreis ist das Problem der Rechtsstellung der Angestellten der Berufsgenossenschaften. Es wird Ihnen bekannt sein, ...[nicht überliefert] weitgehendes Verständnis gezeigt. Wenn die Dinge allgemein so angesehen werden würden, würden unsere Beratungen ja nicht mehr notwendig sein. Trotzdem glaube ich, daß wir auf unserm Wege weitermarschieren sollen; denn letzten Endes sind ja nicht die Berufsgenossenschaften und der Verband der Berufsgenossenschaften ausschlaggebend, und ich glaube auch nicht, daß diese Auffassung den Wünschen aller Angestellten der Sozialversicherungsträger entspricht.

Oberregierungsrat *Kilian:* Ich würde es für zweckmäßig halten, wenn wir in unserem Gutachten den Unterschied zwischen der Stellung eines Dauerangestellten, der der Dienstordnung untersteht, und eines Beamten von der praktischen Seite untersuchten.

Professor Dr. Lutz *Richter:* Ich möchte auf die disziplinären Folgen hinweisen. Wären die Herren Beamte, würden sie dem Disziplinarrecht unterstehen.

Vorsitzender: Ich glaube, daß das Gros der Angestellten der Sozialversicherungsträger danach strebt, ein einheitliches Dienstrecht zu bekommen. In Bayern strebt man wohl auch nach einem einheitlichen Dienstrecht? (Reg.Rat *Grassl:* Unbedingt! Die bayerischen Verhältnisse sind auch ganz verworren!)

Oberregierungsrat *Kilian:* Mit Ausnahme des Präsidenten der RfA, der unmittelbarer Reichsbeamter ist, würden sämtliche Herren in der Sozialversicherung mittelbare Reichsbeamte werden. Insofern haben wir jetzt ein einheitliches Recht, und die Verschiedenheiten, die ich in meinem Vortrag auseinandergesetzt habe, sind durch das neue Beamtengesetz wesentlich vereinfacht. Es gilt ausschließlich das Deutsche Beamtengesetz und die Reichsdienststrafordnung und nicht mehr bayerisches, württembergisches Recht usw.

Meines Erachtens müssen wir aber jetzt noch folgenden Punkt überlegen. Es ist die Frage, ob es in Zukunft eine Dienstordnung geben soll, wie wir sie bisher in der Sozialversicherung kennen. Wie Herr Professor Richter auch angeführt hat, gibt es nach dem Arbeitsordnungsgesetz in öffentlichen Betrieben auch eine Dienstordnung. Praktisch ist es aber so, daß m.E. für sämtliche öffentlichen Betriebe eine Tarifordnung für den öffentlichen Dienst aufgestellt werden wird, die zwar nur die Mindestbedingungen enthält, von denen aber vermutlich nur mit Zustimmung des Finanzministers abgewichen werden darf, so daß wir auch praktisch in der Sozialversicherung 100 %ig an die Tarifordnung für den öffentlichen Dienst gebunden sind. Nun scheint es mir doch erwägenswert zu sein, ob man nicht vom Standpunkt der Akademie aus verlangen soll, daß für gewisse Kategorien eine Dienstordnung unter allen Umständen notwendig ist. Ich könnte mir eine Reform auch so denken, daß man die Buntscheckigkeit dadurch beseitigt, daß man für sämtliche Versicherungsträger eine einheitliche Dienstordnung erläßt. Ich könnte mir rein theoretisch auch denken, daß man es bei dem bisherigen Recht beläßt: Wer Beamter war, bleibt Beamter, sämtliche sonstigen Bediensteten bleiben Angestellte, werden aber einer einheitlichen Dienstordnung für sämtliche Versicherungsträger unterworfen. Stenotypistinnen usw. könnten der allgemeinen Tarifordnung für den öffentlichen Dienst unterstellt bleiben. Ich persönlich stehe auf dem Standpunkt, man solle möglichst nach Verbeamtung streben; aber immerhin müssen wir uns die Frage vorlegen, ob wir noch eine Dienstordnung, wie wir sie bisher kennen, beibehalten müssen, gegebenenfalls neben der Verbeamtung. Es ist selbstverständlich indiskutabel, daß unsere bisherigen Dienstordnungsangestellten gewöhnliche Tarifangestellte werden. In dem Augenblick, in dem das gemacht werden soll, muß natürlich das Arbeitsministerium Wert darauf legen, daß solche Angestellte eine bessere Sicherung bekommen als gewöhnliche Tarifangestellte.

Ministerialrat Dr. *Sauerborn:* Ich bin nicht dagegen, daß die Gruppen, die ich als geschäftsleitend ansehe, bis zu den Inspektoren Beamte werden; das erhöht das ganze Niveau. Ich bin nur dagegen, daß die dann Verbleibenden kurzerhand unter die Tarifordnung fallen sollen. Da möchte ich vielmehr, daß sie unter die Dienstordnung kommen.

Hoffmeister: Die Krankenkassen erledigen ihre Arbeiten schon seit Jahrzehnten immer durch dienstordnungsmäßig Angestellte und durch sogenannte Hilfskräfte. Die Allgemeine Ortskrankenkasse [Berlin] hat z.B. 1.280 dienstordnungsmäßig Angestellte und ungefähr die gleiche Anzahl Hilfsarbeiter. Erst vor ganz kurzer Zeit hat das Oberversicherungsamt eine sog. Hilfsarbeiterdienstordnung genehmigt. Sie haben Recht, Herr Richter, wenn Sie sagen, daß die Zahl der Angestellten natürlich nicht dadurch herabgesetzt werden kann, daß man die eine Kategorie, die bisher unter der Dienstordnung stand, nunmehr zu Beamten macht. Die wesentliche Frage ist aber, ob man ihnen die Pensionsberechtigung geben soll. Ich bin auch der Auffassung, daß wir diese Sicherung für die Zukunft unter keinen Umständen fallen lassen können. Dem Finanzminister muß klargemacht werden, daß sich an der finanziellen Lage nichts Wesentliches ändert und daß wir insbesondere keine Belastung der öffentlichen Mittel erstreben. Es fragt sich nur, ob wir die dienstordnungsmäßig Angestellten jetzt mit den Rechten und Pflichten der Beamten ausstatten. Ich möchte überhaupt glauben, daß man sich damit begnügen sollte, den dienstordnungsmäßig Angestellten die Rechte und Pflichten der Beamten zu geben. Ich möchte nur auf folgendes hinweisen. Es ist hier immer eine Zweiteilung nach Beamten und Angestellten vorgenommen worden. Wir haben uns in der Allgemeinen Ortskrankenkasse Berlin bei unserer großen Verwaltung gesagt, daß wir bei den Angestellten die sog. Aushilfskräfte herausnehmen müssen, die man bei Spitzenarbeiten immer braucht, wenn zu Beginn des Jahres Hebelisten umgeschrieben werden sollen usw.

Vor allen Dingen muß man die Stellenanwärter und die Lehrlinge erwähnen. Die Sozialversicherung krankt daran, daß sie keinen Stab von jungen Leuten ausbildet und in höhere Stellen hineinwachsen läßt. Es ist vielleicht eine Folge des früheren Systems, daß man die Leute in dem Glauben in die Sozialversicherung hineinstellte, sie könnten nun auch sofort alles machen, was in der Sozialversicherung notwendig ist. Wir müssen, wie es in jeder ordnungsmäßigen Verwaltung der Fall ist, dazu kommen, daß wir junge Leute mit guter Vorbildung einstellen und die langsam großziehen. Ich möchte bitten, besonders zu erwähnen, daß man Lehrlinge und Anwärter hereinnehmen muß.

Ich möchte noch die Frage der Versorgungsanwärter besonders hervorheben. Wir haben uns bemüht, für alle freiwerdenden Stellen Versorgungsanwärter zu bekommen. Es ist uns aber nicht möglich gewesen, alle 90 % der Stellen, die wir mit Versorgungsanwärtern besetzen müssen, auch wirklich mit ihnen zu besetzen. In die Liste des Oberversicherungsamts lassen sich ja im wesentlichen nur Leute eintragen, die bei wirklichen Behörden nicht ankommen, weil sie nichts weiter leisten. Daß wir die ablehnen, ist selbstverständlich. Wenn wir jetzt dazu kommen, daß wir nicht mehr Beamtenstellen haben sollen, wird der Finanzminister darauf verzichten müssen, daß die Versorgungsanwärter in der Sozialversicherung angestellt werden. Das Reich hat aber das größte Interesse, daß die Versorgungsanwärter untergebracht werden.

Bei den Angestellten der Genesungsheime bin ich auch der Auffassung, daß sie keinesfalls Beamte sein sollen. Da handelt es sich mehr oder weniger um freiwillige Aufgaben, die eine Krankenkasse zusätzlich übernimmt.

Die Unterscheidung schließlich, wer nun Beamter werden soll und wer Angestellter, möchte ich auch nicht etwa nach Gruppen entschieden wissen. Die Unterscheidung, wie sie in den Leitsätzen zugrunde gelegt ist, widerspricht sich selbst. Ich bin der Auffassung, daß man es mit Herrn Sauerborn darauf abstellen soll, ob der Betreffende eine gewisse Entscheidungsbefugnis hat. Solchen Leuten kann man ohne weiteres die Rechte und Pflichten der Beamten geben.

Die Frage, ob ein wesentlicher Unterschied zwischen den dienstordnungsmäßig Angestellten und Beamten besteht, möchte ich bejahen. Die Auswirkungen des Disziplinarrechts sind nicht zu unterschätzen. Es ist eine Sicherung, die der Beamte hat, daß er von seinesgleichen in einem mehr oder weniger auf seine besondere Stellung zugeschnittenen Verfahren beurteilt wird. Er wird nicht auf das arbeitsgerichtliche Verfahren verwiesen, und dann besteht im Beamtenrecht noch die Möglichkeit, daß die Hälfte oder ein Viertel der Pension bezahlt wird. All das kennt die Dienstordnung nicht. Diese sieht nur die Kündigung vor. Das empfinden die Krankenkassenangestellten als einen ganz wesentlichen Unterschied. Ich würde es deshalb begrüßen, wenn man hier die Beamtenstellung einführen und sie einfach in die Dienstordnung hineinbringen würde. Die Dienstordnung halte ich für nötig, weil ja immer der Stellenplan in ihr enthalten sein muß, der nicht einheitlich für das Reich geschaffen werden kann.

Regierungsrat *Grassl:* Wir leiden in Bayern unter denselben Schwierigkeiten, insbesondere hinsichtlich des Nachwuchses. Die Versorgungsanwärter müssen bekanntlich die Krankenversicherung und die Arbeitslosenversicherung bezahlen und scheiden schon aus diesen matierellen Gründen zu einem sehr großen Teil aus. Außerdem werden sie bei der Post und der Eisenbahn ohne weiteres in die Gruppe 8 a eingestellt, während sie bei uns in der Eingangsstufe 9 a sind. Wenn man ihnen auch entgegenhält, daß sie nach bestandener Prüfung weiterkämen, so wechselt doch ein sehr wesentlicher Teil der Versorgungsanwärter in diese Stellen hinüber.

Es ist vorhin von dem einheitlichen Dienstrecht gesprochen worden. Wir sind in Bayern hinsichtlich des Prüfungsrechts in großem Nachteil. Wir müssen heute zu einem großen Teil Leute aus der Gemeindeverwaltung herübernehmen, die die Prüfung für den mittleren Verwaltungsdienst bestanden haben. Man versucht natürlich, die besten Kräfte zu bekommen; aber der Staat tut dasselbe, und so bekommt man doch nicht das Menschenmaterial, das man in der Sozialversicherung haben müßte. Da müßte erreicht werden, daß die Sozialversicherung die Prüfung für sich durchführen darf. Unsere Eingangsgruppe ist 9 a. Die Gruppe 8 a setzt schon das Bestehen der A-Prüfung voraus. Vielleicht könnte man sagen: Beamtenstellen werden für solche Leute eingerichtet, die die Prüfung A bestanden haben. Wir haben das Recht, als Hoheitsverwaltung im Dritten Reich angesehen zu werden, und bei dieser Gelegenheit darf hervorgehoben werden, daß noch nicht überall der Gedanke durchgedrungen ist, daß die Sozialversicherung im nationalsozialistischen Staat die Hauptsäule zu sein hat. Wenn die inneren Verwaltungen der Post, der Eisenbahn, der Finanzhoheitsverwaltungen sind, so müssen auch wir heute Hoheitsverwaltung werden.

Vorsitzender: Vorhin ist gesagt worden, daß die RfA den Angestellten Urkunden ausstellt, daß sie Beamte der RfA sind. Nach meiner Auffassung hat der Präsident der RfA nicht das Recht dazu.

Oberregierungsrat *Kilian:* Es ist im Rahmen unserer Reformpläne unbedingt notwendig, auch auf diese Dinge einzugehen. Die Frage knüpft an § 103 AVG an, und mein Ministerium hat zusammen mit dem Finanzministerium bisher auf dem Standpunkt gestanden, daß das Wort „Beamte“ in dieser Bestimmung in dem Sinne gebraucht war, daß nicht Beamte im engeren staatsrechtlichen Sinn, sondern im weiteren Sinn gemeint waren und damit auch die Angestellten erfaßt werden sollten. Selbstverständlich stecken auch in § 103 Beamte, und das sind nach Auffassung meines Ministeriums die außerplanmäßigen Beamten. Der Präsident der RfA ist selbstverständlich in der Lage, außerplanmäßige Beamte anzustellen. Immerhin ist gerade diese Streitfrage, ob die zahlreichen Mittel- und Unterbeamten der RfA Beamte sind oder nicht, Anlaß, uns schärfstens dafür einzusetzen, daß das Dienstrecht so gefaßt wird, daß alle die Leute auch wissen, woran sie sind. Als das Berufsbeamtengesetz durchgeführt wurde, war diese Frage insofern von großer Bedeutung, als zu prüfen war, ob Leute, die im Interesse des Dienstes zu entfernen waren, nach § 6 des Gesetzes oder nach der Nr. 6 der zweiten Durchführungsverordnung entlassen werden mußten. Das hatte für die Leute wirtschaftlich eine ungeheure Bedeutung. Waren sie Beamte, dann wurden sie pensioniert; waren sie Angestellte, dann wurden sie entlassen. Auch bei dieser Gelegenheit hat man sich auf den Standpunkt gestellt, daß die Bediensteten der RfA Angestellte und nicht Beamte sind.

Zweifellos ist der Grundsatz anerkannt, daß jede Körperschaft des öffentlichen Rechts in der Lage ist, Beamte anzustellen. Durch unsere Aufbaugesetzgebung ist ja für Bayern eine ganz neue Kategorie von Beamten geschaffen worden, die der Anstaltsbeamten. Auch das muß für uns Anlaß sein zu fordern, daß Bedienstete, die obrigkeitliche Aufgaben zu erfüllen haben, schlechthin Beamte sind. Es sind keine Beamten, die zum Reich oder zu einem Land in einem Verhältnis stehen, sondern das müßten m.E. durchweg Beamte der Körperschaften des öffentlichen Rechts sein, damit nach dem neuen Beamtengesetz also mittelbare Reichsbeamte. Ob es allerdings zu erreichen ist, daß man die Beamten der Landesversicherungsanstalten aus der inneren Verwaltung, bei der sie sich augenblicklich befinden, loslöst, ist die große Frage. An der Tatsache wird auch durch das neue Beamtengesetz nichts geändert, daß die Beamten der Landesversicherungsanstalten disziplinär der inneren Verwaltung unterstellt bleiben. Sie werden nach wie vor Landesbeamte sein, die abkommandiert sind. Aber m.E. müßte auch der Ausschuß der Akademie ganz eindeutig verlangen, daß sie zu einer richtiggehenden Sozialverwaltung kommen, daß die an und für sich selbständigen Körperschaften des öffentlichen Rechts auch eigene Beamte haben.

Ich habe bei den Berufsgenossenschaften sehr oft die Erfahrung gemacht, daß unverhältnismäßig viele Leute zu Amtmännern befördert werden. Da glaube ich, daß wir uns von den Titeln freimachen müssen. In Form von Richtlinien müßte einheitlich für das Reich festgelegt werden, daß bei soundso viel Versicherten ein Amtmann, zwei Oberinspektoren, drei Inspektoren und soundso viel Sekretäre angemessen sind. Die derzeitigen Bediensteten können selbstverständlich nicht in ihren Bezügen geschmälert werden, und noch auf Jahre hinaus werden wir mit einem Soll-Haushalt und einem Ist-Haushalt zu rechnen haben. Natürlich werden Beamte immer nur die Leute sein können, die herausgehoben sind und gewisse leitende Funktionen auszuführen haben. Daß jeder Leiter, jeder stellvertretende Leiter und jeder Vollziehungsbeamte eines Versicherungsträgers, und wenn dieser noch so klein ist, Beamter sein muß, ist selbstverständlich. Aber m.E. können wir nicht verlangen, daß gerade bei den großen Versicherungsträgern alle Leute Beamte werden; denn wir müssen wieder Wert darauf legen, daß derjenige, der zum Beamten ernannt wird, auch wirklich Beamter ist! Ich denke, daß wir bei den großen Versicherungsträgern die Zahl der Beamten möglichst klein halten müssen, d.h. die Leute hervorheben müssen, die leitende Funktionen auszuüben haben, und daß sich diesen Beamten eine große Zahl von Angestellten anschließt. Selbstverständlich weiß der Finanzminister sehr genau, daß damit der Steuersäckel nicht im mindesten belastet wird, da die Leute, die bisher in einem Dauerverhältnis stehen, praktisch Beamte sind, insbesondere im Hinblick auf die Pension. Aber der Finanzminister sieht nicht nur die Dauerangestellten der Sozialversicherungsträger, sondern auch die der Gemeinden. Da ist ja bekannt, daß die Gemeinden in der Systemzeit ganz willkürlich Beamtenstellen geschaffen haben, und nun hat das Innenministerium die Aufgabe, in diese verworrenen Verhältnisse Ordnung zu bringen. Unter leitender Funktion verstehe ich übrigens nicht nur die Tätigkeit, den Namen nach außen hin unter Schriftstücke zu setzen, sondern auch die Vorbereitung solcher Hoheitsakte. Beamter soll derjenige sein, der eine gewisse Anordnungsbefugnis gegenüber anderen Beamten hat. Es geht nicht an, z.B. sämtliche Bedienstete der RfA ins Beamtenverhältnis zu überführen.

Vorsitzender: Die anderen Sozialversicherungsträger, die Körperschaften des öffentlichen Rechts sind, z.B. die AOK, pochen immer darauf, daß bei der RfA Urkunden über die Ernennung zum Beamten der RfA ausgestellt werden. Es heißt dann, daß sie ebensogut Körperschaft des öffentlichen Rechts seien, und die Angestellten fragen, warum sie keine solche Anstellungsurkunde bekämen.

Direktor *Schäfer:* Die „Beamten" und Angestellten der RfA werden vom Präsidenten ernannt; das steht ausdrücklich in § 103 des Gesetzes. Wir stehen von jeher auf dem Standpunkt, daß unsere Beamten heute schon Beamte im staatsrechtlichen Sinne sind, sind allerdings mit der Aufsichtsbehörde nicht einig. Das Arbeitsministerium hat unseren Standpunkt nie anerkannt. Die Nachteile, die sich aus diesen Zweifeln ergeben haben, sind immer gegen unsere Beamten ausgewertet worden, z.B. bei der Ariergesetzgebung, beim Pfändungsschutz und in Bezug auf das Heimstättengesetz, so daß die Reichsversicherungsanstalt als solche außerordentlichen Wert darauf legt, daß alsbald klargestellt wird, was unsere Beamten sind. Wir selbst streben an, daß unsere sämtlichen dienstordnungsmäßig Angestellten als Beamte im Sinne des neuen Deutschen Beamtengesetzes betrachtet werden. Die Zusammensetzung ist folgende. Wir haben 57 Beamte des höheren Dienstes, die die Rechte und Pflichten der Reichsbeamten haben, daneben eine Reihe von Referenten, die auf Angestelltenvertrag beschäftigt sind. Dazu kommen ungefähr 836 mittlere Beamte, die auf Lebenszeit angestellt sind, und noch 42 Unterbeamte, die nach der Dienstordnung auch Beamte sind; das sind unsere Geldzähler, Botenmeister usw. Insgesamt sind es 878 Beamte, für die die Behörde anstrebt, daß sie als Beamte im Sinne des neuen Beamtengesetzes anerkannt werden. Daneben haben wir eine Reihe von Angestellten, die auch nach unserer Auffassung Angestellte bleiben müssen: unsere Stenotypistinnen usw.

Auch wenn man anstrebt, daß die Beamteneigenschaft bei den Inspektoren aufhört, entsteht das Problem, was wir mit den Versorgungsanwärtern machen sollen. Das Angebot an Versorgungsanwärtern reicht ja keineswegs aus. Wir kriegen im allgemeinen nur die Kräfte, die ein schwächeres Examen gemacht haben. Die bilden wir aus, und so wie ihnen ein richtiger Beamtenposten angeboten wird, gehen sie! Seit 1933 sind uns auf diese Weise über 100 Beamte weggegangen, die wir ausgebildet haben. Für die Unterbeamten und die mittleren Beamten wird der Wehrminister immer Wert darauf legen, daß ihnen die Beamtenstellen erhalten bleiben. Darum wird man nicht schon bei den Inspektoren mit den Beamtenstellen aufhören können. In den Leitsätzen müßten wir nicht sagen: „soweit sie obrigkeitliche Aufgaben zu erfüllen haben", sondern: „soweit nach der Art ihrer Aufgaben die Bedürfnisse des einzelnen Versicherungsträgers es erfordern". Darauf muß die Schaffung von Beamtenstellen abgestellt werden!

Was die Ersatzkassen betrifft, so stimme sich mit Herrn Ministerialrat Sauerborn überein, und bei den Betriebskrankenkassen bin ich auch der Auffassung, daß es sich um Angestellte des Betriebs und nicht der Krankenkassen handelt. Ich bin auch der Meinung, daß man bei den Sozialversicherungsträgern die Beamten nach dem DBG und Angestellte unterscheiden soll. In den Leitsätzen würde ich sagen: „nach der Tarifordnung für den öffentlichen Dienst oder einer Dienstordnung". Wenn wir bei den Versicherungsträgern Beamte und Angestellte nebeneinander beschäftigen, zwingt uns die Notwendigkeit, auch die Angestellten besser zu versorgen, als es nach der Tarifordnung möglich ist. Ich persönlich bin der Auffassung, daß man sich den Weg offenhalten soll, die nichtbeamteten Bediensteten später unter die Dienstordnung zu stellen.

Den dritten Leitsatz halte ich auch für richtig, während mir der vierte Leitsatz, daß sämtliche Versicherungsträger dienstherrnfähig sind, überflüssig erscheint.

Was die Heilanstalten und Güter anlangt, so haben wir einen unmittelbaren Vertrag im allgemeinen nur mit dem Chefarzt und dem Wirtschaftsleiter. Alle übrigen Kräfte sind Angestellte unseres Chefarztes. Auch diese sollen gar nicht unter das Beamtengesetz fallen, während ich mir vorstellen kann, daß man für die Stellen der Chefärzte eine beamtenähnliche Versorgung anstreben muß, um überhaupt geeignete Kräfte zu bekommen.

Dr. *Wischer:* Wenn beispielsweise die Ersatzkassen Körperschaften des öffentlichen Rechts werden sollten, wird man sie genauso behandeln müssen wie die anderen Versicherungsträger. Es mag vielleicht ein gewisser Schönheitsfehler sein, wenn wir die Betriebskrankenkassen hier ausnehmen müssen, nur glaube ich, daß gewisse praktische Überlegungen dagegen sprechen, die im Dienst der Betriebskrankenkassen stehenden Angestellten hier mit zu erfassen. Sie sind eben Angestellte des Betriebes. Vielleicht mit Ausnahme der ganz großen Betriebskrankenkassen kommt es doch sehr häufig vor, daß sie nach einiger Zeit wieder in den Betrieb zurücktreten.

Was die Hauptfrage betrifft, so dürften wohl die beiden extremen Standpunkte für unsere Betrachtungen ausscheiden: möglichst alle Bediensteten in der Sozialversicherung zu Beamten zu machen oder niemanden. Man wird also einen mittleren Weg gehen müssen und da bin ich der Auffassung, daß man hier in Beamte, Angestellte und Arbeiter unterteilen muß. Schwierig wird natürlich die Abgrenzung sein, wer Beamter werden und wer Angestellter bleiben soll. Ich habe auch Herrn Kilian nicht so verstanden, daß die Dienstbezeichnung Inspektor unter allen Umständen maßgebend sein soll, sondern es sollte wohl zum Ausdruck gebracht werden, daß diejenigen, die in irgendeiner Form eine entscheidende Funktion ausüben, Beamte werden müssen. Ob man sich in unserem Gutachten gar nicht näher darüber auslassen sollte, wer darunter zu verstehen ist, möchte ich bezweifeln. Ich würde es doch für zweckmäßig halten, wenn wir mindestens an Hand von Beispielen unsere Auffassung in dieser Beziehung darlegen.

In der Frage der Behandlung der Angestellten bin ich allerdings anderer Auffassung, als hier verschiedentlich hier vorgetragen wurde. Ich möchte nicht, daß wir bei den Angestellten noch eine Unterteilung nach Dienstordnungsangestellten und anderen Angestellten machen, die einer Tarifordnung unterliegen würden. Ich bin vielmehr dafür, daß sämtliche Angestellte einer Tarifordnung zu unterstellen sind, und ich würde den Kreis derjenigen, die man zu Beamten machen will, noch größer ziehen, um die Unterteilung zu vermeiden. Ich glaube, daß man die bestimmt wünschenswerte Sicherung der Stellung der Angestellten durchaus mit einer Tarifordnung erreichen kann. Ich könnte mir sehr wohl vorstellen, daß man ihnen einen weitgehenden Kündigungsschutz gibt, daß ihnen nur aus einem wichtigen Grunde gekündigt werden kann. Ich glaube, es würde vollkommen ausreichen, wenn wir mit diesen Sicherungen die noch verbleibenden Angestellen ausstatten würden. Ich denke daran, daß man eine besondere Angestelltentarifordnung für die Sozialversicherung schafft.

Als letzte Gruppe bleiben die Arbeiter. Darüber ist von uns aus nicht viel zu sagen.

Vorsitzender: Herr Direktor Schäfer, Sie meinten auch, daß man nur nach Beamten und Angestellten unterscheiden und nicht zwei verschiedene Gruppen von Angestellten schaffen soll? (Dir. *Schäfer:* Jawohl! Wenn man nur eine Gruppe von Angestellten hat, kann man auch von einer besonderen Dienstordnung absehen.)

Professor Dr. Lutz *Richter:* Wenn ein großer Kreis von Bediensteten der Sozialversicherungsträger in das Beamtenverhältnis übergeführt werden würde, würde das Bedürfnis nach einem Kündigungsschutz für die langdienenden Dienstordnungsangestellten entfallen. Die andere Frage wäre, ob man ihnen zu ihren versicherungsmäßigen Renten eine zusätzliche Altersversorgung einräumen soll. Auf diese Weise könnte es vermieden werden, daß man bei den Leuten, die man nicht zu Beamten macht, zu weiteren Unterscheidungen kommt. Wenn es nicht zu erreichen ist, daß hinreichend viele Kräfte, die in der Sozialversicherung tätig sind, Beamte werden, dann müßte man sich vielleicht doch noch überlegen, ob man eine eigene Rechtsform konstruiert, wie sie heute in Gestalt des Dienstordnungsangestellten besteht. Jedenfalls leuchtet mir gar nicht ein, daß es künftig noch eine solche Konstruktion geben soll, bei der jemand zwar weder unmittelbarer noch mittelbarer Reichsbeamter ist, wohl aber mit den Pflichten und Rechten eines Beamten ausgestattet ist. Künftig kann es nur noch echte Beamte und Tarifangestellte geben. Wenn man hier Besonderheiten einführen wollte und auf der anderen Seite mit der Verleihung der Beamteneigenschaft sehr zaghaft wäre, würde ich meinen, daß man lieber eine völlig eigene Regelung schaffen sollte, zu der das Aufbaugesetz die hinreichende Grundlage geben würde. Jedenfalls scheint es mir im Interesse der Beteiligten zu liegen, daß nun endlich einmal ganz klare Verhältnisse geschaffen werden.

Ministerialrat Dr. *Sauerborn:* Ich könnte mich der Auffassung von Herrn Dr. Wischer anschließen und sagen, wir wollten auf der einen Seite Beamte und auf der anderen Seite lediglich Tarifordnungsangestellte haben, wenn ich die Hoffnung hätte, daß man einen großen Teil derjenigen, die die Versicherungsgeschäfte besorgen, zu Beamten machen würde. Ich weiß aber, daß die Beamtenministerien und das Finanzministerium auf dem Standpunkt stehen, daß die Hinterbliebenen- und Altersversorgung nur Beamte haben sollen und alle anderen auf Versicherungseinrichtungen usw. verwiesen werden sollen. Weil ich das weiß, habe ich den Appell an Sie gerichtet, die Frage des Vorrangs der Dienstordnung vor der Tarifordnung zu beachten. Wenn erst die Tarifordnung für die öffentlichen Angestellten maßgebend ist, ist es mit der Ruhegehaltsversicherung wahrscheinlich vorbei. Ich glaube aber, daß wir alle diese Sicherung wollen, zum mindesten in dem Umfang, der bisher bestanden hat. Deshalb möchte ich noch eine Frage in die Debatte werfen. Die Tatsache, daß die Ruhegehaltsversicherung in den verschiedensten Formen durchgeführt wird, hat dann zu unüberwindlichen Schwierigkeiten geführt, wenn jemand im Interesse des Dienstes versetzt werden soll. Im Augenblick der Versetzung sind nämlich die Versicherungsbeiträge der bisherigen Kasse verfallen, wenn der Mann z.B. nicht mehr in Württemberg, sondern in Bayern oder Baden tätig ist. Es erscheint mir daher notwendig, daß man die Frage einer einheitlichen Ruhegehaltskasse für sämtliche Sozialversicherungsträger ernsthaft prüft, damit nicht an solchen Äußerlichkeiten dienstliche Notwendigkeiten scheitern.

Senatspräsident *Kühne:* Wir müssen uns auf große Richtlinien beschränken und dürfen nicht in Einzelheiten gehen. Da tauchen die beiden großen Fragen auf: auf der einen Seite die Abgrenzung der Beamtengruppe und auf der anderen Seite die Rechtsverhältnisse der Angestellten. Was die Abgrenzung der Beamtengruppe anlangt, so bin ich der Meinung, daß es für uns unmöglich ist zu sagen, daß bis zu einer bestimmten Gruppe Beamtenverhältnisse vorliegen sollen. Das läßt sich für die Versicherungsträger in ihrer unendlichen Vielseitigkeit beim besten Willen nur sehr schwer einheitlich regeln. Die Notwendigkeit, Beamte anzustellen, wird sich immer nach den inneren Bedürfnissen des Versicherungsträgers richten; eigentliche obrigkeitliche Aufgaben in dem engeren Sinne tauchen da ja weniger auf. Es handelt sich gar nicht darum, daß Entscheidungen durch den Beamten getroffen werden, die unter Umständen außerordentlich fern von dem sind, was man sonst als Entscheidung im Rechtssinne zu bezeichnen pflegt. In Wirklichkeit handelt es sich um etwas anderes. Ein Grundgesichtspunkt des Beamtenverhältnisses ist doch die verstärkte Treupflicht. Diese kann nun keineswegs nur da eintreten, wo Entscheidungen gefällt werden, sondern sie tritt unter Umständen auch bei einfacheren Amtshandlungen auf, etwa beim Transport von Geheimerlassen. Auch in solchen Fällen wird es notwendig sein, auf ein Beamtenverhältnis abzukommen, auch wenn bisher sogar nur ein Arbeiterverhältnis bestanden hat. Die Abgrenzung nach einer bestimmten Kategorie von Leuten, also Inspektoren usw. halte ich auf Grund meiner eigenen Erfahrungen für unmöglich.

Nun zur Frage, wie die Verhältnisse der Angestellten oder der arbeitsvertraglich beschäftigten Leute geregelt werden sollen! Ich halte die Lösung mit der Dienstordnung für eine Verlegenheitslösung, die sich daraus ergibt, daß man die Grenze, wo das Beamtenverhältnis anfängt und wo es aufhört, nicht recht festzulegen vermag. Da möchte ich die Bedenken des Finanzministeriums teilen, in dieser Weise die Grenze zwischen Beamten und Angestellten im öffentlichen Dienst zu verwischen. Die Gefahr, die darin liegt, daß ein zu großer Personenkreis in das Beamtenverhältnis einbezogen wird, ist zweifellos vorhanden. Die Frage, wieviel Personen Beamte werden sollen, ist eine Frage des Stellenplans, mit der wir uns im Akademieausschuß nicht zu beschäftigen haben. Wir sollen ja nur Zukunftsrecht schaffen und können daher das Übergangsrecht unberücksichtigt bleiben lassen. Daß Leute, die heute schon Rechte aus der Dienstordnung haben, sie für ihre Person behalten, ist wohl klar. Insofern wird die Notwendigkeit, auf einmal Beamte in unbegrenztem Maße neu zu kreieren, gar nicht eintreten.

Zur Frage der Lehrlinge oder Stellenanwärter bin ich der Meinung, daß man sich, nachdem heute die Erwerbung der Beamteneigenschaft in ein höheres Lebensalter gerückt ist, deswegen keine Sorgen zu machen braucht. Ich halte es für einen Vorzug, daß man einen gemeinsamen Unterbau schafft, der es ermöglicht, daß der Einzelne nach seinen besonderen Fähigkeiten und Neigungen in ein Beamtenverhältnis übergeführt wird. Der gemeinsame Unterbau für junge Leute wird sich im Rahmen des Arbeitrechts halten müssen, und da kommen die Erwägungen, ob irgendwelche beamtenmäßigen Bindungen eintreten, überhaupt nicht in Betracht.

Vorsitzender: Ich kann feststellen, daß wir in ganz großen Zügen in unserer Auffassung einig sind. Ich werde also eine Kommission bilden, die sich mit der weiteren Ausarbeitung beschäftigt. Dabei möchte ich erwähnen, daß der Herr Reichsfinanzminister vor einigen Monaten darum gebeten hat, bei der Behandlung solcher grundsätzlicher Fragen, an denen auch der Finanzminister beteiligt ist, einen Herrn seines Ministeriums zuzuziehen. Das wird in Zukunft geschehen.

Zu unseren weiteren Aufgaben möchte ich bemerken, daß der Präsident der Akademie schon die Frage der Altersversorgung angedeutet hat, mit der sich bereits zahlreiche Dienststellen beschäftigen. Ich habe seinerzeit dem Herrn Präsidenten der Akademie erklärt, daß diese Frage nach zwei Richtungen hin gelöst werden könne, entweder durch eine Steuer oder durch den Anschluß an die Sozialversicherung. Das Sozialamt der Deutschen Arbeitsfront beschäftigt sich zur Zeit auch schon mit dieser Frage der umfassenden Altersversorgung. Von ausschlaggebender Bedeutung sind dabei die Gruppen der Handwerker und der Gewerbetreibenden und Kaufleute. Die Unterlagen, die uns für diese Gruppen zur Verfügung stehen, sind leider sehr wenig eingehend. Ich habe auch bereits mit Herrn Prof. Riebesell gesprochen, der seine Auffassung schriftlich übersandt hat. Er geht davon aus, einen neuen Versicherungsträger zu schaffen, der von sämtlichen Versicherungsgesellschaften kombiniert gebildet werden soll. Ich sehe die Sachlage doch etwas anders. Die Handwerker waren bestimmt alle schon einmal in einem Versicherungsverhältnis zur Sozialversicherung. Ich habe immer wieder darauf hingewiesen, daß es ihre eigene Schuld ist, wenn sie nicht in der Versicherung sind. Ebenso liegt es bei den Gewerbetreibenden und Kaufleuten, die seit dem Januar 1913 sicher einmal versichert waren. Die freien Berufe kann man wohl außer acht lassen. Sie haben zum großen Teil die Möglichkeit, sich durch die Privatversicherung eine Versorgung zu schaffen. Mit der Altersversorgung der beiden anderen Gruppen wird sich der Ausschuß aber in der nächsten Zeit beschäftigen müssen.

Der Ausschuß beabsichtigt, die nächste Tagung wieder außerhalb Berlins abzuhalten.

(*Schluß der Sitzung: 17 Uhr 5 Minuten.*)

XV. Protokoll der Sitzung vom 30.8.1937 (Dienstrecht der Beamten und Angestellten der Sozialversicherung)

Der *Vorsitzende* eröffnet die Sitzung und begrüßt die Mitglieder. Er führt aus: Bevor wir in die Beratung eintreten, möchte ich darauf hinweisen, daß wir uns in der letzten Sitzung, in der wir das gleiche Thema behandelten, darüber klar waren, daß die Leitsätze, die wir aufgestellt hatten, die Grundlage für unser Gutachten bilden sollten. Auf Grund der damaligen Vereinbarungen habe ich Gelegenheit genommen, mit dem Herrn zu sprechen, den der Herr Finanzminister zu den Sitzungen unseres Ausschusses beordert hatte, soweit das Finanzministerium für das Thema irgendwie in Betracht kam. Dieser Herr war sehr schwer zu erreichen, da er dauernd auf Reisen ist. Er ist auch heute wieder verhindert, an der Sitzung teilzunehmen.

Ich habe inzwischen aber auch mit dem zuständigen Herrn Dezernenten für das Dienstrecht im Finanzministerium, Herrn Ministerialdirigent *Fischbach*, eine sehr lange Unterredung gehabt. Dabei hat sich herausgestellt, daß unsere Befürchtung nicht eingetroffen ist und daß sich der Ausschuß für das Beamtentum mit dieser Frage noch nicht beschäftigt hat und auch nicht beabsichtigt, das anzuschneiden. Daß aber Herr Ministerialdirigent Fischbach für unser Gutachten großes Interesse hat, hat die Besprechung ergeben. Ich hatte den Eindruck, daß er beinahe bei allen diesen Dingen, die wir im Auge haben, mit uns konform geht - mit einer Ausnahme: er glaubte, bei den Berufsgenossenschaften solch ein Recht nicht einführen zu können. Wie er dazu kommt und woher diese Annahme und Stellungnahme rührt, kann ich nicht sagen. Aber es war mir doch etwas merkwürdig. Ob das nun von der Wirtschaft ausgeht oder nicht, kann ich nicht beurteilen. Jedenfalls hatte er Bedenken, dieses Dienstrecht bei den Berufsgenossenschaften so zu verankern. Sonst aber war er in allen Dingen einverstanden und zeigte ein sehr großes Interesse. Er bat sogar darum, daß mit ihm noch einmal das Gutachten besprochen werde, bevor es vorgelegt werde. Darüber werden wir noch zu entscheiden haben.

Dann ist in der Zwischenzeit noch etwas zur Sprache gekommen, was mich ebenfalls etwas komisch berührt hat, daß das Finanzministerium erheblich in die Dienstverhältnisse der jetzigen Beamten und Angestellten in der Sozialversicherung eingreift; wenn ein langjähriger Tarifangestellter bei einer Krankenkasse, der während seiner ganzen Dienstzeit bewiesen hat, daß er für besondere Aufgaben der richtige Mann ist, heute zu den Gemeinschaftsstellen in der Sozialversicherung, also gewissermaßen zur Landesversicherungsanstalt, übertritt, so muß er nach einer Anordnung des Finanzministeriums in seiner Gruppe wieder von vorn anfangen. Soweit ich durch Herrn Ministerialrat *Sauerborn* informiert worden bin, hat sich das Arbeitsministerium auf den Standpunkt gestellt, daß man davon wohl Kenntnis nimmt, die auf diese Weise entstandenen Härten aber möglichst weitgehend auszugleichen sucht. Das ist aber immerhin ein deutliches Zeichen dafür, wie das Finanzministerium in dieser Frage urteilt. Meines Erachtens liegt eine ungeheure Härte in dieser Verfügung. Das wird wohl uns bei unseren Besprechungen und bei unserem Gutachten sehr stark beeindrucken.

Ich möchte nun vorschlagen, daß uns der Referent für diese Fragen, Herr Oberregierungsrat Dr. *Kilian*, einen Vortrag über den augenblicklichen Stand dieser Dinge hält und daß wir dann unser Gutachten soweit vorbereiten, daß wir es heute abend oder morgen vormittag durchsprechen können.

Ich darf wohl auf Ihr Einverständnis damit rechnen, daß wir uns nun nicht mehr nach dem Finanzministerium richten, sondern unser Gutachten so einreichen, wie wir es hier abschließen. Dann möge es seinen Lauf nehmen. Es hat keinen Wert, daß wir uns noch im letzten Augenblick, wenn wir über alle Fragen im klaren sind, noch von dem Herrn des Finanzministeriums hineinreden lassen und uns unter Umständen gezwungen sehen, die ganze Arbeit umzustoßen und neu aufzubauen.

Oberregierungsrat Dr. *Kilian:* Ich habe am 22. Oktober 1936 in München die damaligen Verhältnisse dargelegt und mir erlaubt, unter der Herrschaft des alten Beamtenrechts dem Ausschuß Vorschläge zu unterbreiten. Durch das Deutsche Beamtengesetz, das am 1. Juli d.J. in Kraft getreten ist, haben sich die Dinge teilweise grundsätzlich geändert. Allerdings hat das Deutsche Beamtengesetz in mancher Beziehung nicht die Lösung gebracht, die man von ihm erwartet hatte.

In meinem damaligen Vortrag habe ich einleitend auseinandergesetzt, welch verschiedenartige Bedienstete bei den Versicherungsträgern beschäftigt sind. Ich hatte damals ausgeführt, daß die bei der Versicherung Tätigen Reichsbeamte, Landesbeamte, Provinzialbeamte, Anstaltsbeamte und Regulativbeamte sind und daß daneben noch in weitaus größter Zahl die dienstordnungsgemäß Angestellten stehen. Außerdem gibt es noch Tarifangestellte. An der Vielzahl dieser Arten von Beamten hat sich leider auch durch das Deutsche Beamtengesetz nicht sehr viel geändert. Wenn man die Bestimmungen des Deutschen Beamtengesetzes liest, könnte man meinen, es gäbe jetzt keine Landesbeamten mehr, es gäbe keine Provinzialbeamten, keine Anstaltsbeamte usw. mehr. Leider gibt es solche Beamte auch noch nach dem Deutschen Beamtengesetz. Das Deutsche Beamtengesetz sagt zwar, es gebe künftig nur noch unmittelbare Reichsbeamte und mittelbare Reichsbeamte. Wer aber mittelbarer Reichsbeamter ist, ist nach wie vor nicht einheitlich geregelt. Mittelbare Reichsbeamte sind nach wie vor Landesbeamte, Provinzialbeamte, Anstaltsbeamte, Regulativbeamte usw. Das Deutsche Beamtengesetz hat im allgemeinen für die Beamten des Reichs und der Länder einheitliche Vorschriften geschaffen, aber für die Beamten der Körperschaften des öffentlichen Rechts hat es sich darauf beschränkt, gewissermaßen Richtlinien herauszugeben. Ich muß darauf näher eingehen, weil wir auch bei unseren Vorschlägen die entsprechenden Paragraphen des Deutschen Beamtengesetzes zugrunde legen müssen.

Aus § 151 DBG ergibt sich, daß das Deutsche Beamtengesetz für die Beamten der öffentlichrechtlichen Körperschaften dem Gesetzgeber nur gewisse Grundsätze gegeben hat, daß aber der Gesetzgeber, insbesondere der Ressortminister im Einvernehmen mit den Reichsministern des Innern und der Finanzen noch weitere Vorschriften erlassen müssen. So ist es ganz erklärlich, daß nach dem 1. Juli von allen möglichen Ministerien Durchführungsvorschriften erlassen worden sind, die im einzelnen klarlegen, wer Dienstvorgesetzter, wer höherer Dienstvorgesetzter, wer oberste Aufsichtsbehörde ist usw. Diese verschiedenen Erlasse stimmen teilweise wörtlich überein, weichen teilweise aber auch voneinander ab. Das Recht der öffentlichen Körperschaften ist also noch nicht so einheitlich geworden, wie man es nach dem Deutschen Beamtengesetz annehmen könnte. Jedenfalls müssen wir leider davon ausgehen, daß bei den Sozialversicherungsträgern immer noch verschiedene Kategorien von Beamten tätig sind.

Ich will auf die einzelnen Versicherungsträger nur beispielsweise eingehen und beginne bei der *Reichsversicherungsanstalt für Angestellte.* Der Leiter der Reichsversicherungsanstalt für Angestellte ist nach heutigem Recht unmittelbarer Reichsbeamter, was darauf zurückzuführen ist, daß das Aufbaugesetz die Leitung der Reichsversicherungsanstalt einem Reichsbeamten übertragen hat und daß die Stelle des Präsidenten der Reichsversicherungsanstalt im Reichshaushalt steht, obwohl das Reich mit keinem Pfennig daran beteiligt ist.

Der größte Teil der Beamten der Reichsversicherungsanstalt, insbesondere die mittleren und unteren Beamten, nennen sich zwar Beamte, sind aber in Wahrheit dienstordnungsmäßig Angestellte, so daß bei der Reichsversicherungsanstalt nur noch eine verhältnismäßig kleine Zahl von Beamten übrigbleibt, die wirklich Beamte sind. Das sind nun keine Beamten, die zu dem Reich in näherer Beziehung stehen, sondern es sind eigentliche Anstaltsbeamte. Da aber die Anstaltsbeamten von früher her die Rechte und Pflichten von Reichsbeamten hatten, so sind sie heute Anstaltsbeamte und damit mittelbare Reichsbeamte.

Bei den *Landesversicherungsanstalten* liegen die Dinge ebenfalls verschieden. Die süddeutschen Landesversicherungsanstalten sind im allgemeinen mit unmittelbaren Landesbeamten besetzt, die damit natürlich ebenfalls mittelbare Reichsbeamte geworden sind, während ein Teil von ihnen, wie die Landesversicherungsanstalt Baden, mittelbare Landesbeamte beschäftigt, die nach badischem Recht Anstaltsbeamte sind. Die norddeutschen Landesversicherungsanstalten sind im allgemeinen nur hinsichtlich der Beamten des höheren Dienstes mit Provinzialbeamten besetzt; im übrigen beschäftigen die norddeutschen Landesanstalten Anstaltsbeamte. Eine Ausnahme bildet wieder die Landesversicherungsanstalt Rheinprovinz, die nur Provinzialbeamte beschäftigt.

Sie sehen daraus, daß das Deutsche Beamtengesetz keine Einheitlichkeit gebracht hat. Denn die Frage, wer diese Beamten zu ernennen hat, muß grundverschieden beantwortet werden, je nachdem, ob es sich um Landesbeamte oder um Provinzialbeamte handelt.

Mitte Juli ist die Anordnung des Führers über die *Ernennung und Entlassung von Beamten* herausgekommen. Am selben Tage ist auch eine entsprechende Ausführungsvorschrift herausgekommen, in der ausgeführt ist, daß die Beamten der Körperschaften des öffentlichen Rechts nur dann vom Führer ernannt werden, wenn in den entsprechenden Gesetzen früheren Rechts bereits die Ernennung durch den Führer vorgesehen war. Darauf ist es z. B. zurückzuführen, daß in der Sozialversicherung lediglich die Anstaltsbeamten bei der Reichsversicherungsanstalt für Angestellte vom Führer ernannt werden, während sämtliche anderen Anstaltsbeamten im ganzen Deutschen Reiche nicht vom Führer ernannt werden; denn nach dem Angestelltenversicherungsgesetz waren die Beamten des höheren Dienstes vom Reichspräsidenten - jetzt also vom Führer - zu ernennen, während im ganzen Deutschen Reich die Beamten teilweise von der Landesregierung, teilweise vom Oberpräsidenten zu ernennen und zu entlassen sind. In Sachsen ist der Leiter der Landesversicherungsanstalt unmittelbarer Landesbeamter. Deswegen muß er genauso ernannt werden wie auch jeder andere Landesbeamte; er wird also vom Führer ernannt. In Preußen dagegen sind der Leiter und die höheren Beamten der Landesversicherungsanstalt Provinzialbeamte, werden also nicht vom Führer ernannt.

In unserem Gutachten werden wir deshalb m.E. auch zu der Frage Stellung nehmen müssen, ob es de lege ferenda nicht möglich wäre, auch hinsichtlich dieser Anstaltsbeamten einheitliches Recht zu schaffen. Es handelt sich hier um Bedienstete, die schon nach derzeitigem Recht Beamte sind und die nicht erst in ein Beamtenverhältnis überführt zu werden brauchen. Wir müssen uns auch die Frage vorlegen, ob es nicht zweckmäßig und möglich ist, auch die Ernennung und Entlassung usw. dieser Beamten einheitlich zu regeln. Es handelt sich also um Fragen, die wir in unseren bisherigen Beratungen überhaupt noch nicht erörtert haben.

Nun kommen wir zu einem Gebiet, das wohl am vordringlichsten zu behandeln ist, nämlich die Frage: Wie soll künftig die unendliche Zahl von Bediensteten behandelt werden, die sich noch nicht in einem Beamtenverhältnis befinden, die aber bisher schon wie Beamte behandelt worden sind, sich also in einem beamtenähnlichen Verhältnis befunden haben?

Hier haben wir die Dienstordnungsangestellten von den Tarifangestellten zu unterscheiden. Unter Dienstordnungsangestellten - auch Dauerangestellte genannt - verstehen wir in erster Linie die Angestellten, die im allgemeinen auf Stellen beschäftigt sind, die in den sonstigen Verwaltungen von Beamten versehen werden, während die Tarifangestellten im allgemeinen Stellen einnehmen, die auch im Reich und in den Ländern von Tarifangestellten versehen werden. Wir haben nun eine große Zahl von Versicherungsträgern, bei denen überhaupt keine Beamte tätig sind. Insbesondere sind das die Berufsgenossenschaften. Ich möchte darunter auch die Knappschaft und die Krankenkasse fallen lassen; denn die wenigen Regulativbeamten, die noch aus der Zeit vor 1919 vorhanden sind, sind so verhältnismäßig wenig, daß man jedenfalls nach geltendem

Recht auch in der Krankenversicherung keine Beamten mehr anstellen kann. Gerade diese Versicherungsträger müssen uns besonderen Anlaß geben, die Frage zu prüfen, ob nicht ein grundlegender Wandel geschaffen werden muß. Denn in keiner anderen Hoheitsverwaltung kommt es vor, daß die Verwaltung ausschließlich durch Angestellte geführt wird. Wir haben überall, selbst in den Stellen, in denen man im allgemeinen mit viel Angestellten zu arbeiten hat, eine verhältnismäßig große Zahl von Beamten, zum mindesten von leitenden Beamten, um die sich dann eine mehr oder minder große Zahl von Angestellten schart.

Bisher war die Frage sehr bestritten, ob die Sozialversicherung überhaupt hoheitliche Aufgaben zu erfüllen hat. Auf diesen Punkt möchte ich heute nicht mehr eingehen. Denn allmählich hat sich in allen beteiligten Kreisen, auch im Finanzministerium, die Erkenntnis durchgesetzt, daß die Sozialversicherung selbstverständlich eine Hoheitsverwaltung ist. Damit ist ohne weiteres anerkannt, daß in der Sozialversicherung, entsprechend § 148 DBG, Beamte beschäftigt werden dürfen. Wir müssen uns deswegen heute noch einmal grundsätzlich die Frage vorlegen, ob wir nicht fordern müssen, daß ganz allgemein in der Sozialversicherung die wichtigsten Aufgaben von Beamten wahrgenommen werden. Wir können damit rechnen, daß in kurzer Zeit die Tarifordnung für den öffentlichen Dienst vorgelegt wird. Von diesen Vorschriften werden auch die Angestellten der Sozialversicherung erfaßt werden. Ich brauche hier nicht besonders zu betonen, daß im Arbeitsministerium keine besondere Neigung besteht, diese Frage vorab zu entscheiden, jedenfalls vor der Frage zu entscheiden, welche Angestellten nun einmal später in ein Beamtenverhältnis überführt werden. Wenn wir genügend Beamte in der Sozialversicherung haben, können wir uns ohne weiteres damit einverstanden erklären, daß der Rest der Bediensteten dann der neuen Tarifordnung für den öffentlichen Dienst unterstellt wird. Jedenfalls ist es absolut indiskutabel, künftig alle Angestellten der Sozialversicherung der Tarifordnung zu unterstellen. Ich denke z.B. an die Bestimmung der Tarifordnung, wonach eine Kündigung aus nichtigem Grunde erst nach 25jähriger Dienstzeit unmöglich wird. Würden unsere sämtlichen Sozialversicherungsangestellten dieser Tarifordnung unterstellt werden, dann wäre der Willkür gegenüber den einzelnen Angestellten Tür und Tor geöffnet.

Der zweite Grund, der uns veranlassen muß, nunmehr ganz energisch eine Verbeamtung zu fordern, ist die Frage der Ruhegehaltsberechtigung. Bisher konnte man auch privatdienstvertraglich Angestellten eine Ruhegehaltsberechtigung zuerkennen. Ebenso war in sämtlichen Dienstordnungen sämtlichen Angestellten die Ruhegehaltsberechtigung zugesagt. Nun existieren ja leider immer noch die sich oft als Gewaltmaßnahmen auswirkenden Angleichungsbestimmungen. Nach wie vor darf der Angestellte in einer öffentlich-rechtlichen Körperschaft nicht besser gestellt werden als der Angestellte im Reich. Deswegen hat sich der Reichsfinanzminister schon vor einiger Zeit auf den Standpunkt gestellt, daß man auch dienstordnungsgemäß Angestellten künftig keine Pensionsrechte mehr verleihen dürfe, da der Reichsangestellte nicht pensionsberechtigt ist. Nach der neuen Tarifordnung für den öffentlichen Dienst ist die Pensionsberechtigung den Angestellten in der öffentlichen Verwaltung ebenfalls versagt. Selbstverständlich sollen die Betreffenden im Falle der Arbeitsunmöglichkeit oder Dienstunfähigkeit nicht leer ausgehen. Man hatte eine gewisse Ruhelohnordnung ausgearbeitet. Man versichert die Leute höher, wie das auch bisher der Fall war, verweist also die betreffenden Angestellten auf eine höhere Invaliden- bzw. Angestelltenrente. Jedenfalls versagt man ihnen die Ruhegehaltsberechtigung, die den Beamten zusteht. Wollten wir also zugeben, daß die bisherigen Angestellten in der Sozialversicherung Angestellte bleiben, dann müssen wir damit rechnen, daß auch diese Angestellten in ihrer Gesamtheit, zum mindesten für die Zukunft, von diesen neuen Bestimmungen der Tarifordnung für den öffentlichen Dienst erfaßt werden. Dann hätten wir das, was vor der Machtergreifung immer von Regierungsseite gewünscht wurde: Man hat damals großen Wert darauf gelegt, möglichst alle Angestellten in die Gewerkschaften hineinzutreiben, um sie unter parteipolitischem Einfluß zu halten. Deshalb müssen wir auch vom Standpunkt der nationalsozialistischen Idee aus an die Frage herangehen, welche Stellung wir den derzeitigen Angestellten der Träger der Sozialversicherung einräumen müssen. Ich glaube in Ihrer aller Sinne zu sprechen, wenn ich sage: Wir müssen unbedingten Wert darauf legen, daß die Verwaltung der Sozialversicherung genauso aufgebaut wird wie jede andere Hoheitsverwaltung. Es gibt im Deutschen Reich keine einzige Hoheitsverwaltung, die nur mit Leuten arbeitet, die ein Menschenalter lang ohne weiteres gekündigt werden können, wobei die Frage der Kündigungsfrist gar keine Rolle spielt. Wir müssen also unser Gutachten darauf abstellen, daß die Sozialversicherung mit den übrigen Hoheitsverwaltungen verglichen wird. Dabei denke ich übrigens auch an die Verwaltungen der Gemeinden, bei denen ja ungefähr die gleichen Verhältnisse vorliegen. In derselben Weise, in der künftig die Gemeinden aufgebaut werden, muß unsere Sozialversicherung aufgebaut und durchgegliedert werden. Deswegen möchte ich grundsätzlich davon ausgehen, daß in allen Stellen, die obrigkeitliche Funktionen in sich schließen, künftig kein Angestellter sitzen darf, sondern ein Beamter sitzen muß, und zwar einheitlich ein Beamter der in Frage kommenden Körperschaft; nicht ein Landesbeamter oder sonst ein Beamter, der in irgendeinem Verhältnis zu einer Gebietskörperschaft steht, sondern ein Beamter, dessen Dienstherr die Körperschaft selbst ist.

In der Frage, welche Stellen obrigkeitliche Aufgaben in sich schließen, glaube ich verhältnismäßig weit gehen zu sollen. Ich möchte vorschlagen, den § 148 DBG so aufzufassen, daß man aus der großen Zahl der Bediensteten der Versicherungsträger nur die Leute ausnimmt, die nach der ausdrücklichen Vorschrift des § 148 keine Beamten sein können. Sämtliche anderen Angestellten der Versicherungsträger möchte ich unbedingt als solche Amtsstellen ansehen, die die Wahrnehmung obrigkeitlicher Aufgaben in sich schließen. Es ist selbstverständlich, daß § 148 DBG, jedenfalls dem Wortlaut nach, keinen Zwang in sich schließt, obrigkeitliche Stellen mit Beamten zu besetzen. Trotzdem wird es Sie interessieren, daß mir vor einiger Zeit aus Kreisen des Finanzministeriums die Auffassung entgegengebracht worden ist, daß § 148 besage, daß diese Stellen mit Beamten besetzt werden *müßten*. Ich habe keinen Anlaß gehabt, dieser Auffassung entgegenzutreten. Ich glaube, daß diese Auslegung nicht aus dem Finanzministerium selbst gekommen ist, sondern daß man vermutlich gemerkt hat, daß man praktisch zu keiner anderen Auffassung kommen kann, wenn man nicht die ganze Verwaltung, besonders in den Kommunen usw., auf den Kopf stellen will. Deswegen wäre es zweckmäßig, wenn wir uns auch in unserem Gutachten auf den Standpunkt stellten, daß alle Stellen, die obrigkeitliche Aufgaben in sich schließen, mit Beamten besetzt werden müssen. Wir müssen uns nur darüber klar sein, welche Stellen nun obrigkeitliche Aufgaben in sich schließen. Diese Frage haben wir ja schon in den vorbereitenden Verhandlungen eingehend erörtert. Danach müßten wir zu dem Ergebnis kommen, das alle Bediensteten der Versicherungsträger, die Aufgaben zu erledigen haben, welche dem Versicherungsträger als Versicherungsträger gesetzlich obliegen, in das Beamtenverhältnis zu überführen sind.

Der Redner verliest sodann die früher aufgestellten Leitsätze und bemerkt zu den einzelnen Leitsätzen folgendes:

Zu Leitsatz 2: Wir haben nicht die Frage entschieden, ob es künftig nur diese beiden Arten von Angestellten geben soll. Wir hatten in unseren früheren Beratungen auch die Frage geprüft, ob man nicht an dem Institut der Dienstordnungsangestellten festhalten soll, waren aber zu dem Ergebnis gekommen, daß die Dienststellen entweder mit Beamten oder mit Angestellten, die der Tarifordnung für den öffentlichen Dienst unterliegen, besetzt sein sollen.

Die Tarifordnung für den öffentlichen Dienst arbeitet weitgehend mit Dienstordnungen. Künftig wird es also selbstverständlich in jeder öffentlichen Verwaltung noch besondere Dienstordnungen geben. Ich will bei dieser Gelegenheit darauf hinweisen, daß diese Dienstordnungen, deren Erlaß auf dem Arbeitsordnungsgesetz beruht, etwas ganz anderes sind als die Dienstordnungen, die wir in unserer Sozialversicherung bisher gehabt haben. Die Dienstordnung nach dem AOGO ist nur eine gewisse Ausführungsvorschrift für die betreffende Spezialverwaltung im Rahmen des allgemeinen AOGO, so daß also künftig nach dem AOGO zunächst einmal eine allgemeine Tarifordnung herauskommen wird, die nur ganz große Rahmenvorschriften enthält. Außerdem kommt eine Tarifordnung für Angestellte, eine Tarifordnung für Arbeiter im öffentlichen Dienst, eine allgemeine Dienstordnung zu der Tarifordnung für Angestellte und eine allgemeine Dienstordnung zu der Tarifordnung für Arbeiter im öffentlichen Dienst, und schließlich hat noch jede einzelne Verwaltung im Rahmen des noch Möglichen Dienstordnungen für ihre Verwaltung zu erlassen. Ich bezweifle, daß die Dinge einfacher als bisher geworden sind. Mir wurde aber immer entgegengehalten: Sie können ja jederzeit für Ihre Verwaltung eine Dienstordnung erlassen, aber nur im Rahmen dieser allgemeinen Dienstordnungen, also nur für kleinere Angelegenheiten. Diese Dienstordnungen, die noch erlassen werden können, haben mit unseren Dienstordnungen nicht das geringste zu tun. Deshalb müssen wir die Frage aufwerfen, ob wir es für möglich halten, in unserem Gutachten vorzuschlagen, es solle außer den Beamten und den Angestellten nach den allgemeinen Vorschriften noch eine weitere Kategorie von Angestellten geben, die halb Beamte und halb Angestellte sind. Ich persönlich habe immer den Standpunkt vertreten, man soll das nicht tun und nur mit solchen Bediensteten arbeiten, die entweder Beamte oder Angestellte sind.

Zu Leitsatz 3: Diesen Leitsatz müssen wir etwas anders formulieren. Wir sind seinerzeit zu dem Ergebnis gekommen, daß durch das Deutsche Beamtengesetz sämtliche Körperschaften öffentlichen Rechts ohne weiteres dienstherrenfähig sind. Das glaubten wir daraus schließen zu sollen, daß man in § 151 DBG ohne weiteres davon ausgeht, daß Dienstherr eines Beamten ganz allgemein eine Anstalt, Stiftung usw. des öffentlichen Rechts sein kann. Wenn nämlich nicht sämtliche Anstalten, Stiftungen und Körperschaften des öffentlichen Rechts dienstherrenfähig wären, könnte man den § 151 nicht so allgemein fassen. Deshalb brauchen wir das gar nicht mehr in den Leitsätzen zu betonen, sondern wir müssen ohne weiteres sagen: Selbstverständlich ist jeder Versicherungsträger künftig, zum mindesten vom 1. Juli ab, dienstherrenfähig. Wir müssen dann nur noch die Frage prüfen und im einzelnen erörtern, ob der Versicherungsträger obrigkeitliche Aufgaben zu erfüllen hat. Diese Frage ist selbstverständlich zu bejahen.

Zu Leitsatz 4: Ich möchte vorschlagen, diese weitschweifigen Ausführungen nicht in die Leitsätze aufzunehmen, sondern in der Begründung zu verarbeiten. Augenblicklich brauche ich das, womit wir uns bisher schon beschäftigt haben, nicht weiter zu erörtern. Nur eine Frage möchte ich noch kurz streifen: Wir müssen nunmehr aber auch Vorschläge dahin machen, das Dienstrecht der schon derzeitigen Beamten unbedingt zu vereinfachen. Meines Erachtens müßten wir zu dem Ergebnis kommen, daß sämtliche Beamte, die schon nach geltendem Recht in der Sozialversicherung tätig sind, nicht mehr in einem unmittelbaren Verhältnis zum Reich, zu einem Lande oder zu einer Provinz stehen sollen, sondern daß ihr Dienstherr die betreffende Körperschaft selbst ist. Mit anderen Worten: daß wir künftig in der Sozialversicherung nur noch Anstaltsbeamte haben, deren Rechtsverhältnisse sich nach dem Deutschen Beamtengesetz und nach gewissen Ausführungsvorschriften, die der Herr Reichsminister erläßt, bemessen.

In dem vom Reichsarbeitsminister über die Durchführung des Deutschen Beamtengesetzes herausgegebenen Erlaß finden wir immer wieder, insbesondere bei den Landesversicherungsanstalten, die Bestimmung: Soweit es sich um Beamte von Ländern, Gemeinden und Gemeindeverbänden handelt, gelten die für solche Beamte herausgegebenen Vorschriften. Welche Vorschriften das sind, wissen wir im allgemeinen noch nicht richtig, nachdem der Innenminister schon eine ganze Reihe von Erlassen herausgebracht hat, in denen er das Dienstverhältnis der Gemeindebeamten usw. geregelt hat. In dieselben Schwierigkeiten kommen wir, wenn wir die Frage erörtern, wer ein Dienststrafverfahren gegen einen Beamten der Sozialversicherung zu eröffnen hat.

Jedenfalls müssen wir von der Akademie für Deutsches Recht aus zu diesen Fragen Stellung nehmen, und zwar absolut vom fachlichen Gesichtspunkt aus und ohne Rücksicht darauf, ob das praktisch durchzuführen ist oder nicht. Wir müssen verlangen, daß es in der deutschen Sozialversicherung nur noch Beamte geben darf, deren Dienstherr die Körperschaft ist, die also auch personaliter ausschließlich dem Ministerium unterstehen, das fachlich Aufsichtsbehörde oder höhere Aufsichtsbehörde für dieselben Versicherungsträger ist.

Der *Vorsitzende* dankt dem Referenten für seinen Vortrag und gibt der Meinung Ausdruck, daß die Leitsätze möglichst kurz und prägnant gefaßt werden müßten und die nähere Ausführung der Begründung zu überlassen sei. Der Hauptleitsatz, bei dem volle Einmütigkeit bestehe, sei der, daß die Aufgaben der Sozialversicherung in der Hauptsache von Beamten zu leisten seien.

Richter hält es in Anbetracht der großen Zahl der für die Beamtung in Frage kommenden Personen für taktisch zweckmäßig, in der Begründung darauf hinzuweisen, daß die in der Sozialversicherung tätigen Personen vom Volke längst als Beamte angesehen würden.

Bei dem Hinweis auf § 148 DBG sei einige Vorsicht geboten. Der § 148 bedeute eine Änderung gegenüber dem Gesetz vom 30. Juni 1933, das für alle Verwaltungszweige die Dienstherren annähernd genau umschrieben habe. Der Absatz 1 des § 148 beziehe sich nur auf Gebietskörperschaften. Für alle anderen Dienstherren enthalte das Beamtengesetz überhaupt keine materielle Norm, sondern nur die formale Bestimmung des § 148 Abs. 2, daß neue Stellen für Beamte nur mit Zustimmung des zuständigen Ministers eingerichtet werden dürfen. Man werde sich also in der Begründung vorsichtig ausdrücken müssen, da die Gefahr bestehe, daß § 148 Abs. 1 als auf die Träger der Sozialversicherung nicht anwendbar erklärt werde.

Er bitte schließlich um Aufklärung, weshalb die Frage der Versorgungsanwärter keine Rolle mehr spielen solle.

Kilian ist anderer Auffassung. § 148 sei so zu verstehen, daß auch für den Abs. 2 die Voraussetzungen des Abs. 1 vorliegen müßten. Bei Abs. 1 würden die Anordnungen vom Ressortminister - der in der Regel der Innenminister sei - und dem Finanzminister getroffen. Bei den Körperschaften dagegen, bei denen insbesondere das Arbeitsministerium, das Wirtschaftsministerium und auch das Propagandaministerium beteiligt seien, benötige der Ressortminister außer der Zustimmung des Finanzministers auch noch die Zustimmung des Innenministers. Es wäre sehr gut denkbar, daß die Begründung der Leitsätze von beiden Auffassungen ausgehe.

Richter ist der Ansicht, daß dann die Vorschrift des Abs. 2 nicht in das Beamtengesetz, sondern in das Etatrecht gehöre. In dem Aufbaugesetz sei der Reichsarbeitsminister ermächtigt worden, die Dienstverhältnisse der Bediensteten der Sozialversicherungsträger zu regeln. Staatsrechtlich gesehen sei aber diese Ermächtigung durch das Beamtengesetz fast völlig ausgehöhlt worden.

Kilian bemerkt, daß er die Frage der Versorgungsanwärter nur kurz gestreift habe, weil hier nicht die geringsten Hemmungen bei den in Frage kommenden Ressorts bestünden. Das Arbeitsministerium wäre in der Lage gewesen, schon vor dem 1. Juli 1937 anzuordnen, daß alle Stellen, die von Versorgungsanwärtern eingenommen oder für Versorgungsanwärter vorgesehen seien, Beamtenstellen seien.

Grassl hebt hervor, daß auch von Seiten der Landesversicherungsanstalten die Ansicht vertreten werde, daß jeder Sozialversicherungsträger dienstherrnfähig sei. Es sei ohne weiteres möglich, den Landesversicherungsanstalten die Dienstherrnfähigkeit zu geben, da sie bei ihren Ausmaßen sehr leicht unter sich einen Ausgleich bei der Besetzung der Stellen schaffen könnten. Anders liege es bei den Krankenkassen. Da sei ein solcher Ausgleich nur bei den großen Krankenkassen - auf Grund der Stellenpläne - möglich, nicht dagegen bei den kleinen Krankenkassen. Hier müßte innerhalb der Sozialverwaltung ein Ausgleich in einem größeren Rahmen geschaffen werden.

Er trete der Auffassung des Referenten bei, daß die leitenden Beamten in der Sozialversicherung auch personell dem Reichsarbeitsminister zu unterstellen seien.

Sauerborn stimmt den Leitsätzen zu. Vielleicht sei für die Begründung zu erwägen, daß, falls die Einweisung der Bediensteten der Sozialversicherung in Beamtenstellen nicht durchführbar sei, dann wenigstens die Gruppe der dienstordnungsmäßig Angestellten alten Rechts beibehalten werde, da die Sozialversicherung anders nicht arbeiten könne.

Auf eine Anfrage aus dem Ausschuß, weshalb sich der Akademieausschuß für Beamtenrecht mit der vorliegenden Frage noch nicht befaßt habe, teilt *Pankow* mit, daß die Ergebnisse aller Ausschüsse dem Minister zugeleitet würden. Soweit die Arbeiten eines Ausschusses die eines anderen Ausschusses tangierten, würden sie diesem Ausschuß zugeleitet, und bei Divergenzen würde eine gemeinsame Sitzung der beiden Ausschüsse veranstaltet, um zu verhindern, daß zwei verschiedene Stellungnahmen aus der Akademie herausgingen.

Richter wendet sich aus taktischen Gründen gegen den Vorschlag Sauerborn. Man könnte höchstens umgekehrt verfahren und mindestens den dienstordnungsmäßigen Angestellten verlangen, aber aus diesen und jenen Gründen den richtigen Beamten fordern.

Sauerborn erwidert, daß auch er dieser Ansicht sei. Es solle nur verhindert werden, daß die Bediensteten der Sozialversicherung zu Tarifangestellten gemacht würden.

Dersch regt an, in den Leitsätzen deutlich zum Ausdruck zu bringen, daß es sich nur um die Selbstverwaltung der Sozialversicherung handele, daß also die Behörden der Rechtsprechung und Aufsicht nicht gemeint seien.

Wenn der § 148 DBG so ausgelegt werde, daß die Sozialversicherungsträger nicht unter den Abs. 1 fielen, dann sei zu befürchten, daß die Forderung auf Einweisung der Bediensteten in Beamtenstellen auf Schwierigkeiten stoßen werde. Soweit ihm bekannt sei, beziehe sich der Abs. 2 nur auf neue Beamtenstellen. Der Schwerpunkt sei auf die Wahrnehmung obrigkeitlicher Funktionen zu legen, und hier müsse eine möglichst extensive Auslegung Platz greifen. Die Schwierigkeit liege darin, ob der Arbeitsminister selbst bestimmen könne, was obrigkeitliche Funktionen seien. Wenn in dieser Frage auch der Finanzminister mitzureden habe, werde die praktische Durchführung nicht einfach sein.

Kilian ist der Ansicht, daß Schwierigkeiten insbesondere in der Frage beständen, was mit den derzeitigen Dienstordnungsangestellten geschehen solle. Künftig werde man sich mit dem Finanzministerium dahin einigen, daß für sämtliche Versicherungsträger ein Stellenplan aufgestellt werde. Es sei also im allgemeinen bekannt, wieviel Stellen für eine Krankenkasse z.B. notwendig seien. In diesem Punkte würden Schwierigkeiten nicht zu befürchten sein. Was die derzeitigen Dienstordnungsangestellten anlange, so ließen sich die Schwierigkeiten am besten dadurch beseitigen, daß sofort sämtliche Dienstordnungsangestellten zu Beamten gemacht würden. Daneben würde schon jetzt festgelegt, wieviel Stellen Beamtenstellen seien, das heißt auch für die Zukunft mit Beamten zu besetzen seien. Ein Teil der Beamtenstellen würde also künftig wegfallen. Selbstverständlich würden für die Einweisung in Beamtenstellen nur solche Dienstordnungsangestellte in Frage kommen können, die schon „wohlerworbene Rechte" aus der Dienstordnung erworben hätten.

Hoffmeister weist auf eine Schwierigkeit hin, die darin bestehe, daß bei manchen Sozialversicherungsträgern die Angestellten schon mit 23 Jahren in die Dienstordnung aufgenommen würden, während eine Ernennung zum Beamten erst mit 27 Jahren erfolgen könne.

Kilian bemerkt hierzu, daß das Beamtengesetz nur insoweit gelte, als die Dienstordnung es für entsprechend anwendbar erkläre. Wenn z.B. eine Dienstordnung vorschreibe, daß für die Angestellten das Beamtengesetz gelte, dann würden die Angestellten dementsprechend mit 27 Jahren pensionsberechtigt. Im übrigen gingen die Sondervorschriften der Dienstordnung dem Beamtengesetz vor.

Hoffmeister begrüßt den Vorschlag, sämtliche Dienstordnungsangestellten zu Beamten zu machen mit der Maßgabe, daß nicht jede freiwerdende Beamtenstelle künftig neu zu besetzen sei, sondern nur, insoweit es vom Stellenplan vorgesehen werde. Man könnte daran denken, daß für je 700 Versicherte eine Beamtenstelle zu schaffen sei, daß also die darüber hinausgehenden Beamtenstellen als künftig wegfallend zu bezeichnen wären.

Senatspräsident *Kühne* betont, der Ausschuß habe gegenwärtig zwei Aufgaben: eine möglichste Einfachheit, Übersichtlichkeit und Klarheit gegenüber den augenblicklichen völlig verworrenen Zuständen zu schaffen und eine möglichst einheitliche Beamtensituation herzustellen. Die Beamten sollten durchweg Anstaltsbeamte sein. Bezüglich § 148 DBG solle man sich auf den Standpunkt stellen, daß Abs. 1 die allgemeinen Gedanken enthält und selbstverständlich auf Abs. 2 anzuwenden sei.

Hinsichtlich der Abgrenzung der obrigkeitlichen Befugnisse von anderen habe schon das Finanzministerium zum Ausdruck gebracht, daß die Sozialversicherung einen Komplex von obrigkeitlichen Befugnissen darstelle. Man könne von dem Unterschiede zwischen Versicherung und Versorgung und von dem unbedingten Festhalten am Versicherungsprinzip ausgehen. Wie die Versorgung unzweifelhaft ein Hoheitsakt sei, so sei auch die Sozialversicherung unter allen Umständen eine hoheitliche Aufgabe, die sich in verschiedenen Formen darstelle: Als reine Versorgung, als reine Versicherung und als ein mixtum compositum. Aus dem Oberbegriffe folge, daß auch die Sozialversicherung ein Komplex von Hoheitsaufgaben sei. Das könne man in der Begründung kurz andeuten. Die Abgrenzung im einzelnen werde sehr schwer sein. Nur eine möglichst weite Anwendung des Begriffes könne weiterhelfen. Daher könne der Ausschuß nur allgemeine Richtlinien aufstellen und solle sich nicht in Einzelheiten verlieren, da die Verhältnisse außerordentlich verschieden seien.

Mit dem Begriff der dienstordnungsmäßig Angestellten solle man künftig aufräumen. Es werde nichts anderes übrig bleiben, als diejenigen dienstordnungsmäßig Angestellten, die bereits gewisse Anwartschaften erworben hätten, durchweg in das Beamtenverhältnis zu überführen und ihre Stelle im Idealstellenplan als künftig wegfallend zu bezeichnen. Daraus würden sich keine besonderen Schwierigkeiten ergeben. Denn die Angestellten, die noch jünger seien und noch keine Pensionsberechtigung erworben hätten, müßten sich sagen, daß ein Rechtsgrundsatz auch für sie gelte, daß bloße Rechtshoffnungen nicht geschützt seien, und daß die Pensionsberechtigung, die für diese Leute doch nur eine Rechtshoffnung gewesen sei, keine Rechtsgarantien beließe.

Der *Ausschuß* einigt sich sodann auf folgende *Leitsätze:*

I. Das heutige Dienstrecht ist völlig unübersichtlich. Eine Vereinheitlichung ist dringend geboten.

II. Sämtliche Träger der Reichsversicherung sind dienstherrenfähig und nehmen obrigkeitliche Aufgaben wahr.

III. Die Bediensteten der Träger der Reichsversicherung sind künftig entweder Beamte, deren Dienstherr der Versicherungsträger ist, oder Tarifangestellte des Versicherungsträgers.

IV. Beamte sind alle diejenigen Bediensteten der Versicherungsträger, die zur Erfüllung ihrer gesetzmäßigen Aufgaben erforderlich sind.

V. Bedienstete, die bereits einer Dienstordnung nach den Reichsversicherungsgesetzen unterstehen, sind für ihre Person auch dann in das Beamtenverhältnis zu überführen, wenn die Voraussetzungen des Leitsatzes IV nicht erfüllt sind. *(Pause)*

Anhang: *Sitzung des Ausschusses für Sozialversicherung am 31. August 1937, 9 Uhr*

In der Sitzung wird die vom Unterausschuß im Anschluß an die gestrige Sitzung entworfene Begründung zu den Leitsätzen besprochen. In einer alsbald stattfindenden Besprechung einiger Ausschußmitglieder soll die Begründung endgültig formuliert werden.

(Schluß der Sitzung 10 Uhr)

XVI. Sitzungen vom 28. und 29.10.1937

1. Protokoll vom 28.10.1937 (Änderung der Ruhensvorschriften nach der NotVO vom 8.12.1931. - Bestimmungen über die freiwillige Weiterversicherung, § 313 RVO)

(Beginn der Sitzung: 9 Uhr.)

Der Vorsitzende, Direktor *Anders,* begrüßt zunächst die erschienenen Ausschußmitglieder und die anwesenden Gäste und macht einleitende Ausführungen über die vom Ausschuß zu behandelnden Gegenstände.

Punkt 1 der vorgesehenen Tagesordnung wird zunächst zurückgestellt.

Zu Punkt 2 der Tagesordnung: *Notverordnung vom 8. Dezember 1931. 2. Teil, Kapitel IV §§ 4 und 10 - Ruhensvorschriften,* erstattet der Referent, Oberregierungsrat *Heinze,* folgenden Bericht: [nicht überliefert.]

Vorsitzender: Ich danke Herrn Oberregierungsrat Heinze für diese Ausführungen und möchte, bevor ich das Wort dem Herrn Korreferenten Direktor Schäfer erteile, einige Bemerkungen einfügen.

Wenn man sich überlegt, wie klein eigentlich die zu erzielende Ersparnis ist, und wenn man dagegenhält, wie stark die Erbitterung im Volke war, so kann man es kaum für möglich halten, daß man nicht schon vor einiger Zeit von sich aus Maßnahmen getroffen hat, nachdem man ungefähr übersehen konnte, daß sich die Sozialversicherung in der Gesundung befindet. Aber ich möchte dabei doch noch etwas Interessantes erwähnen. Als ich vor einigen Wochen die Ehre hatte, an einer Tagung der Ärzteschaft in Altrehse teilzunehmen, wurde vom Reichsärzteführer Wagner erklärt, daß die künftige Reform der Sozialversicherung von der Ärzteschaft gemacht werden muß. Ich war sehr erstaunt darüber. Auch etwas anderes spielte hierbei eine Rolle. Schon bei der Besprechung am Mittag und auch in seinem Referat erklärte Herr Dr. Wagner, daß der Staatssekretär Krohn vom Reichsarbeitsministerium ihm persönlich gesagt hätte, daß er ungefähr 80 Millionen RM zur Verfügung stellen könne. Ich hatte dem Herrn Arbeitsminister auch noch einen Wunsch mit Rücksicht auf diejenigen Versicherten der Invalidenversicherung vorgetragen, die den Krieg mitgemacht haben und denen diese Zeit nicht angerechnet wird, während sie in der Angestelltenversicherung angerechnet wird. Darauf wurde mir geantwortet: das kostet 40 Millionen. Ich habe darauf erwidert: Und wenn es noch mehr kostet - das ist aber eine Ehrenpflicht des Staats und meines Erachtens auch des Reichsarbeitsministeriums, diese Unbilligkeit zu beseitigen. Wenn nun nach der Mitteilung des Herrn Reichsärzteführers, die er in einer öffentlichen Versammlung vor ungefähr 90 Landesvertrauensärzten gemacht hat, 80 Millionen RM im Reichsarbeitsministerium verfügbar sind und wir nun aus dem Referat des maßgebenden Mathematikers im Reichsversicherungsamt, der also wohl die Verhältnisse am besten übersehen kann, hören, welche Ersparnisse durch die Ruhensvorschriften herbeigeführt werden können, so bin ich mir eigentlich darüber im klaren, daß es nur eines Federstrichs bedürfte, um die bestehenden Härten zu beseitigen, wenn eben tatsächlich zur Zeit 80 Millionen RM verfügbar sind.

Prof. Dr. Lutz *Richter:* Soll denn der Betrag aus dem Vermögen der Rentenversicherung oder aus dem Jahreseinkommen verfügbar sein?

Oberregierungsrat *Heinze:* Ich halte das für ein Mißverständnis. Im nächsten Jahre werden 80 Millionen für die Gesundheitsfürsorge von den Trägern der Invalidenversicherung zur Verfügung gestellt.

Vorsitzender: Nein. Ich habe selbstredend auch darauf geachtet und nachher noch einmal besonders gefragt. Wenige Tage vorher hatte ich dem Ministerialdirektor Engel, der die Abteilung im Reichsarbeitsministerium leitet, bei Besprechung dieser Frage der Kriegsbeschädigten und Kriegsteilnehmer gesagt, daß er als Typ des Frontsoldaten doch die Verpflichtung hätte, für diese Kriegsteilnehmer zu sorgen, und diese 40 Millionen könnten dabei ja keine Rolle spielen. Aber der Reichsärzteführer hat mir noch einmal in Gegenwart des Herrn Präsidenten Stork ausdrücklich bestätigt, diese 80 Millionen hätte der Herr Staatssekretär frei, und der Herr Reichsärzteführer hat sogar gesagt, das würden dann die Ärzte auch noch nehmen; das kann ich ihm ja nicht übelnehmen und das möchte ich hier nicht weiter zur Erörterung stellen. Wenn es auch mit der Sache unmittelbar nichts zu tun hat, wollte ich das doch kurz erwähnen, denn man muß das ja, wenn man ein derartiges Referat hört, beachten und muß sich sagen, daß es gar nicht notwendig wäre, so viel Verärgerung unter den Versicherten zu schaffen, wenn es sich hier tatsächlich nur um eine Bagatellsumme gegenüber der Summe handelt, die noch verfügbar sein soll.

Ich bitte dann den Herrn Korreferenten Direktor Schäfer, seinen Bericht zu erstatten.

Korreferent Direktor *Schäfer:* Als Mitberichterstatter kann ich mich nach dem sehr eingehenden vorangegangenen Vortrag insoweit sehr kurz fassen, als ich von allgemeinen Ausführungen über das Ruhen von Versicherungsleistungen in der Sozialversicherung hier absehen kann. Auch über die Entstehung der uns hier beschäftigenden Ruhensvorschriften der Notverordnung vom 8. Dezember 1931 und über ihre zwischenzeitlichen Abänderungen kann ich mir nach den klaren Darstellungen und der historischen Betrachtung meines Herrn Vorredners Wiederholungen ersparen. Ich werde daher gleich zu den Ruhensvorschriften in der Fassung Stellung nehmen, wie sie uns heute in den §§ 1274 bis 1279 der Reichsversicherungsordnung und im § 40 des Angestelltenversicherungsgesetzes vorliegt.

Diese Ruhensbestimmungen sind ausgesprochen finanzielle Notmaßnahmen zur Entlastung der Versicherungsträger. Deren Kassen- und Finanzlage im Jahre 1931 zwang dazu, sämtlichen Beteiligten Opfer aufzuerlegen, um einen Zusammenbruch der Versicherungsträger damals zu verhüten. Das Reichsarbeitsministerium betonte, es mußten damals allen Beteiligten Opfer zugemutet werden: den Rentenberechtigten, den aktiven Versicherten und auch der Wirtschaft. Nur unter dem Gesichtspunkt dieser finanziellen Not in der Zeit vor dem nationalen Umbruch sind die Ruhensvorschriften überhaupt zu verstehen und damals zu begründen gewesen, denn sie bedeuteten offensichtlich einen außerordentlich schweren Eingriff in wohlerworbene Leistungsansprüche.

Heute ist dank der nationalsozialistischen Wirtschaftspolitik die finanzielle Lage der Rentenversicherungsträger wesentlich gebessert. Die Beitragseinnahme ist erheblich gestiegen. Der durch die Wirtschaftskrise verursachte außerordentlich starke Zugang an Rentnern klingt auch ab oder ist abgeklungen, und es ist den Versicherungsträgern unmöglich geworden, ihren Rücklagen wieder neue Mittel zuzuführen. Die so zugunsten der Versicherungsträger erheblich gebesserte finanzielle Lage zwingt heute dazu, nachzuprüfen, ob man die damals vielleicht berechtigten Ruhensvorschriften gegenüber den Betroffenen heute noch vertreten kann; denn von Anfang an wurden diese Eingriffe als unbillig und, wenn überhaupt, doch nur für die Zeit schlimmster Wirtschaftsnot vertretbar empfunden. So hatte z.B. das Selbstverwaltungsorgan der Angestelltenversicherung schon im Jahre 1932 dem Reichsarbeitsminister persönlich als seine Auffassung vorgetragen, daß von diesen Vorschriften sich das Ruhen der Rentenleistungen neben einer Beamtenpension, neben den Bezügen aus den Versorgungsgesetzen und neben Krankengeld nicht mit der versicherungsrechtlichen Gestaltung des Angestelltenversicherungsgesetzes vertrüge und daß aus dem gleichen Grunde heraus auch die Vorschrift des § 78 des Angestelltenversicherungsgesetzes wieder eingeführt werden müßte, die besagt, daß beim Zusammentreffen mehrerer Renten aus der Angestelltenversicherung oder von Renten aus der Angestelltenversicherung mit Renten aus der Invalidenversicherung die höchste Rente bezahlt werden müßte und von den anderen Renten die Hälfte als Zusatzrente. In diesen Fällen nahm damals die Notverordnung den Berechtigten ihren durch Beitragsleistung erworbenen Anspruch auf die Gegenleistung einfach weg, und es verstößt gegen den Grundgedanken des Versicherungsrechtes, dem Berechtigten nach Eintritt des Versicherungsfalls und nach Erfüllung sämtlicher Leistungsvoraussetzungen die gesetzlich zugesagte und durch Beiträge erdiente Gegenleistung vorzuenthalten.

Auch im Beirat unserer Angestelltenversicherung wurde schon in der allerersten Sitzung hervorgehoben, daß die Ruhensvorschriften des § 1279 der RVO, wonach bei Zusammentreffen mehrerer Renten der Invalidenversicherung oder von Renten der Invalidenversicherung mit der Angestelltenversicherung der Rentenberechtigte nur die höchste Rente erhielte, nicht mehr dem heutigen Rechtsempfinden entsprächen und einer Änderung bedürften.

Wer Rentensachen zu bearbeiten hat, der weiß aus der tagtäglichen Erfahrung, wie die Versicherten diese Ruhensvorschriften als ungerecht empfinden. Das gilt für die Invalidenversicherung, Knappschafts- und Angestelltenversicherung in gleichem Maße. Die Versicherten der Angestelltenversicherung können sich mit diesen Ruhensbestimmungen um so weniger abfinden, als die Angestelltenversicherung ja nur aus den Beiträgen der Versicherten und ihrer Betriebsführer gespeist wird, also keinen Pfennig öffentlicher Mittel enthält, und es widerspricht jeder versicherungsrechtlichen Gerechtigkeit, einen Anspruch, der ausschließlich durch die Beiträge der Beteiligten erworben ist, zum Ruhen zu bringen, weil er mit irgendwelchen Bezügen aus öffentlichen Mitteln zusammentrifft.

Aus dieser Auffassung heraus haben sich die Versicherten von jeher gegen das Ruhen der Renten neben den Bezügen aus den Reichsversorgungsgesetzen, neben Bezügen aus einer versicherungsfreien Beschäftigung und beim Zusammentreffen mit anderen der IV- und AV-Renten gewehrt.

Es sind zwar inzwischen eine ganze Reihe von Milderungsvorschriften zu diesen mit Recht kritisierten Ruhensbestimmungen ergangen. Diese mildern wohl im Einzelfall das Ergebnis für den Betroffenen, sie lassen aber das versicherungsrechtliche Unrecht im Grundsatz bestehen. Außerdem sind diese Milderungen derart umständlich und in ihren notwendigen Berechnungen so kompliziert, soweit sie eine freiwillige Beitragsleistung beim Ruhen unberücksichtigt lassen wollen, daß sie für den Versicherten im allgemeinen schwer durchführbar sind. Der Versicherungsträger selbst kann sich die erforderliche Rechenarbeit zwar durch Vordrucke und durch Rechenmaschinen erleichtern, damit er auf diese Weise die Verhältniszahl zwischen der freiwilligen Beitragsleistung und der gesamten Beitragsleistung bis zur dritten Stelle hinter dem Komma findet, die er braucht, um danach den vom Ruhen auszunehmenden Teil der Rente zu ermitteln. Wie aber trotzdem die nötige Berechnung im Rentenfall umständlich aussieht, dafür darf ich Ihnen vielleicht einmal ein Muster eines Rentenbescheides vorlegen, der selbst für den Fachmann schwer lesbar bleibt, aber für den Versicherten bei den gegenwärtigen Ruhensvorschriften gewiß nicht einfach, klar und volkstümlich gestaltet werden kann, wie man es in der Sozialversicherung doch eigentlich fordern müßte. Ich darf dies vielleicht einmal herumreichen, damit Sie sehen, wie ein solcher Rentenbescheid aussieht, wo Beiträge zur Angestelltenversicherung und zur Invalidenversicherung geleistet sind, Pflicht- und freiwillige Beiträge in beiden Versicherungszweigen, und wie der arme Versicherte eigentlich auf Treu und Glauben uns glauben muß, daß es so stimmt. Es ist bezeichnend, wie sehr die Leute uns glauben und vertrauen, daß wir verhältnismäßig wenig Berufungen dagegen bekommen. Ich selbst muß mich als Fachmann einarbeiten, wenn ich einen solchen Bescheid richtig lesen will. Für den Versicherungsträger ist es natürlich verhältnismäßig leicht, das durchzuführen: das wird mit der Rechenmaschine ausgerechnet und eingesetzt. Aber für den Versicherten ist das sehr schwer.

Mit Recht hat der Landesrat Fix in einem Aufsatz in der Deutschen Invalidenversicherung aus dem Jahre 1935 Seite 117, der Fragen dieser Berechnungsart behandelt, die Überschrift gegeben: „Rechenkünste". Eine solche Notwendigkeit sollte eigentlich in der Sozialversicherung auch nicht vorkommen. Hinzu kommt, daß es häufig nur mit Schwierigkeiten, vielfach aber überhaupt gar nicht mehr möglich ist, festzustellen, welche Beiträge Pflichtbeiträge und welche freiwillige waren. Das gilt insbesondere für die Invalidenversicherung.

Der Versicherte ist ferner oft gar nicht mehr ohne besondere Rückfrage beim Versicherungsträger in der Lage, den Nennwert früherer Beiträge festzustellen.

Ich darf also feststellen, daß die Milderungsvorschriften zwar gewisse Härten im Einzelfall weniger fühlbar gemacht haben, daß sie das Unrecht aber im Grundsatz haben bestehen lassen. Sie erreichen das zudem durch eine Berechnungsweise, die gewiß theoretisch ein möglichst gerechtes Verhältnis zwischen dem nichtruhenden Rententeil und der freiwilligen Beitragsleistung anstrebt, die aber umständlich und für den Versicherten schwer faßbar ist und die Ruhensvorschriften nicht volksnahe gestaltet, zumal diese Milderungen auch nicht gleichmäßig für alle Ruhensfälle - also neben Versorgungsrente, neben Beamtenbezügen und Unfallrente - gelten, sondern auch noch verschieden abgestuft sind je nach den verschiedenen Nebenbezügen.

Meines Erachtens muß daher angestrebt werden, einmal die Ruhensvorschriften beim Zusammentreffen mit Bezügen nach den Versorgungsgesetzen und aus versicherungsfreier Beschäftigung gänzlich zu beseitigen und zum anderen den früheren § 1318 RVO und § 78 des Angestelltenversicherungsgesetzes wieder herzustellen und in diesen Fällen die höchste Rente ganz und von den anderen die Hälfte als Zusatzrente zu gewähren. Ich komme also insoweit zu dem gleichen Ergebnis wie der Herr Berichterstatter, auch bezüglich seiner Auffassung hinsichtlich einer Sonderbehandlung der knappschaftlichen Versicherung; da teile ich auch die Auffassung, daß man diese ganz besonders betrachten muß.

Ich sehe grundsätzlich davon ab, hier Erörterungen darüber anzustellen, ob man durch einen weiteren Ausbau der Milderungsvorschriften hier etwa helfen sollte, etwa in der Richtung hin, daß man die Freigrenze von 25 auf 50 RM erhöht, oder daß man das nichtruhende Rentendrittel auf die Hälfte aufbessern oder daß man die Ruhensvorschriften nur bezüglich des Grundbetrags anwenden und den Steigerungsbetrag immer voll gewähren sollte. Alle solche Maßnahmen würden m.E. das versicherungsrechtliche Unrecht zwar mildern, aber nicht beseitigen, und sie würden weiter umständlich bleiben und eine schwer verständliche Rechnungsweise erfordern. Soll solch ein weiterer Ausbau der Milderungsvorschriften wirklich helfen und soll er nicht nur eine Geste bleiben, dann wird schließlich auch die Ersparnis, die dabei noch übrig bleibt, so gering sein, daß man sich dazu entschließen sollte, lieber diese Ruhensvorschriften in den angedeuteten Punkten ganz zu beseitigen.

Anders ist m.E. das Ruhen von Invaliden- und Angestelltenversicherungsrenten neben den Verletzten- und Hinterbliebenenrenten aus der Unfallversicherung zu beurteilen. Hier handelt es sich bei beiden Rentenarten um Bezüge aus der Sozialversicherung, von denen die Unfallrente zudem nicht auf einer eigenen Beitragsleistung des Versicherten beruht. Hier wird man es in finanziell immer doch bedrängten Zeiten wohl vertreten können, daß der Versicherte nur die höchste Rente erhält, denn sonst würde er ohne inneren Grund beim Bezuge beider Renten besser gestellt sein als ein Versicherter, der bei gleicher Beitragsleistung zur Rentenversicherung durch eine andere Ursache berufsunfähig oder invalide würde und dann beide Renten erhielte.

Man kann freilich über diesen Punkt zweierlei Meinung sein und sehr wohl auch die Auffassung vertreten, daß die Unfallrentner hinsichtlich der Ruhensvorschriften mit den Versorgungsrentnern gleichgestellt werden sollen. Ich darf hierzu auf die recht beachtlichen Ausführungen von Oberregierungsrat Reinhold, auch wieder in der Deutschen Invalidenversicherung 1935, Seite 39 ff., verweisen. Er hebt dort hervor, daß es versicherungsrechtlich und nach sozialen Grundsätzen ganz gleichgültig sei, ob die Invalidität oder die Berufsunfähigkeit eines Versicherten auf die Teilnahme am Kriege oder eine dieser insoweit gleichgestellte Dienstleistung zurückgeführt werden kann oder ob sie durch einen Unfall verursacht worden ist. Ich selbst halte aber, wie ich vorhin ausführte, hier ein Ruhen für vertretbar, da die beiden zusammenfallenden Rentenbezüge ihren Ursprung beide in der Sozialversicherung haben und es zur Erreichung des Versicherungszwecks genügt, wenn der Versicherte bei vorzeitigem Verluste seiner Arbeitsfähigkeit durch den Bezug *einer* Rente aus der Sozialversicherung in seiner Existenz sichergestellt ist.

Will man aber die Ruhensvorschriften auch für die Bezieher einer Unfallrente erleichtern, was ja auch mein Herr Vorredner vielleicht durch die Berücksichtigung freiwilliger Beiträge andeutete, so könnte man auch hier eine Freigrenze von 25 RM einführen, die beim Ruhen unberücksichtigt bleiben sollte. Das wäre eine einfache Regelung, die dem Unfallrentner immerhin eine gewisse Besserstellung gewährte, weil er die Voraussetzungen für den Bezug zweiter Renten in seiner Person erfüllt.

Zu der Frage, wie sich finanziell für die Versicherungsträger die angeregte Aufhebung der Ruhensvorschriften auswirken würde, hat mein Herr Vorredner als der sachverständige Versicherungsmathematiker eingehend Stellung genommen, und ich darf mich daher hier aus meiner Kenntnis der Verhältnisse bei der Angestelltenversicherung auf folgendes beschränken.

Die Reichsversicherungsanstalt hat nach dem Stand vom September 1937 aus den Ruhensvorschriften eine monatliche Ersparnis von rund 826 000 RM, und zwar ruhen neben Unfallbezügen rund 211 000 RM, neben Versorgungsbezügen rund 265 000 RM und neben den Bezügen aus versicherungsfreier Beschäftigung rund 349 000 RM, zusammen also etwas über 826 000 RM. Der Hauptsatz ist der Bezug neben der Beamtenpension. Auf das Jahr gerechnet ist das zur Zeit eine Ersparnis von rund 10 Millionen RM, wie Sie ja auch nach den Unterlagen beim Reichsversicherungsamt annehmen. Dieser Bezug von 10 Millionen RM schlägt gewiß kassenmäßig schon zu Buche. Aber in seiner Bedeutung für die versicherungsrechtliche Bilanz, die mit Milliarden rechnet, bedeutet er, auch wenn man ihn als Ewigrente mit 20 vervielfacht und infolgedessen in die Bilanz mit 200 Millionen einrechnet, keinen irgendwie entscheidenden Rechnungsposten, und die Entscheidung wird umso geringer, wenn man das Ruhen neben Unfallbezügen, wie ich persönlich für vertretbar halte, noch weiter beibehält.

Die gleiche Erwägung, die ich hier auf Grund meiner Kenntnisse der Angestelltenversicherung angestellt habe, dürfte auch für das Gebiet der Invalidenversicherung zutreffen. Meines Erachtens sollten daher finanzielle Bedenken von der Aufhebung der Ruhensvorschriften in dem hier vertretenen Umfang nicht abschrecken. Handelt es sich doch darum, ein erkanntes Unrecht zu beheben und berechtigten Anlaß zur Kritik an der Sozialversicherung zu beseitigen. Berechtigten Vorwürfen gegen Bestimmungen der Sozialversicherung muß aber m.E. umso mehr und umso schneller der Boden entzogen werden, als die Sozialversicherung, wie uns ja allen bekannt ist, auch heute noch mit Gegnern zu rechnen hat. Außerdem wird das Wegfallen der umständlichen Milderungsbestimmungen für diese einzelnen Ruhensfälle das Gesetz in diesen Punkten einfacher und verständlicher gestalten zum Nutzen der Versicherten und der Versicherungsträger.

Vorsitzender: Ich danke sehr, Herr Direktor Schäfer!

Ich kann feststellen, meine Herren, daß beide Herren Referenten sich meiner Ansicht angeschlossen haben, diesen Punkt zu untersuchen und durch den Präsidenten der Akademie hier einen Vorstoß machen zu lassen, daß die Ruhensvorschriften insofern abgebaut werden, damit den Versicherten auf diesem Wege eine finanzielle Hilfe zuteil wird. Ich möchte beinahe annehmen, daß alle Herren der gleichen Meinung sind, bitte aber um Wortmeldungen dazu.

Professor Dr. Lutz *Richter:* Ich darf vorausschicken, daß ich in allen wesentlichen Punkten, sowohl was die Kritik des bestehenden Zustandes wie die Wünsche nach seiner Verbesserung betrifft, durchaus die Auffassung der beiden Herren Berichterstatter teile. Nur methodisch, möchte ich sagen, sind ein paar Punkte dazwischen, von denen ich glaube, daß ich sie auch meinerseits beleuchten sollte.

Herr Oberregierungsrat Heinze hat sich in sehr einleuchtender Weise mit der sprachlichen Bedeutung des Wortes „Ruhen“ beschäftigt. Es ist ganz richtig: Etwas, was ruht, müßte eigentlich einmal wieder aufwachen. Aber im einzelnen kann man doch wohl den Ausführungen, die wir gehört haben, nicht ganz folgen. Zunächst einmal scheint mir im Begriff des Ruhens, so wie unser Sozialversicherungsrecht und auch andere Gesetze ihn brauchen, doch keinesfalls zu liegen, daß die zunächst nicht gezahlten Einzelleistungen etwa nachträglich gezahlt werden. In diesen Fällen würde ich von Stundung oder Moratorium oder dergleichen sprechen. Ich glaube, das Wesen des Ruhens - und das kommt in diesem Ausdruck sehr bildhaft heraus - besteht angesichts einer Rente, angesichts eines Rechts auf wiederkehrende Leistungen gerade darin, daß zwar das Stammrecht erhalten bleibt, daß aber die einzelnen Anteile, die in die Zeit des Ruhens fallen, endgültig verloren sind. Also die Fälle, wo man nachträglich nun doch noch die Hand hinhalten und sagen kann: Jetzt gib mir, was du bisher vorenthalten hast, passen nicht unter die Vorschrift des Ruhens.

Wenn nun Herr Heinze gemeint hat, der Begriff des Ruhens sei durch die neuere Gesetzgebung, namentlich durch die Notverordnung ausgeweitet worden, so ist das richtig. Aber ich bin nicht der Meinung, daß begrifflich - ich betone: begrifflich - eine ungebührliche Ausweitung stattgefunden hat. Gewiß, praktisch sieht es so aus, daß in sehr vielen Fällen die ruhenden Renten niemals zum Wiederaufleben kommen. Ich halte es aber sozialpolitisch gerade für sehr begrüßenswert, daß man nicht verfügt hat: diese Renten sterben, sondern verfügt hat: diese Renten ruhen. Darin liegt nämlich auch seitens des Notverordnungsgesetzgebers, daß er daran denkt, sie sollen wiederaufleben, und zwar individuell und generell. Generell etwa in dem Fall, wo eine Beamtenwitwe wieder heiratet und dadurch ihren Anspruch als Beamtenwitwe verliert, sehr wohl aber ihre Altersrente aus der Invalidenversicherung oder aus der Angestelltenversicherung genießen kann. Generell aber liegt darin doch - und daran sollte man nun auch praktisch festhalten, wenn man einen Vorstoß machen will - gewissermaßen ex cathedra die Aussage: Diese Rente soll einmal kraft Notverordnung für die Notzeit ruhen, und wenn das vorbei ist, soll sie wiederaufleben, und da können wir den Gesetzgeber gewissermaßen beim Wort packen.

Ein anderer Punkt betrifft namentlich für das ältere Recht den Grund des Ruhens. Herr Heinze hat in sehr dankenswerter Weise nachgewiesen, daß schon das ältere und älteste Sozialversicherungsrecht gewisse Schranken an den Leistungen angebracht hat. Das ist richtig. Richtig ist wohl auch alles das, was Herr Heinze aus den Begründungen angeführt hat. Ich glaube aber - und ich bitte, das nicht als unfreundliche Kritik zu verstehen -, man muß in der psychologischen und begrifflichen Aufschließung dieser Gründe doch etwas tiefer bohren. Natürlich: Die finanziellen Gründe liegen bei allen Menschen sehr auf der Oberfläche, werden sehr gern gesehen; aber ich glaube doch, ein gewisses Maß von Ruhensvorschriften hängt mit dem Wesen der Sozialversicherung im Kern zusammen. Nämlich was die Sozialversicherung leisten will, ist ja bekanntlich nicht Schadensersatz, das ist nicht Ausgleich bei Heller und Pfennig im Einzelfall, sondern das ist das, was wir in der Theorie mit einem Verlegenheitsausdruck als abstrakten Ausgleich bezeichnen. Das bedeutet aber die Abwendung einer bestimmten, von der gewöhnlichen etwas abweichenden Gerechtigkeitsvorstellung. Wenn ich das einmal etwas schulmäßig bezeichnen darf: Es handelt sich um distributive und nicht um commutative, d.h. um austeilende und nicht um austauschende Gerechtigkeit; und deshalb darf uns in der Sozialversicherung nicht überraschen, wenn der Einzelne auch einmal auf dem Umweg über die versicherungsmathematischen Formeln nicht genau das Adäquate wieder herausbekommt, was er hineingezahlt hat. Der Einzelne muß mit solchen Kürzungen, mit solchem Ruhen usw. rechnen.

Nun bitte ich, das um Gottes willen nicht etwa als eine Befürwortung der Ruhensvorschriften vom Jahre 1931 zu verstehen, sondern das, was ich sage, bedeutet nur eine Besinnung auf die Art des geistigen Vorgehens angesichts dieser Erscheinungen. Nämlich so gern ich als leidenschaftlicher Verfechter des Versicherungsgedankens an sich höre, daß man sagt: So etwas widerspricht ja der Idee der Versicherung, so ist dieser Gedankengang letzten Endes doch kein durchschlagendes Argument, weil wir es ja nicht mit einer individuellen Versicherung, sondern mit einer Sozialversicherung und nicht mit austauschender, sondern mit ausgleichender Gerechtigkeit zu tun haben.

Wir müssen also die kritische Untersuchung etwas anders ansetzen. Wir müssen nämlich gegenüber der einzelnen Ruhensvorschrift prüfen, ob sie sozial gerecht ist und ob sie diesen Vorstellungen ausgleichender und verteilender Gerechtigkeit entspricht, die wir nun einmal in der Sozialversicherung anwenden. Wir können nicht an diesem Punkte plötzlich umspringen in eine individualistische und der commutativen, der austauschenden Gerechtigkeit entsprechende Denkungsweise. Ich hoffe also, es wird mir nicht als naseweis ausgelegt, wenn ich den beiden Herren Referenten sage, daß sie dieses Umspringen in die andere Denkungsweise verschiedentlich vollzogen haben. Ich will das im einzelnen nicht weiter besprechen.

Auf einem etwas anderen Blatt liegt eine andere Bemerkung. Beide Herren haben davon gesprochen, daß man mit einzelnen Ansprüchen etwas anders umgehen könnte als mit anderen, je nachdem ob sie auf eigener Beitragsleistung des Versicherten beruhen. Es war davon die Rede, daß man den Leuten etwa bei Zusatzrenten wenigstens die Hälfte lassen sollte, weil sie selbst den halben Beitrag geleistet haben. Die Unfallrente könnte man ihnen eher nehmen, weil sie nicht auf eigenen Beitragsleistungen beruht. Auch hier habe ich doch ein ganz einschneidendes Bedenken. Man sollte sich nämlich doch auch in solchem Zusammenhang wie heute darüber klar sein, daß es für die Frage der sozialen Gerechtigkeit vollkommen gleichgültig ist, ob der Beitrag aus dem Arbeitgeber- oder aus dem Arbeitnehmeranteil kommt, weil das ja nur ein juristisch-technischer Trick ist und weil das wirklich Substantielle der Herkunft dieser Beiträge mindestens unklar ist. Meine persönliche Meinung geht ja dahin: In gewissem Sinne sind alle Beiträge Beiträge des Versicherten; denn wäre nicht die Versicherung, dann würden diese Leute und würden gerade in Deutschland diese Leute längst verstanden haben, ihre Löhne entsprechend zu steigern. Man kann die Sache aber natürlich auch mehr im Sinne der früheren sogenannten Lohntheorie ansehen und sagen: Alle Beiträge kommen ja aus dem Sozialprodukt der Unternehmung. Hinterher jedenfalls dürfen wir für Erwägungen über soziale Gerechtigkeit nicht mit dem rein formalen Argument der Beitragsverteilung nach halb und halb oder ein Drittel und zwei Drittel operieren. Das sind Zufälligkeiten; die treffen nicht die Sache. In der Sache selbst, wie gesagt, scheint mir - ich will das jetzt nicht ausführlich darlegen -, daß auch von meinem Ausgangspunkt aus der von dem Herrn Vorsitzenden vorhin zusammengefaßte Vorschlag durchaus zu befürworten ist: Weg mit diesen neueren übermäßigen Ruhensvorschriften, ganz abgesehen davon, daß sie an Verwaltungsaufwand und an seelischer Substanz soviel fressen, daß es viel zu teuer erkauft ist.

Ich möchte noch zu zwei Punkten im einzelnen sprechen. Was das Verhältnis zu den Unfallrenten angeht, so bin auch ich der Meinung, daß hier viel eher ein Ruhen gerechtfertigt ist, und von einem gewissen Standpunkt, den ich früher einmal in der Reformliteratur eingenommen habe, ist sogar ein Ruhen der Invaliden- und Angestelltenversicherungsrente neben der Unfallversicherung dringend zu fordern, denn die Unfallversicherung selbst ist ja nur eine aus historischen Gründen erklärliche, im übrigen für die Nutznießer sehr erfreuliche Dublette, die da geschlossen worden ist, und man sollte nicht, weil jemand eine solche Dublette geschlossen hat, nun sagen: nun müssen unter allen Umständen beide nebeneinander gehäuft werden.

Auf der anderen Seite scheint mir aber, daß für den Wegfall des Ruhens neben Beamtenpensionen usw. zwar nicht etwa der Gedanke noch ins Feld geführt werden muß, daß man sagt: Ihr habt ja eben beides wohl erworben und erdient; da könnte man sagen: Ja, es soll ja nur ein sozialer Ausgleich gewährt werden, es soll durch die Rente aus der Rentenversicherung zwar natürlich nicht eine Fürsorgeleistung erbracht werden, aber etwas, was zur Rüstung eines durchschnittlichen, dem Lebensstand angenäherten Daseins hilft, und bei dem Beamten mit einer Pension ist das ja nicht nötig. Das ließe sich natürlich für die Ruhensvorschriften geltend machen. Dem möchte ich entgegensetzen: Es liegt ja bei dem Nebeneinander von Rente aus der Sozialversicherung und Pension in einer Person etwas Ähnliches vor, wie wir es innerhalb der Sozialversicherung bei der Wanderversicherung kennen. Nämlich zu der Zeit, wo der Mann z.B. in der Angestelltenversicherung ist, hat er ja keine anwartschaftwerbende Zeit bei der Beamtenpension zurückgelegt, und zu der Zeit, wo er Beamter war, hat er keine anwartschaftwerbende Zeit in der Angestelltenversicherung zurückgelegt. Natürlich können sich rechnerisch Überschneidungen und Merkwürdigkeiten ergeben, wenn z.B. jemand jahrelang Versicherungsbeiträge bezahlt hat und vielleicht die letzten 5 oder 10 Jahre seines Aktivitätslebens Beamter ist. Wenn er dann als Beamter heute die Rechnung aufmacht, erhält er nur eine geringe Pension; wenn er aber dann mit dem Ergebnis dieser Pension zu dem Rentenversicherungsträger geht, wird ihm gesagt: Bitte, deine Rente ruht, und dann hat er vielleicht die letzten 5 Jahre, während er Beamter war, die hohen Pflichtbeiträge der Versicherung weiter geklebt, die ihm nun eine ungeheure Last sind, denn die fallen jetzt in die Waagschale auf der anderen Seite. Nicht dieses „null Komma...", sondern die komplementäre Größe zu dem „null Komma..." wird ihm als Pflichtbeitrag berechnet. Der Mann ist also doppelt geschlagen und kriegt nicht nur bei uns nichts, sondern auch als Beamter sehr wenig. Deshalb erscheint mir dieser Punkt besonders bereinigungsbedürftig.

Bei den Versorgungsberechtigten und Kriegsbeschädigten liegt die Argumentation wieder auf einem anderen Gleis. Da kann man nicht mit den Gedankengängen operieren, daß der Mann im Krieg usw. eine Dienstbeschädigung erlitten hat. Es war ja in gewissem Sinne Zufall und nicht Verdienst. Auf der anderen Seite sprechen hier natürlich noch viel durchschlagendere Gründe dafür, diese Ruhensvorschrift hier endlich zu beseitigen.

Regierungsrat *Graßl:* Von den beiden Herren Referenten ist betont worden, daß die Sanierung der Versicherungsträger wesentliche Fortschritte gemacht hat, und ich möchte, weil mir der Haushaltsplan für 1938 für die Invalidenversicherung seit einigen Tagen vorliegt, kurz die wichtigsten Zahlen herausnehmen und gegenüberstellen, insbesondere auch dem sprunghaften Anschwellen der etwas gekünstelten Hochkonjunktur der Jahre 1924 bis 1929 gegenüberstellen und dem soliden und guten und naturgemäß gewachsenen Ansteigen der Invalidenversicherung von 1933 bis jetzt und mit einem Blick schon auf das Jahr 1938. Da fällt uns besonders auf, daß in der Tiefzeit der Arbeitslosigkeit die Beitragseinnahmen bei der Invalidenversicherung im Jahre 1932 642 Millionen betragen haben, während sie bis zum Jahre 1929 in dem sprunghaften Anschnellen auf 1 092 Millionen gestiegen waren. Besonders interessant ist, daß der Vermögenszuwachs von 1928 auf 1929 vergleichsweise 304 Millionen betragen hat, der Vermögenszuwachs im Jahre 1930 aber bereits - das ist die sehr schnell beginnende Zersetzung der Wirtschaft - nur noch 55 Millionen betrug. Auf der anderen Seite können wir mit großer Befriedigung feststellen, daß die Beitragseinnahmen von 1937 - wobei das letzte Vierteljahr geschätzt ist, aber daran wird sich nichts Wesentliches ändern - bereits die Beitragseinnahme von 1929, also den Höchststand von damals von 1 092 Millionen, um rund 101 Millionen überschritten haben. Wir können also heute mit einer Beitragseinnahme von rund 1 195 Millionen rechnen.

Nun möchte ich gleich eine Vorschau für das Jahr 1938 geben. Hier sehen wir besonders, daß erstens einmal die Arbeitslosigkeit, wir dürfen ruhig sagen, zu 100% beseitigt ist, denn die Arbeitslosen, die wir noch haben, diese 500 000 bis 600 000 Leute, sind ja nicht mehr Arbeitslose in dem Sinne, daß sie voll zu beschäftigen sind. Das ist ja bekannt. Wir haben also aus dieser sehr guten und solide aufgebauten Wirtschaft in der Invalidenversicherung zusammenfassend im Jahre 1937 einen Überschuß von 430 Millionen und haben im Jahre 1938 bei einigermaßen gleichbleibenden Verhältnissen einen Überschuß von 415 Millionen, also nur eine ganz geringe Schwankung. Ich möchte allerdings hinzusetzen, daß viel mehr wohl auch in der Zukunft nicht herausgeholt werden kann, schon deswegen nicht, weil ja die Arbeitslosigkeit, wie gesagt, beseitigt ist. Aus diesen Gründen möchte ich auch, wenn wir jetzt die Invalidenversicherung betrachten, dringend bitten - und darin sind wir ja alle, wie der Herr Vorsitzende schon ausgeführt hat, einig -, daß die größten Härten dieser Notverordnung wegfallen. Wenn auch nicht sämtliche Ruhensvorschriften vielleicht aus irgend welchen Gründen wegfallen können, so möchte ich doch sagen, daß die ganze Angelegenheit, nämlich alles, was Notverordnung heißt, auch einen hochpolitischen Charakter hat. Wir dürfen nicht übersehen, daß das Anschwellen der Kommunistischen Partei im Jahre 1931 auf 1932 zu einem wesentlichen Teil diesen Dingen beizumessen ist. Wir dürfen aber auch gerade als Nationalsozialisten niemals aus dem Auge verlieren, daß damals keine unserer Versammlungen vergangen ist, in der nicht irgendwie die Verbitterung und die Not aus unseren Kreisen, aus der arbeitenden Masse heraus an uns herangetragen worden ist und daß ich heute noch die und die Versprechungen wörtlich in meinen Ohren klingen höre: Jawohl, wenn wir am Ruder sind, müssen die Dinge selbstverständlich wieder richtiggestellt, sie müssen beseitigt werden. Infolgedessen darf ich wohl behaupten, daß diese Angelegenheit vielleicht eine der politischsten ist, die wir als National*sozialisten* - und ich möchte den zweiten Wortteil unterstreichen - in der Sozialversicherung haben und daß es an der Zeit ist, diese Härten zu beseitigen.

Ich möchte aber auch weiterhin darauf hinweisen, daß es eben in den heutigen Zeiten aus den bekannten Gründen und Schwierigkeiten nicht möglich geworden ist, eine Lohnerhöhung vorzunehmen und vielleicht da und dort den Schichten, die uns jetzt besonders angehen, die wir zu betreuen haben, zu helfen. Es ist das grandiose Winterhilfswerk eingerichtet worden, es ist alles das eingerichtet worden, was mit der NSV zusammenhängt. Aber das sind alles Einrichtungen, die zusätzlichen Charakter haben und die eben schließlich doch da und dort in den Reihen des guten deutschen Arbeiters wie eine Art Wohlfahrt wirken müssen. Wir haben es doch hier - und das haben die beiden Referenten sehr wohl herausgearbeitet - mit einem Recht, mit Versicherung auf gesetzlicher Grundlage zu tun, und aus Gerechtigkeitsgründen sind wir es schuldig, all diese Dinge zu beseitigen und, wie gesagt, aus politischen Gründen darauf hinzuarbeiten, daß wir gerade als Nationalsozialisten in unserem jetzigen Staat dieser Pflicht und Schuldigkeit nachkommen.

Dr. *Wischer:* Bei der Frage, ob man das Ruhen von Invalidenrenten und anderen Renten neben Unfallrenten nicht doch etwas anders beurteilen sollte, möchte ich auf folgendes hinweisen. Die Unfallversicherung ist ja bekanntlich an die Stelle der Haftpflicht des einzelnen Unternehmers getreten, und jeder private Schadensersatzanspruch gegen den einzelnen Unternehmer wird ja - das besagt § 898 - ausgeschlossen durch die Unfallversicherung, auch selbst in den Fällen, wenn es gar nicht zu einer Rentenzahlung kommt, und es kann allenfalls noch ein neben der Unfallversicherung liegender Schadensersatzanspruch geltend gemacht werden, wenn man dem Unternehmer Vorsatz nachweist und das durch strafgerichtliches Urteil außerdem noch festgestellt ist. Wenn man einmal von diesem Ursprung der Unfallversicherung ausgeht, wird man doch wohl auch hier bei Betrachtung der Ruhensvorschriften den Standpunkt einnehmen müssen, daß hier die Situation genau so liegt wie bei den anderen Ansprüchen, also Versorgungsrente, Beamtenpension usw. Es würde nämlich sonst, wenn wir hier nicht diese Auffassung vertreten, dahin kommen, daß einer, der nicht der Unfallversicherung unterliegt und der im Zivilverfahren einen Schadensersatzanspruch gegen den Betriebsführer durchsetzen kann, besser gestellt ist als der Arbeiter oder der technische Angestellte, der der Unfallversicherung unterliegt, denn der würde seine volle Schadensersatzleistung durch den Betriebsführer bekommen, und bei dem anderen würden die Ruhensvorschriften zur Anwendung kommen. Ich glaube, daß das doch immerhin ein wesentlicher Gesichtspunkt ist und daß man deswegen auch hier dieselbe Beurteilung Platz greifen lassen muß.

Es kommt noch ein mehr sozialer Gesichtspunkt hinzu. Bei den Unfällen handelt es sich ja vielfach um junge Menschen, während es sich bei Beamtenpensionen usw. um ältere Menschen handelt. Bei tödlichen Unfällen handelt es sich vielfach darum, daß junge Witwen mit unter Umständen zahlreichen unmündigen Kindern zurückbleiben, so daß sich sozial die Ruhensvorschriften besonders ungünstig auswirken.

Prof. Dr. Lutz *Richter:* Aber dann ist meist gar nichts zum Ruhen da!

Dr. *Wischer:* Die Witwenrente und die Waisenrente ruhen natürlich auch neben den Renten der Angestelltenversicherung.

Prof. Dr. Lutz *Richter:* Dann müßte aber die Witwe an sich schon invalide sein!

Dr. *Wischer:* Selbstverständlich: bei Witwenrenten mag es nicht die Bedeutung haben, aber bei Waisenrenten auf jeden Fall.

Ich möchte mir dann noch eine andere Anregung erlauben, und zwar handelt es sich hier nicht so sehr um eine Ruhensvorschrift im strengen Sinne, sondern bei der Wanderversicherung um die Vorschrift des § 1544 g, wonach bei der Rente, wenn der Grundbetrag aus Angestelltenversicherung oder Pensionsversicherung der Angestellten bezahlt wird, bei den Steigerungsbeträgen der Invalidenversicherung 12 RM bzw. bei Witwen 6 RM und bei Waisen 4,80 RM monatlich - ich betone ausdrücklich: monatlich - nicht bezahlt werden. Das führt in sehr vielen Fällen dazu, daß überhaupt kein Steigerungsbetrag aus der Invalidenversicherung bezahlt wird, denn 12 RM monatlich sind schon 144 RM im Jahre. Das ist eine Vorschrift, die auch außerordentlich viel böses Blut erregt hat. Sie ist auch erst später hereingekommen. Sie ist auch keine direkte Ruhensvorschrift, sondern es heißt: fällt weg. Aber ich meine, mit diesen Begriffsbestimmungen, ob der Gesetzgeber sagt: das ruht, oder ob er sagt: das fällt weg, kann man bei dem einzelnen Arbeiter und dem davon Betroffenen doch nicht allzuviel Eindruck machen, der das nicht bekommt. Deshalb würde ich es begrüßen, wenn wir uns hier auch zu dieser Vorschrift äußern würden. Das wirkt sich schon rein vom Standpunkt einer versicherungsrechtlichen Gerechtigkeit aus gesehen insofern besonders ungünstig aus, als bei der Wanderversicherung ja der Grundbetrag sowieso nur einmal gezahlt wird, nämlich in dem von mir gebrauchten Beispiel aus der Angestelltenversicherung. Außerdem fällt noch ein großer Teil der Steigerungsbeträge weg.

Vorsitzender: Ich darf feststellen, daß grundsätzlich von seiten der Herren Ausschußmitglieder keine Bedenken gegen die Vorschläge bestehen, die die Herren Referenten gemacht haben. Weitere Wortmeldungen dazu liegen nicht vor. Wir haben daraus ersehen, daß es notwendig ist, daß von der Akademie aus in dieser Beziehung ein Vorstoß gemacht wird. Ich hatte bereits in meinen Einleitungsausführungen auf der Zunge, daran zu erinnern, daß heute noch sowohl bei mir persönlich wie auch im Sozialamt der Deutschen Arbeitsfront fortwährend Schreiben eingehen. Man hat die Sache sogar soweit forciert, daß man mir erst vor einiger Zeit einen Zeitungsausschnitt aus einer Rede beilegte, die seinerzeit Dr. Goebbels gehalten hat, in der er wörtlich im Sportpalast sagte - ich war selbst zugegen und kann mich dessen sehr genau entsinnen -: Wir werden noch nicht 24 Stunden an der Regierung sein, dann sind die Notverordnungen gefallen. So hieß es seinerzeit wörtlich. Daraus kann man ersehen, wie die Rentenempfänger draußen das sehr genau verfolgt haben und wie sie tatsächlich darauf warten, daß in dieser Beziehung einmal eine Änderung eintritt und daß nun vielleicht an dem Gebäude der Notverordnungen gerüttelt wird. Ich begrüße das um so mehr, als es ein dringendes Bedürfnis ist, daß hier Abhilfe geschaffen wird, und weil nicht nur beim Sozialamt der Deutschen Arbeitsfront und auch bei der Reichsorganisationsleitung, sondern - ich glaube, nicht zuviel zu sagen, wenn ich das behaupte - auch in der Kanzlei des Führers und gerade im Sozialamt, das der Parteigenosse Knieriem hier vertritt, unzählige Beschwerden eingehen, die gerade mit diesen Notverordnungen zu tun haben. Ich werde mir erlauben, gerade über diesen Punkt eine Kommission einzusetzen, die dann das Gutachten entwirft, und wir werden das dann noch einmal beraten, um jedem Gelegenheit zu geben, dazu Stellung zu nehmen, und dieses Gutachten wird dann so schnell wie möglich an den Präsidenten der Akademie herangebracht werden, um dann über ihn den Vorstoß beim Reichsarbeitsminister zu machen. Vielleicht werde ich schon in ganz kurzer Zeit die Kommission hierfür einberufen.

Wir können dann diesen Punkt der Tagesordnung verlassen und gehen über zu Punkt 3: *§ 313 der RVO. Bestimmungen über die freiwillige Weiterversicherung.*

Sie werden aus der Tagespresse ersehen haben, meine Herren, daß dieser Punkt nicht umsonst auf die heutige und morgige Tagesordnung gesetzt worden ist. Die Tagespresse hat sich schon dauernd damit beschäftigt, und auch aus den Kreisen der Versicherten heraus kommen fortgesetzt Schreiben über die Akademie und über das Sozialamt usw., um hier eine Klarheit zu schaffen. Der „Angriff" hat ja vor ganz wenigen Wochen eine ganz positive Stellungnahme gebracht.

Ich darf Sie bitten, Pg. Dr. Wischer, das Referat zu erstatten.

Referent Dr. *Wischer*: (Anlage 2) [nicht auffindbar.]

Der *Vorsitzende* dankt dem Berichterstatter.

Das Korreferat wird auf die Nachmittagssitzung vertagt.

Der Vorsitzende teilt noch mit, daß das Gutachten des Ausschusses über das Dienstrecht der Beamten und Angestellten in der Sozialversicherung gemäß dem Beschluß des Ausschusses dem Präsidenten der Akademie vorgelegt und durch die Akademie und den Ausschußvorsitzenden allen für die Beurteilung dieses Rechts in Frage kommenden Stellen zugeleitet worden ist. Er gibt hierauf den Inhalt der eingegangenen Antwortschreiben des Staatssekretärs Krohn vom Reichsarbeitsministerium, des zuständigen Abteilungsdirigenten Stiehler, des Obersten Lorenz vom Reichswehrministerium und des Ministerialdirektors Engel vom Reichsarbeitsministerium bekannt und teilt ferner mit, daß Anfang November eine Ressortbesprechung über dieses Gutachten stattfinden werde und man von seiten des Reichsarbeitsministeriums versuchen werde, die Frage des Dienstrechts der Beamten und Angestellten der Sozialversicherung zu Anfang des kommenden Jahres zu klären.

Schließlich bemängelt der Vorsitzende noch, daß die Einladungen an die einzelnen Ausschußmitglieder teilweise so spät ergangen sind, so daß einzelne Mitglieder noch kein Programm der Jahrestagung der Akademie in Händen haben.

(*Mittagspause*)

Nachmittagssitzung

Die Beratung des Punktes 3 der Tagesordnung wird fortgesetzt.

Korreferent Senatspräsident *Kühne:* [Referat nicht überliefert]

Vorsitzender: Ich danke Ihnen sehr, Herr Senatspräsident, und ich bitte nun, zu den Referaten Stellung zu nehmen.

Ministerialrat Dr. *Hoffmeister:* Mir ist es persönlich zweifelhaft, ob eine Änderung des § 313 Abs. 2 tatsächlich notwendig ist. Ich darf mitteilen, daß bei der Allgemeinen Ortskrankenkasse Berlin, die ungefähr 860 000 Mitglieder hat, bisher ein Bedürfnis in dieser Richtung nicht aufgetreten ist. Es ist auch von keiner Seite bisher beantragt worden. Ich möchte auch darauf hinweisen - was auch Herr Senatspräsident Kühne schon betont hat -, daß man ja über das Oberversicherungsamt die Möglichkeit hat, die Fristen zu verlängern. Den zweiten Weg, daß man auch den Arbeitgeber mit einspannen kann, indem man ihn veranlaßt, in die Abmeldung noch die Beantwortung der Frage aufzunehmen, ob der Versicherte sich weiter freiwillig versichern will, halte ich für gangbar. Ich habe in meinem Betrieb schon angeordnet, daß eine solche Frage aufgenommen wird, und bin persönlich der Auffassung, daß die Beantwortung in den wenigen Fällen, um die es sich tatsächlich nur noch handelt - denn die meisten wissen tatsächlich Bescheid - dazu führen wird, daß die Versicherten sich tatsächlich rechtzeitig melden. Man muß bei dieser ganzen Frage berücksichtigen, daß es sich hier um eine Vorschrift handelt, die jedem Beteiligten bestens bekannt ist. Diese Bestimmung besteht nun schon seit Jahrzehnten und ist allgemein bekannt, und deshalb wird sich jeder, der in die glückliche Lage einer Gehaltserhöhung kommt, überlegen, ob er sich weiter versichern will oder nicht.

Wenn man aber trotzdem eine Änderung für notwendig hält, dann würde ich es auch mit den Einschränkungen, wie sie hier angegeben worden sind, gutheißen. Insbesondere darf durch diese Verlängerung der Fristen nicht eine Rückwirkung eintreten. Die Verlängerung darf also nur für zukünftige Versicherungsfälle gelten, und es muß bei dem gegenwärtigen Zustand bleiben, daß der Versicherte für die in der ersten Woche eintretenden Versicherungsfälle tatsächlich auch sofort in der ersten Woche die Meldung abgeben muß.

Ich bitte aber, mir zu gestatten, daß ich zu § 313 eine andere Anregung gebe, die bei uns aufgetaucht ist. Es kommen häufig Angestellte, die sich weiterversichern wollen, aber nun sagen, sie haben es gar nicht notwendig, etwa die Bargeldleistungen weiter zu versichern, entweder weil sie solche schon zugesichert bekommen haben oder weil sie sich sagen: Ich bin verheiratet und will nur gern die ermäßigten Sachleistungen, ärztliche Behandlung usw. behalten. Es ist bedauerlich, daß man hier eine solche Möglichkeit nicht hat, sondern man die Versicherten immer zwingen muß, die ganze Versicherung weiter fortzuführen, ein merkwürdiger Gegensatz im übrigen zum § 215 RVO, der ja gestattet, daß bei vorübergehenden Dienstleistungen die Leute sich freiwillig versichern können, und zwar, wie im § 215 ausdrücklich gestattet ist, nur für die Sachleistungen. Wenn man hier im § 313 eine solche Vorschrift einfügen würde, daß die Weiterversicherten berechtigt sind, ihre Weiterversicherung nur auf die Sachleistungen zu beschränken, so entspräche das nach meiner Ansicht tatsächlich einem Bedürfnis der Praxis. Ich würde nur dafür sein, daß man nicht das Sterbegeld herausläßt, denn es hat sich in der Praxis gezeigt, daß das Sterbegeld von außerordentlicher Bedeutung ist. Wenn man in der Praxis sieht, wie die Leute in Not kommen, wenn ein Sterbefall eintrtt, so muß man darauf bedacht sein, den Leuten diese besondere Leistung zu erhalten. Diese Bitte hätte ich allerdings, wenn man einen Antrag auf Änderung des § 313 stellt, dann auch diese Vorschläge mit zu berücksichtigen, denn dadurch würde noch eine wesentliche Besserung erreicht.

Vorsitzender: Ich selbst bin der Auffassung, daß die Fälle, die nach § 313 bei Überschreitung der Versicherungspflichtgrenze entstehen, nicht so sehr häufig sind. Aber durch die Zeitungsnotiz, die zuerst wohl in der „Volkswirtschaft“ erschien und die sofort vom „Angriff“ aufgenommen worden ist und durch alle Tageszeitungen von Deutschland ging, und durch die schriftliche Mitteilung anderer Fälle an die Akademie bin ich doch veranlaßt worden, auch diesen Punkt aufzunehmen, obgleich ich vorher schon der Ansicht war, daß es sich nicht um sehr viele Fälle handeln kann. Aber der Herr Präsident der Akademie steht auf dem Standpunkt, daß beim Auftauchen solcher Fragen in der Öffentlichkeit sein Akademieausschuß dazu da ist, zu diesen Fragen Stellung zu nehmen und evtl. dem federführenden Ministerium Vorschläge zu machen.

Prof. Dr. Lutz *Richter:* Um zu dem ursprünglich erörterten Gegenstand zurückzukehren - mir schwebt noch etwas anderes vor. Ich möchte zunächst fragen - aber wir werden die Frage jetzt nicht beantworten können -: Sind die Mißlichkeiten, über die wir uns unterhalten, nur in den Fällen aufgetaucht, in denen jemand unter Fortsetzung des gleichen Anstellungsverhältnisses im Gehalt aufgerückt und deshalb aus der Krankenversicherung herausgerückt ist, oder sind die gleichen Schwierigkeiten auch aufgetaucht, wenn jemand aus dem Beschäftigungsverhältnis gänzlich ausgeschieden ist? Aus dem, was ich bisher gehört habe, habe ich den Eindruck gewonnen, daß das letztere nicht der Fall ist. Die Fälle, wo der § 313 in Frage kommt, weil jemand ganz aus der Beschäftigung ausscheidet, laufen praktisch glatt. Das merkt jeder, daß dann etwas bei ihm los ist und daß er auch aus der Krankenversicherungspflicht herauskommt. Aber der Angestellte, der in seiner Stellung bleibt und ein höheres Gehalt bekommt und dem das keineswegs immer, wie Herr Dr. Wischer in seinem dogmatischen Beispiel unterstellt hat, bereits am 15. des Monats für den Beginn des folgenden Monats gesagt wird, sondern dem das sehr oft auch erst am Ende des Monats gesagt wird, für den er nun bereits das erhöhte Gehalt bekommt, merkt das nicht ohne weiteres. Er erfährt also vielleicht erst Ende September, daß er jetzt für den September diese 20 RM mehr bekommt. Ich glaube, mich auch richtig zu erinnern, daß gelegentlich Schwierigkeiten entstanden sind, wenn der Mann im September Kassenleistungen genossen hat, ob sie ihm dann zu belassen oder zurückzufordern seien, weil er ja bereits aus der Versicherungspflicht ausgeschlossen sei. Wenn das zutrifft, daß die Schwierigkeiten nur in diesen Fällen des fortgesetzten Anstellungsverhältnisses auftauchen, dann möchte ich mir erlauben, zunächst an den § 165 a zu erinnern, der zur Zeit der sogenannten Inflation in die Reichsversicherungsordnung hineingeschrieben worden ist, dem ich aber stets eine Bedeutung über die bloße Inflationszeit hinaus zugesprochen und von dem ich sehr schwer bedauert habe, daß er in der Notverordnung aus einer Art Scheuerfraueneifer herausgestrichen worden ist. Für die finanzielle Entlastung der Versicherung hatte die Streichung dieser Bestimmung, wie mir scheint, gar keine Bedeutung, sondern es war eben eine Irregularität, die man in der Inflationszeit glaubte einführen zu müssen, und als die Inflationszeit vorbei war, hat man sie bei der nächsten Revision wieder herausgestrichen.

Ich fand das außerordentlich vernünftig, daß man bei Beendigung der Versicherungspflicht, einerlei ob Krankenversicherung oder Rentenversicherung, bloß wegen Überschreitung der Gehaltsgrenze sagte: Nun warten wir erst einmal ab, was in der nächsten Zeit passiert. Zunächst dachte man allerdings an die ruckweisen Bewegungen der Währung. Aber es kann ja geradeso gut sein, daß jemand - um einen Einzelfall zu bilden - versuchsweise ein höheres Gehalt zugebilligt erhält, aber daß man diese Zusage später widerruft; oder es handelt sich auch nicht immer um feste Monatsgehälter, es handelt sich um Leute mit Provisionen oder ähnlichen Vergütungen. Wenn diese jetzt in einem Monat eine hohe Provision oder eine andere Nebenvergütung erzielt haben, dann scheiden sie aus. Dann aber kommt eine ganz tote Saison, dann fällt ihre Monatseinnahme wieder unter diese Grenze. Selbst wenn man dann sagt: Gut, wir müssen das aufs ganze Jahr glatt rechnen, so entstehen trotzdem ganz unnütze Schwierigkeiten, um die man ganz herumkam, als der Mann nach Überschreitung der Grenze zunächst noch einmal drei Monate versicherungspflichtig blieb. Und nun scheint mir - vielleicht haben die Herren noch praktische Erfahrungen aus der Zeit, wo das galt -, diese drei Monate, in denen ja die Frist des § 313 noch gar nicht lief, waren immerhin geeignet, den Mann psychologisch aufzulockern und ihm zu sagen: Nun kümmere dich einmal darum, wenn die drei Monate herum sind, mußt du dich vielleicht weiterversichern. Darum würde ich die Frage stellen, ob es neben oder auch statt der von Herrn Wischer und Herrn Kühne vorgeschlagenen Maßnahmen nicht zweckmäßig wäre, diesen § 165 a oder eine ähnliche Vorschrift überhaupt wieder einzuführen.

Vorsitzender: Soweit ich mich entsinnen kann, werden ja bei den von Ihnen genannten Verdienern, die ein schwankendes Einkommen haben, die Jahresdurchschnitte genommen. Also das käme nicht in Frage. Im allgemeinen stehen selbstverständlich die Versicherungsträger auf dem Standpunkt: Der Betreffende muß von dem Tage an, wo er ein höheres Gehalt hat, entweder die höheren Beiträge zahlen oder aber aus der Versicherung ausscheiden.

Senatspräsident *Kühne:* Ich wollte nur folgendes hervorheben: Soweit es sich darum handelt, daß jemand erst etwas später als in dem hier erörterten Fall von seinem „Glück" erfährt, soweit - um bei dem Beispiel zu bleiben - der Betreffende nicht schon am 10. August von der Gehaltserhöhung für September erfährt, sondern ihm der Chef erst am 30. September als dem Lohnzahlungstag für den September sagt: Ihre Arbeiten waren gut, Sie sollen 20 RM Zulage erhalten, und der Angestellte nunmehr von 290 auf 310 RM Einkommen steigt, wirkt diese rückwirkende Zulage ja nach § 165 b eben dann zunächst doch wohl noch nicht für den September, sondern für das Ausscheiden aus der Versicherung ist der Tag maßgebend, an dem die Zulage erstmalig gezahlt wird. Ich habe mich auch mit diesem Problem beschäftigt, als ich mein Korreferat vorbereitete. Die Sache ist damals akut geworden, als im Jahre 1927 auf Grund der Köhlerschen Gehaltsaufbesserung vielfach auch wirtschaftliche Gehaltsaufbesserungen erfolgten. Damals hat sich der Reichsfinanzminister einmal in einem Erlaß, der in der „Volkswohlfahrt" abgedruckt war, geäußert; er hat darin ausdrücklich darauf hingewiesen, daß nachträglich wirkende Lohnerhöhungen in diesem Falle nicht zu berücksichtigen sind, so wie dies in § 165 b jetzt auch expressis verbis enthalten ist. Also diese Fälle sind dann in Ordnung: Es schadet nichts, wenn das dem Angestellten zu spät mitgeteilt wird. Bedenklich ist es natürlich dann - das sind ähnliche Dinge, die wir jetzt hier behandeln -, wenn das dem Betreffenden nicht am 10. August, sondern etwa am 22. September oder dergleichen mitgeteilt wird, wenn also die drei Wochen schon um sind. Da könnte man sich fragen: Wie steht die Sache nun? Aber ich glaube, auch da ist das eine rückwirkende Zulage für Ende September, sie wird erst am 30. September gezahlt, so daß man immer noch mit § 165 b durchgreifen kann.

Nun der alte § 165 a.

Prof. Dr. Lutz *Richter:* Ich habe mich geirrt! Im übrigen handelt es sich um den Abs. 1 von § 165 b.

Senatspräsident *Kühne:* Ich entsinne mich aus der Praxis an sich noch ganz gut dieser Regelung. Da muß ich allerdings sagen: Wenn mich meine Erinnerung nicht ganz täuscht, - so sehr glücklich sind die Menschen damals bei diesem Modus nicht gewesen. (*Zustimmung.*) Es freuten sich eigentlich alle, als dieses Scheusal in die Wolfsschlucht geworfen wurde. Weshalb, könnte ich im Moment nicht begründen und will ich nicht erörtern. Ich entsinne mich, daß damals alle möglichen rechtlichen und praktischen Schwierigkeiten auftauchten, und ich glaube, wir verlegen dann die Schwierigkeiten nur auf einen anderen Zeitpunkt und auf eine andere Ebene, aber schließlich kommt einmal der Zeitpunkt. Gerade wenn das Ereignis nicht so ruckweise eintritt, erweckt das bei dem Einzelnen ein nachdenkliches Gefühl. Aber wenn einmal die Zeit verstrichen ist, wird ihm um so weniger klar werden: Nun muß ich mich freiwillig weiterversichern. Ich glaube also, man verlegt die Schwierigkeiten nur auf einen anderen Zeitpunkt. Jedenfalls weiß ich aus der Erinnerung heraus - und ich höre das auch aus der Bestätigung -, daß die Menschen mit dieser Vorschrift damals nicht sehr glücklich gewesen sind.

Vorsitzender: Das stimmt. Ich kann mich genau entsinnen, daß aus den Kreisen der Versicherungsträger und auch der Versicherten heraus immer wieder gebohrt wurde, daß dieser Paragraph wieder fallen sollte, der dann auch gefallen ist.

Prof. Dr. *Dersch:* Ich wollte das nur aus den praktischen Erfahrungen der Angestelltenversicherung bestätigen. Die Vorschrift ist ja seinerzeit, wie Kollege Richter mit Recht hervorgehoben hat, aus währungspolitischen Gründen gemacht worden, weil sich die Mark damals andauernd entwertete, die Leute aus der Versicherungspflicht herauskamen, dann wieder hinein-, dann wieder heraus- und wieder hineinkamen, und es entstand immer ein Zwischenraum, und nur um den Zwischenraum zu überbrücken, hat man damals diese Vorschrift geschaffen. Ich war damals gerade im Arbeitsministerium mit diesen zahlreichen Verordnungen beschäftigt, und wir konnten die Verordnungen gar nicht so rasch herausbekommen. Als sich dann die Verhältnisse änderten, wuchs sich die Sache genau zum Gegenteil aus. Aus der Wohltat wurde eine entsetzliche Plage. Besonders in der Angestelltenversicherung schrien die Leute - und ganz mit Recht -, die durch eine Erhöhung des Gehalts über die 7 200-Mark-Grenze hinauskamen, und sie sagten: Wozu haltet ihr uns noch drei Monate in der Versicherungspflicht fest, wenn es gar nicht an dem ist? Ich möchte also auch meinen, daß man das jetzt aus dem Grunde nicht mehr verwerten kann.

Direktor *Schäfer:* Ich kann nur bestätigen, daß das richtig ist, was eben ausgeführt worden ist, daß der Gesetzgeber nicht etwa in einem Scheuerfraueneifer die Bestimmung hinweggefegt hat, sondern sowohl die Versicherten wie die Betriebsführer haben sich damals gegen die Bestimmung gewandt, und daraufhin ist die Bestimmung beseitigt worden, weil die tatsächlichen Voraussetzungen nicht mehr gegeben waren.

Prof. Dr. Lutz *Richter:* Ein so großes Unglück wäre das ja schließlich nicht. Aber gut: Wegen der Rentenversicherung möchte ich gar keine Anregung geben. Wegen der Krankenversicherung sehe ich das aber nicht ganz ein, namentlich wenn man eine Art Propaganda für die Weiterversicherung machen will; das liegt doch in dem heutigen Gespräch. Etwas anderes ist die Frage der psychologischen Wirkung, und in dieser Hinsicht bitte ich das, was ich vorhin gesagt habe, auch lediglich als Fragestellung zu verstehen. Wenn Herr Senatspräsident Kühne meint, die Leute verschlafen es dann erst recht, dann wollen wir es natürlich nicht machen. Aber ich würde denken, daß auch ein gewisser Zeitraum für die Aufklärung usw. angebracht wäre.

Dr. *Wischer:* Ich darf noch ergänzend darauf hinweisen, daß, wenn man so etwas macht, auch die Arbeitslosenversicherungspflicht drei Monate weiterbesteht, und wer weiß, welcher Sympathie sich das Zahlen von Arbeitslosenversicherungsbeiträgen heute erfreut, der wird wohl nicht dafür eintreten, daß die Versicherungspflicht hier noch drei Monate länger bestehen bleibt, und es wird auch sicherlich bei manchem Betriebsführer zu einer gewissen Verärgerung führen, wenn er sich dazu aufgeschwungen hat, einem Angestellten ein Gehalt zu geben, das über der Grenze liegt, daß er außerdem nur noch Beitragsanteile für die Sozialversicherung zahlen muß.

Ich möchte mich aber noch einmal zu einem Punkte äußern, den Herr Senatspräsident Kühne erwähnte. Was die Verlängerung der Anzeigefrist auf 5 Wochen anlangt, so würde ich von mir aus keine Bedenken tragen. Es bedeutet natürlich praktisch, daß auch die Karenzzeit nun auf 5 Wochen ausgedehnt würde. Ich hatte heute morgen den Vorschlag gemacht, es wegen dieser Fristen in der zweiten und dritten Woche bei dem zu belassen, was heute rechtens ist. Dann würden wir also jetzt mit diesem Vorschlag eine gewisse Verschlechterung einführen. Denn wer sich heute noch in der dritten Woche meldet, hat, wenn er in der vierten Woche krank wird, schon einen Anspruch auf die Krankenkassenleistungen, und wenn wir die Frist auf 5 Wochen verlängern, und er meldet sich erst in der dritten Woche, so würde er erst nach Ablauf der Karenzzeit Ansprüche geltend machen können und für Krankheiten innerhalb dieser 5 Wochen nicht geschützt sein. Das würde praktisch die Folge sein. Aber wenn man andererseits die Verbesserungen, die durch diese Vorschläge gegeben sind, betrachtet, wird man das, glaube ich, in Kauf nehmen können.

Ministerialrat Dr. *Hoffmeister:* Die Anmeldung gilt immer nur für die Versicherungsfälle, die später kommen. Wenn der Mann sich in der dritten Woche meldet, kann sehr wohl ein Versicherungsfall erfaßt werden, der in der vierten Woche eintritt.

Dr. *Wischer:* Wenn sich jemand in der zweiten Woche meldet und er wird in der dritten Woche krank, bekommt er nach der jetzigen Fassung keine Leistung. Das ist doch wohl klar. (*Zustimmung.*)

Ministerialrat Dr. *Hoffmeister:* So ist es wahrscheinlich nicht gemeint. Es *ist* so; aber gemeint war es nicht so.

Dr. *Wischer:* Nun behaupten Sie, wenn ich recht verstanden habe: Wenn sich jemand in der ersten Woche krank meldet, kann die Meldung noch rückwirkend werden. Wenn er sich aber erst später, nach der ersten Woche meldet, bekommt er keine Leistung.

Senatspräsident *Kühne:* Ich sagte mir einmal: Wir geben einen so großen Vorteil, indem wir die Frist verlängern, daß jetzt wirklich nicht mehr viel passieren kann und daß das schon mit in Kauf genommen werden kann. Außerdem kommt das erziehliche Moment hinzu, sich bereits in der ersten Woche zu entschließen, denn dann sind auch die Erkrankungen gedeckt, die in der ersten Woche eingetreten sind.

Prof. Dr. Lutz *Richter:* Das setzt nur voraus, daß der Mann schon weiß, daß er die Möglichkeit hat, sich überhaupt zu entschließen. Aber wir sind bei Betrachtung des ganzen Problems davon ausgegangen, daß der Mann es noch gar nicht weiß.

Senatspräsident *Kühne:* Dafür bekommt er aber die größere Sicherheit, die in der Verlängerung der Anzeigefrist liegt, daß er nun für künftige Fälle gesichert ist.

Prof. Dr. Lutz *Richter:* Es fragt sich, ob man das nicht umstilisieren und sagen kann: Er hat 5 Wochen Frist, die Anzeige zu machen, er bekommt jedoch keine Leistungen für Versicherungsfälle, die vor der Anzeige oder früher als drei Tage nach der Anzeige eintreten, - damit er sich nicht etwa sagt: Ach, jetzt kriege ich einen Schnupfen, schnell mache ich die Anzeige. Man müßte also eine gewisse Karenzzeit dazwischenlegen; aber man hat nicht das Komische mit der zweiten und dritten Wochenstufe. Wenn die Frist 5 Wochen ist, gebe ich Herrn Dr. Wischer zu, dann wirkt das etwas überraschend. Mein Vorschlag würde also auf eine Umstilisierung des ganzen Abs. 2 hinauslaufen. Darüber brauchen wir im einzelnen nicht zu sprechen; wir können da die beiden Gedanken verbinden.

Vorsitzender: Da liegt doch wohl ein kleines Mißverständnis vor. Wenn jemand z.B. am 29. September die Mitteilung bekommt, daß er rückwirkend ab 1. September in eine höhere Gehaltsstufe kommt, dann rechnet die Frist für ihn doch erst von dem Tage an, wo er die Mitteilung erhalten hat. Er weiß es ja gar nicht vorher. Er hat aber tatsächlich nach der Mitteilung einen Anspruch vom 1. September ab.

Senatspräsident *Kühne:* Nach § 165 b ist sogar die erstmalige Auszahlung maßgebend. In Ihrem Beispiel beginnt also die Frist erst am 30. September.

Prof. Dr. Lutz *Richter:* Um diesen Fall handelt es sich hier nicht, sondern der Mann ist rite in seine Fristen eingetreten. Es gibt nun Leute, die greifen schnell zu; es gibt aber auch Leute, die taxieren ihr eigenes Risiko ab und entschließen sich erst dann, wenn sie merken, die Sache wendet sich zum schlechten. Es gibt aber auch noch Leute - und das sind die, die uns hier eigentlich beschäftigen -, die von der Sache noch gar nichts wissen, denen also in unserem Beispiel endlich am Ende der 5. Woche durch Zufall zu Gemüte geführt wird, daß sie sich weiterversichern könnten.

Senatspräsident *Kühne:* Die Schwierigkeit liegt in folgendem. Die Leute sind in der ersten Zeit innerhalb drei Wochen durch § 214 geschützt.

Dr. *Wischer:* Nein, das gilt nur für die Arbeitslosen. - Es ist so: Wir geben diesen Menschen auf einer Seite etwas mehr, wir verlängern die Frist auf 5 Wochen. Auf der anderen Seite nehmen wir einem Teil dieser Menschen etwas, wenn wir hier den Ersatzanspruch erst für Krankheitsfälle nach 5 Wochen festlegen, denn wer nach dem heutigen Rechtszustand in der dritten Woche Anzeige erstattet und in der vierten Woche krank wird, bekommt etwas; wer in Zukunft sich in der dritten Woche erklärt und krank wird, bekommt nichts. Es wäre nur abzuwägen, was das Wertvollere ist; das war auch die Überlegung von Herrn Kühne. Wir geben den Leuten etwas, und das ist so wertvoll, daß sie den anderen Nachteil noch mit in Kauf nehmen müssen.

Prof. Dr. Lutz *Richter:* Das trifft zu, wenn wir weiter nichts tun, als im Text des Abs. 3 jedesmal statt „drei" zu setzen: „fünf" und statt „dritte Woche" „fünfte Woche". Wir müssen das nur etwas umformen und sagen: Das Mitglied muß der Kasse binnen fünf Wochen nach dem Ausscheiden usw. Anzeige erstatten, - wer jedoch in dieser Frist erkrankt, hat für diese Krankheit Anspruch auf Kassenleistungen nur dann, wenn er die Anzeige drei Tage vor der Erkrankung gemacht hat. (*Zustimmung.*) Warum soll das außerdem in der ersten Woche anders sein als in den späteren Wochen? Bisher hat man dem Mann in seiner ersten Woche noch Pardon gegeben. Wenn er am 7. Tage einen Husten bekommt und Anzeige erstattet, ist er für diesen Husten noch gedeckt, obwohl er sich hier im vollen Bewußtsein des eingetretenen Versicherungsfalls meldet. Das ist ein Entgegenkommen, das eigentlich zu groß erscheint.

Senatspräsident *Kühne:* Wir sehen häufig, daß auch der Arzt sehr im Zweifel ist, wann eine Krankheit im Rechtssinne, die also Heilbehandlung erfordert oder arbeitsunfähig macht oder beides, eingetreten ist oder bestanden hat. Wir wollen doch auch nicht, daß die Versicherten dazu erzogen werden, sich immer krank zu fühlen und Heilbehandlung in Anspruch zu nehmen, ebenso wie auch der Privatmann nicht immer gleich zum Arzt geht. Wenn jemand ein bißchen Husten hat oder ein Stechen fühlt, so ist das natürlich bereits ein pathologischer Zustand, der unter Umständen unter § 182 fällt. Sollen wir aber nun dem Versicherten einen Strick daraus drehen und sagen: Du warst ja schon an dem Tage, der hier in Frage kommt, krank?

Prof. Dr. Lutz *Richter:* Darum handelt es sich nicht. Die Gültigkeit der Anmeldung bleibt unangefochten. Es handelt sich nur um die Leistung für diesen Krankheitsfall. Sie sagen: Das sind Beweisschwierigkeiten hinsichtlich der Ermittlung des Datums. Diese Beweisschwierigkeiten gehen zu Lasten des Versicherungsträgers. Die Kasse wird selten nachweisen können, daß der Mann an dem Tage, wo er die Anzeige erstattet, krank gewesen ist. Wenn wir in die Begründung hineinschreiben, daß diese Bestimmung großzügig gehandhabt werden soll, so ist dieses Bedenken hinfällig.

Senatspräsident *Kühne:* Ich habe auf Grund der Erfahrungen in der Spruchtätigkeit ganz erhebliche Bedenken. Wenn es darauf ankommt, ob jemand schon innerhalb einer Woche krank geworden ist oder nicht, entstehen vielfach Schwierigkeiten. Wenn nun die Frist gar auf drei Tage verkürzt wird, erhöhen sich die Bedenken. Da ist der Versicherungsträger tatsächlich vor eine probatio diabolica gestellt. Ich weiß nicht, wie Herr Dr. Hoffmeister darüber denkt. Jedenfalls ist das immer eine sehr peinliche Sache.

Ministerialrat Dr. *Hoffmeister:* Die Ärzte stellen vielfach auch Gefälligkeitsatteste aus und unterschreiben manchmal alles, und wenn sich auch die maßgebenden Stellen alle Mühe geben, erzieherisch auf die Ärzte einzuwirken, so habe ich doch nicht den Eindruck, daß sie alles erreicht haben. Im Gegenteil, sehr viele Ärzte stellen noch solche Gefälligkeitsatteste aus. Wünschenswert wäre es schon, daß man eine gewisse Schutzfrist in die Vorschriften hineinbringt. Aber es fragt sich, ob man die Frist zwar auf 5 Wochen verlängern kann, wie Sie vorschlagen, dann aber demjenigen, der sich in der dritten Woche meldet, bis zur fünften Woche gar keinerlei Anspruch gibt. Es wäre zu überlegen, ob man nicht mit dem Oberversicherungsamt auch etwas erreichen kann. Es fragt sich, ob man diese Erklärung in die Abmeldung aufnehmen soll, natürlich nur als Sollvorschrift, damit nicht der Betriebsführer etwa wegen Verletzung der Fürsorgepflicht haftbar gemacht werden kann.

Senatspräsident *Kühne:* Um einen gewissen Ausgleich zu schaffen, könnte man die Einwochenfrist auf zwei Wochen verlängern, indem man sagt: Erkrankungen, die innerhalb der ersten zwei Wochen eintreten, sollen geschützt werden. Jetzt ist das nur innerhalb der ersten Woche der Fall.

Ministerialrat Dr. *Hoffmeister:* Man müßte die Frist von drei Tagen auf 10 oder 14 Tage verlängern. Drei Tage sind wirklich zu wenig.

Prof. Dr. Lutz *Richter:* Wenn die Meldung nicht 10 Tage vorher erstattet worden ist, ist die Krankheit also ohne Schutz? Das ist aber doch noch härter.

Senatspräsident *Kühne:* Ein gewisses Spatium ist notwendig. Drei Tage sind zu wenig. Wenn jemand z.B. rheumatische Schmerzen im Arm hat, ergibt sich die Frage, ob das eine Krankheit ist oder nicht.

Prof. Dr. Lutz *Richter:* Darüber, ob die Frist von drei Tagen richtig ist, ob sie länger oder kürzer sein muß, brauchen wir nicht zu reden; das ist eine untergeordnete Frage. Worauf es ankäme, wäre die Methodik. Ich möchte noch einmal auf das, was Herr Dr. Wischer heute früh gesagt hat, zurückkommen. Herr Dr. Wischer wollte die Frist, die wir jetzt mit 5 Wochen unterstellen, auf einen Monat erstrecken. Ich habe ihn so verstanden: Bei Erstattung der Anzeige in der ersten Woche bekommt der Mann die volle Leistung, bei Erstattung der Anzeige in der zweiten oder dritten Woche bekommt er nichts für Krankheiten, die in der zweiten oder dritten Woche eintreten. Bei Erkrankungen in der vierten Woche soll es wieder so sein wie in der ersten Woche? Oder wie? Das habe ich nicht verstanden.

Dr. *Wischer:* Wer sich heute meldet, hat heute auch schon für Fälle, die in der vierten Woche eintreten, einen Schutz. Das wollte ich vermeiden. Ich wollte unter keinen Umständen eine Verschlechterung einführen. Aber wenn wir es auf dem Wege machen, wie Sie vorschlagen, bin ich durchaus einverstanden.

Senatspräsident *Kühne:* Mit einer Woche bin ich auch einverstanden. Dann ist die Sache nicht so schlimm wie bei drei Tagen.

Prof. Dr. Lutz *Richter:* Mir persönlich ist die eine Woche sehr recht. Ich wollte nur bescheiden sein mit den drei Tagen.

Dr. *Wischer:* Herr Senatspräsident Kühne schlägt vor, daß man hier keine bindende Verpflichtung für den Betriebsführer festlegen sollte, in den Abmeldeformularen die Frage zu beantworten oder überhaupt den Betriebsführer nicht zu verpflichten, daß er seine Angestellten darauf hinweist. Er meinte, es ginge zu weit, daß man hier unter Umständen eine Schadensersatzpflicht des Betriebsführers festlegt. Das mag vielleicht sein. Aber ich möchte für meine Person doch dafür plädieren, daß wir diese gesetzlichen Änderungen nicht im Anschluß an § 313, sondern im Anschluß an § 317 bringen, d.h. bei den Meldevorschriften und möglichst in einer Sollform, so daß mindestens bei Verletzung dieser Vorschrift auch eine Ordnungsstrafe für den Betriebsführer vorgesehen ist. Wenn ich Sie recht verstanden habe, wollten Sie nicht so weit gehen. Sie lehnten eine Schadensersatzpflicht des Betriebsführers ganz ab, wenn er die Meldung nicht erstattet. Er sollte auch nicht durch eine Ordnungsstrafe von der Kasse herangeholt werden können. Aber ich glaube, das letztere müßten wir wohl festlegen und deswegen diese Bestimmung bei den Ordnungsvorschriften mit aufnehmen.

Senatspräsident *Kühne:* Erstens einmal ist mir nicht ganz sicher, ob die Rechtsprechung darauf eingehen wird, daß das eine Verletzung der Meldepflicht ist, wenn man es in § 317 oder 318 statt in § 313 hineinnimmt. Andererseits bin ich aber der Meinung, daß das unter Umständen für den Betriebsführer sehr schwierig ist: er hat es meinetwegen an dem Tage vergessen, der Angestellte ist inzwischen nach Köln abgedampft, und wenn der Betriebsführer die Meldung erstatten will, ist der Angestellte schon über alle Berge. Für die Abmeldung hat er eine gewisse Frist. Das bringt ihn nun in Verlegenheit. Es hat eigentlich mit der Meldung nichts zu tun; es ist ein Akt, der mehrere Tage vorangehen kann.

Ein weiterer Gesichtspunkt: Es gibt eine ganze Reihe sogenannter leges imperfecti, Dinge, die durch die Ehrengerichtsbarkeit oder durch die Arbeitsordnung geregelt sind oder wo die Gefolgschaft selbst mit dem Vertrauensobmann schon darauf dringen wird, daß das gemacht wird. Da gibt es Druckmittel, die hinreichen, um so etwas durchzusetzen, wo es wirklich nicht geschehen sollte. Aber ich fürchte, wenn der Papierkrieg, in dem der Betriebsführer sich eben noch befindet, noch immer mehr vermehrt wird und ein weiterer Druck dahintergesetzt wird, dann entsteht in der Tat ein Zustand, der sehr schwer tragbar ist. Er ist heute schon sehr schwer tragbar, und ich habe die Befürchtung, daß die Schwierigkeiten noch stark vermehrt werden.

Vorsitzender: Wir haben von Herrn Hoffmeister schon gehört, daß er von sich aus für die AOK Berlin, also die größte Krankenkasse Deutschlands, schon eine ähnliche Anweisung erteilt hat. Das soll zu keinen Schwierigkeiten geführt haben.

Ministerialrat Dr. *Hoffmeister:* Nein. Wir halten das für sehr zweckmäßig.

Senatspräsident *Kühne:* Was geschieht aber, wenn es nicht ausgefüllt wird?

Vorsitzender: Ich möchte das nicht zur Ordnungsvorschrift machen und den Arbeitgeber nicht mit einer höchstpersönlichen Entschließung des Versicherten belasten. Das geht den Arbeitgeber gar nichts an; das soll der Versicherte selbst machen. Ich glaube, es sind tatsächlich nur sehr wenige Fälle, wo die Leute es nicht melden.

Prof. Dr. Lutz *Richter:* Andererseits möchte ich folgendes ins Feld führen. Ich habe jedenfalls noch nie eine Hausgehilfin entlassen - mag sie im Guten oder im Bösen gegangen sein -, ohne ihr zu sagen: Hören Sie einmal, Sie können sich jetzt weiterversichern, so oder so. Wenn man also dem Unternehmer diese soziale Pflicht auferlegt, so ist das wohl keine unangemessene Belastung, insbesondere da ihre Erledigung rein formularmäßig laufen kann. Die Sache der Schadensersatzpflicht braucht nicht jedesmal erörtert zu werden.

Vorsitzender: Es ist natürlich ein Unterschied, ob Sie, der Sie die versicherungsrechtlichen Bestimmungen genau kennen, das in Ihrem eigenen Hause machen, oder ein Betriebsführer. Es gibt eine ganze Reihe von Betriebsführern, die absolut nicht Bescheid wissen.

Ministerialrat Dr. *Hoffmeister:* Für große Betriebe wäre das eine ungeheure Belastung. Wenn jemand von den vielleicht 2 000 Leuten aus einem Betrieb eine andere Stellung bekommt, müßte man den Mann noch im letzten Augenblick, wo wir 30 Verwaltungsstellen in Berlin haben, noch in die Personalabteilung kommen lassen, damit er sich erklärt.

Prof. Dr. Lutz *Richter:* Sie müssen doch zum Schluß sowieso mit ihm verhandeln. Jeder größere Betrieb hat doch auch einen Vordruck, in dem steht: Das und das ist zu machen. Da kommt eben das vielleicht noch als Punkt 97 hinzu.

Regierungsrat *Graßl:* Ganz kurz eine Bemerkung auf die Ausführungen des Herrn Ministerialrats Hoffmeister. Es ist tatsächlich, wie ich in Bayern von früher her informiert bin, nur ganz wenig an Beschwerden in dieser Beziehung vorgenommen, und nachdem die intensive Betreuung durch die Deutsche Arbeitsfront sich immer mehr auswirkt, müßte die Möglichkeit, hier mit Beschwerden rechnen zu müssen, immer geringer werden. Auch der Reichsnährstand mit den in Frage kommenden Dienstboten und ländlichen Arbeitern, die hier in die Krankenversicherung hereinkommen, gibt sich die Mühe, durch seine Kreisbauernführer, Bezirksbauernführer usw., die Rechtsberatungsstellen in der DAF Aufklärung bis in die kleinsten Dörfer hineinzutragen. - Aber im übrigen möchte ich zu der Meinung hinneigen, es bei den Vorschlägen zu belassen, die gemacht worden sind.

Vorsitzender: Dann regeln wir das vielleicht am besten so, daß wir zu diesem Punkt der Tagesordnung dem Ministerium kein Gutachten einreichen, sondern nur in Form einer Anregung darauf hinweisen, ob diese Fälle durch irgendeine Härtebestimmung beseitigt werden können. Ich darf dann die beiden Herren Referenten darum bitten, bis zur nächsten Sitzung einen Vorschlag zu formulieren.

Dr. *Wischer:* Wir müssen uns nur noch über die Anregung klar werden, die Herr Dr. Hoffmeister gegeben hat, ob man nicht gleichzeitig vorschlagen sollte, die Weiterversicherung nur auf Sachleistungen zu beschränken, wenn es dem Willen des Weiterzuversichernden entspricht.

Vorsitzender: Ich habe gar kein Bedenken dagegen. (*Zurufe:* Sehr zweckmäßig!) - Dann dürfte das klar sein. Ich darf bitten, diesen Punkt auch mit in den Vorschlag aufzunehmen, über den sich die beiden Herren bis zur nächsten Sitzung verständigen, von der ich gleich sagen werde, daß sie dank einer freundlichen Einladung unseres Pg. Hoffmeister voraussichtlich Anfang Dezember in Wernigerode stattfinden wird.

Regierungsrat *Graßl:* Darf ich noch eine Mitteilung machen. Im Reichsnährstand beschäftigt man sich in der dortigen Sozialabteilung seit längerer Zeit auch mit diesen Dingen, mit § 313 und darüber hinaus mit der Einschließung der Landwirte, Erbhofbauern und ihrer Familien in die Sozialversicherung auf der rechtlichen Grundlage der Reichsversicherungsordnung.

Vorsitzender: Ich bin darüber informiert.

Regierungsrat *Graßl:* Die Sache ist auch bereits im Arbeitsministerium, soweit ich weiß, in Erwägung gezogen. Aber die Verhandlungen sind noch nicht so weit gediehen, daß man schon endgültig dazu Stellung genommen hat. Es handelt sich überhaupt um die große Frage, noch andere Kreise in die Versicherung einzubeziehen, Handwerker usw. Erwägungen darüber sind ja im Gange. Auch Verhandlungen mit dem Stabe Heß haben darüber schon im Sozialamt stattgefunden. Die Vertretung der Handwerker geht sehr stark darauf hinaus, eine besondere Einrichtung zu schaffen, während die Bestrebungen von uns aus dahin gehen, das in die Sozialversicherung einzubauen. Da kommt nun ein sehr schwieriger Punkt in Betracht. Viele von den Handwerkern, die diesen Schritt bereits getan haben, gehen, obgleich sie schon sehr bejahrt sind, mit Vorliebe in die Angestelltenversicherung, und das ist nach meiner Auffassung grundfalsch, denn dadurch tritt eine ganz erhebliche Belastung der Angestelltenversicherung ein, die gar nicht zu verantworten ist, wenn ein großer Teil der drei Millionen Handwerker, die wir haben, übertreten würde, weil sie ursprünglich eigentlich schon alle einmal in der Invalidenversicherung gewesen sind, sei es als Lehrlinge oder als Gesellen. Wir hatten schon einmal in einer Akademiesitzung darüber gesprochen. Das würde auch von seiten der Angestelltenversicherung aus nicht zu tragen sein.

Prof. Dr. Lutz *Richter:* Was die bäuerlichen und landwirtschaftlichen Menschen angeht, so möchte ich ergänzend bemerken, daß die gleiche Frage auch für andere Länder in einer Pariser Sitzung der Internationalen Zentralstelle der Sozialversicherungsträger erörtert worden ist und daß namentlich Österreich sehr stark in dieses Horn gestoßen hat. Was dabei herausgekommen ist, scheint mir aber nicht sehr wesentlich zu sein.

Vorsitzender: Wir kommen nunmehr zum Punkt 1 der Tagesordnung: *Auswirkungen des § 616 des Bürgerlichen Gesetzbuches vom Standpunkt der Krankenkassenpraxis aus.*

Ich habe mir erlaubt, beiden Herren Referenten das Material, das mir zur Verfügung stand, zu übersenden, und ich bitte Herrn Prof. Lutz Richter nun, seinen Bericht zu erstatten.

Referent Prof. Dr. Lutz *Richter:* [Referat nicht überliefert.]

Korreferent Prof. Dr. *Dersch:* Angesichts dieses gründlichen Referats kann ich mich auf sehr wenige Fragen beschränken. Die hier beigefügten Äußerungen, die aus dem Publikum gekommen sind, vermischen die staatsrechtlichen und die sozialversicherungsrechtlichen Fragen. Ich möchte aus diesem ganzen Komplex deshalb nur das herausgreifen, was uns hier im Sozialversicherungsausschuß interessiert. Da ist in der Tat, glaube ich, die Hauptfrage die: Erstens ist der § 189 RVO nach wie vor nötig im Verhältnis zu dem § 616 BGB, d.h. also: Ist das, was die Umkehrung des alten Zustandes bedeutet, d.h. die Entlastung der Krankenkassen auf Kosten des Unternehmers, als Dauervorschrift in der Sozialversicherung zu behalten oder nicht? Da habe ich schon im Arbeitsrechtsausschuß einen längeren Kampf geführt, und leider muß ich hier in diesem Kreise sagen: Nur mit wenig Erfolg. Ich habe mich auf den Standpunkt gestellt, daß diese Vorschrift auf die Dauer unbedingt nötig ist, daß wir in der Krankenversicherung, finanziell gesehen, mindestens auf absehbare Zeit hinaus ohne diese Ruhensvorschrift nicht auskommen können. Ich glaube, aus den Worten meines verehrten Herrn Vorredners herauslesen zu können, daß er mindestens für eine lange Zeit denselben Standpunkt einnimmt, wenn er auch gewisse grundsätzliche, wissenschaftlich-dogmatische Bedenken hat.

Prof. Dr. Lutz *Richter:* Jedenfalls habe ich nicht den Ehrgeiz, hier initiativ zu werden.

Korreferent Prof. Dr. *Dersch:* Ich persönlich jedenfalls bin nach den Erfahrungen, die wir im Reichsversicherungsamt bisher gemacht haben, der Auffassung, daß wir sie nach menschlichem Ermessen auf lange Zeit nicht entbehren können, d.h. überhaupt nicht entbehren können. Ist das aber der Fall, dann müssen wir die Vorschrift auch lebenskräftig erhalten und gestalten, und das ist sie im Augenblick nicht. Das ist sie deshalb nicht, weil die korrespondierend damit verzahnten §§ 616 BGB, 63 HGB und 133 c der Gewerbeordnung nicht hieb- und stichfest sind. Einmal hapert es daran, daß, wie vorhin schon angedeutet wurde, im Handelsgesetzbuch und in der Gewerbeordnung die 6 Wochen dem Angestellten sicher sind, während nach dem BGB das keineswegs der Fall ist, sondern da einmal ein Unterschied zwischen den Arbeitern und den Angestellten gemacht wird und außerdem bei den Angestellten noch einmal die Abänderlichkeit im Abs. 2 des § 616 steht, also mit anderen Worten: Die Entlastung der Krankenkassen, die nicht nur damals erstrebt wurde, sondern die wir nach meiner Auffassung dauernd nötig haben, ist durch die ungenügende Fassung dieser eben erwähnten Paragraphen und außerdem durch die Handhabung, die sie in der Praxis erfahren haben, neutralisiert. Ich will damit nicht sagen, daß die Praxis unrichtig sei. Ich teile die Auffassung des Herrn Kollegen Richter durchaus, daß die Praxis gar nicht über diese Wortfassung des § 616 hinausgehen konnte und nicht eine Teilleistung für den verhältnismäßig unerheblichen Zeitraum zubilligen konnte, wenn verhältnismäßig im ganzen die Erkrankung einen erheblichen Zeitraum hatte. Daran ist, glaube ich, gar nicht zu rütteln. Aber das ist die Frage: Kann man das wenigstens ändern und kann man das erreichen, was das Gesetz tatsächlich in § 189 gewollt hat? Denn das ist falsch, was in der einen Äußerung gesagt wird, daß der Gesetzgeber sonnenklar dasselbe wie im Handelsgesetzbuch beabsichtigt hat. Das haben Sie vorhin auch nachgewiesen. Das ist ein ganz großer Irrtum. Man hat genau das Gegenteil beabsichtigt. Es ist nur die Frage: Können wir es durch Vorschlag einer entsprechenden Gesetzesänderung erreichen?

Da stehe ich allerdings auch auf dem Standpunkt, daß mindestens zunächst diese erste Frage durchaus klärungsreif ist und auch in dem Sinne durch eine Gesetzesänderung geklärt werden kann, daß man auch bei einer verhältnismäßig erheblichen Zeit dem betreffenden Menschen einen Anspruch auf die verhältnismäßig unerhebliche Zeit gibt und garantiert. Das hat also den Vorteil, daß die Krankenkasse dann ganz sicher entlastet ist, und es hat den zweiten Vorteil, daß man jedenfalls auch weiß, woran man ist. Denn darüber beschweren sich hauptsächlich verschiedene Zuschriften ganz mit Recht: der Betreffende hängt zunächst einmal in der Luft, er weiß nicht, was los ist, und wir haben ihm in der Praxis geholfen, allerdings - das ist zuzugeben - mit einigen nach meiner Auffassung etwas gekünstelten Auslegungen des § 189. Wir haben gesagt: Die Versicherung hat die Vorhand. Streitig ist, ob der Unternehmer demnächst Gehalt zu bezahlen hat oder nicht und also dann die Krankenkasse in ihrem Krankengeldanspruch hängen bleibt, wenn unsicher ist, daß er entweder Krankengeld kriegt oder Gehaltsanspruch hat. Man kann ihn nicht zwischen zwei Stühle setzen. Infolgedessen muß die Versicherung zupacken, und wir haben das in den Entscheidungen des Reichsversicherungsamts damit begründet, daß da steht: Wenn und soweit er Gehalt erhält, und haben gesagt: Er erhält es ja nicht, wenn er es im Augenblick wirklich nicht hat, sondern demnächst erst durch rechtskräftige Entscheidung zugesprochen bekommt. Ich muß sagen: Das ist ein bißchen sehr am Wortlaut hängend, hat aber immerhin zu einem sozial sehr begrüßenswerten Ergebnis geführt. Ich hätte es davon unabhängig damit begründet und gesagt: In diesem Fall hat die Versicherung ohne weiteres die Vorhand, die Verpflichtung einstweilen zu erfüllen; sei ihm, wie ihm sei, es kommt eine Rechnerei hinten nach, wir haben zugelassen, daß Abtretungen vorgenommen wurden, die ich persönlich nicht für nötig gehalten hätte, ich würde ohne weiteres mit Anspruch aus ungerechtfertigter Bereicherung haben arbeiten lassen. Aber man hat das auf Umwegen einigermaßen ins Gleis gebracht. Aber es ist eine ganz schwierige und zeitraubende und Verwaltungsarbeit verursachende Umrechnerei und nachträgliche Rechnerei und eine Unsicherheit für eine gewisse Zeit. Das würde also vermieden, und es würde außerdem die Konformität mit diesem § 63 HGB und § 133 c der Gewerbeordnung erreicht.

Aber ein zweites, und ich muß offen sagen, das liegt mir viel mehr am Herzen, das ist der Punkt, bei dem ich vergeblich mit dem Arbeitsrechtsausschuß gekämpft habe. Wenn diese Vorschrift als Entlastung der Krankenkassen ernst genommen werden soll - und das muß sie doch, glaube ich -, dann muß sie zwingend sein, muß auch wirklich zwingend sein und nicht nur zum Schein zwingend sein, und eben ist sie das nicht. Denn erstens ist sie für die Arbeiter absolut dispositiv, da steht gar nichts darin, daß sie zwingend sei, und es ist eine Erfahrung der Praxis, daß nicht nur einzelne Betriebsführer, sondern daß die Betriebsführer in sehr weitgehendem Umfang nun auf den Geschmack gekommen sind und diesen Paragraphen ausschalten. Mein verehrter Herr Vorredner hat ja schon in sehr vorsichtiger Weise gesagt, daß die bedeutenderen Unternehmer sich das allmählich angewöhnt hätten. Ich sage es noch viel offener heraus: Eine ganz große Masse von Unternehmern und immer einer nach dem anderen mehr, macht das jetzt. Da steht sogar in sehr rigoroser Weise darin: Es wird meinetwegen nur für einen halben Tag oder überhaupt nichts in einem solchen Fall gegeben, und man weiß: Dann hängt es eben an der Krankenkasse, und an der Krankenkasse hängt es nicht einmal ganz, denn dann bleiben die bekannten drei Tage beim Krankengeld noch offen, bei denen das Reichsarbeitsministerium in der Tarifpolitik sehr darauf dringt, daß die Treuhänder der Arbeit das nicht in die Tarife aufnehmen, eben um psychologisch auf die Leute etwas einzuwirken, daß sie sich nicht unnötigerweise krank melden. Man hat eben die bekannte Angst vor den Krankenkassenmardern, die in gewissem Umfang auch begründet ist.

Prof. Dr. Lutz *Richter:* Dem steht aber die Entscheidung vom 2. Juni dieses Jahres entgegen.

Korreferent Prof. Dr. *Dersch:* Inwiefern? Ich habe die Entscheidung nicht gelesen.

Prof. Dr. Lutz *Richter:* Eine Tarifbestimmung, daß den Angestellten für die ersten drei Tage eine Vergütung nicht zu zahlen sei, ist danach unzulässig und rechtsunwirksam.

Korreferent Prof. Dr. *Dersch:* Ich bin überzeugt, daß das Arbeitsministerium sich da noch nicht so ohne weiteres strecken wird. Ich kann auch die Begründung nicht einsehen, warum das unwirksam sein soll. Es ist absolut wirksam, es steht gar nichts entgegen. Aber entgegen steht, daß es dem Grundgedanken des § 189 ins Gesicht schlägt, und das ist eben das, worauf ich im Arbeitsrechtsausschuß schon wiederholt hingewiesen habe. Einmal der Unterschied zwischen dem Arbeiter und Angestellten überhaupt, der innerlich gar nicht begründet ist, der nie begründet war und erst recht heute nicht begründet ist. Und zweitens, daß man da nicht eine Änderung durch Tarifordnung gestattet, sondern daß das sogar die Betriebsordnung sein soll, d.h. also diejenige Stelle, die einseitig - nach vorheriger Anhörung des Vertrauensrats, aber doch immerhin einseitig - das machen kann. Man hat mir im Arbeitsrechtsausschuß entgegengehalten, das rüttele an fundamentalen Grundsätzen des AOG. Ich habe gesagt: Da muß man eben das AOG entsprechend ändern, wenn man eben allmählich erkannt hat, daß man damals etwas zu weit in der Dispositionsfähigkeit gegangen ist, die man dem Betriebsführer gegeben hat, und die geht da ungeheuer weit. Ich darf nur an eine Fehde erinnern, die in der Fachpresse vor ungefähr dreiviertel Jahren geführt worden ist, wo man sich ganz mit Recht dagegen ausgesprochen hat, daß es dem Betriebsführer möglich sei, von heute auf morgen die Löhne usw. zu senken, wir wollen absehen von der Lohnpolitik, und auch die Urlaubsbedingungen usw. zu Ungunsten der Gefolgschaftsmitglieder zu ändern, über alle Kündigungsfristen hinweg usw., ein Umstand, der außerordentlich zu denken gibt, der m.E. gar nicht gehalten werden kann in dem Sinne, wie man es bisher gemacht hat.

Ich meine also, man soll sich ruhig dazu aufschwingen und sagen: Wenn wir diesen § 189 für nötig halten - und ich halte ihn weiterhin unbedingt für nötig -, dann muß man die entsprechenden Vorschriften des materiellen bürgerlichen, Handels- und Gewerberechts dahin abändern, daß sie unbedingt in jeder Beziehung bindend sind, d.h. sowohl für den Arbeiter und Angestellten und bindend nicht nur gegenüber dem einzelnen Arbeitsvertrag, sondern auch bindend gegenüber der Betriebsordnung und Tarifordnung. Dann, würde ich meinen, würden wir in der Tat etwas vorschlagen, was praktisch von einem außerordentlichen Wert wäre. Ich gebe ohne weiteres zu, es würde dann sicher wieder das bekannte Geschrei hervorrufen, die Wirtschaft könne das nicht tragen, und ob das nun wirklich so furchtbar einschneidend ist, vermag ich nicht zu übersehen, denn bisher ist es immerhin auch so gelaufen, daß die Unternehmer immerhin in großem Umfang gezahlt haben und erst langsam auf den Dreh gekommen sind, sie könnten das radikal ausschalten.

Also ich darf dahin resümieren: Ich bin ebenfalls der Auffassung, daß eine Änderung durchaus notwendig ist, schließe mich dem Herrn Referenten darin durchaus an, daß jedenfalls als ein Minimum dessen, was zu erreichen und anzustreben wäre, diese schwammige Vorschrift des BGB heraus muß, wonach jedenfalls nach der jetzt herrschenden, im Gesetz selbst begründeten Auffassung bei einer verhältnismäßig erheblichen Zeit überhaupt nichts gegeben wird, so daß also mindestens eine verhältnismäßig nicht erhebliche Zeit garantiert wird. Ich bin zweitens der Auffassung - ich weiß nicht, ob Sie das vorhin auch in Ihrem Vorschlag vertreten wollten, hier ist es ja wohl in zustimmendem Sinne mit dem Arbeitsrechtsausschuß bejaht -, daß ein Unterschied zwischen Arbeitern und Angestellten nicht zu machen sei. Und ich bin drittens der Auffassung - das scheint mir der wesentlichste Punkt in der Ausstrahlung für die Sozialversicherung zu sein -, daß in jeder Beziehung eine zwingende Wirkung dieser Vorschrift eingeführt werden müsse. Wie das Reichsarbeitsgericht da entschieden hat, das mag uns in dem Falle, glaube ich, einerlei sein, das braucht uns nicht zu irritieren. Ich bin aber bereit, mich auch darüber evtl. in eine Auseinandersetzung einzulassen.

Prof. Dr. Lutz *Richter:* Darf ich noch eine ganz kurze Bemerkung zu meinem Referat machen. Ich hatte mir, wie Sie bemerkt haben werden, eine sehr große Beschränkung hinsichtlich der Vorschläge des Arbeitsrechtsausschusses auferlegt. Ich habe sie verständlich zu machen versucht. Ich habe da keinerlei Kritik geübt und nichts vorgeschlagen, was von diesen Vorschlägen abweichen würde. Ich muß Herrn Dersch dahin verstehen, daß er in gewissen Punkten noch über diese Vorschläge hinausgehen will.

Prof. Dr. *Dersch:* Weil ich es sozialversicherungsrechtlich für unbedingt notwendig halte!

Prof. Dr. Lutz *Richter:* Ich weiß heute nicht mehr aus dem Gedächtnis, wie ich mich in den Beratungen des Arbeitsrechtsausschusses zu den einzelnen Punkten eingestellt habe. Ich bin mit Herrn Dersch ja auch nicht ganz einer Meinung in dem sozialversicherungsrechtlichen Punkt. Ich sage jetzt: Quieta non movere. Wir wollen an § 169 Abs. 1 nichts ändern. Herr Dersch meint, der § 169 Abs. 1 sei ein notwendiger Dauerbestandteil des Krankenversicherungsrechts. Soweit möchte ich persönlich nicht gehen; wie ich aber vorhin schon sagte: Ich möchte nach dieser Richtung keinerlei Initiative ergreifen.

In dieser Voraussetzung möchte ich nun heute, einerlei wie ich mich bei früheren Beratungen des Arbeitsrechtsausschusses gestellt haben mag, auch sagen: An dem von mir vorgetragenen Wortlaut des § 39 dieses Arbeitsverhältnisgesetzentwurfs gefällt mir zweierlei nicht, nämlich einmal die doch darin enthaltene, zwar nicht methodische, aber maßmäßige Differenzierung zwischen Arbeitern und Angestellten, denn dieser Mindestzeitraum, der bei Angestellten 6 Wochen im Prinzip wie seither betragen soll, soll bei den Arbeitern zwar als etwas Neues auch prinzipiell eingeführt, aber im Maß nur auf 14 Tage beschränkt werden, und dieser Unterschied ist in der Tat, sagen wir ruhig, ein wenig anstößig.

Der zweite Punkt, über den ich auch innerlich etwas gestrauchelt bin - Sie werden das bei dem Vortrag gemerkt haben - ist, daß nach Abs. 6 Abweichungen von diesen festgelegten Vorschriften in weitem Umfang möglich sein sollen, nicht nur wie bisher durch die Tarifordnung, sondern auch durch die Betriebsordnung, Dienstordnung und sogar durch schriftliche Einzelvereinbarung zwischen dem einzelnen Unternehmer und seinem Gefolgsmann. Dagegen, diesen Absatz allgemein zu streichen und allgemein schlechthin eine zwingende Wirkung dieser Frist von 6 Wochen einzuführen, habe ich nur ein Bedenken, nämlich daß es ja nicht nur Betriebe gibt, aus denen ein solcher Angestellter oder auch Arbeiter wegen Krankheit auf längere Zeit hindurch fernbleibt, sondern daß das ja auch Arbeitserscheinungen trifft, an die wir mit dem Begriff des Betriebes nicht gern herangehen, z.B. einen Haushalt, der sich mühsam eine einzige Hausgehilfin hält, der diese einzige Hausgehilfin, so wie er einmal zugeschnitten ist, dringend notwendig braucht und nun im Falle der Erkrankung dieser einen Hausgehilfin in einer schwerwiegenden

Sache eben 6 Wochen lang für zwei zu bezahlen hätte. Das trifft auch für gewisse ähnliche Dienstverhältnisse auch privatester Art zu. Da stutze ich zunächst einmal. An diese ist ja auch bei § 189 RVO wahrscheinlich nicht gedacht gewesen. Aber an alle diese Dinge wird eben von dem individuellen Verhältnis größeren Stils aus gedacht. Da liegen die Bedenken, die mich wahrscheinlich im Arbeitsrechtsausschuß schließlich dazu gebracht haben, doch dieser vorsichtigeren Fassung zuzustimmen. Aber wenn wir an die Masse der Arbeitsverhältnisse denken, bin ich heute geneigt, mit Herrn Dersch zu gehen; vielleicht ergibt sich ein goldener Mittelweg.

Vorsitzender: Ich darf noch eine Frage stellen. Herr Professor Dersch, ist Ihnen bekannt, daß über den Entwurf, den Sie in Ihrem Ausschuß beraten haben, schon irgendetwas im Gange ist, daß man damit rechnen kann, daß Beratungen im Arbeitsministerium darüber stattfinden oder daß eine Aussicht besteht, daß ein Gesetz oder dergleichen darüber erscheint?

Prof. Dr. *Dersch:* Ich kann intern mit der Bitte, es nur streng vertraulich zur Kenntnis zu nehmen, ruhig sagen: Dieser Entwurf ist zu vorbereitenden Beratungen im Reichsarbeitsministerium und zu einer Fühlungnahme gediehen gewesen. Man war gerade schon im Begriff, die sogenannten Ressortbesprechungen einzuleiten. Dann tauchte doch ein neues Moment auf. Es zeigte sich, daß die Arbeitsfront eine Entwicklung des Arbeitsrechts in puncto Arbeitsverhältnis vorerst mehr auf dem Wege der Betriebsordnungen schätzt, d.h. also in der mehr elastischen, nicht vom Staat ausgehenden Form, und ich glaube, daß das das Moment gewesen ist, das zunächst die ganze Sache noch etwas aufgehalten hat. Mein persönlicher Eindruck ist der, daß man mit der totalen Annahme eines solchen Gesetzes auf absehbare Zeit hinaus nicht wohl zu rechnen hat. Aber ich glaube, es wäre sehr wohl möglich, daß einzelne Stücke daraus reif seien, insbesondere z.B. das Urlaubsrecht, weil wir da gerade die Praxis der Betriebsordnungen und der Tarifordnungen hineingearbeitet haben. Das wäre immerhin schon möglich.

Vorsitzender: Das ist insofern von Wichtigkeit, als wir ja bei den weiteren Beratungen über diesen Punkt uns dann entscheiden müßten, ob wir von uns aus nun darauf verweisen und das vielleicht dadurch in die Länge ziehen oder ob wir von uns aus diesen Vorstoß in Form eines Gutachtens machen, um da Abhilfe zu schaffen.

Die Aussprache über Punkt 1 der Tagesordnung sowie die Beratung des Punktes 4 der Tagesordnung werden hierauf auf Freitag, den 29. Oktober 1937, vormittags 9 Uhr, vertagt.

(*Schluß der Sitzung: 6 Uhr.*)

2. Protokoll vom 29.10.1937 (§ 616 BGB vom Standpunkt der Krankenversicherungspraxis aus. - Sanierungsmaßnahmen in der knappschaftlichen Versicherung.)

(Beginn der Sitzung: 9 Uhr 15 Minuten.)

Der Ausschuß tritt zunächst in die *Aussprache* über die beiden in der vorigen Sitzung erstatteten Referate zu Punkt 1 der Tagesordnung ein: *Auswirkungen des § 616 des BGB vom Standpunkt der Krankenkassenpraxis aus.*

Ministerialrat Dr. *Hoffmeister:* Ich kann aus der Praxis nur bestätigen, daß die Änderung des § 616 BGB außerordentlich dringend und notwendig ist. Die Krankenkassen wissen in der Tat nicht, wie sie sich in solchen Fällen verhalten sollen. Ich möchte dazu nur besonders ausführen, daß diese Notwendigkeit nicht etwa nur bei den Angestellten besteht, sondern bei uns insbesondere auch bei Hausgehilfen. Wir haben in der Ortskrankenkasse Berlin etwa 100 000 Hausgehilfinnen und etwa 75 000 Arbeitgeberkonten, und immer wieder tritt gerade dort die Frage auf, ob man den Hausgehilfinnen bei Krankheit das Krankengeld gewähren soll oder nicht. Das Arbeitsgericht Berlin Mitte und insbesondere ein Bescheid des Arbeitsgerichtspräsidenten aus dem Jahre 1933, abgedruckt in der Deutschen Ortskrankenkasse 1933, S. 317, hat festgestellt, daß den Hausgehilfinnen in Berlin für jeden Monat der Beschäftigung ein Anspruch auf Gehalt von 2 Tagen zusteht, insgesamt bis zu 24 Tagen. Der Sondertreuhänder der Arbeit ist darüber hinausgegangen und hat gesagt, daß man Gehalt bis zu 30 Tagen gewähren solle. Ich hatte nicht gewußt, daß Sie hier noch weiter gehen wollten, als ich mir gedacht hatte. Ich hatte gemeint, man sollte mindestens bei den Hausgehilfen das, was sich in der Spruchpraxis allmählich herausgebildet hat, nun auch tatsächlich gesetzlich festlegen und den Anspruch der Hausgehilfen nunmehr auf 30 Tage normieren. Das wäre nichts Besonderes, weil ja nach § 617 BGB die Hausgehilfen schon eine Sonderstellung haben. Der Arbeitgeber ist ja bekanntlich verpflichtet, ihnen für 6 Wochen ärztliche Behandlung und Unterkunft zu gewähren.

Ich würde auch dringend bitten, daß wir diesen unsicheren Zustand beseitigen. Er ist tatsächlich unhaltbar. Denn mit der Abtretung, daß man sich damit hilft, daß man das Krankengeld vorläufig gibt und abtreten läßt, kommt man tatsächlich nicht weiter. Der Versicherte ist entsetzt, wenn man ihm später sagt, er müßte das Krankengeld wieder zurückzahlen.

Senatspräsident *Kühne:* Sie erwähnten den § 617 BGB. Ich glaube, der § 617 enthält doch keinen eigentlichen Entgeltsanspruch, sondern eine Fürsorgeleistung, und außerdem greift diese ja nur Platz für den Fall, daß die öffentliche Versicherung nicht Fürsorge getroffen hat. Da kann man den § 617 Abs. 1 nicht mitsprechen lassen. Die Kasse hat das versucht, als § 616 geändert wurde. Aber schon damals ist allgemeine Meinung gewesen, daß das nicht richtig sei. § 617 enthält tatsächlich keinen Entgeltsanspruch, sondern nur Fürsorgeleistung.

Ministerialrat Dr. *Hoffmeister:* Das habe ich nicht behaupten wollen, sondern nur gesagt: Wenn man für die Hausgehilfen im § 616 etwas Besonderes für das Gehalt bestimmt, so ist das tatsächlich nichts Besonderes, indem man sie gegenüber anderen Arbeitern und Lohnempfängern heraushebt, weil auch schon in § 617 eine Sonderstellung gegeben ist.

Senatspräsident *Kühne:* Noch eins darf ich sagen. Ich glaube, Herr Prof. Richter betonte gestern, daß man gerade bei den Hausgehilfen ebensogut den umgekehrten Gedankengang gehen und sagen kann: Mit Rücksicht auf die besonderen Verhältnisse des Haushalts, der doch darauf angewiesen ist, eine Kraft zu haben, und nicht in der Lage ist, auf eine solche Zeit hinaus zwei Angestellte zu bezahlen, könne man höchstens daran denken, hier ein Sonderrecht zu schaffen, aber nicht so, daß der Anspruch verlängert wird.

Ministerialrat Dr. *Hoffmeister:* Das ist tatsächlich schon durch die Arbeitsgerichte in Berlin verlängert worden. Ich gebe zu, daß das für die Arbeitgeber von Hausgehilfinnen sehr unangenehm ist. Ein Haushalt kann manchmal die Frau und die Kinder gar nicht lange Zeit ohne Hilfe lassen. Aber trotzdem ist man so weit gegangen.

Vorsitzender: Es ist sehr schwer. Selbst wenn man dazu übergehen würde vorzuschlagen, den § 616 BGB entsprechend zu ändern, hängt man immer noch an den Verträgen, an den Tarifen, an der Dienstordnung usw. Ich muß ganz ehrlich sagen, daß ich im Augenblick noch gar keinen richtigen Weg sehe, wie man dem steuern könnte. Wenn gestern erwähnt wurde, daß man die Treuhänder anweisen lassen sollte, daß sie die Tarife usw. dementsprechend halten, so ist das m.E. ein sehr gefährlicher Punkt.

Wie war es denn mit der Entscheidung, die gestern Herr Prof. Lutz Richter erwähnte?

Prof. Dr. *Dersch:* Ich habe die Entscheidung inzwischen durchgelesen. Vielleicht kann Herr Kollege Richter, weil er sie ja zuerst vorbrachte, darauf eingehen. Meines Erachtens sagt sie uns nichts, wenigstens was uns besonders interessiert. Es steht allerdings darin, daß die drei Tage nicht abbedungen werden könnten, und ich halte offen gestanden diese Begründung für etwas furchtbar Gewundenes. Es steht darin: Tarife, Tarifordnungen - bzw. damals noch mit dem Wortlaut: Tarifverträge - können die Zeit von 6 Wochen abändern; und da sagt das Reichsarbeitsgericht: Abändern können sie, aber nicht den Beginn hinausschieben. Das ist also eine sehr gewundene Sache.

Prof. Dr. Lutz *Richter:* Vor allem: Es trifft eigentlich nicht ganz unser Thema; wir waren nur so darauf gekommen. Die Frage der ersten drei Tage ist ja eine Frage für sich, die allerdings nicht ganz unwichtig erscheint. Ich bin einmal von einem Sozialversicherungspraktiker gebeten worden, ich möchte meinen Einfluß gegenüber dem Treuhänder der Arbeit gerade im umgekehrten Sinne als das Reichsarbeitsgericht geltend machen. Der Sinn der Maßnahme, daß drei Tage Wartezeit zwingend vorgeschrieben sind, würde völlig durchkreuzt, wenn man den Leuten im Wege der Tarifordnung oder des Tarifvertrags für die ersten drei Tage vollen Lohn oder volles Gehalt zuspricht. Auch das hat natürlich etwas für sich. Aber ich glaube, das alles liegt ganz neben dem, was wir hier besprechen, und darum bin ich nicht weiter darauf eingegangen, nur im Gespräch darauf gekommen, diese Entscheidung zu produzieren.

Vorsitzender: Es ist sehr schwer, einen Weg zu finden. Ich weiß nicht, wie man aus dieser Sache herauskommen soll. Bloß um eine Gesetzesänderung vorzuschlagen, reicht das m.E. nicht aus. (*Zustimmung.*)

Prof. Dr. Lutz *Richter:* Ich möchte mich darauf zurückbegeben, was ich gestern anfangs sagte: Es ist zwar eine Angelegenheit, die die Sozialversicherung stark interessiert, aber ihrem Sachgehalt nach ist das eine arbeitsrechtliche Angelegenheit, und da nun vollends der Arbeitsrechtsausschuß sich schon sehr eingehend damit beschäftigt hat, sollten wir von hier aus eigentlich weiter nichts tun, als sozusagen in das gleiche Horn zu stoßen, und sagen: Wir haben Mißstände beobachtet, es ist beabsichtigt, im allgemeinen Arbeitsverhältnisgesetz die Sache zu regeln, der Sozialversicherungsausschuß ist der Meinung, daß eine solche Regelung notwendig ist und daß sie bald kommen soll. Aber sachlich können wir von hier aus schwer Stellung nehmen. Gerade aus dem Gespräch, das sich gestern zwischen Herrn Dersch und mir angeknüpft hatte, ergab sich doch, daß der Vorschlag, wie ihn der Arbeitsrechtsausschuß zuletzt formuliert hat, noch allerhand Schwierigkeiten in sich trägt, und wenn diese Schwierigkeiten schon im Arbeitsrechtsausschuß bisher nicht ganz bereinigt werden konnten, werden wir erst recht nicht in der Lage sein, das mit einem Federstrich zu beseitigen, weil wir doch im Augenblick die arbeitsrechtlichen Zusammenhänge im Rahmen des ganzen Gesetzentwurfs nicht so sehen.

Vorsitzender: Ich würde mich ohne weiteres Ihrer Stellungnahme anschließen. Aber deswegen fragte ich gestern schon gleich, nachdem Herr Prof. Dersch fertig war: Wie sind Ihre Nachrichten betreffend Annahme oder Verhandlungen im Arbeitsministerium über diesen Ihren Vorschlag? Wenn wir uns jetzt von hier aus auf dieses Gebiet begeben, daß wir die Sache gewissermaßen dem Arbeitsrechtsausschuß in die Hand drücken, dann haben wir für absehbare Zeit überhaupt keine Möglichkeit, etwas zu erreichen. Dann bleibt das nämlich mit dem ganzen Gesetz, das da zur Vorlage gekommen ist, liegen, und wir erreichen nichts. Ich stehe auf dem Standpunkt, in diesem Falle müßte ein Weg gesucht werden, weil sich die Fälle jetzt bei den Krankenkassen derartig häufen, daß man ganz rechtsunsicher wird.

Ministerialrat Dr. *Hoffmeister:* Ich halte vor allen Dingen den letzten Absatz des vom Arbeitsrechtsausschuß vorgeschlagenen Paragraphen für nicht im Interesse der Krankenversicherung liegend. Denn wenn im Abs. 2 zwar gesagt wird, daß man für 14 Tage bzw. 6 Wochen ein Gehalt gibt, und man weiter unten doch die Abweichungen zuläßt, dann ist nach meiner Auffassung wieder die Unsicherheit dadurch gegeben, daß man eben in jedem einzelnen Fall sogar Vereinbarungen gegenteiliger Art eingehen kann. Wenn ich Sie recht verstanden habe, Herr Prof. Dersch, hatten Sie sich gestern bei der Krankenversicherung dafür eingesetzt, daß man lieber die abändernden Bestimmungen wegfallen lassen und lieber die zwingende Vorschrift bestehen lassen sollte.

Prof. Dr. *Dersch:* Ja, eine ganz zwingende!

Ministerialrat Dr. *Hoffmeister:* Das halte ich im Interesse der Rechtssicherheit für besser. Dann sehen alle Teile völlig klar, was ihnen zusteht. Dann sagt man: 14 Tage bekommst du von dort bezahlt, im übrigen aus der Krankenversicherung. Aber wenn das nur eine abänderbare Bestimmung ist, haben wir wieder eine ebenso große Unsicherheit. Dann muß man in jedem Falle wieder fragen: Ist doch noch eine Vereinbarung gegenteiliger Art getroffen worden?

Vorsitzender: Es wäre zu erwägen, ob man die ganze Frage nicht in Form eines Gutachtens, sondern in Form eines Antrags an das Arbeitsministerium herantragen sollte, von da aus auch eine Änderung vorzubereiten, und Material dazu liefern sollte. Das geht mir nur nicht schnell genug.

Prof. Dr. Lutz *Richter:* Ich habe eigentlich den Eindruck: Die Sache ist im Augenblick nicht reif für eine abschließende Stellungnahme, sondern um das zu tun, was dann auch praktisch richtig ist und was Wirkung erwarten läßt, müssen wir nicht nach der sachlichen, sondern mehr nach der diplomatischen Seite die Frage noch klären. Herr Dersch hat uns gestern auf die Frage von Herrn Anders gesagt, daß mindestens eine sehr große Unsicherheit hinsichtlich des Schicksals dieses Gesetzentwurfs entsteht, und Herr Dersch hat sich wohl dahin zusammengefaßt, daß es wahrscheinlich noch recht lange dauern wird. Nun weicht mein persönlicher Eindruck davon etwas ab. Ich hatte letzthin Grund zu der Annahme, es würde doch vielleicht etwas schneller gehen, als wir bisher im Arbeitsrechtsausschuß geglaubt haben. Das „letzthin" bezieht sich auf die Sommermonate. Inzwischen ist natürlich auch schon wieder allerhand Wasser die Spree hinunter geflossen. Insofern müßte man also erst einmal in Berlin hören, und Herrn Anders müßte das verhältnismäßig leicht sein, auch in der Abteilung 3 des Reichsarbeitsministeriums etwas zu hören. Dann würden wir bei unserer nächsten Sitzung klarer sehen als heute. In der Sache selbst brauchten wir uns wahrscheinlich nicht lange aufzuhalten, sondern wir könnten uns zu dem entschließen, was das Richtige ist.

Vorsitzender: Das ist vielleicht der einzige Weg, der zu beschreiten ist.

Prof. Dr. Lutz *Richter:* Inzwischen könnte man vielleicht noch etwas anderes tun. Die ganze Frage ist nämlich in den letzten Jahren literarisch völlig vernachlässigt worden, und als ich mir von meinem Assistenten das Material über diese Frage zusammensuchen ließ, sagte er, man findet so bitter wenig, und ich sagte ihm, als er etwas darüber schreiben wollte: Bitte schön, natürlich nicht über den Vorschlag selbst, sondern nur über den Stand der Dinge. Ich möchte mich als Ausschußmitglied nicht mit meinem Namen in der Öffentlichkeit exponieren, aber er mag es ruhig tun. Dann gewinnt man die öffentliche Aufmerksamkeit dafür, und die anderen Ausschußmitglieder sollten auch sehen, daß jemand darüber schreibt, natürlich keine fertigen Gesetzesvorschläge vorlegt.

Vorsitzender: Schaden kann es ja nicht viel. Aber ob es die erwartete Wirkung hat, möchte ich bezweifeln.

Ich werde also nach der Sitzung einmal die Fühler im Reichsarbeitsministerium ausstrecken, um zu hören, wie die Sache da steht. Man muß auch mit der Krankenversicherung verhandeln, aber im wesentlichen mit Abteilung 3.

Kilian: Die Frage wird im wesentlichen bei der Abteilung 3 behandelt. Vielleicht ist es zweckmäßig, bevor Sie offiziell Fühlung nehmen, daß ich einmal sehe, wer die Sache bearbeitet und ob sie auch bereits an Abteilung 2 irgendwie herangebracht worden ist. Ich könnte mir denken, daß die Abteilungen 2 und 3 schon miteinander Fühlung genommen haben.

Vorsitzender: Sobald ich etwas erfahre, gebe ich den beiden Herren Referenten Kenntnis, und dann werden wir in der nächsten Sitzung über diesen Punkt vielleicht schon etwas weiter kommen. Mir liegt daran, hier möglichst bald etwas durchzubekommen.

Dann können wir diesen Punkt der Tagesordnung vorläufig abschließen und kommen zum Punkt 4: *Sanierungsmaßnahmen in der knappschaftlichen Versicherung.*

Die Sachlage ist folgende: Ich glaubte bereits, daß man sich in der heutigen Sitzung diesen Punkt schenken sollte, weil Nachrichten darüber schwirrten, daß der Gesetzentwurf, den das Arbeitsministerium den einzelnen Ressorts vorgelegt hat, bei dem auch die Knappschaft angeschlossen ist, Aussicht hätte, angenommen zu werden. Seinerzeit, als ich diese Tagesordnung aufstellte, war die Sachlage gerade entgegengesetzt. Es schien so, als ob dieser Entwurf von allen maßgebenden Stellen abgelehnt würde. Ich erlaubte mir schon, darauf hinzuweisen, daß der Reichsärzteführer in Alt-Rehse ganz eindeutig zu allen Beteiligten gesagt hat, er hätte mit dem Führer gesprochen: Der Führer hat diesen Entwurf von sich aus abgelehnt. Das war eigentlich eine Stellungnahme, wie man sie deutlicher nicht haben konnte, wenn man mit den Worten des Führers operiert. Ich habe späterhin erfahren, daß auch der Stab Heß den Entwurf abgelehnt hat. Aber für die Knappschaft interessieren sich alle Kreise besonders - Ministerpräsident Göring, der Preiskommissar, Dr. Ley usw. - alle Stellen wollen den Versicherten der Knappschaft in irgendeiner Form helfen. Deswegen habe ich das seinerzeit auf die Tagesordnung gesetzt, um, weil gar keine Aussicht besteht, daß dieser Gesetzentwurf angenommen wird, nun einen Weg zu zeigen, wie man vielleicht ohne große Umstände der Knappschaft helfen kann, und zwar beruht das auf einem Vorschlag, der schon vor eineinhalb oder zwei Jahren gemacht worden ist, als seinerzeit Dr. Ley innerhalb von wenigen Tagen verlangte, daß etwas vorgelegt würde. Dieser Vorschlag basierte darauf, daß man bei der Knappschaft das einführte, was schon einmal war, nämlich den Wegfall der Arbeitslosenbeiträge - das wäre ein Betrag von 3 % -, und außerdem sollte man das ausführen, was auch im Aufbaugesetz steht, d.h. die Halbierung der Beiträge. Bei der Knappschaft werden immer noch drei Fünftel und zwei Fünftel sowohl in der Krankenversicherung wie auch in der Pensionsversicherung gezahlt. Dadurch hätte man dem Bergmann eine Hilfe zuteil werden lassen. Weiterhin spielte man mit dem Gedanken, die Arbeitslosenversicherungsbeiträge des Arbeitgebers für eine Verbesserung der Leistungen beizubehalten. Dadurch würde auch kein großer Schaden für den Arbeitgeber eintreten, weil er ja jetzt sowieso schon diese Beiträge zahlen muß.

Nachdem ich nun Herrn Ministerialrat Hoffmeister darum gebeten habe, über diese Sanierungsmaßnahmen zu sprechen, hat sich die Situation so gezeigt, daß man gestern und vorgestern annehmen konnte, daß doch Aussicht bestände, daß dieser Entwurf in irgendeiner Form auch vom Stabe Heß und von den anderen Parteistellen angenommen würde, und es ging sogar so weit, wie mir erzählt worden ist, daß die Verhandlungen, die mit dem Finanzminister stattgefunden hätten, ergeben hätten, daß der Finanzminister bereitwilligst für die Zukunft 105 Millionen jährlich zuschießen wollte. Heute morgen habe ich mich mit dem Stabe Heß, mit dem Amtsleiter Pg. Hoffmann, den die Herren ja vom vorigen Jahr her kennen, in Verbindung gesetzt, und da wurde mir mitgeteilt, daß dieser ganze Entwurf des Reichsarbeitsministeriums über die Sozialversicherung abgelehnt wird. Also besteht keine Aussicht, daß die Wünsche des Preiskommissars und der Reichsorganisationsleitung und auch des Ministerpräsidenten Göring so schnell in Erfüllung gehen werden, daß man dem Bergmann auf irgendeine Weise hilft. Deswegen müssen wir nun doch noch einmal zu dem Plan, den ich vorher hatte, Stellung nehmen, und ich darf Herrn Ministerialrat Dr. Hoffmeister bitten, uns das vorzutragen, was er über diese Sache ausgearbeitet hat.

Referent Ministerialrat Dr. *Hoffmeister:* [Referat nicht überliefert.]

XVII. Protokoll der Sitzung vom 4.3.1938 (Versicherungspflicht der Handwerker)

(Beginn der Sitzung: 14 Uhr.)

Vorsitzender: Ich eröffne die Sitzung. Einziger Gegenstand der Tagesordnung ist die *Versicherungspflicht der Handwerker.*

Das Referat über diese Frage hat Herr Direktor *Schäfer* übernommen.

(Das [nicht erhalten gebliebene] *Referat* wird umgedruckt und den Mitgliedern des Ausschusses zugestellt werden.)

Vorsitzender: Im Anschluß an das Referat möchte ich folgendes bemerken. Es trifft zu, daß die privaten Lebensversicherungsgesellschaften sich schon einschalten. Ich habe bereits ein Schreiben des Ausschusses für Privatversicherung bekommen, der vorschlug, eine gemeinsame Sitzung der beiden Ausschüsse zu veranstalten. Ich habe das vorläufig abgelehnt und dem Ausschußvorsitzenden mitgeteilt, daß zu gegebener Zeit eine Rücksprache erfolgen kann.

Der vorliegende Entwurf [nicht auffindbar] kommt vom Reichsarbeitsministerium. Wahrscheinlich wird auch noch die Frage für andere Gruppen des deutschen Volkes in Angriff genommen werden. Man will jetzt wohl mit allen Kräften an der Schaffung einer Altersversorgung arbeiten mit dem Ziele, sie auf der Sozialversicherung aufzubauen. Daß der Gedanke auf günstigen Boden gefallen ist, zeigt der Umstand, daß man vom Vierjahresplan aus schon darum gebeten hat, von uns ein Gutachten zu bekommen. Ob Verhandlungen mit dem Arbeitsministerium schweben, weiß ich nicht. Ich glaube, daß wir auf dem besten Wege sind. Ob sich das Ziel noch im Jahre 1938 erreichen lassen wird, möchte ich dahingestellt sein lassen.

Prof. Dr. Lutz *Richter:* Ich stehe dem Entwurf nicht sehr optimistisch gegenüber. Ich werde Sie auch in anderer Richtung etwas enttäuschen müssen. Herr Schäfer hat angedeutet, daß mir ein großes wissenschaftliches Material zur Verfügung stehe. Ich habe in der Beziehung nicht viel tun können, habe aber bereits in Voraussicht der Entwicklung im vergangenen Winter durch einen meiner Schüler die Frage einer Altersversicherung für das Handwerk untersuchen lassen.

Zu der ganz grundsätzlichen Seite der Frage, die uns hier beschäftigt, darf ich mich auch auf diese kleine Veröffentlichung aus einer italienischen Zeitschrift beziehen, die ich neulich in Goslar überreicht habe. Ich würde es sehr mißbilligen, wenn die Angelegenheit der Altersversicherung der selbständigen Handwerker zu einem Interessenstreit zwischen der Privatversicherung und der Sozialversicherung benutzt würde. Dagegen müßte man sich mit aller Entschiedenheit wehren. Ich lege meinen Ausführungen den Entwurf vom 8. Januar 1938 zugrunde; die neue Fassung, von der Herr Schäfer ausgegangen ist, liegt mir noch nicht vor.

In der Frage steckt eine mehr technische und eine mehr sachliche Seite. Es liegt nahe, die technische Seite stark in den Vordergrund zu stellen; doch will ich versuchen, davon loszukommen. Die entscheidende Sachfrage ist die: Braucht das Handwerk eine Altersversicherung mit den Mitteln des Gesetzes oder der öffentlichen Organisationen? Diese Frage können wir und brauchen wir wohl nicht zu untersuchen. Ich entnehme aus der Begründung des Entwurfs des Reichsarbeitsministeriums, daß die Frage offenbar positiv entschieden ist. Auf seine Richtigkeit kann ich das freilich nicht kontrollieren. Die Stimmen in der Öffentlichkeit und insbesondere der handwerklichen Öffentlichkeit haben mir bisher nicht eindeutig geklungen. Wenn man sich jedoch die objektive Lage des Handwerks ansieht und das subjektive Urteil der Handwerker und der Handwerksführer zurückstellt, wird man zugeben müssen, daß etwas geschehen muß.

Für die Frage, in welcher Form es zu geschehen hat, ist natürlich der Gedanke einer Sozialversicherung naheliegend. Aber die Anwendbarkeit einer Sozialversicherung hat sachliche Voraussetzungen. Die eine Voraussetzung ist die Gleichförmigkeit der Verhältnisse oder der Tatbestände, die andere das Passendsein gleichförmiger Rechtsfolgen. In diesen beiden Teilen der Fragestellung scheint mir einiges nicht so ganz klar zu sein. Zunächst einmal ist das Handwerk in sich nicht in dem Maße gleichförmig, daß ich eine eindeutige Lösung für dieses Problem finden könnte. Mir scheint, daß sich die Verhältnisse innerhalb des Handwerks stark voneinander unterscheiden; sogar innerhalb desselben Zweiges finden wir große Differenzierungen. Natürlich bestehen zwischen den verschiedenen Handwerkszweigen erst recht Unterschiede. Das ist der eine Einwand gegenüber der Frage einer hinreichenden Gleichförmigkeit der Tatbestände.

Dann das zweite! Wenn man daran denkt, die Sozialversicherung als die Lösung anzunehmen, dann müßte auch Gleichförmigkeit der Verhältnisse zwischen der schon vorhandenen und als Abschluß gewählten Sozialversicherung und dem Neuen, was man hinzufügen und einbeziehen will, bestehen. Selbst wenn man davon absieht, daß es im Handwerk eine starke Überalterung gibt, daß eine Altersschicht von selbständigen Handwerkern besteht, denen man mit irgendeiner Versicherung überhaupt nicht mehr helfen kann, für die dann die sogenannte Versorgungseinrichtung geschaffen werden soll, so scheint mir doch, daß das Gesamtwagnis, das das Handwerk auf sich nehmen will, wesentlich ungünstiger ist als das Gesamtwagnis der Angestelltenversicherung.

Nun würde ich es für gefährlich halten zu sagen: Wir sind in der Rentenversicherung saniert und nun wollen wir probieren, ob wir auf die eine Waagschale etwas legen können. Die Rentenversicherung der Arbeiter und Angestellten ist zu kostbar, als daß wir ihr ein neues Wagnis aufbürden könnten, um damit den Gedanken der Sozialversicherung zu propagieren. Man kann vielleicht berechnen, daß dieses Mehrwagnis nicht allzusehr zu Buche schlägt. Ich habe hier die Zahl von 1,6 Millionen selbständiger Handwerker. Der Bestand an laufenden Angestelltenversicherungen umfaßt höchstens 4,4 Millionen. Immerhin käme 1/3 neuer Versicherungen mit durchschnittlich wesentlich ungünstigerem Wagnis hinzu.

Zunächst habe ich also Zweifel nach der Seite der Gleichförmigkeit der Verhältnisse, andererseits bezweifle ich, ob es richtig ist, gleichförmige Rechtsfolgen anzuordnen, ob sich nämlich dieses Handwerk dafür eignet, nun mit der Rechtsfolge der Versicherungspflicht belegt zu werden, so, wie das Arbeitsverhältnis mit der Rechtsfolge der Versicherungspflicht belegt ist. Beim Arbeiter und Angestellten läßt sich die Versicherungspflicht sehr leicht durchführen. Auch unterliegen bereits Hausgewerbetreibende in einzelnen Sparten der Versicherungspflicht. Wie es bei den Artisten laufen wird, weiß man noch nicht; da haben wir die Fachschaft. Wir haben weiter selbständige Lehrer und Erzieher unter der Angestelltenversicherungspflicht; aber nicht 25% von ihnen nehmen an dieser Versicherung teil; sie wissen davon einfach nichts, geschweige denn, daß sie sich der Pflicht unterwerfen.

Demgegenüber scheint mir doch der Gedanke meines Schülers Zöllner ganz richtig, wenn er sagt: Jedem Handwerksmeister wird das Selbsttätigwerden für eine Alterssicherung zur Pflicht gemacht, eine Pflicht, wie sie insbesondere Innungen und Handwerkskammern gegenüber bestand, eine Pflicht, zu deren Erfüllung er verschiedene Formen zu Verfügung stellen will. Er will nicht Versicherungspflicht in einem Zweige der Rentenversicherung, wie der Entwurf vorsieht, sondern er will nur, daß der Handwerker eine angemessene Versorgung für sich und seine Familie bekommt. Das kann er erreichen, indem er sich in der Arbeiter- oder Angestelltenversicherung freiwillig weiterversichert. Das kann er aber auch tun, indem er sich bei irgendeiner Unternehmung der Individualversicherung, sei es in privatrechtlicher oder öffentlich-rechtlicher Form, kurz gesagt, eine Ribesellversicherung, also entweder eine Kapitallebensversicherung oder eine der privaten Renten- bzw. Invaliditätsversicherungen nimmt, die es ja auch gibt. Im einzelnen bedürfen diese Vorschläge vielleicht noch der Durcharbeitung auch gegenüber den gebrachten

Zahlen. Ich habe diese Zahlen noch nicht durchrechnen können, sie werden taxativ richtig sein; im einzelnen werden sich noch Varianten ergeben. Zugrunde gelegt sind hier die Tarife einer allerdings großen Gesellschaft. Mir scheint, daß eine gewisse größere Beweglichkeit dem vorhandenen Bedürfnis besser entsprechen könnte als die sehr starre Bindung, die der Entwurf vorsieht.

Nun zu der technischen Seite der Frage! Wenn jetzt die Handwerksmeister angestelltenversicherungspflichtig sind, dann sind die Beitragseinnahmen der Reichsversicherungsanstalt zu den sonstigen Beitragseinnahmen hinzuzurechnen, und die Quote von 1/4, die die Reichsanstalt für Arbeitslosenversicherung darauf zu zahlen hat, steigt entsprechend, und damit wächst die an sich sehr merkwürdige Erscheinung, die ich den „Hiatus" nennen will, das Gähnen einer Nichtdekkung zwischen dem Kreis der Versicherten und der Rentenversicherung und dem Kreis der Beitragspflichtigen für die Arbeitslosenversicherung. Solange eine Rentenversicherung aus den Beträgen finanziert wird, die den Versicherungspflichtigen und ihren Unternehmern abgenommen werden, scheint es mir zwar in engen Grenzen erträglich, wenn einmal für einige Leute Pflichtbeträge hineingenommen werden, die nicht arbeitslosenversicherungspflichtig sind. Wenn aber die Millionenzahl von Handwerksmeistern hineingenommen wird, dann scheint mir die Vergrößerung des Hiatus nicht ganz unbedenklich zu sein.

Weiter macht das Reichsarbeitsministerium den Vergleich des Handwerksmeisters mit dem Werkmeister in der Industrie. Natürlich ist das vielleicht der nächst vergleichbare Mann; aber der Werkmeister in der Industrie hat seinen Arbeitgeber oder Unternehmer, den der Handwerksmeister nicht hat. Damit kommen wir zu der Frage: Wie soll praktisch die Versicherungspflicht durchgeführt und kontrolliert werden, daß jeder versicherungspflichtige Handwerker seine Beiträge auch wirklich zahlt? Vielleicht könnte in irgendeiner Weise ein Kataster etwa mit Hilfe der Handwerksrolle aufgelegt werden. In dem mir vorliegenden Entwurf ist darüber nichts gesagt.

Eine andere Sorge scheint mir darin zu liegen: In dem älteren Entwurf war die Grenze von 7 200 RM vorgesehen; das wäre eine Katastrophe - aber dieser Punkt mag als erledigt gelten.

Die weitere Erfassung ist schließlich die wichtigste technische Frage, die der Entwurf aufrollt und der gegenüber ich noch nicht klar sehe. Erschwert wird die Beantwortung dieser Frage durch die Einführung der sogenannten Halbversicherung. Die Gründe, die man dafür anführt, daß man die Handwerker nicht ganz herausläßt, sehe ich bis zum gewissen Grade ein. Aber die Wahl der Halbversicherung ist natürlich vollkommen willkürlich; nämlich bei den früher in die Angestelltenversicherung aufzunehmenden, bereits lebensversicherten Angestellten darf nach § 375 des Gesetzes die Halbversicherung nur mit dem alten Beitrag aufrechterhalten bleiben. Hat dem Handwerksmeister, der selber versicherungspflichtig ist, kein beitragspflichtiger Arbeitgeber gegenübergestanden, so fällt dieser sachliche Maßstab vollkommen weg. Ich sehe aber hier vor allem sehr große Schwierigkeiten bei der Kontrolle, besonders da der neue Entwurf eine sehr bemerkenswerte Abweichung von § 375 wünscht. Hier entscheidet es sich mit einem Mal, und nur die Fälle des § 377 bringen dann noch die Notwendigkeit einer nachprüfenden Kontrolle. Im Entwurf hingegen wurde gesagt, daß diese Leute einen mindestens ebenso hohen Beitrag für die Lebensversicherung fortlaufend aufwenden. Das scheint mir eine Kontrollaufgabe in sich zu schließen, deren Erfüllung jedenfalls sehr schwer fallen und die eine ganze Menge Verwaltungsarbeit machen dürfte, die sachlich nur wenig Nutzen bringt.

Weiter halte ich das, was in dem Vorspruch über die Gewährleistung einer eigenen Altersversorgung gesagt ist, nicht für richtig. Die Handwerksmeister sichern einmal durch ihre Beiträge gar nicht die Zukunft der Lehrlinge und Gesellen, sondern die andere Hälfte müssen ja die Lehrlinge und Gesellen selber zuzahlen, - und zum andern läßt sich diese Argumentation für alle möglichen Dinge heranziehen. Es wäre zu überlegen, ob man auf diese Präambel verzichten sollte, wenn man nicht eine durchschlagendere und sachlich überzeugendere Fassung dafür hat.

In § 5 heißt es: „Der Reichsstand des deutschen Handwerks erhebt zur Förderung der Altersversorgung seiner Mitglieder eine Umlage.“ Diese Vorschrift halte ich für glücklich, sie entspricht auch dem, was Zöllner in Betracht gezogen hat. Ist aber denn der Reichsstand des deutschen Handwerks überhaupt in diesem Sinne Rechtssubjekt, haben wir da nicht vielmehr die Innungen und Handwerkskammern? (*Vorsitzender:* Er ist öffentlich-rechtliche Körperschaft.) Dagegen, daß in § 7 eine Ermächtigung für ergänzende und abändernde Rechtsverordnungen vorgesehen ist, ist nichts einzuwenden. Hingegen stehen wir wieder vor der merkwürdigen Tatsache, daß eine ausdrückliche Ermächtigung zum Erlaß von Verwaltungsvorschriften aufgenommen ist. Das hat tatsächlich Unklarheiten im Gefolge und zeitigt außerdem für das Ministerium die unangenehme Konsequenz, daß es entgegen dem allgemeinen Staatsrecht an das Einvernehmen mit dem Minister eines anderen Ressorts gebunden wird.

Ministerialrat *Sauerborn:* Ich kann im allgemeinen den Ausführungen des Herrn Schäfer nur zustimmen. Die Bedenken, auf die er hingewiesen hat, die insbesondere in dem Risiko der Altersgruppierung und der schlechteren Verteilung liegen, sind uns natürlich bekannt und nicht abzustreiten. Andererseits handelt es sich hier um eine grundsätzliche Frage. Daß etwas geschehen muß, darüber sind sich nicht nur die Ministerien und die sonstigen beteiligten Stellen, sondern auch die Berufsgruppe absolut einig. Wenn wir hören, warum gerade die Sozialversicherung hier einspringen muß, wenn uns begründet wird, daß sie immerhin als eine kräftige Erscheinung im Staatsgebilde allein in der Lage ist, eine solche Aufgabe zu bewältigen, dann müssen auch gewisse Dinge in Kauf genommen werden. Man muß unter Umständen Schwierigkeiten wie einen gordischen Knoten durchhauen, um weiterzukommen. Dieser Entschluß fällt insofern leichter, als es im wesentlichen Übergangsschwierigkeiten sind, die hier entstehen. Das Risiko wird ja in seiner heutigen Form nicht für immer der Kapitalversicherung anhaften. Bezüglich des Altersaufbaues wird es bestimmt nicht bestehen bleiben, und auch in manchen anderen Beziehungen werden die Verhältnisse günstiger werden, wenn die jungen Jahrgänge in die Versicherung hineinwachsen und wenn, wie es jetzt im Sinne der Staatsführung liegt, die Selbständigmachung auch schon wesentlich früher einsetzt als vordem. Hier helfen ja auch Handwerkskammer und Reichsstand des Handwerks.

Zweifellos ist der Satz in der Begründung richtig, daß die Beiträge nicht erhöht worden sind. Erhöht worden ist das Einkommen der Versicherung, aber nicht aus den Beiträgen, sondern aus anderen Besitztiteln. Was in der Arbeitslosenversicherung versicherungsfrei ist, stammt von den Gruppen der Arbeitslosenversicherungspflichtigen. Man könnte hieraus vielleicht ein gewisses Bedenken dagegen herleiten, daß aus Mitteln der einen Gruppe Übergangsverhältnisse bei der anderen Gruppe mit geregelt werden. Aber gehen wir den Dingen wirtschaftlich auf den Grund: Die Mittel der Arbeitslosenversicherung, die aus den Beiträgen der Arbeitern stammen und nicht für Zwecke der Versicherung verbraucht werden, fließen an die Allgemeinheit, ein Teil geht an die Versicherung. Da sehe ich wirklich keinen überaus großen Sprung mehr dahin, daß man aus diesen Mitteln etwas zur Verfügung stellt, um hier einen Übergang zu ermöglichen, der sonst schlechterdings nicht erreicht werden kann. Ich erblicke darin vielmehr einen der besten und einfachsten Wege, diese Lücke zu schließen und dem Reichsstand des Handwerks tatsächlich die Versicherung zu ermöglichen. Über dieses Bedenken wird man also ohne weiteres hinwegkommen.

Was das zweite Bedenken von Herrn Professor Richter betrifft, daß ihm die Bindung an die Sozialversicherung zu stark ist und er eine freiere Wahlmöglichkeit zwischen Selbstversicherung und Privatversicherung oder in noch größerem Umfange eine Vermischung beider Systeme haben will, so hat Direktor Schäfer für mich völlig überzeugend nachgewiesen, daß die Versicherungsgemeinschaft bei dem Opfer, das sie im sozialen Sinne hier bringt, auch mit Recht den Anspruch erheben kann, daß ihre lebenswichtigen Prinzipien gewahrt werden und daß sich nicht bei einer

Lösung im freieren Sinne jeder das aussucht, was für ihn persönlich das Beste ist, und die Versicherung schließlich nur die schlechten Risiken hat.

Herr Professor Richter hat weiterhin ausgeführt, daß Voraussetzung für die Angliederung an die Sozialversicherung eine gewisse Gleichförmigkeit der Verhältnisse sein müsse, und hat auf die stark differenzierten Verhältnisse zwischen den einzelnen Handwerkszweigen hingewiesen. Daß eine starke Differenzierung besteht, ist natürlich nicht zu bestreiten. Es gibt Differenzen bezüglich des Werkstoffs, des Arbeitsgeräts, der Arbeitsart, der Arbeitsstätte usw. Es gibt auch starke Unterschiede im Versicherungsrisiko; es gibt Berufe, in denen ein Mensch höchstens einen Meter herunterfallen kann, und solche, in denen er 30 und 40 m herunterstürzen kann. Ist es aber bei den Arbeitern anders? Wenn ich die Gleichförmigkeit der Verhältnisse zu beurteilen habe, kommt für mich lediglich der eine Umstand in Frage, wie die Lebens- und Wirtschaftsverhältnisse der betreffenden Gruppen sind, verglichen mit denen der heute durch die Sozialversicherung Betreuten. Hier vermag ich, im Großen gesehen, keinen Unterschied zwischen dem Handwerker und etwa einem gelernten Arbeiter oder einem Angestellten zu erblicken. Wo durch die Größe des Betriebes und die Höhe der Einnahmen der einzelne tatsächlich aus diesen Rahmen herausfällt, sind ja auch vom Entwurf die entsprechenden Ausnahmen vorgesehen.

Ich glaube, auch Herrn Direktor Schäfer ist es nicht ganz leicht gefallen, sich zu seinem heutigen Standpunkt durchzuringen. Wenn er sich trotz aller Bedenken, die er ja sehr scharf dargelegt hat, zu seinem heutigen Standpunkt durchgerungen hat, so nur deshalb, weil er den Blick auf die gesamte Sozialversicherung und das gesamte deutsche Volk ausgerichtet hat. In dieser Beziehung sehe ich allerdings im Entwurf die Anbahnung einer Entwicklung, die meines Erachtens der ganzen deutschen Sozialversicherung, insbesondere der Rentenversicherung, zugute kommen wird. Ich sehe davon ab, daß das Handwerk bereits heute in Teilen der Sozialversicherung stärker verankert ist als mancher andere Berufsstand, der außerhalb der Sozialversicherung steht. Ich erinnere an die Innungskrankenkassen, die eine der ersten Formen waren, in denen Sozialversicherung betrieben wurde und in denen heute in großem Umfange bereits selbständige Meister versichert sind. Ich weise darauf hin, daß nach den Vorschriften über die Beitrittsberechtigung zur Krankenversicherung die Tore gerade für den kleinen Handwerker schon heute weit offen sind. Ich erinnere schließlich daran, daß es bei den Innungskrankenkassen, also in der Krankenversicherung der Handwerker, als einzigem Versicherungsträger in der Krankenversicherung bereits möglich war, daß der Arbeitgeber die Hälfte der Beiträge übernahm und der Arbeitnehmer nur die andere Hälfte der Beiträge zu zahlen hatte. Diese Kannvorschrift ist keine schöne Geste, die in der Reichsversicherungsordnung lediglich auf dem Papier steht, sondern bei einer großen Zahl von Innungskrankenkassen ist dieses Prinzip effektiv durchgeführt.

Für die Behauptung, daß mit der Versicherung der Selbständigen in der Reichsversicherung schlechte Erfahrungen gemacht worden seien, muß wohl der Nachweis erst noch erbracht werden. Die Schätzung, daß bei den Lehrern und Erziehern nur 25% versichert seien, kann ich nach dem Material, das mir täglich zugeht, nicht als richtig anerkennen. Ich glaube, daß dieser Prozentsatz wesentlich höher ist und die 90% überschreitet. Einmal greifen die Fachschaften hier sehr stark ein. Zum anderen sehe ich täglich, wie die Leute mit allen Mitteln versuchen, in die Versicherung hereinzukommen, und sich an uns wenden, wenn sie zu Unrecht aus der Versicherung ausgeschlossen zu werden glauben. Ich habe sogar den Eindruck, daß sich mancher zu Unrecht in die Versicherung hineingeschmuggelt hat. Zwischen den sonstigen Selbständigen in der Sozialversicherung und den selbständigen Handwerkern besteht aber ein großer technischer Unterschied. Nach § 2 Abs. 3 des Entwurfs sind Handwerker im Sinne dieses Gesetzes alle, die in die Handwerksrolle eingetragen sind. Eine bessere Kontrollmöglichkeit, als sie damit gegeben ist, wird man bei keinem selbständigen Beruf finden können. Für die Lehrer und Erzieher gibt es solche

Rollen noch nicht, sondern lediglich die Listen der Fachschaft, die immerhin unvollständig sein mögen.

Ich begrüße den vorliegenden Entwurf, auf das Große gesehen, im wesentlichen aus folgenden Gründen. Erstens erfaßt die Sozialversicherung, wenn der Entwurf durchgeht, einen erheblich weiteren Teil des deutschen Volkes als bisher. Damit wird das Versicherungswagnis im ganzen auf wesentlich breitere Schultern gelegt und somit die Zukunft der Sozialversicherung erheblich stärker gesichert, obwohl im Augenblick vielleicht ein Verlustgeschäft für die Sozialversicherung eintreten mag. Das ist uns aber kein fremder Gedanke, auch kein Gedanke, vor dem wir erschrekken müßten. Auch alle unsere Aufgaben auf dem Gebiete der Gesundheitsfürsorge sind zunächst zusätzliche Aufgaben, die sich aber doch hinterher zu einem großen Teil sehr bezahlt machen. Zweitens besteht mit der Verlagerung auf breitere Schultern für alle eine größere Sicherheit, weil die Allgemeinheit, je größer der Kreis der Sozialversicherten ist, mit umso weiterem Blickfeld und mit umso größerer Aufmerksamkeit die Entwicklung und die Sicherung auf diesem Gebiet betreiben und beobachten wird. Das Dritte können Sie einen negativen Vorteil nennen, es ist aber tatsächlich ein großer Vorteil. Die Sanierung einer solchen vergrößerten Versicherung, insbesondere wenn sie etwa später durch den Zutritt weiterer Gruppen noch größere Teile des Volkes umfassen wird, wird immer schwieriger. Deshalb wird die Verantwortung und die Verantwortlichkeit der Männer, die über den Ausbau der Versicherung zu entscheiden haben, auch immer größer werden, sie werden sich dieser Verantwortung bewußt sein und werden nur das an Verbesserungen gewähren und festsetzen, was tatsächlich auch geleistet werden kann.

Aus diesen drei Gründen sehe ich die vorgeschlagene Erweiterung für einen großen und bedeutungsvollen Fortschritt auf dem Gebiet der Sozialversicherung an. Ich begrüße die Anregung, die Herr Schäfer für eine Entschließung der Akademie gegeben hat. Ich hätte nur den Wunsch, sie nach einer Richtung noch zu ergänzen. Herr Schäfer hat dargelegt, warum ein weiteres Entgegenkommen, ein weiteres Freilassen aus der Sozialversicherung nicht möglich ist, weil nämlich sonst die Sozialversicherung nicht eine Risikoauswahl hätte, wie sie dem Versicherungsanfall entspricht, sondern nur die schlechten Risiken bekäme. Ich habe hinzugefügt, daß sie wegen ihres sozialen Eintretens einen Anspruch darauf hat, daß ihre berechtigten Interessen auch gewahrt werden. Ich möchte vorschlagen, einen darauf bezüglichen Passus in den Entwurf für diese Entschließung einzufügen.

Vorsitzender: Ich möchte die Ausführungen von Herrn Sauerborn noch um einen vierten Punkt ergänzen. Die nächste Aufgabe, die wir zu lösen haben werden und die in irgendeiner Form gelöst werden muß, ist die Frage der Altersversorgung des deutschen Volkes. Ich bitte Sie, gerade auch unter diesem Gesichtspunkt den Gesetzentwurf zu betrachten. Nach der Auffassung, die ich bisher von den Herren kennengelernt habe, und nach meiner persönlichen Auffassung gibt es, wenn man die Frage lediglich als Fachmann beurteilt, keine andere Möglichkeit, an die Altersversorgung des deutschen Volkes heranzugehen, als ihr Aufbau auf die bestehende Sozialversicherung. Ich würde es sehr begrüßen, wenn auch der Ausschuß der Akademie, nachdem schon von allen möglichen Stellen Vorschläge zu dieser Altersversorgung des deutschen Volkes gemacht worden sind, in möglichst kurzer Zeit mit einem Vorschlage nach dieser Richtung hervortreten könnte, um das Gerede über diese Frage endlich zu unterbinden.

Schäfer: Herr Richter hat die Gleichförmigkeit der Tatbestände vermißt. Ich weise nur darauf hin, daß das Angestelltenversicherungsgesetz heute die unterschiedlichsten Berufsgruppen umfaßt. Bei uns sind versichert der leitende Angestellte und der Schreiber, die Krankenschwester und der Schiffsführer. Hier ist die Ungleichförmigkeit der Tatbestände sicherlich wesentlich größer als zwischen dem Fleischermeister und dem Schuhmachermeister. Dieses Bedenken würde mich also nicht schrecken.

Herr Sauerborn hat mit Recht hervorgehoben, daß die Schwierigkeiten im Übergang liegen. Ich habe mich zu meiner Auffassung nicht durchringen müssen. Ich habe vielmehr von Anfang an den Entwurf begrüßt, und auch unser Versicherungsmathematiker, mit dem ich mich darüber unterhalten habe, steht auf dem Standpunkt, daß auf die Dauer gesehen der Zuwachs für die Angestelltenversicherung günstig ist. Man muß immer damit rechnen, daß der selbständige Handwerker verhältnismäßig lange im Beruf bleibt; er arbeitet solange, wie er arbeiten kann, und will nicht mit 60 Jahren seine Rente haben, die doch immer verhältnismäßig unzureichend bleibt. Insofern sind es für uns keine besonders ungünstigen Risiken, und auf je breiteren Schultern das Ganze ruht, umso besser ist es für uns. Der Handwerker heiratet im allgemeinen jemand aus der Sozialversicherung, diese Versicherte scheidet mit der Heirat aus und die Hälfte der Beiträge bleibt bei uns. Im Ganzen ist meines Erachtens die Übernahme der gesamten Handwerker als Risiko für die Angestelltenversicherung nicht ungünstig, wenn einmal der alte Bestand aufgebraucht sein wird, und das ist eine einmalige Sache, die eine Versicherung wie die unsrige nicht zu schrecken braucht.

Die Versicherungspflicht der Selbständigen haben wir auch heute schon in der Angestelltenversicherung. Wir haben die Hebammen, die Musiker, die Artisten bei uns. Die Lehrer und Lehrerinnen haben sich allerdings früher der Versicherungspflicht gern entzogen. Das hat sich grundsätzlich geändert, seit sie in Fachschaften organisiert sind; wir bekommen heute von der Fachschaft sofort die Anzeige, wenn jemand nicht versichert ist. Es wird für uns bedeutend leichter sein, in Zukunft die Handwerksmeister zu kontrollieren als die selbständigen Lehrer. Unsere Leute haben die Möglichkeit, sich in den Handwerkskammern die Listen zu besorgen und auf dieser Grundlage die Kontrolle durchzuführen. Unsere Kontrollbeamten müssen auch heute schon von Betrieb zu Betrieb gehen. Wenn wir zu den 186 000 Betrieben, die wir jetzt zu kontrollieren haben, noch die Handwerksbetriebe hinzubekommen, dann bedeutet das natürlich für uns die Notwendigkeit, unseren Kontrollapparat zu vergrößern. Man darf aber nicht vergessen: Heute kommt unser Kontrollbeamter nur in die Häuser hinein, in denen sich ein Betrieb mit Angestellten befindet; in Zukunft wird er fast in jedes Haus hineinkommen, und insoweit wird er weniger unwirtschaftliche Zwischenwege zu machen haben. Das bedeutet eine erhebliche Erleichterung.

Herrn Lutz Richter hat die Kontrolle der Halbversicherung geschreckt. Der Entwurf, wie er Ihnen vorliegt, ist in diesem Punkte etwas überholt worden. Er enthält noch nicht die Bestimmung, die auf meine Anregung von dem Referenten des Arbeitsministeriums bereits vorgesehen ist, daß die Handwerksmeister verpflichtet sind, der Reichsversicherungsanstalt oder ihren Beauftragten die Lebensversicherungsprämien oder den Einkommenssteuerbescheid vorzulegen. Wenn diese Ergänzung aufgenommen wird, dann ist die Lücke geschlossen. Wenn dennoch einmal ein Halbversicherter durchschlüpfen sollte, so schreckt mich das auch nicht. Solange er halbversichert ist, bekommt er ja auch nur den halben Grundbetrag, anders als bei der bisherigen Regelung, wonach die Halbversicherten des AVG den vollen Grundbetrag bekommen. Infolgedessen habe ich kein Interesse daran, solche Fälle a tempo richtigzustellen. Der Versicherungsträger kann jetzt ohne weiteres das Risiko laufen, daß einmal einer als Halbversicherter auf der Karte bezeichnet ist, obwohl er voll versichert sein müßte, weil die Prämie zu gering geworden ist. Bisher waren die Lebensversicherungsgesellschaften verpflichtet, uns Mitteilung zu machen, wenn die Prämie wegfiel und die Lebensversicherung erlosch. Darauf können wir in Zukunft ganz und gar verzichten. Solange noch auf der Versicherungskarte steht: halbversichert, bekommt er ja nur die halbe Leistung.

Ich darf noch einmal auf einen negativen Vorteil aufmerksam machen. Nach dem neuen Gesetz hat jeder unter 40 Jahren die Möglichkeit, sich selbst zu versichern. Dieser Vorschrift habe ich persönlich als Versicherungsmann sehr bedenklich gegenübergestanden; denn das bedeutet eine Aussonderung der Risiken. Der selbständige Handwerksmeister, der viele Kinder hat oder alt und schwach ist, wird davon Gebrauch machen. Die schlechten Risiken bekomme ich als Selbstversicherte herein, und zwar mit den geringstmöglichen Beiträgen. Diese Leute leisten mir keine 12 Beiträge im Jahr, sondern gerade so viel, daß sie die Anwartschaft in der allerbilligsten Klasse aufrechterhalten. Ich muß ihnen aber nachher den vollen Grundbetrag geben, obwohl sie nur sechs Beiträge im Jahr geleistet haben. Diese Handwerker bekomme ich künftig mit 12 Beiträgen und mit dem gesamten Jahresarbeitsverdienst herein. Dieser Vorteil ist für uns so groß, daß ich unbedingt der Pflichtversicherung zur Angestelltenversicherung den Vorzug gebe, auch wenn ich jetzt einige Alte im Übergang mitnehmen muß. (*Lutz Richter* wirft die Frage ein, ob § 375 gleichzeitig dahin geändert werden solle, daß nur der halbe Grundbetrag gewährt werde.) - Jawohl! Ich würde als Entgegenkommen dafür vorschlagen, auch dem Angestellten ständig die Möglichkeit zu lassen, wenn er es für notwendig hält, eine Kapitalversicherung abzuschließen und sich von der eigenen Beitragsleistung zu befreien und Halbversicherter zu werden. Wir bekommen sehr oft den Wunsch, man möchte auch in der Sozialversicherung eine Kapitalversicherung einführen. Wir können das nicht tun, weil wir nicht für jeden Versicherten die Prämienreserve angesammelt haben, die ausgeschüttet werden kann. Andererseits kann ich verstehen, daß der Wunsch nach Einführung einer Kapitalversicherung rege wird. Insbesondere kommt dieser Wunsch aus Berufskreisen wie Steuerleuten usw., die sich im allgemeinen mit 40 oder 50 Jahren zur Ruhe setzen müssen, die aber noch verhältnismäßig rüstig sind und nun an Land ein Geschäft zu eröffnen wünschen. Diesen Leuten ist mit einer Rente von 50,- bis 70,- RM, die sie bis dahin verdient haben, nichts genutzt; wohl aber wäre ihnen geholfen, wenn sie ein Kapital von 5 000 bis 8 000 RM ausgezahlt bekämen. Da wir die Kapitalversicherung nicht durchführen können, würde ich diesen Leuten immer die Möglichkeit einräumen, anderweit eine Kapitalversicherung abzuschließen und bei uns Halbversicherte zu werden.

Daß man gerade auf die Hälfte abkommt, ist natürlich willkürlich gegriffen, hat aber doch seine innere Berechtigung insofern, als man die Rente im Interesse der Sozialversicherung nicht allzu läpperhaft werden lassen darf. Die Hälfte ist gerade noch das, was wir von unserer Rente abgeben können.

Dersch: Der Entwurf ist in dieser Woche sehr ausführlich in meiner Abteilung im Reichsversicherungsamt beraten worden.

Die Bedürfnisfrage bejahe ich unbedingt, auch wenn einzelne Handwerker gegenteiliger Auffassung sein mögen. Es gibt ja immer solche Leute, die gegen den Strom schwimmen. Wir haben gerade in der letzten Zeit wiederholt Entscheidungen über die Meistersöhne fällen müssen, und dabei haben wir gesehen, daß es auch innerhalb des Handwerks Leute gibt, die sogar ihre Söhne nicht versichert sehen möchten, aus der Erwägung heraus, daß diese Söhne später einmal selbständig werden und dann die Versicherung nicht brauchen.

Was die Risikoauswahl anlangt, bin ich ebenfalls der Auffassung, daß es versicherungstechnisch unmöglich wäre, die Wahl zwischen Lebensversicherung und Sozialversicherung zu lassen. Der Sozialversicherung verblieben dann nur die schlechten Risiken, und das würde eine untragbare Belastung herbeiführen. Auf der anderen Seite spricht sehr wesentlich der Gesichtspunkt mit, daß wir durch die neue Gesetzgebung die Selbstversicherer in einem unerhörten Ausmaße bekommen werden und daß diese sowohl in die Invalidenversicherung als auch in die Angestelltenversicherung hineingehen können, wie sie wollen, so daß wir hier eine nach meiner Auffassung höchst mißliche wahlweise Verteilung der Risiken bekommen könnten. Ich würde es daher bevorzugen, wenn man einmal die Risikoauswahl zwischen privater Lebensversicherung und öffentlicher Versicherung ausscheiden würde, wenn man dann aber auch die weitere Konsequenz ziehen würde, auch nicht innerhalb der Sozialversicherung eine nochmalige Risikoauswahl dadurch zuzulassen, daß die Leute nach ihrem Belieben zur Invalidenversicherung oder zur Angestelltenversicherung gehen können, sondern alle in einen Versicherungszweig hineinzubringen.

Nach unseren Erfahrungen sind die Risiken innerhalb des Zweiges „Angestelltenversicherung“ heute schon teilweise grundverschieden, so daß man, wenn man das bisher tragen konnte, nunmehr auch bei der Hereinnahme der Handwerker keine Hemmungen nach dieser Richtung zu haben braucht.

Die Frage der Halbversicherung scheint mir einer nochmaligen Nachprüfung wert zu sein. Bei Durchsicht des Entwurfs fiel mir bereits auf, daß man danach zu Renten kommt, die unter Umständen nicht mehr das Maß des Tragbaren erreichen. Ich habe große Zweifel, ob man eine Halbierung des Grundbetrages tatsächlich noch hinnehmen kann. Selbst wenn man das aber noch für tragbar hält, muß man doch bedenken, daß wir bei Wanderversicherungen, die ja häufig vorkommen, zu noch weiteren Teilungen kommen können.

Wenn man hier irgendeinen anderen Weg finden könnte, würde ich es begrüßen.

Das sind aber Detailfragen. Im Großen begrüße ich den Entwurf durchaus. Er scheint mir ein weiterer wesentlicher Schritt zu der kommenden Volksversicherung zu sein.

Kaiser: Wenn durch ein Gesetz den Handwerkern eine Altersversorgung gewährt werden soll, halte ich es für selbstverständlich, daß der Staat mit der Durchführung die Institution betrauen wird, die als die sicherste in Deutschland gelten muß, und das ist allein die reichsgesetzliche Sozialversicherung. Wir alle haben doch selbst mit den großen Privatversicherungen die Erfahrung gemacht, daß sie mannigfachen Fährnissen ausgesetzt sind. Man kann die Handwerker nicht an die Privatversicherungen binden, sondern muß dafür das sicherste Institut einsetzen: die reichsgesetzliche Rentenversicherung.

Es wurde gesagt, daß die Handwerker eine besondere Gruppe von Menschen darstellten und daß darum auch eine besondere Regelung ihrer Altersversorgung statthaben müsse. Ich glaube, man darf die Sonderregelung hier nicht zu weit treiben, sondern die Angliederung an die jetzt schon bestehende Angestelltenversicherung muß ziemlich vollkommen durchgeführt werden. Es ist klar, daß es sich hier um einen ersten Schritt auf dem Wege zu der großen Altersversorgung für das ganze deutsche Volk handelt, und wenn jede Berufsgruppe, die angegliedert werden soll und die auch wieder ihre besonderen Verhältnisse haben wird, eine Sonderregelung erhielte, bekämen wir in der Angestelltenversicherung eine so vielgestaltige Differenzierung, daß sie nicht mehr tragbar wäre. Nach meiner Ansicht kommt nur eine ganz feste Bindung an die jetzt schon bestehende Rentenversicherung, nach Möglichkeit unter Ausschluß irgendwelcher Sonderregelungen in Frage.

Lutz Richter: Ich gebe zu, daß sehr vieles von dem, was die Herren auf meine kritischen Einwände geäußert haben, mich bis zu einem gewissen Grade umgestimmt hat. Vor allem habe ich mich davon überzeugt, daß die Herren die Sache sehr stark politisch sehen.

Was die Wagnisbeurteilung anlangt, so weiß auch ich sehr wohl zwischen dem Übergangs- und dem Dauerzustand zu unterscheiden, und auch ich würde mich selbstverständlich nicht davor fürchten, einmal für eine Übergangszeit ein erhöhtes Wagnis hereinzunehmen. Ich habe nur das Gefühl, daß die Frage noch nicht hinreichend durchgeprüft ist. Wenn wir die Möglichkeit hätten, mit Hilfe von Statistiken das Wagnis noch etwas genauer abzuwägen, würde ich das sehr begrüßen.

In dem Augenblick, wo wir eine allgemeine Altersversorgung auf dem Wege der Sozialversicherung anstreben, liegt die Wagnisfrage völlig anders. Gerade in dem stückweisen Hereinnehmen sehe ich eine große Gefahr, weil man nämlich nie weiß, wo man auf diesem Wege stehenbleiben oder auch nur für längere Zeit wird zuwarten müssen.

Die Hereinnahme der Handwerker in die Angestelltenversicherung müßte nach meiner Ansicht eigentlich ein Anlaß sein, die §§ 375 ff. etwas umzugestalten. Die Vorschriften sind heute ganz engherzig. Entweder läßt man die Lebensversicherung überhaupt nicht zu oder man läßt sie zu; ein Drittes kann es nicht geben. Daß der Wunsch, im Augenblick der Berufsunfähigkeit oder mit Erreichung des 65. Lebensjahres ein Kapital zu erlangen, eine gewisse Berechtigung hat, ist wohl nicht von der Hand zu weisen. Wie soll man das aber technisch gestalten? Nach dem, was im Entwurf vorgesehen ist, wirkt sich die Halbversicherung lediglich in der Halbierung des Grundbetrages aus; beim Steigerungsbetrag wirkt sie sich überhaupt nicht aus. Früher hat es sich bei der Beitragsberechnung und dadurch mittelbar auch beim Steigerungsbetrag ausgewirkt. Der Entwurf sieht nun vor, daß ein halbversicherter Handwerker und überhaupt jeder Halbversicherte die Halbheit seiner Versicherung wieder in Wegfall bringen kann und dann auch wieder den vollen Grundbetrag zu bekommen hätte. Das ist sehr vernünftigerweise an eine neue Wartezeit von 60 Beiträgen, also von fünf Jahren geknüpft. Mir scheint das eine recht komplizierte Einzelregelung zu sein; ich würde es vorziehen zu sagen: Wer einmal für Halbversicherung optiert hat, hat damit seinen halben Grundbetrag endgültig geopfert; wenn er später zur vollen Beitragshöhe zurückgeht, kann er sich dadurch höhere Steigerungsbeträge für die künftigen Beitragszeiten erwirken, nicht aber wieder den vollen Grundbetrag.

Sauerborn: Der Gedanke von Herrn Richter hat natürlich vieles für sich. Ganz bis zum Schluß können wir aber mit diesem Prinzip doch nicht gehen. Nehmen Sie an, ein bisher selbständiger Handwerker, dessen Geschäft nicht mehr geht, wird versicherungspflichtiger Angestellter in einem anderen Geschäft. Einen solchen Mann können Sie doch nicht ausschließen. Wie Sie es diesem Manne zugestehen müssen, ist nicht recht einzusehen, warum man in den anderen Fällen die Leute von vornherein festlegen soll, insbesondere wenn man zur Voraussetzung macht, daß sie wieder genauso viele Beiträge leisten müssen, wie sie zum Erwerb der ersten Anwartschaft leisten mußten.

Auf die Frage von *Lutz Richter,* ob ein solcher Handwerker, wenn er eine Stellung annehme, die 60 Beiträge bis zur Erlangung des vollen Grundbetrages abwarten müsse, erklärt *Sauerborn,* da er jetzt Vollversicherter sei, würde er nach einem Monat Angestelltentätigkeit den vollen Grundbetrag bekommen, während *Schäfer* dazu bemerkt, der halbversicherte Selbständige, der in einem Geschäftshaus als Angestellter eintrete, bleibe zunächst Halbversicherter und müsse erst darauf verzichten.

Wischer: Die Ausführungen von Herrn Schäfer haben mich überzeugt, und ich halte die Bedenken von Herrn Richter für nicht sehr schwerwiegend.

Was die Gleichförmigkeit der Verhältnisse anlangt, ist schon durch das Ausbaugesetz eine neue Situation insofern geschaffen, als jetzt jeder deutsche Staatsbürger der Angestelltenversicherung oder Invalidenversicherung beitreten kann. Hinsichtlich der Risikobelastung ist schon darauf hingewiesen worden, daß gerade durch die Selbstversicherung nach dem Ausbaugesetz eine erheblich stärkere Risikobelastung zu erwarten ist als bei einer Erfassung der Handwerker auf dem Wege der Pflichtversicherung. Ich möchte mich daher darauf beschränken, noch einmal den Gesichtspunkt zu unterstreichen, daß durch das Ausbaugesetz eigentlich schon der Weg gewiesen ist, wie man die Altersversorgung des deutschen Volkes schaffen kann. Wir müssen uns darüber klar sein, daß diese Frage der Altersversorgung des deutschen Volkes nunmehr tatsächlich spruchreif wird. Wenn man die heutige Sozialversicherung, die Rentenversicherung erhalten will - und wir alle sind doch wohl der Auffassung, daß andere Lösungen zur Altersversorgung des deutschen Volkes mindestens einen Sprung ins Dunkle bedeuten würden -, dann muß man auch diesen Entwurf als einen weiteren Schritt auf dem Wege zur Altersversorgung des deutschen Volkes begrüßen. Auch in unserer Goslarer Tagung haben wir den Gesichtspunkt stark in den Vordergrund gestellt, daß man, nachdem mit dem Ausbaugesetz die Finanzierungsfragen geklärt sind, nunmehr auch an die Altersversorgung herangehen könne, und zwar auf dem Wege über die bestehende Sozialversicherung. Ich möchte annehmen, daß wir in unserem Ausschuß besonders dazu berufen sind, die Initiative in dieser großen Frage zu ergreifen und uns in die Entwicklung, die nach meiner Auffassung nicht mehr aufzuhalten ist, hineinzustellen. Ich würde es daher begrüßen, wenn wir uns in den nächsten Sitzungen damit beschäftigen würden, wie man dieser Entwicklung mit praktischen Vorschlägen dienen kann.

Heintze: Unter den Gründen, die für den Anschluß dieser neuen Versicherung an die reichsgesetzliche Rentenversicherung sprechen, möchte ich noch kurz einen grundsätzlichen Gesichtspunkt hervorheben, der meines Erachtens mitberücksichtigt werden muß. Das Bedürfnis nach einer ausreichenden Versicherung - zum Teil als Ergänzung bestehender Sozialversicherung, zum Teil als selbständige Versicherung - ist zur Zeit so allgemein und wird so allenthalben erörtert, daß wir alle Ursache haben, jeder weiteren Zersplitterung auf diesem Gebiet möglichst deutlich Einhalt zu gebieten und möglichst stark für eine Zusammenfassung all dieser Dinge einzutreten. Kürzlich ging mir eine Notiz durch die Hände, wonach vorläufige Ermittlungen über die Werkpensionskassen usw. abgeschlossen worden sind. Sie umfassen einstweilen nur einen kleinen Teil des gesamten Gebietes. Man erschrickt, wenn man liest, wie viele Tausende von Versicherungseinrichtungen dieser Art, die allerdings in der Hauptsache Zusatzeinrichtungen sind, vorhanden sind, welche Zersplitterung auf diesem Gebiet herrscht und wie alle diese Einrichtungen doch nur sehr unvollkommen den Zweck erfüllen können, dem sie eigentlich dienen sollen, schon wegen der besonders wichtigen Frage der Freizügigkeit auf diesem Gebiet. Das allein müßte schon ein Grund sein, eine weitergehende, möglichst ausreichende Versicherung in der Sozialversicherung immer zum selbstverständlichen Grundsatz aller solcher Gedanken zu machen. Die Privatversicherung kümmert sich nicht hinreichend um diese Dinge und kann es vielleicht nach dem derzeitigen Aufbau der deutschen Privatversicherung auch nicht tun. Sie ist zur Zeit jedenfalls nicht in der Lage, Rentenversicherungen dieser Art in ausreichendem Maße und zu tragbaren Bedingungen durchzuführen. Sie kommt daher nach meiner Meinung hierfür überhaupt nicht in Betracht. Dazu würde zunächst eine grundsätzliche Umstellung der Privatversicherung notwendig sein, bei der aber recht zweifelhaft ist, ob sie überhaupt praktisch durchführbar wäre.

Die Belastungsfrage hat sich auch mir natürlich als erster Gedanke aufgedrängt. Es liegt zutage, daß für die Angestelltenversicherung als solche zunächst kein Gewinn in dieser Sache liegt und daß sie sich unter anderen Umständen wohl nicht allzusehr um dieses Geschäft gerissen hätte. Die Sachlage ist aber in der Tat durch das Ausbaugesetz völlig anders geworden. Wenn man sich dabei allerdings auch nicht mit dem sehr bequemen Hinweis auf die Reichsgarantie begnügen sollte, so möchte aber doch hervorgehoben werden, daß es sich im wesentlichen um eine Übergangsbelastung handelt, die allerdings groß sein kann, daß man aber auch an die Selbstversicherung denken muß, deren durch das Ausbaugesetz eingeführte Erweiterung die ganze Frage völlig verschoben hat. Man muß annehmen, daß die Handwerker davon reichlichen Gebrauch machen und somit ohnehin der Angestelltenversicherung diese Belastung - dann aber unter wesentlich ungünstigeren Umständen - bringen würde. Somit glaube auch ich, daß wir die vorgesehene Regelung nur begrüßen können.

Der *Vorsitzende* bemerkt zu den vom Vorredner erwähnten Ermittlungen über die Werkpensionskassen, daß die Denkschrift hierüber vom Sozialamt der DAF ausgearbeitet sei und in den nächsten Tagen erscheinen werde.

Hoffmeister: Ich habe keinen Zweifel, daß die Altersversorgung des deutschen Volkes nur über die Sozialversicherung erreicht werden kann. Daher muß man den Weg, wie er hier vorgeschlagen ist, begrüßen, damit wenigstens zunächst einmal der Handwerkerstand in die Sozialversicherung hineingebracht wird.

Bedenken gegen den Entwurf habe ich lediglich hinsichtlich der Zulassung der Halbversicherung. Einmal habe ich Bedenken dagegen, daß die Halbversicherung, wie sie hier vorgesehen ist, ständig gewechselt werden kann, und zum anderen fürchte ich, daß dieser Weg nunmehr allgemein in die Versicherung Eingang finden wird. Wenn man sie nur auf die Handwerker beschränken würde, dann würde sich sofort der Einwand erheben, warum hier einem einzelnen Stande etwas Besonderes gewährt werden solle. Ich halte diesen Gedanken nicht für erfreulich. Man kann nicht eine neue Gruppe in die Angestelltenversicherung hineinnehmen und nur für diese eine Gruppe ein Sonderrecht schaffen. Die Entwicklung müßte dahin gehen, dieses Recht, wie es jetzt für den Handwerkerstand geschaffen werden soll, allgemein zuzugestehen, und das würde zur Folge haben, daß wir jedem einzelnen Versicherten den Entschluß darüber zuschieben, ob er die jetzige Rentenversicherung in eine halbe Kapitalversicherung und eine halbe Rentenversicherung aufteilen will. Ich habe starken Zweifel, ob man dies den breiten Versicherungskreisen zumuten sollte. Es könnte leicht sein, daß viele Versicherte zunächst einmal glauben, auf diesem Wege vorläufig von einem Teil ihrer Beiträge befreit zu werden und sich dafür noch eine Kapitalsicherung zu schaffen, daß sie dann aber die Kapitalversicherung nicht weiter durchhalten können und dann den großen Nachteil haben, erst wieder 60 Monate warten zu müssen. Die Renten sind an sich nicht hoch, und wenn Sie nun annehmen, daß die Rente nach Wahl des Versicherten unter Umständen auf 20 oder 25 RM heruntersinkt, dann ist das ein Betrag, mit dem der Betreffende später im Alter keinesfalls auskommen kann. Schon heute sind die Renten eigentlich nicht genügend. Ich möchte das im wesentlichen daraus schließen, daß man für alle Betriebe des Reichs die Zusatzversorgungsanstalt hat, daß man die Weiterversicherung gestattet hat, daß man die Reichsbetriebe allgemein verpflichtet, sogar von Amts wegen diese Zusatzversorgung durchzuführen, und daß sämtliche Reichsangestellten immer wieder auf das Mißverhältnis zwischen ihren Renten und den Beamtenpensionen verweisen. Wenn man allen Angestellten das Recht geben würde, durch den Abschluß einer Privatversicherung auf das Gebiet der Kapitalversicherung überzugehen, dann befürchte ich, daß man damit den Versicherten keinen Dienst leisten würde. Daher habe ich großen Zweifel, ob man es in dieser Hinsicht bei der vorliegenden Fassung des Entwurfs belassen soll oder ob man sich nicht besser für den Weg entschließen sollte, den man 1913 bei der Angestelltenversicherung gegangen ist, nämlich den Handwerksmeistern für eine gewisse Übergangszeit beim Eintritt ausnahmsweise dieses Recht zu geben, im übrigen aber einen Wechsel nicht mehr zu gestatten.

Kühne: Ich bin im allgemeinen durchaus der Auffassung von Herrn Schäfer. In der Frage der Lebensversicherung teile ich allerdings das Bedenken von Herrn Hoffmeister. Auf der einen Seite muß man davon ausgehen, daß die reichsgesetzliche Versicherung nicht in der Lage ist, Kapitalversicherung zu betreiben, sondern daß das unter allen Umständen eine Angelegenheit der privaten Lebensversicherung in ihren verschiedenen Formen ist. Auf der anderen Seite muß man aber auch bedenken, daß die Renten, die die reichsgesetzliche Sozialversicherung, insbesondere die Angestelltenversicherung gewähren kann, auf alle Fälle so niedrig sind, daß sie eine ausreichende Altersversorgung ohne weiteres und ohne Zusätze kaum gewährleisten. Wir sehen sehr deutlich die Notwendigkeit von zusätzlichen Beträgen, die in anderen Formen dazugeschossen werden. So wird auch gerade der Berufsstand der Handwerker ganz von selbst darauf kommen, auf alle Fälle eine Lebensversicherung einzugehen, um im Alter etwas Kapital zu haben und die Zinsen dieses kleinen Kapitals zu der Angestelltenversicherungsrente hinzunehmen. Wenn wir ihnen nun diese Möglichkeit geben, die Kapitalversicherung einzugehen und in der Angestelltenversicherung Halbversicherter zu werden, dann werden die Handwerksmeister dieser Lockung, die verführerisch genug ist, zu falschen Kalkulationen zu veranlassen, unterliegen, und sie werden dann eine sehr niedrige Rente und daneben eine Lebensversicherung haben, die letzten Endes doch nicht so hoch sein kann, um ihnen das zu gewähren, was sie für eine wirkliche Altersversorgung haben müssen. Unter diesen Umständen ist es schon besser, sie ganz in die Versicherung hineinzunehmen, mit der angedeuteten Übergangsvorschrift, und es ihnen zu überlassen, daneben im Rahmen ihrer privatwirtschaftlichen Kraft noch eine Lebensversicherung einzugehen.

Sauerborn: Die Bedenken, die die Herren aufgeworfen haben, sehe ich nicht für so schwerwiegend an. Bei den einzelnen Gruppen der in Zukunft in der Angestelltenversicherung Versicherten ist das Bedürfnis nach dem, was sie im Alter haben wollen, sehr verschieden. Das Bedürfnis eines Angestellten, der der Überzeugung ist, daß er sein Leben lang Angestellter bleibt, geht auf eine Rente; er wird keine Kapitalversicherung eingehen, schon deswegen nicht, weil er zur Lebensversicherung nicht wie zur Angestelltenversicherung den Arbeitgeberanteil bekommt. Die Wünsche nach einer Kapitalversicherung kommen aus ganz bestimmten Berufsgruppen, und zwar aus Berufsgruppen, die relativ früh für ihren eigentlichen Beruf unbrauchbar werden, die sich dann nach einem Ersatz umsehen müssen und nun vor der Schwierigkeit stehen, daß ihnen das Kapital zur Gründung einer neuen Existenz fehlt. Hier liegt ein berechtigtes Kapitalbedürfnis vor, das mit einer Rente nicht befriedigt würde. Beim Handwerker liegen aber die Dinge in einer gewissen Form wieder wesentlich anders. In sehr vielen Fällen ist mit dem eigentlichen Handwerksbetrieb ein Ladenbetrieb verbunden, in dem sich ein gewisses Vermögen ansammelt, so daß der Handwerker damit ein gewisses Kapital zur Verfügung hat. Die Leute haben auch, da sie bisher nicht gewohnt waren, auf eine Rente im Alter zu hoffen, in ihrer Finanzpolitik schon eine gewisse Sicherung für die Zukunft vorgesehen. Der Handwerker auf dem Lande hat gewöhnlich sein Häuschen mit Garten und etwas Vieh. Die Verhältnisse liegen also anders als beim reinen Angestellten oder Arbeiter.

Ich würde es nicht bedauern, wenn dieser Weg einmal versucht würde. Sollte er sich nicht bewähren, dann bliebe ja immer noch die Möglichkeit, das Gesetz zu ändern.

Der *Vorsitzende* stellt fest, daß der Ausschuß im allgemeinen dem Standpunkt des Berichterstatters zustimme und daß lediglich in der Frage der Halbversicherung die Meinungen noch geteilt seien.

Schäfer bemerkt, die von Herrn Hoffmeister und Herrn Kühne vorgebrachten Bedenken seien gewiß beachtlich, und er persönlich würde es begrüßen, wenn man auf die Kapitalversicherung keine Rücksicht zu nehmen brauchte. Die Lage sei aber so, daß man, wenn man die Versicherung der Handwerker unter Dach bringen wolle, diesen Punkt in Kauf nehmen müsse. Sollte sich in Zukunft erweisen, daß durch die Möglichkeit der Halbversicherung die Renten zu klein würden, dann müsse der Gesetzgeber eingreifen und die Befreiungsmöglichkeit streichen. Das Wichtigste sei, das Gesetz erst einmal durchzubringen.

Kühne schließt sich dem Standpunkt an, daß der Ausschuß den ruhigen Fortgang der Angelegenheit nicht irgendwie gefährden solle. Lediglich in diesem Kreise des Akademieausschusses habe er sich für verpflichtet gehalten, den Bedenken von Herrn Hoffmeister beizutreten.

Der *Vorsitzende* teilt mit, daß binnen kurzem die erste Sitzung des Ausschusses über die Frage einer Altersversorgung des deutschen Volkes stattfinden solle. Der Ausschuß müsse Wert darauf legen, von sich aus dem Arbeitsministerium Vorschläge zu einer Lösung dieser wichtigen Frage zu machen.

Es wird in Aussicht genommen, die nächste Tagung des Ausschusses am 31. März und 1. April ds. Js. in Dresden durchzuführen.

(Schluß der Sitzung: 17 Uhr 10 Minuten.)

XVIII. 1. Protokoll der Sitzung vom 21.11.1940 (Sozialrechtliche Stellung der Handelsvertreter. Ausdehnung der Unfallversicherung. - Gewährung von Steigerungsbeträgen für Zeiten eines besonderen Einsatzes in der Wehrmacht)

(Beginn der Sitzung: 9 Uhr 10 Minuten.)

Der Vorsitzende, Direktor Alfred *Anders*, Berlin, eröffnet die Tagung, begrüßt die Teilnehmer und dankt für ihr Erscheinen.

Besonders begrüßt er Pg. *Grassl*, MdR und Direktor *von Jander*, Dessau, ferner den Vertreter des Amtes für Versicherungswesen des Reichsschatzmeisters Pg. *Trauner* als Gäste der Tagung.

Nach Bekanntgabe einiger Mitteilungen des Präsidiums der Akademie und einiger persönlicher Fragen steigt Punkt 1 der Tagesordnung: *Die sozialrechtliche Stellung der Handelsvertreter.* Referent Professor Dr. *Dersch*, Korreferent Vizepräsident *Schäfer*.

Professor Dr. *Dersch*, Berlin, erstattet ein Referat. Das Referat liegt vor.

Vizepräsident *Schäfer*, Berlin, erstattet das Korreferat. Das Korreferat liegt vor.

Richter führt aus, er stimme mit den Referaten überein und freue sich, daß diese Auffassung Boden gewonnen habe. In seinen Ausführungen beziehe er sich auf das Gutachten von Professor Dersch über die sozialrechtliche Stellung der Handelsvertreter.

Die Ausführungen auf Seite 6 letzter Abschnitt über die Handelsvertreter träfen durchaus zu. Es sei richtig, daß dort die Einfirmenvertreter eine besondere Behandlung erführen, die ausgeprägt arbeitsrechtlicher Art sei. Dabei dürfe aber nicht übersehen werden, daß auch die vollfreien Handelsvertreter in diesem Entwurf der Akademie unter einer Art von Arbeitsrecht träten. Das entspreche der allgemeinen Entwicklung. Man solle aber die Einbeziehung der großen Handelsvertreter in die Sozialversicherung damit begründen, daß sie auch in ihrer privatrechtlichen Stellung zu der von ihnen vertretenen Firma in einem Rechtsverhältnis lebten, das zum mindesten stark arbeitsrechtlich gefärbt sei. Es würde für das Gutachten förderlich sein, wenn man das noch zum Ausdruck bringen könnte.

Zu den Einzelvorschlägen wäre die Frage aufzuwerfen, ob man nicht bei der Krankenversicherung, in die diese Handelsvertreter einbezogen werden sollen, nämlich in § 165 a, die Einkommensgrenze etwas höher ansetzen müßte, denn es handle sich nicht um das Arbeitseinkommen, sondern um das regelmäßige Jahreseinkommen. Wenn schon nach § 165 a diese Grenze etwas niedrig zu liegen scheine, so dürfe das bei den Handelsvertretern um so mehr der Fall sein, als man sich bei diesen Leuten immer etwas hart tue mit der Auseinanderrechnung von echtem Einkommen und Geschäftsspesen.

Der *Vorsitzende* entgegnet, der Ausschuß habe bereits in seiner letzten Sitzung dem Arbeitsministerium gegenüber darauf hingewiesen, daß die heute bestehende Grenze der heutigen Zeit nicht mehr entspreche, daß aber nach den Ausführungen von Ministerialrat Sauerborn während der Kriegszeit gar nicht daran zu denken sei, daß diese Grenze erhöht werde. Die Bestrebungen, diese Grenze zu erhöhen, gingen auch von anderer Seite, insbesondere von der Ostmark aus. Er glaube aber, daß der Ausschuß mit einem solchen Wunsche im Augenblick keinen Erfolg haben werde.

Richter meint, man solle nicht den Weg gehen, die Grenze überhaupt zu erhöhen, sondern die neu einzusetzenden Handelsvertreter sollten gleich erhöht werden. Wenn dieser Vorschlag aber als eine taktische Belastung erscheine, sei er nicht so wichtig.

Bei der Unfallversicherung sei ihm eine Sache nicht klar. (*Dersch* wirft ein, dort sei ein Schreibfehler vorhanden; die Klammer müßte vorher gemacht werden.) Das Zitat des § 1 sei nicht richtig. In Betracht kommen §§ 545 a und b. Es müßte aber § 545 b sein. Dann habe es aber keinen Sinn, wenn in diesem neuen Paragraphen die Rede von § 545, 1 sei. Es müsse wohl heißen: Im Sinne des § 544. Vielleicht könne man alles, was man über die Handelsvertreter sagen wolle, richtig in § 544 bringen. Das müßte dann ein neuer Absatz 3 werden, während der bisherige Absatz 3 Absatz 4 werden müßte. Ferner dürfte es wohl nicht heißen: „Als versichert gelten", sondern „Versichert sind auch Handelsvertreter für Unfälle im Zusammenhange mit ihrer Tätigkeit".

Nachdem Anfang September 1939 die Regelung über die Arbeitslosenhilfe ergangen sei, könne man in einem Akademieausschuß nicht sagen „Arbeitslosenversicherung", sondern man müsse sagen „Beiträge zum Reichsstock für Arbeitseinsatz". Eine Arbeitslosenversicherung gebe es nicht mehr. Es komme hinzu, daß das Geld auch bisherige Handelsvertreter erhielten, wenn sie niemand mehr vertreten könnten und dem Arbeitseinsatz zur Verfügung stünden. Zu dieser Finanzierung sollten sie mit herangezogen werden. Dieser einfache Sachverhalt werde nur verschleiert, wenn man hier wieder die Vorstellung von der Arbeitslosenversicherung hineinbringe.

Kilian führt aus, der Vorredner habe durchaus Recht, obwohl noch manches Mal von Arbeitslosenversicherung gesprochen werde. Nach wie vor bestehe das Gesetz über Arbeitsvermittlung und Arbeitslosenversicherung. Am vernünftigsten sei es, wenn man schriebe: „Beitragspflicht zum Reichsstock für Arbeitseinsatz".

Vorsitzender: Die Herren, die an den Vorberatungen der Kommission teilgenommen haben, stimmen im allgemeinen diesem Gutachten zu. Ich darf nun solche Herren bitten, das Wort zu ergreifen, die an der Kommissionssitzung nicht teilgenommen haben.

Wischer führt aus, das Entscheidende sei die Frage, ob die Handelsvertreter auch beitragspflichtig gemacht werden sollen. Diese Frage sei bisher noch nicht entschieden. Es spreche natürlich sehr viel dafür, hier durch Einfügung des § 69 a die Versicherungspflicht festzulegen. Nun könne man jedoch nicht daran vorbeikommen, daß nach der Änderung des AVAVG jeder, der als Arbeiter oder Angestellter gelte, versicherungspflichtig sei. Die frühere Formulierung sei allgemeiner gewesen. Nach dieser Änderung jedoch wisse er nicht, ob man die Handelsvertreter ganz allgemein in diese Versicherungspflicht einbeziehen solle. Mache man es nicht, dann müsse man in jedem einzelnen Falle prüfen, ob der Betreffende als Angestellter anzusehen sei. Dann komme man wieder auf das zurück, was der Unterausschuß festgelegt habe.

Die Frage der Unfallversicherung sei zweckmäßigerweise bis zur Beendigung des zweiten Referats von Dr. Kilian zurückzustellen. Es sei möglich, daß im Zusammenhange mit dem sechsten Gesetz zur Unfallversicherung schon unabhängig von dem Gutachten des Ausschusses die Unterstellung unter die Unfallversicherung in Frage kommen könne, so daß dieser Abschnitt des Gutachtens noch geändert werden müsse.

In der Begründung zu Abschnitt 3 scheine ihm noch ein Gesichtspunkt erwähnenswert zu sein. Die Handelsvertreter seien früher sämtlich angestelltenversicherungspflichtig gewesen. Sie hätten einmal als Handlungslehrlinge angefangen, seien sicherlich einige Zeit als Handlungsgehilfen tätig gewesen, bevor sie die Tätigkeit eines Handelsvertreters übernommen hätten. Daher würden sich die meisten von ihnen schon heute freiwillig weiterversichern lassen, um ihre Anrechte zu behalten. Mit dieser Tatsache könne man die sozialpolitische Notwendigkeit der Einbeziehung in die Versicherungspflicht begründen.

Der *Vorsitzende* steht auf dem Standpunkt, daß wegen der Unfallversicherung zunächst einmal das Referat von Dr. Kilian anzuhören sei. Trotzdem bitte er, alle in Betracht kommenden Fragen schon jetzt zu stellen.

Mit der Frage der Versicherung der Handelsvertreter habe sich bereits der Ausschuß für Arbeitsrecht befaßt. Dieser sei aber zu der Ansicht gekommen, daß er nicht zuständig sei. Dort hätten sich Vertreter des Wirtschaftsverbandes eingeschaltet, die auch versucht hätten, sich in den Ausschuß für Sozialversicherung einzudrängen, nachdem dieser sich mit der Frage beschäftigt habe. Redner habe den Standpunkt dieser Vertreter grundsätzlich abgelehnt. Die einzige Stelle, mit der der Ausschuß der Akademie für Deutsches Recht verhandeln könne und dürfe, sei das Amt der Handelsvertreter in der Deutschen Arbeitsfront. Entsprechend habe Redner den Herren geschrieben. Aus dieser Tatsache sei aber zu ersehen, daß die Handelsvertreter dringend die Aufnahme in die Sozialversicherung wünschten.

Richter weist darauf hin, daß nicht der Ausschuß für Arbeitsrecht, sondern ein besonderer Unterausschuß des Ausschusses für Handelsrecht die vorliegende Frage einmal in Angriff genommen habe.

Vorsitzender: Dann darf ich diesen Punkt der Tagesordnung vorläufig schließen und Herrn Oberregierungsrat Dr. *Kilian* bitten, uns sein *Referat über die Ausdehnung der Unfallversicherung* zu erstatten.

Kilian: Ich will Sie heute in großen Zügen über den Inhalt eines Referentenentwurfes des Reichsarbeitsministers zu einem sechsten Gesetz über die Änderungen in der Unfallversicherung unterrichten. Ich möchte bitten, heute noch nicht so sehr in alle Einzelheiten hineinzugehen, da die Formulierung der einzelnen Paragraphen außerordentlich schwierig ist. Über dem ganzen Gesetz schweben schon seit einiger Zeit Verhandlungen mit den beteiligten Ressorts; auch sind die in erster Linie interessierten Stellen wie das Reichsversicherungsamt, die Reichsverbände der Berufsgenossenschaften usw. zur Stellungnahme aufgefordert worden. Daher werden von diesen Stellen noch eine Reihe von Änderungswünschen uns vorgelegt werden, und es dürfte dann die Aufgabe der Akademie sein, in einem späteren Zeitpunkt noch einmal zu allen einzelnen Punkten Stellung zu nehmen. Heute möchte ich Sie nur einmal über die große Linie orientieren, von der sich das sechste Abänderungsgesetz leiten läßt.

Wie im Eingang der Begründung des Reichsarbeitsministers ausgeführt ist, ist das Ziel des Gesetzes die Ausdehnung des Schutzes der Unfallversicherung auf alle Gefolgschaftsmitglieder und eine Vereinfachung und Verbesserung der Rentenberechnung, insbesondere eine Beseitigung von Härten, die sich aus der unverschuldeten Arbeitslosigkeit in den früheren Jahren ergeben haben.

Zunächst einmal darf ich vielleicht einen ganz kurzen Überblick geben. Die deutsche Unfallversicherung basierte zunächst darauf, daß die Haftpflicht des Unternehmers durch die reichsgesetzliche Unfallversicherung abgelöst werden sollte. Im Laufe der Industrialisierung Deutschlands hatte es sich gezeigt, daß die einzelnen Unternehmer gar nicht mehr in der Lage waren, von sich aus Unfälle, die sich in ihrem Betriebe ereignet haben, ordnungsgemäß zu entschädigen. In dem Augenblick, in dem ein Masseneinsatz von Arbeitern stattfand und sich damit auch die Zahl der Unfälle wesentlich steigerte, war es notwendig, die Haftpflicht des einzelnen Unternehmers zum mindesten auf die Schultern der Branchegenossen abzuwälzen. Das war ja damals auch der Sinn der Berufsgenossenschaften, daß sich die Unternehmer gleichartiger Betriebe in den Berufsgenossenschaften zusammenschlossen, um gemeinsam die in den einzelnen Betrieben erlittenen Unfälle zu entschädigen. Die ursprüngliche Fassung des alten Unfallversicherungsgesetzes erstreckte die Unfallversicherungspflicht und den Unfallversicherungsschutz im wesentlichen nur auf typisch gefährliche Betriebe, Betriebe also, von denen ohne weiteres anzunehmen war, daß durch die Art des Betriebes, durch die in ihm verwendeten Maschinen usw., von vornherein eine viel größere Unfallgefahr bestand als in anderen Betrieben, bei denen der einzelne Mann nur gelegentlich einmal einen Unfall hatte.

Im Laufe der Entwicklung versuchte man, die Unfallversicherungspflicht immer weiter auszudehnen. Das ist auch noch durch das fünfte Gesetz über die Änderung in der Unfallversicherung vom 15. Februar 1939 geschehen und zu einem gewissen Abschluß gebracht worden.

Diese Rechtslage, wie sie heute besteht und insbesondere in dem derzeitigen § 537 RVO niedergelegt ist, ist absolut unzureichend. Denn schon seit Jahren konnte man es eigentlich nicht mehr einsehen, warum ein Volksgenosse nur dann versichert war, wenn er einem versicherten Betriebe angehörte, während eine Anzahl anderer Volksgenossen, die zwar nicht in demselben Maß dem Unfall ausgesetzt waren, aber immerhin doch auch verunglücken konnten, dieses Schutzes nicht teilhaftig waren. Ich denke dabei insbesondere an die Hausgehilfin. Wir sind uns darüber klar, daß die Hausgehilfin im Haushalt an und für sich keinen großen Unfallsgefahren ausgesetzt ist, daß es aber doch ab und zu einmal vorkommt, daß eine Hausgehilfin von der Leiter fällt, sich in den Finger schneidet oder sonstwie beschädigt wird. Es war seit Jahren nicht mehr einzusehen, daß dort der Unfallversicherungsschutz nicht einsetzte. Das österreichische Recht, besonders das neueste österreichische Recht ist viel weiter gegangen und hat jeden in einem Arbeits- und Angestelltenverhältnis stehenden Menschen der Unfallversicherung unterstellt. Entsprechend einem Wunsche des Führers, das bessere österreichische Recht aufrechtzuerhalten, ist es auch für das Gebiet der Ostmark bei diesem weitergehenden Recht verblieben.

Auch bei der Einführung des deutschen Rechts in die übrigen eingegliederten Gebiete hat es sich immer wieder gezeigt, daß das fremde Recht in dem einen oder anderen Punkte über den Rahmen des Reichsrechts hinausging. In all diesen Gebieten ist in den Einführungsverordnungen vorgesehen, daß der weitergehende Schutz der Unfallversicherung bestehen bleibt. Nunmehr ist es an der Zeit, jedenfalls auf dem Gebiete der Unfallversicherung endlich einmal für das gesamte Gebiet des Altreichs eine einheitliche Regelung zu schaffen.

Geht man davon aus, dann muß das ganze System der Unfallversicherung völlig umgestaltet werden. Hatten wir bisher nämlich nur die Betriebsversicherung, war der Schutz des einzelnen Volksgenossen davon abhängig, ob er in einem versicherten Betriebe arbeitete oder nicht, so muß jetzt ganz klipp und klar ausgesprochen werden, daß jeder unselbständig Arbeitende des Schutzes der Unfallversicherung teilhaftig ist. Dieser Grundsatz findet sich nunmehr in der neuen *Nr. 1 des § 537 RVO.* Es heißt da klipp und klar: „Gegen Berufsunfall sind versichert alle Angestellten, Arbeiter, Gehilfen, Gesellen und Lehrlinge." Wir haben auch das Wort „Berufsunfall" hineingebracht, weil wir der Auffassung sind, daß für den Begriff des Betriebsunfalls nunmehr kein Raum besteht.

Wenn ich Ihnen nun sage, daß dieser neue § 537 gleichwohl 10 Nummern hat, dann werden Sie sehr erstaunt sein und mich fragen, ob es denn notwendig ist, wenn alle unselbständig Schaffenden der Unfallversicherung unterstehen, 10 Nummern zu gebrauchen, und ob es nicht möglich sei, alle Leute, die der Unfallversicherung unterstehen, in ganz wenigen Nummern unterzubringen, wie es in dem alten österreichischen Gewerbeunfallversicherungsgesetz der Fall war. Mit einer Nummer werden wir auch künftig leider nicht auskommen können. Das österreichische Recht war bisher nicht in allen Punkten weiter als das deutsche, sondern die Betriebsklassen schnitten sich. In gewissen Punkten ging das österreichische Recht weiter, während in anderen Punkten wieder das deutsche Recht viel weiter gezogen war. Während nach österreichischem Recht in erster Linie nur die Leute versichert waren, die sich als Arbeiter, Angestellte usw. in einer unselbständigen Stellung befunden haben, war das deutsche Recht insofern fortschrittlicher, daß der Unfallversicherung schon jetzt gewisse Menschen bei Tätigkeiten unterstanden, die nicht der Hauptberuf dieser Leute waren, sondern bei denen es sich um einen Nebenberuf oder um eine ehrenamtliche Tätigkeit handelte. In Nr. 2 dieses Paragraphen ist deswegen gesagt, daß auch solche Leute gegen Berufsunfall versichert sind, die in der Wohlfahrtspflege oder im Gesundheitsdienst tätig sind. Hier ist z.B. an die ehrenamtlichen Helfer gedacht, die z.B. bei der NSV tätig sind. Diese weitergehenden Rechte müssen selbstverständlich künftig aufrechterhalten bleiben.

Die *Nr. 3* erwähnt in erster Linie die technische Nothilfe, die Feuerwehren, dann Betriebe zur Luftschutzausbildung usw., also auch ganz bestimmte Tätigkeiten, die bisher schon der Unfallversicherung unterlagen.

Die *Nr. 4* erwähnt Personen, die bei den vom Reichsminister der Luftfahrt anerkannten Luftschutzübungen durch eine Aufforderung der hierfür zuständigen Stellen zu einer besonderen Tätigkeit herangezogen werden. Auch das entspricht dem geltenden Recht.

Die *Nr. 5* erwähnt die besonderen Lebensretter als Menschen, welche unter Gefahr für Leben oder Gesundheit einen anderen aus einer Gefahr retten, ferner andere, die bei der Verfolgung eines Verbrechers Hilfe leisten usw.

Die *Nr. 6* erwähnt Personen, die zur Schaustellung oder Vorführung artistischer Leistungen vertraglich verpflichtet sind. Auch diese Vorschrift mußte weiterhin aufgenommen werden, da es sich hier bei den Artisten nicht um unselbständige Arbeiter und Angestellte usw. handelt, sondern um Leute, die in einer gewissen selbständigen Stellung stehen und sich nur vertraglich zu einer Leistung verpflichten.

Und nun kommen die Menschen, die außer den unselbständigen Arbeitern selbständig tätig sind. Diesen Punkt habe ich bisher zurückgestellt.

Nach bisherigem Recht waren im allgemeinen die Unternehmer irgendwelcher gewerblichen und landwirtschaftlichen Tätigkeiten nicht ohne weiteres gegen Unfall versichert, sondern bei der größten Zahl von ihnen bestand die Möglichkeit, sich freiwillig zu versichern. Jedenfalls unterstehen und unterstanden sie nicht insgesamt dem Unfallversicherungsschutz. Bereits das fünfte Änderungsgesetz hat die landwirtschaftlichen und gewerblichen Unternehmer und die mit ihnen in häuslicher Gemeinschaft lebenden Ehegatten der Unfallversicherung unterstellt. Das neueste Gesetz über die Ausdehnung der Invalidenversicherung auf die Küstenschiffer und Küstenfischer hat auch diese Leute der Versicherung unterstellt. Bei ihnen handelt es sich ebenfalls um eine Zahl von kleineren Unternehmern, von denen man ohne weiteres angenommen hat, daß sie schutzwürdig sind und daß es zweckmäßig ist, sie schon von Gesetzes wegen der Unfallversicherung zu unterstellen.

Wenn ich dann schließlich noch davon absehe, daß entsprechend dem bisherigen Recht auch die Leute versichert sind, die, ohne Arbeiter, Gehilfen, Gesellen usw. zu sein, zu einer beruflichen Ausbildung in Lehrwerkstätten usw. beschäftigt werden, dann bleibt mir nur noch übrig, in § 537 besonders die *Nr. 9* zu erwähnen, nach der Personen ebenfalls der Versicherung unterliegen, die vorübergehend eine einem Unternehmen dienende Tätigkeit ausüben. Die Versicherung dieser Menschen war bereits unter dem alten Recht vorgesehen; allerdings ergab sich die Versicherung dieser Personen nicht aus dem Gesetz unmittelbar, sondern hat sich im Laufe der Jahre aus der Rechtsprechung entwickelt. Die Rechtsprechung war nämlich der Auffassung, daß es nicht notwendig ist, daß der Betreffende in einem Betrieb eine Tätigkeit ausübt, für die er bezahlt wird, und auch ist es nicht nötig, daß er diese Tätigkeit dauernd ausübt, sondern es genügt vielmehr, daß jemand, wenn auch nur ein paar Minuten, für einen Betrieb Hilfe leistet und damit vorübergehend in einen Betrieb eingetreten ist. Ich erinnere dabei an das Schulbeispiel, daß einer von uns ein durchgehendes Gespann einer Brauerei aufhält und dabei verunglückt. Die Rechtsprechung hätte dann auch die Tätigkeit dieses Helfenden als der Unfallversicherung unterliegend angesehen, und zwar über den Umweg, daß die Rechtsprechung angenommen hätte, daß dieser Betreffende vorübergehend in den Betrieb der Brauerei eingetreten war. Auch das ist ein Gesichtspunkt, der über das österreichische Recht hinausgeht. Er mußte deswegen in § 537 noch einmal besonders betont werden.

Ich will auf die Formulierung nicht näher eingehen und nur erwähnen, daß der ganze Entwurf teilweise noch einer besonderen Überarbeitung bedarf, da er sich bisher immer noch sehr stark an die Betriebsversicherung anlehnt, aber doch schon die Personenversicherung herauskehrt. Die einzelnen Punkte müßten selbstverständlich noch im einzelnen sehr fein herausgefeilt werden. Grundsätzlich möchte ich nur hervorheben, daß in dem neuen § 537 dieses Referentenentwurfs die Bestimmung als Grundsatz enthalten ist, daß alle Personen, die nur irgendwie versicherungswürdig sind, auch dem Schutze der Unfallversicherung unterstehen, wobei es auf die Art der Tätigkeit in keiner Weise mehr ankommt.

Die nächsten Vorschriften kann ich hier verhältnismäßig kurz behandeln. Sie waren schon früher in der Reichsversicherungsordnung enthalten und sind nur vereinfacht worden. Es handelt sich im wesentlichen um die Frage, unter welchen Voraussetzungen die Versicherungspflicht durch Gesetzgebung ausgedehnt werden kann, und zwar gerade für diejenigen Personen, die bisher noch nicht von Gesetzes wegen der Unfallversicherung unterworfen sind, also in erster Linie für die große Zahl der Unternehmer. Denn so weit wird man nicht kommen, daß man auch sämtliche Unternehmer zwangsweise der Versicherung unterwirft, sondern man wird auch da die Möglichkeit schaffen, daß sich der Unternehmer unter gewissen Voraussetzungen versichern kann, daß es aber auf die Versicherung des Unternehmers grundsätzlich nicht ankommt. Diese Vorschriften sind in einem ganz neuen Teil des Dritten Buches der Reichsversicherungsordnung enthalten, der die Überschrift „Kreis der versicherten Personen“ trägt. Gleichwohl ist es zur Zeit nicht möglich, sämtliche Personen, die ich Ihnen genannt habe, einheitlich zu behandeln. Bisher haben wir bekanntlich drei besondere Arten von Unfallversicherungen, und zwar die allgemeine Unfallversicherung, was bisher die Gewerbeunfallversicherung war, ferner die landwirtschaftliche Unfallversicherung und drittens diese besondere auf den besonderen Berufsstand der seefahrenden Menschen abgestellte Seeunfallversicherung. Ich hatte als Referent für Unfallversicherung im Arbeitsministerium oft den Gedanken, ob es nicht möglich sei, die ganzen Arten der Unfallversicherung zu vereinigen. Denn an und für sich will es mir nicht vernünftig erscheinen, warum diese Menschen je nach ihren Tätigkeiten einer besonderen Unfallversicherung unterstehen. Ich hätte mir denken können, daß die allgemeinen Unfallversicherungsvorschriften künftig für alle Zweige der Unfallversicherung gelten. Leider läßt sich das im Augenblick nicht verwirklichen, weil die Rentenberechnungen in der Landwirtschaft noch ganz anders sind als im Gewerbe. Leider sind die Renten, die im Augenblick in der Landwirtschaft gezahlt werden, absolut unzureichend, während die gewerbliche Unfallversicherung doch von Renten ausgeht, die sich sehen lassen können.

Nun werden Sie fragen, warum man denn unter diesen Umständen die landwirtschaftliche Unfallversicherung nicht ändert. An ihr sind in erster Linie der Reichsernährungsminister, der Reichsbauernführer und der Reichsnährstand interessiert. Ich habe das Empfinden, daß gerade von diesen Stellen die Notlage der Rentner in der Landwirtschaft absolut anerkannt wird. Da aber bekanntlich Leistungen nicht gewährt werden können, ohne daß die entsprechenden Mittel von den Interessenten selber aufgebracht werden, erklären die berufenen Vertreter der Landwirtschaft, es sei absolut undenkbar, die Beiträge zur landwirtschaftlichen Unfallversicherung auch nur um einen Pfennig zu erhöhen. Ich habe mehrfach in Kreisen der landwirtschaftlichen Berufsgenossenschaften und des Reichsnährstandes die Frage erörtert, ob es denn nicht möglich sei, den notleidenden landwirtschaftlichen Berufsgenossenschaften - ich dachte da insbesondere an jene landwirtschaftlichen Gebiete, die wegen des Krieges evakuiert waren - mit Mitteln des Reichsnährstandes usw. beizuspringen. Da haben mir diese Vertreter erklärt, daß sie dazu durchaus nicht in der Lage seien und daß auch das Reich nicht in der Lage sei, hier Wandel zu schaffen. Daher muß ich mich leider jedenfalls im derzeitigen Moment auf den Boden der Tatsachen stellen und feststellen, daß es nicht möglich ist, die Renten in der Landwirtschaft irgendwie zu erhöhen. Es muß also zunächst leider bei der besonderen Behandlung der landwirtschaftlichen Unfallversicherung bleiben. So ist es denn nicht möglich, die landwirtschaftliche Unfallversicherung auf den Stand der gewerblichen Unfallversicherung zu bringen. Deswegen ist in diesem Gesetzentwurf auch noch weiterhin der Unterschied zwischen der Gewerbeunfallversicherung, der landwirtschaftlichen Unfallversicherung und der Seeunfallversicherung gemacht worden.

In diesem Gesetzentwurf mußte nun auch weiterhin zum Ausdruck kommen, welche in § 537 genannten Personen diesen drei Versicherungszweigen unterliegen. Nach einer sehr interessanten

Rücksprache mit dem Amt für Rechtsberatungsstellen in der Deutschen Arbeitsfront bin ich zu dem Ergebnis gekommen, daß sich die Fassungen dieses Entwurfes im Hinblick auf die auftretenden Zweifel vermutlich nicht werden aufrechterhalten lassen.

Ich darf zunächst einmal kurz erörtern, wer der landwirtschaftlichen und wer der Seeunfallversicherung unterliegt. Der Seeunfallversicherung unterliegen sämtliche Personen, die eine der Seefahrt dienende Tätigkeit verrichten oder bei einer Anstalt tätig sind, die der Ausbildung für eine solche Tätigkeit dient. Der landwirtschaftlichen Unfallversicherung unterliegen diejenigen beschäftigten Personen, die in landwirtschaftlichen Betrieben beschäftigt sind, ferner Personen, die in Betrieben der Jagd und der Gärtnerei, der Park- und Gartenpflege und in Friedhofsbetrieben beschäftigt sind; ferner Menschen, die in Schulungseinrichtungen zur Ausbildung der eben genannten Personen beschäftigt sind, und schließlich diejenigen Leute, die auf Grund gesetzlicher Verpflichtungen oder im Auftrag oder mit ausdrücklicher Zustimmung der zuständigen Verwaltungsbehörden zur Sicherung oder Erhaltung oder Überwachung forst- oder landwirtschaftlicher Einrichtungen tätig sind. Es handelt sich hier im wesentlichen um Beauftragte des Reichsnährstandes, die selber keine Bauern, sondern Angestellte des Reichsnährstandes sind und z.B. für die Bekämpfung des Kartoffelkäfers eingesetzt werden. Diese Leute gelten als landwirtschaftliche Arbeiter und unterliegen genauso der landwirtschaftlichen Unfallversicherung wie jeder andere Arbeiter.

Außerordentlich schwierig aber ist die Feststellung, welche Personen der Gewerbeunfallversicherung unterliegen. Ich hatte ja schon eingangs erwähnt, daß bekanntlich nicht nur jene Personen der Unfallversicherung unterliegen, die als Arbeiter, Gehilfen, Gesellen, Lehrlinge in einem gewerblichen Betriebe tätig sind, sondern daß auch diejenigen Personen, die in den vielen Haushaltungen, in den Verwaltungsbüros tätig sind, dann die kaufmännischen Angestellten, ferner aber auch die Menschen, die ehrenamtlich für die NSV usw. tätig sind, der Unfallversicherung unterliegen. Deswegen wird nach meiner jetzigen Überzeugung nichts anderes übrig bleiben, als zu sagen, daß all jene Leute der gewerblichen Unfallversicherung unterliegen, die nicht zur Landwirtschaft und nicht zur Seefahrt gehören. Diese ganze Überschrift „Gewerbeunfallversicherung" ist meiner Überzeugung nach völlig veraltet und müßte verschwinden. Denn es ist Unsinn zu sagen, daß der Lebensretter der gewerblichen Unfallversicherung unterliegt. Es müßte also ein umfassenderer Begriff wie z.B. allgemeine Unfallversicherung gewählt werden. Ich wäre dankbar, wenn Sie auch zu diesem Gesichtspunkt Stellung nehmen wollten. Im einzelnen müssen die Vorschriften noch sehr aufeinander abgestimmt und fein ausgefeilt werden.

Alle weiteren Vorschriften, die sich an den § 542 anreihen, entsprechen im wesentlichen dem geltenden Recht. Eine besondere Änderung ergibt sich aus § 545 a RVO. Dieser Paragraph regelt die Unfälle, die sich auf dem Wege von und zur Arbeitsstelle ereignen. Nachdem durch das vierte Änderungsgesetz Schulungseinrichtungen und sonstige Unterrichtskurse der Unfallversicherung unterstellt worden sind, hatte man seinerzeit Bedenken, auch die Wege zu und von diesen Unterrichtseinrichtungen der Unfallversicherung zu unterstellen, weil man die Auswirkungen dieser Unterstellung befürchtete. Man hat geglaubt, es würden große Schwierigkeiten entstehen, da bei einem Unfall einfach behauptet werden würde, der Verunglückte habe sich auf dem Wege zu einem Abendkurs, zu einer Turnstunde oder zu irgendeiner Schulungseinrichtung befunden. Deswegen hat man damals solche Wege ausdrücklich ausgenommen. Im Laufe der Zeit hat sich jedoch herausgestellt, daß sich die Unterstellung dieser Schulungseinrichtungen sehr heilsam bemerkbar gemacht hat. Insbesondere ist es der Deutschen Arbeitsfront zu verdanken, daß die Praxis heute unter dem Begriff Schulungseinrichtung etwas völlig Markantes versteht, z.B. auch die Gliederungen und angeschlossenen Verbände der Partei haben bekanntlich Motorsportschulen usw. eingerichtet, in denen die jungen Leute besonders ausgebildet werden. Heute weiß so ziemlich jedes Kind, was unter einer solchen Schulungseinrichtung oder Lehrwerkstätte zu verstehen ist. Deshalb kann auch gar kein Zweifel darüber bestehen, daß der Weg, den der Betreffende zu und von dieser Schulungseinrichtung zurücklegt, dem Versicherungsschutz unterstellt werden muß. Besonders die Reichsjugendführung hat in mehreren Eingaben die Bitte vorgetragen, auch diesen Weg der Unfallversicherung zu unterstellen. Das ist dadurch geschehen, daß dieser § 545 Abs. 1 Satz 2 gestrichen worden ist.

Nunmehr darf ich auf den zweiten großen Gesichtspunkt des Referentenentwurfs eingehen, nämlich auf die Berechnung des Jahresarbeitsverdienstes. Wie Sie alle wissen, bemißt sich die Unfallrente nicht nach einer feststehenden Tabelle, sondern zunächst grundsätzlich nach dem Verdienst, den der Betreffende in dem Jahr vor dem Unfall gehabt hat. Wenn man nun aber diese Vorschrift liest, wird man leider mit Erstaunen feststellen müssen, daß als Jahresarbeitsverdienst doch nicht der Verdienst angenommen wird, den jemand im vorhergehenden Jahr gehabt hat. Denn die alte Reichsversicherungsordnung stellte grundsätzlich auf den Betrieb ab. War also z.B. jemand 11 Monate in dem Betrieb A tätig und im zwölften Monat im Betriebe B, und dann trat ein Unfall ein, so war guter Rat recht teuer; denn der Mann war ja in dem Betriebe B, auf den es grundsätzlich ankommt, gar kein Jahr beschäftigt. Also wußte man wieder nicht, wie hoch nun der Jahresarbeitsverdienst dieses Mannes ist. Da versuchte man nun, die Lücke dadurch zu füllen, daß man zunächst einmal von dem Verdienst ausging, den der Betreffende in dem zwölften Monat gehabt hat und dann ausrechnete, was ein gleichartiger Arbeiter in einem gleichartigen Betrieb in derselben Zeit zu verdienen pflegt. Diese Wege mußten schließlich zum Unsinn führen, da man nie genau wußte, was ein gleichartiger Betrieb ist. Hier hat nun der Entwurf klipp und klar gesagt, daß Jahresarbeitsverdienst eben der tatsächliche Jahresarbeitsverdienst ist, also das, was der Betreffende in dem Jahr vorher tatsächlich verdient hat, ganz gleichgültig, wo er es verdient hat. Dieser Betrag ist der Rente zugrunde zu legen. Trotzdem kann nun diese Bestimmung wieder zu gewissen schiefen Ergebnissen führen. Denn auch dabei muß man einen gewissen Mindestjahresarbeitsverdienst genauso feststellen wie auch einen Höchstjahresarbeitsverdienst. Es ist unbillig, wenn ein Generaldirektor, der 100 000 RM bekommt und verunglückt, nun eine Rente in Höhe dieses Jahresarbeitsverdienstes von 100 000 RM erhält; denn er ist auf die Unfallversicherung überhaupt nicht angewiesen. Deswegen ist in § 563 ein Höchstjahresarbeitsverdienst festgestellt, der grundsätzlich 7 200 RM beträgt, wobei aber dann der Satzung die Möglichkeit gegeben worden ist, auch noch über diesen Betrag hinauszugehen.

Viel mehr interessiert uns jedoch der Mindestjahresarbeitsverdienst. Das Allerwenigste, was jemand bekommen muß, ist das Dreihundertfache des Ortslohnes. Das ist an und für sich schon heute so. Denn es gibt Menschen, die in dem ganzen Jahre überhaupt nichts verdient haben, vielleicht arbeitslos waren und dann erst zwei oder drei Tage in einem Betriebe tätig gewesen sind. Diesen muß man zum mindesten das Allernotwendigste geben. Das ist eben das Dreihundertfache des Ortslohnes.

Nun hat das Ministerium aber geglaubt, hier noch ein zweites Korrektiv einbauen zu sollen. Das Dreihundertfache des Ortslohnes ist eigentlich etwas, was man nicht sehr laut sagen darf; es ist eine außerordentlich geringe Rente. Sie soll eigentlich nur dann in Frage kommen, wenn auch die jetzt noch von mir zu erwähnende Berechnung zu keinem besseren Ergebnis führt. Der Versicherte soll nämlich mindestens das Dreihundertfache des durchschnittlichen Verdienstes für den vollen Arbeitstag in dem Unternehmen, in dem er verunglückte, bekommen. Ich kann das nur an einem Beispiel erklären.

Wenn jemand ein ganzes Jahr vor dem Unfall in verschiedenen Unternehmen tätig war und ungefähr das gleiche verdient hat, dann wird die Berechnung sehr einfach: Er wird das bekommen, was er im Jahre vorher verdient hat. Es gibt aber auch Fälle, daß jemand in anderen Betrieben, in denen er keinen Unfall erlitten hat, sehr hoch bezahlt wurde, aber in dem Unternehmen, in dem sich der Unfall ereignet hat, sehr niedrig bezahlt wurde. Auch in diesen Fällen kommt der Mann ganz gut weg, wenn er das Ganze bekommt, was er im Jahre vorher verdient hat.

Wie ist aber folgender Fall zu beurteilen: Jemand hat 11 Monate im Jahre nur ganz kümmerlich gelebt. Nun bekommt er eine sehr gut bezahlte Stellung in einem Unternehmen, in dem er kurze Zeit später verunglückt. Dann wäre es doch meines Erachtens ungerecht, die Rente nach dem kolossal niedrigen Verdienst zu berechnen, den er in den 11 Monaten vorher in anderen Betrieben gehabt hat. Deswegen ist hier die Bestimmung getroffen, daß er mindestens das Dreihundertfache des Durchschnittsverdienstes für den vollen Arbeitstag in dem letzten Unternehmen, in dem er verunglückt ist, bekommt. Dieser Betrag wird in diesem Beispiel natürlich viel höher sein als das, was er praktisch im Jahre vorher verdient hat. Hier ist also der Reichsarbeitsminister so weit gegangen, wie man nur irgend gehen kann. Daß diese Bestimmung vermutlich sehr stark bekämpft werden wird, ist mir klar. Aber ich hoffe, daß wir Manns genug sind, diese Bestimmung zugunsten der Versicherten durchzudrücken.

Die weiteren Bestimmungen über den Jahresarbeitsverdienst werden Sie weniger interessieren. Es mußten natürlich auch noch besondere Vorschriften für den Fall getroffen werden, daß es sich bei der Tätigkeit, die der Versicherte ausgeübt hat, nicht um seinen Hauptberuf handelt. § 563 bezieht sich in erster Linie auf den Mann, der das ganze Jahr hindurch erwerbstätig ist. Aber es müssen auch für denjenigen Bestimmungen getroffen werden, der nur eine Hilfsleistung im Sinne des § 537 Nr. 5 ausübt, der nur vorübergehend tätig war, ohne Entgelt zu erhalten, der nur zu einem besonderen Einsatz herangezogen wurde und dergleichen mehr. In diesem Falle geht man so weit, daß man als Jahresarbeitsverdienst das Erwerbseinkommen zugrunde legt, das der Versicherte im Kalenderjahr vor dem Unfall gehabt hat. Das entspricht im wesentlichen jetzt schon dem § 563, mußte aber hier noch einmal zum Ausdruck gebracht werden im Interesse der kaufmännischen Angestellten, die in der NSV tätig sind, usw.

Sehr stark wird Sie aber wieder der neue § 566 interessieren. Obwohl wir nun bei der Berechnung des Jahresarbeitsverdienstes sehr weit gegangen sind, sind trotzdem Fälle denkbar, bei denen nach dieser Berechnung Renten herauskommen, die nach billigem Ermessen ungerechtfertigt sind. Ich denke da insbesondere an die Leute, die aus geistigen Berufen kommen und nunmehr eine körperliche Tätigkeit ausüben, z.B. an die Studenten, die in der Landwirtschaft eingesetzt werden. Ein Medizinstudent erleidet da z.B. einen Unfall, der gar nicht einmal so sehr gefährlich ist. Aber dieser Unfall hat immerhin den Verlust eines oder zweier Finger der rechten Hand im Gefolge. Wie soll nun der Jahresarbeitsverdienst für diesen Medizinstudenten bemessen werden? Er ist an und für sich landwirtschaftlicher Arbeiter und wäre genauso wie jeder andere landwirtschaftliche Arbeiter zu entschädigen. Seine Rente würde sich nach den Durchschnittssätzen für den landwirtschaftlichen Arbeiter bemessen; er bekäme eine 20- oder 30%ige Rente. Praktisch könnte er aber nicht mehr als Arzt tätig werden.

Für Fälle dieser Art glaubten wir, eine Bestimmung hineinnehmen zu müssen, daß in solchen Fällen die Rente nach billigem Ermessen festzustellen sei. Sie können sich denken, daß dieser Paragraph wohl der umstrittenste Paragraph des ganzen Entwurfes sein wird. Ich gebe schon jetzt zu, daß sich die Fassung des Entwurfs zweifellos nicht verwirklichen lassen wird. Aber ich habe bewußt einmal das Weiteste genommen, was man überhaupt tun kann, und bin davon ausgegangen, daß vermutlich von den Interessenten so viele Vorschläge gemacht werden werden, daß darunter wahrscheinlich auch ein Vorschlag sein wird, der sich praktisch einigermaßen verwirklichen lassen wird. Wie ich ihn mir denke, möchte ich Ihnen ganz kurz mitteilen.

Bei der vorliegenden Fassung glaube ich nicht, daß es einen Menschen in der Welt gibt, der nicht behauptete, seine Rente wäre unangemessen. Jeder wird auf Grund dieser Vorschrift um eine Rentenerhöhung nachsuchen. Deswegen mußte man zum mindesten sagen, daß die Rente nur in dem Fall anders berechnet werden kann, daß die Höhe des Jahresarbeitsverdienstes mit Rücksicht auf den besonderen Beruf des Betreffenden nicht dem billigen Ermessen entspricht. Wenn also ein einfacher oder auch ein gelernter Arbeiter irgendwie verunglückt, muß er sich schon damit abfinden, daß seine Rente nach den bisherigen Vorschriften berechnet wird. Wenn es sich aber um einen besonderen, ganz hervorragend qualifizierten Arbeiter handelt - man denke an einen ganz hervorragenden Feinmechaniker -, der nun einen solchen Unfall erleidet, daß er künftig diese Art Arbeiten nicht mehr ausführen kann und die Rente ausnahmsweise nicht seiner Stellung entspräche, dann würde man allerdings auch die Rente höher feststellen müssen. Ich möchte allerdings bei dieser Gelegenheit betonen, daß es mir durchaus nicht behagt, wenn man bei der Unfallversicherung immer wieder von dem allgemeinen Arbeitsmarkt ausgeht. Auf den Beruf des Einzelnen geht man zwar nach einigen Entscheidungen des Reichsversicherungsamtes oberflächlich ein; immer wieder aber hört man, daß z.B. ein Fingerverlust niemand auf dem allgemeinen Arbeitsmarkt behindere; wenn er seinen gelernten Beruf auch nicht mehr ausüben könne, so müsse er auf den allgemeinen Arbeitsmarkt verwiesen werden, und die Höhe der dann festzustellenden minderen Erwerbsfähigkeit muß auf den allgemeinen Arbeitsmarkt abgestellt sein. Das ist mir im höchsten Maße unsympathisch. Andererseits sehe ich keine Möglichkeit, das zu ändern. Denn man darf es natürlich nicht immer auf den Beruf abstellen. Wenn z.B. ein Musiker, der in einem Dorfgasthaus konzertiert, einen Finger verliert und deswegen nicht mehr Violine spielen kann, dann würde ich es als untragbar ansehen, den Betreffenden in seinem Beruf als hundertprozentig erwerbsbeschränkt anzusehen. - Wie dem auch sei: Jedenfalls versuchten wir in diesem neuen § 566 den Ausgleich zu schaffen, der in einigen Fällen unbedingt notwendig ist. Ich hoffe, daß wir durch die Anregungen der Praxis vielleicht doch eine Fassung finden können, die Auswüchse ausschließt, die es aber andererseits ermöglicht, die Rente dort angemessen zu erhöhen, wo es unbedingt notwendig ist.

Bei der Erörterung des Jahresarbeitsverdienstes möchte ich Sie nun noch ganz kurz mit einer Bestimmung vertraut machen, die schon seit Jahren mit der Arbeitsfront besprochen worden ist und bei der uns die Deutsche Arbeitsfront Vorschläge unterbreitet hat. Gerade diese Regelung zeigt klar und eindeutig, daß die bisherigen Vorschriften über den Jahresarbeitsverdienst gerade in den Fällen, in denen jemand kurz gearbeitet hat, absolut undurchführbar sind. Deswegen ist eine besondere Bestimmung eingeführt worden, die sich auf Unfälle bezieht, welche sich in den Jahren 1930 bis 1935 ereignet haben.

Der *Vorsitzende* dankt dem Referenten und gibt seiner Genugtuung darüber Ausdruck, daß eine ganze Reihe von Vorschlägen des Ausschusses Berücksichtigung gefunden hätten. Es interessiere den Ausschuß besonders, daß auf Grund dieses Entwurfes ein Passus in dem Gutachten über das Recht des Handelsvertreters geändert werden müsse.

Kilian führt aus, es handle sich nicht um den unselbständigen, sondern um den selbständigen Vertreter. Wenn die Versicherungspflicht der Unternehmer eingeführt werde, müßte auch der selbständige Handelsvertreter mit genannt werden.

Der *Vorsitzende* meint, das Schicksal des Entwurfes sei noch nicht sicher. Der Ausschuß solle sich aber im großen Rahmen auf diesen Entwurf beziehen.

Kilian erwidert, über das Schicksal des Entwurfes gäbe es nur zwei Möglichkeiten. Gewiß würde noch manche Formulierung geändert werden müssen. Aber er sei kein Freund von Kompromissen, und deshalb sei es nur möglich, daß der Entwurf im wesentlichen so bleibe, wie er sei, oder aber der Reichswirtschaftsminister erhebe grundsätzliche Einwendungen. In diesem Falle werde der Redner den Entwurf zurückziehen und erst dann wieder hervorholen, wenn die Verhältnisse für den Entwurf günstiger seien.

Der *Vorsitzende* stellt fest, daß der Ausschuß wohl im allgemeinen mit den neuen Maßnahmen einverstanden sei und sich in seinem Gutachten auf den Entwurf beziehen werde. Wenn der

Entwurf nicht Gesetz werde, habe das Arbeitsministerium die Möglichkeit, den Passus entsprechend dem heute oder dann geltenden Recht zu ändern.

Lauterbach weist darauf hin, daß das österreichische Recht insofern weitergehe als der jetzige § 537 Abs. 1, als er alle Personen umfasse, die auf Grund eines Dienstvertrages tätig seien. Wenn man die vorliegenden Vorschriften entsprechend ändere, brauche man für den Handelsvertreter keine besondere Bestimmung; entweder sei er Angestellter oder Arbeiter oder er arbeite, wie es bei den selbständigen Reisenden die Regel sei, auf Grund eines Dienstvertrages.

Richter weist darauf hin, daß der Begriff des Dienstvertrages außerordentlich umstritten sei. Im österreichischen Recht habe er eine andere Bedeutung als im deutschen. Ob man das Verhältnis des Handelsvertreters zu seiner Firma als Dienstvertrag bezeichnen könne, sei äußerst zweifelhaft. Deshalb warne er vor diesem Ausdruck.

Der *Vorsitzende* führt aus, wenn nicht noch besondere Wünsche vorgetragen würden, sei in dem Gutachten nur der Passus über die Unfallversicherung angleichend an die Ausführungen des Dr. Kilian zu ändern. Nunmehr bitte er um Stellungnahme zu der Frage, ob der Begriff der Arbeitslosenversicherung angewandt werden solle oder nicht.

Richter empfiehlt, in einem Annex zu § 69 auch die Handelsvertreter als beitragspflichtig besonders zu erwähnen.

Schaefer ist grundsätzlich einverstanden, wendet sich jedoch gegen den Ausdruck Beitragspflicht, der den Eindruck erwecke, als habe der Versicherte nur zu zahlen, besitze aber keine Rechte.

Der *Vorsitzende* äußert Bedenken dagegen zu sagen: Die Versicherungspflicht nach § 69 gilt auch für den Handelsvertreter. Er würde das Wort Arbeitslosenhilfe vorziehen. Aber letzten Endes sei das Sache des Ministeriums. Wenn keine weiteren Bedenken bestünden, würde er sich der Ansicht des Ausschusses anschließen.

(Pause von 12 bis 14 Uhr.)

Referat über Verhandlungen mit den Bergarbeitern in Joachimstal, Sudetengau. Referent: Oberregierungsrat Dr. *Kilian.*

Kilian erstattet sein Referat. Er bezeichnet es als vertraulich und bittet, von einer Niederschrift abzusehen.

Zum *vierten Punkt der Tagesordnung: Verschiedenes* führt der *Vorsitzende* aus, daß der Reichsverband der deutschen Rentenversicherungsträger an ihn herangetreten sei mit einem Antrag, der die Gewährung von Steigerungsbeträgen für Zeiten eines besonderen Einsatzes in der Wehrmacht betreffe. Es sei bekannt, daß die Kämpfer im Weltkriege immer wieder darüber geklagt hätten, daß ihnen für die Zeit ihres Wehrdienstes, in der sie ihr Blut hingegeben hätten, die Lohnklasse II angerechnet werde. Der Redner selber sei vom Sozialamt der Deutschen Arbeitsfront immer wieder gegen diese Regelung angegangen; aber das Reichsarbeitsministerium habe immer betont, daß für eine andere Regelung keine Mittel vorhanden seien. Daher sei es interessant, daß nunmehr der Verband der Rentenversicherungsträger selber einen Vorschlag mache, der davon ausgehe, daß diese Mittel ohne weiteres zur Verfügung stünden, so daß den einzelnen Versicherten die Zeit nach einer Lohnklasse angerechnet werden könne, der der tatsächliche Jahresarbeitsverdienst in der Unfallversicherung zugrunde liegen solle, und daß auch für die Invaliden- und Angestelltenversicherung vorgeschlagen werde, diejenigen Beiträge anzurechnen, die der Betreffende vor seinem Wehrdienst geleistet habe. Redner habe dieses Schreiben Herrn Professor Dr. Dersch und Herrn Vizepräsident Schaefer mit der Bitte um Stellungnahme zugehen lassen. Er halte es für notwendig, diese Angelegenheit schnell zu erledigen, da er wisse, wie groß die Unruhe bei den Interessenten sei. Deshalb werde er auch dem Arbeitsministerium dringend empfehlen, einen Erlaß herauszubringen, nach dem die Steigerungsbeträge in entsprechender Höhe zu gewähren seien.

Dersch führt aus, auch das Reichsversicherungsamt habe sich schon längere Zeit überlegt, wie man aus dieser Kalamität herauskommen könne. Ursprünglich habe man angenommen, daß sofort bei Kriegsausbruch in einer Verordnung gesagt werden werde, in welcher Gruppe die Anrechnung von Kriegsdienstzeiten stattfinden solle. Dann hätten sich jedoch Zweifel ergeben. Wenn man eine zu niedrige Klasse wähle, setze man sich der Gefahr von Mißdeutungen aus; wenn man eine zu hohe Klasse nehme, bestehe die Gefahr, daß sich nach einem längeren Kriege herausstelle, daß die Leistungen nicht getragen werden könnten. Infolgedessen habe man diese Frage später regeln wollen. Damit habe sich das Reichsversicherungsamt damals beruhigen müssen, habe aber diese Angelegenheit stets äußerst mißlich empfunden.

Dauernd kämen aus dem Kreise der Versicherten Anfragen und Beschwerden über diese Angelegenheit, und seine persönliche Auffassung gehe dahin, daß nun der Zeitpunkt gekommen sei, in dem unbedingt eine bestimmte Klasse festgesetzt werden müsse. Er könne sich nicht denken, daß die Versicherungsmathematiker nicht wenigstens annähernd eine Gehalts- oder Lohnklasse herausfinden könnten, die man riskieren könne. Allerdings dürfe man nicht zu hoch greifen, denn die Erfahrungen im Weltkrieg sowohl in der Angestellten- wie auch in der Invalidenversicherung mahnten zur Vorsicht. Andererseits dürfe man nicht zu niedrig greifen; die unterste Klasse komme auf keinen Fall in Betracht. Eine bestimmte Klasse könne er persönlich nicht vorschlagen. Das sei Sache der Versicherungsmathematik. Aber Eile sei sehr geboten.

Kühne führt aus, diese Angelegenheit sei aus Anlaß des Weltkrieges zum Gegenstand einer Erörterung gemacht worden. Auch die Zeiten des aktiven Militärdienstes seien erörtert worden. In der Verordnung vom 1. September 1938 sei die Frage hinsichtlich der Kriegsdienstzeit für den Weltkrieg so geregelt worden, daß Steigerungsbeträge nach Klasse II gezahlt worden seien, in der Angestelltenversicherung entsprechend der vorhergegangenen Beitragsleistung, unter Voraussetzung einer vorher bestehenden Versicherung. Das Reich habe dann jährlich Beiträge zu diesen Steigerungsbeträgen vom 1. April 1938 ab geleistet. Die Deutsche Arbeitsfront habe vorgeschlagen, für die Kriegszeit die Klasse V zu nehmen und das Erfordernis der vorhergehenden Versicherung fallen zu lassen. Das Reichsversicherungsamt habe in seinem Bericht an den Reichsarbeitsminister der Klasse V das Wort geredet, dagegen sich nicht der Forderung bezüglich des Wegfalls der vorhergehenden Versicherung angeschlossen.

Nun sei die Sache auch im Ausschuß für Sozialversicherung zur Sprache gekommen, und dieser habe bereits in der letzten Sitzung in seinem Gutachten zu dem Entwurf über Maßnahmen der Reichsversicherung aus Anlaß des Krieges zu § 24 angeregt, schon jetzt die Höhe der Steigerungsbeträge festzusetzen, die für die Zeit des besonderen Einsatzes der Wehrmacht den Kriegsteilnehmern und Hinterbliebenen zu gewähren seien. Der Ausschuß habe dann Steigerungsbeträge nach Klasse III empfohlen. Während also über die Notwendigkeit einer alsbaldigen Regelung Einigkeit herrsche, sei die Frage der Höhe der Steigerungsbeträge noch offen. Klasse II sei einhellig als zu niedrig abgelehnt worden. Vizepräsident Schaefer habe damals betont, sie sei nur nach dem verlorenen Kriege zu rechtfertigen gewesen, sei jedoch jetzt gänzlich undenkbar.

Die Bearbeitung dieser Angelegenheit beim Reichsversicherungsamt sei noch in der Schwebe. Einer Aktennotiz sei zu entnehmen, daß der Durchschnittsbetrag der gesamten Beitragsleistung in Betracht gezogen worden sei. Redner persönlich halte eine solche Regelung für ausgeschlossen, da sie eine zu große Verwaltungsarbeit erforderlich mache. Er fürchte allerdings auch Schwierigkeiten, wenn man den letzten Pflichtbeitrag vor der Einberufung zur Wehrmacht zugrunde lege, weil eine solche Regelung eine individuelle Behandlung für jeden einzelnen Fall erfordere. Deshalb empfehle er, eine bestimmte Klasse festzusetzen und dabei nicht zu niedrig zu wählen. Er könne sich denken, daß man bei Klasse V stehen bleibe. Er schlage vor, die Anregung einer gleichen Regelung der Steigerungsbeträge, die der Ausschuß schon im September gegeben habe, dahin zu ergänzen, daß er die Steigerung nach Klasse V vorschlage. Ob das finanziell möglich sei, sei eine andere Frage. Der Reichsarbeitsminister habe sich noch nicht entschieden. Er befürchtete, die finanziellen Auswirkungen würden sich schwer übersehen lassen.

Schaefer betont, grundsätzlich habe der Ausschuß ja bereits zu dieser Frage Stellung genommen, indem er in dem Gutachten zu den Kriegsmaßnahmen auf dem Gebiete der Sozialversicherung von sich aus angeregt habe, die gleiche Regelung vorzunehmen. Es sei tatsächlich auf die Dauer unerträglich, daß die Steigerungssätze noch nicht bekannt seien. Bei seiner Behörde seien allein 3 000 Anträge unerledigt. Es sei verwaltungsmäßig unerträglich, daß man diese Sache nochmals in die Hand nehmen müsse. Diese Angelegenheit sei auch deshalb dringend, weil den Leuten dieser kleine Betrag fehle, was draußen außerordentlich erbitternd wirke. Alle Mitglieder des Ausschusses wüßten, daß diese Beträge äußerst gering seien; die Interessenten dagegen glaubten, sie würden verhältnismäßig hohe Beträge erhalten. So etwas sei für die Sozialversicherung unerträglich. Deshalb müßten die Steigerungsbeträge beizeiten festgesetzt werden. Darüber sei sich der Ausschuß wohl grundsätzlich einig.

Wenn man weiter von dem Grundsatz ausgehe, daß die Versicherten in der Sozialversicherung praktisch so gestellt werden sollen, daß sie durch den Krieg keinen Schaden erlitten, dann müsse auch die Kriegszeit so angerechnet werden, als wenn die Versicherten weitergearbeitet hätten. Unter diesem Gesichtspunkt sei die Anregung des Rentenverbandes richtig, den letzten Pflichtbeitrag zugrunde zu legen. Diese Regelung gelte noch heute und verursache keine übermäßige Verwaltungsarbeit. Selbstverständlich müsse der Betrag für jeden Einzelnen errechnet werden. So, wie in der Rentenversicherung die Sache heute gehandhabt werde, sei das aber in jedem Falle erforderlich. Die alte Bundesratsverordnung, die für den Weltkrieg gegolten habe, aber für die Angestelltenversicherung noch heute gelte, habe es auf den August 1914 abgestellt, weil damals bei Kriegsausbruch die Löhne sprunghaft in die Höhe gegangen seien. Das sei heute nicht der Fall, und deshalb bestünden keine Bedenken, die Regelung auf den letzten Pflichtbeitrag abzustellen.

Die Kriegsdienstzeit werde nach der Regelung nicht nur den Pflichtversicherten, sondern auch den freiwillig Versicherten angerechnet. Daher fehle ein Maßstab über die Anrechnung bei den freiwillig Versicherten. Wenn nur freiwillige Beiträge vorliegen, dann solle man Steigerungsbeträge nach den Sätzen der zweiten Klasse gewähren. Für den Wehrdienst und für den Arbeitsdienst halte er diese Regelung für vertretbar; denn Wehr- und Arbeitsdienst würden im allgemeinen von jungen Leuten zwischen 18 und 22 Jahren geleistet. Bei ihnen lasse sich die zweite Klasse als Einheitsklasse vertreten. Etwas anderes sei es jedoch bei den alten Versicherten, die es in der Hand hätten, durch einen einzelnen hohen Beitrag rückwirkend eine höhere Klasse zu erlangen. Hier müsse man einen Riegel vorschieben und es bei den freiwillig Versicherten bei der Klasse II belassen. Auch das sei vertretbar. Man könne allerdings auch daran denken, den Durchschnitt der letzten 12 freiwilligen Beiträge zu nehmen.

Ferner müsse der Fall der Wanderversicherung geregelt werden. Habe ein Versicherter mehreren Versicherungszweigen angehört, so solle der Steigerungsbetrag nur aus demjenigen Versicherungszweig gewährt werden, in dem die Versicherung am höchsten sei. Seien für die Zeit der Einberufung freiwillige Beiträge entrichtet, so müßten für sie Steigerungsbeträge neben den anderen gewährt werden.

Die pekuniäre Seite habe der Redner nicht berücksichtigt; ihn interessiere nur die verwaltungsmäßige Seite. Diese Angelegenheit gehe zu Lasten des Reiches. Der Finanzminister müsse der Sozialversicherung irgendwelche Beträge erstatten. Für diesen sei es nun außerordentlich schwer, in jedem einzelnen Fall den Beitrag im einzelnen errechnen zu lassen. Dazu liege auch gar keine Notwendigkeit vor. Der Finanzminister könne der Sozialversicherung den Betrag als Pauschbetrag vergüten.

Heinze erklärt, von der versicherungsmathematischen Seite aus sei wenig dazu zu sagen. Schon bei früheren Gelegenheiten sei er mit Nachdruck dafür eingetreten, diese Fragen nicht von der rein geldlichen Seite zu betrachten. Wenn irgendwo, dann stünden hier andere Gesichtspunkte im Vordergrunde. Hier handle es sich um eine Verpflichtung der Allgemeinheit dem Versicherten gegenüber, die unter allen Umständen eingelöst werden müsse, und die weniger als irgendeine andere Angelegenheit eine kleinliche Behandlung vertrage. Das Ganze sei wohl eine Angelegenheit des Finanzministers. Man werde kaum damit zu rechnen brauchen, daß diese Sache der Rentenversicherung aufgebürdet werden werde. Aber selbst wenn das geschehen sollte, würde er nicht davor zurückschrecken, dem Ausschusse zu empfehlen, sich zu einer nicht zu niedrig bemessenen Dotierung für diese Beiträge zu entschließen und sich dafür energisch einzusetzen. Darin bestärke ihn auch die augenblickliche Lage der Rentenversicherung, die einerseits durch die Reichsgarantie gesichert sei, während ihre Stellung andererseits durch die Hinzunahme neuer Lasten aus den Gebieten im Osten und sehr bald wahrscheinlich auch im Westen ohnehin stark hinsichtlich der technischen Bilanz ungünstiger gestaltet worden sei, so daß diese hier in Frage kommenden Beträge keine allzu erhebliche Rolle spielten. Außerdem sei auch der Arbeitsminister öffentlich und ausführlich von den bisher von ihm für notwendig gehaltenen Finanzierungsmethoden der Sozialversicherung so weit abgerückt, daß der Ausschuß keine Veranlassung mehr habe und geradezu gegen seinen zuständigen Minister reden würde, wenn man die Überlegungen der Versicherungsmathematik allzusehr in den Vordergrund stellte.

Aus diesen Gründen rege er an, keinesfalls eine niedrigere Klasse zu wählen als diejenige, die der Betreffende in seinem bisherigen Arbeitsleben zuletzt nachgewiesen habe. Darüber hinaus werde es erforderlich sein, noch eine Mindestklasse festzusetzen; denn es sei durchaus denkbar, daß ein Arbeiter seine letzten Beiträge aus irgendwelchen Gründen in einer niedrigeren Klasse entrichtet habe, dann aber einberufen worden sei. Der Dienst für das Vaterland an der Front sei bei allen derselbe. Daher sei es unerträglich, wenn in diesen Fällen eine zu niedrige Klasse zur Anrechnung komme.

Im übrigen schließe er sich den Ausführungen des Vorredners über die freiwillige Versicherung durchaus an.

Dersch hat gegen diese Vorschläge keine Bedenken, meint aber, die letzte Klasse könne aus irgendwelchen Zufallsmomenten unangenehm gering sein. Deshalb sei es ungerecht, den Versicherten deshalb auf eine kleine Klasse festzunageln.

Schaefer weist darauf hin, die ganze Sozialversicherung kranke daran und sei daran zugrunde gegangen, daß sie versuche, die Gerechtigkeit zu überspitzen.

Wischer vermag nicht einzusehen, warum man nicht auf den letzten Pflichtbeitrag eventuell mit der Einschränkung, daß mindestens die Beträge der Lohnklasse III zu gewähren seien, kommen solle. Man lasse sich immer von der Regelung für den Weltkrieg leiten. Damals habe man nicht um die Wahl einer Einheitsklasse herumkommen können, weil es im Weltkriege keine Anrechnung der Kriegsdienstzeit gegeben habe.

Nur gegen die vorgeschlagene Regelung für die freiwilligen Beiträge habe er Bedenken geltend zu machen. Auch die freiwillige Versicherung müsse in der dem Einkommen entsprechenden Beitragsklasse erfolgen. Wenn ein Angestellter mit etwa 600 RM Gehalt 25 RM Beiträge zahlen müsse und eine Steigerung nach der Klasse B bekommt, so sei das zu schematisch. Da die freiwillig Versicherten in der Mehrzahl nur die Hälfte der Beiträge entrichteten, solle man auch bei den Steigerungsbeträgen auf die Hälfte abkommen; das entspreche also in dem genannten Beispiel der Klasse E. Dann seien sie genauso gestellt wie die Pflichtversicherten, die ihre Beiträge 12 Monate lang zahlten. Diese Regelung sei wesentlich günstiger. Die Bedenken, daß ein freiwillig Versicherter die Möglichkeit habe, durch eine nachträgliche höhere Beitragszahlung in eine höhere Klasse zu kommen, seien nicht sehr gewichtig. Die Zahl der freiwillig Versicherten sei so gering, daß man diese wenigen Fälle in Kauf nehmen könne.

Schaefer weist auf den Vorschlag der Reichsbahn hin, wonach der letzte Pflichtbeitrag maßgebend sei. Das gelte dann für Pflicht- und freiwillige Beiträge. Er fürchte aber, daß der Finanzminister nicht zustimmen werde. Es sei ausgeschlossen, daß jemand die Möglichkeit haben könne, durch einen einmaligen Betrag von 50 RM sich die Unterstützung von 2 bis 3 Jahren Kriegsdienstzeit zu erwirken. Man könne nicht verhindern, daß der freiwillige Beitrag noch rückwirkend geklebt werde, denn es sei sehr schwer, so etwas nachzuweisen.

Der *Vorsitzende* hält die Klassen B und II für zu niedrig.

Schaefer schlägt die Klassen III oder IV vor.

Der *Vorsitzende* stimmt diesem Vorschlage für die freiwillig Versicherten zu, doch dürfe die Klasse nicht höher sein als die dem letzten Beitrage entsprechende. Wenn es richtig sei, daß viele freiwillig Versicherte 12 Beiträge leisteten, so ergäben sich daraus Schwierigkeiten. In der Invalidenversicherung könne man ohne weiteres die zuletzt angewendete Beitragsklasse wählen. Die Rentenversicherungsträger müßten das verantworten können, weil sie selber diesen Vorschlag gemacht hätten. Bei der Angestelltenversicherung sei die Angelegenheit bei den Pflichtversicherten ohne weiteres klar. Dagegen bezweifle er, ob man bei den freiwillig Versicherten die Lohnklasse B nehmen könne. Er persönlich würde die Klasse IV vorschlagen.

Kühne weist darauf hin, daß der Zweck der Selbstversicherung in der Altersversorgungsmöglichkeit im Rahmen der Sozialversicherung liege. Deshalb müsse man sie genauso wie die andere behandeln. Er halte es für richtiger, die Regelung nicht auf den letzten Beitrag abzustellen, sondern einheitlich für alle eine feste Klasse festzusetzen, da im Kriege alle Soldaten dasselbe leisteten. Außerdem erleichtere eine solche Regelung die Abrechnung mit dem Reich. Ein Abstellen auf den Pflichtbeitrag könne sich zu Ungunsten des Versicherten auswirken, wenn vor der Einberufung ein verhältnismäßig niedriger Beitrag geleistet worden sei.

Schaefer bezeichnet es als wünschenswert, mit dem Rentenverbande einig zu gehen, da dann eine ganz andere Stoßkraft hinter den Vorschlägen stehe, der die Unterstützung vorschlage, welche heute für die Weltkriegszeit für die Angestelltenversicherung gelte. Man könne nicht jede Kriegsdienstzeit nach anderen Gesichtspunkten berechnen.

Der *Vorsitzende* hat keine Bedenken gegen die Vorschläge des Reichsverbandes. Nur die Regelung für die Selbstversicherer mache Schwierigkeiten.

Schaefer erwidert, die Zahl der Selbstversicherer sei praktisch ganz gering. Es handle sich lediglich um die wenigen Leute im Auslande, die sich selber versichert hätten.

Richter bezeichnet eine Durchschnittsklasse für die Pflichtversicherten als indiskutabel, da damit die Klasse nicht sachgemäß festgesetzt werden könne. Nur der letzte Pflichtbeitrag könne in Betracht kommen. Wenn sich dann einmal eine Ungerechtigkeit ergebe, könne sie unbesorgt in Kauf genommen werden. Die übermäßige Genauigkeit in dem Erfassenwollen aller möglichen Fälle habe sehr wesentlich mit dazu beigetragen, die Sozialversicherung zu diskreditieren. Auch bei den freiwillig Versicherten solle man die Regelung auf den letzten Pflichtbetrag abstellen. Wenn dieser nicht seiner augenblicklichen Einkommenslage entspreche, werde man es in Kauf nehmen können. Hinsichtlich der Selbstversicherten mache man sich unnötige Sorgen. Er glaube nicht, daß das Versprechen der Berechnung und der Hinzugewährung von Steigerungsmitteln aus Reichsmitteln sich auf diese Leute beziehen würde. Dem Wortlaut sei es nicht zu entnehmen. Die ganze Regelung gehe von der Pflichtversicherung aus. Das ergebe sich ganz deutlich aus § 1 und aus der Korrekturverordnung für die Angestellten im öffentlichen Dienst vom 22. Januar 1940. Man müsse also fragen, ob es die Gerechtigkeit gebiete, den Leuten, die nur freiwillig in die Sozialversicherung gegangen seien, ebenfalls dieses Zugeständnis zu machen. Dafür liege aber kein

Grund vor. Wer sich, ohne daß die soziale Lage ihn eindeutig dazu verpflichte, freiwillig versichere, habe auch während des Krieges die Möglichkeit, weiterhin freiwillige Beiträge zu zahlen, und es scheine kein Anlaß vorzuliegen, diesen Leuten auf dem hier erörterten Wege zu helfen. Deshalb solle man die gleiche Taktik einschlagen wie der Verordnungsgeber und von den freiwillig Selbstversicherten überhaupt nicht reden.

Schaefer erwidert, Richter habe ganz Recht, aber der Reichsarbeitsminister habe in einem Erlaß vom 16.11.1939 ausdrücklich dargelegt, daß diese Verordnung auch für freiwillig Versicherte gelte.

Wischer hält es für unmöglich, den Selbstversicherern keine Steigerungsbeträge zu geben. Das führe praktisch dahin, daß es unter den Soldaten zwei Gruppen gäbe, von denen die eine Steigerungsbeträge bekomme, die andere aber nicht.

Richter bezeichnet diesen Grund als nicht durchschlagend; denn unter den Soldaten seien sicherlich viele, die überhaupt nichts bekämen.

Der *Vorsitzende* schlägt vor: Für die Angestelltenversicherung bei der Pflichtversicherung die Höhe des letzten Pflichtbeitrages, bei den freiwillig Weiterversicherten den letzten Beitrag, für die Selbstversicherten die Klasse IV maßgebend sein zu lassen, es sei denn, daß die Beiträge niedriger wären.

Kilian schlägt vor, die Regelung auf die Beiträge, die bisher geleistet worden sind, abzustellen, höchstens jedoch Klasse IV zu gewähren.

Schaefer empfiehlt, für die übrigen die Klasse III als Mindestklasse festzusetzen.

Der *Vorsitzende* schlägt vor, die Sitzung zu unterbrechen und morgen um 9 Uhr fortzufahren.

Er spricht sein Bedauern darüber aus, daß Ministerialrat Sauerborn nicht mehr in der Lage sei, an den Beratungen des Ausschusses teilzunehmen, da er aus bestimmten Gründen eine andere Stellung hat übernehmen müssen, die ihm eine weitere offizielle Teilnahme nicht mehr ermögliche.

(Schluß der Sitzung: 15 Uhr 45 Minuten.)

2. Protokoll vom 22.11.1940 (Vorschläge zu den Steigerungsbeträgen)

(Beginn der Sitzung: 9 Uhr 5 Minuten.)

Der *Vorsitzende* eröffnet die Sitzung und weist darauf hin, daß der Ausschuß am vergangenen Abend im internen Kreise die *Frage der Steigerungsbeträge* noch besprochen und sich auf einen Vorschlag geeinigt habe. Er bittet Vizepräsident Schaefer, diese Vorschläge zu verlesen.

Schaefer: 1. Für die Anrechnung ist die Beitragsklasse maßgebend, in der der letzte Pflichtbeitrag vor Einberufung zur Wehrmacht auf Grund ihres besonderen Einsatzes entrichtet ist, mindestens aber die IV. Klasse.

2. Liegen nur freiwillige Beiträge vor, so ist ebenfalls der letzte vor der Einberufung entrichtete Beitrag maßgebend, höchstens aber die IV. Klasse.

3. Hat ein Versicherter mehreren Versicherungszweigen angehört, so wird der Steigerungsbetrag nur aus dem Versicherungszweig gewährt, in dem er am höchsten ist. Die Steigerungsbeträge aus der knappschaftlichen Pensionsversicherung der Arbeiter und der Rentenversicherung der Arbeiter sind jedoch nebeneinander zu leisten.

4. Sind für die Zeit der Einberufung freiwillige Beiträge entrichtet, so werden für sie Steigerungsbeträge neben denen der vorstehenden Absätze gewährt.

Dersch fragt, wie es geregelt sei, wenn jemand zum aktiven Wehrdienst eingezogen worden und unmittelbar anschließend der Krieg ausgebrochen sei.

Schaefer erwidert, dann werde die erste Zeit nach der besonderen Verordnung angerechnet.

Dersch befürchtet, es werde darauf hingewiesen werden, daß zwischen der letzten Beitragszahlung und dem Kriegsausbruch noch eine besondere Dienstzeit liege.

Auf eine Frage des *Vorsitzenden* erwidert *Kühne,* er wolle nicht widersprechen; jedenfalls sei alles, was notwendig sei, in dem Vorschlag enthalten.

Auch *Heinze* erklärt sich einverstanden.

Der *Vorsitzende* weist darauf hin, daß der Ausschuß wahrscheinlich im Dezember noch eine Sitzung in Berlin abhalten werde, in der besonders Fragen der Krankenversicherung besprochen werden sollen. Herr Jander habe den Ausschuß für eine seiner nächsten Sitzungen nach Dessau oder Magdeburg eingeladen, wo die großen Flugzeugmotorenwerke besichtigt werden sollten. Redner werde versuchen, dieser Einladung zu folgen.

Der Vorsitzende schließt die Sitzung mit einem dreifachen Sieg Heil auf den Führer.

(Schluß der Sitzung: 9 Uhr 30 Minuten.)

XIX. Sitzungen vom 24. und 25.2.1941

1. Protokoll vom 24.2.1941 (Fortbestehen eines versicherungspflichtigen Beschäftigungsverhältnisses bei Unterbrechung der Arbeit ohne Weiterzahlung des Entgelts)

Tagesordnung: „Fortbestehen eines versicherungspflichtigen Beschäftigungsverhältnisses bei Unterbrechung der Arbeit ohne Weiterzahlung des Entgelts"

Vorsitzender [Ministerialrat *Sauerborn*]: Zu Eingang der heutigen Ausschußsitzung muß ich ihnen leider eine sehr unerfreuliche Mitteilung machen. Unser lieber Herr Vorsitzender ist seit Freitag der vorigen Woche schwer erkrankt. Ich hatte gestern abend noch Gelegenheit, mit einer Nichte von ihm zu sprechen, die mir ziemlich besorgt mitteilte, daß voraussichtlich eine Lungenentzündung vorliege. Sie wissen, daß Herr Direktor Anders vor einigen Jahren schon an einem schweren Herzleiden erkrankte und daß es nur der besonderen Kunst der Ärzte zu verdanken ist, daß er heute noch unter uns weilt. Wir hoffen, daß diese neue Krankheit keine Komplikationen für das Herz mit sich bringt. Ich kann die Meinung ärztlicher Ausschußmitglieder hier zum Ausdruck bringen, daß wir während dieser Tage seiner in Liebe gedenken werden und daß wir alle hoffen, daß er sehr bald wieder gesundet und in körperlicher Frische in unseren Kreis zurückkehrt.

Präsident Anders hat mich beauftragt, da sich sein ständiger Stellvertreter Herr Wischer im Urlaub befindet, für ihn den Vorsitz zu übernehmen. Ich habe auch von meinem MinDir. Dr. Engel den Auftrag, den Ausschuß herzlich zu begrüßen.

Richter: Meine Herren! Es ist mir eine ganz besondere Freude, Sie hier in Leipzig in dem vielleicht mehr ehrwürdigen als bequemen Gebäude unserer Leipziger Juristischen Fakultät zu begrüßen. Der Dekan hat mich beauftragt, Ihnen auch seinerseits einen Willkommensgruß zu entbieten. Er kann nicht selbst hierher kommen, weil ja überall die Geschäfte über den Köpfen zusammenschlagen. Ich hoffe, daß Sie sich hier recht wohlfühlen, selbst wenn die Technik hier noch nicht so hoch entwickelt ist wie in manchen anderen Räumen, in denen wir schon gesessen haben.

Außerdem kann ich Ihnen Willkommensgruß und Einladung des Oberbürgermeisters übermitteln. Er hat uns eine Anzahl Karten für eine Opernvorstellung am heutigen Abend zur Verfügung gestellt und wird sich freuen, Sie als Gäste dieser Darbietung zu begrüßen. Es handelt sich um die Oper „Zar und Zimmermann". Ich bitte, sich möglichst vollzählig einzufinden.

Vorsitzender: Ich danke Ihnen namens des Ausschusses für die große Mühe, die Sie hatten, um uns hier alles so bequem herzurichten. Ich hoffe, daß diese Stimmung in Leipzig von uns allen nie vergessen wird.

Darf ich dann Herrn Präsidenten Kühne bitten, das Referat zu übernehmen, wobei es zweckmäßig sein wird, kurz darzustellen, zu welchem Ergebnis wir in der Kommissionssitzung vom 10. Januar gekommen sind.

Kühne: Ich darf zunächst sagen, daß leider die beiden Korreferenten Dr. Fischer und Hintze heute nicht anwesend sind, so daß die Referate lediglich auf Prof. Dersch und mir ruhen. Ich habe den Auftrag von Herr Direktor Anders bekommen, das, was in der Kommissionssitzung erörtert war, niederzulegen und zu einem kleinen Elaborat auszugestalten. Ich kann mich dabei verhältnismäßig kurz fassen, weil die Herren über die Tatsachen ihrerseits im Bilde sind. Bei der Gelegenheit möchte ich auch das vortragen, was mir Herr MinRat Hoffmeister anvertraut hat mit der ausdrücklichen Bitte, es heute vorzubringen. Herr Hoffmeister hat mir weiter eine ziemlich umfangreiche Äußerung des Leiters der Allgemeinen Ortskrankenkasse Coburg zugeleitet. Er selbst hat ja die Leitung der größten Kasse in Deutschland und legte Wert darauf, auch einmal die Stellungnahme einer mittleren Kasse zu haben. Diese Äußerung ist recht interessant und enthält sehr viel Material und Unterlagen. Sowohl die Äußerungen des Herrn Hoffmeister wie die des Leiters der Ortskrankenkasse Coburg konnten leider nicht mehr vervielfältigt werden, ich werde also das Wesentliche daraus in möglichster Kürze vortragen.

Es handelt sich bei der ganzen Sache um die verschiedenen Sparten der Sozialversicherung. Ich glaube aber, daß wir die Rentenversicherung sehr kurz am Schluß behandeln können. Das Wesentliche liegt hier ja in der Krankenversicherung. (Das *Referat* liegt vor.)

Vorsitzender: Vielleicht ist es zweckmäßig, zunächst einmal die Stellungnahme von Herrn Hoffmeister darlegen zu lassen.

Kühne: Herr Hoffmeister führt aus, daß er gegen den Vorschlag, die versicherungspflichtigen Zeiten lohnfreier Arbeitsruhe bis zu 5 Wochen ohne Entrichtung von Beiträgen bestehen zu lassen, wenn das Arbeitsverhältnis nach dem übereinstimmenden Willen des Arbeitgebers und des Versicherten fortdauert, erhebliche grundsätzliche Bedenken habe. Er führt dazu aus, was ich schon sagte, es handle sich ja nur um eine jetzt sehr stark beschränkte Gruppe von Fällen, nachdem besonders wichtige Gruppen bereits durch Sonderregelungen erledigt sind. Zu den verbleibenden Fällen führt er aus: Entweder sind diese Arbeitsunterbrechungen betrieblich bedingt oder liegen ausschließlich im persönlichen Interesse des Versicherten. Im ersten Fall wird es - soweit überhaupt längere Unterbrechungen vorliegen können - den Arbeitgebern durchaus zugemutet werden können, den Lohn weiter zu zahlen, zumindest aber die Beiträge fortzuentrichten. Soweit die Arbeitsunterbrechung ausschließlich im persönlichen Interesse des Versicherten erfolgt, ist nach Ansicht von Herr MinRat Hoffmeister ein Bedürfnis für das Fortbestehen des *beitragsfreien* Versicherungsschutzes erst recht nicht gegeben. Wer es sich erlauben kann, seine Arbeit längere Zeit zu unterbrechen, ohne ein Entgelt dafür zu beziehen, muß auch in der Lage sein, die erforderlichen Beiträge aus eigenen Mitteln zu bestreiten, die ja nur einen kleinen Bruchteil des sonstigen Einkommens ausmachen. Soweit ein solches Bedürfnis bei notwendigen unabwendbaren Arbeitsunterbrechungen zweifellos bestand, sind angemessene Regelungen getroffen worden. Bei allen diesen Regelungen ist aber der Grundsatz, daß den Leistungen auch Beitragszahlungen gegenüberstehen müssen, aufrechterhalten geblieben. Der Wegfall dieses Grundsatzes könnte hier zu Auswirkungen auf der Beitrags- und Leistungsseite führen, die jetzt noch nicht zu übersehen sind, weil die Fälle lohnfreier Arbeitsruhe im praktischen Leben unter Umständen zahlreicher werden, als man jetzt vielleicht annimmt.

Nun kommt Herr MinRat Hoffmeister auf einen Punkt, der ihn besonders bedrückt. Dr. Fischer hat wohl in der Kommissionssitzung davon gesprochen, daß es der Krankenversicherung so gut gehe; statistisch habe sie allerhand Überschüsse aufzuweisen. Das ist auf dem Papier wohl richtig. Es ist nicht recht aufzuklären, wie dieses Ergebnis statistisch zustande kommt. Ich sprach mit Herrn Hintze darüber, aber so ganz begriffen hat er es auch nicht, wie das möglich ist.

Vorsitzender: Es handelt sich nur um die Statistik bis September. Im allgemeinen haben wir im letzten Viertel des Jahres gerade die meisten Lasten. Eine Statistik per 31. Dezember v.J. wird vermutlich anders aussehen.

Kühne: In Berlin sieht es damit jedenfalls schlecht aus; das deckt sich nicht mit den sonstigen günstigen Ergebnissen. Dieser Einwand - so sagt er - liege neben der Sache. Es sei allgemein bekannt, daß die Verschiedenheit in den Leistungen und Beiträgen bei den Krankenkassen so groß ist, daß zunächst etwaige Überschüsse zu einer allgemeinen Angleichung der Beiträge und Leistungen insbesondere durch Einführung der Mehrleistungen (Gesetz vom 15. Januar 1941) verwendet werden müßten. Wenn überhaupt Überschüsse da sind, soll man die Leistungen der Kassen einigermaßen angleichen, damit nicht am selben Ort der eine erheblich mehr bekommt als der andere. Gerade im nationalsozialistischen Staat kann der einzelne Versicherte nicht verstehen, weshalb er bei gleichen Beiträgen völlig verschiedene Leistung erhält, je nachdem, ob er dieser oder jener Krankenkasse angehört. Ein Bedürfnis für die Vorwegnahme der geplanten Regelung hält Herr Hoffmeister deshalb nicht für gegeben.

Wenn er dieses Bedürfnis eventualissime mit der Kommissionsmehrheit bejaht, so weist er noch auf einzelne Punkte hin, die ich aber jetzt übergehen werde. Vielleicht kann ich auf die einzelnen Bedenken, die Herr Hoffmeister zu den einzelnen Punkten hat, noch eingehen.

Nun hat er mir aber doch noch etwas anderes in die Hand gedrückt, das den Herren nicht zugegangen ist und ihnen auch nicht zugehen wird, weil es viel zu umfangreich ist. Hoffmeister ist Leiter der größten deutschen Kasse und war sich ganz klar darüber, daß eine solche Riesenkasse unter Umständen abweichende Verhältnisse hat, die man nicht als Norm für die übrigen Kassen zugrunde legen kann. Deshalb lag ihm daran, auch von einer mittelgroßen Kasse eine Äußerung zu diesem Punkt zu bekommen. Er hat sich deshalb an den Leiter der Allgemeinen Ortskrankenkasse in Coburg gewandt und von dort diese Äußerung auch bekommen. Darin heißt es: „Wir haben hier größte Bedenken gegen den Vorschlag des RdO [Reichsverband der Ortskrankenkassen]. Ich erlaube mir, Ihnen Abschriften meines Antwortbriefes an Herrn Direktor Obst und der Äußerungen von Abteilungsleitern der hiesigen Kasse zur Kenntnisnahme zu übersenden."

In seinem Schreiben an Direktor Obst weist er darauf hin, die ganze Angelegenheit sei von sehr weitgehender Bedeutung, weil diese Fälle bei der hiesigen Ortskrankenkasse außerordentlich häufig, mehr als tausendmal im Jahre, vorkommen und sicher auch sehr oft bei anderen Krankenkassen, besonders bei Kassen mit Landbezirk. Der Bestand an Mitgliedern bei dieser Kasse schwankt zwischen 22 000 und 32 000; es ist also eine mittlere Kasse. Er sagt dann weiter, seine Abteilungsleiter, die er alle gehört hat, hätten die größten Bedenken gegen den Vorschlag, wie ihn der Reichsverband der Ortskrankenkassen formuliert hatte und wie ihn auch die Kommission mutatis mutandis in ihrer Mehrheit für angemessen hielt. Es wird in dem Schreiben ausgeführt: „Durch Beitragsausfälle und Leistungswährung würde die hiesige Kasse schätzungsweise eine finanzielle Benachteiligung von etwa 15 000 bis 20 000 RM im Jahr erfahren. Mit dieser Summe sollten die Versicherten und Betriebsführer, bei welchen lohnfreie Beschäftigungszeiten im allgemeinen nicht in Betracht kommen, nicht belastet werden." Wenn damals das Reichsversicherungsamt für 31 Tage oder gar 5 Wochen noch eine solche lohnfreie Arbeitsruhe mit Versicherungspflicht und allen Konsequenzen für tragbar gehalten habe, so will hier der Leiter der Coburger Kasse das für die heutigen veränderten Verhältnisse der Kriegszeit nicht mehr gelten lassen. Jetzt sei der Arbeitseinsatz eines jeden Volksgenossen staatspolitische Notwendigkeit geworden. Die Arbeitsunterbrechungen und der Versicherungsschutz bei diesen dürften daher jetzt nicht noch mehr gefördert werden. Das Rad müsse einmal etwas rückwärts gedreht und bei dieser Gelegenheit eine klarere Rechtslage geschaffen werden; es müsse mehr zu den Grundsätzen des Krankenversicherungsrechts zurückgekehrt werden, die unter allen Umständen ein Auswiegen von Beitrag und Leistung erfordert.

Er unterscheidet zwischen einem Beschäftigungsverhältnis im arbeitsrechtlichen und einem solchen im krankenversicherungsrechtlichen Sinne. Beides decke sich nicht. Abweichungen solle es nur in Ausnahmefällen für kurze Zeit geben. Bei längeren Unterbrechungen der Lohnarbeit kann das Arbeitsamt jederzeit und auch für kurze Zeiten Arbeitsgelegenheiten nachweisen, so daß in dieser Hinsicht von Notzuständen von Arbeitern usw. keine Rede mehr sein könne. Es wäre ganz verkehrt, auf die einzelnen Wünsche Rücksicht zu nehmen und Versicherungsschutz zu gewähren, wo die Arbeitskraft anderwärts dringend benötigt wird, und obendrein das noch durch Beitragsfreiheit zu prämiieren.

Grundsätzlich sollte auch daran festgehalten werden, daß nach § 383 RVO Krankenversicherungsbeiträge nicht zu entrichten sind im Falle der arbeitsunfähigen Erkrankung und der Niederkunft bzw. Schwangerschaft. Hier sollen die vollen satzungsmäßigen Kassenleistungen gewährt werden, aber auch von dem Betriebsführer die Krankenversicherungsbeiträge nach dem Lohn der letzten vollen Lohnwoche fortentrichtet werden. Im Falle der arbeitsunfähigen Erkrankung während der Zeit des Aussetzens und in Wochenhilfefällen sind dann die Barunterstützungen so zu bemessen, als ob eine Verminderung oder ein Ausfall des Lohnes nicht eingetreten wäre. Die Beiträge sind fortzubezahlen ohne Rücksicht darauf, ob Versicherung nach Mitgliederkassen, nach Grundlohnklassen oder nach dem wirklichen Arbeitsverdienst besteht. Die Krankenkassen erhalten dann für ihre Kranken- und Wochenhilfsleistungen, für die nach den Mitgliederzahlen bemessenen Arzt-, Zahnarzt-, Dentistenhonorare und für ihre Aufwendungen für die Landesversicherungsanstalt Abt. Krankenversicherung eine Gegenleistung. Von dem Willen der Betriebsführer oder der einzelnen Arbeiter hängt es ab, ob in geringerem Ausmaße oder in zahlreicheren Fällen für Unterbrechungen der Arbeitsleistung ohne Weitergewährung des Entgelts Krankenversicherungsbeiträge zu bezahlen sind. Die Bezahlung der Beiträge für einen Zeitraum bis zu drei Wochen kann dem Arbeitgeber zugemutet werden, wenn er aus betrieblichen oder sonstigen Gründen den Betrieb ganz oder teilweise stillegt oder mit der Arbeit aussetzen läßt und sich die Verfügungsgewalt über die mit der Arbeit Aussetzenden weiterhin sichern will. Ebenso kann den Versicherten zugemutet werden, für die Gewährung des vollen Versicherungsschutzes ihre Beitragsanteile zu entrichten oder sich diese bei der nächsten Lohnzahlung nachträglich abziehen zu lassen, wenn die Lohnarbeit auf eigenen Wunsch ausgesetzt wird.

Erstreckt sich die Unterbrechung der Arbeitsleistung ohne Weitergewährung des Entgelts auf mehr als drei Wochen, so ist das krankenversicherungspflichtige Beschäftigungsverhältnis als erloschen zu betrachten. Es kann dann die Weiterversicherung nach § 313 RVO beantragt werden. Gegebenenfalls steht für die Versicherungsfälle, welche binnen drei Wochen nach der Unterbrechung der Lohnarbeit eintreten, der Versicherungsschutz nach § 214 RVO zu. Es findet also keinesfalls eine Aufrechterhaltung des Versicherungsbandes statt, so, wie der RdO bzw. die Kommission sich zunächst bis zu 6 Wochen dachte.

Er kommt dann weiter auf die Äußerungen seiner Abteilungsleiter, die zum Teil sehr eingehend sind. So wird hier z.B. hervorgehoben: „Für die Kasse ist es außerordentlich wichtig zu wissen, ob die Versicherten während der Arbeitsunterbrechung ausscheiden oder abgemeldet werden müssen oder nicht. Ist die letzte Annahme richtig, so bedeutet das eine weitere erhebliche finanzielle Belastung der Kasse, soweit sich die Ausgaben auf den Mitgliederbestand aufbauen. Es ist zur Genüge bekannt, daß die Mitgliederzahlen ständig eine immer größere Bedeutung für die Kassenfinanzen gewinnen, da sich nicht nur das Arzthonorar, die Zahnarzt- und Dentistenpauschale, die Umlagen usw., sondern auch die Ausgaben für den vertrauensärztlichen Dienst auf den Mitgliederzahlen aufbauen." Weit über die Beiträge hinaus treten auch noch Benachteiligungen für die Kasse ein, weil die bloße Tatsache, daß der Betreffende als Mitglied geführt wird, die Ausgaben für Ärzte usw. steigert. Das ist ein wichtiger Gesichtspunkt. Dafür werden im einzelnen Beispiele angeführt, die ich nicht vortragen kann.

Es folgt dann die Äußerung der Leistungsabteilung der AOK Coburg, in der es heißt: „Bei Kassen, die umfangreiche Mehrleistungen eingeführt haben, würde die Gewährung der Regelleistungen für die Dauer von 6 Wochen eine erhebliche Verschlechterung der Leistungsansprüche bedeuten. Das wird mit eingehenden Aufstellungen belegt."

Dann folgt die Äußerung der Melde- und Beitragsabteilung, aus der ich nur das Wichtigste herausgreifen will. Es heißt dort: „Die Fälle der Arbeitsunterbrechungen sind bei der hiesigen Kasse sehr häufig. Im Bezirk der Kasse, in dem die Spielwaren- und Korbwarenindustrie zu Hause ist, werden viele Heimarbeiter und Hausgewerbetreibende beschäftigt, die infolge zeitlichen Materialmangels oder wenn sie in der eigenen Landwirtschaft oder, soweit es sich um Ehefrauen handelt, im Haushalt gebraucht werden, die Arbeit unterbrechen müssen. Ebenfalls werden die von der Witterung abhängigen Außenarbeiter wie Holzhauer, Kulturarbeiterinnen, Maurer usw. veranlaßt, Arbeitspausen einzulegen." Aus der beiliegenden Tabelle ist zu ersehen, wieviel Mitglieder zwischen Weihnachten und Neujahr abgemeldet wurden." Der Mitgliederstand sank in etwa 2 Wochen um 1 000 bis 2 000 Mitglieder, was einen Ausfall an Krankenversicherungsbeiträgen von 8 000 RM ausmachte. „Von Weihnachten 1939 an nahm die AOK Coburg von den Betriebsführern Abmeldungen wegen vorübergehender Betriebsstillegungen über Weihnachten und Neujahr ohne Lösung des Beschäftigungsverhältnisses nicht mehr an und bestand auf der Fortzahlung der Beiträge nach den zuletzt gezahlten Löhnen. Die Betriebsführer des hiesigen Bezirks haben sich mit dieser Tatsache abgefunden. Seitdem hat die Kasse am Jahresende nicht mehr diesen Rückgang an Mitgliedern zu verzeichnen. Fälle von Beurlaubungen von Ehefrauen während der Zeit des Fronturlaubs ihrer Männer spielen auch eine Rolle."

Wenn ich dem noch meine eigenen Ausführungen anfügen darf, so stehe ich auf dem Standpunkt, daß wir versicherungsrechtlich keine Vorschläge für eine gesetzgeberische Änderung als Primärvorschlag machen, und möchte das dahin ergänzen, daß man vielleicht für die Beiträge zum Reichsstock in der Tat auf die Beitragsfreiheit abkäme. Dieses Moment hat den größten Widerspruch hervorgerufen und auch bei der zuständigen Ministerialabteilung würde man dabei auf keinen großen Widerstand stoßen.

Vorsitzender: Ich danke Ihnen herzlich für Ihren sehr ausführlichen Bericht. Ich darf Sie noch fragen, ob Sie wünschen, daß wir zunächst über die grundsätzlichen Fragen in die Diskussion eintreten oder ob Sie auch noch Ihre gesetzlichen Vorschläge formulieren wollen. Vielleicht ist es zweckmäßig, uns noch einmal zu sagen, welche Auffassung Sie persönlich vertreten würden. Ich habe Ihr Gutachten so aufgefaßt, daß Sie sich wesentlich an das gehalten haben, was in der Kommissionssitzung im Januar etwa als die Meinung der Mehrheit anzusehen war. Ich habe aus Ihren Äußerungen entnommen, daß Sie primär mehr der Auffassung zuneigen, es bei den Fällen, die überhaupt noch übrig sind, bei der derzeitigen Rechtsprechung zu belassen, daß Sie es jedenfalls nicht für nötig finden, diese Fälle noch zu einer gesetzlichen Neuregelung zu führen.

Kühne: Das ist vollständig richtig. Ich habe auch in meinen schriftlichen Aufzeichnungen diese Auffassung an erster Stelle gebracht und zunächst begründet, weshalb ich der Auffassung bin, daß eine Änderung des gegenwärtigen Rechtszustandes nicht nötig ist, mit Ausnahme des Wegfalls der Beiträge zum Reichsstock, was ich befürworten würde. Nur für den Fall, daß man sich auf den Standpunkt stellt, eine Änderung möge stattfinden, habe ich das pflichtgemäß formuliert, was sich aus der Kommissionsberatung ergab. Dort sind formulierte Vorschläge für die einzelnen Paragraphen gemacht worden. Das habe ich zusammengestellt und hier und da gewisse Abschleifungen vorgenommen, soweit es sich als notwendig erwies. Ich darf das vielleicht gleich vortragen, damit wir das Material zusammen haben. Dabei möchte ich gleichzeitig die Vorschläge bringen, die Herr Hoffmeister für den Eventualfall bringt. Er ist ja im Prinzip der Meinung wie ich, daß man grundsätzlich zur Zeit nichts ändern soll.

Zunächst wäre *§ 165 RVO* mit einem neuen *Abs. 3* auszustatten: „Die Versicherungspflicht bleibt auch in Zeiten lohnfreier Arbeitsruhe bestehen, wenn nach dem übereinstimmenden Willen des Arbeitgebers und des Versicherten das Beschäftigungsverhältnis fortdauert, jedoch längstens während 6 Wochen seit Beginn der lohnfreien Arbeitsruhe; diese Frist beginnt von neuem erst dann zu laufen, wenn der Versicherte nach dem Ende der Arbeitsruhe wenigstens 6 Wochen gearbeitet hat und alsdann wieder lohnfreie Arbeitsruhe eintritt. Auf Kurzarbeit findet diese Vorschrift keine Anwendung." Dieser Paragraph beruht im wesentlichen auch auf Vorschlägen, die die Abteilung des Ministeriums gemacht hat, die gerade auch den Gedanken hineinbrachte, daß diese Frist erst dann von neuem zu laufen beginnen dürfe, wenn der Versicherte nach Ende der Arbeitsruhe mindestens 6 Wochen gearbeitet hat. Es kann dahin kommen, daß viermal im Jahre eine solche Arbeitsruhe eintritt. Den Zusatz: „Auf Kurzarbeit findet diese Vorschrift keine Anwendung" halte ich nicht für notwendig, doch dient er der Klarstellung. Ich kann dazu die *Ausführungen* von Herrn *Hoffmeister* gleich anschließen. Er schreibt:

„Die vorgeschlagene Fassung des neuen § 165 Abs. 3 RVO bietet m.E. keinen ausreichenden Schutz gegen eine mißbräuchliche Ausnutzung.

a) Durch den Wortlaut sind m.E. von der Vergünstigung Fälle nicht ausgenommen, in denen der Versicherte während der lohnfreien Arbeitsruhe, die ja nur im Verhältnis zwischen ihm und dem Arbeitgeber zu bestehen braucht, als Handwerker bzw. bei Angehörigen oder gelegentlich arbeitet (ohne aber dabei versicherungspflichtig zu werden). Dadurch würde dieser Versicherte ganz unberechtigt in den Genuß von Leistungen kommen, ohne gleichzeitig Beiträge zu entrichten. Hinzu kommt, daß die lohnfreie Arbeitsruhe sich in einem Jahr praktisch viermal wiederholen kann. Eine derartige Häufung beitragsfreier Zeiten erscheint nicht vertretbar; für die Fälle des § 214 RVO kann sie gerade noch hingenommen werden.

Ich würde eine Änderung dahin für richtig halten, daß der Versicherte während der Zeiten lohnfreier Arbeitsruhe ohne jedes Arbeitseinkommen - sei es selbständiger oder unselbständiger Art - bleiben muß und daß die Frist erst nach einer tatsächlichen Arbeit von 3 bis 6 Monaten wieder zu laufen beginnt.

b) Daß während der lohnfreien Arbeitsruhe Versicherungspflicht bestehen bleibt, ist gleichfalls in der Richtung bedenklich, daß diese Zeiten dadurch als Vorversicherungszeiten im Sinne namentlich der §§ 195 a Abs. 1, 205 Abs. 1, 205 a Abs. 3, 280 Abs. 1 Satz 2, 214 Abs. 1, 313 Abs. 1 RVO anzusehen sind. Während bisher nach § 313 RVO mit gutem Grund eine Vorversicherungszeit (mit Beitragszahlung) von 6 Wochen gefordert wurde, würde eine solche Versicherungszeit jetzt praktisch ganz wegfallen. Entgegen dem gesetzgeberischen Zweck wird es vielen Personen, denen es vorher praktisch versagt oder zumindest sehr erschwert war, jetzt möglich sein, trotz nur ganz kurzer versicherungspflichtiger Beschäftigung Mitglied der Krankenkasse zu werden. Die Nichtigkeit einer Vereinbarung lohnfreier Arbeitsruhe nach kurzer tatsächlicher Arbeitsleistung wird - zudem bei Ehefrauen, die sich angeblich ernstlich dem Arbeitseinsatz zur Verfügung stellen - nicht immer erkannt und bewiesen werden können. Die beabsichtigte Regelung wird auch von den Versicherten, die Wert auf eine Weiterversicherung legen, aber nicht mehr erwerbstätig werden wollen, dazu ausgenutzt werden können, daß sie vorerst einmal mit ihrem Arbeitgeber lohnfreie Arbeitsruhe von 5 Wochen vereinbaren, sodann aus dem Beschäftigungsverhältnis ausscheiden und im Anschluß hieran eine Weiterfrist von 3 Wochen zur Fortsetzung der Versicherung zur Verfügung haben. Hier wäre es nicht zu verantworten, wenn während der Arbeitsruhe Beiträge nicht bezahlt werden; die mißbräuchliche Ausnutzung der Bestimmung wird auch hierbei selten erkannt, geschweige denn nachgewiesen werden können."

Der *Reichsverband für Ortskrankenkassen* hat eine *Formulierung* vorgeschlagen, die folgendermaßen lautet: „Wer das arbeitsrechtliche Beschäftigungsverhältnis trotz Unterbrechung der Arbeitsleistung und der Entgeltzahlung fortsetzt, scheidet aus der Pflichtversicherung aus, behält aber den Anspruch auf die Regelleistungen des § 214 RVO, wenn er die Arbeit im persönlichen, betrieblichen oder öffentlichen Interesse für nicht länger als 6 Wochen unterbricht und ohne Arbeitseinkommen bleibt. Wer im eigenen Erwerbsgeschäft oder im Erwerbsgeschäft seiner Angehörigen arbeitet, ist nicht ohne Arbeitseinkommen."

Dazu sagt Herr *Hoffmeister:* „Mit dieser Fassung würde es zu den von mir erwähnten unbilligen Ergebnissen im großen Ganzen zwar nicht kommen, weil für den Anspruch auf Leistungen eine Vorversicherungszeit gefordert wird und die Zeit lohnfreier Arbeitsruhe auch nicht als Versicherungszeit gilt. Dieser Vorschlag bedürfte aber auch noch der Ergänzung dahin, daß die Frist von 6 Wochen erst nach einer tatsächlichen Arbeit von 3 bis 6 Monaten wieder zu laufen beginnt. Außerdem leidet er m.E. an einem wesentlichen Mangel. Er berücksichtigt nämlich nicht die Fälle, in denen der Versicherte wegen inzwischen eingetretener Arbeitsunfähigkeit nicht in der Lage ist, nach Ablauf der vereinbarten lohnfreien Zeit seine Arbeit wieder aufzunehmen. Wenn er auch über die lohnfreie Zeit hinaus mit Rücksicht auf seine vorher eingetretene Arbeitsunfähigkeit Anspruch auf Leistungen für diesen Versicherungsfall hat, so genießt er doch wegen der nach Ablauf der Arbeitsruhe möglicherweise noch eintretenden anderen Versicherungsfälle (Familienhilfe, Familienwochenhilfe und ähnliche) keinen Versicherungsschutz mehr. Ein solches Ergebnis, das bei dem dem Ausschuß vorliegenden Vorschlag durch die Bestimmung des § 311 RVO vermieden wird, wäre natürlich unerwünscht. Ich glaube, daß man besser dem Vorschlag des RdO nicht folgt. Es genügt m.E., wenn man den Vorschlag, der dem Ausschuß vorliegt unter Berücksichtigung der von mir aus geführten Bedenken überarbeitet."

Dann kommt der Vorschlag zu *§ 383* nach der Formulierung der Kommission. Er soll einen neuen *Abs. 3* erhalten: „Für die Zeit einer lohnfreien Arbeitsruhe sind während des Bestehens der Versicherungspflicht (§ 165 Abs. 3) keine Beiträge zu entrichten, sofern die Dauer der lohnfreien Arbeitsruhe über eine Woche hinausgeht. § 317 Abs. 1 Satz 2 gilt entsprechend. Der Reichsarbeitsminister kann Abweichendes bestimmen."

Der *§ 181*, der bisher gar keinen Wortlaut hatte, soll folgendermaßen gefaßt werden: „Während der Zeit einer lohnfreien Arbeitsruhe (§ 165 Abs. 3), für die nach § 383 Abs. 3 keine Beiträge zu entrichten sind, werden die baren Leistungen nach dem Grundlohn bemessen, der unmittelbar vor der Arbeitsruhe gegolten hat. Ist nach der Satzung als Grundlohn der auf den Kalendertag entfallende Teil des Arbeitsverdienstes im Durchschnitt einer bestimmten Zeit vor Eintritt des Versicherungsfalles anzusehen, so ist, wenn in diese Zeit lohnfreie Arbeitsruhe fällt, der Arbeitsverdienst zugrunde zu legen, der in der satzungsmäßig bestimmten Zeit bei tatsächlich geleisteter ununterbrochener Arbeit erzielt worden wäre. - Für die Ermittelung des Grundlohns zwecks Berechnung der Barleistungen der Wochenhilfe kann die Satzung eine besondere Regelung treffen." Das letztere habe ich mit Rücksicht auf den Erlaß des Reichsarbeitsministers angefügt.

Zu *§ 214 Abs. 3* wird folgender *Zusatz* vorgeschlagen: „Der Anspruch aus § 214 fällt auch weg, wenn dem Ausscheiden wegen Erwerbslosigkeit 6 Wochen lohnfreier Arbeitsruhe (§ 165 Abs. 3) für die nach § 383 Abs. 3 keine Beiträge zu entrichten waren, unmittelbar vorausgegangen sind."

Schließlich erhält *§ 382* folgende *Fassung:* „Versicherte, die vorübergehend einen geringeren Lohn beziehen, können zu dem bisherigen Grundlohn versichert bleiben, wenn sie den Mehrbetrag des Beitrags selbst übernehmen oder wenn der Arbeitgeber zustimmt."

Diesen Paragraphen würde ich auch für zweckmäßig halten, wenn man im übrigen nichts ändert. Daß das jetzt an eine Satzungsbestimmung gebunden ist, halte ich für praktisch.

Dann sagt *Hoffmeister:* „Durch den Zusatz zu § 214 Abs. 3 RVO soll zwar eine zu weitgehende Inanspruchnahme der Krankenkasse ausgeschlossen werden. Dies scheint mir aber nicht ausreichend zu sein, weil nur darauf abgestellt ist, daß der Erwerbslosigkeit lohnfreie Arbeitsruhe nicht *unmittelbar* voraufgegangen sein darf. Die Fälle der §§ 195 , 205, 205 a und 208 liegen insofern günstiger, als bei ihnen längere Vorversicherungszeiten als 6 Wochen gefordert werden. Es könnte also m.E. hingenommen werden, daß die Zeit lohnfreier Arbeitsruhe als Vorversicherungszeit im Sinne dieser Bestimmungen gilt."

Dann: „c) Daß ein Wegfall der Barleistungen nicht vorgesehen ist, löst - wenigstens bei einem Teil der möglichen Fälle - Bedenken aus. Wer Erholungsurlaub nimmt, rechnet von vornherein damit, daß er während dieser Zeit ohne Verdienst ist. Ihm Krankengeld für die Dauer der beabsichtigten Unterbrechung zu zahlen, falls er während des Erholungsurlaubs arbeitsunfähig wird, erscheint daher sinnwidrig. Anders wäre es natürlich bei längerer Arbeitsunfähigkeit mit der Krankengeldzahlung für die spätere Zeit, weil hier tatsächlich ein Verdienstausfall vorliegt. Ich bin mir bei dieser Frage im klaren darüber, daß eine angemessene Regelung schwer zu finden sein wird, weil dann die Ansprüche der Versicherten zum Teil noch hinter denen des § 214 RVO zurückbleiben würden."

Das hatte ich schon gesagt und deshalb die Regelung abgelehnt.

Vorsitzender: Ich danke Herrn Kühne herzlichst und darf Herrn Dersch bitten, kurz als Korreferent zu den Ausführungen Stellung zu nehmen.

Dersch: Um Wiederholungen zu vermeiden, darf ich mich kurz fassen. Ich mache keinen Hehl daraus, daß ich in der Sitzung des kleinen Ausschusses, in der ich das Referat hatte, unbedingt der Ansicht war, hier empfehle sich eine gesetzliche Änderung, und zwar auch angesichts derjenigen Sonderregelungen, die schon einen großen Teil des Fragenkomplexes erledigt haben. Ich bin aber ebenso offen, daß mich das, was mir jetzt an neuem Material herangetragen worden ist, recht bedenklich stimmt in der Frage, ob das der richtige Weg ist. Wir werden uns hier sowohl den primären wie auch den sekundären Vorschlag sehr gründlich noch einmal vor Augen halten und durchberaten müssen.

Was zunächst den primären Vorschlag des Herrn Kühne anlangt, es bei der bisherigen Regelung zu belassen, so kann es sich dabei zunächst nicht um die Fälle handeln, bei denen das Beschäftigungsverhältnis ohnedies nach der Rechtsprechung des Reichsversicherungsamts abgebrochen ist. Mit denen haben wir es gewiß nicht zu tun. Ich möchte hinzusetzen: In diesem Punkte wird man auch wohl wenig Bedenken haben können gegenüber der expansiven Behandlung, die das Reichsversicherungsamt diesem Begriff gegeben hat. Ich meine damit nicht die Entgeltlichkeit, sondern das andere Element der Versicherungspflicht nach § 165. Da wird man weniger Bedenken haben können, daß wir da immer reichlich expansiv gearbeitet haben, obwohl man sich gewiß bei manchen Entscheidungen von allem anderen abgesehen die Frage vorlegt: „Na, ob nicht endlich einmal der Rahmen etwas enger gespannt werden sollte!" Aber das mag dahingestellt bleiben; es spielt hier nicht die große Rolle. Dagegen das zweite Element, das für die Versicherungspflicht nach dem § 165 notwendig ist, also die Entgeltlichkeit des geschäftlichen Verhältnisses. Das ist eine Frage recht zweifelhafter Natur. Ich habe mir vom ersten Augenblick an, als ich im Versicherungsamt praktisch mit diesen Fragen zu tun hatte, gesagt: Wozu eigentlich diese glatte Fiktion? Denn das Beschäftigungsverhältnis ist zwar, wenn ich es strecke und fortdauern lasse, damit noch nicht ohne weiteres auch ein entgeltliches. Ich muß zu dem zweiten Aushilfsmittel greifen und muß, wenn der Betreffende in der Zeit nichts bekommt, nun durch eine reine Fiktion diese Zeit nicht als einen leeren Raum ansehen, sondern das Beschäftigungsverhältnis, das vorher entgeltlich war und nachher wieder entgeltlich sein wird, fiktiv als entgeltlich fortbestehend betrachten. Das ist die Schwierigkeit, die sich hier ergibt und um die wir nicht herumkommen, auch dann nicht, wenn wir uns etwa auf den primären Vorschlag einigen würden, es so zu belassen, wie es ist. Denn dann ergeben sich immer reichlich Schwierigkeiten, die nach meinem persönlichen Eindruck durch die Rechtsprechung noch nicht ganz überwunden sind. Also meine ich: Man kann schon darüber reden, diese Fiktion eines entgeltlichen Beschäftigungsverhältnisses Platz greifen zu lassen.

Dann entstehen die Fragen, die ich eben als immerhin noch zweifelhaft andeutete, und zwar zunächst die Frage: Wie lange kann ich fiktiv diese Entgeltlichkeit strecken? Da ist nach meiner Ansicht das Reichsversicherungsamt ungeheuer weit gegangen. In der öfters zitierten Entscheidung aus dem Jahre 1924 ist nach meiner Erinnerung über einen Monat hinaus, nämlich 31 Tage, angenommen worden. In anderen Entscheidungen, die nicht veröffentlicht sind, spukt es auch herum, daß es sogar darüber hinausgehen könnte bis zu der von Herrn Präsidenten Kühne schon erwähnten Höchstgrenze, wo gesagt wurde: Bei 6 Wochen geht es nicht. Aber innerhalb dieser Spanne ist immer noch eine reichliche Unsicherheit, und manche neigen dazu, erheblich über die 4 Wochen hinauszugehen, während andere sagen: Darüber hinaus geht es nicht. Wenn wir uns auf den primären Vorschlag einigen würden, wäre es schon zweckmäßig, es einmal unter die Lupe zu nehmen, ob man nicht die Streckung der Entgeltlichkeit mit einer gewissen Bremse versehen soll. Denn das hat auch keinen Zweck, fast ins Uferlose hineinzugeraten, nachdem das Ganze nur zu einer Fiktion wurde, die man aufstellte, weil man dem Betreffenden in der Zeit, wo er kein Entgelt bekommt, sozial trotzdem genauso betreuen wollte wie vorher. Er soll nicht schlechter fahren, wenn er aus irgendwelchen Gründen heraus aus der Entgeltlichkeit des Beschäftigungsverhältnisses herausgerissen wird. Dabei schwebte ursprünglich gewiß in der Mehrzahl der Fälle vor, daß er persönlich nichts dazu kann, während es sich hier allmählich so entwickelt hat, daß in der Hauptsache die Fälle übrig bleiben, in denen er subjektiv den Wunsch hat, für eine gewisse Zeit aus der Beschäftigung heraus zu kommen, und sagt: Ich bin damit einverstanden, daß ich für diese Zeit kein Entgelt erhalte. Das wäre der erste Punkt, den ich noch etwas ausführlicher kritisch zu prüfen bitte, ob, falls man bei der Rechtsprechung bleiben will, es nicht angebracht wäre, eine kleine Begrenzung - ich will nicht sagen: nach rückwärts, aber wenigstens dann im Rahmen der Entscheidung vom Jahre 1924 zu ziehen, damit keinesfalls darüber noch hinausgegangen wird, etwa bis knapp an die 6 Wochen heran. Die Krankenkassen reden ja ihrerseits auch meistens, soweit man sie hört, immer nur von 3 Wochen, die sie allenfalls schlucken würden.

Punkt 2! Es erscheint mir als eine der schwierigsten Fragen: Wenn man es bei der Rechtsprechung belassen und insbesondere an die Kühne'sche Entscheidung aus dem Dezember des vergangenen Jahres anknüpfen würde, so würde das bedeuten, daß die Beiträge in der entgeltlosen Zeit nicht vom Unternehmer, auch nicht vom Gefolgschaftsmitglied allein, sondern nach dem regulären gesetzlichen Ausfall zu tragen wären. Da könnte man schon sagen: Der Unternehmer wird es allenfalls auf sich nehmen können, obwohl in diesem Punkt auch schon Bedenken aufgetaucht sind und gerade die Unternehmer gesagt haben: In der Zeit, in der wir keine Arbeitsleistung bekommen, sollen wir noch unseren Anteil am Beitrag zahlen, also eine neue soziale Last auf uns nehmen. - Das ginge immerhin gerade noch. Aber persönlich habe ich nach wie vor gewisse Bedenken, ob es gerechtfertigt ist, die Beitragsleistung für diese betreffende Zeit dem Gefolgschaftsmitglied aufzubürden in der Erwägung, daß er ja doch im Wege des Lohnabzugs aus dem Lohn, den er nachher bekommt, diesen Betrag zu leisten hat. Daß er ihn irgendwie aus eigener Tasche zahlt, kommt ja nicht in Frage. Das bedeutet praktisch, worauf neulich in der Sitzung des engeren Ausschusses schon hingewiesen wurde, daß der Betreffende bei der Lohnzahlung, die nach diesem Zeitraum stattfindet, erstens den Lohnabzug bekommt, den er sich für den dann fälligen Kassenbeitrag machen lassen muß, und daß er zweitens noch nachträglich die Rückstände hat. Wir kommen damit zu einer recht fühlbaren Belastung für das Gefolgschaftsmitglied. Davor können wir die Augen nicht zumachen. Es fragt sich nur: Kann man sozial, nachdem jetzt gegenüber den früheren Regelungen, wo dieser Zustand nach meiner Auffassung untragbar war, so viele Sonderregelungen gekommen sind, noch sagen: Der Hauptstachel ist jetzt genommen; denn nach den Sonderregelungen hat der Unternehmer ohnedies schon für diesen Teil den Beitrag zu tragen. Das, was also übrig bleibt, wird 100%ig nur so gestaltet sein, daß der Betreffende auf seinen eigenen Wunsch kein Entgelt haben will, seinen Urlaub bekommt und sich dann sagen muß: Ich muß mir diesen doppelten Abzug gefallen lassen; ich habe ja auch den Vorteil davon! Wenn ich den guten Tropfen habe, bleibt mir auch der schlechte Tropfen in diesem Falle nicht erspart. - Ich sage ganz offen, daß ich jetzt gegenüber der Sitzung von neulich in diesem Punkt doch recht schwankend geworden bin. Ich hielt es damals noch für absolut untragbar. Aber nachdem ich mir die Regelung habe durch den Kopf gehen lassen, ob es wirklich so viel Fälle sind, die da noch übrig bleiben, meine ich, es sind tatsächlich nicht so viele Fälle, und man muß, wenn man gerecht sein will, auch das berücksichtigen: Wenn jemand aus eigenwirtschaftlichen Interessen heraus sich gewissermaßen zu dem Urlaub drängt, so ist das etwas ganz anderes, als wenn er den Erholungsurlaub nimmt, den er nach dem Tarif zu beanspruchen hat, wo bekanntlich die Rechtsprechung des Reichsarbeitsgerichts dahin geht, daß es im wesentlichen nichts Eigenwirtschaftliches mehr ist, sondern daß er damit sogar eine Pflicht erfüllt, die er im Interesse der Allgemeinheit und der Volksgemeinschaft an sich hat. Diese Frage müssen wir also noch genauer prüfen.

Es handelt sich um relativ wenige Fälle, die noch übrig bleiben. Es bleiben aber doch noch Stillegungsfälle übrig, auch Fälle von Schlechtwetterregelung. Das ist vom Gesetz besonders erfaßt, auch durch Tarifverordnungen besonderer Art erfaßt. Ich kann mir aber auch noch Fälle denken, wo ein Betrieb für eine gewisse Zeit zumacht und nun eine Vereinbarung dahin getroffen wird, daß kein Entgelt bezahlt wird, wo wir aber sagen: Trotzdem müssen Krankenkassenbeiträge gezahlt werden. Über diese Schwierigkeit komme ich noch nicht so recht hinweg. Vielleicht können wir da noch einen Ausweg finden.

Das wäre das Zweite, was mir bei der Belastungsfrage reichlich prekär erschien, aber doch etwas mehr im Verhältnis zu der Sitzung von neulich in der Zielrichtung, daß man sich doch wohl mit der Rechtsprechung abfinden könnte. Dabei bitte ich, noch einmal zu prüfen: An sich wäre nach der Rechtsprechung derjenige Verdienst zugrunde zu legen, der in der Zeit vorher bezogen worden ist, und zwar vor dem Versicherungsfall, wollen Sie sagen, Herr Kollege Kühne. Wenn nun aber kein Versicherungsfall eingetreten ist und der Mann kommt gesund wieder, welche Zeit wollen Sie dann zugrunde legen? Die Zeit vor dem Beginn dieser Lücke? Da setzen gewisse Schwierigkeiten ein, wenn gerade in diese Zeit eine Tarifänderung fällt oder sonstige Änderungen in der Lohnentwicklung eintreten, alle möglichen Ausfalltage kommen, oder wenn es ein Akkordarbeiter ist, der mit wechselndem Erfolg in seinem Akkord gearbeitet hat. Was lege ich da zugrunde? Das, was er zuletzt gehabt hat oder was er in der Zeit bezogen hätte? Mir würde es nicht nur liegen, ähnlich wie das Reichsarbeitsgericht bei der Berechnung des Lohnes im Urlaub des Akkordarbeiters zu arbeiten, wo das zugrunde gelegt wird, was der Mann nicht als Person verdient hätte, sondern was ein Angehöriger der Gruppe, zu der er gehört, in der Zeit im Durchschnitt verdient haben würde. Diese Variationen, die aus dem Gesichtspunkt der Gerechtigkeit sowohl nach oben wie nach unten in die Waagschale zu werfen wären, müßten hier noch berücksichtigt werden.

Ich komme zu dem Schluß, daß ich jetzt im Gegensatz zu der Sitzung des engeren Ausschusses mich sehr viel eher damit abfinden könnte, es bei der jetzigen Gestaltung zu lassen mit der Maßgabe, daß die Rechtsprechung in einzelnen Punkten noch gewisse Abschleifungen vornimmt. Eine andere Frage ist es, ob man auch in diesem Falle nicht doch den § 382 ändern muß. Das können wir vielleicht nachher noch überlegen.

Nun zu dem sekundären Vorschlag, wenn man eine Gesetzesänderung glaubt vornehmen zu sollen, an welchem Ende man da anpackt! Da bestehen an sich verschiedene Möglichkeiten. Ich brauche nicht unbedingt darauf abzukommen, eine beitragsfreie Zeit vom Gesetz einzuführen. Es könnte auch daran gedacht werden, so wie bei den Verordnungen, von denen wir gehört haben, den Unternehmer zu belasten. Ich würde das aus dem gleichen Grunde, den ich vorhin schon angeführt habe, für unzulässig und nicht für richtig halten. Ebenso unrichtig würde es mir scheinen zu sagen, da nur oder im wesentlichen nur solche Fälle übrig bleiben, in denen ein besonderes Interesse auf der Seite des Gefolgschaftsmitgliedes vorliegt, etwa das Gefolgschaftsmitglied allein mit dem Beitrag zu belasten. Das scheint mir ebenso abträglich zu sein. Es bleibt also noch übrig die Frage der Beitragsfreiheit, also eine Art Ersatzzeit, wie wir es in der Rentenversicherung schon lange haben. Da erschrickt man doch etwas, wenn man die Fassung des § 165 betrachtet, wie sie sich uns in dem vorgeschlagenen Abs. 3 darstellt. Man bekommt doch den Eindruck: Hier kann nach Belieben geschoben werden und das muß unter allen Umständen vermieden werden. Wenn man zu einer Änderung kommt, so ist allerdings der § 165 der Platz. Daß es aber dann „nach dem übereinstimmenden Willen des Arbeitgebers und des Versicherten", wie es hier heißt, das Beschäftigungsverhältnis als fortdauernd abgestempelt werden kann, geht gegen alles, was wir in der Sozialversicherung bisher kennen. Da sträubt sich uns das Haar. Wir lassen nicht die

Parteien, von Ausnahmen abgesehen, über das sozialrechtliche Versicherungsverhältnis disponieren. In gewissem Umfange haben Sie das durch die Ausgestaltung des privatrechtlichen Vortrages auch an gewissen einzelnen Stellen in der Hand, mal eine Erklärung abzugeben, aber daß man so ganz grundsätzlich sagt: Ihr könnt sagen, das Sozialversicherungs- und Beschäftigungsverhältnis gilt kraft äußerer Vereinbarung ohne weiteres fort, ohne jede besondere Kautele, das will mir nicht in den Kopf. Dagegen muß ich mich wenden und möchte bitten, dann eine andere Fassung zu finden, die nicht die Krankenkassen in diese Verlegenheit bringt. Es werden sich sonst immer Leute finden, die das ausbeuten, und dann wird in der Tat die Belastung bei den Krankenkassen eintreten, die Herr Hoffmeister für diese Fälle fürchtet. Deshalb habe ich dieses ganz erhebliche Bedenken, das im wesentlichen nur ein Bedenken bezüglich der Fassung ist. Wenn man den sekundären Weg beschreiten will, würde ich keine andere Lösung sehen als die, eine beitragsfreie Zeit durch das Gesetz selbst zu schaffen. Auf Einzelheiten möchte ich jetzt nicht weiter eingehen, sondern es bei diesen grundsätzlichen Bemerkungen vorerst bewenden lassen.

Richter: Auch ich möchte einiges Grundsätzliche sagen und mit der Ausdrucksweise beginnen, was keine Pedanterie und Schulmeisterei sein soll. Worum es sich wirklich handelt, wird einem ganz klar, wenn man die Frage auch nach der terminologischen Seite ins Auge faßt. In die Ausarbeitung ist von vornherein die Bezeichnung „lohnfreie Arbeitsruhe" hineingekommen. Ich weiß nicht, wer diesen Ausdruck erfunden hat. Ich möchte mich dagegen wenden; denn er ist in vier Punkten falsch. Zunächst nennen wir das, was da gezahlt wird oder nicht gezahlt wird, in der Sozialversicherung nicht „Lohn", sondern „Entgelt". Wenn wir von etwas sagen, es sei „frei" von etwas, so bedeutet das den Ausdruck der Freude und des Schmerzfreien. Hier soll ein Zeitraum lohnfrei sein. Das ist völlig falsch. Man freut sich nicht, daß der Mann keinen Lohn kriegt, sondern man bedauert es. Es muß heißen „lohnlos". Es ist auch keine Arbeitsruhe. Arbeitsruhe hat man während der Pause, möglicherweise während des Urlaubs, während der Nacht. Das ist hier nicht gemeint, sondern gemeint ist die Lücke, die im gewöhnlichen Ablauf des Arbeitsverhältnisses planwidrigerweise entsteht. Man müßte also von „Arbeitslücke" oder „Unterbrechung des Arbeitsverhältnisses" sprechen. Wenn man das ganze als „entgeltlose Unterbrechung des Arbeitsverhältnisses" bezeichnet, ist der Sachverhalt wirklich scharf gekennzeichnet, d.h. das Arbeitsverhältnis geht nicht in der gewohnten und dem Plane entsprechenden Weise weiter, sondern es tritt eine Unterbrechung ein, und diese ist umso größer und empfindlicher, als auch im Entgeltbezug eine Unterbrechung eingetreten ist. Durch den Ausdruck „entgeltlose" Zeit wird die Sache scharf und klar, dann wird man sich auch über die Anlässe solcher Erscheinungen viel eher klar werden.

Solche Anlässe können grundsätzlich von zweierlei Art sein: Entweder handelt es sich um Eingriffe von außen her, und als Eingreifender kommt vor allem die öffentliche Gewalt in Frage, die den Mann wegnimmt, ihn zum Heeresdienst einberuft, ihn dienstverpflichtet usw. Für alle diese Fälle haben wir positive Sonderregelungen zum Teil in Form von Rechtssätzen, zum Teil von Erlassen. Eingriffe können auch einmal durch sogenannte vis major kommen, durch irgendwelche natürlichen Ursachen, die den normalen Ablauf der Dinge stören. Das ist dann das arbeitsrechtliche Problem des Betriebsrisikos. Darauf brauchen wir hier nicht einzugehen. Von der arbeitsrechtlichen Seite der ganzen Sachlage ergibt sich dann auch die sozialversicherungsrechtliche Konsequenz.

Die andere Ursache solcher Unterbrechungen im Arbeitsverhältnis liegt im Einflußkreis der Beteiligten selbst. Da ist zu denken in erster Linie daran, daß die beiden Teile sich freiwillig verständigen, daß das Arbeitsverhältnis keine Unterbrechung erleiden soll entweder, um den Urlaub zu verlängern, ohne daß die Bezahlung verlängert wird, oder in irgendwelchen anderen Fällen, oder es handelt sich um Stillegung. Diese Arten von Unterbrechung des Arbeitsverhältnisses verdienen eine etwas nähere Beleuchtung. Unterbrechungen des Arbeitsverhältnisses aus diesem

Anlaß, wie sie früher eine sozialpolitische Krux waren, kommen heute kaum mehr vor. Sie kommen aber vor bei ungünstiger Arbeitseinsatzlage. Was sich heute hinter sogenannten Stillegungen verbirgt, ist das Hamstern von Arbeitskräften, gegen das das Arbeitsministerium Abteilung V sich immer wieder sehr nachdrücklich verwahrt hat. Aus irgendwelchen Gründen kann ein Betrieb in der bisherigen Form nicht weitergeführt werden, aber der Unternehmer will sich seine Leute über diese Unterbrechungszeit hinweg sichern und auch die Gefolgschaftsmänner wollen bei diesem Unternehmer bleiben, später dahin zurückkehren und benutzen die Zwischenzeit zu einer Pause. Wie sie diese Pause finanzieren, ist im allgemeinen undurchsichtig; aber solche Finanzierungen sind heute möglich, wo viele Leute erhebliche Verdienste haben. Kurz und gut, soweit es sich um sogenannte Stillegungen handelt, müssen wir ganz besonders vorsichtig sein. Ich wüßte nicht, was für Fälle noch in Frage kommen sollten, nachdem die Fälle, die durch Eingreifen der öffentlichen Gewalt ausgelöst werden, bereits alle ihre Regelung gefunden haben. Schon deshalb sollten wir hier sehr zurückhaltend sein. Wenn sich Leute in sogenannten Stillegungsfällen durch gegenseitiges Einvernehmen über die Unterbrechung des Arbeitsverhältnisses einigen, sollen sie sich auch über die versicherungsrechtlichen Verhältnisse einigen. Diese Frage läßt es jedenfalls nicht gerechtfertigt erscheinen, deshalb mit einem Gesetzentwurf aufzutreten. Ich hatte bei der ganzen Ausarbeitung des Herrn Präs. Kühne, als ich sie vor ein paar Tagen bekam, nicht den Eindruck, daß Herr Kühne dabei der Schuldige ist. Er hat ja selbst gesagt, sein primärer Vorschlag gehe dahin, nichts zu tun. Ich habe aber duch den Eindruck, daß irgendwelche Kräfte am Werke sind, denen es sonderbarerweise um die Kleinigkeiten geht, die an Reglementierungssucht leiden und an alle und den letzten Fall denken, der vorkommen könnte, dabei aber vergessen, daß sozial alles funktioniert, ohne daß man die letzten Einzelheiten reguliert.

Das Reichsversicherungsamt hat Fälle entschieden von einem bis zu 31 Tagen und ist einmal bis zu drei Monaten gegangen. Dabei handelte es sich nicht darum, ob man 28 oder 31 oder 35 Tage oder vielleicht mal zwei Monate als den äußersten Zeitraum ansieht, bis zu dem man das gewähren kann, sondern die wahre Erörterung geht darum, ob die Verhältnisse im Einzelfall so waren, daß man den Mann mitnehmen konnte. Soll man also solche Dinge, die sich bei den Kassen abspielen, durch Einzelbestimmungen im Gesetz abwürgen? Ich bin ganz entschieden dagegen. Wenn man innerhalb der Krankenversicherung und auch der Rentenversicherung irgend etwas neu regeln will, sei es durch Gesetz, sei es durch Erlaß, sei es auch, wenn man eine Einzelentschließung als Kassenleiter zu fassen hat, so muß man sich immer vor Augen halten, daß die Methode der Versicherung gewählt ist, und muß sich an die inneren Gesetze einer Versicherung halten. Nun mag es mit den inneren Gesetzen ganz gut verträglich sein, wenn man sagt: Ich schleppe das Versicherungsverhältnis als ein gesund aussehendes mit hin, aber der Gesetzgeber kommt und schreibt vor: Bis zu 6 Wochen besteht das Versicherungsverhältnis fort, aber Beiträge dürfen nicht erhoben werden. Auf der anderen Seite bleiben die Leistungen nach der alten hohen Berechnungsgrundlage bestehen. Dann hat der Gesetzgeber die Pflicht, sich die Versicherungsfolgen zu überlegen und für die anderweitige Bedeckung zu sorgen. Das hat er bei den Sonderregelungen auch immer getan. Der Unternehmer kann den Beitrag weiterzahlen. Bei der Schlechtwetterregelung wird aus dem Reichsstock etwas ersetzt, bei der Fliegeralarmregelung 90%, und in anderen Fällen hilft der Gesetzgeber mit § 209 b und gibt Reichsmittel. Davon ist hier nicht die Rede. Das dürfen wir einfach nicht machen.

Nun noch ein paar kleine Punkte. Wir haben eine Grenze hinsichtlich der Unterbrechung des Arbeitsverhältnisses, die bei Null liegt, ausnahmsweise bei 7 Tagen. Wenn wir diese beiden Grenzen streichen und statt dessen eine Grenze von 6 Wochen hineinschreiben, 42 Tage, dann hat man den ganzen Rattenkönig von Grenzfällen und prinzipiell genau dieselben Bedenken wie vorher, während jetzt die elastische Rechtsprechung des Reichsversicherungsamts und die Kassenpraxis über diese Grenzfälle hinwegkommt. Unbillig erscheint es mir auch, wenn man nach einer

Unterbrechungszeit als Art Äquivalent § 214 streichen will. Man hilft doch den Leuten nicht über diese Zeit hinweg, wenn man hinterher etwas abschneidet, was sie nach dem bisherigen Recht hätten. Ich kann mich also mit dem sekundären Vorschlag sehr wenig einverstanden erklären und bin mit größter Wärme für den primären Vorschlag des Herrn Kühne, und zwar umso mehr, weil die Praxis heute nicht nur schlecht und recht mit den Fällen fertig wird, sondern weil sich - abgesehen von den Neuigkeiten, die im Kriegsverlauf hier und da aufgetaucht sind -, die Praxis völlig reibungslos abgespielt hat, weil sich hier, versteckt in den Falten von §§ 317 bis 382 eine soziologische Erscheinung in erheblichem Umfange abspielt, auf die ich zum Schluß Ihr Augenmerk richten möchte.

Das ist nämlich das, was ich bezeichnet habe als die soziologische Erfahrung von der Selbstausscheidung der unbedeutenden Fälle. Es passiert nicht nur hier, sondern auch in anderen Zusammenhängen im Arbeitsleben haben die formalen Bestimmungen gar nicht an manche Fälle gedacht. Trotzdem wird es hier nicht streitig, ob der betreffende Fall in eine formale Bestimmung gehört, sondern die Leute machen es aus der Lebenserfahrung heraus richtig. Der Prüfer kann nicht dauernd im Betriebe sitzen und alles durchprüfen, und dann schleichen solche Fälle durch. Das ist gut so. Man sollte dieses soziologische Gesetz in seinem Spielraum nicht durch künstliche Schranken einengen. Gewohnheitsrecht verbieten zu wollen, hat rechtshistorisch nie etwas genutzt, und wenn wir hier so etwas machen wollten, wird uns eine Generation später bescheinigen, daß wir auf einen Weg getreten sind, der zu keinem Ziele führt.

Schäfer: Ich bin durchaus mit den Herren einverstanden. Schon in der kleinen Kommissionssitzung in Berlin im Januar trug Herr Anders zu Eingang ein Referat vor, das er sich von einem meiner Mitarbeiter hatte ausarbeiten lassen, das denselben Gedanken zum Ausdruck brachte: Wozu brauchen wir hier vom Ausschuß aus das anzuregen? Für uns geziemt sich eine gewisse Bescheidenheit. So war ich in der Kommissionssitzung still. Beim Hinausgehen habe ich aber noch mit den Herren Kühne und Heinze darüber gesprochen. Wir waren damals der Meinung: Am besten ist es, es bleibt, wie es ist. Zwischenzeitlich sind ja die großen Sondergebiete der entgeltlosen Arbeitsunterbrechung zur Zufriedenheit geregelt. Es bleibt nur der Fall, wo im beiderseitigen Einvernehmen die Betriebsunterbrechung eintritt, und da kommt man mit der elastischen Rechtsprechung des Reichsversicherungsamts durchaus aus. Man kann mit Herrn Dersch Zweifel haben, ob die Fiktion nicht zu weit geht und ob man hier nicht etwas bremsen soll. Nun ist es nicht unsere Aufgabe, Bremsen anzulegen. Nach meiner Ansicht braucht man dabei nichts zu ändern. Man kann es beiden Teilen überlassen, sich zu schützen. Die Rechtsprechung ist ausreichend. Für die Rentenversicherung ist kein Bedürfnis hervorgetreten, irgend etwas für diese entgeltlose Arbeitsunterbrechung zu regeln. Was Herr Prof. Richter als den gesunden Sinn der Beteiligten bezeichnet hat, hat sich auch hier geäußert. Aus meiner 27jährigen Praxis kann ich mich nicht entsinnen, daß der Fall zur Sprache gekommen ist. Wenn der Betriebsführer jemand drei Monate beurlaubt, so ist er sich klar, daß beide Teile aus eigener Tasche zahlen müssen, oder wenn der Mann im Interesse des Werkes weggeschickt wird, so zahlt eben der Betrieb. Wir haben auch die Grenze von einem Monat. Jedenfalls liegt für die Rentenversicherung ein Bedürfnis nicht vor, hier etwas zu ändern. Für die Krankenversicherung möchte ich das auch verneinen. Ich halte es auch nicht für glücklich, einen Paragraphen, den wir erfreulicherweise gestrichen haben, mit einem neuen Inhalt zu erfüllen. Einzig § 382 kann der Gesetzgeber gelegentlich ändern, vielleicht auch den Beitrag zum Arbeitsstock beseitigen.

Lauterbach: Herr Schäfer hat schon betont, daß wir, die wir nicht auf dem Gebiete der Krankenversicherung tätig sind, mit einer gewissen Vorsicht an diese Fragen herangehen sollen. Als ich die Vorschläge durcharbeitete, habe ich mich zum Schluß gefragt: Wird nicht die ganze Gesetzesmaschinerie um ein Nichts in Bewegung gesetzt? Ich kann mich nur dem anschließen, was ausgeführt wurde: Als unbefangener Außenstehender würde ich es bedauern, wenn man den Gesetzgeber mit solchen Fragen befassen würde, die von der Rechtsprechung viel elastischer geregelt werden können. Ich kann mich also grundsätzlich dem anschließen, was die Herren übereinstimmend gesagt haben.

Vorsitzender: Wenn ich selbst etwas dazu sagen darf, so scheint mir die Frage, ob das Versicherungsverhältnis fortbesteht oder nicht, befriedigend gelöst zu sein. Ich bin zwar auch der Ansicht von Herrn Dersch, daß man in diesem Punkte nicht zu weitherzig sein sollte, sondern man sollte sich einmal überlegen, ob man nicht auch in der Beziehung ein klein wenig bremsen kann. Aber hierin brauchen wir uns als Akademie für Deutsches Recht überhaupt nicht einzuschalten. In der Beziehung sind bisher meines Wissens keinerlei Klagen laut geworden. Aber in dem einen Punkt müssen wir irgendeinen Ausweg suchen, nämlich in der Frage nicht, ob Kassenleistungen zu gewähren sind, sondern wie der Beitrag zu berechnen ist. Grundsätzlich bin ich auch der Auffassung, daß man jede Möglichkeit erschöpfen sollte, den Kassen wenn nicht den ganzen, so doch wenigstens einen Teil des Beitrages zuzuführen. Das ist auch bei all den Regelungen geschehen, bei denen es sich um Betriebsstillegungen durch Eingreifen der öffentlichen Gewalt oder durch sonstige Eingriffe wie Schlechtwetterregelung gehandelt hat. In allen diesen Fällen hat man den Krankenkassen einen gewissen Beitrag gewährleistet, entweder daß der Unternehmer einen Teil oder alles zu tragen hatte oder daß das Reich selbst mit eigenen Mitteln einsprang. Aber in den Fällen, die hier übrig geblieben sind, kommen wir doch als Ergebnis der Rechtsprechung dazu, daß der Beitrag unter allen Umständen zu zahlen ist, und zwar von beiden Teilen zu zahlen ist, es sei denn, daß nicht eine anderweitige Vereinbarung zwischen Betriebsführer und Gefolgschaftsmitglied getroffen ist. Daß jedenfalls auch bei einer länger andauernden Betriebsruhe schließlich nach Beendigung dieser Ruhe der volle Beitrag nicht nur von dem Arbeitgeber, sondern insbesondere vom Versicherten erhoben wird, scheint mir allerdings unbefriedigend zu sein. Denn ich kann mir nicht denken, daß es möglich ist, daß ein Versicherter, der 4 oder 6 Wochen ausgesetzt hat, wenn er wieder tätig wird, nicht nur den Beitrag zahlt, der auf die künftige Lohnperiode fällt, sondern auch noch den Beitrag, der in der Vergangenheit fällig geworden ist, mit tragen kann. Ich persönlich würde viel eher geneigt sein zu sagen: In den Fällen länger andauernder Betriebsruhe, wobei ich Fälle von über drei Wochen als „länger andauernd" bezeichnen möchte, besteht auch kein Versicherungsverhältnis, daß ich umgekehrt auf dem Wege über die Rechtsprechung bei Betriebsruhe bis zu 6 Wochen den Fortbestand des Versicherungsverhältnisses annehme, aber in konsequenter Durchführung dieses Grundsatzes auch den beiden Parteien die vollen Beiträge auferlege. Ich möchte bitten, daß sich die Herren zu diesem Punkte äußern. Vielleicht können wir uns in den Nachmittagsstunden damit befassen. Insbesondere müßten wir noch einmal genauestens untersuchen, ob man da nicht unter Berücksichtigung und Beibehaltung der Grundsätze des Reichsversicherungsamts Mittel und Wege finden kann, um die Beitragslast für beide Teile oder mindestens für den Versicherten möglichst zu senken.

Kühne: Schon dadurch würde ja eine ganz wesentliche Entlastung eintreten, wenn wir uns in allen Fällen auf den Standpunkt stellen, daß der Beitrag zum Reichsstock wegfällt. Das, was dann übrig bleibt, ist nach meinem Dafürhalten tragbar.

Vorsitzender: Denken Sie besonders an die Fälle bis zu 6 Wochen. Das Reichsversicherungsamt würde vielleicht sogar bereit sein, bis zu zwei Monaten zu gehen.

Kühne: Ungern. Wir haben in dem konkreten Fall 31 Tage gehabt. In die Entscheidung ist hineingeglitten, es könnten mal 5 Wochen sein. Aber schon dabei ist uns nicht wohl. Die Monatsfrist ist das Höchste, was man nehmen sollte. Darüber hinauszugehen, wäre inopportun. Das Versicherungsband reißt dann entzwei. Man kann nicht verantworten, daß in dieser Zeit die Arbeitskräfte thesauriert werden.

Schäfer: Aus dem Gesichtspunkt, den Arbeiter ganz abzuwürgen. Dann verhindert man das.

Richter: Er muß sehen, wie er es wieder hereinbringt. Dagegen wird der Arbeitnehmer stoßen, und darin liegt schon die Selbstregulierung.

Kühne: Im Reichsversicherungsamt besteht bestimmt die Tendenz, die Zeit eher etwas knapper zu nehmen, als die Frist auszudehnen.

Vorsitzender: Das wäre m.E. auch das richtige. Vielleicht können wir uns bis heute nachmittag diese Frage für uns überlegen. Mir fällt ein: Vielleicht könnte man in gewissen Fällen einen halben Beitrag verlangen, um den Kassen etwas zuzuführen und sie zum Teil zu entlasten.

Dersch: Wenn man ganz tabula rasa machen wollte, hätte ich es für erwägenswert gehalten, § 214 sinngemäß auf solche Fälle anzuwenden, und hätte die gesetzliche Regelleistung gegeben, wenn es auch kein Ausscheiden wegen Erwerbslosigkeit ist.

Diese Lösung hätte das Reichsversicherungsamt von Anfang an nehmen müssen.

(*Mittagspause.*)

Nachmittagssitzung. (Beginn: 15 Uhr.)

Vorsitzender: Ich eröffne die Nachmittagssitzung. Wir setzen die Diskussion von heute morgen fort.

Aus den Ausführungen der Herren glaube ich herauszuhören, daß man allgemein und grundsätzlich in den zur Erörterung stehenden Fällen eine gesetzliche Regelung nicht für erforderlich hält; vielmehr wird man mit der vom RVA bisher entwickelten Rechtsprechung auskommen. Trotzdem bitte ich, das Spezialthema zu erörtern, ob nicht evtl. eine Regelung von der Beitragsseite aus im Verordnungs- oder Gesetzeswege sich als notwendig erweist. Schon heute morgen wies ich darauf hin: Die größte Schwierigkeit erblicke ich darin, daß nach einer Unterbrechung des Arbeitsverhältnisses sowohl die laufenden als auch die inzwischen angefangenen Beiträge von beiden Vertragspartnern erhoben werden. Diese Tatsache kann zu unbilligen Härten Anlaß geben. Ich darf daher bitten, gerade dieser Frage Ihr besonderes Augenmerk zuzuwenden und vor allem die Frage zu untersuchen, ob sich nicht doch nach dieser Richtung hin eine positive Regelung empfiehlt.

Dersch: Eine Frage: Dieser Vorschlag erscheint zunächst auf den ersten Blick sehr diskutabel. Aber denken Sie auch daran, daß eventuell die Leistungen verkürzt werden sollen? Oder gehen Sie davon aus, daß die Leistungen auf jeden Fall die vollen Leistungen sein sollen, wie sie jeder andere Versicherte auch erhält?

Vorsitzender: Zunächst möchte ich davon ausgehen, daß die vollen Leistungen zu gewähren sind.

Dersch: Mir kam eben der Gedanke, daß wir eine gewisse Parallele in den sogenannten Halbversicherten in der Angestelltenversicherung haben. Freilich ist hier das rechtliche Fundament anders. Hier hat der Versicherte noch eine Lebensversicherung und muß eine Prämie dafür zahlen. Das Korrektiv liegt aber darin, daß der Versicherungsträger nur die kürzeren Leistungen zu zahlen hat, die den kürzeren Beiträgen entsprechen. Stellt man sich in unserem Fall die Lösung so vor, daß in der Zeit der Arbeitsunterbrechung die zwei Drittel, die das Gefolgschaftsmitglied zu zahlen hätte, wegfallen und der Arbeitgeber nur ein Drittel weiterzuzahlen hat, so entsteht daraus, wie mir scheint, eine entsetzliche Rechnerei, zumal man bei Sachleistungen schwer solche Differenzierungen vornehmen kann.

Vorsitzender: Die Frage ist, ob die bisherige Regelung beiden Parteien zumutbar ist. Kommt man auf diese Regelung ab, so ist für eine anderweitige Lösung des Problems kein Raum mehr. Man hat aber heute morgen Bedenken geäußert, daß die vollen Beiträge beiden Parteien auferlegt werden.

Kühne: Das RVA hat diese Frage in einer Entscheidung erörtert, die gewissermaßen das Gegenstück der Frage behandelt, die wir heute vormittag besprochen haben. Dort handelte es sich um die Leistungsseite; hier war das Problem von der Beitragsseite her gegeben. Hierbei ging das RVA, ohne sich zu sehr den Kopf zu zerbrechen, von dem Grundsatz aus: Was der Leistungsseite gerecht ist, muß der Beitragsseite billig sein; der Leistung müssen entsprechende Beiträge gegenüberstehen. Man könnte sich folgendes Korrektiv vorstellen: Entweder zahlt der Arbeitgeber weiterhin ein Drittel, der Arbeitnehmer zwei Drittel; oder aber der Arbeitnehmer wählt für sich Beitragsfreiheit, während der Arbeitgeber sein Drittel zahlt. Dann erhält der Arbeitnehmer nur Sachleistungen; die Barleistungen fallen ganz aus. Das dem Werte nach auszurechnen, halte ich für unmöglich. Die Barleistung ist das, was die Kasse als besondere Belastung empfindet. Ich könnte mir denken, daß man nach der herrschenden Theorie, wonach das Krankengeld Ersatz für ausgefallenen Lohn ist, das Krankengeld fallen läßt und nur Sachleistungen gibt. Der Versicherte kann aber auch die Volleistungen wählen, dann freilich muß er sich auf irgendeine Weise damit abfinden, die zwei Drittel weiter aufzubringen.

Richter: Man muß sich vergegenwärtigen: Wie spielt die Geschichte sich in der Praxis ab? Den Ausführungen Kühnes entnehme ich, daß der Fall in der Regel praktisch wird bei den Leistungen, und das ist auch durchaus wahrscheinlich. Man nehme folgenden Fall: Jemand ist in die Unterbrechung des Arbeitsverhältnisses eingetreten; er hat sich dabei überhaupt nichts gedacht. Nun wird er krank; er geht zur Kasse und macht geltend: Bitte schön, ich war gar nicht richtig ausgeschieden; es war bloß eine Unterbrechung; gebt mir das Krankengeld. - Was wäre sonst eingetreten? Wäre der Mann nicht krank geworden, dann hätte er die Arbeit nach Abschluß der Unterbrechung wieder aufgenommen, und der Arbeitgeber hätte die Beiträge wieder bezahlt. Dabei hätte die Kasse gemerkt, daß der Arbeitgeber den Gefolgsmann gar nicht abgemeldet hatte, und hätte die Beiträge hereingeholt. Oder es hätte sich herausgestellt, daß er ihn nachträglich abgemeldet hätte. Damit wäre auch formell alles gut gewesen.

Ich möchte mich in den Mechanismus der ganzen Sache etwas mehr vertiefen. Geschieht gar nichts, schaffen wir also keine gesetzliche Regelung für das Problem, dann werden die Fälle in der Regel so verlaufen: Meist werden die Leute nicht wissen, daß das Arbeitsverhältnis unterbrochen werden kann; der Arbeitgeber wird den Mann abmelden. Damit ist das Versicherungsverhältnis unter allen Umständen begraben. Man kann nicht hinterher sagen, die Abmeldung sei falsch gewesen usw. Nun will man ein Hebelwerk einbauen: In dem Augenblick, wo das Arbeitsverhältnis unterbrochen wird, sollen die Leute erklären können: Wir wollen während dieser Zeit versichert bleiben, und zwar entweder in voller Höhe mit Krankengeld oder in reduzierter Höhe ohne Barleistung. Das würde aber bedeuten: In dem Augenblick der entgeltlosen Unterbrechung des Arbeitsverhältnisses würde doch nicht einfach das Versicherungsverhältnis zusammen mit dem Arbeitsverhältnis grundsätzlich weiterbestehen, sondern es würde hier etwas eingebaut, was auf eine Weiterversicherung hinausläuft. Wir würden also eine konstruktive Neuerung schaffen. Ob wir diese Neuerung überhaupt brauchen, erscheint mir zweifelhaft. Vielleicht knüpft man an § 382 an, dessen engbrüstige Fassung man etwas ausdehnt. Es fragt sich nur, ob man bei dem „geringeren Lohn" immer noch an einen zu zahlenden und vorhandenen Lohn denkt oder aber ein einen Lohn gleich Null, um in der alten Lohnstufe zu bleiben. Ich hätte kein Bedenken, hier bis auf Null herunterzugehen. Mit der Entgeltlichkeit ist es überhaupt so eine Sache. Man könnte den Gedankengang des § 382 so auffassen: Mag es Zeiten geben, wo der Arbeitnehmer gar nichts erhält, sofern nur das Band des Arbeitsverhältnisses fortbesteht, schadet das nicht. Ich würde mich nicht scheuen, diesen Schritt auch gesetzgeberisch zu tun und zu sagen: „... vorübergehend einen geringeren Lohn oder gar keinen Lohn beziehen ...". Notwendig ist nur, daß die Beteiligten, also Arbeitnehmer und Arbeitgeber, sich über das Fortbestehen des Versicherungsverhältnisses verständigen. Dann bliebe nur noch § 317 glattzuziehen; auch diese Vorschrift ist zu eng gefaßt. Die

Erinnerungsmeldung kann unterbleiben, wenn die Arbeit für kürzere Zeit als eine Woche unterbrochen wird und die Beiträge fortbezahlt werden. Hier kann man das Wort „Woche" weglassen und einfach sagen: „... wenn die Arbeit für verhältnismäßig kurze Zeit unterbrochen und von der Möglichkeit des § 382 Gebrauch gemacht wird." Alles andere läuft dann ganz glatt. Dann ist auch das Bedenken beseitigt, das der Vorsitzende mit Recht geltend gemacht hat: Daß nämlich die Beitragszahlung für den Arbeitnehmer zu hart ist. Über diese Frage müssen sich Arbeitgeber und Arbeitnehmer verständigen.

Vorsitzender: Ich habe das Empfinden, daß es sich hier nur um eine ganz bescheidene Zahl von Fällen handeln kann. Wir kommen immer mehr zu dem Ergebnis, eine gesetzliche Regelung ist hier nicht notwendig. Das Referat von Kühne hat erst so ganz klar gezeigt, wie eng das Thema ist.

Wir werden also in unserem Gutachten vielleicht doch zu dem Ergebnis kommen, daß unser Ausschuß einen Anlaß für eine gesetzliche Regelung nicht sieht. Es ist schon viel gewonnen, wenn wir das Problem als Ganzes aufzeigen und feststellen, wo die Lücke ist. Gleichzeitig müssen wir aber sagen: Die Lücke ist so unbedeutend, daß wir einen Anlaß zur gesetzlichen Regelung nicht sehen. Hierbei wäre allerdings an die Möglichkeit des Wahlrechts zu denken. Es bleibt generell dabei, daß das Arbeits- und damit das Versicherungsverhältnis fortbesteht; aber es besteht die Möglichkeit, daß beide Parteien sich in anderer Richtung verständigen können.

Kühne: Hier ist auch noch der Gesichtspunkt wichtig: Der Unternehmer hat namentlich heute ein Interesse daran, sich den Mann zu halten, ihn also dem Arbeitsmarkt nicht zur Verfügung zu stellen. Dafür kann er ruhig eine gewisse Prämie zahlen. Der Arbeitgeber hat also von der Sache einen gewissen Vorteil: Er erhält sich die Arbeitskraft des Mannes für spätere Zeiten.

Schäfer: Ich hätte kein Bedenken, den Arbeitgeber den vollen Beitrag zahlen zu lassen, um das Arbeiterhamstern zu verhindern. Wir haben heute Reinmachefrauen als Bürokräfte eingestellt.

Vorsitzender: Der Vorteil liegt nicht immer und unter allen Umständen auf der Seite des Arbeitgebers. Beispiel: Eine verheiratete Frau nimmt längeren Urlaub, weil ihr Ehemann vom Felde nach Hause kommt. Hier hat der Arbeitgeber kein großes Interesse daran, sich auf die Beitragszahlung einzulassen.

Kühne: Es zeigt sich, daß die Situation eben verschieden gelagert ist. Vielfach wird der Arbeitgeber einen Vorteil haben, vielfach aber auch nicht.

Dersch: Es zeichnet sich schon eine Lösung ab: Grundsätzlich werden alle Fälle in einen Topf geworfen, und grundsätzlich soll die normale Beitragszahlung Platz greifen: Ein Drittel der Unternehmer, zwei Drittel das Gefolgschaftsmitglied. Nur wollen wir in § 382 die Alternative einbauen, daß mit Zustimmung des Unternehmers die Sache anders gemacht werden kann. Was wir machen wollen, ist der Natur nach nicht eine Änderung der Versicherungspflicht; diese wollen wir unangetastet lassen. Vielmehr würden wir sagen: „Beitragsfrei bleiben ...". Hier sind dann die Fälle einzubauen, wo trotz Bestehen der Versicherungspflicht die Beitragspflicht modifiziert wird.

Vorsitzender: § 214 bleibt also völlig unberührt. Sie würden es nicht für erforderlich halten, die Rechtsprechung des RVA hier mit einzubauen?

Richter: Wir können in die Begründung unseres Gutachtens die Bemerkung aufnehmen: „Der Ausschuß lehnt es ab, der Rechtsprechung neue Schranken zu setzen, hält es aber für wünschenswert, wenn die Rechtsprechung nicht allzusehr im Galopp arbeitet."

Vorsitzender: Wir können sagen: Das RVA hat eine so gute Rechtsprechung entwickelt, daß dem Ausschuß Anregungen hierzu nicht notwendig erscheinen. Zur Vermeidung gewisser Härten macht der Ausschuß folgenden Vorschlag: - Diesen Vorschlag werden die Herren Richter, Kühne und ich vor Beginn der morgigen Sitzung entwerfen.

Damit darf ich die Sitzung für heute schließen.

(Schluß der Sitzung: 16.35 Uhr.)

2. Protokoll vom 25.2.1941 (Fortbestehen eines versicherungspflichtigen Beschäftigungsverhältnisses bei Unterbrechung der Arbeit ohne Weiterbezahlung des Entgelts)

(Beginn der Sitzung: 10 Uhr.)

Kühne: Wir waren uns im wesentlichen darüber klar, daß, nachdem der große Teil der Fälle durch Sonderregelungen bereits aus der Erörterung ausgeschieden ist, nur noch Fälle übrig bleiben, in denen durch Übereinkunft zwischen Betriebsführer und Gefolgschaftsmitglied ein unbezahlter Urlaub genommen wird, und daneben am Rande noch einige wenige Fälle, die an Grundlage im Betrieb selbst zu suchen ist, die aber der Länge und der Zahl nach durchaus unwesentlich zu sein scheinen. Diese Fälle, die jetzt noch übrig bleiben, sind zum großen Teil so gelagert, daß eine besondere Notwendigkeit, sie grundsätzlich anders zu behandeln, als das bisher in der Rechtsprechung des Reichsversicherungsamts geschehen ist, nicht vorliegt. Das gilt auch für die unentgeltliche Arbeitsunterbrechung, als welche dieses eigentümliche Verhältnis wohl zu bezeichnen ist. Der Ausdruck „lohnfreie Arbeitsruhe" hat viel gegen sich. Herr Prof. Richter hatte vorgeschlagen „entgeltlose Unterbrechung" des Arbeitsverhältnisses. Könnte man vielleicht kürzer sagen „entgeltlose Arbeitsunterbrechung"?

Richter: Das ist arbeitsrechtlich nicht empfehlenswert, weil wir bei normalen Störungen im Arbeitsverlauf von Arbeitsunterbrechung sprechen. Da wird nicht das Arbeitsverhältnis im Vollzug unterbrochen, sondern lediglich die Arbeit als solche, weil z.B. der Strom unterbrochen ist. Hier wird aber das ganze Arbeitsverhältnis in seinem Vollzug unterbrochen.

Vorsitzender: Ein Unterbrechen ist es nicht; es ist ein Ruhen des gegenseitigen Arbeitsverhältnisses.

Kühne: Wir müssen aber eine allgemeine Bezeichnung haben, etwa „entgeltlose Zeiten". Diese sollen nach der Meinung, die gestern wohl übereinstimmend herrschte, nicht in der Weise privilegiert werden, daß man auf der einen Seite den Versicherungsschutz bestehen läßt, auf der anderen Seite aber die Leute auch noch beitragsfrei stellt. Namentlich nach den Ausführungen von Herrn Hoffmeister und nach den ergänzenden Ausführungen der Coburger Kasse würde dann doch etwas übrig bleiben, das Bedenken aufkommen läßt, daß die Kassen zu hoch belastet werden. Außerdem würde eine derartige Regelung dem Versicherungsprinzip widerstreiten, das die innere Abhängigkeit zwischen Leistung und Beitrag zur Voraussetzung hat. Dieser Standpunkt führt nun dazu, daß wir vorschlagen müßten, es grundsätzlich bei dem gegenwärtigen Rechtszustand bewenden zu lassen und von einer umfassenden gesetzlichen Neuregelung abzusehen. Wohl aber war der Ausschuß der Auffassung, daß sich an einzelnen Stellen kleine Korrekturen des Gesetzes empfehlen, und zwar zunächst einmal hinsichtlich eines Punktes, der doch wichtig ist, eine Anregung, die wir allerdings nicht formulieren wollen, nämlich bezüglich des Wegfalls der Beiträge zum Reichsstock für den Arbeitseinsatz. Von diesem Punkt haben wir tatsächlich die meisten Schwierigkeiten. Der Versicherte und auch der Arbeitgeber kann sehr wohl verstehen, daß man für Leistungen, die man aus der Krankenversicherung bekommt und die man von Zeit zu Zeit in Anspruch nimmt, auch zu bezahlen hat. Aber das, was heute kein Mensch mit zureichender Deutlichkeit versteht, was ihm nicht klarzumachen ist, ist dieses, daß die Beschäftigung als solche einer Sondersteuer unterworfen wird, die gerade schließlich auf all den Schultern ruht, die möglichst schwach sind. Wenn man schon eine solche allgemeine Steuer, die heute ganz klar Rüstungszwecken dient, erhebt, wäre es logischer, sie auf die Schultern der Allgemeinheit zu legen und nicht auf die Schultern solcher Leute, die mit jedem Pfennig rechnen müssen. Bei dieser Sachlage würde es große Schwierigkeiten machen, wenn man den Beitrag auch noch abzieht. Die Meinung des Ausschusses geht also dahin, es möchte empfohlen werden, von dem Reichsstockbeitrag in diesen Fällen grundsätzlich abzusehen. Das wollten wir aber nicht formulieren. Den Einbau in das Versicherungsgesetz kann man dem Arbeitsministerium überlassen, vielleicht in der Form, daß zwar grundsätzlich eine Versicherungspflicht bestehen bleibt, daß man hier aber einen der Fälle sieht, wie sie am Schluß des AVG geregelt sind, bei denen unter grundsätzlicher Anerkennung der Versicherungspflicht die Beitragsfreiheit eintritt.

Dann darf ich zu § 382 übergehen, der heute um deswillen unzureichend ist, als die ganze Vorschrift eine Ermächtigung durch die Satzung voraussetzt. Die Fassung hat von jeher nicht befriedigt. Hier möchte es so gemacht werden, daß das Gesetz selbst diese Möglichkeit, und zwar allgemein, eröffnet. Hier ist nun die Rede von dem „vorübergehend einen geringeren Lohn Beziehen". Es handelt sich aber darum, in diesen Paragraphen auch die Tatbestände einzubauen, die uns gerade betreffen, bei denen es sich um entgeltlose Zeiten im Arbeitsverhältnis handelt. Dabei kann man sich auf den Standpunkt stellen, daß im Prinzip nichts geändert wird; denn ein Lohn, der praktisch auf Null herabsinkt, ist jedenfalls auch im Verhältnis zu dem, was vorher gezahlt war, etwas Geringeres, so daß man im Grundsatz auch nichts Neues bringt, sondern nur die Linie fortführt.

Um nun zu vermeiden, daß eine Beitragserhebung in der bisherigen Höhe sich bei der nächsten Lohnzahlung doppelt auswirkt, bedarf der § 382 auch einer Ergänzung in der Richtung, die es irgendwie ermöglicht, daß namentlich mit Rücksicht auf die Anführungen unseres Vorsitzenden diese Härten abgemildert werden. Der Ausschuß glaubte, das in der Weise machen zu können, diese Möglichkeit durch ein Wahlrecht des Versicherten zu eröffnen, die vollen Leistungen zu belassen, wobei die Beiträge wie bisher nach dem Grundlohn zu entrichten sind, oder die Sachleistungen zu wählen, d.h. negativ ausgedrückt: Er verzichtet auf die Barleistungen, zu denen nicht nur das Krankengeld gehört, sondern auch die Familienhilfe.

Richter: Wie es bei der Wochenhilfe werden soll, müssen wir doch auch noch durchsprechen.

Kühne: Da kommen Konsequenzen, die Mißfallen auslösen könnten. Vor allen Dingen wäre noch irgendeine Regelung für den Fall zu treffen, daß nicht eine völlige Entgeltlosigkeit eintritt, sondern ein geringerer Lohn bezogen wird. Diese Fälle liegen, wie ich gestern ausgeführt habe, auf einer anderen Ebene. Es handelt sich aber nicht um die Frage, ob überhaupt noch ein entgeltliches Beschäftigungsverhältnis vorliegt, die mit Hilfe einer Fiktion rechtlich zu überbrücken wäre, sondern es handelt sich beim Beziehen eines geringeren Lohnes um eine Änderung der Arbeitsbedingungen und die Konsequenzen, die sich unweigerlich daran knüpfen. Wenn ein geringerer Lohn bezogen wird, vermindert sich ja automatisch der Grundlohn. Ich würde es für bedenklich halten, hier an den Grundlagen der Versicherungsgrundsätze zu rühren. Es kann das schon zu der nicht sehr erwünschten Folge führen, daß jemand, der um einen verminderten Lohn arbeitet, tatsächlich schlechter gestellt ist als jemand, der überhaupt keinen Lohn bekommt. Ich sehe aber keinen rechten Weg, um das auszuräumen, und würde vorschlagen, diese Fälle ganz beiseite zu lassen. Außer Betracht zu lassen sind Fälle der Kurzarbeit im eigentlichen Sinne. Darüber waren wir uns gestern auch einig, ebenso darüber, daß Stillegungen im eigentlichen Sinne nicht hierher gehören.

Vorsitzender: Ich glaube, wir werden uns diesen grundsätzlichen Ausführungen ohne weiteres anschließen können. Ich gebe allerdings zu, daß die Behandlung derjenigen, die einen verminderten Lohn beziehen, vielleicht schlechter sein kann als derjenigen, die überhaupt nichts bekommen. Aber ich sehe auch im Augenblick keinen Weg. Wenn ein Teil des Lohnes bezahlt wird,

wird man es wohl bei der allgemeinen Regelung lassen müssen. Ich habe jedenfalls gewisse Bedenken, auch noch diesen Fall hier hereinzuziehen und zu erörtern.

Richter: Wenn man in dieser Linie weiterginge, käme man letzten Endes auf dasselbe, was Dr. Ley für die Rentenversicherung vorschwebt: Ohne Rücksicht auf die Sachlage gibt es eine Normalleistung. Das wird man in der Krankenversicherung ungern tun.

Kühne: Für diesen Fall hilft schon die Änderung des § 382, die Streichung der Satzungsermächtigung.

Folgender *Vorschlag* des Ausschusses *zu § 382* wird verteilt:

(1) Ein Versicherter, der bei Fortdauer des Arbeitsverhältnisses und ohne anderweite entgeltliche Tätigkeit vorübergehend ein geringeres oder kein Arbeitsentgelt bezieht, bleibt zu dem bisherigen Grundlohn versichert, wenn der Arbeitgeber zustimmt oder der Versicherte den Unterschiedsbetrag des Beitrags selbst übernimmt.

(2) Der Versicherte kann dem Arbeitgeber gegenüber erklären, daß er für die Dauer einer Unterbrechung des Arbeitsverhältnisses, während derer er sich nicht anderweit entgeltlich betätigt, keinen Anspruch auf bare Leistungen der Krankenkasse haben wolle. Dies hat der Arbeitgeber der Kasse nach § 317 zu melden. Für die Dauer der Unterbrechung des Arbeitsverhältnisses beschränkt sich dann der Beitrag auf den Arbeitgeberanteil, der Leistungsanspruch auf die Sachleistungen.

Vorsitzender: Gegen Abs. 1 wird wohl nichts einzuwenden sein.

Kühne: Ich wollte nur auf folgendes hinweisen: Die Entwicklung in der Rechtsprechung war doch so, daß wir uns das Beschäftigungsverhältnis ansehen und an der Hand der Tatbestände die Frage beurteilen, ob das Beschäftigungsband und damit das Versicherungsband noch aufrechterhalten ist. Wenn wir die Formulierung des Abs. 1 nehmen, so verschieben wir die Grundlage der bisherigen Rechtsprechung, die ihre Kenntnisse ja nur aus dem Wesen des Beschäftigungsverhältnisses selber geschöpft hat und fragte: Ist es doch noch ein fortlaufendes Beschäftigungsverhältnis oder nicht? Wenn ja, soll der bisherige Grundlohn maßgebend sein, auch ohne daß es der Zustimmung des Arbeitgebers bedarf, oder eine Übernahme durch den Versicherten hinsichtlich des Unterschiedsbetrages bzw. Übernahme des vollen Betrages. Darin liegt ein Unterschied gegenüber der bisherigen Rechtsprechung.

Richter: Das ist eigentlich der Kernpunkt des gestrigen Beratungsergebnisses, daß von verschiedenen Standpunkten aus eine gewisse Abbremsung auf diese fragliche Rechtsprechung des Reichsversicherungsamts erwünscht sei.

Kühne: Ob das so weit geht, weiß ich nicht.

Vorsitzender: Wir haben den Standpunkt vertreten, daß an der Rechtsprechung des Reichsversicherungsamts grundsätzlich nichts geändert werden soll. Das hielt ich für genügend ausgedrückt in der Formulierung „bei Fortdauer des Arbeitsverhältnisses". Darüber, ob das Arbeitsverhältnis fortdauert oder nicht, wird das Reichsversicherungsamt auf Grund seiner Rechtsprechung zu entscheiden haben.

Kühne: Wir haben die weitere Konsequenz gezogen. In der letzten Entscheidung ist ausdrücklich gesagt: Weil das Beschäftigungsverhältnis fortbesteht und als einheitliches fortbesteht, so ist die Einheitlichkeit auch gegeben in bezug auf den Versicherungsschutz und die Grundlagen des Versicherungsschutzes, insbesondere den Grundlohn. Mit anderen Worten: Es bleibt bei dem Grundlohn, wie er zuletzt war bzw. im letzten Vier-Wochen-Durchschnitt, wenn das satzungsmäßig vorgesehen war, es sei denn, daß sich tarifmäßig in der letzten Zeit ein Knick in den Lohnbedingungen ergibt. So war auch gestern die Meinung des Ausschusses, während die nunmehr vorgelegte Formulierung etwas anderes bedeutet. Wenn man schon auf Grund des gesamten Beschäftigungsverhältnisses zu der Überzeugung kommt, es ist zerrissen, dann besteht es nicht mehr.

Vorsitzender: Wenn aber der Arbeitgeber nicht zustimmt und der Versicherte auch den Unterschiedsbeitrag nicht selbst übernimmt, dann würde danach automatisch ein geringerer oder überhaupt kein Beitrag und auch kein Versicherungsschutz sein. Das wollen wir nicht.

Richter: Das ist die natürliche Konsequenz alles dessen, was wir besprochen haben. Überhaupt nicht finanzierte Versicherungsverhältnisse wollen wir auch nicht decken.

Vorsitzender: Die eine Möglichkeit, die wir in dem Vorgutachten erörtert haben, daß ein Versicherungsverhältnis ohne Beitragszahlung bestehen bleibt, wollten wir ausschalten. Grundsätzlich sollte es dabei bleiben: Versicherungsverhältnis, und dem entspricht die volle Beitragszahlung, und zwar nach dem Grundlohn vor der Unterbrechung des Arbeitsverhältnisses. Das wollten wir an die Spitze stellen, aber noch Kautelen einbauen darüber, wie sich die Parteien praktisch über die Beitragszahlung einigen können.

Richter: Dafür geben wir Ihnen hier drei Möglichkeiten.

Vorsitzender: Wenn der Arbeitgeber nicht zustimmt und der Versicherte den Unterschiedsbetrag nicht übernimmt, so ist der Versicherte damit automatisch schutzlos.

Richter: Das ist auch die Folge des ersten, was Sie sagten.

Vorsitzender: Ich wollte sagen: Versichert ist er unter allen Umständen, und zwar besteht, wenn nichts geschieht, grundsätzlich vom Versicherten auch entsprechend der bisherigen Rechtsprechung die volle Beitragspflicht.

Richter: Aber woher nehmen Sie die Beiträge?

Vorsitzender: Sie werden abgezogen.

Richter: Dafür geben wir eben die drei Möglichkeiten. Nun sagen Sie: Wenn er keine dieser drei Möglichkeiten wählt, gibt es keinen anderen Ausweg, als den Versicherungsschutz zu verweigern.

Vorsitzender: Ich wollte anders argumentieren. Versichert ist jetzt der Betreffende generell unter allen Umständen, und zwar vollversichert. Einigen sie sich nicht oder werden keinerlei Erklärungen abgegeben, so gilt der volle Beitrag, der dann schlecht und recht bei der nächsten tatsächlichen Lohnperiode abzuziehen ist, wie es jetzt gemacht wird. An dieser Regelung wollte ich grundsätzlich keine Änderung eintreten lassen. Nur wollten wir zu einem verminderten Rechtsschutz mit verminderten Beiträgen kommen, wenn eine entsprechende Vereinbarung der beiden Vertragspartner stattfindet.

Kühne: Wenn der Versicherte in dieser Zeit kein Arbeitsentgelt bezieht, kann er dem Arbeitgeber gegenüber erklären - und nun kommt der Abs. 2, wo das als Regel gilt, was wir in der Rechtsprechung jetzt haben. Weil es aber auf die große Schwierigkeit stößt, daß nachher zwei Beiträge fällig werden, kann die Erklärung abgegeben werden, aber natürlich vorher.

Vorsitzender: Wenn Arbeitsentgelt gezahlt wird, wird die Frage der Fortdauer des Arbeitsverhältnisses gar nicht akut, dann besteht es eben fort. Deshalb würde es vollkommen genügen, wenn es heißt: Ein Versicherter, der ein geringeres Arbeitsentgelt bezieht, bleibt zu dem bisherigen Grundlohn versichert, wenn der Arbeitgeber zustimmt oder der Versicherte den Unterschiedsbetrag des Beitrages übernimmt. Diese Frage im Abs. 1 ist nur am Rande unserer Erörterung aufgetaucht. Daß da keine Schwierigkeiten eintreten, daß der Versicherte versichert bleibt, daß grundsätzlich die Beiträge nach dem verminderten Lohn zu zahlen sind, ist klar. Nur besteht die Möglichkeit, daß der Betreffende sich voll versichern kann.

Dersch: Ich habe es auch so aufgefaßt, daß wir den § 382 nur insoweit verbessern, aber nicht verschlechtern sollen, als wir auch ohne Satzung ihm das Recht geben wollen. Bisher ging es nur mit der Satzung; das hat Schwierigkeiten gegeben. Aber in der Praxis hat man es auch sicher ohne die Praxis in tausend Fällen geregelt. Es wäre doch gut, diese Verbesserung anzubringen, aber weiter nichts. So hatte ich es aufgefaßt. Dann wird weiter der Fall, daß er gar nichts bekommt, in Abs. 2 geregelt.

Richter: Das vorgeschlagene Verfahren erscheint mir unharmonisch. Denn bei wenig verringertem Arbeitsentgelt haben wir die Möglichkeit des elastischen Nachgebens, und wenn das Arbeitsentgelt auf Null verringert wird, soll gar keine Anpassung möglich sein, sondern das Versicherungsverhältnis unter allen Umständen fortbestehen. Außerdem soll der volle alte Grundlohn gewahrt bleiben, nur daß die Barleistungen gestrichen werden können. Man kann es so machen, nur sind dann die beiden Fälle, die sachlich nahe beieinander liegen, nach verschiedenen Grundsätzen geregelt.

Dersch: Das ist zuzugeben: Es ist unbehaglich, aber es läßt sich doch, wie unser Herr Vorsitzender sagt, kein Weg finden.

Richter: Ich habe den Weg vorgeschlagen, beide nach dem Grundsatz des Abs. 1 zu behandeln. Wenn man dabei von der bisherigen Rechtsprechung abweicht, so ist das die Konsequenz, die der Gesetzgeber immer tragen muß.

Dersch: Es wird aber eine Verschlechterung für den Versicherten bedeuten.

Richter: Angesichts der Möglichkeit, den Beitrag sehr herabzusetzen und den Versichertenanteil durch Abs. 2 ganz zu vermeiden, kann ich nicht zugeben, daß es eine Verschlechterung ist. Es wird nicht eine irgendwie formalisierte Vereinbarung verlangt. Jetzt denken die Leute überhaupt nicht an ihr Versicherungsverhältnis, wenn sie nicht gerade während der Zeit der Unterbrechung krank werden. Werden sie krank, holen sie sich die Leistungen, und hinterher versucht die Krankenkasse, sich die Beiträge noch hereinzuholen. Die Leute sollen aber das Bewußtsein der Konsequenz haben, daß sie dann auch die Beiträge zahlen müssen.

Kühne: Dann müssen wir das in Abs. 2 noch hineinarbeiten, daß das vorher gemacht wird und nicht erst, wenn der Versicherungsfall eingetreten ist. Im Abs. 1-Falle liegt es aber anders. Durch den Zusatz „oder kein Arbeitsentgelt bezieht" wird die bisherige Grundlage vollkommen verschoben und ins Gegenteil verkehrt. Jetzt wird nur der bisherige Grundlohn der Versicherung zugrunde gelegt, wenn die Vereinbarung zustande gekommen ist.

Richter: Das Zustandekommen der Vereinbarung drückt sich darin aus, daß die Anmeldung unterbleibt. Der alte Fall des § 382 bleibt auch bei meinem Vorschlag genauso geregelt wie bisher, nur daß die Satzungsbestimmung herausgestrichen wird und daß ich die beiden Möglichkeiten, nämlich Übernahme des Unterschiedsbetrages oder Zustimmung des Arbeitgebers rein grammatisch umstelle, weil ich den ersteren Fall für den häufigeren halte.

Kühne: Diese Umstellung halte ich für zweckmäßig, weil sie der Erfahrung des Lebens vollkommen entspricht.

Richter: Insofern ist auch das Bedenken von Herrn Schäfer ausgeräumt, daß irgendetwas an der bisherigen Regelung geändert wird. Vielleicht sollte man noch einfügen, daß kein Arbeitsentgelt bezogen wird.

Kühne: Ich kann mich aber immer noch nicht dazu entschließen, in Abs. 1 die Worte „oder kein Arbeitsentgelt bezieht" stehen zu lassen, weil das ein erheblicher Knick in unserer Rechtsprechung ist.

Vorsitzender: Ich würde es auch nicht tun und würde in Abs. 1 nur die Fälle regeln, in denen ein vermindertes Arbeitsentgelt bezogen wird, entsprechend § 382.

Richter: Dann ist das Ergebnis das: Bezieht er ein verringertes Arbeitsentgelt, hat er es in der Hand, mit dem Ausmaß der Versicherung auf die Grundlohnbasis herabzugehen, die dem neuen Arbeitsentgelt entspricht. Er kann aber auch unter den zwei Voraussetzungen oben bleiben. Sinkt sein Arbeitsentgelt auf Null, muß er überhaupt versichert bleiben. Eine Weiterversicherung kann er nur dadurch eingehen, daß die Parteien ausmachen: Das Arbeitsverhältnis wird gelöst. Aber wenn die Versicherung fortdauern soll, muß sie beim letzten Grundlohn fortdauern, obwohl kein Lohn mehr gezahlt wird, während Sie beim Verringerungsfall die Möglichkeit der Wahl haben. Mir fehlt es da an der harmonischen Gestaltung der beiden Fälle.

Vorsitzender: Man kann das doch ohne weiteres begründen. Im ersten Fall wird doch mal während der Zeit Lohn gezahlt, und nach diesem Lohn kann man die Beiträge berechnen. Im zweiten Fall wird kein Lohn gezahlt, und man kann auch keinen Lohn berechnen, also muß man irgendwie auf den Lohn vor der Unterbrechung des Arbeitsverhältnisses zurückgehen.

Kühne: Man vermeidet in beiden Fällen die Härte.

Richter: Natürlich läßt es sich so machen, aber, wie gesagt, der nunmehrige Vorschlag entbehrt einer gewissen inneren Harmonik, weil hier die Möglichkeit der elastischen Anpassung nicht so weit gegeben wird wie im Falle des verringerten Entgelts. Praktisch läuft es auf jeden Fall darauf hinaus, daß alle Beteiligten, die etwas Kenntnis von den Dingen haben, beim Eintritt einer solchen Unterbrechung in ihrem Arbeitsverhältnis eine Erwägung anstellen müssen. Wenn man das Arbeitsverhältnis in seinem normalen Ablauf stört, muß man sich überlegen, was die Änderung sein soll. Die Änderung im Sinne von Herrn Kilian würde bedeuten, daß bei Wegfall des Entgelts eine Möglichkeit weniger gegeben wird, als ich sie geben wollte. Ich sehe nicht ein, warum, wenn schon Erwägungen der Beteiligten notwendig werden, ihnen dann nicht alle Möglichkeiten in die Hand gegeben werden sollen.

Schäfer: Dann sollten wir beim Abs. 1 § 382 die Satzungsmöglichkeit herausstreichen.

Kühne: Vor allen Dingen habe ich das Bedenken, wenn der Arbeitgeber nicht zustimmt oder der Versicherte nicht selbst den Unterschiedsbetrag übernimmt, der 100% beträgt, wenn kein Arbeitsentgelt gezahlt wird, das Versicherungsverhältnis vollständig aussetzt, obwohl das Versicherungsband noch da ist. Das ist ein Ergebnis, das wir nicht haben wollten und das ein Zurückgehen hinter die Rechtsprechung bedeutet. Das wäre asozial.

Richter: Es ist systemgerecht, wenn man die Entschließung der Versicherten einführt. Die Judikatur des Reichsversicherungsamts hat da eine Hilfsstellung für eine Zufallsauswahl von Fällen gegeben. Ich nehme an, daß es den Grundsätzen unserer Gesetzgebung vollständig entspricht, wenn wir hier für die Zweifelsfälle die Eigenentschließung der Beteiligten einschalten.

Kühne: Im Grundsatz kann ich mich dem nur anschließen, weil alle die Beispiele, die wir sonst haben, sich auf die Dauer beziehen, auf einen längeren Zeitraum wirken. Hier liegt schon in unserer Rechtsprechung eine gewisse Fristgrenze beschlossen. Über 5 Wochen gehen wir nicht hinaus, und das werden wir nicht mehr überbieten wollen. Hier fehlt aber das Moment der Dauer, das voraussetzt, daß die Beteiligten sich über die Normierung ihres Verhältnisses im klaren sind. Ich denke an folgenden Fall: Eine Stenotypistin will statt 8 Tage einen Urlaub von 14 Tagen haben, denkt aber nur an ihren Sonderurlaub, aber nicht an ihre Versicherung. Das sind Fälle, die das Leben mit sich bringt, die ziemlich akut auftreten und in kurzer Zeit abklingen und zu solchen Entschlüssen sehr häufig keine Zeit und keinen Anlaß bieten.

Richter: Das geltende Recht verlangt vom Arbeitgeber innerhalb von 3 Tagen die Abmeldung. Die Entschließung muß also getroffen werden. Bei den Fällen vorübergehender Unterbrechung des Arbeitsverhältnisses läßt sich auch sehr oft nicht voraussehen, wie lange es dauern wird. Alle Entscheidungen des Reichsversicherungsamts setzen doch voraus, daß der Schwebezustand schon abgelaufen ist. Dann haben wir aber immer die Mißlichkeit, daß nachher das Verhalten der Parteien beeinflußt ist von den Erfahrungen, die sie während des abgelaufenen Schwebezustandes gemacht haben. Waren die Leute krank geworden, wollten sie versichert sein, aber praktisch wollten sie keine Beiträge bezahlen. Man muß also die Entschließung darüber, was sein soll, an den Anfang des Zeitraumes legen und im zweiten Absatz ausdrücklich sagen müssen, daß die Entschließung bald kommen muß, obwohl sie eigentlich durch die Meldefrist schon erzwungen ist. Aber aus dem Schwebezustand und seiner kurzen Dauer bzw. der Unterbrechung des Arbeitsverhältnisses abzuleiten, daß hier die Eigenentschließung der Beteiligten nicht aufgerufen werden könne, überzeugt mich nicht. Wir haben auch sonst bei den Befreiungen auf Antrag Sachen, die auf sehr kurze Sicht gehen, namentlich bei der Befreiung auf Antrag wegen Aussteuerung. Bei der Krankenversicherung, die den beteiligten Volksgenossen schon geläufiger ist, sind sie sehr fix mit der Frage: Bin ich noch versichert oder nicht?

Kühne: Das trifft auf berufsmäßige Fabrikarbeiter zu. Ich denke aber auch an die sehr häufigen Fälle, die jetzt auftauchen, bei denen Frauen, die überhaupt keinen Beruf haben, in Frage kommen und sich kein großes Kopfzerbrechen darüber machen, welche Tatbestände sich an die Unterbrechung knüpfen.

Vorsitzender: Nach meinem Empfinden sollte man § 382 grundsätzlich so belassen, wie er ist, und zwar Abs. 1.

Kühne: Ich fürchte daraus Unklarheiten und Erschwerungen der Situation. Es bedeutet ein Abrücken von der ganzen Rechtsprechung. Wir müssen alles dann zum alten Eisen werfen, und es bestände keine Kontinuierlichkeit in der Rechtsübung. Für eine Umstellung wäre ich durchaus, um dann den Fall des mangelnden Entgelts herauszunehmen und in den Abs. 2 einzubauen. Dahin gehört er allerdings, weil sonst die Beziehung auf den Sonderfall fehlt.

Dersch: Nach der Aussprache bin ich mehr der Auffassung, daß man auch aus praktischen Gründen den § 382 so lassen soll, wie er ist, mit der einzigen Änderung, daß man die Satzung herausstreicht. Wir hatten im Reichsversicherungsamt diesen Punkt auch sehr lebhaft erörtert. Ich habe eben Herrn Präs. Kühne gefragt, ob er sich dessen entsinnt - mir war es in Erinnerung -, daß unser verstorbener Vizepräs. Schmidt [über diesen 1941 verstorbenen RVA-Vizepräs. Deutsche Rentenversicherung, 1941, Nr. 3], der ein großer Praktiker war, gerade zu diesem Paragraphen sich sehr energisch dahin ausgesprochen hat, die Satzung zu streichen, aber sonst nichts daran zu ändern.

Vorsitzender: Ich möchte mich auch dieser Meinung anschließen.

Richter: Ich habe nun *folgende Formulierung* vorzuschlagen:

„(1) Ein Versicherter, der vorübergehend ein geringeres Arbeitsentgelt bezieht, bleibt zu dem bisherigen Grundlohn versichert, wenn der Arbeitgeber zustimmt oder der Versicherte den Unterschiedsbetrag des Beitrags selbst übernimmt.

(2) Erhält der Versicherte bei Fortdauer des Arbeitsverhältnisses vorübergehend kein Arbeitsentgelt, ohne sich anderweit entgeltlich zu betätigen, so kann er dem Arbeitgeber gegenüber erklären, daß er für die entgeltlose Zeit keinen Anspruch auf bare Leistungen der Krankenkasse haben wolle. Dies hat der Arbeitgeber der Kasse entsprechend § 317 zu melden. Für die entgeltlose Zeit beschränkt sich dann der Beitrag auf den Arbeitgeberanteil; auf Krankengeld besteht kein Anspruch."

Vorsitzender: Der Ausdruck „betätigen" erscheint mir zu farblos. Betätigen ist alles. Wenn ich ein Buch lese, betätige ich mich auch.

Kühne: Spricht man von entgeltlicher Betätigung, so hat man zweifellos einen Werkvertrag im Auge. Aber das möchte ich gerade ausschalten.

Richter: Das ist ein Problem, das außerhalb unserer Erörterungen liegt.

Kühne: Heute ist deutlich sichtbar die Grenze, wo das Finanzamt keine Lohnsteuer und Umsatzsteuer erhebt. Man denke an die Mitarbeit an einer Zeitschrift.

Dersch: Was Sie im Ergebnis wollen, ist der Effekt des § 615 BGB; dem Sinne nach könnte man diese Vorschrift übernehmen.

Richter: Das Problem ist genau dasselbe wie das, welches dem Arbeitsrechtsausschuß vorgelegen hat, als von der Regelung des Urlaubs die Rede war. Der Grundsatz ist: Der Gefolgsmann soll Urlaub haben, und er soll veranlaßt werden, diesen Urlaub auch wirklich zur Erholung zu verwenden.

Kühne: Beim Urlaub ist jede anstrengende Tätigkeit verpönt. Man könnte sogar so weit gehen, auch sportliche Betätigung während des Urlaubs zu untersagen.

Richter: KdF-Urlaubsreisen sind aber bekanntlich in höchstem Grade anstrengend. Die „entgeltliche Tätigkeit" scheint mir das zu sein, was wir suchen.

Vorsitzender: Dann würden Sie auch den Testamentsvollstrecker darunter fallen lassen; seine Tätigkeit ist auch entgeltlich.

Richter: Das ist keine entgeltliche Tätigkeit. Der Testamentsvollstrecker versieht ein Amt; wenn es umfangreich ist, kann er dafür Vergütung verlangen.

Kühne: Zweck des Urlaubs ist Erholung und Schonung der Arbeitskraft. In unserem Fall greift da ein anderer Gesichtspunkt Platz: Der Mann hat Geld; daher braucht er nicht unbedingt die Vorteile, die wir ihm geben wollen.

Richter: Der Testamentsvollstrecker erhält die Vergütung am Schluß der Testamentsvollstreckung. Seine Arbeit kann sich eine Ewigkeit lang hinziehen. Ganz ähnlich ist die Lage des jungen Schriftstellers; bis er ein Honorar erhält, kann er alt werden. Ich meine, die Formulierung braucht hier wirklich nicht so genau zu sein. Wir brauchten hier keine grundsätzliche Entscheidung über den Begriff der entgeltlichen Betätigung, sondern eine elastische Anpassung an die lebenswirkliche Tätigkeit.

Vorsitzender: Nehmen Sie einen Schreinermeister, der seine Arbeit unterbricht, zu Hause ein bißchen herumbastelt und Möbel verkauft.

Richter: Der Mann betätigt sich entgeltlich; das ist klar. Man könnte auch sagen „wirtschaftliche Betätigung".

Dersch: Kann man nicht die ganze Einschränkung einfach streichen? Die hatten wir ursprünglich doch gar nicht in unseren Gesichtskreis gezogen!

Richter: Ich bin nun allerdings der Meinung, daß trotz der Einschränkung auf die baren Leistungen der Aufwand der Kasse mit dem Drittelbeitrag nicht gedeckt ist. Aber streichen wir das weg. Jedenfalls müssen wir Klarheit über das Leistungsquantum gewinnen. Der Verzicht auf bare Leistungen schließt zunächst das Krankengeld aus, ferner auch das Hausgeld, Taschengeld. Das Hausgeld beträgt zwei Drittel des Krankengeldes. Nun wollen wir aber das Hausgeld geben da, wo es sich um Hilfe für die Familie handelt. Die Wochenhilfefälle machen mir da Sorge.

Vorsitzender: Können wir es überhaupt riskieren, die Wochenhilfe auszuschalten? Einweisungen ins Krankenhaus sind äußerst selten, sie kommen fast nicht vor. Die Familienleistungen können wir nicht wegfallen lassen; beim Taschengeld würde ich eher entgegenkommen, nicht aber beim Hausgeld.

Kühne: Hausgeld und Taschengeld spielen praktisch keine große Rolle, wohl aber die Wochenhilfeleistungen, die man doch ungern wegfallen läßt.

Richter: § 199 ist überhaupt eine komische Bestimmung, man kann praktisch mit ihr nichts anfangen. Sie stammt noch aus der Zeit, wo die Wochenhilfe noch nicht ausgebaut war. Nach dem Mutterschutzgesetz läuft das Arbeitsverhältnis in allen diesen Fällen weiter. Die schwangere Frau wird gewissermaßen zwecks Niederkunft beurlaubt. Der Fall bedarf keiner Regelung.

Kühne: Mutterschutz hin und Mutterschutz her: Tatsache ist, daß Schwangere bis kurz vor der Niederkunft arbeiten.

Richter: Dann erhält die Schwangere auch ihr normales Arbeitsentgelt. Nehmen wir aber die Beschränkung auf Sachleistungen schlechthin vor, dann macht mir Sorge, daß eine intelligente Wöchnerin sagt: § 382 Abs. 2, das ist mein Fall! Sie drückt sich dann um den Beitrag herum. Anders ist es, wenn wir die Sache auf den Verzicht auf bare Leistungen ausdehnen. Nehmen wir den Fall an: Die Geburt war für einen späteren Zeitpunkt zu erwarten. Die schwangere Frau sagt nun, sie gehe jetzt drei bis vier Wochen in Urlaub, in nichtbezahlten Urlaub. Wir können die Fiktion der Beschränkung auf die Sachleistungen vornehmen; alle Barleistungen müssen wegfallen. Wenn wir uns auf den Standpunkt Kühnes und des RVA stellen, daß das Versicherungsverhältnis fortläuft, dann sind die Leute, wenn nichts geschieht, auf die vollen Leistungen versichert, allerdings gegen vollen Beitrag.

Vorsitzender: Nehmen Sie nun an, jemand übersieht das, und nun kommt eine schwere Geburt. Was passiert dann?

Richter: Sie müssen dann so weit gehen zu sagen: Die Aufgabe der freiwilligen Weiterversicherung nach § 313 während der Schwangerschaft ist verboten. Soweit braucht man in der Gängelei der Leute doch nicht zu gehen. Man muß noch dazu bedenken, daß in den Wochenfürsorgefällen die Fürsorgevoraussetzungen leichter sind.

Jedenfalls müssen wir ausschließen, daß jemand im Bewußtsein des bevorstehenden Wochenhilfefalles in unsere für derartige Bestimmungen gar nicht gedachte Fälle hineinflüchtet. Wir müssen uns bloß darüber klar werden, wie wir diese Fälle umschreiben.

Vorsitzender: Die Wochenhilfe würde ich ohne weiteres einbeziehen.

Dersch: Das Hausgeld muß doch bezahlt werden, und ich würde das gar nicht so schlimm finden. Ich würde die Sache tatsächlich nur auf das Krankengeld im richtigen Sinne beschränken. Dann wäre die Fassung sehr einfach.

Richter: Dann müßten wir also sagen: „Für die entgeltlose Zeit beschränkt sich dann der Beitrag auf den Arbeitgeberanteil; auf Krankengeld besteht kein Anspruch."

Kühne: Ich glaube, man muß in die Bestimmungen noch die Wochengrenze einbauen.

Richter: Diese Erwägung hat einen anderen Ausgangspunkt. Durch § 317 Abs. 2 S. 1 wollte der Gesetzgeber verhindern, daß Arbeitsunterbrechungen, die länger als eine Woche dauern, überhaupt unterlaufen. Jetzt aber wollen wir durch unseren reformatorischen Vorschlag längere Arbeitsunterbrechungen möglich machen, sofern der volle Beitrag gezahlt wird.

Kühne: Man muß hier Abs. 2 immer in Verbindung mit Abs. 1 lesen. Es handelt sich um Änderungen des Beschäftigungsverhältnisses, die die Versicherungspflicht berühren.

Richter: § 317 paßt heute nicht mehr; er muß anders gefaßt werden. Was mich stört, ist die Beschränkung auf die Woche.

Kühne: Wir haben gerade umgekehrt argumentiert und gesagt: *Weil* hier eine Unterbrechung kürzere Zeit als eine Woche dauert, braucht sie nicht berücksichtigt zu werden, selbst wenn sie die Versicherungspflicht berühren würde.

Dersch: Der Grundgedanke des Gesetzes ist der: Eine Woche ist die Einheit für die Lohnzahlung; weiter wird nicht mehr differenziert. An diesem Grundsatz sollte man nicht rütteln. Man fragt doch immer sofort: Dauert die Unterbrechung länger als eine Woche? Wenn nicht, dann geht uns die Sache nichts an; eine Unterbrechung von etwa drei bis fünf Tagen ist bedeutungslos. Diese Fälle erledigen sich von selber.

Richter: Dann würde man also § 317 nicht zu ändern brauchen.

Vorsitzender: Wir haben also nun folgende Fassung des § 382 formuliert:

„(1) Ein Versicherter, der vorübergehend ein geringeres Arbeitsentgelt bezieht, bleibt zu dem bisherigen Grundlohn versichert, wenn der Arbeitgeber zustimmt oder der Versicherte den Unterschiedsbetrag des Beitrags selbst übernimmt.

(2) Erhält der Versicherte bei Fortdauer des Arbeitsverhältnisses vorübergehend für wenigstens eine Woche kein Arbeitsentgelt, so kann er dem Arbeitgeber gegenüber erklären, daß er für die entgeltlose Zeit kein Krankengeld (§ 182 Abs. 1 Nr. 2) beanspruchen wolle. Dies hat der Arbeitgeber der Kasse entsprechend § 317 zu melden. Für die entgeltlose Zeit beschränkt sich dann der Beitrag auf den Arbeitgeberanteil; auf Krankengeld besteht kein Anspruch."

Unsere Aufgabe ist, ein Gutachten zu erstatten. Hierbei können wir uns weitgehend auf das Referat von SenPräs. Kühne stützen. Den ersten Teil des Referats bis S. 8 können wir übernehmen; er enthält eine sehr klare und schöne Zusammenstellung. Überhaupt brauchen wir hieran nur das unbedingt Notwendige zu ändern. Wir werden in unserem Gutachten weiter festzustellen haben, daß an der durch die Rechtsprechung entwickelten Richtung nichts geändert zu werden braucht. Weiterhin werden wir auf die Schwierigkeiten der Regelung hinzuweisen haben und gewisse Härten erörtern. Grundsätzlich wird davon auszugehen sein, daß von dem Beitrag vor der Arbeitsunterbrechung auszugehen ist und daß sämtliche Leistungen zu zahlen sind. Wir werden den Vorschlag näher zu erläutern haben, der vor allem dazu dient, gewisse Härten und Schwierigkeiten zu vermeiden. Man kann weiter sagen, daß der Ausschuß zu dem Ergebnis gekommen ist, daß ein beitragsfreies Versicherungsverhältnis über das hinausgeht, was man den Krankenkassen zumuten zu können glaubt. Deshalb schlägt der Ausschuß die von ihm beschlossene Zwischenlösung vor.

Der Vorsitzende schließt hierauf mit Worten des Dankes an die Ausschußmitglieder und mit einem Sieg Heil auf den Führer die Sitzung.

(Schluß der Sitzung: 12.36 Uhr.)

Berichte und Gutachten des Ausschusses für Sozialversicherung

I. Aufgaben und Rechtsstellung des Beirats nach dem Gesetz über den Aufbau der Sozialversicherung vom 5. Juli 1934 (10.12.1934)

Auf Grund seiner Beratungen hat der Ausschuß für Sozialversicherung in der Akademie für Deutsches Recht nachstehenden Bericht dem Herrn Reichsarbeitsminister zur Kenntnisnahme überreicht.

Einleitung: Zu den kennzeichnenden Merkmalen der deutschen Sozialversicherung gehört die Selbstverwaltung. Die Sozialversicherung, wie sie im erneuerten Deutschen Reich nach den im Gesetz vom 5. Juli 1934 niedergelegten Entschlüssen der Reichsregierung auf den Grundlagen der Bismarckschen Schöpfung neu aufgebaut werden soll, ist nicht nur eine rein finanzielle Veranstaltung zur Versorgung gewisser Versicherter mit Leistungen. Sie fußt vielmehr auf der jeder Versicherung innewohnenden Gemeinschaftsidee und soll eine gemeinschaftsstärkende Kraft entwickeln. Sie dient der inhaltlichen Erfüllung des Verhältnisses des einzelnen Volksgenossen zu Staat und Volk. Sie will ihre Beteiligten zur inneren Anteilnahme an öffentlichen Dingen erziehen. Das kann sie nur, wenn sie sich der Formen und Kräfte der Selbstverwaltung bedient. Selbstverwaltung ist innerhalb der deutschen Sozialversicherung eine Selbstverständlichkeit, an der nach der einheitlichen Überzeugung des Ausschusses auch für die Zukunft festgehalten werden muß. Der Gesamtinhalt des Aufbaugesetzes vom 5. Juli 1934, insbesondere aber der Artikel 7 des Abschnittes II über die "Führung", bestätigt die Bedeutung der Selbstverwaltung für die Gestalt und das Wirken der Sozialversicherung.

Innerhalb der Verfassung der Versicherungsträger ist das Ausdrucksmittel der Selbstverwaltung der Beirat. Er setzt sich zusammen aus Repräsentanten der Beteiligten: der Versicherten, des Versicherungsträgers und der Führer solcher Betriebe, deren Gefolgschaft bei dem Träger versichert ist, ferner der Ärzte und der örtlich berührten Gebietskörperschaften. Der Beirat bildet unter der Verhandlungsleitung des Leiters des Versicherungsträgers und mit diesem Leiter zusammen ein einheitliches Kollegium. Alle Beiratsmitglieder - abgesehen vom Leiter - stehen einander gleich und haben im Beirat gleiche Befugnisse. Auch der Arzt und der Vertreter der Gebietskörperschaft nehmen keine Sonderstellung ein; sie sollen im Beirat keine Sonderinteressen vertreten, sondern wie die anderen Beiratsmitglieder die Angelegenheiten des Versicherungsträgers erledigen und das Wohl des Versicherungsträgers - als ein Stück des Gemeinwohls - zu fördern helfen. Es ist deshalb auch nicht geboten, dem Arzt und dem Gebietskörperschaftsvertreter innerhalb des Beirats Sonderaufgaben zuzuweisen, soweit nicht allgemein vorgesehen werden sollte, daß der Beirat einzelne seiner Aufgaben einzelnen Beiratsmitgliedern zur Wahrnehmung übertragen kann.

Nach dem Gesetz ist der Beirat dazu berufen, vor der Ernennung oder Berufung des Leiters des Versicherungsträgers gehört zu werden (abgesehen von der erstmaligen Ernennung oder Berufung beim Inkrafttreten des neuen Rechts, § 2 der Zweiten Verordnung zum Aufbau der Sozialversicherung vom 24. Oktober 1934, RGBl. I, S. 1172) und den Leiter in der Verwaltung des Versicherungsträgers zu beraten und zu unterstützen. Über seine Rechtsstellung und seine Aufgaben können die Durchführungsvorschriften weiteres bestimmen. Demnach hat schon das Gesetz sich dahin entschieden, daß der Beirat mehr sein soll als ein reiner Führerrat, der aus dem Vertrauen des Führers lediglich von diesem selbst berufen wird und der vom Führer aus eigenem Ermessen lediglich zu seiner Beratung herangezogen wird. Der Beirat nach dem Aufbaugesetz wird vom Leiter des Versicherungsträgers von außen und oben her beigegeben und hat ihn nicht nur zu beraten, sondern in eigener Zuständigkeit zu unterstützen und darüber hinaus - je nach der Regelung in den Durchführungsvorschriften - eigene Aufgaben zu erledigen. Eine solche Ausrüstung des Beirats mit eigenen Aufgaben und Zuständigkeiten ist nach der Überzeugung des Ausschusses notwendig, wenn sich im Beirat und damit im Versicherungsträger eine lebendige Selbstverwaltung und ein Verantwortungsbewußtsein der Beteiligten entwickeln soll.

Der Ausschuß hatte zu prüfen, wie zur Erreichung der angedeuteten Ziele vorzugehen sei, welche Gegenstände dem Beirat zu überweisen seien und in welchen Formen, mit welchem Wirkungsgrad er sie zu erledigen habe. Die Grundlinien der Gestaltung müssen nach der Meinung des Ausschusses bei allen Arten von Versicherungsträgern gleich sein. Doch sind im einzelnen Unterschiede zu machen je nachdem, ob es sich um große zentrale oder um dezentralisierte Träger handelt, ob große Vermögensmassen anzusammeln und anzulegen sind oder nicht; dabei ist auf den bisher mehr anstaltlichen oder mehr genossenschaftlichen Charakter der Versicherungsträger Rücksicht zu nehmen.

Vorschlag. Auf Grund der angegebenen Erwägungen und nach gründlicher Prüfung der Einzelfragen ist der Ausschuß zu folgenden Vorschlägen gelangt:

§ A. Vor der Ernennung oder Berufung des Leiters eines Versicherungsträgers ist der Beirat dieses Versicherungsträgers von der ernennenden oder berufenden Stelle zu hören.

§ B. Der Leiter des Versicherungsträgers kann in allen Angelegenheiten seines Aufgabenbereichs den Rat des Beirats einholen.

§ C. Zu allgemeinen oder grundsätzlichen Fragen soll der Leiter den Rat des Beirats einholen.

§ D. Die Grundsätze für die Verwaltung und Anlegung des Vermögens des Versicherungsträgers sowie für die Überwachung der Leistungsempfänger, einschließlich der Krankenordnung, hat der Leiter dem Beirat zur Beratung vorzulegen.

§ E. An den Rat des Beirats ist der Leiter in den Fällen der §§ B bis D nicht gebunden.

§ F. Beschlüsse über Abänderung der Satzung, allgemeine Bemessung und Gestaltung der Leistungen (Mehrleistungen), allgemeine Bemessung der Beiträge, Feststellung des Haushaltsplanes sowie über Ausgaben, die im Haushaltsplan nicht vorgesehen sind, Unfallverhütungsvorschriften bedürfen der Zustimmung des Beirats. Wird sie verweigert, so kann sie auf Antrag des Leiters von der Aufsichtsbehörde ersetzt werden. Diese Ersatzzustimmung ist mit der nach anderen Vorschriften etwa erforderlichen Genehmigung oder Zustimmung der Aufsichtsbehörde zu Beschlüssen des Versicherungsträgers zu verbinden.

§ G. Über die Genehmigung der Jahresrechnung hat vorbehaltlich der Vorschriften über Rechnungswesen und Aufsicht der Beirat zu beschließen.

(1) Über die Aufstellung des Gefahrtarifs hat der Beirat der Berufsgenossenschaft auf Grund von Vorschlägen des Leiters zu beschließen. Verweigert der Beirat die Beschlußfassung oder beschließt er abweichend von den Vorschlägen des Leiters, so kann dieser die Aufsichtsbehörde anrufen, die nach Anhören des Leiters und des Beirats entscheidet.

(2) Gegen die vom Leiter vorgenommene Veranlagung zu den Gefahrklassen kann der Unternehmer des veranlagten Betriebs den Beirat anrufen. Gegen dessen Beschluß hat der Leiter und der Unternehmer die Beschwerde an das Oberversicherungsamt (§ 1791 RVO). Dieses entscheidet auf die Beschwerde des Unternehmers endgültig. War die Beschwerde vom Leiter der Berufsgenossenschaft eingelegt, so kann dieser gegen den Beschluß des Oberversicherungsamts weitere Beschwerde beim Reichsversicherungsamt einlegen.

Begründung. Allgemein trat im Ausschuß die Auffassung zutage, daß die Sozialversicherung einen einigermaßen kräftigen Ausbau der Selbstverwaltung und somit der Befugnisse des Beirats verträgt und erfordert. Dabei sollen die Aufgaben und Befugnisse des Beirats nicht nur dazu dienen, den Leiter zu überwachen und Mißbrauch seiner Macht zu verhindern, sondern sie sollen das Eigenleben der Versicherungsträger und das Verantwortlichkeitsbewußtsein der Beteiligten wachhalten. Dagegen, daß eine Möglichkeit geschaffen wird, für einzelne Fragen Unterausschüsse des Beirats zu bilden, bestehen keine Bedenken.

Im einzelnen sind die Vorschläge so angeordnet, daß die Mitwirkungsbefugnisse des Beirats vom Schwächeren zum Stärkeren ansteigen: von der fakultativen Beratung über eine Sollvorschrift zur obligatorisch vorgeschriebenen Beratung und weiter über die Zustimmung zur selbständigen Beschlußfassung.

Vorangestellt ist im § A das Gehör der Bestellung des Leiters (das erst nach der erstmaligen Neuorganisation der Versicherungsträger praktisch wird), das nicht vom Leiter, sondern von einer außerhalb des Versicherungsträgers stehenden Stelle herbeizuführen ist. Es handelt sich um eine Wiederholung der Vorschrift in Abschnitt II Artikel 7 § 2 Absatz 4 des Aufbaugesetzes, die der Vollständigkeit halber in die Vorschläge aufgenommen ist.

Um das innere Verhältnis zwischen Leiter und Beirat, den praktischen Ausgleich zwischen Führergrundsatz und Selbstverwaltungsgedanke, handelt es sich in den folgenden Vorschriften. Von diesen behandeln die §§ B bis E die Beratung des Leiters durch den Beirat, die §§ F und G die stärkeren Formen der Beiratszuständigkeit. Immer war darauf Bedacht zu nehmen, was bei mangelnder Übereinstimmung zwischen den beiden Organen eines Versicherungsträgers zu geschehen habe (§§ D, F, G).

Daß der Leiter des Versicherungsträgers sich in allen Fragen seiner Zuständigkeit des Rates des ihm beigegebenen Organe bedienen kann, ist - insbesondere unter der Herrschaft des Führergrundsatzes in seiner deutschen Ausprägung - selbstverständlich und ergibt sich schon aus Abschnitt II Art. 7 § 5 Abs. 1 des Aufbaugesetzes. Trotzdem mußte es in den Vorschlägen nochmals ausdrücklich gesagt werden (§ B). Dabei erschien es nicht rätlich, einzelne Angelegenheiten als Beispiele besonders hervorzuheben oder einzelne Gegenstände von der Beratung auszuschließen, weil alle Kasuistik hier nur zu Mißverständnissen und Streitigkeiten - die innerhalb des Versicherungsträgers höchst unerwünscht sind - führen könnte. Daß der Leiter sich, wenn er will, vom Beirat auch in solchen Angelegenheiten beraten lassen kann, die an sich gerade auf seine persönliche Initiative und Verantwortung zugeschnitten sind, erscheint unbedenklich. Solche höchsteigentlichen Leiteraufgaben sind vor allem die Angelegenheiten der Personalverwaltung innerhalb des Versicherungsträgers. Das Personal, der Verwaltungsstab muß fest in der Hand des Leiters ("Geschäftsführers") ruhen; der Beirat soll hier nicht hineinreden. Deshalb ist für diese Fragen, wie etwa die Aufstellung der Dienstordnung, keinerlei stärkere Zuständigkeit des Beirates vorgesehen. Doch soll der Leiter nicht verhindert sein, auch darüber eine Beratung herbeizuführen. Ähnliches gilt für die Bewilligung und Bemessung der Leistungen im Einzelfalle. Aber auch hier bedarf es nach der Ansicht des Ausschusses keiner ausdrücklichen Ausschließung von Beiratsbefugnissen; fakultative Beratung bleibt zulässig. Auf die Gestaltung des Verfahrens bei Bewilligung von Leistungen erstreckt sich der Bericht des Akademieausschusses nicht; ein paar Bemerkungen darüber werden unten noch zu machen sein.

Gegenüber der allgemeinen fakultativen Beratungszuständigkeit des Beirates erscheint es zweckmäßig, die allgemeinen, wichtigeren und grundsätzlichen Fragen hervorzuheben und durch eine Sollvorschrift (§ C) nahezulegen, daß sie vom Leiter dem Beirat zur Beratung vorgelegt werden. Von der Einzelangabe gewisser Angelegenheiten ist jedoch auch hier abzuraten, weil daraus leicht falsche Rückschlüsse gezogen werden könnten.

Eine stärkere Bindung des Leiters bedeutet es, wenn er gewisse Gegenstände im Beirat zur Beratung bringen muß, so daß ein Beschluß des Leiters darüber ohne vorheriges Tätigwerden des Beirats nichtig ist. Diese Form, bei der der Leiter sich immer noch in Abweichung von der Stellungnahme des Beirats selbständig entschließen kann, erschien als schwächste der überhaupt möglichen Bindungen geboten bei gewissen grundlegenden, in die Normengebung hineinspielenden Fragen, des inneren Lebens des Versicherungsträgers (§ D). Die Vermögensverwaltung und die Anlegung der angesammelten Vermögensbestände - wie sie hauptsächlich bei den großen, reichseinheitlichen oder sonst räumlich ausgedehnten Versicherungsträgern praktisch wird, während die Sorge dafür den kleinen Krankenkassen durch Bildung der gemeinsamen Rücklage abgenommen werden soll - erfordert zwar eine besondere Sachkunde, wie sie eher beim Leiter als bei den Beiratsmitgliedern anzutreffen sein wird. Immerhin erscheint es im Interesse sorgfältiger Wirtschaft und zur Entlastung der aufsichtsführenden Stellen geboten, hier dem Leiter für die grundsätzlichen Fragen die Anhörung des Beirats zwangsweise aufzuerlegen. In die Überwachung der Leistungsempfänger (Fortbestand der Invalidität usw.) und die Gestaltung der Krankenordnung den Beirat allzustark einzuschalten, erscheint mit Rücksicht auf die Interessenlage nicht rätlich. Immerhin aber kann es der Wachhaltung der Verantwortlichkeit der Versicherten dienlich sein, wenn auch hier der Beirat in Form obligatorischer Beratungszuständigkeit eine gewisse Mitwirkungsbefugnis erhält.

An den Rat des Beirats - auch soweit seine Anhörung für den Leiter obligatorisch ist - soll der Leiter nicht gebunden sein, sondern sich auch abweichend entschließen können. Nach Vorbild anderer Rechtsquellen möchte das zur Klarstellung ausdrücklich ausgesprochen werden (§ E).

In den für Leben und Gedeihen des Versicherungsträgers grundlegenden Fragen normativer Art muß nach der Überzeugung des Ausschusses der Beirat zu stärkerer als nur beratender Mitwirkung berufen sein; hier soll er den Leiter aus seiner Sachkunde heraus unterstützen. Deshalb ist die Gestaltung der im § F aufgeführten allgemeinen Regelungen von der Zustimmung des Beirats abhängig gemacht. Indessen soll der Beirat nicht in der Lage sein, durch Versagung seiner Zustimmung den Verwaltungsgang des Versicherungsträgers lahmzulegen oder dringlich notwendige Änderung hintanzuhalten. Deshalb ist im Vorschlag Vorkehrung getroffen, daß bei Meinungsverschiedenheiten zwischen Leiter und Beirat die Aufsichtsbehörde die Entscheidung treffen kann, indem sie auf Antrag des Leiters die Zustimmung des Beirats gegebenenfalls ersetzt. Zur Vermeidung doppelter Inanspruchnahme der Aufsichtsbehörde und zur Verhütung von Mißverständnissen ist noch auszusprechen, daß die nach anderen Vorschriften erforderliche aufsichtsrechtliche Genehmigung oder Zustimmung (z.B. zur Satzungsänderung) die Ersetzung der Zustimmung des Beirats mit umschließt, jedoch nicht derart, daß der Leiter durch unmittelbare Vorlage an die Aufsichtsbehörde den Beirat umgehen könnte.

Für einige ganz wichtige Fragen, bei denen es sich um die Kontrolle der Tätigkeit des Leiters und um Vorbeugung gegen seine Willkür handelt, genügt auch die - ersetzbare - Zustimmung des Beirats zu seinen Beschlüssen nicht. Vielmehr bedarf es hier der eigenen, entscheidenden Beschlußfassung des Beirats (§ G). Dafür kommt einmal die Abnahme der Jahresrechnungen in Betracht, die die Entlastung des Leiters ausschließt. Die Jahresrechnung ist nach den Vorschriften über das Rechnungswesen vom Leiter aufzustellen und abzuschließen (Abschnitt II Artikel 8 § 2 des Aufbaugesetzes). Sie ist dann dem Beirat zur Genehmigung vorzulegen. Die Vorschriften über die Rechnungskontrolle und die Aufsicht werden dadurch nicht berührt, so daß auch ein unredliches Zusammenspielen von Leiter und Beirat durch die anderen beteiligten Stellen durchkreuzt werden kann. Verweigert der Beirat die Rechnungsgenehmigung, so ist das für die Aufsichtsbehörde ein Anlaß zu um so schärferer Prüfung. Billigt sie den Rechnungsabschluß, so ist die Genehmigungsverweigerung des Beirats damit erledigt. - Eine Sonderlage entsteht bei den Berufsgenossenschaften dadurch, daß hier einer der versicherten Unternehmer Leiter des Versicherungsträgers ist und möglicherweise seine Konkurrenten durch die Arten seiner Verwaltungsführung schädigen kann. Das tritt besonders bei der Gestaltung des Gefahrtarifs und der Veranlagung der Betriebe zu den Gefahrklassen hervor. Demgemäß ist der Gefahrtarif nicht vom Leiter aufzustellen, sondern - allerdings an Hand von Vorschlägen des Leiters - vom Beirat zu beschließen. Gegen diesen Beschluß, und ebenso bei Untätigkeiten des Beirats, soll der Leiter (wenn er sich dem Beschluß nicht beugt) die Aufsichtsbehörde anrufen können, die vor ihrer Entscheidung beide einander widersprechende Teile zu hören hat. Die Veranlagung der einzelnen Betriebe nach dem Gefahrtarif kann und muß als laufendes Geschäft zunächst dem Leiter und seinem - unter seiner Verantwortung arbeitenden - Verwaltungsstab überlassen bleiben. Gibt der veranlagte Unternehmer sich mit dem Ergebnis zufrieden, so erledigt sich alles weitere. Ist er nicht zufrieden, so soll vor Inanspruchnahme der Behörden eine Nachprüfung innerhalb des Versicherungsträgers herbeigeführt werden. Die abschließende Beschlußfassung für den Träger liegt nach dem Vorschlag beim Beirat. Erst gegen dessen Beschluß hat der Betroffene das Rechtsmittel der Beschwerde. Damit aber nicht der Beirat den Leiter und die von ihm zu wahrenden Gesichtspunkte gänzlich beiseite drängen kann, soll auch der Leiter den Beschwerdeweg beschreiten können, der in diesem Fall über das Oberversicherungsamt hinaus zum Reichsversicherungsamt als der Stelle führen muß, die über den Versicherungsträger die Aufsicht führt und auch sonst das Verhältnis zwischen Leiter und Beirat in Ordnung zu halten hat.

Damit sind die Zuständigkeiten des Beirats hinsichtlich der Normengebung und der Verwaltung des Versicherungsträgers nach Ansicht des Ausschusses erschöpft. Das soll nicht ausschließen, daß einzelne Angelegenheiten noch hinzugenommen und an geeigneter Stelle besonders erwähnt werden.

Nicht erstreckt hat der Ausschuß seine Vorschläge auf das Verfahren, das im wesentlichen - als Rechtsprechung in Reichsversicherungssachen - vor den Versicherungsbehörden spielt, das aber schon innerhalb des Versicherungsträgers mit der Bewilligung oder Versagung von Leistungen seinen Anfang nimmt. Der Ausschuß hat erwogen, ob in dieses Vorverfahren in gewisser Weise der Beirat oder einzelne Mitglieder des Beirates oder auch einzelne andere Vertreter der Versicherten und der Betriebsführer eingeschaltet werden können, sei es zu obligatorischer oder nur zu fakultativer Mitwirkung, sei es für grundsätzliche oder für Einzelfragen, sei es für die erste Entscheidung oder für deren Nachprüfung auf Einspruch. All diese Fragen dürften nur im Zusammenhange mit dem Verfahrensrecht als Ganzem abschließend beurteilt werden können. Der Ausschuß weist jedoch schon jetzt auf diese Fragen und auch auf die Möglichkeit hin, mit der Verfahrensmitwirkung zahlreicher (außerhalb des Beirats stehender) Beteiligter eine Art Vorschule der verantwortlichen Selbstverwaltung zu errichten, aus der heraus geeignete Beiratsmitglieder und auch künftige Leiter für Versicherungsträger gewonnen werden können.

Abgelehnt hat der Ausschuß die Form der Beiratszuständigkeit, bei der der Beirat gegen Beschlüsse des Leiters - mögen sie ohne oder nach Beratung im Beirat ergangen sein - eine Art Veto, einen Einspruch an die aufsichtführende Stelle einlegen könnte. Obwohl ähnliche Formen im neuesten deutschen Recht bereits vorkommen, befürchtet man von ihrer Anwendung Mißhelligkeiten im Innern der Versicherungs-(Selbstverwaltungs-)träger und Hemmungen im Gang der Verwaltung.

Von einigen Ausschußmitgliedern wurde befürwortet, die Zuständigkeit des Beirats in verschiedenen Angelegenheiten - besonders bei Satzungsänderung und Haushaltplanaufstellung - einfach als "Mitwirkung" zu gestalten. Hiergegen besteht das Bedenken, daß der Ausdruck zu unbestimmt ist und zu Streitigkeiten führen kann. Der Ausschuß hat es vorgezogen, die Mitwirkung genauer zu umschreiben und in (obligatorische) Beratung, Zustimmung und Beschlußfassung abzustufen. Bei der gewählten Gestaltung kann kein Zweifel aufkommen, daß obligatorische Beratung, Zustimmung und Beschlußfassung nach außen hin wirksame (und nötigenfalls von den Gerichten nachprüfbare) Gültigkeitserfordernisse für die Akte des Versicherungsträgers sind.

II.

1. Einheitlicher Beitragseinzug für die Kranken- und Rentenversicherung (Januar 1934)

Der Ausschuß für Sozialversicherung in der Akademie für Deutsches Recht hat in seiner Sitzung vom 11. Januar 1935 die Frage geprüft, welche Möglichkeiten eines einheitlichen Beitragseinzuges für die Kranken- und Rentenversicherung bestehen. Veranlassung hierzu bot ihm das Gesetz zum Aufbau der Sozialversicherung vom 5. Juli 1934 (Abschnitt II, Artikel 8 § 4). Damit ist eine gesetzliche Grundlage für die Erfüllung eines Wunsches geschaffen, der seit Jahren von den beteiligten Kreisen, und zwar den Wirtschaftskreisen und Sozialversicherungsträgern, für die Vereinfachung des Beitragseinzugsverfahrens geäußert wurde. Mit seinen Beratungen kam der Ausschuß auch einem Wunsche des Herrn Staatssekretärs *Dr. Krohn* nach.

In den Beratungen wurden die materiell-rechtlichen und verwaltungstechnischen Folgerungen einer Änderung der heutigen Vorschriften über den Beitragseinzug bei den verschiedenen Versicherungszweigen ausgiebig erörtert. Die Einführung eines einheitlichen Beitragseinzuges in der Kranken- und Rentenversicherung ist praktisch nur in der Weise denkbar, daß die Beiträge zur Rentenversicherung, ebenso wie zur Zeit die Arbeitslosenversicherungsbeiträge, als Zuschläge zu den Krankenversicherungsbeiträgen und mit diesen erhoben werden. Die Schwierigkeiten einer solchen Lösung liegen, wie die Begründung zu dem Aufbaugesetz bereits sagt, vor allem darin, "daß der Beitrag zur Rentenversicherung die Grundlage für die spätere Berechnung der Rente ist, für die es auf die Höhe und Zahl der Beiträge sowie auf den Zeitpunkt ihrer Entrichtung ankommt. Das hat zur Folge, daß bei einem einheitlichen Beitragseinzug die Beiträge nicht ohne weiteres von der Krankenkasse in einem Betrage an den Träger der Rentenversicherung abgeführt werden können, sondern einer 'Aufbereitung' bedürfen, die den Versicherungsträger der Rentenversicherung in Stand setzt festzustellen, für welche Versicherten die eingezahlten Beiträge entrichtet sind. Das ist aber, wie die Erfahrung gezeigt hat, mit übermäßigen Verwaltungskosten verbunden."

Die *materiell-rechtlichen Schwierigkeiten* liegen nach Auffassung des Ausschusses vor allem in der verschiedenartigen Berechnung der Leistungen in den einzelnen Versicherungszweigen, die von der Höhe und der Zahl der entrichteten Beiträge und ferner davon abhängig sind, wann und für welche Zeit die Beiträge entrichtet wurden. Für eine Vereinheitlichung des Beitragseinzugs wäre demnach eine grundlegende Umgestaltung der Verhältnisse hinsichtlich der Leistungen der Rentenversicherung erforderlich, für die wiederum eine Angleichung der Beitragsklassen in der Invaliden- und Angestelltenversicherung erforderlich wäre. An die Stelle der nach dem Wochenlohn bemessenen Lohnklassen der Invalidenversicherung und der nach dem monatlichen Arbeitsverdienst bemessenen Gehaltsklassen der Angestelltenversicherung müßten die nach dem Tageslohn festgesetzten Grundlöhne und Grundlohnstufen treten. Daraus würde sich für die Krankenversicherung gegenüber der jetzigen Rechtslage der Nachteil ergeben, daß einheitlich ein anderes Grundlohnstufen-System eingeführt werden müßte. Die Beitragserhebung nach dem tatsächlichen Arbeitsverdienst, die vor allen Dingen bei Betriebskrankenkassen vielfach geübt wird und sich bewährt hat, wäre nicht mehr möglich. Auch wäre es ausgeschlossen, daß, wie es sich in der Praxis ebenfalls bewährt hat, die Betriebe der zuständigen Krankenkasse lediglich die Gesamtlohnsumme sowie die Gesamtzahl der Versicherten an die Krankenkasse abführen. Wenn auch die

Zahl der Betriebe, die auf diese Art die Beiträge zur Krankenversicherung entrichten, relativ gering sein mag, so ist doch die Zahl der darin Versicherten außerordentlich groß. Man würde sowohl den Betriebsführern als auch der Kasse neue, nicht vertretbare Verwaltungskosten aufbürden. Hinzu kommt, daß bei der allgemein anerkannten Notwendigkeit sparsamer Wirtschaft in der Sozialversicherung der Beitrag auf das Äußerste dessen abgestimmt sein muß, was wirklich erforderlich ist. Das Bedürfnis für die Leistungen ist aber durchaus verschieden, je nachdem, ob Landbevölkerung oder Industriebevölkerung, Bergarbeiterschaft oder Seeleute in Frage kommen. Wenn man also zur Schaffung der materiell-rechtlichen Voraussetzungen für einen einheitlichen Beitragseinzug die Leistungen für das ganze Reichsgebiet normieren würde, so erreicht man zwar eine Vereinfachung des ganzen Problems, würde aber den Fehler begehen, ein Mittel zur Erfüllung des Zwecks, nämlich den Beitragseinzug, für die Leistungsgewährung bestimmend sein zu lassen.

In *verwaltungstechnischer Hinsicht* hält der Ausschuß eine Vereinheitlichung des Beitragseinzugs ebenfalls für undurchführbar. Nicht alle krankenversicherten Personen unterliegen der Invalidenversicherung, sondern zum Teil auch der Angestelltenversicherung - nicht alle bei einer Landesversicherungsanstalt versicherten Personen sind bei den im Bezirk dieser Anstalt gelegenen Krankenkassen versichert, sondern zum Teil bei Ersatzkrankenkassen, die sich auf das ganze Reich oder Teile davon erstrecken. Nicht alle der Angestelltenversicherung unterliegenden Personen sind krankenversichert, sondern nur diejenigen bis zu einem Jahresarbeitsverdienst von RM 3.600,-. Hinzu kommt, daß die Frage der Befreiung von der Versicherungspflicht und die Möglichkeit der freiwilligen Weiterversicherung in den einzelnen Versicherungszweigen mit Rücksicht auf die verschiedenartigen Bedürfnisse verschieden geregelt sind. Eine weitere Schwierigkeit ergibt sich daraus, daß die Leistungen der Rentenversicherung in einem bestimmten Verhältnis zur Höhe und Zahl der entrichteten Beiträge des Leistungsberechtigten stehen und davon abhängig sind, wann und für welche Zeit diese Beiträge entrichtet wurden. Ein gemeinsamer Beitragseinzug würde bedeuten, daß die Einzugsstelle jeden Beitrag der einzelnen Versicherten nach seiner Höhe, dem Zeitpunkt der Entrichtung und dem Zeitraum, für den er entrichtet ist, den Versicherungsträgern der Rentenversicherung nachweisen muß. Die dadurch bedingte Aufbereitung der Beiträge würde aber ein erhebliches Mehr an Verwaltungsarbeit für die Versicherungsträger verbinden und eine Fülle von Streitigkeiten und Verwaltungsschwierigkeiten zwischen den einzelnen Versicherungsträgern untereinander und den Versicherten nach sich ziehen und damit bestenfalls eine Verschiebung der Verwaltungskosten von den Betrieben auf die Versicherungsträger, in den meisten Fällen vermutlich mit nachteiligen Folgen für die Versicherten, bedeuten.

Der Ausschuß hat in diesem Zusammenhang auch eingehend das *Für und Wider des Beitragsmarkenverfahrens und des Kontenverfahrens* untersucht. Es läßt sich natürlich schwer feststellen, welcher Arbeitsanfall sich ergeben wird, wenn man den Betriebsführern das dezentralisierte Markenkleben abnähme und die Buchung auf irgendeinen Versicherungsträger oder eine andere Stelle übertrüge. Einige Momente gaben allerdings dem Ausschuß gewisse Anhaltspunkte. Im Laufe der über 50jährigen Entwicklung der deutschen Sozialversicherung ist schon mancherlei auf verwaltungstechnischem Gebiet versucht worden. So hatte zum Beispiel die Reichsversicherungsanstalt für Angestellte bis Ende 1922 das Kontensystem, bei dem jeder eingezahlte Beitrag auf ein Konto des Versicherten gebucht wurde. Beim Übergang zum Markenverfahren ergab sich eine ganz außerordentliche Verwaltungsentlastung. Die Zahl der Beamten und Angestellten der Reichsversicherungsanstalt für Angestellte konnte von rund 3500 auf rund 900 herabgesetzt werden. Die Erfahrung hat gezeigt, daß trotz der außerordentlichen Verwaltungsbelastung keineswegs eine ordnungsgemäße, auf dem Laufenden sich befindliche Verbuchung der Konten erreicht wurde. Es ergab sich vielfach der groteske Zustand, daß die Reichsversicherungsanstalt für Angestellte zur Feststellung der Einzahlungen bei den Versicherten rückfragen mußte, um anhand der in deren Händen befindlichen Postausweise erst das Konto konstruieren zu können. In der Invalidenversicherung sind nach den Feststellungen des Ausschusses die früheren Erfahrungen mit dem Kleben der Beitragsmarken durch die Krankenkassen ebenfalls unbefriedigend gewesen. Durch diese Art des Beitragseinzugs entstand für die Versicherten Anwartschaftsverlust, weswegen man in der Praxis auch bald diese Art des Beitragseinzugs aufgab.

Es muß anerkannt werden, daß das Beitragsmarkensystem besondere Vorteile hat. Diese liegen einmal in dem urkundlichen Beweis durch das Kleben der Marke und ferner in der dezentralisierten Beitragsentrichtung, bei der jeder Betriebsführer eine Marke in eine Karte einklebt, die als Bescheinigung für die ganze Arbeitszeit vorhanden bleibt, am Schluß schon durch die verschiedenen Farben sehr leicht aufzurechnen ist und die Unterlagen für die individuelle Rente, an der festzuhalten ist, bildet.

Wenn sich der Ausschuß hiernach auch darüber einig war, daß dem Beitragsmarkenverfahren der Vorzug gegenüber anderen Verfahren, wenigstens für das Gebiet der Rentenversicherung, gebührt, so hält er es aber für notwendig, Wege zu finden, die *Kontrolle der ordnungsgemäßen Beitragsentrichtung* im Interesse der auf den regelmäßigen Beitragseingang angewiesenen Versicherungsträger und der Versicherten und Betriebsführer zu verbessern. Nach den heutigen Vorschriften unterhält jeder Versicherungsträger einen eigenen Überwachungsapparat. Dadurch ergibt sich die Unannehmlichkeit mehrfacher Kontrollen in den Betrieben, bei denen jeder einzelne Versicherungsträger lediglich die für ihn notwendige Kontrolle durchführt. Das Aufbaugesetz hat in seiner Begründung die Beitragsüberwachung bereits zu einer möglichen Gemeinschaftsaufgabe für Kranken- und Invalidenversicherung erklärt. Der Ausschuß würde es begrüßen, wenn auf diesem Gebiete Vereinfachungen durchgeführt werden könnten und dadurch der unerfreuliche Zustand beseitigt würde, daß in einem Betriebe der Prüfer der Krankenversicherung die Kranken- und Arbeitslosenversicherung prüft, die Reichsanstalt für Arbeitsvermittlung und Arbeitslosenversicherung von ihrem Rechte zur selbständigen Nachprüfung Gebrauch macht, der Kontrollbeamte der Landesversicherungsanstalt und derjenige der Reichsversicherungsanstalt für Angestellte den Betrieb besuchen und schließlich noch von dem Träger der Unfallversicherung eine Kontrolle durchgeführt wird. Der Ausschuß bittet zu erwägen, ob man nicht dem Träger der Arbeitslosenversicherung das ihm zustehende Prüfungsrecht nehmen sollte. Er ist der Auffassung, daß die Prüfung der Kranken- und Arbeitslosenversicherung durch eine einzige öffentliche Körperschaft durchgeführt werden kann. Wenn man dann auch noch die Prüfung für die Rentenversicherung vereinheitlicht, ergibt sich für den Betriebsführer, auf den das heutige Nebeneinander verärgernd wirken muß, eine wesentliche Entlastung.

Anmerkung des Hrsg..: Die Zusammenfassung des Beitragseinzugs der Kranken-, Arbeitslosen- und Rentenversicherung (mit Delegation an die Krankenkassen) erfolgte durch Verordnung von 1942 (RGBl.I, S. 362, 252).

2. Zur Frage einer gemeinsamen Kontrolle des Beitragseinzugs in der Sozialversicherung (April 1935)

Der Ausschuß hat die Frage in zwei Abschnitten behandelt. Er hat sich zunächst der Sonderfrage zugewendet, ob im Verhältnis der Invaliden- zur Angestelltenversicherung eine gemeinsame Kontrolle des Beitragswesens möglich und empfehlenswert ist. Dabei ist er von der Erwägung ausgegangen, daß gerade diese Untersuchung zunächst anzustellen sei, weil diese beiden Versicherungszweige in ihrem Aufbau und ihren Leistungen im Laufe der Jahre besonders eng als Schwesterngebiete in der Gesetzgebung wie auch in der Praxis auf ein Zusammenwirken gestellt sind.

Für nicht minder wichtig hält der Ausschuß die zweite Frage, ob und wie eine gemeinsame Kontrolle des Beitragswesens im Verhältnis der Kranken- und Invalidenversicherung möglich und anzuraten sei. Wenn die Frage im Verhältnis zur Invaliden- und Angestelltenversicherung im ersten Abschnitt behandelt wird, so soll damit nicht etwa zum Ausdruck gebracht werden, daß im Verhältnis von Kranken- zur Invalidenversicherung von vornherein auf die Frage weniger Nachdruck zu legen sei. Im Gegenteil ist der Ausschuß der Ansicht, daß gerade hier eine besonders enge, und zwar noch stärkere Verbindung als im Verhältnis von Invaliden- und Angestelltenversicherung durch das Aufbaugesetz bereits hergestellt ist, insbesondere durch die Gemeinschaftsaufgaben. Aber der Ausschuß hat sich gesagt, falls bereits für Invaliden- und Angestelltenversicherung gemeinsame Kontrollbeamte vorgeschlagen sind, ist es organischer, erst im Anschluß hierzu die Krankenversicherung im Verhältnis zu ihnen zu erörtern; bedarf es doch dann nicht der Knüpfung getrennter Fäden von der Krankenversicherung zur Invalidenversicherung und etwa von da zur Angestelltenversicherung nebeneinander, sondern es wird dann die ganze Fragengruppe durch die Verknüpfung jener bereits für die Invalidenversicherung und Angestelltenversicherung etwa als empfehlenswert erkannten Einrichtung gemeinsamer Kontrollbeamten mit der Krankenversicherung einheitlich beantwortet.

Für beide Teile gemeinsam ist vorauszuschicken, daß nach Auffassung des Ausschusses in sämtlichen Versicherungszweigen die Kontrolle des Beitragswesens in eine Außenkontrolle und eine rein büromäßige Innenkontrolle zu verlegen ist. Denn es wird, auch wenn man zu dem Vorschlage einer Vereinheitlichung der Außenkontrolle durch einheitliche Beamte oder Angestellte kommt, doch nicht möglich sein, den einzelnen Versicherungsträgern die endgültige aktenmäßige Überprüfung des Ergebnisses der gemeinsamen Kontrolle aus der Hand zu nehmen. Dies gilt insbesondere, wenn es sich um Tatbestände handelt, die der Kontrollbeamte bei Betriebsbesichtigungen festgestellt hat und bei denen er selbst die Beurteilung der Berufsgruppe für zweifelhaft hält. Dazu kommt, daß u.a. auch der Beitragseinzug im Verwaltungszwangsverfahren unmöglich gemeinsam für die Versicherungszweige vor sich gehen kann. Es handelt sich hier um Rückstände auf Grund bereits festgelegter Tatbestände, während das eigentliche Wesen der Beitragskontrolle in der Klarlegung der Tatbestände an Hand von Besichtigungen der Betriebe liegt. Im folgenden wird deshalb die Frage ausschließlich auf eine gemeinsame Beitragskontrolle durch Außenbeamte, also eine betriebsmäßige Prüfung der Beschäftigungsverhältnisse unter dem Gesichtspunkt der Sozialversicherung abgestellt. Dies bedeutet z.B. für die Krankenkassen die Kontrolle darüber, ob die Meldungen an die Krankenkassen richtig erstattet sind, nicht aber auch, ob auf Grund der Meldungen die Beiträge pünktlich eingegangen sind und wie ihre Beitreibung zu vollziehen ist.

Weiter ist gemeinsam für die nachstehende Untersuchung vorauszuschicken, daß die Stellungnahme zu der grundsätzlichen Frage, ob eine gemeinsame Kontrolle der Beitragsüberwachung angebracht sei, gemeinsam für alle Versicherungszweige eine Prüfung des Wesens der Beitragsüberwachung und eine Stellungnahme hierzu voraussetzt, denn nur so wird man in die Lage versetzt, die Beitragsüberwachung als ein organisches Element im Aufbau der Sozialversicherung zu erkennen und ihr diejenige Stellung zuzuweisen, die sie kraft dieser ihrer Wesenszüge organisch einzunehmen hat. Der Ausschuß hat sich dazu auf den Standpunkt gestellt, daß die Beitragsüberwachung nicht etwa irgendeine nebensächliche Pflicht sei, die der Versicherungsträger etwa nur aus Gründen einer ordnungsmäßigen Verwaltung durchzuführen habe. Vielmehr ist es eine Pflicht, die ausgesprochenermaßen zu den Hauptpflichten jedes Versicherungsträgers der Sozialversicherung zu rechnen ist und die ihm aus diesem Grunde vom Gesetz selbst auferlegt ist. Der Rechtsgrund für eine so eingreifende Pflicht des Versicherungsträgers ergibt sich aus dessen allgemeinen Aufgabenkreis. Ist er doch einerseits als Selbstverwaltungskörper der öffentlich-rechtlichen Sozialversicherung dafür verantwortlich, daß die Beiträge, die nach dem Deckungssystem der Sozialversicherung ihm zur Dekkung der Leistungslasten versicherungsmathematisch nach dem Gesetz zukommen müssen, ihm auch wirklich zukommen. Dazu kommt, daß er gleichzeitig es auch als seine Pflicht zu betrachten hat, im

Interesse der von ihm betreuten Versicherten dafür zu sorgen, daß alle diejenigen Personen, die vom Gesetz als Pflichtversicherte erfaßt werden, auch wirklich Beiträge leisten. Diese Fürsorge für die Rechtslage der einzelnen Versicherten ist gerade bei der Invaliden- und der Angestelltenversicherung von besonderer Wichtigkeit, da hier auf Grund des Klebesystems die Leistung des Versicherungsträgers davon abhängt, daß Beiträge tatsächlich in der erforderlichen Anzahl geleistet sind und daß auch die Anwartschaft nicht erloschen ist.

Schließlich ist aber noch ein dritter Umstand gerade der neueren Entwicklung der Sozialversicherung von nicht unwesentlicher Bedeutung, nämlich das Interesse, das die Gesamtheit aller Versicherungszweige der Sozialversicherung daran hat, daß der eine Versicherungszweig nicht allein bei der Beitragsüberwachung, ohne den Blick auf die anderen Versicherungszweige zu richten, vorgeht, sondern mit ordnungsmäßigem Überblick über die Verzahnung mit den anderen Versicherungszweigen das Beitragswesen handhabt.

Erster Teil. Die Frage einer gemeinsamen Beitragskontrolle im Verhältnis von Invaliden- zur Angestelltenversicherung

In der Vorbemerkung wurde bereits angedeutet, daß der Gedanke einer solchen gemeinsamen Beitragskontrolle bei diesen Versicherungszweigen von vornherein als ein besonders naheliegendes Problem sich aufwirft. Man vergleiche nur z.B. die zahlreichen Fragen der Wanderversicherung, die fortgesetzt eine Wechselwirkung im Versichertenkreis und im Beitragswesen zwischen beiden Versicherungszweigen hervorruft. Man denke auch weiter an die Abgrenzung der Berufsgruppen, die im § 1226 RVO und § 1 AVG aufeinander abgestellt sind, und zwar derart, daß ohne weiteres im allgemeinen die Zurechnung zu einer Berufsgruppe der Invalidenversicherung nach der im Jahre 1922 erfolgten Beseitigung der doppelten Pflichtversicherung die praktische Auswirkung hat, daß der Betreffende nicht zum Kreis der Angestelltenversicherung gehört und umgekehrt. Es bedarf keiner besonderen Hervorhebung, daß bei der Vielgestaltigkeit des Lebens nicht selten die Beurteilung im Einzelfall sehr verschieden sein kann und es schon deshalb jedenfalls für die Praxis als wünschenswert erscheinen läßt, durch eine gemeinsame Stelle die Kontrolle vorzunehmen.

Jedoch bedarf die Frage vor einer endgültigen Stellungnahme einer sorgfältigen Erwägung aller wesentlichen Gründe, die dafür und dagegen sprechen. Diese Prüfung hat der Ausschuß im einzelnen vorgenommen.

1. Zunächst seien die Gründe hervorgehoben, die gegen eine gemeinsame Kontrolle des Beitragswesens in der Invaliden- und der Angestelltenversicherung sprechen oder doch von manchen Seiten schon geltend gemacht worden sind:

a) Das erste Bedenken, das gegen eine gemeinsame Kontrolle geltend gemacht werden könnte, besteht darin, daß der Personenkreis der Versicherten nach dem gegenwärtigen Gesetzesstand noch eine erheblich unklare Grenzlinie hat. Gewiss hat bereits eine starke Annäherung stattgefunden insofern, als in der Novelle vom Jahre 1922 eine gewisse Angleichung des § 1226 RVO an den § 1 AVG vorgenommen wurde. Aber die Schnittflächen sind immerhin noch so, daß eine ganz klare Linie sich nicht abhebt. Dadurch entstehen unzweifelhaft große praktische Schwierigkeiten für diejenigen Personen, die die Beitragsüberwachung in den Betrieben durchzuführen haben; denn sie müssen, wenn sie hierbei beide Versicherungszweige berücksichtigen wollen, gerade diese Verschiedenheiten und die dazu ergangene Verwaltungsübung und Rechtsprechung genau übersehen. Dies erfordert nicht nur Kenntnis der Gesetzgebung, der Ausführungsbestimmungen und der Rechtsprechung, sondern auch eine beträchtliche Summe von praktischer Erfahrung.

Die Frage ist aber, ob nicht die Abgrenzung, die bereits durch die Berufsgruppenbestimmung des Reichsarbeitsministeriums für die praktische Handhabung mehr erleichtert worden ist, künftig im Gesetz wie auch in Ausführungsbestimmungen noch einfacher gestaltet werden könnte. Dabei wird das Problem nicht nur im Verhältnis Invaliden- zur Angestelltenversicherung, sondern zugleich auch im Verhältnis Krankenversicherung zur Invaliden- und Angestelltenversicherung auftauchen.

Als Beispiele aus der Praxis sei hingewiesen auf die jahrelangen Streitigkeiten um die Eingruppierung der Polierer im Baugewerbe und der verschiedenen Meister in der Textilindustrie, ferner der Gas- und Wasserableser und der Kassenboten. Unter Ziffer 2 wird abschließend kritisch hierzu Stellung genommen.

b) Wie schon unter a) hervorgehoben, ist nicht zu verkennen, daß eine gemeinsame Beitragsüberwachung für beide Versicherungszweige ein nennenswertes Maß von praktischer und theoretischer Erfahrung auf beiden Versicherungszweigen erfordert. Hier wird nun bisweilen geltend gemacht, diese Erfahrung könne von gemeinsamen Überwachungsbeamten nicht in ausreichendem Maße erworben werden; vielmehr müsse es sich um einen Spezialisten für jedes Gebiet handeln, der von Grund auf dieses Gebiet kennengelernt habe. Insbesondere sei es den Beamten der Invalidenversicherung nicht in ausreichendem Maße möglich, die verästelten Einzelheiten der Berufsgruppenbestimmung des Reichsarbeitsministers nebst der dazu bestehenden Verwaltungsübung ausreichend zu beherrschen.

Unter Ziffer 2 wird auch hierzu kritisch Stellung genommen.

c) Man kann die Augen nicht davor verschließen, daß sich in der Verwaltungsübung der Versicherungsträger der Invaliden- und Angestelltenversicherung in gewissem Sinne eine Art Rivalität in den vergangenen Jahren in der Beurteilung der Eingruppierung in die Berufsgruppen herausgestellt hatte. Die Praxis hat vielfach Fälle gezeigt, in denen Landesversicherungsanstalten, die Reichsversicherungsanstalt aus öffentlich-rechtlichen Beweggründen in, wie sie meinten, guter Absicht und wohlverstandenem Interesse ihres Versicherungszweiges danach trachteten, den Kreis ihrer Versicherten nach Möglichkeit in ihrem Sinne in den gesetzlichen Grenzen weit zu halten. Zwar läßt sich zur Zeit feststellen, daß es sicher damit besser geworden ist. Aber in einem gewissen Umfange ist diese Art Rivalität der beiden Versicherungszweige auch heute noch gegeben. Das führt dazu, daß es gewissen Bedenken unterliegt, Beamte des einen oder anderen dieser beiden Versicherungszweige für die gemeinsame Kontrolle zu verwenden, und legt die Frage nahe, ob nicht eine Beamtengruppe für die gemeinsame Beitragskontrolle sich schaffen läßt, die beamtenmäßig weder dem einen noch dem anderen Versicherungsträger eingegliedert ist.

Hierzu wird unter 2. Stellung genommen.

d) In vergangener Zeit haben sehr häufig Unternehmer die Sozialversicherung umgangen, um die sogenannten sozialen Lasten für sich auf ein Mindestmaß zu bringen. Es haben sich infolgedessen sehr oft Verträge feststellen lassen, die mehr oder weniger künstlich durch Gestaltung des privatrechtlichen Vertrages die Eigenschaft als Arbeitnehmer auszuschalten oder eine Handarbeitertätigkeit zu konstruieren versuchten. Nicht selten entsprang dieses Streben auch dem Wunsche, die Eingruppierung gleichzeitig in niedrigere Gruppen der Tarifverträge zu erreichen. Aus einem Werkmeister wurde so öfters versucht, einen Vorarbeiter zu machen, aus einem Angestellten sonstiger Art einen Gehilfen. Es bedarf da oft ganz besonderer Erfahrung, um die Sach- und Rechtslage richtig zu erkennen.

Auch hierin ist eine große Besserung unter der erzieherischen Einwirkung des Nationalsozialismus eingetreten. Aber als ein Problem der Beitragsüberwachung bleibt die Frage gleichwohl in gewissem Umfange bestehen, und sie spitzt sich wiederum darauf zu, ob das Eindringen in diese besonderen, teilweisen verschleierten Rechtsverhältnisse einem gemeinsamen Überwachungsbeamten möglich sein wird oder ob dazu eine besondere Erfahrung gerade in dem einen oder anderen Versicherungszweig überwiegend erforderlich ist.

e) Von mancher Seite wurde gegen eine gemeinsame Überwachung eingewendet, sie würde nicht eine finanzielle Erleichterung bringen. Es werde im Gegenteil sogar eine Vermehrung der Kosten die Folge sein; denn diejenigen, die bisher als besondere Spezialisten auf diesem Gebiete gearbeitet hätten, hätten diese Arbeit in der Angestelltenversicherung in verhältnismäßig großen Bezirken bewältigen können. Sobald aber Beamte aus der Invalidenversicherung ebenfalls hierzu herangezogen würden oder andere Beamte, die nicht Spezialisten der Angestelltenversicherung seien, müsse man die Bezirke verkleinern und die persönlichen Ausgaben würden sich infolgedessen vermehren.

Auch hierzu wird unter 2. Stellung genommen.

2. Stellt man nunmehr den unter 1. hervorgehobenen Bedenken die Umstände gegenüber, die für eine Zusammenlegung der Beitragsüberwachung sprechen und die geeignet sind, die hervorgehobenen Bedenken zugleich mehr oder weniger zu entkräften, so ergibt sich folgendes Bild:

a) Die Bedenken, die aus der noch teilweise sehr verschwommen verlaufenden Grenzlinie in der Berufsgruppenbestimmung der beiden Versicherungszweige abgeleitet sind, können als nachhaltig nicht anerkannt werden, denn dies ist nur eine Frage der künftigen Gesetzgebung. Es wurde oben unter 1. a) schon angedeutet, daß bereits durch die Berufsgruppenbestimmung des Reichsarbeitsministers eine wesentliche Erleichterung hier eingetreten ist und es liegt ganz auf der Linie, daß man in der Gesetzgebung die Abgrenzung künftig sicher in einer Weise vornehmen kann, daß die Praxis nicht vor allzu große Schwierigkeiten gestellt wird. Klar ist zwar, daß bei der außerordentlichen Vielgestaltigkeit des Lebens sich die Grenzlinie nicht so ziehen lassen wird, daß ohne weiteres jeder einzelne Fall ganz sicher eingruppiert werden kann. Aber man wird die Linie so ziehen können, daß die Summe der Zweifelsfälle erheblich vermindert wird. Dann wird es aber möglich sein, daß auch ein Beamter, der nicht ausgesprochenermaßen einseitiger Spezialist der Invaliden- oder der Angestelltenversicherung ist, in beiden Versicherungszweigen in der Abgrenzung der Berufsgruppen und den sonstigen Voraussetzungen der Versicherungspflicht zur hinreichenden Ausübung einer gemeinsamen Beitragsüberwachung durchaus tauglich ist.

Dazu bedarf es allerdings einer besonderen Schulung der betreffenden Überwachungsbeamten. Auf deren Wichtigkeit und Notwendigkeit möchte der Ausschuß besonders hinweisen. Auch jetzt bestehen schon starke Bestrebungen, die auf eine Verbesserung der Kenntnisse der Beamten in der Sozialversicherung hinzielen. Man muß dankbar anerkennen, daß hier schon sehr viel durch die mannigfaltigen Kurse, Vorträge und durch eigene Ausbildung der Sozialversicherungsbeamten geschehen ist, und gerade diese Entwicklung zeigt, daß man künftig den gemeinsamen Überwachungsbeamten sehr wohl das Vertrauen schenken kann, daß sie der geschilderten Aufgabe gewachsen sind, sofern die Durchbildung in der hervorgehobenen Weise in Zukunft noch vertiefter in die Hand genommen wird.

b) Die Bedenken, die unter 1. a) in der Richtung erwähnt wurden, daß man etwa für die Angestelltenversicherung nur besondere Spezialisten dieses Versicherungszweiges zur Beitragsüberwachung brauchen könne, sind schon durch die eben unter a) angestellten Erörterungen zugleich mit aus dem Wege geräumt; denn wenn die dort erwähnten Unterlagen im Gesetz und in der Ausbildung für eine gemeinsame Beitragsüberwachung geschaffen sein werden, werden die gemeinsamen Überwachungsbeamten völlig ihrer Aufgabe gewachsen sein, zumal es, wie in der Vorbemerkung hervorgehoben, in Zweifelsfällen dann doch immer noch dem Versicherungsträger selbst vorbehalten sein muß, endgültig büromäßig die ihm mitgeteilte Stellungnahme des Überwachungsbeamten zu überprüfen und dazu Stellung zu nehmen.

c) Wenn auch die Bedenken, die sich aus der Rivalität der Versicherungszweige ergeben, nicht mehr in dem gleichen Maße bestehen wie früher, so sind sie doch, wie unter 1. a) hervorgehoben, nicht geschwunden. Der Ausschuß ist daher der Auffassung, daß künftig eine gemeinsame Überwachung sich unter Berücksichtigung der Mentalität der Versicherungsträger nicht in der wünschenswerten Weise durchführen läßt, wenn Überwachungsbeamte aus dem Kreis der Invalidenversicherung die Überwachung des Beitragswesens in der Angestelltenversicherung mitübernehmen und umgekehrt. Er glaubt vielmehr, daß zu einer ordnungsmäßigen Ausübung einer gemeinsamen Beitragsüberwachung eine neue Beamtengruppe zu schaffen ist, die beamtenmäßig in eine Dienststelle eingegliedert ist, die von den einzelnen Versicherungsträgern unabhängig ist. Dabei hat der Ausschuß an eine Eingliederung in den Beamtenkörper des Reichsversicherungsamts oder auch dezentralisiert an denjenigen der Oberversicherungsämter gedacht. Er würde das letztere bevorzugen, da hier die Unmittelbarkeit der Verbindung mit der Mutterbehörde, zu der die Überwachungsbeamten gehören würden, noch enger gewährleistet ist. Die jetzt vorhandenen Überwachungsbeamten könnten ohne Schwierigkeiten in dieses neue Beamtenverhältnis übergeleitet werden. Sollten gegen diesen Vorschlag Bedenken herzuleiten sein, daß er einen Eingriff in die Selbstverwaltung der Versicherungsträger zur Folge hat, so könnte sich der Ausschuß eine Lösung auch in der Richtung denken, daß die Kontrolltätigkeit zu einer Gemeinschaftsaufgabe erklärt und dadurch mehr oder minder aus der Verwaltung des *einzelnen* Versicherungsträgers herausgehoben würde.

d) Die Schwierigkeiten, die sich durch Umgehungsversuche des Gesetzes in der Vergangenheit häuften, sind, wie schon unter 1. d) angedeutet, stark zurückgegangen, da hier die nationalsozialistische Erziehungsarbeit schon unzweifelhaft außerordentlich viel Gutes geleistet hat. Soweit auch weiterhin in geringerem Umfange solche Versuche neu auftreten, besteht kein Hindernis, auch hier gemeinsam Überwachungsbeamte einzusetzen, sofern die oben schon erörterten Garantien für die gemeinsame Überwachung im künftigen Gesetz und in der Ausbildung der Überwachungsbeamten gegeben sein werden.

e) Auch die finanzielle Frage wirft nunmehr keine Bedenken mehr aus. Es wird vielmehr sicher zu einer Verminderung der Beitragslasten kommen können, wenn in der geschilderten Weise Überwachungsbeamte für ihre Aufgabe gewachsen gemacht werden.

f) Dazu kommt noch sehr erheblich, daß die gemeinsame Überwachung wesentliche Erleichterungen für die Wirtschaft bringen würde, die eben durch die vielfachen Beitragskontrollen durch die verschiedenartigsten Personen in einer oft untragbaren Weise belästigt wird. Es kann und muß dann ausreichen, wenn eine einheitliche Persönlichkeit für die Versicherungszweige in die Betriebe geht. Das wird den Betrieb weniger stören und wird die Freudigkeit an der Durchführung der Sozialversicherung steigern.

g) Nicht erörtert wurde unter 1. ein früher seitens der Angestelltenversicherung erhobenes Bedenken, das darin bestand, daß bei dem früheren System der Ortsausschüsse und Vertrauensmänner eine besondere Unterrichtung dieser Stellen erforderlich war. Dies ist nicht mehr berührt worden, da inzwischen auf Grund des Aufbaugesetzes die Ortsausschüsse und Vertrauensmänner der Angestelltenversicherung weggefallen sind und teilweise durch eine Abmachung zwischen der Reichsversicherungsanstalt und der Deutschen Arbeitsfront die Aufgaben der ehemaligen Ortsausschüsse auf die Auskunftsstellen der Deutschen Arbeitsfront übergegangen sind.

h) Endlich spricht sehr wesentlich für eine gemeinsame Überwachung die in der neueren Gesetzgebung der Sozialversicherung immer mehr betonte Gemeinschaftsarbeit der Versicherungszweige und der Grundsatz, daß sie aller Möglichkeit nach nicht voneinander getrennt, sondern in gegenseitiger Zusammenarbeit ihren öffentlich-rechtlichen Aufgabenkreis zu erfüllen haben, der letzten Endes nicht den Kern trennt, sondern das gemeinsame Ziel der Sozialversicherung ist.

Zweiter Teil. Die Frage einer gemeinsamen Beitragskontrolle im Verhältnis von Kranken- zur Rentenversicherung

1. Das Gutachten ist in seinem ersten Teil zu dem Ergebnis gekommen, daß eine Vereinheitlichung des Kontrollwesens in der Rentenversicherung bei dem Vorliegen von gewissen Voraus-

setzungen sehr wohl möglich ist. Es erhebt sich nun die Frage, ob und inwieweit auch die Überwachungstätigkeit in der Krankenversicherung zu der Kontrolle in der Rentenversicherung in Beziehungen gesetzt werden kann. Es ist unverkennbar, daß eine wesentliche Vereinfachung in der gesamten Reichsversicherung erreicht werden könnte, wenn es sich ermöglichen ließe, für alle Versicherungszweige gemeinsame Kontrolleinrichtungen zu schaffen. Dadurch könnte nicht nur eine wesentliche Ersparnis an Reisekosten erzielt werden, es würde diese Maßnahme auch häufigere Kontrollen und damit eine größere Sicherheit für die Versicherten ermöglichen und zudem für die Unternehmer insofern eine Annehmlichkeit mit sich bringen, als sie hinfort nicht mehr mit verschiedenen Überwachungsbeamten, sondern nur noch mit einem Beamten in Berührung kämen.

Die Gründe, die für und gegen eine gemeinsame Beitragskontrolle im Verhältnis von Kranken- zur Rentenversicherung sprechen, sind zunächst im wesentlichen dieselben, die im ersten Teil des Gutachtens erörtert worden sind.

Zur Vermeidung von Wiederholungen darf daher auf die Nummer 1 a) (insbesondere Abs. 2), b), d) und e) sowie auf die entsprechenden Unterabschnitte einschließlich der Buchstaben f) und h) der Nummer 2 verwiesen werden. Darüber hinaus hat der Ausschuß folgende Feststellungen getroffen:

a) Im Gegensatz zu den Zweigen der Rentenversicherung besteht in dem Verhältnis zwischen der Kranken- und der Rentenversicherung der Hauptunterschied darin, daß bei beiden Versicherungszweigen verschiedene Beitragsverfahren bestehen. In der Invaliden- und Angestelltenversicherung werden die *gesetzlich* festgelegten Beiträge mittels Klebens von Marken erstattet, während in der Krankenversicherung die Beiträge in *satzungsmäßiger* Höhe in bar oder durch Überweisung an die Krankenkasse zu entrichten sind. Dieser Unterschied führt dazu, daß schon die Tätigkeit des Überwachungsbeamten an sich in der Krankenversicherung eine wesentlich andere ist als in der Invaliden- und Angestelltenversicherung. Während sich in diesen Versicherungszweigen die Außenkontrolle schon darauf zu erstrecken hat, ob die Marken in der gesetzlich vorgeschriebenen Höhe und für die tatsächlichen Beschäftigungszeiten verwendet worden sind und ob eine Versicherungspflicht in der Invaliden- oder Angestelltenversicherung besteht, setzt die Tätigkeit des Kontrollbeamten der Krankenkasse erst dann ein, wenn in der Beitragsabteilung der Krankenkasse ein Rückstand oder eine sonstige Unstimmigkeit festgestellt worden ist. Seine Aufgabe besteht dann im wesentlichen darin, die Zahlungspflicht an Ort und Stelle anzumahnen, die Rückstände einzuziehen, erhobene Einwendungen gegen die Zahlungspflicht nachzuprüfen und gegebenenfalls als Vollstreckungsbeamte tätig zu sein. Es ist selbstverständlich, daß diese Tätigkeit verhältnismäßig einfach ist und eine geringere Vorbildung und Erfahrung voraussetzt als die Kontrolltätigkeit in der Rentenversicherung, die eine umfassende Kenntnis der gesetzlichen Vorschriften und der Rechtsprechung, insbesondere des Reichsversicherungsamts über die Zugehörigkeit von Arbeitnehmern zur Invaliden- oder Angestelltenversicherung, erfordert. Hinzu kommt, daß der Überwachungsbeamte der Rentenversicherung in vielen Fällen neben der rein kontrollierenden eine beratende Tätigkeit ausüben muß. Fragen des Versicherungsverhältnisses, der Anwartschaft usw. muß er beherrschen und in der Lage sein, auch im übrigen zur Vermeidung von Rechtsnachteilen sowohl dem Versicherten als auch den Unternehmern mit Ratschlägen zur Seite zu stehen. Von dem Kontrollbeamten der Krankenkasse braucht demgegenüber ein derartiges Maß von Wissen nicht verlangt zu werden.

b) Hingegen ist eine Rivalität, die zwischen den Trägern der Rentenversicherung der Arbeiter und der Angestellten als gegeben angenommen werden muß (zu vergl. Abschnitte 1. c) und 2. c) im ersten Teil des Gutachtens), zwischen den Trägern der Krankenversicherung auf der einen und der Rentenversicherung auf der anderen Seite nicht vorhanden. Hier handelt es sich um geschlossene Versicherungszweige, die als solche wenig Berührungspunkte miteinander haben und zudem durch Abschnitt II Artikel 1 des Gesetzes über den Aufbau der Sozialversicherung zu einer einheitlichen Organisation verbunden worden sind. Im Hinblick darauf, daß künftig der Leiter der Krankenkasse von dem Leiter der Landesversicherungsanstalt ernannt wird, möchte der Ausschuß nicht mehr davon ausgehen, daß die Führung der Kasse eine Richtung einschlägt, die ausschließlich die eigenen Belange berücksichtigt und kein Verständnis für die Interessen der Invalidenversicherung aufzubringen vermag.

2. Trotz des bestehenden grundsätzlichen Unterschieds in der Aufbringung der Mittel in der Krankenversicherung gegenüber der Rentenversicherung ist die Schaffung einer gemeinsamen Kontrolleinrichtung keinesfalls unmöglich.

a) Eine umfassende, sich auf die richtige Abführung der Beiträge erstreckende Kontrolle bedingt auch in der Krankenversicherung nicht selten eine Reihe von Feststellungen, nämlich, welche Versicherten in dem in Betracht kommenden Betriebe beschäftigt werden, in welcher Art und Weise und gegen welches Entgelt sie tätig sind und dergl. mehr. Dabei hat in vielen Fällen eine eingehende Ermittlung stattzufinden, die sich auf das gesamte Versicherungsverhältnis von Gefolgschaftsmitgliedern eines Betriebes zu erstrecken hat. Es erscheint dem Ausschuß unverständlich, warum die von dem Kontrollbeamten der Krankenkassen angestellten Erhebungen, die in gleicher Weise die Träger der Rentenversicherung angeben, diesen vorenthalten werden und gegebenenfalls von einem anderem Kontrollbeamten mit demselben Aufwand an Arbeitskraft erneut für die Rentenversicherung sichergestellt werden müssen. In Fällen dieser Art hat der Ausschuß keinen Zweifel, daß der Kontrollbeamte der Krankenkasse de lege ferenda verpflichtet werden muß, insoweit auch für die Rentenversicherung tätig zu sein. Ist er gehalten, alle von ihm angestellten Erhebungen, die auch die anderen Zweige der Reichsversicherung berühren, den anderen Versicherungsträgern mitzuteilen, werden diese in einer großen Anzahl von Fällen in der Lage sein, büromäßig die nötigen Folgerungen zu ziehen, ohne einen weiteren Kontrollbeamten in Anspruch nehmen zu müssen. Darüber hinaus wird dem Überwachungsbeamten der Krankenkasse ohne Schwierigkeiten zugemutet werden können, in allen Fällen den Trägern der Rentenversicherung einen Bericht zu erstatten, in denen ihm Umstände bekannt werden, welche die Belange der anderen Versicherungszweige zu berühren geeignet sind. Wenn der Schuldner z.B. längere Zeit mit den Krankenkassenbeiträgen im Rückstand ist, wird damit zu rechnen sein, daß er auch die Marken für die Rentenversicherung nicht ordnungsmäßig verwendet hat. In gleicher Weise dürfte dem Überwachungsbeamten der Rentenversicherung bei seinen Prüfungen unbedenklich die Verpflichtung auferlegt werden können, die Vorlage der Bestätigung der Anmeldungen und der Beitragsrechnungen der Krankenkasse von dem Unternehmer zu verlangen und die Krankenkasse zu benachrichtigen, falls eine notwendige Anmeldung unterblieben ist. Daß dieses Verfahren, das übrigens seit einigen Jahren im Bezirk der Landesversicherungsanstalt Berlin eingeführt ist, keine nennenswerten Aufwendungen verursacht, bedarf keiner Begründung. Eine wechselseitige Anzeigepflicht wird schließlich dann angeordnet werden können, wenn sich bei einer Kontrolle herausstellt, daß die Vermögensverhältnisse eines Unternehmers eine schleunige Zwangsvollstreckung geboten erscheinen lassen.

Allerdings muß der Ausschuß, um schon diese teilweise gemeinsame Ermittlungskontrolle zu ermöglichen, die bereits im ersten Teil des Gutachtens unter Nr. 2 der Zusammenfassung angeführte Forderung noch in verstärktem Maße erheben, nämlich, daß die bisher tätigen Kontrollbeamten der Krankenkassen einer gründlichen Aus- und Fortbildung unterworfen werden, die es ihnen ermöglicht, sich die notwendigen sachlichen Kenntnisse des gesamten Versicherungsrechts anzueignen.

b) Ist nach den vorstehenden Ausführungen die Ausübung einer Überwachungstätigkeit durch ein und denselben Beamten in einzelnen Fällen für die Träger der Kranken- und Rentenversicherung gemeinsam ohne weiteres möglich, so erscheint dies dem Ausschuß auch in umfassender Weise durchführbar zu sein. Dies dürfte nämlich dann der Fall sein, wenn entsprechend dem im ersten Teil des Gutachtens niedergelegten Vorschlag durch die Gesetzgebung künftig eine gemeinsame Außenkontrolle für die gesamte Reichsversicherung durch die Bestellung von durchgebildeten Kontrollbeamten geschaffen wird, die als von dem einzelnen Versicherungsträger unabhängige Beamte in der

Lage sind, in vollem Umfang sowohl die Interessen der Versicherten und Unternehmer als auch die Belange sämtlicher Versicherungsträger zu vertreten.

Zusammenfassend kommt der Ausschuß hiernach zu dem Vorschlag:

1. die Gesetzgebung dahin auszugestalten, daß die Grenzlinie für die Berufsgruppenbestimmung klar und eindeutig im Gesetz selbst und durch etwaige Ausführungsbestimmungen gezogen wird;

2. daß die Ausbildung der Beamten der Sozialversicherungsträger und insbesondere künftiger gemeinsamer Überwachungsbeamten in steigendem Maße vertieft wird und

3. daß, auf diesen beiden Grundlagen fußend, künftig durch die Gesetzgebung eine gemeinsame Überwachung der Außenkontrolle in den Versicherungszweigen der Kranken-, Invaliden- und Angestelltenversicherung durch einheitliche Überwachungsbeamte eingeführt wird, die nicht Beamte der Versicherungsträger, sondern in eine Dienststelle eingegliedert sind, die sie aus den einzelnen Versicherungsträgern mehr oder minder heraushebt und ihnen eine entsprechende Unabhängigkeit verleiht.

III. Neugestaltung des Verfahrens der Sozialversicherung (23.1.1936)

A. Leitsätze

Für die Reform des Verfahrens in der Sozialversicherung geht der Ausschuß für Sozialversicherung der Akademie für Deutsches Recht davon aus, daß das Ziel des Gutachtens sein muß,
1. eine möglichste Vereinfachung und damit Verbilligung und
2. eine größtmögliche Beschleunigung des Verfahrens
zu erreichen. Der Ausschuß unterstellt ferner, daß es künftig keine Versicherungsämter mehr, sondern nur noch Oberversicherungsämter und das Reichsversicherungsamt gibt und daß diese Behörden sachgemäß mit einem hochqualifizierten Personal besetzt sind. Sofern es nicht zu einer Vereinheitlichung der Sozialverwaltung kommt, geht der Ausschuß von der derzeitigen Einrichtung der Oberversicherungsämter aus. Der Wegfall der Versicherungsämter bedeutet die Streichung von RVO §§ 36-60. Die besonderen Kammern und Senate für die Angestelltenversicherung und die Knappschafts-Oberversicherungsämter fallen weg. Es bestehen aber keine Bedenken, für das Gebiet der Knappschaftsversicherung besondere Kammern und Senate bei den Oberversicherungsämtern und beim Reichsversicherungsamt zu bilden. Von dieser Voraussetzung ausgehend kommt der Ausschuß für das Verfahren zu folgenden Vorschlägen, wobei er es für die technische Verfahrensgestaltung im einzelnen zunächst bei den Erleichterungen belassen will, die das in den letzten Jahren geänderte Verfahrensrecht ohnehin schon gebracht hat (z.B. Alleinentscheidung des Vorsitzenden usw.).

I. Verfahren bei den Versicherungsträgern zur Feststellung der Leistungen

a) Krankenversicherung. 1. Anträge auf Leistungen der Krankenversicherung werden vom Leiter der Krankenkasse oder den von ihm Beauftragten beschieden.

Bei Anträgen auf Krankenhauspflege kann die abschließende Stellungnahme des Leiters des Versicherungsträgers oder seines Stellvertreters verlangt werden. Das Reichsversicherungsamt kann bei größeren Kassen zulassen, daß der Leiter der Versicherungsträger auch andere Personen ermächtigt.

2. Pflichtleistungen sind durch förmlichen Bescheid festzustellen, wenn der Versicherte es beantragt oder der Versicherungsträger es für angezeigt hält. - Der förmliche Bescheid ist schriftlich zu erteilen; er muß mit Gründen versehen sein, eine Rechtsmittelbelehrung enthalten und unterschrieben sein.

b) Rentenversicherung. Die Leistungen der Rentenversicherung können außer bei den bisher zugelassenen Stellen (RVO § 1613 Abs. 5) auch bei einer Rechtsberatungsstelle der Deutschen Arbeitsfront beantragt werden. Sie werden durch einen förmlichen Bescheid des Leiters des Versicherungsträgers oder eines damit besonders Beauftragten festgestellt. Das bisherige vorbereitende Verfahren durch das Versicherungsamt (RVO §§ 1617-29) fällt weg.

c) Unfallversicherung. Der Betriebsunternehmer hat jeden Unfall in seinem Betriebe binnen 3 Tagen der Ortspolizeibehörde des Unfallorts und der durch die Satzung des Versicherungsträgers bestimmten Stelle anzuzeigen. Die Anzeigepflicht obliegt auch der Krankenkasse, wenn die Krankheit durch einen Unfall herbeigeführt worden ist. Die Unfalluntersuchung ist von Amts wegen zu betreiben. Die Leistungen können außer bei den bisher zugelassenen Stellen (RVO § 1613 Abs. 5) auch bei einer Rechtsberatungsstelle der Deutschen Arbeitsfront beantragt werden, es sei denn, daß der Träger der Unfallversicherung von sich aus eine Übernahme der Frühbehandlung für erforderlich hält. Die Leistungen werden durch einen förmlichen Bescheid des Leiters des Versicherungsträgers oder eines damit besonders Beauftragten festgestellt.

II. Gerichtliches Verfahren vor den Versicherungsbehörden in Leistungssachen

a) Krankenversicherung. 1. Gegen den förmlichen Bescheid der Krankenkasse (I a 1 und 2) ist der Antrag auf gerichtliche Entscheidung zulässig.

2. Über den Antrag entscheidet das Oberversicherungsamt endgültig, wenn es nicht wegen der grundsätzlichen Bedeutung der Sache die Rechtsrüge (bisher Revision) zuläßt.

3. Es soll die Rechtsrüge zulassen, wenn einer gesetzlichen Vorschrift eine Auslegung von grundsätzlicher Bedeutung gegeben werden muß, über die das Reichsversicherungsamt noch keine grundsätzliche Entscheidung veröffentlicht hat.

4. Es muß die Rechtsrüge zulassen, wenn das Reichsversicherungsamt über die Auslegung eine grundsätzliche Entscheidung veröffentlicht hat, von der das Oberversicherungsamt abweichen will. Verletzt das Oberversicherungsamt diese Vorschrift, so kann gegen seine Entscheidung Nichtigkeitsbeschwerde erhoben werden, über die der Vorsitzende des zuständigen Senats des Reichsversicherungsamts allein entscheidet.

5. Wird die Rechtsrüge zugelassen, so gilt folgendes: a) es muß einer der Gründe nach RVO § 1697 vorliegen; b) das Reichsversicherungsamt entscheidet in dem Umfange, wie überhaupt über Rechtsrügen.

6. Für die Einzelheiten des Verfahrens bei der Rechtsrüge gelten die Grundsätze des bisherigen Rechts über die Revision.

7. Bei freiwilligen- und Krankenhausleistungen ist der Antrag auf gerichtliche Entscheidung unzulässig, hier ist nur der Weg der Aufsichtsbeschwerde möglich.

8. In dem Verfahren vor dem Reichsversicherungsamt besteht Vertretungszwang. Vertretungsberechtigt sind die Leiter und Angestellten der von der Deutschen Arbeitsfront eingerichteten Rechtsberatungsstellen, Rechtsanwälte, die bei einem deutschen Gericht zugelassen sind, und Verwaltungsrechtsräte. Kann sich eine Partei nicht durch einen zur Vertretung Berechtigten vertreten lassen, so bestimmt der Vorsitzende des Senats des Reichsversicherungsamts auf Antrag im Einzelfall eine andere Person als Vertreter, wenn ein dringendes Bedürfnis besteht; insbesondere können in diesem Falle Nichtarier als Vertreter von Nichtariern zugelassen werden.

9. Der entscheidende Senat besteht aus einem Vorsitzenden, zwei ständigen Mitgliedern des Reichsversicherungsamts, einem Betriebsführer und einem Versicherten. An die Stelle eines der ständigen Mitglieder kann ein Hilfsrichter treten.

10. Der große Senat besteht aus dem Präsidenten des Reichsversicherungsamts als Vorsitzenden, zwei ständigen Mitgliedern, einem Betriebsführer und einem Versicherten. Der Betriebsführer und Versicherte im großen Senat werden dem Präsidenten des Reichsversicherungsamts vom Sozialamt der DAV zur Berufung vorgeschlagen.

11. Dem entscheidenen Senat des Reichsversicherungsamts steht es frei, bei der Beratung das ärztliche Mitglied des Reichsversicherungsamts zur Sache zu hören.

b) Rentenversicherung. 1. Gegen den förmlichen Bescheid des Leiters des Versicherungsträgers ist der Antrag auf gerichtliche Entscheidung zulässig.

2. Über den Antrag entscheidet das Oberversicherungsamt. Gegen sein Urteil ist Rechtsrüge an das Reichsversicherungsamt zulässig. Sie ist ausgeschlossen, wenn es sich um Höhe, Beginn und

Ende der Rente, Kapitalabfindung und Kosten des Verfahrens handelt. Im übrigen gelten die Vorschläge II a) 5, 6, 7, 8, 9, 10, 11 entsprechend.

3. In der Entwicklung ist dahin zu streben, durch geeignete Maßnahmen und nach Maßgabe der Erfahrungen, die man mit der Einführung des Vertretungszwangs vor dem Reichsversicherungsamt erzielt, für die Zulassung der Rechtsrüge dieselbe Lösung herbeizuführen, wie sie in den Vorschlägen zu II a) 2, 3, 4 gemacht werden.

e) Unfallversicherung. 1. Gegen den förmlichen Bescheid des Leiters des Versicherungsträgers ist der Antrag auf gerichtliche Entscheidung zulässig.

2. Über den Antrag entscheidet das Oberversicherungsamt. Gegen sein Urteil ist nur die Rechtsrüge zulässig. Das Rechtsmittel des Rekurses fällt weg. In den Fällen von RVO § 1700 ist eine Rechtsrüge nur dann möglich, wenn das Oberversicherungsamt die Rechtsrüge wegen der grundsätzlichen Bedeutung der Sache zugelassen hat. Im übrigen gelten die Vorschläge zu II a) 5, 6, 7, 8, 9, 10, 11 entsprechend.

III. Verfahren in anderen Streitsachen vor Versicherungsträgern und Versicherungsbehörden

1. Eine Ordnungsstrafe ist stets durch förmlichen Bescheid des Leiters des Versicherungsträgers festzustellen, gegen den Antrag auf gerichtliche Entscheidung zulässig ist. Über den Antrag entscheidet das Oberversicherungsamt im gerichtlichen Verfahren endgültig.

2. Für Streitigkeiten über Versicherungspflicht, Versicherungsberechtigung und Beitragspflicht zwischen Versicherungsträgern, Versicherten und Betriebsführer gelten die Vorschläge zu II a) 1, 2, 3, 4, 5, 6, 8, 9, 10 entsprechend.

3. Bei Streitigkeiten über die Zugehörigkeit zu einem von mehreren Versicherungszweigen (Invaliden-, Angestellten-, Knappschaftsversicherung) hat der Versicherungsträger vor Erlaß seines Bescheides die Stellungnahme der anderen Versicherungsträger herbeizuführen. Ergibt sich zwischen ihnen keine Einigkeit, so ist in gerichtlichem Verfahren vor den Versicherungsbehörden zu entscheiden. Hierbei gelten die Vorschläge zu II a) 1, 2, 3, 4, 5, 6, 8, 9, 10 entsprechend. Bei der Entscheidung ist die Kammer des Oberversicherungsamts bzw. der Senat des Reichsversicherungsamts oder der große Senat verstärkt zu besetzen, und zwar derart, daß je ein Versicherter und Betriebsführer aus dem Kreise der beteiligten Versicherungsträger zugezogen werden.

IV. Verwaltungsverfahren

Alle übrigen Sachen, die bisher unter der Bezeichnung "Beschlußverfahren" liefen, werden im reinen Verwaltungsverfahren erledigt.

B. Begründung

Zu I. a) Ziff. 1. Der Ausschuß geht von der Erwägung aus, daß man künftig, ähnlich wie bisher schon in der Rentenversicherung, das Vertrauen auch zu den Versicherungsträgern der Krankenversicherung haben kann, daß sie, besonders wenn die Ausbildung ihrer Beamten im Sinne der Wünsche des Ausschusses auf einen höheren Stand gebracht wird, sehr wohl in der Lage sind, auch ihrerseits aus erster Hand eine bindende Stellung zu Leistungsanträgen der Krankenversicherung zu nehmen. Dadurch wird die Tätigkeit des Versicherungsamts insoweit gegenstandslos. Es ist auch kein innerer Grund vorhanden, anstelle des wegfallenden Versicherungsamts irgendeine andere Stelle gewissermaßen als obere Instanz einzuführen. Deshalb erscheint es dem Ausschuß vertretbar und wünschenswert, daß über Anträge auf Leistungen der Krankenversicherung von den verantwortlichen Stellen der Verwaltung der Krankenkasse beschieden wird. Dies wird nach dem Führerprinzip der Leiter der Krankenkasse sein, wobei es ihm aber unbenommen sein muß, seinerseits ihm nachgeordnete Stellen dahin zu beauftragen.

Bei Anträgen auf Krankenhauspflege, soweit sie nicht Pflichtleistung ist, wird der Versicherte nicht lediglich auf den Bescheid eines Beauftragten des Leiters verwiesen werden können. Es muß ihm das Recht gegeben werden, hier die Stellungnahme des Leiters selbst zu verlangen. Zugleich wird diese Regelung auch den Belangen des Leiters selbst entgegenkommen, da er auf diese Art in der Lage ist, Fälle von weittragender finanzieller Auswirkung persönlich kennenzulernen und nach seinem Ermessen zu entscheiden.

Zu I. a) Ziff. 2. Der Ausschuß ist der Auffassung, daß zur Vermeidung unnötiger Kosten und verwaltungsmäßiger Weiterungen nicht in allen Fällen ein förmlicher Bescheid notwendig ist. Vielmehr wird es den Bedürfnissen der Beteiligten durchaus genug Rechnung tragen, wenn ein förmlicher Bescheid lediglich dann zu erteilen ist, wenn der Versicherte es beantragt. Er ist selbstverständlich zu beschränken auf Pflichtleistungen und darf für Kannleistungen überhaupt nicht in Frage kommen. Als Ergänzung ist dem Versicherungsträger selbst die Möglichkeit zu geben, auch ohne einen Antrag des Versicherten einen förmlichen Bescheid dann zu erteilen, wenn er es nach den Umständen für angezeigt hält.

Zu I. b). Es soll im allgemeinen bei der bisherigen Regelung verbleiben (RVO § 1613 Abs. 5). Künftig soll auch der Eingang der Leistungsanträge bei einer Rechtsberatungsstelle der Deutschen Arbeitsfront genügen. Die Einschaltung der Rechtsberatungsstellen der Deutschen Arbeitsfront trägt der Tatsache Rechnung, daß bisher schon im steigenden Maße und mit durchaus anzuerkennendem Erfolg die Rechtsberatungsstellen der DAF mit der Vorbereitung und Weiterleitung von Anträgen befaßt wurden, wenngleich sie bisher noch nicht als Empfangsstellen zur Fristenwahrung gelten. Die Vorbereitung des Bescheides bleibt ausschließlich in Händen des Versicherungsträgers.

Zu I. c) Der Ausschuß geht hier, im wesentlichen in Übereinstimmung mit dem geltenden Recht, zunächst davon aus, daß eine Unfalluntersuchung von Amts wegen anzustellen ist, hält es aber als Neuerung für wesentlich, daß eine Anzeigepflicht hierbei auch für die Krankenkasse eingeführt wird, und zwar bei Krankheiten, die durch Unfälle aller Art hervorgerufen werden, nicht nur bei solchen, die offensichtlich etwa als Betriebsunfälle erscheinen.

Völlig neu dagegen ist der Vorschlag, daß künftig die Leistungen auch in der Unfallversicherung nur auf Antrag festgestellt werden. Die Einführung der Rechtsberatungsstellen der Deutschen Arbeitsfront entspricht dem, was vorher zur Rentenversicherung schon gesagt ist. Da der Träger der Unfallversicherung unter Umständen ein Interesse an einer Übernahme der Frühbehandlung haben kann, soll die Gewährung dieser Leistung ihm auch ohne Antrag unbenommen bleiben. Der Versicherte ist in diesen Fällen verpflichtet, sich den Anordnungen der Berufsgenossenschaften zu unterwerfen.

Zu II. a), b) und c). Das Verfahren ist für sämtliche Versicherungszweige so gedacht, daß gegen den förmlichen Bescheid des Versicherungsträgers der Antrag auf gerichtliche Entscheidung der Versicherungsinstanzen zulässig ist. Das bedeutet also ein versicherungsrechtliches Klageverfahren. Entscheidende Stelle soll für sämtliche Versicherungszweige das Oberversicherungsamt sein. Darin liegt zugleich der Ausdruck dafür, daß der Versicherungsträger nach der so geplanten Gestaltung des Verfahrens nicht wie bisher die Stellung einer unteren Instanz des gerichtlichen Verfahrens hat, sondern als Partei- und Verwaltungsstelle eine Verwaltungsentscheidung fällt, an die sich nunmehr erst das gerichtliche Verfahren anschließen kann.

Bestimmend für diese Stellungnahme des Ausschusses ist im wesentlichen die Erwägung gewesen, daß eine Überlastung der letzten Instanz nach Möglichkeit zu verhüten ist und daß andererseits bei einer künftigen, besseren Ausbildung der Oberversicherungsämter auch den Belangen des Versicherten selbst durch eine in der Regel abschließende Mittelinstanz genügend Rechnung getragen wird. Jedoch kann keinesfalls darauf verzichtet werden, wenigstens in gewissen Fällen zur Herstellung der Einheit der Rechtsprechung die letzte Instanz zentral tätig werden zu lassen. Der Ausschuß schlägt dafür die Rechtsrüge vor und hält es für zweckmäßig, sie nur dann für gegeben zu halten, wenn die entscheidende Mittelinstanz sie nachträglich zuläßt. Aber nach den Erfahrungen, die bisher mit der Abgabe gemacht wurden, wird es nicht nur genügen, eine solche Rechtsrüge etwa auf grundsätzliche Angelegenheiten zu beschränken, sondern es muß zugleich dem Oberversicherungsamt die Pflicht auferlegt werden, in grundsätzlichen Sachen die Rechtsrüge zuzulassen, wenn es von einer veröffentlichten grundsätzlichen Entscheidung des Reichsversicherungsamts abweichen will, und es wird ihm als Sollvorschrift zur vornehmen Pflicht gemacht, auch dann die Rechtsrüge zuzulassen, wenn in einer Angelegenheit von grundsätzlicher Bedeutung eine grundsätzliche Entscheidung des Reichsversicherungsamts noch nicht vorliegt, damit eine solche möglichst rasch auf diese Art herbeigeführt werden kann. Unangetastet dadurch bleibt die auch jetzt schon bestehende Möglichkeit, daß von Amts wegen das Reichsversicherungsamt auch ohne anhängiges Verfahren in einer Rechtsfrage eine grundsätzliche Entscheidung abgibt. Das würde auch in das künftige Recht ausdrücklich aufzunehmen sein.

In Ausfüllung einer bisher bei der verweigerten Abgabe grundsätzlicher Sachen hervorgetretenen Lücke schlägt der Ausschuß vor, daß eine Nichtigkeitsbeschwerde erhoben werden kann, wenn das Oberversicherungsamt in den Fällen der zwingenden Zulassung der Rechtsrüge diese Pflicht verletzt. Ein einfaches Verfahren vor dem Vorsitzenden des zuständigen Senats des Reichsversicherungsamts wird hierfür genügen.

Zu II. a) Ziff. 8. Dem Ziele, das Reichsversicherungsamt von aussichtslosen Verfahren zu entlasten, dient der Vorschlag, in der letzten Instanz einen Vertretungszwang einzuführen. Damit setzt der Ausschuß eine Entwicklung fort, die mit der Verordnung vom 9. September 1933 eingeleitet wurde, wonach zur Vertretung vor Versicherungsträgern und Versicherungsbehörden nur bestimmte Personengruppen zugelassen sind.

Zu Ziffer 9. Für die Zusammensetzung des entscheidenden Senats erscheint es in Abweichung von dem bisherigen Zustand nicht mehr erforderlich, einen ordentlichen Richter mitwirken zu lassen. Dies war zu Beginn der Sozialversicherung notwendig, um die prozessualrichterlichen Erfahrungen dem Verfahren der Sozialversicherung dienstbar zu machen. Dies erscheint jetzt nicht mehr notwendig; während auf der anderen Seite das materielle Recht der Sozialversicherung dem ordentlichen Richter im allgemeinen fremd zu sein pflegt.

Es liegt daher im Interesse der Rechtsfindung, an seine Stelle ein zweites ständiges Mitglied treten zu lassen.

Bei der Zusammensetzung des großen Senats, dessen Beibehaltung im Interesse einer einheitlichen Rechtsprechung notwendig ist, war der Gedanke einer Vereinfachung leitend. Es genügt, wenn ihm außer dem Chef-Präsidenten des Reichsversicherungsamts als Vorsitzenden zwei ständige Mitglieder angehören, von denen eins von dem verweisenden Senat entsandt wird. Außerdem gehört dem großen Senat ein Betriebsführer und ein Versicherter an, die von dem Sozialamt der Deutschen Arbeitsfront zur Berufung vorgeschlagen werden. Auf diese Weise wird es erreicht, daß als Betriebsführer und Versicherter für diese verantwortliche Tätigkeit geeignete Persönlichkeiten gefunden werden.

Grundsätzlich ist daran festzuhalten, daß in den Senaten des Reichsversicherungsamts ein Arzt nicht beschließend mitwirkt, weil es sich der Natur der Sache nach um Rechtsentscheidungen handelt. Wohl aber kann es von Fall zu Fall angebracht sein, ein ärztliches Mitglied des Reichsversicherungsamts informatorisch zu hören, und zwar nicht nur bei der Vorberatung, sondern auch bei der Beratung selbst.

Der Ausschuß war der Auffassung, daß die bisher erörterten Grundsätze für die Neugestaltung des gerichtlichen Verfahrens vor den Versicherungsbehörden sowohl für die Kranken- als auch für die Rentenversicherung maßgebend sein müßten. Er konnte sich aber nicht der Einsicht verschließen, daß eine solche Lösung bis auf weiteres für das Gebiet der Rentenversicherung praktisch Bedenken auslösen muß. Er schlägt deshalb vor, daß es für das Rechtsmittel der Rechtsrüge im allgemeinen bei den bisherigen Verfahren verbleibt.

Zu II. c) Eine entscheidende Neuerung schlägt der Ausschuß für das Verfahren in der Unfallversicherung vor, indem künftig gegen die Urteile der Oberversicherungsämter nur die Rechtsrüge (Revision) zulässig sein und das Rechtsmittel des Rekurses wegfallen soll.

Gegen die Einführung der Revision im Verfahren der Unfallversicherung sind bisher folgende Einwendungen erhoben worden:

Man hat sich auf den Standpunkt gestellt, daß in den übrigen Zweigen der Reichsversicherung dem erhobenen Anspruch im allgemeinen ein einfacher Tatbestand zugrunde liege (Invalidität, Wartezeit, Anwartschaft usw.), während im Verfahren der Unfallversicherung über Tatbestände zu befinden sei, die vielfach eine eingehende Beweisaufnahme erforderlich machten. Wenn nun das RVA als Revisionsinstanz nicht mehr selbst Beweis erheben könne, sondern nur in der Lage sei, wegen mangelnder Sachaufklärung die Sache zur erneuten Verhandlung und Entscheidung an die Vorinstanz zurückzuverweisen, dann wäre das Verfahren noch mehr als bisher in die Länge gezogen worden. Das RVA werde keinesfalls entlastet, sondern in vielen Fällen noch mehr dadurch belastet werden, daß eine zurückverwiesene Sache bis zu ihrer endgültigen Erledigung wiederholt dem RVA unterbreitet werden könne. Auch im übrigen könne die Einführung der Revision eine fühlbare Entlastung des RVA nicht zur Folge haben, da von den Versicherten nicht zu erwarten sei, daß sie nur dann das Rechtsmittel einlegten, wenn die Voraussetzungen des § 1697 RVO vorlägen, sondern auch dann die höhere Instanz angingen, wenn ein Revisionsgrund nicht erkennbar sei.

Der Ausschuß ist demgegenüber von folgenden Erwägungen ausgegangen: Es ist - was keiner näheren Begründung bedarf - ein Unding, daß in der Unfallversicherung in der Regel drei Tatsacheninstanzen tätig werden. Auf keinem ähnlich liegenden Gebiete des bürgerlichen oder öffentlichen Rechts ist eine derartige Häufung feststellbar. Nach der Überzeugung des Ausschusses hat gerade der Umstand, daß das RVA der Pflicht zur Sachaufklärung selbst genügen muß, zur Folge, daß es, obwohl es zur Zeit über nicht weniger als 14 Rekurssenate verfügt, infolge seiner Überlastung nicht in der Lage ist, eine Spruchsache innerhalb einer angemessenen Frist zu erledigen; es vergeht vielmehr trotz angespanntester Tätigkeit in der Regel ein Zeitraum von 3/4 Jahren, ehe eine Sache zur Sitzung gelangen kann. Der Umstand, daß aussichtslose Sachen kurz nach ihrem Eingang durch Verfügung erledigt werden, kann nicht ausschlaggebend ins Gewicht fallen. Eine fühlbare Entlastung können auch nicht die Bestimmungen der Siebenten Aufbauverordnung bringen, die es dem RVA ermöglichen, qualifizierte Hilfsarbeiter als Hilfsrichter mit den Befugnissen von ständigen Mitgliedern heranzuziehen. Man könnte, wollte man die bisherigen Verfahrensvorschriften in der Unfallversicherung grundsätzlich beibehalten, höchstens daran denken, etwa den Rekurs im Gegensatz zu der jetzigen Rechtslage nicht mehr grundsätzlich im allgemeinen zuzulassen und nur die Fälle zu bezeichnen, in denen das Rechtsmittel ausgeschlossen ist (zu vergl. § 1700 RVO), sondern umgekehrt den Rekurs nur in wenigen gesetzlich umrissenen Fällen zu ermöglichen. Eine fühlbare Entlastung des RVA könnte an sich dadurch bewirkt werden, daß z.B. alle Streitigkeiten, welche die Höhe der durch Unfall verursachten Minderung der Erwerbsfähigkeit betreffen, endgültig von dem OVA entschieden werden und die Nachprüfung durch das RVA nur zugelassen wird, wenn es streitig ist, ob es sich um einen Betriebsunfall handelt, ob der Unfall eine versicherte Person betroffen hat und ob das behauptete Leiden eine Unfallfolge ist. Mit einer derartigen Regelung, die theoretisch möglich wäre, würde aber das RVA nicht in den Stand gesetzt, die Prüfung von reinen Gradfragen abzulehnen; denn der Rechtsmittelkläger könnte immer eine sachliche Nachprüfung erzwingen, wenn er nur behauptet, eine höhere Rente sei deshalb gerechtfertigt, weil gewisse Beschwerden bisher nicht berücksichtigt worden seien. Die Möglichkeit einer Nachprüfung des ursächlichen Zusammenhangs würde also auch eine solche der Höhe der Minderung der Erwerbsfähigkeit in den meisten Fällen zur Folge haben. Es müßte daher, um eine wirksame Einschränkung der Rekurse zu ermöglichen, bestimmt werden, daß auch die Frage des ursächlichen Zusammenhangs von dem OVA endgültig entschieden wird. Das hätte aber zur Bedeutung, daß das RVA im wesentlichen nur noch reine Rechtsfragen (liegt ein Betriebsunfall vor, hat der Unfall eine versicherte Person betroffen?) entscheiden dürfte und die Würdigung von ärztlichen Gutachten in vollem Umfange dem OVA überlassen müßte.

Eine derartige Einschränkung der Rechtsprechung des RVA kann der Ausschuß nicht empfehlen. Das RVA muß weiterhin in der Lage bleiben, die Rechtsprechung der Oberversicherungsämter auch insoweit zu beeinflussen, als es sich um die Würdigung von ärztlichen Gutachten handelt. Nur genügt es, wenn das RVA seine Nachprüfung - abgesehen von reinen Rechtsfragen - darauf erstreckt, ob das OVA die ihm gesetzten Grenzen des freien Ermessens eingehalten hat. Diese Beschränkung bringt nach der Überzeugung des Ausschusses eine fühlbare Entlastung des RVA mit sich; denn in vielen Fällen wird eine Revision aussichtslos sein, in denen ein Rekurs es notwendig machen würde, die ganze Angelegenheit von Grund auf aufzurollen und weitere ärztliche Gutachten einzuholen. Der Unterschied zwischen der Auswirkung eines Rekurses und einer Revision, der darin liegt, daß die Entscheidung des OVA im Wege des zuletzt genannten Rechtsmittels nur in selteneren Fällen angegriffen werden kann, würde zwar die Zahl der eingelegten Revisionen nicht vermindern, wenn die Versicherten selbst wie bisher in der Lage wären, das Rechtsmittel einzulegen. Wird aber, was der Ausschuß vorschlägt, im Verfahren vor dem RVA der Vertretungs- und Begründungszwang vorgesehen, dann kann es keinem Zweifel unterliegen, daß schon durch die Tatsache der Einführung der Rechtsrüge (Revision) die Zahl der Eingänge abnehmen muß, zumal wenn die Rekursausschließungsgründe des § 1700 RVO als Revisionsausschließungsgründe aufrechterhalten bleiben. Kommt hinzu, daß die Oberversicherungsämter, wovon der Ausschuß als Selbstverständlichkeit ausgeht, künftig mit tüchtigen Fachkräften besetzt werden, werden auch Zurückverweisungen von Streitsachen nicht mehr in dem Umfang notwendig sein, wie anzunehmen wäre, wenn Spruchkammervorsitzende, wie das leider zur Zeit nicht selten der Fall ist, über höchst mangelhafte Kenntnisse des materiellen und formellen Rechts der Reichsversicherung verfügen.

Schließlich möchte der Ausschuß auch nicht verfehlen, darauf hinzuweisen, daß die Heranziehung des in Aussicht genommenen ärztlichen Mitgliedes des RVA als internen Sachverständigen es vielfach ermöglichen wird, ohne Einholung eines Obergutachtens in der Sache selbst eine endgültige Entscheidung zu treffen.

Einen triftigen Grund, weiterhin an der Sonderbehandlung der Streitigkeiten aus der Unfallversicherung festzuhalten, vermag nach den obigen Ausführungen der Ausschuß nicht zu erkennen. Ihm erscheint im Gegenteil die Einführung der Rechtsrüge nicht nur im Interesse einer einheitlichen Ausgestaltung des gesamten Verfahrens in der Reichsversicherung wünschenswert, sondern sie dürfte allein der Stellung des RVA als oberster Spruchbehörde gerecht werden.

Zu III. Besonders schwierig sind die Vorschriften der Reichsversicherungsgesetze über das sogenannte Beschlußverfahren, in dem die Angelegenheiten entschieden werden, welche nicht die Gewährung oder Ablehnung einer Leistung oder Ersatz- und Erstattungsansprüche und dergl. betreffen. Die Beschluß-Sachen werden zur Zeit vom Vorsitzenden oder einzelnen Mitgliedern der Versicherungsbehörden oder unter bestimmten Voraussetzungen vom Beschlußausschuß, der Beschlußkammer und dem Beschluß-Senat entschieden. Das Verfahren unterscheidet sich insbesondere dadurch vom Spruchverfahren, daß eine mündliche Verhandlung nicht öffentlich ist. Die Rechtsmittel des Beschlußverfahrens sind, abgesehen von der Angestelltenversicherung, die nur die Beschwerde zuläßt, die Beschwerde und die weitere Beschwerde.

Der Ausschuß ist der Meinung, daß ein Beschlußverfahren entbehrlich ist. Aus der Reihe der bisher in diesem Verfahren zu entscheidenden Angelegenheiten sind als wichtig die Ordnungsstrafsachen und Streitigkeiten zwischen Versicherungsträgern, Versicherten und Betriebsführern und über Versicherungspflicht, Versicherungsberechtigung und Beitragspflicht sowie über die Zugehörigkeit zu einem von mehreren Versicherungszweigen hervorzuheben, die wegen ihrer Bedeutung zweifellos einer besonderen Behandlung bedürfen. Für sie kann eine Nachprüfung in höherer Instanz und können daher besondere Verfahrensvorschriften nicht entbehrt werden. Es ist jedoch nicht einzusehen, warum das in Abschnitt II. des Gutachtens beschriebene gerichtliche Verfahren (das bisherige Spruchverfahren) nicht auch eine einwandfreie Erledigung der genannten Streitigkeiten gewährleisten sollte.

1. Der Ausschuß glaubt daher, vorschlagen zu können, daß gegen eine Ordnungsstrafe, die künftig von dem Leiter des Versicherungsträgers durch förmlichen Bescheid festgesetzt wird, die gerichtliche Entscheidung des OVA angerufen werden kann, das endgültig entscheidet.

2. In gleicher Weise könnte das Verfahren zur Entscheidung von Streitigkeiten über Versicherungspflicht, Versicherungsberechtigung und Beitragspflicht ausgestaltet werden mit der Maßgabe, daß hier Rechtsfragen zur Entscheidung des RVA gelangen können, sofern das OVA die Rechtsrüge nach den unter II. a) Ziff. 2 bis 4 dargestellten Grundsätzen zuläßt.

3. Entsteht zwischen den Versicherungsträgern der Angestelltenversicherung und der Invalidenversicherung außerhalb eines Leistungsfeststellungsverfahrens Streit darüber, ob der Versicherungspflichtige der Angestellten- oder der Invalidenversicherung zu unterstellen ist, so wird nach geltendem Recht unter bestimmten Voraussetzungen im Beitragsstreitverfahren der AV entschieden. Diese Regelung ist schon deshalb durchaus befriedigend, weil durch sie der Anschein einer Bevorzugung des Trägers der AV erweckt wird. Der Ausschuß möchte auch hier so neue Wege gehen und glaubt, die Regelung derartiger Fragen in erster Linie den beteiligten Versicherungsträgern selbst überlassen zu können. Nur dann, wenn eine Einigung zwischen ihnen nicht zustande kommt, sollte die Möglichkeit der Anrufung des Oberversicherungsamts geschaffen werden, dessen Entscheidung hätte im gerichtlichen Verfahren zu ergehen und könnte im allgemeinen endgültig sein.

Die Rechtseinheit dürfte dadurch genügend gewährleistet sein, daß das OVA verpflichtet bzw. berechtigt ist, in grundsätzlichen Fragen die Rechtsrüge zuzulassen. Um keinen Versicherungsträger zu benachteiligen, erscheint es dem Ausschuß geboten, an der Entscheidung der Versicherungsbehörden je einen Versicherten und Betriebsführer aller beteiligten Versicherungsträger teilnehmen zu lassen.

In die vorgeschlagene Regelung dürfte selbstverständlich auch das Verfahren der knappschaftlichen Versicherung einzubeziehen sein.

Zu IV. Wie zu III. angeführt ist, glaubt der Ausschuß, das sogenannte Beschlußverfahren entbehren zu können und nur für die wichtigsten Streitfälle eine gerichtliche Nachprüfung ermöglichen zu müssen. Für die Anfechtung der übrigen unzähligen Entscheidungen der Versicherungsträger und Versicherungsbehörden, für die bisher das Beschlußverfahren gilt, bedarf es eines dieses Verfahren ersetzenden Instanzenweges nicht. Hier genügt nach der Auffassung des Ausschusses in vollem Umfange die Möglichkeit der formlosen Anrufung der Aufsichtsbehörde oder der höheren Versicherungsbehörde, die die Angelegenheit auf dem reinen Verwaltungswege entscheiden kann.

IV. Vereinfachung des Anwartschaftsrechts in der Rentenversicherung (September 1936)

A. Vorbemerkung

I. Die soziale Rentenversicherung (Invaliden-, Angestellten-, knappschaftliche Pensionsversicherung) knüpft den Bezug von Leistungen außer an den Versicherungsfall an zwei grundlegende Voraussetzungen: Der Versicherte muß die Wartezeit i.S. des bisherigen Rentenversicherungsrechts erfüllt und die Anwartschaft aufrechterhalten haben. Schon aus versicherungsmathematischen Gründen ist es notwendig, daß vor der Gewährung von Leistungen eine gewisse Mindestzahl von Beiträgen geleistet wird. Das allein würde aber nicht ausreichen, einwandfreie versicherungstechnische Grundlagen zu schaffen. Deswegen verlangt das Gesetz, daß daneben die Beiträge mit einer gewissen Regelmäßigkeit und auch über den Zeitpunkt der erfüllten Wartezeit hinaus bis zum Eintritt des Versicherungsfalles gezahlt werden.

Das heutige Anwartschaftsrecht der Rentenversicherung ist, darüber sind sich alle Beteiligten, Versicherte, Versicherungsträger und Spruchbehörden einig, *unbefriedigend,* schwer übersehbar und dem einzelnen Volksgenossen, zu dessen Gunsten die Sozialversicherung geschaffen wurde, völlig fremd. Bei aller Anerkennung der Notwendigkeit von Anwartschaftsvorschriften ist daher seine Änderung mit dem Ziele der Vereinfachung und Angleichung der verschiedenen Versicherungszweige erforderlich.

Nach geltendem Recht erlischt die Anwartschaft in der *Invalidenversicherung,* wenn nicht während zweier Jahre nach dem auf der Quittungskarte bezeichneten Ausstellungstage die vorgeschriebene Mindestzahl von 20 Beiträgen entrichtet worden ist. Versicherungspflichtige Beschäftigung allein ohne wirkliche Beitragsleistung genügt zur Erhaltung der Anwartschaft nicht. Bei der Selbstversicherung und ihrer Fortsetzung müssen zur Aufrechterhaltung der Anwartschaft innerhalb des obengenannten Zweijahreszeitraumes mindestens 40 Beiträge entrichtet werden. Eine erloschene Anwartschaft lebt wieder auf, wenn der Versicherte erneut eine versicherungspflichtige Beschäftigung aufnimmt oder aufgrund der Versicherungsberechtigung das Versicherungsverhältnis erneuert und danach eine Wartezeit von 200 Beitragswochen zurücklegt. Hat der Versicherte bei der Wiederaufnahme der versicherungspflichtigen Beschäftigung oder bei der Erneuerung des Versicherungsverhältnisses das 60. Lebensjahr vollendet, so lebt die Anwartschaft nur auf, wenn er vor ihrem Erlöschen mindestens 1.000 Beitragsmarken verwendet hatte. Nach vollendetem 40. Lebensjahr lebt die Anwartschaft durch freiwillige Beitragsleistungen nur auf, wenn vor ihrem Erlöschen mindestens 500 Beitragsmarken verwendet waren und danach eine Wartezeit von 500 Beitragswochen zurückgelegt wird. Die Anwartschaft gilt auch als erhalten, wenn die zwischen dem erstmaligen Eintritt in die Versicherung und dem Versicherungsfalle liegende Zeit mindestens zu drei Vierteln durch Wochenbeiträge belegt ist. Den Beitragsmarken und Beitragswochen stehen bei Wiederaufleben der Anwartschaft volle Beitragswochen gleich, die durch entrichtete Beiträge zur Angestelltenversicherung und nicht auch nach den Vorschriften der Invalidenversicherung gedeckt sind. Auf die neue Wartezeit werden jedoch Beiträge zur Angestelltenversicherung für Zeiten vor dem 1. Januar 1923 nur angerechnet, wenn zwischen dem Erlöschen der Anwartschaft und dem Beginn der Beitragsentrichtung zur Angestelltenversicherung ein Zeitraum von nicht mehr als zwei Jahren liegt. Krankheitszeiten bis zu einem Jahr, Militärzeiten, Kriegsdienst- und Arbeitslosigkeitszeiten bei Unterstützungsbezug und Zeiten eines Rentenbezuges aus der Sozialversicherung werden für die Aufrechterhaltung der Anwartschaft als Ersatztatsachen angerechnet, ohne daß Beiträge entrichtet zu werden brauchen.

In der *Angestelltenversicherung* ist das heutige Anwartschaftsrecht nach ganz anderen Grundsätzen aufgebaut. Hier gelten bis zum 31.12.1925 alle bis dahin erworbenen Anwartschaften als aufrechterhalten, ohne Rücksicht darauf, ob in einem der vorher liegenden Jahre überhaupt keine oder nicht genügend Beiträge entrichtet wurden. Vom 1.1.1926 bis zum 31.12.1933 muß jeder Versicherte vom 2. bis 11. Kalenderjahr seiner Versicherung jährlich mindestens 8 und vom 12. Kalenderjahr seiner Versicherung an jährlich mindestens 4 Beiträge entrichtet haben. Im 1. Kalenderjahr der Versicherung genügt ein einziger Beitrag. Vom 1.1.1934 an müssen in jedem Kalenderjahr (mit Ausnahme des ersten) mindestens 6 Beiträge entrichtet werden. Sind in einem Jahre nach dem 1.1.1926 weniger als die vorgeschriebenen Beiträge entrichtet, so gilt die Anwartschaft zunächst als erloschen. Unter gewissen Voraussetzungen kann sie aber wieder aufleben, so, wenn der Versicherte die rückständigen freiwilligen Beiträge, soweit sie zur Aufrechterhaltung der Anwartschaft erforderlich sind, innerhalb von 2 Kalenderjahren nachentrichtet, die dem Jahr der Fälligkeit folgen. Eine erloschene Anwartschaft lebt auch wieder auf, wenn der Versicherte von neuem aufgrund einer versicherungspflichtigen Beschäftigung oder eines Selbstversicherungsverhältnisses Beiträge entrichtet hat, und zwar, falls bei dem Erlöschen der Anwartschaft die Wartezeit erfüllt war, für mindestens 24 Beitragsmonate, sonst für 48 Beitragsmonate. Schließlich gilt eine Anwartschaft nicht als erloschen, wenn die Zeit, die zwischen dem erstmaligen Eintritt in die Versicherung und dem Versicherungsfall liegt, mindestens zu drei Vierteln mit Beiträgen belegt wird. Für die Erhaltung der Anwartschaft rechnen neben den Beiträgen auch gewisse Ersatztatsachen, ähnlich wie in der Invalidenversicherung, aber in wesentlich erweiterter Form.

In der *knappschaftlichen Pensionsversicherung* finden für das Anwartschaftsrecht ähnliche Vorschriften Anwendung wie in der Angestelltenversicherung.

II. Der Überblick über die geltenden Anwartschaftszeitvorschriften zeigt, daß sie vor allem in der Invalidenversicherung sehr mannigfaltig, sehr schwierig, für den einzelnen Versicherten wenig verständlich sind und für ihn zahlreiche Härten im Gefolge haben können. Als ein großer Mangel wird es heute immer wieder empfunden, daß es in der Sozialversicherung keine zu bindenden Auskünften ermächtigte Stelle gibt, deren Auskünfte dem Versicherten die Erhaltung seiner Rechte gewährleisten, auch für den Fall, daß die Auskünfte rechtlich irrtümlich sind. Der Versicherte, der sich heute aufgrund einer schriftlichen Auskunft, z.B. des Versicherungsamts oder des Versicherungsträgers oder einer anderen Stelle, gesichert glaubt, erfährt unter Umständen später, wenn er seinen Rentenanspruch geltend macht, daß die ihm seinerzeit erteilte Auskunft irrtümlich war und den Verlust seiner Rechte in Bezug auf Erhaltung der Anwartschaft nicht aufgehalten hat.

Die Berechnung des zweijährigen Anwartschaftszeitraums vom Ausstellungstage an und die darin liegenden Fehlerquellen für den Versicherten bringen es öfter mit sich, daß in einem Anwartschaftszeitraum ein oder zwei Marken fehlen, während in anderen Anwartschaftszeiträumen mehr als die gesetzlich vorgeschriebenen 20 Marken geklebt waren, die Rente aber dennoch nicht gewährt werden kann.

Als besondere Ungerechtigkeit und Härte wird es in Arbeiterkreisen empfunden, daß für die Aufrechterhaltung der Anwartschaft manche Ersatztatsachen, die die Angestelltenversicherung anerkennt, in der Invalidenversicherung ausgeschlossen sind. Den Kriegsteilnehmern, die in der Invalidenversicherung sind, will es nicht einleuchten, daß bei ihnen im Gegensatz zu der Angestelltenversicherung die Kriegsdienstzeit als Ersatztatsache bei der Dreivierteldeckung nicht berücksichtigt wird. Ähnliches gilt für die Ersatztatsache der Krankheit über ein Jahr hinaus. Schließlich rechnet die Invalidenversicherung nicht wie die Angestelltenversicherung die Zeiten beruflicher Fortbildung als Ersatztatsache an.

Einer der schwierigsten Teile des Anwartschaftsrechts der Invalidenversicherung sind aber die Vorschriften über das *Wiederaufleben erloschener Anwartschaften.* Sie sind insofern besonders verwickelt, als das Lebensalter eine Rolle spielt. Eine gewisse Lockerung ist immer wieder, gerade auch in Kreisen der Versicherungsträger, gefordert worden. Sie ist auch durchaus möglich, ohne den Grundsatz der regelmäßigen Beitragsentrichtung aufzuheben. In der Mehrzahl der Fälle wird der Versicherte, bei dem der Versicherungsfall eingetreten ist und die Prüfung des Wiederauflebens einer verloren gegangenen Anwartschaft notwendig wird, das 40. Lebensjahr vollendet haben. Die Bestimmung, daß in diesen Fällen ein Wiederaufleben nur dann erfolgt, wenn vor dem Erlöschen mindestens 500 Wochenbeiträge entrichtet waren und danach erneut 500 Wochenbeitäge zurückgelegt worden sind, verhindert in der Mehrzahl aller Fälle ein Wiederaufleben der Anwartschaft. Auch bei dem Versicherten, der das 60. Lebensjahr schon vollendet hat, fordert das geltende Recht für das Wiederaufleben der Anwartschaft nur die Entrichtung von 200 Wochenbeiträgen seit der Erneuerung des Versicherungsverhältnisses. Er muß allerdings beim Erlöschen mindestens 1.000 Wochenbeiträge entrichtet haben. Praktisch kommt es heute nicht selten vor, daß ein Versicherter zwischen 40 und 60 Jahren, der schon 1.000 oder mehr Marken aufzuweisen hatte, erneut 500 Wochenbeiträge nachweisen muß, während der über 60 Jahre alte Versicherte, der für den Versicherungsträger ein wesentlich ungünstigeres Risiko darstellt, es bei 200 bewenden lassen kann. Die Folgerung, daß es für den Versicherten, der kurz vor Vollendung des 60. Lebensjahres steht, daher zweckmäßiger ist, erst nach Vollendung des 60. Lebensjahres das Wiederaufleben seiner erloschenen Anwartschaft zu betreiben, begegnet mit Recht keinerlei Verständnis.

Besonders unerfreuliche Auswirkungen haben sich, vor allen Dingen in der Zeit der großen Wirtschaftskrise, daraus ergeben, daß Betriebsführer trotz Vorliegen eines versicherungspflichtigen Beschäftigungsverhältnisses die ihnen obliegende *Pflicht der ordnungsgemäßen Beitragsentrichtung* nicht erfüllten, so daß hierdurch dem Versicherten seine Rechte verloren gehen. Das Reichsarbeitsgericht hat sich bis in die letzte Zeit auf den Standpunkt gestellt, daß die dem Betriebsführer obliegende Verpflichtung zur Beitragsentrichtung nicht als Schutzgesetz im Sinne der Vorschriften des BGB anzusehen sei. Dem Versicherten ist es daher in einem solchen Falle heute nicht möglich, auf der Grundlage von BGB § 823 Abs. 2 einen Schadenersatzprozeß gegen den Betriebsführer mit Aussicht auf Erfolg zu führen.

Es wird daher gefordert, durch Schutzvorschriften dem Versicherten in allen Fällen auch bei Nichtabführung der Beiträge durch den Betriebsführer seinen Rentenanspruch zu erhalten, wenn ihm sein Beitragsanteil abgezogen ist.

III. Die Aufzählung der im heutigen Anwartschaftsrecht der Invalidenversicherung zutage getretenen Mängel läßt es zweifelhaft erscheinen, *ob man auf der Grundlage der jetzigen Anwartschaftsvorschriften überhaupt eine Reform suchen soll oder ob man nicht besser von den bestehenden Vorschriften abgeht.* Die Erfahrung hat gelehrt, daß sich in der Angestelltenversicherung und auch in der knappschaftlichen Pensionsversicherung verhältnismäßig sehr wenige Streitigkeiten aus der Anwendung des Anwartschaftsrechts ergeben.

Eine Verbesserung der Anwartschaftsvorschriften muß allerdings den versicherungstechnischen Notwendigkeiten Rechnung tragen, da die finanziellen Sicherheiten der Versicherung nicht gefährdet werden dürfen. Sind auch die Auswirkungen des Gesetzes in seiner jetzigen Fassung z.T. so sinnwidrig, daß sie auch vom Standpunkt des Versicherungsmathematikers abgelehnt werden müssen, so bedeuten sie in ihrer Gesamtheit doch eine wesentliche Stütze der Versicherung und es muß bei allen Änderungsvorschlägen sorgfältig mit in Betracht gezogen werden, wieweit aus ihnen etwa eine Gefährdung in dieser Richtung befürchtet werden müßte.

Vorweg ist die Feststellung erforderlich, daß es keine Möglichkeit gibt, die finanzielle Wirkung der einzelnen Vorschläge aufgrund vorhandenen Zahlenmaterials versicherungsmathematisch zu berechnen, da die statistischen Unterlagen der deutschen Invalidenversicherung so außerordentlich bescheiden gehalten sind, wie man es bei einer Versicherung, die rd. 18 Millionen Versicherte zu betreuen und heute etwa 3 1/2 Millionen, bald aber 5 Millionen Rentner zu versorgen hat, fast nicht für möglich halten sollte. Dazu kommt, daß es sich hier um Fragen handelt, für die nur in Ausnahmefällen statistisches Material überhaupt zur Verfügung sein könnte. Dies liegt an der besonderen Natur der Fragen des Anwartschaftsrechts. Kommt es ja doch nicht darauf an, die absolute Belastung aus irgendeiner Vorschrift zu berechnen, sondern die jetzt zu stellende Frage erheischt die Feststellung des *Unterschiedes* der finanziellen Belastung gegenüber dem augenblicklichen Zustand.

Ist also auch eine Betrachtung der Frage von der versicherungsmathematischen Seite im Sinne bestimmter Berechnungen kaum möglich, so kann neben den Grund und Richtung gebenden Erwägungen der Billigung und des sozialen Gerechtigkeitsgefühls die Betrachtung vom versicherungstechnischen Standpunkt doch nicht entbehrt werden, da sie allein den Vorschlägen das erträgliche Maß zu geben vermag.

Es ist allgemein bekannt, daß aus unwirksam entrichteten Beiträgen aller Art den sozialen Rentenversicherungen Gewinne zufließen, die natürlich auf die Höhe der erforderlichen Beiträge nicht ohne Einfluß sein können. Wenn die hierdurch erzielte Erleichterung der Bilanz - etwa der IV - früher hier und da nicht gering veranschlagt wurde, so muß man heute zunächst bezweifeln, ob dies noch im gleichen Maße für zutreffend gehalten werden könnte. Denn es besteht kein Zweifel darüber, daß der Verfall der Anwartschaft im allgemeinen seltener auftritt und daß heute weniger Beiträge als früher unwirksam entrichtet werden.

Was den Verfall der Anwartschaft überhaupt betrifft, so scheint es zweckmäßig, grundsätzlich zu unterscheiden zwischen einem gewöhnlichen Verfall, der in der Regel auf die vom Versicherten gewollte vorzeitige Beendigung der Versicherung bei Aufhören der versicherungspflichtigen Beschäftigung zurückgeht, den man auch den "regelmäßigen" Anwartschaftsverfall nennen könnte, und zwischen einem außergewöhnlichen Verfall, der in der Regel gegen den Willen des Versicherten stattfindet und den man auch "regelwidrigen" Anwartschaftsverfall nennen könnte. - Stellt man, wie es oft geschieht, die Frage, ob der Gewinn aus Anwartschaftsverfällen entbehrt werden kann, so wäre, gestützt auf die soeben gemachte Unterscheidung, folgendes zu antworten: Der "regelmäßige" Anwartschaftsverfall wird immer eintreten, schmälert die billigen Ansprüche des Versicherten nicht und wird stets eine erlaubte und wichtige finanzielle Grundlage für die Versicherung mit bilden. Dagegen stellt der "regelwidrige" Anwartschaftsverfall in zahlreichen Fällen eine nicht zu rechtfertigende Härte dar und beeinträchtigt oft oder meist die billigen Ansprüche des Versicherten. Er muß daher als finanzielle Grundlage der Versicherung entbehrlich sein oder gemacht werden. Nur um diesen "regelwidrigen" Anwartschaftsverfall aber handelt es sich eigentlich bei den hier angestellten Erörterungen, denn der "regelmäßige" Verfall wird von den Vorschlägen zur Reform des Anwartschaftsrechts nicht oder nur in Ausnahmefällen berührt.

Bewahren möchte man vor dem Verfall der Anwartschaft in erster Linie den Versicherten, der etwa die einem durchschnittlichen Arbeitsleben entsprechende Zahl von Beiträgen entrichtet hat. Dagegen wird man die Regelung kaum darauf abstellen können, Ausnahmefälle besonderer Art mit einzubeziehen, wobei besonders der Grund mitspricht, daß der Versuch einer weitgehenden Berücksichtigung *aller* denkbaren Einzelfälle mit dem für die gesamte Reform der Sozialversicherung bindend aufgestellten Grundsatz der Einfachheit und Übersichtlichkeit schlechterdings unvereinbar wäre.

Angesichts der hier erörterten zahlreichen Schwierigkeiten des heutigen Anwartschaftsrechts in der Rentenversicherung, insbesondere der Invalidenversicherung, hat sich der Ausschuß für Sozialversicherung der Akademie für Deutsches Recht die Aufgabe gestellt, Vorschläge für eine den Bedürfnissen der Praxis Rechnung tragende, möglichst einfache und den Interessen der Versicherten und Versicherungsträger dienende Reform zu machen, dabei wird es Aufgabe des Gesetzgebers sein, den Rechtsübergang und eine etwaige Rückwirkung der neuen Vorschriften zu regeln.

B. Das Ergebnis der Beratungen des Ausschusses hat seinen Niederschlag in den folgenden Leitsätzen gefunden:

Leitsätze für eine Vereinfachung des Anwartschaftsrechts in der Rentenversicherung.

Invalidenversicherung

I. Anstelle des auf den Ausstellungstag der Quittungskarte abgestellten zweijährigen Anwartschaftszeitraume wird das Kalenderjahr eingeführt.

II. Zur Erhaltung der Anwartschaft auf die Versicherungsleistungen müssen nach dem Schluß des Kalenderjahres, in dem der erste Beitrag entrichtet worden ist, bis zum Beginn des Kalenderjahres, in dem der Versicherungsfall eintritt, jährlich mindestens 26 Beitragswochen zurückgelegt werden.

III. Als Ersatzzeiten für die Erhaltung der Anwartschaft gelten
a) Wehrdienst,
b) Kriegsdienst und freiwillige Kriegskrankenpflege,
c) Arbeitsdienst,
d) Lehrgangsteilnahme und berufliche Fortbildung,
e) Krankheit wie bisher,
f) Arbeitslosigkeit wie bisher,
g) Bezug von Renten wie bisher,
h) Nichtabführung von Pflichtbeiträgen durch den Unternehmer (Betriebsführer).

IV. a) Die Anwartschaft wird auch erhalten, wenn mindestens 1.200 Wochenbeiträge entrichtet worden sind.
b) Die sogenannte Dreivierteldeckung fällt ganz weg.

V. Ersatzzeit für die Zurücklegung der 1.200 Wochen
a) Kriegsdienst,
b) Nichtabführung von Pflichtbeiträgen durch den Unternehmer (Betriebsführer).

VI. Eine erloschene Anwartschaft lebt nach erneuter Beitragsleistung von 250 Wochenbeiträgen wieder auf.

VII. Für das Aufleben einer erloschenen Anwartschaft durch 250 Wochenbeiträge gelten keine Ersatzzeiten.

VIII. Der Versicherte kann verlangen, daß der Versicherungsträger ihm einen Anwartschaftsbescheid erteilt. Der Antrag hierauf kann nur durch eine Rechtsberatungsstelle der Deutschen Arbeitsfront und nur, wenn dies nicht möglich ist, auch durch einen Rechtsanwalt (Verwaltungsrechtsrat) gestellt werden. Gegen den Bescheid ist Antrag auf gerichtliche Entscheidung an das Oberversicherungsamt zulässig, das endgültig entscheidet. Das gleiche gilt für die Witwe hinsichtlich der Anwartschaft ihres verstorbenen Ehemannes.

Angestelltenversicherung

Die Vorschläge zur Invalidenversicherung gelten sinngemäß für die Angestelltenversicherung.

Knappschaftliche Pensionsversicherung

Ob eine entsprechende, vom Ausschuß für wünschenswert gehaltene Anwendung der Grundsätze auf die knappschaftliche Pensionsversicherung möglich ist, bedarf besonderer Prüfung.

C. Begründung

Zu Leitsatz I. Während nach den Ausführungen in der Vorbemerkung unter I. in der Angestelltenversicherung von dem Kalenderjahr als Anwartschaftszeitraum ausgegangen wird, ist die IV auf einen nach dem Ausstellungstag der Quittungskarte bemessenen zweijährigen Zeitraum abgestellt. Eine unterschiedliche Regelung der Anwartschaft in der Invaliden- und Angestelltenversicherung wäre nur dann gerechtfertigt, wenn überwiegende Gründe hierfür geltend gemacht werden könnten, das ist aber nicht der Fall.

Der Entwurf zu einem Gesetz, betreffend die Alters- und Invalidenversicherung vom 22.11.1888 (Reichstagsdrucksachen 1888/89, Band 108, S. 34) legte das Kalenderjahr zugrunde. Danach sollte ein Anspruch auf die volle Rente dann bestehen, wenn seit dem Eintritt in eine versicherungspflichtige Beschäftigung bis zum Versicherungsfall in jedem Kalenderjahr Beiträge für mindestens 47 Beitragswochen geleistet sind. Sonst sollte die Rente um einen bestimmten Betrag gemindert werden und, wenn nach dem Ausscheiden aus der versicherungspflichtigen Beschäftigung fünf Jahre verstrichen waren, der völlige Verlust des Rentenanspruchs eintreten. In der Reichstagskommission, die den Gesetzentwurf zu beraten hatte, machte sich das Bestreben geltend, die Vorschriften über das Erlöschen der Anwartschaft möglichst zu mildern und das Wiederaufleben einer erloschenen Anwartschaft zu ermöglichen. Nach § 32 des Gesetzes vom 22.6.1889, betreffend die Invaliditäts- und Altersversicherung (RGBl. S. 97), erlosch die Anwartschaft, wenn während vier aufeinanderfolgender Kalenderjahre für weniger als insgesamt 47 Beitragswochen Beiträge aufgrund des Versicherungsverhältnisses oder freiwillig entrichtet worden sind. Die Anwartschaft lebte wieder auf, sobald durch Wiedereintreten in eine das Versicherungsverhältnis begründende Beschäftigung oder durch freiwillige Beitragsleistung das Versicherungsverhältnis erneuert und danach eine Wartezeit von fünf Beitragsjahren zurückgelegt ist. Die Zahl der zur Erhaltung der Anwartschaft erforderlichen Beiträge ist also von 47 im Kalenderjahr auf 47 im Laufe von vier Kalenderjahren herabgesetzt worden. An die Stelle des Gesetzes vom 22.6.1889 ist das Invalidenversicherungsgesetz vom 13.7.1899 (RGBl. S. 393) getreten. Nach § 46 dieses Gesetzes erlosch die Anwartschaft, wenn während zweier Jahre nach dem auf der Quittungskarte verzeichneten Ausstellungstag ein die Versicherungspflicht begründendes Arbeits- oder Dienstverhältnis, aufgrund dessen Beiträge entrichtet worden sind, oder die Weiterversicherung nicht oder in weniger als insgesamt 20 Beitragswochen bestanden hat. Die Anwartschaft lebte wieder auf, sobald durch Wiedereintreten in eine versicherungspflichtige Beschäftigung oder durch freiwillige Beitragsleistung das Versicherungsverhältnis erneuert und danach eine Wartezeit von 200 Beitragswochen zurückgelegt ist. Die Herabsetzung des Anwartschaftszeitraums auf zwei Jahre beruhte auf einem Beschluß der Reichstagskommission, die damit bezwekken wollte, hierdurch die Überwachung, ob eine Anwartschaft erhalten ist, zu erleichtern. Wenn der Gesetzgeber nunmehr als Beginn des Anwartschaftszeitraumes den Tag der Ausstellung der Quittungskarte bestimmte, so hat er sich von folgenden Erwägungen leiten lassen:

Das Gesetz vom 22.6.1889, das als Anwartschaftszeitraum vier Kalenderjahre vorsah, bestimmte im § 104, daß eine Quittungskarte ihre Gültigkeit verlor, wenn sie nicht bis zum Schlusse des dritten Kalenderjahres, das dem am Kopf der Karte verzeichneten Jahre folgte, umgetauscht wurde. Bei der Beratung des IVG wurde auch diese Frist auf zwei Jahre herabgesetzt. Die Reichstagskommission legte jedoch Wert darauf, die Quittungskarte längere Zeit gebrauchsfähig zu machen, und bestimmte deshalb, daß die Quittungskarte die Gültigkeit verliert, wenn sie nicht innerhalb zweier Jahre nach dem auf der Karte verzeichneten Ausstellungstage umgetauscht wird. Entsprechend der hierbei beschlossenen Beseitigung der Zeitbestimmung nach Kalenderjahren wurde auch für den Anwartschaftszeitraum der Ausstellungstag der Quittungskarte als Anfangszeit bezeichnet. Der Kommentar von Isenbart/Spielhagen sagt hierüber auf S. 574, Anm. 4 zu § 135 IVG: "Da aber dabei, wenn im übrigen die zeitliche Fassung beibehalten wäre, dann zum Beispiel eine im Dezember des einen Jahres ausgestellte Karte schon mit Ablauf vom Dezember des nächsten Jahres ungültig geworden wäre, mithin eine Gültigkeitsdauer von wenig mehr als einem Jahr besessen hätte, während eine am 1. Januar ausgestellte Karte volle zwei Jahre gegolten hätte, wurde beschlossen, um alle Karten gleichmäßig für zwei volle Jahre gebrauchsfähig zu machen, die Zeitbestimmung nach Kalenderjahren aufzuheben. Damit wurde zugleich erreicht, daß der Beginn der Periode für die Gültigkeit der Quittungskarte stets mit dem Beginn der Periode für das Erlöschen der Anwartschaft zusammenfällt, was seither nicht der Fall war."

In die RVO sind die Vorschriften über die Anwartschaft im wesentlichen in derselben Fassung übernommen worden. Eine Vorschrift über die Dauer der Gültigkeit der Quittungskarte ist jedoch der RVO nicht bekannt. Nach § 1420 RVO soll vielmehr die Karte binnen zwei Jahren nach dem Tage der Ausstellung zum Umtausch eingereicht werden. Ist dies verabsäumt, so muß nur im Streitfall der Versicherte beweisen, daß die Anwartschaft erhalten ist. Ein Grund, die bewegliche zweijährige Frist als Anwartschaftszeitraum beizubehalten, ist daher in keiner Weise ersichtlich. Die leicht faßbare Regelung des AVG erscheint sonach auch in der Invalidenversicherung (I.V.) als die einzige allen Bedürfnissen der Praxis gerecht werdende Lösung.

In finanzieller Hinsicht werden sich aus der Änderung, die von hervorragender praktischer Bedeutung ist, unmittelbare Auswirkungen nicht erwarten lassen.

Zu Leitsatz II. Während in der Angestelltenversicherung der aus der versicherungspflichtigen Beschäftigung Ausgeschiedene, der die Anwartschaft auf Versicherungsleistungen aufrechterhalten will, einen Betrag aufbringen muß, der dem von ihm als Versicherungspflichtigen zu leistenden Wert von zwölf halben Monatsbeiträgen entspricht, genügt es in der I.V., daß er weniger als die Hälfte seiner früheren Verpflichtung (= 52 halbe Wochenbeiträge) aus eigenen Mitteln leistet. Eine derartige unterschiedliche Behandlung ist in keiner Weise begründet. Es ist jedenfalls nicht einzusehen, warum in dem wichtigsten Fall eines Ausscheidens aus der Versicherungspflicht - der Versicherte gibt den Lohnarbeiterberuf auf, um sich eine andere Lebensstellung zu erwerben, er wird z.B. selbständiger Unternehmer, Beamter oder dergleichen, die Arbeiterin heiratet - der in Frage kommenden Person, die auch weiterhin Ansprüche gegen den Träger der I.V. stellen will, nicht zugemutet werden kann, mindestens die Beträge aufzubringen, die sie als Versicherungspflichtige aus eigenen Mitteln tragen müßte. Der Fall der Arbeitslosigkeit hat hier auszuscheiden, da Zeiten der Arbeitslosigkeit in dem im § 1266 Nr. 3 RVO genannten Umfange als Ersatzzeiten gelten. Eine Anpassung des Rechts der I.V. an die Angestelltenversicherung ist daher unbedenklich, andererseits aber auch notwendig, um für die in den weiteren Vorschlägen des Ausschusses gemachten Erleichterungen für den Versicherungsträger einen finanziellen Ausgleich zu gewährleisten.

Die Erhöhung der jährlich geforderten Mindestzahl an Beiträgen von bisher 10 auf 26 - wie nach bisherigem Recht mindestens in der Lohnklasse II - bedeutet eine nicht gering einzuschätzende finanzielle Verbesserung der Lage der I.V., obwohl natürlich für jeden mehr entrichteten Beitrag später auch der entsprechende Steigerungsbetrag gewährt werden muß. Die günstige Wirkung hat ihre Hauptursache in der starken Vermehrung, die die Zahl der entrichteten Beiträge durch sie erfahren würde. Wenn auch die Zahl der freiwillig Versicherten nicht bekannt ist, so kann man nach den Ermittlungen des RVA über die umgetauschten Quittungskarten doch schätzen, daß zur Zeit in der I.V. vielleicht zwei Millionen Versicherte jährlich etwa nur die jetzt zur Erhaltung der Anwartschaft vorgeschriebene Mindestzahl von Beiträgen entrichten. Man erkennt daraus, welche erhebliche Erhöhung die Gesamtzahl der entrichteten Beiträge durch die geplante Änderung erfahren würde. Das ist z.B. deshalb von Bedeutung, weil die in jedem Beitrag enthaltenen festen Teile (etwa für Verwaltungskosten aller Art, für Heilverfahren und vor allem für die zur Deckung des aus der Vergangenheit übernommenen gewaltigen Fehlbetrages erforderlichen Anteile) sich bei steigender Beitragszahl natürlich in ihrer Höhe entsprechend vermindern.

Zu Leitsatz III. Der Katalog der für die Erfüllung der Anwartschaft gültigen Ersatzzeiten im § 1266 RVO ist durch die Einführung der allgemeinen Wehr- und Arbeitsdienstpflicht ergänzungsbedürftig geworden. Es unterliegt keinem Zweifel, daß die als Soldat und Arbeitsdienstmann zurückgelegte Zeit als Ersatzzeit gelten muß. Ebenso ist es ein Gebot der Stunde, daß die Zeiten der Teilnahme an von der Partei usw. eingerichteten Lehrgängen (z.B. Schulungsburgen der NSDAP) anrechnungsfähig sein müssen. Eine hierdurch entstehende Mehrbelastung der Versicherungsträger wäre durch Zahlung von Pauschbeträgen der interessierten Stellen auszugleichen. Entsprechend der Regelung in der Angestelltenversicherung werden auch Zeiten der beruflichen Fortbildung an anerkannten Lehranstalten anzurechnen sein. Welche Lehranstalten in Betracht kommen, wäre durch Ausführungsvorschriften im einzelnen festzulegen.

Darüber hinaus schlägt der Ausschuß vor, als Ersatzzeiten solche Beschäftigungszeiten zu bestimmen, für die der Unternehmer (Betriebsführer) den entsprechenden Beitragsanteil von dem Versicherten aufgrund des § 1432 RVO eingezogen, aber nicht abgeführt hat. Nach geltendem Recht bleibt dem Versicherten höchstens der Weg der zivilrechtlichen Schadenersatzklage entweder nach § 826 BGB oder aufgrund besonderer vom Unternehmer übernommener Vertragspflichten; beide Ansprüche sind nur in seltenen Fällen durchsetzbar. Der Ausschuß glaubt, diesen Fall besonderer sozialer Härte ausschließen zu müssen. Wird, wie vorgeschlagen, die in Frage kommende Zeit Ersatzzeit für die Erfüllung der Anwartschaft, dann kann eine schuldhafte Pflichtvergessenheit des Betriebsführers dem Versicherten insoweit nicht mehr schädlich sein. Die Verpflichtung, die Beiträge nachträglich einzuziehen, wird auf die Träger der I.V. abgewälzt, die, wenn sie auch im Falle der Zahlungsunfähigkeit des Betriebsführers leer ausgehen, den Schaden zweifellos zu tragen in der Lage sind. Um den Betriebsführer, jedenfalls soweit er zahlungsfähig ist, in dem genannten Fall fühlbar zu belasten, hält es der Ausschuß auch zum Zwecke des Ausgleichs für den dem Träger der I.V. entgangenen Verlust, insbesondere an Zinsen, für richtig, dem Betriebsführer die Verpflichtung zur Zahlung wesentlich erhöhter Strafbeiträge aufzuerlegen.

Zu den Leitsätzen IV und V. Unter den Ziffern I bis III der Leitsätze sind Vorschläge gemacht worden, die darauf abzielen, die Erhaltung der Anwartschaft durch Zurücklegung von mindestens 26 Beitragswochen einschließlich gewisser Ersatzzeiten während eines jeden Kalenderjahres zu bewirken. Wenn auch die Zahl der geforderten Beitragswochen gegenüber dem jetzigen Recht höher ist, so wird diese klare und einfache Regelung dazu beitragen, den Anwartschaftsverlust wesentlich seltener zu machen. Indessen hat die Erfahrung gezeigt, daß, gleichviel welche Voraussetzungen im Regelfalle für die fortlaufende Erhaltung der Anwartschaft gefordert werden, es immer, und zwar in nicht geringer Anzahl, regelwidrige Fälle geben wird, in denen die Anwartschaft gefährdet ist, weil für einen oder mehrere Anwartschaftszeiträume aus irgendwelchen Gründen nicht die nötige Zahl von Beitragswochen vorliegt. Dabei können in einem längeren Arbeitsleben bereits zahlreiche Wochenbeiträge geleistet, aber in die Anwartschaftszeiträume so unglücklich verteilt sein, daß sie für den Versicherten verloren gehen. Auch wird der Versicherte vielfach an dem Entstehen selbst größerer, die Anwartschaft gefährdender Beitragslücken keine Schuld tragen, weil er z.B. in Zeiten der Selbständigkeit freiwillige Beiträge in ausreichender Zahl bei seinen wirtschaftlichen Verhältnissen nicht zu leisten vermochte. Überdies kommt dem

Versicherten die unzulängliche Beitragsentrichtung häufig erst dann zum Bewußtsein, wenn er wegen Invalidität oder Alters die Rente begehrt und ein Wiederaufleben der Anwartschaft oder auch nur die Zurücklegung einer neuen Wartezeit nach der Rechts- und Sachlage nicht mehr möglich wäre. Der dem Versicherten alsdann drohende Verlust aller Ansprüche aus den früher geleisteten Beiträgen wird um so härter empfunden, als die private Lebensversicherung regelmäßig einen völligen Anspruchsverlust wegen Nichtzahlung einzelner Prämien nicht kennt. Es besteht daher ein Bedürfnis, in der sozialen Rentenversicherung abgesehen von dem Regelfalle der ordnungsmäßigen fortlaufenden Entrichtung von Wochenbeiträgen bei Anerkennung gewisser Ersatzzeiten daneben die Möglichkeit zu eröffnen, die Anwartschaft auch dadurch zu erhalten, daß eine bestimmte Anzahl von Wochenbeiträgen insgesamt und unabhängig von der Deckung der einzelnen Anwartschaftszeiträume nachgewiesen wird. Der Gesetzgeber hat versucht, diesem Bedürfnis durch die Einführung der sogenannten "Dreivierteldeckung" (§ 1265 Abs. 2 RVO), die dem angenommenen Durchschnittsmaß der von allen Versicherten geleisteten Beiträge entsprechen sollte (zu vgl. Klehmet, Monatsschrift für Arbeiter- und Angestelltenversicherung, 1919, Sp. 252), zu genügen.

Der Leitsatz IV schlägt unter b) den Fortfall dieser Dreivierteldeckung vor, weil sie die in sie gesetzten Erwartungen nicht erfüllt hat. Einmal hatte sich der geforderte Umfang der Deckung durch wirklich geleistete Wochenbeiträge praktisch oft als zu hoch erwiesen; sodann läßt sich das Vorliegen der Dreivierteldeckung nicht einmalig und endgültig mit der Wirkung feststellen, daß nunmehr dem Versicherten die Unverfallbarkeit seiner Anwartschaft gewährleistet wird, weil die Dreivierteldeckung grundsätzlich auf den jeweiligen Versicherungsfall als Endzeitpunkt bezogen ist. Gerade aber die Sicherheit einer, wenn auch bescheidenen Versorgung im Falle der Invalidität oder des Alters, die durch die endgültige Unverfallbarkeit der Anwartschaft erreicht wird, ist von besonderem sozialen Wert. In Erkenntnis dieser Tatsache will der Leitsatz IV unter a) auf einem neuen Wege Abhilfe schaffen. Er verlangt nicht mehr das Vorhandensein einer Mindestdeckung im Zeitpunkt des jeweiligen Versicherungsfalles, sondern läßt es an dem Nachweis einer von vornherein gesetzlich festgelegten Mindestzahl von Wochenbeiträgen genügen. Bei der Bemessung dieser Mindestzahl wurde von der Erwägung ausgegangen, daß die Dauer des Arbeitslebens eines gesunden Versicherten durchschnittlich etwa auf 45 Arbeitsjahre geschätzt werden kann, die annähernd voll mit Wochenbeiträgen belegt rund 2500 Beiträge ergeben. Da eine Dreivierteldekkung sich als zu weitgehend herausgestellt hat, erschien es angemessen, als Mindestmaß etwa die hälftige Deckung, also rund 1200 Wochenbeiträge zu fordern, damit die Anwartschaft unverfallbar werde. Eine Anzahl von 1000 Wochenbeiträgen, die regelmäßig bereits den Schluß auf eine frühere Tätigkeit des Versicherten als berufsmäßiger Arbeiter zuläßt (zu vgl. die Ausführungen in den Gründen der Entscheidung des RVA 3169 Amt. Nachr. für Reichsversicherung 1928, S. 163, insbes. 164 r. Sp., vorletzter Absatz), wäre, wenn versicherungsmathematische Erwägungen es gestatten sollten, anzustreben. Ebenso wie bisher bei der Dreivierteldeckung ist wenigstens im Grundsatz davon ausgegangen, daß die 1200 Wochenbeiträge auch wirklich geleistet werden müssen, um dem Versicherungsträger eine hinreichende geldliche Unterlage zu sichern. Ersatzzeiten, wie sie sonst (nach Leitsatz III) für die Erhaltung der Anwartschaft zugelassen sind, werden in dem Leitsatz V beschränkt, einmal auf den Kriegsdienst, um eine ungerechtfertigte Bevorzugung von Nichtkriegsteilnehmern zu vermeiden, sodann auf solche Zeiträume mit versicherungspflichtiger Beschäftigung, für die der Betriebsführer die Abführung der Pflichtbeiträge unterlassen hatte. Denn aus dem vorsätzlichen oder zum mindesten grob fahrlässigen Verhalten des Betriebsführers darf nicht eine besondere soziale Härte für den Versicherten entstehen (zu vgl. auch den insoweit entsprechenden Leitsatz III).

Gegenüber der endgültigen Unverfallbarkeit der Anwartschaft bei dem Vorliegen der 1200 Wochenbeiträge einschließlich der genannten Ersatzzeiten kann eingewendet werden, daß damit für den Versicherten der Anreiz zur weiteren Beitragsentrichtung geringer wird. Wollte man diesem Einwand Rechnung tragen, so wäre dies an sich möglich. Entweder könnte man an die Nichtzahlung weiterer Beiträge gewisse Rechtsnachteile knüpfen; dies würde aber neue Unklarheiten und Härten mit sich bringen. Oder man müßte einen Anreiz zu weiterer Beitragszahlung durch daran gebundene besondere Vorteile bei dem Rentenbezug geben, was wiederum aus finanziellen Erwägungen heraus bedenklich erscheint. So wird namentlich angesichts der immerhin beträchtlichen Anzahl von 1200 Wochenbeiträgen der geringere Anreiz zu weiterer Beitragsleistung infolge der Unverfallbarkeit der Anwartschaft in Kauf zu nehmen sein, wobei noch zu erwägen ist, daß die Aussicht für den Versicherten, durch die weitere Beitragsleistung seine künftige Rente zu steigern, ein Gegengewicht bildet.

Zu den Leitsätzen VI und VII. Trotz der Verbesserungen des Anwartschaftsrechts, wie es die Leitsätze I bis V in der Richtung der Erhaltung bestehender Anwartschaften bringen, wird es doch noch vorkommen, daß die Anwartschaft mangels der Erhaltung der gesetzlichen Mindestanforderungen in Bezug auf die fortlaufende Beitragsleistung oder auf die Gesamtzahl der vorhandenen Wochenbeiträge erloschen ist. In manchen Fällen wird dem Versicherten schon damit hinreichend gedient sein, daß er eine neue Wartezeit zurücklegt, weil die vor Erlöschen der Anwartschaft entrichteten Wochenbeiträge die Höhe der Rente nicht sehr erheblich beeinflußt hätten. Oft aber wird dies anders sein, und ferner würde häufig die Wartezeit allein mit den später noch geleisteten Beiträgen nicht erfüllt sein. Daher enthielt schon der frühere § 1283 (jetzt § 1267) RVO Vorschriften über ein Wiederaufleben einer erloschenen Anwartschaft. Diese gingen zwar zugunsten der Versicherten weiter als der ursprüngliche Regierungsentwurf der RVO, der in seinem § 1269 das Wiederaufleben nur durch eine versicherungspflichtige Beschäftigung zulassen wollte (zu vgl. S. 334 der "Begründung"). Aber trotz der in die RVO eingefügten erweiterten Möglichkeit eines Wiederauflebens entspricht das jetzt geltende Recht nicht den Anforderungen, die insofern an eine wahrhaft soziale und zugleich allgemeinverständliche Regelung gestellt werden müssen. Mag auch eine Altersstaffelung in einer Versicherung vielfach angebracht sein, um das Risiko angemessen zu verteilen, so fehlt es an einer überzeugenden Begründung der Sonderregeln des § 1267 RVO für die Fälle der Vollendung des 40. und des 60. Lebensjahres, Vorschriften, die ohnehin noch besonders verwickelt sind und zu ihrem völligen Verständnis der Zuhilfenahme der Rechtsprechung und der Erläuterungsbücher bedürfen. Anfechtbar ist die jetzige Regelung namentlich auch deshalb, weil sie die freiwillige Beitragsleistung in Gegensatz zu der Verwendung von Pflichtmarken stellt. Abgesehen von dem Mangel einer hinreichenden logischen Begründung dieser Unterscheidung und den darin liegenden Härten wirkt hier, wie auch sonst, der Umstand erschwerend, daß freiwillig geleistete Beiträge als solche in keiner Weise besonders gekennzeichnet sind, und daher nach längerem Zeitablauf oft kaum noch festzustellen ist, welche Eigenschaft insofern einer Beitragsmarke zukommt. Schließlich muß es auffallen, daß die regelmäßige Wartezeit nach § 1262 Abs. 1 Satz 1 RVO jetzt 250 Beitragswochen beträgt, während nach § 1267 Abs. 1 RVO - entsprechend der früheren Regelwartezeit - 200 Beitragswochen genügen.

Der Leitsatz VI bringt eine durchgreifende Vereinfachung, indem er sich auf die Regel beschränkt, daß eine erloschene Anwartschaft nach erneuter Beitragsleistung von 250 Wochenbeiträgen wieder auflebt. Jeder Unterschied zwischen Pflicht- und freiwilligen Beiträgen, die ohnehin für den Versicherungsträger wertmäßig das gleiche bedeuten, sowie jede Erschwerung für Versicherte im vorgerückten Lebensalter ist beseitigt. Der große soziale Fortschritt, der in dieser Regelung liegt - einmal weil sie dem neuen Recht eine leicht verständliche, einprägsame Form gibt, sodann weil damit zahlreiche Unbilligkeiten vermieden werden -, darf nicht mit untragbaren finanziellen Nachteilen für den Versicherungsträger verbunden sein. Daher ist die zum Wiederaufleben der erloschenen Anwartschaft erforderliche Anzahl von Wochenbeiträgen einheitlich, also auch in den Fällen, in denen dazu bisher 200 Wochenbeiträge genügten, auf 250 Wochenbeiträge bemessen, d.h. also die erforderliche Beitragszeit beträgt in vielen Fällen nahezu ein Jahr mehr als früher. Angesichts des notwendigen finanziellen Ausgleichs erschien diese Mehrbelastung für den Versicherten tragbar. Bei Personen unter 40 Jahren, also im besten Erwerbsalter, ist ohnehin dem Erfordernis von 250 anstatt 200 Wochenbeiträgen regelmäßig leicht zu genügen. Bei Personen zwischen 40 und 60 Jahren, die in versicherungspflichtiger Beschäftigung stehen, macht die Erhöhung ebenfalls nicht viel aus; sie wird überdies reichlich ausgeglichen durch den Wegfall der Erschwernisse für den Fall der Erneuerung durch freiwillige Beitragsleistung, die gerade bei diesen Personen - Selbständige, Ehefrauen! - eine besondere Rolle spielen wird. Der Versicherte über 60 Jahre konnte allerdings bisher die erloschene Anwartschaft mit *200 Beiträgen,* gleichviel ob mit Pflicht- oder freiwilligen Beiträgen, zum Aufleben bringen, sofern er nur vor dem Erlöschen mindestens *100 Wochenbeiträge* verwendet hatte (zu vgl. die grunds. Entsch. des RVA 3274, Amtl. Nachr. für Reichsversicherung 1928 S. IV, 318). Aber auch nach dem Leitsatz IV genügt es jedenfalls, wenn im ganzen 1200 Wochenbeiträge vorliegen. Eine Erschwerung durch das Erfordernis von 250 Wochenbeiträgen tritt unter diesen Umständen für einen Versicherten über 60 Jahre in keiner Weise ein, zumal er auch, um bei endgültig erloschener Anwartschaft eine neue Wartezeit zurückzulegen, bisher schon mindestens 250 Wochenbeiträge entrichten mußte. Im Gegenteil würde er damit nach dem Leitsatz VI künftig auch die erloschene Anwartschaft zum Wiederaufleben bringen, ohne dabei weitere Voraussetzungen in Bezug auf sein Lebensalter erfüllen zu müssen.

Die Angleichung der Zahl der zum Wiederaufleben der Anwartschaft erforderlichen Wochenbeiträge an die zur Erfüllung der Wartezeit im § 1262 Abs. 1 Satz 1 RVO geforderte ist sicherlich einprägsamer als das bisherige Auseinanderfallen der beiden Beitragszahlen. Dabei sind aber zwei wesentliche Unterschiede festzuhalten: Einmal gilt § 1262 Abs. 1 Satz 1 RVO nur bei Zurücklegung von mindestens 250 Pflichtbeitragswochen, während der Leitsatz VI Pflicht- und freiwillige Beiträge gleichbehandelt. Sodann spricht § 1262 Abs. 1 Satz 1 RVO von 250 "Beitragswochen" - ebenso wie bisher § 1267 Abs. 1 RVO von 200 "Beitragswochen" - im Gegensatz zu "Wochenbeiträgen", weil in beiden Fällen Ersatzzeiten zugelassen waren. Insbesondere gelten nach § 1267 Abs. 4 RVO in den Fällen der Absätze 1 bis 3 aaO. die in den §§ 1263, 1264 RVO genannten Ersatzzeiten. Der Leitsatz VII sieht aber vor, daß für das Aufleben einer erloschenen Anwartschaft durch 250 Wochenbeiträge überhaupt keine Ersatzzeiten gelten (ebenso § 35 AVG). Damit soll der Versicherungsanstalt für das durch das erleichterte Wiederaufleben erloschener Anwartschaften erhöhte Risiko ein annähernder Ausgleich in wirklich geleisteten Wochenbeiträgen geboten werden. Dies ist auch der Natur der Sache nach gerechtfertigt. Denn an und für sich bedeutet schon die Möglichkeit des Wiederauflebens der Anwartschaft eine Ausnahme, das Zusammenknüpfen eines schon zerrissenen Versicherungsbandes, und damit eine besondere Belastung des Versicherungsträgers. Schließlich ist dabei noch zu berücksichtigen, daß zunächst nach dem Leitsatz III weitgehend und über das geltende Recht hinaus Ersatzzeiten zugelassen werden und daß ferner nach den Leitsätzen IV und V die Erhaltung der Anwartschaft bei Entrichtung von mindestens 1200 Wochenbeiträgen unter Anrechnung gewisser Ersatzzeiten ohnehin die Möglichkeit des Anwartschaftsverlustes und die Gefahr der Nichterfüllung der Wartezeit erheblich einschränkt.

Zu Leitsatz VIII: Nach § 1743 RVO in der ursprünglichen Fassung wurde, wenn eine Witwe, ehe sie Invalide war, Anspruch aufgrund der Hinterbliebenenversicherung erhob, auf ihren Antrag die Höhe ihrer Witwenrente festgestellt und die Witwe über ihr Recht belehrt, nach Eintritt der Invalidität ihren Anspruch auf Zahlung anzumelden. Dieser Anwartschaftsbescheid war in berufungsfähiger Form zu erteilen (zu vgl. Entsch. des RVA Nr. 1679, AN. 1913, S. 367), konnte demnach im Rechtsmittelverfahren nachgeprüft werden und erwuchs in Rechtskraft. Die Vorschrift des § 1743 RVO ist durch Artikel LIII des Gesetzes vom 19.7.1923 (RGBl. I, S. 686) aufgehoben worden, weil es während der Inflation nicht mehr möglich war, im voraus die Höhe einer Rente zu bestimmen. Der Ausschuß schlägt vor, nicht nur eine entsprechende Vorschrift wieder in die RVO einzufügen, sondern die Erteilung eines Anwartschaftsbescheides auch noch in erweiterter Form zu ermöglichen. Es erscheint dem Ausschuß dringend notwendig, dem Versicherten die Möglichkeit zu eröffnen, etwaige Zweifelsfragen über die Erhaltung seiner Anwartschaft für den Versicherungsträger bindend zu klären. Der Ausschuß hat sich die Frage vorgelegt, ob es möglich wäre, Auskünfte des Versicherungsträgers oder einer Versicherungsbehörde mit bindender Wirkung auszustatten. Der Ausschuß hat jedoch diese Frage verneint. Wollte man anordnen, daß der Versicherungsträger an einfache Auskünfte irgendeiner Stelle gebunden wäre, dann wäre erfahrungsgemäß damit zu rechnen, daß solche Auskünfte gerade in zweifelhaften Fällen verweigert oder nur mit großer Zurückhaltung erteilt würden. Der Ausschuß hat sich daher entschlossen, die Einführung eines - allerdings nur zugunsten des Versicherten - Versicherungsträger und Versicherungsbehörden bindenden Anwartschaftsbescheides in Anlehnung an den erörterten früheren Anwartschaftsbescheid für die Witwe vorzuschlagen. Hierfür war auch noch die Erwägung mitbestimmend, daß bei der Erteilung eines Anwartschaftsbescheides in vielen Fällen die Aufklärung eines Tatbestandes mühelos möglich ist, während im Falle des unter Umständen erst nach Jahrzehnten erhobenen Rentenanspruchs die Entscheidung eingehende und schwierige Erhebungen und damit auch ein Vielfaches an Verwaltungskosten erfordert oder sogar überhaupt zu keiner einwandfreien Klärung des Tatbestandes gelangt.

Der Anwartschaftsbescheid muß wie jeder andere Bescheid entsprechend den Vorschlägen des Ausschusses zum Verfahren in der Reichsversicherung einer Nachprüfung wenigstens in einer gerichtlichen Instanz fähig sein. Gegen den genannten Bescheid soll daher Antrag auf gerichtliche Entscheidung an das OVA zulässig sein, das endgültig entscheidet. Eine nicht vertretbare Überlastung der Versicherungsträger durch Anträge auf Erteilung eines Anwartschaftsbescheides wird dadurch vermieden, daß für die Antragstellung Vertretungszwang vorgeschrieben sein soll: Der Antrag soll im allgemeinen nur von den Rechtsberatungsstellen der Deutschen Arbeitsfront und da, wo eine Vertretung durch diese aus organisatorischen Gründen nicht möglich ist, durch Rechtsanwälte (Verwaltungsrechtsräte) gestellt werden können. Von den genannten Stellen muß erwartet werden, daß sie nur dann den erwähnten Weg beschreiten, wenn in der Tat Zweifel über die Rechte des Versicherten gegenüber dem Versicherungsträger bestehen.

V. Vereinheitlichung der Rechtsverhältnisse der Beamten und Angestellten der Sozialversicherung (September 1937)

Leitsätze

I. Das heutige Dienstrecht ist völlig unübersichtlich. Eine Vereinheitlichung ist deshalb dringend geboten. Hierfür stellt der Ausschuß für Sozialversicherung der Akademie für Deutsches Recht folgende Richtlinien auf:

II. Sämtliche Träger der Reichsversicherung sind dienstherrenfähig und nehmen obrigkeitliche Aufgaben wahr.

III. Die Bediensteten der Träger der Reichsversicherung sind künftig entweder Beamte, deren Dienstherr der Versicherungsträger ist, oder Tarifangestellte des Versicherungsträgers.

IV. Beamte sind alle diejenigen Bediensteten der Versicherungsträger, die zur Erfüllung der ihnen obliegenden obrigkeitlichen Aufgaben *erforderlich* sind.

V. Bedienstete, die bereits einer Dienstordnung nach den Reichsversicherungsgesetzen unterstehen, sind für ihre Person auch dann in das Beamtenverhältnis zu überführen, wenn die Voraussetzungen des Leitsatzes IV nicht erfüllt sind.

Begründung

I. Nach Abschnitt II Artikel 9 des Gesetzes über den Aufbau der Sozialversicherung vom 5. Juli 1934 hat der Reichsarbeitsminister die Rechtsverhältnisse der Bediensteten der Versicherungsträger im Einvernehmen mit dem Reichsminister des Innern und dem Reichsminister der Finanzen zu regeln. Schon darin ist gesetzlich anerkannt, daß der gegenwärtige Rechtszustand unbefriedigend ist und einer gründlichen Erneuerung bedarf. In der Tat ist das Dienstrecht auch nach dem Inkrafttreten des Deutschen Beamtengesetzes in hohem Grade uneinheitlich und unübersichtlich. Dies gilt für alle Versicherungsträger. Ihre Bediensteten sind zur Zeit Reichsbeamte, Landesbeamte, Provinzialbeamte, Anstaltsbeamte, Regulativbeamte, dienstordnungsmäßige Angestellte oder Tarifangestellte.

Am verworrensten sind die Verhältnisse bei den Landesversicherungsanstalten, obwohl dort im wesentlichen nur Beamte beschäftigt werden. Während z.B. in den süddeutschen Ländern die Beamten Beamte des Landes sind, sind in Preußen im allgemeinen nur die Beamten des höheren Dienstes Beamte der Provinz. Die übrigen Beamten sind dort Anstaltsbeamte, nur die Landesversicherungsanstalt der Rheinprovinz beschäftigt - abgesehen von den Vertrauensärzten - durchweg Beamte des Provinzialverbandes. Sogar die Rechtsstellung der Leiter der preußischen Landesversicherungsanstalten ist verschieden. Während meist der Landeshauptmann Leiter der Landesversicherungsanstalt ist, stehen abgesehen von Berlin noch an der Spitze von drei weiteren Landesversicherungsanstalten selbständige Leiter. Leiter der Landesversicherungsanstalt Saarland ist ein unmittelbarer Reichsbeamter.

Bei der Reichsversicherungsanstalt für Angestellte sind nur der Präsident, sein Stellvertreter sowie die übrigen Beamten des höheren Dienstes Beamte. Der Präsident ist unmittelbarer Reichsbeamter, die übrigen höheren Beamten sind Beamte der Anstalt und damit mittelbare Reichsbeamte. Alle übrigen Bediensteten sind Angestellte.

Die Reichsknappschaft, die wie die Reichsversicherungsanstalt für Angestellte ein reichseinheitlicher Versicherungsträger ist, kennt sogar nur einen einzigen Beamten, nämlich ihren Leiter.

In gleicher Weise sind die Dienstrechtsverhältnisse bei den Berufsgenossenschaften verschieden, je nachdem, ob es sich um die gewerblichen oder landwirtschaftlichen Berufsgenossenschaften handelt. Bei den gewerblichen Berufsgenossenschaften sind ausschließlich Angestellte tätig, während bei den landwirtschaftlichen Berufsgenossenschaften in Preußen Provinzialbeamte und in den übrigen Ländern Beamte des Landes beschäftigt werden.

Bei den Krankenkassen können nach geltendem Recht keine Beamten neu angestellt werden. Selbst die Geschäftsführer der größten Ortskrankenkassen, die nach dem Aufbaugesetz die Stellung von Leitern erhalten haben, stehen im Angestelltenverhältnis. Nur einige Bedienstete haben aufgrund früheren Rechts die Eigenschaft von Beamten (sogenannte Regulativbeamte). Die Ersatzkassen, die seit dem 1. April 1937 Körperschaften des öffentlichen Rechts sind, kennen nur Angestellte.

Dieser keinesfalls vollständige Überblick zeigt schon die Buntscheckigkeit der Rechtsverhältnisse und die Notwendigkeit, sie zu vereinheitlichen und zu vereinfachen. Diese Neuregelung kann sich allerdings nicht auf die Personen erstrecken, die die Geschäfte der Betriebskrankenkassen erledigen, da sie nach § 362 RVO nicht Bedienstete des Versicherungsträgers sind, sondern zur Gefolgschaft des Betriebsführers gehören. Von der Neuregelung ausgenommen müssen ferner die Personen sein, die in der Eigen-Unfallversicherung tätig sind, da deren Träger (Reich, Länder, Gemeinden, Gemeindeverbände, Reichsbahn, Reichspost usw.) hierfür ihre eigenen Bediensteten verwenden. Entsprechendes gilt für die Reichsbahnversicherungsanstalt als Sonderanstalt der Invalidenversicherung.

II. Vor dem Inkrafttreten des Deutschen Beamtengesetzes konnte es zweifelhaft sein, ob alle Träger der Reichsversicherung Dienstherren von Beamten sein konnten. Das Deutsche Beamtengesetz hat in § 151 klargestellt, daß alle Körperschaften, Anstalten und Stiftungen des Öffentlichen Rechts dienstherrenfähig sind; damit ist zum Ausdruck gebracht, daß auch sämtliche Versicherungsträger, ohne daß es einer besonderen Verleihung der Dienstherrenfähigkeit durch Hoheitsakt bedarf, die Fähigkeit haben, zur Erfüllung obrigkeitlicher Aufgaben eigene Beamte anzustellen.

Die deutsche Sozialversicherung hat, zumal im Dritten Reiche, das dem schaffenden Volksgenossen seine besondere Fürsorge zuwendet, eine der staatspolitisch wichtigsten Aufgaben zu erfüllen. Diese Aufgabe ist obrigkeitlicher Natur; denn die Sozialversicherung ist im Gegensatz zur Privatversicherung ein Werk der staatlichen Vorsorge. Sie beruht auf dem gesetzlichen Zwang zur Versicherung; ihre materiell-rechtlichen Grundlagen können ohne Zustimmung der Versicherten abweichend von der Privatversicherung einseitig durch die Gesetzgebung festgelegt und geändert werden. Für die Aufbringung der Mittel gelten ausschließlich obrigkeitliche Grundsätze. Durch Bescheide, die staatsrechtlich den Urteilen der Gerichte gleichstehen und der Rechtskraft fähig sind, entscheidet der Versicherungsträger über Rechte und Pflichten der Versicherten und der Betriebsführer. Er kann selbst Vollstreckungs- und Vollziehungsbeamte bestellen und in Ausübung öffentlicher Gewalt durch diese die Beiträge selbst eintreiben. Zwischen dem Polizeibeamten, dem Vollziehungsbeamten eines Finanzamtes und dem Vollziehungsbeamten eines Versicherungsträgers besteht insoweit kein wesenhafter Unterschied. Es ist infolgedessen anzuerkennen, daß in weitgehendem Umfang die Bediensteten der Sozialversicherungsträger an der Erfüllung obrigkeitlicher Aufgaben mitwirken.

III. und IV. Aus § 148 des Deutschen Beamtengesetzes ergibt sich der Wille des Gesetzgebers, obrigkeitliche Aufgaben grundsätzlich durch Beamte wahrnehmen zu lassen. Das muß auch für sämtliche Zweige der Reichsversicherung gelten, um so mehr als ihre Verwaltung behördenmäßig aufgebaut ist und ihre Bediensteten nach der Volksauffassung schon bisher regelmäßig als Beamte betrachtet werden. Auch in der Reichsversicherung sind selbstverständlich diejenigen Tätigkeiten nicht durch Beamte wahrzunehmen, die sich ihrer Art nach von solchen des allgemeinen Wirtschaftslebens nicht unterscheiden oder sich in mechanischen Hilfsleistungen, im Schreibdienst und in einfachen Büroarbeiten erschöpfen. Es werden daher z.B. die Bediensteten der Heilstätten, Genesungsheime, Ambulatorien, die in der Kanzlei Beschäftigten, Boten und dergl. regelmäßig weiterhin Angestellte bleiben müssen.

Einzelheiten der Abgrenzung zwischen Beamten und Angestellten beim jeweiligen Versicherungsträger festzulegen, wird Sache des aufzustellenden Stellenplanes sein. Auf Amtsbezeichnungen oder Besoldungsgruppen wird man hierbei nicht abstellen können, da diese schon nach der Größe und dem Aufgabenkreis der einzelnen Dienststelle sehr verschiedene Bedeutung haben. Daher kann es nur auf die Art der Tätigkeit im einzelnen ankommen.

Um die Vielgestaltigkeit und Buntscheckigkeit zu beseitigen, muß der Ausschuß Wert darauf legen, daß Dienstherr sämtlicher Beamten der Versicherungsträger selbst ist. Dies ist insbesondere notwendig, um die Einheitlichkeit des Beamtenkörpers bei ein und demselben Versicherungsträger zu gewährleisten, die jetzt namentlich hinsichtlich des Dienststrafverfahrens zu vermissen ist (zu vgl. Verordnung zur Durchführung der §§ 29 und 112 Abs. 4 der Reichsdienststrafordnung im Bereich der Sozialverwaltung vom 16.7.1937 (RGBl. I, S. 816) und Erlaß über die Regelung der Dienstverhältnisse der Beamten der Träger der Reichsversicherung aufgrund des Deutschen Beamtengesetzes vom 21. Juli 1937, (Amtl. Nachr. für Reichsversicherung, S. IV, 257).

V. Nach der neuen Rechtsentwicklung wird es künftig nur noch in klarer Scheidung Beamte und Angestellte im öffentlichen Dienst geben. Folgeweise ist für Dienstordnungen im Sinne der Reichsversicherungsgesetze weder Raum noch Bedürfnis. Um alsbald einheitliche, klare Verhältnisse zu schaffen, schlägt der Ausschuß vor, auch diejenigen bisher dienstordnungsmäßig angestellten Bediensteten für ihre Person in das Beamtenverhältnis zu überführen, die die Voraussetzungen hierfür nach dem Deutschen Beamtengesetz an sich nicht erfüllen. Hierzu wird man sich um so leichter entschließen können, als bereits nach dem jetzigen Rechtszustand diese Dauerangestellten in ihren Bezügen und in ihrer Anwartschaft auf Ruhegehalt und Hinterbliebenenversorgung sowie darin den Beamten gleichgestellt sind, daß sie meist nur unter ganz besonderen Voraussetzungen entlassen werden können. In den Stellenplänen würden die von diesen Bediensteten eingenommenen Beamtenstellen als künftig wegfallend zu bezeichnen und in Angestelltenstellen umzuwandeln sein.

Der Ausschuß ist der Überzeugung, daß die Neuregelung des Dienstrechts eine der vordringlichsten Aufgaben der Reform der Sozialversicherung ist. Die Neuregelung erscheint dem Ausschuß nicht zuletzt deshalb geboten, weil sie eine Verminderung der Sorge der Bediensteten um ihre Existenz in sich schließt und damit die Arbeitsfreudigkeit stärkt, die wiederum der Gesamtheit der Versicherten zugute kommt.

VI. Vorschläge zu RVO § 313. - Bestimmungen über die freiwillige Weiterversicherung (7.2.1938)

I. Im § 313 RVO verlangt der Gesetzgeber zur Ausübung des Rechts der freiwilligen Weiterversicherung eine Willenserklärung des bisherigen Pflichtmitgliedes gegenüber der Kasse. Sie erfolgt grundsätzlich durch eine "Anzeige", d.h. eine einseitige Erklärung, die der Kasse zugehen muß.

Die Frist zur Anzeige beträgt 3 Wochen vom Ausscheiden aus der versicherungspflichtigen Beschäftigung oder bei Arbeitsunfähigen vom Wegfall der Kassenleistungen ab gerechnet. Wer jedoch in der 2. oder 3. dieser Wochen erkrankt, hat für diese Krankheit Anspruch auf die Kassenleistungen nur, wenn er die Anzeige in der 1. Woche erstattet hat. Außerdem steht es der Anzeige gleich, wenn in der gleichen Frist von 3 Wochen die satzungsmäßigen Beiträge voll gezahlt werden. Mit Zustimmung des Oberversicherungsamtes kann die Satzung längere Fristen bestimmen.

In der Praxis ergeben sich nun aus der Erfüllung der Anzeigepflicht innerhalb der 3-Wochenfrist gewisse Schwierigkeiten, weil diese Vorschrift den einzelnen Versicherten nicht immer geläufig ist. Zwar handelt es sich hierbei nicht um ein allgemein auftretendes Problem. Zunächst betrifft es die Arbeiter im allgemeinen nicht, weil diese nicht wegen Überschreitung der Jahresarbeitsverdienstgrenze aus der Versicherungspflicht ausscheiden, gerade hierbei aber die noch zu erörternde Schwierigkeit auftaucht. Wenn der Arbeiter sich selbständig macht oder etwa in eine mit über RM 300,- bezahlte Angestelltentätigkeit übergeht, so liegt hier die letzte Lohnzahlung - bei Wochenlohn - noch verhältnismäßig lange vor Ablauf der 3-Wochenfrist, so daß der Versicherte Zeit hat, sich über die Rechtslage zu unterrichten. Ebenso ist es, wenn ein bisher versicherungspflichtiger Angestellter sich selbständig macht oder in einer neuen Stellung die Gehaltsgrenze von RM 300,- überschreitet. In allen diesen Fällen liegen überdies verhältnismäßig bedeutungsvolle Einschnitte im Arbeitsleben vor, die auch den minder Gewissenhaften dazu nötigen, die Frage seines weiteren versicherungsrechtlichen Schutzes zu überdenken. Aber es bleiben noch die Fälle übrig, die gerade den Anlaß zu diesen Ausführungen bieten, bei denen sich das Herausfallen aus der Zwangsversicherung ohne besonders scharfen Einschnitt im Arbeitsleben und daher leicht unbemerkt vollzieht, indem sich der Arbeitsplatz nicht ändert und lediglich die Überschreitung der Jahresarbeitsverdienstgrenze die Versicherungspflicht beendet. *Folgendes Beispiel,* das in letzter Zeit die Tagespresse beschäftigte, mag dieses erläutern:

Einem Angestellten wird Mitte August mitgeteilt, daß sein Gehalt ab 1. September von RM 290,- auf RM 310,- erhöht ist. Ende September erhält er erstmalig das höhere Gehalt und stellt fest, daß ihm kein Krankenkassenbeitrag einbehalten wurde. Er erkundigt sich und erfährt, daß er ab 1. September aus der Krankenversicherungspflicht und damit automatisch aus der Krankenkassenmitgliedschaft ausgeschieden sei. Er möchte weiter Mitglied der Krankenkasse bleiben, kann es aber nicht, da die 3-Wochenfrist gemäß § 313 Absatz 2 RVO bereits abgelaufen ist. Die Krankenkasse kann ihn, auch wenn sie möchte, nicht als Mitglied behalten, da ihrem guten Willen die zwingende Gesetzesvorschrift hindernd im Wege steht. Auch der Zugang zu einer anderen gesetzlichen Krankenkasse ist ihm verschlossen. Soweit er mit seinen Familienangehörigen gesund ist, mag in der Versicherung bei einem privaten Krankenversicherungsverein ein tragbarer Ausweg gegeben sein, einen gesundheitsgefährdeten Angestellten aber nimmt die private Krankenversicherung entweder nicht auf oder sie schließt die schon bestehenden Leiden ausdrücklich vom Versicherungsschutz aus bzw. erhebt einen besonderen Risikozuschlag.

Soweit die Mitgliedschaft von Ersatzkassenmitgliedern nur durch besondere Austrittserklärungen beendet wird, können sie gegen ihren Willen nicht der Mitgliedschaft verlustig gehen. Für Mitglieder von Orts-, Land-, Betriebs- und Innungskrankenkassen sind die gegenwärtigen gesetzlichen Vorschriften aber von erheblicher Bedeutung, weil bei ihnen mit der Versicherungspflicht auch selbsttätig die Kassenmitgliedschaft erlischt.

Bei der Beurteilung der ganzen Frage ist auch zu beachten, daß es in der übrigen Sozialversicherung (Rentenversicherung) für die Ausübung des Rechts der freiwilligen Weiterversicherung keiner befristeten Erklärung bedarf. Allerdings müssen bei den reichsgesetzlichen Krankenkassen für die Ausübung des Rechts der freiwilligen Weiterversicherung strengere Anforderungen gestellt werden, um sie vor unberechtigter Ausnutzung zu schützen. Andererseits erschien es dem Ausschuß angemessen, diese Vorschriften in einer Form zu ergänzen, die den Bedürfnissen der Praxis, wie oben dargelegt, mehr angepaßt ist.

Hierbei war die Überlegung maßgebend, daß mit geeigneten Mitteln erreicht werden muß, die Fortdauer der Krankenkassenmitgliedschaft im unmittelbaren Anschluß an die Krankenversicherungspflicht durch Anzeige schon in der 1. Woche sicherzustellen. Nach den allgemeinen Meldevorschriften muß der Betriebsführer das Ausscheiden aus der Krankenversicherungspflicht der Krankenkasse binnen 3 Tagen melden. Die hierfür vorgesehenen Abmeldevordrucke sind durch eine Frage: "Wird die Weiterversicherung gewünscht?" zu ergänzen. Der Betriebsführer ist alsdann durch gesetzliche Anordnung zu verpflichten, sich bei der letzten Lohnzahlung mit dem ausscheidenden bisherigen Pflichtversicherten zwecks Beantwortung dieser Frage in Verbindung zu setzen. Wenn der Betriebsführer alsdann die Frage auf dem Abmeldevordruck bejaht, so ist darin im Zweifel die nach § 313 vorgeschriebene Anzeige zu erblicken. Die Nichtausfüllung der Frage im Abmeldevordruck würde eine Verletzung der Meldepflicht darstellen, die eine Ordnungsstrafe nach § 530 Absatz 1 nach sich ziehen könnte. Bei Betriebskrankenkassen besteht eine Meldepflicht für die Betriebsführer zur Zeit nicht, weil sie von den Meldevorschriften nach § 317 ausgenommen sind. Auch hier wird der Betriebsführer gesetzlich zu verpflichten sein, bei der letzten Lohnzahlung den ausscheidenden bisherigen Pflichtversicherten zu befragen, ob er die Weiterversicherung wünscht oder nicht, und hiervon die Betriebskrankenkasse innerhalb von 3 Tagen in Kenntnis zu setzen. Die Nichtbeachtung dieser Verpflichtung hätte als Verletzung der Meldepflicht zu gelten.

II. Der Ausschuß möchte weiterhin auf eine Schwierigkeit hinweisen, die sich dann ergibt, wenn ein freiwillig Weiterversicherungsberechtigter oder freiwillig Weiterversicherter berufslos ist, wie z.B. vielfach die früher pflichtversicherte Ehefrau. In diesen Fällen ist es meist schwierig, das Vorliegen von Arbeitsunfähigkeit als der Voraussetzung für den Bezug von Krankengeld festzustellen, weil die Arbeitsunfähigkeit auf die zuletzt ausgeübte versicherungspflichtige Tätigkeit bezogen werden muß, eine solche aber bei Weiterversicherten vielfach Jahre, unter Umständen Jahrzehnte zurückliegt. Es erscheint in diesen Fällen daher zweckmäßig, eine Versicherung ohne Krankengeld lediglich auf Sachleistungen zuzulassen, ähnlich wie dies in den Fällen des § 215 Absatz 1 und 2 bereits vorgesehen ist. Der Ausschuß hält es für zweckmäßig, in einem neuen Absatz 3 des § 215 die Möglichkeit vorzusehen, daß freiwillig Weiterversicherungsberechtigte und Weiterversicherte sich lediglich auf die Sachleistungen des § 215 Absatz 1 ohne Krankengeld versichern können, wobei auch hier eine entsprechende Beitragsermäßigung einzutreten hätte.

III. Schließlich möchte der Ausschuß darauf hinweisen, daß bei der Berücksichtigung des Einkommens in den Fällen des § 313 a Absatz 1 Satz 1 und 2 es angemessen erscheint, auch den von den Ehegatten familienrechtlich zu gewährenden Unterhalt entsprechend zu berücksichtigen, weil hier ein Ausscheiden, wie es in § 178 vorgesehen ist, nicht in Frage kommt.

VII. Die Auswirkungen der Beendigung der Versicherungspflicht auf die Mitgliedschaft bei einer Ersatzkasse (7.2.1938)

Für die Entscheidung der oben aufgeworfenen Frage kann es völlig dahingestellt bleiben, ob Begründungsakt des Versicherungsverhältnisses bei einer Ersatzkasse der Abschluß eines Versicherungsvertrages oder, wie dies in neuester Zeit vereinzelt wegen der Umwandlung der Ersatzkassen in Körperschaften des öffentlichen Rechts vertreten wird, ein Verwaltungsakt ist. Demgemäß wird im nachstehenden zunächst die Rechtslage im Sinne der bisher unbestrittenen Beurteilung dargestellt und dann die Erörterung der Rechtsfrage ohne Stellungnahme zu der oben angeführten unterschiedlichen Auffassung behandelt.

I. Bisherige Sachlage

Vor Inkrafttreten der 12. und 15. Verordnung zum Aufbau der Sozialversicherung wurde die Mitgliedschaft bei den Ersatzkassen, die bis dahin kleinere Versicherungsvereine auf Gegenseitigkeit waren, durch Abschluß eines regelrechten Versicherungsvertrages erworben. Beginn und Ende der Versicherung bedurften, wie bei allen Vertragsverhältnissen, unter Beachtung etwaiger sich ausdrücklich mit diesen beiden Punkten befassenden zwingenden gesetzlichen Vorschriften (vgl. §§ 505 und 513 der RVO) besonderer Vereinbarung. Nähere Bestimmungen hierüber enthielten die Versicherungsbedingungen (Satzung) der Ersatzkasse, deren Inhalt das Mitglied bei der Aufnahme als für sich verbindlich anerkannte. Danach galt der Versicherungsvertrag stets als auf unbestimmte Zeit abgeschlossen und endete regelmäßig nur durch eine Willenserklärung eines der beiden Vertragschließenden (Austritt des Versicherten oder Ausschluß durch die Kasse infolge Beitragsrückstandes usw.). Beginn und Ende der Versicherungspflicht waren auf die Dauer der Mitgliedschaft ohne jeden Einfluß. Ebenso wie es dem Versicherten freistand, erst nach Eintritt der Versicherungspflicht der Ersatzkasse als Mitglied beizutreten, blieb es ihm unbenommen, vor oder erst nach der Beendigung der Versicherungspflicht wieder auszutreten. Daß die Versicherung *nicht* zwangsläufig mit der Beendigung der Versicherungspflicht erlosch, entsprach

1. der Grundidee des auf unbestimmte Zeit abgeschlossenen Versicherungsvertrages, dessen Beginn und Ende grundsätzlich nur durch Willenserklärung bestimmt wird,
2. dem Wortlaut des § 517 der RVO, wonach der Eintritt oder das Bestehen von Versicherungspflicht das Versicherungsverhältnis nicht unmittelbar berührt, sondern der Versicherte selbst darüber zu bestimmen hat, ob und wie lange die Versicherung bei der Ersatzkasse als Pflichtversicherung gelten soll,
3. den praktischen Bedürfnissen (näheres hierüber vgl. Abschnitte II und III).

Die Rechtsverhältnisse hinsichtlich der Dauer der Mitgliedschaft bei den Ersatzkassen unterschieden sich demnach grundlegend von den bei den Pflichtkassen vorliegenden, bei denen die Versicherung grundsätzlich zwangsläufig kraft Gesetzes ohne Zutun des Versicherten mit Eintritt der Versicherungspflicht beginnt und mit deren Erlöschen endet, wenn nicht die Weiterversicherung besonders beantragt wird. Nach Auffassung des Ausschusses ist dieser Unterschied weder durch die 12. noch durch die 15. Verordnung zum Aufbau der Sozialversicherung beseitigt worden. Keine der beiden Verordnungen hat für die Ersatzkassen eine gleiche ausdrückliche Begrenzung der Versicherungsdauer auf die Zeit der Versicherungspflicht eingeführt, wie sie der § 165 der RVO für die Pflichtkassen enthält. Weder die eine noch die andere Verordnung weist eine besondere Vorschrift auf, daß die Versicherung der Ersatzkassenmitglieder mit der Beendigung der Versicherungspflicht erlischt, ebensowenig eine Vorschrift, die die Möglichkeit, die Mitgliedschaft fortzusetzen, beeinträchtigt. Der Gesetzgeber hat es vielmehr trotz geringfügiger Änderungen der Fassung sachlich bei den Vorschriften des § 507 Abs. 3 und des § 517 der RVO belassen, aus denen sich ergibt, daß der Zweck des Versicherungsvertrages zwischen Ersatzkasse und Mitglied in erster Linie die Versicherung gegen Krankheit und erst in zweiter Linie die Befreiung von der Mitgliedschaft bei der Pflichtkasse für die Dauer der Versicherungspflicht ist, denn die Befreiung von der Zugehörigkeit zur Pflichtkasse setzt danach zwar eine Mitgliedschaft bei einer Ersatzkasse voraus, die Ersatzkassenmitglieder sind aber nicht verpflichtet, von ihrem Befreiungsrecht nach § 517 der RVO Gebrauch zu machen. Der Gesetzgeber hat ferner bewußt die für die Weiterversicherung bei den Pflichtkassen geltenden Vorschriften der §§ 313 ff. der RVO nicht auf die Ersatzkassen ausgedehnt. Außerdem ist der § 20 des Gesetzes über die Beaufsichtigung der privaten Versicherungsunternehmungen und Bausparkassen (VAG) für die Ersatzkassen maßgebend geblieben, nach dessen Wortlaut die Mitgliedschaft endet, wenn das Versicherungsverhältnis aufhört, soweit die Satzung nichts anderes bestimmt. Ein automatisches Erlöschen der Versicherung wurde lediglich für zwei einzelne eng begrenzte Sonderfälle bestimmt, und zwar für den Fall, daß das versicherungspflichtige Mitglied einer Angestellten-Ersatzkasse Arbeiter wird und umgekehrt, oder daß das Einkommen eines der Ersatzkasse nach dem 1. Januar 1936 beigetretenen Mitgliedes RM 7.200,- jährlich übersteigt. Schließlich kann auch aus der neuen Vorschrift des § 4 Abs. 1 der 12. Verordnung, wonach für die Versicherung nach dem Ausscheiden aus der Versicherungspflicht ausschließlich die Bestimmungen der Satzung gelten, keine gegenteilige Auffassung hergeleitet werden (vgl. "Das deutsche Sozialversicherungsrecht" von Grünewald/Kilian, Anmerkung 23 zu § 4 der 12. Verordnung).

II. Die Rechtslage nach der Entscheidung des Reichversicherungsamtes vom 24. November 1937 (II K 12/37 BS) und ihre Auswirkungen

Im Gegensatz zur dargelegten Auffassung hat das Reichsversicherungsamt am 24. November 1937 entschieden, daß auch bei den Ersatzkassen die Mitgliedschaft eines Versicherungspflichtigen zwangsläufig mit dem Tage der Beendigung der Versicherungspflicht erlischt, wenn nicht die Weiterversicherung beantragt wird. Danach sollen also jedenfalls hinsichtlich der Beendigung der Ersatzkassenmitgliedschaft ähnliche Verhältnisse wie bei der gesetzlichen Pflichtkassenmitgliedschaft vorliegen. Die Entscheidung des Reichsversicherungsamtes vertritt diesen Standpunkt, obwohl die von den Ersatzkassen in ihren Versicherungsbedingungen getroffene Regelung in ihrer Zielsetzung mit den in der RVO für die Pflichtkassen bestehenden Vorschriften, die ebenfalls eine Weiterversicherung nach Beendigung der Versicherungspflicht vorsehen, bereits weitgehend in Einklang steht und nur insoweit von ihnen abweicht, als sich dies aus den besonderen Verhältnissen der Ersatzkassenmitgliedschaft ergibt.

Die Auswirkungen der Entscheidung des Reichsversicherungsamts sind in mehrfacher Hinsicht unerwünscht.

1. Die Entscheidung verläßt, ohne daß - wie oben bereits erwähnt - Gesetzesänderungen erfolgt wären, die bisher herrschende Auffassung vom Versicherungsverhältnis bei einer Ersatzkasse, die die Begründung, die Fortsetzung oder die Lösung des Versicherungsverhältnisses von dem Willen der Beteiligten abhängig macht.

2. Die Entscheidung, in der offenbar davon ausgegangen wird, daß das Versicherungsverhältnis nicht, wie sich aus den Satzungsbestimmungen der Ersatzkassen ergibt, auf unbestimmte Zeit, sondern lediglich für die Dauer der Versicherungspflicht eingegangen ist, läßt die vielen Fälle au-

ßer Betracht, in denen die Aufnahme als nichtversicherungspflichtiges Mitglied erfolgte und in denen erst später im Laufe der Mitgliedschaft Versicherungspflicht eintrat. In diesen Fällen bleibt für die Annahme, daß die Versicherung bei der Ersatzkasse lediglich auf die Dauer der Versicherungspflicht beschränkt ist, kein Raum.

3. Die sinngemäße Übernahme des Weiterversicherungrechts bei den Pflichtkassen auf die Ersatzkassen wäre deshalb mit großen Härten verbunden, weil gerade bei den Ersatzkassen sehr viele Mitglieder die rechtzeitige Beantragung der Weiterversicherung versäumen und damit alle Rechte auf Versicherungsschutz innerhalb der sozialen Krankenversicherung für alle Zeiten verlieren würden. Dafür sind insbesondere zwei Gründe maßgeblich:

a) Die Versicherten werden gar nicht auf den Gedanken kommen, daß ihre Mitgliedschaft bei der Ersatzkasse, die im Gegensatz zur gesetzlichen Mitgliedschaft bei einer Pflichtkasse allein Folge einer eigenen Willenserklärung ist, ohne ihr Zutun stillschweigend mit Beendigung der Versicherungspflicht erlöschen könnte, zumal sie jahrzehntelang das Gegenteil gewohnt sind.

b) Bei den Angestellten-Ersatzkassen ist kennzeichnend, daß außerordentlich viele Mitglieder aus der Versicherungspflicht deswegen ausscheiden, weil der Entgelt die ausschließlich für Angestellte festgesetzte Verdienstgrenze von RM 3.600,- jährlich überschreitet. Eine solche Gehaltsverbesserung ist aber nicht eine so einschneidende Tatsache wie z.B. die Beendigung der Versicherungspflicht durch Aufgabe der Beschäftigung, die beim Arbeiter vorherrschend sein wird. Die Auswirkungen der Gehaltserhöhung auf das Versicherungsverhältnis würden daher auch deswegen häufig von den Mitgliedern der Angestellten-Ersatzkassen zu spät erkannt werden. Ein Ergebnis, das umso unbefriedigender ist, als die Träger der reichsgesetzlichen Krankenversicherung bei einem Einkommen von mehr als RM 3.600,- aufgrund der gesetzlichen Vorschriften auch eine Neuaufnahme des gegen seinen Willen aus der sozialen Krankenversicherung Ausgeschiedenen nicht vornehmen können.

4. Nach den bisherigen Erfahrungen hält die große Mehrzahl der Ersatzkassenmitglieder die Versicherung nach Erlöschen der Versicherungspflicht aufrecht. Künftig müßte somit die Mehrzahl der aus der Versicherungspflicht Ausscheidenden eine Willenserklärung abgeben, um die Mitgliedschaft zu erhalten, wogegen bisher nur der Minderheit, die auf Fortsetzung der Versicherung keinen Wert legt, zugemutet wurde, den Austritt zu erklären.

III. Änderungsvorschlag

Zur Vermeidung der in Teil II aufgeführten unerwünschten Folgeerscheinungen der Entscheidung des Reichsversicherungsamts vom 24. November 1937 wird vorgeschlagen, dem § 513 der RVO folgenden Absatz 2 anzufügen: "Erlischt die Versicherungspflicht, so ist der Austritt mit dem Tage der Beendigung der Versicherungspflicht zu gestatten, wenn die Austrittserklärung innerhalb einer Woche erfolgt." Damit käme im Interesse der Mehrheit der Ersatzkassenmitglieder zum Ausdruck, daß die Mitgliedschaft wie in der Vergangenheit nicht zwangsläufig mit Beendigung der Versicherungspflicht erlischt und wäre zugleich den Belangen der Minderheit Rechnung getragen, indem den Ersatzkassen die Verpflichtung auferlegt würde, einer Austrittserklärung zum Tage der Beendigung der Versicherungspflicht zu entsprechen. Es erscheint weitaus tragbarer, dem Teil der Minderheit der Ersatzkassenmitglieder, der die Austrittserklärung nicht rechtzeitig abgibt, zuzumuten, nunmehr fristgemäß aus der Kasse auszutreten, zumal während der Frist der Versicherungsschutz weiterläuft, als dem Teil der Mehrheit, der die Frist für die Beantragung der Weiterversicherung versäumt hat, damit das Recht der Zugehörigkeit zur sozialen Krankenversicherung *ein für allemal* zu nehmen.

VIII. Gesetz über den Wegfall der noch heute geltenden Ruhensvorschriften (Februar 1938)

I. Das Gesetz über den Aufbau der Rentenversicherung vom 21. Dezember 1937 (RGBl. I S. 1393) hat den Bestand der Deutschen Rentenversicherung endgültig sichergestellt und den Ausbau ihrer Leistungen nach nationalsozialistischen Grundsätzen eingeleitet. Der Ausschuß für Sozialversicherung der Akademie für Deutsches Recht hält deshalb die Zeit für gekommen zu prüfen, wie weit den dringlich vorgebrachten Wünschen auf eine Änderung der Beseitigung der als besonders drückend empfundenen Vorschriften der *Notverordnungen* auf dem Gebiet der Rentenversicherung entsprochen werden kann. Er läßt sich dabei von der Überzeugung leiten, daß diese Vorschriften in weitem Umfange Veranlassung zu berechtigter Kritik bieten und durch ihre Auswirkungen in sehr zahlreichen Fällen bei den Leistungsempfängern der Sozialversicherung das Gefühl einer empfindlichen und unberechtigten Schmälerung ihre erworbenen Ansprüche erwecken.

Der dringlichste Wunsch zielt auf die Beseitigung der Vorschrift der Notverordnung vom 14.6.1932, nach der die laufenden Renten um Beträge von fester Höhe gekürzt wurden. Kehrt man hier zum vorher geltenden Recht zurück, müssen aber auch alle nach dem 31.12.1933 festgesetzten Renten um die gleichen Beträge erhöht werden, da die Berechnung dieser neuen Renten der verminderten Höhe der alten Rente angeglichen wurde. Der Ausschuß hält die Beseitigung der genannten Notverordnungsbestimmung und eine entsprechende Änderung der Vorschriften über die Rentenberechnung für dringlich, da kein Zweifel besteht, daß die Renten noch erheblich unter dem wünschenswerten Stande liegen und die Erfüllung dieser Forderung sich auf die Dauer kaum wird ablehnen lassen. Nur wenn es gelingt, die Leistungen der Rentenversicherung auf eine Mindesthöhe zu bringen, die man von einer ausreichenden Versicherung des schaffenden Volkes fordern muß, kann der von der Reichsregierung angestrebte Ausbau der Rentenversicherung zu einer Altersversorgung im Sinne des Parteiprogramms verwirklicht werden.

Da sich aber die gewaltige Belastung nicht verkennen läßt, die den Rentenversicherungen aus einer solchen Änderung erwachsen würde und die natürlich zusätzliche Mittel zu ihrer Deckung erforderlich machte, muß sich der Ausschuß darauf beschränken, die dringliche Forderung nach dieser Änderung dem Gesetzgeber nahezubringen, da *ihm* die Sorge für die Deckung des Aufwandes obliegt.

Näher geprüft hat dagegen der Ausschuß die Wünsche, welche diejenigen Vorschriften der Notverordnungen betreffen, die im heutigen Gesetz als Ruhensvorschriften festgelegt sind. Ihm schien geboten, hier zu untersuchen, wie weit die seinerzeit in der äußersten Not getroffene Regelung noch aufrechterhalten werden kann. Sie stammt im wesentlichen aus der letzten großen Notverordnung der Brüning-Regierung und hat inzwischen mehrfache Änderungen - vor allem Milderungen - erfahren, so insbesondere auch durch das Gesetz vom 21.12.1937. Der Ausschuß ist jedoch der Ansicht, daß auch die nach dem Ausbaugesetz noch bestehenden Ruhensvorschriften der Rentenversicherung mit dem Ansehen der deutschen Sozialversicherung nicht vereinbar sind und hat daher untersucht, welche Änderungen empfehlenswert sind. Dabei wurde auch sorgfältig die Frage erörtert, ob deren finanzielle Auswirkungen für tragbar gehalten werden können. Die aufgrund dieser Prüfung dann dem Gesetzgeber empfohlenen Änderungen wollen offenbares Unrecht beseitigen und dem Volk nicht verständliche Unbilligkeiten und Härten jedenfalls soweit abstellen, wie dies ohne Gefährdung der soeben durchgeführten finanziellen Sicherstellung der Rentenversicherung möglich ist.

II. Die Vierte Notverordnung des Reichspräsidenten zur Sicherung von Wirtschaft und Finanzen und zum Schutze des inneren Friedens vom 8.12.1931 (RGBl. I S. 699) nahm im IV. Kapitel ihres Fünften Teiles Erweiterungen der bis dahin geltenden Ruhensvorschriften in gewaltigem Umfange vor.

Im § 4 wurde bestimmt, daß der Berechtigte nur die höchste Rente erhält, wenn die Voraussetzungen für mehrere Renten aus der I.V. oder für mehrere Renten aus der AV (Angestelltenversicherung) zusammentreffen oder wenn neben den Anspruch aus der Rente der I.V. (Invalidenversicherung) der Anspruch auf eine Rente aus der AV tritt. Hierdurch fiel die frühere Zusatzrente (§ 1318 RVO, § 78 AVG) fort. Dort war vorgeschrieben, daß neben der höchsten Rente die Hälfte der anderen Rente als Zusatzrente zu gewähren war.

In § 10 wurde bestimmt, daß die Invalidenrenten, das Ruhegeld aus der AV sowie die Invaliden- (Alters-) Pensionen und das Ruhegeld aus der knappschaftlichen Versicherung ruhen neben Krankengeld, Verletzten-Renten aus der Unfallversicherung, Beschädigten- und Dienstzeitrenten nach dem Reichsversorgungsgesetz und ähnlichen Gesetzen sowie neben Ruhegeldern und Wartegeldern aufgrund einer versicherungsfreien Beschäftigung, und zwar jeweils bis zur Höhe dieser Bezüge. Entsprechendes wurde für die Hinterbliebenen-Renten bestimmt. Für freiwillige Versicherung war bestimmt, daß vom Ruhen der Teil der Rente ausgenommen würde, der dem Verhältnis der freiwilligen zur gesamten Beitragsleistung entspricht.

Erwähnenswert ist schließlich neben anderen zahlreichen Einzelvorschriften noch die Bestimmung des § 11 Abs. 4, in der für das Ruhen neben Bezügen aus der Unfallversicherung und nach dem Versorgungsgesetze sowie aufgrund versicherungsfreier Beschäftigung bei den laufenden Renten eine Freigrenze von RM 25,- monatlich gesetzt wurde.

III. Die Vorschriften haben im Laufe der Zeit mannigfache Ergänzungen und Änderungen, auch Milderungen erfahren. Selbst soweit diese Änderungen sachlich nicht von großer Bedeutung sind, zeugen sie doch in zahlreichen Fällen eindringlich von den gewaltigen Schwierigkeiten, die sich verwaltungstechnisch bei der praktischen Behandlung der besonders umständlichen Vorschriften ergaben.

In den folgenden Bemerkungen sollen nur die wichtigsten dieser Änderungen angedeutet werden.

In der VO vom 30.1.1932 (RGBl. I S. 55) wird festgestellt, daß die Ruhensvorschriften auch dann Platz greifen, wenn die konkurrierenden Renten abgefunden worden sind.

In der VO vom 13.5.1932 (RGBl. I S. 229) wird die Vorschrift hinzugefügt, daß die durch die Ruhensvorschriften hervorgerufenen Kürzungen der Bezüge keine Erhöhung der erworbenen Anwartschaften aus einer Zusatzversicherung bei der Deutschen Reichsbahngesellschaft zur Folge haben. Dies wird dann in der VO vom 10.10.1932 (RGBl. I S. 496) erweitert auf die Zusatzversorgungsanstalt des Reiches und der Länder, auf die Versorgungsanstalt der Deutschen Reichspost, auf sonstige Versorgungen aus öffentlichen Mitteln und auf die privaten Versicherungsunternehmungen.

In der VO vom 19.10.1932 (RGBl. I S. 499) wird die Freigrenze des § 11 Abs. 4 der Notverordnung für das Ruhen neben Versorgungsrenten auch auf neu festgesetzte Renten erstreckt. In der VO vom 18.2.1933 (RGBl. I S. 69), der sogenannten Milderungsverordnung, wird festgelegt, daß beim Ruhen neben Bezügen aus den Versorgungsgesetzen oder neben solchen aufgrund versicherungsfreier Beschäftigung der ruhende Teil weder zwei Drittel der Rente noch RM 50.- übersteigen darf. In der VO vom 17.5.1934 (RGBl. I S. 419), der sog. Redaktionsverordnung, werden die Ruhensvorschriften der damaligen Fassung in das Gesetz übernommen. Neu ist aber in sachlicher Hinsicht, daß seit dieser Verordnung das Ruhen neben Krankengeld fortgefallen und damit eine namentlich für die Verwaltungsübung sehr angenehm empfundene weitere Erleichterung der Ruhensvorschriften durchgeführt ist. Allerdings beginnt stattdessen die Rente erst nach dem Wegfall des Krankengeldes. Das Gesetz über Änderungen auf dem Gebiet der Reichsversorgung vom 3.7.1934 (RGBl. I S. 541) verbietet die Anrechnung der Frontzulage. Außerdem dürfen beim Ruhen Kinder- und Ortszulage ebenso wie die Pflege- und Führerhundzulage und Zusatzrente nicht mehr angerechnet werden. Schließlich wird der Geltungsbereich der Freigrenze von 25.- RM erweitert. Andererseits wird der jetzige Absatz 2 des § 1274 RVO eingefügt, nach dem die Ruhensvorschriften auch dann anzuwenden sind, wenn auf die anderen Bezüge kein Rechtsanspruch besteht.

Das Gesetz über den Ausbau der Rentenversicherung vom 21.12.1937 (RGBl. I S. 1393) schließlich hat die Freigrenze beim Ruhen neben Versorgungsrenten von 25.- auf 50.- RM monatlich erhöht (§ 23) und die Grenzen für die höchstens zulässige Kürzung des Steigerungsbetrages der knappschaftlichen Versicherung der Arbeiter von 20.- bzw. 10.- RM auf 10.- bzw. 7,50 RM herabgesetzt (§ 56). Es hat ferner die Zusatzrente des früheren § 1318 RVO (§ 78 AVG) wiederhergestellt.

Die für das Ruhen der Renten maßgebenden Vorschriften der §§ 1274 bis 1283, 1285 der RVO gelten nach § 40 AVG für die AV und nach § 50 RKG für die knappschaftliche Versicherung. In Bezug auf die Versicherung der Bergleute verdient noch hervorgehoben zu werden, daß nach § 50 Abs. 2 RKG 25 % der Alterspension ruhen, wenn der zum Bezuge der Pension Berechtigte noch regelmäßig Lohnarbeit in Betrieben verrichtet und daß nach Absatz 4 der Grundbetrag aus der Pensionsversicherung neben dem Grundbetrag aus der Invalidenversicherung ruht. Für die nach altem Recht berechneten Pensionen (Stichtag 31.12.1933) bleiben die Ruhensvorschriften der früheren Satzungsvorschriften und der Notverordnungen in Geltung.

IV. Was die finanziellen Auswirkungen der Ruhensvorschriften betrifft, so muß vorweg hervorgehoben werden, daß leider keine gleichmäßige Berichterstattung der einzelnen Versicherungszweige zur Verfügung steht und vielleicht auch in Anbetracht der verschiedenen Verhältnisse nicht möglich ist. Der tatsächliche Überblick wird hierdurch naturgemäß in bedauerlichem Maße erschwert.

Auf dem Gebiet der Invalidenversicherung begegnete die Erfassung der finanziellen Wirkungen besonderen Schwierigkeiten. Auf Anordnung des Reichsarbeitsministers wurden nach dem Erlaß der Notverordnung besondere Ermittlungen angestellt, wofür die Versicherungsträger entsprechende Angaben zu machen hatten. Die hiernach möglichen Berechnungen sind seinerzeit vom Reichsversicherungsamt angestellt und die aufgrund ihrer Ergebnisse angestellten Schätzungen in der Statistik der Sozialversicherung für das Jahr 1932 (ANfRV 1933 Nr. 12) veröffentlicht worden. Die sehr schwierigen Erhebungen wurden jedoch bereits nach einem halben Jahre wieder eingestellt, zumal ihre Ergebnisse infolge der allzu großen praktischen Schwierigkeiten bei den Versicherungsträgern nur für bedingt zuverlässig gehalten werden konnten. Neuerdings geben die vom Reichsversicherungsamt inzwischen über die Renten eingeforderten Lochkarten eine Möglichkeit, sich einen leidlich zuverlässigen Überblick darüber zu verschaffen, welche Auswirkung nach dem jetzigen Stande von den Ruhensvorschriften erwartet werden kann. Da es an Angaben über den Rentenbestand fehlt und sich die Ermittlungen lediglich auf Rentenzu- und -abgänge erstrecken, kann man allerdings nur unter Zuhilfenahme der Zahlen über die vermutliche Laufzeit der Renten abschätzen, welche Auswirkung sich schließlich beim Bestande ("Sättigungszustand") ergeben wird. Außerdem läßt sich die Auswirkung des Ausbaugesetzes hinsichtlich des Ruhens neben Versorgungsrenten nur sehr unsicher schätzen. Aufgrund dieser Überlegungen kann festgestellt werden, daß die Gesamtauswirkung der sämtlichen vom Reichsversicherungsamt unter dem Merkmal "Ruhen" erfaßten Renten sich auf etwa 32 Millionen RM im Jahre belaufen wird, die sich auf die einzelnen Ruhensgründe wie folgt verteilen: Unfallrenten 20,3, Versorgungsrenten 2,0 (geschätzt!), Pensionen 8,5, sonstige Gründe 1,2 = 32,0 Mio.

Dabei sind unter dem Ruhen allerdings neben den eigentlichen Ruhensgründen nicht nur die Ersparnisse aus § 1279 RVO (Zusammentreffen mehrerer Renten), sondern auch das Ruhen aus "sonstigen Gründen" einbegriffen. Zu diesen sonstigen Gründen rechnet die Statistik des RVA auch das Ruhen wegen Freiheitsstrafen, Aufenthalt im Ausland, Zahlung an Ausländer, Höchstgrenze für Hinterbliebenen-Bezüge, Anstaltspflege und Verweigerung des Heilverfahrens. Das hier in erster Linie interessierende Ruhen neben Unfallrenten, Versorgungsrenten und Pensionen erbringt eine Gesamteinsparung von 30,8 Mill. RM. Für die Angestelltenversicherung führte der Geschäftsbericht für 1936 für den Bestand der am 31.12.1936 laufenden Renten den monatlich ruhenden Betrag an: neben Unfallrenten 199.000 RM, neben Versorgungsrenten 268.000 RM, neben Pensionen 339.000 RM = 806.000 RM. Hier ergab sich also ein Jahresbetrag von nahezu 10 Millionen RM. Wie weit er sich noch hätte erhöhen können, ist nach den vorhandenen Angaben nicht abzuschätzen. Indessen war nach der bisherigen Bewegung der Zahlen in den letzten Jahren mit einer wesentlichen Erhöhung der Gesamtsumme kaum zu rechnen. Nimmt man an, daß die durch das Ausbaugesetz gebrachten Milderungen sich etwa in dem gleichen Maße auswirken werden, wie vermutlich in der I.V., so kann man schätzen, daß der Jahresbetrag sich von 10 Mill. RM auf etwa 7,5 Mill. RM ermäßigen wird.

In der knappschaftlichen Versicherung liegen Veröffentlichungen nicht vor. Man wird nicht fehlgehen in der Annahme, daß die Reichsknappschaft in Anbetracht der bei ihr vorliegenden besonders schwierigen Verhältnisse absichtlich von einer solchen Veröffentlichung abgesehen hat, da sie nur allzuleicht zu Mißverständnissen führen und wahrscheinlich auch Verwirrung stiften könnte. Es ist aus diesem Grunde nicht möglich, hier zahlenmäßige Angaben über die geldliche Auswirkung zu machen. Was die Ruhensgründe betrifft, so steht wahrscheinlich das Ruhen neben Unfallrenten bei weitem an erster Stelle, so daß das Ruhen neben Versorgungsbezügen und Pensionen an Bedeutung dahinter stark zurücktritt, wie es bei den Verhältnissen der Bergleute verständlich ist. - Es ist bekannt, daß unter den Bergleuten besonders schwere Mißstimmung über die Auswirkung der Ruhensvorschriften in ihren verschiedenen Formen herrscht. Das Ausbaugesetz hat hier zwar erfreuliche Milderungen gebracht, konnte aber im Rahmen der gegebenen Verhältnisse noch keine durchgreifende Abhilfe schaffen. In Anbetracht der bei der knappschaftlichen Versicherung gegebenen besonderen Lage ist es aber auch durchaus fraglich, wie weit etwa eine Änderung der hier zur Erörterung stehenden Ruhensvorschriften geeignet sein könnte, den Klagen der Bergleute abzuhelfen. Der Ausschuß trägt auch Bedenken, der im Ausbaugesetz finanziell sichergestellten knappschaftlichen Pensionsversicherung neue Lasten aufzubürden, ehe deren Ausmaß sicher abgeschätzt werden kann. Er ist deshalb der Auffassung, daß die knappschaftliche Versicherung hierbei eine besondere Behandlung erheischt und deshalb von der Betrachtung in Bezug auf die beiden Rentenversicherungszweige der Arbeiter und Angestellten am besten losgelöst wird.

V. Zu einer gerechten Würdigung der Ruhensvorschriften ist es unerläßlich, auch kurz auf die geschichtliche Entwicklung des Ruhensbegriffes einzugehen.

Dabei soll eine allgemeine Feststellung vorausgeschickt werden, die zugleich auch eine Erklärung für viele seit den Notverordnungen erhobene Angriffe gegen die Ruhensvorschriften abgeben kann. - Der vom Gesetz gebrauchte Ausdruck "Ruhen" wird vielfach mißverstanden, da er im Volksmund eine teilweise abweichende Bedeutung hat. Weil in der Umgangssprache das Ruhen nicht gleichbedeutend mit "Sterben" oder "Verschwinden" ist, erwartet man immer die Wiedererweckung, nimmt also als selbstverständlich an, daß die Zahlung der ruhenden Beträge zu irgendeinem Zeitpunkt wieder aufgenommen wird. Hie und da verbindet sich dann damit auch die Vorstellung, daß die Zahlung der ruhenden Beträge zwar für eine gewisse Zeit eingestellt ist, daß die Beträge später aber nachgezahlt werden. - Man wird jedenfalls davon ausgehen können, daß ein dem allgemeinen Verständnis des Gesetzes recht abträglicher Unterschied zwischen dem gewöhnlichen Sinne im Sprachgebrauch und der Bedeutung im gesetzestechnischen Sinne immer dann vorhanden ist, wenn nach der Natur der einzelnen Ruhensvorschriften eine Wiederaufnahme der Zahlung der ruhenden Beträge im normalen Ablauf des Geschehens gar nicht erwartet werden kann.

Das Ruhen selbst findet sich in der Invalidenversicherung seit dem Bestehen des Gesetzes. Bereits § 34 IuAVG (1889) spricht vom Ruhen. Im Zusammenhang mit der oben vorausgeschickten allgemeinen Bemerkung erscheint dabei wichtig, daß die Nr. 3 und 4 des § 34 (Freiheitsstrafe, Wohnort im Auslande) ein eigentliches (echtes) Ruhen zum Gegenstande haben, das jedem Leser des Gesetzes ohne weiteres verständlich und begreiflich ist. Auch Nr. 1 des § 34 (Ruhen neben Unfallrenten) behandelt einen Fall, der dem echten Ruhen insofern ähnlich ist, als ja Unfallrenten sich in ihrer Höhe zu ändern pflegen und auch fortfallen können, wobei dann automatisch ein Wiederaufleben ruhender Bezüge eintritt. Bei Nr. 1 und 2 (neben Unfallrenten und neben Pensionen) wird im Gesetz die Grenze von 415 Mark gesetzt. Das Ruhen kann erst eintreten, wenn die zusammengerechneten Renten diese Grenze übersteigen. Dabei ist der Gedanke maßgebend, das Ruhen erst bei einer vom Gesetz nicht gewollten Häufung der Sozialversicherungsbezüge eintreten zu lassen. - Allerdings liegt dieser Gedanke der Notverordnung von 1931 bis zu einem gewissen Umfange vielleicht auch zugrunde. Selbst wenn man dies aber anerkennen will, ergibt sich der ausschlaggebende Unterschied durch den Geltungsbereich und die Höhe der Freigrenze, so daß man - zumal unter Berücksichtigung des veränderten Geldwertes - zu einem nicht vergleichbaren Ergebnis kommt. Immerhin ist wichtig, daß, wie es die Begründung des Gesetzes im übrigen deutlich ausführt, der Gedanke von Ersparnissen für die Inv.Vers. durch Ruhen aus Zusammentreffen mit anderen Bezügen auch dem alten Gesetz nicht fremd war. Insoweit können also nicht ohne weiteres Gedankengänge, die man etwa vom Gebiet der Privatversicherung hernimmt, auf den gänzlich anderen Aufbau der Sozialversicherung angewendet werden. Aus der Notwendigkeit, die Beiträge niedrig zu halten, und aus der Beteiligung der Allgemeinheit an den Lasten der Versicherung nahm man vielmehr in der deutschen Sozialversicherung seit jeher die Berechtigung, gewisse Häufungen von Renten der Sozialversicherung zu vermeiden. - Mit dieser Auffassung stimmt allerdings nicht überein, daß man auch das Ruhen nach § 34 Nr. 2 IuAVG für zulässig hielt (Pensionen). In dieser Hinsicht ging erst die spätere RVO den folgerichtigen Weg.

Das IVG (1899) behielt im wesentlichen im § 48 den § 34 IuAVG bei, es ersetzte lediglich die Grenze von 415 Mark durch den 7 1/2fachen Grundbetrag der Invalidenrente und fügte im übrigen die neue Bestimmung des Absatz 3 hinzu, daß während des Bezuges der Invalidenrente der Anspruch auf Altersrente ruht (*echtes* Ruhen!). - (Der Betrag von 415 Mark erklärt sich aus der Berechnungsart der Rente. Er stellte für eine 50jährige Beitragsleistung in der höchsten Lohnklasse den Höchstbetrag der Rente dar (damals IV). Die im IVG vorgenommene Änderung auf den 7 1/2fachen Grundbetrag entspricht lediglich der durch das IVG vorgenommenen Änderung in der Art der Rentenberechnung.)

In der Reichsversicherungsordnung (1911) wurde dann in folgerichtiger Weiterführung der für das Ruhen eigentlich maßgebenden Gedanken das Ruhen beim Zusammentreffen mit Pensionen, Wartegeldern und ähnlichen Bezügen beseitigt, weil es - wie die Begründung ausdrücklich ausführt - der *inneren Berechtigung entbehre*. Das Ruhen beim Zusammentreffen mit Unfallrenten wird dagegen aufrechterhalten. Auch bleibt die Grenze auf dem 7 1/2fachen Grundbetrage. Erwähnenswert ist hierbei die in der Begründung für diese Bestimmung gegebene Berechnung. Dort wird die Durchschnittsrente auf 274,80 Mark berechnet, der zugehörige Grundbetrag auf 81,14 Mark. Der 7 1/2fache Grundbetrag ist dann gleich dem 2,21fachen Betrag der Invalidenrente. Man beachte die Erhöhung der Grenze von 415 Mark auf 609 Mark!

In der Inflationszeit wurden die Ruhensbestimmungen durch das Gesetz vom 23.7.1921 überhaupt beseitigt. Auf besondere Gründe einzugehen, lohnt sich nicht, da der Anlaß klar zutage liegt. Nach der Überwindung der Inflation wurde dann der § 1311 RVO durch das Gesetz vom 25.6.1926 wiederhergestellt, allerdings in anderer Form. Man unterschied jetzt, je nachdem ob die Invalidität die Folge des Unfalls war (§ 1311, nur teilweise Ruhen des Grundbetrages) oder ob lediglich Zusammentreffen mit Unfallrenten vorlag (§§ 1311 a und b, Ruhen, soweit die Gesamtbezüge den Jahresarbeitsverdienst übersteigen, den ...).

Die kurze geschichtliche Betrachtung kann mit der Feststellung abgeschlossen werden, daß das Ruhen seit Beginn der Rentenversicherung in ihrem Aufbau zu finden ist, und zwar nicht nur in dem Sinne, der oben als "echtes" Ruhen bezeichnet worden war, sondern auch im erweiterten Sinne neben Bezügen anderer Art, und dies letztere bis zur RVO von 1911 sogar auch dann, wenn ein Wiederaufleben der ruhenden Bezüge regelmäßig nicht erwartet werden konnte. In diesem letzteren Fall war aber ausschlaggebend, daß insgesamt Bezüge gewährt werden mußten, die in der damaligen Zeit als eine immerhin ausreichende Versorgung angesehen wurden. Seit der Reichsversicherungsordnung gab es ein Ruhen neben Bezügen aus versicherungsfreier Beschäftigung nicht mehr, das Ruhen neben Renten der Unfallversicherung wurde jedoch weiter für vertretbar gehalten im Hinblick auf die Beteiligung des Reichs und die Notwendigkeit, die Beiträge niedrig zu halten. Mit spricht natürlich auch, daß der Versicherte selbst zur Unfallversicherung keine Beiträge entrichtet.

VI. Bei der kritischen Betrachtung der Ruhensvorschriften möchte vorangestellt werden, daß sie auch schon deshalb nicht befriedigen können, weil sie in ganz ungewöhlichem Maße verwikkelt sind und der praktischen Behandlung die allergrößten Schwierigkeiten bereiten. Ohne Mitarbeit anderer Versicherungsträger und Behörden, ja auch der Versicherten selbst, ist ihre vorschriftsmäßige Anwendung nicht möglich, in sehr zahlreichen Fällen ist dies jedoch auch *mit* all diesen Mitteln nicht durchführbar. Immer verursacht ihre gewissenhafte Behandlung den Versicherungsträgern eine so außerordentlich umfangreiche und schwierige Verwaltungsarbeit, daß auch der praktische Erfolg hierdurch in nicht geringem Maß in Frage gestellt wird.

Daß ihre Einführung durch die Notverordnung bei den Rentenempfängern und Versicherten die schwerste Mißstimmung und sehr berechtigte Klagen vor allem wegen der tatsächlichen Wirkung hervorgerufen hat, braucht nicht besonders hervorgehoben zu werden. Allen Beteiligten sind noch die entrüsteten Feststellungen und Protestschriften aus der Zeit der Einführung der Vorschriften in Erinnerung. Und wenn diese Beschwerden auch, wie es seinerzeit üblich war, stark politisch beeinflußt und begründet waren, so kann man den meisten der damals vorgebrachten Klagen und Vorwürfe doch in sachlicher Hinsicht die Berechtigung nicht absprechen. Vor allem kehrt auch heute noch der Vorwurf immer wieder, daß hier "wohl erworbene Rechte" gröblich mißachtet wurden, während man an anderen Stellen sorgfältig bemüht gewesen wäre, sie zu schützen.

Unbefriedigend im höchsten Grade, ja unerträglich sind die Ruhensvorschriften wegen des erheblichen Anteils, der - zumal in ihrer ursprünglichen, ungemilderten Fassung - zu Lasten der Kriegsbeschädigten geht oder wenigstens bis zur Verkündung des Ausbaugesetzes ging. Kann man heute mit Genugtuung feststellen, daß das Ausbaugesetz hier die schlimmsten Auswirkungen beseitigt hat, so ändert dies doch nichts an der Tatsache, daß das Ruhen neben Versorgungsrenten leider noch nicht im Grundsatz beseitigt ist. Dabei muß besonders hervorgehoben werden, daß die Erweiterung der Freigrenze im Ausbaugesetz den Schwerkriegsbeschädigten im Regelfall keine Hilfe gebracht hat. Auch ist die jetzige Regelung nach der Verwaltungsseite unbefriedigend. Denn obwohl sämtliche Renten umgerechnet werden müssen, wird doch - wie die bisher durchgeführten Umrechnungen ergeben haben - nur noch eine ganz geringe Zahl der Kriegsbeschädigtenrenten von den Ruhensvorschriften betroffen. - Um einer unabweisbaren Ehrenpflicht und der

Gerechtigkeit zu genügen, muß die gänzliche Beseitigung dieser Ruhensvorschriften dringend gefordert werden, zumal daraus eine nennenswerte Belastung nicht mehr erwartet werden kann.

Schwerwiegende Bedenken lösen die Ruhensvorschriften auch aus, soweit Leistungen aus freiwilligen Beiträgen betroffen sind. Die in § 1276 RVO gegebenen Sondervorschriften treffen das Ruhen neben Bezügen aus der Unfallversicherung nicht und werden insoweit als bittere Ungerechtigkeit empfunden. Auch im übrigen sind sie so schwierig, daß eine gewissenhafte Befolgung in der Praxis oft unmöglich ist. Denn es ist sehr häufig überhaupt nicht mehr festzustellen, welche der geleisteten Beiträge als freiwillige im Sinne der Ruhensvorschriften anzusehen sind.

Bedenklich erscheinen die Ruhensvorschriften schließlich und vor allem im Hinblick darauf, daß sie in hohem Maße geeignet sind, das Vertrauen in die Sozialversicherung völlig zu untergraben. Gerade weil wir stolz darauf sind, eine *Versicherung* aufgebaut zu haben, deren Grundgedanke es sein muß, für geleistete Beiträge feste Ansprüche sicherzustellen, sollte man sich ängstlich hüten, diesen durch Beiträge begründeten Anspruch nachträglich mehr oder weniger willkürlich einzuschränken, wie es in der Vierten Notverordnung geschehen ist. Denn man kann nicht umhin anzuerkennen, daß die durch die Notverordnung eingeführten Vorschriften den Berechtigten ihren durch Beitragsleistung erworbenen Anspruch auf die Gegenleistung nehmen. Es verstößt aber gegen den Grundgedanken des Versicherungsrechts, wenn dem Berechtigten nach Eintritt des Versicherungsfalls und nach Erfüllung sämtlicher Leistungsvoraussetzungen die gesetzlich zugesagte und durch Beiträge erworbene Gegenleistung vorenthalten wird. - Die Ausdehnung der Ruhensvorschriften in der Vierten Notverordnung ist eben nicht verursacht durch irgendwelche den systematischen Aufbau der Versicherung betreffenden Überlegungen, sondern einzig und allein durch die Rücksicht auf die finanzielle Lage der Versicherung, wie es auch offen ausgesprochen worden ist. Heute kann es aber kaum Meinungsverschiedenheiten mehr darüber geben, daß dies in höchstem Grade bedenklich ist, weil solche Maßnahmen mit dem Grundgedanken des versicherungstechnischen Aufbaues schlechterdings nicht in Einklang zu bringen sind.

Die gleiche Auffassung spricht übrigens im Grunde auch aus dem *Kommentar der Sachbearbeiter des Reichsarbeitsministeriums zur Verordnung vom 7.5.1934,* in dem auf Seite 148 ausgeführt wird: "Die Ruhensvorschriften haben sich im Laufe der Gesetzgebung vielfach gewandelt. In ihrer heutigen Fassung sind sie überwiegend von dem Gesichtspunkt der finanziellen Entlastung der Rentenversicherung beherrscht. Man wird in der Annahme nicht fehlgehen, daß nach endgültigem Wiederaufbau der Rentenversicherung auf dem Anwartschaftsdeckungsverfahren auch insoweit wieder zum reinen versicherungstechnischen Aufbau zurückgekehrt werden kann." Heute muß man hinzufügen, daß auch unter diesem Gesichtspunkt kein Grund mehr besteht, die Beseitigung oder den Umbau der Ruhensvorschriften in einer unserem Rechtsempfinden entsprechenden Form durchzuführen, nachdem die finanzielle Sicherstellung der Rentenversicherung durchgeführt ist.

Abschließend ist festzustellen, daß die durch die Vierte Notverordnung vorgenommene Ausdehnung der Ruhensvorschriften in verschiedener Richtung den schwersten Bedenken begegnet und daß eine dem heutigen Rechtsempfinden entsprechende Änderung nicht länger aufgeschoben werden darf. Mochte man die Ruhensvorschriften seinerzeit als äußerste Notmaßnahme zur Verhütung des Zusammenbruchs der deutschen Sozialversicherung für vertretbar halten, so besteht bei der heutigen Lage kein Zweifel, daß für den nationalsozialistischen Staat die Zeit zu der Prüfung gekommen ist, ob man dies offenbare Unrecht schwerer Eingriffe in erdiente Leistungsansprüche noch weiter verantworten will. Zwar sind inzwischen eine Reihe von Milderungsvorschriften ergangen. Jedoch: sie mildern wohl in Einzelfällen das Ergebnis für die Betroffenen, lassen aber stets das versicherungsrechtliche Unrecht grundsätzlich bestehen. Sie belassen ferner die dem Versicherten häufig kaum verständliche und nur schwer durchführbare Berechnungsweise. Schließlich mindern Milderungsvorschriften, wenn sie wirklich dem Betroffenen fühlbar helfen sollen, die Ersparnis für den Versicherungsträger so weit herab, daß der gegenüber einer völligen Beseitigung des betreffenden Ruhensgrundes verbleibende Unterschied die Beibehaltung der Ruhensvorschrift auch schon dieserhalb nicht mehr rechtfertigt.

VII. Es hieße über das Ziel hinausschießen, wenn man ohne weiteres jede Art von Ruhen verurteilen wollte. In der deutschen Sozialversicherung hat das Ruhen seit jeher einen Platz, und die Frage ist sehr wohl erörternswert, wie weit das Ruhen von Bezügen bestimmter Art auch fernerhin für zulässig und vertretbar angesehen werden kann; das ergibt sich nicht nur aus der Bedeutung der Sache für den finanziellen Aufbau der Versicherung. In der Zeit des Niedergangs der deutschen Sozialversicherung sind aber die Ruhensvorschriften sowohl nach dem Umfang als auch nach der gradmäßigen Auswirkung im Einzelfall stark und in nicht mehr erträglicher Weise ausgeweitet worden.

Dem begrifflichen Umfange nach kann es nicht gutgeheißen werden, Renten der Invaliden- und Angestelltenversicherung neben Versorgungsrenten und Bezügen aus versicherungsfreier Beschäftigung ruhen zu lassen; insbesondere ist auch die Anrechnung von Bezügen nach den Versorgungsgesetzen in dem heute noch vorgeschriebenen Umfange schlechthin unerträglich. Geht man den beim Erlaß der RVO gegen das Ruhen neben Bezügen aus versicherungsfreier Beschäftigung geltend gemachten Gründen näher nach, so muß man sie als zutreffend anerkennen. Die Begründung der RVO sieht den Unterschied vor allem darin, daß es sich bei den Renten der Unfall- und Invalidenversicherung um eine bestimmte Art "sozialer Fürsorge" handele, während die Bezüge aus Pensionen, Wartegeldern und Ähnlichem bereits verdiente Lohn- und Gehaltszahlungen darstellen. Die Begründung weist sehr folgerichtig darauf hin, daß man andernfalls gerechterweise auch die von privater Seite gewährten Bezüge anrechnen müßte. Man könnte nicht etwa daraus, daß es sich bei den Bezügen der Sozialversicherung ebenso wie bei den Pensionen usw. um öffentliches Recht handele, die Berechtigung herleiten wollen, beides zu verkoppeln. Ganz besonders treffen diese damals angestellten Erwägungen für die mit der Notverordnung sogar eingeführte Anrechnung bei Versorgungsrenten zu!

Der gradmäßigen Auswirkung nach sind die zulässigen Grenzen da überschritten, wo - z.B. durch die Möglichkeit vollständigen Ruhens und durch die zu niedrig gesetzten Freigrenzen - der Charakter der Versicherung überhaupt nicht mehr gewahrt ist, sondern eine bedenkliche Annäherung an Gedanken und Vorstellungen der Versorgungs- oder auch Bedürftigkeitstheorie zutage tritt.

Man muß deshalb anstreben, im Grundsatz zu der Auffassung der Reichsversicherungsordnung von 1911 zurückzukehren. Soweit hierdurch das Ruhen nicht beseitigt wird, müssen seine Auswirkungen im Einzelfalle soweit beschränkt werden, daß der Versicherte das Gefühl behält, auch im Ruhensfalle jedenfalls eine Leistung zu erhalten, die in keinem unbilligen Verhältnis zu den von ihm geleisteten Beiträgen steht. Was das Maß betrifft, so hat der Ausschuß zunächst darauf verzichtet, hier bestimmte Vorschläge zu machen. Man könnte etwa daran denken, für das Ruhen neben Unfallrenten eine Freigrenze einzuführen oder die Invalidenrente und die Hinterbliebenenrente nur dann neben einer Verletztenrente oder einer Hinterbliebenenrente aus der Unfallversicherung ruhen zu lassen, wenn die Invalidität oder der Tod des Versicherten Folgen eines entschädigungspflichtigen Unfalls sind. - Der Ausschuß möchte der letzteren Regelung den Vorzug geben.

Folgt man diesen Vorschlägen, dann könnte - zunächst ohne Berücksichtigung des Ruhens neben Unfallrenten - die hieraus zu erwartende Belastung der Rentenversicherung im Höchstfall auf etwa 10 Millionen RM für die Invalidenversicherung und 5 Millionen RM für die Angestelltenversicherung (Jahresbetrag im Sättigungszustand) geschätzt werden. Beide Belastungen können beim gegenwärtigen Stande der Rentenversicherung nicht für untragbar gehalten werden. Jedenfalls wären sie wohl angewendet im Hinblick auf die nach der Überzeugung des Ausschusses nicht zu verantwortenden Schäden, welche die Beibehaltung dieser Ruhensvorschriften für die Versicherung bedeuten, nicht zuletzt auch im Hinblick auf den Abbruch, den sie dem Ansehen der deutschen Rentenversicherung tun. Wie weit man darüber hinaus den beiden Zweigen der Rentenversicherung noch Belastungen zumuten will durch einen Abbau oder die Milderung der auf das Zusammentreffen mit Unfallrenten bezüglichen Bestimmungen, soll zunächst dahingestellt bleiben. Es kann nicht außer acht gelassen werden, daß hier andere Verhältnisse vorliegen, insbesondere auch deshalb, weil der Versicherte keine Beiträge zur Unfallversicherung leistet. Immerhin scheinen die gegen das Ruhen neben Unfallrenten auch ganz allgemein vorgebrachten Gründe beachtlich, und der Ausschuß hält deshalb grundsätzlich auch hier eine entsprechende Änderung der Ruhensvorschriften für wünschenswert. Er ist der Überzeugung, daß auch diese Änderungen in ihren Auswirkungen bei maßvoller Ausführung tragbar wären. Man wird hierbei auch mit erwägen müssen, daß die Vorschriften des Ausbaugesetzes über das Ruhen neben Versorgungsbezügen den Wunsch noch erheblich verstärkt haben, die Opfer der Arbeit im Grundsatz ebenso zu behandeln wie die Opfer des Krieges.

Die knappschaftliche Versicherung ist bei diesen Vorschlägen aus den oben näher erörterten Gründen zunächst außer Betracht gelassen worden.

VIII. Zusammenfassung

Der Ausschuß hält die heute gültigen Ruhensvorschriften nicht mehr für vertretbar. Soweit sie das Zusammentreffen von Renten für Invaliden- und Angestelltenversicherung mit Bezügen versorgungsrechtlicher Art oder aus versicherungsfreier Beschäftigung betreffen, erblickt er in ihnen eine nicht zu rechtfertigende Beeinträchtigung der Ansprüche, welche die Versicherten sich durch ihre Beitragsleistung erworben haben. Der Fortfall dieser Vorschriften ist deshalb zur Beseitigung schweren versicherungsrechtlichen Unrechts und zur Wiederherstellung des Ansehens der deutschen Sozialversicherung dringend geboten.

Gegenüber den für diese Änderungen sprechenden Gründen darf die zu erwartende Belastung der Versicherungsträger und des Reiches nicht ausschlaggebend sein, zumal sie nach der jetzigen Lage der Rentenversicherung nicht für untragbar gehalten werden kann.

Soweit das Zusammentreffen mit Verletzten-Renten der Unfallversicherung in Betracht kommt, hält der Ausschuß das Ruhen höchstens soweit für vertretbar, wie der Versicherte bei Verlust seiner Arbeitsfähigkeit insgesamt Bezüge von einer solchen Höhe erhält, wie sie ihm durch die Sozialversicherung sichergestellt werden sollen.

IX. Verbesserung des reichsgesetzlichen Unfallschutzes (3.4.1939)

Auf dem Gebiet der reichsgesetzlichen Unfallversicherung ist eine ins Gewicht fallende Verbesserung der Leistungen zur Zeit nicht mehr möglich, weil durch das 5. Gesetz über Änderungen in der Unfallversicherung vom 17.2.1939 (RGBl. I, S. 267) die leistungsbeschränkenden Vorschriften der Notverordnungen aufgehoben worden sind, soweit ihre Aufrechterhaltung nicht aus allgemein-rechtlichen Erwägungen geboten waren. Eine Verbesserung des reichsgesetzlichen Unfallschutzes ist daher nur dadurch möglich, daß der *Umfang der Versicherung* wesentlich erweitert wird. Hierbei ist als Ziel der Erweiterung zu erstreben, daß der Kreis der von der Unfallversicherung erfaßten Personen möglichst alle der Kranken- und der Rentenversicherung der Arbeiter und Angestellten unterliegenden Personen erfaßt, darüber hinaus aber keine Einschränkung in der Versicherung der Personenkreise bringt, die bisher schon der Unfallversicherung unterlagen. Aus diesem letzten Grunde kann auch die bisher für Österreich geltende und durch die Verordnung über die Einführung der Sozialversicherung in Österreich vom 22.12.1938 (RGBl. I, S. 1922) aufrechterhaltene gesetzliche Regelung nicht übernommen werden, weil der Kreis der der Unfallversicherung unterliegenden Personen dort nur die auf Grund eines Arbeits-, Dienst- oder Lehrverhältnisses berufsmäßig beschäftigten Personen umfaßt, also in vieler Beziehung wesentlich enger ist als der Kreis der nach bisherigem deutschen Recht versicherten Personen.

Das bezeichnete Ziel wird durch den nachstehenden Vorschlag für eine neue Regelung der §§ 537 und 538 RVO erreicht, die unter Aufrechterhaltung des bisherigen Systems der Betriebsversicherung die erforderliche Erweiterung des Versicherungsschutzes enthält.

An Stelle der §§ 537 und 538 RVO wäre etwa eine Vorschrift folgenden Inhalts zu setzen:

"Der Gewerbeunfallversicherung unterliegen folgende Unternehmen:

1. Die Betriebe der gewerblichen Wirtschaft und des Verkehrs,
2. die übrigen Betriebe, die Verwaltungen, Kanzleien, Haushaltungen,
3. Bauarbeiten außerhalb eines Baubetriebes,
4. das Halten von Fahrzeugen auf Binnengewässern, das Halten von anderen Fahrzeugen, wenn sie durch elementare oder tierische Kraft bewegt werden, und das Halten von Reittieren,
5. die vom Reichsminister der Luftfahrt anerkannten Luftschutzübungen,
6. die Einrichtungen und Tätigkeiten in der Wohlfahrtspflege und im Gesundheitsdienst,
7. Lehrwerkstätten, Fachschulen, Schulungskurse und ähnliche der beruflichen Ausbildung dienende Einrichtungen,
8. sonstige Einrichtungen und Tätigkeiten, wenn in ihnen unselbständige Arbeiter und Angestellte beschäftigt werden."

Durch diese Fassung wird erreicht, daß praktisch alle in der gewerblichen Wirtschaft und den übrigen, in dem Vorschlag genannten Unternehmungen beschäftigten Personen der Unfallversicherung unterstellt werden.

Der an sich denkbare Einwand, daß bei einem großen Kreis der nunmehr neu in die Versicherung einbezogenen Unternehmungen das Unfallrisiko nur gering und daher die Schaffung eines Unfallschutzes nicht erforderlich sei, greift nicht durch. Denn die Ausdehnung des Unfallschutzes über den Gefährdungsbereich des Betriebes hinaus auf die Wege nach und von der Arbeitsstätte und Familienwohnung, auf Luftschutzübungen, auf die Wohlfahrtspflege, auf Kameradschaftsfeiern und ähnliche Veranstaltungen, also auf Tätigkeiten und Einrichtungen, in denen sowohl Personen aus gefährlichen Betrieben wie auch aus rein kaufmännischen oder sonstigen ungefährlichen Unternehmungen neben anderen in gleichem Umfange der Unfallgefahr ausgesetzt sind, machen eine gleichmäßige Behandlung aller dieser Personen erforderlich. Es ist aber ausgeschlossen, die in bisher unversicherten Unternehmungen beschäftigen Personen etwa nur einem *beschränkten* Versicherungsschutz in der Weise zu unterstellen, daß sie bei den genannten, nicht an einen bestimmten Betrieb gebundenen Beschäftigungen versichert, im übrigen aber nicht versichert wären.

Dem weiteren Einwand, daß durch die Ausdehnung des Unfallschutzes eine Beitragsbelastung eines erheblichen Teiles der Wirtschaft neu eintritt, wird man entgegenzuhalten haben, daß diese Belastung nur gering sein wird. Denn das Unfallrisiko bei den an sich nicht gefährlichen Unternehmungen ist gering, die aus Unfällen entstehende Belastung also sicherlich nur unbedeutend. Die Verwaltungskosten werden aber ebenfalls gering bleiben können, weil die Schaffung neuer Versicherungsträger nicht erforderlich ist, die Unternehmungen vielmehr, wie die Entwicklung in Österreich gezeigt hat, ohne Schwierigkeiten den vorhandenen Versicherungsträgern zugeteilt werden können, deren Personalbestand dadurch nicht wesentlich vergrößert zu werden braucht. Hierbei ist davon auszugehen, daß zweckmäßig die von einem Träger der gewerblichen Unfallversicherung (Gemeinden, Gemeindeunfallversicherungsverbände) geführten Unternehmungen *verwaltungsmäßiger* oder *kaufmännischer* Natur und solche Unternehmungen, die eine erhebliche Unfallgefahr *nicht* in sich bergen, in die Zuständigkeit dieser Eigenunfallversicherungsträger überwiesen werden, während diejenigen Betriebe und Unternehmungen, in denen eine technische Unfallgefahr besteht, wegen des Erfordernisses einer gründlichen spezialisierten Unfallverhütung bei den Berufsgenossenschaften belassen werden.

Gegenüber diesen Einwendungen ist auf die großen mit einem allgemeinen Unfallschutz aller nunmehr von der Unfallversicherung erfaßten Personen verbundenen Vorteile hinzuweisen. Während bisher die nicht der Unfallversicherung unterliegenden Personen nur die sachlich und zeitlich begrenzten Leistungen der Krankenversicherung erhalten konnten, sofern sie überhaupt der reichsgesetzlichen Krankenversicherung unterstanden, können sie nunmehr bei Unfällen in das berufsgenossenschaftliche Heilverfahren überführt werden, in dem Schranken weder für die Höhe der Aufwendungen noch für die Zeitspanne ihrer Gewährung gegeben sind, weil die Unfallversicherung eine Aussteuerung nicht kennt. Die Versicherten erhalten in der Unfallversicherung ferner die zeitlich unbeschränkten und eine teilweise Erwerbsunfähigkeit berücksichtigenden Geldleistungen, ihren Hinterbliebenen wird beim Vorliegen der gesetzlichen Voraussetzungen Hinterbliebenenrente gewährt. Es ist im übrigen Erfahrungstatsache, daß z.B. auch in den bisher nicht versicherten Haushaltungen, in denen die Unfallgefahr an sich gering ist, die Folgen eines Unfalls häufig besonders schwer sind, weil es sich dann regelmäßig um Brüche oder andere schwere Verletzungen handelt.

Soweit erforderlich, muß auch in der landwirtschaftlichen und in der See-Unfallversicherung durch ergänzende Vorschriften der Kreis der versicherten Unternehmungen und Personen den vorstehenden Grundsätzen entsprechend erweitert werden.

X. Gutachtliche Stellungnahme zu den beabsichtigten Ausführungsbestimmungen für das Handwerkerversorgungsgesetz (19.4.1939)

Der Sozialversicherungsausschuß der Akademie für Deutsches Recht hat die Frage, ob und welche Ausführungsbestimmungen sich für das Handwerkerversorgungsgesetz notwendig machen oder empfehlen dürften, ausführlich geprüft. Hierbei standen ihm außer den bisherigen praktischen Erfahrungen auch Vorschläge des Sozialamtes der DAF zur Verfügung, die in einer ausführlichen *Denkschrift* "Zur Durchführung der Altersversorgung des Handwerks" vom 15. März 1939 vom Sozialamt ausgearbeitet worden sind. Zu diesen Vorschlägen ist vom Ausschuß im einzelnen Stellung genommen worden.

Das Gesamtergebnis der Beratungen des Ausschusses wird im nachstehenden mit Begründung zusammengefaßt.

I. Versicherungspflicht

Die im Augenblick im Vordergrund stehenden Fragen, welcher Personenkreis in die Altersversorgung für das deutsche Handwerk gehört, ist in erster Linie geprüft worden. Eine Reihe grundsätzlich wichtiger Grenzfälle sind dabei insbesondere erörtert worden. Folgende hauptsächlichsten Fragen haben sich ergeben, zu denen der Ausschuß Stellung genommen hat:

1. Die Eintragung in die Handwerksrolle ist nach der Stellungnahme des Gesetzes grundsätzlich das sichtbare Zeichen für die Zugehörigkeit des Handwerksmeisters zum Kreis der in der Handwerkerversicherung versicherten Personen. Der Ausschuß ist der Ansicht, daß es außerdem nicht noch einer besonderen Prüfung im Einzelfall bedarf, ob die betreffende Person unter den Begriff "Handwerker" fällt. Die Prüfung dieser Frage bleibt zweckmäßig bei der Eintragung in die Handwerksrolle den zuständigen Organen des Handwerks überlassen.

Aber um die Möglichkeit einer doppelten Pflichtversicherung auszuschließen, hält der Ausschuß es für zweckmäßig, durch Ausführungsverordnungen zu bestimmen, daß ein Handwerker, der in die Handwerksrolle eingetragen ist, nicht außerdem noch in der Invalidenversicherung versicherungspflichtig ist, ebensowenig in der allgemeinen Angestelltenversicherung. Praktisch würden davon hauptsächlich die Fälle erfaßt werden, daß ein in der Handwerksrolle eingetragener Handwerksmeister noch außerdem als Hausgewerbetreibender oder Zwischenmeister in abhängiger Tätigkeit für eine Fabrik tätig ist.

Nötig würde in diesem Zusammenhang sein, daß die Verordnung über die Versicherungsfreiheit vorübergehender Dienstleistungen in der Angestelltenversicherung vom 9.2.1923 in der Fassung der Verordnung vom 19.12.1931 (RGBl. I S. 777) nicht anzuwenden ist. Dies dürfte zweckmäßig durch Ausführungsbestimmungen zu sagen sein.

Sollte allerdings die Auffassung vorgezogen werden, nicht ohne weiteres Versicherungsfreiheit in der Rentenversicherung für Beschäftigungen Platz greifen zu lassen, die ein in der Handwerksrolle eingetragener Handwerksmeister noch außerdem ausübt, so müßte durch besondere Durchführungsbestimmung wenigstens die Möglichkeit geschaffen werden, durch Befreiungsanträge diesen Teil seiner Beschäftigung aus der Rentenversicherung auszuschließen. Für diesen Fall hält der Ausschuß es für zweckmäßig, dem Reichsstand des Deutschen Handwerks durch die Ausführungsbestimmung das Recht zu verleihen, derartige Befreiungsanträge zu stellen, und zwar nicht nur beschränkt auf einzelne Handwerker, sondern auch ausgedehnt auf ganze Gruppen.

2. Nach der bisherigen Rechtsprechung des Reichsversicherungsamts sind sogenannte Meistersöhne versicherungsfrei in sämtlichen Zweigen der Sozialversicherung, wenn sie im Handwerksbetrieb ihres Vaters tätig sind und nach den Umständen anzunehmen ist, daß sie das väterliche Geschäft übernehmen werden. Für die Angestelltenversicherung und ebenso auch für die Invalidenversicherung erscheint diese Rechtsprechung über Meistersöhne nunmehr gegenstandslos; denn sie verfolgte im wesentlichen den Zweck, Versicherungsfreiheit aus dem Grund eintreten zu lassen, weil die Versicherungspflicht mit Rücksicht auf die demnächstige Geschäftsübernahme schließlich doch in zahlreichen Fällen für den betreffenden Meistersohn ohne besondere Vorteile gewesen wäre. Jetzt aber greift für ihn gerade in dem Augenblick, in dem er demnächst als selbständiger Handwerksmeister das Geschäft des Vaters übernehmen und in die Handwerksrolle eingetragen werden wird, die neue Versicherung aufgrund des Handwerkerversorgungsgesetzes ein. Unter diesen Umständen würde der Zweck jener Rechtsprechung ins Gegenteil verkehrt werden. Es wird deshalb jedenfalls zur Klärung von Zweifeln zweckmäßig sein, nicht erst der Rechtsprechung zu überlassen, ob sie in Ansehung der Rentenversicherung ihre bisherige Praxis angesichts des Handwerkerversorgungsgesetzes aufgeben will, sondern vielmehr gleich durch Ausführungsverordnung zu bestimmen, daß die Versicherungspflicht in der Rentenversicherung auch die Meistersöhne unter den allgemeinen Voraussetzungen trifft. Aus praktischen Gründen wird zugleich eine Bestimmung am Platze sein, daß diese Versicherungspflicht nur in der Angestelltenversicherung, also nicht z.B. für Handwerksgesellen in der Invalidenversicherung eintritt. Außerdem muß in der Verordnung gewahrt werden, daß die Versicherungsfreiheit nach der Rechtsprechung des Reichsversicherungsamts über Meistersöhne in der Kranken- und Arbeitslosenversicherung unberührt bleibt.

3. Die Witwe eines in der Handwerkerversicherung versicherten Handwerksmeisters, die das Geschäft ihres Ehemannes fortführt, würde an sich auch ihrerseits nunmehr in der Handwerkerversicherung versicherungspflichtig sein. Zur Vermeidung von Härten dürfte jedoch vorzusehen sein, daß sie einen Antrag auf Befreiung von der Versicherungspflicht stellen kann, wenn sie Witwenrente bezieht.

In diesem Zusammenhang wirft sich auch die Frage auf, ob Ähnliches für Waisen des verstorbenen Handwerksmeisters durch Ausführungsverordnung vorzusehen sei, wenn sie das väterliche Geschäft fortführen. Der Ausschuß ist der Ansicht, daß für sie kein Anlaß besteht, die Versicherungsfreiheit eintreten zu lassen; denn einmal wird die Waisenrente nur auf begrenzte Zeit vom Gesetz gegeben und würde daher keinen Ersatz darstellen, und weiter ist der allgemeine Zweck der Handwerkerversorgung, möglichst frühzeitig die Grundlagen für die spätere Versorgung zu schaffen, so daß auch ohne Blick auf die Waisenrente es in der Zielrichtung der Handwerkerversorgung liegt, den Erben, der das Geschäft übernimmt und schließlich doch demnächst in die Handwerkerversicherung kommt, nicht in einem Anfangsstadium aus ihr auszuschließen oder ihm in diesem Stadium eine Befreiungsmöglichkeit zu geben.

4. In der entsprechenden Anwendung der Vorschriften des Angestelltenversicherungsgesetzes würde liegen, daß u.a. auch der § 15 AVG auf selbständige Handwerker anzuwenden ist, d.h. ein Handwerker würde das Recht haben, wenn er beim Eintritt in eine nach dem Handwerkerversorgungsgesetz versicherungspflichtige Tätigkeit das 50. Lebensjahr vollendet hat, Antrag auf Befreiung von der Versicherungspflicht zu stellen. Würde hiervon in zahlreichen Fällen Gebrauch gemacht, so ist nicht zu verkennen, daß damit eine Gefährdung derjenigen Einrichtungen heraufbeschworen werden könnte, die nach § 11 zur Förderung der Altersversorgung vom Deutschen Handwerks- und Gewerbekammertag zu schaffen sind. Aus diesem Grund schlägt der Ausschuß vor, durch Durchführungsbestimmung das Recht, einen Befreiungsantrag aus § 15 AVG zu stellen, für selbständige Handwerker rückwirkend ab 1.1.1939 auszuschließen und die dementgegen bereits ausgesprochenen Befreiungen für unwirksam zu erklären.

5. Nach § 2 des Handwerkerversorgungsgesetzes erfaßt die Handwerkerversicherung das gesamte Jahreseinkommen des Handwerkers. Es kann die Frage aufgeworfen werden, ob es sich empfiehlt, in den Durchführungsbestimmungen Näheres darüber zu sagen, was zum Jahreseinkommen in diesem Sinne gehört. Der Ausschuß ist jedoch der Ansicht, daß dieser Begriff in der Sozialversicherung bereits geläufig genug ist, insbesondere auch in der freiwilligen Versicherung der Angestelltenversicherung, um der Verwaltungsübung und der Rechtsprechung überlassen bleiben zu können.

II. Beitragsfragen

1. Als Grundlage für die Beitragsberechnung lassen sich zwei Wege denken. Der eine Weg wäre, sich genau an den Steuerbescheid zu halten, der andere Weg würde sich an das jeweilige Einkommen in seiner wirklichen Höhe anlehnen. Der erstere Weg hat entschieden den Vorteil, daß er verwaltungsmäßig bequemer und rascher durchzuführen ist sowie einen festen Anhalt für die mit der Durchführung des Beitragsgeschäfts befaßten Versicherungsstellen bietet. Aber er hat, wie nicht zu verkennen ist, den Nachteil, daß beim Sinken des Einkommens im laufenden Kalenderjahr unter Umständen ein Steuerbescheid aus vergangener Zeit über ein wesentlich höheres Einkommen zugrunde zu legen ist und damit eine Spanne zwischen dieser fiktiven Berechnung und dem wirklichen Einkommen entsteht, die sich möglicherweise sehr drückend für den Handwerker auswirken kann. Diesen Nachteil würde der zweite Weg vermeiden, der sich eng an das wirkliche Einkommen anschließt. Er könnte als Unterlage auf die wirkliche Entnahme anhand der von den Handwerkern zu führenden Bücher zurückgreifen. Welcher von diesen beiden Wegen vorzuziehen ist, ist zweifelhaft. Der Ausschuß möchte sich, wenn auch nicht ohne Bedenken, für den ersteren Weg aussprechen. Er würde es aber begrüßen, wenn vielleicht ohne allzu große verwaltungsmäßige Weiterungen eine Korrektur für den Handwerker offengelassen würde, wenn sein Einkommen im laufenden Jahr in einem erheblichen Mißverhältnis zu dem Einkommen des letzten Steuerbescheides steht. Auf jeden Fall muß aber auch bei Zugrundelegung des Steuerbescheides Vorsorge für diejenigen Fälle getroffen werden, in denen nach den Steuergesetzen überhaupt kein Steuerbescheid erteilt wird oder ein solcher noch nicht erteilt ist. In diesem Fall schlägt der Ausschuß vor, eine Schätzung durch Durchführungsbestimmung vorzuschreiben und dieser Schätzung die wirkliche Entnahme anhand der Bücher des Handwerksmeisters als Richtschnur dienen zu lassen.

Der Ausschuß glaubt um so mehr, seinen oben vorgeschlagenen Weg, der wenigstens hilfsweise das wirkliche Einkommen beachtet, empfehlen zu können, als weitgehende praktische Erfahrungen insoweit bei der Durchführung der freiwilligen Versicherung in der Angestelltenversicherung vorliegen, die ebenfalls sich an das jeweilige unter Umständen recht schwankende Jahreseinkommen des freiwilligen Versicherten zu halten hat.

In Frage käme aber auch eine Vorschrift, die für alle Fälle, in denen kein Einkommensteuerbescheid vorliegt oder in denen die Ausgaben die Einnahmen übersteigen, die Beitragsentrichtung in der Handwerkerversorgung anordnet. Dies entspräche der Regelung, die bereits für einen anderen Kreis der Selbständigen, der der Angestelltenversicherung angeschlossen ist, getroffen wurde, nämlich für die selbständigen Hebammen (Verordnung vom 23.3.1939). Eine solche Vorschrift wäre verwaltungsmäßig sehr zweckmäßig, und auch wirtschaftlich zu vertreten, da auch diese Handwerker mindestens den Wert für Wohnung und Unterhalt verbraucht haben. Auch der Reichsstand des Deutschen Handwerks könnte an einer solchen Vorschrift Interesse haben, um eine ausreichende Rente der Handwerker sicherzustellen und um das Handwerk von Meistern zu reinigen, die nicht einmal diesen Beitrag zu ihrer Altersversorgung im selbständigen Geschäft erübrigen können. Der Ausschuß empfiehlt daher, diese Frage im Einvernehmen mit dem Reichsstand des Deutschen Handwerks zu prüfen.

2. Die entsprechende Anwendung der Vorschriften des Angestelltenversicherungsgesetzes führt grundsätzlich auch dazu, daß die Ersatzzeiten, die auf dem Wege über § 32 AVG aus dem § 1267 RVO zu entnehmen sind, für die Handwerkerversicherung sinngemäß gelten. Der Ausschuß hat keinen Zweifel, daß jedenfalls die Geltung der in § 1267 Nr. 1, 2 und 3 bezeichneten Ersatzzeiten (Einziehung zur Erfüllung der Wehrpflicht, Erfüllung der Reichsarbeitsdienstpflicht, Teilnahme an einem vom Reichsversicherungsamt anerkannten Lehrgang für berufliche Fortbildung oder weltanschauliche Schulung) dadurch gesichert ist. Insoweit bedarf es keiner besonderen Ausführungsbestimmungen. Die Anwendung des § 1267 Nr. 5 dürfte nach den besonderen Verhältnissen des Handwerks praktisch nicht in Betracht kommen. Zweifel aber können sich ergeben, wie sich die entsprechende Anwendung der Ersatzzeit aus § 1267 Nr. 4 (Krankheitszeiten, Schwangerschaft usw.) gestaltet. Der Ausschuß hat sich vor Augen gehalten, daß sich eine Krankheitszeit für Handwerksbetriebe verschieden auswirken kann, je nachdem der Handwerksmeister laufend im Betriebe selbst mit tätig ist und durch seine Erkrankung ein fühlbarer Ausfall für den Betrieb eintritt oder der Betrieb auch ohne ihn ohne besondere Schädigung fortgeführt wird. Es kann erwogen werden, die Anrechnung als Ersatzzeit nur für den ersteren Fall vorzusehen, da im letzteren Fall nicht eigentlich ein Bedürfnis dafür besteht. Der Ausschuß schlägt den ersteren Weg vor und stellt sich dabei auf den Standpunkt, daß auch angesichts der bisherigen Verwaltungspraxis der Reichsversicherungsanstalt bei Erkrankungen freiwillig Versicherter mindestens zum Zweck der Klarstellung eine besondere Durchführungsbestimmung in dem eben angegebenen Sinne sich empfehlen dürfte.

3. Was die Form der Beitragsleistung anbelangt, so gilt aufgrund der entsprechenden Anwendung der einschlägigen Vorschriften des Angestelltenversicherungsgesetzes das Verfahren der Markenentrichtung. Jedoch wird in dem Sonderfall des § 10 des Handwerkerversorgungsgesetzes die dort behandelte Nachentrichtung zweckmäßig durch Einzahlung zuzulassen sein. Verwaltungsmäßige Schwierigkeiten durch die notwendig werdenden Buchungen werden dadurch nicht entstehen, sondern im Gegenteil wird dies eine Vereinfachung für die verwaltungsmäßige Handhabung solcher unter Umständen recht umfangreichen Nachentrichtung bedeuten. Da die Feststellung des Einkommens in den Jahren seit 1924 auf Schwierigkeiten stoßen dürfte, empfiehlt sich die Bestimmung einer Einheitsklasse für die Nachentrichtung. Vorgeschlagen wird die Klasse C.

4. Für den Zeitpunkt der Beitragsentrichtung wird eine Sondervorschrift in der Durchführungsverordnung für notwendig erachtet, denn die Beitragsentrichtung in der Angestelltenversicherung richtet sich nach dem Zeitpunkt der Gehaltszahlung. Welcher Zeitpunkt sich für selbständige Handwerker bei entsprechender Anwendung ergeben würde, mag infolgedessen zweifelhaft sein. Zur Klärung empfiehlt es sich, in der Durchführungsbestimmung vorzuschreiben, daß der Handwerker den Beitrag jeweils am Schluß des Kalendermonats zu entrichten hat.

5. Weiter hat der Ausschuß sich mit der Frage beschäftigt, ob und inwieweit Strafvorschriften vorzuschreiben sind, um die Erfüllung der aus der Handwerkerversicherung sich ergebenden Pflichten zu gewährleisten. Der Ausschuß möchte es nicht für günstig halten, hier besonders scharf durchzugreifen. Vielmehr möchte es vorzuziehen sein, sich mit einem Mindestmaß von Strafvorschriften zu begnügen. Es wird ausreichen, zwar diejenigen Verpflichtungen dem Handwerker aufzuerlegen, die im Angestelltenversicherungsgesetz dem Arbeitgeber obliegen, dagegen die Strafvorschriften auszuschließen, die sich lediglich gegen den Arbeitgeber richten.

III. Lebensversicherungen

Zahlreiche Einzelfragen ergeben sich aus der neuen Versicherungsfreiheit auf der Grundlage einer Lebensversicherung sowie aus den neuen Halbversicherungen, die auf der Grundlage von Lebensversicherungen beantragt worden sind. Die Fülle dieser Zweifelsfragen werden nicht wohl in einer Durchführungsverordnung unterzubringen sein, sondern es ist für zweckmäßig erachtet worden, sie im allgemeinen der Rechtsprechung zu überlassen. Aber einzelne besonders wichtige für eine Sonderklärung geeignete Fragen sind im Nachstehenden herausgegriffen. Der Ausschuß hat dazu in folgender Weise Stellung genommen:

1. Ein erheblicher Mißstand kann dadurch entstehen, daß Versicherungsfreiheit auch aufgrund von Lebensversicherungen eintreten kann, die vor Vollendung des 60. Lebensjahres fällig werden. Bei der derzeitigen Fassung der Vorschriften würde dieser Fall nicht ausgeschlossen sein (§ 3 des Handwerkerversorgungsgesetzes). Dies würde in weitgehendem Maße dazu führen, daß Handwerker aus der Handwerkerversicherung herausfallen, unter Umständen den ausbezahlten Lebensversicherungsbetrag verbrauchen und damit den Handwerkerversorgungseinrichtungen im Sinne des § 11 des Handwerkerversorgungsgesetzes zur Last fallen. Der Ausschuß ist der Auffassung, daß dies unter allen Umständen vermieden werden muß, und hält es für rechtlich zulässig, durch Ausführungsbestimmung zu bestimmen, daß ein Lebensversicherungsvertrag zur Begründung der Versicherungsfreiheit ungeeignet ist, wenn nach den Bedingungen schon vor Vollendung des 60. Lebensjahres die Versicherungssumme fällig werden kann. Gleiches würde auch für die Halbversicherung zu gelten haben.

2. Zur Klarstellung wird sich eine Durchführungsbestimmung dahin als zweckmäßig erweisen, in welchen Grenzen eine Lebensversicherung zugunsten eines Dritten geeignet sein soll, die Versicherungsfreiheit in der Handwerkerversicherung zu begründen. Der Ausschuß hat die verschiedenen Möglichkeiten, einen Dritten als Berechtigten einzuführen, geprüft. Er ist der Ansicht, daß ein zu rechtfertigendes Bedürfnis für die Versicherungsfreiheit in solchen Fällen nur besteht, wenn die Lebensversicherung zugunsten der Ehefrau und unter Umständen auch der Kinder des Handwerksmeisters eingegangen ist. Er schlägt daher vor, in die Durchführungsverordnung aufzunehmen, daß nur in diesem Umfang eine Lebensversicherung zugunsten eines Dritten als Grundlage für die Versicherungsfreiheit dienen kann. Gleiches würde auch für die Halbversicherung zu gelten haben.

3. Wandelt sich eine Lebensversicherung nach den Vorschriften des Versicherungsvertragsgesetzes in eine prämienfreie Versicherung um, so kann zweifelhaft sein, ob auch diese Versicherung noch geeignet ist, eine bis dahin auf sie begründete Versicherungsfreiheit weiterhin zu bewirken. Ungeeignet wäre sie selbstverständlich, wenn die kapitalisierte Summe geringer als 5.000 Mark bzw. für die Halbversicherung geringer als 2.500 Mark ist. Sind diese Beträge aber nicht unterschritten, so möchte der Ausschuß der Auffassung sein, daß jedenfalls bei der derzeitigen Fassung des Gesetzes gleichwohl nur eine Lebensversicherung mit laufenden Prämienleistungen geeignet ist, die Versicherungsfreiheit oder Halbversicherung zu begründen. Dies ergibt sich aus der Fassung des § 4 Absatz 1 des Handwerkerversorgungsgesetzes. Der Ausschuß sieht keinen zwingenden Anlaß, von dieser Grundeinstellung des Gesetzes in der Durchführungsverordnung abzurücken.

4. Nicht selten hat der Handwerker den Wunsch, über seine Lebensversicherung, auf die er die völlige Versicherungsfreiheit oder eine Halbversicherung begründet hat, in der Weise zu verfügen, daß er sie als Sicherstellung für irgendwelche gegen ihn entstehenden oder möglicherweise entstehenden Ansprüche hinterlegt oder sonstwie verpfändet. Dadurch wirft sich die Frage auf, ob diese Lebensversicherung etwa dann die Fähigkeit einbüßt, die Grundlage für die Versicherungs-

freiheit oder Halbversicherung auch weiterhin zu bilden. Die entsprechende Frage ergibt sich, wenn ein Gläubiger eine Pfändung der Police im Zwangsvollstreckungsverfahren erwirkt.

Der Ausschuß ist der Ansicht, daß unter allen Umständen derjenige Betrag der Lebensversicherungssumme, der nach den Vorschriften des Handwerkerversorgungsgesetzes den Mindestbetrag für die Versicherungsfreiheit bzw. für die Halbversicherung darstellt, frei bleiben muß, wenn die Versicherungsfreiheit oder die Halbversicherung bestehenbleiben soll. Da aber rechtliche Zweifel darüber möglich sind und die Praxis ein dringendes Interesse daran hat, hier von vornherein klar zu sehen, empfiehlt der Ausschuß, in die Durchführungsverordnung eine Bestimmung aufzunehmen, durch die vorgeschrieben wird, daß Verpfändungen, Abtretungen und Pfändungen ohne Gefährdung der Versicherungsfreiheit oder der Halbversicherung nur insoweit möglich sind, als sie die für die völlige Versicherungsfreiheit bzw. für die Halbversicherung vorgesehene Mindestsumme unangetastet lassen.

5. Hat ein Handwerker eine Halbversicherung und gibt er nachträglich seinen Beruf als selbständiger Handwerker unter Löschung in der Handwerksrolle auf, so mag zweifelhaft sein, ob er in der Lage ist, die freiwillige Weiterversicherung, von der er Gebrauch machen will, nunmehr als Halbversicherung durchzuführen. Der Ausschuß hält dies nicht für wünschenswert, zumal der Versicherte ohnedies die Möglichkeit hat, im Endergebnis dasselbe zu erreichen, wenn er nur die zur Aufrechterhaltung der Anwartschaft nötigen 6 Beitragsmonate im Kalenderjahr erfüllt. Es wird daher vorgeschlagen, zur Behebung aller Zweifel in die Durchführungsverordnung eine Bestimmung aufzunehmen, durch die die freiwillige Fortsetzung der Halbversicherung untersagt wird.

6. Die derzeitige Fassung des Gesetzes kennt im § 9 nur in begrenztem Maß eine Pflicht des Handwerkers selbst, Urkunden an die Reichsversicherungsanstalt und deren Beauftragten auf Verlangen vorzulegen, wenn auf Grund einer Lebensversicherung die Versicherungsfreiheit oder die Halbversicherung geltend gemacht wird. Dagegen sieht darüber hinaus das Gesetz nicht auch eine Mitwirkungspflicht der Lebensversicherungsunternehmungen und ebensowenig bei der vollen Befreiung eine darüber hinausgehende Meldepflicht des Handwerkers selbst vor. Ob der Versicherungsträger verwaltungsmäßig damit auskommen wird, erscheint dem Ausschuß zweifelhaft. Er neigt der Auffassung zu, daß immerhin in gewissem Grad auch eine Mitwirkung der Lebensversicherungsunternehmungen selbst für die laufende Überwachung dahin, ob die Voraussetzungen für die völlige Befreiung und für die Halbversicherung gegeben sind, förderlich sein wird. Er würde es daher begrüßen, wenn in die Durchführungsbestimmungen eine solche Vorschrift aufgenommen würde.

Auch würde der Ausschuß es für sehr erwähnenswert halten, den Versicherten selbst im Falle der kraft Gesetzes eintretenden völligen Versicherungsfreiheit zu verpflichten, zwar keinen Antrag zu stellen, aber doch wenigstens der Reichsversicherungsanstalt unaufgefordert mitzuteilen, daß er Versicherungsfreiheit in Anspruch nehme. Der Ausschuß hält es für nicht unbedenklich, wenn es nur der regelmäßigen Beitragskontrolle überlassen bleibt, hier eine Nachprüfung anzustellen.

IV. Berufsunfähigkeit

Eine besondere Aufgabe wird es sein, den Begriff der Berufsunfähigkeit für die Anwendung des Handwerkerversorgungsgesetzes in der Praxis zu fassen; denn die Begriffsbestimmung des Angestelltenversicherungsgesetzes erfordert gerade hier eine besondere Einfühlung im Sinne einer entsprechenden Anwendung, und es wird besonders schwierig sein, den Vergleichsmaßstab im Einzelfall dafür zu finden, was unter "einem Herabsinken der Arbeitsfähigkeit auf weniger als die

Hälfte derjenigen eines körperlich und geistig gesunden Versicherten von ähnlicher Ausbildung und gleichwertigen Kenntnissen und Fähigkeiten" zu verstehen ist. Die Lebensverhältnisse werden sich hier wohl so mannigfaltig gestalten, daß es kaum angängig und praktisch erscheint, den Begriff durch eine Durchführungsbestimmung etwa festlegen zu wollen. Der Ausschuß schlägt vor, vielmehr es der Rechtsprechung zu überlassen, hier den richtigen lebensnahen Weg zu finden. Die Rechtsprechung wird auch Gelegenheit haben, die weitere Frage zu klären, in welcher Weise sich die entsprechende Anwendung des § 397 AVG auswirkt, d.h. unter welchen Voraussetzungen von der Arbeitslosigkeit bei einem selbständigen Handwerker gesprochen werden kann, insbesondere ob hierfür unter allen Umständen zunächst eine Löschung in der Handwerksrolle und eine Meldung beim Arbeitsamt erforderlich ist. Der Ausschuß möchte diese letzteren Voraussetzungen für nötig halten, hält aber eine besondere Hervorhebung in den Durchführungsbestimmungen nicht für erforderlich.

XI. Gutachten über Kriegsmaßnahmen in der Sozialversicherung (3.1.1940)

In seinen Sitzungen vom 12. und 19. Dezember 1939 hat sich der Ausschuß für Sozialversicherung der Akademie für Deutsches Recht mit den Auswirkungen der Kriegsereignisse auf die Gestaltung der Sozialversicherung beschäftigt. Es muß anerkannt werden, daß der Gesetzgeber in zahlreichen Gesetzen, Verordnungen und Erlassen bemüht war, von den Versicherten und ihren Familien Nachteile abzuwenden, die dadurch entstehen konnten, daß Versicherte anläßlich des besonderen Einsatzes der Wehrmacht einberufen wurden oder als Dienstverpflichtete bzw. Notdienst- und Luftschutzdienstpflichtige ihren bisherigen Arbeitsplatz aufgeben mußten. Auch für Kriegsflüchtlinge und Volksgenossen aus den geräumten Gebieten ist die sozialversicherungsmäßige Betreuung im allgemeinen in zufriedenstellender Weise sichergestellt. Damit ist eine Anzahl der Wünsche, die in der *Zusammenstellung des Sozialamts der DAF* vom 3. November 1939, die den Beratungen des Akademie-Ausschusses zugrunde lag, festgehalten sind, bereits durch die zwischenzeitliche gesetzgeberische Entwicklung überholt. Soweit das nicht der Fall ist, glaubt der Akademieausschuß, folgende Anregung für die Weiterentwicklung der Sozialversicherung geben zu sollen.

Auf dem Gebiete der *Krankenversicherung* wurde besonders eingehend die Frage erörtert, ob eine völlige Beseitigung oder mindestens den entsprechenden Vorschriften der Angestelltenversicherung angepaßte Erhöhung der *Versicherungspflichtgrenze* von RM 3.600,- jährlich zweckmäßig ist, um den bei der heutigen Regelung unerwünschten Auswirkungen zu begegnen, die infolge des zur Zeit vielfältigen Wechsels zwischen der sozialen und privaten Krankenversicherung entstehen. Wenn auch der Akademieausschuß den Wunsch nach einer Erhöhung der Krankenversicherungspflichtgrenze für berechtigt hält, da die verschiedenartigen Grenzen auf dem Gebiet der Sozialversicherung auch schon in den Zeiten vor dem Kriege zu Schwierigkeiten und unerwünschten Auswirkungen geführt haben, so glaubt er doch, daß diese Frage einer ganz besonders sorgfältigen Prüfung bedarf. Er hält daher bei den gegenwärtigen Verhältnissen eine Erörterung dieser Frage für unzweckmäßig.

Den Wünschen von Rentnern der Angestellten- und knappschaftlichen Pensionsversicherung, die sich dem Arbeitseinsatz wieder zur Verfügung gestellt haben und bisher keine Möglichkeit hatten, sich *von der Krankenversicherungspflicht zu befreien,* auch wenn sie bereits freiwilliges Mitglied einer gesetzlichen oder Mitglied einer privaten Krankenkasse waren, hat die "Verordnung über Änderungen in der gesetzlichen Krankenversicherung und in der Arbeitslosenhilfe vom 12. Dezember 1939" bereits weitgehend Rechnung getragen. Es war zu erörtern, ob solchen Personen der Betriebsführer seine Beitragsanteile auszahlen soll, um ihnen die Beitragsbelastung ihrer freiwillig gewählten Versicherung zu erleichtern. Der Akademieausschuß hält ein solches Verfahren für umständlich und schlägt vor, daß in solchen Fällen das Ruhen der Versicherung bei dem bisherigen Versicherungsträger für die Dauer der vorübergehenden versicherungspflichtigen Beschäftigung erwogen werden sollte.

Auch die vielfach berechtigten Klagen, daß beim *Übergang von einer privaten zur reichsgesetzlichen Krankenversicherung* wichtige erworbene Rechte verloren gehen können, sind in der genannten Verordnung vom 12. Dezember 1939 berücksichtigt worden. Sie enthält eine Ermächtigung an den Reichsarbeitsminister, Zeiten, die bei einem privaten Krankenversicherungsunternehmen zurückgelegt sind, einer Versicherung aufgrund der Reichsversicherung gleichzustellen. Der Ausschuß würde es begrüßen, wenn von dieser Ermächtigung baldmöglichst Gebrauch gemacht, aber auch eine entsprechende Regelung für einen Wechsel aus der reichsgesetzlichen in die private Krankenversicherung getroffen würde.

Bei den sogenannten *Bergungsbetreuten* aus den gefährdeten Gebieten sind Klagen darüber laut geworden, daß ihnen beim Erlöschen des Arbeitsverhältnisses die freiwillige Weiterversicherung bei der Kasse des neuen Aufenthaltsorts dann nicht mehr gestattet werde, wenn sie die Fristen von RVO § 313 versäumt haben. Es wurde daher angeregt, in solchen Fällen die Leistungen auch ohne ausdrückliche Erklärung weiter laufen zu lassen, daß freiwillige Weiterversicherung gewünscht wird, und zwar bis aufgrund eines neuen versicherungspflichtigen Beschäftigungsverhältnisses ein neues Versicherungsverhältnis zustande kommt. Der Akademieausschuß glaubt, daß dieser Frage eine besondere praktische Bedeutung kaum beizumessen ist, da in der weit überwiegenden Mehrzahl der Fälle die sogenannten Bergungsbetreuten bei dem großen Bedarf an Arbeitskräften sehr bald wieder einen Arbeitsplatz gefunden haben. Für die wenigen Fälle, in denen das aus irgendeinem Grunde nicht möglich gewesen ist, schlägt der Akademieausschuß vor, daß beim Nachweis einer Meldung beim zuständigen Arbeitsamt auf die Einhaltung der Fristen von RVO § 313 verzichtet werden sollte.

Bei den sozialversicherungsrechtlich noch ungeklärten Verhältnissen in den neuen Ostgauen Danzig-Westpreußen und Warthegau empfiehlt der Akademieausschuß, auch für die *Rückwanderer aus dem Baltenland* und dem jetzt von der Sowjetunion besetzen Gebieten klarzustellen, daß bei Aufnahme einer versicherungspflichtigen Beschäftigung die reichsgesetzlichen Vorschriften der Reichsversicherungsordnung Anwendung finden.

Die Mitglieder der *Krankenversicherungsanstalt der Bundesangestellten in Wien* fallen nicht unter die Vorschriften der Reichsversicherungsordnung, da nach einem Bescheid des Reichsversicherungsamts vom 15. August 1939 die Anstalt kein Versicherungsträger im Sinne der Reichsversicherungsordnung ist. Für sie können Nachteile entstehen, wenn sie im Altreich eingesetzt werden und nach den für die Krankenversicherungsanstalt geltenden Bestimmungen ausscheiden müssen. Der Akademieausschuß regt an, Vorsorge zu treffen, daß in solchen Fällen, ähnlich wie es für die Notdienstpflichtigen geregelt ist, ihre Rechte und Pflichten bei der Krankenversicherungsanstalt ruhen.

Auf dem Gebiet der *Unfallversicherung* bedarf nach Auffassung des Akademieausschusses die Frage der Entschädigungspflicht bei Unfällen infolge der Kriegsereignisse einer weiteren Klärung. Die bisherige Auffassung, die auf alten Entscheidungen des Reichsversicherungsamts aus dem Weltkrieg beruht, ist auf die Dauer nicht haltbar. Sie würde z.B. zu folgenden Auswirkungen führen: Wenn ein feindliches Flugzeug einen Angriff auf einen bestimmten Betrieb durchführt und sich hierbei Unfälle ereignen, so ist nach den Vorschriften des Dritten Buches der Reichsversicherungsordnung zu verfahren, weil es sich um eine Auswirkung der Betriebsgefahr handelt. Wenn aber der betreffende Angriff ganz allgemein einer Stadt gilt, wobei dann zufällig der Betrieb getroffen wird, so soll es sich nicht um eine Betriebs-, sondern um eine allgemeine Kriegsgefahr handeln und daher bei Beschädigungen die Personenschädenverordnung vom 1. September 1939 zur Anwendung kommen. Wenn auch bei der bisherigen Kriegsführung dieser Frage noch keine erhebliche Bedeutung zugekommen ist, so können sich die Verhältnisse schnell ändern. Der Akademieausschuß schlägt daher vor, so zu verfahren, daß bei unmittelbaren Kriegseinwirkungen, also bei feindlicher Beschießung, Luftangriffen usw. die Grundsätze der Personenschädenverordnung in jedem Fall zur Anwendung kommen sollen, während bei mittelbaren Kriegswirkungen, z.B. bei Unfällen infolge der Verdunkelungsmaßnahmen, nach den Grundsätzen der Reichsversicherungsordnung zu verfahren ist.

In der *knappschaftlichen Pensionsversicherung* ist der Wunsch an den Akademieausschuß herangebracht worden, die Anrechnung der *Kriegsdienstzeiten* auch für die besonderen Wartezeiten der sogenannten Alterspension nach RKG § 37 vorzusehen. Dem Bergarbeiter und Bergbauangestellten steht mit Vollendung des 50. Lebensjahres ohne weiteren Nachweis der Berufsunfähigkeit eine knappschaftliche Pension zu, wenn er eine Wartezeit von 300 Beitragsmonaten nachweist und mindestens 180 Beitragsmonate mit wesentlich bergmännischen Arbeiten beschäftigt war. Bei der Anrechnung der Weltkriegszeiten hat der Gesetzgeber davon abgesehen, auch für diese Wartezeiten Ersatzzeiten anzuerkennen. Überhaupt ist es bisher nach der Rechtsprechung des Reichsversicherungsamts immer abgelehnt worden, daß diese Wartezeiten auch mit Ersatzzeiten erfüllt werden können. Der Akademieausschuß ist der Auffassung, daß eine Anrechnung der Kriegsdienstzeiten auf die Wartezeit von 300 Monaten gerechtfertigt ist, möchte aber für die Wartezeit von 180 Monaten an den bisherigen Grundsätzen festhalten, wonach für ihre Erfüllung tatsächlich geleistete wesentlich bergmännische Arbeiten notwendig sind.

In den Fällen, in denen *Bergleute aus dem Saarbergbau* im Altreich zunächst eine andere nicht knappschaftspflichtige Tätigkeit übernommen haben, erscheint es gerechtfertigt, daß ihnen die erworbenen Anrechte in der knappschaftlichen Pensionsversicherung und in der knappschaftlichen Krankenversicherung erhalten bleiben. Wenn auch im allgemeinen dieser Frage angesichts des großen Mangels an Bergarbeitern keine praktische Bedeutung mehr zukommen dürfte, können Einzelfälle vorliegen, in denen der Ausschuß es für berechtigt hält, den Bergleuten des Saarbergbaues zu helfen. Ähnliches gilt auch für Saarbergarbeiter aus hüttenknappschaftlichen Betrieben. Der Ausschuß schlägt daher vor, solche Zeiten, in denen diese Bergarbeiter trotz Meldung beim Arbeitsamt nicht im Bergbau beschäftigt werden konnten, als Ersatzzeiten für die Erfüllung der Wartezeit und die Erhaltung der Anwartschaft in der knappschaftlichen Pensionsversicherung anzurechnen.

Für alle Rentenversicherungszweige *(Invaliden-, Angestellten- und knappschaftliche Pensionsversicherung)* regt der Akademieausschuß an, die Kriegsdienstzeiten, wie es bereits durch das Gesetz vom 19. April 1939 für die Weltkriegszeiten geschehen ist, bei der Halbdeckungsvorschrift aus dem Berechnungszeitraum herauszulassen.

Die Anregungen des Sozialamts der DAF, die sich mit der *Arbeitslosenversicherung* befassen, gaben dem Akademieausschuß keine Veranlassung, sie dem Gesetzgeber zur Beachtung zu empfehlen. Sicherlich trifft es zu, daß von den bisher selbständigen Personen, die infolge der Kriegsereignisse jetzt als Angestellte oder Arbeiter beschäftigt werden, die Beträge zum Reichsstock als Steuern empfunden werden. Die gleiche Einstellung können aber alle Arbeiter und Angestellten geltend machen, da von einer eigentlichen Arbeitslosenversicherung schon seit längerer Zeit keine Rede mehr sein kann. Die Frage ist daher, ob man bei ein und derselben Tätigkeit die eine Gruppe, nämlich die bisherigen Arbeiter und Angestellten, zur Zahlung der Reichsstocksteuer verpflichtet, die andere Gruppe, und zwar die bisher Selbständigen, dagegen von der gleichen Verpflichtung befreien will. Im Interesse der Steuergerechtigkeit kann hier bei gleicher Tätigkeit ein Unterschied nicht gemacht werden. Was die Frage der sogenannten Anlernlinge betrifft, ist der Akademieausschuß der Auffassung, daß ein Vergleich mit Lehrlingen, die nur bei Erfüllung ganz bestimmter strenger Voraussetzungen (u.a. schriftlicher zweijähriger Lehrvertrag) arbeitslosenversicherungsfrei sind, nicht möglich ist.

XII. Gutachten über die Sozialversicherung der Meistersöhne (10.6.1940)

Für die sozialversicherungsrechtliche Stellung der sogenannten Meistersöhne hat das "Gesetz über die Altersversorgung für das Deutsche Handwerk" vom 21. Dezember 1938 (RGBl. I S. 1900) keine Regelung gebracht, so daß sich nunmehr eine Lücke ergibt, die auch durch die Rechtsprechung nicht geschlossen werden kann. Der Ausschuß für Sozialversicherung der Akademie für Deutsches Recht hält es daher für notwendig, daß durch gesetzliche Bestimmungen eine Angleichung der Sozialversicherung der Meistersöhne an diejenige der Handwerksmeister erfolgt.

In der Rechtsprechung ist bisher die Tätigkeit des Sohnes, der nach der Erlernung des Handwerks im Geschäft des Vaters tätig ist, als ein besonderer Fall der Verwandtenbeschäftigung herausgestellt und als versicherungsfrei erklärt worden, wenn nach den Umständen des Falles zu erwarten ist, daß der Sohn später einmal das Geschäft übernimmt. Man ist dabei von der Erfahrung ausgegangen, daß nach den für das Handwerk typischen Beziehungen zwischen Familie und Geschäft die Beschäftigung des Meistersohnes in der Regel dazu dient, an der Erhaltung des Geschäftes mitzuarbeiten, sich in der Leitung auszubilden und die persönlichen Beziehungen zu den Kunden aufzunehmen. Es wurde angenommen, daß das Beschäftigungsverhältnis in solchen Fällen nicht auf dem Grundsatz von Leistung und Gegenleistung beruht. Die Zuwendungen, die der Sohn erhält, wurden nicht als Entgelt für geleistete Arbeit angesehen, sondern als ein dem Sohn und dem Familienangehörigen als solchen gewährter Unterhaltsbeitrag. Während diese Rechtsprechung ursprünglich nur in den Fällen zur Anwendung kam, in denen ein einziges Kind im Geschäft des Vaters beschäftigt wurde, die elterliche Wohnung teilte und neben freier Kost, Wohnung und Kleidung lediglich das übliche Taschengeld eines Haussohnes erhielt, so ist in späteren Entscheidungen des Reichsversicherungsamts ein abhängiges Beschäftigungsverhältnis auch dann abgelehnt worden, wenn die enge Bindung an den Haushalt des Vaters nicht besteht und es nur hinreichend wahrscheinlich ist, daß der Sohn künftig das väterliche Geschäft übernehmen wird. Bei mehreren Söhnen müssen allerdings besondere Umstände vorliegen, um für den einen oder anderen das Bestehen eines familienhaften Verhältnisses wahrscheinlich zu machen.

Wenn für die versicherungsrechtliche Behandlung der sogenannten Meistersöhne auch ethische Gesichtspunkte hinsichtlich des familienhaften Zusammenlebens eine nicht unbedeutende Rolle gespielt haben, so wurden die Erwägungen andererseits aber auch maßgeblich von der praktischen Überlegung beeinflußt, daß die Meistersöhne im Hinblick auf ihre spätere versicherungsfreie Tätigkeit als Betriebsinhaber voraussichtlich niemals in den Genuß der Sozialversicherungsleistungen kommen würden. Die künftige Übernahme des Geschäfts wurde als genügende Sicherheit angesehen, um den Schutz der Sozialversicherung zu entbehren. In einer neueren grundsätzlichen Entscheidung des Reichsversicherungsamts vom 15. Dezember 1939 (III A.V. 16/39 B.S.) ist noch einmal ausdrücklich klargestellt worden, daß die bisherige Rechtsprechung des Reichsversicherungsamtes durch die Einführung des "Gesetzes über die Altersversorgung für das Deutsche Handwerk" nicht berührt wird, da weder dieses Gesetz noch seine bisherigen Durchführungsbestimmungen eine Abweichung vorsehen oder ermöglichen.

Der Ausschuß für Sozialversicherung der Akademie für Deutsches Recht ist aber der Auffassung, daß die Rechtslage für die Meistersöhne durch die Einführung des "Gesetzes über die Altersversorgung für das Deutsche Handwerk" eine andere Beurteilung erforderlich macht. Die mit der Eintragung in die Handwerksrolle für den selbständigen Handwerksmeister eintretende Versicherungspflicht muß auch schon möglichst frühzeitig den Meistersohn erfassen. Wenn man schon die Handwerksmeister selbst der Sozialversicherung unterstellte, weil ihr Handwerksbetrieb nicht mehr als ausreichender Schutz für die Altersversorgung erschien, so muß dies ebenso und erst recht für die Meistersöhne gelten. Auch ist es wünschenswert, die Söhne möglichst früh in die Sozialversicherung zu bringen, um zeitig die Wartezeit zu erfüllen und ihnen auch die Heilfürsorge zugänglich zu machen. Auch erscheint es notwendig, die Meistersöhne in die Versicherungspflicht einzubeziehen; denn die Möglichkeit, durch Abschluß eines abhängigen Arbeitsvertrages mit dem Vater eine Versicherungspflicht herbeizuführen oder als Selbstversicherer in die Versicherung einzutreten, kann keine voll befriedigende Lösung bedeuten. Die Erfahrung hat gezeigt, daß von solchen Möglichkeiten verhältnismäßig wenig Gebrauch gemacht wird. Wesentlich aus diesem Grunde ist gerade das "Gesetz über die Altersversorgung für das Deutsche Handwerk" geschaffen worden.

Eine gesetzgeberische Lösung im Sinne einer Versicherungspflicht für die Handwerkersöhne kann nach Auffassung des Ausschusses für Sozialversicherung der Akademie für Deutsches Recht auf drei Wegen gesucht werden.

1. Dem *§ 1* des "Gesetzes über die Altersversorgung für das Deutsche Handwerk" wird folgender *Absatz 4* eingefügt: "Versicherungspflichtig sind auch die im elterlichen Handwerk beschäftigten Lehrlinge und Gesellen, die voraussichtlich später den Betrieb übernehmen, und zwar auch dann, wenn sie sich in keinem Dienstverhältnis befinden und keinen Entgelt beziehen."

Bei dieser Regelung kämen die Meistersöhne ohne Rücksicht darauf, ob sie eine an sich invaliden- oder angestelltenversicherungspflichtige Tätigkeit ausüben, gleich in den Versicherungszweig, dem sie später voraussichtlich angehören werden. Eine Wanderversicherung würde in diesen Fällen vermieden. Allerdings arbeiteten dann im gleichen Handwerksbetrieb Lehrlinge und Gesellen, von denen die einen nach Art ihrer Tätigkeit invalidenversichert sind, die anderen bei derselben Tätigkeit aber als Meistersöhne der Angestelltenversicherung angehören. Den als Lehrlingen und Gesellen bei ihrem Vater tätigen Meistersöhnen wäre es bei diesem Vorschlag möglich, statt der Versicherung in der Angestelltenversicherung den Abschluß eines Lebensversicherungsvertrages bzw. die Halbversicherung unter den sonstigen Voraussetzungen des "Gesetzes über die Altersversorgung für das Deutsche Handwerk" zu wählen. Im Ausschuß für Sozialversicherung der Akademie für Deutsches Recht sind Bedenken geäußert worden, ob es zweckmäßig ist, auch den Lehrlingen und Gesellen schon eine solche Wahlmöglichkeit zu geben. Denn diese Meistersöhne werden nicht dauernd nur im elterlichen Betrieb tätig sein, sondern sich notwendigerweise zur Ausbildung und Erweiterung ihres Gesichtskreises auch bei fremden Betriebsführern beschäftigen lassen müssen, wo sie dann den allgemeinen Vorschriften der Sozialversicherung unterliegen und meist der Invalidenversicherung angehören werden.

Der Ausschuß hielt es daher für angezeigt, der vorstehend vorgeschlagenen *Fassung* noch *anzufügen:* "§ 3 findet keine Anwendung."

2. Im *Angestelltenversicherungsgesetz* wird ein neuer Paragraph, etwa als *§ 2,* mit folgendem Wortlaut eingefügt: "Versicherungspflichtig sind unabhängig von der Jahresarbeitsverdienstgrenze des § 3 die im elterlichen Handwerk beschäftigten Lehrlinge und Gesellen, die voraussichtlich später den Betrieb übernehmen, und zwar auch dann, wenn sie sich in keinem Dienstverhältnis befinden und keinen Entgelt beziehen." Bei diesem Vorschlag würde klargestellt, daß, unabhängig von der Art der Tätigkeit, diese Meistersöhne angestelltenversicherungspflichtig sind. Invalidenversicherungspflicht würde in keinem Fall in Frage kommen.

Die oben bei Vorschlag 1 in Absatz 1 erwähnten Folgen würden sich auch bei diesem Vorschlag ergeben.

3. Will man für die Rentenversicherungspflicht der Meistersöhne die allgemeinen, in der Rechtsprechung entwickelten Grundsätze über invaliden- oder angestelltenversicherungspflichtige Beschäftigung zur Geltung bringen, bedürfte es folgender gesetzlicher Änderungen:

a) In der *Reichsversicherungsordnung* wird ein neuer Paragraph, etwa als *§ 1226 a,* mit folgendem Wortlaut eingefügt: "Versicherungspflichtig sind auch, soweit sie nicht nach dem Angestelltenversicherungsgesetz versicherungspflichtig sind, die im elterlichen Handwerk beschäftigten Lehrlinge und Gesellen, die voraussichtlich später den Betrieb übernehmen, und zwar auch dann, wenn sie sich in keinem Dienstverhältnis befinden und keinen Entgelt beziehen."

b) Im *Angestelltenversicherungsgesetz* wird ein neuer Paragraph, etwa als *§ 2,* mit folgendem Wortlaut eingefügt: "Versicherungspflichtig sind auch, soweit nicht RVO § 1226 a Anwendung findet, die im elterlichen Handwerk beschäftigten Lehrlinge und Gesellen, die voraussichtlich später den Betrieb übernehmen, und zwar auch dann, wenn sie sich in keinem Dienstverhältnis befinden und keinen Entgelt beziehen."

Bei diesem Vorschlag wird es vorkommen, daß die einen Meistersöhne in der Invalidenversicherung, die anderen in der Angestelltenversicherung sein werden, je nachdem, ob sie in dem Handwerksbetrieb ihres Vaters überwiegend mit körperlichen Arbeiten beschäftigt werden oder durch Heranziehung zu den mit der Leitung des Handwerksbetriebs verbundenen Arbeiten als Angestellte betrachtet werden müssen.

Durch das Recht der Wanderversicherung würde beim späteren Übergang eines invalidenversicherungspflichtig werdenden Meistersohnes zur Angestelltenversicherung die gegenseitige Anrechnung der Beiträge auf Wartezeit und Anwartschaft sichergestellt sein. Der invalidenversicherungspflichtige Meistersohn unterliegt aber dem Nachteil, daß aufgrund von RVO § 1544 g im Leistungsfall die Steigerungsbeträge der Invalidenversicherung nicht zur Auswirkung kommen, denn der Meistersohn wird sich als Lehrling und Geselle nicht einen Steigerungsbetrag von mehr als 12 RM monatlich verdienen können. Der Ausschuß für Sozialversicherung der Akademie für Deutsches Recht hält es auch aus anderen Gründen für notwendig, § 1544 g RVO, der als unbillig empfunden wird, zu beseitigen oder mindestens dahin abzuändern, daß bei Wanderversicherten im Leistungfall Steigerungsbeträge der Invalidenversicherung in jedem Fall in dem Ausmaße zu gewähren sind, als sie dem Verhältnis zwischen Beitrag und Steigerungsbetrag in der Angestelltenversicherung entsprechen. Im Hinblick auf die heute sehr stark in Erscheinung tretenden verschiedenartigen Notwendigkeiten beim Arbeitseinsatz mit dem häufigen Wechsel von der Angestellten- zur Invalidenversicherung und auch umgekehrt ist diese Forderung immer dringlicher geworden. Es wäre daher zu begrüßen, wenn im Zusammenhang mit der Frage der Versicherungspflicht der Meistersöhne auch dieser Anregung stattgegeben wird. Ein beachtenswerter Vorschlag hierzu ist in dem Aufsatz von Direktor *Koch:* "Einzelfragen aus dem Recht der Wanderversicherung" in der "Deutschen Rentenversicherung", 1940, Heft 4, Seite 42/43, enthalten.

Die Vorschläge des Ausschusses für Sozialversicherung der Akademie für Deutsches Recht beschränken sich zunächst auf die Einbeziehung der Meistersöhne in die Rentenversicherung. Ihre bisherige Krankenversicherungs- und Arbeitslosenversicherungsfreiheit bleibt bei allen Vorschlägen unberührt. Es bedarf allerdings der Überlegung, ob nicht ein starkes soziales Schutzbedürfnis mindestens für das Gebiet der Krankenversicherung besteht. Man kann zwar darauf verweisen, daß der Meistersohn die Möglichkeit hat, durch Abschluß eines Krankenversicherungsvertrags mit einer privaten Versicherungsgesellschaft einen für notwendig gehaltenen Krankenversicherungsschutz zu suchen. Der durch wirtschaftliche Notwendigkeiten bedingte häufige Arbeitsplatzwechsel hat aber gezeigt, daß sich aus dem Wechsel von privater zu reichsgesetzlicher Krankenversicherung Reibungen ergeben, die es wünschenswert erscheinen lassen können, den Meistersohn der Krankenversicherungspflicht zu unterstellen. In diesem Falle würde allerdings auch die Frage der Arbeitslosenversicherungspflicht auftauchen. Im Hinblick darauf, daß heute zahlreiche Volksgenossen Beiträge zum Reichsstock für Arbeitseinsatz zahlen müssen, ohne dadurch besondere Vorrechte gegenüber anderen nicht beitragspflichtigen Volksgenossen zu haben, denen nach der "Verordnung über Arbeitslosenhilfe" vom 5. September 1939 bei vorliegender

Bedürftigkeit ebenfalls Arbeitslosenunterstützung gewährt wird, könnte eine Heranziehung der Meistersöhne zur Zahlung von Arbeitslosenversicherungsbeiträgen vertreten werden. Will man das nicht, so bedürfte es einer Ergänzung im *AVAVG,* etwa als *§ 74 g* mit folgendem Wortlaut: "Versicherungsfrei sind die nach den Voraussetzungen des § 2 des Angestelltenversicherungsgesetzes im elterlichen Handwerk beschäftigten Lehrlinge und Gesellen."

XIII. Gutachten zu dem Entwurf eines Gesetzes über Maßnahmen in der Reichsversicherung aus Anlaß des Krieges (8.10.1940)

Der Ausschuß für Sozialversicherung der Akademie für Deutsches Recht hat sich, einem Wunsche des Herrn Reichsarbeitsministers folgend, in seiner Sitzung am 24. und 25. September 1940 in Bad Salzungen mit dem Entwurf eines Gesetzes über Maßnahmen in der Reichsversicherung (hierzu Gesetz vom 15.1.1941, RGBl. I 1941 S. 34) aus Anlaß des Krieges befaßt. Der Ausschuß begrüßt die vorgeschlagenen Maßnahmen, deren Dringlichkeit er anerkennt.

In der Hoffnung, daß es bald möglich sein wird, den Gesetzentwurf zu verabschieden, erlaubt sich der Ausschuß im nachfolgenden, noch weitere Anregungen zu geben.

Abschnitt I: Allgemeines

Zu § 1: Der Ausschuß stimmt dem Entwurf zu, und zwar auch für den Fall, daß im Abs. 2 statt des 70. Lebensjahres das 68. Lebensjahr gesetzt werden sollte, wie dies dem Vernehmen nach beabsichtigt wird. In der Erwägung, daß einige Leiter, die diese Altersgrenze noch nicht erreicht haben, Freimaurer gewesen sind, wird empfohlen, dem Abs. 2 einen zweiten Satz anzufügen: "Abs. 1 gilt ferner nicht für Leiter, die einer Loge oder logenähnlichen Organisation angehört haben."

Zu § 2: Entsprechend einer Anregung des RVA sollen nach Ansicht des Ausschusses auch Ausschlußfristen für die Anmeldung von Ansprüchen in den § 2 des Entwurfs aufgenommen werden, weil hier das gleiche Bedürfnis besteht wie bei den Verjährungsfristen. Gedacht ist dabei nur an Fristen für die erste Anmeldung eines Anspruchs, nicht an verfahrensrechtliche Fristen, die unberührt bleiben sollen. § 2 Abs. 1 soll demgemäß beginnen: "Verjährungsfristen und Ausschlußfristen für die Anmeldung von Ansprüchen laufen ..."

Abschnitt II: Krankenversicherung

Zu § 3: Der Ausschuß war der Auffassung, daß die Frage der erleichterten Gewährung von Mehrleistungen vordringlich sei und nicht zurückgestellt werden könne; die Beschränkung von Mehrleistungen durch die Notverordnung vom 8.12.1931 sei als nicht mehr zeitgemäß ganz zu beseitigen. Im übrigen erscheint es dem Ausschuß zweckmäßig, den § 3 des Entwurfs in die RVO selbst einzubauen, und zwar als Zusatz zu § 179 Abs. 3, ebenso wie dies in dem Entwurf auch an anderen Stellen selbst vorgesehen ist, so bei den §§ 4, 5, 7 und 8 (Änderungen der §§ 182 a, 192, 313, 313 b RVO). Die Überschrift des Entwurfs steht dem nicht entgegen, weil das künftige Gesetz danach nicht nur Kriegsmaßnahmen in der Reichsversicherung, sondern allgemeine Maßnahmen "aus Anlaß des Krieges" enthalten soll, die also über die Kriegsdauer hinaus Bedeutung haben. Dies trifft gerade auch für die Wiederzulassung von Mehrleistungen zu. § 24 RKnappG wird entsprechend zu ergänzen sein.

Der Ausschuß schlägt hiernach vor, dem § 3 folgende Fassung zu geben:

1. § 179 Abs. 3 RVO erhält folgenden neuen zweiten Satz: "Der Reichsarbeitsminister kann über Mehrleistungen näheres bestimmen und dabei von gesetzlichen Vorschriften abweichen."

2. Für die Mehrleistungen nach § 24 des Reichsknappschaftsgesetzes gilt Absatz 1 entsprechend.

3. § 1 des Fünften Teils, Kap. I, Abschn. 2 der Verordnung des Reichspräsidenten vom 8. Dezember 1931 (Reichsgesetzblatt I S. 699) wird aufgehoben.

In diesem Zusammenhange regt der Ausschuß an, das sogenannte "Taschengeld" des § 194 Nr. 2 RVO als Regelleistung einzuführen. Hierfür besteht ein dringendes Bedürfnis, da auch der ledige Versicherte, der in das Krankenhaus aufgenommen worden ist, meist seine bisherige Wohnung behalten möchte und daher weiter bezahlen muß und auch für sonstige kleine Bedürfnisse des täglichen Lebens etwas Bargeld bedarf. Eine nennenswerte geldliche Belastung der Krankenkassen wird dadurch nicht eintreten.

Zu § 4: Der Ausschuß stimmt insoweit dem Entwurf zu.

Zu § 5: Der Ausschuß erkennt grundsätzlich das Bedürfnis nach einer Regelung an, wie sie § 5 enthält, weil bisher die Kassen keine Möglichkeit haben, dem Versicherten bei Nichtbefolgung der Vorladung zum Vertrauensarzt das Krankengeld zu entziehen (vgl. den Bescheid des RVA vom 27.10.1939, Entsch.u.Mitteil. Bd. 45 S. 343 Nr. 152), und auch Ordnungsstrafen wegen Übertretung einer entsprechenden Bestimmung der Krankenordnung gemäß § 529 Abs. 1 RVO erfahrungsgemäß nicht zu dem erwünschten Erfolg führen. Der Ausschuß geht dabei davon aus, daß die Vorschrift des § 5 des Entwurfs nicht diejenigen Versicherten betrifft, die von sich aus die Arbeit wieder aufnehmen, ohne es zu einer vertrauensärztlichen Untersuchung kommen zu lassen, sondern diejenigen, die weiterhin behaupten, arbeitsunfähig zu sein, und daher Ansprüche auf Krankengeld erheben. Der Ausschuß vermißt aber in § 5 des Entwurfs eine zeitliche Begrenzung der Krankengeldentziehung, wie sie nicht nur im § 192 Nr. 1 RVO, sondern auch durch die Worte "für die Dauer dieser Krankheit" im § 192 Nr. 2 RVO gegeben ist. Die letztere Begrenzung ist hier untunlich, weil es sich gerade bei den Versicherten, die nicht zur vertrauensärztlichen Untersuchung kommen, um einer Feststellung ihrer Arbeitsfähigkeit zu entgehen, vielfach um Krankheiten handeln wird, die ihrer Art und Dauer nach schwer zu diagnostizieren sind. Andererseits wird eine feste zeitliche Begrenzung nicht den Besonderheiten des einzelnen Falles gerecht. Daher schlägt der Ausschuß vor, den § 5 (unter Berücksichtigung der Fassung des § 1313 RVO) wie folgt zu fassen:

Dem § 192 der Reichsversicherungsordnung wird ein neuer Abs. 2 hinzugefügt: "Befolgt ein Versicherter trotz schriftlichen Hinweises auf die Folgen die Vorladung zum Vertrauensarzt ohne wichtigen Grund nicht, so kann ihm die Kasse das Krankengeld ganz oder teilweise auf Zeit versagen."

Diese Fassung hat zugleich den Vorteil, daß es keiner besonderen Satzungsbestimmung bedarf, sondern der Kasse die Ermächtigung zur Versagung des Krankengeldes durch das Gesetz selbst allgemein gegeben wird.

Zu § 6: Der Ausschuß stimmt dem § 6 des Entwurfs grundsätzlich zu in der Annahme, daß er die Handhabe bietet, die sich aus der verschiedenen Behandlung der unter § 209 a und § 209 b RVO fallenden Kriegsteilnehmer ergebenden Unzuträglichkeiten auszugleichen, so namentlich hinsichtlich des Sterbegeldanspruchs, der in den Fällen des § 209 a RVO bisher versagt bleibt. Der Ausschuß hält es für angebracht, daß die Kassen durch Zuführung der erforderlichen Mittel in den Stand gesetzt werden, alle Kriegsteilnehmer einheitlich zu behandeln. Um diese einheitliche Behandlung jedenfalls sicherzustellen, schlägt der Ausschuß vor, im § 6 Abs. 2 zu sagen: "Der Reichsarbeitsminister kann das Nähere *über die Durchführung der §§ 209 a und b RVO sowie* über die Krankenversicherung von Versicherten bestimmen, die von ihrer Dienststelle freie Heilfürsorge erhalten."

Zu § 7: Der Ausschuß regt an, im § 313 Abs. 1 RVO hinter "Reichsversicherung" die Worte einzufügen: "oder bei der Reichsknappschaft". Dies entspricht der bisherigen Fassung und vermeidet Unklarheiten in bezug auf den bisher nicht abgeänderten § 1 RVO, wennschon Abschnitt I des Aufbaugesetzes auch die Knappschaftsversicherung unter dem Begriff der "Reichsversicherung" erfaßt. Im übrigen stimmt der Ausschuß der Fassung des § 7 des Entwurfs zu. Da eine Freistellung weiterer Personengruppen von den Beiträgen zum Reichsstock für Arbeitseinsatz grundsätzlich bedenklich erscheint, müssen die Nachteile eines umständlichen Verfahrens mit in Kauf genommen werden, wenn der Ruhegehaltsempfänger oder Rentenbezieher zwar Wert auf den Schutz der Krankenversicherung legt, aber von den für ihn regelmäßig zwecklosen Beiträgen für den Reichsstock freikommen möchte.

Zu § 8: Der Ausschuß stimmt dem § 8 des Entwurfs zu, hält es aber für zweckmäßig, hier statt des Ausdrucks "Arbeitgeber", der bei einer Neufassung der RVO ohnehin verschwinden soll, "Unternehmer" zu setzen, zumal letzterer Ausdruck in bezug auf den "Betrieb" an dieser Stelle auch sachlich richtiger erscheint.

Zu §§ 9 - 13: Der Ausschuß begrüßt die beabsichtigte gesetzliche Regelung dieser Frage, wobei es zunächst dahingestellt bleiben kann, wie sich die Verhältnisse nach Kriegsende gestalten werden.

Im einzelnen:

Zu § 9: Im Abs. 1 sollte das Wort "ansteckungsgefährlicher" durch das Wort "ansteckenden" ersetzt werden. Abs. 1 Satz 2 soll lauten: "Macht die Krankheit nach dem Gutachten des Vertrauensarztes Krankenhausbehandlung erforderlich, so ist sie zu gewähren." Damit soll zum Ausdruck kommen, daß insoweit den Anlaß der Krankenhausbehandlung die Geschlechtskrankheit bilden muß, nicht aber z.B. polizeiliche Gründe. Auch die Gewährung von Krankenhauspflege mit Rücksicht auf persönliche oder soziale Verhältnisse soll wie bisher billigerweise dem Ermessen der Kasse überlassen bleiben. Die Notwendigkeit der Krankenhausbehandlung hat nach Ansicht des Ausschusses der Vertrauensarzt als fachkundige, objektive Stelle zu bescheinigen, während es nicht angängig erscheint, diese wichtige Entscheidung jedem beliebigen Kassenarzt zu überlassen.

Dem *Abs. 2* schlägt der Ausschuß zu größerer Deutlichkeit vor, folgende Fassung zu geben: "Die Kosten für Arznei, Verbände, Hilfsmittel und kleinere Heilmittel werden in vollem Umfang ohne Kostenbeteiligung des Versicherten getragen. Die Gebühr für den Krankenschein wird nicht erhoben." Einer besonderen Erwähnung des "Beitrags für das Arzneiverordnungsblatt" bedarf es alsdann nicht, weil bei dieser Fassung auch insoweit eine Kostenbeteiligung des Versicherten ausgeschlossen ist.

Zu § 10: Der Ausschuß schlägt ohne sachliche Änderung folgende kürzere und alle Fälle treffende Fassung vor:

"Geschlechtskranke Versicherte, die aus persönlichen Gründen ihre Kasse nicht in Anspruch nehmen wollen, wenden sich durch Vermittlung des behandelnden Arztes an ihren zuständigen Rentenversicherungsträger; dieser entscheidet über den Antrag, er gewährt an Stelle der Kasse Krankenpflege."

Der Ausschuß nimmt dabei an, daß die gemäß § 13 zu treffenden Bestimmungen rechtzeitig ergehen werden, damit in den Fällen des § 10 jedenfalls eine einseitige Belastung der Rentenversicherungsträger vermieden wird.

Zu § 11: Um alle Fälle zu erfassen, schlägt der Ausschuß vor, in den Absätzen 2 und 4 des § 11 das Wort "Versicherungsanstalt" jeweils durch "Rentenversicherungsträger" zu ersetzen.

Zu § 12: Der Ausschuß stimmt dem § 12 des Entwurfs zu.

Zu § 13: Ebenso wie im § 11 schlägt auch hier der Ausschuß die Ersetzung des Wortes "Versicherungsanstalten" durch "Rentenversicherungsträgern" vor.

Zu § 14: Der Ausschuß hat gegen § 14 des Entwurfs keine Bedenken unter der Voraussetzung, daß der Begriff "ähnliche Dienste" großzügig ausgelegt wird. Es wird zwar nicht möglich sein, von vornherein eine Liste derjenigen Dienste aufzustellen, die darunter fallen. Der Ausschuß schlägt aber zur Behebung von Schwierigkeiten vor, dem § 14 einen zweiten Satz hinzuzufügen des Inhalts: "In Zweifelsfällen bestimmt das Reichsversicherungsamt, ob Zeiten bestimmter Dienstleistungen unter diese Vorschrift fallen."

Zu § 15: Dem Ausschuß erscheint der Endtermin des Anwartschaftsschutzes nicht weit genug, wobei namentlich an den Fall gedacht ist, daß etwa das Kriegsende ungefähr mit dem Jahresende zusammenfällt. Zur Vermeidung eines Verlustes von Anwartschaften wird deshalb vorgeschlagen, statt der Worte: "bis zum Ablauf des Kalenderjahres, in dem der gegenwärtige Krieg endet" zu sagen: "bis ein Jahr nach Ablauf des Kalenderjahres, das der Beendigung des gegenwärtigen Krieges folgt".

Zu § 16: Um zu vermeiden, daß lediglich wegen verspäteter Antragstellung Ablehnungen erfolgen müssen, wird vorgeschlagen, die Frist für die Antragstellung statt bis zum 31. Dezember 1940 bis zum 30. Juni 1941 zu erstrecken.

Zu § 17: Zur Vermeidung von Zweifeln wird vorgeschlagen, im Eingang des § 17 zu sagen:"Für Versicherte" statt "Für Personen".

Zu § 18: Der Ausschuß stimmt dem § 18 des Entwurfs zu.

Zu § 19: Gegen § 19 des Entwurfs bestehen keine Bedenken.

Zu § 20: Der Ausschuß stimmt dem § 20 des Entwurfs mit der Maßgabe zu, daß es im Satz 1 statt "zurückkehren" "heimkehren" heißt.

Zu § 21: Der Stellvertreter des Führers hat angeregt, dem § 21 folgende Fassung zu geben: "Eine Rente darf nicht deshalb entzogen oder zum Ruhen gebracht werden, weil der Berechtigte während des Krieges erneut eine Tätigkeit aufgenommen hat."

Der Ausschuß hält ebenfalls eine Berücksichtigung der Ruhensfälle (vgl. § 50 Abs. 1 des Reichsknappschaftsgesetzes sowie den § 6 Abs. 1 Nr. 2 b der Zweiten Durchführungsverordnung für Österreich vom 5.2.1940, RGBl. I S. 270 - Amtl.Nachr.f. Reichsvers. 1940, S. 59) für angebracht, macht aber darauf aufmerksam, daß das Ruhen der Rente schon von Gesetzes wegen eintritt. Es wird daher vorgeschlagen, den *§ 21* wie folgt zu fassen: "Eine wegen Invalidität (Berufsunfähigkeit) gewährte Rente wird nicht entzogen und ruht nicht, weil der Berechtigte während des Krieges erneut eine Tätigkeit ausübt."

Zu § 22: Der Ausschuß stimmt dem § 22 des Entwurfs zu.

Zu § 23: Der Ausschuß schlägt vor, den Satz 2 des § 23 des Entwurfs zu streichen, um sich daraus etwa ergebende Härten zu vermeiden.

Zu § 24: Gegen § 24 des Entwurfs bestehen keine Bedenken. - Zum Abschnitt III: Rentenversicherung regt der Ausschuß an, schon jetzt die Höhe der *Steigerungsbeträge* festzusetzen, die für die Zeit des besonderen Einsatzes der Wehrmacht den Kriegsteilnehmern und ihren Hinterbliebenen nach § 3 der VO vom 13. Oktober 1939 (RGBl. I S. 2030) zu gewähren sind, weil es sehr mißlich ist, daß diese Rentensachen zur Zeit noch nicht abschließend erledigt werden können. Wenn eine endgültige Festsetzung nicht möglich ist, könnten vielleicht vorschußweise Steigerungsbeträge nach den einigermaßen angemessen erscheinenden Sätzen der III. Klasse gewährt werden.

Abschnitt IV: Sondervorschriften für Handwerker

Zu § 25: Der Ausschuß stimmt dem § 25 des Entwurfs zu.
Zu § 26: Gegen den § 26 des Entwurfs bestehen keine Bedenken.

Zu § 27: Dem § 27 des Entwurfs wird zugestimmt. Eine Verlängerung der Frist bis zum Ablauf des Kalenderjahres, das der Beendigung des gegenwärtigen Krieges folgt, erscheint hier nicht angebracht, weil die Beteiligten nunmehr hinreichend Zeit gehabt haben, den Antrag auf Halbversicherung zu stellen.

Zu § 28: Der Ausschuß hat gegen den Satz 1 des § 28 des Entwurfs keine Bedenken, wohl dagegen hinsichtlich des zweiten Satzes. Allerdings verlangt § 3 des Handwerkerversorgungsgesetzes, daß die Leistung der Lebensversicherung spätestens bei Vollendung des 65. Lebensjahres erfolgen soll, um Versicherungsfreiheit oder Halbversicherung zu begründen. Aber im Regelfall wird es auch in der Kriegszeit dabei sein Bewenden haben und eine Aufschiebung der Fälligkeit der Versicherungsleistung zum Ausgleich nicht gezahlter Prämien über das 65. Lebensjahr hinaus nicht in Betracht kommen. Bei Lebensversicherungen Einberufener, die vor dem 1.9.1939 beantragt worden sind, ist nämlich auf Antrag die Entrichtung des vereinbarten Versicherungsbeitrags gegen Zahlung eines sog. Sicherungsbeitrags - ein Viertel des Versicherungsbeitrags - auszusetzen, wodurch der Versicherungsschutz voll aufrechterhalten wird. Die Geldmittel, die zum Aufbringen des Sicherungsbeitrags erforderlich sind, werden vom Träger des Familienunterhalts als sog. Beihilfe gezahlt (wegen der Gesamtregelung vgl. den Runderlaß vom 5.7.1940, Min.Bl. des Reichs- und Preuß.Mind.d.Innern 1940, Nr. 28 Sp. 1363 ff., insbesondere daselbst Sp. 1392 ff. unter Nr. 105 des Rundschreibens des Reichsaufsichtsamts für Privatversicherung Nr. 49/1939). Diese Regelung besteht noch jetzt. Das Reichsaufsichtsamt hat neuerdings unter dem 3.8.1940 mit Rundschreiben R 49/40 einige Anordnungen für die Aufrechterhaltung von Lebensversicherungen einberufener Handwerker gegeben. Danach kann auch bei solchen Lebensversicherungen zum Sicherungsbeitrag übergegangen werden, wenn die Lebensversicherung erst nach dem 31.8.1939 beantragt worden ist; dies gilt nur für den Teil des vereinbarten Versicherungsbeitrags, der nach dem Handwerkerversorgungsrecht zur Erlangung der Versicherungsfreiheit oder Halbversicherung in der Angestelltenversicherung mindestens notwendig ist. Unter diesen Umständen wird der Handwerker gar nicht genötigt sein, in eine Aufschiebung der Fälligkeit der Versicherungsleistung über das 65. Lebensjahr hinaus zu willigen, weil der notfalls im Rahmen des Familienunterhalts gezahlte Sicherungsbeitrag ohnehin den Versicherungsschutz voll aufrechterhält, wennschon eine solche Aufschiebung der Fälligkeit im Vereinbarungswege nicht verboten ist. Der Satz 2 des § 28 erscheint daher entbehrlich, weil er nur geeignet wäre, dem Bestreben mancher Lebensversicherungsunternehmungen nach einem derartigen Ausgleich für die Verminderung des Versicherungsbeitrags Vorschub zu leisten.

Abschnitt V

Zu § 29: Der Ausschuß schlägt vor, den Abs. 1 des § 29 des Entwurfs der besseren Übersicht halber in zwei Absätze zu teilen, und zwar so, daß der zweite Satz zum Abs. 2 wird. Die in diesem vorgesehene Frist vom 31. Dezember 1940 dürfte nicht ausreichen. Sie wird bis zum Ende des Jahres zu erstrecken sein, das der Kriegsbeendigung folgt.

In einem neuen Absatz 3 schlägt der Ausschuß entsprechend dem Bericht des Reichsversicherungsamts an den Reichsarbeitsminister vom 24. Juli 1940 vor, *folgende Vorschrift* aufzunehmen: "Ist eine wegen Invalidität (Berufsunfähigkeit) gewährte Rente deshalb rechtskräftig entzogen worden, weil der Berechtigte während des Krieges erneut eine Tätigkeit aufgenommen hat, so ist sie auf Antrag wieder zu gewähren." Dieser Zusatz erscheint notwendig, damit nicht eine Rechtsungleichheit bereits rechtskräftig erledigter Fälle und solcher, die künftig gemäß § 21 des Entwurfs behandelt werden, eintritt. Soweit es sich um das im § 21 erwähnte Ruhen handelt, das von Gesetzes wegen eintritt, ist schon dem § 21 selbst zu entnehmen, daß auch rückwirkend ein Ruhen der Rente in den betreffenden Fällen während des Krieges nicht stattfindet. Der bisherige Absatz 2 des § 29 würde alsdann Absatz 4.

Der Ausschuß möchte zu dem Entwurf ferner noch *folgende Anregungen* geben:

1. Ehefrauen, die bisher familienhilfeberechtigt waren, entbehren eines Krankenversicherungsschutzes, wenn sie schuldlos geschieden werden und nicht selbst eine versicherungspflichtige Beschäftigung aufnehmen. Hier wäre eine dem § 313 Abs. 4 RVO entsprechende Regelung angezeigt, dergestalt, daß die schuldlos geschiedene Ehefrau, wenn sie nicht selbst aufgrund eines Reichsgesetzes für den Fall der Krankheit versichert ist, ihrerseits freiwilliges Mitglied werden kann; die Abs. 1 und 2 des § 313 hätten entsprechend zu gelten.

2. Gerade während des Krieges haben sich Schwierigkeiten daraus ergeben, daß in der Invalidenversicherung zu wenig Pflichtbeitragsklassen vorhanden sind, weil nicht selten bisherige Angestellte, z.B. Werkmeister, als Dienstverpflichtete eine invalidenversicherungspflichtige Tätigkeit übernehmen mußten und nun dadurch benachteiligt werden, daß die Pflichtbeitragsklasse 9 unzureichend ist. Hierdurch ergibt sich häufig eine Unterversicherung. Es wäre wünschenswert, daß bereits der vorliegende Entwurf weitere Beitragsklassen einführt, weil eine Verzögerung untragbar erscheint.

3. Infolge der Dienstverpflichtungen tritt bei zahlreichen bisherigen Angestellten der Fall der Wanderversicherung ein. Sie werden später dadurch benachteiligt, daß ihnen der Steigerungsbetrag aus der Invalidenversicherung nach § 1544 g RVO nur insoweit gewährt wird, als er bei dem Ruhegelde 12,- RM, bei der Witwen- und der Witwerrente 6,- RM, bei der Waisenrente 4,80 RM monatlich übersteigt. Insbesondere diese Benachteiligung erscheint nicht mehr tragbar und sollte, wenn irgendmöglich, noch in dem vorliegenden Entwurf abgestellt werden. Erwünscht wäre bei dieser Gelegenheit allgemein eine Überprüfung der vielfach unzulänglichen Vorschriften betreffend die Wanderversicherung.

XIV. Sozialversicherungsrechtliche Stellung der Handelsvertreter (1.12.1940)

Der Ausschuß für Handelsrecht der Akademie für Deutsches Recht hat in einem Unterausschuß für das Recht der Handelsreisenden und Handelsverteter den Entwurf eines Gesetzes über die Rechtsverhältnisse der Handelsvertreter und Handelsreisenden (Handelsvertretergesetz) im April dieses Jahres aufgestellt. Die Prüfung der sozialversicherungsrechtlichen Seite des Rechtsverhältnisses der Handelsvertreter und Handelsreisenden ist in diesem Entwurf nicht mit behandelt. Sie wurde vielmehr dem hierfür zuständigen Sozialversicherungsausschuß der Akademie überwiesen.

Der Sozialversicherungsausschuß hat sich mit dieser Frage in drei Sitzungen ausdrücklich befaßt. Ein Referat und Mitreferat wurden entgegengenommen.

Der Ausschuß hat die gegenwärtige Rechtslage aus der geschichtlichen Entwicklung und dem jetzigen Gesetzesstand heraus eingehend untersucht und kommt aufgrund der hieraus sich ergebenden kritischen Würdigung der praktischen sozialpolitischen Bedürfnisse zu Vorschlägen für eine Änderung des Gesetzes.

I. Geschichtliche Entwicklung und jetzige Rechtslage

Die Sozialversicherungsgesetzgebung hat davon abgesehen, eine besondere Begriffsbestimmung des Handlungsgehilfen für ihr Gebiet zu bringen. Der Begriff des Handlungsagenten ist in den Gesetzen der Sozialversicherung nicht besonders erwähnt, wohl aber derjenige des Handlungsgehilfen im § 165 Abs. 1 Nr. 3 RVO und im § 1 Abs. 1 Nr. 4 AVG. Die ständige Rechtsprechung des Reichsversicherungsamts hat bei der Auslegung dieses Begriffs wie auch bei der Herausarbeitung des Begriffs des Handlungsagenten sich zu der gleichen Begriffsbestimmung bekannt, wie sie § 59 des HGB für den Handlungsgehilfen und § 84 HGB für den Handlungsagenten geben. Die Schwierigkeit besteht aber dabei immer in der Einzelanwendung auf den praktischen Fall. Es ergab sich als wesentliches Unterschiedsmerkmal die Frage, ob ein abhängiges Beschäftigungsverhältnis vorliegt oder nicht. Hierzu sei statt einzelner Aufzählungen von Entscheidungen auf die Zusammenstellung in der Anleitung des Reichsversicherungsamts über den Kreis der in der Krankenversicherung und Invalidenversicherung versicherungspflichtigen Personen Bezug genommen.

Als Parallele sei auch auf die arbeitsrechtliche Behandlung dieser Begriffe hingewiesen, weil sie für die nachstehende Betrachtung ebenfalls eine Rolle spielen kann. Wie schon die Kaufmannsgerichte sich auf denselben Standpunkt stellten, finden wir die gleiche grundsätzliche Stellungnahme auch in der ständigen Rechtsprechung des Reichsarbeitsgerichts. Auf die im Generalregister der Arbeitsrechtssammlung unter den Stichworten "Handlungsgehilfe" und "Handlungsagenten" aufgeführten Entscheidungen des RAG sei verwiesen. Dabei kann hier die Frage außer Betracht bleiben, ob und inwieweit der Begriff der Abhängigkeit im Arbeitsrecht etwa seitens des RAG und seitens des RVA abweichend voneinander oder in Wirklichkeit sachlich gleich gehandhabt wird.

Im Endergebnis beobachten also Sozialversicherung und Arbeitsrecht die gleiche grundsätzliche Abgrenzungslinie.

Begrifflich ist damit die Grenzlinie an sich zwischen Handlungsgehilfen und Handlungsagenten zwar logisch klar. Aber rein tatsächlich führt die Anwendung des Grundsatzes im Einzelfall auf Schritt und Tritt zu Zweifeln.

Reformvorschläge sind im Laufe der Jahre aufgetaucht, die die Handlungsagenten in die Angestelltenversicherung einbezogen sehen wollten. Dies ist nicht geschehen. Insbesondere hat der Reichsarbeitsminister auch davon abgesehen, von der Befugnis Gebrauch zu machen, die er nach § 6 AVG hat, wonach es ihm freisteht, die Versicherungspflicht des AVG auch auf im § 1 AVG nicht erwähnte Person zu erstrecken, die eine ähnliche Tätigkeit wie die im § 1 bezeichneten auf eigene Rechnung ausüben, ohne in ihrem Betrieb Angestellte zu beschäftigen.

II. Der Akademieentwurf eines Handelsvertretergesetzes

Der Entwurf eines Gesetzes über die Rechtsverhältnisse der Handelsvertreter und Handlungsreisenden, der von dem Unterausschuß für das Recht der Handelsreisenden und Handelsvertreter aufgestellt wurde, hatte in seiner ursprünglichen Fassung als Zwischengruppe die Gruppe der arbeitnehmerähnlichen Agenten im § 1 besonders herausgehoben. In der jetzt vorliegenden Fassung des Entwurfs ist im § 1 diese Gruppe nicht behandelt, findet sich aber an einer späteren Stelle im § 28 des Entwurfs als Einfirmenvertreter.

Der Entwurf unterscheidet im § 1 begrifflich diejenigen Vertreter, die noch zur Gefolgschaft des Betriebes gehören und von ihm als Handlungsreisende bezeichnet werden (§ 1 Abs. 2 des Entwurfs). Er versteht darunter Personen, die für einen Unternehmer Geschäfte vermitteln, abschließen oder die Gelegenheit zu Geschäftsabschlüssen nachweisen, wenn sie nicht frei über ihre Arbeitszeit und den Umfang ihrer Tätigkeit verfügen können. In Ansehung dieser Personen sagt der Entwurf ausdrücklich, daß sie keine Handelsvertreter im Sinne des Handelsvertretergesetzes sind, sondern im Angestelltenverhältnis stehen (Handlungsreisende).

Ihnen gegenüber stellt der Entwurf begrifflich die Handelsvertreter und definiert im § 1 Abs. 1 als Handelsvertreter den selbständigen Gewerbetreibenden, der damit betraut ist, für das Unternehmen eines anderen (des vertretenen Unternehmers) ständig Geschäfte zu vermitteln, in dessen Namen abzuschließen oder die Gelegenheit zu Geschäftsabschlüssen nachzuweisen. Die Mittelgruppe, die hier als arbeitnehmerähnliche Agenten bezeichnet sein, greift der Entwurf aber unter der Bezeichnung "Einfirmenvertreter" im § 28 heraus und wendet unter bestimmten Voraussetzungen gewisse Bestimmungen auf sie an, wie wenn sie Angestellte wären. Er sagt: *"Einfirmenvertreter.* Wenn der Handelsvertreter, der nicht in das Handelsregister eingetragen ist, nach dem Vertrag nicht für einen anderen Unternehmer tätig werden darf oder ihm die Übernahme anderer Vertretungen nach der Art seiner Tätigkeit nicht möglich ist, gelten für sein Rechtsverhältnis zum vertretenen Unternehmer hinsichtlich der Wettbewerbsabrede, des Urlaubs, der Zahlung einer Vergütung bei unverschuldeter Dienstverhinderung, den Zeugnissen und der Auskunftserteilung die Vorschriften für Angestellte. § 22 dieses Gesetzes findet auf ihn keine Anwendung."

III. Sozialversicherungsrechtliche Prüfung der Rechtslage mit Vorschlägen für eine gesetzliche Neuregelung

1. Allgemeines, Grundsätzliches: a) Diejenigen Vertreter, die der Entwurf des Handelsvertretergesetzes im § 1 Abs. 2 als *Handlungsreisende* bezeichnet, da sie im abhängigen Arbeitsverhältnis stehen, fallen ohne weiteres in demselben Umfange unter die einzelnen Zweige der Sozialversicherung wie alle anderen Gefolgschaftsmitglieder, die zu den Handlungsgehilfen gehören. Dabei ist besonders für die Krankenversicherung festzuhalten, daß sie unzweifelhaft sich in Gehilfenstellung befinden, also unter den § 165 Nr. 2 oder 3 RVO fallen. Auch für die übrigen Versicherungszweige ist ihre Rechtslage damit klar. Es bedarf insoweit keiner besonderen Vorschriften.

b) Diejenigen Vertreter dagegen, die der § 1 Abs. 1 des Entwurfs des Handelsvertretergesetzes als *Handelsvertreter* definiert, sind selbständige Gewerbetreibende. Sie fallen demgemäß nicht unter die Vorschriften der Sozialversicherung für pflichtversicherte Gefolgschaftsmitglieder, sondern würden ohne Sondervorschriften nur in der Lage sein, von der freiwilligen Versicherung in der Sozialversicherung unter den gesetzlichen Voraussetzungen und in den gesetzlichen Grenzen Gebrauch zu machen. Es ist daher grundsätzlich zu prüfen, ob ein Bedürfnis für die Ausdehnung der Pflichtversicherung auf diesen Personenkreis besteht und wie gegebenenfalls gesetzestechnisch im Fall der Bejahung diese Ausdehnung durchzuführen wäre.

Die Frage spaltet sich in zwei Unterfragen auf. Es kann einmal nämlich die Frage aufgeworfen werden, ob schlechthin alle selbständigen Agenten in das Sozialrecht und in die Sozialversicherung einzubeziehen seien, und es kann die Frage auch begrenzt werden darauf, ob nur die arbeitnehmerähnlichen Vertreter in den Rahmen des Arbeitsrechts und der Sozialversicherung einzubeziehen sind.

Der Akademieentwurf hat, wie schon erwähnt, nur für die Gruppe der arbeitnehmerähnlichen Handelsverteter unter der Bezeichnung "Einfirmenvertreter" im § 28 des Entwurfs eine begrenzte Ausdehnung arbeitsrechtlicher Vorschriften auf sie vorgesehen. Dem Sozialversicherungsausschuß steht es außer Zweifel, daß mindestens für diese Gruppe auch hinsichtlich der Sozialversicherung die Betreuungsbedürftigkeit zu bejahen ist; denn trotz gewisser persönlicher Selbständigkeit sind diese Personen doch ähnlich wie Zwischenmeister, Hausgewerbetreibende und ähnliche Personen in einer Weise tätig, die nicht nur eine starke wirtschaftliche, sondern auch eine dem abhängigen Verhältnis sehr angenäherte persönliche Abhängigkeit zeigt. Die Rechtsprechung des Reichsversicherungsamts hat es zwar ermöglicht, in weitgehendem Maße Vertreter als im abhängigen Beschäftigungsverhältnis stehend zu sehen, da sie weniger die zivilrechtliche Erscheinungsform des Vertrages als vielmehr den tatsächlichen Kern des Beschäftigungsverhältnisses bei der Wertung der Abhängigkeitsmerkmale und der juristischen Betrachtung des Versicherungsverhältnisses der Sozialversicherung ausschlaggebend sein läßt. Gleichwohl bleibt noch ein nennenswerter Teil von Handelsvertretern übrig, die auch nach der Rechtsprechung des Reichsversicherungsamts nicht in den Kreis der Versicherungspflichtigen fallen, aber doch in einem dem abhängigen Arbeitsverhältnis angenäherten Beschäftigungsverhältnis stehen, eben die als arbeitnehmerähnlich zu bezeichnenden Vertreter.

Der Ausschuß ist aber bei Abwägung und eingehender Prüfung der heutigen Rechtslage der Handelsvertreter zu der Auffassung gekommen, daß eine Ausdehnung auf diese begrenzte Gruppe der Handelsvertreter, die der Akademieentwurf im § 28 handels- und arbeitsrechtlich als Einfirmenvertreter heraushebt, für die Sozialversicherung nicht genügt. Vielmehr ist sozialversicherungsrechtlich nach der Überzeugung des Ausschusses zunächst schon die Gruppe der arbeitnehmerähnlichen Handelsvertreter mit der Begrenzung auf die Einfirmenvertreter nicht ganz erfaßt, sondern es ergeben sich solche arbeitnehmerähnlichen Handelsvertreter mit genau derselben versicherungsrechtlichen Betreuungsbedürftigkeit auch bei Beschäftigung für mehrere Firmen. Weiter erscheint es dem Sozialversicherungsausschuß nicht wünschenswert, die Eintragung in das Handelsregister als einen entscheidenden Umstand zu werten, und zwar schon deshalb nicht, weil auf diese Art eine grundlegende sozialversicherungsrechtliche Entscheidung in die Hand des Registerrichters gelegt würde, der bei der Eintragung in das Handelsregister von ganz anderen Gesichtspunkten aus seine Prüfung anzustellen hat. Die sozialversicherungsrechtlichen Belange dieses Berufskreises würden damit nicht ausreichend gewahrt werden. Bedenklich würde dies auch weiter aus dem Grunde sein, weil der arbeitnehmerähnliche Handelsvertreter seine Eintragung ins

Handelsregister veranlassen könnte, um dadurch den Versicherungsschutz zu umgehen. Für die Zwecke der Sozialversicherung wäre es nicht tragbar, wenn das Einsetzen des Versicherungsschutzes auf dem Wege über die Eintragung ins Handelsregister vom Belieben der Beteiligten abhängig gemacht wäre.

Der Ausschuß ist aber darüber hinaus an Hand der Entwicklung des Wirtschaftslebens zu der Ansicht gelangt, daß die Betreuungsbedürftigkeit der Handelsvertreter auch nicht bei diesem eben umrissenen, erweiterten Kreis der arbeitnehmerähnlichen Handelsvertreter halt macht. Vielmehr zeigen die Lebensverhältnisse, daß auch Handelsvertreter, die sich in irgendeinem Zeitabschnitt ihres Arbeitslebens in einer ausreichend gefestigten Vertreterstellung mit gutem Einkommen befinden, durch Änderung der Wirtschaftsverhältnisse und Umschichtungen in den Berufen, insbesondere in einer Zeit wirtschaftlicher Umbildung wie der gegenwärtigen, unvorhergesehen ihre Berufsstellung verlieren können und dann mindestens ebenso sozialrechtlich betreuungsbedürftig sind wie Handelsvertreter, die als Gefolgschaftsmitglieder in ein Unternehmen eingegliedert sind oder zeitlebens in Stellungen mit geringem Einkommen zwar selbständig, aber als arbeitnehmerähnliche Vertreter tätig gewesen sind. Tritt an solche die Berufsunfähigkeit, Krankheitsfall oder das Alter heran, so kann es der nationalsozialistische Staat nicht verantworten, nicht auch über sie seine betreuende Hand zu halten. Was die amtliche Begründung zum Handwerkerversorgungsgesetz insoweit ausführt, nämlich, daß oft die Hoffnung sich als trügerisch erweist, sich in gesunden Tagen so viel Ersparnisse ansammeln zu können, um die Familie später vor Not zu schützen, gilt entsprechend auch hier.

Aus dieser Grunderwägung heraus hat der Ausschuß nun geprüft, ob in den einzelnen Versicherungszweigen der Sozialversicherung gleichmäßig dem Grunde nach dieses Betreuungsbedürfnis anzuerkennen und demgemäß eine Ausdehnung der Pflichtversicherung in diesen weiteren Rahmen vorzuschlagen ist und ferner, in welcher Weise im einzelnen gesetzgeberisch dieses Ziel zu erreichen wäre.

2. Einzelprüfung nach Versicherungszweigen. Der Ausschuß hat eine Einzelprüfung nach den einzelnen Zweigen der Versicherung vorgenommen und ist hierbei zu folgenden Ergebnissen gelangt:

A. Krankenversicherung. a) Die grundsätzliche Ausdehnung der Versicherungspflicht auf die Handelsvertreter wird vom Ausschuß aus den oben angestellten allgemeinen Erwägungen bejaht. Es besteht ohne Zweifel ein erhebliches Bedürfnis dafür, daß im Erkrankungsfall ihnen die soziale Betreuung der Krankenversicherung zugute kommt.

b) Formell würde eine solche Gesetzesbestimmung in den § 165 a RVO aufzunehmen sein; denn alle Personen, die nicht im abhängigen Beschäftigungsverhältnis stehen, sind in der Krankenversicherung aus dem § 165 in der jetzigen Fassung herausgenommen und in dem neuen § 165 a RVO untergebracht. Dort wären die Handelsvertreter zweckmäßig unter einer neuen Nr. 5 anzufügen. Die Fassung dürfte demnach folgendermaßen zu lauten haben: "Im § 165 a der Reichsversicherungsordnung wird folgende Nr. 5 angefügt: 5. Handelsvertreter."

B. Unfallversicherung. a) Ein Bedürfnis nach der Unfallversicherung solcher Vertreter ist ganz besonders zu bejahen. Bringt doch gerade diese Tätigkeit sehr oft die Gefahr von Unfällen mit sich.

b) Formell dürfte es nicht genügen, etwa wie bei den Hausgewerbetreibenden der gewerblichen Unfallversicherung (§ 548 Nr. 2 RVO), lediglich die Möglichkeit einer Ausdehnung des Versicherungszwangs durch Satzung der Berufsgenossenschaft vorzusehen. Dem Bedürfnis dürfte besser allgemein entsprochen werden, wenn das Gesetz selbst hier den Versicherungszwang ausspricht.

Demgemäß dürfte im *§ 544* folgender Abs. 3 einzufügen sein, wobei dann der jetzige Abs. 3 zum Abs. 4 wird: "Im Sinne des Abs. 1 gelten als versichert auch Handelsvertreter."

C. Invalidenversicherung. Die Invalidenversicherung kommt nicht in Frage; denn die Handelsvertreter fallen ihrer Art nach unter die Berufsgruppen der Angestelltenversicherung.

D. Angestelltenversicherung. a) Das Bedürfnis für Ausdehnung des Versicherungszwangs ist oben schon grundsätzlich bejaht worden.

b) Formell würde nicht § 1 des Angestelltenversicherungsgesetzes, sondern § 4 als diejenige Gesetzesstelle in Frage kommen, zu der die Änderung vorzuschlagen wäre; denn hier sind diejenigen Personen aufgeführt, die trotz mangelnden Gefolgschaftsverhältnisses den im § 1 behandelten Angestellten vom Gesetz gleichgestellt sind. Zwar würde § 6, der der Reichsregierung die Möglichkeit gibt, die Versicherung auf solche Personen, die außerhalb des § 1 liegen, im Verordnungswege zu erstrecken, auch in Frage kommen. Vorzuziehen wäre aber wohl der Weg des § 4.

Demnach dürfte folgende Änderung des Angestelltenversicherungsgesetzes nötig sein: "Im *§ 4* des Angestelltenversicherungsgesetzes wird folgende Nr. 4 eingefügt: 4. Handelsvertreter."

Mit diesen Vorschlägen befindet sich der Ausschuß auch in der Linie, die durch das Handwerkerversorgungsgesetz bereits angebahnt ist. Er glaubt aber grundsätzlich, den dort beschrittenen Weg einer Ablösungsmöglichkeit der Sozialversicherung durch eine wahlweise statt dessen mögliche private Lebensversicherung sowie auch den dort beschrittenen Weg der Möglichkeit einer Halbversicherung aufgrund einer privaten Lebensversicherung nicht empfehlen zu sollen.

E. Knappschaftsversicherung. a) Eine Änderung des Knappschaftsgesetzes dürfte kaum in Frage kommen, da Handelsvertreter im Bereiche der knappschaftlichen Betriebe wohl kaum nennenswert vorkommen. Sollte dies doch der Fall sein, so würde nur ein Zusatz zur knappschaftlichen Krankenversicherung in Betracht kommen.

b) Formell dürfte dieser Zusatz zu lauten haben: "§ 1 des Knappschaftsgesetzes erhält folgenden Abs. 3: (3) den Angestellten stehen hinsichtlich der Krankenversicherung die Handelsvertreter gleich."

F. Arbeitslosenhilfe. Die Handelsvertreter würden nicht etwa ohne weiteres in die Arbeitslosenversicherung fallen, wenn in der oben vorgeschlagenen Weise ihre Kranken- und Angestelltenversicherung eingeführt würde; denn in der neuen Fassung des § 69 AVAVG werden nur die "als Arbeiter oder Angestellter" pflichtversicherten Personen ohne weiteres nach Maßgabe des § 69 Nr. 1 und 2 unter die Arbeitslosenversicherungspflicht gestellt, aber nicht wie in der früheren Fassung des Gesetzes schlechthin alle in der Krankenversicherung bzw. Angestelltenversicherung Versicherungspflichtigen, einerlei, ob sie Gefolgschaftsmitglieder oder selbständig sind.

Es würde deshalb einer besonderen Ausdehnung der Versicherungspflicht auf sie bedürfen, wenn man dies sozialpolitisch für wünschenswert hielte. Die Frage ist, da die Arbeitslosenversicherung keine Versicherung mehr ist, sondern mehr eine Arbeitseinsatzabgabe, sozialpolitisch zu entscheiden.

Der Ausschuß verneint die Frage und schlägt vor, aus den gleichen Gründen, aus denen die Aufnahme der selbständigen Handwerker trotz Einführung der Handwerkerversicherung seinerzeit in das AVAVG nicht vorgenommen wurde, auch in der gleichen Weise von der Einbeziehung der Handelsvertreter abzusehen. Einer besonderen Bestimmung im AVAVG bedarf es hierfür nicht.

XV. Gewährung von Steigerungsbeträgen für Zeiten des besonderen Einsatzes der Wehrmacht (3.12.1940)

Die Rentenversicherung der Arbeiter und Angestellten sowie die knappschaftliche Pensionsversicherung während der Zeit des besonderen Einsatzes der Wehrmacht ist in der VO vom 13.10.1939 (RGBl. I, S. 2030) geregelt. Nach § 1 derselben sind sämtliche Bezüge der Angehörigen der Wehrmacht während des jetzigen besonderen Einsatzes nicht Entgelt im Sinne des § 160 RVO. Für sie sind daher keine Beiträge zu entrichten. Jedoch werden nach § 3 Abs. 1 aaO. den Versicherten nach Eintritt des Versicherungsfalls für die Zeit des besonderen Einsatzes aus Mitteln des Reichs Steigerungsbeträge gewährt, deren Höhe später festgesetzt wird. Sind für diese Zeit Beiträge entrichtet worden, so werden für sie Steigerungsbeträge neben denen des Abs. 1 gewährt (§ 3 Abs. 2 aaO.). § 4 sieht den Erlaß der näheren Vorschriften durch den Reichsarbeitsminister im Einvernehmen mit dem Chef des Oberkommandos der Wehrmacht und dem Reichsminister der Finanzen vor. Bisher ist indessen die Höhe der Steigerungsbeträge nicht festgesetzt worden.

Der Reichsverband Deutscher Rentenversicherungsträger hat in seinem an den Reichsarbeitsminister gerichteten, dem Ausschuß abschriftlich zugeleiteten Schreiben vom 8.11.1940 - St.A. 53/40 - 313/1 - angeregt, die Höhe der Steigerungsbeträge alsbald festzusetzen, und vorgeschlagen, für die Anrechnung die Beitragsklasse maßgebend sein zu lassen, in der der letzte Pflichtbeitrag vor der Einberufung zur Wehrmacht aufgrund des besonderen Einsatzes entrichtet ist.

Soweit der Reichsverband die alsbaldige Festsetzung der Steigerungsbeträge überhaupt anstrebt, deckt sich seine Anregung mit dem Beschluß des Ausschusses in dem Gutachten zu dem Entwurf eines Gesetzes über Maßnahmen in der Reichsversicherung aus Anlaß des Krieges zu § 24 desselben. Dort ist ebenfalls die Festsetzung der Höhe der Steigerungsbeträge als dringlich bezeichnet und angeregt, gegebenenfalls vorschußweise Steigerungsbeträge nach Klasse III zu gewähren.

Dagegen ist die Frage noch offen, in welcher Höhe die Steigerungsbeträge festgesetzt werden sollen. Hinsichtlich der im Weltkrieg von 1914/1918 zurückgelegten Kriegsdienstzeiten regelt die VO zur Durchführung des Ausbaugesetzes vom 1.9.1938 (RGBl. I, S. 1142) die Angelegenheit so, daß nach ihrem § 2 Steigerungsbeträge aus der Invalidenversicherung nach den Sätzen der zweiten Klasse zu gewähren sind. Aus § 119 Abs. 1 des Ausbaugesetzes ergab sich das Erfordernis, daß die Versicherung schon vorher bestanden hatte. In der Angestelltenversicherung werden für die vollen Kalendermonate der Teilnahme am Weltkrieg Steigerungsbeträge nach der Gehaltsklasse gewährt, in der der Versicherte vor Ableistung der Kriegsdienste zuletzt Beiträge zur Angestelltenversicherung entrichtet hatte.

In der Denkschrift vom 1. Juni 1939, betr. die Anrechnung von Kriegs-, Militär- und Arbeitsdienstzeiten in der Rentenversicherung forderte das Sozialamt der Deutschen Arbeitsfront die Berechnung der Steigerungsbeträge der Invalidenversicherung Klasse insbesondere für die Kriegsdienstzeit in einer höheren Klasse als bisher, etwa in der Lohnklasse V. Die rentensteigernde Anrechnung müsse auch erfolgen, wenn vorher noch keine Versicherung bestanden habe.

Im Ausschuß wurde einstimmig die Auffassung vertreten, daß zwar letztere Forderung zu weit gehe, daß aber die Klasse II für die Steigerungsbeträge während der Zeit des besonderen Einsatzes der Wehrmacht nicht in Betracht kommen könne, weil sie viel zu niedrig sei. Erörtert wurde weiterhin die Frage, ob für die Anrechnung insoweit überhaupt eine feste Beitragsklasse vorgeschlagen werden solle oder ein aus allen entrichteten Beiträgen errechneter Durchschnittsbetrag anzunehmen sei oder ob nicht vielmehr, wie bisher schon in der AV, von dem letzten Pflichtbeitrag vor der Einberufung zur Wehrmacht auszugehen sei. Der letzteren Auffassung wurde als der den Versicherten günstigsten der Vorzug gegeben mit der Maßgabe, daß zur Vermeidung von Härten für den Fall, daß gerade der letzte Pflichtbeitrag besonders niedrig sei, eine Mindestbeitragsklasse festzusetzen sei, in der alsdann die Kriegsdienstzeiten angerechnet würden, und zwar die vierte Klasse. Von der Zugrundelegung eines Durchschnittsbeitrags wurde schon deshalb abgesehen, weil seine Errechnung erhebliche Verwaltungsarbeit machen würde.

Sind nur freiwillige Beiträge geleistet, d.h. also im Falle der Selbstversicherung, so werden die Steigerungsbeträge grundsätzlich ebenfalls nach dem letzten vor der Einberufung entrichteten Beitrag bemessen. Eine Mindestgrenze für die anzurechnende Beitragsklasse erscheint hier nicht erforderlich, weil die freiwilligen Beiträge meist nur niedrig sind und überdies vielfach nicht für das ganze Jahr fortlaufend, sondern nur in der zur Erhaltung der Anwartschaft unbedingt notwendigen Anzahl geleistet werden. Da aber für die Zeit vor der Einberufung in gewissen Grenzen freiwillige Beiträge auch nachher noch geleistet werden können, bestände die Möglichkeit, durch spätere Entrichtung nur eines möglichst hohen freiwilligen Beitrags unverhältnismäßig hohe Steigerungssätze herauszuschlagen. Daher soll hier die vierte Klasse die Höchstgrenze bilden.

Eine besondere Regelung erforderte ferner der Fall der Wanderversicherung, bei der grundsätzlich nur ein Steigerungsbetrag, und zwar der höchste aus den verschiedenen Versicherungszweigen gewährt werden soll mit Ausnahme der Steigerungsbeträge aus der knappschaftlichen Pensionsversicherung und der Invalidenversicherung, die nebeneinander zu leisten wären.

Neben diesen Steigerungsbeträgen müssen aus den für die Zeit der Einberufung etwa geleisteten freiwilligen Beiträgen, die hauptsächlich doch nur die Rentensteigerung bezwecken, entsprechend dieser Zweckbestimmung auch hierfür Steigerungsbeträge gewährt werden.

Der Ausschuß schlägt daher folgende Fassung (hierzu Gesetz vom 8.10.1941, RGBl. I, 1941, S. 634) vor:

1. Für die Anrechnung ist die Beitragsklasse maßgebend, in der der letzte Pflichtbeitrag vor Einberufung zur Wehrmacht aufgrund ihres besonderen Einsatzes entrichtet ist, mindestens aber die vierte Klasse.

2. Liegen nur freiwillige Beiträge vor, so ist ebenfalls der letzte vor der Einberufung entrichtete Beitrag maßgebend, höchstens aber die vierte Klasse.

3. Hat ein Versicherter mehreren Versicherungszweigen angehört, so wird der Steigerungsbetrag nur aus dem Versicherungszweige gewährt, in dem er am höchsten ist. Die Steigerungsbeträge aus der knappschaftlichen Pensionsversicherung der Arbeiter und der Rentenversicherung der Arbeiter sind jedoch nebeneinander zu leisten.

4. Sind für die Zeit der Einberufung freiwillige Beiträge entrichtet, so werden für sie Steigerungsbeträge neben denen der vorstehenden Absätze gewährt.

XVI. Gutachten über die Frage der sozialversicherungsrechtlichen Behandlung von entgeltlosen Zeiten im Arbeitsverhältnis (31.3.1941)

Die vorstehende Frage läßt sich für die einzelnen Zweige der Sozialversicherung nicht einheitlich beantworten, da in der Krankenversicherung einerseits und in den Rentenversicherungen andererseits die rechtlichen und tatsächlichen Verhältnisse verschieden liegen.

A. Krankenversicherung

Hier wird grundsätzlich für die Annahme der Versicherungspflicht eine Beschäftigung gegen Entgelt vorausgesetzt. Das Beschäftigungsverhältnis besteht regelmäßig, solange das Gefolgschaftsmitglied rechtlich und tatsächlich zur Verfügung des Betriebsführers steht. Es erlischt nach der Rechtsprechung des RVA aber auch dann nicht, wenn zwar die tatsächliche Beschäftigung endigt, jedoch der Arbeitsvertrag und die Dienstbereitschaft des Gefolgschaftsmitgliedes weiter bestehen (RVA, Gr.Sen. 3102 AN. 1927, S. 581 = EuM. Bd. 21, S. 305). Voraussetzung für den Fortbestand des versicherungspflichtigen Beschäftigungsverhältnisses sind danach im allgemeinen die Dienstbereitschaft des Gefolgschaftsmitglieds einerseits und dessen Entgeltsanspruch andererseits. Indessen kommt diesen beiden Voraussetzungen nicht das gleiche rechtliche Gewicht zu.

a) Fehlt die Dienstbereitschaft des arbeitsfähigen Gefolgschaftsmitgliedes, so endet jedenfalls das versicherungspflichtige Beschäftigungsverhältnis, auch wenn der Betriebsführer noch einen vertraglichen Anspruch auf die Arbeitsleistung hat und bei dessen Verwirklichung zur Fortzahlung des Entgelts bereit wäre. Dies ist der Fall bei Vertragsbruch des Gefolgschaftsmitglieds, das die Arbeit verläßt; hier ist ohnehin ein soziales Schutzbedürfnis zu verneinen. Aber auch bei sogenannten "Werksbeurlaubten", die sich nicht dienstbereit zu halten brauchen, fehlt schon insoweit ein wesentliches Merkmal eines bestehenden Beschäftigungsverhältnisses (vgl. die Entsch. d. RVA in EuM. Bd. 22, S. 133) und ist auch kein besonderes Bedürfnis nach einem Weiterbestehen des bisherigen Versicherungsschutzes anzuerkennen, weil die werksbeurlaubten Arbeiter hinsichtlich der Verwertung ihrer Arbeitskraft grundsätzlich frei sind und der Verfügung des bisherigen Arbeitgebers nicht mehr unterstehen. Aus diesen Gründen unterliegen auch Arbeiter bei einer eigentlichen Betriebsstillegung nicht mehr der Versicherungspflicht (Entsch. d. RVA in EuM. Bd. 31, S. 117), wobei ohnehin Stillegungen erst dann verfügt zu werden pflegen, wenn die anderweitige Unterbringung der Arbeitskräfte geprüft ist. Ähnliches gilt für die regelmäßigen großen Winterpausen im Pflaster- und Maurergewerbe und gleichliegende Verhältnisse (vgl. dazu die Entsch. d. RVA 2233 II AN. 1916, S. 588 = EuM. Bd. 8, S. 45 und 3983 II AN. 1931, S. 70 = EuM. Bd. 29, S. 245). Alle diese Fälle bedürfen hier keiner weiteren Erörterung.

Eine besondere Regelung hat schließlich der Fall der Arbeitsunfähigkeit in den §§ 311, 383 RVO erfahren; das Gleiche gilt für nicht arbeitende Schwangere und Wöchnerinnen im Sinne des § 311 RVO. Hier fehlt zwar objektiv die Dienstbereitschaft, dagegen besteht das Bedürfnis nach Versicherungsschutz weiter; aber ihm ist in den angeführten Vorschriften ausreichend Rechnung getragen, so daß auch diese Fälle hier außer Betracht zu bleiben haben.

b) Es gibt aber häufig Fälle entgeltloser Zeiten im Arbeitsverhältnis, bei denen sowohl die tatsächliche Beschäftigung als auch der Entgeltbezug eingestellt sind, das Gefolgschaftsmitglied jedoch für die Zukunft wieder dienstbereit ist und auch der Betriebsführer Wert darauf legt, sich die

Arbeitskraft des Gefolgschaftsmitglieds für spätere Zeit zu erhalten, ihn also nicht dem Arbeitseinsatz zur Verfügung stellen, sondern das Beschäftigungsverhältnis als solches aufrechterhalten will. Dieses Bestreben ist in Zeiten starken Mangels an Arbeitskräften vielfach vorhanden und trotz der gebotenen Rücksicht auf den Arbeitseinsatz nicht durchweg rechtlich zu mißbilligen, weil ihm anzuerkennende betriebliche Notwendigkeiten einerseits, ein berechtigtes Zusammengehörigkeitsgefühl des Betriebsführers und seiner Gefolgschaft andererseits zugrunde liegen können. Alsdann ist auch das Versicherungsband und damit der soziale Versicherungsschutz nach Möglichkeit zu erhalten, solange die Entgeltlosigkeit andauert. Solche Fälle können aus verschiedener Veranlassung gegeben sein. Drei Gruppen lassen sich im wesentlichen unterscheiden:

1. Die entgeltlose Zeit ergibt sich aus besonderen Verhältnissen des Betriebes, z.B. schlechtes Wetter behindert zeitweise die Weiterarbeit, oder, wie bei großen Bauvorhaben, auswärts wohnende Gefolgschaftsmitglieder werden in der Zeit zwischen Weihnachten und Neujahr ohne Arbeitsentgelt vom Dienst befreit. Diese Fälle haben gerade in letzter Zeit Erörterungen über die sozialversicherungsrechtliche Behandlung hervorgerufen. Ein weiteres Beispiel wäre etwa die Entgeltlosigkeit als Folge einer volkswirtschaftlich gerechtfertigten Schließung des Betriebes in der Zeit zwischen Weihnachten und Neujahr oder infolge vorübergehenden Materialmangels.

2. Die entgeltlose Zeit beruht auf Ursachen, die zwingend einseitig in der Person des Gefolgschaftsmitgliedes gegeben sind, so namentlich bei Einberufung zu vormilitärischer Ausbildung und zu kurzfristigen militärischen Übungen, zum Dienst als Luftschutzpflichtiger, als Notdienstpflichtiger oder als Dienstpflichtiger, ferner z.B. bei Internierung von Gefolgschaftsmitgliedern inländischer Betriebe im Ausland.

3. Die entgeltlose Zeit beruht auf einer ausdrücklichen oder den Umständen zu entnehmenden Übereinkunft zwischen dem Betriebsführer und dem Gefolgschaftsmitglied. Es wird sich dabei meist um unbezahlten Urlaub handeln, den das Gefolgschaftsmitglied aus besonderem Grunde erbittet, sei es, um sich in Verlängerung des bezahlten Urlaubs ausgiebiger zu erholen, sei es, um in der eigenen Landwirtschaft oder im eigenen Haushalt dringliche Arbeiten zu besorgen oder andere eigenwirtschaftliche Angelegenheiten zu erledigen oder aus sonstigen persönlichen Gründen, z.B. bei arbeitenden Kriegerfrauen, die für die Zeit des Heimaturlaubs ihrer im Heeresdienst stehenden Ehemänner dienstfrei sein wollen, oder zwecks Fortbildung auf einem Sondergebiet. Einen hierher gehörigen Fall behandelt auch die Entsch. d. RVA 2789 II AN. 1924, S. 84 = EuM. Bd. 16, S. 11, in dem der Betriebsinhaber, der in der stillen Geschäftszeit selbst auf eine Erholungsreise geht, mit seinen Gefolgschaftsmitgliedern im Anschluß an ihren tarifmäßigen Urlaub noch einen unbezahlten Urlaub bis zu seiner Rückkehr vereinbart.

c) Ein wesentlicher Teil der zu b) aufgeführten Fälle hat allerdings durch Sondervorschriften seine Erledigung gefunden. So regelt der Erlaß des RAM vom 2.12.40 (AN. 1940, S. 427) unter Ziffer IV die Krankenversicherung der bei auswärtigen Bauvorhaben beschäftigten Gefolgschaftsmitglieder, Dienstverpflichteten und Gleichgestellten während der unbezahlten Freistellung in der Weihnachts- und Neujahrswoche in der Weise, daß sich die Leistungen und Beiträge nach dem bisherigen Grundlohn bemessen; die Beiträge hat für diese Zeit und in dieser Höhe der Unternehmer allein zu tragen, und zwar auch den Arbeitnehmeranteil; die Beitragspflicht zur Arbeitslosenversicherung (jetzt Reichsstock für Arbeitseinsatz) ruht. Eine entsprechende Bestimmung hat der Erlaß des RAM vom 27.12.1940 (AN. 1941, S. 36) für eine Schlechtwetterregelung getroffen.

Teilnahme an einer kurzfristigen Ausbildung oder einer Übung der Wehrmacht berührt nach § 209 b RVO eine bestehende Versicherung nicht; jedoch ruht die Beitragspflicht und die Versichertenkrankenhilfe; das gilt auch schon für einen gewissen entgeltlosen Zeitraum zwischen der tatsächlichen Beendigung der Arbeit und dem Einberufungstage (Erlaß des RAM vom 5.3.1940, AN. 1940, S. 106); für die Familienhilfe wird die Krankenkasse in angemessenem Umfang durch das Reich schadlos gehalten (vgl. dazu neuerdings auch den Erlaß des Reichsarbeitsministers vom

17.2.1941 AN. 1941, S. 106). Die VO vom 11.11.39 (RGBl. I, S. 2181, AN. 1939 S. 516) regelt die Sozialversicherung einberufener Luftschutzdienstpflichtiger; bei einer langfristigen Heranziehung (über zwei Arbeitstage) zu Ausbildungsveranstaltungen oder Übungen hat der Arbeitgeber die Beiträge allein zu tragen; die Beitragspflicht zum Reichsstock für Arbeitseinsatz ruht. Besonderes gilt weiterhin für die Krankenversicherung der Notdienstpflichtigen und Dienstverpflichteten, soweit dort ähnliche Verhältnisse vorkommen (vgl. die Darstellung der Rechtslage von *Grünewald,* in AN. 1939, S. 508 ff.). Auf im Ausland internierte Gefolgschaftsmitglieder inländischer Betriebe findet 209 b RVO Anwendung, ebenso auf an der Rückkehr verhinderte Besatzungsmitglieder deutscher Handelsschiffe und sonstige deutsche Staatsangehörige (Anordnung des RAM vom 23.12.1940, AN. 1941, S. 19). Eine weitere Gruppe von Fällen erzwungener Arbeitsruhe infolge von Fliegeralarm oder infolge von Beschädigung durch Luftangriffe hat sich sozialversicherungsrechtlich dadurch erledigt, daß die Gefolgschaftsmitglieder vom Betrieb als Arbeitsentgelt anzusehende Vergütungen erhalten, nach denen die Sozialversicherungsbeiträge ebenso zu entrichten sind wie vom sonstigen Arbeitsentgelt; die Unternehmer erhalten dafür Ersatz durch die Arbeitsämter (Erlaß des RAM vom 20.11.1940, AN. 1940, S. 410).

d) Hiernach beschränkt sich die weitere Erörterung, abgesehen von einigen praktisch nicht sehr bedeutsamen Fällen entgeltloser Zeiten im Arbeitsverhältnis, hervorgerufen namentlich durch meist ohnehin kurzfristige Betriebspausen, im wesentlichen auf die Zeiten unbezahlten Urlaubs, hinsichtlich deren allerdings die Rechtsprechung des Reichsversicherungsamts bereits weitgehende Klärung gebracht hat.

I. Bei Zeiten unbezahlten Urlaubs liegt durchweg eine ausdrückliche oder doch den Umständen zu entnehmende Vereinbarung zwischen dem Betriebsführer und dem Gefolgschaftsmitglied vor dahingehend, daß während einer bestimmten Zeit zwar der erstere von der Verpflichtung zur Lohnzahlung, letzterer von der Verpflichtung zur Arbeitsleistung frei wird, daß aber dadurch das Beschäftigungsverhältnis nicht beendet werden soll, vielmehr nach Ablauf der Urlaubszeit wieder fortgesetzt wird. Das RVA hat sich in ständiger Rechtsprechung (vgl. u.a. die schon erwähnte grundsätzliche Entscheidung 2789 II, AN. 1924, S. 84 = EuM. Bd. 16, S. 11 und in neuester Zeit die Entscheidung vom 20.1.1939, IIa K 65/38, abgedruckt bei *Langewort-Rink*, "Rechtsprechung zur Krankenversicherung" 1939, Lieferung 1, sowie die Entscheidung vom 18.12.1940, IIa K 79/39) auf den Standpunkt gestellt, die Annahme eines versicherungspflichtigen Lohnarbeitsverhältnisses werde nicht dadurch ausgeschlossen, daß für die Zeit einer verhältnismäßig nicht zu langen Unterbrechung der Arbeitsleistung, in der das Beschäftigungsverhältnis fortdauert, z.B. im Falle der Entscheidung 2789: 31 Tage, auch noch bis zu 5 Wochen, wie die Gründe darlegen, kein Entgelt gezahlt wird, so z.B. während einer Zeit unbezahlten Urlaubs. Vielmehr bestehe hier das Beschäftigungsverhältnis seinem Wesen nach als ein entgeltliches fort; bei der Unterbrechung der Arbeitsleistung komme es nicht ausschlaggebend darauf an, ob für diese Zeit Lohn gezahlt werde, sondern nur darauf, ob ein Arbeitsverhältnis gegen Entlohnung vorliege, ob also vor und nach der Unterbrechung der Arbeitsleistung eine die Erfüllung der Beitragspflicht ermöglichende Lohnzahlung stattfinde. Gegebenenfalls sei das Beschäftigungsverhältnis trotz der Unterbrechung als eine fortlaufende Einheit anzusehen. Alsdann besteht auch während der durch einen unbezahlten Urlaub hervorgerufenen entgeltlosen Zeit Versicherungspflicht, und entsprechendes wird für sonstige nicht anderweit geregelte unbezahlte Arbeitsunterbrechungen zu gelten haben (z.B. Weihnachtspause: Entsch. d. RVA vom 26.9.1921, EuM.Bd. 14, S. 69; zu dieser Frage vgl. auch *Dersch,* Zentralblatt f. RVA 1935, S. 411).

II. Wenn allerdings der entgeltlose Zeitraum so lang ist, daß von einem einheitlichen Beschäftigungsverhältnis der Natur der Sache nach und mit Rücksicht auf die Anforderungen des Arbeitseinsatzes nicht mehr gesprochen werden kann, so zerreißt auch das Versicherungsband. Hier entscheiden zur Zeit mangels besonderer gesetzlicher Regelung die Umstände des einzelnen

Falles (bei zweimonatiger Unterbrechung Beendigung des Beschäftigungsverhältnisses angenommen: Gründe der Entsch. 2789).

III. Soweit aber ein einheitliches Beschäftigungsverhältnis anzunehmen ist, bleibt während der entgeltlosen Zeit der volle Versicherungsschutz bestehen, d.h. bei Eintritt des Versicherungsfalles in dieser Zeit erhält der Versicherte die vollen Kassenleistungen. Dementsprechend sind nach geltendem Recht für diese Zeit grundsätzlich auch Beiträge zu zahlen. Streitig war allerdings die Frage, welcher Grundlohn für Leistungen und Beiträge anzunehmen sei (§§ 180, 385 RVO). Das RVA hat in der bereits erwähnten, im Spruchverfahren ergangenen Entscheidung vom 18.12.1940, II a K 79/39 *folgenden Grundsatz* aufgestellt: "Wenn die Satzung einer Krankenkasse vorsieht, daß als Grundlohn der auf den Kalendertag entfallende Teil des Arbeitsverdienstes im Durchschnitt der letzten 4 Wochen vor dem Tage des Versicherungsfalles gilt, so ist, wenn in diese Zeit unbezahlter Urlaub fällt, der Arbeitsverdienst zugrunde zu legen, der in den letzten 4 Wochen bei tatsächlich geleisteter, ununterbrochener Arbeit erzielt worden wäre." Diese Lösung wird damit begründet, daß das Wesen des einheitlichen, fortlaufenden Beschäftigungsverhältnisses auch eine entsprechende einheitliche Festsetzung des Grundlohns verlange, so daß sich trotz des zeitweiligen Lohnausfalles nichts an dem Grundlohn des Versicherten ändere. Dieser Auffassung wird zuzustimmen sein mit der Maßgabe, daß, wenn eine solche Satzungsbestimmung ausnahmsweise nicht getroffen sein sollte, der letzte Grundlohn vor der entgeltlosen Zeit weiter gilt, und zwar für Leistungen und Beiträge (wegen der letzteren vgl. die im wesentlichen von den gleichen Erwägungen wie die Entsch. vom 18.12.1940 geleitete, im Beschlußverfahren ergangene grundsätzliche Entscheidung des Beschlußsenats des RVA vom 12.2.1941, II k 48/40 BS).

IV. Insoweit während der entgeltlosen Zeit ein einheitliches, fortlaufendes Beschäftigungsverhältnis vorliegt und daher die Versicherungspflicht fortbesteht, findet bei ausnahmsweiser, von den Beteiligten zunächst nicht vorgesehener Nichtwiederaufnahme der Arbeit nach Ablauf der entgeltlosen Zeit gegebenenfalls noch § 214 RVO Anwendung.

V. Während die Höchstdauer einer noch dem Versicherungsschutz unterstellten entgeltlosen Zeit im Arbeitsverhältnis nicht festgelegt ist (vgl. oben zu I und II), erfahren die Fälle, in denen die Arbeitsunterbrechung sich nicht auf eine volle Woche (Lohnwoche) erstreckt, sondern in denen der Versicherte nur an einzelnen Tagen der Woche mit der Arbeit aussetzt, eine rechtliche Sonderbehandlung. Eine besondere Vorschrift für derartig kurze Arbeitsunterbrechungen enthält schon § 317 Abs. 2 RVO insofern, als bei kürzeren Unterbrechungen als eine Woche bei Fortzahlung der Beiträge die Abmeldung unterbleiben kann. Schon daraus kann gefolgert werden, daß so kurzfristige Unterbrechungen die Rechtslage nicht umgestalten sollen. Arbeitet freilich der Versicherte regelmäßig nur einige Tage in der Woche (Lohnwoche), erhält er aber das Entgelt wöchentlich, so wird bei der Berechnung des Grundlohns praktisch von dem gesamten tatsächlichen Wochenverdienst ausgegangen; der siebente Teil davon bestimmt den Grundlohn. Handelt es sich aber um gelegentlich kurzfristige entgeltlose Arbeitsunterbrechungen innerhalb einer Woche (Lohnwoche), so bleiben die Lohnausfälle bei der Grundlohnfestsetzung einfach außer Betracht. Die Berücksichtigung der Lohnwoche ist notwendig, weil sie in vielen Betrieben sich nicht mit der Kalenderwoche deckt.

e) I. Der Ausschuß hat zunächst die Frage erörtert, ob bei dieser Rechtslage überhaupt noch ein Bedürfnis besteht, eine Änderung im Wege der Gesetzgebung eintreten zu lassen. Dann käme in erster Linie eine Befreiung von der Beitragspflicht während der entgeltlosen Zeit in Betracht, die zugleich ohne besondere Regelung die Beitragspflicht zum Reichsstock für Arbeitseinsatz in Wegfall brächte. Alsdann müßten aber die Krankenkassen bei Eintritt des Versicherungsfalles leisten, ohne eine entsprechende Gegenleistung zu erhalten. Glaubte man, ihnen dieses Opfer zumuten zu können, so bedürfte es wiederum gewisser gesetzlicher Sicherungen, um dieses Opfer in einigermaßen tragbaren Grenzen zu halten, und zwar durch Einführung einer Mindest- und

Höchstdauer der entgeltlosen Arbeitsunterbrechung mit beitragsfreiem Versicherungsschutz. Dagegen wäre eine Beschränkung der Leistungen durch Annahme eines geringeren Grundlohns oder auf die Regelleistungen oder auf die Sachleistungen jedenfalls dann abzulehnen, wenn in der beitragsfreien Zeit der Versicherungsschutz nicht geschmälert werden soll, zumal bei einem Wegfall oder einer Minderung der Barleistungen die Ansprüche des Versicherten noch hinter denen aus § 214 RVO zurückbleiben könnten.

II. Der Ausschuß hat aber geglaubt, von dem Vorschlag einer Gesetzesänderung in den angedeuteten Richtungen absehen zu sollen, und zwar aus folgenden Erwägungen: Daß das Gefolgschaftsmitglied auch während entgeltloser Zeiten im Arbeitsverhältnis des Schutzes der Krankenversicherung nicht entbehren soll, wird allgemein anerkannt. Die etwaige Schwierigkeit liegt nur in der Erhebung von Beiträgen in einer Zeit, in der das Gefolgschaftsmitglied keinen Lohn erhält, von dem ihm die anteiligen Beitragsabzüge gemacht werden könnten; die Nachholung bei der nächsten Lohnzahlung ist dadurch erschwert, daß diese ohnehin schon mit anteiligen Krankenkassenbeiträgen belastet ist, wobei die Fälle zu d) V. (Arbeitsunterbrechungen, die kürzer sind als eine Woche bzw. Lohnwoche) hier außer Betracht bleiben. Ebenso ist zu bedenken, daß der Betriebsführer mit Beiträgen für eine Zeit belastet wird, in der ihm Arbeitsleistungen des Gefolgschaftsmitgliedes nicht zugute kommen. Indessen kann es den Betriebsführern namentlich dann, wenn die Arbeitsunterbrechung betrieblich bedingt ist, durchaus zugemutet werden, wenn schon nicht den Lohn, so doch zum mindesten die Beiträge fortzuentrichten. Meist aber handelt es sich um Fälle, die auf einer freien Vereinbarung des Betriebsführers mit dem Gefolgschaftsmitglied beruhen, deren Wille dabei gerade auf das möglichst unveränderte Weiterbestehen des Beschäftigungsverhältnisses gerichtet ist. Dazu gehört namentlich auch das Fortbestehen des Versicherungsschutzes, in dessen Auswirkung der Versicherte bei Eintritt des Versicherungsfalles Kassenleistungen erhält. Es entspricht aber schon an und für sich dem Versicherungsgrundsatz, daß den Kassenleistungen eine entsprechende Beitragszahlung gegenübersteht, wie denn auch bei den oben zu c) erwähnten Sonderregelungen dafür gesorgt ist, daß die Krankenkassen für die von ihnen getragene Gefahr in der Regel einen angemessenen Ausgleich erhalten. Soweit die Arbeitsunterbrechung wesentlich den persönlichen Belangen des Versicherten dient, ist überhaupt nicht ersichtlich, weshalb er den Versicherungsschutz auf Kosten der Versicherungsgemeinschaft ohne Beitragsleistung genießen sollte. Wer es sich erlauben kann, seine Arbeit längere Zeit zu unterbrechen, ohne Entgelt zu erhalten, muß auch in der Lage sein, den verhältnismäßig geringfügigen Beitragsanteil für seine Krankenversicherung in dieser Zeit aufzubringen. Der Wegfall der Beiträge könnte die Krankenkassen in solchen Fällen schwer zu übersehenden Belastungen aussetzen, die sich selbst bei zeitweiligem Vorliegen rechnungsmäßiger Überschüsse in der Krankenversicherung fühlbar machen würden. Diese Belastung der Krankenkassen würde noch dadurch gesteigert werden, daß infolge Bestehenbleibens der Kassenmitgliedschaft in der beitragsfreien Zeit der betreffende Versicherte auf der Ausgabenseite weiter mit zu berücksichtigen ist, soweit sich die Ausgaben der Kasse allgemein nach dem Mitgliederstand richten, wie z.B. das Arzthonorar, die Zahnarzt- und Dentistenpauschale und die Kosten des vertrauensärztlichen Dienstes.

Wegen der Belastung der Krankenkassen in diesen Beziehungen kann der Ausschuß auf die ihm bekannt gewordenen Verhältnisse bei einer mittelgroßen Krankenkasse, der AOK Coburg mit rund 30 000 Mitgliedern hinweisen, die in vielen Beziehungen typisch sein dürften. Fälle der hier erörterten Art sind dort recht häufig, über 1000 jährlich; der Wegfall der Beiträge bei Gewährung von Leistungen würde für die Kasse eine schätzungsweise Benachteiligung von 15 000 bis 20 000 RM jährlich bedeuten.

III. Der Ausschuß verkennt auf der anderen Seite nicht, daß es hart sein kann, dem Versicherten bei der nächsten schon mit den laufenden Beitragsanteilen belasteten Lohnzahlung auch noch die Beiträge für die entgeltlose Zeit anteilsmäßig abzuziehen. Diese Häufung der Abzüge kann zwar bei entgeltlosen Arbeitsunterbrechungen, die kürzer sind als eine Woche (Lohnwoche), nicht eintreten, und sie wird auch sonst angesichts des vollen dafür in der entgeltlosen Zeit gebotenen Versicherungsschutzes vielfach ohne weiteres zumutbar sein. Die Sachlage kann aber auch anders sein, und es erscheint daher aus sozialen Erwägungen notwendig, dem Versicherten ein Wahlrecht zu geben: Entweder läßt er es bei der jetzigen Regelung - voller Versicherungsschutz gegen volle Beitragsleistung - bewenden oder er kann dem Arbeitgeber gegenüber, der der Kasse für die Beitragsabführung haftet, erklären - und zwar vor Ablauf der Meldefrist (vgl. den Vorschlag zu § 382 Abs. 2 RVO) -, daß er für die entgeltlose Zeit kein Krankengeld (§ 182 Abs. 1 Nr. 2 RVO) beanspruchen wolle. Dann fällt dieser Anspruch insoweit weg; dafür beschränkt sich für die gleiche Zeit der Beitrag auf den Arbeitgeberanteil, so daß dem Versicherten kein Beitragsanteil abzuziehen ist. Ihm bleibt der Anspruch auf Krankenpflege und auf alle sonstigen Leistungen einschließlich des besonderen Krankengeldes aus § 194 Nr. 2 RVO (sog. Taschengeld), ferner namentlich des Hausgeldes (§ 186, § 194 Nr. 1 RVO) und aller baren Wochenhilfeleistungen, auf die schon aus bevölkerungspolitischen Gründen nicht verzichtet werden kann. Der Krankenkasse fließt dafür 1/3 des Beitrags, der Arbeitgeberanteil, zu und sie erspart die schwerste bare Belastung in Gestalt des Krankengeldes aus § 182 Abs. 1 Nr. 2 RVO. Auf diese Weise wird auch die Krankenkasse regelmäßig vor Ausfällen geschützt sein. Die durch die Erklärung des Versicherten herbeigeführte vorübergehende Änderung des Versicherungsverhältnisses, von der die Leistungs- und Beitragspflicht berührt wird, hat der Arbeitgeber der Kasse entsprechend § 317 Abs. 1 Satz 2 RVO, also binnen 3 Tagen, zu melden.

Der Ausschuß regt eine entsprechende Gesetzesänderung an, und zwar im Wege der Anfügung eines neuen Absatzes an den § 382 RVO, der als die geeignetste Stelle dafür erscheint (vgl. den Vorschlag zu g).

IV. Wird nach den Ausführungen zu II. ein Wegfall der Beitragspflicht während einer entgeltlosen Zeit im Arbeitsverhältnis nicht in Betracht gezogen - diese Beitragspflicht bleibt als solche auch bei dem zu III. vorgeschlagenen Wahlrecht des Versicherten grundsätzlich bestehen -, so ergäbe sich daraus zwangsläufig die Beitragspflicht zum Reichsstock für Arbeitseinsatz, damit aber für die Beteiligten unter den besonderen Umständen in der Tat eine unbillige Belastung, zumal dieser Beitragspflicht der Gedanke zugrunde liegt, die Kosten des Arbeitseinsatzes aus Mitteln gerade der in *Verdienst* stehenden Schaffenden aufzubringen, hier aber kein Entgelt gezahlt wird.

Daher regt der Ausschuß an, den Wegfall der Beitragspflicht zum Reichsstock für Arbeitseinsatz für versicherte entgeltlose Zeiten im Arbeitsverhältnis vorzusehen.

f) Der Ausschuß hat im Zusammenhang mit dem erörterten Gegenstand auch die Fälle berücksichtigt, in denen während eines bestimmten Zeitraumes nur ein vermindertes Arbeitsentgelt gezahlt wird. Dabei könnte namentlich erwogen werden, ob es nicht den heutigen sozialen Anschauungen entspricht, alsdann den Grundlohn aus dem bisherigen Arbeitsentgelt zu errechnen, ohne daß dem Versicherten zugemutet wird, die Mehrkosten gegenüber den Beiträgen, die sich nach dem geminderten Entgelt ergeben, durch freiwillige Höherversicherung zu den alten Grundlohnsätzen selbst zu tragen (§ 382 RVO). Indessen ist nicht zu übersehen, daß sich diese Fälle von denen einer entgeltlosen Zeit im Arbeitsverhältnis, wie sie vorstehend behandelt wurde, grundsätzlich unterscheiden. Hier handelt es sich nicht um eine tatsächliche Unterbrechung der bisherigen Beschäftigung, die zur Erhaltung des Versicherungsschutzes in geeigneter Weise rechtlich zu überbrücken ist, sondern lediglich um eine - regelmäßig nur vorübergehende - Änderung der Arbeitsbedingungen, die selbsttätig auch auf die Festsetzung des Grundlohns zurückwirkt, nach dem sich Leistungen und Beiträge richten. Hier muß es daher bei der sonst allgemein geltenden Grundlohnberechnung bewenden. Jedoch erscheint es angemessen, dem Versicherten die bisher im § 382 RVO an eine besondere Satzungsbestimmung gebundene Möglichkeit, die

Versicherung zu dem bisherigen höheren Grundlohn aufrechtzuerhalten, von Gesetzes wegen allgemein zu geben, und zwar auch bei Berechnung des Grundlohns nach dem wirklichen Arbeitsverdienst.

Der Ausschuß hat in seinem Vorschlag zur Neufassung des § 382 RVO (unten zu g) daher auch diese Fälle einbezogen (§ 382 Abs. 1), wobei die Zustimmung des Arbeitgebers, die die Abführung des entsprechend höheren Beitrags durch ihn betrifft, als der praktisch wichtigere Fall an die erste Stelle gerückt ist.

Der Sonderfall der Kurzarbeit im eigentlichen Sinne gehört nicht hierher, zumal er hinsichtlich der Grundlohnberechnung durch die Bescheide des RAM vom 8.8.1940 (AN. 1940, S. 298) bereits geklärt ist.

g) In Verfolg der Ausführungen zu e) und f) schlägt der Ausschuß vor, dem § 382 RVO folgende Fassung zu geben: *§ 382* (1) Ein Versicherter, der vorübergehend ein geringeres Arbeitsentgelt bezieht, bleibt zu dem bisherigen Grundlohn versichert, wenn der Arbeitgeber zustimmt oder der Versicherte den Unterschiedsbetrag des Beitrags selbst übernimmt.

(2) Erhält der Versicherte bei Fortdauer des Arbeitsverhältnisses vorübergehend für wenigstens eine Woche kein Arbeitsentgelt, so kann er dem Arbeitgeber gegenüber erklären, daß er für die entgeltlose Zeit kein Krankengeld (§ 182 Abs. 1 Nr. 2) beanspruchen wolle. Dies hat der Arbeitgeber der Kasse entsprechend der Vorschrift des § 317 zu melden. Für die entgeltlose Zeit beschränkt sich dann der Beitrag auf den Arbeitgeberanteil; auf Krankengeld (§ 182 Abs. 1 Nr. 2) besteht kein Anspruch.

B. Rentenversicherungen

Grundsätzlich ist ebenso wie in der Krankenversicherung in den verschiedenen Zweigen der Rentenversicherung Voraussetzung der Versicherungspflicht eine Beschäftigung gegen Entgelt (so § 1226 Abs. 2 RVO, § 1 Abs. 2 AVG). Ob eine solche, insbesondere auch während einer entgeltlosen Zeit im Arbeitsverhältnis vorliegt, ist im Einzelfalle zu prüfen (vgl. *Hanow-Lehmann,* Kommentar zum 4. Buch der RVO, 4. Aufl., S. 421 Anm. 6 zu § 1426). Während aber in der Krankenversicherung als einer Zwangsversicherung die Gewährung des Versicherungsschutzes nicht an die Beitragsleistung gebunden ist, so daß insoweit immerhin Raum für die Erwägung bleibt, ob unter gewissen Voraussetzungen auf die Beitragsleistung ohne weiteres verzichtet werden kann, steht in den Rentenversicherungen grundsätzlich die Versicherungsleistung mit der Entrichtung von Beiträgen in einem unlösbaren organischen Zusammenhang. Daher sind hier in einer entgeltlosen Zeit im Arbeitsverhältnis, während der ein entgeltliches Beschäftigungsverhältnis und damit die Versicherungspflicht fortbesteht, jedenfalls auch Beiträge zu entrichten - regelmäßig in der bisherigen Beitragsklasse -, die einmal dem Versicherten durch Steigerung seiner Rente zugute kommen und andererseits unter Umständen zur Erfüllung der Wartezeit oder Erhaltung der Anwartschaft benötigt werden, was im voraus fast nie mit Sicherheit zu beurteilen ist (vgl. hierzu auch *Dersch,* Zentralbl. f. Reichsversicherung und Reichsversorgung 1935, S. 410). Schon deshalb geht es nicht an, hier aus Billigkeitserwägungen die Nichterhebung von Beiträgen für solche Zeiten vorzusehen, es sei denn, daß diese Zeiten gleichzeitig weitgehend als Ersatztatsachen anerkannt würden, wozu gar keine Veranlassung vorliegt. Die Berücksichtigung eines Grundlohns, von dessen Höhe die Leistungen abhängen, kommt hier auch nicht in Frage, weil deren Ausmaß hinsichtlich des Grundbetrags ohnehin feststeht und bezüglich der Steigerungssätze in unmittelbare Beziehung zur Höhe der Beiträge gesetzt ist. Der Versicherte hat demnach hier im Gegensatz zur Krankenversicherung, in der die Beitragsentrichtung als solche überhaupt nicht Leistungsvoraussetzung ist, ein wesentliches Interesse daran, daß möglichst fortlaufend möglichst hohe Beiträge entrichtet werden, weil es unmittelbar davon abhängt, ob und in welcher Höhe er bei dem späteren Eintritt des Versicherungsfalles Rente erhält.

Aus diesen Gründen erscheint es nach Ansicht des Ausschusses nicht angängig, in den Rentenversicherungen an dem gegenwärtigen Rechtszustand hinsichtlich der Behandlung von entgeltlosen Zeiten im Arbeitsverhältnis etwas zu ändern.

Anhang

A. Versorgungswerk des Deutschen Volkes (Deutsche Arbeitsfront, Arbeitswissenschaftliches Institut)

I. Text des Entwurfes von 1940

Jede Generation baut ihr Werk in wesentlichen Teilen auf den Leistungen der vorangegangenen auf. Es entspricht daher der Gerechtigkeit, wenn die Schaffenden einen Teil ihres Arbeitsertrages den Volksgenossen überlassen, die ihre Kräfte im Dienste der Gemeinschaft verbraucht haben.

Jeder Deutsche hat die Pflicht, sich im Rahmen seiner Fähigkeiten bedingungslos zum Nutzen der Nation einzusetzen. Das Volk dankt ihm diesen Einsatz mit Schutz und Sicherung vor unverschuldeter Not.

Als sichtbares Zeichen dieses Dankes wird das Versorgungswerk des Deutschen Volkes errichtet. Es soll jedem Deutschen einen seiner erarbeiteten Lebensstellung angemessenen Unterhalt sichern, soweit dieser durch eigenen Einsatz infolge Alters oder Beschädigung nicht mehr erarbeitet werden kann. Die Witwen und Waisen sollen entsprechend gesichert werden. Die Mutter soll sich auch nach dem Tode des Familienvaters der Erziehung ihrer Kinder widmen können.

Besonderer Dank gebührt den kinderreichen Müttern sowie den Deutschen, die bei aktivem Einsatz im Dienst für das Volk zu Schaden gekommen sind.

Der Anspruch auf Versorgung steht jedem Reichsangehörigen deutschen oder artverwandten Blutes zu; nur wer sich durch schweren Verstoß gegen seine Gemeinschaftspflichten außerhalb der Volksgemeinschaft stellt, verliert diesen Anspruch.

Zur Durchführung dieser Grundgedanken wird eine gesetzliche Regelung folgenden Inhaltes vorgeschlagen:

1. Abschnitt: Versorgungsberechtigter und Versorgungsanspruch

§ 1. Jeder Reichsangehörige deutschen oder artverwandten Blutes hat gegen das Deutsche Reich einen Anspruch auf a) Altersversorgung, b) Beschädigtenversorgung, c) Familienversorgung.

§ 2. (1) Die Versorgung wird grundsätzlich in Geld gewährt.

(2) Für bestimmte Personengruppen kann eine Unterhaltsleistung anderer Art angeordnet werden.

§ 3. Die Höhe des Versorgungsanspruches richtet sich nach dem versorgungsfähigen Einkommen.

§ 4. (1) Versorgungsfähiges Einkommen ist

a) für die Altersversorgung der Jahresarbeitsverdienst nach dem Durchschnitt der letzten 10 Kalenderjahre, in denen vor Erreichung der Altersgrenze ein Beruf ausgeübt wurde,

b) für die Beschädigtenversorgung der regelmäßige Arbeitsverdienst, den der Berechtigte bei Ausübung einer angemessenen Berufstätigkeit erzielen könnte, wenn er keine Beschädigung erlitten hätte.

(2) Arbeitsverdienst ist das Einkommen des Versorgungsberechtigten aus selbständiger oder unselbständiger Arbeit sowie aus Beschädigten- oder Witwensold.

(3) Alle sonstigen Einkünfte gelten nicht als Arbeitsverdienst.

§ 5. (1) Für bestimmte Personengruppen oder Versorgungsfälle kann das versorgungsfähige Einkommen nach Normalsätzen berechnet werden.

(2) Bei Berechnung des durchschnittlichen Arbeitsverdienstes können Normalsätze für solche Zeiträume eingesetzt werden, in denen der Versorgungsberechtigte infolge Krankheit, Arbeitslosigkeit oder Kurzarbeit keinen regelmäßigen Arbeitsverdienst gehabt hat.

(3) In der Altersversorgung kann der Versorgungsberechtigte die Berechnung des versorgungsfähigen Einkommens auf Grund der tatsächlichen Arbeitsverdienste in jedem Fall verlangen.

§ 6. (1) Die Reichsregierung setzt für jeweils drei Jahre im voraus einen Grundbetrag der Versorgung fest.

(2) Der Grundbetrag stellt die Versorgungsleistung dar, die unabhängig von der Höhe des versorgungsfähigen Einkommens einem erwachsenen Versorgungsberechtigten als Alters- oder Beschädigtenruhegeld mindestens zusteht. [Er wäre gegenwärtig mit etwa 50 RM monatlich anzusetzen.]

2. Abschnitt: Alterversorgung

§ 7. (1) Altersversorgung erhält, wer seine Arbeitskraft zum Nutzen des Volkes eingesetzt hat.

(2) Der Anspruch auf Altersversorgung kann erhoben werden,

a) wenn der Versorgungsberechtigte die allgemeine Altersgrenze überschritten hat [als diese ist gegenwärtig das 65. Lebensjahr zu betrachten.],

b) in gesundheitlich besonders beanspruchten Berufen von dem besonders zu bestimmenden Zeitpunkt an [besondere Altersgrenze].

§ 8. (1) Die Versorgungsleistung besteht aus Alterssold oder Altersruhegeld.

(2) Alterssold erhält der Versorgungsberechtigte, der nach Überschreiten der allgemeinen oder der besonderen Altersgrenze weiter beruflich tätig ist.

(3) Altersruhegeld erhält der Versorgungsberechtigte, der nach Überschreiten der Altersgrenze keinen Beruf mehr ausübt.

§ 9. (1) Der Alterssold beträgt ein Drittel des Altersruhegeldes.

(2) Das Altersruhegeld beträgt 60 v.H. des versorgungsfähigen Einkommens.

§ 10. Wer Alterssold nach Erreichung der allgemeinen Altersgrenze erhält, kann jederzeit seine berufliche Tätigkeit einstellen und sodann Altersruhegeld beanspruchen.

3. Abschnitt: Beschädigtenversorgung

§ 11. (1) Beschädigtenversorgung erhält, wer nach Eintritt in das Arbeitsleben durch körperliche oder geistige Schäden vor Errreichung der Altersgrenze behindert wird, eine angemessene Erwerbstätigkeit dauernd in üblichem Umfange auszuüben.

(2) Wer Beschädigtenversorgung erhält, ist bis zur Erreichung der Altersgrenze verpflichtet, eine ihm nachgewiesene, zumutbare Arbeit anzunehmen.

§ 12. (1) Die Versorgungsleistung besteht aus Beschädigtensold oder Beschädigtenruhegeld.

(2) Beschädigtensold erhält der Versorgungsberechtigte, der trotz schwerer Beschädigung einen Beruf ausübt.

(3) Beschädigtenruhegeld erhält der Versorgungsberechtigte, dem ein geeigneter Arbeitsplatz nicht nachgewiesen oder dem eine Berufsausübung nach der Art seiner Beschädigung nicht zugemutet werden kann.

§ 13. (1) Der Beschädigtensold beträgt den Unterschied zwischen dem versorgungsfähigen Einkommen und dem jeweiligen, niedrigeren Arbeitsverdienst. Er darf die Höhe des Beschädigtenruhegeldes nicht übersteigen.

(2) Das Beschädigtenruhegeld beträgt 60 v.H. des versorgungsfähigen Einkommens.

§ 14. Schadensersatzansprüche, die dem Versorgungsberechtigten auf Grund des zu seiner Beschädigung führenden Ereignisses zustehen, gehen in Höhe des Versorgungsanspruches auf das Deutsche Reich über.

4. Abschnitt: Familienversorgung

§ 15. Hat der Versorgungsberechtigte eine Familie zu versorgen, so kann das Alters- oder Beschädigtenruhegeld nach Maßgabe näherer Bestimmungen durch Haushalts- und Kindergeld ergänzt werden, soweit dies zur Aufrechterhaltung einer geordneten Lebensführung nötig ist.

§ 16. Stirbt der Versorgungsberechtigte, so wird seiner Ehefrau und seinen Kindern Witwen- und Waisenversorgung gewährt, auch wenn er selbst noch keinen Versorgungsanspruch hatte.

§ 17. (1) Die Versorgungsleistung besteht aus Witwensold oder Witwengeld und aus Waisengeld.

(2) Witwensold erhält die versorgungsberechtigte Witwe, wenn sie beruflich tätig ist. Witwengeld erhält sie, wenn sie keinen Beruf ausübt.

(3) Waisengeld erhält das versorgungsberechtigte Kind bis zur Vollendung des 18. Lebensjahres.

§ 18. Wer Witwensold erhält, kann jederzeit seine berufliche Tätigkeit einstellen und sodann Witwengeld beanspruchen.

§ 19. (1) Versorgungsberechtigt ist die Witwe, die

a) mit mindestens einem Kind unter 5 Jahren in Hausgemeinschaft lebt oder mindestens drei Kinder geboren hat oder

b) beim Tode des Ehemannes das 45. Lebensjahr überschritten hat oder

c) arbeitseinsatzunfähig ist.

(2) Der Anspruch erlischt mit der Wiederverheiratung der Witwe.

§ 20. (1) Der Witwensold beträgt ein Drittel des Witwengeldes.

(2) Das Witwengeld beträgt bis zum Ablauf des dritten Kalendermonats nach dem Todesfall das volle, sodann das halbe Beschädigten- oder Altersruhegeld, auf das der Ehemann Anspruch gehabt hätte.

(3) Stirbt der Ehemann nach Festsetzung einer Versorgungsleistung, die auf dem gemeinsamen Einkommen der Ehegatten beruht, so wird das Witwengeld auf Grund der gemeinsamen Versorgungsleistung errechnet.

(4) Anstelle des Witwengeldes kann die Witwe einen ihr nach allgemeinen Grundsätzen persönlich zustehenden Versorgungsanspruch geltend machen.

(5) Das Waisengeld beträgt für jedes versorgungsberechtigte Kind die Hälfte des Grundbetrages der Versorgung.

§ 21. Witwensold oder Witwengeld und Waisengeld zusammen dürfen das Ruhegeld nicht übersteigen, auf das der Verstorbene Anspruch gehabt hätte.

5. Abschnitt: Ehrensold und Muttersold

§ 22. (1) Wer bei aktivem Einsatz seiner Person im Dienst oder Beruf einen Schaden erlitten hat, erhält einen Ehrensold.

(2) Der Ehrensold wird unabhängig von der Höhe etwaiger Versorgungsleistungen und der sonstigen Einkünfte gewährt.

(3) Der Ehrensold richtet sich nach Grad und Art des Einsatzes und der daraus erwachsenden Beschädigung. Er beträgt 60 bis 200 v.H. des Grundbetrages der Versorgung.

§ 23. (1) Frauen, die das „Ehrenkreuz der deutschen Mutter" besitzen, erhalten einen Muttersold, wenn sie die allgemeine Altersgrenze überschritten haben.

(2) Der Muttersold wird unabhängig von der Höhe etwaiger Versorgungsleistungen und der sonstigen Einkünfte gewährt.

(3) Der Muttersold beträgt 2/10 des Grundbetrages für Inhaberinnen des bronzenen, 3/10 für Inhaberinnen des silbernen und 4/10 für Inhaberinnen des goldenen Ehrenkreuzes.

6. Abschnitt. Grenzen der Versorgung

§ 24. (1) Höhere Versorgungsleistungen als der fünffache Grundbetrag werden nicht gewährt (Höchstversorgung).

(2) Die Versorgungsleistungen werden nur insoweit gewährt, als sie mit den sonstigen Einkünften des Versorgungsberechtigten zusammen den achtfachen Grundbetrag nicht überschreiten (Versorgungsgrenze).

§ 25. (1) Ehegatten können ihre Versorgungsansprüche selbständig nebeneinander geltend machen, jedoch den Grundbetrag nur einmal verlangen und sonstige Versorgungsleistungen nur, soweit sie zusammen den fünffachen Grundbetrag und zusammen mit den sonstigen Einkünften beider Ehegatten den achtfachen Grundbetrag nicht übersteigen.

(2) Erhebt nur ein Ehegatte den Versorgungsanspruch, so werden ihm bei der Feststellung der Versorgungsgrenze auch die sonstigen Einkünfte des anderen Ehegatten angerechnet.

§ 26. Anderweitige Versorgungsleistungen aus öffentlichen Haushaltsmitteln werden auf den Versorgungsanspruch angerechnet.

§ 27. Der Versorgungsanspruch kann aberkannt werden, solange sich der Versorgungsberechtigte durch schweren Verstoß gegen seine staatsbürgerlichen und Gemeinschaftspflichten, insbesondere durch hartnäckige Verweigerung angemessener Arbeitsleistungen für das deutsche Volk außerhalb der Volksgemeinschaft stellt.

7. Abschnitt: Versorgungsbehörden und Versorgungsverfahren

§ 28. Die zur Durchführung dieses Gesetzes erforderlichen Behörden werden bei den Arbeits- und Landesarbeitsämtern nach Maßgabe einer besonderen Verfahrensordnung gebildet.

§ 29. (1) Die für das Versorgungswerk erforderlichen Geldmittel werden vom Deutschen Reich bereitsgestellt.

(2) Die Reichsregierung kann

a) die Erträge einzelner Steuern, Abgaben oder Beiträge ganz oder teilweise für die Zwecke des Versorgungswerkes bestimmen,

b) Gruppen von Personen oder Unternehmungen die Aufbringung zusätzlicher Beiträge für Zwecke des Versorgungswerkes auferlegen.

§ 30. Der Versorgungsanspruch ist unter Vorlage des Arbeitsbuches und Nachweis des versteuerten Einkommens bei der zuständigen Versorgungsbehörde zu erheben.

§ 31. (1) Nach Erhebung des Versorgungsanspruches ist der Versorgungsberechtigte verpflichtet, alle wesentlichen Veränderungen in seinen Einkommensverhältnissen und denen seines Ehegatten der Versorgungsbehörde unverzüglich unaufgefordert mitzuteilen.

(2) Die Versorgungsbehörde kann das Einkommen des Versorgungsberechtigten und seines Ehegatten jederzeit von Amts wegen nachprüfen.

§ 32. (1) Die Versorgungsleistung kann für die Dauer oder für bestimmte Zeit festgesetzt werden.

(2) Eine Abänderung der Versorgungsleistung ist jederzeit möglich, wenn sich die zugrundegelegten Einkommensverhältnisse geändert haben oder als unrichtig erweisen.

8. Abschnitt: Schlußbestimmungen

§ 33. (1) Fällige Rentenansprüche gegenüber reichsgesetzlichen Rentenversicherungsanstalten, Berufsgenossenschaften und sonstigen Versorgungsstellen werden nach dem ... nur noch nach den Bestimmungen dieses Gesetzes berechnet. Bis dahin kann der Versorgungsberechtigte Berechnung nach den bisherigen Rechtsvorschriften verlangen.

(2) Nach Inkrafttreten dieses Gesetzes können neue Ansprüche gegen die Rentenversicherungsanstalten und die Berufsgenossenschaften nicht mehr erworben werden.

§ 34. Die Beiträge zu den bisherigen Rentenversicherungsanstalten und Berufsgenossenschaften werden bis auf weiteres als Reichssteuern weitererhoben.

§ 35. Soweit die bisherigen Leistungen der reichsgesetzlichen Rentenversicherungsanstalten, Berufsgenossenschaften und sonstigen Versorgungsstellen nicht vom Versorgungswerk übernommen werden, erläßt die Reichsregierung besondere Vorschriften. Das gilt insbesondere von der Gesundheitsbetreuung der Versorgungsberechtigten.

§ 36. Entstehen bei Anwendung dieses Gesetzes und der zu ihm erlassenen Verordnungen Zweifel, so ist so zu entscheiden, wie es dem in den Einleitungsworten dargelegten Zweck des Gesetzes entspricht.

§ 37. Der Reichsarbeitsminister erläßt die zur Durchführung dieses Gesetzes und zur Überleitung aus dem bisherigen Rechtszustand erforderlichen Durchführungs-, Verfahrens- und Überleitungsvorschriften.

§ 38. (1) Die Reichsregierung bestimmt den Zeitpunkt, an dem dieses Gesetz in Kraft tritt.

(2) Mit dem Inkrafttreten dieses Gesetzes treten alle entgegenstehenden Bestimmungen des Sozialversicherungs- und Versorgungsrechts außer Kraft.

II. Spätere Fassung des Entwurfs mit 36 Bestimmungen

§§ 1 – 27 stimmen überein
§ 28 = § 28
§ 29 = § 31
§ 30 = § 32
Die Schlußbestimmungen lauten:

§ 31. (1) Beiträge oder Beitragsteile, die seit dem 30. Januar 1933 an die bisherigen Rentenversicherungsanstalten freiwillig geleistet wurden, werden nach Maßgabe näherer Bestimmungen zurückerstattet.

(2) Die auf Grund des Gesetzes über die Altersversorgung für das Deutsche Handwerk vom 21.12.1938 (RGBl. I, S. 1900) entrichteten Beiträge gelten als freiwillig geleistet.

§ 32. Die Beiträge zu den bisherigen Rentenversicherungsanstalten und Berufsgenossenschaften werden bis auf weiteres als Reichssteuern weitererhoben.

§ 32. Soweit die Leistungen der bisherigen Rentenversicherungsanstalten, Berufsgenossenschaften und sonstigen Versorgungsstellen nicht vom Versorgungswerk übernommen werden,

erläßt die Reichsregierung besondere Bestimmungen. Das gilt insbesondere von der Gesundheitsbetreuung der Versorgungsberechtigten.

§ 34. Entstehen bei Anwendung dieses Gesetzes und der zu ihm erlassenen Verordnungen Zweifel, so ist so zu entscheiden, wie es dem in den Einleitungsworten dargelegten Zweck des Gesetzes entspricht.

§ 35. (1) Der Reichsarbeitsminister erläßt die zur Durchführung dieses Gesetzes und zur Überleitung aus dem bisherigen Rechtszustand erforderlichen Durchführungs-, Verfahrens- und Überleitungsvorschriften.

(2) Der Reichsarbeitsminister kann ferner bestimmen, in welcher Weise andere Versorgungseinrichtungen mit den Grundsätzen dieses Gesetzes in Einklang zu bringen sind.

§ 36. (1) Dieses Gesetz tritt am ... in Kraft.

(2) Mit dem Inkrafttreten dieses Gesetzes treten alle entgegenstehenden Bestimmungen des Sozialversicherungs- und Versorgungsrechts außer Kraft.

(3) Fällige Rentenansprüche gegenüber den bisherigen Rentenversicherungsanstalten, Berufsgenossenschaften und sonstigen Versorgungsstellen werden nach dem ... nur noch nach den Bestimmungen dieses Gesetzes berechnet. Neue Ansprüche gegen die Rentenversicherungsanstalten und die Berufsgenossenschaften können nach dem ... nicht mehr erworben werden.

III. Begründung

1. Auftrag des Führers an den Reichsorganisationsleiter vom 15.2.1940 und Punkt 15 des Parteiprogramms

Der *Auftrag des Führers an den Reichsorganisationsleiter Dr. Ley vom 15.2.1940.* „Zur weiteren Verwirklichung des Nationalsozialistischen Parteiprogramms erteile ich Ihnen, Parteigenosse Ley, den Auftrag, die Grundlagen und Bedingungen der Durchführung einer umfassenden und großzügigen Altersversorgung des Deutschen Volkes in Zusammenarbeit mit den hierzu berufenen Stellen der Partei und des Staates zu prüfen, zu klären, die sich daraus ergebenden Vorschläge unverzüglich auszuarbeiten und mir zu unterbreiten.

Dieses neue Gesetzeswerk des Aufbaues der Nationalsozialistischen Volksgemeinschaft soll für alle Zeit unser Volk an den gemeinsamen Kampf der Front und Heimat um die Freiheit und Unabhängigkeit des Großdeutschen Reiches erinnern."

Der *Punkt 15 des Parteiprogramms.* Aus: Wesen, Grundsätze und Ziele der Nationalsozialistischen Deutschen Arbeiterpartei. Das Programm der Bewegung, herausgegeben und erläutert von Alfred *Rosenberg*. München 1925. Hier zitiert nach der 15. Auflage, München 1937.

15. Geht man von der organischen Staatsauffassung aus, erkennt man nur geistig und körperlich produktiv Schaffenden das Staatsbürgerrecht zu, so ergibt sich für den Staat die selbstverständliche Verpflichtung, alle diese Schaffenden auch als seine Mitarbeiter, Miterbauer anzusehen und eine Altersversorgung, wie sie bisher nur den *direkt* im Staatsdienste stehenden Personen, Beamten, Offizieren zuerkannt wurde, auf alle Staatsbürger auszudehnen. Die Idee der Volksgemeinschaft wird erst dann *Tatsache* werden, wenn diese Wechselbeziehung nicht als ungeheure Revolution, sondern als Selbstverständlichkeit aufgefaßt sein wird.

Die Stärke eines Staates, sagt man, liege in seinem Bauerntum. Dies war und ist auch der Fall, weil der Bauer mit all seinen Fasern an die Erde gebunden und aus ganz natürlichen Trieben bereit ist, seine Schöpfung zu verteidigen. Außerdem sieht er seine Lebensarbeit (in einem gesunden Staat) für die Nachkommenschaft gesichert und kann – zum größten Teil – mit einem friedlichen Lebensabend rechnen. In einem ähnlichen Verhältnis stand in früheren Zeit auch der Handwerker, der noch eine Werkstatt oder ein Haus sein eigen nannte, was eine Sicherung des Alters bedeutete.

Die moderne Zeit rückte nun aber verschiedene große gesellschaftliche Schichten in soziale Lagen, wo dies alles nicht mehr zutraf. Die Vergrößerung der Heere, die Verzweigungen der Staatsverwaltung schufen besitzlose Stände, die Offiziere und Beamten. Es war die Großtat Friedrichs des Einzigen, hier das durchgeführt zu haben, was ihm damalige Kritiker als Wahnsinn auslegten, der den Zusammenbruch der Finanzen seines Staates nach sich ziehen würde; er verordnete die Pensionierung, die Sicherung des Alters für diese besitzlosen Stände. Diese Tat der Gerechtigkeit hat nicht nur nicht die Finanzen erschüttert, sie wurde im Gegenteil die *Grundlage* des deutschen Staates: sie allein vermochte den Pflichtbegriff des einzelnen zum sicheren Erlebnis ganzer Geschlechter umzugestalten. Die Durchführung der Gegenseitigkeit der Pflichten von Staat und Staatsbürger bildete in diesem Fall ein mustergültiges Beispiel.

Als das Zeitalter der Maschine über Europa hereinbrach, geriet eine neue breite Bevölkerungsschicht des sich stets vermehrenden Volkes in eine besitzlose soziale Stellung: der Land- und Industriearbeiter.

Wurzellos, heimatlos geworden, fielen die Lehren des Internationalismus bei ihm auf guten Boden, und es fand sich leider kein Friedrich der Große mehr, der hier *grundsätzlich* diese ganze Gesellschaftsschicht auf die gleiche Stufe mit dem Beamtentum gestellt hätte. Zwar hat der deutsche Staat auch hier tausendmal mehr an sozialer Arbeit geleistet als die von den „deutschen" Arbeiterführern gepriesenen korrumpierten „großen Demokratien des Westens" – die Alters- und Unfallversicherungen, die Krankenkasse usw. waren ausgezeichnet –, aber trotzdem herrschte eine Unzufriedenheit, die innerlich berechtigt war. Denn wenn auch der Industriearbeiter die soziale Hilfe annahm, so geschah es doch in dem Gefühl, etwas zu erhalten, was vom Geber als Almosen angesehen wurde. Im übrigen fühlte er sich auch fernerhin als leblose Zahl im Getriebe der Wirtschaft und Politik, als ein Sklave, den man zwar unterhält, um ihn aber nach dem Kräfteverbrauch liegenzulassen. (Es kann dabei hier ganz außerhalb der Behandlung bleiben, inwieweit das doch liberalistische System der sozialen Fürsorge usw. sich schädigend ausgewirkt hat.)

Das gesamte soziale Problem der Jetztzeit wird nie und nimmer gelöst werden, ehe nicht diese innere Ungerechtigkeit vom Staat offen als solche anerkannt und als seine Pflicht erklärt wird, auch die Altersversorgung des in Fabrik, Werkstatt und auf dem Lande tätigen besitzlosen Arbeiters zu übernehmen. In diesem Augenblick wird die innere Voraussetzung dafür entstehen, daß das zerrissene völkische Einigungsband dauernd wiederhergestellt werden kann. Ein Arbeiter, der weiß, daß ihn im Alter nicht das Elend erwartet, nachdem er seine Kräfte im Bergwerk oder vor der glühenden Lohe hergegeben hat, ist erst dann imstande, eine Pflicht der Allgemeinheit gegenüber innerlich anzuerkennen, wenn auch diese die ihrige ihm gegenüber durch eine greifbare Tat zum Ausdruck bringt.

Ein Volk, welches aus diesem fanatisch nationalistischen und fanatisch sozialistischen Gedanken heraus – durchaus unsentimental und ohne Aufzucht minderwertigen Materials und Errichtung von Idiotenanstalten – das Problem der Alterversorgung löst, dieses Volk wird einmal den stolzesten Staat schaffen, es wird Bürger erziehen, die bereit sind, sich bewußt und freudig mit ihrem Leben für den Bestand des Staates, ihres Volkes einzusetzen. Ein solches Volk wird einst an der Spitze der kommenden europäischen Auferstehung marschieren.

Man wird auch heute wieder angesichts solcher Grundsätze den Zusammenbruch der Finanzen prophezeien, aber man vergißt, daß die ganze volksschädigende Anleihewirtschaft mit den Zinsansprüchen der internationalen Privatbanken das Volk schon mehr gekostet hat, als eine Altersversorgung aller besitzlosen Werkarbeiter je ausgemacht hätte.

Die Durchführung der Altersversorgung aber hätte weiter zur Folge, daß der Kreis der an der ganzen Zinswirtschaft Interessierten verringert und das Ideal des Rentnertums dahinschwinden würde.

Aus diesen Einsichten heraus lautet der 15. Programmpunkt grundsätzlich: *„Wir fordern einen großzügigen Ausbau der Altersversorgung."*

2. Grundzüge des Versorgungswerkes

Vorbemerkung. Die Versorgung der alten und beschädigten Volksgenossen ist ein Kernstück des sozialen Aufbaues. Neben dem Versorgungswerk sind aber noch andere Grundfragen des sozialen Lebens zu lösen. Insbesondere bedarf es einer vernünftigen Lohnordnung und einer umfassenden Gesundheitsführung, wenn dem Versorgungswerk nicht der Charakter eines Stückwerkes anhaften soll. Es kann nur im Rahmen eines sinnvollen sozialen Gesamtgefüges zur vollen Wirksamkeit kommen.

Das Versorgungswerk ist in vieler Hinsicht auf das Funktionieren und eine Verfeinerung des Arbeitseinsatzes angewiesen. Die hierzu notwendige Organisation desselben wird für die Darstellung als gegeben angenommen. Inwieweit sich hier Änderungen als erforderlich oder zweckmäßig erweisen, ist in diesem Zusammenhang nicht zu untersuchen.

Der vorliegende Entwurf eines Versorgungswerkes muß unter Berücksichtigung dieser Momente beurteilt werden. Das Ergebnis der Versorgung kann nicht besser und nicht schlechter sein als die Sozialpolitik im ganzen.

Im übrigen ist es zweckmäßig, bei der Beurteilung des Entwurfs den grundsätzlichen Aufbau des Systems und die Höhe der einzelnen Versorgungsleistungen, die mit dem System an sich nichts zu tun haben, auseinanderzuhalten.

Die Versorgung soll jedem Volksgenossen eine seinem bisherigen Einkommen angemessene soziale Mindestlebenshaltung sichern, soweit er infolge Alters oder Beschädigung nicht mehr arbeitsfähig ist. Diese Sicherung ist der Dank der Volksgemeinschaft für die erfüllte Arbeitspflicht.

Die soziale Sicherung kann freilich nur die elementaren Bestandteile der Lebenshaltung erfassen. Sie enthebt keinen Volksgenossen der Notwendigkeit, die von ihm erwünschte Ausgestaltung des Lebensabends durch persönliche Strebsamkeit und Sparsamkeit zu erringen. Sowenig die bloße Erfüllung der Staatsbürgerpflichten während des Arbeitslebens Anspruch auf ein hohes Einkommen gewährt, sowenig wird auch die Versorgung für das Alter einen Wohlstand ohne eigenes Zutun erlauben. Die Versorgung wird aber jeden Volksgenossen instand setzen, sich unter allen Umständen mit den ihm verfügbaren Kräften gegen einen unverschuldeten sozialen und wirtschaftlichen Abstieg zu behaupten: sie wird damit eine Steigerung der sozialen und wirtschaftlichen Kräfte des Volkes hervorrufen.

Der Versorgungsanspruch darf nicht an die Erfüllung irgendwelcher starren Voraussetzungen (wie Zahl der geleisteten Beiträge usw.) geknüpft werden: er kann geltend gemacht werden, soweit der Einsatz der eigenen Arbeitskraft nicht mehr möglich (Beschädigung) oder nicht mehr zumutbar (hohes Alter) ist. Die Versorgungsleistung darf das Maß einer zwar würdigen, aber keineswegs überreichlichen Mindestlebenshaltung nicht übersteigen. Wer arbeitet (oder gespart hat), muß unter allen Umständen wesentlich günstiger dastehen als derjenige, der sich nur auf die Versorgung verläßt.

Mit diesen Grundsätzen wird ein Versorgungssystem aufgebaut, das auf der einen Seite allen sozialen Anforderungen gerecht wird, gleichzeitig aber die Gefahr eines sich ausbreitenden Staatsrentnertums von vornherein ausschließt.

Das Versorgungswerk behandelt alle Volksgenossen nach den gleichen Grundsätzen. Die Versorgungsfähigkeit ist von der Erfüllung der Pflichten gegenüber dem Volke, insbesondere der

Pflicht zur Arbeit, abhängig. Diese Pflichten sind für den Arbeiter oder für den Selbständigen an ihrem Platz grundsätzlich die gleichen wie für den Soldaten. Dementsprechend werden auch alle ausdenkbaren Versorgungsfälle nach dem gleichen Maßstab beurteilt. Dieser Maßstab ist der Lebensstandard, den die Volksgemeinschaft dem einzelnen als Gegenleistung für seine Pflichterfüllung zubilligt. Soweit das Volk Anlaß zu besonderem Dank hat, z.B. gegenüber den Kriegsverletzten, den Arbeitsopfern oder den kinderreichen Müttern, soll diesem *neben* der allgemeinen Versorgungsleistung in einem besonderen Ehren- bzw. Muttersold Ausdruck verliehen werden.

Das Versorgungswerk unterscheidet grundsätzlich zwei Fälle:

a) Alte und Witwen, die trotz gegebenen Anspruches auf Altersruhegeld bzw. Witwengeld arbeiten, erhalten als Anerkennung einen Alters- bzw. Witwen*sold*, der ihr Einkommen wesentlich günstiger gestaltet und damit zugleich einen Anreiz zur Arbeit bietet. Weiterarbeitende Beschädigte sollen nicht schlechter stehen, als wenn sie voll arbeitsfähig wären: ein Beschädigten*sold* schafft hier den Ausgleich.

b) Der Volksgenosse, dem keine Arbeit mehr zugemutet wird, erhält ein *Ruhegeld*, das ihm den Grundbedarf seiner bisherigen Lebenshaltung sichert, d.h. – mit gewissen Einschränkungen – etwa 60 v.H. des bisherigen Einkommens. Dieser Satz entspricht dem, der in der bisherigen sozialen Rentenversicherung theoretisch nach 50jähriger Beitragsdauer erreicht werden kann, der aber infolge der Unzulänglichkeiten dieses Systems praktisch nie wirksam wird.

Für die Versorgungsleistungen gelten drei Begrenzungen:

a) Für das Ruhegeld ist ein Grundbetrag festgelegt (zur Zeit etwa 50 RM monatlich), der mindestens zu gewähren ist.

b) Nach oben liegt die Grenze dort, wo die Einkommen beginnen, sich über das übliche Niveau hinauszuheben. Höhere Versorgungsleistungen als der fünffache Grundbetrag (das sind zur Zeit etwa 250 RM monatlich) werden nicht gewährt.

c) Sonstige Einkünfte werden – nur – insoweit angerechnet, als sie zusammen mit der Versorgungsleistung das versorgungsfähige Einkommen des Versorgungsberechtigten übersteigen; für kleinere Einkommen ist die Spanne noch weiter gesteckt.

Diese Grundsätze sind sinngemäß auf die Versorgung der Witwen anzuwenden, die im allgemeinen die Hälfte der Vollversorgung erreicht.

Zusammenfassend sind die tragenden Grundgedanken des Versorgungswerkes etwa folgende? [:]

a) Arbeit geht vor Versorgung.

b) Die Versorgung richtet sich nach dem Einkommen.

c) Der Arbeitende ist besser zu stellen als der, der sich zur Ruhe setzt.

d) Die Versorgung sichert den Grundstock der bisherigen Lebenshaltung; darüber hinaus erlaubt die eigene Sparsamkeit eine Verbesserung.

e) Die Versorgungsgrundsätze sind für alle Volksgenossen ohne Rücksicht auf Stand oder Einkommen gleich.

f) Der Versorgungsanspruch erwächst aus der erfüllten Staatsbürger-(Arbeits-)pflicht ohne Rücksicht auf Stand, Einkommen oder geldliche Vorleistungen.

Die Versorgung ist gewissermaßen das staatliche Gegenstück zur Treuepflicht der Volksgenossen. Die Mittel können daher nicht aus besonderen Beiträgen, sondern müssen aus allgemeinen Steuern aufgebracht werden. Damit wird dokumentiert, daß im nationalsozialistischen Staat jeder Volksgenosse dasselbe Treueverhältnis zum Staate hat wie bisher schon der Beamte.

3. *Das Versorgungswerk als politische Aufgabe*

a) Das Erbe Bismarcks

Für den gegenwärtigen Aufbau der sozialen Rentenversicherung [Dieser Ausdruck wird der Einfachheit halber in den folgenden Erörterungen durchgehend für die vier durch das Versorgungswerk abgelösten Zweige angewendet, auch wenn sich die Darlegung – sehr häufig – nur auf die Invaliden-, Angestellten- und knappschaftliche Pensionsversicherung beziehen, was sich aus dem Text immer ohne weiteres ergibt.] sind maßgebend: Die *Reichsversicherungsordnung* in der Fassung vom 15. Dezember 1924 [als vorläufiger Abschluß der Reformarbeiten zuerst erschienen am 19. Juli 1911 (Ausgangspunkt: Unfallversicherungsgesetz für die Industrie vom 6. Juli 1884. Gesetz betreffend die Invaliditäts- und Alterversicherung vom 22. Juni 1889)] (Invaliden- und Unfallversicherung),

das *Angestelltenversicherungsgesetz* in der Fassung vom 28. Mai 1924 [zuerst erschienen am 20. Dezember 1911] (Angestelltenversicherung) und

das *Reichsknappschaftsgesetz* in der Fassung vom 1. Juli 1926 [in dieser Form zuerst erschienen am 23. Juni 1923] (knappschaftliche Pensionsversicherung).

Durch die Verordnung vom 17. Mai 1934 sind wichtige Teile dieser Gesetze neu gefaßt worden. Weitgehende Änderungen brachten ferner die Gesetze vom 7. Dezember 1933 („Gesetz zur Erhaltung der Leistungsfähigkeit usw."), vom 5. Juli 1934 (Aufbaugesetz) und vom 21. Dezember 1937 (Ausbaugesetz); hierzu ist eine große Zahl von Ausführungsverordnungen ergangen.

Auf dem Gebiete der Versorgung der Kriegsopfer und der Wehr-(Arbeits-)dienstbeschädigten sind die wichtigsten Gesetze folgende:

Das *Reichsversorgungsgesetz* in der Fassung vom 1. April 1939, das *Wehrmachtsfürsorge- und -versorgungsgesetz* vom 26. August 1938, das *Einsatzfürsorge- und -versorgungsgesetz* vom 6. Juni 1939 und das *Reichsarbeitsdienstversorgungsgesetz* in der Fassung vom 29. September 1938 (für die weiblichen Angehörigen der RAD vgl. Verordnung vom 11. November 1939).

Zu nennen ist hier insbesondere noch das *Gesetz über die Versorgung der Kämpfer für die nationale Erhebung* vom 27. Februar 1934 sowie auch die *Personenschädenverordnung* vom 1. September 1939.

Durch die Neugestaltung der Alters- und Beschädigtenversorgung wesentlich berührt werden ferner der Wirkungsbereich der *Verordnung über die Fürsorgepflicht* vom 13. Februar 1924 (letzte Änderung am 7. Oktober 1939) und die in diesem Rahmen ergangenen weiteren gesetzlichen Bestimmungen.

Die *Einführung der Sozialversicherung in Deutschland* in den achtziger Jahren des vorigen Jahrhunderts war *eine sozialpolitische Großtat*, mit der sich das Reich beispielgebend an die Spitze aller Länder setzte, so wie es Bismarcks Ziel und Wunsch war: „Deutschland voranschreitend auch auf der Bahn der sozialen Reform." [Vgl. zu diesen Ausführungen: „Bismarcks Erbe in der Sozialversicherung", Herausgeber: Arbeitswissenschaftliches Institut der DAF, Berlin, im August 1940.]

War die bestehende deutsche Sozialversicherung *in ihrem Ursprung das ureigenste Werk Bismarcks,* so wissen wir doch, daß die *tatsächliche Ausführung seines Planes* – und das gilt besonders für die Alters- und Invalidenversicherung – nicht in seinen Händen gelegen hat und *nicht der reine Ausdruck seines sozialpolitischen Wollens* geworden ist. Die Bismarcksche Konzeption der Sicherstellung der alten und beschädigten Volksgenossen ging seiner Zeit weit voraus, und er wußte und bekannte selbst, daß in späteren Zeiten das vollendet werden müsse, was unter den damaligen Zeitumständen nur als ein Anfang verwirklicht werden konnte. Die Zusammenhänge und Grundvorstellungen freilich, wie sie für uns heute für die Einordnung einer umfassenden

Versorgung in Staat, Volksgemeinschaft und Volkswirtschaft vor Augen liegen, erkannte man damals nicht und konnte sie aus einer anderen Lebenseinstellung zum größten Teil auch gar nicht erkennen; aus einem anderen politischen Denken ergaben sich selbstverständlich auch andere politische Schlußfolgerungen.

Bismarck hat sehr gut gewußt, daß die Notwendigkeit eines staatlichen Eingriffes aus der zunehmenden Industrialisierung für immer größere Teile des Volkes eintretenden Existenzunsicherheit erwuchs. Hier konnte nur der Staat, die Gemeinschaft, helfen. „*Geben Sie dem Arbeiter das Recht auf Arbeit, solange er gesund ist, geben Sie ihm Arbeit, solange er gesund ist, sichern Sie ihm Pflege, wenn er krank ist, sichern Sie ihm Versorgung, wenn er alt ist.*" Hierfür solle man „die Opfer nicht scheuen und nicht über Staatssozialismus schreien, sobald jemand das Wort Altersversorgung ausspricht". Es ist im übrigen bezeichnend, daß Bismarck hier wie auch anderswo von *Alters„versorgung*" spricht; die Form der Versicherung hatte für ihn keine grundsätzliche Bedeutung der Versicherungsgedanke lag vielmehr in der Zeit. Er bediente sich der Versicherungsform nur deshalb, weil anders seine Pläne sich nicht hätten durchsetzen lassen.

Welche Ziele dem Kanzler bei seinem Werk vorschwebten, kommt deutlich bei der Behandlung der Unfallversicherung im Reichstag zum Ausdruck, wo er davon spricht, daß er versucht gewesen sei, *statt „alle Arbeiter" zu sagen „jeder Deutsche"*, und daß er davon nur abgekommen sei, weil mit einer umfassenden Ausdehnung des Versicherungskreises die Gefahr eines Mißgriffes beim ersten Versuch groß werden würde.

Der *Gedanke einer Altersversorgung*, der zuletzt verwirklicht wurde (Gesetz betreffend die Invaliditäts- und Altersversicherung vom 22. Juni 1889), *war von Bismarck am frühesten gefaßt worden.* Schon im Jahre 1865 hatte er den Plan zur Sprache gebracht, ohne ihn jedoch gegen die liberalen Kräfte im preußischen Kabinett durchsetzen zu können. Mit ihm verband er den tiefsten Gehalt seiner Sozialpolitik, den *Gedanken vom Soldatentum der Arbeit*. „Wozu soll nur der, welcher im Kriege oder als Beamter erwerbsunfähig geworden ist, Pension haben, und nicht auch der Soldat der Arbeit?" sagte er 1881 zu seinem Mitarbeiter Moritz Busch. Bismarck wußte, daß für die große Masse der Schaffenden, die auf den laufenden Fluß ihres Arbeitseinkommens angewiesen ist, eben einfach keine Sparmöglichkeit besteht, die ihr eine Existenzsicherung aus eigener Kraft erlauben würde, und daß, soweit diese doch gegeben wäre, keineswegs ein Erlahmen der eigenen Strebsamkeit eintreten würde. Ohne Befürchtungen für den Schaffenstrieb der arbeitenden Volksgenossen wollte er mit der Gewährung einer „Pension" vielmehr erreichen, daß jeder, auch der ärmste Angehörige der Gemeinschaft, von dieser *die Zusicherung einer bescheidenen Daseinsgrundlage* erhält. Damit sollte den Massen die „Schwimmkraft" – wie er sich einmal ausdrückte – gegeben werden, *die sie befähigt, sich freudig in der Arbeit einzusetzen,* sowie die innere Verbundenheit mit dem Ganzen, die eine solche Hilfe der Gemeinschaft gewährleistet. Der Anspruch auf diese sollte das Selbstgefühl und die Gemeinschaftsfreudigkeit des einzelnen erhöhen. „Wie jeder lebendige Organismus an der Erhaltung und am Wohlbefinden eines jeden seiner Glieder ein vitales Interesse hat, so hat auch *die zum Staat gefügte Gesamtheit aller Stände und Berufszweige ein Interesse daran, daß jeder einzelne* – insbesondere auch Industrie und Landwirtschaft – *gedeihe*, und darf sich nicht scheuen, dafür Opfer zu bringen." Das war Bismarcks Bekenntnis – der Schutz der Gemeinschaft als Ausdruck der völkischen Kameradschaft. Er vermöge, wie er in diesem Zusammenhang weiter äußerte, nicht einzusehen, warum nicht die Gesamtheit der Steuerzahler zugunsten einzelner Schichten (Klassen) der Bevölkerung eintreten solle.

Bei dieser Grundidee Bismarcks war es nur folgerichtig, daß ihn, wie er sagte, „der Gedanke leitete, daß das Reich *alle* für die Alters- und Invalidenversicherung entstehenden Kosten aus eigenen Mitteln tragen werde". „Die *Alters- und Invalidenversicherung ist ein allgemeines und nationales Bedürfnis, welches daher aus dem Nationalvermögen befriedigt werden sollte.* Eine itio in partes zu diesem Zweck würde dem nationalen Bedürfnis nicht entsprechen und wirtschaftlich ungleich wirken." Angesichts dieser Auffassung stellt der Staatszuschuß, dessen Gewährung er gegen alle Widerstände durchsetzte, nur ein kümmerliches Kompromiß dar.

Die Verantwortung für die Form, in der das Altersversicherungsgesetz schließlich zustande gekommen ist, hat Bismarck nach seiner Entlassung aufs schärfste von sich gewiesen. Mehrfach hat er *den Bürokratismus des Gesetzes gerügt und die Verfälschung seiner sozialpolitischen Grundgedanken betont.* Resigniert sprach er vom „Klebegesetz" und nannte „die Kleberei ... die unglücklichste Erfindung, worauf man kommen konnte". Er habe nicht daran gedacht, daß der siebzehnjährige Arbeiter für Ergebnisse einzahlen sollte, die er mit siebzig Jahren etwa erwarten konnte. „Dieser psychologische Irrtum ist mir nicht passiert ..." Viele Jahre nach der Anregung durch ihn sei die Sache, durch den Reichstag immer wieder verschleppt, in die Geheimratsmaschine gefallen und ziemlich anders wieder zum Vorschein gekommen. „... und als schließlich ... *der parlamentarische und geheimrätliche Wechselbalg* wieder aus der Maschine herauskam, da wurde ich gefragt: willst du das oder willst du nichts? Und da habe ich gesagt: Ich will lieber dieses wie gar nichts ..." Dasselbe brachte der Kanzler mit den Worten zum Ausdruck: „Mich hat damals der Gedanke geleitet, daß ich, *obschon ich die Vorlage so, wie sie angenommen ist, als mein Kind nicht anerkennen konnte, doch gesagt habe: lieber dies Adoptivkind als gar keines."*

Seine Grundeinstellung zum Problem der sozialen Sicherung überhaupt wird im übrigen dadurch gekennzeichnet, daß er im Winter 1889/90 die einheitliche Zusammenfassung der gesamten Sozialversicherung erwog.

Bismarcks Zuversicht, das einmal Begonnene werde die Geschichte vollenden, drückte sich in dem Bekenntnis aus (Unterredung mit Moritz Busch 1881): „ Diese Sache wird sich durchdrükken. Die hat ihre Zukunft. Es ist möglich, daß unsere Politik einmal zugrundegeht, wenn ich tot bin. Aber der *Staatssozialismus paukt sich durch* ..."

Wer verstanden hat, was Bismarcks Gesinnung mit dem Worte vom Staatssozialismus verband, wer das Ziel einer reichseigenen Volksversorgung würdigt, dem seine Sozialversicherung dienen sollte, kann nicht zweifeln, daß das nationalsozialistische Reich, indem es die unvollendete Aufgabe mit neuem Geiste angreift, wahrhaft das Bismarcksche Erbe angetreten hat.

b) Die gegenwärtige Situation

Der Lebensunterhalt des weitaus überwiegenden Teiles der schaffenden Volksgenossen ist unter den bisherigen wirtschaftlichen und rechtlichen Verhältnissen nur so lange gesichert, als sie im Vollbesitz ihrer Arbeitskraft sind und diese Arbeitskraft in der Volksgemeinschaft einsetzen können. Mit zunehmender Industrialisierung wurde in der kapitalistischen Epoche der Volkswirtschaft eine wachsende Anzahl von Volksgenossen um die Möglichkeit gebracht, aus eigener Kraft ausreichend für die Zukunft zu sorgen.

Im 19. Jahrhundert hat sich die Industrie mit einer bis dahin unvorstellbaren Lebhaftigkeit entwickelt. Die Bevölkerung ist in einem Tempo gewachsen, wie es die Weltgeschichte noch nicht gekannt hatte. Gleichzeitig bildeten sich in allen Teilen der Welt, insbesondere im abendländischen Kulturkreis, immer größere einheitliche Wirtschaftsgemeinschaften. Dies wird hier als Tatsache hingenommen, ohne eine Erklärung des ursächlichen Zusammenhangs zu versuchen.

Mit dieser Entwicklung war die Voraussetzung für eine immer feinere Arbeitsteilung gegeben. Es differenzierten sich nicht nur die Berufe, sondern auch die Funktionen innerhalb des einzelnen Berufs. Auf diese Weise war der Boden für die Technisierung bereitet, die sich in immer mehr Zweigen des Gewerbes ausbreitete. Die an sich rein technische Entwicklung brachte unter den damals herrschenden politischen Verhältnissen eine Umwälzung des ganzen Volkslebens mit sich. In den immer größer werdenden Produktionsstätten ballten sich die Schaffenden zu immer größeren Massen zusammen. Wo in der Zeit des Handwerks viele selbständige Gewerbetreibende tätig waren, arbeitete nunmehr eine immer größere Schar von Unselbständigen.

Der heute erreichte Zustand der Industrialisierung oder Technisierung kann natürlich nicht wieder rückgängig gemacht werden, ohne daß gleichzeitig die Produktivität der Arbeit herabgesetzt und damit die Versorgung des Volkes gefährdet würde. Es muß ihr vielmehr in jedem Gemeinwesen Rechnung getragen werden, mag dieses politisch eine liberalistische, kommunistische oder nationalsozialistische Grundhaltung haben. Die amerikanischen wie die russischen Erfahrungen der letzten Jahrzehnte zeigen in anschaulicher Weise, wie ähnlich die technische Entwicklung in allen Fällen ist. Die Zusammenfassung des Arbeitsprozesses in kapitalintensiven Großanlagen, die Großzügigkeit und Weiträumigkeit der modernen Wirtschaftsführung hat die Wirtschaft in Rußland und Amerika ebenso wie in Deutschland immer mehr auf unselbständige Arbeit abgestellt. Das Tempo, in dem die Unselbständigen zunahmen, war in Rußland schneller als irgendwo sonst. Die Industrialisierungsphasen, für die der Westen etwa ein Jahrhundert brauchte, wurden in der kurzen Zeit von knapp zwei Jahrzehnten durchlaufen. Wenn aber auch die technischen Voraussetzungen, die zur Zunahme der unselbständigen Arbeit geführt haben, in der ganzen Welt ziemlich gleichartig gewesen sind, *so waren die sozialpolitischen Schlußfolgerungen, die jeweils die Führung des Volkes aus dieser Lage zog, je nach der Weltanschauung und dem politischen System verschieden.*

Die politischen Verhältnisse der Vergangenheit haben es mit sich gebracht, daß die Einkommenslage der Unselbständigen sich trotz allen technischen Fortschritten nicht entsprechend gebessert hat. Wohl sind im Zusammenhang mit der Zunahme der allgemeinen Produktivität der Arbeit die Einkommen in Deutschland im Laufe des vergangenen Jahrhunderts absolut gestiegen, aber der Lohn der Unselbständigen ist stets so niedrig gewesen, daß die Ansammlung eines Notpfennigs für das Alter unmöglich war. Während in früheren Perioden der einzelne Bauer oder Handwerker auf sich selbst gestellt war und für sich sorgen konnte, ist der Unselbständige in seinen Dispositionen mehr und mehr zwangsläufig mit der allgemeinen Entwicklung der gesamten Gemeinschaft verkoppelt worden. Das gilt sogar nicht nur für den im rein rechtlichen Sinn abhängigen Schaffenden, sondern auch für die Mehrzahl der zwar rechtlich selbständigen, tatsächlich aber von der allgemeinen Wirtschaftslage abhängigen Gewerbe- und Handeltreibenden. *Somit ist die Grundlage der Lebenshaltung immer mehr dem unmittelbaren Einflußbereich des einzelnen Volksgenossen entzogen worden.* Er kann nicht mehr frei über die Produktionsmittel und über deren Ertrag verfügen. Es ist ihm verwehrt, in Notzeiten auf die Substanz eines Kapitals zurückzugreifen, wie dies Bauern oder selbständige Unternehmer auch heute noch – wenigstens zum Teil und in gewissem Umfang – tun können. *Die Masse der Volksgenossen ist für ihre Lebenshaltung auf den laufenden Fluß des Arbeitseinkommens angewiesen, und dieses laufende Arbeitseinkommen deckt in der Hauptsache nur die Lebenshaltung der unmittelbaren Gegenwart.* Die zur Kapitalbildung bestimmten Teile des volkswirtschaftlichen Ertrags werden im wesentlichen bereits im Betriebe abgezweigt und treten den Weg über den Einkommensstrom überhaupt nicht erst an. Neben diesem Teil der Kapitalbildung, der sich als Selbstfinanzierung im Betriebe vollzieht, wird eine weitere Kapitalbildung über das Unternehmereinkommen bewirkt. Die Masse der kleineren und mittleren Einkommen trägt zur Bildung produktiven Kapitals nur noch verhältnismäßig wenig bei. Die relative Bedeutung der Löhne für die Kapitalbildung ist trotz ihrer absoluten Zunahme nicht wesentlich größer geworden. Mit fortschreitender technischer Entwicklung haben sich die Möglichkeiten zur Befriedigung der – freilich gesteigerten – Lebensbedürfnisse zwar verbessert, der derzeitige Zustand ist jedoch nicht so, daß man der breiten Masse auf die Dauer eine Einschränkung ihrer Lebenshaltung zumuten könnte.

Allgemein gesprochen ist die Lage also folgende: *Je geringer die Bedeutung des eigenen Besitzes für die Betätigung des einzelnen in der Wirtschaft geworden ist, um so mehr ist sein Ein-*

kommen den Zufälligkeiten des Einzelschicksals sowohl als des völkischen Gesamtschicksals ausgesetzt. Kleine Einkommensschwankungen, die Bauern oder Handwerker durch Rückgriff auf die Substanz auszugleichen vermögen, wirken sich auf den Unselbständigen, der nur ein unfundiertes Einkommen aus seiner Arbeit hat, sehr bald katastrophal aus.

Die Tatsache, daß unter den überkommenen Verhältnissen der Unselbständige aus seinem Einkommen keine nennenswerten Rücklagen für sein Alter und für den Fall seiner Beschädigung machen kann, wird nicht bestritten. *Meinungsverschiedenheiten gibt es nur darüber, auf welche Weise die Folgen dieses Tatbestandes beseitigt werden können.* Die Meinungsverschiedenheiten sind allerdings erheblich.

Das Vorhandensein einer großen Zahl verelendeter Volksgenossen ist nicht ein bloßer Schönheitsfehler, der etwa durch andere Vorzüge des kapitalistischen Systems ausgeglichen würde. *Der soziale Friede wird durch die Unsicherheit der Existenz breiter Schichten des Volkes ernstlich bedroht, und damit werden die politischen und wirtschaftlichen Grundlagen des Gemeinwesens auf die Dauer recht problematisch.*

c) Begründung des Versorgungswerkes aus der Volksgemeinschaft (Die Verpflichtung aus der Idee der Volksgemeinschaft. - Überwindung unbegründeter Standesunterschiede. - Die Aberkennung des Versorgungsanspruchs)

Das Versorgungswerk erwächst aus dem Gedanken der Volksgemeinschaft und stellt sich so als organisierter Ausdruck der in der Gemeinschaft begründeten Kameradschaft dar. Nur von dieser höheren Warte aus kann sein Verhältnis zum einzelnen Volksgenossen erfaßt und begriffen werden. Aus dem Wesen der Kameradschaft ergibt sich, daß die „Beitragspflicht" grundsätzlich vom Leistungsvermögen des einzelnen abhängig zu machen ist und nicht von der zu erwartenden Versorgungsleistung; jeder hat die Pflicht, für die Kameradschaft so viel zu leisten, wie er kann. Je höher die Anforderungen des Staates als des Repräsentanten der Volksgemeinschaft sind, um so größer ist auch seine moralische Verantwortlichkeit für das Schicksal der ihm anvertrauten Menschen; diese Gesamtverantwortlichkeit muß mit der als Erfolgsvoraussetzung unerläßlichen Eigenverantwortlichkeit des Volksgenossen in eine fruchtbare Verbindung gebracht werden.

Die Versorgung, die von ganz anderen Prinzipien als die bisherige soziale Rentenversicherung ausgeht, umfaßt alle schaffenden Volksgenossen, ganz gleich, ob diese eine selbständige oder unselbständige Stellung haben. Sie verwirklicht damit den Gedanken der Volksgemeinschaft im sozialen Sektor und ist zudem dazu berufen, unbegründete Schranken innerhalb der in abhängiger Arbeit schaffenden Volksgenossen beispielgebend zu beseitigen. Während bis heute zwischen den künstlich auseinandergehaltenen Gruppen der Arbeiter und der Angestellten durch nichts zu rechtfertigende rechtliche Unterschiede vorhanden sind und insbesondere auch in der sozialen Rentenversicherung eine die Arbeiter benachteiligende Klassifizierung stattfindet, überwindet das Versorgungswerk erstmalig auf breiter Grundlage diese in keiner Weise gerechtfertigte Trennung, indem es nicht Stand oder soziale Stellung, sondern allein die Leistung für die Gemeinschaft ausschlaggebend sein läßt.

Jedem Volksgenossen steht nach erfüllter Gemeinschaftspflicht der Versorgungsanspruch zu, es sei denn, daß er sich dessen als unwürdig erwiesen hat. Für die Berücksichtigung strafgerichtlicher Verurteilung bei einer eventuellen Aberkennung des Versorgungsanspruches stellt das Einholen des Strafregisterauszuges ein brauchbares Mittel dar; jedoch ist in jedem Falle die endgültige Entscheidung von einer Beurteilung der Gesamtpersönlichkeit des Versorgungsberechtigten abhängig. Besonders wichtig ist es, einen einfach gangbaren Weg zu finden, um die Erfüllung des Korrelats des Versorgungsanspruches – nämlich Einsatz der Arbeitskraft zum Nutzen des Volkes – festzustellen.

Die Verpflichtung aus der Idee der Volksgemeinschaft

Es ist für ein nationalsozialistisches Gemeinwesen unerträglich, einen nennenswerten und erst recht den überwiegenden Teil der Volksgenossen bei den geringsten Zufälligkeiten im Ablauf des wirtschaftlichen Geschehens auf öffentliche oder private Almosen angewiesen oder im bittersten Elend verkommen zu sehen. *Die Alters- und Beschädigtenversorgung ist daher ein politisches Problem. Ihr Zweck ist, neben anderen Einrichtungen des Staates und der Volksgemeinschaft zur Stabilisierung der sozialen Verhältnisse im Volke beizutragen.* Die Versorgung ist hinsichtlich ihrer politischen Wertung auf die gleiche Stufe zu stellen wie die Wehrhaftmachung des Volkes, die Gesundheitsführung, das Schulwesen und ähnliches. Der Schutz der alten und arbeitsunfähigen Volksgenossen vor der Verelendung ist mit den gleichen Maßstäben zu messen, nach denen beispielsweise auch die staatlichen Einrichtungen beurteilt werden, die das Reich für den Schutz seiner Volksgenossen gegenüber fremden Staaten geschaffen hat. Ist das Versorgungswerk einmal politisch als notwendig anerkannt, *so heißt es sich auf die falsche Ebene begeben, wenn man es nach den kaufmännischen Grundsätzen der Rentabilität beurteilen wollte.*

Der politische Sinn der Alters- und Beschädigtenversorgung liegt in der Gewährleistung einer möglichst ausgeglichenen Lebenshaltung innerhalb der Volksgemeinschaft. Die Versorgung soll den einzelnen Volksgenossen, wenn er seine Pflicht gegenüber der Volksgemeinschaft erfüllt hat, unter allen Umständen und unabhängig von Zufälligkeiten in seiner sozialen Stellung sichern.

Will die Volksgemeinschaft ihren beschädigten, arbeitsunfähigen und alten Mitgliedern den Lebensunterhalt gewährleisten, so muß sie die dazu erforderlichen Güter aus dem laufenden Ertrag ihrer Produktion abzweigen. Es handelt sich hier im Grunde um dieselbe Verteilung, wie sie von jeher auf dem Bauernhof üblich ist. Da bei der heutigen Wirtschaftsordnung die persönlichen Rechtsbeziehungen zwischen dem Schaffenden und seiner Produktionsstätte zerrissen sind und für den größten Teil des Volkes nicht wieder hergestellt werden können, müssen gemeinschaftliche Rechtsbeziehungen zwischen den Schaffenden und Feiernden und der gesamten volkswirtschaftlichen Produktion geschaffen werden. Das Verhältnis der Alten und Arbeitsunfähigen zur Volkswirtschaft muß entsprechend ausgestattet werden wie das Verhältnis des Altbauern zum Bauernhof.

Wie in der Hausgemeinschaft des Bauern persönliche Beziehungen zwischen dem Altbauern und der schaffenden Generation bestehen, so bestehen in der Volksgemeinschaft kameradschaftliche Beziehungen zwischen den alten und beschädigten Volksgenossen und den jeweils Schaffenden. Das Versorgungswerk ist eine Lebensäußerung völkischer Kameradschaft. Das Einzelschicksal wird auf der einen Seite durch das Schicksal des Volkes bestimmt, hat aber auf der anderen Seite auch seinen weitgehend durch Zufälligkeiten beeinflußten eigenen Rhythmus: Krankheit, Unfall und Alter werden immer einen Teil des Volkes zeitweilig aus der Schaffensgemeinschaft ausschließen. In einem sozialistischen Gemeinwesen ist dafür zu sorgen, daß die Volksgenossen, die nach treuer Erfüllung ihrer Pflicht gegenüber ihrem Volke aus der Schaffens- und Kampfgemeinschaft ausscheiden müssen, nicht der Verelendung verfallen. Der um sein Volk verdiente Arbeiter darf nach erfüllter Pflicht ebensowenig der Not ausgeliefert sein wie der Soldat.

Die Alters- und Beschädigtenversorgung kann demnach in einem nationalsozialistischen Gemeinwesen nichts anderes sein als der organisierte Ausdruck der aus der Volksgemeinschaft erwachsenden Kameradschaft. Bei der Millionenzahl der Volksgenossen sind bestimmte geschriebene Regeln für das Zusammenleben unvermeidlich. Sie dürfen nur nicht Selbstzweck werden und über das innere Wesen der Einrichtung hinwegtäuschen. Zwischen dem Versorgungswerk und privaten Versicherungsunternehmungen besteht im Wesen ein ähnlicher Unterschied wie zwischen der Sturmkameradschaft von SA-Männern oder Soldaten und der Geselligkeit oder gegenseitigen Hilfe irgendeines Vereins. Beide mögen – je nach ihrem besonderen Zweck – geschriebene oder vorgeschriebene Regeln haben: Der Geist aber ist verschieden. Das Wesen eines Vereins, der etwa zu wirtschaftlichen Zwecken gegründet wird, beruht auf Leistung und Gegenleistung: Hier der Beitrag – dort sein materieller oder ideeller Gegenwert. Die Kameradschaft hingegen gibt um der Kameradschaft willen: Hier sind Leistung und Gegenleistung nicht unbedingt im einzelnen aufzurechnen; sie schlagen sich in erhöhter Lebens- und Kampfkraft der Gesamtheit nieder.

Auf die Organisation der Alters- und Beschädigtenversorgung angewendet, heißt das: *Jeder hat seine Ehre daranzusetzen, für die Kameradschaft soviel wie möglich zu leisten.* Jeder hat aber auch das selbstverständliche Recht, Leistungen zur Verhütung von Not in Anspruch zu nehmen, freilich nur soweit dadurch nicht das Wesen der Kameradschaft gefährdet wird. *Jeder hat das Recht, auf die Leistungen der Kameradschaft zurückzugreifen; er kann aber nicht verlangen, daß diese Leistungen der Gesamtheit seiner eigenen „Beiträge" in allen Fällen entsprechen.*

Sowenig der nationalsozialistische Staat auf die Theorie vom „contrat social" der Aufklärer zurückzuführen ist, sowenig kann eine nationalsozialistische Sozialpolitik einen ihrer wesentlichen Pfeiler auf die Mathematik des privatwirtschaftlichen Versicherungskapitals gründen. Das schließt nicht aus, daß „Beiträge" und Leistungen des Versorgungswerkes auf klar umrissenen Pflichten und Rechten beruhen. *Das Verhältnis von Leistung und Gegenleistung kommt aber in ganz anderer Weise zum Ausdruck, nämlich in der starken Betonung der Pflicht zur Arbeit, die dem Versorgungsanspruch vorausgeht.*

Die Kameradschaft aller Schaffenden hat dafür zu sorgen, daß die Last der Not nirgends größer wird, als dem einzelnen zu tragen zugemutet werden kann. Jeder Schaffende muß die Gewißheit haben, daß – komme es, wie es wolle – die Volksgemeinschaft ihm das Nötigste sichert, vorausgesetzt, daß er sich als pflichttreues Mitglied dieser Gemeinschaft führt. (Dieses „Nötigste" wird freilich in allgemeinen Notzeiten anders aussehen als in Zeiten allgemeinen Wohlstandes.) Dieses Recht ist unabdingbar, aber auch eindeutig zu begrenzen: *Vor Not schützen, heißt nicht, die Faulheit fördern.* Das liefe dem Wesen der Kameradschaft zuwider. Jeder Volksgenosse, der seine Pflicht tut, hat gleichen Anspruch auf eine soziale Sicherung. Diese kann aber nicht so groß sein, daß sie die persönliche Verantwortung für das eigene Schicksal und den Willen zur Leistungssteigerung überflüssig macht. Denn letztlich *ist es nicht der Sinn einer Kameradschaft, dem einzelnen ein sorgloses Dasein, sondern dem Volk eine größere Lebens- und Leistungskraft zu garantieren.*

Jedes Glied der Volksgemeinschaft hat

1. selbstverständlich die ihm persönlich auferlegten Pflichten zu erfüllen;
2. nach besten Kräften der Gemeinschaft zu helfen, ihre Aufgaben zu lösen.

Die Pflichten gegenüber der Gemeinschaft bestimmen sich nach den verfügbaren Kräften, nicht aber nach dem Grad, in dem die Leistungen der Gemeinschaft in Anspruch genommen werden. (Die Volksgemeinschaft ist kein Verein, auch kein Versicherungsverein auf Gegenseitigkeit!) *Demzufolge ist für die „Beitragspflicht" zum Versorgungswerk grundsätzlich das Leistungsvermögen des einzelnen und nicht die zu erwartende Versorgungsleistung ausschlaggebend,* ebenso wie die Pflicht zur Steuerzahlung nicht von der Häufigkeit der Inanspruchnahme öffentlicher Einrichtungen abhängt.

Die Sorge um das eigene persönliche Schicksal hat mit der Leistungspflicht gegenüber der Volksgemeinschaft nichts zu tun; *der einzelne ist der Gemeinschaft für den Einsatz seiner Kräfte verantwortlich, und er ist sich selbst für die Verwendung der Mittel verantwortlich, die ihm die Gemeinschaft als Gegenwert für seine Leistungen zur Verfügung stellt. Die nationalsozialistische Gemeinschaft unterscheidet sich damit grundlegend sowohl vom liberalistischen Individualismus als auch vom marxistischen Kollektivismus.* Der Individualismus verneint die Verantwortlichkeit des einzelnen gegenüber der Gemeinschaft und überspitzt die Selbstverantwortlichkeit für das Einzelschicksal. Der Kollektivismus dagegen trachtet, die Einzelverantwortlichkeit im Massenschicksal untergehen zu lassen; er unterbindet damit die Einzelverantwortlichkeit und ersetzt sie durch die Pseudoverantwortlichkeit anonymer Kollektivgebilde.

Die Auswirkungen des Liberalismus und des Kollektivismus auf dem Gebiet der sozialpolitischen Lebenssicherung sind bekannt.

Der Liberalismus lehnt jede Gesamtverantwortlichkeit für das Einzelschicksal ab; er unterstellt, daß jedem das Schicksal zuteil wird, das seinen Kräften und Fähigkeiten entspreche und das er deshalb „verdient". Staatliche Einrichtungen sowie Maßnahmen der Sozialpolitik und der Fürsorge sind im Rahmen dieser Weltauffassung grundsätzlich verpönt. Soweit sie sich infolge allzu offenkundiger Unerträglichkeit der sozialen Zustände nicht umgehen lassen, beschränken sie sich bewußt auf eine Art genossenschaftliche Selbsthilfeeinrichtung der Betroffenen – oder auf Maßnahmen der Armenpflege. Man hilft dem Armen aber nicht, weil man ihm ein Recht auf Existenz zubilligt, sondern weil man fürchtet, er könnte für die Ruhe und Sicherheit des Besitzes gefährlich werden. Man unterstützt ihn nicht aus dem Gefühl einer sittlichen Verpflichtung, sondern aus einer nüchternen – und eigensüchtigen – Zweckmäßigkeitserwägung heraus. Die staatlichen Einrichtungen der sozialen Rentenversicherung und der Wohlfahrtsunterstützung in Deutschland und einer Reihe anderer Länder sind typische Erscheinungen dieser Einstellung.

Der Kollektivismus dagegen verneint die Möglichkeit einer persönlichen Selbstverantwortung für das Lebensschicksal grundsätzlich. Er betrachtet den einzelnen von Anfang an als ein namenloses Glied der kollektiven Masse, dem nach einem starren Schlüssel der Anteil an dem vom Kollektiv erwirtschafteten Sozialprodukt zugemessen wird nach den Bedürfnissen, die ihm von Staats wegen zugebilligt werden. Durchaus folgerichtig verneint die kollektivistische Sozialverfassung das Privateigentum und unterbindet damit völlig die Möglichkeit einer persönlichen Lebensgestaltung.

Für die nationalsozialistische Gemeinschaft sind beide Wege ungangbar, weil sie den Anfang des Zerfalls dieser Gemeinschaft bedeuten würden.

Die nationalsozialistische Staats- und Wirtschaftsordnung verlangt jetzt und in aller Zukunft von jedem Volksgenossen eine strenge nationale Disziplin, da eine wahre Volksgemeinschaft ebenso wie eine wahre Familiengemeinschaft nur durch die klare Unterordnung des einzelnen unter die höheren Gesamtinteressen möglich ist. Jeder Volksgenosse ist daher durch die Moral, wenn auch nicht immer durch das Gesetz gezwungen, in vielem die persönlichen Wünsche den Notwendigkeiten der Gemeinschaft unterzuordnen. Diese Forderung ist unabdingbar, weil sich das deutsche Volk im völkischen Weltgeschehen nur so lange halten kann, als es in bezug auf nationale Disziplin den anderen Völkern überlegen bleibt. Diese nationale Disziplin muß sich nicht zuletzt auch im sozialen Sektor des völkischen Zusammenlebens auswirken.

Aus dieser Grundeinstellung heraus wird der Staat also immer *fordern,* so wie im soldatischen Leben die Führung vor jede Anerkennung eine Forderung stellt. Die friderizianische Staatsauffassung hat von jeher neben die Leistungsforderung die Fürsorgepflicht des Staates gestellt. Weder der Staat noch der einzelne Vorgesetzte dürfen einseitig befehlen und fordern: Die großen Deutschen waren davon überzeugt, daß Forderungen nur dann mit dem nötigen Nachdruck vertreten und mit dem notwendigen Schwung erfüllt werden können, wenn Staat und Vorgesetzte als Gegenleistung für die unbedingte Gefolgschaftstreue eine ebenso unbedingte Fürsorgepflicht gewährleisten. So wie im kleinsten militärischen Verband die Fürsorgepflicht des Führers untrennbar mit seiner Kommandogewalt verbunden ist, so ist es auch im großen Staatsverband. *Je höher die Anforderungen sind, die der Staat als Repräsentant der Volksgemeinschaft an die Volksgenossen stellt, um so höher ist auch seine moralische Verantwortlichkeit für das Schicksal der ihm anvertrauten Menschen.* Solange der Staat nur eine Art Verein seiner Bürger ist, solange kann er sich auf die notdürftige Reglementierung der dringendsten Lebensbedürfnisse beschränken. Der Polizeistaat war die typische Erscheinungsform des liberalistischen Zeitalters. Er hatte keine andere Aufgabe, als für die ihm von seinen Bürgern zur Verfügung gestellten Steuern die vertragsmäßig übernommenen Polizeiaufgaben so gut wie möglich zu erfüllen. Der nationalsozialistische Volksstaat aber ist kein Verein seiner Bürger, sondern der Repräsentant des Volkes schlechthin. Er übernimmt damit zwangsläufig wesentlich höhere Aufgaben.

Im sozialen Sektor besteht die aktuelle Problematik nun darin, diese Gesamtverantwortlichkeit der Volksgemeinschaft mit der als Erfolgsvoraussetzung unerläßlichen Eigenverantwortlichkeit des Volksgenossen in eine fruchtbare Verbindung zu bringen. Der nationalsozialistische Volksstaat kann sich nicht auf eine kollektivistische Massenlösung in dem Sinne einlassen, daß der einzelne überhaupt keine Verantwortung für sein Schicksal zu tragen hätte. Er kann aber auf der anderen Seite den einzelnen nicht bedenkenlos dem Schicksal überantworten, das ihn zufällig trifft. Sowenig es als Ideal des Volksstaates gelten kann, ein Rentnervolk zu züchten, so unerträglich ist es, dauernd eine Anzahl von Volksgenossen dem Elend überantwortet zu wissen.

Wenn der Staat von den Volksgenossen unbedingte Gefolgschaftstreue verlangt, so muß er ihnen auf alle Fälle die Gewißheit geben, daß die Erfüllung der Gefolgschaftspflicht unter keinen Umständen zum wirtschaftlichen Nachteil ausschlägt. Der Volksgenosse, der seine Kraft ohne inneren Vorbehalt für den Dienst oder Beruf einsetzt, und der daher vielleicht mehr gefährdet ist als jener, der etwas vorsichtiger an die ihm gestellte Aufgabe herangeht, darf nicht schlechter gestellt werden als jener. Wer dem Volk mehr Kinder großzieht, darf nicht gegenüber dem benachteiligt werden, der es mit weniger Kindern bewenden läßt oder gar ganz auf Kinder verzichtet. Derartige Benachteiligungen sind aber unvermeidlich, wenn der Staat seiner Fürsorgepflicht dadurch zu genügen glaubt, daß er bloß Einrichtungen schafft, deren sich dann der einzelne für die persönliche Vorsorge bedienen kann, soweit und sofern das in seinen wirtschaftlichen Kräften steht. Wer durch besonders aktiven Einsatz vorzeitig beschädigt wird, wird unter allen Umständen weniger sparen können als der, der sein ganzes Leben hindurch eine gleichmäßige, ruhige und gut bezahlte Beschäftigung ausüben kann. Wer viele Kinder großzieht, wird zweifellos geringere Geldbeträge zurücklegen können als der, der keine oder nur wenige Kinder hat.

Die Aufgabe der Sozialpolitik ist es, die materiellen Nachteile, die sich aus einem erhöhten Einsatz für die Volksgemeinschaft ergeben, von vornherein auszuschalten, um *für alle Volksgenossen gleiche Voraussetzungen für die persönliche Verantwortlichkeit zu schaffen.* Je umfassender die sozialen, wirtschaftlichen, kulturellen und biologischen Leistungen des einzelnen Volksgenossen gegenüber der Gemeinschaft sind, um so reichlicher muß diese allgemeine Sicherung ausfallen, damit die von jedem Volksgenossen selbstverständlich verlangte Eigenverantwortlichkeit den notwendigen Rückhalt erhält.

Wenn aus diesen Gesichtspunkten heraus der nationalsozialistische Staat ein Versorgungswerk für alte und beschädigte Volksgenossen schafft, so tut er das nicht aus dem Bestreben heraus, durch eine allgemeine Staatspension dem einzelnen die persönliche Schicksalsverantwortung abzunehmen. *Die aus der Versorgung fließenden Leistungen dürfen stets nur so bemessen sein, daß sie eine persönliche Vorsorge nicht nur nicht überflüssig, sondern sogar in gesteigertem Grade erstrebenswert erscheinen lassen.* Die staatliche Versorgung wird hoch genug sein müssen, um jeden Volksgenossen, gleichgültig welchem Schicksal er unterworfen war, vor der bittersten Not zu schützen. Sie wird damit an sich den Gedanken verwirklichen, der im jetzigen Fürsorgerecht in einer allerdings äußerst unzulänglichen und unwürdigen Weise zum Ausdruck gebracht wird. Sie wird aber weiter im Gegensatz zum bisherigen Fürsorgerecht den Volksgenossen sichtbar bevorzugen, der über die ihm zugesprochene soziale Mindestlebenshaltung hinaus aus eigenen Kräften und aus freien Stücken fleißig und sparsam gewesen ist. Das bisherige Fürsorgerecht zwingt den einzelnen, seine mühsam erworbenen Ersparnisse aufzubrauchen, ehe der Staat seine Verpflichtung zur Sicherung des Existenzminimums als gegeben anerkennt. Das bedeutet in der Praxis, daß die theoretisch als Grundsatz proklamierte Pflicht zur eigenen Sicherung zur Unbilligkeit geworden ist.

Das Versorgungswerk bedeutet vom Gedanken der Volksgemeinschaft aus noch in anderer Beziehung einen gewaltigen Fortschritt gegenüber dem bisherigen System der sozialen Sicherung:

Die soziale Rentenversicherung wurde bewußt auf einen bestimmten Teil der Schaffenden beschränkt. Aber selbst bei diesen auf den unteren Stufen der Einkommensskala stehenden Bevölkerungsgruppen sind nicht alle Volksgenossen von den Versicherungseinrichtungen erfaßt. Alle sogenannten Selbständigen sind grundsätzlich von der sozialen Rentenversicherung ausgeschlossen; erst in jüngster Zeit ist durch die Handwerkerversorgung ein geringer Teil derselben (und in zudem noch recht ungenügender und politisch problematischer Form) von der Rentenversicherung erfaßt worden. Diese Begrenzung des Versichertenkreises entsprang der gegen Ende des vergangenen Jahrhunderts allgemeinen Vorstellung, die Sozialpolitik habe ihre Aufgaben lediglich darin zu erblicken, für die sogenannten ärmeren Bevölkerungsschichten eine einigermaßen tragbare Lebensordnung zu schaffen. Die soziale Rentenversicherung *sollte dem immer weitere Kreise erfassenden Proletariat die Möglichkeit einer gewissen Existenzsicherung bieten.* Mit der Einführung der Rentenversicherung hoffte man seinerzeit, einen Schritt zur Einfügung des Proletariats in das Bürgertum getan zu haben. Das Bürgertum wurde als unbestrittener Träger des damaligen Staatswesens angesehen. Die Entartung des Bürgertums im Proletariat erschien als bedauerliche Begleiterscheinung der kapitalistischen Entwicklung. Aus dieser Grundvorstellung heraus war es nur konsequent, die Rentenversicherung absichtlich nur auf die Kreise zu beschränken, die diesem Proletariat von Staats wegen zugerechnet wurden, und auf der anderen Seite alle Kreise aus diesen Einrichtungen fernzuhalten, von denen man glaubte, daß keine Gefahr der Proletarisierung bestünde. *Das Bürgertum in allen seinen Erscheinungsformen,* vom kleinen Handwerker angefangen über die freien Berufe bis zum industriellen Großunternehmer, *wurde so in einen politischen Gegensatz zu dem von Staats wegen in der sozialen Rentenversicherung organisierten Proletariat gestellt.* Diese Rentenversicherung wurde als Selbsthilfeeinrichtung der von der Verelendung bedrohten Volksschichten aufgefaßt. Sie sollten im wesentlichen aus eigener Kraft die Mittel aufbringen, um für ihr Alter zu sorgen. Der Staat übernahm in diesem System in der Hauptsache nur die Aufsichtsfunktion, wenn er auch einige Beiträge aus Staatsmitteln zu der Versicherung leistete. Im Prinzip aber wurde auch durch die soziale Rentenversicherung, so wie sie schließlich von Bürokratie und Parlament gestaltet wurde, an dem grundsätzlichen Aufbau des kapitalistischen Wirtschaftssystems nichts geändert. Die Altersrenten mußten aus den nach dem vorangegangenen Einkommen berechneten Beiträgen bestritten werden. Die Rentenversicherung bedeutete im Effekt somit nichts anderes als eine Kürzung des laufenden Einkommens zugunsten einer Rente im Alter. *Die gesellschaftliche Einstufung des einzelnen Volksgenossen wurde dadurch also keineswegs beeinflußt: sie wurde im Gegenteil eher auf dem jeweiligen Stande konserviert anstatt verbessert.* Die soziale Rentenversicherung war so ein Versuch, den bestehenden gesellschaftlichen Aufbau in einem Beharrungszustand zu festigen. War sie unbestreitbar eine sozialpolitische Großtat, so hat sie doch in ihrer praktischen Auswirkung den sozialen Frieden innerhalb des Volkes auf die Dauer nicht wesentlich fördern können.

Die sozialen Probleme innerhalb des Bürgertums wurden von Grund auf verkannt. Wenn man schon von einer zunehmenden Proletarisierung der Massen sprechen wollte, so hätte man nicht übersehen dürfen, daß auch im Bürgertum immer weitere Kreise auf sogenanntes unfundiertes Einkommen angewiesen waren, also auf Einkommen, das nicht aus dem Besitz von Vermögen, sondern aus dem unmittelbaren und persönlichen Einsatz der Arbeitskraft herrührte. *Der Handwerker, der Angehörige der freien Berufe, ja selbst der Unternehmer, der in immer größerem*

Maße an Stelle von Eigenkapital auf Kredit angewiesen ist, hat dem Wesen nach kein gesicherteres Einkommen als der Industriearbeiter oder der Angestellte. Auch sie laufen alle Gefahr, mit nachlassender Arbeitskraft ihre Existenzgrundlage zu verlieren. Ja in vielen Fällen wirkt sich in diesen Kreisen der Verlust der ganzen Arbeitskraft oder eines Teiles der Arbeitsfähigkeit noch viel katastrophaler aus als etwa bei dem Arbeiter, der – wenn auch nicht in seinem ursprünglichen Beruf – so doch sonstwo vielleicht noch irgendeinen Arbeitsplatz erlangen kann. *Es kann auch nicht eingewendet werden, die Eigenart der Tätigkeit in den „bürgerlichen" Berufen erlaube die Bildung ausreichender Rücklagen oder Ersparnisse für derartige Wechselfälle des Lebens.* Es scheint eines der Grundgesetze der kapitalistischen Entwicklung zu sein, daß die Lebenshaltung in dem Grade ungesicherter – wenn auch nicht niedriger – wird, in dem sich die Erwerbstätigkeit von der Bearbeitung des eigenen Landbesitzes entfernt. Die moderne Wirtschaft bietet dem mit regelmäßigem Einkommen ausgestatteten Volksgenossen vielleicht mehr Möglichkeiten der Bedürfnisbefriedigung als die reine Agrarwirtschaft; sie fordert von ihm freilich auch mehr an Leistung. Die Kulturbedürfnisse des modernen Menschen sind in ihrer Mehrzahl nicht unbegründeter Luxus, sondern geradezu Voraussetzung seiner Leistungsfähigkeit. Es ist nicht vorstellbar, die moderne Wirtschaft mit Menschen aufrechtzuerhalten, die etwa auf dem kulturellen Niveau der breiten Massen des 17. oder 18. Jahrhunderts stehen. Man kann weder dem Arbeiter noch dem selbständigen Handwerker zumuten, die Lebensführung unter den Stand zurückzuschrauben, der durch die allgemeine wirtschaftliche und kulturelle Leistungsfähigkeit des Volkes nun einmal gegeben ist. Die nationale Widerstandskraft hängt in der Gegenwart mehr denn je von dem geistigen und kulturellen Entwicklungsstand des Volkes ab. Würde man dem einzelnen Volksgenossen zumuten, so viel zu sparen, daß sein Lebensstandard unter den jetzt üblichen sinkt, so würde damit von Staats wegen die Grenze überschritten, die im Sprachgebrauch seit je zwischen Geiz und Sparsamkeit gezogen wird.

Diese grundsätzlichen Erwägungen gelten für den sogenannten Selbständigen ebenso wie für den Arbeiter und Angestellten. Es braucht nicht länger ausgeführt zu werden, auf wie schwankenden Grundlagen die Existenz vieler der sogenannten Selbständigen aufgebaut ist. Selbst die scheinbar wirtschaftlich gesicherte Existenz der Unternehmer hängt in Zeiten rascher wirtschaftlicher und politischer Entwicklung von Umständen ab, die der einzelne kaum mehr zu beherrschen vermag. Wenn es auch keineswegs zur Regel geworden ist, daß ehemals Vermögende auf die Leistungen der kommunalen Wohlfahrt angewiesen sind, so hat doch fast jede kleine Gemeinde den einen oder anderen Volksgenossen zu betreuen, der durch Wechselfälle des Lebens, die ihm nicht zur Last zu legen sind, um den Besitz seines mehr oder weniger großen Vermögens gekommen ist. Die Zahl dieser Volksgenossen ist sicher weit größer, als allgemein angenommen wird, und sie würde noch eindrucksvoller sein, wenn alle die Fälle hinzugerechnet würden, die im Bereich der familiären und sonstigen privaten Wohltätigkeit recht und schlecht durchgeschleppt werden. Aber selbst, wenn sie seltene Ausnahmen wären, so ist doch *dem Grundsatz nach nicht einzusehen, warum ein Unternehmer oder Bauer oder Handwerker, der den größten Teil seines Lebens treu seine Pflicht in der Volksgemeinschaft erfüllt hat, im Alter dem entwürdigenden Verfahren der allgemeinen Armenpflege unterworfen werden soll,* nur deswegen, weil er durch ein übermächtiges Schicksal gegen Ende des Lebens aus der geordneten Bahn geworfen wurde. (Daß selbstverschuldete Unglück dem Prinzip nach anders zu behandeln wäre, ist klar, obwohl gerade hier die Grenzziehung außerordentlich schwierig ist.)

Die Alters- und Beschädigtenversorgung muß daher – im Gegensatz zur sozialen Rentenversicherung – *grundsätzlich alle Volksgenossen erfassen, gleichgültig in welcher sozialen Stellung sie sich befinden.*

Überwindung unbegründeter Standesunterschiede

So wie das Versorgungswerk alle Volksgenossen umfaßt und damit den Begriff der Volksgemeinschaft im sozialen Sektor verwirklicht, so ist es noch in anderer Weise dazu berufen, die Schaffenden zusammenzuschweißen, indem es auf dem Wege zur Beseitigung überflüssiger und jeder vernünftigen Begründung entbehrender Schranken in der Gemeinschaft der Schaffenden beispielhaft vorangeht.

Es gibt in der Volksgemeinschaft nur *eine* Arbeitsehre, was selbstverständlich nicht hindert, daß trotzdem jede Leistung entsprechend ihrem Werte gewürdigt werden muß. Die schaffenden Volksgenossen gliedern sich einmal in solche, die selbständige Arbeit (als Unternehmer oder in freien Berufen), und solche, die unselbständige Arbeit (als Gefolgschaftsangehörige) verrichten. Hiergegen ist, solange die private Initiative und überhaupt das Unternehmertum bejaht wird, nichts einzuwenden. *Mehr als fraglich ist es jedoch, ob nun innerhalb des Kreises der Volksgenossen, die abhängige Arbeit verrichten, eine rechtliche Unterteilung auf die Dauer mit den Grundsätzen der Volksgemeinschaft vereinbar ist.* Die in abhängiger Arbeit tätigen Volksgenossen werden auch heute noch in rechtlicher Hinsicht als Arbeiter, Angestellte und Beamte unterschieden [vgl. hierzu: „Das Problem der Arbeiter und Angestellten." Vorabdruck aus dem Jahrbuch 1940 des Arbeitswissenschaftlichen Instituts der DAF].

Der *Beamtenbegriff* ist Jahrhunderte alt. Er ist hervorgegangen aus den besonderen Verhältnissen jedes Staates. Der Staat braucht zur Ausübung seiner Hoheitsgewalt Beamte, die die Aufgabe haben, die Hoheitsakte durchzuführen und infolgedessen zum Staate in einem ganz unmittelbaren Verhältnis stehen. Sie sind Diener des Staates und stehen damit zu ihm in einem Gewalt- und Schutzverhältnis sowie in einem besonderen Dienst- und Treueverhältnis. Der Beamte muß unabhängig sein, um die Staatsaufgaben objektiv erfüllen zu können. Der Staat kann von den Beamten eine besondere Hingabe verlangen und gewährleistet ihnen dafür lebenslänglich einen angemessenen Unterhalt, sei es in Form des Gehaltes oder in Form der Pension. Dieser Beamtenbegriff ist auch gegenwärtig in Deutschland noch derselbe wie seit Jahrhunderten, insbesondere seit Friedrich dem Großen, nur daß im nationalsozialistischen Staat das Beamtentum noch eindeutiger auf diese Grundsätze festgelegt ist, als dies etwa in liberalistischen Staaten der Fall war und ist, wo persönliche und egoistische Einflüsse die Eindeutigkeit des Beamtenverhältnisses verwischen.

Zu fragen ist allerdings, ob sich der Beamtenbegriff in tatsächlicher Hinsicht bis in die Gegenwart ebenso rein erhalten hat. Das jedoch ist mindestens insoweit zu verneinen, als im *liberalistischen Staat eine willkürliche Ausweitung des Beamtenbegriffs stattgefunden hat,* da viele Staatsbürger nur deshalb Beamte geworden sind, weil sie bei Behörden oder bei Körperschaften des öffentlichen Rechts tätig sind, ohne daß sie tatsächlich Hoheitsaufgaben erfüllen. Im Altreich gab es 1933 1 ½ Millionen Volksgenossen, die im Beamtenverhältnis standen; die Mehrzahl von ihnen übt jedoch keine Hoheitsaufgaben aus. Es wäre daher nicht notwendig, ihnen die Rechtsstellung von Beamten zu geben. Sie könnten ihre Tätigkeit ebensogut als Angestellte oder Arbeiter verrichten, wie das in großem Umfange auch tatsächlich der Fall ist, da nur ein Teil derjenigen Volksgenossen, die, ohne Hoheitsaufgaben auszuüben, bei Behörden oder Körperschaften des öffentlichen Rechts tätig sind, in das Beamtenverhältnis übernommen wurde. Hier liegt also ein Problem vor, das früher oder später zu lösen ist, das jedoch *deshalb nicht von so aktueller Bedeutung ist, weil es keine Klassifizierung von Volksgenossen bedeutet; denn Beamter ist man im Rechtssinne nicht, weil man einen ganz bestimmten Beruf ausübt, sondern nur kraft Berufung.* Die Rückführung des Beamtenbegriffs auf seinen wirklichen Gehalt kann einer späteren Zeit vorbehalten bleiben.

Ganz anders liegen die Verhältnisse jedoch bei den übrigen unselbständig schaffenden Volksgenossen, die mit oder gegen ihren Willen gezwungen sind, ihre Tätigkeit im Rechtssinne entweder als Arbeiter oder als Angestellter auszuüben. Die Begriffe Arbeiter und Angestellte ergeben sich nicht aus einer Berufung, sondern aus einem Beruf. Ein Tischlergeselle hat keine andere Wahl, als, wenn er diese Tätigkeit ausüben will, im Rechtssinne Arbeiter zu sein, und einem Handlungsgehilfen bleibt, wenn er dieser Tätigkeit ausübt, nichts anderes übrig, als dies im Rechtssinne als Angestellter zu tun. Hier findet also rechtlich eine Scheidung statt, die weder nötig noch durch die Art der Arbeit zu begründen ist.

Gleich vorweg sei, um Mißverständnisse auszuschließen, ausdrücklich hervorgehoben, daß bei allen nachstehenden Ausführungen *in keiner Weise etwa eine Gleichmacherei gefordert wird.* So vielgestaltig wie das Leben selbst, ist auch das Arbeitsleben. Die Art der ausgeübten Tätigkeit ist in vieler Hinsicht bestimmend für die Einzelheiten der Arbeitsbedingungen. Wenn es z.B. in der Gesetzgebung für notwendig gehalten wurde, für die Angestellten längere Kündigungsfristen vorzuschreiben und für die Arbeiter den Kündigungsausschluß zuzulassen, so ist die Berechtigung zu solchen gesetzlichen Maßnahmen nicht damit zu widerlegen, daß sie überhaupt überflüssig oder sinnlos wären. Denn ist es etwas anderes, ob von zwanzig Schlossern von heute auf morgen einer seine Arbeit aufkündigen und den Betrieb verlassen kann oder ob der eine Werkmeister oder der eine Ingenieur oder der eine Buchhalter dieses Betriebes dies tut. Im ersten Falle können die übrigen Schlosser ihre Tätigkeit ungehindert weiter ausüben, im letzten Falle kann durch den Ausfall eines leitenden Angestellten der Betrieb auf Wochen oder Monate hinaus vollkommen in Unordnung geraten, sehr zum Schaden nicht nur der Schlosser in unserem Beispiel, sondern auch der Volkswirtschaft.

Damit ist jedoch noch nicht entschieden, ob es nötig war, für die Angestellten *gesetzlich* längere Kündigungsfristen vorzuschreiben. Dies hätte man durchaus der betrieblichen Wirklichkeit überlassen können. Dem Unternehmer ist es unbenommen, je nach der Notwendigkeit einzelner Gefolgschaftsangehöriger für den Betrieb entsprechende Arbeitsverträge abzuschließen. *Diese tatsächliche Handhabung würde niemals zu einer grundsätzlich verschiedenen Wertung von Arbeitern und Angestellten führen.* Die *gesetzliche* Regelung dagegen hat zwangsläufig zu diesem Ergebnis führen müssen.

Wenn Volksgenossen als Tischler, Schlosser, Buchhalter, Dreher, Postschaffner, Bäcker, Zeichner, Schlächter, Techniker, Maurer, Ingenieur, Bahnschaffner, Telegraphenarbeiter, Werkmeister oder Werkstättenarbeiter tätig sind, dann sind dies alles Berufe, mit der gleichen Arbeitsehre, von der gleichen Notwendigkeit und auch letztlich von gleichem Wert für die Volksgemeinschaft. Festzuhalten ist jedoch, daß hiervon Tischler, Schlosser, Dreher, Bäcker und Maurer zwangsläufig Arbeiter sind, dagegen Buchhalter, Zeichner, Techniker, Ingenieure oder Werkmeister ohne weiteres Angestellte sein müssen, während bei der Reichspost die Postschaffner Beamte, die Telegraphenarbeiter dagegen Arbeiter und bei der Reichsbahn die Bahnschaffner Beamte, die Werkstättenarbeiter dagegen Arbeiter sind. *Es liegt so im Verhältnis von Angestellten zu Arbeitern eine Klassifizierung vor, die in keiner Weise berechtigt ist.* Im Gegensatz zum Beamtenbegriff ist dieser Unterschied bisher auch noch niemals eindeutig begrifflich bestimmbar gewesen. Es gibt im Grunde genommen keine andere Begriffsbestimmung für Angestellte, als daß sie überwiegend geistig arbeiten, und für Arbeiter, daß sie überwiegend körperlich tätig sind. Daraus ist dann das noch viel weniger berechtigte Schlagwort von den Hand- und Kopfarbeitern entstanden.

Man stelle z.B. einmal einen Konstruktionsingenieur, einen Zeichner, einen Werkstattschreiber und einen Werkzeugmacher einander gegenüber. Nach geltendem Recht sind die ersten drei ohne weiteres Angestellte, letzterer dagegen im *Rechtssinne* zwangsläufig Arbeiter. Der Konstruktionsingenieur hat geistige Arbeit zu leisten, während der Zeichner die Konstruktion nur nachzeichnet und der Werkstattschreiber weiter nichts zu tun hat, als die in der Betriebsleitung eingelaufenen Zeichnungen einzutragen und an den Werkzeugmacher weiterzugeben, der nun seinerseits durch seine Geistesarbeit die Lehren und Werkzeuge auszuarbeiten hat, mit deren Hilfe die zweckmäßigste Erzeugung möglich ist. Wer leistet hier vorwiegend geistige und wer vorwiegend körperliche Arbeit? Würde man genau hiernach urteilen, dann sollten der Konstruktionsingenieur und der Werkzeugmacher im Rechtssinne Angestellte, der Zeichner und der Werkstattschreiber im Rechtssinne dagegen Arbeiter sein. Wozu also diese in fast allen ihren Auswirkungen sinnlose Zweiteilung? Ein Verkäufer im Warenhaus ist ohne weiteres Angestellter, ein Verkäufer von Kinokarten zwangsläufig Arbeiter. Eine Verkäuferin von Backwaren ist Angestellte, eine Verkäuferin von Fahrkarten dagegen Arbeiterin. Ein Maurerpolier, der überwiegend nicht mit Maurerarbeiten beschäftigt ist, ist Angestellter, ein solcher, der überwiegend [Auslassung im Original] ... haben sich das Reichsversicherungsamt und das Reichsarbeitsgericht nicht darüber einigen können, was ein Schlafwagenschaffner ist. Die eine höchste Instanz hält ihn für einen Arbeiter, die andere für einen Angestellten.

Für die Begriffe Arbeiter und Angestellte gibt es keinerlei vernünftige Begründung. Urprünglich gab es diese Unterscheidung auch nicht. Der Liberalismus fürchtete jedoch die Einheit der Arbeiterklasse; er wollte verhindern, daß sich die gesamte Macht derselben im Klassenkampf voll auswirken konnte und hat daher eine Schicht von Mitarbeitern aus der Masse dadurch herausgehoben, daß sie nicht mehr als Arbeiter galten, sondern Angestellte wurden. Die Gesetzgebung dieser Zeit hat ihm hierbei ihre Hilfe geliehen. Schließlich hat die auf diese Weise ohne allgemeines eigenes Verdienst so geförderte Angestelltenschicht nunmehr selbst alles getan, um ihre Stellung zu festigen, was wiederum nur auf dem Rücken der Arbeiter (im rechtlichen Sinne) möglich war.

Arbeitsrechtlich besteht ein Unterschied zwischen Angestellten und Arbeitern außer hinsichtlich der Kündigungsbestimmungen auch im Falle der Krankheit. Die *entscheidendste Klassifizierung* der abhängig schaffenden Volksgenossen ergibt sich aber nicht aus der arbeitsrechtlichen Trennung, sondern vielmehr aus der viel tiefer greifenden Unterscheidung, die zwischen Arbeitern und Angestellten in *der sozialen Rentenversicherung* vorgenommen wurde. Das ist nicht von Anfang an so gewesen, denn ursprünglich hat die Trennung nach Arbeitern und Angestellten nicht bestanden. In der unter Bismarck geschaffenen Invalidenversicherung war der Weg zur Volksgemeinschaft nicht verbaut. Wäre immer von der einheitlichen Grundlage der damaligen Invalidenversicherung ausgegangen worden und hätten sich alle Ausbaubestrebungen in diesem Rahmen gehalten, dann wäre es möglich gewesen, aus ihr eine umfassende Alters- und Beschädigtenversorgung erwachsen zu lassen. Das große Werk hat aber als Instrument des Klassenkampfes dienen müssen. Die Einheit der Schaffenden wurde durch die nachträgliche Herausnahme der sogenannten Angestellten und durch Einrichtung einer besonderen Angestelltenversicherung gespalten. Nach deren Schaffung im Jahre 1911 war die eigentliche Grundlage zur Ausweitung des Angestelltenbegriffes und zur endgültigen Klassifizierung der Arbeiter und Angestellten gegeben. Als wenn es sich um einen gewaltigen menschlichen Fortschritt gehandelt hätte, begann nun der Kampf um die Erweiterung des Angestelltenbegriffs. So ist es gekommen, daß sich unter den 4 ½ Millionen Angestellten Millionen befinden, die, wenn sie Arbeiter wären, allenfalls als angelernt bezeichnet würden.

Die entscheidenden *Unterschiede zwischen der Invalidenversicherung und der Angestelltenversicherung* sind folgende: In der Invalidenversicherung beträgt der Grundbetrag 6 RM im Monat, in der Angestelltenversicherung dagegen 30 RM im Monat, ist also hier fünfmal so hoch. In der Invalidenversicherung erfolgt die Zahlung einer Invalidenrente vor Beginn des 65. Lebensjahres erst bei einer Arbeitsunfähigkeit von mehr als 66 2/3 v.H., die Angestelltenversicherung dagegen gewährt in denselben Fällen das Ruhegeld bereits bei einer Arbeitsunfähigkeit von mehr als 50 v.H. Eine Witwe erhält in der Invalidenversicherung die Witwenrente nur, wenn sie das Alter von 65 Jahren vollendet hat oder wenn sie mehr als 66 2/3 v.H. arbeitsunfähig ist oder aber, und dies auch erst seit 1938, wenn sie mehr als drei waisenrentenberechtigte Kinder erzieht, während in der Angestelltenversicherung jede Witwe ohne weiteres die Witwenrente erhält, also ohne Rücksicht auf Alter, Arbeitsfähigkeit und Kinderzahl. Die Witwenrente besteht in der Invalidenversicherung aus dem Grundbetrag und der Hälfte der Steigerungsbeträge, in der Angestelltenversicherung aus der Hälfte der Vollrente, die der verstorbene Ehemann erhalten hat oder erhalten hätte, ist also günstiger, weil in der Invalidenversicherung der volle Grundbetrag nur 6 RM, der halbe Grundbetrag in der Angestelltenversicherung bereits 15 RM beträgt. Ähnlich liegen die Verhältnisse bei den Waisenrenten, bei denen in der Invalidenversicherung der halbe Grundbetrag und 4/10 der Steigerungsbeträge, dagegen in der Angestelltenversicherung 4/10 der vollen Rente des verstorbenen Vaters gewährt werden. Im Ergebnis ist diese Regelung noch ungünstiger als bei der Witwenrente; denn die Hälfte des Grundbetrages in der Invalidenversicherung sind 3 RM und 4/10 des Grundbetrages in der Angestelltenversicherung bereits 12 RM.

Die Unterschiede in den Grundbeträgen von 6 RM in der Invalidenversicherung und 30 RM in der Angestelltenversicherung je Monat gleichen sich allerdings theoretisch dadurch mit der Zeit etwas aus, daß die Steigerungsbeträge in der Invalidenversicherung im Durchschnitt um 3/5 höher sind als in der Angestelltenversicherung. In der Praxis ist jedoch eine Reihe von Zufälligkeiten in Rechnung zu stellen, die den Abstand zwischen Angestellten und Arbeitern weiter vergrößern. Zudem ist die Invalidenversicherung nur eine Art Teilversicherung, da die Beiträge für Wocheneinkommen von mehr als 48 RM nicht gestaffelt sind, während sich die Angestelltenversicherung auf Monatsverdienste bis 600 RM erstreckt.

Der Durchschnittsbeitrag betrug 1937 in der Invalidenversicherung etwa 6,2 v.H. des mittleren Einkommens, in der Angestelltenversilcherung etwa 5,4 v.H. Obwohl also der Durchschnittsbeitrag der Arbeiter höher ist als derjenige der Angestellten, sind *die Leistungen der Angestelltenversicherung um vieles besser als in der Invalidenversicherung*. Das ist nur möglich, weil die Angestelltenversicherung die Versicherung der besseren Risiken ist.

Heute ist jeder Grund für die Aufrechterhaltung einer besonderen Institution für die Angestellten weggefallen; damit ist die Schaffung einer allgemeinen Alters- und Beschädigtenversorgung nicht nur möglich, sondern sogar zwangsläufig geworden.

Im Rahmen der bestehenden sozialen Rentenversicherung haben nun noch die *Bergleute* als *Sonderversicherung* die knappschaftliche Pensionsversicherung der Arbeiter und die knappschaftliche Pensionsversicherung der Angestellten. Hauptzweck dieser Versicherung ist, den unter Tage arbeitenden Bergleuten eine Alterspension bzw. den Angestellten ein Altersruhegeld zu gewähren, wenn sie das 50. Lebensjahr vollendet, 300 Beitragsmonate zurückgelegt und während dieser Zeit mindestens 180 Beitragsmonate wesentlich bergmännische Arbeiten verrichtet haben. Diese Sonderregelung hat ihren Grund darin, daß die Arbeit des Bergmannes unter Tage seelisch und körperlich ganz besonders anstrengend ist. Wenn man sich auch in der liberalistischen Zeit zu einer derartigen Sondereinrichtung entschlossen hat, so ist dies doch nach den zu jener Zeit geltenden Grundsätzen geschehen. Man läßt den Bergbau diese Sonderversicherung allein finanzieren, was überdies auf Grund des sogenannten Anwartschaftsdeckungsverfahrens geschehen sollte. Die Beiträge, die gegenwärtig hierfür zu leisten sind, betragen für die Arbeiter 14,3 v.H. und für die Angestellten 16 v.H. Die Versicherung der Arbeiter ist getrennt in die Pensionsversicherung mit einem Beitrag von 9 v.H. und in die Invalidenversicherung mit einem Beitrag von 5,3 v.H. Von ersterem bezahlen die Unternehmungen 2/3, von letzterem die Hälfte, so daß der Bergarbeiter einen Beitrag von 5,65 v.H. zu entrichten hat. Bei den Angestellten sind Pensionsversicherung und Angestelltenversicherung vereinigt. Der Beitrag von 16 v.H. wird zu 2/3 von den Unternehmungen getragen, so daß auf die bergbaulichen Angestellten ein Beitrag von 5 1/3 v.H. entfällt. In bezug auf die Leistungen ergibt sich dasselbe Bild wie im Verhältnis von Invalidenversicherung zur Angestelltenversicherung: Alle Vorteile liegen auf der Seite der Bergbauangestellten.

Trotz dieser hohen Beitragsleistungen ist es noch nicht einmal möglich, die Mittel für die jährlichen Rentenleistungen aufzubringen, geschweige denn ein Anwartschaftsdeckungsverfahren durchzuführen. Um die knappschaftlichen Pensionsversicherungen überhaupt lebensfähig zu erhalten, leisten das Reich, die Invalidenversicherung und die Angestelltenversicherung Zuschüsse. Im Rahmen eines *Versorgungswerkes des deutschen Volkes ist es eine Pflicht der Volksgemeinschaft, dem Bergmann unter Tage* für seine seelisch und körperlich aufreibende, von Unfall- und Gesundheitsgefahren überdurchschnittlich bedrohte Gemeinschaftsleistung *zu danken.* Es ist sinnlos, weiterhin die einer vergangenen Zeit angehörende Fiktion aufrechtzuerhalten, daß der Bergmann unter Tage allein für seinen Gefahrenkreis einzutreten hat; eine Fiktion, die finanziell sowieso schon längst zusammengebrochen ist.

Die Beseitigung der Klassifizierung der schaffenden Menschen nach Arbeitern und Angestellten, die volksgemeinschaftlich in keiner Weise begründbar ist, kann nicht allein durch arbeitsrechtliche Maßnahmen erfolgen, denn selbst dann bleiben aus wirtschaftlichen, betrieblichen und arbeitsbedingten Gründen tatsächlich noch viele Differenzierungen bestehen. *In entscheidender Weise kann diese Trennung aber durch das Versorgungswerk des deutschen Volkes überwunden werden.* Dieses kennt keine rechtliche Unterteilung der Schaffenden; es gilt einheitlich für alle Volksgenossen, die die Bedingungen erfüllen, ganz gleich ob es sich um Arbeiter oder Angestellte (in der bisherigen Trennung) oder etwa um sog. Selbständige handelt. Der einzige Unterschied, der dann noch bestehen bleibt, aber gerade auch bestehen bleiben soll, ist der Unterschied in der Leistung des einzelnen Volksgenossen für die Volksgemeinschaft. Das aber ist in keiner Weise mehr eine Klassifizierung, sondern nur eine Anerkennung von Tatsachen nach volksgemeinschaftlichen Grundsätzen.

Die Aberkennung des Versorgungsanspruches [Die Erörterungen dieses Abschnitts gehen bereits weit ins Konkrete, was sich aus der Art der hier behandelten Materie ergibt.]

Im Versorgungsanspruch des Volksgenossen gegenüber der Volksgemeinschaft konkretisiert sich für ihn das „Recht auf Arbeit“ in besonderer Weise. Wenn er keine angemessene Arbeit mehr verrichten kann, erhält er mit Rücksicht auf seine mangelnde Arbeitsfähigkeit die Mittel, die ihm eine angemessene Lebenshaltung ohne oder ohne volle positive Arbeitsleistung sichern. *Wie jeder Volksgenosse die Pflicht zur Arbeit und das Recht auf Zuweisung angemessener Arbeit während seiner Arbeitsfähigkeit hat, so muß grundsätzlich auch jedem Volksgenossen der Versorgungsanspruch zustehen;* dieser entsteht mit der Arbeitsunfähigkeit von selbst, weil sich in diesem Augenblick das Recht auf Arbeit in ein Recht auf Versorgung umstellt. Berücksichtigt man, daß auch dem in Arbeit stehenden Volksgenossen ein Versorgungsanspruch zusteht, wenn er auch durch Vermittlung der Unternehmer oder durch Entwicklung kaufmännischer oder freiberuflicher Initiative verwirklicht wird, so erkennt man, daß der Versorgungsanspruch des Arbeitsunfähigen nur eine Umgestaltung erfährt, indem er sich jetzt gegen die Volksgemeinschaft unmittelbar richtet und nicht mehr oder nur noch zum Teil von gleichzeitiger Arbeit abhängig ist. Daraus ergibt sich, daß jedem, an den sich die Pflicht zur Arbeit richtete und dem ein entsprechendes Recht auf Arbeit zustand, d.h. jedem Reichsangehörigen deutschen oder artverwandten Blutes, grundsätzlich der Versorgungsanspruch gegeben ist.

Gewiß ist nicht jeder danach Versorgungsberechtigte würdig, die Leistungen der Volksgemeinschaft in Anspruch zu nehmen. In Frage kommt als Grund für ein Verlustiggehen dieses Rechtes eine strafgerichtliche Verurteilung, der die Verbringung in ein Konzentrationslager gleichzustellen wäre, und in besonders schweren Fällen auch eine Verurteilung durch das Soziale Ehrengericht nach den bisherigen Bestimmungen der §§ 36 ff. AOG.

Bisher ist aber gerade jener Verstoß, der den entscheidendsten Einfluß auf die Versorgung haben muß, nämlich die Nichtleistung von Arbeit zum Nutzen des deutschen Volkes, nur unzureichend erfaßt. Nur wenn eine strafgerichtliche Verurteilung auf Grund der Dienstpflichtverordnung vom 12. Februar 1939 erfolgt ist, kann bisher eindeutig festgestellt werden, daß eine solche Verweigerung der Arbeit vorgelegen hat. Wer sich sonst einer nutzbringenden Arbeit für die Volksgemeinschaft entzieht, bleibt bisher nicht nur unbestraft, sondern wird sich im allgemeinen auch keines Verstoßes bewußt sein. Wer das Vermögen der Eltern aufzehrt oder von deren Einkünften lebt, wer sich auf private Liebhabereien beschränkt, ist bisher von der Volksgemeinschaft nicht behelligt worden. Die Pflicht zur Arbeit darf aber auch vor diesen Volksgenossen nicht haltmachen; es ist von der Seite des Arbeitseinsatzes her dafür Sorge zu tragen, daß auch sie ihre Bereitschaft, für die Gemeinschaft zu arbeiten, unter Beweis stellen können, solange sie arbeitsfähig sind. *Weigert sich aber ein Volksgenosse hartnäckig, eine ihm von der Volksgemeinschaft angetragene, zumutbare Arbeit zu leisten,* weil er es z.B. seiner sonstigen Einkünfte wegen nicht nötig zu haben glaubt, *so verwirkt er damit den Versorgungsanspruch.*

Die Berücksichtigung strafgerichtlicher Verurteilung bei der Aberkennung des Versorgungsanspruches stellt ein wesentliches Mittel dar, asoziale Elemente von dem Genuß der Versorgungsleistungen fernzuhalten. Es würde jedoch zu weit führen, wollte man schlechthin als Folge jedes kriminellen Verstoßes die Versorgung entfallen lassen. Zwar enthält jedes Delikt einen Verstoß gegen die Gemeinschaftsordnung, indem es ein durch die Rechtsordnung geschütztes Rechtsgut verletzt. Aber nicht jede strafbare Handlung trägt ihrer Natur nach einen derart volksschädigenden Charakter, daß sich der Täter mit seiner Tat geradezu außerhalb der Volksgemeinschaft stellt.

Es ist selbstverständlich, daß jemand, der aus Not gestohlen hat, trotzdem die Versorgungsleistung erhalten kann. Anders liegt dagegen etwa der Fall des § 263 Abs. 4 StGB, wonach der Betrug besonders schwer bestraft wird, wenn die Tat das Wohl des Volkes geschädigt oder einen anderen besonders großen Schaden zur Folge gehabt oder der Täter besonders arglistig gehandelt hat. Hier hat das Gesetz selbst den Täter als Volksschädling besonders gebrandmarkt. Auch die Frage, wie sich die Wirkung einer Bestrafung zeitlich äußern soll, bedarf der Überlegung.

Es ist daher zu prüfen, inwieweit und unter welchen Gesichtspunkten Straftaten den Verlust des Versorgungsanspruches zur Folge haben sollen.

Einen Anhaltspunkt könnte man in der vom Strafgesetzbuch vorgesehenen Möglichkeit *der Aberkennung der bürgerlichen Ehrenrechte* erblicken (§§ 32 bis 37 StGB). Der Verlust der bürgerlichen Ehrenrechte ist eine Nebenstrafe; er ist ein dauernder oder zeitweiliger Verlust einer Gesamtheit von Rechten. Der Verlust ist keine von selbst eintretende Rechtsfolge bestimmter Straftaten oder Strafen, es muß auf ihn vielmehr besonders erkannt werden, wenn er eintreten soll. Die Aberkennung ist entweder zwingend vorgeschrieben oder in das Ermessen des Richters gestellt. Zwingend ist er vorgeschrieben bei Meineid, schwerer Kuppelei, gewerbs- und gewohnheitsmäßigem Wucher, bei Verstoß gegen die Preistreibereiverordnung usw. In den anderen Fällen entscheidet der Richter nach freiem Ermessen. Neben Todes- und Zuchthausstrafe kann der Richter immer auf Verlust der bürgerlichen Ehrenrechte erkennen, neben Gefängnisstrafe nur, wenn die Dauer der erkannten Strafe drei Monate erreicht und entweder das Gesetz die Aberkennung der bürgerlichen Ehrenrechte ausdrücklich zuläßt oder die Gefängnisstrafe wegen Annahme mildernder Umstände an Stelle von Zuchthausstrafe ausgesprochen wird (§ 32 Abs. 1 Satz 2 StGB).

Daß jemand, dem die bürgerlichen Ehrenrechte aberkannt sind, während der Dauer der Ehrlosigkeit keine Versorgungsansprüche behalten darf, ist selbstverständlich. Die Wirkung der Aberkennung darf sich aber darauf nicht beschränken. Wer nach höchstens zehn Jahren die Ehrenrechte formell wiedergewinnt, ist nicht schon deshalb wieder der Versorgung würdig. Wer den größten Teil seines Lebens im Zuchthaus verbracht hat oder wer es verstanden hat, sich nach der ersten schweren Verurteilung weiterer Strafverfolgung oder Bestrafung, vielleicht aber ebensosehr nutzbringender Arbeit zu entziehen, darf nicht schon deshalb wieder einen Versorgungsanspruch erhalten, weil die Zeit, in der ihm die bürgerlichen Ehrenrechte aberkannt waren, abgelaufen ist. Wer sich als Volksschädling bewiesen hat, muß umgekehrt seinen Nutzen für die Gemeinschaft erweisen, ehe er Versorgungsansprüche stellen kann. Abgesehen davon, daß auch eine Kette von Straftaten, die eine Entziehung der bürgerlichen Ehrenrechte nicht nach sich ziehen, einen Volksgenossen als völlig unsoziales Element erweisen können, *genügt daher eine Anknüpfung des Versorgungsanspruches an den bloßen Besitz der bürgerlichen Ehrenrechte nicht, um diese Elemente von der Versorgung fernzuhalten.*

Man könnte weiter daran denken, den Versorgungsanspruch in der Weise mit dem Besitz der bürgerlichen Ehrenrechte zu verknüpfen, daß man nur denjenigen den Versorgungsanspruch gewährt, die in ihrem Leben niemals die bürgerlichen Ehrenrechte verloren haben, daß also der einmalige Verlust der bürgerlichen Ehrenrechte automatisch den dauernden Verlust des Versorgungsanspruches bedeuten würde.

Das ist aber ebenfalls abzulehnen. Genau so, wie jemand der Versorgung unwürdig sein kann, obwohl er niemals mit den Strafgerichten in Konflikt geraten ist, enthalten nicht alle Delikte, bei denen auf Verlust der bürgerlichen Ehrenrechte erkannt werden kann oder muß, einen derart schweren Verstoß gegen die Volksgemeinschaft, daß der Verlust des Versorgungsanspruches die notwendige Folge sein müßte. Es ist im Interesse einer geregelten Rechtspflege notwendig, einen Meineid streng zu bestrafen. Man würde es jedoch z.B. als ungerecht empfinden, wenn eine Frau, die im Unterhaltsprozeß einen Meineid geschworen hat, aus diesem Grunde in jedem Fall um den Genuß der Versorgungsleistung käme; denn diese Frau kann trotzdem ein nützliches Glied der Volksgemeinschaft gewesen sein und nach Verbüßung der Strafe wieder werden. Ebenso braucht nicht jeder, der einen Meineid im Offenbarungsverfahren geleistet hat, ein Volksschädling zu sein.

Ferner spricht noch ein weiteres Bedenken gegen die Übernahme des Begriffes „Verlust der bürgerlichen Ehrenrechte" auf das Versorgungswerk. Die Dauer der Aberkennung der bürgerlichen Ehrenrechte wird von dem Tage an berechnet, an dem die Freiheitsstrafe, neben der die Aberkennung ausgesprochen wurde, verbüßt, verjährt oder erlassen ist. Die Ehrenstrafe tritt also im Anschluß an die Tat sofort beim Wiedereintritt in das bürgerliche Leben in Erscheinung. Da aber etwa die Altersversorgung in der Regel erst mit dem 65. Lebensjahre in Kraft tritt, können nach dem ehrenrührigen Verhalten des zu Versorgenden Jahre oder Jahrzehnte verstrichen sein, und er kann sich in der Zwischenzeit, selbst wenn sein damaliges Delikt volksschädigenden Charakter trug, gebessert und sich durch redliche Arbeit der Versorgung würdig erwiesen haben. Ihn des *früheren* Verlustes der bürgerlichen Ehrenrechte wegen von der Versorgung auszuschließen, wäre dann nicht mehr zu rechtfertigen.

Da soweit weder auf die Dauer der Aberkennung der bürgerlichen Ehrenrechte noch auf die Tatsache, daß sie früher irgendwann einmal aberkannt waren, abgestellt werden kann, überhaupt bestimmte Deliktstypen nicht allein entscheidend sein können, muß schon *unter Beurteilung der Gesamtpersönlichkeit des Versorgungsberechtigten von Fall zu Fall geprüft werden, ob ein Verstoß gegen die Strafgesetze so schwer ist, daß er den Verlust oder die Kürzung der Versorgungsleistung nach sich ziehen soll.* Erfaßt werden müssen alle die Fälle, in denen der Täter durch Begehung einer Tat sein volksschädliches Verhalten bewiesen hat und auch in der Folgezeit kein nützliches Glied der Volksgemeinschaft mehr geworden ist. Maßgebend muß die Zeit der Fälligkeit der Versorgungsleistung sein. Schon deshalb ist es nicht möglich, daß der Strafrichter im Urteil auf Verlust des Versorgungsanspruches als Nebenstrafe erkennt. Dagegen wäre zu überlegen, ob nicht der Richter auf Zulässigkeit der Aberkennung des Versorgungsanspruches erkennen könnte, ähnlich wie die Zulässigkeit der Polizeiaufsicht angeordnet werden kann. Man könnte davon eine gewisse zusätzliche, erzieherische Wirkung der Strafe erwarten.

Die endgültige Entscheidung darüber, welchen Einfluß die Straftat auf die Versorgung haben soll, muß jedoch vorbehalten bleiben. Es soll im folgenden geprüft werden, ob die Einholung eines einfachen Strafregisterauszuges vor der Fälligkeit des Versorgungsanspruches zu dem gewünschten Ziel führt, den Asozialen von der Versorgung auszuschließen.

Nach § 2 der Strafregisterverordnung sind dem Strafregister alle Verurteilungen mitzuteilen, die wegen einer mit Strafe bedrohten Handlung durch Urteil oder Strafbefehl eines deutschen Gerichts oder von einer deutschen Verwaltungsbehörde durch Strafverfügung oder Strafbescheid oder im Untersuchungsverfahren ausgesprochen sind. Die Auskunft aus dem Register erfolgt nur an die Stellen und Behörden, die durch den Reichsminister der Justiz bestimmt sind. Bezüglich der Alters- und Beschädigtenversorgung müßte also gegebenenfalls eine besondere Anordnung durch den Justizminister ergehen.

Die Strafregisterauskunft unterliegt nun aber zeitlichen Beschränkungen. Nach § 1 des Gesetzes über beschränkte Auskunft aus dem Strafregister und die Tilgung von Strafvermerken vom 9. April 1920 ist nach Ablauf einer bestimmten Frist nur noch beschränkt Auskunft über Verurteilungen zu erteilen. Ist nach Eintritt des Zeitpunktes, von dem an nur beschränkt Auskunft zu erteilen ist, eine weitere Frist abgelaufen, so wird der Vermerk vollständig im Strafregister getilgt. Von der Straftilgung ausgeschlossen sind nur die Verurteilungen zum Tode oder zu Zuchthaus und die Anordnung der Sicherungsverwahrung. Die Frist, nach deren Ablauf beschränkt Auskunft zu erteilen ist, beträgt in leichten Fällen 5 Jahre, in schweren Fällen, das ist bei Gefängnisstrafe über 3 Monate, 10 Jahre. Letztere Frist beginnt mit dem Tage, an dem die Strafe vollstreckt, verjährt oder erlassen ist. Danach beginnt erst der Lauf der Tilgungsfrist. Auch diese beträgt in leichteren Fällen 5 Jahre, in schweren 10 Jahre. Die Straftilgung bedeutet vollständige Vernichtung des Registers, verbunden mit Vernichtung des Urteils.

Hier erhebt sich das Bedenken, ob die vorgesehene Tilgung den Wert des Strafregisters für das Versorgungswerk insofern beeinträchtigt, als die Asozialen nicht vollständig erfaßt werden können. Soweit es sich um Zuchthäusler handelt, wird das Bedenken durch das Gesetz selbst gegenstandslos gemacht, weil hier die Auskunft keiner zeitlichen Beschränkung unterliegt. Bei der heutigen Rechtsprechung ist die Gewähr dafür gegeben, daß die meisten schweren Verstöße gegen die Volksgemeinschaft zugleich mit einer einschneidenden Zuchthausstrafe belegt werden und somit auch bei Beurteilung der Versorgungswürdigkeit, selbst wenn das Delikt schon viele Jahre zurückliegt, berücksichtigt werden könnten. Doch auch die minder schwer Bestraften werden in der überwiegenden Mehrzahl der Fälle so erfaßt werden können, wie es für die Zwecke der Versorgung notwendig erscheint. Hier ist vor allem die Ausnahmebestimmung des § 2 des genannten Gesetzes von Bedeutung, wonach bei mehreren Verurteilungen einer Person die Tilgung eines Vermerkes im Strafregister erst erfolgen darf, wenn für *alle* Verurteilungen die Voraussetzungen der Tilgung vorliegen. Es ist eine Erfahrungstatsache, daß die wirklich asozialen Elemente immer wieder mit den Strafgesetzen in Konflikt geraten. Da die Frist von zweimal 10 Jahren erst von der Verbüßung der letzten Strafe an rechnet, ist die Gewähr dafür gegeben, daß auch eine Beurteilung der mehrfach mit Gefängnis Bestraften an Hand des Registerauszuges möglich bleibt.

Abgesehen von den nur leicht Kriminellen, deren Straftilgung sowieso kürzeren Tilgungsfristen unterliegt, bleiben nur wenige übrig, deren Gesamtbeurteilung etwa bei der Altersversorgung auf Grund der Tilgungsvorschriften lückenhaft bleiben müßte. Es sind dies diejenigen Kriminellen, die bereits mit 45 Jahren ihre letzte Strafe verbüßt und sich danach straffrei geführt haben. Diese unterliegen nach 10 Jahren der beschränkten Auskunft aus dem Strafregister, und nach weiteren 15 Jahren, das ist in dem Zeitpunkt, in dem die Leistung aus der Altersversorgung in der

Regel fällig wird, gelten sie als straffrei. Diese Lösung erscheint durchaus erwünscht. Man würde es als ungerechtfertigte Härte empfinden, wenn einem Volksgenossen noch nach 20 oder mehr Jahren seine früheren Gefängnisstrafen vorgehalten würden, obwohl er sich in der Zwischenzeit straffrei geführt und sich vielleicht sogar mit Erfolg bemüht hat, wieder ein ordentliches Glied der Volksgemeinschaft zu werden. Nach so viel Jahren fehlt der innere Zusammenhang der Tat mit der Versorgungswürdigkeit. Das Wissen des Täters von der Unverjährbarkeit einer Strafeintragung könnte auf ihn sogar einen negativen Einfluß haben.

Aus dem Gesagten geht hervor, daß *das Einholen des Strafregisterauszugs ein durchaus ausreichendes Mittel darstellt, um die Gesamtpersönlichkeit des Volksgenossen unter strafrechtlichen Gesichtspunkten beurteilen zu können.*

Im Normalfall wird die Einholung des Strafregisterauszugs bei Fälligwerden des Versorgungsanspruches ergeben, daß Strafen nicht vermerkt sind. Sind solche dagegen verzeichnet, so werden diese, sofern es sich um weniger schwere Verurteilungen handelt, nicht zum Anlaß einer besonderen Prüfung zu machen sein. Andererseits ist die Gewißheit gegeben, daß wirklich schwere Verstöße gegen die Volksgemeinschaft nicht unberücksichtigt bleiben. Auch sie *müssen* nicht zur Aberkennung des Versorgungsanspruches führen, es wird aber bei ihnen im Einzelfall zu prüfen sein, ob der Volksgenosse sich nach der Straffälligkeit wieder als ordentliches Glied in die Volksgemeinschaft eingefügt hat.

Wenn jedem Volksgenossen grundsätzlich ein Anspruch auf Versorgung zugebilligt wird, so wird dabei insbesondere vorausgesetzt, daß er seine Arbeitskraft zum Nutzen des Volkes eingesetzt hat. Daß die *Arbeit* Recht des Volksgenossen, aber auch *Pflicht der Volksgemeinschaft gegenüber* ist, ergibt sich schon nach § 1 AOG, wonach Unternehmer, Arbeiter und Angestellte nicht nur zur Förderung der Betriebszwecke, sondern damit gleichzeitig zum gemeinen Nutzen von Volk und Staat arbeiten müssen. Diese Arbeitspflicht gegenüber der Nation ist zu einer Pflicht zur Wahrung der sozialen Ehre in der Betriebsgemeinschaft konkretisiert. Wer diese Arbeitspflicht verletzt, indem er sich Verstöße gegen die in der Betriebsgemeinschaft begründeten Pflichten zuschulden kommen läßt, verstößt damit zugleich gegen die Anforderungen der sozialen Ehre. Da aber die Arbeit in den Dienst der Nation gestellt ist, kann das nicht allein für die Angehörigen einer Betriebsgemeinschaft gelten. Sonst könnte sich derjenige, der nicht einer Betriebsgemeinschaft angehört, vor allem also Arbeitsscheue, Nichtstuer und asoziale Elemente, diesen Pflichten gegenüber der Volksgemeinschaft entziehen.

Deshalb muß auch *derjenige,* der nicht einer Betriebsgemeinschaft angehört, aber *die Pflicht zur Arbeit zum Nutzen der Gemeinschaft verletzt, gegen die soziale Ehre verstoßen.* Diese soziale Ehre wurzelt zwar nicht in einer Betriebsgemeinschaft; das ist aber im letzten Grunde auch bei den durch das AOG begründeten Pflichten gegen die soziale Ehre nicht der Fall. Mit Recht führt nämlich § 1 AOG die in der Betriebsgemeinschaft begründeten Pflichten auf die Volksgemeinschaft zurück. Die Betriebsgemeinschaft ist lediglich eine Zelle, eine engere Ordnung innerhalb der Volksgemeinschaft. Verstöße gegen die Ehre der Betriebsgemeinschaft sind daher letzten Endes Verstöße gegen die Ehre der Volksgemeinschaft. In der Ehre der Betriebsgemeinschaft hat die Ehre der Volksgemeinschaft nur einen konkreten Ausdruck gefunden. Es unterstehen also dem Gesetz der sozialen Ehre nicht nur die Angehörigen der Betriebsgemeinschaft, sondern alle Volksgenossen.

Wenn es aber für jeden Volksgenossen eine Pflicht der sozialen Ehre ist, seine Arbeitskraft der Volksgemeinschaft zur Verfügung zu stellen, dann können auch Verstöße gegen die soziale Ehre für seinen Anspruch auf Versorgung nicht ohne Einfluß sein. *Nur wer durch seine Arbeit sich als nützliches Glied der Volksgemeinschaft gezeigt hat, kann Anspruch darauf haben, daß die Volksgemeinschaft, wenn er nicht mehr arbeiten kann, für ihn eintritt und seine Existenz sichert.* Damit wandelt sich für den Volksgenossen im Alter sein Recht auf Arbeit um in ein Recht auf Versorgung durch die schaffende Volksgemeinschaft. Daraus folgt, daß die Versorgung des Volksgenossen davon abhängig zu machen ist, ob er ein nützliches Glied der schaffenden Volksgemeinschaft gewesen und den Anforderungen der sozialen Ehre nachgekommen ist. *Wer diese nicht erfüllt hat, muß es sich gefallen lassen, daß ihm der Anspruch auf Versorgung entzogen wird.*

Aber nicht jeder Verstoß gegen die soziale Ehre der Volksgemeinschaft braucht zu diesen Folgen zu führen. Schon innerhalb der Betriebsgemeinschaft ist nicht jeder Verstoß gegen die soziale Ehre mit Strafe bedroht, sondern nur bestimmte in § 36 AOG festgelegte, als besonders schwer angesehene Tatbestände. Wenn es daher nicht Aufgabe der Sozialen Ehrengerichte ist, alle kleineren Streitigkeiten in den Betrieben zu verfolgen, so müssen auch etwaige Verstöße gegen die soziale Ehre der Volksgemeinschaft so schwerwiegend sein, daß sie lebenswichtige Pflichten des einzelnen als Glied der schaffenden Volksgemeinschaft verletzen. Daher können nicht einmal alle Verstöße, die vom Sozialen Ehrengericht geahndet worden sind, für die Versorgung von Bedeutung sein. Wenn z.B. eine Ehrenkränkung vom Sozialen Ehrengericht lediglich mit einem Verweis oder einer kleinen Geldstrafe bestraft worden ist, so wird in der Regel dieser Verstoß gegen die soziale Ehre, der die in der Betriebsgemeinschaft begründeten Pflichten vielleicht gröblich verletzt hat, doch nicht als schwerwiegend gegenüber der Volksgemeinschaft anzusehen sein, so daß ein solcher Verstoß für sich allein nicht als geeignet erscheint, den Anspruch auf Versorgung zu beeinflussen. Neben besonders schweren Ehrenkränkungen kommen also hauptsächlich die Fälle in Betracht, in denen ein Unternehmer die Arbeitskraft seiner Gefolgschaft ausnutzt oder ein Gefolgschaftsangehöriger den Arbeitsfrieden durch böswillige Verhetzung der Gefolgschaft gefährdet (§ 36 Ziff. 1 und 2 AOG). Aber auch bei den übrigen in § 36 AOG (Ziff. 3 und 4) mit Strafe bedrohten Verstößen gegen die soziale Ehre (unbegründete Beschwerden oder Anträge an den Reichstreuhänder oder hartnäckige Zuwiderhandlung gegen schriftliche Anordnung des Reichstreuhänders oder Preisgabe von Betriebsgeheimnissen) sind so schwere Fälle denkbar, daß sie auf den Anspruch des einzelnen auf Versorgung nicht ohne Einfluß sein können.

Es fragte sich hier, in welcher Weise es in solchen Fällen zur Aberkennung oder teilweisen Entziehung des Versorgungsanspruches kommen soll. Man könnte daran denken, diese Folge als neue Strafe neben den bisherigen des § 38 AOG durch das Soziale Ehrengericht aussprechen zu lassen. Dagegen besteht aber auch hier das Bedenken, daß der Verurteilte sich in seinem späteren Leben viele Jahre einwandfrei führen kann, sich sogar vielleicht Verdienste um die Volksgemeinschaft erwerben kann, durch die ein lange zurückliegendes, wenn auch schweres Vergehen wieder ausgeglichen sein würde. Ob eine Aberkennung des Versorgungsanspruches gerechtfertigt ist, kann deshalb erst beurteilt werden, wenn der einzelne in den Genuß der Versorgung kommen soll, also erst dann, wenn der Anspruch auf Versorgung fällig wird.

Trotzdem könnte es von *erzieherischem Wert* für den einzelnen Volksgenossen sein, *wenn in dem Urteil des Sozialen Ehrengerichts als Haupt- oder Nebenstrafe auf „Zulässigkeit der ganzen oder teilweisen Entziehung des Versorgungsanspruches" erkannt werden könnte,* ähnlich wie vom ordentlichen Strafrichter die „Zulässigkeit der Polizeiaufsicht" angeordnet werden kann. Dem so Bestraften würde damit eindringlich zum Bewußtsein gebracht, daß er sein Verhalten in Zukunft ändern muß, wenn er später die Hilfe der Volksgemeinschaft in Anspruch nehmen will. Zur gegebenen Zeit wäre aber dann selbständig zu prüfen, ob das Gesamtverhalten des Volksgenossen nicht doch eine andere Beurteilung verdient. Es müßte Vorsorge getroffen werden, daß alle Urteile dieser Art den entsprechenden Stellen des Versorgungswerkes bekanntgemacht würden; es könnte dann auf die Berücksichtigung aller sonstigen Urteile des Sozialen Ehrengerichts verzichtet werden.

Schwere Verstöße gegen die soziale Ehre sind aber auch außerhalb der Betriebsgemeinschaft möglich, obwohl sie bisher der Aburteilung durch das Soziale Ehrengericht nicht unterliegen. Nicht nur, wer sich bei der Ausübung der Arbeitsverpflichtung innerhalb eines Betriebes schwere Verstöße gegen die soziale Ehre zuschulden kommen läßt, kann sich als asozial erweisen, sondern derjenige verletzt die Arbeitsverpflichtung in noch stärkerem Maße, der ihr überhaupt nicht nachkommt, also überhaupt nicht in eine Betriebsgemeinschaft eintritt. Man könnte daran denken, daß schon derjenige, der keine Arbeit leistet, keinen Anspruch auf Versorgung erhalten kann. Es ist keine Frage, daß der Nichtstuer seine Pflichten gegenüber der Volksgemeinschaft nicht erfüllt. Dazu gehört neben ausgesprochen asozialen Elementen auch derjenige, der von seinem ererbten Vermögen lebt, ohne selbst zu arbeiten, oder wer arbeitsfähig ist und sich trotzdem von seinen Familienangehörigen unterhalten läßt (insbesondere das ältere Mädchen, das nicht berufstätig ist). Es kann aber unter Umständen Volksgenossen geben, die trotz Arbeitsfähigkeit ohne ihr Verschulden ihre Arbeitskraft nicht einsetzen können. Man wird daher nicht generell alle diejenigen, die nicht zum Einsatz ihrer Arbeitskraft kommen, von der Versorgung ausschließen können.

Wenn aber eine *Aufforderung zur Arbeitsleistung* ergeht und der Volksgenosse weigert sich dann hartnäckig, eine ihm nach Vorbildung und Kenntnissen zuzumutende Arbeit aufzunehmen, dann hat er damit zu erkennen gegeben, daß er nicht bereit ist, seine Arbeitskraft im Dienste des Volkes einzusetzen.

Eine solche Aufforderung ist bereits nach bestehendem Recht möglich in Form des Dienstverpflichtungsscheins auf Grund der Dienstpflichtverordnung vom 12. Februar 1939. Wer sich weigert, einer solchen Aufforderung nachzukommen, macht sich nach der II. VO zur Durchführung des Vierjahresplanes vom 5. November 1938 wegen Zuwiderhandelns gegen Anordnungen des Beauftragten für den Vierjahresplan strafbar.

Der Zweck dieser Verordnung ist die „Sicherstellung des Kräftebedarfs für Aufgaben von besonderer staatspolitischer Bedeutung". Hierin hat bereits der Grundsatz, daß jeder Volksgenosse verpflichtet ist, Arbeit zu leisten, wenn ihn der Staat dazu auffordert, Ausdruck gefunden. Der Zweck der Verordnung würde in Zukunft dahin zu erweitern sein, daß alle nichtarbeitenden Volksgenossen, deren Untätigkeit aus allgemeinen volkswirtschaftlichen Gründen nicht als gerechtfertigt erscheint, zu einer Arbeit verpflichtet werden können. Damit wäre die Möglichkeit gegeben, diejenigen, deren Vermögens- oder Einkommensverhältnisse ihnen eine dauernde Untätigkeit erlauben, und die arbeitsscheuen, auf Kosten anderer Volksgenossen lebenden Elemente zwangsweise auch dann zur Arbeit zu verpflichten, wenn ihr Einsatz für Aufgaben von besonderer staatspolitischer Bedeutung nicht erforderlich oder mangels Eignung nicht als möglich erscheint. Hierbei wären die Voraussetzungen, unter denen eine solche Verpflichtung ergehen kann, näher zu umschreiben, um unbillige Härten zu vermeiden. So brauchte z.B. niemand gezwungen zu werden, außerhalb seines erlernten Berufes eine geringwertigere Tätigkeit aufzunehmen, wenn Aussicht besteht, daß in absehbarer Zeit eine Beschäftigung im erlernten Beruf gefunden werden kann. Außerdem wäre es auch zweckmäßig, jedem nichtarbeitenden Volksgenossen eine Frist zu setzen, innerhalb deren er die Aufnahme von Arbeit nachzuweisen habe. Auf diese Weise hätte er die Möglichkeit, sich zunächst um eine Tätigkeit nach seiner Neigung zu bemühen. Das käme der Arbeitsleistung selbst zustatten.

Auch die Aufforderungen in diesem erweiterten Rahmen müßten vom Arbeitsamt als der zuständigen Arbeitseinsatzstelle ausgehen. Zur wirksamen Durchführung dieser Aufgabe wäre es allerdings *notwendig, den Kreis der Arbeitsbuchpflichtigen zu erweitern.* Die Arbeitsbuchpflicht dürfte nicht von einer „arbeitsbuchpflichtigen Beschäftigung" abhängig gemacht werden. Damit werden gerade diejenigen nicht erfaßt, die nie gearbeitet haben, z.B. die bereits erwähnten im Hause der Eltern oder des Verwandten lebenden älteren Mädchen oder die von ihrem Einkommen ohne Arbeit lebenden Volksgenossen. *Es müßten daher grundsätzlich alle arbeitsfähigen Volks-*

genossen von der Arbeitsbuchpflicht erfaßt werden. Eine solche Erweiterung ist auch schon deshalb erforderlich, weil der Versorgungsanspruch nur unter Vorlage des Arbeitsbuches geltend gemacht werden kann.

In dieser Hinsicht bedürfte die Verordnung über die Einführung eines Arbeitsbuches einer Ergänzung. Mit den hier angedeuteten Änderungen der bisherigen Regelung durch eine solche Arbeitsbuchpflicht, die grundsätzlich für alle Volksgenossen bestünde, hätte das Arbeitsamt erst die Möglichkeit, untätige Volksgenossen, die bisher nicht arbeitsbuchpflichtig waren und daher praktisch meist auch für eine Dienstverpflichtung auf Grund der Verordnung vom 13. Februar 1939 ausschieden, zu ermitteln.

Weiterhin könnten diejenigen durch die vorgeschlagene Arbeitsverpflichtung zu einer ständigen Arbeit gezwungen werden, die bisher mit Rücksicht auf die Erhaltung des Anspruchs auf Arbeitslosenunterstützung zwar Arbeit aufnahmen, es aber immer wieder verstanden, sich einer solchen mittelbaren Arbeitspflicht aus Gründen zu entziehen, die eine Handhabe zu irgendwelchen Maßnahmen nicht boten. Man wird auch in Zukunft die Tatsache, daß jemand häufig seinen Arbeitsplatz aufgibt, nicht allein als ausreichend für eine Entziehung des Versorgungsanspruches ansehen dürfen. Erhält aber das Arbeitsamt den bestimmten Eindruck, daß Arbeitsscheu vorliegt, dann hat es auf Grund der vorgeschlagenen Regelung die Möglichkeit, solche Elemente zu einer Arbeit mit den sich daraus in strafrechtlicher und versorgungsrechtlicher Beziehung ergebenden Folgen zu verpflichten.

Verweigert ein auf diese Weise Arbeitsverpflichteter hartnäckig die Aufnahme einer zumutbaren Arbeit, so verdient ein solcher Verstoß gegen die in der Volksgemeinschaft begründete soziale Ehre ebenso Bestrafung wie Verstöße gegen die in der Betriebsgemeinschaft begründete soziale Ehre. Da der Verstoß gegen die soziale Ehre in beiden Fällen wesensgleich ist, könnte auch nur das Soziale Ehrengericht mit der Bestrafung solcher Fälle betraut werden, nicht das ordentliche Strafgericht, dem der Schutz der sozialen Ehre nicht obliegt, und das natürlicherweise auch den besonderen Verhältnissen des Arbeitslebens nicht so nahe steht wie das Soziale Ehrengericht.

Dieser Vorschlag gilt auch für Bestrafung auf Grund der Dienstpflichtverordnung, die ebenfalls Verstöße gegen die soziale Ehre ahndet. Schon von anderer Seite ist die Zuständigkeit des ordentlichen Strafgerichts bemängelt und ihre Übertragung auf das Arbeitsgericht gefordert worden. Die hoheitliche Funktion des Strafrechts und das in erster Linie private Interesse an der Durchsetzung einer Klage sind aber so wesensverschieden, daß es verfehlt wäre, dem Arbeitsgericht strafgerichtliche Funktionen zu übertragen. *Der Schutz der sozialen Ehre kann vielmehr nur dem Sozialen Ehrengericht übertragen werden.* Dieses würde im Einzelfall zu prüfen haben, ob die Weigerung, eine bestimmte Arbeit zu übernehmen, begründet ist. Auch die Einwendung des Volksgenossen, daß er etwa anderweitige, selbstgewählte Arbeit verrichte, z.B. private Forschungen treibe, würde daraufhin untersucht werden können, ob es sich dabei um eine Arbeit von Nutzen für die Gemeinschaft handelt. Ebenso wäre zu prüfen, ob eine Kette von dauernden Arbeitsniederlegungen einen Verstoß gegen die Arbeitspflicht und damit gegen die soziale Ehre enthält.

Als Strafen kämen die in § 38 AOG genannten in Betracht. Warnung und Verweis würden für die Fälle von Bedeutung sein, wo nur ein geringfügiges Verschulden vorliegt, z.B. eine nicht böswillige, aber auch nicht unverschuldete verspätete Arbeitsaufnahme. Die Aberkennung der Befähigung, Führer eines Betriebes zu sein oder das Amt eines Vertrauensmannes auszuüben (Ziff. 4), sind praktisch weniger geeignet. Ob neben der Geldstrafe (Ziff. 3) eine Gefängnisstrafe verhängt werden kann, wie dies auch bei Verstößen gegen die Dienstpflichtverordnung nach der II. VO zur Durchführung des Vierjahresplanes vom 5. November 1938 möglich ist, kann hier nicht näher untersucht werden. Die Fälle der Arbeitsverweigerung werden allerdings, besonders in Zeiten, in denen die Anspannung aller Kräfte notwendig ist, als derartig schwerwiegend anzusehen sein, daß die in § 38 AOG angedrohten ehrengerichtlichen Strafen nicht als ausreichend erscheinen und Freiheitsentziehung die einzige gerechte Sühne darstellt. *Als Nebenfolge müßte auch in diesen Fällen die Zulässigkeit der Aberkennung des Versorgungsanspruches ausgesprochen werden können.*

Wenn auch über die Aberkennung oder teilweise Entziehung des Versorgungsanspruches endgültig erst bei Fälligkeit desselben entschieden werden soll, so ist damit kein Nachprüfungsrecht gegenüber der gerichtlichen Entscheidung gegeben, ebensowenig wie dies die Polizei hat, wenn auf Zulässigkeit der Polizeiaufsicht erkannt ist. Es wird aber zu prüfen sein, ob sich der Bestrafte in seinem weiteren Leben in einer solchen Weise in den Dienst der Volksgemeinschaft gestellt hat, daß man von versorgungsrechtlichen Folgen billigerweise absehen muß. Häufig wird gerade das ehrengerichtliche Urteil eine solche erzieherische Wirkung auf den einzelnen auswirken. *Zur Grundlage der Entscheidung wird die gesamte Lebensgestaltung des Bestraften zu machen sein.* Vom Standpunkt der sozialen Ehre wird es von besonderer Bedeutung sein, ob ein nach den allgemeinen Strafgesetzen Bestrafter nach seiner Verurteilung ständig zur Zufriedenheit seiner Vorgesetzten gearbeitet hat. Außerdem kann auch sein übriges Verhalten in der Volksgemeinschaft selbst schwere Verfehlungen ausgeglichen haben: Bewährung als Soldat im Felde, aktiver Einsatz in der Partei und ihren Formationen, ehrenamtliche Tätigkeit im öffentlichen Interesse und ähnliches.

Abgesehen von allen sonstigen Einzelheiten wird im übrigen dafür Sorge zu tragen sein, daß *jeder Volksgenosse ohne umständliche Prüfung unübersehbarer Momente und ohne Einmischung unberufener Stellen die Versorgungsleistung erhält, sofern er sich nicht als ihrer unwürdig erwiesen hat.*

d) Abgrenzung des Versorgungswerkes gegen andere sozialpolitische Aufgaben

Das Recht auf Versorgung ist ein Grundpfeiler der nationalsozialistischen Sozialpolitik. Es muß in Einklang stehen mit den anderen Rechten und Pflichten, die der Volksgenosse im nationalsozialistischen Staat gegenüber der Volksgemeinschaft hat.

Das Versorgungswerk ist zwar ein Kernstück des sozialen Aufbaus, doch kann es nur im Rahmen eines sinnvollen sozialen Gesamtgefüges zur vollen Wirksamkeit kommen. Insbesondere ist ein Zusammenklang mit der allgemeinen Arbeitseinsatzpolitik sowie ein wesentlich verbesserter Arbeitseinsatz erforderlich. Ferner bedarf es einer vernünftigen Lohnordnung und einer umfassenden Gesundheitsführung.

Das Recht auf Versorgung muß in Einklang gebracht werden mit dem Recht auf Arbeit und der Pflicht zur Arbeit. An erster Stelle steht für jeden Volksgenossen die Pflicht, seine Kräfte ganz in den Dienst der Gemeinschaft zu stellen. Einen Anspruch auf Versorgung kann er nur haben, sofern er der Pflicht zur Arbeit aus natürlichen Gründen nicht mehr zu entsprechen vermag. Aufgabe des Staates ist es, jedem Volksgenossen den Lebensunterhalt durch Zuweisung eines geeigneten oder zumutbaren Arbeitsplatzes zu sichern. Erst wenn der Volksgenosse wegen seines Alters nicht mehr in den Arbeitsprozeß eingegliedert werden kann und somit nicht mehr in der Lage ist, durch Arbeit selbst seinen Unterhalt zu sichern, erwächst ihm das Recht auf Versorgung durch die Gemeinschaft. Auch für den beschädigten Volksgenossen kommt eine Unterhaltsgewährung nur insoweit in Betracht, als er nicht mehr in der Lage ist, Arbeit zu verrichten. Nur so sind die beiden Punkte des Parteiprogramms, die Abschaffung des arbeits- und mühelosen Einkommens und die Schaffung einer großzügigen Altersversorgung miteinander in Übereinstimmung zu bringen. *Durch das Versorgungswerk für die alten und beschädigten Volksgenossen soll nur für Arbeitsunfähige (Alter, Beschädigung) der Lebensunterhalt gesichert, nicht aber ein arbeits- und müheloses Einkommen geschaffen werden.* Der Sinn des Versorgungswerkes besteht darin zu verhindern, daß der Volksgenosse bei nachlassender oder erschöpfter Arbeitsfähigkeit sich ohne Schuld dem Elend ausgeliefert sieht. Aus diesen Grundgedanken ergeben sich Beziehung und Abgrenzung zwischen Versorgung und Arbeitseinsatz.

Das Versorgungsgesetz erstreckt sich nur auf die Volksgenossen, die für den Arbeitseinsatz nicht mehr in Frage kommen. Dies gilt wenigstens dem Grundsatz nach. Es ergeben sich aber weitgehend Überschneidungen, und zwar sowohl bei den alten als auch bei den beschädigten Volksgenossen; im besonderen liegen sie bei der Versorgung der Witwen vor. Soweit beschädigte Volksgenossen arbeitsunfähig sind oder ihnen ein zumutbarer Arbeitsplatz nicht vermittelt werden kann, sind die Fragen einfach. *Es gibt aber Millionen von Volksgenossen, die zwar infolge von Unfall, Krankheit (oder auch Alter) nicht mehr in ihrem gewohnten Beruf voll einsatzfähig sind, die aber trotzdem doch eine für die Volksgemeinschaft nützliche Tätigkeit ausüben können.* Diese Kräfte sollen aus dem völkischen Arbeitsleben nicht ausgeschaltet werden. Der Arbeitseinsatz wird im Gegenteil bemüht sein müssen, diesen Volksgenossen bevorzugt einen Arbeitsplatz anzuweisen, so daß eine Versorgung nur für den Teil ihres Lebensunterhalts gegeben werden muß, den sie durch eigene Arbeit nicht mehr bestreiten können. Für die beschädigten Volksgenossen ist dieser Grundsatz auch bisher schon sowohl für die Arbeitsopfer als auch für die Kriegsopfer wenigstens teilweise durchgeführt worden. Man hat den Schwerbeschädigten bevorzugt Arbeitsplätze zugewiesen und ihnen neben ihrem Einkommen eine gewisse Rente zum Ausgleich ihrer Erwerbsbehinderung gewährt. Es ist klar, daß ein in seiner körperlichen Leistungsfähigkeit behinderter Volksgenosse in der Regel nicht mehr in der Lage sein wird, das Arbeitseinkommen zu erzielen, das er vor der Behinderung erreicht hat oder ohne diese Behinderung erreichen würde. Unfälle usw. drücken viele Volksgenossen zwangsweise in Berufsstellungen, die sie ohne diese Behinderung nie einnehmen würden. Es ist daher nur gerecht, wenn die Gemeinschaft ihnen für die Behinderung einen entsprechenden Ausgleich gewährt.

Anders liegen die Dinge bei Volksgenossen, die infolge hohen Alters nicht mehr in der Lage sind, ihren gewohnten Beruf auszuüben, die aber durchaus bereit wären, irgendeine andere Tätigkeit anzunehmen, wenn ihnen nur ein angemessener Lebensunterhalt gesichert würde. Man kann zweifellos diesen Volksgenossen nicht zumuten, daß sie mit zunehmendem Alter in eine immer schlechtere Lebenshaltung absinken. Da sie aber naturgemäß entsprechend ihren abnehmenden Leistungen immer schlechter bezahlt werden, so wird ein immer geringerer Anreiz bestehen, die zwar verminderte, aber doch noch vorhandene Arbeitskraft im Dienst der Volksgemeinschaft zu verwenden. Das Versorgungswerk wird einen Ausgleich für den in hohem Alter bei vielen Berufen unvermeidlichen Rückgang der Arbeitsleistung schaffen. Es wird gleichzeitig *dafür zu sorgen sein, daß den im Alter noch arbeitswilligen Volksgenossen entsprechende Arbeitsplätze zur Verfügung gestellt werden.* Sicher gibt es eine Altersgrenze, von der ab die unbedingte Pflicht zur Arbeit gelockert werden muß. Der alte Volksgenosse kann nicht mehr nach so strengen Maßstäben zur Arbeit verpflichtet werden wie der jüngere; *das Recht auf einen ruhigen Lebensabend muß von einer gewissen Altersgrenze an in jedem Fall gewährleistet sein.* Auf der anderen Seite aber hat der Staat ein lebhaftes Interesse daran, die in den Alten vorhandenen Arbeitsreserven soweit als möglich nutzbar zu machen. Dies dürfte auch im Interesse der alten und noch arbeitsfähigen Volksgenossen selbst liegen. Denn der gesunde Mensch wird stets nach Betätigung suchen. Was jetzt den alten Volksgenossen von einer Weiterführung seiner Arbeit abhält, ist die Tatsache, daß er keinen ausreichenden Lebensunterhalt mehr erwerben kann.

Ein ähnlicher Zusammenhang ist auch bei der Versorgung der *Witwen* zu sehen. Es kann nicht die Pflicht der Volksgemeinschaft sein, einer verhältnismäßig jungen und kinderlosen Frau für ihr ganzes Leben ein arbeitsloses Einkommen zu garantieren. Selbstverständlich wird der Staat die Not abwenden müssen, die der Tod des Ernährers über Frau und Kinder bringt. In dem Grade aber, in dem die Frau nicht mehr für Kinder zu sorgen hat und in dem sie ihrem Lebensalter nach noch eine nutzbringende Tätigkeit verrichten kann, wird es zweckmäßiger sein, der Witwe an Stelle des Anspruches auf arbeitslosen Unterhalt einen Anspruch auf einen entsprechenden Arbeitsplatz zu sichern. Daß dabei eine jüngere Witwe anders zu behandeln ist als eine betagte, liegt auf der Hand. Im übrigen aber bedeutet die Durchführung dieser Grundsätze, daß *jede Frau die gleichen Versorgungsrechte, allerdings auch die gleichen Pflichten hat wie der Mann.* Sie wird künftig unter allen Umständen damit rechnen können, daß sie bei eintretender Arbeitsunfähigkeit oder im Alter eine ihrem bisherigen Lebenszuschnitt entsprechende Versorgungsleistung erhält, sofern sie die ihr von der Volksgemeinschaft auferlegten Pflichten erfüllt hat.

Je umfassender und gründlicher das Versorgungssystem ausgebaut wird, um so notwendiger wird also sein *Zusammenklang mit der allgemeinen Arbeitseinsatzpolitik.* Ansätze dazu finden sich, wie erwähnt, bisher schon bei der Fürsorge für Schwerbeschädigte, denen Arbeitsplätze unter bevorzugten Bedingungen zugewiesen werden. Freilich handelt es sich hierbei um ein eng umrissenes Teilgebiet, dessen Methoden kaum auf Millionen von Volksgenossen übertragen werden können. Andererseits wird es unumgänglich sein, für den geschilderten Personenkreis Arbeitseinsatzmöglichkeiten zu finden, die mit ihren Lebensbedürfnissen in Einklang stehen. Sobald als Grundsatz der Alters- und Beschädigtenversorgung anerkannt wird, daß Arbeitseinsatz vor der Gewährung von Versorgungsleistungen zu stehen hat, ist es notwendig, die in Frage kommenden Arbeitsplätze durch entsprechende Maßnahmen in erster Linie den hierfür in Betracht kommenden Volksgenossen vorzubehalten. Das ist sowohl im Interesse des gerechten Arbeitseinsatzes als auch im Hinblick auf die volkswirtschaftliche Belastung durch das Versorgungswerk erforderlich. Der erhöhte Verwaltungsaufwand für die bevorzugte Arbeitsvermittlung für diese Volksgenossen belastet die Volksgemeinschaft materiell weit weniger, als wenn an Millionen arbeitsfähige Volksgenossen volle Versorgungsleistungen ausbezahlt werden müßten.

Das Versorgungswerk darf unter keinen Umständen zu einer Verringerung des völkischen Leistungswillens führen; es erfüllt nur dann seinen Zweck, wenn es diesen Leistungswillen und die Leistungsfähigkeit über den gegenwärtigen Stand hinaus steigert. Das notwendige Gegengewicht im sozialpolitischen System wird also eine außerordentlich verfeinerte Berufsauslese und ein wesentlich *verbesserter Arbeitseinsatz* sein müssen. Es wird dabei nicht mehr wie bei der bisherigen Praxis des Arbeitseinsatzes darauf ankommen, für jeden Arbeitsplatz einen Volksgenossen zu finden, der den gestellten Anforderungen gerecht wird. Man wird auch umgekehrt auf die Leistungsfähigkeit des Volksgenossen insofern Rücksicht nehmen müssen, als ihm grundsätzlich jeweils der Arbeitsplatz angeboten wird, den er nach seinen Kräften und seinen Fähigkeiten ausfüllen kann. Eine so geordnete Sozialwirtschaft wird es sich nicht leisten können, Arbeitsplätze mit jungen und gesunden Kräften zu besetzen, die ebensogut von einem alten oder erwerbsbeschränkten Volksgenossen ausgefüllt werden können. Überspitzt könnte man fast das Prinzip formulieren: *Jeder muß einen Arbeitsplatz erhalten, den er bei normaler Anspannung seiner Kräfte und Fähigkeiten gerade noch ausfüllen kann.* Es ist sicher, daß gegenwärtig Millionen von Schaffenden auf Arbeitsplätzen sitzen, die ihre Leistungsfähigkeit nicht voll in Anspruch nehmen, während andererseits Millionen von Volksgenossen gezwungen sind, ihren Lebensunterhalt durch Arbeiten zu erwerben, denen sie kaum gewachsen sind. Eine richtige Zuordnung der Schaffenden zu ihren Arbeitsplätzen wird nicht nur die völkische Leistungsfähigkeit im materiellen Sinn erhöhen, sondern auch die soziale Zufriedenheit wesentlich stärken.

Weitere Zusammenhänge mit der gesamten Sozialstruktur ergeben sich, wenn nach den Grundsätzen gefragt wird, nach denen die Versorgungsleistungen festgesetzt werden sollen. Bei dem bisherigen System der sozialen Rentenversicherung werden zwar die Renten auf Grund von Beiträgen berechnet, die in einem festen Verhältnis zum Arbeitsverdienst stehen; diese Renten sind aber so niedrig, daß der Rentenempfänger entweder einen radikalen Schnitt durch seine bisherige Lebenshaltung machen muß oder aber auf die Beschaffung irgendeines zusätzlichen Einkommens (Arbeits-, private Unterstützung, Wohlfahrtsrente usw.) angewiesen ist. Die bisherige soziale Rentenversicherung baut auf der Vorstellung auf, daß dem arbeitsunfähig gewordenen Volksgenossen nur das primitive physische Existenzminimum zu sichern sei, während alles andere dem Volksgenossen selbst überlassen bleiben könne. Diese Vorstellung geht von der stillschweigenden, wie gezeigt, irrigen Annahme aus, es sei auch in der gegenwärtigen Wirtschaftsverfassung jedem Volksgenossen möglich, genügend Ersparnisse zurückzulegen, um mit deren Hilfe eine stetige Lebenshaltung zu gewährleisten, vorausgesetzt, daß er fleißig und sparsam ist.

Eine ausreichende Versorgung muß nach ganz anderen Maßstäben ausgerichtet sein als die bisherige Versicherung. Sie muß ihrem ganzen Wesen nach Versorgungsleistungen in Aussicht nehmen, die nach menschlichem Ermessen zu einer angemessenen Lebensführung ausreichen. *Eine derartige Versorgung muß sich daher an den von dem einzelnen erarbeiteten Lebenszuschnitt, der in seinem Arbeitseinkommen zum Ausdruck kommt, ausrichten, und darf nicht, wie dies bei der jetzigen Rentenberechnung der Fall ist* (Durchschnitt des gesamten Arbeitslebens), *längst überholte und der Vergangenheit angehörende Verhältnisse einbeziehen.* Die künftige Versorgung muß also in ihren Leistungen unmittelbar an die bei Eintritt des Versorgungsfalles erreichte Lebenshaltung anknüpfen, so wie dies die Beamtenversorgung tut. *Damit ist aber bereits das Interesse des Versorgungswerkes an einer vernünftigen Einkommensordnung der Schaffenden gegeben.* Die Alten und Arbeitsunfähigen werden in dem Maße gerecht oder ungerecht in den gesamten sozialen Aufbau des Volkes eingegliedert, in dem das Einkommen während ihres Arbeitslebens ihnen einen gerechten oder ungerechten Anteil an dem volkswirtschaftlichen Ertrag zusicherte. *Versorgung und Lohnordnung sind somit zwei Teilgebiete der anzustrebenden neuen Sozialordnung, die ineinandergreifen.*

Der Ausgangspunkt für die Bemessung der Versorgungsleistung wird aber eine gewisse Zeitspanne vor Eintritt des Versorgungsfalles sein. Nun ist bekannt, daß eine sehr große Anzahl von Volksgenossen den wirtschaftlichen Höhepunkt ihres Arbeitslebens mehr oder weniger lange vor dem Ende ihres Arbeitslebens erreichen. Es sei hier gar nicht einmal an die Bergleute oder Seeleute gedacht, die nur bis um das 40. Lebensjahr herum ihre volle berufliche Leistungsfähigkeit besitzen. Die Einkommensstatistik zeigt, daß für den Durchschnitt der Volksgenossen der Höhepunkt des Arbeitseinkommens in der Mitte des fünften Lebensjahrzehnts liegt. Auf die Gründe für diese Erscheinung braucht hier nicht näher eingegangen zu werden. Sie sind zum Teil in dem Gesundheitszustand des Volkes und in den hygienischen Arbeitsbedingungen, zum Teil aber auch in Überlieferungen und Vorurteilen zu suchen (vgl. z.B. das Problem der älteren Angestellten). Das Versorgungswerk, d.h. hier die Altersversorgung selbst, kann freilich den vorhandenen Zustand nicht beseitigen, sie muß an die durch das Erwerbsleben gegebenen Tatbestände anknüpfen. Sie muß auch in Kauf nehmen, daß wahrscheinlich für viele Volksgenossen die festzusetzende Versorgungsleistung eine Stabilisierung der Lebenshaltung unter dem beruflichen Höhepunkt bedeutet. Wenn die (Alters-)Versorgung das soziale Gefüge und den soziale Frieden des Volkes festigen soll, so muß die Sozialpolitik bestrebt sein, die im Arbeitsleben liegenden Ursachen dieses vorzeitig einsetzenden Einkommensrückgangs zu beseitigen. Das wird zu einem gewissen Teil vielleicht bereits mit der künftigen Lohnordnung zu erreichen sein. Mehr aber wird wohl durch *Verbesserung des Gesundheitszustandes des Volkes und durch Anpassung der Arbeitsbedingungen an die physische Leistungsfähigkeit des einzelnen Volksgenossen zu erreichen sein.* Der Volksgenosse muß bis in sein hohes Alter hinein leistungsfähig bleiben, und deshalb muß es möglich gemacht werden, die betriebliche Arbeitsorganisation so aufzubauen, daß sie dem biologischen Lebensrhythmus der Menschen angepaßt ist. Erst wenn dies erreicht ist, kann die Versorgung sich vollkommen organisch in das gesamte Sozialleben eingliedern. Es kann auf die Dauer nicht ihre Aufgabe sein, Schäden notdürftig zu heilen, die durch eine unzulängliche Gesundheitsführung und eine unnatürliche Arbeitsorganisation dem Volkskörper zugefügt werden.

Wenn das Versorgungswerk sich zur Aufgabe stellt, die Lebenshaltung der alten und arbeitsunfähigen Volksgenossen auf einem würdigen Stande zu sichern, so wird damit auch speziell das Problem der *Krankenversicherung* angeschnitten. Die Akten insbesondere der großstädtischen Wohlfahrtsämter sprechen eine deutliche Sprache über die Unzulänglichkeit der Gesundheitsfürsorge für diese Volksgenossen. Wenn der Rentenbezieher nicht zufällig das Glück hat, eine einigermaßen bemittelte Verwandtschaft zu besitzen, so gerät er spätestens auf seinem Totenbett in Berührung mit der gemeindlichen Fürsorge. Die Ausgaben für Arzt, Krankenhaus und Bestattung pflegen in der Regel die Leistungsfähigkeit der Familiengemeinschaft zu übersteigen. Der Rentner und seine Angehörigen sind gezwungen, die Wohlfahrt in Anspruch zu nehmen. Neben allen anderen Fragen der Gesundheitsführung ist es also ein vordringliches Problem, auch die alten und arbeitsunfähigen Volksgenossen in einer würdigen Form in das allgemeine System der Gesundheitsfürsorge einzubauen.

So wird die *Gesundheitsführung im ganzen* nicht nur in ihren Zielen, sondern auch in ihrer organisatorischen und gesetzlichen Behandlung von dem Versorgungswerk berührt. Die verschiedensten Einrichtungen und Stellen haben bisher Funktionen erfüllt, die grundsätzlich entweder Aufgabe der staatlichen Gesundheitsführung oder einer umfassenden Krankenhilfe sind. Das Versorgungswerk ist dabei weder ein Teilproblem noch ein Bestandteil der Gesundheitsführung. *Beide haben je für sich besondere und in sich abgeschlossene Aufgaben zu erfüllen.* (Überschneidungen sind nur insoweit vorhanden, als der Personenkreis derselbe ist.)

Aus diesen Überlegungen ergibt sich, daß die ideengerechte Durchführung eines umfassenden Versorgungswerkes nur im Rahmen eines sinnvollen sozialen Gesamtgefüges zur vollen Wirksamkeit gelangen kann. *Das Ergebnis der Versorgung kann nicht besser und nicht schlechter sein als die Sozialpolitik im ganzen.*

4. Kurze Erläuterung des Entwurfs

a) Allgemeiner Teil

Das gewaltige Sozialversicherungswerk Bismarcks ist seiner Zeit weit vorausgeeilt. Es wurde zum Vorbild für alle ähnlichen Einrichtungen in anderen Staaten innerhalb und außerhalb Europas. Der Aufbau dieses Werkes ergab sich selbstverständlich aus den Verhältnissen zur Zeit seiner Entstehung. Trotz der hierdurch bedingten Hemmungen und Beschränkungen war besonders die auf Bismarcks Anregung geschaffene Invalidenversicherung ein einheitliches und großzügiges Werk. Es erfaßte alle abhängig schaffenden Volksgenossen bis zu einer gewissen Einkommensgrenze, ganz gleich, ob sie – im Rechtssinne – Arbeiter oder Angestellte waren. Die nachfolgenden Generationen hätten auf dieser Grundlage aufbauen und ein allgemeines Versorgungswerk schaffen können, wie es bereits Bismarck vorschwebte. Das geschah jedoch nicht, vielmehr wurde die Sozialversicherung zum Spielball des Klassenkampfes und mußte dazu dienen, einen Keil in die „Arbeiterklasse" zu treiben. Die Angestellten wurden aus der Invalidenversicherung herausgenommen und für sie eine besondere Angestelltenversicherung geschaffen. Daraus ergab sich die Notwendigkeit, eine Begriffsbestimmung für Arbeiter und Angestellte zu schaffen. Arbeiter waren diejenigen Volksgenossen, die in der Hauptsache unmittelbar körperlich mit der Erzeugung zu tun hatten (sogenannte Handarbeiter), Angestellte diejenigen, die überwiegend zu konstruieren, zu organisieren und zu verwalten hatten sowie mit dem Handel und dem Geldverkehr beschäftigt waren (sogenannte Kopfarbeiter). Diese Trennung der abhängig schaffenden Volksgenossen und Hand- und Kopfarbeiter war und ist vollkommen abwegig. Sie erfolgte auch nur, um möglichst viele schaffenden Volksgenossen – ohne Rücksicht auf die Schwierigkeit ihrer Leistung – aus der Masse herauszuheben und damit die „Arbeiterklasse“ als Ganzes zu hindern, ihre Wünsche und Forderungen im Klassenstaat mit Erfolg durchzusetzen.

So gibt es heute mehr als vier Millionen Angestellte, deren Tätigkeit überwiegend nur als ungelernt oder angelernt zu bezeichnen ist. Die hochwertigen Facharbeiter, wie z.B. Werkzeugmacher, Elektrotechniker, Dreher, Monteure, Tischler usw. sind im Rechtssinne ausnahmslos Arbeiter, während z.B. die nur mit schematischen Arbeiten beschäftigten Schreiber oder Büroangestellten einschließlich der hier besonders zahlreichen weiblichen Arbeitskräfte ausnahmslos Angestellte sind. Dieser Zustand kann in der nationalsozialistischen Volksgemeinschaft auf die Dauer nicht aufrechterhalten bleiben. Der Grundsatz der Leistung muß sich auch hier durchsetzen. Die Leistung als solche ist zu werten, nicht die zufällige Art ihrer Ausübung. Nur die Leistungsbewertung kann im nationalsozialistischen Staat der tragende Grundgedanke eines Versorgungswerkes sein.

Auf dem Gesamtgebiet der Versorgung sind gegenwärtig vorhanden: Die Invalidenversicherung, die Angestelltenversicherung, die Knappschaftsversicherung, die Unfallversicherung, die Kriegsopferversorgung und schließlich noch die kommunale Fürsorge. Unter die Invalidenversicherung fallen sämtliche schaffenden Volksgenossen, die im Rechtssinne Arbeiter sind, ohne Rücksicht auf ihre Verdiensthöhe. Zur Angestelltenversicherung gehören diejenigen, die im Rechtssinne Angestellte sind, jedoch nur bis zu einer gewissen Einkommenshöhe. Die Knappschaftsversicherung betreut als Sondereinrichtung die unter Tage arbeitenden Bergarbeiter und die bergbaulichen Angestellten. In die Unfallversicherung gehören die infolge Berufsunfall oder Berufskrankheit eintretenden Versorgungsfälle. Die Kriegsopferversorgung nimmt sich aller durch den Krieg hervorgerufenen Versorgungsfälle an. In allen diesen Fällen bezieht sich die Versorgung auch auf die Hinterbliebenen (die Witwen und die Waisen). Neuerdings sind auch die Handwerksmeister der Angestelltenversicherung unterstellt worden. Die übrigen selbständig schaffenden Volksgenossen fallen nicht unter die soziale Rentenversicherung [dieser Ausdruck wird der Einfachheit halber im folgenden durchgehend für die vier durch das Versorgungswerk abgelösten Zweige angewendet, auch wenn sich die Darlegungen häufig nicht auf die Unfallversicherung beziehen, was sich aus dem Text immer ohne weiteres ergibt]; von ihnen wird angenommen, daß sie selbst für ihr Alter sorgen können und müssen. Da die Versorgung durch die soziale Rentenversicherung vielfach unzureichend ist und auch aus dem Kreise der selbständig Schaffenden in zahlreichen Fällen Volksgenossen in Not geraten, muß hier zusätzlich oder vollständig die Wohlfahrtsunterstützung eingreifen.

Das Vorhandensein von verschiedenen Institutionen der sozialen Rentenversicherung und deren schematische Abgrenzung bringt es mit sich, daß Volksgenossen im Laufe ihres Lebens häufig ihre Zugehörigkeit zu diesen wechseln. Einmal sind sie im Rechtssinne als Arbeiter, einmal als Angestellte tätig; man spricht dann von „Wanderversicherten“, deren Ansprüche sich von verschiedenen Versicherungsträgern herleiten. Dieser Wirrwarr erfordert einen erheblichen Verwaltungsaufwand und bedingt eine große Rechtsunsicherheit sowie in zahlreichen Fällen eine Beunruhigung und Mißstimmung der Volksgenossen.

Die Versorgung selbst ist sehr unterschiedlich. Obwohl der Beitragssatz in der Invalidenversicherung und in der Angestelltenversicherung im Durchschnitt etwa derselbe ist, unterscheiden sich die Leistungen weitgehend. In der Invalidenversicherung beträgt der Grundbetrag 6 RM monatlich, in der Angestelltenversicherung dagegen 30 RM monatlich. In der Invalidenversicherung erhält eine Witwe nur dann eine Witwenrente, wenn sie mehr als drei waisenrentenberechtigte Kinder zu erziehen hat oder weniger als ein Drittel arbeitsfähig ist oder das 65. Lebensjahr erreicht hat. In der Angestelltenversicherung wird der Witwe aber stets eine Rente – ohne Rücksicht auf ihre Familienverhältnisse, ihren Gesundheitszustand oder ihr Alter – gewährt.

Die durchschnittliche monatliche Rente in der Invalidenversicherung betrug 1938 bei den Invalidenrenten 30,97 RM, bei den Witwenrenten 18,97 RM und bei den Waisenrenten 12,42 RM; beim Neuzugang des Jahres 1937 belief sich die durchschnittliche monatliche Invalidenrente für Männer auf 37,57 RM und für Frauen auf 19,48 RM. In der Angestelltenversicherung beträgt (31. Dezember 1937) das Ruhegeld im Monat durchschnittlich 68,55 RM und die Witwen- und Waisenrente zusammen 31,50 RM.

Vom Gesamtbestand an Renten liegen (1. Mai 1940) in der Invalidenversicherung bei den Männern 57,4 v.H. der Invalidenrenten unter 40 RM und bei den Frauen 53,1 v.H. unter 20 RM; auch die Witwenrenten betragen zu 48,7 v.H. weniger als 20 RM. In der Angestelltenversicherung sind (1. März 1940) die Ruhegelder bei den Männern zu 57,7 v.H. geringer als 80 RM und bei den Frauen zu 43,6 v.H. geringer als 50 RM [vgl. hierzu: „Zahlen zur gegenwärtigen reichsgesetzlichen Alters- und Invalidenversicherung“. Herausgegeben vom Arbeitswissenschaftlichen Institut der DAF, Berlin, Juni 1940, Seite 113 ff.].

Die Leistungen der Invalidenversicherung sind dadurch stark eingeschränkt, daß diese nur eine Art Teilversicherung darstellt; ihre Beiträge sind bei Wocheneinkommen von mehr als 48 RM nicht mehr gestaffelt, während die Beiträge in der Angestelltenversicherung bis zu Monatseinkommen von mehr als 500 RM abgestuft sind. In der Invalidenversicherung gilt zudem die Beitragsklasse von 42 RM Wochenverdienst an erst seit 1934 und die Beitragsklasse von 48 RM Wochenverdienst an erst von 1938 an, so daß es gegenwärtig alt werdenden Volksgenossen überhaupt nicht möglich ist, eine Rente zu erreichen, die einen auch nur einigermaßen erträglichen Lebensunterhalt gewährleistet. Für Facharbeiter beträgt die Invalidenrente gegenwärtig nur zwischen 30 und 35 v.H. ihres bisherigen Einkommens. Infolgedessen ist die Versorgung im Alter vollkommen unzulänglich und bedingt einen radikalen Abstieg in der Lebenshaltung.

Noch unzulänglicher ist die Beschädigtenversorgung; denn in dem zeitlichen Ausmaße, in dem eine Beschädigung vor Erreichung der allgemeinen Altersgrenze eintritt, sind weniger Beiträge entrichtet, so daß sich dementsprechend eine noch niedrigere Rente ergibt, die zum Lebensunterhalt erst recht völlig unzureichend ist. Trotz ihrer Beitragsleistung zur sozialen Rentenversicherung sind solche Volksgenossen dann doch zusätzlich auf die Wohlfahrtsunterstützung angewiesen. Um aber in deren Genuß zu gelangen, müssen sie zuerst ihre etwaigen Ersparnisse aufbrauchen; die gewährte Wohlfahrtsunterstützung ist zudem rückzahlbar. Jedenfalls geraten so alle diese Volksgenossen, auch wenn sie der Volksgemeinschaft gegenüber stets und in jeder Hinsicht ihre Pflicht getan und ihre Beiträge zur sozialen Rentenversicherung entrichtet haben, in eine für sie unwürdige Lage. Am 31. März 1940 wurden im Altreich einschließlich Ostmark und Sudetengau nicht weniger als 500.000 sogenannte Sozialrentner laufend von der öffentlichen Fürsorge unterstützt; diese Gruppe macht rund 35 v.H. aller unterstützten Hilfsbedürftigen aus.

Ebenso unterschiedlich und unzulänglich wie die Renten in der Invaliden- und Angestelltenversicherung sind auch die Invaliditätsbegriffe. Um aus der Invalidenversicherung eine Beschädigtenrente zu erhalten, ist Voraussetzung, daß der betreffende Volksgenosse weniger als ein Drittel arbeitsfähig ist. Um eine Beschädigtenrente aus der Angestelltenversicherung zu erlangen, ist Bedingung, daß der beschädigte Volksgenosse weniger als 50 v.H. arbeitsfähig ist. In der Unfallversicherung ist schließlich Voraussetzung für die Gewährung einer Unfallrente, daß der beschädigte Volksgenosse mindestens 30 v.H. erwerbsbeschränkt ist. Hieraus ergeben sich nun neben Ungerechtigkeiten auch noch zahllose Streitigkeiten, da diejenigen Volksgenossen, denen die Beschädigtenrente aus der Invalidenversicherung oder der Angestelltenversicherung noch nicht zusteht, versuchen, diese aus der Unfallversicherung zu erhalten, bei der Voraussetzung ist, daß es sich um einen Unfall oder um eine Berufskrankheit handelt. Außerdem gewährt die Unfallversicherung ihre Versorgungsleistungen nicht wie in den anderen Zweigen auf Grund der Höhe und des Umfanges geleisteter Beiträge, sondern nach Maßgabe des bisherigen regelmäßigen Arbeitsverdienstes. Dieselben tatsächlichen Verhältnisse unterliegen somit den verschiedenartigsten und in ihrem Umfang unterschiedlichsten Versorgungsgrundsätzen, ohne daß dafür irgendwie eine innere Berechtigung vorhanden wäre.

Die Versorgung der im Bergbau unter Tage tätigen Volksgenossen, die wegen der Schwere und Gesundheitsschädlichkeit dieser Tätigkeit, die für die Interessen der Volksgemeinschaft geleistet wird, umfassender ist als die allgemeine Versorgung, müßte ohne weiteres auch eine Angelegenheit der Volksgemeinschaft sein. Man hat aber im Gegenteil die Erfüllung dieser Aufgabe den Bergbaubetrieben und den im Bergbau unter Tage tätigen Volksgenossen allein aufgebürdet. Es war daher notwendig, außerordentlich hohe Beiträge zu erheben. Aber selbst diese reichen nicht annähernd aus, um die besonderen Leistungen für die unter Tage arbeitenden Volksgenossen, die dabei noch keineswegs ausreichend sind, durchzuhalten. Es wurden deshalb Zuschüsse des Reiches und von anderen Versicherungsträgern erforderlich. Obwohl auf diese Weise offenkundig wurde, daß sich solche Aufgaben nur durch die Volksgemeinschaft im ganzen durchführen lassen, hielt man an dem Grundsatz fest, daß dies allein Sache der Bergbaubetriebe und der unter Tage arbeitenden Volksgenossen sei.

Weiter ist hervorzuheben, daß in der gegenwärtigen sozialen Rentenversicherung keinerlei Zusammenhang zwischen Arbeitseinsatz und Versorgung besteht. Wenn die entsprechenden formalen Tatbestände vorliegen, dann wird die Versorgung ohne Rücksicht darauf gewährt, ob die betreffenden Volksgenossen vielleicht noch gänzlich oder wenigstens doch teilweise arbeitseinsatzfähig sind. Hieraus folgt nun, daß diejenigen Volksgenossen, die nur auf die Rente angewiesen sind, unzureichend versorgt sind, während die Volksgenossen, die arbeitseinsatzfähig sind, die Versorgung zusätzlich erhalten. Ein beschädigter Volksgenosse, der nunmehr eine Arbeit übernimmt, bei der er dasselbe (oder vielleicht sogar mehr) verdient als früher, erhält gleichwohl die Leistung aus der sozialen Rentenversicherung. Ein Volksgenosse, der über das 65. Lebensjahr hinaus weiterhin zum bisherigen Arbeitsverdienst tätig ist, bekommt zusätzlich seine volle Altersrente. In einem Alter, wo weder Kinder zu versorgen noch sonstige größere Aufwendungen zu machen sind, erzielt er ein Gesamteinkommen, das vielleicht höher ist als das Einkommen zu der Zeit, als er eine Familie gründete. Ein Zustand, der nicht aufrechterhalten werden kann.

Schließlich kommt noch hinzu, daß auch die Mittel bisher nach Grundsätzen aufgebracht wurden, die dann keinen Sinn mehr haben, wenn die Versorgung auf die Gesamtheit aller Schaffenden ausgedehnt wird. In der Invalidenversicherung, der Angestelltenversicherung und der Knappschaftsversicherung gilt das sogenannte Anwartschaftsdeckungsverfahren, wonach ein Kapital von einer Höhe angesammelt werden soll, das zusammen mit den zu erwartenden Beiträge und Zinsen alle Anwartschaften in vollem Umfange deckt. Dieses Verfahren ist übrigens auch ein Mittel gewesen, mit dem sich Arbeitnehmer und Arbeitgeber hinsichtlich der sozialen Rentenversicherung von den wechselnden Parlamentsmehrheiten unabhängig machen wollten. Solche Gedankengänge haben natürlich im nationalsozialistischen Staat jede Berechtigung verloren; Staatsführung und Staatsbürger sind zu einer Einheit zusammengeschmiedet, in der jedes gegenseitige Mißtrauen fehlt. Wie im übrigen die Inflation bewiesen hat, ist es auch tatsächlich unmöglich, sich durch eine besondere Kapitalansammlung von dem Schicksal des Staates und des Volkes unabhängig zu machen.

Der Grundgedanke des in der sozialen Rentenversicherung angewandten Anwartschaftsdekkungs-(besser: Beitrags-)verfahrens besteht darin, die benötigten Mittel durch Beiträge zu decken, die innerhalb der Beitragsklassen während der gesamten Versicherungsdauer in gleichbleibender Höhe erhoben werden. Aus der Tatsache, daß einerseits die auszuschüttenden Leistungen mit der Versicherungslaufzeit anwachsen, daß andererseits aber der Finanzierungsplan mit festen Beiträgen rechnet, ergibt sich die Ansammlung der anfangs ersparten Beitragsteile, die später mit Zins und Zinseszinsen zur Deckung der die Beiträge übersteigenden Leistungen herangezogen werden sollen.

Seit der Inflation war es unmöglich, mit Hilfe der bisher erhobenen Beiträge dieses Verfahren auch wirklich durchzuführen. Da die vor der Inflation erworbenen Ansprüche größtenteils erhalten wurden, das angesammelte Kapital aber verloren war, wurde der Finanzierungsplan gestört. Aus diesem Grunde hat der Staat hohe jährliche Zuschüsse an die Versicherungsträger leisten und außerdem eine Garantie übernehmen müssen.

Alle diese Aufwendungen sind nun aber einem Ziele gewidmet, das auf diesem Wege *für die Gesamtheit betrachtet* überhaupt nicht erreichbar ist. Immer wird der Grundsatz gelten, daß die schaffende Generation für die nicht oder nicht mehr Arbeitsfähigen sorgen muß. Niemals wird die vorangehende Generation für ihre Zukunft und ihren Lebensabend unmittelbar selbst sorgen können, es sei denn, daß Lebensmittel, Bekleidung und dergleichen gehortet würden, was aber nicht durchführbar ist. Natürlich „arbeitet" ein angesammeltes Kapital in der Volkswirtschaft, aber die daraus hervorgehende Erzeugung hat die jeweils arbeitende Generation zu schaffen. Sie muß auf diese Weise zwangsläufig für die Arbeitsunfähigen sorgen. Gelingt es der gegenwärtigen Generation nicht, für sich und die noch lebenden Angehörigen der vorangehenden Generation genügend Lebensmittel, Bekleidung, Wohnung und dergleichen zu beschaffen, dann ist hierfür keinerlei Ausgleich durch bloße Geldleistungen möglich. Die Zinsen für das in der Volkswirtschaft „arbeitende" Kapital der sozialen Rentenversicherung sind von der schaffenden Generation zu erwirtschaften. Wenn die Versicherungsträger ihr Kapital angreifen wollen, müssen sie es aus der Volkswirtschaft herausziehen: die schaffende Generation muß es ersetzen. Wenn sie das alles nicht kann, dann lassen sich in demselben Maße die Geldrentenansprüche der vorangehenden Generation nicht realisieren.

Aus alledem ergibt sich, daß die gegenwärtige Art der Mittelaufbringung für eine die Gesamtheit des Volkes umfassende Versorgung nicht in Betracht kommt. Das Versorgungswerk muß völlig neue Wege gehen und kann nicht an die gegenwärtigen Versorgungseinrichtungen anknüpfen. Es muß alle Volksgenossen erfassen und nach vollkommen einheitlichen Grundsätzen aufgebaut sein. Die Höhe der Versorgungsleistung darf sich nur nach dem Wert der Arbeitsleistung unterscheiden. Es muß gewährleistet sein, daß die Versorgungsleistungen in allen Fällen eine angemessene Lebenshaltung sichern. Für dieses Ziel hat sich die Volksgemeinschaft unmittelbar einzusetzen. In erster Linie ist die Lebensgrundlage durch Arbeitseinsatz zu gewährleisten, während die Versorgungsleistung nur zum Ausgleich bzw. an Stelle des nicht mehr möglichen oder zumutbaren Arbeitseinsatzes gewährt wird. Die Mittel für das Versorgungswerk hat die jeweils arbeitende Generation aufzubringen. Auf diese Weise allein ist die soziale Sicherung der Alten und Arbeitsunfähigen und ihre gerechte Einfügung in die völkische Lebensordnung gewährleistet.

b) Besonderer Teil

1. Versorgungsberechtigter und Versorgungsanspruch

§ 1. Der *Versorgungsanspruch* leitet sich aus der Erfüllung der Pflichten gegenüber der Volksgemeinschaft, insbesondere der Pflicht zur Arbeit, ab. Ist diese Voraussetzung gegeben, dann erwirbt jedes Glied der Volksgemeinschaft ganz gleich welcher Art seine Stellung in dieser und seine Tätigkeit ist, die *Versorgungsberechtigung.* Zur Volksgemeinschaft rechnen die Reichsangehörigen deutschen oder artverwandten Blutes. Ob und inwieweit die deutschen Staatsangehörigen fremder Abstammung in das Versorgungswerk einzubeziehen sind, ist eine Frage der politischen Entscheidung; nach politischen und sachlichen Erwägungen ist auch die Behandlung der

im Deutschen Reich lebenden Ausländer und vor allem der im Auslande tätigen, aber im Reiche lebenden sowie der im Auslande tätigen und wohnhaften Reichsangehörigen zu entscheiden.

Der Treuepflicht des Volksgenossen steht der an keine sonstigen, dem Versorgungsgrundsatz wesensfremden Bedingungen geknüpfte Anspruch auf Versorgung als *soziales Grundrecht* gegenüber. Er richtet sich gegen das Deutsche Reich als der Verkörperung der Gemeinschaft des deutschen Volkes; die Versorgung ist eine *Hoheitsaufgabe des Reiches.*

Die im Versorgungswerk zu regelnden Tatbestände beruhen auf dem Verlust (Wegfall) der Arbeitskraft oder deren dauernder Beeinträchtiung (Alters-, Beschädigten- und Familienversorgung); es erstreckt sich auf diese aber grundsätzlich nur insoweit, als sie nicht durch zumutbaren Einsatz der eigenen Kraft überwunden werden können. Von den Leistungen des Versorgungswerkes nicht erfaßt werden die vorübergehend Arbeitsunfähigen (Kranken), die vorübergehend Arbeitslosen und die noch nicht Arbeitsfähigen (Kinder).

§ 2. Die Versorgungsleistung wird in der Regel in *Geld* bestehen. Da sie im Einzelfall z.T. für mehrere Jahrzehnte gewährt wird, können selbst nur allmähliche und für kurze Zeitspannen kaum merkliche Wertänderungen des Geldes die Realversorgung und damit das gerechte Verhältnis zur Lebenshaltung der Schaffenden ändern. Nach Überschreitung gewisser Grenzen muß daher die Möglichkeit einer Korrektur gegeben sein (vgl. § 30, 2).

In manchen Fällen kann dem Zweck des Versorgungswerkes und dem Interesse des Versorgungsberechtigten besser gedient sein, wenn an Stelle der Versorgungsleistung in Geld z.B. die Aufnahme in ein Altersheim gewährt wird, etwa für einen Ruhegeldempfänger ohne Angehörige.

§ 3 u. § 4. Wenn die Versorgung an die Lebenshaltung anknüpfen soll, die der Versorgungsberechtigte vor Eintritt des Versorgungsfalles innehatte, so ist kein anderer Maßstab anwendbar als das bisherige Einkommen. Für die *Bemessung der Versorgungsleistung* kommt, da der Anspruch eine Folge der Pflicht zur Arbeit ist, nur das Einkommen aus Arbeit, als der *Arbeitsverdienst*, in Frage, ohne daß dies eine Diskreditierung der anderen Einkommensarten bedeutet. Zweifelhaft könnte lediglich die Beurteilung des *Einkommens aus Vermögen* sein, soweit dieses durch persönlichen Fleiß und persönliche Sparsamkeit erworben wurde. Dieses hat sich aber ursprünglich schon einmal im Einkommen niedergeschlagen und wirft für die Zukunft ohnehin einen entsprechenden Ertrag ab, der innerhalb einer sehr weiten Spanne keine Anrechnung auf die Versorgungsleistung findet (§ 24, 2). Soweit das Einkommen nicht nur Arbeitsverdienst ist (z.B. bei Selbständigen), müssen die „sonstigen Einkünfte", z.B. der Ertrag des im Betriebe investierten *Eigenkapitals*, ausgeschieden werden. Keine Einwände sind dagegen zu erheben, wenn sich die *Mitarbeit von Familienangehörigen* in einem erhöhten versorgungsfähigen Einkommen ausdrückt, da diese Steigerung auf echter Arbeit beruht und das Versorgungswerk grundsätzlich das Familieneinkommen sichern will (vgl. § 25). Für die Bewertung von *Naturalentnahmen* aus dem Betrieb sind Richtlinien festzulegen.

Als Arbeitsverdienst gelten auch Beschädigten- und Witwensold, da diese nur einen Ausgleich für Verdienstminderung bzw. eine Anerkennung für das (Weiter-)Arbeiten darstellen. Alle anderen Einkünfte werden als *„sonstige Einkünfte"* betrachtet.

Da sich das Einkommen der meisten Erwerbstätigen nicht so planmäßig entwickelt wie etwa bei den Beamten, sondern vielfach Schwankungen unterworfen ist, muß sich das *versorgungsfähige Einkommen in der Altersversorgung* auf einen Durchschnitt stützen, der Zufallsergebnisse ausschaltet, aber sich doch nicht (etwa wie die nach Maßgabe des während des ganzen Arbeitslebens entrichteten Beiträge ermittelten Leistungen der sozialen Rentenversicherung) zu weit von dem Lebensniveau entfernt, das bei Eintritt des Versorgungsfalles vorhanden war; ein zehnjähriger Zeitraum wird hierfür als genügend erachtet.

In der *Beschädigtenversorgung,* die unvorhersehbar schon zu Anfang oder auch erst gegen Ende des Arbeitslebens Platz greifen kann, ergibt sich aus der Natur der Sache eine andere Regelung für das versorgungsfähige Einkommen.

§ 5. Auch die sorgfältigste Berechnungsmethode kann aber in zahlreichen Fällen versagen bzw. zu ungerechten Ergebnissen führen, so bei Erwerbsbehinderung durch Krankheit, bei Beschädigung im Krieg (oder auch sonst) in jungen Jahren, bei unverschuldeter Arbeitslosigkeit oder bei Kurzarbeit, also wegen Umständen, auf die der Betroffene keinen Einfluß hat. Da diese Volksgenossen gegen ihren Willen und gegen ihre Fähigkeit ein unzureichendes versorgungsfähiges Einkommen erzielt haben, entspricht es der Gerechtigkeit, diese Umstände zu berücksichtigen. Wenn die Volksgemeinschaft einem Teil ihrer Glieder z.B. keine volle Arbeit zuweisen kann, dann darf diese Last des Mangels nicht auf die zufällig davon Betroffenen abgewälzt werden. Vielmehr hat die Volksgemeinschaft im ganzen hierfür einzustehen. In solchen Fällen kann das versorgungsfähige Einkommen nach Normalsätzen berechnet werden.

Um zu vermeiden, daß eine solche Regelung selbst wieder zu Ungerechtigkeiten führt, so wenn sich einzelne durch persönliche Tüchtigkeit trotz der angeführten Umstände eine weit bessere Lebensposition errungen haben als ihre Berufskameraden, ist bestimmt, daß in der Altersversorgung in jedem Fall die Berechnung des versorgungsfähigen Einkommens ohne Anwendung von Normalsätzen verlangt werden kann.

Abgesehen hiervon wird sich angesichts der Vielfalt der Einzelschicksale überhaupt die Heranziehung von Normalsätzen für ganze Gruppen von Personen oder Versorgungsfällen notwendig machen. Dies gilt vor allem für die Beschädigtenversorgung.

§ 6. Da das Alters- und Beschädigtenruhegeld einen festen Anteilssatz (60 v.H.) des versorgungsfähigen Einkommens darstellt (§ 9, 2 und § 13, 2), ist es klar, daß dieser Maßstab dann versagt, wenn das versorgungsfähige Einkommen so niedrig ist, daß das auf diese Weise ermittelte Ruhegeld eine gewisse untere Grenze (soziales Existenzminimum) unterschreitet. Es muß daher ein *Grundbetrag* [Der Ausdruck „Mindestbetrag“ oder eine ähnliche Bezeichnung wird bewußt vermieden, da in vielen Fällen die Versorgungsleistung weniger als den Grundbetrag ausmacht.] festgelegt werden, der in jedem Falle als Alters- oder Beschädigtenruhegeld mindestens zu gewähren ist. Die damit abgegrenzte niedrigst zulässige Lebenshaltung bedingt freilich je nach den örtlichen Verhältnissen einen verschiedenen Geldaufwand. Das, was eine Person in der Großstadt an Geld benötigt, kann in einer Landgemeinde u.U. für ein Ehepaar ausreichend sein. Dort, wo es zur Aufrechterhaltung einer geordneten Lebensführung nötig ist, kann das Alters- oder Beschädigtenruhegeld durch Haushalts- und Kindergeld ergänzt werden (§ 15). Da der Kreis der Versorgungsberechtigten, für den der Grundbetrag gegebenenfalls Platz greift, vielfach derselbe ist, der darauf hinweisen kann, daß schon sein Arbeitsverdienst unter dem erträglichen Maß liegt, können Korrekturen auf die Dauer nur durch eine angemessene Einkommensordnung durchgesetzt werden, die mit der in Angriff genommenen neuen Lohnordnung Wirklichkeit werden soll.

Im Interesse der Klarheit des Versorgungssystems muß dieser Grundbetrag für eine gewisse Zeit im voraus festgesetzt, aber von Zeit zu Zeit nachgeprüft und gegebenenfalls den geänderten Verhältnissen angepaßt werden.

2. Altersversorgung

§ 7. Nach den Grundsätzen des Versorgungswerkes kann die Altersversorgung nicht etwa an den bloßen Tatbestand anknüpfen, daß der Volksgenosse die Altersgrenze überschritten hat und daher versorgungsberechtigt sei; die Abhängigkeit der Versorgungsberechtigung von der *Erfüllung der volksgemeinschaftlichen Arbeitspflicht* wird daher nochmals klar formuliert. Die Erfüllung dieser Pflicht ist nach allgemeinen Richtlinien zu prüfen. Sie wird ohne weitere Prüfung stets dann anzunehmen sein, wenn der Anspruchsteller eine gewisse Mindestzeit der Berufstätigkeit, etwa 25 Jahre, nachweist.

Die Notwendigkeit einer Sicherstellung wegen hohen Alters tritt bei den einzelnen zwar nicht im gleichen Zeitpunkt auf; es würde aber der Gewährung eines klaren Anspruches entgegenstehen, wenn in jedem Einzelfall untersucht würde, ob die subjektiven Voraussetzungen einer Versorgung erfüllt sind. Ein Gesetz muß daher eine feste Grenze ziehen, die nach den bisherigen Erfahrungen auf das 65. Lebensjahr zu legen sein wird (*allgemeine Altersgrenze*). Das bedeutet aber nicht, daß dieses Alter für alle Zeit ein Dogma sein muß. Die ziffernmäßige Festsetzung der allgemeinen Altersgrenze wird daher bewußt nicht in das Gesetz aufgenommen, sondern im Interesse der Anpassungsmöglichkeit an geänderte Zeitumstände der Durchführungsverordnung überlassen. Für bestimmte, gesundheitlich besonders beanspruchte Berufe muß von dieser allgemeinen Altersgrenze eine Ausnahme gemacht werden, solange die Gemeinschaft die besonderen Gesundheitsschäden in diesen nicht verhüten und auf die Dienste derselben nicht verzichten kann (*besondere Altersgrenze*). Hier bleibt die Möglichkeit einer gerechten Regelung offen (vgl. § 8, 2).

§ 8. Die Erreichung der Altersgrenze ist im Regelfalle nicht gleichbedeutend damit, daß der Betreffende nunmehr arbeitseinsatzunfähig oder auch arbeitsunlustig ist. Es ist vielmehr Tatsache, daß mit dem Aufhören regelmäßiger Arbeit häufig ein rascherer körperlicher und geistiger Verfall als sonst eintritt und ein völliges Nichtstun den Alten meist keine Lebensbefriedigung bietet. Das Überschreiten der Altersgrenze bedeutet daher keineswegs, daß von nun an nicht mehr gearbeitet werden kann oder darf. Die Alten werden deshalb (nach Erreichen der allgemeinen Altersgrenze) vor die *völlig freie Wahl* gestellt, entweder das *Altersruhegeld* in Anspruch zu nehmen, wenn sie keinen Beruf mehr ausüben wollen, oder weiter beruflich tätig zu sein; in diesem Falle erhalten sie als Anerkennung für ihre Einsatzbereitschaft den *Alterssold.* Dieser schafft zugleich einen Anreiz zum Weiterarbeiten, indem er einen Ausgleich für eine u.U. eintretende, biologisch bedingte Verdienstminderung bietet und den Weiterarbeitenden besser stellt, als wenn auf weitere Berufstätigkeit verzichtet wird. Dabei braucht weder die bisherige Tätigkeit in vollem Umfange noch überhaupt dieselbe Tätigkeit ausgeübt zu werden. Auf diese Weise werden einerseits zusätzliche Arbeitskräfte gewonnen und andererseits der Versorgungsaufwand vermindert. Voraussetzung für das Wirksamwerden dieses Systems auf breiter Basis ist natürlich die Bereitstellung von geeigneten Arbeitsplätzen für alte Volksgenossen, die gegenwärtig schon mit mehr oder minder großem Erfolg in Angriff genommen wird. Es ist *selbstverständlich, daß bei Weiterarbeit nicht etwa eine Versorgung in Höhe des Altersruhegeldes verlangt werden kann.*

Nach Überschreiten der besonderen Altersgrenze wird generell Alterssold gewährt, um das Wechseln des Berufes usw. zu erleichtern.

§ 9. Der *Alterssold* ist mit einem *Drittel des Altersruhegeldes* so bemessen, daß der Weiterarbeitende auch bei stark vermindertem Arbeitsverdienst gegenüber einem Bezug des Altersruhegeldes noch im Vorteil ist. Theoretisch liegt die Untergrenze bei einer Verringerung des Arbeitsverdienstes auf 40 v.H. des versorgungsfähigen Einkommens; bis dahin wird der geldliche Anreiz schrittweise geringer, was gleichzeitig eine gewisse Sicherung gegen Unterbietung der Löhne durch die alten Volksgenossen bewirkt. Auf der anderen Seite kann bei einem Arbeitsverdienst in Höhe des versorgungsfähigen Einkommens einschließlich des Alterssolds der doppelte Betrag des Altersruhegeldes erzielt werden, ohne daß sich die Ausgaben des Versorgungswerkes ändern.

Das *Altersruhegeld* deckt mit 60 v.H. *des versorgungsfähigen Einkommens* knapp die Ausgaben, die auch nach Wegfall der Erwerbstätigkeit und des Unterhalts für die Kinder entstehen (soziale Mindestlebenshaltung).

§ 10. Da nach Erreichung der allgemeinen Altersgrenze kein Zwang zur Arbeit ausgeübt wird und jeder seinen Lebensabend nach seinem freien Ermessen einrichten kann, ist hier jederzeit bei Verzicht auf Alterssold und Berufstätigkeit die Beanspruchung des Altersruhegeldes möglich.

3. Beschädigtenversorgung

§ 11. Die Beschädigtenversorgung greift nicht generell Platz, wenn eine Erwerbstätigkeit nicht in vollem Umfange oder überhaupt nicht ausgeübt werden kann, vielmehr muß die Erwerbsbehinderung *nach Eintritt in das Arbeitsleben* eingetreten sein. Nicht unter das Versorgungswerk, sondern unter andere Einrichtungen fallen daher z.B. diejenigen, die von Geburt an behindert oder als Kind durch Unfall oder Krankheit beschädigt worden sind. Das Wort „Arbeitsleben" ist mit Bedacht gewählt worden, da etwa der Ausdruck „Berufsleben" zu eng ist und Fälle ausschließen würde, die ihrer Art nach durchaus unter das Versorgungswerk fallen sollen. Zu denken ist z.B. an die Jugenddienstpflicht, von der in gewisser Weise schon von einem Dienst für die Gemeinschaft gesprochen werden kann. Hierbei eintretende Beschädigungen, die die spätere Ausübung eines Berufes oder die Vorbereitung auf diesen beeinträchtigen, könnten einen aufschiebend bedingten Versorgungsanspruch begründen. Das Nähere ist in der Durchführungsverordnung zu klären. Hiervon abgesehen, *umfaßt die Beschädigtenversorgung alle Arbeitseinsatzunfähigen oder Erwerbsbehinderten*, gleichgültig, aus welchem Anlaß sie dies geworden sind (selbstverständlich nicht Selbstverstümmelung u. dergl.). Durch Krankheit oder durch Unfall, gleich welcher Art, Beschädigte gehören also ebenso dazu wie die Opfer des Krieges, wobei diejenigen, die bei aktivem Einsatz ihrer Person im Dienst oder Beruf einen Schaden erlitten haben, eine zusätzliche Versorgung erhalten (§ 22).

Keineswegs begründet nun jedwede Beschädigung einen Versorgungsanspruch, sondern nur dann, *wenn keine angemessene Erwerbstätigkeit dauernd in üblichem Umfange mehr ausgeübt werden kann.* Die nach Art und Umfang ärztlicherseits festzustellende Beeinträchtigung der Arbeitseinsatzfähigkeit dient nur der Arbeitseinsatzstelle als Unterlage dafür, ob und welche Arbeitsplätze für den Beschädigten noch in Frage kommen, bildet aber als solche keinesfalls die Grundlage zur Erhebung eines Versorgungsanspruchs. *Die Beschädigtenversorgung ist in erster Linie ein Problem des Arbeitseinsatzes.* Den Beschädigten müssen bevorzugt solche Arbeitsplätze verschafft werden, auf denen sie trotz ihrer Schäden Nützliches leisten und nach Möglichkeit vollwertig schaffen können.

Während in der Alterversorgung die Weiterarbeit (nach Überschreitung der allgemeinen Altersgrenze) freiwillig ist, muß der Versorgungsberechtigte in der Beschädigtenversorgung bis zur Erreichung der allgemeinen Altersgrenze eine ihm nachgewiesene, *zumutbare* Arbeit annehmen. (Beachte den Unterschied zwischen „angemessener" Erwerbstätigkeit in § 11, 1 und „zumutbarer" Arbeit in § 11, 2.)

§ 12 u. § 13. Die Versorgungsleistung ist in der Beschädigtenversorgung ähnlich wie in der Altersversorgung unterteilt. Der *Beschädigtensold* für Versorgungsberechtigte, die trotz schwerer Beschädigung einen Beruf ausüben, wird aber anders berechnet als der Alterssold, da er nicht wie dieser eine Prämie für die Weiterarbeit, sondern einen *Ausgleich gegenüber einem niedrigeren Arbeitsverdienst*, als er ohne die Beschädigung erzielt werden könnte, darstellt. Der Beschädigte soll zwar nicht schlechter gestellt sein als der Gesunde, aber auch nicht wesentlich besser. Eine Besserstellung ergibt sich ohnehin daraus, daß ihm durch den Beschädigtensold eine gewisse Einkommensgarantie gegeben wird, die der Gesunde nicht hat. Im Sinne der Begrenzung der Versorgungsleistung (§ 24) ist auch seine Höhe beschränkt, nämlich im Höchstfalle auf den Betrag des Beschädigtenruhegeldes. Damit ist zugleich eine gewisse Abgrenzung des Beschädigtenbegriffes gegeben insofern, als dann, wenn der Beschädigtensold den Arbeitsverdienst nicht mehr auf 100 v.H. des versorgungsfähigen Einkommens ergänzt, im Regelfalle Arbeitseinsatzunfähigkeit anzunehmen sein wird.

Das *Beschädigtenruhegeld* für Versorgungsberechtigte, denen ein geeigneter Arbeitsplatz nicht nachgewiesen oder eine Berufsausübung nicht zugemutet werden kann, wird nach dem gleichen Anteilssatz (60 v.H.) wie in der Altersversorgung berechnet. Der Abstand gegenüber dem

Beschädigtensold (Auffüllung auf 100 v.H. des versorgungsfähigen Einkommens) ist groß genug, um auch von dieser Seite her einen Anreiz zur Arbeit zu schaffen.

§ 14. Die logische Folge des – bei Erfüllung der Voraussetzungen – unbedingten Versorgungsanspruches ist der *Übergang privater Schadensersatzansprüche* aus dem zur Beschädigung führenden Ereignis *an das Reich*. Die Volksgenossen werden davor bewahrt, in jahrelangen Rechtsstreitigkeiten mit Dritten ihre Forderungen durchsetzen zu müssen und in der Zwischenzeit der Not anheimzufallen.

4. Familienversorgung

§ 15. Als Versorgungsleistung sind zur Ergänzung des Alters- und Beschädigtenruhegeldes *Haushalts- und Kindergeld* vorgesehen, sofern deren Gewährung nötig erscheint. Die Notwendigkeit dieser Leistungen hängt wesentlich von der künftigen Gestaltung der Lohnverhältnisse (Platzgreifen des Grundbetrags beim Alters- oder Beschädigtenruhegeld [vgl. die Bemerkungen zu § 6] und des allgemeinen Familienlastenausgleichs) ab; diese Frage wird daher bewußt als „Kann"-Vorschrift behandelt.

§ 16. Es liegt im Wesen der Familienversorgung, daß sie auch dann einsetzt, wenn der verstorbene Versorgungsberechtigte selbst noch keinen (konkreten) Versorgungsanspruch hatte. Zur Vermeidung von Zweifeln wird dies nochmals ausdrücklich bestimmt. Im Wege der Durchführungsverordnung wird zu bestimmen sein, wer der Ehefrau und den Kindern des Versorgungsberechtigten gleichzustellen ist; es sind dies in der Regel wohl solche Verwandte, die im Haushalt des Verstorbenen tatsächlich die Rolle der Ehefrau oder von Kindern gespielt haben.

§ 17 bis § 19. Die Familienversorgung soll die Hinterbliebenen vor Not schützen; jedoch *geht auch hier die Pflicht zur Arbeit dem Versorgungsanspruch vor*. Wem eine Arbeit zugemutet werden kann, dem steht kein Versorgungsanspruch zu. Die junge kinderlose Witwe ist sichergestellt, wenn ihr ein ausreichender Arbeitsplatz vermittelt wird. Daß von der Mutter kleiner (noch nicht schulpflichtiger) Kinder keine Berufstätigkeit verlangt werden kann, ist selbstverständlich; auch soll die Mutter, die mindestens drei Kinder geboren hat, unter allen Umständen versorgt werden. Dabei ist es ohne Belang, daß die Geburt eines Kindes vielleicht erst nach dem Tode des Vaters erfolgt. Frauen, die erst in vorgerücktem Alter verwitwen, kann die Aufnahme einer Berufstätigkeit oder eine neue Ehe in der Regel nicht zugemutet werden; daher kommen Witwen, die das gebärfähige Alter überschritten haben, ohne weiteres in den Genuß der Versorgung. Dasselbe gilt, wenn die Witwe arbeitseinsatzunfähig ist. Es ist klar, daß der Versorgungsanspruch bei Wiederverheiratung einer Witwe erlischt. Der Anspruch auf Waisengeld wird dagegen von einer neuerlichen Eheschließung der Mutter nicht berührt; sein Weiterbestehen begünstigt die Wiederverheiratung.

Witwen, die nicht versorgungsberechtigt sind, werden dies grundsätzlich auch dann nicht, wenn nachträglich eine der Anspruchsvoraussetzungen eintritt, also z.B. das 45. Lebensjahr erreicht wird. Sie erwerben vielmehr durch Arbeit einen persönlichen Versorgungsanspruch nach den allgemeinen Bestimmungen (Alters- und Beschädigtenversorgung). Mögliche Härten sind durch eine elastische Handhabung der Bestimmungen auszugleichen.

Die Versorgungsleistung gliedert sich bei den Witwen ähnlich wie in der Alters- und Beschädigtenversorgung in Witwensold und Witwengeld, je nachdem, ob die versorgungsberechtigte Witwe einen Beruf ausübt oder nicht. Der Witwensold ist eine Anerkennung für die Einsatzbereitschaft trotz gegebenen Versorgungsanspruches, der die Witwe besser stellt, als wenn sie nicht arbeitete; sie erwirbt auf diese Weise zudem einen persönlichen Versorgungsanspruch, der zu gegebener Zeit an Stelle des ruhenden, in der Regel niedrigeren Witwengeldanspruches erhoben werden kann (vgl. § 20, 4). Da die versorgungsberechtigte Witwe nicht zur Arbeit verpflichtet ist, kann sie jederzeit ihre Berufstätigkeit einstellen und das Witwengeld verlangen.

§ 20 u. § 21. Für die ersten (drei) Monate nach dem Tode des Familienernährers ist als Witwengeld das Ruhegeld des Ehemannes angebracht, damit der Übergang zu einer neuen Lebensführung möglichst erleichtert wird. Zwar bedingt das Ruhegeld bereits Einschränkungen, jedoch ist auf diese Weise eine gewisse Stetigkeit bis zur Umstellung des Haushaltes gewährleistet. Für später wird für die alleinstehende Witwe die *Hälfte des Ruhegeldes* als ausreichend erachtet. Dieser Satz könnte auf den ersten Blick mit Rücksicht auf gewisse starre Ausgaben als zu niedrig erscheinen, so vor allem hinsichtlich der Wohnungsmiete; gerade hier dürfte aber eine Einschränkung durchaus zumutbar oder u.U. sogar erwünscht sein, sei es, daß die Witwe eine kleinere Wohnung bezieht oder untervermietet. Soweit sie Kinder zu betreuen hat, erhält sie für diese das *Waisengeld*, das mit der *Hälfte des Grundbetrages* höher ist als die bisher üblichen Kinderzulagen zu Lohn, Gehalt und Versorgungsbezügen. Auch das Witwengeld geht gegebenenfalls vom Familieneinkommen (gemeinsame Versorgungsleistung der Ehegatten) aus (vgl. § 25).

Es entspricht dem Wesen der Versorgung als Dank für geleistete Arbeit, daß die Witwe an Stelle des Witwengeldes einen ihr nach den allgemeinen Bestimmungen persönlich zustehenden Versorgungsanspruch geltend machen kann.

Da das Waisengeld neben dem Witwensold oder dem Witwengeld gezahlt wird, ist es geboten, die Gesamtzahlung an die Hinterbliebenen nicht über das Ruhegeld des Verstorbenen steigen zu lassen. Wenn infolge einer großen Zahl von Kindern Härten auftreten würden, ist durch Ergänzung des Ruhegeldes (von dem das Witwengeld und damit auch der Witwensold abgeleitet werden) durch Kindergeld (§ 15) ein Ausgleich möglich.

5. Ehrensold und Muttersold

§ 22. Eine grundlegende Besonderheit des Versorgungswerkes stellt der *Ehrensold* dar. Er wird solchen Volksgenossen gewährt, die bei aktivem Einsatz ihrer Person im Dienst oder Beruf – nicht durch passives, wenn auch vielleicht tragisches Schicksal – zu Schaden gekommen sind. Der Ehrensold ist die Abtragung einer Dankesschuld der Gemeinschaft, den vor allem die Kriegsbeschädigten, die Opfer der Arbeit und die Volksgenossen erhalten, die sonst im öffentlichen Interesse Beschädigungen erlitten haben (z.B. bei Rettung aus Gefahr). Er ist an die Person gebunden, geht daher nicht auf die Hinterbliebenen über. Die Bestimmung seiner Höhe hat nichts mit dem bisherigen körperlichen Invaliditätsbegriff zu tun, denn er soll die durch die Beschädigung erlittene *seelische Einbuße ausgleichen* und hat insofern eine mehr ideelle Bedeutung; ein materieller Verlust wird gegebenenfalls von der allgemeinen Versorgung erfaßt. Die Höhe des Ehrensolds ist so bestimmt, daß er auch äußerlich eine wirkliche Anerkennung zum Ausdruck bringt; bei einem Grundbetrag von 50 RM schwankt er je nach Art des Einsatzes und der Beschädigung zwischen 30 und 100 RM monatlich.

Der Witwen-Ehrensold in Höhe des Grundbetrages wird gewährt, um den Ausschluß der allgemeinen Versorgungsleistungen aus dem Versorgungswerk an die bevorzugte Versorgung der Opfer des (gegenwärtigen) Krieges herzustellen. Er bezieht sich im übrigen auch auf die Witwen von Arbeitsopfern usw. Dasselbe gilt von den Erziehungsbeihilfen, die gegenwärtig in Form von „Ausbildungsbeihilfen" gewährt werden, an deren Stelle die Aufnahme in eine Nationalpolitische Erziehungsanstalt oder in das Große Militär-Waisenhaus (Potsdam) treten kann. Die Erziehungsbeihilfe ersetzt ein sonst fälliges Waisengeld.

Ehrensold und Witwen-Ehrensold werden *völlig unabhängig von anderen Versorgungsleistungen und den sonstigen Einkünften* gewährt; das Bestehen anderer Versorgungsansprüche ist also weder Bedingung noch Hindernis für ihre Gewährung, auch scheidet jedwede Anrechnung sonstiger Einkünfte insoweit aus (vgl. § 24, 2).

§ 23. Eine von der allgemeinen Versorgung und den sonstigen Einkünften unabhängige Anerkennung ist auch der *Muttersold*, der gestaffelt an Inhaberinnen des „Ehrenkreuzes der deutschen Mutter" gewährt wird, sobald diese die allgemeine Altersgrenze überschritten haben. Er ist

der Dank der Gemeinschaft für den Beitrag der kinderreichen Mütter zum Fortbestand und zur Stärkung der Volkskraft. Der Muttersold schließt sich an die vordem durch Steuermäßigung, Kinderbeihilfen und Waisengeld gewährte Unterstützung der Gemeinschaft an.

6. Grenzen der Versorgung

§ 24. So wie im Grundbetrag (§ 6) eine untere Grenze der Lebenshaltung (soziales Existenzminimum) für das Alters- und Beschädigtenruhegeld gesichert ist, muß für die Versorgungsleistungen (im wesentlichen wieder das Ruhegeld) auch eine Grenze nach oben festgelegt werden. Diese wird ungefähr dort liegen, wo der persönliche Lebenszuschnitt sich zusehends von der üblichen Lebenshaltung eines Volksgenossen zu entfernen beginnt. Es wird immer eine gewisse „Oberschicht" innerhalb des Volkes geben, die auf Grund persönlicher Tüchtigkeit eine sich in einem entsprechend hohen Einkommen äußernde Lebenshaltung zugebilligt erhält, die über den allgemeinen üblichen Rahmen hinausgeht. Von einer bestimmten Einkommensgrenze an wird aber die Pflicht der Volksgemeinschaft zur Sicherung der sozialen Mindestlebenshaltung dann erfüllt sein, wenn die Betreffenden davor bewahrt bleiben, unter den für die Mehrzahl der Volksgenossen üblichen Lebensstandard abzusinken. Man wird ihnen zumuten können, für den dieses „allgemein Übliche" übersteigenden Teil der Lebenshaltung aus ihrer erhöhten Verantwortlichkeit heraus selbst Vorsorge zu treffen. Dort, wo eine ausreichende eigene Vorsorge anfängt, möglich zu werden, hört das Interesse der Volksgemeinschaft an einer Differenzierung der sozialen Mindestlebenshaltung auf. Damit wird für die dazu berufenen Volksgenossen auch der Anreiz geschaffen, die in ihren Fähigkeiten gegebenen Möglichkeiten zur Leistungssteigerung voll auszunutzen.

Diese Obergrenze ist die *Höchstversorgung*, die die Hauptmasse der Versorgungsberechtigten in der Weise umschließt, daß die typischen Einkommen, die typische Lebenshaltung einbezogen ist, ein darüber liegendes Lebenshaltungsniveau aber außer Betracht bleibt. Die mit dem fünffachen Grundbetrag (250 RM monatlich) festgelegte Höchstversorgung gewährleistet eine Lebenshaltung, die weit über dem bisherigen, durch die Unsumme niedriger Renten und Einkommen gedrückten Durchschnitt liegt. Die Sicherung von Lebensansprüchen, die über diese Grenze hinausgehen, ist keine elementare sozialpolitische Aufgabe mehr.

Ebenso ist die Versorgung grundsätzlich nicht dazu berufen, dem Versorgungsberechtigten u.U. eine höhere Lebenshaltung zu sichern, als er sie vordem mit seinem Arbeitsverdienst innehatte. Es ist daher bestimmt, daß die Versorgungsleistungen zusammen mit den sonstigen Einkünften (§ 4, 3) das versorgungsfähige Einkommen nicht überschreiten dürfen: diese *Versorgungsgrenze* ist zugunsten der kleinen Einkommen bis auf den achtfachen Grundbetrag (400 RM monatlich) erweitert. Damit ist eine so weite Spanne geschaffen, daß dem Sparsamen und Tüchtigen seine Einnahmen aus Ersparnissen oder sonstigen Quellen (auch privaten Zusatzversorgungseinrichtungen) in aller Regel voll zugute kommen [in der heutigen Fürsorge z.B. wird dagegen der Sparsame insofern bestraft, als eine Wohlfahrtsunterstützung erst gewährt wird, wenn etwa vorhandene Ersparnisse aufgebraucht sind]. Die Differenz zwischen Versorgungsleistung (Ruhegeld) und Versorgungsgrenze ist so groß, daß eine Anrechnung sonstiger Einkünfte nur in verschwindend wenigen, dann aber auch wirklich vertretbaren Fällen praktisch wird.

Selbstverständlich rechnen zu den sonstigen Einkünften nach § 24, 2 *alle* dem Versorgungsberechtigten oder seinem Haushalt (seinem Ehegatten) zufließenden Einkünfte, die nicht Arbeitsverdienst (§ 4, 2) sind, nicht etwa nur die ihm persönlich zufallenden.

§ 25. Wenn die Versorgung die erarbeitete Lebenshaltung in angemessener Weise sicherstellen will, so folgt daraus zwingend, daß dort, wo *beide Ehegatten arbeiten*, auch *beide je für sich einen Versorgungsanspruch* geltend machen können. Dabei wird hinsichtlich der verschiedenen Begrenzungen der Versorgungsleistungen vom Familieneinkommen ausgegangen, d.h. beide Versorgungsberechtigten werden sozusagen als Einheit betrachtet. Das soll an einem Beispiel des

Ruhegeldes erläutert werden, bei welchem der Anspruch des einen Ehegatten zeitlich vor dem des anderen gestellt wird (RM mtl.):

	Versicherungsfähiges Einkommen	Ruhegeld Rohbetrag	Sonstige Einkünfte	Ruhegeld Reinbetrag
1. Versicherungsanspruch	300	180	200	180
2. Versicherungsanspruch	125	75	200	(45)
Gemeinsamer Versicherungsanspruch	425	250	200	225

Damit sind selbstverständlich nicht alle Möglichkeiten erfaßt, es kommt aber die Höchstversorgung (250 RM) und die Versorgungsgrenze (225 + 200 RM = 425 RM) zum Ausdruck. Hinsichtlich des Grundbetrages sei folgendes analoge Beispiel gewählt (wobei von der Höchstversorgung und der Versorgungsgrenze abgesehen wird):

	Versorgungsfähiges Einkommen	Ruhegehalt
1. Versorgungsanspruch	75	50
2. Versorgungsanspruch	60	(31)
Gemeinsamer Versicherungsanspruch	135	81

Zu den sonstigen Einkünften rechnen natürlich auch hier stets *alle* derartigen Einkünfte, also die beider Ehegatten usw. (vgl. oben zu § 24, 2). Da ein etwaiger Arbeitsverdienst des anderen Ehegatten nicht zu den sonstigen Einkünften rechnet (§ 4, 3), wird dessen Weiterarbeit nicht berührt, sobald der eine Ehegatte seinen Versorgungsanspruch erhebt. Stirbt ein Ehegatte vor Entstehen einer solchen „Doppelversorgung", dann kommt diese überhaupt nicht zum Zuge.

Diese Regelung der „Doppelversorgung" entspricht nicht nur den Grundgedanken des Versorgungswerkes, sondern vermeidet auch eine nicht zu rechtfertigende Benachteiligung gegenüber den Fällen, wo sich die Mitarbeit der Frau, ohne daß diese dabei ein selbständiges Einkommen erzielt, im Arbeitsverdienst des Mannes und damit in dessen versorgungsfähigem Einkommen niederschlägt (Landwirtschaft, Kleingewerbe, Hausgewerbe). Solange die Mitarbeit der Frau hier üblich oder unentbehrlich und solange „Doppelarbeit" zulässig ist, kann keine andere Lösung Platz greifen. Auf diese Weise werden in einer Ehe mit bescheidenen Einkommensverhältnissen kleine Versorgungsleistungen praktisch in voller Höhe an beide Ehegatten gewährt; mit zunehmendem Einkommen wird aber die „Doppelversorgung" ausgeschaltet, ein Ergebnis, das auch den sozialen Anforderungen genügen dürfte.

§ 26. Wenn der Staat bestimmten Personen eine besondere Versorgung gewährt, dann können die Betreffenden nicht außerdem Ansprüche an das allgemeine Versorgungswerk stellen. Soweit es z.B. der Staat für erforderlich hält, den Beamten eine höhere Versorgung zuzubilligen als den übrigen Volksgenossen, muß es dabei verbleiben. Die allgemeine Versorgung springt jedoch ein, wenn die Beamtenversorgung unter den Leistungen des Versorgungswerkes bleibt (was z.B. bei niedrigem Versorgungsdienstalter möglich sein kann). Die Beamten oder deren Hinterbliebene können zwar aus staatspolitischen Gründen besser als die übrigen Volksgenossen gestellt sein; sie dürfen aber in Ausnahmefällen unter keinen Umständen schlechter behandelt werden. Die einfache *Anrechnung anderweitiger Versorgungsleistungen aus öffentlichen Haushaltsmitteln* erscheint somit als die beste Lösung.

§ 27. Aus dem Grundgedanken des Versorgungswerkes ergibt sich ohne weiteres, daß *durch gemeinschaftswidriges Verhalten*, insbesondere grundlose Arbeitsverweigerung, der *Versor-*

gungsanspruch verwirkt wird; jedoch muß der Ausschluß aus der Volksgemeinschaft nicht unbedingt endgültig sein, sondern kann durch ordentliche Führung wieder ausgeglichen werden.

7. Versorgungsbehörden und Versorgungsverfahren

§ 28. Die enge Verbindung von Versorgung und Arbeitseinsatz läßt die Arbeitsämter als die *zweckmäßigsten Träger des Versorgungswerkes* erscheinen, so daß sich der Aufbau eines neuen Verwaltungsapparates erübrigt.

§ 29. Da insbesondere die sonstigen Einkünfte (§ 24, 2) von Bedeutung für die Höhe der Versorgungsleistung sind, muß die Versorgungsbehörde über wesentliche Veränderungen in den Einkommensverhältnissen laufend unterrichtet werden und selbst das Recht zur Nachprüfung besitzen.

§ 30. Die Versorgungsleistung wird teils für die Dauer (z.B. Altersruhegeld), teils für bestimmte Zeit (z.B. Beschädigtensold) festgesetzt werden; andererseits muß die Prüfung der Verhältnisse und die *Möglichkeit der Neufestsetzung aller Leistungen* ohne Einschränkung gegeben sein, um Mißbrauch zu verhindern.

Eine Abänderung der festgesetzten Versorgungsleistungen ist insbesondere auch für den Fall einer wesentlichen Änderung des Geldwertes oder der allgemein üblichen Lebenshaltung ins Auge zu fassen, da sich die Versorgungsleistungen im Einzelfall immerhin über mehrere Jahrzehnte erstrecken können, in welcher Zeit unvorhersehbare Verschiebungen möglich sind. Es ist ein wesentlicher Vorzug des Versorgungswerkes, daß sich solche Änderungen technisch verhältnismäßig einfach durchführen und organisch einfügen lassen, ohne daß das System als solches auch nur im geringsten berührt wird.

Bestimmungen über *Rechtsmittel gegen die Festsetzung der Versorgungsleistung* sind bewußt aus dem Gesetz herausgelassen worden; diese Fragen hat die Verfahrensordnung zu regeln.

8. Schlußbestimmungen

§ 31. Bisher Pflichtversicherte und Nichtversicherte stehen vom Tage der Einführung des Versorgungswerkes an gleich. Dieses tritt als revolutionäre Neuschöpfung an die Stelle der alten Institutionen. Der mit dem Versorgungswerk Wirklichkeit werdende gewaltige soziale Fortschritt würde zunichte gemacht, wenn sich die Umstellung in einem langwierigen Prozeß millionenfacher Rechtsauseinandersetzungen abspielen sollte. Die Gleichstellung von Pflichtversicherten und Nichtversicherten ist keine Ungerechtigkeit, sondern mit dem sozialen Fortschritt durch das Versorgungswerk notwendig verbunden. Es war auch früher niemals üblich, bei Einführung sozialer Verbesserungen eine Entschädigung für die ungünstigere Behandlung in der vorangegangenen Zeit zu gewähren [wenn beispielsweise die Löhne in einem Beruf neu geordnet werden, so gilt es als selbstverständlich, daß der soeben zur Berufsgruppe Gestoßene von der Neuordnung in gleicher Weise erfaßt wird wie der ältere Berufskamerad, der vielleicht drei oder vier Jahrzehnte auf die Neuordnung gewartet hat]. Wollte man eine unterschiedliche Behandlung von Pflichtversicherten und Nichtversicherten dennoch erzwingen, so würde das neue Versorgungswerk von Anfang an wieder mit den Unzulänglichkeiten belastet werden, die Anstoß zu der Forderung nach einer allgemeinen und ausreichenden Altersversorgung des deutschen Volkes gewesen sind.

Anders steht es mit den Volksgenossen, die über die vorgeschriebene Pflicht hinaus freiwillig Beiträge an die bisherigen Rentenversicherungsanstalten geleitet haben (*Höher-, Weiter- und Selbstversicherung*). Sie haben ihre persönliche Sparkraft den Versicherungsträgern anvertraut und dürfen ihren Sparwillen nicht enttäuscht sehen. Hierher gehören auch die *Handwerker* (Gesetz vom 21. Dezember 1938), die sich für die soziale Rentenversicherung (Angestelltenversicherung) entschieden haben; sie dürfen gegenüber denjenigen, die sich der privaten Lebensversicherung zugewandt haben, nicht benachteiligt werden.

Für die Rückerstattung von freiwillig geleisteten Beiträgen oder Beitragsteilen (Höherversicherung) kommt nur die Zeit seit dem 30. Januar 1933 in Frage, da die Invaliden- und Angestelltenversicherung erst nach der Machtübernahme wieder auf eine gesunde finanzielle Grundlage gestellt wurde.

§ 32. Für den Übergang vom Alten zum Neuen ist es besonders wichtig, die Beiträge zu den bisherigen Rentenversicherungsanstalten und Berufsgenossenschaften bis zu einer allgemeinen Wandlung im Steuersystem in der bisherigen Höhe als Reichssteuern bestehen zu lassen, da sonst das gesamte Kosten- und Preisgefüge ins Wanken geraten könnte.

§ 33. Für die nicht vom Versorgungswerk übernommenen Leistungen der bisherigen Rentenversicherungsanstalten usw. (z.B. Gesundheitsfürsorge) muß eine Neuregelung Platz greifen.

§ 34. Die *Auslegungsregel* gibt die Richtschnur für die Entscheidung von Zweifeln, die bei der Anwendung des Gesetzes entstehen.

§ 35. Wenn an die Gesetzgebung die Forderung gestellt wird, daß neue Gesetze kurz und klar, also volkstümlich sein sollen, daß sie wenig Raum für Zweifelsfragen im Einzelfall offenlassen und ohne zusätzliche *Durchführungsverordnung* gelten sollen, so läßt sich ein solcher Wunsch bei umfangreichen und schwierigen Rechtsgebieten nicht voll erfüllen. Bei kurzer Fassung kann das Gesetz nicht alle Zweifelsfragen regeln; umfaßt es dagegen alle technischen Einzelheiten, so kann es nicht leicht verständlich und nicht volkstümlich sein.

Das gilt in besonderem Maße von einem Gesetzgebungswerk, das an die Stelle des umfangreichen und komplizierten Sozialrechtes treten und für alle Volksgenossen praktische Auswirkungen haben soll. Die Vielfalt der Lebenserscheinungen läßt sich auch von der sorgsamsten Gesetzgebung nicht voll erfassen. Selbst in den 17.000 Paragraphen des Preußischen allgemeinen Landrechts war nur ein beschränkter Teil des wirklichen Lebens erfaßt. Zweifelsfragen werden immer bleiben.

Gleichwohl wäre es falsch, wenn das Gesetz über das Versorgungswerk sich auf die Aufstellung der wichtigsten Grundregeln beschränken und alles weitere der Tätigkeit der Verwaltungsbehörden überlassen würde. Das würde notwendigerweise zu der unübersehbaren Rechtsprechung und Verwaltungspraxis, wie wir sie in der bisherigen Sozialversicherung haben, zurückführen oder aber, wenn man jeweils nur den Einzelfall entscheiden wollte, zu einer in diesem für jeden einzelnen überaus wichtigen Rechtsgebiet unerträglichen Rechtsunsicherheit und -ungewißheit führen, da dann gleiche Fragen an verschiedenen Orten verschieden entschieden würden.

Andererseits können die notwendigerweise zu regelnden technischen Einzelheiten nicht in das Gesetz selbst aufgenommen werden, wenn nicht der klare Sinngehalt verschwimmen soll. Gerade das Gesetz über das Versorgungswerk muß in seinen wesentlichen Sätzen jedem Volksgenossen verständlich und bekannt sein. Daher kann auf eine Trennung des Stoffes in Gesetz und Durchführungsbestimmungen nicht verzichtet werden. Das Gesetz muß jene Sätze enthalten, die zeitlos gültig sein sollen und die den wesentlichen Aufbau des Versorgungswerkes darstellen. Was nur zur Überleitung in den neuen Rechtszustand dient, was technische Einzelheiten regelt, was die Gesetzesgedanken für begrenzte Kreise von Volksgenossen ausgestaltet, was Behördenaufbau und Verfahren betrifft, muß aus dem Gesetz selbst ausgeschaltet bleiben. Dann kann das Gesetz unverändert auf Jahrzehnte hinaus gültig sein, während die Durchführungsverordnungen sich den jeweils neu auftretenden Einzelfragen entsprechend wandeln können.

Es sollen daher neben dem Gesetz drei zusätzliche Verordnungen erlassen werden:

a) Eine *Durchführungsverordnung*, welche die technische Ausgestaltung des Gesetzes in Einzelfragen übernimmt,

b) eine *Verfahrensordnung*, welche den Behördenaufbau und das vor den Versorgungsbehörden zu beobachtende Verfahren festlegt,

c) eine *Überleitungsverordnung*, welche alle künftig fortfallenden Bestimmungen umfaßt, die zur Überleitung aus dem bisherigen Rechte in das neue Versorgungsrecht erforderlich sind.

Falls bisherige Rentenansprüche höher sind als die neu geltenden Versorgungsansprüche – diese Fälle sind zweifellos sehr selten –, soll für eine Übergangszeit noch Berechnung nach den früheren Rechtsvorschriften verlangt werden können; Härten wären durch nähere Bestimmungen auszugleichen.

Daneben ist insbesondere noch eine Regelung erforderlich, um andere (berufsständische und betriebliche) Versorgungseinrichtungen organisch in das neue System einzufügen.

Wenn in dem Entwurf in §§ 31 bis 33 gleichwohl einige Bestimmungen über das Verhältnis des neuen Versorgungswerkes zu den reichsgesetzlichen Rentenversicherungsanstalten usw. enthalten sind, so geschieht es, weil diese Bestimmungen, obwohl sie künftig einmal ihre Bedeutung verlieren werden, doch für die Eingliederung des Versorgungswerkes in die Rechtsordnung von entscheidendem Gewicht sind.

§ 36. Angesichts der umwälzenden Neuordnung, die das Versorgungswerk des deutschen Volkes nicht nur auf dem Gebiete der bisherigen Rentenversicherung, sondern innerhalb des gesamten sozialen Gefüges mit sich bringt, kann das Versorgungsgesetz erst zu einem noch zu bestimmenden Zeitpunkt nach der Bekanntgabe in Kraft treten. Da das Versorgungswerk als völlige Neuschöpfung die alten Institutionen ablöst, treten alle entgegenstehenden Bestimmungen des Sozialversicherungs- und -versorgungsrechts am gleichen Tage außer Kraft. Zur Vermeidung von Zweifeln wird ausdrücklich klargestellt, daß mit dem Inkrafttreten des Versorgungswerkes fällige Rentenansprüche gegen die bisherigen Institutionen durch die neuen Versorgungsleistungen abgelöst werden und neue Ansprüche an die früheren Versicherungsträger nicht mehr erworben werden können.

Anhang: Begründung zur Neufassung der §§ 33-37

8. Schlußbestimmungen
§§ 33-35. Für den Übergang vom Alten zum Neuen ist es neben der Außerkraftsetzung aller entgegenstehenden Bestimmungen des Sozialversicherungs- und Versorgungsrechts (§ 38) und der Regelung der schon vorhandenen Ansprüche besonders wichtig, die Beiträge zu den bisherigen Rentenversicherungsanstalten und Berufsgenossenschaften bis zu einer allgemeinen Wandlung im Steuersystem in der bisherigen Höhe als Reichssteuern bestehen zu lassen, da sonst das gesamte Kosten- und Preisgefüge ins Wanken geraten könnte. Falls bisherige Rentenansprüche höher sind als die neu geltenden Versorgungsansprüche – diese Fälle sind zweifellos wenig zahlreich –, kann für eine Übergangszeit noch Berechnung nach den früheren Rechtsvorschriften verlangt werden; Härten wären durch nähere Vorschriften auszugleichen. Für die nicht vom Versorgungswerk übernommenen Leistungen der Rentenanstalten usw. (z.B. Gesundheitsfürsorge) muß eine Neuregelung Platz greifen.

§ 36. Die *Auslegungsregel* gibt die Richtschnur für die Entscheidung von Zweifeln, die bei der Anwendung des Gesetzes, entstehen.

§ 37. Wenn an die Gesetzgebung die Forderung gestellt wird, daß neue Gesetze kurz und klar, also volkstümlich sein sollen, daß sie wenig Raum für Zweifelsfragen im Einzelfall offen lassen und ohne zusätzliche *Durchführungsverordnung* gelten sollen, so läßt sich ein solcher Wunsch bei umfangreichen und schwierigen Rechtsgebieten nicht voll erfüllen. Bei kurzer Fassung kann das Gesetz nicht alles Zweifelsfragen regeln; umfaßt es dagegen alle technischen Einzelheiten, so kann es nicht leicht verständlich und nicht volkstümlich sein.

Das gilt in besonderem Maße von einem Gesetzgebungswerk, das an die Stelle des umfangreichen und komplizierten Sozialversicherungsrechtes treten und für alle Volksgenossen praktische Auswirkungen haben soll. Die Vielfalt der Lebenserscheinungen läßt sich auch von der sorgsamsten Gesetzgebung nicht voll erfassen. Selbst in den 17.000 Paragraphen des Preuß. Allgemeinen Landrechts war nur ein beschränkter Teil des wirklichen Lebens erfaßt. Zweifelsfragen werden immer bleiben.

Gleichwohl wäre es falsch, wenn das Gesetz über das Versorgungswerk sich auf die Aufstellung der wichtigsten Grundregeln beschränken und alles weitere der Tätigkeit der Verwaltungsbehörden überlassen würde. Das würde notwendigerweise zu der unübersehbaren Rechtsprechung und Verwaltungspraxis, wie wir sie in der bisherigen Sozialversicherung haben, zurückführen oder aber, wenn man jeweils nur den Einzelfall entscheiden wollte, zu einer in diesem für jeden einzelnen überaus wichtigen Rechtsgebiet unerträglichen Rechtsunsicherheit und -ungewißheit führen, da dann gleiche Fragen an verschiedenen Orten verschieden entschieden würden.

Andererseits können die notwendigerweise zu regelnden, technischen Einzelheiten nicht in das Gesetz selbst aufgenommen werden, wenn nicht der klare Sinngehalt verschwimmen soll. Gerade das Versorgungsgesetz muß in seinen wesentlichen Sätzen jedem Volksgenossen verständlich und bekannt sein. Daher kann auf eine Trennung des Stoffes in Gesetz und Durchführungsbestimmungen nicht verzichtet werden. Das Gesetz muß jene Sätze enthalten, die zeitlos gültig sein sollen und die den wesentlichen Aufbau des Versorgungswerkes darstellen. Was nur zur Überleitung in den neuen Rechtszustand dient, was technische Einzelheiten regelt, was die Gesetzesgedanken für begrenzte Kreise von Volksgenossen ausgestaltet, was Behördenaufbau und Verfahren betrifft, muß aus dem Gesetz selbst ausgeschaltet bleiben. Dann kann das Gesetz unverändert auf Jahrzehnte hinaus gültig sein, während die Durchführungsverordnungen sich den jeweils neu auftretenden Einzelfragen entsprechend wandeln können.

Es sollen daher neben dem Gesetz drei zusätzliche Verordnungen erlassen werden.

a) Eine *Durchführungsverordnung*, welche die technische Ausgestaltung des Gesetzes in Einzelfragen übernimmt,

b) eine *Verfahrensordnung*, welche den Behördenaufbau und das vor den Versorgungsbehörden zu beobachtende Verfahren festlegt,

c) eine *Überleitungsverordnung*, welche alle künftig fortfallenden Bestimmungen umfaßt, die zur Überleitung aus dem Rechte der bisherigen Sozialversicherung in das neue Versorgungsrecht erforderlich sind.

Wenn in dem Entwurf in §§ 33-35 gleichwohl einige Bestimmungen über das Verhältnis des neuen Versorgungswerkes zu den reichsgesetzlichen Rentenversicherungsanstalten usw. enthalten sind, so geschieht es, weil diese Bestimmungen, obwohl sie künftig einmal ihre Bedeutung verlieren werden, doch für die Eingliederung des Versorgungswerkes in die Rechtsordnung von entscheidendem Gewicht sind.

§ 38. Angesichts der umwälzenden Neuordnung, die das Versorgungswerk des Deutschen Volkes nicht nur auf dem Gebiete der bisherigen Rentenversicherung, sondern innerhalb des gesamten sozialen Gefüges mit sich bringt, kann das Versorgungsgesetz erst zu einem noch zu bestimmenden Zeitpunkt nach der Bekanntgabe *in Kraft treten*.

c) Die Kosten des Versorgungswerkes

Die Höhe der in Zukunft erwachsenden Kosten der Versorgung wird weitest gehend bestimmt durch die künftige Bevölkerungsentwicklung. Die Kenntnis der späteren Schichtung der Bevölkerung nach Altersklassen sowie der Zusammensetzung aus Schaffenden und Versorgten ist unerläßlich für die Abschätzung des Versorgungsaufwandes. Heute ist beispielsweise noch nicht zu übersehen, um wieviel die Geburtenhäufigkeit durch Verbesserung des Familienlastenausgleichs erhöht werden kann, wie die künftige Gesundheitsführung die Lebenserwartung steigern, wie ein verbesserter Arbeitseinsatz die Zahl der arbeitsunfähigen Beschädigten vermindern oder wie selbst die Einführung des Alters-, Beschädigten- und Witwensolds den Arbeitseinsatz steigern wird.

Als unumstößlich kann allein die Erkenntnis betrachtet werden, daß alle bereits durchgeführten und noch geplanten bevölkerungspolitischen Maßnahmen zu einer Steigerung der Schaffenskraft des gesamten Volkes, also zu einer Erhöhung der Anzahl der Schaffenden und zu einer Minderung der Anzahl der Versorgten führen werden.

Der Zweck von Vorausberechnungen kann so nur darin bestehen, zunächst einmal unter Verwendung von bisherigen Erfahrungen ein Bild der Zukunft zu entwerfen und dann den Einfluß der Änderungen der ursprünglichen Aufnahmen auf das Zukunftsbild darzulegen.

Nach den an anderer Stelle erläuterten Berechnungen ist der *jährliche Versorgungsaufwand* auf Grund der vorgesehenen Bestimmungen über die Höhe der Versorgungsleistungen usw. *für 1937/38 für das Altreich einschließlich Ostmark* mit *etwa 8 bis 8,5 Mrd. RM* anzusetzen; hierin ist die Versorgung der Kriegsopfer des Weltkrieges (mit dem bisherigen Betrag), nicht aber die Opfer des gegenwärtigen Krieges enthalten [Ebenso nicht der vermutliche Aufwand für Haushalts- und Kindergeld sowie Erziehungsbeihilfen, da dieser noch nicht übersehen werden kann; im Verhältnis zur Gesamtsumme ist er aber unbedeutend].

Für Zwecke der Alters- und Beschädigtenversorgung wurden nach der folgenden Übersicht *bisher (um 1937/38) im Altreich einschließlich Ostmark jährlich rund 5,5 Mrd. RM aufgebracht:*

1.	*Invalidenversicherung 1938*		Mrd. RM
	Beiträge einschl. Zuschüsse [auf das ganze Jahr gerechnet (vgl. § 1385 RVO und § 168 a AVG)] und Zinsen 2,12 Mrd. RM abzüglich Verwaltungskosten und Ausgaben für Gesundheitsfürsorge (1,99 Mrd. RM)		2,0
2.	*Angestelltenversicherung 1938*		
	Beiträge einschl. Zuschüsse [auf das ganze Jahr gerechnet (vgl. § 1385 RVO und § 168 a AVG)] und Zinsen 0,82 Mrd. RM abzüglich Verwaltungskosten und Ausgaben für Gesundheitsfürsorge (0,78 Mrd. RM)		0,8
3.	*Knappschaftliche Pensionsversicherung 1937*		
	Beiträge einschl. Zuschüsse und Vermögenserträgnisse 0, 27 Mrd. RM abzüglich Verwaltungskosten und Ausgaben für Gesundheitsfürsorge (0,26 Mrd. RM)		0,3
4.	*Unfallversicherung 1937*		
	Beiträge einschl. Zinsen und Ersatzansprüche 0,38 Mrd. RM abzüglich Ausgaben für Verwaltung, Gesundheitsfürsorge und Unfallverhütung (0,26 Mrd. RM)		0,3
5.	*Kriegsopferversorgung (Weltkrieg) 1938*		
	(darunter Heilfürsorge 0,04 Mrd. RM)	rund	1,0
6.	*Offene Fürsorge, Rechnungsjahr 1938*		
	Laufende Barleistungen in der gehobenen Fürsorge und an „sonstige Hilfsbedürftige" sowie wirtschaftliche Fürsorge (0,43 Mrd. RM)		0,4
7.	*Ausgaben der NSV an Rentner usw.*	etwa	0,1
8.	*Handwerkerversicherung*	etwa	0,1
9.	*Andere Versorgungseinrichtungen*	etwa	0,1
			5,1
	Erhöhung für Ostmark auf	rund	5,5

Die Differenz beider Beträge gibt größenordnungsmäßig den Mehrbedarf mit rd. 3 Mrd. RM an.

Da die Einnahmen der sozialen Rentenversicherung nicht voll als Rentenleistung usw. in Erscheinung treten, vielmehr z.B. 1937 in den vier Zweigen einer Einnahme von 3,1 Mrd. RM eine Ausgabe von 2,2 Mrd. RM und ein Rücklagenzugang von 0,9 Mrd. RM gegenüberstand, entsteht *neben der aufbringungsmäßigen Betrachtung noch ein Haushalts- und Kapitalmarktproblem* insofern, als der *Vermögenszuwachs bisher zu einem großen Teil dem Staate im Anleihewege zur Verfügung gestellt* wurde. [Über die Finanzgebarung der sozialen Rentenversicherung in den letzten Jahren siehe im einzelnen die schon erwähnte Schrift: „Zahlen zur gegenwärtigen reichsgesetzlichen Alters- und Invalidenversicherung". Herausgegeben vom Arbeitswissenschaftlichen Institut der DAF, Berlin, Juni 1940, Seite 95 ff.]

Zur Aufbringungsfrage sei im übrigen noch erwähnt, daß mit dem Wegfall des komplizierten Markenklebesystems der sozialen Rentenversicherung usw. u.a. auch in den Lohnbüros nicht unerhebliche Verwaltungsvereinfachungen zu erwarten sind, die eine wesentliche Entlastung der Unternehmungen bedeuten.

IV. Entwurf einer Verfahrensordnung für das Versorgungswerk (8.5.1941)

1. Text des Entwurfs

1. Abschnitt: Versorgungsbehörden und Spruchstellen

§ 1. Grundsatz

Versorgungsansprüche können nur nach den Bestimmungen dieser Verfahrensordnung geltend gemacht werden. Der Rechtsweg ist für sie ausgeschlossen.

§ 2. Behörden des Versorgungswerkes

Als Behörden des Versorgungswerkes werden tätig: a) im Verwaltungsverfahren die Arbeitsämter und Landesarbeitsämter, b) im Spruchverfahren die Spruchstellen bei den Landesarbeitsämtern und die Reichsspruchstelle.

§ 3. Örtliche Zuständigkeit

(1) Örtlich zuständig ist das Arbeitsamt und das Landesarbeitsamt, in dessen Bezirk der Antragsteller seinen Wohnsitz hat.

(2) Werden aus dem gleichen Versorgungsfall von mehreren Antragstellern Ansprüche erhoben, so ist das zuerst mit einem Antrag befaßte Arbeitsamt auch für die übrigen Ansprüche zuständig.

(3) Der Reichsarbeitsminister kann die örtliche Zuständigkeit abweichend bestimmen.

§ 4. Sachliche Zuständigkeit

(1) Das Arbeitsamt hat auf Antrag die Versorgungsansprüche festzusetzen, soweit nicht ein Aberkennungsgrund besteht.

(2) Über einen Einspruch gegen den Bescheid des Arbeitsamtes entscheidet das übergeordnete Landesarbeitsamt.

(3) Über eine gegen die Entscheidung des Landesarbeitsamtes eingelegte Berufung entscheidet die Spruchstelle oder in besonders in dieser Verfahrensordnung genannten Fällen die Reichsspruchstelle.

(4) Eine Aberkennung des Versorgungsanspruches kann nur durch die Spruchstellen erfolgen.

§ 5. Die Spruchstellen

(1) Die bezirklichen Spruchstellen bestehen als unabhängige Gerichte bei den Landesarbeitsämtern.

(2) Sie gliedern sich in Kammern, die mit dem rechtskundigen Vorsitzenden und zwei Beisitzern besetzt sind.

(3) Der Vorsitzende und die Beisitzer werden auf Vorschlag des Leiters der Deutschen Arbeitsfront vom Reichsarbeitsminister auf Zeit ernannt.

§ 6. Die Reichsspruchstelle

(1) Die Reichsspruchstelle hat ihren Sitz in Berlin.

(2) Sie gliedert sich in Senate, die mit dem Präsidenten der Reichsspruchstelle oder einem Stellvertreter und vier Beisitzern besetzt sind, von denen zwei rechtskundig sein müssen.

(3) Präsident, Stellvertreter und Beisitzer der Reichsspruchstelle werden vom Führer und Reichskanzler auf Grund einer vom Leiter der Deutschen Arbeitsfront aufgestellten Vorschlagsliste auf Zeit ernannt.

2. Abschnitt: Das Verwaltungsverfahren

A. Vor dem Arbeitsamt

§ 7. Die Stellung des Antrages

(1) Jeder Versorgungsantrag ist schriftlich unter Beifügung des Arbeitsbuches und der erforderlichen Unterlagen über die Höhe des versteuerten Arbeitsverdienstes an das zuständige Arbeitsamt zu richten. Der Antrag kann auch über eine Rechtsberatungsstelle der Deutschen Arbeitsfront gestellt werden.

(2) Wird binnen drei Monaten nach dem Versorgungsfall kein Versorgungsantrag gestellt, so kann für eine vor dem Antrag liegende Zeit Versorgung nur gewährt werden, wenn der Antrag ohne Verschulden des Versorgungsberechtigten verspätet gestellt ist.

(3) Der Antrag auf Feststellung der Alterversorgung kann schon sechs Monate vor dem Eintritt des Versorgungsfalls gestellt werden.

§ 8. Unzulässigkeit des Antrages

(1) Das Arbeitsamt prüft von Amts wegen, ob der Antrag nicht nach den gesetzlichen Bestimmungen ausgeschlossen ist und ob ein Grund zur Aberkennung des Anspruches besteht.

(2) Kommt eine Aberkennung des Versorgungsanspruches in Frage, so legt das Arbeitsamt den Antrag zur Entscheidung darüber der Spruchstelle vor.

§ 9. Aufklärung des Sachverhaltes

(1) Der Sachverhalt ist vom Arbeitsamt durch Befragung des Antragstellers, durch Erhebung der erforderlichen Beweise, durch Einholung von Auskünften und Einforderung von Urkunden aufzuklären.

(2) Erscheint eine eidliche Vernehmung von Zeugen oder Sachverständigen erforderlich, erscheinen Zeugen oder Sachverständige auf Vorladung nicht oder verweigern sie grundlos die Aussage, so kann das Arbeitsamt um Rechtshilfe eines Amts- oder Wehrmachtsgerichtes ersuchen.

§ 10. Mitwirkung des Antragstellers

(1) Das Arbeitsamt kann den Antragsteller zur mündlichen Erörterung einer Versorgungsangelegenheit und zur ärztlichen Untersuchung vorladen und anordnen, daß er sich zur Untersuchung oder Beobachtung in einer Kranken- oder Heilanstalt einfinden und sich darin die erforderliche Zeit aufhalten solle.

(2) Unterläßt der Antragsteller hartnäckig seine Mitwirkung an der Aufklärung des Sachverhaltes, weigert er sich insbesondere, Ärzte von der Schweigepflicht zu entbinden oder seine Zustimmung zur Einsicht in Urkunden der Krankenanstalten zu erteilen, so kann der Antrag aus diesem Grunde mit der Maßgabe abgelehnt werden, daß ein neuer Antrag nicht vor drei Monaten gestellt werden kann.

§ 11. Bescheid des Arbeitsamtes

(1) Das Arbeitsamt setzt den Versorgungsanspruch nach Art, Höhe und Dauer durch schriftlichen Bescheid fest und veranlaßt die Ausführung der festgesetzten Versorgungsleistung.

(2) Der Bescheid muß soweit tatsächlich und rechtlich begründet sein, daß aus ihm die Art der Berechnung und der Grund eines etwaigen Abweichens von dem Antrag des Antragstellers zu entnehmen ist.

(3) Der Bescheid muß außerdem den Hinweis auf das Einspruchsrecht und die Einspruchsfrist enthalten.

§ 12. Zustellung

(1) Die Zustellung von Ladungen und Bescheiden kann in jeder Form geschehen, die den Nachweis der erfolgten Zustellung und ihres Zeitpunktes ermöglicht.

(2) Die Zustellung gilt als bewirkt, wenn sie an die letzte, dem Arbeitsamt mitgeteilte Anschrift versucht wird.

(3) Hat der Antragsteller schriftlich einen Bevollmächtigten bestellt, so ist die Zustellung nur an diesen vorzunehmen. Wohnt der Antragsteller außerhalb des Deutschen Reiches, so muß er einen Zustellungsbevollmächtigten im Inland bestellen.

B. Einspruchsverfahren

§ 13. Einlegung des Einspruches

(1) Gegen den Bescheid des Arbeitsamtes ist der Einspruch zulässig, der innerhalb eines Monates nach der Zustellung schriftlich bei dem Arbeitsamt, dessen Bescheid angefochten werden soll, einzulegen ist. Der Eingang bei dem zuständigen Landesarbeitsamt, bei einer anderen deutschen Behörde oder bei einer Rechtsberatungsstelle der Deutschen Arbeitsfront genügt zur Wahrung der Frist.

(2) Die Einspruchsschrift soll den angefochtenen Bescheid bezeichnen, einen bestimmten Antrag enthalten und etwaige neue Tatsachen und Beweismittel angeben.

(3) Der Antragsteller kann sich im Einspruchsverfahren nur durch einen Rechtsberater der Deutschen Arbeitsfront oder durch nahe Angehörige (den Ehegatten, die Eltern, Großeltern, Kinder, Enkel, Geschwister) vertreten lassen.

(4) Das Arbeitsamt kann den angefochtenen Bescheid selbst abändern, wenn es dem Einspruchsantrag voll stattgeben will. Es kann den Antragsteller auch zur Belehrung über die Rechtslage vorladen. In jedem Falle muß es die Sache binnen zwei Wochen nach Eingang des Einspruches dem Landesarbeitsamt zuleiten.

§ 14. Entscheidung durch das Landesarbeitsamt

(1) Das Landesarbeitsamt hat den Antrag nach den gleichen Grundsätzen und Verfahrensvorschriften wie das Arbeitsamt neu zu prüfen.

(2) Die Entscheidung über den Einspruch ist schriftlich zu erlassen und tatsächlich und rechtlich zu begründen.

(3) Der Bescheid des Arbeitsamtes kann auch zuungunsten des Antragstellers abgeändert werden.

(4) Die Einspruchsentscheidung muß den Hinweis auf das Berufungsrecht und die Berufungsfrist enthalten.

3. Abschnitt: Das Spruchverfahren

A. Vor der Spruchstelle

§ 15. Einlegung der Berufung

(1) Gegen die Einspruchsentscheidung des Landesarbeitsamtes steht dem Antragsteller das Recht der Berufung an die bezirkliche Spruchstelle zu.

(2) Die Berufung ist schriftlich bei dem Landesarbeitsamt, dessen Entscheidung angefochten werden soll, innerhalb eines Monates nach Zustellung der Einspruchsentscheidung einzulegen. Der Eingang bei einer anderen deutschen Behörde oder bei einer Rechtsberatungsstelle der Deutschen Arbeitsfront genügt zur Wahrung der Frist.

(3) Die Berufungsschrift soll in doppelter Ausfertigung eingereicht werden; sie soll die angefochtene Entscheidung bezeichnen, einen bestimmten Antrag enthalten und etwaige neue Tatsachen und Beweismittel angeben.

§ 16. Vorbereitung der mündlichen Verhandlung

(1) Die Spruchstelle hat den Sachverhalt vor der mündlichen Verhandlung aufzuklären.

(2) Sie kann dabei nach den für das Verfahren vor dem Arbeitsamt gegebenen Vorschriften vorgehen, Zeugen und Sachverständige aber auch durch den Vorsitzenden der Spruchstelle eidlich vernehmen lassen.

§ 17. Ärztliches Gutachten

Soweit die Entscheidung von einem ärztlichen Gutachten abhängt, ist vor der Anberaumung der mündlichen Verhandlung die abschließende Stellungnahme des für die Spruchstelle zuständigen Arztes (Landesgesundheitsführers) einzuholen und dem Antragsteller spätestens mit der Ladung zur Verhandlung mitzuteilen.

§ 18. Beteiligte und Vertreter

(1) Das Versorgungswerk wird im Verfahren vor der Spruchstelle durch einen vom Präsidenten des Landesarbeitsamtes bestimmten Beamten vertreten.

(2) Der Antragsteller kann sich in diesem Verfahren durch einen Rechtsberater der Deutschen Arbeitsfront und, sofern diese die Vertretung nicht übernimmt, durch nahe Angehörige (den Ehegatten, die Eltern, Großeltern, Kinder, Enkel, Geschwister) vertreten lassen.

(3) Die Deutsche Arbeitsfront kann in jedem Verfahren ihre Stellungnahme vorbringen.

(4) Die Beteiligten haben das Recht, bei der Vernehmung von Zeugen und Sachverständigen zugegen zu sein und sachdienliche Fragen zu stellen. Sie sind von dem Vernehmungstermin rechtzeitig zu benachrichtigen.

§ 19. Verwerfung und Zurückweisung der Berufung durch den Vorsitzenden

(1) Der Vorsitzende der Spruchstelle kann durch einen mit Gründen versehenen Beschluß eine unzulässige oder verspätete Berufung endgültig verwerfen, nachdem er dem Antragsteller Gelegenheit zur Stellungnahme gegeben hat.

(2) Der Vorsitzende der Spruchstelle weist eine Berufung ohne mündliche Verhandlung durch Beschluß endgültig zurück, wenn die abschließende Stellungnahme des zuständigen Arztes (Landesgesundheitsführers) den erhobenen Anspruch ausschließt oder sich der Anspruch als offenbar unbegründet erweist.

§ 20. Mündliche Verhandlung

(1) Auf Grund mündlicher Verhandlung entscheidet die Spruchstelle durch Urteil.

(2) Zur mündlichen Verhandlung vor der Spruchstelle ist der Vertreter des Versorgungswerkes und der Antragsteller oder, nach Bestellung eines Vertreters, dieser angemessene Zeit vorher zu laden. Der Vorsitzende der Spruchstelle kann die Ladung von Zeugen und Sachverständigen

sowie das persönliche Erscheinen des Antragstellers anordnen. Der Antragsteller ist darauf hinzuweisen, daß eine Entscheidung auch im Falle seines Ausbleibens ergehen kann.

(3) Die mündliche Verhandlung ist nicht öffentlich, doch sind Personen zuzulassen, die ein berechtigtes Interesse an dem Verfahren glaubhaft machen.

§ 21. Entscheidung und Form des Urteils

(1) Die Spruchstelle entscheidet unter freier Würdigung aller Beweise, jedoch unter Zugrundelegung der abschließenden Stellungnahme des zuständigen Arztes (Landesgesundheitsführers) in geheimer Beratung mit Stimmenmehrheit.

(2) Das Urteil wird im Namen des Deutschen Volkes verkündet und ist mit der Verkündung rechtskräftig.

(3) Es ist mit einer Begründung schriftlich niederzulegen und vom Vorsitzenden zu unterschreiben.

§ 22. Inhalt des Urteils

(1) Das Urteil kann die Versorgungsleistungen mit Wirkung für die Zukunft auch zuungunsten des Antragstellers abändern.

(2) Werden die Versorgungsleistungen zugunsten des Antragstellers abgeändert, so sind die erhöhten Leistungen mit rückwirkender Kraft festzusetzen.

(3) Erweist sich die Sach- oder Rechtslage gegenüber der im Verwaltungsverfahren angenommenen als grundsätzlich verschieden, so kann die Spruchstelle die Sache an das Arbeitsamt zurückverweisen. Im neuen Verwaltungsverfahren ist die von der Spruchstelle begründete Rechtsauffassung zugrunde zu legen.

B. Vor der Reichsspruchstelle

§ 23. Abgabe an die Reichsspruchstelle

(1) Ist eine Rechtsfrage von besonders weittragender, grundsätzlicher Bedeutung zu entscheiden, soll insbesondere von einer amtlich veröffentlichten Entscheidung einer Spruchstelle abgewichen werden, so hat die Spruchstelle die Sache nach ausreichender tatsächlicher Aufklärung mit einer Begründung zur Verhandlung und Entscheidung an die Reichsspruchstelle abzugeben.

(2) Verneint der Präsident der Reichsspruchstelle diese Voraussetzungen, so kann er die Sache ohne vorherige Verhandlung an die Spruchstelle zurückgeben.

(3) Auf Verlangen des Reichsarbeitsministers oder des Leiters der Deutschen Arbeitsfront ist eine Sache als grundsätzlich nach Abs. zu behandeln.

§ 24. Verfahren und Urteil der Reichsspruchstelle

(1) Für das Verfahren vor der Reichsspruchstelle finden die für die Spruchstelle geltenden Vorschriften entsprechende Anwendung. Die Entscheidung ergeht jedoch nur durch Urteil. Eine Rückverweisung findet nicht statt.

(2) Der Antragsteller muß vor der Reichsspruchstelle durch einen Rechtsberater der Deutschen Arbeitsfront vertreten sein. Die Kosten dieser Vertretung trägt ohne Rücksicht auf den Ausgang des Verfahrens das Versorgungswerk.

4. Abschnitt: Besondere Vorschriften

§ 25. Grenzen der Rechtskraft

Die Rechtskraft einer Entscheidung steht der Neufestsetzung der Ansprüche für die Zukunft nicht entgegen, wenn die tatsächlichen Voraussetzungen, die der Entscheidung zugrunde lagen, unrichtig waren oder sich wesentlich verändert haben oder wenn die für die Entscheidung maßgebenden Rechtsvorschriften abgeändert worden sind.

§ 26. Veröffentlichung von Urteilen

(1) Die Spruchstellen haben Urteile von grundsätzlicher Bedeutung, die Senate der Reichsspruchstelle haben alle ihre Urteile dem Leiter der Deutschen Arbeitsfront, dem Reichsarbeitsminister und dem Präsidenten der Reichsspruchstelle vorzulegen.

(2) Der Präsident der Reichsspruchstelle hat nach Einwilligung des Leiters der Deutschen Arbeitsfront und des Reichsarbeitsministers wichtige Urteile in ihren wesentlichen Rechtsgrundsätzen in einer amtlichen Sammlung zu veröffentlichen.

(3) Nicht amtlich veröffentlichte Entscheidungen dürfen in anderen Sachen dienstlich nicht berücksichtigt werden.

(4) Der Präsident der Reichsspruchstelle kann auch die nicht veröffentlichten Entscheidungen wissenschaftlich interessierten Personen und Instituten zugänglich machen. Die Herausgabe von privaten Entscheidungssammlungen der Spruchstellen ist unzulässig.

§ 27. Verweisung

(1) Soweit in dieser Verfahrensordnung keine besonderen Vorschriften enthalten sind, finden für das Verfahren die Vorschriften der Zivilprozeßordnung entsprechende Anwendung.

(2) Das gilt insbesondere für: a) die Ausschließung von Richtern, Verwaltungsbeamten und Ärzten, b) die Wiederaufnahme des Verfahrens und die Wiedereinsetzung in den vorigen Stand, c) die Berichtigung von Schreib- und Rechenfehlern, d) die Unterbrechung des Verfahrens, e) das Recht der Verweigerung eines Zeugnisses oder Gutachtens oder der Eidesleistung.

(3) Die Durchführung der mündlichen Verhandlung, Beratung und Abstimmung bei den Spruchstellen sowie die Entschädigung der Beisitzer regelt sich entsprechend den Bestimmungen des Gerichtsverfassungsgesetzes.

§ 28. Rechtshilfe

(1) Alle Gerichte und Behörden sind verpflichtet, den mit der Durchführung des Versorgungswerkes betrauten Stellen Rechtshilfe zu leisten.

(2) Ärzte, Kranken- und Heilanstalten sowie die Finanzämter sind zur Auskunftserteilung und Vorlage der bei ihnen geführten Urkunden verpflichtet, soweit nicht gesetzliche Bestimmungen entgegenstehen.

(3) Die Kosten der Rechtshilfe trägt das Versorgungswerk.

§ 29. Kosten

(1) Das Verfahren vor den Behörden des Versorgungswerkes ist gebühren- und kostenfrei. Urkundensteuer wird nicht erhoben.

(2) Antragsteller, Zeugen und Sachverständige, die von einer Behörde oder Spruchstelle des Versorgungswerkes vorgeladen oder vernommen worden sind, erhalten auf Antrag angemessenen Ersatz ihrer baren Auslagen und Entschädigung für entgangenen Arbeitsverdienst.

(3) Der Antrag auf Kostenerstattung ist von dem Antragsteller vor der Entscheidung, von Zeugen und Sachverständigen spätestens einen Monat nach ihrer Mitwirkung im Verfahren zu stellen.

§ 30. Inkrafttreten

(1) Diese Verfahrensordnung tritt gleichzeitig mit dem Versorgungswerk in Kraft.

(2) Anhängige Verfahren sind sodann nach dieser Verfahrensordnung zu Ende zu führen. An die Stelle aller Verwaltungsbehörden und -stellen tritt das Arbeitsamt, an die Stelle aller Verwaltungsgerichte und Spruchstellen die Spruchstelle des Versorgungswerkes.

2. Begründung des Entwurfs

1. Allgemeines

a) Grundgedanken: Drei Grundforderungen waren bei der Planung einer dem Geist des Versorgungswerkes dienenden Verfahrensordnung zu beachten: Das Verfahren soll sich 1. *schnell und ohne entbehrlichen Formenballast* abwickeln; es soll 2. *richtige und lebensnahe Entscheidungen* ermöglichen und muß 3. die *Rechtssicherheit und Rechtseinheit* gewährleisten.

Deshalb wird dafür Sorge getragen, daß der Großteil der Versorgungsanträge in einem *formlosen* Verwaltungsverfahren vor dem Arbeitsamt bearbeitet und durch Feststellung der Ansprüche entschieden wird. Gegen den Bescheid des Arbeitsamtes ist das Rechtsmittel des Einspruches vorgesehen. Wo eine begründete Einspruchsentscheidung des Landesarbeitsamtes dem Versorgungsberechtigten noch nicht genügt, soll er zwar mit der Berufung eine Spruchstelle anrufen können, die in der Entscheidung des Einzelfalles nur dem Gesetz unterworfen ist, aber dieses Gericht entscheidet dann in jedem Falle endgültig, ohne daß weitere Instanzen eingreifen könnten.

Die *Lebensnähe* der Entscheidungen wird in erster Linie durch die Zusammensetzung der Spruchstelle gewährleistet sein, da in ihr nur Sachkundige mitwirken und auf die Zuziehung von Richtern, die außerhalb der Materie stehen, verzichtet werden soll. Die Spruchstelle soll von der bisherigen, praktischen Bindung an unübersehbare Präjudizien frei sein, sie soll sich auch nicht mit ihrer eigenen Verantwortung hinter solche Vorentscheidungen zurückziehen können. Es wird dafür Sorge getragen, und hierin liegt nicht zuletzt eine Neuerung des Verfahrens, daß alle maßgebenden Entscheidungen für die künftige Rechtsprechung ausgewertet werden, ohne daß ein hemmungsloser Präjudizienkult möglich bleibt. – Die *richtige Beurteilung* des Einzelfalles wird dadurch gewährleistet, daß jede mit einem Versorgungsanspruch befaßte Stelle, sei es das Arbeitsamt oder die Spruchstelle, von Amts wegen den wirklichen Sachverhalt ermitteln muß, nicht auf die Angaben und Beweismittel des Antragstellers beschränkt bleibt und alle Wege, die zur Ermittlung der tatsächlichen Lage dienen können, von sich aus beschreiten muß.

Das Vertrauen auf die *Rechtssicherheit* wird dadurch gestützt, daß jede wesentliche Frage zur Entscheidung vor die Spruchstelle gebracht werden kann, wo der Sachverhalt außerhalb des normalen Behördenbetriebes individuell unter Mitwirkung und Anhörung des Antragstellers klargestellt, erörtert und entschieden wird. – Die *objektive* Rechtssicherheit, die Erhaltung einer einheitlichen Rechtsprechung aber wird durch die Einrichtung einer Reichsspruchstelle gewährleistet, die allerdings nicht von einem Antragsteller angerufen werden kann, weil es sich hier nur um die höheren Interessen der Rechtseinheit handelt und die auch keine zusätzliche Instanz darstellt. Die Einrichtung einer nur in grundsätzlichen Fragen einzuschaltenden Reichsspruchstelle bietet zugleich neuartige Möglichkeiten, das Versorgungsrecht fortzubilden, wozu bald die Veröffentlichung der von der Reichsspruchstelle ermittelten Rechtsgrundsätze, bald die Verwertung dieser Rechtsprechung in verbindlichen Richtlinien oder Verordnungen des Reichsarbeitsministers beitragen kann.

b) Die Organisation des Versorgungswerks: Das Versorgungswerk vermeidet die Bildung eines neuen Behördenapparates. Während das neue Gesetz die zahlreichen Stellen der bisherigen Sozialversicherung beseitigt, bedient es sich selbst der bestehenden *Organisation der Arbeitseinsatzbehörden*, denen aber dadurch ein neuer Aufgabenkreis gegeben wird, nachdem bereits die Verbindung der Reichstreuhänder der Arbeit mit diesen Behörden in die Wege geleitet ist. Da der Versorgungsanspruch sich in Zukunft gegen den Staat richtet, sind die Arbeitsämter die unmittelbar zur Durchführung dieses Anspruches berufene Behörde. Durch die Verbindung des Versorgungswerkes mit der Arbeitseinsatzbehörde ergeben sich auch praktische Vereinfachungen; insbesondere kann ein „Staatsrentnertum“ dadurch wirksam bekämpft werden. Eine allzu starke

Ausweitung der einzelnen Arbeits- und Landesarbeitsämter ist nicht zu befürchten, da die Feststellung des Versorgungsanspruches im Regelfall einfach sein wird und keinen besonderen Aufwand erfordert, während andererseits die Fülle von Zuständigkeits- und Verrechnungsstreitigkeiten fortfallen wird.

Das *Arbeitsamt* ist zuständig für die Annahme und Bearbeitung eines Antrages auf Versorgung, für die Feststellung und Durchführung des Versorgungsanspruches. Es nimmt einen etwaigen Einspruch gegen den von ihm erlassenen Versorgungsbescheid entgegen und gibt ihn, wenn es dem Einspruch nicht selbst vollständig abhelfen will, an das *Landesarbeitsamt* als Einspruchsinstanz weiter.

Beim Landesarbeitsamt wird auch die *Spruchstelle* des Versorgungswerkes eingerichtet, wobei möglicherweise eine Spruchstelle für mehrere Landesarbeitsämter genügt. Diese Spruchstellen sind zur richterlichen Entscheidung berufen, wenn sie auf Grund einer Berufung gegen Einspruchsentscheidungen des Landesarbeitsamtes angegangen werden. Außerdem haben sie über eine etwaige Aberkennung des Versorgungsanspruches zu entscheiden.

Die *Reichsspruchstelle* bildet keine Instanz im bisherigen Sinne über den Spruchstellen. Sie stellt einen „großen Senat" aller deutschen Spruchstellen dar, der nicht über ihnen, sondern an ihrer Stelle entscheidet. Daher tritt durch die Abgabe einer Sache an die Reichsspruchstelle kein Wechsel der Instanz ein.

Arbeitsamt und Landesarbeitsamt werden ihrer Behördenorganisation entsprechend tätig. Es entscheidet also der Vorsitzende oder Präsident oder der von ihm allgemein oder im Einzelfall mit der Bearbeitung betraute Mitarbeiter. Die Spruchstelle dagegen tritt in der von der Verfahrensordnung festgelegten Zusammensetzung zusammen. Es wirken mit: der Vorsitzende und zwei wechselnde Beisitzer, die sämtlich auf Vorschlag des Leiters der DAF auf Zeit ernannt werden.

Die Beisitzer werden zweckmäßigerweise aus der Organisation der DAF entnommen. Durch eine nur auf Zeit erfolgende Ernennung soll Sorge dafür getragen werden, daß der Vorsitzende und die Beisitzer der Spruchstellen neben dieser Tätigkeit oder nach einem längeren Zeitabschnitt solcher Tätigkeit auch wieder in der Praxis des Versorgungs- und Arbeitseinsatzwesens tätig sein können. Sie sollen deshalb, solange sie hauptamtlich Mitglieder einer Spruchstelle sind, von der Behörde oder Organisation, von der sie kommen, nur beurlaubt werden.

Während im Verwaltungsverfahren die höhere Behörde bindende Anweisungen geben kann, wie der einzelne Fall zu behandeln und entscheiden ist, sind Vorsitzende und Beisitzer der Spruchstellen nur dem Gesetz unterworfen, also in dieser Stellung *unabhängige Richter*. Niemand ist befugt, ihnen Anweisungen zur Entscheidung des einzelnen Falles zu geben, solange nicht Gesetz und Verordnungen zu diesem Zweck ergehen. Kein Mitglied der Spruchstelle dürfte auch solchen Anweisungen Folge leisten, wenn sie seiner Auffassung vom geltenden Recht widersprechen. – Selbstverständlich unterstehen auch die Mitglieder der Spruchstelle einer *Dienstaufsicht* der ihnen vorgesetzten Behörde; diese kann insbesondere bei Verzögerung der Bearbeitung oder ungenügender Vorbereitung und Durchführung des Verfahrens eingreifen.

c) Das Verfahren im allgemeinen: Grundsätzlich soll der Versorgungsanspruch durch ein *verwaltungsmäßiges Feststellungsverfahren* vor dem Arbeitsamt geklärt werden. Dieses Verfahren erhält seinen Anstoß durch einen Antrag des Versorgungsberechtigten, der jedenfalls in der Altersversorgung mehrere Monate vor der Fälligkeit des Anspruches schriftlich nach Formular zu stellen ist. Dem Antrag muß das Arbeitsbuch und demnächst das Steuerbuch beigefügt werden. Für die Übergangszeit bis zur allgemeinen Einführung eines Steuerbuches muß das Finanzamt entsprechende Bescheinigungen ausstellen. Zunächst soll die Rechtsberatungsstelle der DAF angerufen werden, damit sie bei der Stellung eines geeigneten Antrages mitwirken kann. Das Arbeitsamt hat sodann den *Sachverhalt klarzustellen*, was normalerweise auf Grund der behördlichen Eintragungen im Arbeits- und Steuerbuch keine Mühe machen wird. Wenn jedoch Bedenken bestehen, muß das Arbeitsamt von sich aus alle geeigneten Mittel anwenden, Auskünfte einziehen und Gutachten einholen, die zur Klarstellung des Anspruches dienen können; es kann insbesondere den Antragsteller persönlich vorladen und von ihm weitere schriftliche Auskünfte verlangen. Unterläßt der Antragsteller hartnäckig seine Mitwirkung, so kann sein Versorgungsantrag abgewiesen werden, so daß er – mindestens vorübergehend – keine Versorgung erhält. Auch Zeugen und Sachverständige können vernommen werden, doch muß das Arbeitsamt, wenn es die Auskunft nicht freiwillig erhält oder wenn die Beeidigung erforderlich erscheint, die Rechtshilfe des für den Zeugen oder Sachverständigen zuständigen Amts- oder Wehrmachts-Gerichtes in Anspruch nehmen.

Um den Mißbrauch des Versorgungswerkes durch asoziale Elemente auszuschließen, hat das Arbeitsamt auch zu prüfen, ob Anlaß zu einer *Aberkennung des Versorgungsanspruches* besteht. Zu diesem Zweck hat es in jedem Fall eine formlose Auskunft des Strafregisters einzuholen. Ergibt sich aus ihr oder aus anderen Anhaltspunkten der Verdacht, daß ein Grund zur Aberkennung des Versorgungsanspruches besteht, so hat das Arbeitsamt den Antrag mit den Unterlagen von sich aus der Spruchstelle vorzulegen, die in geordnetem Verfahren entweder den Anspruch aberkennt, womit zugleich der Antrag des Anspruchstellers als abgelehnt gilt, oder das Arbeitsamt anweist, von den erhobenen Bedenken Abstand zu nehmen, worauf dann der Antrag nach den allgemeinen Regeln behandelt wird.

Lehnt das Arbeitsamt die Zubilligung der Versorgung nicht wegen Fehlens grundlegender Voraussetzungen, z.B. weil der Antragsteller kein Reichsangehöriger ist, ab, so hat es ihn nach Höhe und Anfangstermin festzusetzen. Dabei wird im allgemeinen eine nur formularmäßige *Begründung* ausreichen, aus der sich ergibt, wie die Versorgung errechnet worden ist. Soweit sich allerdings der Antrag selbst nicht auf die allgemein erforderlichen Angaben beschränkt, besonders wo zusätzliche Ansprüche erhoben werden, ist eine kurze Begründung am Platze, wenn dem Anspruch nicht stattgegeben wird. Der Feststellungsbescheid ist aber in jedem Falle als formell ausreichend anzusehen, wenn er erkennen läßt, wie der Anspruch berechnet worden oder aus welchem Grunde er vollständig abgelehnt worden ist. Er muß den Hinweis auf Einspruchsrecht und -frist enthalten.

Den *Einspruch* gegen den Feststellungsbescheid kann der Anspruchsteller, der höhere Forderungen erheben will, in schriftlicher Form bei dem Arbeitsamt einlegen. Dabei muß er die Gründe seines Einspruches klarlegen und angeben, inwiefern er eine Abänderung des Feststellungsbescheides wünscht. Aus praktischen Gründen soll zur Wahrung aller Fristen die Einreichung von Anträgen und Rechtsmitteln bei einer deutschen Behörde oder einer Rechtsberatungsstelle der DAF genügen. Das Arbeitsamt ist nicht gezwungen, diesen Einspruch sogleich dem zur Entscheidung berufenen Landesarbeitsamt weiterzugeben, sondern es kann von sich aus den Einspruch prüfen und entweder die Versorgung dem Einspruch entsprechend neu festsetzen oder den Antragsteller vorladen und darüber belehren, weshalb es seinem Einspruch nicht stattgeben will. Spätestens innerhalb von 2 Wochen nach Eingang des Einspruches bei ihm muß aber das Arbeitsamt die Sache an das Landesarbeitsamt abgegeben haben. Dieses kann sich auf die sachlichen Ermittlungen des Arbeitsamtes verlassen, es kann aber auch von sich aus erneut Auskünfte einholen, Zeugen und Sachverständige vernehmen oder vernehmen lassen und insbesondere den Antragsteller persönlich hören. Eine Verpflichtung zum persönlichen Gehör ist aber weder für das Arbeitsamt noch für das Landesarbeitsamt aufzustellen, da solches Gehör bei der großen Zahl der zu behandelnden Anträge in den meisten Fällen zu einer bloßen Formsache werden würde.

Die *Entscheidung des Landesarbeitsamtes* ist tatsächlich und rechtlich zu begründen. Auch in ihr muß darauf hingewiesen werden, daß gegen die Entscheidung die fristgemäße Berufung an die Spruchstelle zulässig ist.

Der Weg zur Entscheidung durch die *Spruchstelle* führt daher durch mehrere Sperren: Wer sich mit der Feststellung durch das Arbeitsamt nicht begnügt, kann einen begründeten Einspruch erheben und wird in geeigneten Fällen durch das Arbeitsamt über die Rechtslage belehrt. Danach kann sich der Antragsteller an Hand der ihm gegebenen Begründung erneut darüber klar werden, ob er den Einspruch weiter verfolgen will. Schreib- und Rechenfehler können jetzt noch formlos berichtigt werden. Erfahrungsgemäß werden an dieser Stelle sehr viele Einsprüche zur Erledigung kommen. Besonders wird es hier die Aufgabe der Rechtsberatungsstellen der DAF sein, den Antragsteller zur Zurücknahme aussichtsloser Anträge zu veranlassen. Behandelt das Landesarbeitsamt den Einspruch, so werden von ihm im Regelfall alle tatsächlichen und rechtlichen Fragen eingehend geprüft werden. Erst nach einer Entscheidung dieser Stelle ist dann der Weg zur der Spruchstelle offen.

d) Das Spruchverfahren: Es könnte zweifelhaft erscheinen, ob das Verfahren des Versorgungswerkes eine besondere, mit unabhängigen Richtern besetzte Spruchinstanz nötig hat. Man könnte daran denken, lediglich eine formlose oder formelle *Beschwerde an die Zentralinstanz*, den Reichsarbeitsminister, zuzulassen. Aber das wäre schon praktisch unmöglich. Es würde sich dann eine ungehemmte Flut von Beschwerden an eine einzige Stelle ergießen, die sachlich zu bearbeiten überhaupt nicht möglich wäre. Würde man aber alle diese Beschwerdeführer oder einen Teil davon ohne sachlich begründeten Bescheid lassen, so würde damit das Vertrauen zum Versorgungswerk stark erschüttert werden. Gewiß kann man nirgends die formlose Dienstaufsichtsbeschwerde ausschließen, aber durch die Einrichtung einer Spruchstelle schaltet man alle Verfahren, die vor diese Stelle gebracht werden könnten, von der sachlichen Nachprüfung durch die Zentralinstanz aus. Man könnte auch an eine formelle Beschwerde denken, die in bestimmten Formen zu behandeln wäre, und der an das Landesarbeitsamt zu richtende „Einspruch" stellt eine solche Beschwerde dar. Es müßte wenigstens in wichtigen Fragen eine weitere Beschwerde an die höchste Instanz geben.

Gegen die Verwaltungsgerichtsbarkeit sind zwar in den letzten Jahren gewisse Angriffe erhoben worden. Daß der nationalsozialistische Führerstaat jedoch diese Art der Gerichtsbarkeit nicht als wesensfremd ansieht, ist vor kurzer Zeit wieder durch den Reichsminister des Innern betont worden. Dagegen spricht auch nicht die durch den Krieg bedingte Einschränkung der Verwaltungsgerichtsbarkeit auf einigen Gebieten und das Fehlen einer solchen bei den Arbeitseinsatzbestimmungen der Kriegs- und letzten Vorkriegszeit, nach denen die Dienstverpflichtung der Einberufung zum Wehrdienst entsprechend behandelt wird.

Würde aber der Staat in dem Versorgungsverfahren den Anspruch gegen sich selbst nur durch seine Behörden endgültig festsetzen, so bliebe die Zubilligung letzten Endes doch weithin eine Ermessenssache. Die Staatsautorität erleidet auch keine Schwächung, wenn die Entscheidung eines unteren Beamten richterlich nachgeprüft wird.

Daß bei der Fülle der Anträge Bearbeitungsfehler vorkommen können, ist nur zu natürlich; die Möglichkeit einer richterlichen Nachprüfung zwingt zur sorgfältigeren Behandlung aller Sachen. Es wäre zwar ohne große Bedeutung, ob ein einzelner Volksgenosse eine geringere Versorgung erhält, als ihm zusteht, aber die von einer Fehlbehandlung ausgehende Erschütterung des Vertrauens zum Versorgungswerk und die damit verbundene Störung der Volksordnung müssen vermieden werden. Schließlich darf das Versorgungswerk die Versorgungsberechtigten auch formell nicht schlechter stellen, als sie bisher standen; die bisherigen Versicherungs- und Versorgungsgesetze geben aber in aller Regel einen verwaltungsgerichtlichen Schutz.

Aus diesen und anderen Gründen sieht daher das Verfahren des Versorgungswerkes die Möglichkeit vor, gegen Einspruchsentscheidungen der Landesarbeitsämter die *Berufung an die Spruchstelle* einzulegen. Eine Doppelung des Weges in Beschwerde und Berufung ist überflüssig: Das verwaltungsmäßige Verfahren ist mit der Entscheidung durch das Landesarbeitsamt abgeschlossen, die weitere Prüfung ist nur noch im richterlichen Verfahren möglich. Wenn die Sozialversicherung daneben noch eine Beschwerde kennt, so deshalb, weil sie auf diesem Wege Beitragsfragen und Ordnungsstrafen behandeln will, von denen das Versorgungswerk entlastet ist.

Das Spruchverfahren soll die Möglichkeit des rechtlichen Gehörs des Antragstellers geben; die Spruchstelle soll sich von dem individuellen Falle ein klares Bild machen; sie soll auch nicht in einer Überfülle von Sachen ersticken. Deshalb müssen die Spruchstellen dezentralisiert und vorerst *den Landesarbeitsämtern räumlich angeschlossen* werden, ähnlich wie es die Reichsabgabenordnung für ihren Bereich gestaltet.

Um aber die Forderung nach einer für das ganze Reich einheitlichen Rechtsprechung erfüllen zu können, wird eine Zusammenfassung aller Spruchstellen in einem zentral gebildeten „großen Senat", der „*Reichsspruchstelle*", vorgesehen. Diese Reichsspruchstelle ist keine besondere Instanz; es gibt kein Rechtsmittel gegen Entscheidungen der einzelnen Spruchstellen, kein Antragsteller kann im privaten Interesse eine Sache vor die Reichsspruchstelle bringen. Dort aber, wo es im Interesse der Ausbildung einer einheitlichen Rechtsprechung erforderlich erscheint, also wo es die Spruchstelle aus grundsätzlichen Erwägungen für notwendig hält, besonders wo sie von einer ihr bekannt gewordenen, wesentlichen Entscheidung einer anderen Spruchstelle oder gar einer amtlich veröffentlichten Entscheidung abweichen will, muß sie die Sache nach Aufklärung des Sachverhaltes mit entsprechender Begründung an die Reichsspruchstelle abgeben. Auch der Reichsarbeitminister und der Leiter der DAF können die Abgaben an die Reichsspruchstelle veranlassen. Der Präsident der Reichsspruchstelle, seine Vertreter in den Senaten und die Beisitzer, von denen jeweils zwei rechtskundig sein müssen, werden vom Führer auf Grund einer im Zusammenwirken von Partei und Staat gebildeten Vorschlagsliste benannt, und zwar gleichfalls nur auf Zeit.

Außer dem oben angegebenen Verwaltungsverfahren, das den Anspruchsteller zwingt, zunächst das Landesarbeitsamt mit dem Einspruch anzurufen, sind keine weiteren Sperren vor den Zugang zum Spruchverfahren gesetzt worden. Es empfiehlt sich nicht, nach dem Aufzählungsprinzip nur in bestimmten Rechtsfragen den Rechtsweg zuzulassen, weil auch in abseits liegenden Rechtsgebieten grundsätzliche Zweifel der Gesetzesauslegung auftreten können. Eine Begrenzung nach dem Wert des streitigen Anspruches, etwa ein Ausschluß für Ansprüche von unter 5 RM monatlich oder von weniger als 5 v.H. der beanspruchten Versorgung kommt schon deshalb nicht in Betracht, weil das Spruchverfahren weniger dem individuellen Interesse des einzelnen als der Stärkung der Volksordnung dient und daher das sachliche Gewicht der Rechtsfragen, nicht ihre geldliche Auswirkung im Einzelfall entscheidend sein müssen. Außerdem werden aussichtslose Anträge schon infolge der Aufklärungsarbeit der Rechtsberatungsstellen der DAF selten vor die Spruchstellen gelangen. Deshalb ist es besser, die Berufung an die Spruchstellen unbegrenzt zuzulassen, aber dem Vorsitzenden das Recht auf Zurückweisung der Berufung ohne mündliche Verhandlung überall dort zu geben, wo die Berufung offenbar unbegründet ist. Auch im Spruchverfahren werden weder Gebühren erhoben noch wird Kostenerstattung verlangt. Im Gegenteil übernimmt das Versorgungswerk alle dem Antragsteller erwachsenen, notwendigen Auslagen. Das *Verfahren vor der Spruchstelle* wird sich, mag es sich auch in Einzelheiten anders gestalten, im wesentlichen den im Zivil- und Strafprozeß und in der sonstigen Verwaltungsgerichtsbarkeit bewährten Methoden anpassen müssen. Hier handelt es sich darum, möglichst praktisch, schnell und sicher zu einer richtigen Entscheidung zu gelangen. So wird aus rein praktischen Gründen ein *Vertreter des Versorgungswerkes* auftreten müssen, ähnlich wie in Streitigkeiten gegen den Fiskus dieser sich ordnungsmäßig vertreten läßt. Das Versorgungswerk muß auch vor der Spruchstelle Anerkenntnisse abgeben und Vergleiche schließen können, wenn sich die Sache nicht zur weiteren Durchführung eignet oder sich ein Fehler der Verwaltungsbehörden herausstellt. So vollzieht sich vor der Spruchstelle ein Zwei-Parteien-Verfahren, wobei der Staat oder das Versorgungswerk durchaus nicht in eine unangemessene Stellung gedrängt werden müssen, wie das Beispiel des Strafprozesses zeigt.

Wo die Berufung nicht durch Beschluß als offenbar unbegründet zurückgewiesen wird, muß eine *mündliche Verhandlung* obligatorisch sein. Nur in ihr kann der Sachverhalt konzentriert geklärt und mit den Beteiligten erörtert werden, nur durch sie erhält der Antragsteller die Überzeugung, daß alles, was er vorträgt, auch bei der Entscheidung beachtet wird. Dagegen braucht die *Öffentlichkeit* nur eine beschränkte zu sein: Nur wer ein besonderes Interesse an dem Verfahren glaubhaft macht, ist zugelassen. Eine *Vertretung des Anspruchstellers* wird bei seiner Abwesenheit, aber auch sonst in schwierigen Verfahren meist geboten sein. Dabei sollen nur die Rechtsberater der DAF oder im Einzelfall nähere Angehörige auftreten dürfen. Tritt kein Rechtsberater der DAF auf, so kann die DAF als solche ein sozialpolitisches Interesse daran haben, im Verfahren grundsätzliche, volksgemeinschaftliche Gesichtspunkte vorzubringen. Vor der Reichsspruchstelle ist die Vertretung durch einen Rechtsberater der DAF zwingend vorgeschrieben. Es muß dafür Vorsorge getroffen werden, daß auch Nichtmitglieder der DAF diese Vertretung erhalten können.

Die erschöpfende *Klärung des Sachverhalts* wird der Spruchstelle dadurch erleichtert, daß schon die Verwaltungsinstanzen, das Arbeitsamt und Landesarbeitsamt die Pflicht zur völligen Sachaufklärung hatten. Auch vor der mündlichen Verhandlung kann die Spruchstelle weitere Zeugen und Sachverständige vernehmen und sonstige Beweise erheben, wobei sie sich der Rechtshilfe der Gerichte bedienen kann, aber nicht muß. In der Verhandlung vernimmt und beeidigt sie Zeugen und Sachverständige selbst.

Die *Entscheidung der Spruchstelle* muß mit Stimmenmehrheit gefällt werden. Es läge zwar nahe, dem Vorsitzenden *allein* die Entscheidung zu geben und damit das Führerprinzip und die klare Verantwortung für den Spruch nach außen auch im richterlichen Verfahren durchzusetzen. Diese Frage kann aber nicht gut isoliert für das Versorgungswerk gelöst werden, denn sie findet sich in gleicher Bedeutung bei jeder anderen Art von Gerichtsbarkeit, müßte also auch einheitlich für alle Verfahrensarten geregelt werden. Auch wird der Einfluß der Beisitzer sonst allzu stark eingeengt.

Um zu vermeiden, daß die Verhandlung vor der Spruchstelle in unangemessener Weise mit Auseinandersetzungen der ärztlichen Gutachter belastet wird, über die dann zu entscheiden den Richtern der Spruchstelle doch die Sachkunde fehlt, ist bestimmt worden, daß die Spruchstelle an die abschließende Stellungnahme des zuständigen Arztes (Landesgesundheitsführers) gebunden ist. Zwar soll dem Antragsteller Gelegenheit gegeben werden, seine Ansicht zu dieser Frage vorzutragen. Entscheidend aber bleibt die abschließende Erklärung des zuständigen Arztes, die nach Kenntnisnahme und Prüfung alles vorgetragenen Materials auszusprechen ist, übrigens im Regelfall schon vor der Anberaumung der mündlichen Verhandlung vorliegen soll.

Dagegen ist davon Abstand genommen worden, die Spruchstelle in ihrer Entscheidung an weitere Erklärungen anderer Stellen zu binden. Die Prüfung, ob ein bestimmter Arbeitsplatz noch zumutbar ist, oder die Prüfung der vorgelegten Unterlagen über die Einkommenshöhe muß der Spruchstelle, die insofern durchaus sachkundig sein kann und muß, vorbehalten bleiben. Das Arbeitsamt muß bei der Prüfung der Zumutbarkeit eines Arbeitsplatzes in starkem Maße die Interessen der Volksgemeinschaft an der Besetzung dieses Platzes vertreten. Es ist leicht möglich, daß bei solchen Überlegungen zeitlich und örtlich starke Verschiedenheiten eintreten, die nur durch eine individuelle Prüfung des Einzelfalles vor der Spruchstelle gleichgerichtet werden können. Auch die Mitteilungen des Finanzamtes über die Einkommenshöhe dürfen nicht schlechthin bindend sein, weil, solange noch kein allgemeines Steuerbuch geführt wird, auch andere Beweismittel von der Spruchstelle beachtet werden müssen. Das schließt aber nicht aus, daß bei einer Überlastung der Spruchstellen mit Fragen des Arbeiseinsatzes und der Prüfung der Einkommenshöhe die Berufung zeitweilig für diese Fragen ausgeschlossen wird.

Wie jeder Bescheid des Arbeits- oder Landesarbeitsamtes *„rechtskräftig“* wird, sobald die Frist zur Einlegung des Einspruches oder der Berufung verstrichen ist, so ist jede Entscheidung der Spruchstelle oder Reichsspruchstelle mit der Verkündung unabänderlich, weil es dagegen niemals ein Rechtsmittel gibt. Die Möglichkeit einer eventuellen Wiederaufnahme des Verfahrens, die sich nach allgemeinen Regeln richtet, bleibt dabei außer Betracht. Die materielle Rechtskraft der Entscheidung ist aber sinngemäß *beschränkter* als bei einem rechtskräftigen Zivil- oder Strafurteil. Sie stellt nur die Versorgung fest, auf die der Antragsteller im Zeitpunkt der Entscheidung Anspruch hat. Ändern sich also die sachlichen Voraussetzungen, wird der Arbeitseinsatzunfähige wieder einsatzfähig oder nimmt der Volksgenosse, dem Altersruhegeld zuerkannt war, wieder eine Tätigkeit auf, so kann er sich selbstverständlich nicht mehr auf die zu seinen Gunsten ergangene Entscheidung berufen. Aber auch bei Änderung der Rechtslage, also wenn der Reichsarbeitsminister neue Ausführungsverordnungen oder, was dasselbe ist, *bindende* Richtlinien erläßt, kann die Versorgungsleistung zugunsten und zuungunsten des Versorgungsberechtigten neu festgesetzt werden. Es besteht kein Anlaß, denjenigen besser zu behandeln, der seinen Anspruch vor der Spruchstelle durchgesetzt hat, als denjenigen, der sich mit der ursprünglichen Feststellung durch das Arbeitsamt zufrieden gegeben hat. So wird auch erreicht, daß dann, wenn gerade diese Entscheidung Anlaß zu einer Rechtsänderung gibt, das geänderte Recht trotz der vorherigen, „rechtskräftigen“ Entscheidung der Spruchstelle auch im streitigen Einzelfall für die Zukunft noch durchgesetzt wird.

e) Rechtspolitische Auswertung der Entscheidungen. Seit langem besteht Unzufriedenheit mit dem *Präjudizienkult*, der sich in manchen Teilen der Rechtsprechung entwickelt hat. Zahllose Entscheidungen werden jährlich veröffentlicht und sollen von den Gerichten beachtet werden. Es ist nicht zu verkennen, daß ganz abgesehen vom Wert der einzelnen Entscheidung auch die Bedeutung der in diesen Entscheidungen behandelten Fragen in keinem Verhältnis zu der Zahl der Veröffentlichungen steht und zu dem Raum, den sie beanspruchen. Es ist auch unerwünscht, daß durch die Überfülle der Entscheidungen eine rechte Übersicht über die Rechtsprechung kaum dem Spezialisten verbleibt, so daß z.B. das Recht der Sozialversicherung mehr und mehr zu einer Geheimwissenschaft geworden ist. Schließlich pflegt sich die untere Instanz oder die betroffene Verwaltungsbehörde mehr oder weniger bedenkenlos der Entscheidung des höheren Gerichtes anzupassen, so daß jede weniger gelungene Entscheidung weitgehende Folgen für die Praxis erhalten kann.

Hier soll eine grundsätzliche Änderung versucht werden. Die private *Veröffentlichung von Entscheidungen* der Spruchstellen ist weitgehend zu unterbinden. Jeder Vorsitzende einer Spruchstelle hat die Entscheidungen, die eine über den Einzelfall hinausgehende Bedeutung haben, dem Leiter der DAF, dem Reichsarbeitsminister und dem Präsidenten der Reichsspruchstelle einzureichen, welche gemeinsam die Aufgabe haben, das Wesentliche auszusondern und zu bearbeiten. Selbstverständlich gelangen sämtliche Entscheidungen der Reichsspruchstelle an diese Stellen. Das Ergebnis der Prüfung kann nun ein mehrfaches sein: Entweder stellt sich die Entscheidung als grundsätzlich belanglos heraus, dann bleibt ihre Wirkung auf den Einzelfall beschränkt, sie gelangt nicht in das Licht der Öffentlichkeit. Oder die grundsätzliche Bedeutung der Entscheidung ist nicht zu verkennen, dann muß der Präsident der Reichsspruchstelle sie in eine „amtliche Sammlung“ aufnehmen, die nun aber nicht umfangreiche Tatbestände und Nebenfragen enthält, sondern das Ergebnis des Rechtsspruches in klarer, durchgearbeiteter Fassung bieten soll. Erscheint aber das Ergebnis der – an sich grundsätzlichen – Entscheidung unerwünscht, so wird die Entscheidung Anlaß zu einer Änderung der geltenden Durchführungsverordnungen oder Richtlinien geben. Dann wird sie nicht veröffentlicht, sondern dient als Material für die Gesetzgebung, so daß auch keine Gefahr besteht, daß sie sich nach Änderung des Gesetzes noch ungünstig auswirkt. Selbstverständlich bleibt die Möglichkeit, bei ungeklärter Lage Entscheidungen voreret zurückzuhalten, bis die notwendige Sammlung aller Gesichtspunkte vollzogen ist. Stimmt entweder der Leiter der DAF oder der Reichsarbeitsminister der Veröffentlichung eines Urteils nicht zu, so hat sie zu unterbleiben.

Erhalten auf diese Weise die in ihren Ergebnissen veröffentlichten Entscheidungen, deren Zahl nicht mehr mit der bisherigen Flut zu vergleichen sein wird, erhöhtes Gewicht, so stellen sie doch *kein bindendes Recht* dar. Der Rechtsentwicklung durch die Rechtsprechung soll kein Hemmschuh angelegt werden. Nur liegt es nahe, daß jede Spruchstelle, die von einer veröffentlichten Entscheidung abweichen will, die Sache an die Reichsspruchstelle abgeben muß, womit die Einheit der Rechtsprechung erneut gesichert wird. – Alle unveröffentlichten Urteile bleiben in ihrer Wirkung auf den Einzelfall beschränkt. Trotzdem erhalten sie oft wertvolles Material für die Rechtserkenntnis und Rechtsfortbildung. Es ist daher nichts dagegen einzuwenden, wenn wissenschaftlich interessierte Personen und Institute in gleichem Umfange, in dem ihnen etwa heute die Reichsgerichtsentscheidungen, die nicht zur Veröffentlichung bestimmt sind, zugänglich gemacht werden, auch weiterhin Kenntnis vom Inhalt unveröffentlichter Entscheidungen erhalten. Bei der Verarbeitung muß dann aber die erforderliche Zurückhaltung angewandt werden. Die dienstliche Verwendung nicht veröffentlichter Entscheidungen muß jedenfalls ausgeschlossen bleiben.

2. Einzelne Bestimmungen

§ 1. Versorgungsansprüche gehören nur vor die Arbeits- und Landesarbeitsämter und die Spruchstellen. Wird ein anderes Gericht, etwa im Unterhaltsprozeß nach bürgerlichem Recht, mit einer Frage aus dem Versorgungsrecht befaßt, so muß es sein Verfahren bis zur Entscheidung im Versorgungsverfahren aussetzen. Andererseits sind die Behörden des Versorgungswerkes an Entscheidungen anderer Gerichte im allgemeinen nicht gebunden; das gilt auch für eine etwaige Aberkennung des Anspruches, bei der meist, aber nicht notwendig der Inhalt von Strafakten der Entscheidung der Spruchstelle zugrunde gelegt wird.

§ 2. Arbeits- und Landesarbeitsämter werden im Rahmen der bestehenden Behördenorganisation tätig. Ob aus Zweckmäßigkeitsgründen eine getrennte Abteilung für das Versorgungswerk innerhalb der einzelnen Behörden zu schaffen ist, läßt die Verfahrensordnung offen. Im Verwaltungsverfahren hat jeder Sachbearbeiter den Weisungen seines Dienstvorgesetzten, insbesondere des Reichsarbeitsministers, auch in der sachlichen Entscheidung des Einzelfalles Folge zu leisten. Die Mitglieder der Spruchstellen sind dagegen nur den geltenden Gesetzen, Verordnungen und allgemein bindenden Richtlinien unterworfen.

§ 3 Abs. 1 und 3: Hat der Antragsteller keinen Wohnsitz im Inland, so ist die Zuständigkeit nach Abs. 3 durch den Reichsarbeitsminister zu bestimmen, der auch für Gruppen von Antragstellern, z.B. versorgungsberechtigte Auslandsdeutsche, ein einzelnes Arbeitsamt allgemein für zuständig erklären kann.

Abs. 2 betrifft Fälle, in denen die Witwe und mehrere Waisen, die dauernd getrennt voneinander, z.B. bei Großeltern, Vormündern, Angehörigen oder Pflegeeltern wohnen, beim Tode des Ehemannes und Vaters getrennte Anträge stellen.

§ 4 Abs. 1 und 4: Zur Feststellung, ob eine Aberkennung des Versorgungsanspruches in Frage kommt, hat das Arbeitsamt in jedem Falle formlos eine Auskunft des Strafregisters einzuziehen. Länger zurückliegende Strafen und leichtere Vergehen geben keinen Anlaß, die Frage der Aberkennung zu prüfen. Zur Entscheidung über die Aberkennung ist allein die Spruchstelle berufen (Abs. 4); in allen zweifelhaften Fällen hat daher das Arbeitsamt von Amts wegen den Antrag der Spruchstelle vorzulegen. – Wegen des Nichteinsatzes der Arbeitskraft zum Nutzen des Volkes (§ 7 Abs. 1 und § 27 des Gesetzentwurfes) kann gleichfalls der Versorgungsanspruch aberkannt werden, wenn der Antragsteller zumutbare Arbeit hartnäckig verweigert hat, was aus den

Akten des Arbeitsamtes selbst entnommen werden kann. – Wird erst im weiteren Verlauf des Verfahrens zweifelhaft, ob eine Aberkennung erfolgen muß, so ist der Antrag sogleich der Spruchstelle vorzulegen.

Abs. 2 und 3: Eine Sprung-Berufung unmittelbar gegen den Bescheid des Arbeitsamtes ist nicht vorgesehen, obwohl sie bei reinen Rechtsfagen praktisch sein könnte. Hier muß das Interesse des Landesarbeitsamtes an der regelmäßigen Einschaltung in allen Fragen den Vorrang haben.

§ 5 Abs. 1: Es ist nicht notwendig, daß bei jedem Landesarbeitsamt eine Spruchstelle gebildet wird. Maßgebend muß sein, daß eine bestimmte Mindestzahl von Anträgen regelmäßig zu bearbeiten ist, damit sich eine sichere, nicht auf Einzelfragen beschränkte Rechtsprechung bilden kann. Andererseits ist dabei zu berücksichtigen, daß allen Beteiligten keine unbillige Zeitversäumnis zugemutet werden darf und eine zu starke Zentralisierung kostspielige Reisen der Beteiligten erfordert.

Abs. 2: Sämtliche Mitglieder, der Vorsitzende, dem insbesondere auch die Vorbereitung der mündlichen Verhandlung und die Absetzung der Urteile obliegt, wie die Beisitzer, werden nur auf Zeit ernannt, um jede Gefahr einer Überalterung und bloßer Rechtsprechungsroutine auszuschließen. Die Beisitzer werden meist nur nebenamtlich tätig sein; sie erhalten dementsprechend nur eine Entschädigung nach allgemeinen Vorschriften. Aber auch die Vorsitzenden sollen nicht aus ihrer bisherigen Tätigkeit ausscheiden, sondern nur beurlaubt werden. Es ist dafür Sorge zu tragen, daß die besonders ehrenvolle Mitarbeit an einer Spruchstelle nicht nur durch eine entsprechende Vergütung abgegolten wird, sondern auch das spätere Fortkommen im Hauptberuf nicht beeinträchtigt.

Abs. 3: Vor der ersten richterlichen Tätigkeit ist der Vorsitzende durch seinen Dienstvorgesetzten zu vereidigen, während die Beeidigung der Beisitzer durch den Vorsitzenden erfolgt.

§ 6. Die Richter der Reichsspruchstelle sind vorzugsweise aus den Beisitzern der bezirklichen Spruchstellen zu nehmen. Ob diese bei der Spruchstelle dauernd ausscheiden oder nur vorübergehend bei der Reichsspruchstelle tätig werden, läßt die Verfahrensordnung offen, da sich diese Fragen erst nach praktischen Erfahrungen über den Umfang der Belastung beantworten lassen und dann durch interne Anweisungen geregelt werden können. – Als Beisitzer werden auch höhere Amtsträger in Frage kommen, die nicht bei bezirklichen Spruchstellen tätig waren.

§ 7 Abs. 1: Der Schriftform des Antrages genügt auch ein zu Protokoll des Arbeitsamtes gestellter Antrag, wenn er vom Antragsteller oder einem bevollmächtigten Vertreter unterschrieben wird. Die Arbeitsämter sind anzuweisen, jeden Antragsteller bei der Stellung geeigneter Anträge zu beraten und ihm jede dabei wünschenswerte Hilfe zu gewähren. Man wird sich zweckmäßigerweise bei der Stellung des Antrages der Hilfe einer Rechtsberatungsstelle der DAF bedienen.

Abs. 2: Ausreichend ist auch ein Antrag, der zunächst auf Gewährung von Gesundheitshilfe geht, wenn sich später herausstellt, daß der Antragsteller Beschädigtenversorgung beanspruchen kann.

§ 8 Abs. 1: Unzulässigkeit des Antrages kommt vor allem bei Mangel der Reichsangehörigkeit oder der rassischen Voraussetzungen in Frage, die allerdings nur in einer Übergangszeit häufiger Anlaß zur Prüfung geben werden.

§ 9 Abs. 1: Die Beweisaufnahme durch die Verwaltungsbehörde ist nur soweit möglich, als Zeugen und Sachverständige freiwillig zur Mitwirkung bereit sind. Einen Zwang kann das Arbeits- oder Landesarbeitsamt nicht ausüben. Wegen der Mitwirkung des Antragstellers vgl. § 10, wegen der Stellung der Ärzte, Kranken- und Heilanstalten und der Finanzämter vgl. § 28 Abs. 2.

Abs. 2: Das im Wege der Rechtshilfe (vgl. § 28 Abs. 1) angerufene Amts- oder Wehrmachtsgericht kann das Erscheinen und die Aussage der Zeugen und Sachverständigen mit den dafür in seiner Verfahrensordnung vorgesehenen Mitteln erzwingen und muß das auf Verlangen der Versorgungsbehörden tun. – Auch die Zuständigkeit des um Rechtshilfe zu ersuchenden Gerichtes richtet sich nach der für dieses Gericht maßgebenden Zuständigkeitsordnung. – Wegen der entstehenden Kosten vgl. § 28 Abs. 3.

§ 10. Die Bestimmung geht davon aus, daß es auch nach dem Inkrafttreten der neuen Grundsätze des Gesundheitswerkes Fälle gibt, in denen ein Arzt oder eine Krankenanstalt nicht ohne besondere Entbindung von der Schweigepflicht durch den Patienten Auskünfte erteilen darf. Unterläßt der Antragsteller die von ihm unter Hinweis auf die Folgen eingeforderte Erklärung oder versagt er seine sonstige Mitwirkung, so ist die sachliche Bearbeitung seines Antrages einzustellen und der Antrag lediglich wegen der Nichtmitwirkung des Antragstellers abzulehnen. Für die bis zu einem neuen Antrag ablaufende Frist von mindestens 3 Monaten wird Versorgung nicht gewährt.

§ 11 Abs. 1: Das Arbeitsamt hat in jedem Fall die festgesetzte Versorgungsleistung durchzuführen, also insbesondere die Geldbeträge anzuweisen, auch wenn der Versorgungsanspruch vom Landesarbeitsamt oder durch eine Spruchstelle festgesetzt worden ist. Auch für die Durchführung der Maßnahmen, die eine etwa nicht in Geldzahlungen durchzuführende Versorgung erfordert (vgl. § 2 Abs. 2 des Gesetzentwurfes), ist das Arbeitsamt verantwortlich.

Abs. 2: Wird dem Antrag voll stattgegeben, so kann die Begründung formularmäßig kurz sein. Auch bei einem Abweichen von den Wünschen des Antragstellers soll das Arbeitsamt keine umfangreiche Begründung herstellen; es genügt, wenn die Gründe der Ablehnung dem Antragsteller verständlich gemacht werden.

§ 12 Abs. 1: Die hier zugelassene, vereinfachte Zustellungsform hindert nicht die formelle Zustellung nach den Vorschriften der ZPO, wo diese aus besonderen Gründen zweckmäßiger erscheint. Im allgemeinen wird bei Ladungen ein eingeschriebener Brief, bei Zustellungen von Bescheiden etc. und überall, wo eine Frist in Lauf gesetzt wird, „Einschreiben mit Rückschein" genügen.

Abs. 2: Der Antragsteller mag selbst dafür sorgen, daß seine gültige Anschrift dem Arbeitsamt oder der höheren Instanz bekannt bleibt und aus den Akten zu ersehen ist. Die Förmlichkeiten der öffentlichen Zustellung brauchen in einem nur im Interesse des Antragstellers geführten Verfahren ihm gegenüber nicht beachtet zu werden.

§ 13 Abs. 1: Auch hier genügt die Einlegung des Einspruches zu Protokoll des Arbeitsamtes, wenn das Protokoll vom Antragsteller unterschrieben wird. – Wird der Einspruch unrichtigerweise beim Landesarbeitsamt, einer anderen deutschen Behörde oder einer Rechtsberatungsstelle der DAF eingelegt, so genügt es zur Wahrung der Einspruchsfrist, wenn ein Einspruch dort rechtzeitig eingeht; das Landesarbeitsamt hat jedoch den Einspruch zunächst an das Arbeitsamt zu leiten, damit dieses das Verfahren nach Abs. 3 weiterführen kann. Dadurch entsteht eine gewisse Verzögerung zuungunsten des Antragstellers, der den vorgesehenen Weg nicht eingehalten hat.

Abs. 3: Erkennt das Arbeitsamt aus der Einspruchsschrift, daß es den Antragsteller falsch verstanden hatte oder daß ihm ein Bearbeitungs-, Schreib- oder Rechenfehler unterlaufen ist, so wäre die Weitergabe an das Landesarbeitsamt eine unnötige Belastung der höheren Instanz und eine Verzögerung der Erledigung. Glaubt das Arbeitsamt aber, dem Einspruch nur teilweise stattgeben zu können, so kann es keinen Zwischenbescheid erlassen, sondern muß die Sache unter Hinweis auf die Punkte, die es selbst berichtigen würde, an das Landesarbeitsamt abgeben. Jedes andere Verfahren würde eine zu starke Verzögerung der Erledigung bedeuten. Hat aber das Arbeitsamt Grund zu der Annahme, daß der Antragsteller nur von irrigen tatsächlichen oder rechtlichen Vorstellungen ausgeht und nach Aufklärung darüber den Einspruch zurücknehmen werde, so kann es ihn zur Belehrung vorladen, doch muß auch dann die Sache spätestens nach 2 Wochen dem Landesarbeitsamt zugeleitet werden, so daß nach dieser Frist jeder Einspruch entweder erledigt ist oder von der höheren Instanz in Bearbeitung genommen werden kann.

§ 14 Abs. 2: Hier ist eine ausführliche, insbesondere auch die Rechtsfragen erschöpfend behandelnde Begründung zu geben, damit der Antragsteller und seine Berater sich über die Aussichten einer Berufung Klarheit verschaffen können. Der Reichsarbeitsminister wird sich auch Entscheidungen von grundsätzlicher Bedeutung vorlegen lassen und sie gegebenenfalls bei dem Erlaß von Verordnungen und Richtlinien auswerten. Zur Veröffentlichung sind diese Entscheidungen aber nicht bestimmt.

Abs. 3: Daß der Bescheid des Arbeitsamtes auch zuungunsten des Antragstellers abgeändert werden kann, ergibt sich schon daraus, daß jederzeit von Amts wegen die Versorgung neu festgesetzt werden muß, wenn die tatsächlichen Voraussetzungen anders sind als die zunächst angenommenen. Es wäre auch in keiner Weise zu rechtfertigen, daß Landesarbeitsamt und Spruchstellen einen Rechtsirrtum des Arbeitsamtes, wenn er sich zugunsten des Antragstellers ausgewirkt hätte, ihren Entscheidungen zugrunde legen müßten. Andererseits kann und muß das Landesarbeitsamt und die Spruchstelle gegebenenfalls auch über den Antrag des Antragstellers hinausgehen.

§ 15 Abs. 2: Zu Protokoll des Landesarbeitsamtes sollte die Berufung im allgemeinen nicht eingelegt werden, da die Berufungsschrift bereits das Ergebnis einer sachgemäßen Verarbeitung der sachlichen und rechtlichen Fragen sein soll, die man der Geschäftsstelle nicht zumuten kann. Der Antragsteller wird daher an die Rechtsberatungsstellen der DAF zu verweisen sein.

Abs. 3: Die Sollvorschrift gibt der Geschäftsstelle der Spruchstelle das Recht, von dem Antragsteller eine Abschrift der Berufungsschrift einzufordern, die dem Vertreter des Versorgungswerkes zugänglich gemacht werden muß. Es ist der Geschäftsstelle nicht zuzumuten, die möglicherweise umfangreiche Berufungsschrift durch eigene Kräfte abschreiben zu lassen. Die Berufungsfrist wird aber auch durch Einreichung nur eines Stückes gewahrt.

§ 16 Abs. 1: Wenn die mündliche Verhandlung zum abschließenden Urteil führen soll, muß sie sorgfältig vorbereitet sein. Die Vernehmung von Zeugen oder Sachverständigen unmittelbar in der Verhandlung wird nur ausnahmeweise nötig sein. Es genügt, wenn alle Erklärungen aktenkundig gemacht sind und so Gegenstand der Verhandlung sein können.

Abs. 2: Im Gegensatz zum Arbeits- und Landesarbeitsamt kann die Spruchstelle als Gericht das Erscheinen und die Aussage von Zeugen und Sachverständigen erzwingen und sie beeidigen. Die Vernehmung und Beeidigung kann aber auch durch den Vorsitzenden vorweg erfolgen.

§ 17. Da die Stellungnahme des für die Spruchstelle zuständigen Arztes (Landesgesundheitsführers) für die Spruchstelle bindend ist (vgl. § 21 Abs. 1), muß sie, soweit die Entscheidung davon abhängt, grundsätzlich vor der Verhandlung eingeholt und auch dem Antragsteller mitgeteilt werden, damit er eine danach aussichtslos gewordene Berufung zurücknehmen kann. Es muß dem Antragsteller Gelegenheit gegeben werden, die Gesichtspunkte, die er bei der Entscheidung zur Gesundheitsfrage beachtet wissen möchte, vorher klarzulegen. Solange das Gesundheitswerk noch nicht in Kraft getreten ist, müßte dem Antragsteller auch die Vorlage von privaten Gutachten, die gegebenenfalls auch auf Kosten des Versorgungswerkes einzuholen wären, gestattet werden.

§ 18 Abs. 1: Die Vertretung des Versorgungswerkes vor der Spruchstelle ist schon deshalb unumgänglich, weil den Richtern der Spruchstelle der zu entscheidende Fall nicht nur einseitig vom Antragsteller vorgetragen werden darf. Der Vertreter des Versorgungswerkes muß aber auch in geeigneten Fällen, vor allem vor der mündlichen Verhandlung, durch Anerkennung der Ansprüche oder durch einen Vergleich, der sich bei unklaren tatsächlichen Verhältnissen empfehlen kann, die Berufung erledigen können.

Abs. 2 und 3: Berufener Vertreter des Antragstellers im Berufungsverfahren ist der Rechtsberater der DAF. Wo aber die DAF den Antragsteller nicht vertreten kann oder will, muß er sich auch durch einen nahen Angehörigen vertreten lassen können. – Tritt kein Rechtsberater der DAF auf, so kann die DAF gleichwohl ein sozialpolitisches Interesse daran haben, im Verfahren grundsätzliche Gesichtspunkte vorzutragen. Selbstverständlich darf auch der Rechtsberater solche Wünsche seines Mandanten nicht vortragen, die er als unberechtigt oder gemeinschaftswidrig erkennt.

Abs. 4: Beteiligte im Sinne dieses Absatzes sind der Vertreter des Versorgungswerkes, der Antragsteller, sein Vertreter und die DAF, sofern sie erklärt hat, sich am Verfahren beteiligen zu wollen. Eine Terminnachricht an den Antragsteller erübrigt sich, wenn dieser einen Vertreter bestellt hat. – Ist es irrtümlich übersehen worden, einen Beteiligten von dem Termin einer Vernehmung zu benachrichtigen, so bedarf es, wenn nicht ganz besondere Gründe vorliegen, gleichwohl keiner erneuten Vernehmung.

§ 19 Abs. 1: Eine Verwerfung der Berufung kommt vorerst vor allem bei verspäteter Einlegung und bei Mangel der Schriftform in Betracht. Sollte die Berufung aus praktischen Gründen in Zukunft beschränkt zugelassen werden, so wäre sie überall dort, wo sie durch besondere Bestimmungen ausgeschlossen wird, durch Beschluß des Vorsitzenden zu verwerfen.

Abs. 2 bis 4: Die Zulassung einer formlosen Zurückweisung durch Beschluß des Vorsitzenden soll solche Berufungen, deren Verhandlung vor der Spruchstelle einen offenbar zwecklosen Verbrauch von Arbeitskraft und Geld darstellen würde, möglichst ausschalten. Aussichtslos ist eine Berufung insbesondere dann, wenn ihr nach der für die Spruchstelle verbindlichen Stellungnahme des zuständigen Arztes nicht stattgegeben werden kann.

§ 20 Abs. 1: Die mündliche Verhandlung ist obligatorisch, wenn die Berufung nicht nach § 19 endgültig erledigt wird. Sie kann aber, wie sich aus Abs. 2 ergibt, auch in Abwesenheit des Antragstellers und seines Vertreters durchgeführt werden, doch ist dann sachlich zu prüfen und danach zu entscheiden. Ein Versäumnisurteil ist nicht vorgesehen.

Abs. 2: Von der Bestimmung einer festen Ladungsfrist ist abgesehen worden, damit nicht eine vielleicht nur kurze Unterschreitung der Frist zur Verzögerung der Erledigung führt. Daß dagegen der Antragsteller so rechtzeitig geladen worden ist, daß er im Normalfall erscheinen konnte, ist eine Bedingung für die ordnungsmäßige Verhandlung. Würde der Vorsitzende die Verhandlung gleichwohl durchführen, so würde er pflichtwidrig handeln. Das ergehende Urteil würde aber deshalb nicht unwirksam. Ist das persönliche Erscheinen des Antragstellers angeordnet, so kann sein Ausbleiben auch zu einer Abweisung nach § 10 führen; darauf ist der Antragsteller bei der Ladung aufmerksam zu machen. Beim Ausbleiben von Zeugen und Sachverständigen ist nach den Bestimmungen der ZPO vorzugehen.

Abs. 3: Das berechtigte Interesse eines Zuhörers an der Anwesenheit im Zuhörerraum kann in der persönlichen Beziehung zum Antragsteller und in der Art der Sache begründet sein. Auch im Ausbildungsinteresse kann ein hinreichender Grund zur Zulassung liegen, so daß Rechtswahrer im Ausbildungsstadium, Beamte des Arbeitsamtes und Rechtsberater der DAF aus diesem Grunde zugelassen werden können.

§ 21 Abs. 1: Um das Verfahren und die Beratung von Auseinandersetzungen über Fragen zu entlasten, die nur der ärztlichen Beurteilung unterliegen können, ist eine feste Beweisregel dahin gegeben, daß die Spruchstelle die ärztliche Stellungnahme des zuständigen Arztes (Landesgesundheitsführers) als richtig zugrunde zu legen hat. Alle anderen Beweismittel, auch die Akten und Unterlagen, die von anderen Behörden zugezogen sind, sind dagegen in freier Beweiswürdigung zu verwerten.

Abs. 2: Wegen der Grenzen der Rechtskraft vgl. jedoch § 25.

§ 22 Abs. 1 und 2: Da bei keinem Rechtsmittel, Einspruch oder Berufung, eine aufschiebende Wirkung vorgesehen ist, erhält der Antragsteller die ursprünglich festgesetzte Versorgung trotz Einlegung eines Rechtsmittels laufend ausgezahlt. Wird nun aus den zu § 14 vermerkten Gründen die Versorgung zuungunsten des Antragstellers geändert, so wäre es unbillig, die gezahlten

Mehrbeträge, die meist verbraucht sein werden, zurückzufordern. Dringt dagegen der Antragsteller mit höheren Ansprüchen durch, so sind diese vom Tage der Antragstellung an zu berechnen.

Abs. 3: Eine Zurückverweisung an das Arbeitsamt soll wegen der damit verbundenen Verzögerung der Erledigung nur ganz ausnahmsweise erfolgen, wenn eine völlig geänderte Sach- oder Rechtslage neue Ermittlungen erforderlich macht.

§ 23 Abs. 1: Die Begründung der Spruchstelle soll die Rechtsauffassung, die zur Abgabe an die Reichsspruchstelle geführt hat, darlegen. Die Spruchstelle soll dabei angeben, wie sie bei weiterer, eigener Zuständigkeit entschieden haben würde.

Abs. 2: Die Rückgabe an die Spruchstelle kann sinngemäß nur unmittelbar nach der ersten Prüfung erfolgen, nicht mehr, wenn sich der Senat ohnehin schon mit der Sache befaßt hat.

Abs. 3: Eine solche formelle Anordnung des Reichsarbeitsministers schaltet die freie Entscheidungsmöglichkeit der Spruchstellen in dieser Zuständigkeitsfrage aus. Nur die Reichsspruchstelle kann nunmehr noch entscheiden; sie darf die Sache nicht zurückverweisen.

§ 24 Abs. 1: Die Rückverweisung nach § 22 Abs. 3, also Rückgabe an das Arbeitsamt, ist ausgeschlossen.

Abs. 2: Hier ist zu berücksichtigen, daß die Sache nicht im Interesse des Antragstellers, sondern im Interesse der Volksgemeinschaft als grundsätzliche vor der Reichsspruchstelle verhandelt wird. Zusätzliche Kosten dürfen daher dem Antragsteller hierdurch nicht entstehen, so daß er auch bei Zurückweisung seiner Berufung vollen Kostenersatz erhalten muß.

§ 25. Die Entscheidung legt immer nur fest, was im Augenblick des Abschlusses der mündlichen Verhandlung oder der Prüfung im Verwaltungsverfahren dem Antragsteller zusteht. Jede Änderung der tatsächlichen Situation, aber auch der Rechtsbestimmungen, macht eine Neufestsetzung durch das Arbeitsamt für die Zukunft erforderlich, gegen die dann wiederum der Einspruch und die Berufung gegeben sein würde.

§ 26 Abs. 3: Das Verbot dienstlicher Verwendung nicht amtlich veröffentlichter Urteile macht jede Bezugnahme in einem Urteil oder einer sonstigen Entscheidung darauf unzulässig. Beteiligte, die in der mündlichen Verhandlung auf solche Entscheidungen Bezug nehmen, sind darauf zu verweisen, daß das Gericht sie nicht berücksichtigen kann und sich Ausführungen dazu und darüber erübrigen.

§ 27 Abs. 2: Wie das Wort „insbesondere" betont, sind hier nur einige Beispiele für die Verweisung genannt.

Abs. 3: Für das GVG ist dagegen nur eine beschränkte Verweisung getroffen. Es findet nur in den ausdrücklich erwähnten Fällen entsprechende Anwendung.

§ 28. Die Pflicht aller Behörden einschließlich der Gerichte zur Rechtshilfe führt ganz allgemein dazu, daß jede Behörde jedes sachliche Rechtshilfeersuchen ohne Prüfung der Veranlassung erfüllen muß, soweit nicht die für sie geltenden Bestimmungen die Ausführung des Ersuchens verhindern. Bei Weigerung der Behörde muß notfalls im Dienstaufsichtswege, erforderlichenfalls also auf dem Wege über den Reichsarbeitsminister vorgegangen werden.

§ 29 Abs. 1: Der Antragsteller trägt, auch wenn er mit einem Rechtsmittel unterliegt, weder Gebühren noch Kosten.

Abs. 2: Unabhängig vom Ausgang des Verfahrens werden dem Antragsteller sogar seine baren Auslagen vergütet und Entschädigung für entgangenen Arbeitsverdienst gewährt, jedoch nur soweit er auf Ladung einer Behörde erscheinen mußte oder, ohne geladen zu sein, vernommen worden ist, weil seine Aussage erforderlich wurde. Auch Zeugen und Sachverständige erhalten eine Entschädigung nur nach Ladung oder, wenn sie, ohne geladen zu sein, vernommen worden sind. Wer als Zeuge vom Antragsteller mitgebracht wird, kann also nicht ohne weiteres auf Entschädigung rechnen.

Abs. 3: Während Zeugen und Sachverständige, die oft oder meist außerhalb der Verhandlung vernommen werden, noch binnen eines Monats nach der Mitwirkung einen Antrag auf Entschädigung stellen können, muß ihn der Antragsteller schon in der Verhandlung vor der Spruchstelle oder bei seiner Vernehmung im Verwaltungsverfahren stellen, weil die entscheidende Stelle dann die Entschädigung sogleich in der Entscheidung auf Grund des unmittelbaren Eindruckes festsetzen kann.

§ 30 Abs.2: Bei der Überleitung wird die Spruchstelle das anhängige Verfahren meist als erledigt erklären können. Sonst wird sich hier wegen der völlig neuen Lage eine Zurückverweisung an das Arbeitsamt nach § 22 wohl durchweg nicht vermeiden lassen.

B. Gesundheitswerk des Deutschen Volkes

I. 1. Protokoll über die Besprechung zwischen Robert Ley und Leonardo Conti am 17.1.1941 (Saarower Protokoll)

Das Gesundheitswerk des deutschen Volkes ist eine Einheit und umfaßt außer der Gesundheitspolizei den gesamten Gesundheitsdienst am deutschen Volke. Hierunter ist zu verstehen: 1. und vordringlichst die vorbeugende und verhütende Gesundheitsvorsorge, 2. die Krankenhilfe und 3. die begutachtende Tätigkeit in der Altersversorgung und im öffentlichen Leben. Das Gesundheitswerk wird von einer Gesundheitsführung verantwortlich geleitet. Die Gesundheitsführung wird verkörpert durch den Reichsgesundheitsführer, durch Gau- und Kreisgesundheitsführer. Ihnen untersteht verantwortlich die Führung, die Durchführung und die Überwachung des gesamten Gesundheitsdienstes. Es ist selbstverständlich, daß der Arzt die Gesundheitsführung innehaben muß und daß die Verwaltung, soweit wie eben notwendig, eingeschränkt wird. Dort, wo sie bei der Krankenhilfe oder bei der Altersversorgung unvermeidlich sein muß, muß der Grundsatz aufgestellt werden, *Arbeit geht vor Rente*, d.h. wir müssen von jedem Deutschen, wenn ihm die Gemeinschaft das Recht auf Arbeit verleiht, auch die Pflicht zur Arbeit verlangen. Nur der alte Volksgenosse über 65 Jahre macht von diesem Grundsatz eine Ausnahme, da er mit Eintritt in dieses Lebensalter ohne weiteres Anspruch auf das Ruhegeld hat. Jedoch kann er, wenn er es will und wünscht, ohne Behinderung weiter arbeiten und erhält dann den Alterssold, der einen Ausgleich gegenüber seinem früheren Verdienst darstellt.

Auf diesem Grundsatz, Arbeit geht vor Rente, ist selbstverständlich auch die Krankenhilfe aufgebaut und es muß deshalb der Vereinfachung wegen und der Klarheit wegen die Verwaltung der Krankenhilfe mit dem Arbeitseinsatz verbunden werden und es muß auch die Verwaltung der Krankenhilfe ganz analog der Verwaltung der Altersversorgung im Arbeitsamt vorgenommen werden.

Das Gesundheitswerk ist eine Aufgabe des Deutschen Reiches, wie alle Abschnitte des nationalsozialistischen Sozialwerkes Reichsaufgaben bedeuten. Denn diese Sozialwerke, ganz gleich, ob es sich um das Altersversorgungswerk, das Gesundheitswerk, den sozialen Wohnungsbau usw. handelt, sollen nur dazu dienen, um den Besitzlosen, der unverschuldet zu den Enteigneten gehört, sein Los erträglich zu gestalten, ihm für die Besitzlosigkeit eine Entschädigung zu bieten, denn der Besitz ist letzten Endes eine Sicherheit für den Menschen, für die Zeiten unverschuldeter Not. Um dann nicht wie ein schwankendes Rohr unterzugehen, muß die Gemeinschaft den Besitzlosen einen Halt bieten und es liegt im Interesse der Nation, somit einen Ausgleich zwischen dem Besitz und den Besitzlosen zu finden. Dieser Bismarckgedanke durchpulst auch unsere Sozialordnung und gerade der Besitzende hat das größte Interesse daran, wenn er seinen Besitz auf die Dauer erhalten will, den entwurzelten Besitzlosen wieder zu beheimaten, d.h. ihm das Gefühl der Geborgenheit zu geben. Darin beruht letzten Endes unsere soziale Aufgabe. Durch die Altersversorgung wird diese Aufgabe für die Zeit des Alters, der Invalidität, des Unfalls usw. erfüllt. Für die Krankheit tritt die Krankenhilfe ein.

Das Gesundheitswerk muß aber auch noch aus einem weiteren Grunde ein Gemeinschaftswerk des Volkes sein, und hiermit komme ich zum eigentlichen Inhalt des Gesundheitswerkes. So notwendig die Krankenhilfe ist, so ist sie doch nicht die Haupt- und Kernsache des Gesundheitswerkes, sondern vor ihr steht als wichtigster Inhalt des Gesundheitswerkes die *vorbeugende und verhütende Vorsorge*. Sie kann nur durch ein Gemeinschaftswerk des deutschen Volkes gelöst werden. Schon allein aus diesem Grunde kann man nicht mehr dulden, daß die Krankenhilfe durch ein Versicherungssystem einer bestimmten Schicht und Klasse bestimmt wird, denn man kann Krankenhilfe von der vorbeugenden Gesundheitsvorsorge einfach nicht lösen.

Aus all diesen Gründen muß das Gesundheitswerk Aufgabe des gesamten Volkes und der ganzen Nation sein und es muß genau so wie der soziale Wohnungsbau bereits im Führererlaß vom Dezember 1940 als Aufgabe des Reiches erklärt wurde, auch eine Aufgabe des Reiches werden. Alle Menschen, ob reich oder arm, hoch oder niedrig, haben ein gemeinsames Interesse, gesund zu bleiben und alle Menschen – in Sonderheit die Besitzenden – haben ein Interesse, daß den Besitzlosen durch die Krankenhilfe die notwendigen Hilfsmittel (Arzt, Arzneien und Behandlungen) zur Verfügung gestellt werden. Wir wollen nun mit dem neuen Gesundheitswerk die Schäden der bisherigen Krankenkassen, Behandlungen und des Krankenkassenwesens beseitigen. Wir können diese Schäden, ich will sie hier nicht im einzelnen aufführen – Überlastung des Arztes, Simulatentum, Mißbrauch der Arzneien, Mißtrauen zwischen Arzt und Patienten und vieles, vieles andere mehr – beseitigen. Wir hoffen, daß es uns gelingt, durch Erziehung der Ärzte und der schaffenden Menschen zu einem neuen Verhältnis zwischen Arzt und Mensch zu kommen und wir glauben daran, daß es wichtiger ist, die Sippe und die Familie gesund zu erhalten und gesund zu machen, als nur Einzelerscheinungen zu beobachten und zu beheben.

So sieht unser Gesundheitswerk wie folgt aus: Die Gemeinschaft bringt die Mittel für das Gesundheitswerk durch einen Zuschlag zur Einkommenssteuer und durch Umlage der Unternehmer auf. Bei der Krankenhilfe werden wir eine obere Versorgungsgrenze sowohl für die Bezahlung des Krankengeldes wie für die Behandlung und die Verabfolgung von Arzneien festsetzen. Wir glauben, daß diese obere Versorgungsgrenze genau wie beim Altersversorgungswerk bei RM 400,- Monatseinkommen zu liegen hat (Familienstand muß berücksichtigt werden).

2. Es ist anzustreben, daß die Behandlung des Kranken beim Hausarzt, Spezialarzt und Krankenhaus liegt. Das besagt, daß das Hausarztsystem, das heute völlig verschwunden ist, neu auflebt und mit allen Mitteln gefördert wird und damit der Arzt wiederum der Vertraute und der beste Freund der Familie wird. Dann allein wird der Arzt den Menschen verfolgen können von der Wiege bis zum Grabe und wird auch bei Feststellungen von Krankheiten durch die Erbanlagen manchen Fingerzeig erhalten.

3. Selbstverständlich dürfen und können wir es den Menschen nicht verwehren, sich durch eigene Mittel zusätzlich Behandlung und Arzneien und Krankenhilfe zu besorgen. Denn letzten Endes ist die Gesundheit das höchste Gut des Menschen und man kann es den Menschen nicht verbauen, für die Erhaltung dieses kostbarsten Gutes alles einzusetzen, deshalb muß über die Krankenhilfe hinweg auch den in der Versorgungsgrenze liegenden Menschen die Möglichkeit gegeben sein, sich – wie es ihnen ihre Mittel erlauben – freie Ärzte zu wählen und ein *zusätzliche* Behandlung zu nehmen.

4. Der Mangel an Ärzten, der heute besteht und der auch immer bestehen wird, denn ich glaube nicht daran, daß dieser Mangel allein durch Stipendien und Sicherstellen von Geldmitteln für Studienzwecke behoben werden kann, sondern ich glaube daran, daß der Arzt eine innere Berufung haben muß und daß es deshalb unabhängig von Geldmitteln und anderen Dingen sein

muß, Arzt zu werden. Wenn diese Berufung nicht vorhanden ist, ist es sinnlos, künstlich Ärzte zu züchten. Aus allen diesen Gründen glaube ich nicht daran, daß man den Arztbedarf über die Berufung hinausheben kann. Deshalb wird es notwendig sein, *eine vernünftige Planung der Ärzte und des Ärztesitzes* durchzuführen und die deutschen Familien auf diese Hausärzte und Spezialärzte zu verteilen, damit sich nicht auf einem Platz die Ärztezahl häuft und in anderen Gegenden ein großer Ärztemangel vorhanden ist.

Überhaupt sollte man grundsätzlich festlegen, daß jeder Arzt sich in seiner Jugend über den Dienst auf dem Lande, in den Ostgebieten und in den Grenzgebieten einen Arztsitz in der Stadt verdienen muß. Diese Planung der Ärzte bedingt nun, daß, wenn man die Ärztewahl nicht unterbinden will, die Menschen alljährlich oder alle 2 Jahre ihren Hausarzt wählen, indem sie sich in ausgelegte Listen eintragen und die Familienmitglieder an die Wahl des Haushaltsvorstandes gebunden sind. Damit ist sichergestellt, daß sich der Hausarzt um seine Familien kümmern muß, wenn er von seinen Patienten wiedergewählt werden will, zum anderen aber erhält der Arzt für seine Tätigkeit, unter die auch die Krankenhilfe fällt, eine Pauschale je nach der Anzahl der eingeschriebenen Familien und ist damit vom Patienten unabhängig und es ist damit dem Mißbrauch von Arzneien und Behandlung ein starker Riegel vorgeschoben.

5. Da, wie ich bereits unter 4. dartat, die Zahl der Ärzte nach meiner Meinung auch für die Zukunft gering sein wird, wird es gut sein, das Laienelement stärker auszubilden, und es ist anzustreben, um jeden Hausarzt als Mittelpunkt und auch um jeden Betriebsarzt einen Gesundheitskreis von Laienelementen (SA, Werkschar, HJ, Schwesternschaft) zu schaffen, der dem Arzt in der Ausübung seiner Aufgaben zur Seite steht und damit ihm viele Arbeit abnehmen wird.

Damit kommen wir nun zu dem Aufbau des Gesundheitswerkes. Die Führung ist, wie ich das bereits zu Beginn dieser Niederschrift dargetan habe, klar umrissen *und total*. Sie umfaßt alle Gesundheitsgebiete, außer der Gesundheitspolizei, deren sie sich von Fall zu Fall bedient. Darüber hinaus sieht nun das Gesundheitswerk wie folgt aus:

I. *Die vorbeugende und verhütende Gesundheitsvorsorge hat folgende Instrumente:* Die *Gesundheitsämter*, wie sie sich heute bereits schon mit den verhütenden Gesundheitsmaßnahmen, wie Eheberatung, Mütter- und Säuglingsberatung und Jugendgesundheitsdienst, Seuchenbekämpfung, Tuberkulosebekämpfung usw. abgeben. Den *Betriebsarzt*, der mehr als nur ein beratender Arzt im Betrieb ist, sondern der einmal, wie es unser Wille ist, die Seele des Betriebes sein muß, der beim Arbeitseinsatz, beim Errichten des Arbeitsplatzes, bei der Anlage der Fabrik, bei der allgemeinen Betriebshygiene usw. gefragt werden muß, mit einem Wort: der außer den gesundheitlichen Fragen auch in die betrieblichen und technischen Dinge mit eingreifen muß. Er soll damit nicht die Gewerbeaufsicht ablösen, aber er soll weitgehendst mit in die Gewerbeaufsicht eingreifen können. Dieser Betriebsarzt ist nicht allein für die größeren und mittleren Betriebe gedacht, sondern gerade die kleinen Betriebe des Handwerks und Handels müssen von ihm erfaßt werden. Deshalb muß der Betriebsarzt sehr an ein weiteres Instrument der Gesundheitsvorsorge, die *Gesundheitsstation* herangeführt werden. Die Gesundheitsstation soll nach dem Willen des Führers in jedem Gemeinschaftshaus der NSDAP eingerichtet werden und soll damit in der Ortsgruppe der Partei der Mittelpunkt der vorsorgenden Gesundheitsführung sein.

Es ist dann die Reihenfolge in der vorbeugenden, verhütenden Gesundheitsvorsorge folgende: Gaugesundheitsamt, Kreisgesundheitsamt und Ortsgesundheitsstation. Und für den schaffenden Menschen der Betriebsarzt und für die Mitglieder in den Gliederungen der SA-Arzt, SS-Arzt, Jugend-Arzt usw. Neben diesen Instrumenten der direkten Gesundheitsführung, über die auch natürlich die Reihenuntersuchungen und die Gesundheitsbilanz, das Gesundheitsbuch und die Gesundheitskartei laufen, ist nun der gewaltige Apparat der Sanatorien und Heilstätten bis zu den KdF-Hotels, KdF-Seebädern, dem Freizeitwerk und Erholungswerk. Diese letzte Gruppe wird zusammengefaßt werden müssen, einmal im *Erholungswerk des deutschen Volkes*, das damit eine

Unterbauung des Gesundheitswerkes bilden wird, und das *Freizeitwerk* des deutschen Volkes, das bei der KdF geführt werden muß, aber im Gesundheitsdienst dem Gesundheitswerk untersteht. Das Erholungswerk des deutschen Volkes umfaßt die Gruppe der Sanatorien, Heilstätten, Heilbäder usw. und sieht vor, daß die Fülle dieser Einrichtungen *allen* Deutschen erschlossen wird. Es muß gelingen, alle vier oder fünf Jahre jeden Deutschen durch das Erholungswerk zu überholen, genauso wie man einen Motor periodisch überholt, muß auch der Mensch periodisch überholt werden, und damit vorbeugend gesund erhalten bleiben.

Das Freizeitwerk gehört nicht direkt zum Gesundheitswerk, denn es ist der KdF unterstellt, es liegt auf dem Grenzgebiet zwischen Gesundheitswerk und KdF, dient aber auch letzten Endes der Gesundheitsvorsorge des deutschen Volkes.

Damit sind in großen Zügen alle Maßnahmen auf diesem Gebiet umrissen. Es ist nun notwendig, einmal eine Gesundheitsbilanz zu erstellen, und es muß gelingen, diese Reihenuntersuchungen periodisch, wenn möglich, alljährlich zu wiederholen, und erst aus diesen laufenden Untersuchungen wird man nach einer Reihe von Jahren ein klares Bild über den Gesundheits- und Krankheitszustand des deutschen Volkes erhalten können und danach seine Maßnahmen treffen können. Das ist eine langwierige Arbeit, die viel Zähigkeit und Ausdauer verlangen wird, jedoch sie ist unerläßlich und die Vorbedingung, um überhaupt eine Gesundheitsführung des deutschen Volkes durchführen zu können.

II. *Krankenhilfe*. Die Instrumente der Krankenhilfe sind bereits schon erwähnt, ich möchte sie hier nur zusammenfassen: Sie sind der Hausarzt, Spezialarzt, Krankenhaus. Die Gesundheitsstation soll nur im Notfall für erste Hilfe benutzt werden, nur wenn plötzlich eine Krankheit auftritt und ein Krankenhaus nicht in der Nähe ist. Sonst soll die Gesundheitsstation nur in die Gesundheitsvorsorge eingespannt werden. Die Krankenhilfe soll Aufgabe des Hausarztes sein, denn nur über den Hausarzt wird man das Vertrauen herbeiführen können, das der Krankenhilfe einen durchschlagenden Erfolg sichert. Es soll im einzelnen nicht auf die Krankenhilfe eingegangen werden, sie ist im Entwurf in großen Zügen fertiggestellt und was noch zusätzlich dazu zu sagen ist, habe ich bereits oben erwähnt. Ich möchte nur noch einmal betonen, man darf die vorbeugende, verhütende Gesundheitsvorsorge nicht mit der Krankenhilfe koppeln.

3. Die Altersvorsorge benötigt das Gesundheitswerk nur insoweit, als es der Arzt des Gesundheitswerkes als Begutachtung für seine Zwecke anfordert.

gez. Dr. Robert Ley.

Mit den Grundgedanken bin ich einverstanden gez. Dr. L. Conti, Berlin, den 17. Januar 1941

2. Klarstellung der Besprechungsergebnisse am 17.1.1941

Anwesend waren: Dr. *Ley*, Dr. *Conti*, Dr. *Bockhacker* und *Nörpel* vom Arbeitswissenschaftl. Institut.

In der Besprechung ist folgendes ganz klar ausgesprochen worden, was in Dr. Leys Niederschrift teilweise nicht klar zum Ausdruck gekommen ist.

1. Das Recht auf freie Arztwahl wird von Dr. Ley unbedingt anerkannt.

2. Dr. Ley hält es für notwendig, auch außerhalb des Hausarztsystems jedem Volksgenossen das Recht, auf eigene Kosten sich von jedem Arzt behandeln zu lassen, zu erhalten.

3. Es müssen Maßnahmen getroffen werden, um durch Einwirkung und Rückgriff auf den Patienten selbst unberechtigte Anforderungen zu erschweren und den Patienten für unberechtigte Wünsche und unbegründet erhaltene Leistungen haftbar zu machen.

4. Die freie ärztliche Behandlung kann nur das Notwendige leisten. Ob, wenn Hausärzte ein nach Zahl der betreuten Familien und örtlichen Verhältnisse abgestuften Pauschalentgelt erhalten oder besondere Sonderleistungen gesondert vergütet werden können, ist unentschieden geblieben.

5. Die Fachärzte können nicht unter eine Pauschalabgeltung fallen.

6. Dr. Ley erklärte, das Gesundheitswerk müßte oberste Reichsbehörde werden.

7. Dem Gesundheitswerk bliebe es überlassen, Teile seiner totalen Gesamtaufgabe als Auftragsangelegenheit an andere zu übertragen.

II. Entwurf von Leonardo Conti zu einem Erlaß zur Errichtung des Gesundheitswerkes des Deutschen Volkes (10.3.1941)

Vorspruch. Die Gesundheit ist das wertvollste Gut des Volkes.

Die vorbeugende und verhütende Gesundheitsvorsorge, die Lenkung und Überwachung der Erholung gesundheitlich Anbrüchiger und die Krankenhilfe sind wichtige Aufgaben des Reiches.

Ich ordne daher die Errichtung des Gesundheitswerkes des Deutschen Volkes an.

Zu seiner Durchführung bestelle ich einen Reichskommissar für das Gesundheitswerk des Deutschen Volkes, der mir unmittelbar untersteht.

I. Teil. Allgemeine Bestimmungen

§ 1. Aufbau des Gesundheitswerks

(1) Das Gesundheitswerk des Deutschen Volkes umfaßt die vorbeugende und verhütende Vorsorge, die Lenkung und Überwachung der Erholung gesundheitlich Anbrüchiger und die Krankenhilfe.

(2) Die Durchführung und Überwachung des Gesundheitswerkes des Deutschen Volkes obliegen dem Reichskommissar für das Gesundheitswerk des Deutschen Volkes.

(3) Der Reichsgesundheitsführer wird nach den Anweisungen des Reichskommissars tätig.

(4) Der Reichskommissar ist berechtigt und verpflichtet, die Anzahl der für die Durchführung und Überwachung des Gesundheitswerkes benötigten Volksgenossen und Volksgenossinnen zu bestimmen, ihren Einsatz zu lenken und für ausreichenden Berufsnachwuchs zu sorgen.

(5) In den Gauen und Kreisen werden Gaubeauftragte und Kreisbeauftrage des Reichskommissars für das Gesundheitswerk des Deutschen Volkes bestellt, die den Gauleitern und Reichsstatthaltern unmittelbar unterstehen.

(6) Der Reichskommissar kann sich zur Durchführung seiner Aufgaben bestehender Einrichtungen bedienen oder neue Dienststellen errichten.

§ 2. Personenkreis

(1) Die Bestimmungen dieses Erlasses gelten für alle Volksgenossen, die im Reichsgebiet wohnen.

(2) Angehörige von Wehrmacht, Polizei, SS-Verfügungstruppen, SS-Totenkopfverbänden und Reichsarbeitsdienst fallen nicht unter die Bestimmungen dieses Erlasses.

(3) Für im Reichsgebiet wohnende Personen, die nicht Reichsbürger sind, erläßt der Reichskommissar besondere Bestimmungen.

§ 3. Kostenübernahme

Die Kosten für die Durchführung und Überwachung des Gesundheitswerkes trägt das Reich.

§ 4. Mittelbeschaffung und Mittelverwendung

(1) Die für die Durchführung und Überwachung des Gesundheitswerkes erforderlichen Mittel werden aufgebracht: a) durch einen Zuschlag zur Lohn- und Einkommensteuer, b) durch eine Abgabe der Betriebe und Unternehmungen.

(2) Die Höhe des Zuschlages und der Abgabe wird vom Reichsfinanzminister im Einvernehmen mit dem Reichskommissar festgelegt.

(3) An der Aufbringung der Mittel sind alle natürlichen und juristischen Personen, die ein Einkommen und ihren Wohnsitz im Reich haben, zu beteiligen.

(4) Der Reichskommissar stellt den Gau- und Kreisbeauftragten für die Durchführung der Bestimmungen dieses Erlasses die notwendigen Mittel zur Verfügung.

§ 5. Bestellung und Aufgaben der Gaubeauftragten und Kreisbeauftragten

(1) Die Gau- und Kreisbeauftragten des Reichskommissars für das Gesundheitswerk des Deutschen Volkes werden vom Reichskommissar im Einvernehmen mit dem Stellvertreter des Führers bestellt und abberufen.

(2) Die Gau- und Kreisbeauftragten werden nach den Anweisungen und Richtlinien des Reichskommissars tätig.

(3) Zu ihren Aufgaben gehören insbesondere:

a) Einsatz und Bestellung, Aus- und Fortbildung der beim Gesundheitswerk tätigen Ärzte und der Angehörigen der anderen Berufe im Gesundheitsdienst nach planwirtschaftlichen Gesichtspunkten,

b) Durchführung und Überwachung der Gesundheitsvorsorge,

c) Mitwirkung bei der Bekämpfung vermeidbarer Volksseuchen nach reichseinheitlichen Richtlinien,

d) Durchführung und Überwachung der allgemeinen hygienischen Maßnahmen,

e) Beteiligung bei der Beschaffung, Prüfung und Verteilung der Lebensmittel und der Gegenstände des täglichen Bedarfs nach gesundheitlichen Gesichtspunkten,

f) Überwachung des Heil- und Genußmittelverbrauchs, der nach reichseinheitlichen Richtlinien gelenkt wird,

g) Lenkung und Überwachung der Erholung gesundheitlich Anbrüchiger,

h) Überwachung der ärztlichen Tätigkeit innerhalb der Krankenhilfe,

i) Überwachung der Arbeitseinsatzfähigkeit,

k) Beratung der Dienststellenleiter des Versorgungswerkes des Deutschen Volkes, insbesondere Veranlassung und Erstattung von Obergutachten,

l) Überwachung der in den Ortsgesundheitsstationen geführten Gesundheitskartei,

m) Erstellung, Auswertung und Überwachung der Gesundheitsberichterstattung und Anfertigung von Gesundheitsstatistiken für das Gesundheitswerk des Deutschen Volkes,

n) Lenkung und Überwachung propagandistischer und rednerischer Tätigkeit im Gesundheitswerk des Deutschen Volkes,

o) Überwachung von Krankenanstalten und Erholungsheimen jeder Art nach reichseinheitlichen Gesichtspunkten,

p) Bereitstellung von Krankenanstalten und Erholungsheimen jeder Art nach planwirtschaftlichen Gesichtspunkten.

§ 6. Einsatz von Ärzten und den anderen beim Gesundheitswerk tätigen Berufsangehörigen

(1) Der nach planwirtschaftlichen Gesichtspunkten festgestellte Arztsitz ist der Ort oder Dienstsitz, für dessen Bereich ein Haus- oder Facharzt, der leitende Arzt einer Orts- oder Betriebsgesundheitsstation und einer Krankenanstalt tätig wird.

(2) Der Arztsitz wird verliehen.

(3) Voraussetzung für die Verleihung eines Arztsitzes ist eine mehrjährige erfolgreiche Tätigkeit in einer Orts- oder Betriebsgesundheitsstation, bei einem Hausarzt, in einer Krankenanstalt oder als Betriebsarzt, wobei der Aufenthalt in ländlichen Bezirken und in den Grenzgebieten, besonders im Osten des Reiches, bevorzugt anzurechnen ist.

(4) Jeder für das Gesundheitswerk tätige Arzt und jeder andere Angehörige eines Berufes des Gesundheitsdienstes ist verpflichtet, eine Betreutenkartei zu führen. Der Reichskommissar ordnet die Einführung und Überprüfung der Betreutenkartei durch besondere Richtlinien an.

(5) Zu den Berufen des Gesundheitsdienstes gehören:

a) die bestallten Ärzte,

b) die Heilpraktiker, Hebammen, Zahnärzte und Dentisten, Apotheker,

c) die Angehörigen der Gesundheitshilfsberufe, insbesondere Gesundheits- und Volkspflegerinnen, Diätassistentinnen und Verpflegungslenkerinnen, Wochenpflegerinnen, Säuglings- und Kleinkinderschwestern und -pflegerinnen, Krankenschwestern, -pfleger und -gymnastinnen jeder Art, Heilgehilfen, Bader, Massierer, technische Assistentinnen jeder Art, Desinfektoren.

(6) Der Reichskommissar übernimmt die Vertretung der Berufe des Gesundheitsdienstes; er kann Berufe des Gesundheitsdienstes umschulen.

§ 7. Gesundheitspaß

(1) Für alle im Reichsgebiet wohnenden Personen wird ein Gesundheitspaß ausgestellt, der dem Inhaber ausgehändigt wird.

(2) Der Gesundheitspaß ist eine öffentliche Urkunde.

(3) Der gültige Gesundheitspaß berechtigt zur Inanspruchnahme von Einrichtungen des Gesundheitswerkes.

(4) Der Gesundheitspaß stellt einen Auszug aus der Gesundheitskartei dar und stimmt in den allgemeinen und Personalangaben mit ihr überein.

(5) Über Aussehen und Inhalt des Gesundheitspasses, Gültigkeit und Dauer und die damit zu führenden Berechtigungsnachweise erläßt der Reichskommissar Ausführungsbestimmungen.

§ 8. Gesundheitskartei

(1) Die Gesundheitskartei ist die Grundlage für die Durchführung der Aufgaben des Gesundheitswerkes. Sie wird in der Ortsgesundheitsstation für alle Volksgenossen angelegt und geführt.

(2) Die Gesundheitskartei enthält die Untersuchungsbefunde und Ergebnisse der gesundheitlichen Betreuung für alle Volksgenossen. Diese gesundheitlichen Ermittlungen werden in der Ortsgesundheitsstation erarbeitet und gesammelt.

(3) Haus-, Fach- und Betriebsärzte, ärztliche Gutachter und ärztliche Leiter von Krankenanstalten, Erholungsheimen und wissenschaftlichen Einrichtungen des Gesundheitsdienstes sind verpflichtet, alle gesundheitlich wichtigen Arbeitsergebnisse und Erkenntnisse dem Reichskommissar bekanntzugeben.

(4) Für die Angehörigen der anderen Berufe des Gesundheitsdienstes gelten diese Bestimmungen sinngemäß.

§ 9. Ärztliche Tätigkeit für das Versorgungswerk des Deutschen Volkes

(1) Die für das Gesundheitswerk des Deutschen Volkes tätigen Ärzte sind Gutachter des Versorgungswerkes des Deutschen Volkes.

(2) Der Hausarzt oder behandelnde Facharzt oder der leitende Arzt der zuständigen Orts- oder Betriebsgesundheitsstation erstattet über den Beschädigten oder sonst behinderten Volksgenossen, der Ansprüche an das Versorgungswerk des Deutschen Volkes stellt, das Erstgutachten. Die Unterlagen aus der Betreuten-, Gesundheits- und Betriebsgesundheitskartei sind tunlich zu verwerten.

(3) Der Kreisbeauftragte des Reichskommissars für das Gesundheitswerk des Deutschen Volkes prüft die Erstgutachten; er ergänzt sie durch Beiziehung der Unterlagen anderer Ärzte und sonstiger Angehörigen der Berufe des Gesundheitsdienstes; er veranlaßt eine notwendige wissenschaftliche Überarbeitung und leitet sie dem Versorgungswerk des Deutschen Volkes zu.

(4) Der Gaubeauftragte des Reichskommissars ist ärztlicher Obergutachter im Streitverfahren. Er kann die Erstattung von Obergutachten den Kreisbeauftragten oder anderen besonders geeigneten Ärzten übertragen.

(5) Der Kreisbeauftragte führt über die anerkannten Beschädigungen und alle anderen nicht mehr voll arbeitseinsatzfähigen Volksgenossen und Volksgenossinnen eine Liste.

(6) Auf Grund dieser Liste veranlaßt oder überwacht der Kreisbeauftragte

a) die zweckmäßige Behandlung des teilweise oder völlig Arbeitseinsatzunfähigen mit dem Ziele der teilweisen oder völligen Wiederherstellung,

b) den gebotenen Arbeitsplatzwechsel,

c) die regelmäßig zu wiederholenden gesundheitlichen Überprüfungen der Personen, die zeitweise oder dauernd dem Arbeitseinsatz durch Beschädigungen, Krankheiten oder Gebrechen teilweise oder ganz entzogen sind und Leistungen aus dem Versorgungswerk des Deutschen Volkes erhalten. Für die Opfer der Bewegung und der Kriege der Nation gelten besondere Bestimmungen,

d) die Überprüfung der Arbeitseinsatzfähigkeit der Personen, die Ruhegeld oder Alterssold aus dem Versorgungswerk des Deutschen Volkes beziehen, wenn ein verstärkter Arbeitseinsatz für Maßnahmen des Vierjahresplanes, im Katastrophenfall oder im Kriegsfall notwendig ist,

e) die rechtzeitige und zweckentsprechende Beteiligung des Hausarztes, des Betriebsgesundheitsdienstes und der Einrichtungen der Ortsgesundheitsstation bei der Durchführung vorgenannter Arbeitseinsatzmaßnahmen.

§ 10. Der Gesundheitskreis

(1) Für den Dienstbereich einer Ortsgesundheitsstation wird der Gesundheitskreis gebildet.

(2) Der Gesundheitskreis setzt sich in der Regel zusammen aus Vertretern

a) der Haus-, Fach- und Betriebsärzte,

b) der Angehörigen der anderen Berufe im Gesundheitsdienst,

c) der Angehörigen der Gesundheitshilfsberufe,

d) der Partei und ihrer Gliederungen und angeschlossenen Verbände,

e) der für das Gesundheitswerk tätig werdenden Behörden,

f) der Wehrmacht und der Polizei.

(3) Dem Gesundheitskreis können auch andere Volkgenossen und Volksgenossinnen angehören, die sich für die Durchführung und Überwachung der Maßnahmen des Gesundheitswerkes besonders eignen und verdient gemacht haben, ohne vorgenannten Kreisen anzugehören.

(4) Der Kreisbeauftragte beruft die Mitglieder des Gesundheitskreises auf Vorschlag des leitenden Arztes der Ortsgesundheitsstation.

(5) Der Gesundheitskreis wird vom leitenden Arzt der Ortsgesundheitsstation geleitet.

(6) Der Gesundheitskreis wird nach Richtlinien, die der Reichskommissar einheitlich für das ganze Reichsgebiet erläßt, tätig.

(7) Der Gesundheitskreis tritt mindestens einmal im Monat zusammen.

(8) Die Tätigkeit im Gesundheitskreis ist ehrenamtlich.

(9) Die dem Gesundheitskreis angehörenden Volksgenossen und Volksgenossinnen sind für die Überwachung und Durchführung der Maßnahmen des Gesundheitswerkes mitverantwortlich.

§ 11. Auskunftspflicht

(1) Alle Organe des Gesundheitswerkes des Deutschen Volkes sind untereinander zur Auskunft verpflichtet.

(2) Sie sind zur Offenbarung an sich geheimzuhaltender oder vertraulich zu behandelnder Vorgänge ohne besondere Aufforderung gegenüber ihrem Dienstvorgesetzten im Gesundheitswerk verpflichtet, wenn das berechtigte Interesse des Volksganzen es verlangt.

(3) Zwischen den Gesundheitsdienststellen des Staates, der Wehrmacht, der Polizei, der SS-Verfügungstruppen und SS-Totenkopfverbänden, des Reichsarbeitsdienstes und des Deutschen Roten Kreuzes und den Organen des Gesundheitswerkes, des Erholungswerkes und des Versorgungswerkes des Deutschen Volkes besteht Auskunftspflicht.

II. Teil

A. Die Gesundheitsvorsorge

§ 12. Aufgaben

(1) Die Gesundheitsvorsorge wird in den Ortsgesundheitsstationen durchgeführt.

(2) Zu den Aufgaben der vorbeugenden und verhütenden Gesundheitsvorsorge gehören:

a) die Rassenpflege,

b) die Erbgesundheitspflege,

c) die Eheberatung,

d) die Vorsorge für die werdende Mutter,

e) die Vorsorge für Mutter, Säugling und Kleinkind,

f) die Vorsorge für die Schuljugend,

g) die Vorsorge für die berufstätige Jugend einschließlich der gesundheitlichen Berufsberatung,

h) die Vorsorge für die erwachsenen Volksgenossen,

i) die Vorsorge für die Gefolgschaftsangehörigen in Betrieben und Unternehmungen,

k) die Lenkung und Überwachung der gesundheitlichen Maßnahmen im Erholungswerk des Deutschen Volkes,

l) die Gesundheitspropaganda in Wort und Schrift,

m) die Untersuchungen für die Partei und ihre Gliederungen und angeschlossenen Verbände.

(3) Der Gesundheitsvorsorge können weitere Aufgaben übertragen werden.

§ 13. Die Ortsgesundheitsstationen

(1) Die Ortsgesundheitsstation wird beim Gemeinschaftshaus der Ortsgruppen der NSDAP errichtet.

(2) Die Ortsgesundheitsstation muß alle Einrichtungen enthalten, die nach dem neuesten Stand der Erkenntnisse auf gesundheitlichem Gebiet zur Erfüllung ihrer Aufgaben nötig sind.

(3) Zu diesen Einrichtungen gehören insbesondere zweckmäßig ausgestattete Räume für

a) die ärztliche Untersuchungstätigkeit,

b) die Unterbringung der Gesundheitskartei,

c) die Tätigkeit des ärztlichen Hilfspersonals,

d) die Vornahme von Maßnahmen zur Aufrechterhaltung oder Stärkung der Gesundheit und Arbeitseinsatzfähigkeit,

e) die Erste Hilfe.

(4) Die Betreuung der erkrankten, beschädigten oder siechen Volksgenossen erfolgt ausnahmslos durch die Einrichtungen der Krankenhilfe.

§ 14. Der Betriebsgesundheitsdienst

(1) Die Betriebe und Unternehmungen im Reichsgebiet sind verpflichtet, den Betriebsgesundheitsdienst nach den Weisungen des Reichskommissars für das Gesundheitswerk des Deutschen Volkes einzurichten und zu unterhalten und Betriebsärzte und Hilfspersonal einzustellen.

(2) Zur Durchführung des Betriebsgesundheitsdienstes werden von den Betrieben und Unternehmungen Betriebsgesundheitsstationen errichtet, deren Einrichtungen der Kreisbeauftragte überwacht.

(3) Der Betriebsgesundheitsdienst kann auch in der Ortsgesundheitsstation durchgeführt werden, wie überhaupt zwischen den Orts- und Betriebsgesundheitsstationen dauernde enge Zusammenarbeit stattzufinden hat.

(4) Der Betriebsgesundheitsdienst für kleine und mittlere Betriebe und Unternehmungen wird von dem Leiter der Ortsgesundheitsstation oder in seinem Auftrag durchgeführt.

(5) Das Reich gibt für die Einrichtung und Durchführung des Betriebsgesundheitsdienstes Beihilfen.

(6) Die Tätigkeit des Betriebsgesundheitsdienstes wird vom Reichskommissar bestimmt und umfaßt insbesondere:

a) die Mitwirkung bei Bau, Einrichtung und Ausgestaltung des Betriebes oder Unternehmens,
b) die Mitwirkung bei der Auswahl des Arbeitsplatzes für das einzelne Gefolgschaftsmitglied,
c) die regelmäßige Überwachung des Gefolgschaftsmitgliedes am Arbeitsplatz,
d) die Anlegung und regelmäßige Ergänzung der Betriebsgesundheitskartei,
e) die regelmäßige Untersuchung der Gefolgschaftsmitglieder,
f) die Beratung des Gefolgschaftsmitgliedes in allen für den Arbeitseinsatz wichtigen gesundheitlichen Fragen,
g) die Betreuung der werdenden und stillenden Mutter im Betrieb,
h) die Betreuung der jugendlichen Gefolgschaftsmitglieder,
i) die Überwachung der Gemeinschaftsverpflegung,
k) ärztliche Lenkung und Überwachung des Betriebssportes,
l) die Überwachung gesundheitlich anbrüchiger Gefolgschaftsmitglieder,
m) die Durchführung und Überwachung der allgemeinen Betriebshygiene,
n) die Durchführung und Überwachung der Schadensverhütung im Betrieb,
o) Überwachung der Arbeitseinsatzfähigkeit,
p) Beratung der Betriebsführung,
q) Gesundheitsaufklärung.

(7) Eine betriebsgebundene Behandlung kranker, beschädigter oder siecher Gefolgschaftsmitglieder soll im allgemeinen durch den Betriebsgesundheitsdienst nicht stattfinden.

(8) Der Betriebsgesundheitsdienst wird von einem Betriebsarzt geleitet.

(9) Der Betriebsarzt hat das Recht, die Behandlung eines Gefolgschaftsmitgliedes durch den Hausarzt anzuordnen.

B. Gesundheitliche Lenkung und Überwachung der Erholung

§ 15. Überwachung der Erholung Gesunder

(1) Die Erholung der gesunden Volksgenossen ist Angelegenheit der NS-Gemeinschaft Kraft durch Freude.

(2) Die erforderliche gesundheitliche Überwachung erfolgt im Einvernehmen mit der NS-Gemeinschaft Kraft durch Freude auf Weisung des Reichskommissars für das Gesundheitswerk des Deutschen Volkes.

(3) Die vom Reichskommissar zu bestellenden Organe des Gesundheitswerkes des Deutschen Volkes haben im Einvernehmen mit der NS-Gemeinschaft Kraft durch Freude dafür zu sorgen, daß jeder Schaffende einmal in 5 Jahren seinen alljährlichen Erholungsurlaub dazu benutzt, den durch den Arbeitseinsatz in der Regel auftretenden Kräfteverschleiß nach Ratschlägen des Gesundheitswerkes zu ergänzen.

§ 16. Lenkung und Überwachung der Erholung gesundheitlich Anbrüchiger

(1) Zur Erhaltung und Wiederherstellung der Arbeitseinsatzfähigkeit gesundheitlich Anbrüchiger können die Einrichtungen des Erholungswerkes des Deutschen Volkes in Anspruch genommen werden.

(2) Antragsberechtigt zur Teilnahme an dieser Erholung ist neben dem Anspruchsberechtigten der Haus- und Betriebsarzt.

(3) Die Erholung gesundheitlich Anbrüchiger, die Anspruch auf Leistungen aus dem Gesundheitswerk des Deutschen Volkes haben, wird auf Vorschlag des Leiters der Ortsgesundheitsstation von dem Kreis- bzw. Gaubeauftragten des Reichskommissars gelenkt und überwacht.

(4) Der Reichskommissar erläßt hierzu Richtlinien, die laufend auf dem Stand der neuesten wissenschaftlichen Erkenntnisse gehalten werden.

§ 17. Erholungsstätten

(1) Für die Durchführung dieses Teiles des Erholungswerkes stehen die zugelassenen Sanatorien, Erholungsheime, Kurorte und Bäder jeder Art, die im Besitz der öffentlichen Hand sind, sowie die den caritativen Verbänden gehörenden geeigneten Einrichtungen zur Verfügung.

(2) Geeignete private Unternehmungen, insbesondere die von Ärzten und anderen Angehörigen der Berufe und Heilberufe des Gesundheitsdienstes geleiteten, können als Vertragsanstalten zugelassen werden, wenn sie den Richtlinien des Reichskommissars entsprechen.

(3) Betriebserholungsheime jeder Art dienen in erster Linie der Erholung der eigenen Betriebsangehörigen; sie können den allgemeinen Erholungsbedürfnissen auf besondere Weisung des Reichskommissars nutzbar gemacht werden.

(4) Zur Bereitstellung der für die Erholung gesundheitlich Anbrüchiger notwendigen Unterkünfte bedient sich das Gesundheitswerk der Mitwirkung bestehender Facheinrichtungen.

§ 18. Geburtenhilfe, Stillgeld, Wochengeld

(1) Jede Mutter deutschen oder artverwandten Blutes erhält bei der Geburt eines deutschblütigen Kindes eine Geburtenbeihilfe in Höhe des Grundbetrages des Alterssoldes.

(2) Jede Mutter, die ihr Kind selbst stillt, erhält ein wöchentliches Stillgeld in Höhe von 1/4 des Grundbetrages des Alterssoldes. Das Stillgeld wird auf Grund einer Bescheinigung des Hausarztes oder der Hebamme und bis zu 26 Wochen Dauer gewährt.

(3) Berufstätige Frauen deutschen oder artverwandten Blutes haben Anspruch auf ein Wochengeld in Höhe des Krankengeldes, wenn sie in der Zeit von 6 Wochen vor bis zu 6 Wochen nach der Entbindung auf Grund einer hausärztlichen Bescheinigung arbeitseinsatzunfähig sind.

III. Teil. Die Krankenhilfe

§ 19. Allgemeine Leistungen der Krankenhilfe

(1) Die Krankenhilfe gewährt dem Volksgenossen und seinen unselbständigen Familienmitgliedern:

a) haus- und fachärztliche Behandlung,

b) Arznei- und Verbandsmittel und Krankenpflegeartikel,

c) Krankenanstaltsbehandlung,

d) Kranken- und Sterbegeld,

e) Wochenhilfe, Still- und Entbindungsgeld.

(2) Der Leistungsanspruch wird durch den gültigen Gesundheitspaß auf Grund der Richtlinien des Reichskommissars für das Gesundheitswerk des Deutschen Volkes nachgewiesen.

§ 20. Arztwahl

(1) Jeder im Reichsgebiet wohnende und zur Teilnahme an der Krankenhilfe berechtigte Volksgenosse ist verpflichtet, sich einen Hausarzt zu wählen.

(2) Die unselbständigen Familienmitglieder sind an die Wahl des Haushaltsvorstandes gebunden.

(3) Die Wahl erfolgt durch die Eintragung in eine für jeden als Hausarzt zugelassenen Arzt ausgelegte Liste.

(4) Die Wahl gilt für die Dauer von 2 Jahren.

(5) Ein Hausarztwechsel vor Ablauf einer Frist von 2 Jahren kann nur aus wichtigen, in der Person des Arztes oder des Volksgenossen liegenden Gründen stattfinden und bedarf der Genehmigung durch den Kreisbeauftragten des Reichskommissars, der an die Weisungen des Reichskommissars über den Hausarztwechsel gebunden ist.

§ 21. Tätigkeit des Hausarztes

(1) Der Hausarzt führt die Behandlung und Betreuung der ihm anvertrauten Personen selbständig durch.

(2) Der Hausarzt kann einen Facharzt zur Beratung zuziehen oder in dessen Behandlung überweisen.

(3) Der Hausarzt kann die Überweisung in eine Krankenanstalt anordnen.

(4) Der Hausarzt ist verpflichtet, die seiner Obhut anvertrauten Personen nach anerkannten und bewährten Behandlungsmethoden unter Beachtung der allgemein gebotenen Wirtschaftlichkeit zu behandeln.

(5) Der Reichskommissar für das Gesundheitswerk des Deutschen Volkes spricht die Anerkennung von Heilmethoden aus. Er hat sich hierzu des Rates besonders hervorragender Wissenschaftler aus allen Gebieten der Heilkunde zu bedienen. Er kann einen ständigen Beirat bilden, dem außer Angehörigen der Heilberufe auch andere gesundheitspolitisch verdiente Personen angehören sollen.

(6) Der Hausarzt bestimmt Ende und Beginn der Arbeitseinsatzfähigkeit.

(7) Der in eigener Praxis oder in einer Krankenanstalt tätige Facharzt ist verpflichtet, nach Beendigung der Fachbehandlung die überwiesenen Personen an den Hausarzt zurückzuüberweisen. Er ist berechtigt, dem Hausarzt geeignete Behandlungen zu übertragen.

(8) Der Hausarzt hat sich über den Rahmen der Krankenhilfe hinaus der gesundheitlichen Betreuung der ihm anvertrauten Personen anzunehmen und die Arbeit der Gesundheitsstationen zu unterstützen.

(9) Bei Streitigkeiten zwischen dem Behandelten, dem Haus- und dem Facharzt entscheidet der Kreisbeauftragte auf Grund der vom Reichskommissar erlassenen Richtlinien.

(10) Die vorstehenden Bestimmungen gelten sinngemäß für alle anderen Berufe des Gesundheitsdienstes.

§ 22. Vergütung des Hausarztes

(1) Jeder für die Krankenhilfe tätige Hausarzt erhält aus den Mitteln des Gesundheitswerkes seine Besoldung.

(2) Die Besoldung setzt sich zusammen aus:

a) der Grundvergütung,

b) der Leistungszulage.

(3) Die Höhe der Grundvergütung wird bestimmt aus:

a) der Bewertung des Arztsitzes,

b) dem Berufsalter des Arztes,

c) dem Familienstand des Arztes.

(4) Die Höhe der Leistungszulage wird ermittelt aus:

a) der Anzahl der nach der Listenwahl betreuten Personen,

b) den Vergütungen für Maßnahmen von besonderer bevölkerungs- und gesundheitspolitischer Bedeutung,

c) den Vergütungen für besondere Behandlungen,

d) den Vergütungen aus Gutachter- und rednerischer Tätigkeit.

§ 23. Bewertung der Arztsitze

(1) Jeder einzelne Arztsitz wird nach staats- und volkstumspolitischen Gesichtspunkten bewertet.

(2) Die Bewertung des Arztsitzes erfolgt durch den Reichskommissar für das Gesundheitswerk des Deutschen Volkes.

§ 24. Vergütungen für Maßnahmen von besonderer bevölkerungs- und gesundheitspolitischer Bedeutung

(1) Geburtshilfliche Leistungen des Hausarztes werden besonders vergütet.

(2) Maßnahmen zur Erhaltung wertvollen keimenden Lebens werden besonders vergütet.

(3) Erfolgreiche Maßnahmen zur Bekämpfung vermeidbarer Volksseuchen werden besonders vergütet.

§ 25. Besoldung der Fachärzte

(1) Fachärzte jeder Art erhalten neben einer Grundvergütung, die sinngemäß der Grundvergütung der Hausärzte entspricht, Vergütung nach Einzelleistung.

(2) Die Bewertung der Einzelleistung wird für jede Facharztsparte nach den Richtlinien des Reichsgesundheitsführers besonders festgesetzt.

§ 26. Besoldung der übrigen Heilberufe

Für die Besoldung der Angehörigen der anderen Berufe des Gesundheitsdienstes gelten sinngemäß Richtlinien des Reichskommissars.

§ 27. Die Versorgung der Angehörigen der Berufe des Gesundheitsdienstes

Soweit Angehörige der Berufe des Gesundheitsdienstes nicht durch das Versorgungswerk des Deutschen Volkes für die Zeit der Arbeitseinsatzunfähigkeit und des Alters versorgt sind, erläßt der Reichskommissar für das Gesundheitswerk des Deutschen Volkes Bestimmungen über ihre Selbstversorgung.

§ 28. Krankengeld

(1) Krankengeld wird bei Arbeitseinsatzunfähigkeit und Verdienstausfall gewährt.

(2) Es beträgt für die ersten 6 Wochen nach Eintritt der Arbeitseinsatzunfähigkeit 80 v.H. des Arbeitsverdienstes.

(3) Von der siebenten bis zu der sechsundzwanzigsten Woche wird Krankengeld in Höhe des aus dem Versorgungswerk zustehenden Beschädigtenruhegeldes gewährt.

(4) Von der 27. Woche ab erhält der Arbeitseinsatzunfähige das Beschädigtenruhegeld aus dem Versorgungswerk des Deutschen Volkes.

(5) Der Nachweis des Verdienstausfalles erfolgt bei Arbeitnehmern durch eine Bescheinigung des Betriebsführers, bei Selbständigen durch Glaubhaftmachung.

(6) Erhält der Arbeitseinsatzunfähige seine Bezüge aus dem Arbeitsverhältnis weiter, so hat der Arbeitgeber Anspruch auf das Krankengeld.

§ 29. Hausgeld

(1) Bei Unterbringung des Arbeitseinsatzunfähigen in einer Krankenanstalt erhalten versorgungsberechtigte Familienangehörige ein Hausgeld in Höhe von 80 v.H. des dem Arbeitseinsatzunfähigen zustehenden Beschädigtenruhegeldes.

(2) Der Arbeitseinsatzunfähige erhält ein Taschengeld in Höhe von 1/10 des Krankengeldes.

§ 30. Begrenzung der Leistungen

Die Leistungen an Krankengeld oder Hausgeld dürfen zusammen mit sonstigen Einkommen aus einem Arbeitsverhältnis den bisherigen Arbeitsverdienst aus selbständiger oder unselbständiger Arbeit, im Höchstfalle jedoch 400 RM im Monat, 92,50 RM in der Woche oder 15,50 RM je Wochentag nicht übersteigen; die Beträge für Familienzuschläge dürfen nicht angerechnet werden.

§ 31. [Begrenzung der Leistungen]

Bei einem Einkommen von mehr als 400 RM im Monat aus selbständiger oder unselbständiger Arbeit besteht kein Anspruch auf die Leistungen der Krankenhilfe. Dieser Betrag erhöht sich für die Ehefrau sowie das erste und zweite Kind um je 50 RM, vom dritten Kinde ab um je 100 RM im Monat. Voraussetzung hierfür ist, daß der Kranke den Unterhalt von Ehefrau und Kindern bestreitet. In Zweifelsfällen besteht zunächst der Anspruch auf die Krankenhilfe.

§ 32. Pflicht zur Behandlung

(1) Der Gaubeauftragte des Reichskommissars für das Gesundheitswerk des Deutschen Volkes kann die Duldung einer Behandlung oder die Einweisung in eine Krankenanstalt bei einsichtlosen und umgebungsgefährlichen Kranken erzwingen.

(2) Der Reichskommissar erläßt hierzu besondere Bestimmungen.

§ 33. Erkrankungen und Beschädigungen im Dienste der Volksgemeinschaft

Bei Erkrankungen oder Beschädigungen im Dienste der Volksgemeinschaft besteht grundsätzlich Anspruch auf Betreuung im Rahmen der Leistungen des Gesundheitswerkes.

§ 34. Beihilfen bei Krankheit

Auf Grund besonderer Richtlinien des Reichskommissars können im Krankheitsfalle Beihilfen gewährt werden, wenn dies zur Abwendung gesundheitlicher oder wirtschaftlicher Schäden angebracht erscheint.

§ 35. Schlußbestimmungen

(1) Bei Inkrafttreten des Erlasses oder einzelner Teile dieses Erlasses treten entgegenstehende Gesetze, Erlasse und Verordnungen außer Kraft.

(2) Der Reichskommissar für das Gesundheitswerk des Deutschen Volkes bestimmt den Zeitpunkt des Inkrafttretens.

III. Entwurf von Leonardo Conti zu einem Erlaß zur Errichtung des Gesundheitswerkes des Deutschen Volkes (September 1941)

Gesundheit und Leistungsfähigkeit sind die wertvollsten Güter des Volkes. Das deutsche Volk kann die ihm gestellten Aufgaben nur erfüllen, wenn seine Lebenskraft und Leistungsfähigkeit zur höchsten Entwicklung gelangen. Es ist daher unsere Pflicht, die Pflege der Gesundheit aller deutschen Volksgenossen mit allen Mitteln anzustreben.

Ich ordne daher an:

I. Zur planmäßigen, einheitlich ausgerichteten Gesundheitsführung der Deutschen wird das *„Gesundheitswerk des Deutschen Volkes"* errichtet. Das Gesundheitswerk des deutschen Volkes ist Aufgabe des Reichs.

II. Zur Errichtung und Führung des Gesundheitswerkes des deutschen Volkes bestelle ich den Reichsgesundheitsführer zum Reichskommissar für das Gesundheitswerk. Er untersteht mir unmittelbar und ist Oberste Reichsbehörde.

III. Zum Aufgabenbereich des Gesundheitswerkes des deutschen Volkes gehören insbesondere: die Erb- und Rassenpflege, die Gesundheitsfür- und Vorsorge, die Krankenhilfe, die Gesundheitspolizei und die ärztliche Gutachter- und Sachverständigentätigkeit.

IV. Mit der Gesundheitsfür- und Vorsorge sind Einrichtungen und Maßnahmen für die gesundheitliche Beratung, Betreuung, Aufklärung und Ertüchtigung des gesamten deutschen Volkes zu schaffen. Alle zur Zeit bestehenden öffentlichen und privaten Einrichtungen werden nach den Weisungen des Reichsgesundheitsführers zusammengefaßt und planmäßig ausgerichtet. Die Einrichtungen der Gesundheitsfür- und Vorsorge sind allen deutschen Volksgenossen ohne Entgelt zugänglich.

V. a) Krankenhilfe – als Teil des Gesundheitswerkes – erfolgt nicht mehr nach dem Versicherungsprinzip, sondern ist Reichsaufgabe; sie wird grundsätzlich allen deutschen Volksgenossen gewährleistet.

b) Aufgaben der Krankenhilfe sind:

1. die ärztliche Hilfe, den geburtshilflichen Beistand, die zahnärztliche und dentistische Hilfe sicherzustellen sowie die Heil- und sonstige Hilfe zu leisten;

2. mit den Ärzten, Dentisten, Hebammen, Apothekern und Lieferanten von Heil- und sonstigen Hilfen zu verrechnen;

3. mit Heil- und Pflegeanstalten Verträge abzuschließen und zu verrechnen;

4. die Errichtung, Instandhaltung und der Betrieb von Heilanstalten, Einrichtungen für Röntgendiagnostik und Therapie sowie physikalischer Therapie.

c) Die Bargeldleistungen aus der Krankenhilfe, nämlich

1. die Gewährung von Krankengeld und Hausgeld,

2. die Gewährung der Wochenhilfe, des Still- und Entbindungsgeldes,

3. die Gewährung von Sterbegeld

sind nicht Aufgaben des Gesundheitswerkes, sondern werden vom Unfall- und Altersversorgungswerk wahrgenommen. Die Höhe der Bargeldleistungen bestimmt der Reichskommissar des Altersversorgungswerkes im Einvernehmen mit dem Reichsgesundheitsführer.

d) Die Krankenhilfe wird nach Form und Umfang der Leistungen unter besonderer Berücksichtigung der bevölkerungspolitischen und sozialen Notwendigkeiten geregelt. Unter Berücksichtigung der Einkommensverhältnisse ist der Kreis der Berechtigten in drei Gruppen zu gliedern.

e) Die Organisation der Krankenhilfe, der Zeitpunkt ihres Inkrafttretens sowie die Überleitung aller Einrichtungen der öffentlichen und privaten Krankenversicherungsträger wird durch Gesetz geregelt.

VI. Jeder Deutsche erhält einen Gesundheitspaß. Der Gesundheitspaß bildet die Grundlage für die Erlangung der Krankenhilfe und für die Inanspruchnahme der Einrichtungen der Gesundheitsfür- und Vorsorge. Der Gesundheitspaß ist öffentliche Urkunde.

VII. Die Mittel für die Durchführung des Gesundheitswerkes mit allen seinen Einrichtungen trägt das Reich. Zur Deckung dieses Aufwandes ist ein Zuschlag zur Lohn- und Einkommensteuer und eine Abgabe der Betriebe und Unternehmungen vorzusehen.

VIII. Der Reichskommissar des Gesundheitswerkes erläßt im Einvernehmen mit den Obersten Reichsbehörden die zur Durchführung und Ergänzung dieses Erlasses erforderlichen Rechts- und Verwaltungsvorschriften.

Register der Sitzungsteilnehmer und Referenten

Sachregister

Quellennachweis und Benutzerhinweise sowie Nachtrag (Sitzung vom 3. und 4.5.1944)

A. Die Protokolle finden sich im Bundesarchiv Berlin, R 61 (Koblenz)/288-293, 403-405, die Gutachten in R 61/113.

Ob der im Protokoll vom 15.4.1935 noch als Vorsitzender genannte *Brucker* zu dieser Zeit noch diese Position innehatte, ist zweifelhaft. – Da die nicht in die Protokolle eingearbeiteten Referate verlorengegangen sein dürften, sind ergänzend zum Verständnis der Protokolle die jeweiligen Gutachten heranzuziehen. Bedauerlich ist auch, daß die Akten des Reichsarbeitsministeriums zum Sozialversicherungsrecht weitgehend verlorengegangen sind.

Der in den Protokollen vom 22.1., 20.3. und 27.3.1934 genannte Entwurf der NSBO zum Sozialversicherungsrecht war leider nicht auffindbar.

B. Die *Texte zum Versorgungswerk* des Deutschen Volkes sind unter NSD 50/92-1 und 92-2 sowie 342 im Bundesarchiv Berlin (Bibliothek) greifbar. – Die unter III. 3 c (525 ff.) gebrachte Begründung ist gegenüber dem Original aus Platzgründen gekürzt. In dem umfangreichen *Manuskriptdruck* finden sich noch *folgende Abschnitte:*

II. Formen einer Sicherung: 1. Organisatorische Möglichkeiten. 2. Sparen, Versichern, Versorgen a) Das Sparen in privat- und volkswirtschaftlicher Betrachtung, b) Die Bedeutung des Versicherungsprinzips, c) Warum volksgemeinschaftliche Versorgung?, d) Die technischen Möglichkeiten der sozialen Rentenversicherung. 3. Die Beziehungen zwischen Versorgungswerk, Spartätigkeit und Lebensversicherung.

III. Die volkswirtschaftliche Problematik des Versorgungswerkes: 1. Versorgung ein Verteilungsproblem. 2. Geldwert und Versorgungsleistung.

IV. Die Ausgestaltung des Versorgungswerkes: 1. Umfang und Grenzen der Versorgung a) Allgemeine Erwägungen, b) Höhe und Grenzen der Versorgung, c) Versorgung und Betreuung, d) Versorgungsanspruch und Unterhaltspflicht. – 2. Die Bemessungsgrundlage der Versorgungsleistung a) der Arbeitsverdienst als Grundlage, b) das versorgungsfähige Einkommen. – 3. Die Leistungen des Versorgungswerkes a) Altersversorgung, b) Beschädigtenversorgung, c) Familienversorgung, d) Ehrensold und Muttersold, e) Sonderfälle der Versorgung.

V. Die Finanzierung des Versorgungswerkes: 1. Der voraussichtliche Versorgungsaufwand. – 2. Volkseinkommen und Versorgungsaufwand. – 3. Die Aufbringung der Mittel.

In einem *weiteren Druck* finden sich noch als S. 179-223 folgende Abschnitte:

I. Die Ablösung bzw. Überarbeitung der bestehenden Einrichtungen: 1. Die Liquidation der Sozialrentenversicherung. – 2. Die Berufsgenossenschaften nach Einführung des Versorgungswerkes. – 3. Die Versorgung der Kriegsopfer und ihre Hinterbliebenen im Versorgungswerk.

II. Normalsätze für die Berechnung der Versorgungsleistungen.

III. Das Haushalts- und Kindergeld.

IV. Arbeitseinsatz und Versorgungswerk.

V. Überblick über die betrieblichen und berufsständischen Versorgungseinrichtungen: 1. Betriebliche Versorgungseinrichtungen. – 2. Berufsständische Versorgungseinrichtungen.

Anhang: Zahlen zu den Versorgungsleistungen und den bisherigen Renten.

Außerdem existiert noch ein *weiteres Manuskript einer Begründung* mit folgender Gliederung:

Einleitung: Das Erbe Bismarcks

I. *Das Versorgungswerk im sozialpolitischen System:* 1. Versorgung ein politisches Problem. – 2. Das Versorgungsrecht als Teilgebiet der Sozialpolitik. – 3. Versorgungswerk und Bevölkerungspolitik.

II. *Versorgungswerk und Volkswirtschaft:* 1. Versorgung ein Verteilungsproblem. – 2. Die volkswirtschaftliche Problematik des Versorgungsaufwandes. – 3. Geldwert und Versorgungsleistung.

III. *Versorgungswerk und Volksgemeinschaft:* 1. Das Versorgungswerk ein Instrument völkischer Kameradschaft. – 2. Überwindung unbegründeter Standesunterschiede. – 3. Die Aberkennung des Versorgungsanspruches.

IV. *Formen einer Sicherung:* 1. Versicherung – Versorgung. – 2. Alters- und Beschädigtenversorgung durch Um- und Ausbau der Rentenversicherung? – 3. Sparen und Lebensversicherung. – 4. Versorgungswerk – Spartätigkeit – Lebensversicherung.

V. *Die Bemessungsgrundlage der Versorgungsleistung:* 1. Der Arbeitsverdienst als Grundlage. – 2. Das versorgungsfähige Einkommen.

VI. *Umfang und Grenzen der Versorgung:* 1. Allgemeine Erwägungen. – 2. Höhe und Grenzen der Versorgung. – 3. Versorgung und Betreuung. – 4. Versorgung und Unterhaltspflicht.

VII. *Die Arten der Versorgung:* 1. Altersversorgung. – 2. Beschädigtenversorgung. – 3. Familienversorgung. – 4. Ehrensold und Muttersold. – 5. Sonderfälle der Versorgung.

VIII. *Die Finanzierung des Versorgungswerkes:* 1. Der voraussichtliche Versorgungsaufwand. – 2. Die Aufbringung der Mittel.

IX. *Betriebliche und berufsständische Versorgungseinrichtungen:* 1. Betriebliche Versorgungseinrichtungen. – 2. Berufsständische Versorgungseinrichtungen.

X. *Zahlen zu den Versorgungsleistungen und den bisherigen Renten:* 1. Die Höhe der Versorgungsleistungen. – 2. Vergleich mit den bisherigen Renten.

Die Texte sind vollständig wiedergegeben in der Mikrofiche-Edition der Hamburger Stiftung für Sozialgeschichte des 20. Jahrhunderts: „Sozialstrategien der Deutschen Arbeitsfront" (hrsg. von Karsten *Linne* und Karl-Heinz *Roth,* 1987 mit Registerband von K.H. *Roth,* 1992).

C. Die Texte zum Gesundheitswerk entstammen den Akten des Bundesarchivs Berlin, 1501, 3786, 3797. Daß der nach Marie-Luise *Recker,* Nationalsozialistische Sozialpolitik im Zweiten Weltkrieg, 1985, S. 124 Conti zugeschriebene Entwurf tatsächlich von Conti stammt, läßt sich lediglich aus der Tatsache erschließen, daß sich der Entwurf in den Akten des Reichsinnenministeriums als wohl nicht versandtes Manuskript befindet.

Eine weitere Fassung des Entwurfs eines Führererlasses über die Errichtung des Gesundheitswerks des Deutschen Volkes ist in der genannten Mikroficheedition Teil 2 Abt. 2 (Fiche 94/95) enthalten. Dieser Entwurf umfaßt 47 Bestimmungen, stimmt aber inhaltlich mit dem S. 590 ff. abgedruckten Text weitgehend überein. Er stellt eine Gemeinschaftsarbeit des Arbeitswissenschaftlichen Instituts und des Amtes Volksschutz der DAF dar. Die Abhängigkeit der beiden Entwürfe voneinander ist offensichtlich. Welcher Text früher entstanden ist, läßt sich nicht feststellen.

D. Nachtrag (BA Berlin, R 22/1939)

1. Bericht über die Sitzung des Ausschusses für Sozialversicherung am 3. und 4.5.1944 (Berlin)

Anwesende: Vorsitzender: Dr. *Wischer*. – Mitglieder: Prof. Dr. *Dersch*, RegDir. *Heinze*, MinRat Dr. *Hoffmeister*, SenPräs. *Kühne*, Prof. Dr. Lutz *Richter*, VizePräs. *Schaefer*. – Gäste: Hauptabtleiter Dr. *Funke*. – Akademie für Deutsches Recht: RegRätin *Blume*

Tagesordnung: 1. Abschließende Beratung des Entwurfs einer Verordnung über die Vereinfachung des Verfahrens in der Reichsversicherung während des Krieges.
2. Besprechung über eine Neufassung der gesamten Verfahrensvorschriften der RVO und anderer Verfahrensverordnungen.
3. Besprechung darüber, ob die Stellung und die Aufgaben des Reichsversicherungsamtes in Zukunft gewisser Änderungen bedürfen.

Der Vorsitzende Dr. *Wischer* gedachte vor Eintritt in die Tagesordnung mit warmen Worten des im September 1943 an der Ostfront gefallenen Ausschußmitgliedes Reichshauptamtsleiter Cayries. Er gab sodann einen Überblick über die Arbeiten des Ausschusses seit der letzten Sitzung vor etwa einem Jahre.

Punkt 1 der Tagesordnung: Abschließende Beratung des Entwurfs einer Verordnung über die Vereinfachung des Verfahrens in der Reichsversicherung während des Krieges.
Im Oktober 1939 ist bereits eine Verordnung zur Vereinfachung des Verfahrens in der Reichsversicherung erlassen, der im Oktober 1943 aufgrund eines Vorschlages des Akademieausschusses eine weitere Vereinfachung der Verordnung folgte. § 10 dieser zweiten Verordnung gibt dem Reichsarbeitsminister die Ermächtigung, beide Verordnungen zu einer zusammenzufassen. Der Reichsarbeitsminister hat den Akademieausschuß gebeten, einen entsprechenden Vorschlag auszuarbeiten. Die Vorarbeiten für die Sitzung sind in einem Unterausschuß unter Vorsitz von Senatspräsident Kühne vom Reichsversicherungsamt geleistet worden. Der Unterausschuß hat zwei Vorschläge vorgelegt, die sich dadurch unterscheiden, daß in dem einen zugleich die Bestimmungen der RVO aufgezählt sind, die infolge der beiden Kriegsverordnungen keine Anwendung mehr finden. Der Ausschuß hat sich für den ersten Vorschlag entschieden, weil nach seiner Ansicht der Hinweis auf ungültige gesetzliche Bestimmungen nicht in das Gesetz, sondern in die Begründung gehört.

Der neue Verordnungsentwurf enthält das, was bereits in den beiden Kriegsverordnungen ausgesprochen war. Er geht über deren gesetzliche Bestimmungen nicht hinaus, hat also keine gesetzlichen Bestimmungen angebracht, weil der Ausschuß glaubt, daß die Ermächtigung des § 10 sich nicht auf Neuschaffung erstreckt, sondern nur auf eine Verordnung des bereits geltenden Rechts.

Materiell behandelt die VO das Verfahren vor dem Versicherungsamt, dem Oberversicherungsamt und dem Reichsversicherungsamt, und zwar die Entscheidung im Spruch- und Beschlußverfahren durch den Vorsitzenden allein, die Berufung an das Oberversicherungsamt. Weiter ist eine Einschränkung der Beibringung von ärztlichen Gutachten vorgesehen. Die Verordnung soll sinngemäß gelten für Beiträge zum Reichsstock für Arbeitseinsatz und für Leistungen in der Unfallversicherung und die knappschaftliche Versicherung.

Nachdem einige Änderungen vorgenommen waren, wurde beschlossen, die Verordnung mit einer Begründung versehen dem Präsidenten der Akademie und dem Reichsarbeitsminister vorzulegen. Außerdem wird der Vorsitzende des Unterausschusses einen kurzen Artikel über die Verordnung in der „Zeitschrift der Akademie für Deutsches Recht" veröffentlichen.

Punkt 2 der Tagesordnung: Besprechung über eine Neufassung der gesamten Verfahrensvorschriften der RVO und anderer Verfahrensverordnungen.

Der Ausschußvorsitzende ist vom Reichsarbeitsministerium gebeten worden, die Neufassung der Verfahrensvorschriften der RVO in der Akademie für Deutsches Recht zu beraten und möglichst einen Gesetzentwurf vorzulegen. Die Frage der Kriegswichtigkeit dieser Aufgabe wurde im Ausschuß bestritten und die Arbeiten von einigen Mitgliedern für überflüssig erklärt, weil wir heute noch gar nicht wissen, wie das materielle Sozialversicherungsrecht nach dem Kriege aussieht. Die Mehrzahl der Ausschußmitglieder hielt die Arbeiten aber für kriegswichtig, denn kriegswichtig seien auch alle Zielsetzungen, die über das Kriegsende hinaus gehen und geeignet sind, die Stimmung während des Krieges zu tragen. Außerdem komme man um den Auftrag des Reichsarbeitsministeriums gar nicht herum. Es sei also wichtig, an den Entwurf des VI. Buches der RVO heranzugehen.

Über die Technik der Arbeitsgestaltung wurde beschlossen: Der Entwurf selbst soll in einem Unterausschuß unter dem Vorsitz von SenPräs. *Kühne* ausgearbeitet werden. Dem Unterausschuß gehören ferner als Mitglieder an: Prof. Dr. *Dersch,* Hauptabtleiter Dr. *Funke,* Prof. Dr. *Richter,* Vizepräs. *Schaefer,* ObRegRat Dr. *Lauterbach* (für Fragen der Unfallversicherung), MinRat Dr. *Hoffmeister* (für Fragen der Krankenversicherungspraxis).

Der Ausschuß beschränkt sich darauf, allgemeine Richtlinien für die Neufassung zu geben: Einige Anhaltspunkte für die Arbeiten ergeben sich einmal aus den früheren Beratungen des Ausschusses im Jahre 1935 oder 1936. Das Protokoll über die damalige Sitzung, das sich zur Zeit in unserer Ausweichstelle befindet, soll herbeigeschafft und eventuell vervielfältigt werden, da weitere Exemplare davon nicht mehr zur Verfügung stehen. Außerdem hat Professor Dr. Dersch auf Drängen des Reichsarbeitsministeriums im Auftrag des Reichsversicherungsamts vor etwa 6 Jahren einen Gesetzentwurf ausgearbeitet, der seitdem als „Referentenentwurf" im Reichsarbeitsministerium liegt. Falls das Reichsversicherungsamt zustimmt, soll auch dieser Entwurf als Grundlage für die zukünftige Arbeit dienen.

Der Ausschuß war sich darüber einig, daß es zweckmäßig ist, alle Verfahrensvorschriften in ein Gesetz zu bringen; das wären also die Vorschriften des VI. Buches der RVO, ferner z.B. die Bestimmungen aus dem Angestelltenversicherungsgesetz, dem Reichsknappschaftsgesetz, dem Gesetz über Arbeitslosenversicherung usw. Das Gesetz soll möglichst kurz gehalten werden und nur echtes Verfahrensrecht enthalten. Alle nebensächlichen Dinge gehören dagegen in die Geschäftsanweisungen für die Versicherungsämter, Oberversicherungsämter und das Reichsversicherungsamt.

Weiter ist die Frage zu prüfen, ob man die Versicherungsämter als gerichtliche Instanz beibehalten will. Diese Frage ist bereits früher im Ausschuß beraten und abgelehnt worden. Auch jetzt ist die allgemeine Ansicht, daß die Versicherungsämter nicht für die gerichtliche Tätigkeit geeignet sind. Das Verfahren sollte vielmehr bei den Oberversicherungsämtern, eventuell mit detachierten Kammern beginnen. Der Unterausschuß wird sich damit noch eingehend zu beschäftigen haben.

Wichtig ist ferner, ob im Rahmen der Neufassung des VI. Buches der RVO auch die Vorschriften des I. Buches über die Reichsversicherungsbehörden mit vorgenommen werden sollen. Eine Prüfung dieser Frage im Unterausschuß scheint selbstverständlich notwendig zu sein.

Das nächste Problem ist, ob die besonderen Versicherungsämter z.B. für die Reichsknappschaft und für die Reichsbahn notwendig und zweckmäßig sind oder ob sie ebenfalls bei einer Vereinheitlichung mit einzubeziehen sind. Die Angestelltenversicherung hat keine besonderen Oberversicherungsämter. Den Beratungen hierüber ist ein Aufsatz von Regierungsrat A. *von Altrock* zugrunde gelegt über „Beitragsstreitverfahren der Rentenversicherung“ in „Deutsche Rentenversicherung“ 1944, Heft 1 bis 3, Seite 5 ff.

Wegen der Bestimmungen über die Unfallversicherung soll mit ObregRat Dr. Lauterbach Rücksprache genommen werden. – Das Feststellungsverfahren ist ebenfalls in die Arbeiten mit einzubeziehen.

Punkt 3 der Tagesordnung: Besprechung darüber, ob die Stellung und die Aufgaben des Reichsversicherungsamts in Zukunft gewisser Änderungen bedürfen.

Der Ausschußvorsitzende hat mit Präsident Jacob vom Reichsarbeitsministerium bereits hierüber eine Besprechung gehabt.

Präsident Jacob hat die Absicht, offiziell an die Akademie mit der Bitte heranzutreten, dem Reichsarbeitsminister Vorschläge über die Aufgabengestaltung des Reichsversicherungsamts zu machen. Dr. Wischer hält es deshalb für gut, schon jetzt die Frage im Ausschuß zu überlegen. Zwei Fragengruppen sind dabei zu prüfen:

1. Hat sich die Vereinigung der Rechtsprechungsaufgaben mit denen der Aufsicht und Verwaltung, wie es im Reichsversicherungsamt, in den Oberversicherungsämtern und den Versicherungsämtern ist, bewährt – oder soll man hier eine Trennung überlegen? Ist es zweckmäßig – bei weiterer Vereinigung –, eine schärfere Trennung personeller Art vorzusehen? Hier spielt die Frage der Weisungsfreiheit des Richters hinein. Es ist eine etwas mißliche Stellung des Reichsversicherungsamtes, daß es an Weisungen des Reichsarbeitsministers gebunden ist und daß daher ein gewisser Druck auf seine Rechtsprechung ausgeübt werden kann.

2. Könnte von der Vielzahl der Verwaltungsaufgaben des Reichsversicherungsamts ein Teil den Versicherungsträgern überlassen werden?

Der Ausschuß ist der Ansicht, daß die Verbindung von Rechtsprechung und Verwaltung zu Kollisionen führt. Es ist z.B. schwierig, wenn der Präsident des Reichsversicherungsamts einen Bericht an das Reichsarbeitsministerium gibt und später ein Senat des Reichsversicherungsamts entgegengesetzt entscheidet. So kann es geschehen, daß sich die verwaltungsmäßige Freiheit zu Ungunsten der richterlichen Unabhängigkeit auswirkt. Eine personelle Trennung innerhalb des Reichsversicherungsamts genügt nach Ansicht des Ausschusses nicht, nötig erscheint vielmehr eine organisatorische Trennung.

Allgemein wird zugegeben, daß das Reichsversicherungsamt zur Zeit kein sehr großes Ansehen genießt. Es müßte schon etwas geschehen, um dieses zu beheben. Allerdings hängt das eng damit zusammen, daß auch das Ansehen des Reichsarbeitsministeriums überhaupt gehoben werden muß. Der Ausschuß hält es für richtig [...], daß das Reichsarbeitsministerium öffentlich in seinem amtlichen Organ Rechtsauskünfte erteilt, an die das Reichsversicherungsamt in seiner Rechtsprechung doch bis zu einem gewissen Grade gebunden ist. Das Reichsversicherungsamt hätte das niemals dulden dürfen und viel mehr von der Möglichkeit des § 1715 a RVO Gebrauch machen müssen, auch über Zweifelsfragen zu entscheiden, die nicht Gegenstand eines einzelnen Rechtsstreites sind. Dazu kommt, daß mehrmals Volksgenossen, die vom Reichsversicherungsamt rechtskräftig abgewiesen worden waren, sich an das Reichsarbeitsministerium oder eine Parteistelle wandten, und daß gegen das rechtskräftige Urteil die Weisung an die Versicherungsstelle erteilt wurde, doch zu zahlen. Solche Fälle schwächen das Ansehen des Reichsversicherungsamts sehr.

Zur Zeit ist es im Reichsversicherungsamt so, daß die Beamten gleichzeitig mit Rechtsprechung und Verwaltung beschäftigt werden. Es muß aber zugegeben werden, daß jemand mit ausgesprochener Neigung für die Rechtsprechung gar nicht die gleiche Veranlagung für die Verwaltung haben muß.

Der Ausschuß ist deshalb der Ansicht, daß es nicht zweckmäßig ist, Verwaltung und Rechtsprechung zusammenzulegen. Beschränkt man das Reichsversicherungsamt auf seine Spruchtätigkeit, so bleibt nicht viel von seiner Arbeit übrig. Man könnte dann aber vielleicht die Rechtsprechung verbinden mit dem Reichsarbeitsgericht oder mit dem Reichsverwaltungsgericht. Für die reine Verwaltungstätigkeit könnte eine Reichsanstalt eingerichtet werden.

2. Gutachten zur Vereinfachung des Verfahrens in der Reichsversicherung während des Krieges

I. Durch § 10 der Verordnung über die weitere Vereinfachung des Verfahrens in der Reichsversicherung und der Arbeitslosenversicherung während des Krieges vom 26. Oktober 1943 (RGBl. I S. 381) ist der Reichsarbeitsminister ermächtigt, die den gleichen Gegenstand betreffende Verordnung vom 28. Oktober 1939 (RGBl. I S. 2110) an die Verordnung vom 26. Oktober 1943 anzupassen und beide Verordnungen in einheitlicher Fassung zu veröffentlichen. Mit Schreiben vom 13. November 1943 – II 11889/43 – hat der Reichsarbeitsminister dem Vorsitzenden des Ausschusses für Sozialversicherung der Akademie für Deutsches Recht mitgeteilt, er würde es begrüßen, wenn die Anpassung und Vereinheitlichung der beiden Verfahrensverordnungen im Ausschuß für Sozialversicherung beraten werde. Nach Vorbereitung durch einen damit beauftragten Unterausschuß hat der Ausschuß für Sozialversicherung in der Sitzung am 3. und 4. Mai 1944 den beiliegenden Entwurf einer Verordnung über die Vereinfachung des Verfahrens in der Reichsversicherung während des Krieges aufgestellt.

Der Ausschuß für Sozialversicherung ist davon ausgegangen, daß es sich bei der Verordnung lediglich um die Regelung des Verfahrensrechts für die Dauer des Krieges handelt, wie dies schon die Überschrift der Verordnung vom 26. Oktober 1943 zum Ausdruck bringt. Die endgültige Ausgestaltung des Verfahrens in der Reichsversicherung, die der Ausschuß unabhängig davon vorbereitet, wird dann nach Beendigung des Krieges vorgenommen werden können.

Bei der Fassung des Entwurfs war der Ausschuß für Sozialversicherung an die mit der Ermächtigung des Reichsarbeitsministers im § 70 der Verordnung vom 26. Oktober 1943 gezogene Grenze gebunden, so daß grundsätzliche Abweichungen von dem bisherigen Rechtszustand von vornherein auszuscheiden hatten. Der Ausschuß für Sozialversicherung hat aber an verschiedenen Stellen eine Fassung vorgeschlagen, die Zweifelsfragen klären soll, die sich aus dem Wortlaut der Verordnungen von 1939 und 1943 in der Praxis ergeben haben, sowie einzelne Lücken im Sinne der beiden Verordnungen schließen soll.

Hinsichtlich der Gliederung des Stoffes erschien es angezeigt, die für jede einzelne Instanz – Versicherungsamt, Oberversicherungsamt, Reichsversicherungsamt – geltenden Vorschriften straffer als bisher zusammenzufassen sowie den einzelnen Paragraphen Überschriften voranzustellen, die eine leichtere Übersicht über den Inhalt ermöglichen. Der Ausschuß für Sozialversicherung hat, Anregungen der Praxis folgend, weiterhin geprüft, ob nicht durchgehend bei einer jeden Vorschrift ausdrücklich auszusprechen sei, inwieweit Bestimmungen des geltenden Rechts unter der Herrschaft der Verordnung außer Anwendung zu bleiben hätten. Damit wäre zwar unter Umständen das Verständnis des Kriegsverfahrensrechts den Beteiligten, namentlich den zur Vertretung des Versicherten Berechtigten, erleichtert worden, indessen nur auf Kosten der Kürze und Übersichtlichkeit der Verfahrensordnung selbst. Überdies hätte dabei mit der Gefahr gerechnet werden müssen, daß die eine oder andere Bestimmung unerwähnt geblieben wäre, wodurch wieder neue Zweifel entstanden wären. Daher erschien es dem Ausschuß für Sozialversicherung zweckmäßig, von einer Aufzählung der für die Kriegsdauer nicht anzuwendenden Bestimmungen abzusehen und es bei der schon im § 9 der Verordnung vom 26. Oktober 1943 (§ 11 des beiliegenden Entwurfs) geltenden allgemeinen Regel bewenden zu lassen, wonach die Vorschriften des geltenden Rechts nicht angewendet werden, soweit sie den Vorschriften der Verfahrensverordnung entgegenstehen. Es sind jedoch den Überschriften der einzelnen Paragraphen, soweit erforderlich, die Paragraphen der Reichsversicherungsordnung beigefügt, die den gleichen Gegenstand behandeln. Es wird genügen, wenn seitens der beteiligten zentralen Stellen, insbesondere der Deutschen Arbeitsfront, in geeigneter Weise darauf hingewiesen wird, inwieweit durch die Kriegsverfahrensverordnung das sonst geltende Recht unanwendbar geworden ist. Um hierfür einen Anhaltspunkt zu geben, ist nachstehend in den Bemerkungen zu § 11 die diesbezügliche Auffassung des Ausschusses für Sozialversicherung wiedergegeben. Im übrigen beschränken sich die nachstehenden Ausführungen darauf, auf wesentlichere Abweichungen des beiliegenden Entwurfs von der Fassung der Verordnungen von 1939 und 1943 hinzuweisen.

II. *Zu § 1 (Spruchverfahren vor dem Versicherungsamt): § 1 Absatz 1 der Verordnung von 1943.* In § 1 der Verordnung von 1943 ist in Absatz 1 der Vorsitzende des Ausschusses bzw. in Absatz 2 Satz 1 der Ausschußvorsitzende genannt. Dagegen spricht Absatz 2 Satz 2 von dem Vorsitzenden des Oberversicherungsamts. Diese Fassung ist widerspruchsvoll. Nach § 39 RVO ist Vorsitzender des Versicherungsamts der Leiter der unteren Verwaltungsbehörde, für den ein ständiger oder mehrere ständige Stellvertreter des Vorsitzenden bestellt werden. Ähnlich bestimmt § 67 RVO, daß, wenn das Oberversicherungsamt an eine höhere Reichs- oder Landesbehörde angegliedert ist, ihr Leiter zugleich der Vorsitzende ist; als sein ständiger Stellvertreter wird ein Direktor des Oberversicherungsamts bestellt. Nach den §§ 96, 97 RVO besteht der Spruchausschuß bzw. der Beschlußausschuß neben den Versicherungsvertretern aus dem Vorsitzenden des Versicherungsamts. Entsprechendes bestimmen die §§ 77, 78 RVO für die Spruchkammer bzw. Beschlußkammer des Oberversicherungsamts, wobei Vorsitzender der Spruchkammer ein Mitglied des Oberversicherungsamts, dagegen Vorsitzender der Beschlußkammer der Vorsitzende des Oberversicherungsamts ist. Wer jeweils den Vorsitz in einer der beiden Spruch- bzw. Beschlußkammern führt, ergibt sich aus der Geschäftsordnung. In dem beiliegenden Entwurf genügt es sowohl hinsichtlich des Versicherungsamts wie auch des Oberversicherungsamts (§ 1 Absatz 1, § 3 Absatz 1) jeweils nur von dem Vorsitzenden zu sprechen, der geschäftsordnungsmäßig zur Entscheidung in Spruchverfahren berufen ist (wegen des Beschlußverfahrens vergleiche § 8).

Der Absatz 2 des § 1 entspricht dem § 1 Absatz 2 Satz 2 der Verordnung von 1943. Nur ist neben dem Versicherten auch der beteiligte Hinterbliebene erwähnt, der, wenn es sich um Hinterbliebenenansprüche handelt, in gleicher Weise zu hören ist wie sonst der Versicherte. In der Praxis wird gelegentlich die Auffassung vertreten, dieses Anhörungsrecht sei ein höchst persönliches, das nicht durch Vertreter ausgeübt werden könne. Diese Auffassung erscheint als zu eng und würde unter Umständen überdies zu während des Krieges unerwünschten Reisen des Versicherten führen; sie kann daher nicht im Sinne der Vereinfachungsverordnung gelegen sein. Deshalb bringt die beiliegende Fassung besonders zum Ausdruck, daß der Betreffende sich bei der Anhörung durch einen zur Vertretung Berechtigten vertreten lassen kann. Ähnliche Erwägungen führen auch dazu, die Anhörung durch ersuchte Stellen stattfinden zu lassen (vergleiche ebenso Goldammer in „Amtliche Nachrichten für Reichsversicherung" 1943, S. II 474, rechte Spalte). Um dies klarzustellen, sieht der Ausschußentwurf vor, daß die §§ 115 Absatz 1, 117 RVO über Rechtshilfe hinsichtlich der Anhörung Anwendung finden.

In § 2 (Berufung an das Oberversicherungsamt): § 1 Absatz 2 Satz 1 der Verordnung von 1943, vergleiche auch Absatz 2 Satz 1 des § 2 derselben. In Absatz 1 Satz 2 des Ausschußentwurfs ist zum Ausdruck gebracht, daß die Zulässigkeit der Berufung unwiderruflich ist und das Berufungsgericht bindet. Dies war zwar in der Verordnung von 1943 nicht besonders gesagt, jedoch, wie Dersch in „Arbeiter-Versorgung" 1944, S. 2 ausführt, schon der bisherigen Fassung und dem Sinn des § 1 Absatz 2 Satz 1 der Verordnung von 1943 zu entnehmen.

Die Zulässigkeit der Berufung gegen im Feststellungsverfahren ergangene Bescheide der Träger der Unfallversicherung und der Rentenversicherung wurde bisher in § 2 der Verordnung von 1943 ohne weiteres unterstellt; sie ist zu größerer Deutlichkeit und der Vollständigkeit halber in dem Ausschußentwurf ausdrücklich ausgesprochen. Das Feststellungsverfahren der Versicherungsträger selbst haben die beiden Verordnungen von 1939 und 1943, abgesehen von § 4 der Verordnung von 1939 und § 7 der Verordnung von 1943 (vergleiche § 9 des Ausschußentwurfs) nicht behandelt; auch der Ausschußentwurf hat daher davon abgesehen. Absatz 3 (Berufungsfrist von einem Monat) entspricht dem § 1 Absatz 2 Satz 1 der Verordnung von 1943 bzw. des § 120 Absatz 1 RVO; soweit die Versicherungsgesetze insoweit Sondervorschriften enthalten, bewendet es dabei.

Zu § 3 (Sondervorschriften vor dem Oberversicherungsamt): § 1 Absatz 2 Satz 2 sowie § 2 der Verordnung von 1943. Wegen des Wortes „Vorsitzende" in Absatz 1 ist auf die Bemerkung zu § 1 Absatz 1 zu verweisen. Die Worte „unter Wegfall der Vorentscheidung" sind zur Klarstellung eingefügt, da die Verordnung von 1943 hierüber nichts sagt, während § 1 Absatz 2 der Verordnung von 1939 noch einen Antrag auf mündliche Verhandlung kannte, der schon der Verordnung von 1943 fremd ist.

Absatz 2 entspricht dem § 2 Absatz 1 Satz 2 der Verordnung von 1943. Insoweit sieht hier der Ausschußentwurf vor, daß § 1 Absatz 2 Satz 2 und 3 entsprechend geltend, auf die Bemerkung hierzu wird verwiesen.

Absatz 3 betont wie schon Absatz 2 des § 2 der Verordnung von 1943 die Endgültigkeit der Entscheidung des Oberversicherungsamts, vorbehaltlich der Abgabe an das Reichsversicherungsamt. Im Gegensatz zu § 1 Absatz 3 der Verordnung von 1939 sind damit Revision und Rekurs für die Kriegsdauer ausgeschlossen. Bei der besonderen Wichtigkeit dieser Rechtsmittelbeschränkung empfiehlt sich ein Hinweis darauf am Schlusse der Entscheidung, und zwar nicht als Mußvorschrift, um bei einem etwaigen Mangel des Hinweises keinen Zweifel an der Wirksamkeit der Entscheidung als solcher aufkommen zu lassen, wohl aber als Sollvorschrift; der Ausschußentwurf hat demgemäß eine solche aufgenommen.

Zu § 4 (Abgabe an das Reichsversicherungsamt): § 3 der Verordnung von 1943. § 3 der Verordnung von 1943 weicht in Absatz 1 insofern von dem Wortlaut des § 1693 Absatz 1 RVO ab, als § 3 hinsichtlich der zweiten Alternative sagt: „oder soll von einer amtlich veröffentlichten grundsätzlichen Entscheidung des Reichsversicherungsamts abgewichen werden". Schon Dersch hat in „Arbeiter-Versorgung" 1944, S. 2, 3 darauf hingewiesen, die Fassung des § 3 der Verordnung von 1943 könne auf den ersten Blick zu dem Mißverständnis führen, als genüge es zur Begründung des Abgabezwangs etwa schon, wenn eine der beteiligten Parteien die Abgabe an das Reichsversicherungsamt verlangt mit der Begründung, jene früher veröffentlichte grundsätzliche Entscheidung sei nicht mehr haltbar und die Angelegenheit müsse deshalb erneut dem Reichsversicherungamt zur Prüfung unterbreitet werden; eine solche Auslegung widerspreche aber durchaus dem Zwecke der Vorschrift. Der Ausschußentwurf geht von der gleichen Ansicht aus und hat daher insoweit die deutlichere Fassung des § 1693 Absatz 1 RVO wiederhergestellt. Nach § 1 Absatz 4 der Verordnung von 1939 sollten die Vorschriften über die Abgabe des § 1693 RVO unberührt bleiben. Das trifft jetzt nicht mehr zu; vielmehr ist letztere Vorschrift, wie Goldammer, a.a.O., S. 476, rechte Spalte ausführt, praktisch in der Regelung der Verordnung von 1943 aufgegangen und hat für die Dauer der Geltung der Verordnung ihre Bedeutung verloren. Dies gilt zweifelsfrei für § 1693 Absatz 1 und Absatz 5 Satz 1, deren Nichtanwendbarkeit der Ausschußentwurf infolgedessen im § 4 Absatz 1 vorsieht. § 1693 Absatz 2 ist ohnehin nach Wegfall der Landesversicherungsämter gegenstandslos, dagegen kann die Zuständigkeitsregelung im § 1693 Absatz 3 gelegentlich noch von Bedeutung sein. Weiterhin ist es notwendig, den § 1693 Absatz 4 (Nachricht an die Beteiligten) und ferner den Absatz 5 Satz 2 aufrechtzuerhalten, wonach sich das Reichsversicherungsamt auf die Entscheidung der grundsätzlichen Rechtsfrage beschränken kann, eine Möglichkeit, die § 3 der Verordnung von 1943 nicht vorsieht, wennschon sie ersichtlich dadurch nicht ausgeschlossen werden sollte. In Absatz 2 weicht der Ausschußentwurf nur dadurch von § 3 Absatz 2 der Verordnung von 1943 ab, daß hinter das Wort „Sache" das Wort „auch" eingefügt ist. Wenn das Reichsversicherungsamt in der Lage ist, die Sache ohne vorherige Verhandlung an das Oberversicherungsamt zurückzugeben, so hat es offensichtlich diese Befugnis doch auch nach vorangegangener Verhandlung auf Grund eines Senatsbeschlusses. Entsprechend der Praxis des Reichsversicherungsamts ist dies durch die Einfügung des Wortes „auch" klargestellt. In Absatz 3 spricht Satz 2 der Verordnung von 1943 von der Vertretung des Versicherten durch eine Rechtsberatungsstelle der Deutschen Arbeitsfront. Dies entspricht nicht der Auffassung des Reichsversicherungsamts (vergleiche Entscheidungen und Mitteilungen des Reichsversicherungsamts Band 16, Seite 215), wonach Vollmacht nur einer physischen Person erteilt werden kann. Aus diesem Grunde ist das Wort „Rechtsberatungsstelle" durch „Rechtsberater" ersetzt.

Absatz 4 entspricht dem Absatz 4 des § 3 der Verordnung von 1943, deren Beibehaltung dazu dient, die Bedeutung des § 1715 a RVO und die Notwendigkeit seiner Anwendung in allen geeigneten Fällen zu unterstreichen (vergleiche auch Goldammer, a.a.O., S. 477, linke Spalte). Der Ausschuß für Sozialversicherung hält den Hinweis auf § 1715 a RVO nicht für entbehrlich und schließt sich den Ausführungen von Goldammer hinsichtlich der Bedeutung dieser Vorschrift an, deren Anwendung nicht etwa dadurch ausgeschlossen wird, daß ein entsprechender Einzelfall im ordentlichen Rechtszuge überhaupt nicht an das Reichsversicherungsamt gelangen könnte.

Zu § 5 (Spruchverfahren vor dem Reichsversicherungsamt): § 2 der Verordnung von 1939. Der Ausschußentwurf hat die Fassung der Verordnung von 1939 übernommen mit Ausnahme der Schlußworte im Absatz 2 „nach den allgemeinen Vorschriften", die als selbstverständlich gestrichen sind. Wenn Goldammer, a.a.O., S. 477, linke Spalte angesichts der durch die Verfahrensregelung während des Krieges geschaffenen Rechtslage ausführt, daß die Entscheidung durch den vollbesetzten Senat künftig zur Regel werden wird, und diese Tatsache im Interesse der weiteren Rechtsentwicklung begrüßt, so kann dem nur beigetreten werden.

Zu § 6 (Einschränkung ärztlicher Gutachten): § 3 der Verordnung von 1939 und § 6 der Verordnung von 1943. Absatz 1 entspricht, abgesehen von einer lediglich sprachlichen Änderung der Fassung, dem § 6 der Verordnung von 1943. Der Ausschuß für Sozialversicherung hat erwogen, ob die in § 6 Absatz 2 a.a.O. dem Reichsarbeitsminister vorbehaltenen Bestimmungen alsbald in diesen Verordnungsentwurf einzuarbeiten seien. Er hat indessen davon Abstand genommen, um den Entwurf nicht mit Einzelheiten zu belasten, und auch deshalb, weil insoweit eine erschöpfende Regelung kaum denkbar ist. Es wird sich eher empfehlen, zugleich mit der Verabschiedung der vereinheitlichten Kriegsverfahrensverordnung auch, soweit möglich, bereits die auf Grund der Ermächtigung des Reichsarbeitsministers zu erlassenden Bestimmungen zu veröffentlichen. In den Amtlichen Nachrichten 1943, S. II 477 hat Goldammer zu der Einschränkung ärztlicher Gutachten Stellung genommen und dabei namentlich ausgeführt, den Parteien bleibe es unbenommen, ihren ärztlichen Gutachter gegebenenfalls nochmals zu dem von der anderen Partei beigebrachten ärztlichen Gutachten zu hören. Es bleibe außerdem zulässig, zu dem ärztlichen Gutachten ergänzend die von dem begutachtenden Arzt etwa noch für notwendig gehaltenen fachärztlichen Gutachten beizubringen. In diesem Falle müßten das ärztliche Gutachten und die dazugehörigen fachärztlichen Gutachten als ein Gutachten im Sinne des § 6 Absatz 1 der Verordnung von 1943 angesehen werden. Soweit es sich um die Ergänzung des ärztlichen Gutachtens durch fachärztliche Gutachten handelt, hat der Ausschuß für Sozialversicherung keine Bedenken dagegen, daß sie insgesamt als ein Gutachten im Sinne des § 6 Absatz 1 des Verordnungsentwurfs angesehen werden. Daß der ärztliche Gutachter nochmals zu dem von der anderen Partei beigebrachten ärztlichen Gutachten gehört werde, erscheint dagegen mit dem Grundsatz der Verfahrensvereinfachung nicht verträglich. Vielmehr wird alsdann die entscheidende Versicherungsbehörde durch ihren ärztlichen Gutachter die von den Parteien beigebrachten Gutachten zu überprüfen haben. Daß dabei während des Krieges ein vertrauensärztliches Gutachten im Sinne des § 369 b RVO regelmäßig den Vorzug verdient, entspricht einem dringenden praktischen Bedürfnis, dient der Vereinfachung und Abkürzung des Verfahrens und sichert gegebenenfalls zugleich die kriegswichtigen Belange des Arbeitseinsatzes. Es dürfte sich empfehlen, den letzteren Punkt in die auf Grund der Ermächtigung des Reichsarbeitsministers zu erlassenden Bestimmungen aufzunehmen.

Zu § 7 (Urteilsverkündung): § 5 der Verordnung von 1943. Die Fassung des Verordnungsentwurfs entspricht dem § 5 der Verordnung von 1943, wobei indessen die Worte „oder ihren persönlichen Vertretern" als überflüssig gestrichen worden sind.

Zu § 8 (Sonstige Verfahren): § 3 der Verordnung von 1939 und § 4 der Verordnung von 1943. Nach § 4 der Verordnung von 1943 gelten für die dort erwähnten Verfahrensarten die §§ 1-3 jener Verordnung sinngemäß; sie entsprechen den §§ 1-4 des Ausschußentwurfs. Nach § 3 der Verordnung von 1939 gilt insoweit ferner sinngemäß der § 2 der Verordnung von 1939 entsprechend dem § 5 des Ausschußentwurfs. Der Ausschuß für Sozialversicherung hielt es aber für zweckmäßig, auch die §§ 6 (Einschränkung ärztlicher Gutachten,) und 7 (Urteilsverkündung) für die sonstigen Verfahrensarten sinngemäß gelten zu lassen, weil auch in diesen jeweils durchaus ein entsprechendes Bedürfnis bestehen kann. Aus diesem Grunde läßt § 8 des Ausschußentwurfs die §§ 1-7 sinngemäß für die sonstigen Verfahrensarten gelten. Der Ausschuß war im übrigen der Auffassung, daß, soweit bisher das Beschlußverfahren schon im Versicherungsamt endete (vergleiche z.B. § 405 Absatz 1 RVO), es dabei bewenden soll. Soweit erforderlich, kann hier eine Einheitlichkeit der Rechtsprechung in grundsätzlichen Fragen auf dem Wege des § 1715 a RVO bei dessen richtiger Anwendung erreicht werden. Im übrigen ist unter Beschlußverfahren im Sinne des § 8 sowohl das erstinstanzliche wie das Beschwerdeverfahren zu verstehen. Hier kommen namentlich die §§ 1780-1796 RVO, § 1799 RVO, ferner die §§ 1576 Satz 2, 3, 1577 Absatz 2 Satz 2, 1652 Absatz 3 Satz 3, 4 RVO in Betracht. Die Unzulässigkeit der Beschwerde gegen erstinstanzliche Beschlüsse der Oberversicherungsämter folgt aus der entsprechenden Anwendung des § 3 Absatz 3 des Ausschußentwurfs; die weitere Beschwerde, die schon nach § 3 Absatz 2 der Verordnung von 1939 unzulässig war, ist ebenfalls gemäß § 3 Absatz 3 des Ausschußentwurfs ausgeschlossen. Einen Ersatz schafft auch hier die Abgabe der Sache an das Reichsversicherungsamt in entsprechender Anwendung des § 4 des Ausschußentwurfs. Die Einschaltung der Worte „in Reichsversicherungssachen" hinter „Verfahrens" dient der Behebung von Zweifeln über die Tragweite der Vorschrift.

Zu § 9 (Feststellung von Leistungen in der Unfallversicherung und in der knappschaftlichen Versicherung): Absatz 1, 2 - § 7 der Verordnung von 1943. Absatz 3 - § 4 der Verordnung von 1939. Während sich der Entwurf der Vereinheitlichungsverordnung ebenso wie die Verordnungen von 1939 und 1943 grundsätzlich nur mit dem Verfahren vor den Versicherungsbehörden befassen, enthält § 9 des Ausschußentwurfs wie schon § 4 der Verordnung von 1939 und § 7 der Verordnung von 1943 eine Vorschrift betreffend das Feststellungsverfahren der Versicherungsträger. Es handelt sich dabei um bestimmte Ausnahmefälle, die aus praktischen Erwägungen an dieser Stelle belassen werden können. Absatz 1 des § 9 betrifft die Nichtanwendbarkeit der Vorschriften über die Rentenausschüsse in der Unfallversicherung, Absatz 3 die Ausschaltung der

Geschäftsausschüsse in der knappschaftlichen Versicherung. Die Fassung des Ausschußentwurfs entspricht im wesentlichen dem bisherigen Recht.

Zu § 10 (Beiträge zum Reichsstock für Arbeitseinsatz): § 6 der Verordnung von 1939 und § 8 der Verordnung von 1943. Während die beiden bisherigen Vereinfachungsverordnungen an dieser Stelle von Arbeitslosenversicherung sprechen, hat der Ausschußentwurf dafür „Streitigkeiten betreffend Beiträge zum Reichsstock für Arbeitseinsatz" gesetzt in der Erwägung, daß bei der derzeitigen Rechtslage es sich ausschließlich nur noch um solche Streitigkeiten handeln kann, im übrigen auch eine eigentliche Arbeitslosenversicherung nicht mehr besteht. Ähnlich wie in § 8 ist auch hier die sinngemäße Anwendung der §§ 1-7 vorgesehen, wobei der Ausschußentwurf insofern über § 6 der Verordnung von 1939 und § 8 der Verordnung von 1943 hinausgeht. Auch hier erschien wie bei § 8 eine weitere Erstreckung des Kreises der sinngemäß anzuwendenden Vorschriften aus praktischen Erwägungen zweckmäßig.

Zu § 11 (Nichtanwendung bisheriger entgegenstehender Vorschriften). Hierzu ist auf die allgemeinen Ausführungen unter I. am Ende zu verweisen. Also Vorschriften, die während der Geltung des Kriegsverfahrensrechts nicht anzuwenden sind, werden nach Ansicht des Ausschusses insbesondere die folgenden in Betracht kommen:

a) Im Verfahren vor dem Versicherungsamt § 1655 Absatz 2 Satz 2, die §§ 1655-1662, §§ 1665, 1667, 1674 Absatz 2 RVO. Es handelt sich bei diesen Vorschriften um solche, bei denen entweder eine Mitwirkung des Spruchausschusses vorgesehen war oder eine mündliche Verhandlung in Betracht kam, die nach dem Ausschußentwurf nicht stattfindet;

b) im Verfahren vor dem Oberversicherungsamt im wesentlichen die gleichen Vorschriften, dazu außer dem § 1681, der schon nach § 6 Absatz 2 nicht anzuwenden ist, noch die §§ 1684 und 1685 (Zuziehung von Beisitzern in der Spruchkammer bzw. Beschlußkammer) wie § 1691, der jetzt entbehrlich ist;

c) in Verfahren vor dem Reichsversicherungsamt im wesentlichen ebenfalls die schon zu a) und b) erwähnten Vorschriften, ferner die §§ 1694-1701 (Revision und Rekurs), §§ 1707, 1708, 1709, 1711, 1713 Absatz 1, 2 RVO.

Zu § 12 (Außerkrafttreten): § 11 Absatz 2 der Verordnung von 1943. Da die Verordnungen von 1939 und 1943 schon in Kraft getreten sind und die vorliegende Neufassung das bestehende Recht grundsätzlich nicht ändert, bedarf es der Festlegung eines Zeitpunktes für das Inkrafttreten der vereinheitlichten Verordnung nicht. Da aber dieselbe ausschließlich für die Kriegsdauer gilt, so war es notwendig festzulegen, in welcher Weise das Außerkrafttreten dieser Verordnung angeordnet wird, da sich hierfür naturgemäß ein bestimmter Zeitpunkt nicht sagen ließ.

3. Entwurf einer Verordnung über die Vereinfachung des Verfahrens in der Reichsversicherung während des Krieges

Auf Grund der Ermächtigung des § 10 der Verordnung über die weitere Vereinfachung des Verfahrens in der Reichsversicherung und der Arbeitslosenversicherung während des Krieges vom 26. Oktober 1943 (RGBl. I S. 381) wird nach Anpassung der Verordnung über die Vereinfachung des Verfahrens in der Reichsversicherung und der Arbeitslosenversicherung vom 28. Oktober 1939 (RGBl. I S. 2110) an die Verordnung vom 26. Oktober 1943 die einheitliche Fassung beider Verordnungen bekannt gemacht: *Verordnung über die Vereinfachung des Verfahrens in der Reichsversicherung während des Krieges von 1944.*

§ 1. Spruchverfahren vor dem Versicherungsamt (§§ 1636 bis 1674 der RVO)

(1) Der Vorsitzende entscheidet in allen Fällen allein ohne mündliche Verhandlung.

(2) Der Versicherte oder der beteiligte Hinterbliebene ist, sofern er nicht bereits gehört worden ist, auf seinen Antrag vor der Entscheidung zu hören. Er kann sich dabei durch einen zur Vertretung Berechtigten vertreten lassen (Vierte Verordnung zur Durchführung des Gesetzes über Ehrenämter in der sozialen Versicherung und der Reichsversorgung – Vertretung gegenüber Versicherungsträgern und Versicherungsbehörden in der Reichsversicherung vom 9. September 1935, RGBl. I S. 1143). Die Vorschriften der §§ 115 Absatz 1, 117 der Reichsversicherungsordnung über Rechtshilfe finden Anwendung.

§ 2. Berufung an das Oberversicherungsamt (§§ 1675 bis 1678 der RVO)

(1) Die Berufung an das Oberversicherungsamt gegen die Entscheidung des Versicherungsamts im Spruchverfahren ist zulässig, wenn sie in der Entscheidung wegen der Bedeutung der Sache oder der Zweifelhaftigkeit des Falles für zulässig erklärt worden ist. Die Erklärung über die Zulässigkeit der Berufung ist unwiderruflich und bindet das Berufungsgericht.

(2) Die Berufung ist ferner gegen im Feststellungsverfahren ergangene Bescheide der Träger der Unfallversicherung und der Rentenversicherung zulässig.

(3) Die Berufung ist binnen einem Monat nach der Zustellung der Entscheidung einzulegen.

§ 3. Spruchverfahren vor dem Oberversicherungsamt (§§ 1679 bis 1692 der RVO)

(1) Der Vorsitzende entscheidet unter Wegfall der Vorentscheidung bei allen Fällen allein, und zwar nach seinem Ermessen mit oder ohne mündliche Verhandlung.

(2) Vor der Entscheidung ohne mündliche Verhandlung ist der Versicherte oder der beteiligte Hinterbliebene, sofern er nicht bereits gehört worden ist, auf seinen Antrag zu hören; § 1 Absatz 2 Satz 2 und 3 gelten entsprechend.

(3) Die Entscheidungen der Oberversicherungsämter sind, vorbehaltlich des § 4, endgültig; hierauf soll am Schlusse der Entscheidung hingewiesen werden.

§ 4. Abgabe an das Reichsversicherungsamt (§ 1693 der RVO)

(1) Handelt es sich um eine bisher noch nicht entschiedene Frage von grundsätzlicher Bedeutung oder will das Oberversicherungsamt von einer amtlich veröffentlichten grundsätzlichen Entscheidung des Reichsversicherungsamts abweichen, so hat es die Sache nach tatsächlicher Aufklärung an das Reichsversicherungsamt abzugeben und seine Rechtsauffassung zu begründen. § 1693 Absatz 1 und Absatz 5 Satz 1 der Reichsversicherungsordnung sind nicht anzuwenden.

(2) Verneint das Reichsversicherungsamt die Voraussetzungen des Absatzes 1, so kann es selbst entscheiden oder die Sache, auch ohne vorherige Verhandlung, an das Oberversicherungsamt zur Entscheidung zurückgeben.

(3) Hat das Oberversicherungsamt die im Absatz 1 bezeichnete Abgabepflicht verletzt, so kann das Reichsversicherungsamt auf Antrag die Entscheidung des Oberversicherungsamts aufheben und selbst in der Sache entscheiden. Der Antrag kann von dem beteiligten Versicherungsträger oder, wenn der Versicherte in dem Verfahren vor dem Oberversicherungsamt von einem Rechtsberater der Deutschen Arbeitsfront oder einem Rechtsanwalt vertreten war, von dem Vertreter binnen drei Monaten nach der Zustellung der Entscheidung des Oberversicherungsamts gestellt werden.

(4) § 1715 a der Reichsversicherungsordnung bleibt unberührt.

§ 5. Spruchverfahren vor dem Reichsversicherungsamt (§§ 1694 bis 1721 der RVO)

(1) Beim Reichsversicherungsamt entscheidet in Spruchsachen der Vorsitzende des Senats, wenn er mit dem Berichterstatter übereinstimmt, allein, und zwar nach seinem Ermessen mit oder ohne mündliche Verhandlung.

(2) Stimmt der Vorsitzende mit dem Berichterstatter nicht überein, oder handelt es sich um eine Frage von grundsätzlicher Bedeutung, so entscheidet der Senat.

§ 6. Einschränkung ärztlicher Gutachten (§ 1681 der RVO)

(1) Im Spruchverfahren kann jede Partei nur einmal ein ärztliches Gutachten beibringen; unberührt bleibt die Befugnis der entscheidenden Versicherungsbehörde, ihrerseits ärztliche Gutachten einzuholen. Der Reichsarbeitsminister kann Näheres, auch Abweichendes bestimmen.

(2) § 1681 der Reichsversicherungsordnung ist nicht anzuwenden.

§ 7. Urteilsverkündung

Der Vorsitzende kann aus besonderen Gründen von der Verkündung des Urteils in der Sitzung absehen. In diesem Falle ist das Urteil binnen einem Monat nach der Sitzung den Beteiligten zuzustellen.

§ 8. Sonstige Verfahren

Die §§ 1 bis 7 gelten sinngemäß für das Beschlußverfahren, alle anderen Arten des Verfahrens in Reichsversicherungssachen und das Schiedsverfahren für Zahnärzte und Dentisten.

§ 9. Feststellung von Leistungen in der Unfallversicherung und in der knappschaftlichen Versicherung

(1) Die Vorschriften über die Rentenausschüsse (§ 1569 b der Reichsversicherungsordnung und § 25 der Fünften Verordnung zum Aufbau der Sozialversicherung vom 21. Dezember 1934, RGBl. I S. 1274) sind nicht anzuwenden.

(2) Die förmliche Feststellung der Leistungen in der Unfallversicherung trifft der Leiter des Versicherungsträgers.

(3) Die den Geschäftsausschüssen in der knappschaftlichen Versicherung zustehenden Aufgaben gehen auf die Knappschafts-Oberversicherungsämter über.

§ 10. Beiträge zum Reichsstock für Arbeitseinsatz

Die §§ 1 bis 7 gelten sinngemäß für Streitigkeiten betreffend Beiträge zum Reichsstock für Arbeitseinsatz.

§ 11. Nichtanwendung bisheriger entgegenstehender Vorschriften

Soweit die Vorschriften des geltenden Rechts den §§ 1 bis 10 entgegenstehen, werden sie während der Geltung dieser Verordnung nicht angewendet.

§ 12. Außerkrafttreten

Der Reichsarbeitsminister bestimmt in Übereinstimmung mit dem Reichsminister des Innern, wann diese Verordnung außer Kraft tritt.

Akademie für deutsches Recht 1933-1945
Protokolle der Ausschüsse

Herausgegeben von Werner Schubert

Band 1-4 sind erschienen im de Gruyter Verlag, Berlin

Band 5 Werner Schubert (Hrsg.): Ausschuß für das Recht des Handelsstandes und der Handelsgeschäfte (1937-1942). Ausschuß für Bank- und Börsenrecht. Unterausschuß für Depotrecht (1934/1935). Herausgegeben und mit einer Einleitung versehen von Werner Schubert. 1997.

Band 6 Werner Schubert (Hrsg.): Zivilprozeß und Gerichtsverfassung. Ausschüsse der Akademie für Deutsches Recht und „Ämter" des Reichsjustizministeriums von 1934-1944. Herausgegeben und mit einer Einleitung versehen von Werner Schubert. 1997.

Band 7 Werner Schubert (Hrsg.): Ausschüsse für Strafprozeßrecht und Strafrechtsangleichung (1934-1941). Herausgegeben und mit einer Einleitung versehen von Werner Schubert. 1998.

Band 8 Werner Schubert (Hrsg.): Ausschüsse für Strafrecht, Strafvollstreckungsrecht, Wehrstrafrecht, Strafgerichtsbarkeit der SS und des Reichsarbeitsdienstes, Polizeirecht sowie für Wohlfahrts- und Fürsorgerecht (Bewahrungsrecht). Herausgegeben und mit einer Einleitung versehen von Werner Schubert. 1999.

Band 9 Werner Schubert (Hrsg.): Ausschüsse für den gewerblichen Rechtsschutz (Patent-, Warenzeichen-, Geschmacksmusterrecht, Wettbwerbsrecht), für Urheber- und Verlagsrecht sowie für Kartellrecht (1934-1943). Herausgegeben von Werner Schubert. 1999.

Band 10 Werner Schubert (Hrsg.). Akademie für Deutsches Recht 1933-1945. Protokolle der Ausschüsse. Herausgegeben von Werner Schubert. Band X. Ausschuß für die Reform der Sozialversicherung/für Sozialversicherung (1934-1944). Versorgungswerk und Gesundheitswerk des Deutschen Volkes (1940-1942). Herausgegeben und mit einer Einleitung versehen von Werner Schubert. 2000.

Ausschüsse für den gewerblichen Rechtsschutz (Patent-, Warenzeichen-, Geschmacksmusterrecht, Wettbewerbsrecht), für Urheber- und Verlagsrecht sowie für Kartellrecht (1934-1943)

Herausgegeben von Werner Schubert

Frankfurt/M., Berlin, Bern, Bruxelles, New York, Wien, 1999. LIII, 750 S.
Akademie für Deutsches Recht 1933-1945. Protokolle der Ausschüsse. Bd. IX
Herausgegeben von Werner Schubert. Bd. 9
ISBN 3-631-33271-8 · Geb. DM 198.–*

Der Band umfaßt die Verhandlungen der Ausschüsse für Wettbewerbs- und Warenzeichenrecht, für Patent- und Gebrauchsmusterrecht, für das Recht des geistigen Schaffens, für Verfahrensfragen des gewerblichen Rechtsschutzes, für Urheber- und Verlagsrecht sowie für Kartellrecht bzw. Marktregelungsrecht. Es werden mit den Entwürfen des Reichsjustizministeriums von 1934 die Entstehung des Patentgesetzes und des Warenzeichengesetzes von 1936, die umfangreichen Beratungen über ein neues Geschmacksmustergesetz von 1938 bis 1940 sowie die Reformüberlegungen zur Neufassung des Gesetzes über den unlauteren Wettbewerb dokumentiert. Im Ausschuß für das Recht des geistigen Schaffens sind 1942 Fragen eines europäischen Patentrechts unter deutscher Führung besprochen worden. Im Rahmen der Arbeiten des Ausschusses für Urheber- und Verlagsrecht wird der Entwurf des Reichsjustizministeriums zu einem Urheberrechtsgesetz von 1934 erstmals zugänglich gemacht. Die Verhandlungen des Ausschusses für Kartell- bzw. seit 1940 für Marktregelungsrecht in der gewerblichen Wirtschaft beschreiben die starken Eingriffe des Staates in das Kartellrecht während der Kriegszeit. Der Band dokumentiert insgesamt wichtige Bereiche des nationalsozialistischen Wirtschaftsrechts, verdeutlicht jedoch zugleich zeitlich übergreifende, noch für die Bundesrepublik Deutschland maßgebende Entwicklungslinien.

Aus dem Inhalt: Neuordnung des Patent- und Warenzeichenrechts · Schaffung eines europäischen Patentrechts unter deutscher Führung · Reform des Geschmacksmustergesetzes · Gebrauchsmusterrecht · Wirtschaftswerbung: Stellung des Werberats der deutschen Wirtschaft · Grundsatz, daß die Werbung deutsch sein müsse · Außenwerbung · Zugabewesen · Reform des Gesetzes gegen den unlauteren Wettbewerb (UWG) · Reform des Urheberrechts (Entwürfe von 1934 und 1939) · Kartell- bzw. Marktregelungsrecht der gewerblichen Wirtschaft

Frankfurt/M · Berlin · Bern · Bruxelles · New York · Oxford · Wien
Auslieferung: Verlag Peter Lang AG
Jupiterstr. 15, CH-3000 Bern 15
Telefax (004131) 9402131
*inklusive Mehrwertsteuer
Preisänderungen vorbehalten